世界史のなかの台湾植民地支配

世界史のなかの台湾植民地支配

台南長老教中学校からの視座

駒込 武

岩波書店

凡　例

一、資料の引用に際しては、次のような基準にしたがった。

①旧字体の漢字や俗字は、原則として通行の字体に改めた。ただし、台湾人の人名については台湾で慣用の字体をそのまま用いるなど旧字体を使用した場合もある。踊り字や合字はひらくことを原則とした。

②読みやすさを考慮して、適宜句読点を加えた。

③仮名遣い、仮名の清濁、平仮名と片仮名の表記については、両者が混用されている場合を含めて原文通りとした。漢文（中文）資料を書き下し文により引用した場合の仮名遣いは現行の仮名遣いとした。

④引用者による注記・補足は〔　〕で示し、中略は〔……〕で示した。

二、当時の人間集団の呼称、地名、事象名などについて現在では用いることが一般的ではなかったり不適当と考えられるものについても、初出時に括弧で注意を促し、以後省略するのを原則とした。

三、台湾人キリスト教徒の人名を中心として、必要に応じて、初出の際に括弧内に生没年を注記した。幼名など複数の名前がある場合も、同様に初出に際して括弧内に表記した。

四、欧米人の人名など欧文表記を添えるべきものは、本文中ではなく索引において欧文表記を付記した。

台湾全島図
0 20 40 km
淡水(滬尾)
北投
基隆(鶏籠)
板橋
台北
新竹
大甲渓
台中
彰化
霧峰
埔里
花蓮港
澎湖諸島
馬公
斗六
嘉義
新営
麻豆
台南(台湾府)
台東
屏東(阿猴)
高雄(打狗)
鳳山(埤頭)
東港
地名は1922年現在
(カッコ内は旧名)
◎＝州・庁所在地

目次

装画　陳澄波

カバー表「新樓風景」(一九四一年)／カバー裏「淡水夕照」(一九三五年)

カバー背「岡」(一九三六年)／表紙「長榮女中校園」(年代不詳)

画像提供：財団法人陳澄波文化基金会

序章――帝国のはざまから考える

台南長老教中学校講堂と林茂生

「ゆるがせにできぬ文化的次元を持つ経験としての帝国主義は、おどろくほど規模が大きく、またおどろくほど詳細にわたるものである。いきおい、わたしたちは、男女双方にかかわるところの、白人と非白人の双方にかかわるところの、宗主国の住民と周辺地域の住民双方にかかわるところの、過去のみならず現在や未来にもかかわるところの、重なりあう領土やからまりあう歴史について語らざるをえなくなる。」(E・W・サイード、大橋洋一訳『文化と帝国主義1』みすず書房、一九九八年、一二八頁)

一、歴史のなかの夢を問うこと——研究の対象と課題

本書の課題は、帝国日本による台湾植民地支配の歴史的意味を世界史的な脈絡のなかで問い直すことである。清代に中華帝国の周縁に組み込まれていた台湾は、アヘン戦争後に大英帝国の影響力の強く及ぶ地域となり、さらに日清戦争の結果として帝国日本の植民地とされた。これら三つの帝国の影響力が重なり合う空間のひとつとして、本書ではイングランド長老教会宣教師が設立した台南長老教中学校(現在の長榮高級中学)に着目する。この学校は、日本による植民地支配下に「台湾人の学校」としていくのだという宣言書を発したものの、帝国日本の支配秩序からするならば、周縁的な位置づけの、一私立学校に過ぎないともいえる。しかし、このミクロな空間に視座を定位することにより、英国人・日本人・台湾人のあいだに働いた権力関係を浮き彫りにすることができるはずである。さらには、この学校の歴史を窓として、英国《ブリテン》と日本が相互に角逐しながらもいわば垂直に折り重なる暴力を構成した局面と、これに

対峙した「台湾人」という集合的な主体の姿を見定めることが可能であるという展望を抱いている。

あらためて述べるまでもなく、近代世界において帝国は単独で存在したわけではない。複数の帝国が相互に交渉を重ね、ときには対立しながら、全体としてグローバルな帝国主義体制を維持していた。パクス・ブリタニカの時代ともいうべき一九世紀なかばから世紀末においては、英国が公式・非公式の帝国の範囲を超えて国際関係の枠組みと基本的な「ゲームのルール」を決定する実力を持つヘゲモニー国家としての地位を占めた。(1)日本という「極東」の島国は、日清戦争、治外法権撤廃、日英同盟、日露戦争という一連の歴史的なプロセスを通じてこの「ゲームのルール」に必死に習熟しつつ、新興の植民地帝国として成り上がったといえる。

他方、中華帝国の周縁に位置した台湾は、天津条約に基づいて安平、淡水、打狗(のちに高雄)、鶏籠(のちに基隆)が相次いで開港場とされた。一八六〇年にはジャーディン・マセソン商会(怡和洋行)が打狗に支店を設けたことを始めとして、樟脳・茶・アヘンなどを取り扱う洋行が活動を始めた。これと歩調を揃えるようにしてイングランド長老教会の宣教師が六五年に打狗に上陸し、台湾府(のちに台南)に宣教の拠点を定めた。七一年には当時英国の自治領植民地だったカナダからも宣教師が来台、カナダ長老教会がイングランド長老教会との協力関係のもとで北部台湾で宣教事業を展開することになった。台湾は、大英帝国による「非公式の帝国」の一部に組み込まれたといえる。(2)

日本による植民地化以降、台湾総督府の手厚い保護を受けた日本資本が進出することにより、英国系洋行は次第に台湾から駆逐されていった。他方で、英国人宣教師の設けた学校や病院は、今日にいたるまで存在し続けている。この違いは、現地住民とのかかわり方の差異によるところが大きい。英国系洋行の場合には少数の住民が傭人としてかかわるのにとどまったのに対して、宣教師の経営する学校や病院は、現地住民とのあいだに幅広いインターフェイスを構築していた。現地人の改宗者が教師や医師としてかかわったばかりでなく、キリスト教の信者でない者も生徒や患者としてこれらの施設を利用した。プラットの表現を借りるならば、宣教師の設立した学校や病院は、地理的にも歴史的にもそれまで分離されてきた人びとの軌道が交差する「コンタクト・ゾーン」であり、「権力の根本的な非対称的関係」のなかで「圧制、根本的な不平等、手に負えない葛藤」に満ちた相互交渉が繰り広げられる舞台となった。(3)

本書において着目する台南長老教中学校も、歴史的背景を異にする主体の出会う「コンタクト・ゾーン」であった。しかも、複数の帝国の影響力が交錯する領域であるばかりでなく、当初はもっぱら宣教される／支配される対象であった人びとが「台湾人」という集合的な主体を立ち上げた過程が浮かび上がってくる場でもあった。この点について、あらかじめひとつの史料に即して、イメージを明確化しておくことにしたい。

一九二八年一一月に「台南長老教中学後援会」の名前で漢文による「宣言書」が公表された。冒頭、やや大仰な口調で「本校、英才を教育すること四十年、久しからずと為さず」と多くの「英才」を養ってきたことを誇りながら、教育体制の整備のために寄附金を募って基本財産を蓄積することが必要だと語り、次のように協力を呼びかけている。(4)

> 後援は英人、宗旨は基督教と雖も、実体は純全たる台湾民衆の教育機関に非ざるは無きなり。而して、一簣の功を以て勉めざれば、目的を貫徹し使命に到達する能わず。智者と謂うべけんや。吾が台人士に深望す。群に策《とも》し群に力《つと》め、急起直追せんことを。冀《こいねが》わくば名実ともに台湾人の学校たるを備えんのみ。

宣言の主体である「台南長老教中学後援会」は学校関係者の呼びかけに応えて募金した人びとの構成する組織であり、林獻堂（一八八一―一九五六）や蔡培火（一八八九―一九八三）のように著名な抗日運動関係者も参加していた。宣言書を掲載した『台湾民報』も抗日運動系の新聞であり、「台湾人唯一之言論機関」というように「台湾人」の運営するメディアであることを強調していた。「台湾人の学校」という言葉も、この文脈では、台湾人が管理運営に携わる施設という意味合いと解される。

「台湾人」とは誰を指すのか。それは、自明なことではなかった。日本による領有以前からの在来の住民は、日本統治期の公式文書では「本島人」と呼ばれることが多かった。(5)エスニシティーとしては漢族系住民と台湾先住少数民族を包含しており、漢族系住民はさらに福建省から移住した閩南人(あるいは福佬人)と広東省に多く居住していた客家系の人びとに分かれ、先住少数民族は生活様式における漢化の度合いにより「熟蕃」(のちに平埔族)、「生蕃」(のちに高砂族)と呼称されていた。この宣言書で「台湾人」として主に想定していたのは、漢族系の人びとだったと思われる。さらに、当時の中学校とは経済的に一定の余裕のある中・上流家庭の男子にとって進学可能なエリート・コースであったことを考えるならば、「台湾人の学校」とはいっても、実質的な指示対象は曖昧であり、しかも限定的だったといえる。

それにしても、この宣言は、「台湾人の学校」とはかけ離れた学校ばかりが存在した現実を指し示している点で重要である。どのような現実が示唆されているのか。ひとつには、「後援は英人」という文言が示すように、英国人宣教師の運営するミッション・スクールとの対比が意識されている。由来としてはそうだったものの、現状では性格が異なることが強調されている。もうひとつは、明言こそされていないものの、台湾総督府の監督下に地方官庁の運営する公立学校との違いが意識されていたと思われる。公立学校は「台湾人の学校」ではない、この学校こそがわたしたちにとって公共的な学校なのだというメッセージを含んでいると見ることができる。すなわち、「台湾人の学校」という言葉は「英国人の学校」や「日本人の学校」と対比しての言明であり、少なくともそのかぎりで、一定のリアリティと説得力を備えていたものと思われる。

「台湾人の学校」という言葉に照応する仕組みがつくられてもいた。一九二二年になされた認可申請では、「設立者」として宣教師ばかりではなく、台湾人が名を連ねていた。それは当たり前のことのようでありながら、当時の台湾では唯一の事例であった。日本人、あるいは英国人を設立者とする私立学校しか認可されていなかったからである。また、寄附金の呼びかけに応じた者は後援会員となり、後援会員は選挙により理事・評議員を選出し、学校の管理運営体制に参与することができた。そこには、ヴォランタリズムの原理に基づいた、自治的な運営体制を見出すことができる。さらに、この自治的空間は「台湾人の学校」という言葉をより実質的なものとしながら、台湾における公教育制度全体を再編していくための橋頭堡としての意味合いを託されてもいた。台湾人の、台湾人による、台湾人のための学校……。それは、当たり前のことのようでありながら、植民地支配下の状況では大きな壁に直面せざるをえない夢ともいうべきものであった。

台湾植民地支配の歴史について考えるとき、こうした夢の次元に着目することが重要な意味を持つ。

たとえば同じく帝国日本の植民地支配下にあった朝鮮と私立学校数を比較してみよう。一九二〇年時点で朝鮮には七〇〇校あまりの私立学校が存在したのに対して、台湾は二〇校あまりにとどまった。五対一程度という人口規模の違いを考慮に入れたとしても、大きな落差である。[6] 朝鮮では日清戦争さなかの甲午改革において科挙が廃止されて、愛国啓蒙運動の一環として各地に自主的な私立学校が創設されたのに対して、台湾の場合、日清戦争の終結とともに植民地化されたために、自主的な学校設立の余地が早い段階で閉ざされた事情がそこには介在している。朝鮮で「不穏思想の揺籃」として私立学校を抑圧する際にはすでに成長した大木をなぎ倒していくような措置がとられたのに対して、台湾の場合にはいまだ萌芽の内に蓋をしてしまう措置がとられたと評することもできる。どちらが「より苛酷」な植民地支配だったかを問うても意味はない。ただし、台湾の場合には、潜在的な可能性のうちに存在した夢の次元を射程に入れなければ、植民地主義をめぐる攻防が見えにくいという事情が存在する。

歴史のなかの夢への着眼は、かならずしも目新しいものではない。

戦後台湾における脱植民地化をめぐる願いとその挫折について論じた呉密察の論文の表題は、「台湾人の夢と二・二八事件」である。[7] 実際に実現されたことを事後的な観点から論じるのではこぼれ落ちてしまう領域が、夢という言葉のうちに示唆されている。あるいは、冨山一郎が伊波普猷(一八七六—一九四七)における「暴力の予感」について語るときに、その予感は「出郷者の夢」と背中合わせとされる。すなわち、「未来へと継続する今の危機」を感じるからこそ「未来を別物として措定する好機」としての夢もまた常に求められる。そうした潜在的な可能態の次元における出来事をネグレクトした歴史叙述は、すでに「鎮圧の歴史あるいは統治の歴史」にほかならないと冨山は述べる[8]。本書における夢という言葉は、このような用例の延長線上にある。

さらに、教育という対象にまつわる独自性がある。教育には、子どもや孫たちの世代の未来にかかわる夢がしばしば賭けられてきた。教育の効果はすぐにはわからず、費用対効果に基づく計算を立ててはみても、あてが外れることも多い。あるいは、「子どもの可能性は無限大」という類いの言明が楽観的だと感じられたとしても、そこにいくばくかの真実味を見出したいという思いを捨てきれない現実が存在する。差別や抑圧のもとにあるマイノリティにとってはなおさらそうである。だからこそ、夢という可能性の領域の占める比重が大きくなる。これに対して、そもそも近代学校という形式を通じてなされる教育に夢を託す啓蒙主義的姿勢が問題なのだと批判することもできる。しかし、サイードが「抵抗にまつわる悲劇」として述べたように、「抵抗は、帝国文化によってすでに樹立された諸形式、あるいはすくなくとも帝国文化の影響をうけ、帝国文化にどっぷりつかった諸形式、それらを再発見し利用することを、どうしても余儀なくされる[9]」。近代学校という枠組みも、そうした形式のひとつである。

「日本帝国主義打倒」を目指した政治運動に比するならば、「台湾人の学校」を目標とした運動は、あまりにもささやかな夢ともいえる。しかし、――結論的なことを先取りするならば――そのささやかな夢も実現困難どころか、暴力的な手法により打ち砕かれた。米国における公民権運動の指導者キング牧師の「わたしには夢がある」"I have a dream" という著名な演説を持ち出すまでもなく、現実において多くの苦難を背負わされた構造的弱者たちの夢は、それ自体として重要である。なぜ、またどのようにして、「台湾人の学校」という夢が集団的に共有されるものとなったのか。その夢は現実とどのように照応し、あるいはズレを抱えていたのか。そして、いかなる結末を迎えるのか……。本書では、その夢の跡を辿ってみることとしたい。

台南長老教中学校において「台湾人の学校」という夢の中核的な担い手となったのは、林茂生(一八八七—一九四七)という人物である。

林茂生は、台南で儒者の家庭に生まれ、キリスト教に改宗した父に従って洗礼を受けた。台南長老教中学校で学んだのちに内地に留学して東京帝国大学で哲学を専攻した。台湾人として初めて文学士の学位をえて一九一六年に帰台、母校台南長老教中学校の教頭となり、のちに官立高等商業学校教授を兼務した。行政官ではなかったものの、教育職において台湾人として初めて高等官としての官等を取得したことになる。二七年から二九年にかけてニューヨークに滞在して、コロンビア大学ティーチャーズ・カレッジで博士の学位を取得した。当時から全島的によく名前を知られた知識人であった。

「台湾人の歴史」を、その内部における多元性や葛藤を見据えながら描こうとするならば、林茂生にスポットライトをあてることで生じる死角は大きい。台湾人として初めての文学士……、あるいは台湾人として教育職で初めての高等官……という形容は、林茂生のキャリアがまぎれもなく例外的なものであったことを物語る。ただし、植民地主義という観点からするならば、その歩みは独特の典型性を備えているともいえる。なぜそのようにいえるのか。

たとえば、台湾農民組合のリーダーとして知られる簡吉(一九〇三—五一)に視点をすえるならば、林茂生という対象からは捉えにくい問題群が浮かび上がる。鋭い風刺に満ちた農民組合の運動手法、台湾共産党への加入、法廷での闘争、長期間にわたる獄中経験、戦後における武装闘争への参与などである。ただし、簡吉も台南師範学校を卒業したエリートであり、当初は教師としてホワイトカラーの道を歩んでいた。農民組合運動のさなかにもヴァイオリンを手放さないというハイカラさも持ち合わせていた(10)。簡吉の場合は、教育の普及というプロジェクトに早々に見切りを付けたという違いはあるものの、そこには、いかに「左翼的」であったかという次元の差異を越えて、共通して直面した壁が存在するのではないか。

林茂生の足跡は、帝国の辺境出身の無数のエリートたちの足跡を想起させる。すなわち、辺境に生まれながら、帝国の中枢で高等教育を受け、自らが「同胞」として意識した人びとを「啓蒙」し「救済」しようとする強烈な使命感に駆られた者たちである。ここで「帝国」とは、英国の歴史家ホブズボームにならって、「一定の辺境(諸)地域が、その地域の支配者あるいは住民の利害を代表していないと考えられる、およそ隔絶した中央により支配されている」体制と定義しておこう(11)。

辺境出身のエリートの試みは、「中央」と「辺境」をめぐるヒエラルキーのもとでしばしば焼け石に水的なものに終わった。そのことに直面して政治運動に転身する、あるいはその必要性を自覚しながら失意の内に没する事態もしばしば生じた。たとえば、ロンドンで法律学を学んだガンディー、リヨンで精神医学を学んだフランツ・ファノン、東京で言語学を学んだ伊波普猷……(12)。それぞれの足跡はもとよりユニークであるものの、そこに通底する経験も存在したのではないか。なぜなら、個々の帝国の秩序は世界的な帝国主義体制の一部だからであり、「原住民」に対するときの帝国のやり口は、実のところたぶんに似通っていると考えられるからである。

外来の支配者に直面してから政治的抵抗の主体としての「わたしたち」を見出すまでのあいだには時間的な遅延が存在する。ナショナリスティックな歴史叙述は、この遅延を存在すべきではないもの、短ければ短いほどよいものとみなしがちである。しかし、ガンディーにしても、「哲学者、詩人の国、文明の中心」と憧れるロンドンに留学し、「立身出世」を図るべく勉強していた時代が存在した(13)。ガンディーがインド産の綿製品を着て糸車を廻し始めるのは、洋服を着てロンドンの街を歩いていた時代から、実に三〇年あまりを経たあとのことであった。

林茂生の足跡についても、同様の時間的な遅延が見出されることになるだろう。この場合の遅延は、かならずしもマイナスの意味ではない。急速に政治化したわけではないからこそ見出される思想・運動の深まりや広がりもありうるからである。そしてまた、この遅延された時間のなかでの夢や願いに着目しつつ、それが失望や幻滅に終わらざるをえなかった文脈において、植民地主義の意味するところもまたくっきりと浮かび上がるはずである。

二、個人史を世界史につなぐこと——本書の構成

本書の対象とする時期は、アヘン戦争の時期からアジア・太平洋戦争終了後までおよそ一世紀近くの長さにわたる。第Ⅰ部から第Ⅲ部および終章まで時系列的に構成されており、第Ⅰ部は一九世紀後半、第Ⅱ部は一九〇〇年代—二〇年代、第Ⅲ部は一九三〇年代、終章は一九四〇年代を主な対象としている。以下、あらかじめ各部の概要を記しておこう(各章の梗概については、本書巻末の要旨を参照されたい)。

第Ⅰ部「台湾植民地化の過程——帝国主義体制下における文明の秩序」では、イングランド長老教会による台湾宣教事業の発端について述べたうえで、清国から日本に「割譲」された台湾の軍事占領の過程と、植民地支配のシステムの構築過程について論じる。いわばプロローグにあたるものであり、英国人宣教師・日本人官僚・台湾人キリスト教徒という、本書で中核的位置を占める集団の輪郭を明確化するための試みでもある。

第Ⅱ部「「台湾人」という主体——植民地支配下における自治的空間」では、台南長老教中学校というミクロな空間に即して、英国人宣教師・日本人官僚・台湾人キリスト教徒の権力関係と、その変化を分析する。ここでは、台南長老教中学校の教頭林茂生、同校の宗教主任黄俟命(一八九〇—一九五〇)らが教会外の台湾人と提携しながら「台湾人の学校」という夢を追うプロセスが主題となる。

第Ⅲ部「全体主義の帝国——戦時期における「内部の敵」」では、一九三〇年代に生じた台南長老教中学排撃運動の経緯を、内地や朝鮮における同様の事態との相関関係に着目しながら論じる。ここでは、キリスト教系学校をいわば焚き付けとして利用しながら、全体主義的運動という炎が帝国日本全体を焼け野原としていったプロセスを描く。

終章「林茂生と二・二八事件、あるいは中断された夢の続き」では、台南長老教中学を追放された林茂生が、一九

四〇年代をどのように生きたのかということに即して、台湾における脱植民地化への願いと、その挫折の経緯を追う。この終章は、日本植民地支配期を主眼とする本書の流れからするならば「後史」ともいうべき内容だが、むしろ本論の全体が終章で論じる出来事の「前史」であるとみることもできる。

終章が右のような性格であることに鑑みて、各部に小括を置いて、各部の内容において鍵となる概念の整理を試みた。第Ⅰ部では植民地支配と人種主義、第Ⅱ部では同化主義と公共圏、第Ⅲ部では全体主義といった概念がそれにあたる。ここでの整理は、一方でベネディクト・アンダーソン、ユルゲン・ハーバーマス、ハンナ・アーレントらによる議論の積み重ねを意識しながら、他方で本論の内容に即して定義し直したものである。そのことにより、帝国日本による台湾植民地支配を「特殊日本的」な出来事として囲い込んでしまうのではなく、グローバルな帝国主義体制の一部として認識したうえで、これを批判するための立脚点を構築することを志向している。同時に、かかる作業を通じて、「ポストコロニアリズム」と総称される研究動向と、「実証的な歴史研究」——蜃気楼のようにはかない夢の「実証」を含めて——を架橋する手がかりともしたい。とはいっても、本書で重視しているのは、理論的な汎用性や整合性ではない。全体主義を前にしてアーレントが感じたであろう恐怖や、ディアスポラ的知識人としてのサイードの寂寥は、本書に登場する台湾人の経験に通底するものがあると筆者は考えている。このような仮説的見通しに基づきながら、この経験を描くのにふさわしい言葉を探し求めた模索の痕跡が示されている。

本書では、右のような構成を通じて、林茂生ら台湾にかかわる個人史を、世界史へとつなげることを目指している。この場合の世界史とは、以下に述べる通り、特定の国家史には収斂しない時空の広がりを不可欠な要素として組み込んだものである。

第一に、日本が台湾を領有した一八九五年よりも前の出来事から叙述を始め、一九四五年以降のことまで言及することである。

張隆志は、清代台湾史の研究者と日本植民地支配下台湾史の研究者が、資料という点でも、アカデミックな言語という点でも、関心の焦点という点でも乖離しており、そのために台湾史が中国史あるいは日本史の周縁化された領域にとどまってきたことを指摘し、この「巨大な分割」を克服した歴史叙述の必要を説いている[14]。同様の問題は、一八九五年という時間的境界ばかりではなく、一九四五年という時間的境界についても指摘しうる[15]。本書で着目する林茂生にしても、国籍という点では一八八七年に生まれたときは「清国人」であり、青年期から壮年期には「日本人」として生き、亡くなったときは「中華民国人」であった。本書の主な対象はこの中間の時代であるものの、その前後に視線を及ぼすことにより、中間の時代の意味もはじめて明瞭になると考える。

第二に、一国史的な枠組みを抜け出すのはもとより、二国間関係史という枠も越えて、多元的な主体のあいだの競合関係を捉えようとすることである。

日本の歴史学では、日本が模倣し追いつくべき対象としての「西洋」、働きかける対象としての「東洋」、両者のあいだに介在する「日本」という三分法的枠組みが、明治中期以降の歴史に即応するものとして形作られてきた[16]。幕末・維新期の研究では、松沢弘陽がこうした認識枠組みを相対化すべく、幕末の「西洋」探索の旅に即して、日本＝西洋＝中国という「三角関係の交渉」を分析の俎上に上げる必要を明確化した[17]。また、宮地正人は、「西洋のキリスト教資本主義」が「自らに似せた社会を全世界に創出する」ために撃破していったもろもろの社会の個性的なあり方に即して「世界史の中の維新変革」を考察する必要を説いている[18]。松沢や宮地の研究は、本書において「世界史」を考える際の重要な範例としての位置を占める。ただし、主に対象とする時期が幕末・維新期であるために、日本による植民地支配という問題は主題的に考察されていない。

日清戦争以降の研究では、国際政治史・外交史の領域において諸帝国間の協調・競合・対立を分析する一方、植民地史研究では個別の国家による植民地支配を論じる分業が一般化してきた。そのなかで、国際政治と植民地支配を包括的に分析するための枠組みを提起したものとして、山室信一の研究が着目される。山室は、国民国家の拡張と否定の連鎖のうえに生まれた「国民帝国」について、従来の「世界帝国」や「王朝・家産帝国」とは異なる特徴を明確にしたうえで、複数の国民帝国が「同時性をもって競争しつつ共存」する「競存」体制を構築していたと論じる。さらに、日英同盟が締結されたためにインド独立運動の指導者ビハリ・ボースが日本を追放されようとした事実などに注意を促しながら、植民地の人びとは本国のみならず、これと協調関係にある諸帝国にも対峙しなければならなかったのであり、植民地独立運動を協同して抑圧する必要性からも諸帝国の「競存」体制が維持された、と述べている。[19]

本書ではこのような山室の提起を継承しながら帝国日本と大英帝国の「競存」体制に着目する。さらに、一九二〇年代に米国の影響力が高まり、戦後に中華民国を西側陣営に組み込んだところまでを射程に入れたい。英国、米国、日本、中華民国……それぞれの「国民帝国」としての成り立ちは異なる。四三年のカイロ宣言で「敵国」日本の領土処理方針を打ち出したのは、英国、米国、中華民国だった。こうした対立にもかかわらず、これらの諸「国民帝国」は、総じて台湾人を協同して抑圧する「競存」体制を構築したのではないか？　したがって、台湾人による抵抗は帝国日本や中華民国政府に対するばかりでなく、植民地支配を許容する世界秩序そのものへの異議申立でもあったのではないか？　こうした仮説的見通しに基づきながら、「二等国民」とされた人びとが、国家との関係のうちに抱える軋《きし》みのうちに、個人史を世界史につなぐ可能性を見出すことにしたい。

個人史を世界史につなぐという表現は、栗本英世・井野瀬久美恵編『植民地経験』に寄せた文章で松田素二の用いた「個人史が世界史と交錯するとき」というフレーズに示唆を受けたものである。栗本・井野瀬は、政治経済的な支配のシステムというマクロな視点ばかりでなく、個別のミクロな状況に着目する必要を説き、「支配される側とする側のいずれも一枚岩ではないことを出発点にして、多様なアクター間の相互作用である植民地経験のダイナミズムを――相互作用がおこなわれる場を構成する権力関係を前提としつつ――あきらかにする」必要を説いている。[20]

栗本・井野瀬による問題提起を受けながら、松田は「世界史の周縁」たる西ケニアの山村に視点をすえて、英国による植民地統治の初期にキリスト教化されて白人に従順とみなされたマラゴリ人が、一九四〇年代後半に民族の尊厳と誇りを教える「独立学校」設立を念願するにいたり、さらに白人に対抗的なキクユ人と連帯して「マウマウ戦争」に身を投じる人びとも出現したプロセスを語り、マラゴリ人が植民地当局から「潜在的に政治的活火山状態にある」と評されたことに注目している(21)。

「独立学校」の設立などマラゴリ人の試みは、英国の植民地支配に抗するナショナリズム運動と独立の達成という大きな物語のなかでは、小さな物語とされてきた。しかし、自分たちの生活世界をよりよいものとするために、強制された生のなかに自らのイニシアティブを忍び込ませていく実践なのではないか、と松田は論じる。台南長老教中学校を「台湾人の学校」としようとする夢も、マラゴリ人の「独立学校」と同様「よりよい生活」を求めての小さな物語というべきものである。ただし、その小さな物語は大きな意味をはらみ、世界の諸地域で植民地支配や国家暴力に抗する他者の多様な実践に呼応する。ミクロな次元で把握された個人史の単独性が、国家史を否定的媒介としながら、さまざまな境域を横断して世界史の普遍性に連なる道筋がそこに見出されることになるであろう(22)。

三、植民地支配をめぐる暴力性と主体性——方法論的考察

次に考察すべき方法論的な問題は、植民地支配における暴力性に着目した歴史叙述と、被植民者の主体性を強調する歴史叙述をどのように統合できるのか、ということである。これは、右に引用した松田素二の論文にはらまれる問いでもある。

松田によれば、アフリカ植民地支配をめぐってヨーロッパ人による抑圧・収奪・暴力を強調する語りは、アフリカ人を「無力な被害者」という定型化されたイメージに押し込めてきた。これに対して、近年の研究は被植民者が「よ

りよい生活」を求めて自主的で主体的な選択をおこなってきたことを強調する傾向がある。前者が「均質化の語り」だとすれば、後者は「異質化の語り」である。そのうえで、松田は「異質化の罠」を指摘する。この場合の罠とは、歴史の語りが定型化されたイメージを解体してひとりひとりの日常的な振る舞いへとシフトしていくにつけて、支配の暴力性が見えにくくなってしまうことを意味する。それは、歴史的現実からの逃避と、暴力の正当化につながりかねない。植民地支配において「構造的強者と弱者の厳然たる区分」が存在する以上、構造的な弱者が「植民地主義の文化を創造的に生きる」主体性は「弱者に加えられた呵責のない暴力の綿密な分析を通じてはじめて浮かび上がってくるはず」のものである。[23]

筆者はこの松田素二の指摘に共感する。帝国日本の植民地研究においても、均質化の罠と、異質化の罠が同時に存在している。近年の研究では、主に朝鮮史研究の領域において「植民地(的)近代(性)」Colonial Modernity という観点をふまえながら「異質化の語り」が模索されると同時に、これへの批判も展開されてきた。[24] この論争的関係について若干の整理を試みたうえで、「暴力の綿密な分析」のための方法論を考察することにしたい。

朝鮮史研究における「異質化の語り」の模索は、並木真人の「植民地公共性」論に見出すことができる。並木は、公共空間への朝鮮人の主体的な参与という問題をとりあげて、朝鮮において地域の住民が自発的におこなった面民大会や市民大会に制度的政治圏の外延に位置する「公共領域」を見出す一方、志願兵制度の朝鮮人への適用にかかわって「「皇軍兵士」となり得る者はみな「公共圏」に参加する資格をえた」と論じている。[25]

並木の指摘は、「無力な被害者」という一面的な朝鮮人像を打ち破って、自発性や主体性を強調しようという意図のもとになされたものと理解できる。だが、住民たちが開いた面民大会にかかわる公共性と、日本軍の志願兵となるという意味での公共性を同列に論じてよいのかという疑問は残る。前者が国家に抗するパブリック public という側面をはらむのに対して、後者は国家が統制する公式 official 領域への参入を意味するものだからである。斎藤純一の指摘しているように、日本語における「公共性」という言葉には、公共事業、公的資金、公安警察というように国家に関係する公的officialという意味合いも含まれているが、実質的な公共性としてのパブリックネスpublicnessを批判的に問う意味合いも含まれている(26)。並木の論は、両者の性格の違いを十分に検討することなく、不用意に議論を横滑りさせている感が否めない。

尹海東《ユンヘドン》は並木と同じように「植民地公共性」に着目しながら、「植民地近代は、私的領域と官製領域(official realm)だけが成立し、政治的討論が可能な公的領域(public sphere)の形成が欠ける、あるいは非常に不振な状況を作った」というように、より慎重な論を展開している(27)。尹海東がofficialとpublicを区別したうえで、植民地支配下における公共空間構築の困難に着目している点は、本書の立場に通じる。ただし、「均質化の語り」に先祖返りしてしまうことへの警戒心によるものであろうか、尹の研究では公共空間を圧殺する暴力が具体的に分析の俎上に載せられない傾向がある。

並木や尹海東らの研究に対して辛辣な批判を加えているのが、趙景達《チョギョンダル》である。趙は、植民地支配の本質とは「近代性をめぐって多様になされる収奪・差別・抑圧と、それを担保する暴力の体系性にこそある」とするスタンスから、並木らの主張する「植民地公共性」とは民衆を排除したところで朝鮮総督府と都市・知識人により構築される空間であり、植民地社会内部の複雑な階級対立や民族差別を捨象してしまうものであると論じ、「植民地公共性」の「幻想性」を強調する(28)。また、学校教育とのかかわりという点では、「反同化主義をともなう反規律化としての同盟休校」のような抵抗運動や、その到達点としての光州学生運動にこそ着目すべきと論じている(29)。

筆者は、植民地支配の暴力性を正面に見据えるべきという趙の主張に同意する。だが、趙の枠組みでは被植民者の主体性を狭く限定してしまうことになるのではないかと考える。また、都市的・知識人的世界を相対化する必要はあるとしても、そうした世界に定位しながら植民地支配の暴力性を明らかにする作業が必要でもあり、可能でもあると考える。たとえば、趙の着目する光州学生運動で朝鮮人学生は、「殖民地奴隷教育を撤廃せよ！」という要求と並んで、「朝鮮人本位の教育制度を確立せよ！」「授業料と校友会費を撤廃せよ！」という要求を掲げていた。[30] かりに授業料が撤廃されたとして、当時の状況では「殖民地奴隷教育」とならざるをえないだろう。では、「奴隷教育」の普遍化を要求していたのか、もちろん、そうではないだろう。植民地支配下に「朝鮮人本位の教育」を実現するという、およそ不可能な事態に望みをかけていたと考えるほかない。

「朝鮮人本位の教育」という言葉は、自らのイニシアティブにより真に公共的な教育を創造する夢を語ったものとみることができる。それも被植民者の主体性のあらわれとみなすべきではないか。三澤真美恵が論じているように、植民地支配下における「公共性」とは、「実態としてすでに成立ないし完成したもの」としてではなく、「原理的に不可能でありながら希求された「価値」「理念」」として捉えるべきものだからである。[31] 事後的な観点からこの「夢」を「幻想」だったと斥けてしまうのではなく、共通の「夢」が「幻想」に終わらざるをえなかった事態を綿密に追うことによって、植民地支配の暴力性もいっそう鮮明になるのではないか。

約言すれば、被植民者の主体性を強調しようとすれば植民地支配にまつわる暴力性をネグレクトすることになりがちであり、植民地支配の暴力性を強調するならば被植民者の主体性の理解を狭めがちであるという隘路が存在する。この隘路を抜け出すためには、暴力という言葉の含意を腑分けしながら、暴力に直面した者にとっての能動性という問題を考察する必要がある。人を物理的に殺すことが暴力の最たるものであることはいうまでもない。しかし、それは暴力の一形態である。萱野稔人が指摘しているように、国家が住民から服従を調達するためには、実際に暴力を行使して他者を受動性の極に置いてしまうのではなく、むしろ行使可能性のまま背後にとどまり、他者に能動性の余地を与える方が効果的だともいえる。このように、恐怖によって相手にとって可能な行為の領野を構造化する作用を、萱野は、「暴力の権力化」という言葉で表現する。[32] このように権力化した暴力にさらされた状態において、強制された行為と自発的な行為との境界線は曖昧とならざるをえない。

「暴力の権力化」が如実にあらわれるのは、ハンナ・アーレントが「政令による支配」と呼んだ支配形態においてである。「立憲国家においては権力は法の執行と維持にのみ奉仕するのに対し、ここでは権力は命令におけるのと同じようにすべての法令の直接の源泉となっている」[33]。政令による支配という形式をとる「官僚制支配」は、個々の政令について理由を示すことも正当化することも必要とせず、住民に対して議論や意見形成の機会を与えない。そのことにより「効率的」な統治体制を形作った。だから、「異質な諸民族を抱えて支配を維持するには住民を抑圧するしかない大帝国にとって、官僚制支配の持つ利点は明らか」であった[34]。この政令は法という形式をとりながらも、合法／違法の境界を恣意的な形で定義する「法的」形式の暴力であったと評することができる。本論で論じるように、帝国日本による台湾植民地支配も、政令に依存する官僚制支配という点で同時代の諸帝国と共通する特徴を備えていたと考えられる。

植民地支配をめぐる均質化の語り、異質化の語りそれぞれの罠を避けながら、被植民者の主体性に迫るためには、暴力の働き方を腑分けして捉える必要がある。軍事的な暴力の顕在的行使、その潜在的待機、官僚制支配における「法的」形式の暴力、そして、殴りつけることなど日常的暴力の行使、こうした事態との相関関係において被植民者の主体性は把握されねばならない。本書の対象に即していえば、第Ⅰ部でとりあげる世紀転換期には軍事的暴力が顕在的な形で行使されるのに対して、第Ⅱ部の対象とする一九〇〇年代―二〇年代には官僚制支配のもとでの「法的」形式の暴力が被植民者を翻弄し、日常的暴力がさらに人びとを追い詰めることになる。第Ⅲ部の対象とする三〇年代に再び軍事的暴力が社会生活の前景に立ち現れ、終章で扱う四〇年代には顕在的な形で行使されることになるだろう。

右に述べてきた暴力性と主体性をめぐる考察は、「同化」という概念の再考を迫るものでもある。

「同化」という言葉をめぐって、筆者の前著『植民地帝国日本の文化統合』（一九九六年）では、その実際的意味合いを個々の文脈に即して検討しなくてはいけないと指摘したうえで、二〇年代以降に標榜された同化主義は権利・義務関係の同一化をともなっていなかった点で「形骸化すべく運命づけられた理念だった」と指摘した[35]。個々の文脈に即して「同化」の意味内容を検討することが必要というスタンスに変わりはない。ただし、前著での指摘は、ロジカルな矛盾を重視するあまり、文化的同化への圧力が被植民者の行動を実際に規定する効果を過小評価するきらいがあった。「異質化の罠」に陥っていたといってもよい。かといって、同化の暴力性を強調すればよいというわけでもない。「AはBを同化した」、あるいは「BはAによって同化された」という表現は、たとえAの行為の暴力性を告発することを意図した場合でも、結果的にBの主体性の過小評価につながりかねないからである（同質化の罠）[36]。実際、戦後の台湾で政府高官が「台湾人は日本人により奴隷化された」と繰り返し語ったことに対して、台湾人が憤り、謝罪させる事件も生じた[37]。「奴隷化された」「同化された」という表現は、自分たちの主体性を否定するものと感じられたのであろう。そのことひとつをとっても、「同化（奴隷化）した」という歴史叙述が不十分で、また不適切であることは明らかである。同化は、あくまでも圧力であって、被植民者の主体性を消尽しつくすものではない。

同化を強いる圧力の背後には、さもなければ殴るぞ……、殺すぞ……というような直接的暴力が控えている。実際に殺してしまうのではなく、「殺すぞ」という脅しにより被植民者を服従させること……。被植民者の側からするならば、国家の独占する軍事的暴力が、「治安維持」を名目として、いつでも発動可能なものとして自分たちに対して向けられていること……。かつて冨山一郎が「暴力の予感」という言葉で表現した通り、そのことが服従を生み出し、行為の領野を限定する。他方で、銃殺されようとする者が、銃を構えた者を憤怒を込めて見返すように、被植民者の主体性の可能性も最後まで残されている。被植民者の主体性は、こうした暴力（権力化した暴力を含めて）との相関関係において把握されねばならない。

四、帝国主義研究と帝国史研究のあいだ

本書において、広義の先行研究として意識しているのは、戦後日本における「帝国主義研究」として総称できる研究動向であり、さらに英語圏における植民地研究、そして台湾近現代史研究である。以下、広義の先行研究とのかかわりで本書の立脚点について記したうえで、狭義の先行研究と資料について論ずる。まず、いまから一世紀近く前、明治期の社会主義者幸徳秋水が著した『廿世紀之怪物帝国主義』(一九〇一年)によりながら、帝国主義研究と本書のスタンスの異同について説明しておこう。

『廿世紀之怪物帝国主義』において秋水はいう。「帝国主義とは、即ち大帝国の建設を意味す。大帝国の建設は直ちに領属版図の大拡張を意味す。而して我は悲しむ、領属版図の大拡張は、多くの不正非義を意味することを、多くの腐敗堕落を意味することを、而して遂に零落亡滅を意味することを」[38]。秋水によれば、帝国主義は、愛国心を経糸、軍国主義を緯糸として拡散する。愛国心に駆られて領土拡張を図る行為は強盗と変わらない。しかも、愛国心の鼓吹は「浮華なる名誉」や「利益の壟断」を愛する気持ちを生み出す一方、これを批判しようとする人びとに対しては、思想を束縛し、信仰にも干渉し、歴史の論評も禁じる。こうした心の働きにより否定されるのは「惻隠の念」である。惻隠の念の本質は「決して自家との遠近親疎を問はざる」ことにある。だが、「動物的天性」たる愛国心は、自国民のみ愛すべきことを説く。それは「釈迦基督」の排するところであり、「文明の理想」に反する[39]。

戦闘的社会主義者、無神論者というイメージとは異なり、秋水の論調は倫理的であり、ときには宗教的な口吻すら漂わせている。結論は社会主義により帝国主義を解体する必要なのだが、愛国心をめぐる「不正非義」を社会主義ならば克服できる所以が説明されているわけではないので、唐突な印象を否めない。

だが、およそ一世紀を隔てた今日、秋水の論は原則的であるだけに新鮮に思える部分もある。

二〇世紀における二度の世界大戦を通じて数多の帝国が「零落亡滅」する一方、かつて植民地とされた地域の多くには新たな主権国家が成立した。だが、帝国主義時代における「不正非義」が過去のものとなったわけではない。社会主義の立場から帝国主義を克服したはずのソヴィエト連邦が、辺境の民の抑圧のうえにそびえ立つ帝国であったことも、今日では否定しがたい。反帝国主義を標榜して成立したはずの中華民国や中華人民共和国に関しても、同様の審判を免れがたいだろう。一部の「列強」だけを担い手とする帝国主義体制は解体されたとしても、世界各地で増大した「国民帝国」の内部に実質的な植民地支配やマイノリティ差別は厳然として継続しており、これを容認する世界システムもまた存続している。

この点に着目するならば、秋水が、いわば世界の病として帝国主義体制を批判の俎上に載せたことは重要といえる。たとえば、南アフリカ戦争で英国人がボーア人の独立と自由を奪ったことを指摘したうえで、何千人もの「土人」が戦争捕虜としてセントヘレナ島などに移送されたことに言及し、「ああ彼ら果して何の咎あるか、何の責あるか」と訴えている。また、米国がフィリピンの「自主独立を侵害」したことについて「文明と自由の光彩燦爛たる米国建国以来の歴史を汚辱する」ものと批判している[40]。

例言で自ら記す通り、こうした秋水の議論は、同時代の欧米における反帝国主義的な思潮に学んだものだった。とりわけ英国の急進的自由主義者ロバートソンによる『愛国心と帝国』(一八九九年)が、秋水の著作の直接的なモデルとなったことが明らかにされている[41]。秋水の著作は、反帝国主義の言論をめぐる世界的なネットワークのなかに位置づくものだった[42]。にもかかわらず、というべきか、あるいはその翻訳的性格のゆえにというべきか、帝国日本による台湾植民地支配への関心は不思議なほど乏しい。『廿世紀之怪物帝国主義』執筆当時、台湾における抗日ゲリラの動向は内地新聞でも報じられていた。それにもかかわらず、「台湾経営」のために日清戦争で獲得した賠償金に匹敵する出費を要しているという問題を指摘するにとどまる。この時期、秋水は「西洋文明」の「受容」による「開化」は不可避と考えており、義和団運動に対しても否定的な評価をくだしていた。[43] 台湾問題の軽視は、これらの事実と連動していた。その後、秋水は、中国大陸や朝鮮半島の革命家との交わりのなかで植民地問題にかかわる認識と関心を深めるのだが、志なかばにして大逆事件で処刑されるにいたった。

戦後日本における歴史研究は、総じていえば、秋水の帝国主義批判を植民地支配のリアリティに即して深めるのではなく、むしろ帝国主義把握の抽象化に向かったように思われる。すなわち、レーニンの帝国主義論の影響のもとで、一国史的観点から帝国主義の国内的要因を究明しようとする研究が支配的な潮流となった。[44] 帝国主義を独占資本主義段階として捉える発想は、植民地支配の政治構造にかかわる具体的な分析を二義的な問題とみなす傾向を生み出した。秋水の論も、こうした認識枠組みのもとにおいて、社会主義に対する理論把握の「未熟さ」を示すものとして批判された。もっとも、上原専禄や江口朴郎のように、帝国主義的世界の構造的特質に着目しながら、民衆の解放の条件を探ろうとした研究も存在した。東アジア史の領域でも、井口和起が江口朴郎による問題提起を発展的に継承しながら、日英同盟締結と日本の「韓国侵略」の不可分性を強調するなど、日本の植民地支配と対外関係を統一的に把握しようとする研究を展開した。[45] しかし、小林啓治の指摘するように、日本史・東洋史・西洋史という専門分化した枠組みが牢固として存在してきたこともあって、「帝国主義を具体的に、かつ世界的に把握するという、ある意味では相反する課題を追求することは、まことに至難の業であった」〔傍点小林〕といえる。[46]

一九八〇年代なかばになってようやく、この至難な課題に自覚的に取り組んだ研究が登場した。すなわち、世界的な帝国主義体制を批判の射程に収めながら、これを植民地支配の政治構造にかかわる具体的分析へと接続しようとする研究があらわれることになった。

朝鮮史にかかわる領域では、森山茂徳が韓国保護国化の過程を国際関係論的な観点を交えて論じ、小川原宏幸が森山の研究をふまえながら朝鮮社会内部の民衆社会への着眼と国際関係論的な観点を統合しようと試みた。[47] また、米国との関係に着目したものとして、中野聡や長田彰文の研究がある。中野は、一九世紀末に米国がハワイ王国を滅ぼし、さらにフィリピン共和国を滅ぼすと同時に日本による韓国保護国化を容認した事実に着目しながら、「朝鮮人やフィリピン人は日米の支配に抵抗すればするほど「自治に適していない」民族であることが証明され、日米は文明人として「平定」の困難を語り合う同憂の士となり得た」と論じている。[48] 長田は、韓国保護国化に際してルーズヴェルト米国大統領が日本の選択を支持した経緯を解明した。[49] 長田はさらに植民地化以後の状況についてもとりあげ、三・一独立運動の際の在朝米国領事や米国人宣教師、あるいは李承晩《イ スンマン》ら在米朝鮮人の動きに着目しながら、米国内部で日本による朝鮮統治への批判が高まったこと、ただし、それは残虐な対応への批判ではあっても、日本の朝鮮統治そのものへの批判ではなかったことを明確化した。[50]

これらの研究で指摘されたのと類似した問題は、台湾をめぐる状況のなかにも見出すことができるはずである。ただし、台湾をめぐっては欧米列強・日本・台湾の三者関係に着目した研究は乏しく、それも台湾領有初期に偏る傾向がある。

たとえば、浅野豊美は、主権的国民国家からなる「国際秩序」と従属地域の住民を包摂する「帝国秩序」の関係という観点から台湾における治外法権撤廃問題をとりあげて、「治外法権特権を有した西洋人が、領有前の台湾にも、併合時点の朝鮮にも、宣教師、貿易商、あるいは鉱山技師、資本家として居住し営業していた」事実に注意を促し、これら数的には少数の「文明国民」が、帝国日本の植民地法制の展開を左右したことを明らかにしている。[51] さらに、朝鮮や満洲における法制についても論じた浅野の研究は、「帝国史研究」として総称できる近年の研究動向を法制史の分野で精緻に展開したものといえる。ただし、浅野の研究において主体として登場するのは、日本人と欧米人にほぼ限定される。法制史を対象とすることの当然の帰結ともいえるが、うがった表現をするならば、筆者の前著と同様、植民地住民をもっぱら「俎上ノ肉」とみなす人びとに焦点をあてた議論ともいえる。そこには、「帝国史研究」に通底する問題があるように思われる。

「帝国史研究」と称すべき研究動向について、筆者は、かつて次のような特徴を指摘したことがある。第一に、日本と朝鮮、あるいは日本と台湾という二項間の関係にとどまらず、複数の植民地・占領地と日本内地の状況の構造連関を横断的に捉えようとすること、第二に内地の状況が植民地支配を規定した側面のみならず、植民地の状況が内地に与えたインパクトを解明すること、第三に従来の経済史を中心とした帝国主義研究の成果をふまえながらも、政治史や文化史の領域を重視すること、第四に「日本人」「日本語」「日本文化」というカテゴリーを自明なものとみなさず、その形成と変容のプロセスに着目することである。そのうえで、帝国史研究には「日本人にとって植民地支配はどのような意味を持ったのか」ということに問題を収斂させてしまう傾向があるとして、「朝鮮人や台湾人にとって植民地支配はどのような意味を持ったのか」という原点的な問いに立ち返る必要を指摘した[52]。この点では、階級還元論的な傾向や一国史的様相を呈するという問題をはらんでいるとしても、帝国主義研究の「初志」ともいうべきものから学ぶべきところがあるだろう。

本書では、帝国主義研究として総称すべき研究動向と、帝国史研究として総称すべき研究動向のあいだに立ちながら、台湾人を主体とする、台湾近現代史研究に接続できるような研究を目指したい。「世界史」という概念の重要性をいち早く提示した上原専禄は、ガーナ解放闘争の指導者エンクルーマの「われわれは奴隷として安住するよりも、危険をともなうとしても自治を選ぶ」という言葉を引きながら、次のように記したことがある。「こういう意識は単なる経済的な考慮をこえたもので、おそらくは人間の深い尊厳という自覚の中から出発したものであり、人間の集団としての民族というものは、これだけの自主性と主体性と自律性をもたなければ存在する意味がない、そういう意味だ[53]」。本書で「台湾人」という集合的主体に着目するのも、単にそれがナショナリズムの表現であるからではない。むしろ「人間の深い尊厳という自覚」から発したものだという見通しに基づくものである。

五、植民地研究における「敵対的な共犯関係」

戦後日本における歴史研究では、帝国主義体制の把握が抽象化する傾向を見せた事態の裏返しのようにして、欧米諸国について帝国としての性格には関心を向けず、日本が模倣すべき民主主義の範型、あるいは「近代的人間類型」のモデルを示すものとして分析する傾向が見られた(54)。こうした研究動向は、帝国日本の植民地支配を「特殊」なものとして囲い込む傾向とも結びついてきた。日本におけるこうした動向は、欧米における自画自賛的な植民地研究によっても支えられてきたように思われる。植民地主義の実際においてと同様に、植民地研究においても、欧米と日本が相互に敵対し対立しながらも、マイノリティ的立場にある人びとに対して共犯的関係を形作る傾向が存在したといってもよい。米国を研究の拠点としながらこうした「敵対的な共犯関係」を自覚的に打ち破ろうとしてきたのが、酒井直樹やタカシ・フジタニの研究である。

フジタニは、アジア・太平洋戦争期の米国における日系アメリカ人の軍事動員と、植民地朝鮮における朝鮮人の軍事動員を並行してとりあげている。そして、どちらの場合も、政府は「自分たちの敵」こそが真の人種主義者《レイシスト》であることを証明するために、マイノリティの入隊を積極的に認め、自らは人種主義《レイシズム》的な差別の担い手であることを否認したと論じている。こうした事実の指摘を通して、フジタニは、米国は「民主主義的で平等主義的」である一方、日本は「ファシズム的」という一般的な区別に挑戦しながら、両者の構造的な相似性への認識を比較可能性の問題として提起している(55)。

酒井直樹は、戦後の米国による日本占領を「新植民地政策」として性格づけつつ、米国のヘゲモニーを自ら進んで受け容れる国民主義が戦後日本で形成されたとして、それは表層における反米的言辞にもかかわらず米国のヘゲモニーの一部を構成していると論じる。これは米国が「大英帝国の植民地政策よりも、より有効な帝国の支配の形態」を求めてきたからだとして、ネグリとハートの論を引きながら「日本と合州国の国民主義の共犯性に代表される地球的な規模に拡がった相互依存の関係の統括機構」としての〈帝国〉にこそ着目すべきと主張する。[56] 酒井はまた、日本における歴史研究について「欧米の先進民主主義に権威を求め、それとの落差によって日本を定位するという思考法からは、欧米の側に内在する限界を批判しつつ、日本の責任を追及するという複眼的思考は容易に生まれなかった」という問題に注意を促している。[57]

筆者は、フジタニや酒井の議論は説得力のあるものだと思う。ただし、酒井らの論の前提となっている英語圏の研究動向が具体的にふまえられないかぎり、その議論の意味を真に了解することも困難と考える。以下、あくまでも管見の及んだ範囲において限定つきではあるものの、英語圏における植民地研究について若干のサーベイを試みることにしたい。

英語圏における日本の植民地支配に関する先駆的業績としてまず挙げるべきは、マイヤーズとピーティーによる『日本植民地帝国　一八九五—一九四五』(一九八四年)であろう。同書の執筆者の立場は同じではなく、個別には示唆的な知見も含まれているものの、欧米の帝国との落差によって帝国日本を定位する思考が顕著である。そうした問題点がもっとも端的にあらわれているのは、「西洋と日本の植民地主義——予備的考察」という表題を掲げたガンの論文である。

ガンは、欧米と日本の植民地支配の相違点を広範囲にわたって指摘する。文化政策に関連するところでは、「日本のブルジョアジーは英国やフランスのブルジョアジーとは異なって自信を欠いており、日本の中産階級は宣教師的な精神を所有していなかった。〔……〕キプリングが今日でもアフリカ人やインド人によって敬意を持って読まれており、大英帝国の物語がノスタルジックな反芻の経験を引き起こしがちなのに対して、日本による植民地支配の経験は重苦しく、忌まわしいものである」と述べている。[58]

個々の帝国が比較のユニットとされることで諸帝国の共犯性にかかわる次元の問題は捨象されてしまっている。「宣教師的な精神」やキプリングの文学を肯定すべきものとする価値観も、当然のように前提とされている。キプリングの作品について白人と「原住民」との権力関係を念頭において読解するサイードの姿勢とは対照的である。[59] 英語圏ではサイードの姿勢は孤立したものであり、だからこそ挑戦的な意味を持ったと解すべきなのだろう。

ガンの論文に見られるような評価は、著者個人の思想傾向に帰せるものではなく、幅広い裾野を持っているように思われる。英帝国史研究の領域では、木畑洋一が近年の研究動向について「イギリス帝国の経験を称揚しつつアメリカがそれに似た存在になることを勧める論調」を見出し、『オックスフォード・英帝国史』全五巻(一九九八年)や『ケンブリッジ・図解英帝国史』(一九九六年)において帝国への肯定的姿勢が顕著であることを指摘している。[60] 前者は補巻でジェンダーや黒人の問題をとりあげており、後者はインド人歴史家の担当した章が英帝国へのクリティカルな評価を前面に出している。しかし、木畑が的確に指摘しているように、旧植民地出身の歴史家に批判の役割を負わせることにより、全体として「バランスをとる」編集方針それ自体が大きな問題性をはらんでいる。

『ケンブリッジ・図解英帝国史』編者のマーシャルは、序論で大英帝国の植民地支配をめぐる二つの見解を並列的に紹介する。ひとつは、植民地支配における抑圧への批判が不十分にしかおこなわれてこなかったことが今日の人種主義の土壌となり、英国が真に多文化主義的な社会へ脱皮することを妨げているという見解である。もうひとつは、サッチャー首相が、大英帝国の旧植民地から構成される「コモンウェルス」の首相たちに対して述べたように、「英国人により支配されたことがいかに幸福なことであるか、考えるべきだ」というものである。[61]

マーシャルが結論的に支持しているのは、(驚くべきことに)後者の見解である。すなわち、一九世紀後半の時代状況で非西欧地域は大英帝国の植民地とならなければ他の列強の支配下に置かれる確率が高かったと述べたうえで、大英帝国が個人の権利を尊重する考えをもたらしたこと、組織的な英国人化政策をおこなわなかったこと、多くの人びとが魅力的とみなす文化や価値観の保持者だったことなどを列挙して、「実際にありえただろう他の選択肢を考慮に入れた場合、一九世紀の帝国をめぐる宝くじにおいて英国を引き当てたのは、かならずしも不幸なことではなかった」と結論している。[62] マーシャルも、ネガティブな側面をまったく無視しているわけではなく、英国人が他の西欧人と比較して人種主義的な序列に対して鋭敏な感覚を持ち、南アフリカのアパルトヘイト政策に対して責任があることを認めてはいる。しかし、全体として植民地支配にかかわる「バランス・シート」(収支決算書)を見るならば、ネガティブな側面もポジティブな側面によって相殺されるという立場を保持している。マーシャルが帝国日本との比較をおこなったならば、帝国日本の支配下に置かれた人びとは「帝国をめぐる宝くじ」において「はずれくじ」を引き当てたという結論になることであろう。

　マーシャルらの論の背後には、帝国日本による植民地支配は、欧米による植民地支配とは比較の対象にならない(ほどひどい)という認識が存在している。近年ではアン・ストーラーらがこうした状況を批判して、「皮肉なことに、朝鮮植民地支配を通じてグローバルな政治的重要性を獲得しようとした日本の努力にもかかわらず、日本の植民地主義は、西洋の観察者によって欧州の植民地主義と相同的なものとはみなされなかった」と論じている。[63] ストーラーの指摘は重要であるものの、もしも比較に際して、帝国日本の植民地支配も、大英帝国と同様に「ノスタルジックな反芻の経験」を引き出しているのだという類いの「反論」を展開したならば、それは、「敵対的な共犯関係」の罠に陥ることでしかない。欧米帝国への批判が帝国日本のための弁明という効果を持ってしまい、帝国日本への批判が欧米帝国の擁護となってしまうというトラップが二重三重にはりめぐらされている。[64]

　欧米の帝国にかかわる自画自賛的な歴史認識の容認は、「日本だけが悪いことをしたわけではない」、「欧米の植民地支配よりも日本の支配の方が良心的だった」という類いの歴史修正主義的な議論を生み出す土壌ともなってきた。ここで重要なことは、欧米と日本をいわば串刺しにして批判できるような立脚点を構築することであろう。そのために本書では、人種主義や全体主義、さらにはこれらの概念に密接に連関したものとしての植民地主義の内実を、帝国日本にかかわる歴史的経験に即して定義し直すことを試みたい。

六、台湾現代史をめぐる「迷宮」

植民地研究をめぐる「敵対的な共犯関係」というトラップに陥ることを避けながら日本と欧米の植民地主義について論じていくために必要なのは、先にも指摘したように、被植民者にとって植民地支配とは何だったのかという原点に絶えず立ち返ることである。この点において台湾出身のレオ・チンや呉叡人が英語圏で発表した研究は注目に値する。いずれも、英語圏での植民地研究がしばしば日本の植民地支配を無視していることを批判しながら、英文・中文・日文の資料を駆使しつつ、日本の台湾植民地支配について論じたものである。

レオ・チンは、ピーティーが『日本植民地帝国　一八九五―一九四五』で日本の植民地主義を変則 anomaly と位置づけた点を批判し、「日本に固有の事例が、グローバルな資本主義的植民地主義の一般性のなかで、これと相互関係的であり、相互依存的な態様」にあることをこそ問題とすべきだと主張している[65]。すなわち、「同文同種」「一視同仁」というスローガンにもかかわらず、現実には日本人を現地人から差異化する試みが絶えずおこなわれていたのであり、日本人植民者と被植民者の人種的・文化的近接性に関する言説は、「「白人」とその他」に分割された世界のなかで、これへのカウンターとして出現したものだと論じている。そのうえで、呉濁流の文学などに即して植民地支配の暴力性は「傷つけられ方向感覚を喪失した状態のトラウマに対する唯一の解決手段として、アイデンティティをめぐる闘争を生み出してしまうことにある」（強調レオ）と述べ、「日本人か台湾人か」、あるいは「中国人か台湾人か」というような、単一のアイデンティティを求める問いを拒絶する境界的領域に「希望の空間」を見出そうとしている[66]。

呉叡人は西洋の植民地支配に抵抗しようとする人びとが、近代に関する西洋のイデオロギーの罠にはまって「西洋の物質文明に対する東洋の精神性の優位」という「派生的言説」を産出したというチャタジーの議論を参照しながら、植民地台湾の人びとは異なる状況にあったとする。日本それ自体が帝国主義的な国際秩序のなかで周縁的地位にあったために、植民地台湾の人びとは「二重の周縁性」という表現が適切であるような状況に置かれた。西洋に抵抗しつつ「派生的言説」を生み出したのはむしろ日本であり、台湾のナショナリズムは日本植民地主義への抵抗として生じたために、親西洋的で、近代主義的なものとなった。近代性には「規律訓練の言説」と「解放に関する言説」の両側面がはらまれているが、台湾における「国民的主体」は「闘う魂に対して植民者により加えられた規律訓練を認識しつつ、被植民者が自らを解放しようとして闘う弁証法的なプロセスのなかで出現した」と論じている(67)。

レオ・チンと呉叡人は、台湾人がアイデンティティをめぐる模索へと追い込まれていく状況を、日本植民地主義との関係で批判的に捉えようとしている点で共通している。もっとも、個々の論点に関しては対照的ともいえる違いを見せている。レオ・チンが、筆者の前著の指摘を引き取りながら、「一視同仁」という言説と現実における排除の矛盾に着目しているのに対して、呉叡人は、差別の現実を「隠蔽」するものとして平等主義的言説を捉えることの誤謬を、拙著への批判としても提起している。レオ・チンが単一のアイデンティティという発想を拒否して多重化された意識のあり方に希望を見出そうとしているのに対して、呉叡人はあえて「台湾人」というナショナルな主体の成立に「解放」の契機を探ろうとしている。その立場は対照的だが、どちらが適切と論評できるようなものではない。そこには台湾の「戦後史」のなかで作り出されてきた問題の複雑さがかかわっており、それぞれの論の基盤となる現実があるからである(68)。

本書の終章で論じるように、中華民国政府の派遣した官僚は、五一年間に及ぶ日本の植民地支配を経験した台湾人を日本人により「奴隷化」された存在とみなし、官吏などに登用しようとしなかった。事実上の再植民地化ともいうべき事態に幻滅した人びとの怒りは、一九四七年二月の民衆叛乱に帰結し、苛酷な鎮圧がおこなわれた(二・二八事件）。事件のさなかに布告された戒厳令は二ヵ月あまりで解除されたが、四九年には国民党政権の台湾移転にともなって再び戒厳令が布告された。台湾は「大陸反攻」の基地とされて、「国語」は中国語、「国史」は中国史とされた。学校教育など公的場面で在来の言葉を話した子どもたちは日本植民地期と同様に教師から殴られ、台湾の歴史についてては清代の歴史がわずかに教えられるに過ぎなかった。アカデミズムにおいても、台湾史研究は楊雲萍や曹永和らがかろうじて細々とした流れをつなぐにとどまった(69)。

冷戦体制がゆるんだ一九八七年になって、四〇年近くにも及んだ戒厳令がようやく解除された。九〇年代には民主化が徐々に進展、公的な場面で在来の言葉が語られる機会も拡大していった。こうした状況において中華民国という看板を名実ともにおろして「台湾共和国」を樹立すべきとする人びとと、「中国統一」を目指すべきとする人びととの対立も政治の表舞台に登場することになった。レオ・チンの議論は、どちらの選択肢をとるにしても、近代ナショナリズムの病弊を繰り返すことになるという問題を見据えている。呉叡人は、その問題意識を共有しながらも、政治的にはそうした主張が現状維持に資するものにしかなりえないというディレンマに向き合っている。

呉叡人の問題意識は、日本語で発表した「賤民宣言」と題する文章にもよくあらわれている。反植民地主義運動の結果として独立した主権国家の形式を獲得できた者たちが主権国家体制の仲間入りをした状況において、今日でも主権国家の身分を持たない台湾は、世界における「賤民階級」を構成している。「奴隷は未だに叛乱を起こし、理性はなおも完成していない。しかし、帝国の指導者は歴史の終焉を宣言する。——これこそが現代台湾の悲劇の世界史的根源をなすものである」。戦後日本におけるナショナリズム、あるいはその進歩的変形としてのアジア主義は、主権的国民国家体制そのものに挑戦するものではなく、台湾をそのなかに位置づけることもない。かくして、台湾は、「帝国の狭間で喘ぐ」悲劇を生きる「賤民」として世界に立ち向かい、「不公正な世界に、公正なるポリスを創り出」すように迫られている(70)。

レオ・チンの議論と呉叡人の議論は、それぞれの立脚する基盤を異にしている。状況に応じて、それぞれの論の力点も変化している。ただし、被植民地化により引き起こされたトラウマの経験と対峙している点は共通している。

そこから浮かび上がってくるのは、今日でも、台湾の人びとが出口の見えない迷宮へと追い込まれがちだという現実である。本書で論じようとしている日本の植民地支配は、この迷宮の入口であり、その一部でもある。この迷宮において、抑圧と見えた事態のなかに解放の契機が見出されることもある。しかし、すぐにまた解放と見えたものが新たな形式での抑圧に逢着せざるをえないというように、解放と抑圧の交錯がその奥深さを形作ることになろう。そのなかに分け入りながら、帝国のはざまを問い直す作業が求められている。

七、台湾史研究のなかの台南長老教中学校

本書で帝国のはざまから台湾人の経験を考えるための定点観測の地点とするのが、台南長老教中学校である。日本における台湾史研究はもとより、台湾における台湾史研究においても、台南長老教中学校はメジャーな研究対象ではなかった。台湾全島を単位とした政治的解放という大きな物語に接点を持ちながらも、子どもたちの「よりよい未来」のための小さな物語の紡がれた場だからであろう。教育史研究という文脈でも、中等以上の学校、それも私立学校の歴史は関心を集めにくかった。抗日運動史研究という文脈で等閑に付されるのは、自然な成り行きであった。それでも、近年ではキリスト教史・教会史の領域を中心として研究が蓄積されつつある。

台南長老教中学校にかかわる先行研究としてまず挙げるべきは、張厚基総編輯『長榮中学百年史』(一九九一年)である。創立一〇〇周年を記念して刊行されたこの学校沿革史は、学校所蔵文書のほか、イングランド長老教会の機関誌、校友会・学友会雑誌、『台湾教会報』誌上の記事など多様な資料を駆使して、アカデミックな観点からも十分に批判に耐えうる歴史叙述を構成している。一九八〇年代にいたるまで台湾近現代史研究が細々とした形でしかなされてこ

なかったことを考えるならば、戒厳令解除後間もない九一年という時点でこうした著作が刊行されたのは驚くべき事態といえる。ただし、学校沿革史という性格を反映して、同時代の政治的・社会的コンテクストのなかに同校の歴史を位置づける観点は当然ながら弱い。

台湾ではまた、教会史研究の一環として、一九三〇年代の台南長老教中学校について一定の蓄積がなされてきた。台湾基督長老教会総会歴史委員会『台湾基督長老教会百年史』(一九六五年)では、神社参拝問題にかかわって事件の目撃者としての生々しさを感じさせる記述もなされている。(71) 専論としては査時傑「皇民化運動下的台湾長老教会――以南北教会学校神社参拝為例」が先駆的なものである。(72) さらに、イングランド長老教会文書や日本語新聞も活用した近年の研究として、査忻『旭日旗下的十字架』(二〇〇七年)がある。査忻は結論的に「台湾民族主義人士」と「台湾人基督教徒」の立場の違いを強調し、「日本軍国主義」と対立したのは「台湾民族主義人士」だという観点を提示している。(73) この解釈については、その妥当性を検証する必要がある。たとえかすかな可能性だとしても、「台湾民族主義人士」と「台湾人基督教徒」の志向の交わる地点こそが、「台湾人」という集合的主体の成立において重要だからである。

他方、呉学明は従来の研究が一九三〇年代の「政教衝突」問題に集中しがちだったことを批判して、むしろ一〇年代までの動向を中心に論じている。また、査忻の研究が台湾人と日本人との関係に着目しているのに対して、呉学明は教会組織内部での英国人宣教師と台湾人信徒の関係に着目し、学校拡張のために信徒が展開した募金運動を教会における自治の実現という文脈のなかに位置づけている。(74)

査忻の研究と呉学明の研究をつなぐためには、一九二〇年代に着目する必要がある。この点についての研究は乏しいものの、王昭文が、キリスト教徒知識人と社会運動の関係を問う視角から、主に蔡培火と林茂生に焦点をあてた論文を発表している。蔡培火は林獻堂の資金援助によって日本に留学して東京高等師範学校を卒業、日本基督教会植村正久牧師の感化により受洗、二〇年に帰台して台湾議会設置請願運動や台湾文化協会を領導した。台南長老教中学校の卒業生ではなかったものの、後援会の活動に参加した。王昭文は、蔡培火が一般民衆に教会白話字――英国人宣教師がローマ字で在来の言葉を表記するために開発した書記体系――を普及しようとした試みのなかに「近代文明の普及」と「本土〔台湾〕文化の保存」という要求を総合しながら「普遍的な本土文化を追求する」可能性を見出している。[75]王昭文の研究は、台湾というローカルな土地に根差すことと、普遍的であることを対立的なものとして捉えるのではなく、両者の重なり合う局面にこそ着目すべきという認識を示している点で重要といえる。本書では、蔡培火による教会白話字の利用のみならず、台南長老教中学校の教育実践においても同様の性格を見出せることを指摘したい。[76]

林茂生に関する先行研究については、李筱峰『林茂生・陳炘和他們的時代』(一九九六年)が、広範な資料調査に基づいた伝記的研究として重要な位置を占める。[77]このほか、二・二八事件の犠牲者として林茂生に着目した研究は少なくないものの、日本統治下における経験と戦後国民党統治下の経験がどのようにつながっているのかという点についてはさらに探求すべき余地が大きい。

右にとりあげた先行研究全体に共通する問題点として指摘すべきは、台湾総督府・日本政府関係の公文書が、ほとんど用いられていないことである。それはまた、植民地支配のシステムとの相関関係のなかで、台南長老教中学校の歴史や林茂生の事跡を位置づける試みがなされてこなかったことを示唆する。その一因として、台湾史研究が政治的に周縁化される状況において、政治史研究のインフラが整備されていないということもあった。しかし、今日では、台湾省文献委員会や檜山幸夫(中京大学)らの尽力もあって、台湾総督府の公文書も以前よりもはるかに身近な資料となった。本書では、こうした現状をふまえて、林茂生らによる試みの意味を、植民地支配という制度の醸し出す息詰まる空気との相関関係において描き出すことを目指す。

八、透かし絵として浮かび上がる主体——本書で用いる資料群

最後に、本書で用いる資料群の概要について述べておくことにしたい。本書で中心的に用いる資料群を使用言語とその性格の相違によって大別すると、次のようになる(英文のアーカイブズの正式名称と所蔵は、巻末注の凡例に記している)。

A. 英文資料

A―1. 宣教会関係(宣教会文書、年次大会・総会記録、機関誌等)

イングランド長老教会文書[78]、カナダ長老教会文書、カナダ連合教会文書[79]、アメリカ長老教会文書等。

A―2. 外国政府関係文書

英国外務省文書、米国国務省文書等。

A―3. 英字新聞

A―4. 英文著作

B. 日文資料

B―1. キリスト教系学校関係校務文書

台南長老教中学校務文書(所蔵:長榮高級中学校史館)、台北神学校校務文書(所蔵:台湾神学院)。

B―2. 台南長老教中学校友会雑誌・学友会雑誌

B―3. 台湾総督府・日本政府関係文書

台湾総督府公文類纂(所蔵:国史館台湾文献館)、公文類纂(所蔵:国立公文書館)、外務省文書(所蔵:外務省外交史

料館）、陸軍省大日記・海軍省公文備考（所蔵：防衛省戦史研究センター）、隈本繁吉文書（所蔵：東京大学総合文化研究科国際社会科学図書室）等。

B—4．新聞

『台湾日日新報』『台南新報』『新高新報』『台湾経世新報』『南瀛新報』『南日本新報』『昭和新報』等。

B—5．日文著作

C．漢文（中文）資料(80)

C—1．台湾基督長老教会文書（大会・中会議事録等）

C—2．『台湾民報』

C—3．漢文（中文）著作

D．教会白話字資料

D—1．『Tâi-oân-hú-siâ Kàu-hōe-pò（台湾府城教会報）』

英文資料としては、宣教会関係の文書が中心的な位置を占める。そのなかには、それぞれの任地に派遣された宣教師の構成する宣教師会議 Mission Council の議事録や宣教会本部にあてた書簡、本部における委員会の記録、パンフレット類などが含まれる。このほか長老教会の最高議決機関として毎年開催される大会 Synod（あるいは総会 General Assembly）の記録、本国の支持者向けに刊行された機関誌——イングランド長老教会の場合は Presbyterian Messenger(81)——が重要な情報源となる。これらの文書は、台湾総督府の検閲により厳格にコントロールされた情報を相対化する手がかりであり、ときには台湾人の声を間接的に伝えるものでもある。

なお、宣教会関係文書を駆使して帝国日本における英国人宣教師について論じた研究として、ヘーミッシュ・アイオンの研究が存在する。[82]アイオンの著作は、台湾だけでなく内地・朝鮮における英国人宣教師に着目しながら、その全体像を追究したものである。もっぱら宣教師を主語とする歴史叙述であり、台湾人についてはほとんど固有名詞が登場しないという問題も存在するものの、宣教会関係の文書が歴史研究に際していかに豊富なリソースとなりうるかを示した研究として、本書執筆に際しても重要な手がかりとなっている。

宣教会関係文書以外の英文資料としては、英国外務省文書などの公文書、『タイムズ』のような英字新聞も利用する。英文著作としては宣教師の著作、林茂生がコロンビア大学に提出した学位論文、台湾や内地在住の宣教師向けに刊行された『日本宣教年鑑』*The Japan Mission Year Book* などを利用する。

日文資料としては、長榮高級中学校史館に所蔵された、台南長老教中学校と台南州との往復文書や学校日誌、後援会員名簿などが貴重な一次資料となる。[83]また、台北神学校校務文書には、台北神学校と台北州・淡水郡・淡水街との往復文書が含まれている。[84]校友会雑誌・学友会雑誌は、台南長老教中学校にかかわる日常的な空気のようなものを伝えるものとして重要である。[85]同時に、総督府や日本政府関係の公文書、台湾で刊行されていた新聞も利用する。

漢文(中文)資料のうち、教会関係資料とは台湾基督長老教会の大会や中会の議事録を指す。[86]一九二三年創刊の『台湾民報』(前身は『台湾』『台湾青年』、三〇年三月に『台湾新民報』と改称)は日文欄と漢文欄を併用していたものの、台湾人が刊行主体である点に着目して漢文(中文)資料に分類した。著作としては、林獻堂の日記、教会関係者の記した著作や回想録などを用いる。なかでも、許雪姫(中央研究院台湾史研究所)らによる綿密な翻刻・校訂作業を経て公刊された林獻堂日記は、台湾人にとっての歴史的経験を同時代の政策動向との相関関係のうちに把握するための第一級資料といえる。本論に明らかなように、林獻堂と林茂生が親密な関係であったことから、林獻堂日記は、台南長老教中学校や林茂生についても重要な情報源となる。

教会白話字による資料としては、一八八五年に創刊された『台湾府城教会報』(一九一三年から『台湾教会報』、三二年から『台湾府城教会報』)がある。この『台湾府城教会報』を駆使した研究として、張妙娟『開啓心眼——《台湾府城教会報》與長老教会的基督徒教育』(二〇〇五年)、呉学明『従依頼倒自立——終戦前台湾南部基督長老教会研究』(二〇〇三年)などがある。教会白話字にかかわる資料については、張妙娟と呉学明の研究に多くを負っている(87)。

右の資料群のなかで、英文・日文資料と比するならば、漢文や教会白話字の資料は、量的に圧倒的に乏しい。英文・日文資料にも林茂生は登場するが、林茂生自身による文章は、英文の学位論文を別とすれば、『台南長老教中学校友会雑誌』や『台湾教会報』に寄稿したものに限られる。たとえば、台湾教育会による月刊誌『台湾教育』においても、台湾人教師への弔辞を漢文で記した文章を一篇寄稿しているだけである。

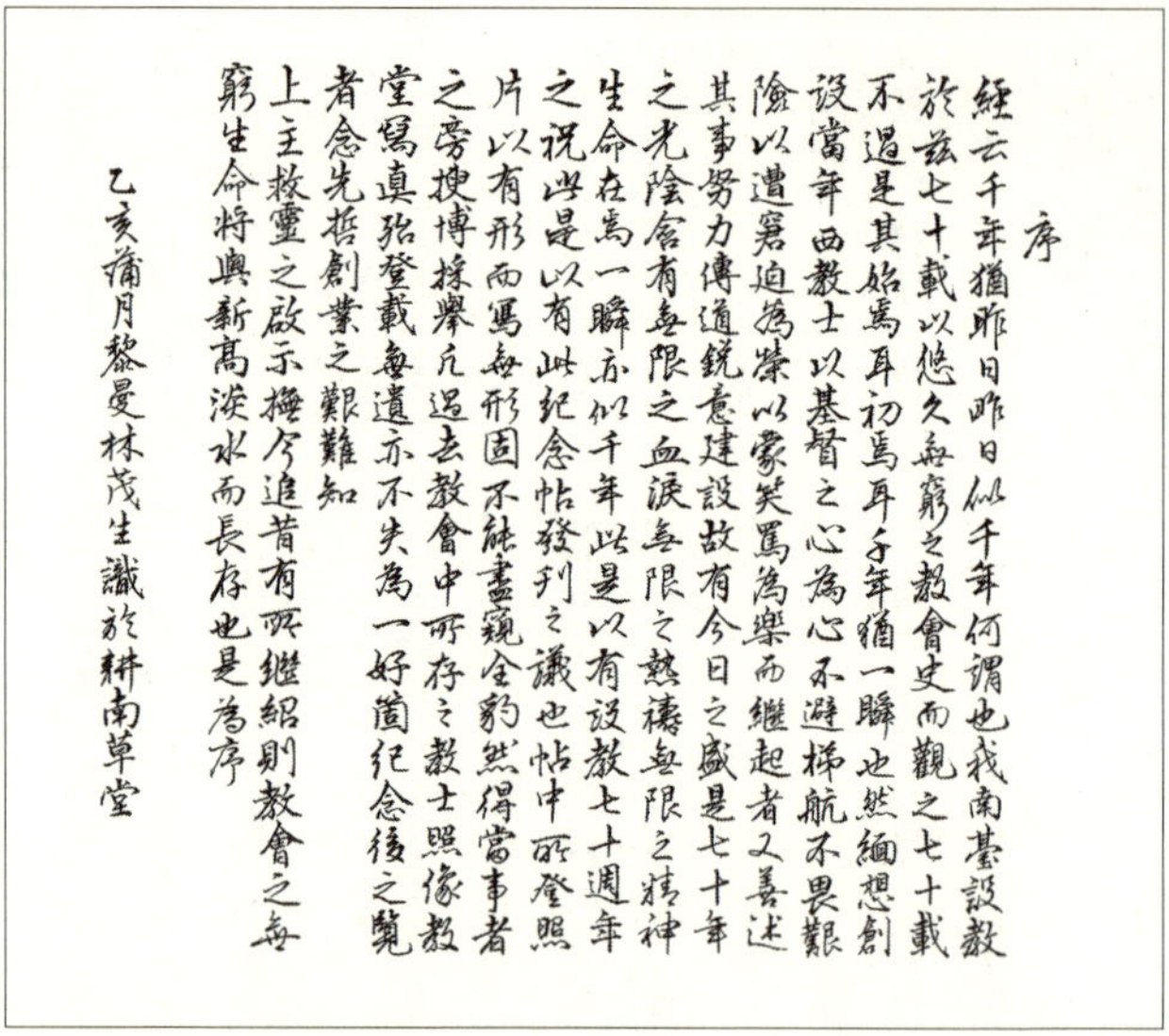
序

經云千年猶昨日昨日似千年何謂也我南臺設教
於茲七十載以悠久無窮之教會史而觀之七十載
不過是其始焉耳初焉耳千年猶一瞬也然緬想創
設當年西教士以基督之心為心不避梯航不畏艱
險以遭窘迫為榮以蒙笑罵為樂而繼起者又善述
其事努力傳道鋭意建設故有今日之盛是七十年
之光陰含有無限之血涙無限之熱禱無限之精神
生命在焉一瞬亦似千年此是以有設教七十週年
之祝典是以有此紀念帖發刊之議也帖中所登照
片以有形而寫無形固不能盡窺全豹然得當事者
之旁搜博採舉凡過去教會中所存之教士照像教
堂寫真殆登載無遺亦不失為一好箇紀念後之覧
者念先哲創業之艱難知
上主救靈之啟示撫今追昔有所繼紹則教會之無
窮生命將與新高淡水而長存也是為序

乙亥蒲月黎曼林茂生識於耕南草堂

図序–1　林茂生「序」
『南部台湾基督長老教会設教七十週年記念写真帖』(1935年)に林茂生の寄せた序文

日文資料は膨大であるにもかかわらず、そこに視野を限定するならば、ほとんど存在しないに等しい。

こうした資料の偏在は、それ自体が現実の権力関係を象徴している。「台湾人」という集合的な主体は、大英帝国と帝国日本のはざまに、透かし絵のようにして、かろうじて浮かび上がるものである。それにもかかわらず、英文・日文・漢文(中文)・白話字資料の向こう側にかすかに浮かび上がるこの主体を注視し、これを軸として歴史を考察することにより、英国人や日本人の言動の意味もまた明確になるのではないか。こうした仮説的な展望に基づいて本書は執筆される。

この長い序文の最後に、林茂生の文章を引用しておこう。

一九三五年のこと、林茂生は、台湾におけるキリスト教宣教七十週年記念誌に寄せた漢文の序文で、次のように記した。「千年はなお昨日のごとし、昨日は千年に似たり。〔……〕七十年の光陰は無限の血涙、無限の熱禱、無限の精神を含有す。生命、ここに在り。一瞬も亦千年に似たり[88]」。

この記念誌が刊行された一九三五年当時、林茂生は、在台内地人による排撃運動の結果として、自らがその発展に半生を捧げた台南長老教中学校から追放されていた。しかも、教会関係者のなかにも深刻な対立が生じて、ほとんど誰からも見棄てられた状態に追い込まれていた。一瞬一瞬に浮かんでは消えていく現実のなかの「無限の血涙」に思いをいたすべきだというこの文章は、そのような孤絶の位置において記されたものである。一瞬一瞬のなかに込められた千年の重み……。それを受けとめるにはどのような歴史叙述が求められるのか……。

以下に記すのは、そのような歴史叙述の模索のあとである。

第Ⅰ部　台湾植民地化の過程
――帝国主義体制下における文明の秩序

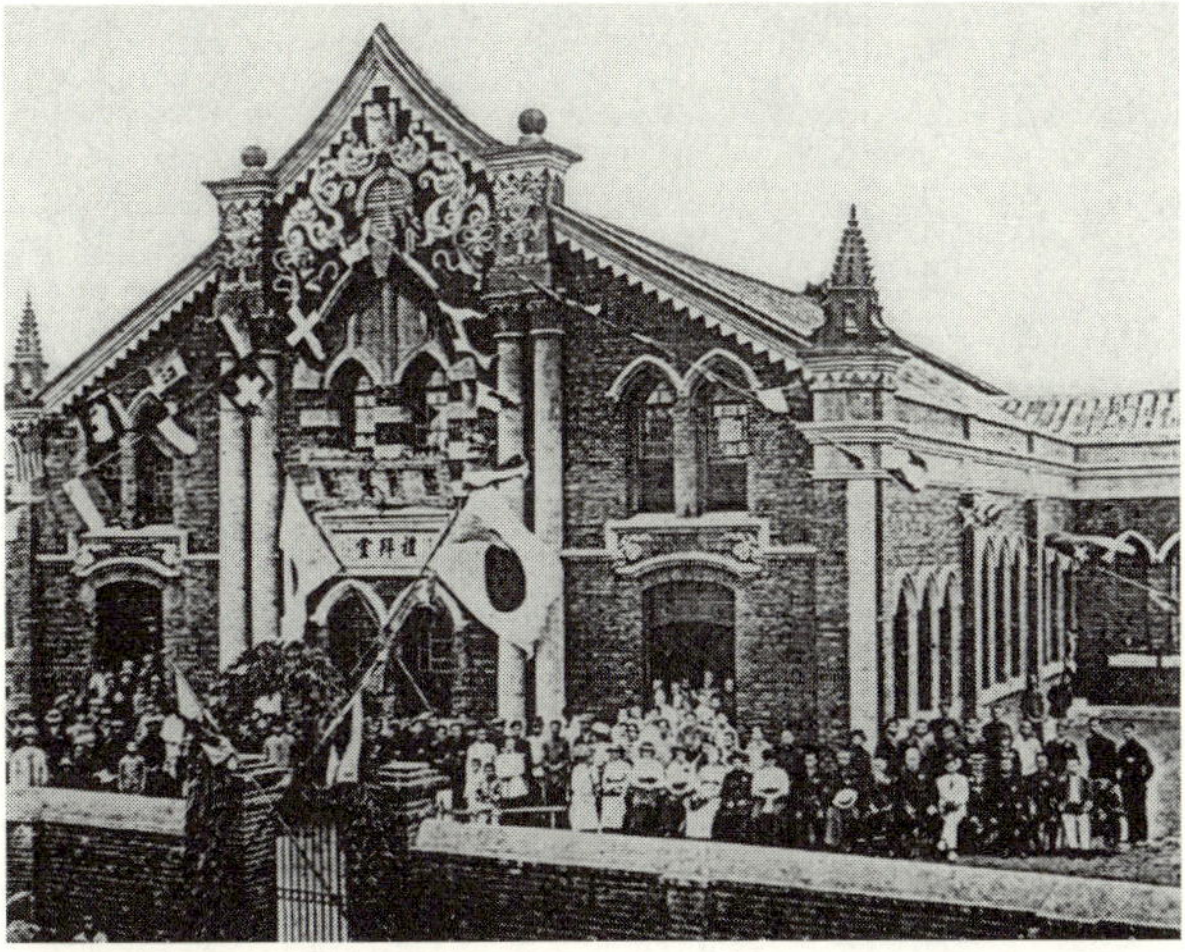

大稲埕教会礼拝堂
李春生の寄附金によって 1915 年に設立された．英国風の建築に，日の丸が翻り，台湾人信徒が集まっている．

「かけはなれているようにみえる経験が、それぞれ、それ独自の将来像なり発展速度をもち、それ独自の内的構造をもち、それ独自の内的首尾一貫性と外的関係システムをもちながらも、同時に、それらすべてがたがいに共存し作用しあっていることを、わたしたちは見抜き、解釈できるようになるべきなのだ。〔……〕異なる経験をたがいにつきあわせ、はりあわせることによって、ふつうならイデオロギー的あるいは文化的な制約によって、たがいに無関係なまま終わってしまうか、たがいに距離をとったり抑圧しあうだけの、見解なり経験を、同時に共存させるというのが、わたしの解釈の政治的(広い意味での)目的である。」(E・W・サイード、大橋洋一訳『文化と帝国主義1』みすず書房、一九九八年、八一頁)

イングランド長老教会の刊行していた雑誌のタイトル『メッセンジャー』という言葉の通り、宣教師はキリストの「福音」を伝えるために世界中に派遣された使者であった。この使者は、狭義の宗教的なメッセージだけを伝えようとしたわけではない。かつて松沢弘陽が指摘したように、ヴィクトリア朝中期の英国では「キリスト教・自由貿易・文明といった諸価値を一体のものとして意識」しており、この「福音」を拒む者に対して砲艦政策によって「自由への強制」をおこなうことに対して多くの世論は疑いを抱かなかった。(1) また、一六—一七世紀のヨーロッパ社会に基盤を持つ国際法は、不平等を正当化する世界観と接合されて、世界は「文明人」の国、「野蛮人」の国、「未開人」の国から構成されると解釈された。「文明国」が国際法上の完全な主体でありえたのに対して、中国や日本を含む「野蛮人」の国は不完全な主体であり、「未開人」は国際法上は客体とみなされた。(2)

一九世紀から二〇世紀前半にかけての時期、「文明」という言葉は、豊かな生活のイメージが醸し出す魅力と砲艦の象徴する威力がないまぜになったオーラを放っていた。ただし、その内実は多義的であり、植民地支配の正当化に都合よい形でしばしば恣意的に解釈された。「近代」という言葉についても同様である。

植民地主義と近代性とのかかわりについて考察したフレデリック・クーパーは、近代性 modernity の構成要素について独特の「概念のパッケージ」をつくりあげている点では近代を批判的に捉える近年の論者もかつての近代化論者と変わらないと指摘し、ただ評価の方向性をポジティブからネガティブへと反転させただけではないかという疑問を提起している。そのうえで、「研究者は世界において何が語られたかに耳を傾ける必要がある。もしも近代性が自分たちの聴いた言葉ならば、その言葉がどのように、またなぜ用いられているのかを問う必要がある」と論じる。(3) このクーパーの指摘を引き取るならば、文明や近代についてあらかじめ特定の、真正な「概念のパッケージ」を設定するのではなく、歴史上の人物がどのような「概念のパッケージ」をつくりあげていたかに耳を傾ける必要があるということになろう。

文明の内実とみなされたものの一例を挙げるならば、議会制度に基づく民主的な政治システム、資本主義的な生産様式、科学・技術とこれに基づく機械制大工業、キリスト教、一夫一婦制を規範とする近代家族モデルなど多様な要素が存在した。そのなかには、科学としての進化論がキリスト教的世界観の基盤を掘り崩すなど相互に矛盾する側面も存在した。ひとことでキリスト教とはいってもプロテスタントがカトリックに対して文明における優位を主張するというように、その内部に複雑なヒエラルキーと対立関係が存在した。しかし、すべては「文明」という概念のなかに曖昧に包摂されていた。こうした曖昧さを備えていたからこそ、世界中の人びとを「文明」「野蛮」「未開」という概念で一元的に序列化することが可能になったともいえる。そのことを確認したうえで、それぞれの具体的な文脈において、文明や近代という言葉にどのような意味合いが託されていたのかを検討する必要がある。

以下、この第Ⅰ部では、一九世紀後半、多様な文明観が相互に緊張をはらみながら、文明の秩序が東アジア世界に浸透していく過程を論ずる。具体的には、まずイングランド長老教会による台湾宣教事業の発端について記したうえで、日清戦争の結果として台湾を新たに領有することになった帝国日本の指導層が、台湾植民地化を進めたプロセスについて論じる。

第Ⅰ部の各章は、時系列というよりも、フォーカスする主体の相違によって構成されている。第一章では英国人宣教師、第二章では帝国日本の担い手たる政治家・官僚層、第三章では台湾人キリスト教徒に焦点をあてる。その際、英・日・台の三角関係の複雑な様相を浮き彫りにするために、とりわけ三人の人物に着目する。ヒュー・マカイ・マセソン、伊藤博文、李春生である。

ヒュー・マカイ・マセソン(一八二一—一九八)は、アヘン貿易で名高いジャーディン・マセソン商会のロンドン代理店にあたるマセソン商会の共同経営者であり、ロンドン商業会議所東インド・中国部会議長を務めた経済界の実力者でもあった。さらに、イングランド長老教会の海外宣教委員会議長として台湾宣教事業にも大きな影響力を及ぼしていた。

伊藤博文(一八四一—一九〇九)の経歴については、あらためて説明するまでもないだろう。幕末に長州藩の世論を攘夷論から開国論に転回させ、維新後に大久保利通の後継者として頭角をあらわし、内閣制度創設に際して初代首相に就任した。日清戦争当時は第二次伊藤内閣の首相として台湾事務局総裁を兼任、一八九八年の第三次伊藤内閣の組閣にあたっては後藤新平を民政局長(のちに民政長官)として台湾に送り込んだ。

李春生(一八二八—一九二四)は福建省廈門の貧しい家庭に生まれ、父に従ってキリスト教の洗礼を受け、英国系洋行で英語の能力を生かして働いた。太平天国の乱で廈門の事業の拠点が破壊されたため六五年に渡台、ドッド商会(寶順洋行)の買弁として台北の大稲埕で製茶業を営み巨富を築いた。日本による植民地化初期には治安維持にあたる保良局を設置して抗日ゲリラの摘発に協力、その功により明治天皇から勲六等を授けられた。

この三人は決して英国人、日本人、台湾人の代表というわけではない。スコットランドの北辺ハイランド(高地地方)の家系に生まれたヒューは、イングランドのジェントルマンから見れば、「成り上がり者」に過ぎなかった。長州藩士族の最末端から初代首相へと立身を果たした伊藤は、上からの急速な「文明開化」をかならずしも歓迎しない民衆とのあいだに意識の断層を抱えていた。洋行の買弁として富を築いた李春生は、中華文明に対して矜持を抱く読書人層からも、一般の台湾住民からも孤立した存在だった。そもそも「英国人」という概念は内部に多元的な亀裂をはらんでおり、「日本人」は創造＝想像されたばかりであり、「台湾人」は台湾島とこれに近接する島嶼に居住する人びとという以上の意味を持たない時期だった。

それでも、この三者に共通するのは、英国、日本、中国・台湾を横断しながら巨大なドミノ倒しのように進行していった文明化の過程において、それぞれの立場でこの動きを促進する側に回ったことである。しかも、それぞれの軌跡は微妙に交わり合っていた。

幕末に伊藤が英国に密航した際にロンドンでホスト役となったのはヒュー・マカイ・マセソンであり、維新変革後も伊藤の助力者として振る舞った。李春生の叙勲を申請したのは伊藤博文首相であり、一八九六年に台湾を視察した際には李春生宅を訪問した。ヒューと李春生は直接的な面識はなかったものの、英国人宣教師を派遣する側と、現地でこれを支える側としてつながっていた。

第I部では、この互いにかけ離れているかのように思える三者の絡まり合う歴史を捉えることとしたい。そうした作業を通じてこそ、一定の人間集団を「進んでいる」人びと、別の人間集団を「遅れている」人びとと位置づける文明の秩序を歴史的に相対化することも可能になると思われるからである(4)。

第一章　大英帝国からの使　者《メッセンジャー》

——イングランド長老教会と中国・台湾

本章では、イングランド長老教会による台湾宣教にいたる経緯と、初期宣教事業の展開、そのなかでのちに台南長老教中学校と呼ばれることになる学校が創設されたプロセスについて論じる。

ここでとりあげるイングランド長老教会という対象には、重層的な中心―周縁構造がはらまれている。

第一点は、イングランドとスコットランドとの関係である。英国史研究において、イングランドの歴史を英国《ブリテン》の歴史と同一視してしまう傾向も根強く存在する一方で、近年では「連合王国」としての英国の歴史をイングランド・スコットランド・ウェールズ・アイルランドの関係史としてとらえ直す試みも進展しつつある。(1) 本論に記す通り、一九世紀においてはイングランド長老教会は、人材面や財政面でスコットランド自由教会に大きく依存していた。イングランドが連合王国の中核地域を構成したのに対して、スコットランドは相対的に周縁化された地域であり、さらにスコットランドの内部に南部のローランド(低地地方)と北部のハイランド(高地地方)という中心―周縁構造が存在した。ハイランドはアイルランドとともに「ケルト辺境(2)」と呼ばれる地域であり、一八世紀のなかばにいたるまで英語やキリスト教もあまり普及していなかったとされる。本章で着目するヒュー・マカイ・マセソンはこのハイランドのマセソン一族の出身であり、イングランド長老教会が台湾に派遣した宣教師にもハイランダーが含まれていた。そのことを象徴するように、宣教師の設立した台南神学院の壁面には、今日でも十字の交差部分に円環をあしらったケルト十字の文様が埋め込まれている。

第二点は、アヘン戦争を通じて、中国を中心とする東アジア世界全体が、英国という中心に対する周縁的な立場に徐々に追い込まれていったことである。しかも、藤波潔の研究によれば、淡水駐在英国副領事は、台湾を「半文明国」清朝の、そのなかでもさらに周縁的地域として特別視していたという(3)。もとより、中心と周縁の関係は一義的で固定的な関係として存在したわけではない。一枚岩と見える中心のなかにも多元的で重層的な中心―周縁構造が組み込まれていた(4)。

図 1-1　台南神学院
十字架に円環をあしらったケルト十字が壁面に埋め込まれている.

本章では、このような重層的な中心―周縁構造のなかで、みずからも連合王国のなかで周縁的な存在だったはずの宣教師たちが、世界の中心たる英国からの使者として、中華帝国の周縁たる台湾で宣教事業を開始した過程を跡付ける。以下、第一節では連合王国としての英国においてイングランド長老教会の占める位置について概述する。第二節ではヒュー・マカイ・マセソンという個人に焦点をあてて、ハイランダーとしての出自と、マセソン商会の共同経営者としての地位と、イングランド長老教会海外宣教委員会の議長としての立場の連関について論ずる。第三節ではイングランド長老教会による台湾宣教が砲艦外交やアヘン貿易と一体になりながら始められたことを確認したうえで、住民による強い反発に直面しながら宣教事業の体制が整備されたことを記す。

右の構成にも明らかな通り、本章ではアヘン貿易と宣教事業の結びつきが重要な論題となる。それは、アヘン貿易にかかわる非道徳性を今さらのように告発するためではない[5]。アヘン貿易をめぐる英国・中国関係に即して新村容子が指摘したように、「アジアから見たヨーロッパは、キリスト教と通商とに象徴される「普遍的な理念」を押しつけてくる一元的な存在に映る。しかし、ヨーロッパ内部においてはそのような理念をめぐって社会集団相互に複雑な対立が存在していた[6]」。

本論で見るように、マセソン一族の内部においてすら、アヘン貿易への評価は分かれていた。本章の焦点は、アヘン貿易の非道徳性や砲艦外交の暴力性それ自体というよりも、この点を自覚しながらも、宣教事業によりそれを相殺してあまりあると考えた信念の内実である。宣教師を単に「帝国主義の手先」というように矮小化して捉えるのではなく、かといって文明化の「恩恵」をもたらしたエージェントとして素朴に礼賛するのでもなく、この信念の由来と働きを見極めることを目指したい。

なお、帝国主義と宣教師というテーマについて、英語圏では膨大な研究が蓄積されている[7]。そのなかには、宣教師たちが動機において帝国主義と距離をとろうとしていたことを強調するものや、宣教師の創設した施設(教会、病院、学校等)は帝国主義という政治的文脈を越えて有用性を発揮したと論じるものが少なくない。そうした傾向は、かつて宣教師だった者、あるいはその係累による著作に顕著だが、一般的な学術書もかならずしもその例外ではない[8]。たとえば、『オックスフォード・英帝国史』の別集として刊行された『ミッションと帝国』において、編者であるエザリントンは、帝国主義と宣教師をアナロジカルに結びつけて考えるのには無理があるとして、宣教師と植民地政府のあいだにはしばしば緊張関係が存在したことを強調する。具体的には、大英帝国の植民地政府が「人文的な教育」への敵意を表明し、「実用的な職業訓練」を求めたのに対して、宣教師は植民地政府の要求に従うならば「高度な教育を求める改宗者の要求を裏切る」ことになると考えて、植民地政府と対立したという[9]。

本論で述べる通り、植民地政府が「人文的な教育」を嫌悪し、「実用的な職業訓練」を求めたのは、英国の植民地も、日本の植民地も同様だった。宣教師と植民地政府がかならずしも一体ではなかったのも、エザリントンの指摘する通りである。そのことは、日本の植民地においていっそう顕著であった。そのうえで、宣教師は、「高度な教育を求める改宗者の要求を裏切る」ことはなかったのだろうか？　答えは、単純ではない。いつの時点での関係に着目するかによっても、評価は異なってくることだろう。この問いに答えるためには、長期的な視野で宣教師と現地人改宗者と植民地政府の三角関係を捉える必要がある。本章でとりあげるのはその発端であり、台南長老教中学校という、本書で「コンタクト・ゾーン」として着目する空間の成り立ちである。

第一節　イングランド長老教会の起源

アヘン戦争以降、他の宗派と競うようにして中国・台湾に宣教師を送り込んだイングランド長老教会は、どのような社会階層に支えられ、教会組織面や神学面ではどのような特徴を持っていたのだろうか。そして、中国・台湾へのミッションという自己拡張への意欲と情熱はどのように生じたのだろうか。

このような問いを考え始めるとき、実は「イングランド長老教会」という名称のなかに英国内部での中心―周縁構造を反映する、ある種のねじれが存在することに気づく。イングランドでは長老派は少数派であり、スコットランドで支配的な教会のあり方だったからである。一九世紀後半においてイングランド長老教会は、実はスコットランド自由教会の「イングランド支部」ともいうべき性格を備えていた。そのことは、宣教師の経歴にもあらわれている。

名　前	漢字名	分類	学歴 1 （卒業年）	学歴 2 （卒業年）	任職	退職	備　考
⑬F. R. Johnson	費仁純	教育			1901	1908	
⑭Albert E. Davies	戴美斯	牧会		Westminster College	1907	1909	
⑮W. E. Montgomery	満雄才	牧会	Queen's University, Belfast	Princeton Theological College	1909	1949	1938 年に離台，1946 年に帰台
⑯Edward Band	萬榮華	牧会	Queens' College, Cambridge（1908）	Westminster College（1911）	1912	1951	1940 年に離台
⑰D. P. Jones	曽恩賜	牧会		Westminster College	1917	1919	
⑱Leslie Singleton	沈毅敦	教育	London University		1921	1957	1940 年に離台，1946 年に帰台
⑲Duncan Macleod	劉忠堅	牧会	University of Manitoba（1892）	Westminster College（1906）	1928	1949	カナダ長老教会から移籍．1939 年に離台，1946 年に帰台
⑳D. F. Marshall	馬大闢	牧会			1928	1937	カナダ長老教会から移籍
㉑E. Bruce Copland	高瑞士	牧会	McGill University	United Theological College	1929	1931	カナダ連合教会から移籍
㉒F. G. Healey	希礼智	牧会		Westminster College（1929）	1930	1960	1940 年に離台
㉓Robert Weighton	衛清榮	教育	London University		1933	1940	

出典：Edward Band, *Working His Purpose Out*,（1947）, Hugh Macmillan, *Then Till Now in Formosa*,（1953）, W. M. Macgregor, *A Souvenir of The Union in 1929*,（1930）, Hugh Watt, *New College Edinburgh, A Centenary History*,（1946）, The University of Glasgow Story（http://www.universitystory.gla.ac.uk/）, W. N. Leak ed., *Westminster College Cambridge Roll of Students 1899–1960*,（the Publications Committee of the Presbyterian Church of England and the College Committee and Friends of Westminster College, no date）．台湾基督長老教会総会歴史委員会編『台湾基督長老教会百年史』(1965 年)，黄六點主編『北部教会大観』(台湾基督教会，1972 年)．

注：1）本表の対象は，1945 年以前に台湾に着任した牧会・教育担当の男性宣教師のみ．医療担当宣教師，女性宣教師，1945 年以後に着任した宣教師を除く．配列は着任順．

2）学歴について卒業年を記していない者は，資料的に確認できないか，中退であることを表す．

表1-1は、一九四五年以前にイングランド長老教会によって海外から台湾に派遣された宣教師の一覧を示したものである。宣教師のなかでも牧師の資格を持つ者は牧会担当、医師の資格を持つ者は医療、それ以外は教育担当と区分されていたが、ここでは宣教師のおおよその数と神学的背景を示すのが目的なので、医療担当の宣教師、および女性宣教師は除外している。

「学歴1」には高等教育にかかわる一般的な学歴、「学歴2」の部分には牧師となる訓練にかかわる学歴を示している。空欄は不詳をあらわす。

総勢で二三名、一九世紀中に派遣された一二名の内、グラスゴー

表 1-1　台湾に派遣されたイングランド長老教会宣教師（1865 年〜1945 年）

名　前	漢字名	分類	学歴 1（卒業年）	学歴 2（卒業年）	任職	退職	備　考
①Hugh Ritchie	李庥	牧会	Glasgow University	English Presbyterian College	1867	1879	1879 年台湾で没
②William Campbell	甘為霖	牧会	Glasgow University	Free Church College（1871）	1871	1918	1917 年離台
③Thomas Barclay	巴克礼	牧会	Glasgow University（1870）	Free Church College（1873）	1875	1935	1935 年台湾で没
④David Smith	施大闢	牧会	Aberdeen University	English Presbyterian College	1875	1883	
⑤William R. Thow	柊為霖	牧会	Aberdeen University	Free Church College（1880）	1880	1894	1894 年台湾で没
⑥James Main	買雅各	牧会	Glasgow University（1877）	Free Church College（1881）	1882	1884	
⑦W. R. Thompson	佟牧師	牧会	Merton College, Oxford（1882）	English Presbyterian College	1882	1887	
⑧George Ede	余饒理	教育	Moray House		1883	1903	1896 年に病気離台
⑨Duncan Ferguson	宋忠堅	牧会	Glasgow University（1885）	Free Church College（1889）	1889	1922	
⑩Campbell N. Moody	梅甘霧	牧会	Glasgow University（1884）	Free Church College（1888）	1895	1931	1924 年に病気離台
⑪Andrew Bonar Nielson	康得烈	牧会	Glasgow University（1891）	New College（1895）	1895	1928	
⑫Hope Moncrieff	何希仁	牧会	Edinburgh University	New College	1898	1915	1909 年に廈門から異動

大学の出身者が七名を占める。また牧師の資格を持つ者についていえば、イングランド長老教会の施設で学んだ者はリッチー①とスミス④とトンプソン⑦だけであり、それ以外はグラスゴーの自由教会神学校か、のちにエディンバラ大学の一部となるニュー・カレッジの卒業生である。イングランド長老教会による聖職者養成機関は一九世紀なかばには整備されておらず、一八九九年にようやくケンブリッジにウェストミンスター・カレッジが創設された。バンド⑯やヒーレイ㉒はその卒業生である。イングランドでの聖職者養成も軌道に乗り始めたのだろう、二〇世紀にはスコットランド色は薄れる。ただし、それまでは、

スコットランドで聖職者としての訓練を経た者が、イングランド長老教会の宣教師となっていたことがわかる。

たとえば、グラスゴーの商人の息子として一八四九年に生まれたバークレイ(③)の場合、自由教会神学校在学時代に校長の弟であるダグラスから教会白話字による廈門語辞典を見せてもらったことが、宣教事業に身を投じる契機となっている。[10] 在任期間については、バークレイのように六〇年近くにもわたって派遣先の台湾に居住してその地で没した者もいるが、病気などを理由として数年を経ずして故国に戻った者も少なくなかった。

一九世紀におけるスコットランド色の強さは、何を意味するのだろうか。この点を理解するためには、英国キリスト教史を簡単にでも振り返っておく必要がある。

一六世紀の宗教改革において、イングランドではローマ教皇に代えて国王を教会の首長とする改革をおこなった。しかし、教会制度や教義の面でドラスティックな変化はなく、聖職者のヒエラルキーを特徴とする主教制度を採用した。他方、スコットランドでは、ジョン・ノックスの主導により宗教改革が達成され、カルヴィニズム神学に基づく長老制度を次第に整えていった。トップ・ダウン方式の主教制度とは対照的に、長老制は合議に基づく教会運営を特徴としていた。すなわち、各教区の小会、複数の教区からなる長老中会、最高議決機関としての大会(あるいは全国総会)という合議体が設けられ、各機関の代表は選挙で選出された。牧師ではない平信徒も「長老」Elderとしてこれらの合議体で牧師と対等な役割を果たすことが長老制度の特徴であり、全国総会は「身分制の議会よりもずっと真の意味でスコットランド議会である」と評されていた。[11]

教義上では、ヴェーバーが『プロテスタンティズムの倫理と資本主義の精神』(一九〇五年)で着目したウェストミンスター信仰告白、特にそこに表明された救済予定説がカルヴィニズムの核心に位置した。この信仰告白は、ピューリタン革命のさなか、スコットランドの代表も参加したウェストミンスター会議で作成されたものだった。その後、イングランドでは王政復古により主教制派が息を吹き返し、長老派がほぼ根絶やしにされたのに対して、スコットランドでは長老派が国教会としての地位を占め，ウェストミンスター信仰告白が正統的な教説であり続けた。

一七〇七年，イングランドとスコットランド両王国の「連合」が成立した。両国の国力の差を考えれば，これは実質的に前者による後者の「併合」であった。ただし，スコットランド人は独自の議会を失うことと引き換えに，北米などイングランドの植民地と通商する権利を手に入れた。その結果，スコットランド随一の産業都市としてグラスゴーの発展が始まることになった。他方，「連合王国」の成立にともなって，宗教的にはイングランド国教会の採用する主教制度への妥協を余儀なくされた。すなわち，ロンドンの議会の決定により，スコットランド国教会における牧師叙任権が地主階級に帰属することになった。これは，長老中会のような合議体が牧師の叙任権を持つという長老派の原則からの重大な逸脱であり，地主階級の利害を反映する世俗的国家に教会が従属することを意味していた。

一八世紀末から一九世紀にかけて，牧師叙任権をめぐる世俗的国家への従属に対する反発が高まり，一八四三年にスコットランド教会史に残る大事件とされる分裂Disruptionが生じた。スコットランド国教会の総会の場でトーマス・チャルマーズ率いる人びとが全体の半分近くの牧師とともに退出，新たにスコットランド自由教会を創設したのである。チャルマーズらの目標は，国家の財源に頼らずに，あくまでもヴォランタリーな基盤のうえに「キリストの掟が国家の主張により妨害されない」教会を構築することだった(12)。

スコットランド自由教会の支持基盤となったの

図 1–2　自由教会神学校
スコットランド自由教会によって 1856 年に創設された神学校．グラスゴー大学の東側の高台に位置する．1930 年にトリニティ・カレッジと名称を変えた．

は、産業革命による都市化の趨勢のもとで勃興しつつあった中産階級だった[13]。スコットランド国教会が、長老主義からの逸脱を容認していたばかりでなく、教義上でもカルヴィニズムの厳格な教えを緩和する傾向を示していたのに対して、自由教会派の人びとは正統的カルヴィニズムの厳守を特徴としていた。ウェストミンスター信仰告白では、神により選ばれた者以外の命運については次のように記していた。「〔神は〕人類の残余の人々を看過し、彼らをその罪の故に恥と怒りとに定め、こうして彼の栄光にみちた義の賛美たらしめることを喜び給うた」[14]。そこには、神の選びをめぐる緊張感が酷薄ともいえる表現であらわされている。神の選びを確信させる行為として、安息日の遵守、禁酒・勤勉・節制のような自己規律、高学歴の獲得、都市貧困層や海外への宣教事業が重視された。また、神以外の被造物を拝むことは、それが聖像であろうと、君主のような人間であろうと、偶像崇拝として固く禁じられた。

こうした信条に共鳴する信者の多くは、政治的には自由党の支持者であり、経済面では国家による規制の排除を強調するレッセ・フェール主義者でもあった。スコットランド教会史を社会問題とのかかわりで検討したドナルド・スミスは、『国富論』(一七七六年)の著者アダム・スミスがグラスゴー大学の教授だったことに注意を促しながら、レッセ・フェール主義とキリスト教道徳の調和を説く議論の問題点を次のように指摘している[15]。

教会は、神が無限の英知によってある人びとを高い位置に引き上げ、ある人びとを低い位置におろしたと信じたのであり、この選択は人びとの道徳的な価値と関係がないわけではないと教えた。神は「自ら助かるものを助く」と考えられたのであり、成功、富、財産は、個人の勤勉、倹約と神の選びの証とみなされた。〔……〕このように成功と不平等に対する神学的な合理化がなされていたために、衝撃的な貧困と悲惨のなかで、富める者、成功した者は自らの富と成功について罪の感覚を持たずにすんだのである。

「神の栄光のみ」を目指した個人の勤勉な活動が、結果としてその人に富をもたらし、富が逆にその人の選ばれを証するという信仰がここにある。この信仰は、自由貿易主義という市場での交換を通じて「神の見えざる手」が働くことにより、個人の利益が結果として他者の利益ともなるという信念を背景としていた。イングランドのように地主階級の「洗練された文化」の伝統が分厚く堆積していないだけに、スコットランドの中産階級は、こうした「資本主義のエートス」のもっともアグレッシブな担い手となったといえる。

グラスゴーは、一八三〇年代以降、製鉄業や造船業を中核とする重工業都市へと変貌、英国の他のどんな都市よりも高い人口増加率を示し、一九世紀後半には人口規模においてロンドンに次ぐ英国第二の都市となった。そのプロセスにおいて衝撃的な貧困もまた顕著になっていった。三九年に議会に提出された住宅状況に関するレポートでは、「グラスゴーの路地を訪れるまでは、こんなに巨大な退廃、犯罪、貧困、病気が、文明化された国の一部に存在するとは考えてもみなかった」と報告されている。[16]

急激な都市の膨張は、四〇年代に大飢饉に襲われたアイルランドからの移民によって支えられていた。最底辺の労働力を構成したアイルランド系移民は、カルヴィニズムのスコットランドにおいて、ローマ・カトリック教会とのつながりゆえに蔑視の対象とされた。猿や酔っぱらいというステレオタイプなイメージと結びつけて風刺の対象とされることも多く、カーライルのようなオピニオン・リーダーによって「社会的な災厄」と論じられた。[17] 勤勉、節制という「資本主義のエートス」を内在化したカルヴィニストたちと、その対極とイメージされたアイリッシュのカトリックたち。その後、宣教師らが世界的に拡大してゆく、人間像における「文明」と「野蛮」の二分法の原型をそこに見出すことができる。

上昇志向の中産階級の人びとは、連合王国の中心であるイングランドに移民していった。そこで、宗教をめぐる問題に直面した。オックスフォード大学やケンブリッジ大学への門戸は、一八七〇年代にいたるまで実質的に非国教徒に対して閉ざされていた。[18] そのために、スコットランドの大学が、イングランドからのUターン入学者を含めて、非国教徒に対する教育の中心となった。一方、オックスブリッジへというエリート・コースを歩むためにはイングランド国教会に帰属することが必要だった。イングランドにおけるスコットランド系移民は、「小さなスコットランド」を維持すべきか、それともイングランドの宗教生活の主流に適応すべきか、という選択肢に直面していたわけである[19]。イングランド長老教会を構成したのはこの前者、すなわち社会的には英国の中心に向けて上昇移動の路を歩もうとしながらも、宗教的にはスコットランドの長老派という周縁的なアイデンティティを維持し続けようとする人びとであった。イングランド長老教会は、これらの人びとが、分裂の翌年にスコットランド自由教会との友好関係のもとに成立させたものである[20]。

右に述べてきたことをあえて図式的に整理すると次のようになる。

地域別の階層構造　イングランド／スコットランド／アイルランド
階級別の階層構造　地主階級／中産階級／労働者階級
宗派別の階層構造　イングランド国教会／非国教会(長老教会を含む)／ローマ・カトリック教会

地域別・階級別・宗派別の各次元はたがいに独立したものであり、イングランド—地主階級—イングランド国教会信者というような連関が常に成り立つわけではない。イングランドにもカトリック信者や労働者階級が存在したし、スコットランドやアイルランドにもイングランド国教会に属する地主階級が存在した。ただし、それぞれの次元でのヒエラルキーは明確であり、第二層に位置する人びとは、第一層に対しては抑圧される者として、第三層に対しては抑圧する者としての両義的な地位を占めることになる。スコットランド自由教会、およびその姉妹教会としてのイングランド長老教会は、この第二層の両義的性格を体現する存在であった。

英国では、一八三〇年代から一九世紀後半にかけて「世界の工場」としての空前の豊かさを背景として、非国教徒や労働者階級に対する差別は法的な次元では次第に緩和されていった。と同時に、第一層と第二層とのあいだの社会的抗争は、大英帝国の拡張というプロジェクトに第二層の人びとが積極的に参与することで、連合王国の外部へと転嫁されていった。スコットランド人はMで始まる五つの専門職――軍隊military、海事maritime、商業mercantile、伝道missionary、医療medical――での活動が顕著だったともいわれる(21)。これらの人びとが、文明の秩序を世界の隅々にまで浸透させることを夢見る、アグレッシブなエージェントとなるのである。

第二節　ヴィクトリア朝の「成り上がり者」――ヒュー・マカイ・マセソン

一、「ハイランドの血」

イングランド長老教会の海外宣教事業において中心的な役割を果たしたのは、ヒュー・マカイ・マセソンである。ヒューは多彩な顔を持つ。ひとつは、宗教家としての顔である。イングランド長老教会の海外宣教委員会の議長を、一八六七年から一八九八年の没時まで三〇年間にわたって務めた。海外宣教委員会の議長は委員会のトップであり、宣教師の人事、現地宣教師による報告への応答、活動状況に応じた資金配分などに大きな権限を持っていた(22)。またひとつはビジネスマンとしての顔。さらにひとつは、ケルト民族としての顔である。「ケルト辺境」出身者である彼は、ゲーリック(ゲール語)の擁護者としても振る舞った。

図1–3　ヒュー・マカイ・マセソン

ヒューは、一八二一年にエディンバラで生まれた。ヒューの生涯はちょうどヴィクトリア期の盛衰と歩調を合わせている。

すなわち、第一回選挙法改正(一八三二年)以後の改革の時代に青年期を過ごし、壮年期に自由貿易主義の黄金時代を迎え、七三年の大不況以後の帝国主義時代に老年期を迎えている。ハイランドの家系という点でも、長老派の信徒という点でも英国の支配階級にふさわしい出自ではないにもかかわらず、ロンドン商業会議所東インド・中国部会議長という要職に就いたヒューの生涯は、当時の英国における社会的流動性の高さを象徴している。ただし、この時代にもオックスフォードやケンブリッジで教育を受けたジェントルマンの政治支配はゆるがず、「商売人《トレイダー》、事業家、金融業者は、たとえ成功して名をあげたとしても、要するに「成り上がりもの」であった」という。(23)

まずは、ヒューの没後に妻アンの編纂した回顧録に基づきながら、生い立ちについて述べていくことにする。

ヒューの父ダンカンはブリテン島の北端サザランドに一七八四年に生まれた。一八世紀のなかばにいたるまで、ハイランドでの生活は、エディンバラ・グラスゴーを中心とするローランドにはほとんど知られていなかった。ハイランドにおいて長老派の牧師がいる地域はごくわずかであり、「独特のタブーと祈りに基づく自分たちの儀式をとりおこなっており、それはキリスト教の教えとは何の関係もなかった」とされる。(24)

クラン(氏族)を中心とした血縁的な紐帯が強いハイランドの社会では、首長は、貧しい者の生活に責任を持たねばならず、危機的な局面ではクランの成員は相互に助け合うことが期待されていた。代表的なクランとしてはマクドナルド MacDonald、マカイ MacKay、マックラウド MacLeod、キャンベル Campbell などを挙げることができる。多くに共通する Mac という言葉はゲーリックで「息子」を指す。

一八世紀になるとハイランドにも次第にローランドの文化と宗教、すなわち長老派のキリスト教が浸透しはじめた。息子をローランドの学校に送ったハイランドの首長たちは、クラン社会を「野蛮」とみなす見方を次第に取り入れはじめた。スコットランドの歴史家スマウトは、こうしたハイランドの首長について、「多くの改宗者がそうであるように、自分たちの社会の劣等者を今や彼らが文明とみなすものに向けて改宗させるための、もっとも熱心な宣教者と

なった」と記している。(25)

さらに、一八世紀末から一九世紀初頭にかけて、羊の放牧地を確保するためにクリアランスと呼ばれる大規模な囲い込みがおこなわれた。これは、英国政府が、ハイランダーの帰属意識の核であるクランを解体し、ハイランダーを追放する政策という意味合いを備えてもいた。(26)これにより、ハイランダーの多くがグラスゴーなど都市のスラムに流れ込み、あるいは北米大陸に移住することになった。

カナダ長老教会が台湾に派遣した最初の宣教師となるジョージ・レスリー・マカイも、ハイランダーであった。マカイは、両親が一八三〇年代にカナダに移住した経験に言及しながら「スコットランドでは暗黒の日々が続いていた——「サザランド・クリアランス」と呼ばれる暗く陰鬱な日々である。父祖の代からその土地に住み、サザランド公爵と共通の出自を持つ何百もの小作人が妻や家族とともに追い払われた」と回想している。(27)近代という過酷な時代の幕開けを告げる出来事でもあった。

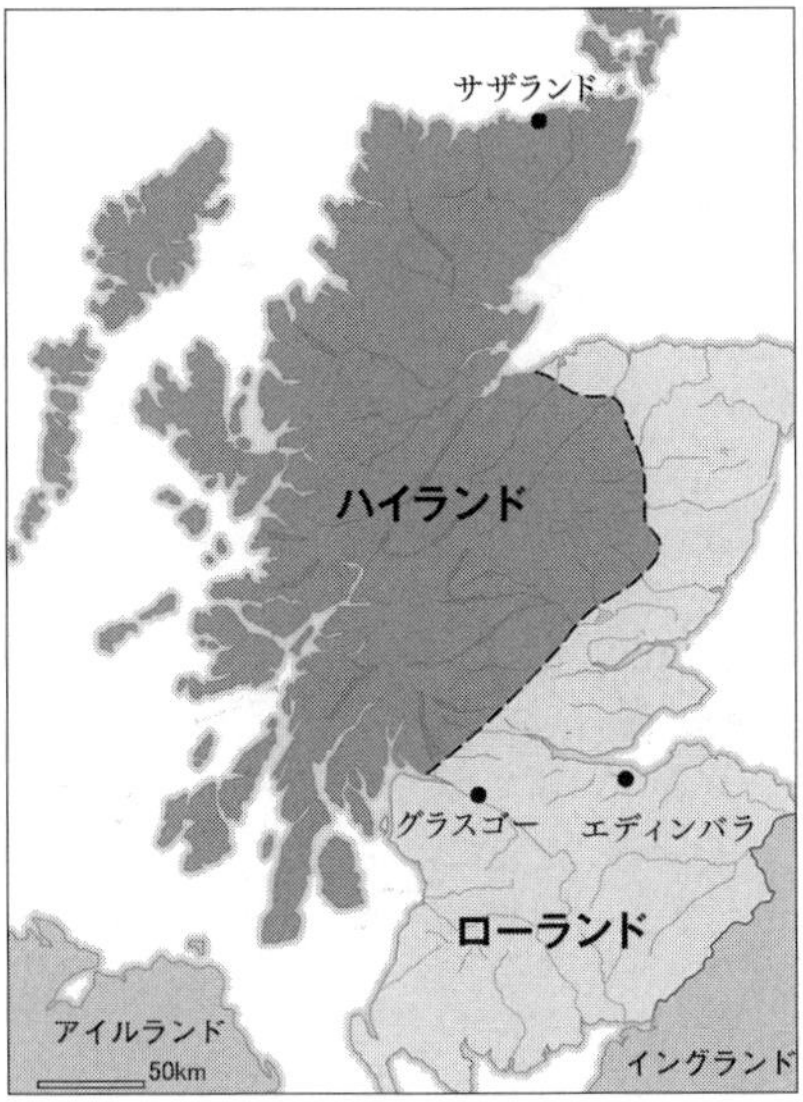

図1–4　スコットランドのハイランド地方とローランド地方

ヒューの両親もサザランド出身者であったが、父は裁判所の判事であり、ヒューや兄ドナルドは名門のエディンバラ高等学校で学んでいる。父の代にすでに一定の社会的地位を築いていたことがわかる。ヒューの祖父がサザランド公爵の創設した軍隊の旗手であり、長老派の牧師の娘と結婚していることを考えれば、長老派キリスト教への改宗者として、姻戚関係を通じて成り上がる道を切り開いたものと推定できる。ただし、ヒューは少年時代の回想として、サザランドの小作人が移民を余儀なくされた「悲しい話」を聞いて育ったと記している。[28]また、後年の講演で「わたしの血管のなかに、ハイランドのものでない血は一滴もない」と強い口調で語っている。そのことに示されているように、ハイランダーという自らのエスニックなオリジンに自覚的であった。[29]晩年になっても、ハイランドにおける教育問題に関心を持ち、ゲーリック話者の多い地域の公立学校でゲーリックの教育を求める陳情を教育省に対しておこなったりもした。[30]

一八三六年、一五歳の時にヒューは、急死した従兄弟の代わりに、エディンバラ高等学校を中退してグラスゴーのジェームズ・エヴィング商会に入社した。同時に、聖イーノック教会の日曜学校の教師となり、一八四三年にグラスゴーを去る際には同教会の会衆の前で「もしも分裂が起きた場合には、反干渉と精神的な独立のためのプロテストに同意する」という誓願書に署名した。[31]

スコットランドのキリスト教史家ブラウンの研究によれば、グラスゴーのメイン・ストリートのつきあたりに位置する聖イーノック教会は、当時のグラスゴーでもっともファッショナブルな教会であった。スコットランドに限らず、一九世紀の英国では教会の座席は一種の資産として売買の対象となっており、人気のある教会の、よい位置の座席ほど資産価値が高かった。グラスゴーでは一九世紀前半に座席料が高騰、そのなかでもロケーションのよい聖イーノック教会の座席料はもっとも高額であった。他方、労働者・貧民向けの無料席は撤去されることになった。[32]名門の「血筋」と無縁な人物がリスペクタブルな存在として社会的ステイタスをえるためには、教会とのかかわりが重要な位置を占めていたといいえる。

二、アヘン貿易とキリスト教宣教

スコットランドにおける教会の分裂が生じた一八四三年、ヒューにとって人生の大きな転機が訪れた。アヘン戦争の結果として南京条約が結ばれた翌年のことである。彼自身の文章から引くことにしよう。[33]

わたしはグラスゴーの事務所に勤めて七年目になっており、ビジネスについての知識と経験を積み重ねていた。そこで、叔父のジェームズが中国に行き、ジャーディン・マセソン商会に入ることを薦めてきた。これは、重要な地位と、大きな富をおそらくもたらす申出だった。しかし、ビジネスの主な項目のうち重要なもののひとつがアヘン貿易であることを知っていたので、悩み、また祈ったあげく、中国行きを断わった。

この自伝の記述によれば、二〇歳を過ぎたばかりのヒューは、いわば「富」か「良心」かという決断を迫られ、後者を選んだことになる。ただし、ヒューはまずロンドンのマグニアック・ジャーディン商会に入社し、のちにマセソン商会が創設された際には共同経営者として参与した。アヘン貿易に直接手をくだすのは避けながら、ジャーディン・マセソン商会の関連会社に入社したヒューは、いわば「富」も「良心」もという選択をしたことになろうか。

叔父のジェームズは、ウィリアム・ジャーディンとともに、一八三二年にジャーディン・マセソン商会を創設した人物である。東インド会社の対中国貿易独占権が廃止されると、インドから中国へのアヘン輸出を手がけはじめた。当時のスコットランドでは同族を中心とした合名会社という経営形態が支配的であり、マセソン一族の多くがこの会社にかかわっていた。ヒューの兄ドナルドや従兄弟のアレクサンダーも入社、三九年にはアヘン取締にあたった清国の欽差大臣林則徐により名指しで退去命令を受けた(34)。

ジェームズはアヘン戦争の終わった一八四二年に帰国、翌四三年には自由党所属の下院議員となった。ヒューに勧誘の手紙を書いたのもこの年のことである。ヒューはこの申出を断わるが、四五年から四六年にかけて中国視察の旅に出かけた。四五年一〇月にサウサンプトンを出港、アレキサンドリアを経て、翌四六年四月にベンガル湾に到着、六月に香港に到着してからは兄のドナルドとともに台湾海峡を抜けて北上し、七月に終着点上海に達している。当時の書簡では、廈門で貿易に携わる中国人を評して「知性的で、他の東洋の諸民族よりもはるかにすぐれているが、多くの場合はひどいごろつきなので中国人のよい見本ではない。アヘン吸引に落ち込んでいることも多いが、よく働く、

図 1–5 『あざみと龍――ジャーディン・マセソン商会 150 年史』
あざみはスコットランドをあらわし，龍は中国をあらわす．

力強い民族である」と書いた(35)。賞賛と侮蔑とが奇妙にないまぜになった評価といえる。

この旅でヒューがアヘン貿易に対してどのような見解を抱いていたのかは定かでない。ただし、ジャーディン・マセソン商会の香港本店責任者だった兄ドナルドは悩んでいた。ジャーディン・マセソン商会の社史によれば、「おそらく地域の宣教師たちの影響と、一八四五年から四六年にかけての弟ヒューの東方訪問がきっかけになってのことであろう、ドナルドは、当時西洋でも論争的な問題になっていたアヘン貿易にかかわることについて良心の呵責を感じはじめ、共同経営の任からしりぞくことを考えた」と記されている(36)。ドナルドは一八四八年にジャーディン・マセソン商会を辞職、アヘン貿易反対協会の活動に参加することになった(37)。これと前後して、アレクサンダーとヒューは共同して四七年末にロンドンのシティにマセソン商会を創立、マセソン一族の利益はマセソン商会に集中された。五六年度をもってジャーディン・マセソン商会の共同経営者からマセソン一族の名前は消えるが、マセソン商会とジャーディン・マセソン商会という会社同士の関係は継続していた(38)。

アヘン戦争は、中国への英国の影響力の浸透に際しての暴力性を象徴する事実といえる。教会関係者は当時、英国国内で労働者階級のあいだに蔓延していたアヘン吸引を攻撃していた。それにもかかわらず、中国とのあいだでアヘン貿易を推進したのは自己矛盾ではないのか？　ドナルドの例に見られるように、これを自己矛盾と自覚して反アヘン貿易運動に携わる者もいた。しかし、そうであればこそ、中国への宣教熱が高まったともいえる。その飛躍とも思える論理をよく示すのは、スコットランドの匿名の信徒によって書かれたパンフレットの文章である。そこでは、自分たちは中国から紅茶という恩恵を被っているのだから「殺人的なアヘンや暴力的な戦争よりももっと善いもの」を中国へ送り込もうと呼びかけている。(39) ここで「善いもの」とは、いうまでもなくキリスト教であり、西洋式の医療であり、学校教育であった。アヘン貿易が「悪」だからといって、自分たちの影響力を抑制すべきだという方向には発想は向かわなかった。むしろ「悪」を相殺するために、「善」なるものとしてのキリスト教や医療や教育を広めようという見解が示されている。そこには、何事につけて、自分たちが政治的・経済的・文化的影響力の主体であるはずであるし、また、あるべきだという、確固たる信念を見出すことができる。

大英帝国史の研究者マンガンは、多くの宣教事業に共通するこうした心性を分析して次のように述べている。(40)

> 植民地の支配者は、植民地での行動と本国でのおこないの不一致から生ずる、罪の意識への防波堤を築かねばならなかった。道徳的な矛盾は合理化されねばならなかった。支配者は道徳的な不具者《ママ》 morale cripples であってはならなかった。それは支配するための自信を掘り崩してしまうのである。このようにして、文明化の使命という観念が生じてくる。植民地主義の名に値するものは必ずそれをともなうことになる。

道徳的な罪の意識への「防波堤」という比喩は、「文明化の使命」という考えの背後に存在する心の働きを巧みに説明している。英国の国内において圧倒的な貧富の格差が神学的に合理化されたように、海外における非道徳的な行為も、それが意識の前面に立ちあらわれないように合理化されねばならなかった。初期における宣教師の派遣は、客観的にはそのような役割を担っていたと解釈できる。

このようにしてアヘン貿易と表裏一体の形で中国宣教を推進しようとする意見が広く存在する一方で、中国宣教への慎重論も存在した。中国から帰国したばかりのヒューも、当初は慎重論者であった。彼は、中国では二四時間以内に開港場に戻れる範囲内でしか宣教師の活動ができないといった制限のあることを挙げて、スコットランド自由教会がすでに宣教事業に着手しているインドの方が好適地だと主張した[41]。

ヒューはなぜ中国への宣教に反対したのか。ひとつの理由として考えられることは、ビジネスマンとしての立場との兼ね合いである。ウッドコックが指摘したように、「ミッションへの衝動をともなった福音主義的キリスト教と、領土的商業的な野心を持ったヴィクトリア朝期の膨張主義ほどたがいに適合的なシステムを見出すのは困難」でありながらも、「宣教師たちの多くがとりつかれていた情熱は、本気でそれが実行されたならば、実際的な行政官やビジネスマンにとって、はなはだ不都合と思えるようなものだった[42]」。ヒューも、宣教事業がビジネスの障害となる可能性を懸念した可能性がある。

結局、イングランド長老教会は最終的に中国を宣教地として選択し、一八四七年に最初の宣教師ウィリアム・バーンズを廈門に派遣した。この時にバーンズを助けた単独宣教師ギュツラフは、アヘンを満載したジャーディン・マセソン商会の船に乗りながら、キリスト教宣伝のパンフレットを配布して歩いていたことで知られている[43]。ビジネスマンにとっては不都合なことに、アヘン貿易を批判する声は、宣教師のなかからすぐに生じてくることになった。

バーンズに次いで五三年に廈門に派遣されたジョンストンは「わたしたちの顧客」というタイトルの公開書簡において、宣教の対象が、アヘン貿易にかかわる顧客 Customers でもあるという事実を次のように告発する。常習的なアヘン吸引者は次第に「くぼんだ瞳、暗くふちどられた瞼、血の気のひいた頬と唇、やつれた容姿」という特徴を呈するにいたる。アヘン吸引はただ吸引者だけを苦しめるわけではない。禁断症状に駆られた者は「わずかな時間の苦しみからの解放を購入する」ために、妻や子どもさえ売る。これらのアヘン常習者が「わたしたちの商人にとっての顧客」なのである。「ああ、イングランドがこのような罪を犯すとは信じられるだろうか。しかし、これが事実、悲しい事実である[44]」。

もとより、ジョンストンの主張も、宣教事業自体を否定しているわけではなかった。宣教師たちはアヘン貿易について現地信徒の非難にさらされ、「中国に来る外国人がもっとよい見本となるように、どうか神があなた方の母国に力強く聖霊を注がれんことを！」という類いの皮肉な祈りに接するなかで、アヘン貿易を宣教事業の妨げとみなさざるをえなくなったのである。(45) ジョンストンは二年間しか厦門に滞在しなかった。表向きは病気という理由だったものの、アヘン貿易への反対意見ゆえに宣教本部から厄介者視された可能性もある。

イングランド長老教会の派遣した宣教師に限らず、中国で活動していた宣教師のなかにはアヘン貿易の非道徳性をアヘン貿易反対協会の機関誌『フレンズ・オブ・チャイナ』で告発する者も少なからず存在した。

これに対して、一八六七年にはジャーディン・マセソン商会が駐清英国公使オールコックにあてて書簡を送り、アヘンの消費は中国人にとっての「慰め」「恵み」であり、英国の労働者にとってのモルト・ウイスキーや世界中の人びとにとっての煙草と変わらないという見解を表明した。さらに、七〇年には英国下院でグラッドストンが首相としてアヘン貿易をとりあげて、過度の消費が痛ましい事例を生み出すことはあるものの、基本的に酒や煙草などの嗜好品と変わらないと述べて、ジャーディン・マセソン商会の見解を追認した。(46)

それでは、ビジネスの世界と宣教師の世界を橋渡しする位置にあったヒュー・マセソンは、アヘン問題についてどのような見解を表明していたのか。ヒューの態度は曖昧だった。たとえば、一八七〇年のこと、『タイムズ』の記事でロンドン商業会議所東インド・中国部会がアヘンの関税引き上げに反対していると報じたのに対して、報道は事実でないと反論したうえで、次のように自らの見解を述べている。(47)

わたしが司会する名誉にあずかったロンドンの商人の会議で、アヘン関税の問題は一切とりあげられませんでした。それは、ロンドンの商人にとって直接的な利害にかかわらない問題だったのです。わたし個人の意見としていえば、インド政府がこれほどの非難にさらされないような方向でわたしたちの東方における偉大な帝国の資源を開発し、この商品の栽培と消費に不可避的につきまとう、道徳的な悪という非難にさらされたり、中傷の対象になりがちではないものから主要な歳入を引き出しうるならば、それは大歓迎であると付け加えるのを躊躇しません。

アヘン問題はロンドンの商人にとって大きな関心事でないという言明は、単なる言い逃れではないだろう。一八七〇年時点では中国国内産の廉価なアヘンが出回りだしたために、アヘン販売の儲けは減少していたからである。[48] 石井摩耶子の研究によれば、ジャーディン・マセソン商会の資産勘定に占めるアヘン貿易の利益は、六七年度以降に大幅に減少、七二年末にはアヘン取引は事実上停止に近い状態になったとされる。[49] ヒューの発言の背景としてこうした事実を認めることができる。しかし、それでもなお、もしもアヘン貿易をやめたら英領インド政府の歳入はどうなるのだ、ということを婉曲な恫喝とも思える書き方で記している点が着目される。字義通りに解するならば、アヘン貿易はたとえ「道徳的な悪」だとしても、英領インドを維持するための「必要悪」とみなすべきだと述べていることになろう。

こうしたヒューの態度は、次第に宣教師たちとの乖離を生み出していったようである。ジョンストンの例にも見られるように、宣教師の多くは、反アヘン運動の影響を受けていた。また、アヘン貿易反対協会は、一八七六年の芝罘条約により清国がアヘン輸入に際しての関税収入の獲得を優先させる措置をとったことに衝撃を受けながらも、アヘン貿易の根源を絶つべく英領インドでのアヘン生産とアヘン輸出に反対する方向に運動を転換していった。[50] 運動の中心にはドナルド・マセソンが存在したが、ヒューの名前が登場することはなかった。

汕頭在住の宣教師ギブソンと台湾在住の宣教師バークレイは、ヒューの伝記において「何年にもわたって国中でおこなわれていた反アヘン運動にまったくといっていいほど参加しなかった。多くの友人がこの沈黙を残念なものに感じた。それは容易に誤解につながり、しばしば氏に対する非難の原因となったからである」と記している。[51] この文章はさらに、ヒュー自身はアヘン貿易から決して儲けようとしなかったという弁護論に続くのだが、このような苦しい弁明が書かれねばならなかったこと自体、アヘン問題に関するヒューの曖昧な立場を証するものといえる。かくして、アヘン貿易とほとんど一体となって始められた宣教事業は、独自の展開を見せ始めることになった。

一八七〇年代以降、マセソン商会の事業はスペインの鉱山開発などに向けられる一方、一族としての活動はイングランド長老教会による宣教事業とハイランドの「開発」に向けられた。アヘン戦争の引き金を作ったジェームズは、引退後にスコットランドの北西海岸に位置するルイス島を買い取り、ハイランドからの移民の流出をくいとめるために産業開発に尽力した。他方アレクサンダーは、イングランド銀行の取締役にも就任しながら、ハイランドで多くの鉄道会社を経営した。[52]いずれも中国で獲得した富を、故郷ハイランドの「文明化」に振り向けたことになる。

ヒューもまた、自らの富を海外宣教事業のために用いた。海外宣教事業の財源は寄附金により支えられていたが、たとえば六九年四月の記録では、個人としてのヒューの寄附金二五〇ポンドがもっとも高額であった。これはロンドン・リヴァプール・マンチェスターなどの会衆全体からの寄附金よりも多額だった。[53]また、イングランド長老教会の百年史では、「赤字が生じた場合には、財務部長と彼の寛大な友人により補われていた」のであり、宣教事業は「実質的に財務担当者自身のオフィスにおいて運営されていた」と記している。[54]もともと財務担当はヒューであり、ヒューが議長に就任して以降もマセソン一族が財務担当者となっている。そのことから、この場合の「オフィス」とはマセソン商会と考えられる。ヒューが三〇年という長期間にわたって海外宣教委員会の議長を務めたのも、財政的事情を背景とする発言権の大きさに由来するものであろう。

カルヴィニズムは「すべての富は神に帰属する以上、利己的ではなく有益な仕方で富を用いなければいけない」と教えていた。[55]ヒューとその一族たちはこの点でも「資本主義のエートス」の体現者であった。

第三節　台湾宣教の始まり

一、宣教師／洋行／砲艦

イングランド長老教会による宣教事業が始められた当時、中国では一八五八年にはアロー戦争の結果として天津条約が調印され、六〇年にさらに北京条約が調印・批准された。これにより、外国人宣教師の布教権、さらに教会による土地・家屋取得の自由が認められることになり、宣教師の活動範囲は大きく拡大した。他方、仇教運動(反キリスト教運動)も活発化した。コーエンは、「宣教師が中国人を迷信深いとみなす一方、中国人は宣教師の信仰に対して深い懐疑の念を抱いていた。たがいに相手を理解しがたいものとみなし、相手を文明の秩序のより低い段階に位置するものと感じていた」と評している。(56)

中国社会の大きな抵抗を受けながらも、その後、半世紀あまりのうちに宣教師たちは着々と拠点を築いていった。一九〇七年に上海で開催された中国宣教百周年会議の記録によれば、当時中国で活動していたプロテスタント系ミッションは合計で六一団体、このうち一万人以上の受洗者を獲得していたのは六団体である。英国系では聖公会(イングランド国教会)宣教協会、ロンドン宣教会、中国内地宣教会、イングランド長老教会、米国系では長老派海外宣教委員会、メソジスト監督派宣教会となる。ロンドン宣教会を別とすれば、ほとんどの団体がアヘン戦争以後の一八四〇年代に活動を始めている。(57)

イングランド長老教会による宣教事業は、商業上の英国の影響圏である中・南部の沿岸部で展開、まず福建省の廈門と広東省の汕頭に拠点を定めたうえで、次第に周辺地域にステーション(宣教拠点)を拡大、そのうえで台湾に進出

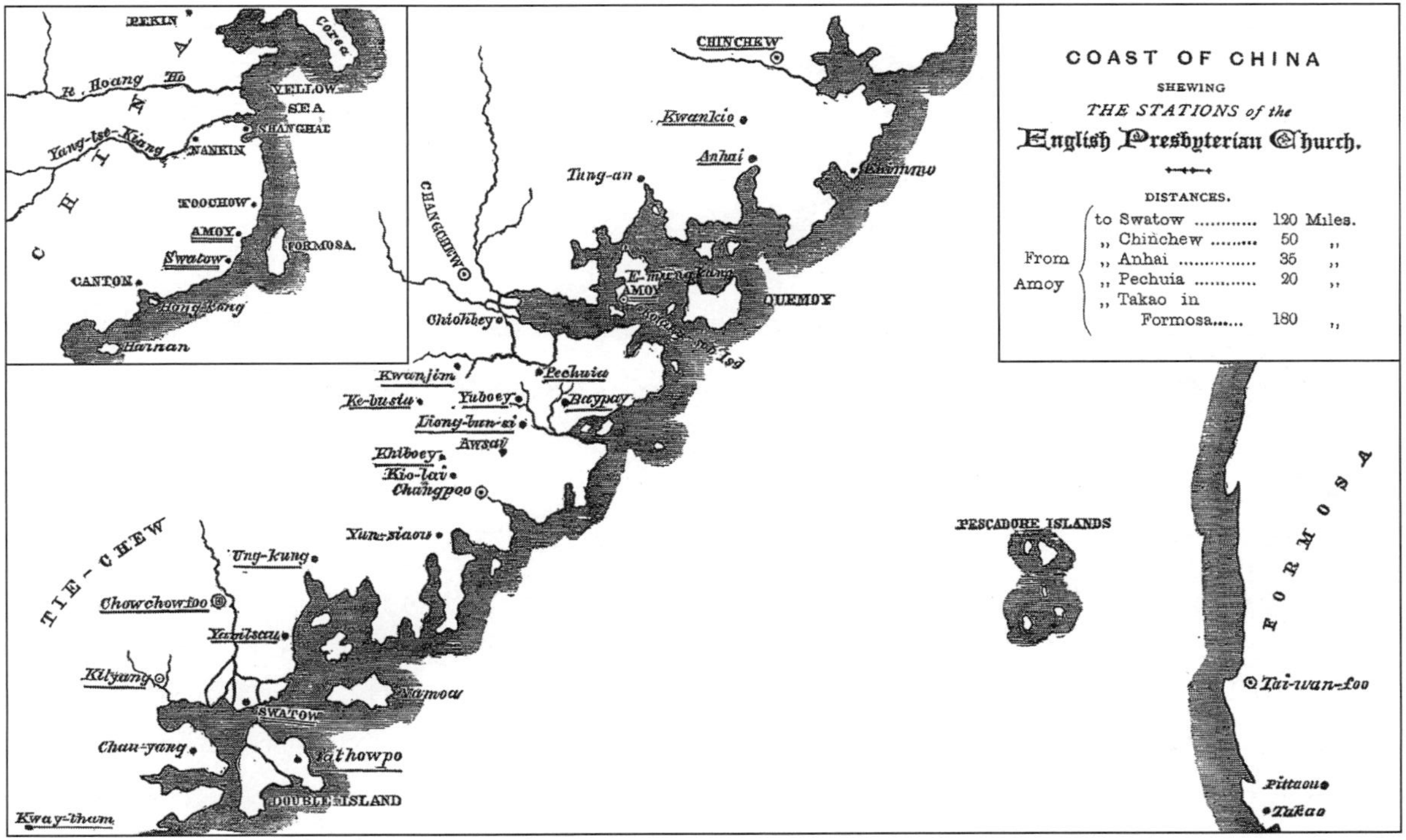

図1-6　イングランド長老教会の宣教拠点(1869年)

イングランド長老教会のステーション(宣教拠点)がある地名を記した図．左上の略図では廈門 Amoy，汕頭 Swatow に二重線が引かれており，この2都市が中心的な拠点であったことを示す．台湾 Formosa については台湾府 Tai-wan-foo，埤頭 Pittaou，打狗 Takao の地名だけが記されている．

することになった。

台湾では天津条約に基づいて安平、淡水、打狗、鶏籠が開港された。この時の開港場の範囲は曖昧だった。英国人は「台湾」Taiwan の「市邑と港」the cities and ports に来往できると記されたが、この場合の台湾は台湾府(台南城)とこれに付属する港としての安平と解された。また、英国との天津条約締結の翌日に清国がフランスと締結した天津条約では、「淡水」Tanshui が含まれていた。淡水は狭義には滬尾(淡水港)を指すが、広義には台北盆地を含めて淡水河流域を含むものと解された[58]。これは最恵国条項により英国にも適用された。かくして開港場が定められたわけだが、同時代の日本の横浜や神戸とは異なり、外国人居留地をめぐる分界線は明確ではなかった。

一八六〇年にはジャーディン・マセソン商会とデント商会(甸徳洋行)がいち早く打狗に支店を開設した。六五年には医師マックスウェルが、イングランド長老教会の宣教師として初めて打狗港に上陸した。これより早く五九年に天主教会(カトリック教会)がドミニコ会の神父を台湾に派遣していたが、プロテスタント系では初めての宣教師であった。それだけに、宣教師に対する警戒心や猜疑心も強く、宣教活動は大きな抵抗に遭遇した。

マックスウェルは、一年近くにわたる廈門滞在で閩南語を習得したのちに、三人の現地人の助手を率いて渡台、税関長の斡旋で洋行の集まる台湾府看西街(今日の台南市仁愛街)の家を借り受けて、この家を布教所および医館として利用することになった。

当初は多くの患者が訪れもしたが、すぐに「多くの人を殺して、死体を二階に隠している」「外出するのは死体を掘り出すためである」という類いの噂が流された。時には数千に及ぶ住民が押し寄せて略奪を働こうとすることもあった。清国の官吏に鎮静化を依頼しても、この町を立ち去ってほしいと述べるばかりだった。マックスウェルの見るところ、住民たちの行動は、「台湾府の医者たちが共謀して起こしたもの」であった。それというのも、「自分の職業にかかわることについて西洋の思想が侵入することも、自分の町に無料の診療所が設けられることも、どのようなものであれ自分たちの収入を減らすことを耐えがたく感じた」からだと解釈していた。また、条約による権利を主張しても「危険だから避難せよ」としか語らない官吏について、「わたしたちの敵」に共鳴していることは疑いないと考えていた。[59]

当時エレス商会(怡記洋行)で働いていたピッケリングは、同様の事態を伝えながら、アヘン問題がこれにかかわっていることに注意して次のように書き留めている。マックスウェルの医療行為、とりわけ白内障や結石などの「明らかに奇跡的な治癒」は多くの人びとを惹きつけた。ただし、現地の医者たちの反感を呼び起こし、「宣教師は漢族を殺し、脳や眼球を取り出して、アヘンを製造している」という噂が流された。[60]

このように根強い反キリスト教、反欧米人意識が存在する一方で、少しずつではあるが、現地人の改宗者もあらわれた。そのひとりが、高長(一八三七―一九一二)である。

福建省泉州に生まれた高長は、台湾府で雑貨店を経営する姉を頼りとして、六四年に単身渡台していた。[61]高長の子孫に伝わる回想によれば、高長は賭博でひと儲けすることを祈願するために赤い蠟燭を買って、廟に「偶像」を拝みに行く道すがら、マックスウェルの説教に接して感動し、廟に行くことも忘れて聴き入ったという。[62]

March 1, 1878.] OF THE PRESBYTERIAN CHURCH OF ENGLAND. 47

THE GOSPEL IN CHINA.

MEDICAL MISSIONS.

It is not yet sufficiently understood how wonderful a field of usefulness is presented in China to every true-hearted Medical Missionary.

What more desirable opportunity in the interests of Christ's Kingdom can a man conceive, than to have gathered around him in daily Hospital life a company of, say, eighty to a hundred heathen men, from twenty or thirty different cities and villages in the region around, truth that is daily proclaimed, with a speed proportioned to the measure of awakening amongst their countrymen whom they find in the Hospital before them. As many as 1500 souls may thus in one year come under the powerful and prolonged influences and precious teachings of a single Mission Hospital. Could any man desire a more favourable opportunity of labouring amongst the heathen of China than that which is thus offered to *every* Medical Missionary? It is not necessary to mention the other opportunities presented to such a labourer in occasional itinerancies, and in various ways in which he may help forward the spiritual work of his brethren in the pastorate. The conclusions of Dr. Gauld may be unhesitatingly accepted as to the central work of the Medical Missionary. "Hospital work," he says, "I hold to be the most satisfactory of any, both as regards the benefit done to the bodies and souls of our patients,

MISSION HOSPITAL GROUP AND WARD, TAIWANFOO, FORMOSA.

図 1–7　台湾府(台南)の病院
The Messenger and Missionary Record(1878 年 3 月)誌上の挿画.

図 1–8　高長と朱鶯
1876 年撮影．高長は 1874 年に朱鶯と結婚し，75 年に長女高阿金が誕生した．高長一族は南部教会の中堅的な担い手となる．

キリスト教のどのような部分に心を動かされたのかは不詳である。さしあたって着目すべきことは、のちに子孫から「渡台始祖」とみなされる高長の入信の契機が、賭博や「偶像崇拝」との対比において語り伝えられてきたことだろう。賭博や「偶像崇拝」のような否定すべき事態を前提とすることによってこそ、回心の意味も鮮明になるからである。ただし、皮肉な見方をすれば、宣教師への敵意が渦巻くなかで彼らにつき従う決意をすることは、人生最大の「賭博」だったと見ることもできる。

高長はマックスウェルの助手として掃除や炊事を手伝うことになり、六六年に洗礼を受けた。イングランド長老教会牧師による、台湾で最初の洗礼式だった。(63)『台湾基督長老教会百年史』は「初代の信徒の大半は当時の社会の下層階級人士であった」と記している。(64)高長も、漢学の教育を受けたことがなかったという。(65)ただし、教会白話字を習得し、埤頭(のちに鳳山)で伝道師として働くことになった。

一八六八年四月、埤頭で「樟脳事件」Camphor Incident と呼ばれる出来事が起きた。事件の発端は、次のようなものである。伝道師として活動していた高長は、檳榔茶に毒を盛って女性を発狂させた嫌疑をかけられ、埤頭の住民たちにより家から引きずり出され、殴打された。難を逃れようと官衙に逃げ込んだところ、かえって牢屋に拘留されることになった。住民は、埤頭教会堂内の什器・書物・医療器具などを略奪し、教会堂を破壊した。(66)在打狗英国領事ジャメソンは駐清英国公使オールコックに次のように報告している。(67)

わたしは、この問題について本島の高官たちから何通かの書信を受け取ったが、予想に反してみな毒の使用を疑う余地のない事実とみなしており、マックスウェルの扇動によるものなのか、高長が自らの責任においておこなったのかということに関して調査するとともに、同様のことが将来試みられないように厳命することを求めている。これに対して、わたしは、興奮を鎮静化するのにもっとも有効と思われる仕方で、次のように応答した。マックスウェル医師は、この地における外国人の証言にも明らかなように、尊敬すべき人格者であり、そんなことをできる人物ではない。改宗者高長は、外国人が彼のことを知るようになって以来の数年間、敬意に値する品性を示しているうえに、外国製の薬物の調合には一切かかわっていない。

同じ月に埤頭の西部に位置する左営で、伝道師荘清風が住民に刺殺される事件も生じた。マックスウェルがヒュー・マセソン宛の書簡で伝えるところでは、地方官は強情であり、高長の釈放にも、教会堂破壊者の捕縛にも、荘清風殺害者の訴追にも同意しない。埤頭における協力者は常に生命を脅かされているという[68]。ジャメソン領事の働きかけの結果、五月末になって高長はようやく釈放された。高長は、拘留中になぜキリスト教に入信したのかと尋問されて「わたしが罪人であり、キリストなくして救いがないからです」と答えたところ、道台(道長官)は「この男は有罪であり、罰に値する」と宣言したという。マックスウェルは、この「あわれな異教徒の知事」は、「罪」といえば国家への罪としてしか理解できないか、他のことを考えようとしないのだと吐き捨てるように記している[69]。

高長は釈放されたものの、事態はこれで終息せず、六八年七月末には埤頭の教会堂が再建途中に再び住民によって破壊される事件が生じた。マックスウェルも、新任の代理領事ギブソンも、これを清朝官僚の教唆によるものとみなした[70]。

教会をめぐる対立関係には、商業上の利害をめぐる争いも重層していた。樟脳の原材料となる樟樹は、世界的に見ても産地がほぼ台湾に限定されており、その商品価値はきわめて高かった。台湾道台は、六三年に樟樹の私的伐採や

図 1-9　高雄港
帆船の左側に見えている建物はエレス商会.

樟脳の私製密造を禁じるなど専売化を布告していた[71]。エレス商会のピッケリングは、樟脳専売化を天津条約に違反するものと判断して密かに運びだそうとしたところを、清朝当局から差し押さえられることになった[72]。

このように樟脳専売をめぐる軋轢も高まる状況のなか、清朝官吏の対応に業を煮やしたギブソン代理領事は軍艦の出動を要請、六八年一一月には英国軍が安平を砲撃し、占領する事態に発展した。

和議の結果、清朝は、エレス商会に対しては樟脳没収に関する賠償金を六〇〇〇ドル、イングランド長老教会に対して教会堂破壊への賠償金一一六七ドルを支払うことになった。荘清風殺害の加害者とされた人物は斬首に処せられ、マックスウェルや高長による毒使用疑惑も事実無根であることが確認された[73]。英国政府およびイングランド長老教会宣教師の要求に対して、清朝が全面的に屈服したといえる。打狗の領事のもとに逃れていたマックスウェルや高長は、台湾府で宣教事業を再開した。

さらに、翌六九年にはオールコックが、台湾における樟脳事件の結果を受けて清朝政府と交渉して「樟脳条約」を締結、樟脳専売制度を撤廃させたばかりではなく、外国人が開港場以外の内地に入り込んで樟脳を運び出す権利を認めさせた[74]。内地通行許可証を保持する者という限定つきではあったものの、この条約により欧米人商人は樟樹を産する中央山間部まで入り込みながら、製脳者と直接的に売買をおこなうことが可能になった。樟樹の主な産地は台湾先住少数民族の居住する中央山間部だったので、私的武力を擁する豪族が、製脳地において先住民との抗争の前面に立つことになった。このように欧米資本(洋行)の影響力が台湾社会に深く浸透していく過程で、霧峰の林朝棟(一八五一

—一九〇四）や板橋の林維源（一八四〇—一九〇五）らの豪族、本書第三章に登場する李春生や、苓雅寮（のちに高雄）の陳中和（一八五三—一九三〇）らの買弁商人が勃興していった。[75]

「樟脳事件」は、宣教上の便宜と、商業上の利益と、武力による威嚇がまさに三位一体となった砲艦政策の典型ともいえる事件だった。ただし、代理領事による砲艦出動要請は、外務大臣クラレンドン伯爵により軽率な行為として非難されていた。[76] 英国政府にすれば、フランスやドイツとの危ういバランス・オブ・パワーのうえで中国分割を牽制しあっている以上、他の列強を刺激する行動は厳に慎まねばならなかったからである。

宣教関係者は、砲艦外交をどのように見ていたのか。ドナルド・マセソンは、イングランド長老教会海外宣教委員会の委員としてクラレンドン伯爵宛てに書簡を送付し、「殉教者」荘清風は「石打ちにより殺されたあとで、心臓が切り裂かれ、殺人者のうちでもっとも野蛮な者によって食べられた」と述べている。さらに続けて、「賢明で力強い代理領事の行為」は、「ミッションの大義」にとってばかりでなく、「平和と秩序」のために有益な結果をもたらしたと擁護している。[77]

ここで「食人」にかかわる描写は、代理領事の行為の擁護のために必要とされたと考えられる。キリスト教世界で「食人」は、「野蛮」を象徴する記号として長い歴史を持っているからである。[78]「石打ち」により殺されたという記述にしても、キリスト教の最初の殉教者ステファノが石打ちにより殺されたイメージが投影されたものだろう。かくして、「殉教者」の美しい精神との対比で「異教徒」の「野蛮」が浮かび上がり、砲艦政策も文明化の使命の一部として正当化されることになる。すでに記したように、ドナルドはアヘン貿易反対協会の活動にも挺身していたが、そのことは、「異教徒」の「野蛮」を言い立てることと矛盾するものではなかった。むしろ反アヘン貿易運動への情熱と、宣教への情熱は、ドナルドにおいて相互に支え合いながら、文明の秩序への信念を強めていたものと考えられる。

二、台南長老教中学校の開校

「樟脳事件」が起きたのと同じ一八六八年、ヒューは、海外宣教委員会議長としてカナダ長老教会のマクラーレンに書簡を送り、「中国における福音を広める仕事の共同作業者としてカナダ長老教会を歓迎する」と記した(79)。これを受けて、カナダ長老教会は七一年に最初の宣教師としてマカイを台湾に派遣、マカイは英国領事館のある淡水を拠点として宣教活動を始めた。大甲渓と呼ばれる河川を境界として、南部台湾はイングランド長老教会、北部台湾はカナダ長老教会の管轄区域とされた。だが、現地人改宗者はまったくの少数者であり、住民のなかでの反発は依然として根強かった。現地住民、特に読書人層からすれば、砲艦政策はそれ自体が十分に「野蛮」な所為として感じられたことだろう。ただし、宣教師の側では、強い反発に直面すればするほど「迫害」に耐えてキリストの「福音」を伝える情熱を呼びさまされることになった。

イングランド長老教会からは一八六七年にリッチー牧師が最初の聖職者宣教師として着任、七一年にキャンベル牧師とディクソン医師、七五年にバークレイ牧師、七六年にスミス牧師が続いた。この間、七四年に台湾府の南東部にミッション本部のための土地を永代租借地として購入、このミッション・コンパウンドは「新楼」、マックスウェルが最初に拠点とした医館は「旧楼」と呼ばれることになった(80)。

宣教事業を展開する体制が一通り整備された段階で七七年一月に第一回の台南宣教師会議(当時の名称は台南教士会)が開催された。この会議の開催は、宣教師の責務の一部であった。

宣教師は、派遣先においてまず土着の言葉を習得し、語学試験に合格することが必要であり、合格までは見習い期間とされた。年俸は、見習いか否か、既婚か独身かといった基準に応じて定められていた。七年ごとに休暇と、そのための往復交通費を支給されたほか、現地における住宅が無償であてがわれた。その代わり、宣教師は宣教師会議を開催し、年に一度は自分の担当する事業のレポートをロンドンの本部に送らねばならなかった。女性の宣教師は婦人宣教協会に所属したが、男性宣教師とともに宣教師会議を構成するものとされた。[81]

一八八五年には、清仏戦争に危機感を感じた清朝が台湾を独立した一省に昇格させ、劉銘伝を台湾巡撫(省長官)に任命して洋務運動により鉄道敷設などに乗り出した。[82]開港の衝撃が台湾社会の深部にまで深く及ぶ状況のなかで、信者も次第に増加、台湾南部各地の拠点に礼拝堂が設けられた。[83]同じ年、各地の信徒のあいだのネットワークを強固なものにするために『台湾府城教会報』が刊行された。教会白話字による活版の月刊誌だった。この場合の「白話字」とは英文では Romanised Vernacular あるいは Romanised Colloquial と記されるものであり、ローマ字を用いて土着の言葉を表記する書記体系を指している。この場合、土着の言葉とは、廈門や台湾の漢族系住民の多くにより話されていた閩南語を指す(「閩南」は福建省南部の意)。台湾にはこのほかに客家の言葉や先住少数民族の言葉もあったので、本書では閩南系台湾語と称することにする。

『台湾府城教会報』が漢文でも、英語でもなく、教会白話字で記された背景には、「母語による聖書」という宣教方針が存在していた。この方針は、ヒュー・マセソンが故郷ハイランドでゲーリックによる聖書普及を求めたことを想起させる。それぞれの民族の母語を尊重すべきとみなす寛容さは、聖書のメッセージはどんな言葉にも翻訳可能な普遍性を備えたものとみなす頑固なまでの信念と表裏一体であった。

生涯にわたって聖書の翻訳事業にエネルギーを傾注したバークレイは、白話字を重視すべき理由を次のように説明している。漢字にはそれぞれに固定した音と意味がある。イングランドの一般の聴衆にラテン語を読み上げても意味が通じないように、漢字を正しい発音で読み上げても、漢族の聴衆には通じない。しかも、男性信徒で漢字の読める者は一割に満たず、女性にいたってはほとんどいない。これに対して、ローマ字を用いた白話字を学ぶことは容易であり、わずか数ヵ月の学習で読み書きが可能となる。白話字では深遠な思想を表現できないという批判もあるが、

「語る」ことはすべて「書く」ことが可能であり、それで十分である。漢字を絶滅する必要はないにしても、聖書を白話字に翻訳して自らそれを読めるようにすることが肝要である(84)。

白話字の採用は、単にローマ字を採用するに止まらず「語る」ように「書く」こと、すなわち言文一致体の創出を意味したことがわかる。それは、ベネディクト・アンダーソンの表現を借りるならば、漢字という「聖なる文字」が存在論的現実を理解するための「ただひとつの特権的な表象システム」である状況を打破しようとするものでもあった(85)。

この新しい表記法とともに「福音」を広めていくためには、教育の普及が必要と意識されていた。まず七六年に現地人聖職者養成のための神学校を旧楼に開校、八〇年に新楼に新校舎を建築して移転した(86)。八三年三月に台南宣教師会議は男子のための中学校――のちに台南長老教中学校と呼ばれる学校――を設ける方針を定め、四月にその旨をロンドンの海外宣教委員会に伝えた(87)。神学校の学生の多くはそれまで教育を受けていなかったために、基礎教育に多くの時間を割かねばならない事情が存在したからである。教会に附設する小学で教える教師を養成する必要もあった。これらの教会にとって有用な人材養成のための学校は、寄宿舎における礼拝を通じて宗教的な感化を深めることのできる寄宿学校でなくてはならなかった。

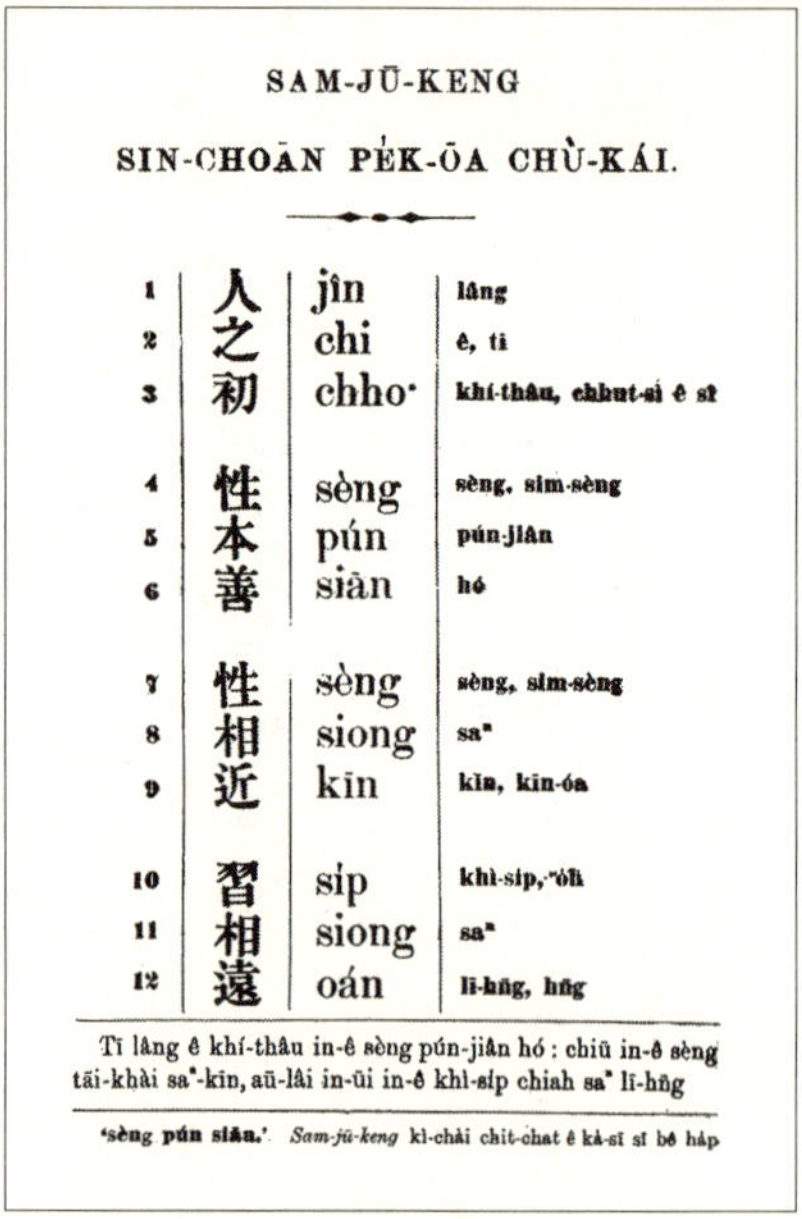
SAM-JŪ-KENG

SIN-CHOAN PE̍K-ŌA CHÙ-KÁI.

1	人	jîn	lâng
2	之	chi	ê, ti
3	初	chho·	khí-thâu, chhut-sì ê sî
4	性	sèng	sèng, sim-sèng
5	本	pún	pún-jiân
6	善	siān	hó
7	性	sèng	sèng, sim-sèng
8	相	siong	saⁿ
9	近	kīn	kīn, kīn-óa
10	習	si̍p	khì-si̍p, ·ōh
11	相	siong	saⁿ
12	遠	oán	lī-hn̄g, hn̄g

Tī lâng ê khí-thâu in-ê sèng pún-jiân hó : chiū in-ê sèng tāi-khài saⁿ-kīn, aū-lâi in-ūi in-ê khì-si̍p chiah saⁿ lī-hn̄g

'sèng pún siān.' *Sam-jū-keng* kì-chài chit-chat ê kà-sī sī bē háp

図 1–10 『三字経新撰白話字註解』(1896 年)

台南長老教中学校の初代校長イードが編集したもの．左列の漢字は儒教の入門教科書である『三字経』本文，中央列のローマ字は官話による発音，右列のローマ字(白話字)は閩南語による発音．官話による「chho(初)」が閩南語で「khì-thâu(起頭)」と表記されるように，語彙のレベルで異なる例も見られる．

ロンドンの海外宣教委員会は、台南宣教師会議の依頼に応えてグリニッジ寄宿学校の教師であるイードを教育担当の宣教師として派遣することになった。[88] イードは牧師ではなかったが、教育担当の宣教師については牧師という資格は必要とされていなかった。

一八八四年に台湾に着任したイードは、老人たちを「迷信」から引き離すのに尽力するよりも、若者たちを教育し訓練する努力を優先させるべきだと考えた。さらに、「姦淫」と「偶像崇拝」の罪ゆえに、あらゆる人種のなかで漢族はもっとも道徳的に「堕落」している、だからこそ、教育が重要なのだとも記している。[89] イード夫人の回想によれば、イードは一二歳の時にリヴィングストン——スコットランド出身で、アフリカで没した伝説的な宣教師——の旅行記を読んで宣教師になることを決心したという。[90] 宣教への情熱は一定の人びとを自分たちよりも「劣っている」「堕落している」とみなす考えと表裏一体であり、教育の普及は「迷信」からの解放の手段ともみなされていた。

イードは、四〇名の生徒を収容できる寄宿学校創設のためには一一五〇ポンドの費用が必要という見積りをして本部にその一部の補助を要請した。[91] だが、おりしも海外宣教委員会としての赤字が増大していた時期であり、ヒュー・マセソンからの返信は、寄宿学校の可否には言及せず、ただ支出の抑制を求めていた。[92]

表1-2は、一八八三年度のイングランド長老教会海外宣教委員会の会計報告である。支出のなかでは宣教師俸給が半分近くを占める。その他の支出はそれぞれの宣教拠点における現地人伝道師の俸給や教会・学校・病院などのために要する経費であり、年度による違いが大きかった。当初の宣教事業の拠点は廈門、汕頭、台湾だったが、スコットランド自由教会によるインド宣教事業にも協力したほか、一八八一年にはシンガポールにも初めて宣教師を派遣した。[93] 収入の基本はイングランド各地の教会の会衆からの寄附金と、個人からの寄附金だった。どの教会・個人からどれだけの寄附金が寄せられたかは機関誌『メッセンジャー』の誌面でこと細かに報告されており、宣教事業への貢献度を競わせる雰囲気が形作られていた。それでも赤字の場合が多く、スコットランド補助財団や、日曜学校を基盤

表 1-2　イングランド長老教会海外宣教委員会の会計報告(1883 年度)

支　出		収　入	
宣教師俸給	£7,502	前年度残高	£890
廈門ミッション支出	£1,756	会衆からの寄附金	£6,434
汕頭ミッション支出	£1,448	寄附金・遺産など	£2,938
汕頭サナトリウム建設	£500	スコットランド補助財団エディンバラ委員会	£2,723
台湾ミッション支出	£2,869	少年少女基金	£1,839
シンガポール・ミッション支出	£360	汕頭サナトリウムのためにダグラス氏	£400
インド・ミッション支出	£549	台湾女学校のために婦人宣教協会	£506
宣教師旅費	£833	植民地・大陸における寄附金	£117
本部費用	£758	そ の 他	£118
そ の 他	£434	貸越残高	£1,044
合　計	£17,009	合　計	£17,009

出典：*The Messenger and Monthly Record*, (April, 1884).
注：1) ポンド未満の数値は切り捨て.
2)「その他」という項目は，作成者が便宜的に設けたものである.

とする少年少女基金などにより補われていた。「台湾女学校のための婦人宣教協会寄附金」のように目的を限定した寄附金もあった。結局、この年度の場合には一〇〇〇ポンドあまりの赤字が生じたために預金引き落としにより対応している。

ヒューは、このように苦しい財政的事情もあって消極的な対応に終始した。そのため、さしあたって旧楼の一室を校舎として開校することになった[94]。かくして、『台湾府城教会報』の創刊号(一八八五年六月)には中学校の生徒募集広告が掲載されることになった。入学資格は一二歳以上、聖書・白話字・漢文・地理・算術・天文などを教える予定と記している。就学期間中は寄宿費として一学期あたり五銀元を支払うものとされた[95]。八五年九月の開校当時の教員はイードと伝道師呉葛(一八五三—一九〇二)の二名だった。のちに台南長老教中学校と呼ばれる学校の誕生は、このようにひっそりとしたものだった。

張妙娟の研究によれば、開校当時の生徒は一〇名、その後、一八八〇年代のあいだ二〇名—三〇名程度で推移した[96]。開校の翌年にイードが記した報告では、これらの中学校で学ぶ青年たちは、広くは教会、個別には自分自身のために最善と思われる特別な訓練の前提として一般的な課程を修めることが求められており、すでに「単調な漢文の暗唱と、活力溢れた知性の興奮との相違」を認識するようになったと記している[97]。中学校で学ぶ機会を「自分自身が最善と考える」道への前提として位置づけていることから、伝道師や牧師以外のキャリアの選択肢も認めていたことがわかる。ただし、入学の条件として教会白話字の読解能力を付け加えることにより、実質的に入学者を信徒の子どもたちに限定することになった[98]。

教会白話字が漢字という「ただひとつの特権的な表象システム」への挑戦であったように、中学校は科挙を中心とした教育制度への挑戦という意味を持った。清朝は台湾に府学・縣学を設けて、これらの官学への入学を許された者を生員（秀才）と称し、そのなかで台湾府を単位とした郷試に合格した者を挙人として、官吏への就職資格を認めた。挙人の定員は台湾全体で数名に過ぎなかったが、それでも民間では科挙に応ずる資格を獲得するための書院や書房が広範に設けられていた。科挙制度は王朝への求心力を高める「政治的文化的装置」でもあった[99]。

宣教師の設立した中学校はこうした官吏就任資格と無縁であるばかりでなく、教育内容でも科挙を前提とした教育とは異なっていた。八八年に中学校に入学した高金聲（一八七三―一九四六、高鐵）――高長の長男――は、算術・代数・地理・天文のような「新科学」を教えた中学校は、当時の書房教育に対して「暗夜の明星」だったと回顧している[100]。当時の台湾社会において、あえてこの「明星」を拝もうとする人びとは圧倒的な少数者であり、しかも社会的に周縁化された人びとであった。ただし、ハイランドのマセソン一族がキリスト教への改宗者として成り上がったように、台湾でも宣教師とのかかわりを社会的上昇移動の手がかりとする改宗者が次第に増加していくことになる。

九〇年には宣教師の人手不足と大雨による旧楼の破損により、中学校は二年間にわたって閉鎖された。九三年一月、台南宣教師会議はグラスゴーの自由教会神学校の学生宣教協会からの寄附金を元手にして、新楼に中学校の新校舎を建設する方針を定めた。この時、宣教本部に「ロンドン・ロンバルト通り・マセソン氏　中学校の土地に関する合意に反対ならば電信せよ」という電信を送った[101]。積極的な承認をえられる見通しは薄いものの、最低限の合意をとりつけようという趣旨の文面である。おそらくヒューの側では、依然として新校舎建設に慎重な姿勢をとっていたものと思われる。

この計画に基づいて、九四年に新楼内に中学校の新校舎が完成した。日本による台湾領有の前年のことだった。

おわりに——文明への「改宗者」たち

大英帝国から台湾へと派遣された宣教師たちは、現地人をキリスト教に改宗させるエージェントであった。ただし、改宗させられた者は、台湾の現地住民だけではなかった。海外宣教委員会議長として宣教事業を統轄したヒュー・マカイ・マセソン自身も、祖父母の代にさかのぼるならばハイランドにおいて長老派のキリスト教を受容した改宗者であり、改宗を通じて成り上がった人びとの一人であった。スコットランドの歴史家スマウトがハイランドの首長について述べたように、生き延びるために否応なく改宗した者たちは、今度は自分たちが劣等とみなす人びとを改宗させるための熱心なエージェントとなったといえる。

キリスト教への改宗は、宗教的回心を意味するばかりではなく、比喩的には文明的とみなすものへの「改宗」という意味合いも備えていた。[102] ただし、文明への「改宗者」といっても、文明として理解したものの内実は多様であり、個々人によってもその受け取り方は異なっていた。

それでは、ヒューにとっての文明や近代とは何であったのか。一八八七年のこと、ヒューは、「近代という時代の変化について以下のような文章を記している。[103] おりしもロンドン商業会議所として中国市場の門戸開放を求める要求が高まり、台湾では劉銘伝による洋務運動が展開されていた時期でもあった。

商業の世界に中国が開港したこと、国家の防衛と物質的資源の開発のために西洋思想を大幅に採用したことは、近代という時代におけるもっとも顕著で、またもっとも興味深い変化を象徴している。また、中国の朝廷が、すべての官吏に対してキリスト教の宣教師と改宗者の保護を命じる法令を出した事実は、さらに注目に値すべきことであり、神への深い感謝を必要としている。

この場合の「近代という時代」の核心は自由貿易主義であり、スコットランド長老派のキリスト教であった。それは、ウェストミンスター信仰告白に見られるような救済予定説を信奉し、安息日の遵守、禁酒・勤勉のような自己規律の強調、学歴の重視、「偶像崇拝」の徹底した排除という特徴を持ち、まさに「資本主義のエートス」を体現するものであった。

それでは、ヒューにとってアヘン貿易は文明的な行為だったのだろうか？　おそらく回答は、イエスでもあり、ノーでもあろう。イエスだとすれば、アヘンが新たな市場を作りだし、商業の世界におけるグローバルな連関のなかに中国を組み込んでいく作用を持つうえに、英領インドの歳入を支えるからである。ノーだとすれば、その理由は、容易に中毒化をもたらす「商品」の販売は反道徳的な行為だからである。だからこそ、罪の意識への防波堤として宣教師が派遣されたとみることができる。ただし、実際に中国・台湾に派遣された宣教師のなかではアヘン貿易への批判的見解が大勢を占めた。同じスコットランド出身の長老派キリスト教の信奉者とはいっても、ビジネスの世界で枢要な位置を占めるのか、もっぱら宣教事業に専念するのかという立場の違いによって見解は異なった。さらには、ロンドンから世界を見るのか、台南から世界を見るのかという立場の違いによっても、世界の見え方は異なっていたように思われる。

宣教師の考える文明の内実として重要な位置を占めたのは、表音文字による言文一致体の創造、「新科学」の教育による「活力溢れた知性の興奮」、寄宿学校における規律などであった。これは思想・信仰・信条の側面における「開港」を求めるものであった。ヒューもこの方向性について基本的には賛同していたからこそ、中学校設立の建議に際して教育担当の宣教師イードを派遣したのであろう。ただし、新校舎の建設に関しては、財政事情を理由として積極的な賛意を示さなかった。それが、もっぱら財政的理由に基づくものなのか、それとも現地人向けの普通教育を積極的に進めることになんらかの懸念を抱いていたのかは不詳である。いずれにしても、いったん設立された中学校は、現地人改宗者の要求、さらに台湾を統治する政府——清朝、そして日本——の要求との相関関係のなかで、ヒューの思惑を逸脱するような方向で独自の歴史を刻んでいくことになるであろう。

ヒューは一八九八年に亡くなった。その没時には廈門、汕頭、そして台南の信徒たちが感謝の念に満ちた弔辞を寄せた。[104] これにより、中国・台湾のネイティブ自身の発言として、ヒューの「偉大な功績」が追認されることになった。ただし、それはパクス・ブリタニカの時代の終焉とも重なっており、「日本人」や「台湾人」という新たな主体が立ち現れる時代の始まりとも重なっていた。

第二章　「軽蔑された帝国」の担い手
――帝国日本の台湾領有と英国

一八九五年三月、下関条約締結の準備が進められていたさなかのことである。「新しい日本の創造」と題する、伊藤博文首相へのインタビュー記事が、英国の日刊紙『ウェストミンスター・ガゼット』に掲載された。(1)「はい、わたしはマセソン・ボーイズの一人でした」。先日、日本の首相はわたしに語ってくれた。「わたしは多くのものを彼に負っています」。

それに先立つ記事には、次のような日本の幕末の出来事を記してあった。

多くの冒険の末に、三人〔正確には五人〕はロンドンに着いた。そこで、彼らは、コモン・センスを備えたキリスト教的人物の世話になるという幸運に恵まれた。その人は、彼らの逃亡を援助した会社のメンバーであった。ヒュー・マセソンである。今日の日本は、ヒュー・マセソンの相談と世話に少なからぬものを負っている。

ここで登場するのは、前章でとりあげたヒュー・マカイ・マセソンである。伊藤は幕末に長州藩主の内命を受けて井上馨らとともにロンドンへ密航、その際にヒューがホスト役となったのだった。伊藤は、このインタビューでヒューの思い出を語りながら、下関条約の交渉相手である清国政府の非文明的な性格について不平を鳴らしている。そして、清国全権の李鴻章について、「わたしの西洋に対するすべての知識と、わたしが日本でおこなってきたすべての

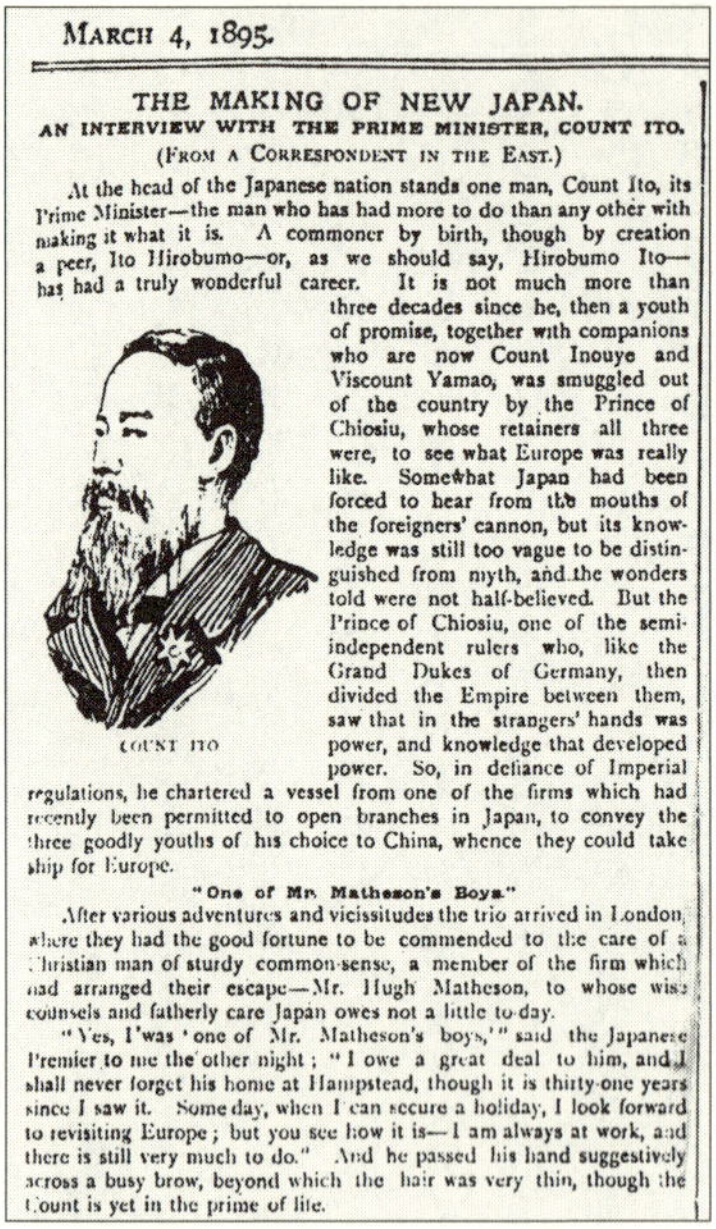

MARCH 4, 1895.

THE MAKING OF NEW JAPAN.

AN INTERVIEW WITH THE PRIME MINISTER, COUNT ITO.

(FROM A CORRESPONDENT IN THE EAST.)

At the head of the Japanese nation stands one man, Count Ito, its Prime Minister—the man who has had more to do than any other with making it what it is. A commoner by birth, though by creation a peer, Ito Hirobumo—or, as we should say, Hirobumo Ito—has had a truly wonderful career. It is not much more than three decades since he, then a youth of promise, together with companions who are now Count Inouye and Viscount Yamao, was smuggled out of the country by the Prince of Chiosiu, whose retainers all three were, to see what Europe was really like. Somewhat Japan had been forced to hear from the mouths of the foreigners' cannon, but its knowledge was still too vague to be distinguished from myth, and the wonders told were not half-believed. But the Prince of Chiosiu, one of the semi-independent rulers who, like the Grand Dukes of Germany, then divided the Empire between them, saw that in the strangers' hands was power, and knowledge that developed power. So, in defiance of Imperial regulations, he chartered a vessel from one of the firms which had recently been permitted to open branches in Japan, to convey the three goodly youths of his choice to China, whence they could take ship for Europe.

COUNT ITO

"One of Mr. Matheson's Boys."

After various adventures and vicissitudes the trio arrived in London, where they had the good fortune to be commended to the care of a Christian man of sturdy common-sense, a member of the firm which had arranged their escape—Mr. Hugh Matheson, to whose wise counsels and fatherly care Japan owes not a little to-day.

"Yes, I was 'one of Mr. Matheson's boys,'" said the Japanese Premier to me the other night; "I owe a great deal to him, and I shall never forget his home at Hampstead, though it is thirty-one years since I saw it. Some day, when I can secure a holiday, I look forward to revisiting Europe; but you see how it is—I am always at work, and there is still very much to do." And he passed his hand suggestively across a busy brow, beyond which the hair was very thin, though the Count is yet in the prime of life.

図 2–1　*The Westminster Gazette* (Mar. 4, 1895)
画像には「Count Ito(伊藤伯爵)」と記されており，その下に「One of Mr. Matheson's Boys」という見出しが見られる．

改革について知識をえたがっていた」と誇らしげに語っている。文明化において清国よりも一歩先んじているという自負の念と、読者たる英国人の歓心を買おうという計算高いアピールとがいり交じった応答とみなすことができる。

この記事は、英国・清国関係とはおよそ対照的な、英国・日本関係を象徴してもいる。ヒュー・マセソンは、清国とのかかわりでは、貿易や宗教の面における激しい軋轢・葛藤を引き起こしながら、宣教師という文明化のエージェントを通じて影響力を浸透させる役割を担った。一八六八年の「樟脳事件」に象徴されるように、そこにはあからさまに暴力的な側面もはらまれていた。これに対して日本とのかかわりでは、むしろ伊藤のような人物を中心とした文明化を助力する側に回ったといえる。伊藤の側でも、こうした事情を強く意識していた。日露戦争勃発当時、伊藤は「文明世界の同情なるものは、国家の生存上就中戦争の際に於て非常に有力なる無形的後援なるが故に、我国民は此同情に背からざるの覚悟なかるべからず」と演説している[2]。日英同盟の締結なくして、東アジアにおける日本の覇権がありえなかったことを想起すれば、「文明世界の同情」に依存すべきという発言は文字通りの切実さを備えたものとして読める。

もちろん、そのことは伊藤の外交政策が英国への依存一辺倒だったことを意味するわけではない。よく知られているように、伊藤は、一八八〇年代の憲法制定に際してはドイツに接近し、ドイツの国制から学ぼうとしていた。一九〇一年時点ではロシアとの戦争を回避するために「満韓交換論」に基づいて日露協定を成立させようとしていた。そのうえで、伊藤は、イアン・ニッシュの研究によれば、ロシアとの交渉が不調に終わったあとにロンドンを訪れて、「これまで日英両国に存在してきた友好の情は、これから先、日毎により強固になっていくであろう」と演説、日英同盟締結を支持する姿勢を明確にしたという。(3) 依存すべき「文明世界」の内実は時と状況に応じて時々刻々と変化していた。それでも、以下に記す通り、台湾領有に際しては、やはり英国との関係がことに重要な比重を占めていたといえる。

一八九六年当時の調査によれば、台湾に居留していた欧米人は総勢で七一名、国籍別の内訳は英国人五五名、ドイツ人一〇名、スペイン人三名、その他三名だった。(4) 英国人が過半を占めていたことがわかる。領事館としては、淡水と安平に英国領事、大稲埕(台北城の北部の淡水河沿いの地域)にドイツ領事、安平にオランダ名誉領事が存在した。ドイツ人の多くは樟脳などを扱う商人であり、スペイン人は天主教(カトリック)の宣教師であったのに対して、英国人には領事館勤務者のほか、商人、税関吏、宣教師などが含まれていた。このなかで宣教師は総じて台湾における滞在期間も長く、現地の言葉を操りながら日常的に住民と接触している点で特異な位置にあった。台湾植民地化の過程は、これらの英国人との交渉の過程でもあった。

以下、第一節では「文明世界の同情」に頼る方針の由来を、伊藤博文の幕末の密航体験に即して検討し、第二節では台湾の軍事占領の過程をとりあげ、第三節では第三次伊藤内閣の派遣した後藤新平民政局長(のちに民政長官)に着目しながら、台湾植民地支配のシステムがいかに構築されたのかを論ずる。

本章では帝国日本の担い手として伊藤博文や後藤新平に着目するが、これらの人物にかかわる伝記的研究とは、記述のスタンスを異にしている。伊藤博文については、たとえば伊藤之雄が「近代日本を創った男」という副題の伝記を執筆している。伊藤之雄は、幕末に密航した際のヒュー・マカイ・マセソンとの関係については、「伊藤たちの渡英を手伝った英商、ヒュー・マジソン」と記すにとどまる。また、台湾植民地化については次のように記述している。「下関条約で、日本は清国から台湾を割譲されたので、台湾占領のため近衛師団を派兵した。同師団は一八九五年(明治二八)六月七日に台北を陥落させる等、台湾占領を着々と進めた。このように、日清戦争の戦後処理も一段落したので、八月五日に第一次の戦争恩賞の発表があった(5)」。これが台湾植民地化にかかわる記述のほぼ全文である。他方で、日清戦争の結果にともなう恩賞を伊藤が固辞したことに着目し、「腹心」たる陸奥宗光への「気配り」について「腹心の功績を自分のそれと区別して評価できる度量と人の良さが、伊藤にはあった」と記している(6)。

人物像を描き出す伝記的研究としては「度量」や「人の良さ」も大切な論点なのかもしれない。しかし、台湾植民地化についてのあまりにも簡明な記述との落差に戸惑わざるをえない。実際には、一八九五年八月の時点で台湾占領は「着々と」進むどころか、暗礁に乗り上げかねない様相を呈しており、首相兼台湾事務局総裁としての伊藤博文もその困難に直面していた。この困難を克服する手がかりが「文明世界の同情」に頼る方針だった。ヒュー・マセソンとの関係は、この方針の由来と意味を象徴的に示すものとなる。本章ではこのような事実に着眼することにより、伝記的語りを相対化し、むしろ伊藤博文とヒュー・マセソンのように地理的にも文脈的にもかけ離れているかに見える人びとの経験をつなぐことを目指す。

第一節　「ワン・オブ・ザ・マセソン・ボーイズ」——伊藤博文

一、「洋夷」の国への密航

「野蛮」とされる出自ゆえに、近代文明への熱烈な「改宗者」となり、劣位にあるとみなした他者にそれを及ぼそうとする態度。それは、ヒュー・マセソンばかりでなく世界の各地に見られた行動形態であり、伊藤博文にも見出される。

よく知られているように、伊藤博文は長州藩の貧農の家に生まれたが、父が伊藤家を相続したことにより士族の最末端に連なっていた。一八六三年五月、当時の長州藩士伊藤俊輔(博文)、志道聞多(井上馨)、野村弥吉(井上勝)、山尾庸三、遠藤謹助の五名が藩主毛利敬親の内許を受けて英国に密航することになった。長州藩が下関砲台から外国船砲撃を始めたのと同じ月のことであり、目的は敵情探索だった。井上らは、横浜に英一番館を構えていたジャーディン・マセソン商会のケズウィックと折衝し、渡航費と一年間の生活費・学費をあわせて、ひとりあたり一〇〇〇両を支払うことになった。五〇〇〇両の費用は、鉄砲購入のための藩の資金を担保に借用することで調達された[7]。

横浜を出帆するにあたり伊藤が詠んだ歌は「ますらをの　はじをしのびて　ゆくたびは　すめらみくにの　ためとこそしれ」というものだった[8]。「洋夷」の国へ行くことは、敵情探索のためとはいえ、やはり恥なのであった。横浜を出帆した伊藤らはまず上海に上陸してジャーディン・マセソン商会上海支店を訪ね、ロンドンへの船を斡旋してもらった。時期的には太平天国の乱のさなか、英国軍が太平天国軍を圧倒しつつあるときのことであった。

図 2-2　英一番館

歌川芳員画．ジャーディン・マセソン商会が1860年に横浜に設けた支社の建物は「英一番館」と呼ばれた．バルコニーから見下ろす英人と，路上から見上げる人びとという対照がくっきり表現されている．

『伊藤博文伝』は、上海到着時の衝撃について次のように記す。「一同先づ甲板上より港内を見渡し、各国の軍艦、汽船、帆船等の出入頻繁を極め、沿岸には輪奐たる洋館櫛比する等、その繁華の光景に一驚を喫した」[9]。井上馨はこの光景に接して早くも「攘夷」を無謀と考えるようになったが、伊藤は速断を諫めたという。松沢弘陽が指摘したように、幕末における西洋探索の旅は、同時に中国に出会う旅でもあった。条約港としての上海は、一方で「西洋の力と富とを威圧的に誇示する植民地文化」のショウ・ケースのような街であると同時に、「おびただしい難民が吸収能力をこえて流入した旧中国の暗黒面」を象徴する街でもあった。それは現実の中国の限られた一部、それも、中国の住民にとってもっとも悲惨な一部分だったにもかかわらず、この強烈な直接経験は「西洋＝進歩対中国＝停滞ないし退歩」という世界像に沿って解釈されていくことになる[10]。松沢はこれを「西洋・中国複合経験」と名付けた。若き伊藤博文らも、こうした世界像の転換を上海の街で経験したのではないかと思われる。

五月末に上海から帆船に乗り込んだ一行は、九月にロンドンに到着した。これを出迎えたのが、ヒュー・マカイ・マセソンである。ヒューの回想によれば、五人のなかで野村弥吉だけがわずかにブロークン・イングリッシュを話した。ヒューは、洋服店に連れていって洋服を仕立ててやったほか、洗濯の仕方や靴の買い方まで教えたという[11]。『伊藤博文伝』は、ヒューがウィリアムソン博士の家を伊藤らの仮寓として斡旋したと記したうえで、その人物について次のように語る。「ヒュー・マヂソンは、当時広く東洋貿易に従事しつつあり、尚ほ政治と宗教とに深き関心を有し、公共事業に貢献する所多く、頗る人望ある人なりし」[12]。

ウィリアムソンの教えるユニヴァーシティ・カレッジ（創設当時の名称はロンドン大学）は、長老派のような非国教徒を主な担い手として一八二八年に創設された。オックスフォード大学やケンブリッジ大学から「神なき」大学という攻撃を受けながらも、首都の中産階級の要求に応えるカリキュラムを提供した[13]。ヒューは伊藤らがこのユニヴァーシティ・カレッジで学ぶ道を開いた。犬塚孝明の研究によれば、法文学部の聴講生として登録、ウィリアムソンの担当する分析化学などを受講したことを同校の『学生登録簿』から確認できるという[14]。

本章冒頭に掲げた新聞記事で伊藤は、「もう三一年も前のことになりますが、ハムステッドにおけるご自宅を訪れたときのことを忘れることは決してないでしょう」と、ロンドン北部の高級住宅街ハムステッドに位置する、ヒューの自宅に招待されたときのことを回想している。[15] 伊藤らの密航について金銭の授受もおこなわれていたが、こうした回想からは単なる契約関係を越えた「親身さ」が浮かび上がる。その理由は不詳だが、伊藤らの出航後に長州藩が「攘夷」を決行してフランス船やオランダ船を砲撃したことを考えるならば、日本との通商上の阻害要因を取り除く手がかりを、これらの若者たちに期待していた可能性も考えられる。

翌一八六四年春、日本では駐日公使オールコックが、長州藩による下関海峡封鎖により長崎での貿易が悪影響を受けているという判断のもと、米国・フランス・オランダとともに、下関攻撃の体制を整えつつあった。英字新聞の報道から下関攻撃が近いことを知った密航者たちは対策を協議し、「巨万の償金を取られるか、広大な土地を割かれるか、悪るくすると、滅亡するかも知れぬ」事態を懸念しながら、まず伊藤・井上の二名を帰国させることになった。[16] すでに密航者たちはみな開国論者に変貌していた。

英国から戻った二人は、まず横浜でオールコックに面会して藩主の説得を約束した。しかし長州藩の藩論を覆すにはいたらず、四ヵ国連合艦隊による下関攻撃がおこなわれた。この敗北ののちに伊藤らは藩論を転回させることに成功、一方、ロンドンに残って学問を続けた三人は維新後、山尾は工部卿、野村は鉄道庁長官、遠藤は造幣局長として、いずれも上からの強力な「文明開化」を主導することになった。

二、科学・技術とキリスト教のあいだ

一八七二年七月、維新変革ののちに岩倉遣欧使節団の一員として再びロンドンを訪れた伊藤博文は、ヒュー・マセソンに工部大学校(のちに東京帝国大学工学部)の教官の人選を依頼、ヒューはグラスゴー大学のゴードン教授と相談の

うえ、ヘンリー・ダイアーを斡旋した[17]。そして七三年に、マセソン商会が工部省代理としてダイアーと契約書を交わしたうえで、日本に派遣した[18]。工部大輔として工部大学校の運営にあたった山尾庸三は、幕末の滞在時にはグラスゴー大学アンダーソン・カレッジの夜間学級でダイアーと同窓生であった。工部大学校は革新的で質の高い技術教育機関となり、その輩出する人材が急速な工業化を担った。日本政府が志田林三郎ら工部大学校の卒業生を英国に留学させた際にも、ヒューはグラスゴー大学で学べるように斡旋した[19]。スコットランド出身の非国教徒というヒューのバックグラウンドは、伊藤らの要求に適合的だったといえる。

それでは伊藤らは、ヒュー・マセソンという人物の、もうひとつの重要な側面であるキリスト教については、どのように対応したのだろうか。

図 2-3　工部大学校校舎設計図
講堂内部の設計図．設計はボアンヴィル．1877 年竣工．

ヒューの回想録では、五人の密航者たちとともに新約聖書「ローマ人への手紙」を読んだと記している。ひとりの若者は、第一章における堕落した人びとの描写に接して「これはまさにわたしの国の人びとを描いたものだ！」と叫び、「キリストの啓示の真実性にかかわる深い確信」を抱いて日本に戻ったという。また、二人は、家族礼拝のなかでヒューが彼らの国・日本のためにいつも祈っていたことに感謝を表したという[20]。イングランド長老教会の機関誌『メッセンジャー』でも伊藤らがヒューの庇護を受けたエピソードに言及して、ヒューの「道徳的・霊的な影響」moral and spiritual influence は顕著なものだったと語っている[21]。

ヒューがロンドンを訪れた若者たちにキリスト教の受容を期待し、いくばくかの「成果」を挙げていたことがわかる。もっとも、この五名がその後に政府高官としての道を歩んだこともあって、「キリストの啓示」の真実性を確信したのが誰なのかは、わからない。その後にもキリスト教への関心を持ち続けたのかも確認できない。ただし、日本社会全体としていえば、入信者のなかで士族出身者が少なくなかったことが注目される。

中国と日本におけるキリスト教への対応の相違について、コーエンは次のように指摘する。中国では読書人層の反発が強固だったためにキリスト教徒の社会的地位は低く、影響力は小さかった。これに対して、日本ではキリスト教徒の三割近くが旧士族出身であり、そのなかから国民の知的生活に重要な影響を及ぼす者も登場した[22]。伊藤博文首相のもとで初代文部大臣に就任した森有礼、昌平黌の御儒者だった中村敬宇、同志社を創設した新島襄、無教会主義の提唱者内村鑑三、長老派系の日本基督教会の指導者植村正久など、士族出身でキリスト教に入信した、あるいは深いかかわりを持った知識人を挙げることは難しくない。ただし、これらの知識人のイニシアティブにより実際にキリスト教が普及したかとなると、ことは微妙である。

たとえば、中村敬宇の翻訳した明治の大ベストセラー『西国立志編』(一八五九年)の原著者スマイルズはスコットランド人であり、自助・労働・禁欲といったエートスについても長老派の信仰との関連のなかで意味づけていた。また、松沢弘陽によれば、原著は労働者階級の学習サークルの講話に始まり、同時代の英国における急進主義、自由主義の思想を体現するものでもあった。ただし、明治日本でベストセラーとなった際には、政治的・社会的変革という文脈は脱色されて、「立身」の手引き書として読まれる傾向が強かった[23]。

同様の事情は、敬宇が序文を記した『格物探源』(一八七八年)にも見出すことができる。同書は、宇宙万物の「神奇巧妙」と、その背後に存在する法則を「大主宰之神」のはからいとみなすことにより、自然科学とキリスト教は相互補完的なものであることを弁証しようとするものだった[24]。原著者であるアレクサンダー・ウィリアムソンは、ヒューの要請に応えて幕末に伊藤らを自らの家に寄宿させた人物である。ウィリアムソンの信仰について、若き密航者たちがどこまで自覚的であり、どのような会話を交わしたのかは定かでない。確かなことは、維新後に西洋の科学・技術の導入を図ろうとした際には、宇宙万物の「神奇巧妙」の背後に存在する「神」の存在はおおかた捨象されたことである。キリスト教は、国民国家形成と資本主義化としての「文明開化」に必要なかぎりで、換骨奪胎されながら受容されたともいえる。

教育制度についても、この時代には行政がキリスト教徒による教育事業を支援する傾向が見られたものの、それは、かならずしもキリスト教を広めるためではなかった。

具体的には、田中智子の研究が明らかにしているように、改革派宣教師フルベッキをはじめとして、一八七〇年代から八〇年代にかけての官立学校には少なからぬ宣教師や神学生がお雇い外国人教師として雇用されていた。[25] 同志社分校とも称される、仙台の東華学校の場合、県官吏とキリスト教宣教師が協力して設立、官界と財界の有力者による寄附金、戸別・役場単位の拠金、さらにミッションの資金により維持する「半県半民」の管理運営体制が設けられた。[26] 新島襄が中心となって京都看病婦学校設立運動を展開した際には、伊藤博文首相の妻梅子が京都婦人慈善会の会長となり、京都府知事北垣国道の夫人が副会長となって募金活動に協力した。[27] 妻たちの行動は、伊藤や北垣がその肩書きでは実行しにくいことがらを代行した側面があると考えられる。

このように高級官僚、あるいはその妻がキリスト教系施設に協力する姿は、同時代の清国では見出しにくい。維新変革を経て「文明開化」を図ろうとする方針のもとで可能になったことだったといえる。ただし、キリスト教勢力と提携した高級官僚は、高度な英語教育や西洋式医療の普及を期待していたのであって、キリスト教の普及それ自体に期待をかけていたわけではなかった。東華学校のような学校も一八九〇年代になると廃校となり、官立学校優位のもとで、キリスト教系の私立学校は次第に周縁化されていくことになった。伊藤博文ら明治政府のリーダーは、キリスト教勢力を通じて獲得できる果実はしっかり吸収したうえで、信仰それ自体は受容すべき文明の中味から取り除いてこっそりと脇に置いたと評することもできよう。

それでは、伊藤らは何を基盤として、同時代の上海やロンドンを見聞したことのない人びとも含めて、文明へのマス・コンバージョン(集団改宗)ともいうべき事態を生み出し、上からの急速な「文明開化」への意欲を引き出そうとしたのか。その役割を果たしたのが、天皇崇拝ということになろう。よく知られているように、一八八七年の帝国憲法草案審議の冒頭、伊藤は、西洋ではキリスト教が国家の「機軸」として人心を統一し、憲政を支えてきたのに対して、日本では頼るべき宗教がなく、仏教は「衰替」、神道は宗教として人心を帰向させる力が乏しい以上、「機軸」とすべきは「独り皇室あるのみ」と述べている。[28] 伊藤の意図した通り、大日本帝国憲法は、万世一系の皇統を正統性の根源にすえることになった。

かくして、近代天皇制が成立することになる。ひろたまさきの指摘した通り、近代における天皇像には、「万世一系の伝統性」「民族国家の代表性」という意味合いばかりでなく、「文明開化の先導性」が託されていた。すなわち、「万世一系の伝統性」という意匠を通じて「血統的差別秩序への衝動」を生み出す傾向もはらみながら、同時に「文明開化」を牽引することにより文明の秩序に適応させる装置という性格をはらんでいた。[29] さらに、日清戦争の経験を介して、天皇崇拝の現実的御利益《ごりやく》が広く浸透した点に留意を要する。宮地正人によれば、日清戦争の前には民衆のなかに世界の被抑圧諸民族の解放運動への連帯感が存在したにもかかわらず、日清戦争の過程で「天皇・日本国軍・日本国家との一体感」が醸成されたうえに、三国干渉の衝撃のもとで「軍事力を背景に弱小国を従属化・植民地化する方向でしか強国になりえないという確信」が浸透した。[30] 以下に記す通り、日清戦争に続く台湾の軍事占領は、「血統的差別秩序への衝動」が顕著にあらわれる場となる。

第二節　台湾の軍事占領と日英関係の軋み

一、台南入城の仲介者

「文明の義戦」を掲げて戦われた日清戦争は、開戦の時点では朝鮮を清国との服属関係から解放して独立させることを戦争目的として謳っていた。しかし、講和条件を定める過程で義戦論とは矛盾する形で割地要求が肥大化した。とりわけ海軍の要求により台湾と澎湖諸島も割地の対象として浮上し、講和条件における要求項目に含まれることになった[31]。

本章のはじめにも述べたように、伊藤博文が『ウェストミンスター・ガゼット』の記者に対して「マセソン・ボーイズ」としての思い出を語ったのは、講和をめぐる交渉が始められようとしていたさなかのことだった。ヒューは、この記事を目にしていたようである。自分の回想録でこのインタビュー記事を引用しながら、日本の首相の若き日の思い出を語っている[32]。伊藤の側でも、ヒューの存在を意識すればこそ、「ワン・オブ・ザ・マセソン・ボーイズ」として自らをアピールしたのではないかと思われる。かたや帝国日本の官僚・軍隊を通じて、かたや在台宣教師を介して、それぞれ台湾の状況に影響力を及ぼすことのできる立場にあった。

この二人の関係が象徴するように、日清戦争から下関条約を経て台湾占領へといたるプロセスは、日本政府にとって清国政府との交渉の過程であると同時に、英国との交渉の過程でもあった。そこで、英国要因ともいうべきものに着目しながら、台湾占領のプロセスを顧みることにしよう。

三月二四日の講和会議で清朝全権李鴻章は、伊藤に対して英領香港と台湾の近接性を持ち出しながら、もしも台湾を占領したならば英国が「黙過」しないだろうと述べて日本側を牽制、伊藤はこれに対して「英国ハ固ヨリ局外中立ナレハ何等容喙スルノ謂レナシ」と自信ありげに応答した。[33] ただし、干渉の可能性がないわけではなかった。ロンドンのシンジケートが台湾を清国政府から購入する動きを見せたほか、英国の海軍士官が台湾海峡の自由な航行の確保のために澎湖諸島を領有すべきだと主張してもいた。[34]

四月一七日に締結された下関条約は、清国政府に巨額の賠償金を科すとともに、遼東半島・台湾・澎湖諸島の割譲を定めた。条約調印の六日後にはロシア・ドイツ・フランスの三国が、朝鮮の独立を有名無実とするという理由で遼東半島の放棄を勧告した。英国は干渉には加わらなかったが、対清貿易への影響を危惧して、干渉に反対もしない態度を示した。五月五日、日本政府は遼東半島を還付する意向を三国に通達した。

台湾は、遼東半島とは対照的な地位に置かれた。四月二八日、日本への割譲の報に驚愕した住民が台湾巡撫唐景崧を通じて清国政府に血書の抗議文を提出、「万民、日本に従わざることを誓う。割譲もまた死、拒否もまた死ならば、むしろ先ず乱民の手に死し、日人の手に死せざるを願う。現に各国が条約の批准交換を阻止しつつあるを聞く。皇太后、皇上および諸廷臣、もしこの時に乗じ割地の一条を将に削除せずんば、即ち安心して我が台民を棄つるものなり」と訴えた。[35] 唐景崧は台湾を英国に譲渡する方策も追求し、三国干渉に言及しながら、日本に支配されるくらいならば「全台民、英の保護に帰せんことを願う」という上書も提出した。[36]

宣教師バークレイは、四月二九日付の書簡で「もしも外国勢力が台湾を保有するのだとすれば、日本よりイングランドの方がよい」という声を聞くと記している。[37] 三国干渉の実現は、欧米列強の介入を期待する動きを勢いづかせるものであった。だが、英国政府は清国から台湾を割譲されたならば「大陸諸強国ノ攻撃」を受ける源になるとして提案を拒絶した。[38] 英国は、伊藤の期待した通り、「局外中立」を保ったことになる。他方、ロシア・フランス・ドイツも、三国干渉の「成果」に影響を及ぼすことを怖れて、台湾問題に介入することはなかった。

日本による占領に抵抗する動きの中心になったのは、清国官吏と現地台湾の士紳層だった。士紳とは、科挙を媒介として官僚機構で一定の地位をえた人びとである。霧峰林家のように、もともとは私的武力を擁する土豪的な性格を持ちながらも、科挙及第者を輩出して士紳的存在へと変貌していった一族も存在した(39)。科挙が王朝への求心力を高める「政治的文化的装置」であったことに対応して、士紳層は台湾住民のなかでは相対的に清朝への忠誠心の高い人びとであったといえる。

五月二三日、清国官吏と士紳たちは、「台湾民主国独立宣言」を発して欧米列強の領事館に送付、二五日に「建国式典」をおこなった。総統には唐景崧、副総統には台湾在住の士紳である邱逢甲が就任した。『ノース・チャイナ・ヘラルド』の記者だった米国人デビッドソンの伝えるところでは、「二五日の朝、首都である台北府において新たな銀製の国璽が街中を運ばれたあと、官僚と兵士の参加する大規模な行進がおこなわれた。しかし、台北府の民と商人がそこに参加していないのは明らかだった(40)」。これまでの研究でも指摘されてきたように、台湾民主国は清国官僚主導の外交的策謀という性格が強く、これを支えようとする民衆的な基盤を欠いていた。

同じ時期、日本内地では五月一〇日に樺山資紀海軍大将を台湾総督兼軍務司令官に任命、この時に伊藤首相は、開港場における「外人ノ往来居住及其他従来ノ接遇」を保障して「安堵」させることの重要性を説き、「新領土ニ於ケル外交上ノ事務ハ最モ慎戒注意ヲ加フヘキモノ」と諭した(41)。五月二九日に北白川宮能久親王の率いる近衛師団が、台湾北東部の澳底に上陸した。日本軍上陸の報に接して唐景崧らは大陸に逃亡、台湾民主国は一〇日あまりで瓦解した。六月一四日には内閣に台湾事務局を設けて伊藤首相が事務局総裁を兼任することになり、一七日には樺山総督が台北城内で始政式を挙行した(42)。

容易に見えた台湾占領であったが、その後、近衛師団は、台湾中・南部への侵攻を始めるに及んで、呉湯興の率いる抗日義勇軍などの頑強な抵抗に直面した。

図 2-4　基隆城占領時の日本軍
近衛師団が基隆城を占領した時の写真．前方には捕虜が腕を縛られて並び，戦利品が積み上げられている．

七月二日、樺山総督は伊藤首相宛ての電報で困惑を率直に表明し、「義民」と称するゲリラが沿道や山間に出没して鉄道や電線を破壊したり、村落によって抵抗するために、南部進軍を延期したいと申し出た。これに対して、伊藤は、「安平打狗居留ノ外国人ハ危急ニ迫リ、英国政府ヨリモ屡々我兵派遣ノ期日ヲ問合ハセ」ていると応答し、列強の介入を防ぐためにも、直ちに南部に進軍して「開港場ノ安寧」を維持することを求めた[43]。樺山は、外交上のことは外交上のこととしてしかるべく対応してくれと返答した。

伊藤の懸念を裏付けるかのように、七月には駐清英国公使が、すでに日本の領地となった以上は「動乱」を速やかに「鎮撫」してほしいとあらためて日本政府に要請した[44]。こうした外交的圧力にさらされる一方で、日本軍による苛酷な「掃蕩戦」は、住民による抵抗のさらなる増大を招く事態を生み出していた。カナダ長老教

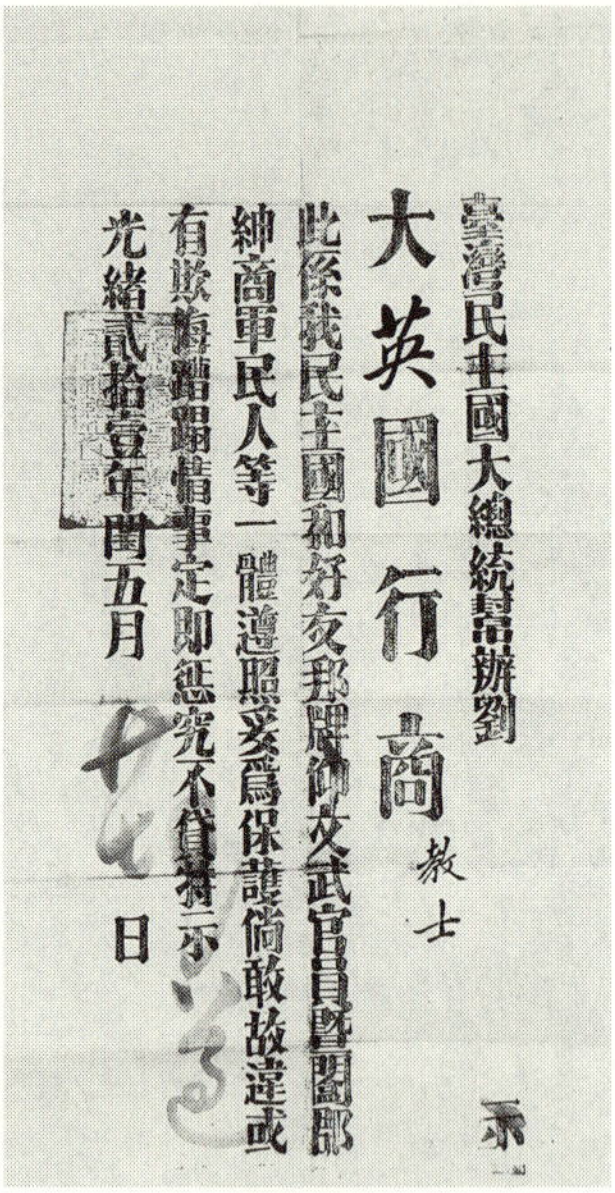
臺灣民主國大總統幇辦劉
大英國行商 教士
此係我民主國和好友邦所有文武官員暨團勇
紳商軍民人等一體遵照妥為保護倘敢故違或
有欺侮踏躏情事定即懲究不貸特示
光緒貳拾壹年閏五月 日
示

図 2-5　台湾民主国保護証
イングランド長老教会文書中の資料．右上に「台湾民主国大総統幇辦劉」と記されており，左上に台湾民主国の印が押されている．「紳商軍民人」に対して教士(宣教師)を保護すべきことを記し，これに違背した場合には罰を与えるとしている．

会の宣教師ゴールドは、日本軍は友と敵の区別ができない、女性や子どものように区別が可能な者と向かい合う場合でさえも、殺害された仲間への復讐心を抑えることができないと報告している。[45]

七月一〇日、伊藤首相は樺山総督からの要請に応えて台湾における武官・文官ともに「外征従軍者」として取り扱う方針を定めた。「清国ノ残兵険悪ノ地ニ拠リ、土民ト相合シテ頑固ナル抗敵ヲ為シ、形勢恰モ一敵国ノ如ク」という状態に対応するためだった。[46] さらに、八月六日には台湾総督府を軍衙組織に再編し、民政から軍政へと移行した。これにともなって、台湾総督は軍事に関しては台湾事務局ではなく、大本営または陸・海軍省の指揮を仰ぐことになった。[47]

この時期に台南では、唐景崧から大将軍に任命された劉永福が黒旗軍を率いて日本軍の侵攻に備えていた。劉は台湾民主国の第二代の指導者——自称では「幇辦」——に就任し、議会を設置して、紙幣(官銀票)や切手を発行した。ここに「台湾民主国の南部版」ともいうべきものが成立した。[48]

劉永福は、欧米列強の援助を期待していたこともあって、英国人宣教師と友好関係を築こうとした。宣教師に危害を与えてはならないとする布告文を軍隊と民衆に対して発し、医療宣教師が赤十字旗を掲げて国籍を問わずに兵士の治療にあたることに対して感謝の意を表明した。[49] 宣教師と個人的に会話をする機会も少なくなかったようである。イードは劉永福の態度について外国人に好意的だと記したうえで、「ぜひ「民主国」“Republic”の議会を訪れたいと思ったが、その日常的会合の場に立ち会う許可はもらえなかった」と述べている。[50]「民主国」という言葉にカッコを付けているように、国家という体裁は急ごしらえであることは十分に認識していた。それでも、好意的な関心の対象とみなしていたことがわかる。

八月二〇日には高島鞆之助中将が副総督に任命されて南進軍が編成された。八月末には、台湾中部の八卦山の戦いで呉湯興が戦死、日本軍は台中・彰化など主要都市を占領した。[51]その後、臨戦態勢を整えたうえで一〇月に南部に進軍、一〇月九日には嘉義附近で南進してきた近衛師団と黒旗軍との激しい戦闘がおこなわれ、一一日に打狗に乃木希典中将の率いる第二師団が上陸した。多勢に無勢と判断した劉永福は、一九日夜に姿をくらまして、船で大陸に逃亡した。劉の逃亡後、無政府状態での略奪を怖れた台南の士紳層は、バークレイら英国人宣教師に日本軍との仲介役を懇請、宣教師はこれを引き受けた。

日本軍は台湾北部占領に際しては教会堂を破壊し、伝道師やキリスト教徒を殺害することもあったが、やがてキリスト教徒は信頼できるとみなして、しばしば強制的に軍の先導役として徴用した。[52]こうした措置は抗日勢力の側にキリスト教徒への猜疑心を抱かせることになった。一〇月一四日には台南の北部に位置する麻豆で、日本軍のスパイという嫌疑を受けて、二〇名近くの現地人改宗者が抗日ゲリラに殺される事件が生じた（麻豆事件）[53]。この事件の報が台南に伝わるや、住民のなかには「このミッション・コンパウンドは日本軍と通じており、爆撃の合図を送ろうとしている」という掲示板を立てる者もいた。[54]このように、現地人改宗者、さらに宣教師自身が抗日ゲリラにより脅かされている状況のなかで、宣教師は日本軍との仲介役を引き受けたのである。

一〇月二〇日夕刻、バークレイとファーガソンは、英国国旗を掲げながら八キロ近くの道程を第二師団の宿営地を目指して歩き、夜半に第二師団の前哨線に到着、乃木希典師団長と面会した。日本側資料では、「在台南英国宣教師トーマスバルクレー他一名、其信徒支那人十数人ヲ率ヒ、我前衛ノ所在地ナル二層行ニ来リ、我兵ノ一刻モ早ク台南

図 2-6　台南府城大北門
清雍正 3 年(1725 年)の築城に際して設けられた.

ニ入ランコトヲ請求」したと記している。日本軍は二三日に台南城総攻撃を実行する計画を立てていたが、台南城包囲の陣形を崩さないまま支隊を先遣隊として派遣した(55)。二一日早朝、まずバークレイが、「全市が平和の内に降伏するならば危害を加えない。万一にも武装した抵抗があれば全市を壊滅させる」という乃木師団長の伝言を携えて台南に戻った。その後、ファーガソンが日本軍を先導して、すでに住民により日章旗の掲げられた城門を通過することになった(56)。

　ファーガソンは、さらに劉永福の衙門(役所)まで日本軍を案内させられた。この時の自身の役回りについて、「日本軍の騎兵に囲まれながらスコットランド人宣教師が台南府の街路を通り抜けるのは、少し馬鹿げたことのようにも思えた」という感想を洩らしながら、道すがら「前日ならばほとんど喜々としてわたしの死刑執行令状に署名したであろう、長衫〔漢族の礼服〕の士紳たちが、数歩行くごとにあらわれては深々とお辞儀をして名刺をわたしの手に押し込んだ」と記している(57)。台南在住の士紳にとって、自らの安全のために、今や宣教師が頼るべき存在になったわけである。さしあたっては非常事態における一時的な便宜だったとしても、日本人という新たなファクターの登場により、総じて厳しい対立関係にあった住民と宣教師の関係が変化する兆しがそこには示されている。

二、帝国日本への両義的評価

日本軍による台湾占領は、英国政府の中立方針、英国人宣教師による仲介に助けられたところがあった。ただし、英国政府にしても、宣教師にしても、まったく日本寄りというわけでもなかった。以下に記す劉永福逃亡の経緯が示すように、日本側の意向と背馳する側面も備えていた。

日本軍が台南に入城したのと同じ一〇月二一日、安平から廈門へと就航した英国の汽船テールズ号 Thales——日常的にはアヘン運搬のために使用されていた商船——は、軍艦八重山の乗組員により、廈門附近の公海上で停船させられて一〇時間にわたって臨検を受けた。劉永福が隠れているのではないかという嫌疑に基づいた措置だった。後日、英国政府は、公海上における臨検は万国公法違反であるとして、駐日英国公使アーネスト・サトウを介して日本政府に抗議した(58)。

サトウの日記によれば、英国政府からの正式な抗議が来るのに先立って、この件について伊藤首相と非公式に会談した。「伊藤はどうすべきかわたしの意見を求めたが、わたしは意見を述べるのは差し控えた」という。この沈黙は、日本政府による謝罪は当然という意を含んだものと解すべきだろう。サトウはテールズ号事件について「決して譲歩する気になれない」という考えを内に秘めながら、強い態度で責任者の処分と事件の公表を要求した(59)。結局、日本政府は英国政府に対して「深謝」の意を表したうえで、責任者を処罰し、テールズ号の損害を賠償する意のあることを通告、英国政府がこれを受け容れることにより、ひとまず一件落着となった(60)。常備艦隊長官有地品之允海軍中将は、一二月一九日付で予備役に編入された。米国人記者デビッドソンは、「有地は、彼がもっぱら責任を負っている過誤により、常備艦隊司令長官から左遷されたと信じられている」と書き留めている(61)。

台南城入城の仲介者となった英国人宣教師は、劉永福に対して同情的だった。バークレイは、第二師団を訪ねた際に劉永福の逃亡方法について尋ねられたが、「幸いにして、その時わたしたちはその答えを知らなかった」と回想している(62)。「幸いにして」という表現は、もしも知っていたならば隠すわけにはいかなかったが、知らなくてよかったという思いをあらわすものと解釈できる。さらにバークレイは、劉永福が女装して逃れたという人口に膾炙した噂は真実と異なっており、実際には英国領事館員の手引きにより、テールズ号の船長室の寝台の下の物入れに隠れていたのだと記している。[63]

今日では劉永福はテールズ号の石炭室に隠れていたというのが一般的な見解であり、ことの真相は不詳である。[64]もっとも、ここで重要なのは、船長室にかくまわれたという情報の真偽それ自体よりも、そのような事態が起きても不思議ではないとバークレイが考えていたことだろう。他方、日本側からすれば、英国人が敵将の逃亡を幇助したという嫌疑をかけたくなる状況が確かに存在した。だからこそ一〇時間にもわたって英国船の臨検をおこなったのだろう。英国の領事館員が逃亡にかかわっていたという情報についても、真偽の確認は困難である。ただし、台湾総督府が英国領事ハーストを敵対的な人物とみなしていたのは確かだった。九五年一二月、ハーストが在東京英国公使の管轄下に異動する際、樺山総督は伊藤首相に対してハーストが「今日迄帝国ニ対シ敬意ヲ欠キ帝国軍隊ノ名誉ヲ毀損シ若クハ総督府ノ施設ニ対シ衝突ヲ試ミントシタル」例を詳細に記して、同領事を信任すべきではないと意見している。そこで挙げられた理由のなかには、劉永福からの講話談判の使者を務めたことも含まれていた。[65]こうした事実も勘案すれば、バークレイの回想の信憑性は高まる。

このテールズ号をめぐる経緯には、日本人と清国人・台湾住民との対立関係が、日本人と英国人との緊張関係に転位していく構造を見出すことができる。テールズ号事件では、日本政府の謝罪によりこの緊張関係はさしあたって解消されたわけだが、その後も同様の事態が繰り返された。こうした事態からもうかがわれるように、帝国日本への宣教師の評価は両義的であった。

一八九五年度の宣教事業を顧みたレポートにおいて、バークレイは、台湾民主国の企図に言及したうえで、次のように記している。「自らの意思とかかわりなく、古い歴史を持つ中華帝国から引き離された人びとに同情せざるをえない。彼らは自ら誇りに思っている伝統からも引き離されたのであり、軽蔑された帝国 despised Empire の一部を構成することになってしまったのである」。そのうえで、気を取り直したように、次のような文章を付け加えている。「集団としての読書人層と高級官僚の破壊は、儒教の権威の失墜とともにわたしたちの途上にある多くの障害を除去するだろう。偶像崇拝は打撃を受けたし、今後いっそう打撃を受けるだろう(66)」。

バークレイにとって中国は、たとえ西洋文明の侵入に対して根強い抵抗を示したとしても、ひとつの文明世界を構成するものとみなされていた。したがって、日本という「軽蔑された帝国」の支配下に置かれることは、同情に値することだった。この場合の「軽蔑」には、伝統的な華夷観念に基づく士紳層の思いを代弁する側面と、「白人」の視点における文明の秩序から見てという側面の両方が含まれていると考えられる。他方で、中華文明への矜持の念は、キリスト教布教の障害でもあった。この点では、いち早く文明の秩序への適応を志向した日本人による支配の方が好都合と考えられてもいた。

ロンドンで宣教事業の指揮をしていたヒュー・マセソンも、清国官僚制度の破壊に宣教事業の好機を見出そうとしていた。ヒューは、日本軍による台湾占領の過程、台湾民主国の試みとその破綻について、バークレイら在台宣教師から細かな情報を受け取っていた。そのなかには日本軍の台南城入城に際して安平港で現地人の武装勢力六〇名あまりが殺されたことや、日本軍が隠匿された武器を押収するために住民の家屋を捜索した際の乱暴な態度にかかわる報告も含まれていた(67)。こうした情報を集約しながら、ヒューは、九六年五月のイングランド長老教会大会で次のように報告した(68)。

ものごとが落ち着いたときには、政府の交替はミッションを助けるものとなろう。日本政府はキリスト教徒の活動に対して好意的であり、帝国の高級官僚のなかには日本人のキリスト教徒も含まれている。鉄道が建設され、主日は日本でも台湾でも政府の定める休日となろう。アヘン貿易は、日本内地と同様に、台湾でもすでに厳禁とされた。大量の日本人の移住、土地の支配と効果的な開拓、この島の豊かな鉱産資源の開発などが期待される。

すべてこれらのことが、キリスト教徒の活動の自由と成功のために望ましい空気を形作ることであろう。

バークレイとは異なり、ヒューの場合にはほとんど諸手を挙げてという趣で日本人の登場を歓迎している。しかも、日本人の移住、土地の開拓というように、日本人が植民者として文明化の使命を担うことへの期待を率直に表明している。

日本政府がキリスト教徒の活動に対して「好意的」だという評価については、どのような事実を根拠にしていたかは不詳である。帝国日本の親キリスト教的な性格についての記述は過度に好意的な評価のようにも思える。ただし、清国の状況との対比の文脈でならば、この発言の意図も理解できないことはない。たとえば、日本軍が南部台湾に侵攻しようとしていたさなかの九五年八月、台湾の対岸福州では、斎教と称する民間信仰の信徒が聖公会宣教協会の保有する別荘を襲撃、英国人や米国人の宣教師をその家族を含めて殺害する事件が生じた(福建・古田教案)。義和団事件を予兆させる事態であった。この出来事は、イングランド長老教会の機関誌でも大きく報じられて、ロンドンでは追悼礼拝がおこなわれた[69]。中国キリスト教史の研究者佐藤公彦は、この出来事の背景として「日清戦争にともなう社会的緊張・不安と混乱」を指摘したうえで、英国政府は、宣教師保護の条約遵守、宣教師の生命安全のためには、「通商と布教を妨げている」官僚を打破しなければならぬと考えるようになったと指摘している[70]。

日本人の登場に連動して宣教事業が拡大することへの期待をあらわすように、海外宣教委員会は、一八九五年中にニールソン牧師、ムーディー牧師、ランズボロー医師を新たに台湾に派遣した。もともと四—五名で多くの事業をやりくりしていた在台宣教師にとって、三名にも及ぶ人員の増加は画期的な出来事として受け取られた。ただし、すぐにまた、日本人と台湾住民の対立にかかわって、微妙な対応を迫られる事件が生じることになる。

三、日本人による「圧制暴虐」への告発

一八九六年三月、「台湾総督府条例」(勅令第八八号)が制定されて、民政への復帰が宣言された。とはいうものの、総督を陸海軍大将・中将に限定して「管内区域ノ防備」にあたる責務を負わせるなど、総督府は「戦時的軍政組織」としての側面を持ち続けた。(71) 同時に、帝国議会は法律第六三号(六三法)を三年の時限立法として成立させ、台湾総督に法律の効力を持つ命令(律令)を制定する権限を与えた。

六月には桂太郎が第二代総督に就任、対外交渉に留意し、国際問題を惹起して「帝国の威信を損傷」することのないように着任時に訓示した。(72) 対外交渉に備えて、官制上では民政局総務部に外事課を設けた。(73) しかし、皮肉なことに桂総督の時期に、抗日ゲリラへの苛酷な弾圧が英国人宣教師を媒介として英字新聞で報道されることにより、「帝国の威信」は大きく揺らぐことになった。特にクローズアップされたのは、台湾中部の斗六を中心とした雲林地方(台中縣雲林支庁)における抗日ゲリラへの対応だった。

張隆志の研究が指摘しているように、台北の台湾民主国が外交政策だったのに対して、台南の台湾民主国は占領政策への武装抵抗運動の始まりを告げるものであり、住民の抵抗は「文明的手法で台湾を占領することへの伊藤博文の自信を掘り崩す」こととなった。(74) 雲林地方では、かつて清朝の武官だった簡義(一八三五—九八)が、「天運」という新しい元号を設け「奉清征倭」という旗を掲げて武装抵抗を展開していた。(75) 日本側の資料では簡義について「郷里ヲ助ケ、人皆之ヲ愛重ス」と記し、雲林の蜂起は郷民の要望にやむを得ずしたがったものと解釈している。(76) 簡義の「帰順」後に作成されたものではあるものの、住民からの略奪も辞さない盗賊とは区別されるべき存在として認識していたことがわかる。

「雲林事件」として知られる一連の事態の発端は、九六年六月一四日、簡義らが雲林近くの太坪頂にいるという情報を入手した守備隊が偵察隊を派遣した出来事だった。この時、守備隊は抗日ゲリラによる待ち伏せ攻撃を受け、一〇名あまりの戦傷者を出して退却した。歩兵第四連隊の応援を受けた守備隊は再びゲリラの捜索に向かうが、ゲリラを見出せなかったためにこれをかくまったとして住民たちの家に火を付けて、多くの人びとを殺害した。その後も抗日ゲリラが憲兵隊駐屯所を襲撃するなど一進一退の戦闘が続いていた。(77)

同様の事態は台湾全島で繰り広げられていたが、この出来事は、欧米人が関与することにより国際的に知られるところとなった。雲林地方は樟脳の原料である樟樹の産地であったために製脳場が密集、英商ディンショー商会(慶記洋行)の支配人であるインド系英国人オリアが日本人と誤認されて抗日ゲリラに殺される出来事も生じた。台南の神学校で学んだ伝道師劉阿雞が、この現場を目撃して英国人宣教師に報告したことにより、外部の世界に告げ知らされることになった。

上海・香港・ロンドンなどで刊行されていた英字新聞は、雲林での出来事をめぐって次々と関連記事を掲載した。**表2-1**は、七月から九月にかけて、英字新聞に掲載された雲林事件にかかわる記事の一覧を示したものである。ここでは総督府公文類纂のなかで確認できたものに限定している。『ノース・チャイナ・ヘラルド』の記事などで総督府公文類纂中には確認できないものもあることから、さらに数多くの記事が存在した可能性がある。(78)また、④⑩⑪⑫は外務省の史料にも含まれている。(79)

七月上旬の記事は、雲林事件そのものについてはそれほど詳しく報道していない。記事①は、雲林地方における叛乱とオリアの殺害について報じたうえで、日本の台湾支配は列強の同意のもとではじめて可能となったことに注意を促す。「日本カ台湾ヲ取ルニ当テヤ遼東半島ニ於ケルカ如キ反対ヲ受ケサリシト雖、容易ク之レヲ支配スル能ハサルコト明白ナルニ至ラハ、永ク之ヲ保有スルニ反対ナキニシモアラサルヘシ」(記事からの引用は総督府による訳文。以下も同様)。日本による台湾の持続的な領有について列強による「反対」もありえることを婉曲に示唆している。

記事②では、このような状態で一八九九年に予定されている日英通商航海条約の改正により内地雑居が実施されたならば「幼稚ナル日本人カ如何ナル憤激ヲ外人ニ与フヘキヤ」想像もできないと論じている。記事③では最後に「記

表 2-1　雲林事件にかかわる英字新聞の記事一覧（1896 年 7 月〜9 月）

No.	記　　事	新　　聞	日　付	典拠
①	「社説」・〔無題〕(7 月 1 日，台南発通信員報)・〔無題〕(7 月 2 日，安平発電)	『香港デイリープレス』	7 月 4 日付	93-5
②	「社説」	『ジャパン・ガゼット』	7 月 8 日付	76-27
③	「社説」・「台湾南部ニ於ケル日本人」(7 月 14 日，台湾府通信員)・「台湾ニ於ケル日本ノ植民」(7 月 15 日，長崎)	『チャイナ・メイル』	7 月 20 日付	76-36
④	〔台湾における日本人〕(7 月 18 日，香港発通信員，外国宣教師)	『タイムズ』	7 月 20 日付	76-31
⑤	〔無題〕(7 月 14 日)	『ロンドン・チャイナ・エクスプレス』	7 月 31 日付	76-36
⑥	「台湾ニ於ケル謀反」(8 月 3 日，台南府通信員)	『香港デイリープレス』	8 月 4 日付	76-29
⑦	「社説」	『チャイナ・メイル』	8 月 13 日付	76-30
⑧	「台湾ニ於ケル残虐」	『香港テレグラフ』	8 月 14 日付	76-30
⑨	「台湾北部」(8 月 20 日，淡水，メルキュリー通信員)	『上海外事新聞』	日付不詳	76-32
⑩	「台湾ニ於ケル日本人」(7 月 9 日・14 日・26 日，ダンカン・ファーガソン)	『スコッツマン』	8 月 22 日付	76-37
⑪	「中部台湾ニ於ケル反乱」	『タイムズ』	8 月 25 日付	76-37
⑫	「台湾事情」(7 月 31 日，東京発通信)	『タイムズ』	8 月 27 日付	76-37
⑬	「中部台湾ニ於ケル反逆」	『ロンドン・チャイナ・エクスプレス』	8 月 28 日付	76-36
⑭	〔無題〕(8 月 19 日，安平発報道)・〔無題〕(8 月 16 日，台南府発)	『香港デイリープレス』	9 月 8 日付	76-33
⑮	「台湾ニ於ケル日本人ノ残酷」・「南台湾ニ於ケル日本人」	『チャイナ・メイル』	9 月 12 日付	76-33
⑯	「台湾ニ於ケル日本人」(9 月 5 日，台北，W. K. バートン)	『香港デイリープレス』	9 月 22 日付	76-34
⑰	「社説」	『香港デイリープレス』	9 月 24 日付	76-35

出典：『明治 29 年台湾総督府公文類纂　乙種永久保存　第 23 巻』『明治 29 年台湾総督府公文類纂　乙種永久保存　第 7 巻』.

注：1)「記事」の列において，「　」は見出し，〔　〕は引用者による補足，(　)内の記述は記事のソースに関する情報を示す．ひとつの紙面に複数の記事がある場合には，ナカグロでつないだ.

2)「典拠」の列は，『台湾総督府公文類纂』の簿冊番号と文書番号を表す.

者附記」として記す。「退役ノ一英国人武官ハ、吾人ニ向テ日本人ハ猶野蛮人ナリト云ヘリ。之レ当タラスト雖、台湾ニ於テハ外人ノ視線ヨリ脱シテ、其本性ヲ顕ハシタリト見ラレサルニモアラス」。これも二重否定の婉曲な表現ながら、端的には、台湾では「野蛮人」としての日本人の「本性」があらわれたと述べていることになる。

この記事にしても、記事②の「幼稚ナル日本人」という表現にしても、文明の秩序において上位にあると自認する者が劣等者をみくだす人種主義的視線が顕著にあらわれている。これは、雲林事件に限られたことではなかった。大谷正の研究によれば、九四年一一月、日清戦争のさなかの旅順における住民虐殺事件に際しても同様の論調が登場しており、文明国としての化けの皮がはがれて「一世代前の野蛮状態に逆戻りした」と英字新聞で報じられていたという[80]。

記事③以降は、雲林地方における日本人による「残忍」「暴虐」のありさまが具体的に描かれるようになる。たとえば、記事③のダイジェストともいうべき内容の記事④は次のように記している。

> 一人ノ外国宣教師ハ南台湾ニ於ケル日本人ノ残虐ニ関シ書ヲ送リテ曰ヘリ。
>
> 小生ハ事実ト符合セサル通報ヲナシタルコトナシ。四海同胞ノ下ニ小生ハ貴下カ世界ニ向テ今回ノ事件ノ真相ヲ知ラシメンコトヲ希望ス。六十以上ノ村落ハ全ク焼棄セラレ数千人ハ殺戮セラレタリ。一日二十一人ノ支那人ハ何等ノ理由モナシニ捕縛セラレ何等ノ証拠モ彼等ニ対シ提供セラルルナク、彼等ノ墳墓ハ眼前ニ掘リ穿タレ、日本人ノ禽獣的虐遇ノ下ニ最後ニ銃剣ニ依テ刺殺セラレタリ。〔……〕目撃者ハ支那人ノ虐遇セラルル事、墳墓ノ発掘セラルル事、婦人ノ褻瀆《せっとく》セラルル事等ノ忌避スヘキ談話ヲナセリ。其結果ハ人民ニシテ反乱ニ駆逐セシムルニ至ル。

「四海同胞」は、原文では「共通の人間性の名のもとに」in the name of common humanity と記されている。また、原文ではその後に「日本人は漢人を素早く皆殺しにしつつある」the Japanese are fast exterminating the Chinese ――以下、本書ではChinese の訳語として、文脈に応じて「清国人」「中国人」「漢人」を使い分ける――と続くが、総督府による翻訳では省略している。総じて翻訳のプロセスでセンセーショナルな論調をやわらげようとする傾向が見られる。この記事では、在台南の宣教師が「通信員」の役割を果たしていることも着目される。このほか、記事⑩ではファーガソンが情報源であることが明示されており、記事⑮では「小生ハ日本人ノ惨刻《ママ》ニ関シ香港チャイナ・メイルニ投書シタル宣教師ナリ」として、自ら記事③の情報源であることを名乗り出ている。しかも、③と⑩は細かな文章表現を含めて重なっているので、少なくとも③④⑩⑮はファーガソンが実質的に「通信員」の役割を果たしたものと考えられる。

宣教師は、こうして英字新聞を通じて国際的な世論に訴えると同時に、領事を介した働きかけも展開した。台南宣教師会議の議事録では、「審議の結果として、バークレイが斗六における叛乱と、そのような事態に立ち至った理由について自分たちが信じるところを領事に書き送った」と記されている[81]。バークレイが台南宣教師会議を代表して書いた手紙は、「叛乱軍を鎮圧するにあたり、日本軍は住民に対して非難に値する残虐な行為をしている」という書き出しで始まり、「住民たちが日本軍の行為をどのように評しているかについては文章に記さない方がよいだろう」という言葉で結んでいる[82]。

ロングフォード領事は、バークレイ起草の書簡を地元台南の県知事磯貝静蔵に七月一五日付で送付、磯貝はこの書簡を杉村濬民政局外事課長に上申した[83]。これと前後してロングフォード領事はやはり磯貝を介して杉村外事課長に「箇条書」と題する証言も提出した。台湾在住の「外国人」が英文で筆記したとされる「箇条書」は、台湾在来の住民が直面していた困難を以下のように記している[84]。

台湾ニ於テ日本官吏其他ノ人々カ土人ニ対スル状態ハ実ニ圧制暴虐ヲ極メ居候次第、地方ニ在ル外国人ヨリ通知越候。今其数例ヲ掲クレハ、

一、本年〔一八九六年〕三、四月ノ交、台南ノ北方二十五哩ノ地新営ニ於テ、日本人夫二名民家ニ乱入シ其子女ヲ強姦セントセシヲ以テ其母之レヲ拒ミシカハ、棒ヲ以テ之ヲ殴打シ其母ヲシテ遂ニ死ニ至ラシメタリ。是ニ於テ同村民日本官吏ニ訴ヘシモ、日本官吏ニ於テハ酔漢ニ立障ル如キハ女ノ身ニ不相応《ママ》シカラスト却《しりぞ》ケラレタリ。

二、同村ニ於テ前同日頃、日本人、土人ノ葬式ヲ妨ケ泣男ヲ侮辱シ頭布ヲ引去リテ婦女ノ醜美ヲ評シ棺蓋ヲ開キ

屍ヲ検スル等ノ状ヲ極メタリ。

三、同日頃軍隊同村ヲ通過シタルトキ、同村ニ居住スル大地主土人某ニ料理器具食器等多数貸与ノ義請求セラレシヲ以テ某ハ直ニ貸与セシカ、其立去ラルルノ節ハ返却等ノ沙汰モナク却テ尽ク破壊セラレタリ。

四、昨年一二月本年一月ノ交、同地方軍路築造ノ節、何等ノ沙汰モナク墳墓ヲ発掘シ棺ハ荒野ニ放棄セラレタリ。

此等ノ棺中ニハ近来埋葬セルモノニシテ屍腐爛セルモノ少カラズ。

「箇条書」は、このあと埔里社や雲林における出来事を含めて、全一〇項目にわたっていわば雲林事件の裾野をなす出来事を描写している。「斬首」や「銃殺」にいたった事例も記しているが、そればかりではない。日本人の人夫や軍人が在来の住民にとっての大切な人やものごと――娘、葬送儀礼、料理器具、墳墓――を踏みにじり、まさに「侮辱」していくありさまを描写している。感情の直接的表出は極力抑えながらも、軍事的な暴力と、これを後ろ盾とした侮辱的行為の理不尽さをリアルに伝えるものとなっている。

この「箇条書」は、水野遵総督府民政局長から立見尚文総督府軍務局長へと回送された。水野は、送り状において、「内地通商ノ外人若ハ宣教師」が針小棒大に記したものであるとしながらも、「悪評ノ根原《ママ》ヲ絶ツ」ために軍隊において「内部ノ矯正」を図る必要があると記した[85]。水野がここで商人または宣教師によるものと記しているのは、後述するように、雲林事件をめぐる新聞報道には外国人商人の利害を反映する側面もあったためと考えられる。ただし、「箇条書」については、宣教師が情報源であることの明示された記事③と内容的に重なるところも大きいので、宣教師が執筆したものと考えられる。たとえば、記事③において挙げている「墳墓ニ対スル汚瀆」の実例は、「箇条書」の第四項と重なっている。

住民自身の意向も、この「箇条書」の起草に関与していた可能性が強い。記事③には、事件を目撃した住民が宣教師に宛てた書簡の抜粋が掲げられている。すなわち、台湾島内で日本人官吏に訴えても相手にされず、国際政治の舞台では存在を黙殺されていた人びとが、書簡などを介して宣教師に自らの声を伝え、その内容の一部が英字新聞で報道されたものと考えられる。そこに記された内容は、清朝から見棄てられた人びとが、征服者の軍隊により蹂躙される状況のもとで、共通に経験していた惨状のわずかな露頭であった。

もとより住民は、単に日本人の暴虐を嘆いているだけではなかった。進んで抗日ゲリラに身を投じる人びともいた。記事⑪では、住民のなかから「反徒」に身を投じる者が次々とあらわれてくる理由について、日清戦争で容易に勝利をえた日本人兵士が驚くほどに住民を「軽侮」して、「毫モ之ニ対シテ通常ノ礼法ヲ施スノ要ナシ」という態度をとっていることに対して、「無限ノ痛苦」を感じたからだという観察を示している。

ロングフォード領事は、バークレイ起草の書簡を東京のサトウ公使にも送付した。これを受けてサトウは七月一三日に伊藤首相と面会、「ロングフォードが憲兵のことで苦情を申し立てている」と語ったところ、伊藤は「憲兵はほとんどが新しくなったばかりで経験が浅いから誤りを犯しやすいのだろう」と答えたと記している[86]。だが、右の記事の観察にも示されている通り、日本人による残虐行為は、単に憲兵の「経験のなさ」に帰せる問題ではない。日清戦争の「戦勝」に驕った日本人が、その場の権力関係の磁場に心身を浸食されるようにして、言葉の通じない「土人」たちを軽侮し、侮辱する事態が生じていると見るべきだろう。

日本人の高官のなかにも、事態の根深さを認識している者もいた。雲林事件当時総督府高等法院長だった高野孟矩は、桂総督宛ての意見書のなかで、雲林事件の原因について次のように記している。事件の首魁簡義は「仁義」の道を守る「義賊」と称せられる人物である。「土匪」と呼ばれる人びとも、実際には「父を殺され、母を奪われ、兄を害せられ、又子を殺され、妻を殺され、弟を害せられたる其恨《うらみ》」につき動かされた人びとである。日本軍は、これらの人びとの家屋を焼き払ったばかりではない。収穫した穀類までも焼き払ったために、「廃屋の傍側に於て餓死する者少なからざる」事態が生じている。「小官に於てすら此廃棄せられたる収穫物、此農期を逸し荒廃に帰したる田野を見ては、我を忘れて慟哭するに至れり。然るに数千の我々同胞は、此間に意気揚々往来して、返て得色あるものの如し」。それが本当に「我同胞大和人士固有の資性」なのだろうか、そうではないはずだ、このように高野は問いかける[87]。立場こそ違えど、その論には、幸徳秋水が帝国主義による「不正非義」は支配する側の人びとの「腐敗堕落」を生み出すと批判したのと通底する側面がある[88]。

総督府における内部告発ともいうべき意見書を起草した高野に対して、水野民政局長は、軍隊・警察の請求のあるものは証拠調べなどの手続きを省略して死刑を言い渡すように法院判官に訓示せよと命じた[89]。水野にしてみれば、軍隊や警察が捕えた者をその場で処刑する「臨機処分」がまかり通っているために、せめて裁判という見かけを整えようとする意図があったと考えられる。他方、高野にしてみれば、水野の見解は裁判という形式を冒瀆するものであった。高野は水野の命令を拒否、結局、翌九七年の一〇月に非職とされることになった[90]。

四、雲林事件の収拾策

雲林事件にかかわる英字新聞の報道には、駐英公使加藤高明も神経を尖らせていた。加藤は、記事④にかかわって西園寺公望外務大臣に反駁すべき材料を提供してほしいと連絡した。また、総督府では水野民政局長が一連の報道を打ち消すための記事を「内外諸新聞」に掲載させるように働きかけることになった[91]。実際、水野がこのように記した翌日には『香港テレグラフ』に記事⑧が登場、日本人の残虐な行為を証する「明白ナル痕跡」はなく、ただ「在台湾ノ支那人」の伝聞と、これを信用した「少数ノ在台欧州人」の見解によるだけだという反論を展開している。一八九四年の旅順虐殺事件が英字新聞で広く報道された際にも、陸奥外相が伊藤首相と相談して日本側の意を受けた記事を英字新聞に掲載させたほか、さまざまな買収工作をしかけたことが知られている[92]。雲林事件に際して、水野は同様の手法で事態を収拾しようとしたのであろう。

しかし、**表2-1**の記事①から記事⑰のうち日本側の対応を擁護したのは、この『香港テレグラフ』の記事と記事⑯だけである。一部の英字新聞の「操縦」に成功したのちも批判的記事が掲載され続けていることから、こうした糊塗策では事態を鎮静化できなかったことがわかる。

詳細な経緯は略すが、加藤駐英公使、西園寺外相、小村寿太郎外務次官、北垣国道拓殖務次官、桂総督(在東京)、水野民政局長などのあいだで書状が行き交うなかで、加藤高明は、虐殺事件は「事実無根ニアラサル」と判断して責任者を処罰すべきことを提案、そうすれば国際的な非難も弱まるだろうと主張した。(93) 八月一四日には明治天皇が雲林地方で兵戈に困窮する「良民」のために救恤金を「下賜」する意向を表明し、のちに五万円の救恤金の執行が裁可された。(94) 明治天皇の意向が示されたのと同じ日に伊藤首相が参内していることから、伊藤の提案になるものと思われる。責任者処分については、台湾守備歩兵第四連隊関係者を軍法会議に付したほか、文官についても「宸襟ヲ悩マシ奉リタル」以上は責任を問わざるをえないとして、雲林支庁長松村雄之進を懲戒免職処分とした。(95)

責任者処分の公表にもかかわらず、九月になっても英字新聞における報道は継続していた。そこには、欧米人商人の意向も関与していたと考えられる。雲林事件発生当時、台湾へのアヘン輸入、樟脳の輸出などにかかわる規制をめぐって、英国人・ドイツ人商人と総督府のあいだで激しい紛糾が生じていた。その根底には、清国が欧米列強と締結した条約と、日本が締結した条約とのあいだの差異が存在した。

九六年一月二九日に日本政府は欧米列強に対して現行条約を台湾在住の欧米人・船舶にも適用することを宣言、さらに二月二二日総督府が台湾駐在各国領事に電報で通告した。これにともなって、台湾においてアヘン輸入を禁止することとなった。この時に「土人」向けには将来政府において一定の規則を設けて「薬用」としてアヘン吸引を許可する予定だと諭告し、専売化の方向性を示唆した。(96) これに対して、安平駐在英国領事ハーストはにわかに商取引を中止すると英国人が「重大ノ損失ヲ蒙ル」と抗議した。(97) 樟脳については、清国は樟脳事件の結果として、欧米人商人が台湾内地に入り込みながら製脳業に従事するのを認めていた。これに対して、日本政府は、原則的に外国人の樟脳製造権を認めていなかった。欧米人商人からすれば、日本と締結した条約への転換は既得権益の後退を意味した。[98]

雲林事件に関する一連の報道のなかでも、たとえば記事⑤は、「官有林野及樟脳製造業取締規則」(一八九五年)を理不尽な干渉として大きく報じている。その書き出しは、「台湾ニ於ケル茶業ヲ創メ之ヲ盛大ニシ又砂糖樟脳ノ貿易ヲ増進セシモノハ我等英国人」であるとして、英国人の先取権ともいうべきものを主張している。こうした報道の背景には、英国人商人の意向が強く作用していたと考えられる。

アーネスト・サトウ公使の日記によれば、九月七日に淡水に事務所を置くサミュエル・サミュエル商会の者が、拓殖務大臣高島鞆之助への紹介状の執筆をサトウに依頼した。高島への接触の目的は、英字新聞の報道を鎮静化させることを引き替えとして、原料アヘン調達にかかわる便宜供与を日本に求めることだった。高島への運動が功を奏したのだろう、サミュエル・サミュエル商会は、三井物産合名会社と折半で、原料アヘン独占買付の権利を獲得した。[99] サトウは、事情通の日本人の情報として、「伊藤とその平和主義的政策に不満を持つ陸軍の薩摩派が、高島を通じて策動している」と記している。[100] 高島は隠然たる影響力を保持していたものと思われる。

さらにサトウは、九月二四日にスペインのバレラ公使の願いにより台南のロングフォード領事にスペイン領事の兼摂を依頼した際に、「宣教師をできるだけ静かにさせるように」伝えた。[101] 一〇月一七日付の『タイムズ』にやはりファーガソンによると思われる記事が掲載されていることから、宣教師は完全に「静かに」なったわけではなかったことがわかる。だが、ひとまずは鎮静化された。サミュエル・サミュエル商会による鼻薬が効いた可能性もあるが、それだけでもないだろう。雲林事件をめぐる英字新聞の報道が続いているさなかにも、総督府と英国人・ドイツ人商人との交渉は継続していた。三年後に控えた条約改正に影響を与えることを恐れる外務省と、台湾における経済的権益の確保を重視する拓殖務省・台湾総督府の意見は分かれたが、結局一〇月二四日に外務省の判断に従って、欧米人商人に対して樟脳の製造・営業にかかわる既得権益の延長を認めることを閣議決定し、二八日に駐日英国公使・ドイツ公使に通告した[102]。日本としては条約改正への悪影響を抑え、英国人は既得権益の延長に成功したことになる。

かくして欧米人商人との関係では事態は一段落したわけだが、雲林地域での戦闘は散発的に継続していた。総督府は内務部長古荘嘉門を現地に派遣、簡義らに投降を促すとともに、「土匪」と「良民」の区別を可能にすることを目指して保甲制度を設けさせた[103]。

一八九六年九月には第二次伊藤内閣の退陣にともなって乃木希典が第三代総督に就任した。翌九七年一月に磯貝台南県知事は、バークレイとファーガソンを台南占領に際しての功績により叙勲することを上申、二人の宣教師は勲五等に叙されて双光旭日章を付与された[104]。時期的なタイミングから考えて、宣教師を懐柔しようとした措置と考えられる。叙勲そのものがどの程度の効果を収めたかはわからないが、乃木は台南入城に際して師団長として面会した人物でもあり、バークレイはよい印象を持っていた。回想録では、台南入城時を思い起こしながら「数年後に乃木はこの島の総督となり、それまでの総督のなかでもっとも同情的とみなされた」と記してもいる[105]。

図 2-7　バークレイ(左)とファーガソン(右)
出典は異なるが，両者ともに勲五等双光旭日章を胸につけている．ファーガソンの叙勲を伝える『メッセンジャー』の記事は「台南府入城に際しての勇気ある行動により，旭日章を授与された」という解説を付している．

バークレイやファーガソンは、日本軍の台南入城を先導しただけに、その後に生じた辛酸な事態を自分たちの責任において伝えるべきと感じていた可能性がある。ただし、「異教徒」を含めて、台湾住民の声を伝える作業は、宣教師としては本来の職務を越えたことであり、さしあたって事態が鎮静化した以上は手を引いたということだろう。かくして日英間の友好関係もかろうじて修復されることになったのである。

第三節　帝国の「共存共栄」

一八九八年一月に第三次伊藤内閣が成立、伊藤は児玉源太郎を第四代総督、後藤新平を民政局長として台湾に送り込んだ。児玉・後藤にとっての最優先課題は、欧米人から「野蛮人」として見下げられるような手法を用いることなく、目の前に存在する「土人」の頑強な抵抗を鎮圧して「治安」を確立することだった。後藤は、のちに日文と英文で刊行された『開国五十年史』(一九〇八年)に寄せた文章で、この民政局長就任当時を顧みて、次のように記している。「新版図統治の困難を経験せる諸外国は、皆我帝国が夫のスパルタの如く、戦争の勝利者にして、統治の失敗者たるべきを予想せざるはなかりき[106]」。日本人はたとえ清国との戦争に勝ったとしても、植民地支配の担い手としては無能なのではないか……。後藤の懸念するような論調は、確かに雲林事件当時の英字新聞に見られた。台湾植民地支配のシステムは、欧米人のこうした猜疑心を打ち消そうとする方向で構築されることになる。

本章のはじめに若き伊藤博文が開国論に転じた経緯について記した。後藤新平の出自にかかわっては、父が戊辰戦争で「賊軍」とされた水沢藩の小姓頭だったことが着目される。維新後に帰農した家族は決して豊かではなかった。だが、「東北の奇少年[107]」とも称された新平は、胆沢県大参事であった安場保和に認められて医学校を卒業、愛知県医学校長兼病院長を経て、内務省衛生局に勤務したのだった。『後藤新平』の著者の述べる通り、「藩閥全盛の明治初年に身を起し、学閥全盛の官界に投じ、やがて工業勃興とともに台頭したる財閥全盛の時代に活動」しながら、藩閥・学閥・財閥という三大閥とは無縁だった[108]。その後藤が重用される契機は、日清戦争後の検疫事務とのかかわりで児玉源太郎の知遇をえて、児玉を介して伊藤博文と接近したことだった。

後藤新平のキャリアは、「朝敵」「賊軍」の家系の出身であっても政治家として成り上がることができた点で、貧農出身の伊藤とはまた別な意味で、維新期における社会的流動性の高さを象徴している。ちょうど連合王国で周縁的な位置を占めたスコットランドの人びとがロンドンへの道を妨げられなかったのと同様に、東北出身者には帝国日本の担い手として成り上がるルートが開かれていたと評することもできる(109)。それでは、帝国日本において、台湾の占める位置は、東北とどのように異なったものとなるのだろうか。

以下、すでに台湾史研究の領域で論じられてきたことに重なるところも大きいものの、英国の植民地政策との関係に着目しながら、児玉―後藤体制において構築された法制度、専売制度、医療制度、教育制度の特徴を確認しておこう。それが次章以降で論ずることがらの前提ともなるからである。

一、二重基準の模倣――法制度

台湾総督府にとっての始政当初の難題のひとつは、条約改正を前にして、台湾における欧米人をどのように処遇するかということであった。

新条約を施行するには、台湾にも文明的な法典を整備しなくてはならなかった。しかし、日本内地の民法や刑法をそのまま在来の住民にも適用したならば、武装して抵抗している人びとの権利財産を保護することになる。こうしたディレンマのなかで暫定的な解決策として提起されたのは、浅野豊美が指摘しているように、属人主義的な原理に基づいて対応を別にすることであった。すなわち、一八九八年七月に「民事商事及刑事ニ関スル律令」(律令第八号)を制定、もっぱら「本島人及清国人」にかかわる事項に関しては「現行ノ例ニ依ル」として「旧慣」を適用する一方、内地人や欧米人が関係する事項は内地の法に依るというように、対象によって適用する法を異にする二重法制を構築した。浅野は、「あたかも、台湾全土が大きな居留地になり、本土の主権が属人的に「文明程度」の高いとされた日本人と西洋外国人のみに延長される制度であった」と評している。(110)すべての法令がこのように属人的に運用されたわけではないし、この二重法制を一元化するための措置も次第に積み重ねられていくことになるが、出発点においてこうした区別がなされた点は確認しておくべきだろう。

同年八月には「保甲条例」(律令第二一号)、一一月には「匪徒刑罰令」(律令第二四号)を相次いで制定、すでに雲林事件を通じて試験的に導入していた保甲制度を全島に拡大し、警察の監督下で「治安維持」にあたらせるとともに、抗日ゲリラと通じる行為については連座制により連帯責任を負わせることとした。匪徒刑罰令では「暴行又ハ強迫」という手段で目的を達するために「多衆結合」する者は死刑と定めた。実際の「暴行」にいたらなくとも死刑に処するという予防法的な性格は、のちに制定される治安維持法と同様である。だが、「多衆結合」の目的の如何を犯罪の要件としない点で、恣意的な判断の介在する余地はさらに大きかった。自首した者に関しては刑を減免する規定を設けることで投降を勧める意味合いも備えていたものの、かといって投降を促す威嚇としてだけ機能したわけでもなかった。檜山幸夫の研究が明らかにしたように、一八九八年から一九〇二年までの五年間で、同令による死刑執行は三二〇〇名を超えた。裁判はしばしば臨時法院で略式でおこなわれ、判決後数日の内に、囚人の名前も正確に確認されないまま死刑が執行されることもあった。(111)かくして、裁判という文明的形式を通じて合法的に大量の人びとを殺害できる制度が整えられることになった。それは、雲林事件当時、水野遵民政局長が高野孟矩高等法院長に求めた措置の制度化という側面を持っていた。

後藤新平の序文をえて日文と英文で刊行された竹越与三郎『台湾統治志』(一九〇五年)では、日本語圏と英語圏の読者に対して、こうした諸制度の文明性を強くアピールした。著者の竹越は慶應義塾出身のキリスト教徒であり、リベラルなジャーナリストとして知られたほか、西園寺公望文相の参事官を務めた経験があった。(112)

竹越は、まず序文において「未開の国土を拓化して、文明の徳沢を及ぼすは、白人が従来久しく其負担なりと信じたる所なりき。今や日本国民は絶東の海表に起ちて、白人の大任を分たんと欲す」と宣言している。[113]キプリングの「白人の大任」White Man's burden という有名なフレーズを用いながら、「日本国民」も、この責務を分かち持つ者であると述べているわけである。竹越はまた、台湾における法制度が、欧米の植民地制度に倣ったものであることを強調している。たとえば、植民地における憲法適用問題について「新附の殖民地に本国の憲法の行はれざるは、列国の通義」であるとしたうえで、台湾総督に認められた強大な権限を説明して「大体に於て英国王領殖民地太守に類し、其兵権を有するは仏国殖民地の総督に類す」と記している。[114]

竹越の論において重要なポイントは、植民地支配をめぐる比較のマトリックスに台湾を位置づけていることである。すなわち、台湾における法制度を日本内地のそれや欧米の本国のそれと比較するのではなく、欧米の植民地における法制度と比較していることである。総督という行政権の主体に立法権を委託する支配体制は、欧米でも日本でも、本国では認められないものであった。しかし、欧米列強でも植民地ではこれを認める二重基準(ダブル・スタンダード)を採用していた。そのことに注目しながら、この二重基準それ自体を模倣しようとする姿勢をアピールしていることになる。竹越はまた、後藤が英領エジプトの総督クローマー卿の発言に示唆を受けて導入した笞刑について、この「軽罪即決」の制度が監獄への在監者を減らし、財政上の負担の軽減に貢献していると説明している。[115]笞刑も、英国や日本の本国では「野蛮」な刑罰として廃止されていたものであり、やはり二重基準の模倣という意味を持った。

もとより、このように記したからといって、英領香港などにおける法制度が、台湾におけるそれとまったく同じだったというわけではない。たとえば、台湾住民への法の適用をめぐって、一八九五年の時点で伊藤博文首相がアーネスト・サトウ公使に「日本の臣民として台湾に残ることを選択した清国人を、刑事事件の場合には日本人と同じ立場で取り扱うことは難しいかもしれない」と述べたことに対して、サトウは「香港でもシンガポールでも、清国人を何等差別していない」と返答している。[116] 現実にはさまざまな違いが存在したし、英国人の側でそのことを意識してもいた。しかし、それだからこそ、英国人から見て文明的と見える植民地支配の形式を整えていることを必死にアピールする必要があったともいえる。竹越の著書は、そのような役割を担っていたと考えられる。

二、「戦利品」としての台湾——専売制度

後藤新平は、基隆港の築港や南北縦貫鉄道の敷設など大規模な開発プロジェクトを推進した。鉄道についていえば、清代に基隆—新竹間に敷設されていた鉄道を延長、一九〇八年に打狗まで開通させて南北縦貫鉄道を完成させた。ヒュー・マセソンが鉄道敷設について期待を込めて記していたことを想起しても、鉄道は、日本人が文明化の使命の担い手であることを示すために象徴的な意味を備えていたものと考えられる。

こうした文明化のための諸事業の主要な財源となったのは、専売制度による収入だった。総督府は一八九六年にアヘン、九九年に樟脳と食塩、一九〇五年にタバコ、二二年に酒類を専売の対象に指定した。日本内地では一八九八年に葉タバコ、一九〇二年に樟脳、〇五年に塩、三七年に酒類が専売品とされたが、台湾の方が時期的にも早く、品目も多岐にわたることがわかる。

樟脳専売制度については、すでに指摘した通り、欧米人商人との紛糾の種となっていた。一九〇一年六月には、香港で刊行されていた英字新聞『チャイナ・メイル』に、後藤新平の名前を挙げながら樟脳の専売政策を非難する一連の記事が掲載された。[117] これに対して、後藤擁護の論を展開したのは、イングランド長老教会の宣教師キャンベルである。キャンベルは、専売制度は確かに一部の欧米人商人の不利益になるにしても、「戦利品」の扱いとしては驚くにあたらないと反論した。また、記事がロンドン商業会議所を通して英国政府に圧力をかけるべきだと主張したことに対しては、「わたしたちのミッションの議長だった、ロンバルト通り三番地の故ヒュー・M・マセソン氏のように、

そうした要職に就く人びととは同時に名誉ある人びとであり、「共存共栄」の原理の重要さを認識していた」と諭している。さらに後藤の着任以来、道路や鉄道の建設、郵便・電話や警察制度の整備、学校・病院の設置に多くの資金が注がれたことを付け加え、「もしも後藤博士の到着以来、あらゆる階級の人びととの改善のためにいかに多くのことが成し遂げられたかを知ったならば、局外者も台湾の行政に対してもっと同情的姿勢を示すことだろう」と結論づけた(118)。

総督府のスポークスマンとみまがうばかりの後藤擁護論といえる。キャンベルにおいて、親日的な姿勢は一貫していた。これをもっぱら個人的な性向に帰すことはできないだろう。キャンベルも言及しているヒュー・マセソンを思い起こすならば、大英帝国の一員として意識的・無意識的に身に付けている文明の秩序への信頼感が、文明化の使命の従属的な担い手として日本人への期待につながった側面も強いと考えられる。

キャンベルの記す「共存共栄」という言葉にかかわって、下関条約で規定した開港場における製造工場経営権が、最恵国条項を通して英国に及んだ事実にも着目しておきたい。石井摩耶子の研究によれば、これはジャーディン・マセソン商会の求めていたことだった。すなわち、同社の横浜支店長としてかつて伊藤博文らの密航を手助けしたケズウィックは、一八八四年以降マセソン商会の共同経営者に名を連ねて、中国における本格的な産業投資を推進しようとしていた。日本政府は、そうした状況のなかで英国資本を念頭におきながら製造工場経営権を設定、ジャーディン・マセソン商会はさっそくこれを活用して資本投下に乗り出し、怡和綿紡織公司を設立した(119)。最恵国条項という仕組みそのものがそうであるように、帝国のあいだではまさに「共存共栄」という側面が確かに存在していた。

アヘン専売制度に関しては、よく知られているように、一八九五年末に衛生局長後藤新平が伊藤首相にアヘン問題に関する意見書を提出、官営事業として製造したアヘンを免許保持者に販売することを提唱、これによる総督府の歳入を二四〇万円以上と見込んだうえで、その一部を「町村医」を介した「殖民衛生」にあてることにより「新政の厚徳」を知らしめるべきだと提案した(120)。こうした方針に基づいて、総督府は九七年一月に「台湾阿片令」(律令第二号)を制定した。

台湾阿片令が制定されると、バークレイは杉村濬外事課長に総督府のアヘン政策を批判した意見書を送り、「阿片ノ発売等ヨリ毎年数百万弗ノ収得アル」ことを総督府官吏が満足げに語ったという伝聞を挙げながら、厳禁を求めた。(121)日露戦争当時には、医療宣教師アンダーソンが「免許を更新させてやろうという目論見の下に警察官がアヘン吸引を(少なくとも一時的に)やめている者をつかまえて回っている話をよく聞く。〔……〕地方当局は、歳入を増加させるためにはどんな手段にでも訴えるという大きな誘惑のもとにある」と報告している。(122)

この宣教師の証言を裏付けるように、一九〇三年度から〇四年度にかけて特許者数は増加した。その後、特許者数は文字通り「漸減」していったが、高級なアヘンの値段をつり上げる措置によりアヘン関係収入は〇一年度から一八年度にかけてほぼ一貫して増大、一八年度には八〇〇万円を超えた。(123)

このようにして住民向けにはアヘン専売制度を維持する一方で、在台内地人に対してはアヘン吸引を厳禁し、密かに吸引者が出ることを恐れて販売に携わることすらも禁じた。その理由は「此の如き不潔の事業に付て、戦勝国民たる内地人が土人の利益を横奪」してはならないというものであった。(124)「土人の利益」を守るという説明をしてはいるものの、内地人が「不潔の事業」に携わるべきではないという観点が重視されていると見るべきだろう。こうした属人的対応の相違は、英国にとってのインドと同様、台湾が植民地であることを象徴的に物語るものだった。

台湾にアヘン吸引者の「市場」を切り開いたのは、前章で述べた通り、ジャーディン・マセソン商会のような英商であった。総督府は、この「市場開拓」の成果を継承して、そこから莫大な歳入をえたことになる。ただし、この時期にアヘン問題をめぐる世論は変化しつつあったことにも留意する必要がある。英国では一八九三年に王立アヘン委員会が設けられて、英領インドの財政に鑑みてアヘン製造・販売の禁止は可能かという問題が議論された。結論的にインド財政のために不可欠という見解が示されたが、これを契機にアヘン追放運動が盛り上がり、『タイムズ』の論調もアヘン貿易反対論に変化した。[125] 他方、総督府はこののちも利幅の大きいアヘンの販売により税収の増大を図った。こうして総督府は一方で英国人が開拓した「市場」を利用しながら、他方でアヘン禁煙をめぐる国際的潮流から次第に取り残されていくことになる。[126]

三、「文明医学の功徳」——医療制度

一九〇八年刊行の『開国五十年史』の文章で、後藤新平は、抗日ゲリラの鎮圧による「治安」の回復、インフラの整備などを自画自賛しながら、宗教と教育に関しては奥歯に物が挟まったような物言いに終始している。すなわち、「宗教の植民に及ぼす影響如何は、今茲に之を呶々《どど》するを要せず」と宗教の重要性を認めたうえで、「然らば則ち我帝国に於て斯の如き信頼すべき宗教ありや否やと問はば、吾輩は其皆無なるを悲しまざるを得ず」と無策を率直に吐露している。[127] また、教育方針に関しては「目下其方針尚ほ未だ確定せずして、専ら研究中に属す」と歯切れの悪い書き方をしている。[128]

後藤は、「軽蔑された帝国」というイメージを払拭するためには宗教や教育にかかわる貢献が必要なことを強く意識していたように思われる。それでは、帝国日本にとってのキリスト教の代替品はどこに求めればよいのか。この点で神社神道や天皇崇拝を広めようとした形跡は見られない。憲法制定会議で伊藤が述べたように、神道には人心を帰向させる力が乏しいと思われていたうえに、キリスト教宣教師から「信教の自由」の侵犯という非難を受けることも懸念していただろう。もともと医者であった後藤が期待をつないだのは、西洋式医療の普及だった。一八九六年には総督府衛生顧問として「公医」制度の創設を進言、これはアヘン制度に関する意見書で「町村医」としてとりあげたものの具体化であった。民政長官就任後の一九〇一年には、警察官・公医会の席上で公医への期待を次のように説明している。[129]

図 2-8　彰化基督教医院
1896 年に医療宣教師ランズボローの着任とともに開設された.

各国植民政略を見るに、古来何れの国も概ね宗教を利用して、其統治を助けざるものなきが如し。蓋し是れ人情の弱点に乗じて布教し、其迷妄を解き以て人心の統一を期するに在り、然るに我邦に於ては未だ完全なる宗教なきが故に、同じく人間の弱点たる疾病を救ふの道も、亦統治の一策なりと認めて此方法に出でたるものなり。此方法や未だ今日に於て果して外国が採る所の、宗教政策に及ぶべき程の効果あるや否やは知るべからずと雖も、予は彼れに比して其譲らざることを信ず。

キリスト教の宣教師にしてみれば、医療は教育事業や福音宣教と相まって信仰にいたるための手立てのひとつだったわけだが、後藤は、植民地における「人心の統一」という課題に対して、医療の普及に宗教を代替する役割を期待していることになる。しかし、だとすれば、単に住民が病院を訪れるのを待つばかりではなく、自ら住民のなかにわけ入っていくことが必要だった。そこで公医を計画的に配置し、衛生という予防的な措置を警察と協力しながらおこなわせることとなった。

『開国五十年史』の文章では、公医制度により「文明医学の功徳に浴せしめ」るとともに「土人医学生養成法」を設けることにより、「統治上、又植民政策上、宗教に代へて人心を融和せしめ、同時に文明科学の恩沢を覚らしむるの手段」を講じたと自賛している。[130] この方針に基づいて、一八九九年に総督府医学校を創設した。開校当初は志願者も少なかったものの、すぐに状況は変化した。呉文星の研究が明らかにしている通り、一九〇三年度には志願者一五七名に対して入学者三四名というように五倍近い倍率となり、その後も、一〇倍近い倍率の「狭き門」となった。[131] 次章で後述する通り、入学者のなかではキリスト教徒が小さからぬ比重を占めていた。宣教師が台南や彰化に設立した医院ですでに少なからぬ信徒が西洋式の医療に接し、なかには医師見習いとして医学を学ぶ者もいた事情がそこには作用していたと考えられる。

総督府医学校卒業者には医業免許状を交付する一方、従来から医師として活動をしてきた者については、一九〇一年に「台湾医生免許規則」(府令第四七号)を制定し、審査のうえで医生免許証を発行し、公医の監督のもとで地方管轄内において医業を営むことを許可することとした。〇三年に台南庁長山県脩人は、英国人宣教師の経営する新楼医院で医学を学んだ医学生が医業免許証の交付を懇請しているが、どのように対応すればよいかという伺を後藤民政長官宛てに提出した。

新楼医院はマックスウェルが創設した医館を継承するものであり、一九〇〇年に新しい医館が新楼コンパウンドに建てられた。この伺では「解剖学」「生理学」「組織学」「化学」「薬剤学」「内科及外科臨床教授」「病理学」という講習の内容、医療宣教師マックスウェルやアンダーソンの資格が記されている。これに対して、後藤は、総督府で試験のうえで医学校卒業者と同等の学力があると認めた場合には医業免許証を交付するとして柔軟な対応を見せた。[132] ことと西洋式医療の普及という点では、英国人宣教師の標榜する文明と、総督府の掲げる文明には重なるところが大きかったといえる。

四、「権利義務の論」への警戒——教育制度

それでは、教育制度はどのような特質を備えていたのだろうか。

総督府の初代学務部長伊沢修二は、一八九五年に台北の北部に位置する芝山岩に学堂(のちに総督府国語学校)を設け

て日本語を「国語」として教え始めたほか、全島一三箇所に国語伝習所を創設した(133)。伊沢はまた一八九五年末に台南に宣教師バークレイを訪問して会談、日本語を教授用語とする方針に理解を求めたのに対して、バークレイは台湾語を教授用語として用いるべきだと返答した(134)。後藤の場合は西洋式医療に宗教を代替する人心統一機能を求めたのに対して、伊沢は文明の言語としての日本語の普及にその役割を求めたといえる。バークレイの立場からすれば、おそらくどちらも不十分な見解として思えたことだろう。

宣教師の設立した中学校の校長イードは、九六年の時点で日本人が日本語の教育に比重をかける以上は自分たちの学校でも日本語教育を始めなくてはならないと語りながら、ただし、あくまでも随意科目としてだと記している。また、近いうちに日本人が台湾島内で高等教育をおこなうことになるだろうから、自分たちも英語を教えていくべきだと論じている(135)。台湾の宣教師たちは、宣教事業の初期に洋行に就職する手段として英語能力の獲得を目指す「信者」が多数輩出されたこともあって、それまで英語教育に消極的だった。総督府官僚の側で宣教師の視線を気にかける一方、宣教師の側でも新たな統治体制にあわせて教育課程を再編成しなくてはならないという見通しのもとに、双方の模索が続けられることになる。

総督府は、一八九八年に既存の国語伝習所を公学校へと改組し、在台内地人は小学校、在来の住民は公学校という、民族間の別学を基本とした初等教育制度を設けた。公学校の費用は内地人教員の俸給以外はすべて住民の負担であり、義務教育制度は適用しなかった。一九〇〇年には木村匡《ただす》学務課長が義務教育制度を実施すべきという論を展開したものの、この提案は後藤長官の一蹴に遭って、木村は在職一年たらずで非職とされた(136)。後藤の意を受けて教育行政を担った持地六三郎学務課長は、公学校の修業年限を実質的に六年から四年に引き下げ、内地人向け小学校よりも低レベルの機関であることを明確化した。公学校卒業後の教育施設としては、総督府医学校、および教員養成を主眼とした総督府国語学校を設けたものの、「本島人」向けの学校制度は体系化せず、中学校や高等女学校のような高等普通教育機関は設けなかった。

こうした総督府の教育方針について、児玉源太郎は総督就任時に次のように訓示している。「教育は一日も忽諸に付し去るべからず、然れども漫に文明流を注入し、権利義務の論に走るの風を養成し、新附の人民をして不測の弊害に陥るなからしめんことを期せざるべからず[137]」。ここでは「文明流」の内実を「権利義務の論」として把握したうえで、そのような意味での文明的教育の普及が「不測の弊害」をもたらしかねないという懸念を表明している。学校教育の普及はさらに高度な教育への要求を生み出し、高度な教育は「権利義務の論」につながりかねない以上、この懸念は根拠のないものではなかった。

後藤新平もまた「ひらめの目を俄かに鯛のやうにしろと言ったて、できるものぢやない」と述べて、「生物学の原則」という観点から内地人と台湾住民の違いを強調している[138]。「ひらめの目」と「鯛の目」というと並列的な関係を構成するかのようであるが、教育制度における相違は並列的ではなく、ハイラーキカルな秩序を構成していたことに留意する必要がある。「内地人」「本島人」という出自に応じた複線型の教育制度は、前者の方がレベルが高く設定されており、固定した身分のように両者の境界が再生産されることを意味していた。教育による学歴の相違が、植民地における支配者と被支配者を区分する指標としての意味を担わされたともいえる。

このように、医療に関しては「文明医学の功徳」を及ぼす必要を説いたのとは対照的に、教育一般に関しては「文明流」の教育を広めることへの懐疑を表明していた。

私立学校に対しては、九八年一月に「私立学校設置廃止規則」(府令第三号)を制定、設置目的・学科課程などを届け出て認可を受けるべきこととした。日本内地では翌九九年に条約改正にあわせて「私立学校令」(勅令第三五九号)を制定して教員の欠格条項や閉鎖命令にかかわる厳格な規定を設けたが、台湾の規則ではこうした規定を欠いており、さしあたって控えめな措置にとどまったといえる。

図 2-9　台南盲学校
後列の中央，白い髭の人物がキャンベル，日本人官吏がその左側に立つ．子どもたちの多くは，下を向いている．

一九〇〇年代になると総督府監督下の公学校が次第に増大、キリスト教徒は、子どもを学校に送る場合に、教会附設の小学と公学校とどちらを選ぶかという選択を迫られることになった。宣教師キャンベルはこの問題について、公学校では「信教の自由」の原則に基づいて仏教も教育内容から排除しているので、公学校でさしつかえないと論じた。また、いまだに住民による叛乱が絶えない以上、内地で日本人が享受している権利を台湾の住民に及ぼそうとしないことも驚くにはあたらないと述べて、「台湾の現地人のなかで勤勉で、知性的で、影響力のある人びとは、日本の側にバターが塗られていることに気づきはじめている」と論じた。(139) ここで「バターが塗られている」とは、自らのキャリア形成において役に立つ、有利であるといった意味合いと解される。

教会附設の小学は十分に整備されていなかったこともあって、宣教師会議としても日曜学校で代替する方向を目指すことになった。また、宣教師の設立した盲学校は、総督府の補助する財団に移管された。この点では宣教師と総督府の協力関係を見出すことができる。ただし、中学校については事情が異なっていた。宣教師からみて、現地人聖職者養成に連なる階梯という点でも、現地人社会との幅広いインターフェイスを設けるという点でも、中学校は宣教事業の不可欠な部分を構成していたからである。総督府が中学校を設けようとしなかったので、競合する要素も乏しかった。しかし、この学校で「文明流」の教育を受けようという現地人が増大するにつれて、「文明流の教育」の普及を望まない総督府の意図を逸脱、やがて総督府と英国人宣教師・現地人信徒のあいだの火種として成長していくことになる。

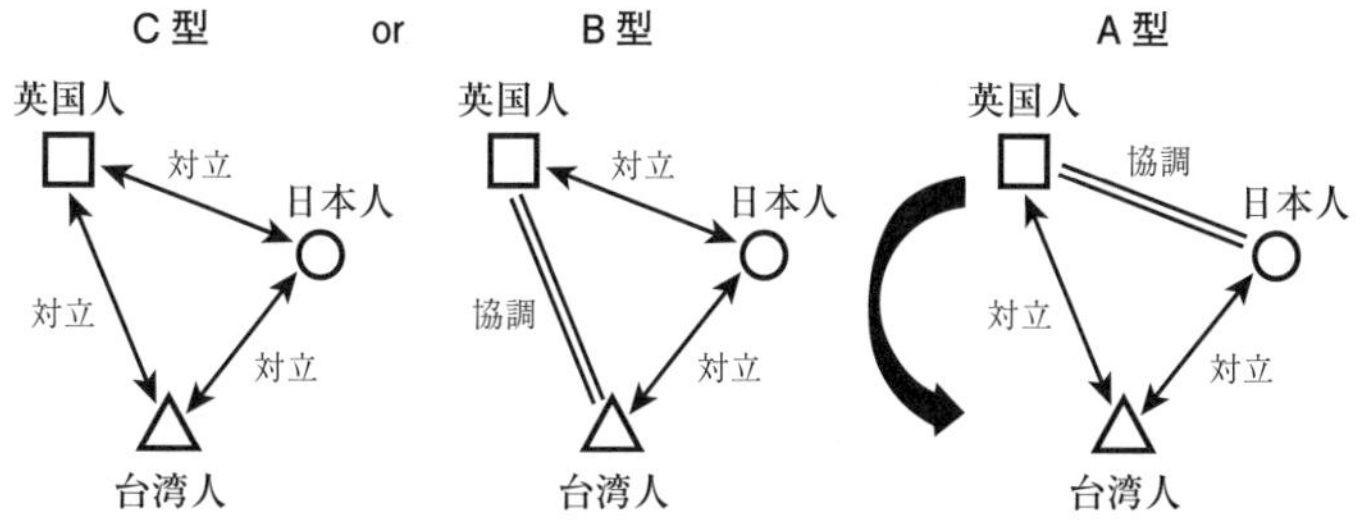

図 2-10　英国人—日本人—台湾人関係の類型

おわりに——英・日・台の三角関係とその再調整

台湾は、清代においてすでに英国が商業上の確固とした権益を築いていた土地であった。台湾からの輸出品としての樟脳や茶、台湾への輸入品としてのアヘンは英国系洋行の利害と深くかかわっていた。また、英国人宣教師たちはすでに教会や病院や学校を建てていた。そこに下関条約の結果として、日本人が新たな支配者として割り込むことになったのである。日本人は、台湾の住民と対立したばかりでなく、英国人とのあいだにもしばしば摩擦を抱えることになった。そこには複雑な三角関係が成立していたといえる。

図2-10は、英国人・日本人・台湾住民の関係を類型化して捉えるための概念図である。一重線は対立的な関係、二重線は協調的な関係をあらわす。

台湾植民地化の過程における基本的な構図はA型、すなわち、日本人が台湾住民と対立する一方で、英国人が協調する構図であった。英国が下関条約締結に際して局外中立方針をとったことは、台湾割地条項を追認する意味を持った。ただし、英国人と台湾住民のあいだは、もっぱら敵対関係だったというわけでもない。また、日本人と台湾住民の対立関係が転位するようにして、日英関係に軋みが生じる事態も生じていた。台湾住民というよりも「清国人」にかかわることがらではあるが、劉永福の逃亡に際して英国人が幇助したのが事実だとすれば、B型ということになろう。日本軍の台南入城に際して、それまでは対立していた宣教師に名刺を渡した住民の行為、さらに雲林事件において日本人の「圧制暴虐」を告発した宣教師の言動にもB型の関係性を見出すことができる。他方、英字新聞のなかには、英国人商人としての立場で自分たちの権益を維持しようとする観点から日本人を批判する傾向も見られた。この場合には、B型というよりもC型とみなすべきだろう。

もとより、英国人、日本人、台湾人といった主体が一枚岩だったわけではないし、個人によってもA型〜C型の志向の差異があった。

英国人に着目するならば、商人と宣教師のあいだで見解の相違が存在したうえに、宣教師のあいだの意見の違いも小さくはなかった。ロンドンから宣教事業を指揮したヒュー・マカイ・マセソンや宣教師キャンベルは、帝国日本と大英帝国の「共存共栄」を重視する観点からA型を志向した。ヒューらは、帝国日本の官僚はキリスト教に好意的であると判断しており、布教の障害となる清国官僚制度と読書人層を破壊する役割を日本人に期待してもいた。バークレイも、この点では同様の見解を共有していた。ただし、「軽蔑された帝国」の一部を構成することになった人びとに同情せざるをえないとも考えており、雲林事件ではファーガソンとともに日本人を告発した。A型の志向と、B型の志向が、葛藤しながら共存していたことになろう。

帝国日本の担い手たる官僚層は、「軽蔑された帝国」という欧米人の視線を意識しながら、総じて英国人との協調的関係を修復し再調整することに腐心した。テールズ号事件で非を認めて賠償に応じたこと、バークレイやファーガソンを叙勲したことなどは、「文明世界の同情」を重視すべきという伊藤博文の方針の延長線上にあるものと理解できる。サミュエル・サミュエル商会に原料アヘン独占買付の権利を認めたことや、欧米人商人に樟脳の製造にかかわる既得権益の延長を認めたことも、あからさまな懐柔措置だった。

台湾植民地支配のシステムもまた、A型の関係を志向する方向で構築されたといえる。欧米人向けの法と「本島人及清国人」向けの法を属人的に区別して、笞刑のような刑罰は「本島人及清国人」にだけ適用するとしたことは、A型の関係を法制度上において表現したものといえる。また、アヘン専売制度や西洋式医療の普及は、英国による植民地支配の模倣という側面を備えていた。実際のところは、英国による植民地支配と日本のそれとのあいだには、さまざまな違いがあった。ただし、後藤の著作、あるいは後藤の意を受けて執筆された竹越与三郎の著作に顕著なように、「白人の大任」の分有者として模倣への意思を強くアピールしてもいた。こうしたアピールは、英字新聞にあふれる「幼稚ナル日本人」「日本人ハ猶野蛮人ナリ」という見解に抗しながら、A型の関係を維持・再構築するために必要とされたと考えられる。

かくして成立した植民地支配のシステムにおいて住民の位置づけは、日本内地におけるそれとは大きく異なるものとなった。伊藤博文は、日本が「文明世界の同情」を勝ち得た理由の一つとして、維新という「社会的革命」により「日本国民をして、上下貴賤の別なく法律の前に平等ならしめ、移転結婚職業言論著作其他の自由を得せしめ、其才能に応じて相当の官職に就くの権能」を与えたことを挙げている。(140) 実際には言論の自由が制限されるなど字義通りではなかったものの、「社会的革命」と評するのにふさわしい現実は確かに存在した。貧農の生まれの伊藤や、「賊軍」藩士の家に生まれた後藤新平が帝国日本の中枢に昇りつめたキャリアそれ自体が、明治前期の驚くべき社会的流動性の高さを象徴してもいる。他方で、伊藤は、台湾については、住民の多くが「広東州福州近傍の悪漢の徒」であるから、「十分なる兵力」をおいて統治し、平素の警察取締を徹底すべきだと述べている。(141) 実際、「法律の前の平等」はたぶんに骨抜きにされ、さまざまな自由は厳しく制限された。さらに、以下の章に見ていくように「才能に応じて相当の官職に就くの権能」も限定的だった。それが「植民地」として位置づけられるということだった。欧米列強もまた本国と植民地のあいだに二重基準(ダブル・スタンダード)を設けている以上、このような二重基準の設定は文明からの逸脱ではなく、むしろその受容の一環だったということになろう。このようにして帝国としての「共存共栄」を図ろうとする体制を象徴するのが、ヒュー・マカイ・マセソンと伊藤博文の関係であった。

伊藤の言動は明治国家の基本的な方向性を体現していた。ただし、日本人の見解も、伊藤の追求した方向性で統一されていたわけではなかった。

ひとつの異なる方向性は、英国など欧米列強への敵愾心を表明するものである。たとえば、徳富蘇峰は雲林事件に言及して、英国人宣教師が「日本人は殖民政治を施すの能力を有せず。看よ台湾の状態は、野蛮に均しき処置に出つるに非すや」と語って「日本の不信用を世界に暴露」したことを批判し、「裏面に於て、仮令《たと》ひ如何なる残忍の所為あるとも、表面、善美の名を用ふる」のが西洋人のやり方であると告発している(142)。よく知られているように、蘇峰は熊本バンドの一員としてキリスト教を受容し、英国流の「平民主義」を説いていたが、三国干渉を契機として「力」の論理の信奉者となったのだった。雲林事件の報道にも、確かに三国干渉にも通じるような「力」の論理が作用していた。だが、台湾住民の声をリアルに反映すると思われる部分も存在していた。にもかかわらず、蘇峰の論では、雲林事件における残虐な行為それ自体は重視されず、もっぱら西洋人の偽善性という次元の問題に還元されることになる。これと対照的に、高等法院長高野孟矩のように、大切な家族や家財道具や農作物を奪われた住民の窮状に目を向け、さらに日本人による横暴を告発し、これが本当に「我同胞大和人士固有の資性」なのだろうか、と問いかける例も見られた。

「文明世界の同情」に頼ろうとする伊藤博文、西洋人の偽善性を告発する蘇峰、焼け尽くされた土地を前にして「慟哭」する高野孟矩……。それぞれの立場は実に対照的である。ただし、この時期には日本という国家の行く末自体にいまだ多様な方向性が存在したのであり、それぞれの人物のなかに対照的な要素が葛藤しながら共存していた可能性もある。「日本人」を含めて、一定の人間集団をはじめから「非道徳的」とみなすような本質主義的解釈をくだしてしまうべきではない。むしろ一定の権力関係の磁場のなかで、被支配者が侮辱され非人間化されると同時に、それとは異なった意味で、支配する者もまた非人間化される事態への注視こそが必要であろう。

植民地支配のシステムがいったん成立して稼働し始めると、高野のような見解は見出しにくくなっていく。一方、蘇峰のような見解は、時を経て次第に政策を動かす力となっていくことになるだろう。

第三章　「番仔教」を奉じる人びと
——日本植民地支配下の長老教会

下関条約は台湾在来の住民の関知しないところでなされた決定だった。しかし、政治的な自己決定権は文明の秩序への適応を果たした「文明国民」にのみ認められるという考えが、この頭越しの決定を正当化する役割を果たした。台湾在来の住民のなかには、武器を持って新たな支配者に抵抗する者も少なくなかった。ただし、まったくの少数派ではあったものの、文明化の助力者としての日本人に期待をかけ、帝国日本の中心たる東京に自分の子どもや孫たちをいち早く留学させようとする者もいた。台北在住の富商でキリスト教徒であった李春生も、そのひとりである。

李春生の存在が台湾住民のなかで特異なものであったことは、伊藤博文との関係にも象徴されている。伊藤による台湾訪問のホスト役となったのである。

一八九六年六月、伊藤首相は新任の桂太郎台湾総督および西郷従道海相とともに台湾を視察した。六月一七日の「始政祭」に臨席、「同仁一視、陰晴を没す。須らく斯心を以て治平を策せよ。満堂唱和し乾坤動ず。日本天皇万歳の声」という七言絶句を賦した。しかし、同日に創刊された『台湾新報』は「雲林の暴徒」が蜂起したことを報じており、「日本天皇万歳」の声に唱和する空間が局所的なものだったことを示している(1)。

この「始政祭」のあと、六月二〇日に伊藤首相は西郷海相を引き連れて李春生の自宅である洋館を訪問した。『東京朝日新聞』は、「午後六時、両大臣、総督ハ台北紳商の催ほせる饗宴に赴けり。宴席ハ大稲埕李春生の宅にして最《い》と盛会なり」と報じたうえで「席上李春生の朗唱せし頌詞」を紹介している。全文五〇〇字あまりの漢文で書かれたこの「頌詞」は、日本の「相国」、すなわち首相としての伊藤への期待のありようを示している。「皇天〔神〕を尚ばず、揄《ひき》いて胥以《あいとも》に亡ぶることなかれ」という『詩経』の章句に続けて「耶蘇は皇天なり」と信仰告白ともいうべき断言をしたうえで、「我国家、茲より是の教を推広せんことを願う」として、帝国日本施政下にキリスト教が広がることへの期待を明らかにしている。六時に始まった宴会は夜半一一時過ぎまで続いたという(2)。

伊藤首相が住民の私宅を訪ねたのも異例であれば、その住民が単に「恐懼」するのではなく、首相に対して自らの所信を述べたのも異例だったと思われる。キリスト教の普及を期待する李春生の「頌詞」に対して、伊藤の側でどのように応答したのかはわからない。おそらくは儀礼的に聞き置くという程度であったと推測される。キリスト教という問題をそっと傍らに置きながら科学・技術としての西洋文明の導入に努めてきた者としては、あまり深入りしたくない論題だったことだろう。たとえ「饗宴」の場での出来事ではあったにしても、潜在的な緊張を感じさせるエピソードといえる。

それでは、李春生にとってキリスト教の信仰とはどのようなものであったのか？　日本への協力者として振る舞ったことと、キリスト教の信仰はどのように関係していたのか？　日本人の側では、李春生の期待にどのように対応しようとしたのか？　この点について、台湾ではすでに少なからぬ研究が蓄積されている。たとえば黄俊傑・古偉瀛の研究では、日本人への協力的態度にかかわって、李春生が「華人」として中国文化へのアイデンティティを強く持ちながらも、台湾という清朝の辺境の民間知識人であったために清朝への帰属意識は薄かったことを強調する(3)。古偉瀛はまた、李春生が、「自己」と「当局」の関係が絶え間なく変動する状況において、自らの事業や理想を追求するためにも確定的 definitive な政治環境を求めていたと論じる(4)。いずれも重要な指摘である。こうした研究をふまえながら、本章では、李春生における文明志向・近代志向こそが日本人への協力の契機となったと論じるとともに、そこで志向された文明・近代の内実をめぐるズレを明確化したい(5)。

そのうえで、李春生という個人を越えて、台湾基督長老教会の信徒集団の輪郭を描き出す。台湾でキリスト教は「番仔教」と呼ばれていた。「番仔」hoan-á という言葉は、日本語における「夷」と同様に、欧米人を指すと同時に先住少数民族を表すものでもあり、軽侮の念が込められていた。戦後に台湾基督長老教会の総幹事となる黄武東(一九〇九―九四)の回想録では、父親が友人の入信を聞いて「番仔教を拝するだと、この親不孝者、絶対にそんなものを信じるべきじゃない!」と語ったエピソードを記している(6)。在来の大多数の住民にとって「番仔教」は異様なものであり、祖先崇拝をないがしろにする、「野蛮」な宗教であった。この外来の宗教を受容して信者となった人びとは、どのような人びとであり、英国人宣教師とどのような関係を築いていたのか。最早期の改宗者高長一族のキャリアに即して医師志向が顕著だったことを指摘すると同時に、そのことの意味を植民地支配というシステムとの関係のなかで考察する。

本章の対象とする時期は前章と同様に、日本による台湾領有前後の時期のことである。ただし、日本人という主体に着目した前章では、台湾住民は匿名の集団であった。本章では、可能なかぎり固有名詞にこだわりながら、住民の側から台湾植民地化の過程を捉えたい。

第一節　清朝の「棄地遺民」——李春生

一、保良局の設置と叙勲

前章で論じたように、一八九五年五月末に日本軍は、台湾東北部の海岸に上陸、六月一七日に始政式をおこなった。中・南部に進攻するに及んで各地で武装抵抗運動に直面、八月になってようやく南部進攻の準備を整えた。同じ時期、武装抵抗とは相当に対照的な住民の動きもあった。台北の紳商一五名が、「保安良民」を目的とする保良局の創設を総督府に建議し、認可されたことである。この保良局の会弁(幹事)として組織設立に尽力したのが、李春生であった(7)。保良局創設を提起した紳商のなかには、「士紳」「郷紳」という呼称が適切な人びとと、「富商」という呼称が適切な人びとが混在していた。「士紳」「郷紳」が科挙を媒介とした地位など文化的威信をもつ一族であり、「郷紳」はそのなかでも郷村社会支配の実力を備えた集団を指すのに対して、清代から洋行の買弁だった李春生のような人物は「富商」というべき存在だった(8)。

図3-1　李春生
撮影年次は不詳．1910年頃か．

樺山総督は伊藤首相あての報告で、保良局について「未タ士民ノ人情習慣等ヲ知悉スルノ暇ナク、施政上頗ル不便ヲ感セシ」ところで、保良局がよく「上意下達、下意上疏」し「官民頗ル其便ニ頼レリ」と述べている(9)。その後、台北の保良局は保良総局として各地の保良局の統括的な位置を与えられた。九月末、樺山総督は「匪徒探捕」に裨益したことの褒賞として、保良総局に金二五〇〇円を下付した(10)。

さらに九六年一月には、李春生に勲六等単光旭日章が授与されることになった。叙勲の理由書では、近衛師団の台北入城に際して「台北人心ノ動揺ヲ鎮静」させたこと、自らの資産を投じて保良局を創設して人民の「疎《ママ》暴ノ挙動」を防いだこと、さらに「密告」という功績、すなわち「匪徒等城内ニ嘯集シ潜ニ兵器ヲ貯ヘ総督府ヲ襲撃」しようとした際に「憲兵ニ密告シ其捜索捕縛ニ便ヲ与ヘ」たことを挙げている。同時に叙勲された辜顕榮（一八六六―一九三七）に関しては、基隆沖に停泊中の横浜丸に乗り込んで「敵兵ノ内情」を伝えたこと、艋舺（のちに萬華）に保良分局を設置したこと、新竹以南への進軍に際して糧食や宿舎の斡旋に努めるとともに「間諜トナリテ敵情ヲ捜索」したことを記している。(11)

ここで「密告」や「間諜」について記していることが着目される。どちらも、住民のなかでは内密にすべきことだからである。同時に、叙勲のように晴れがましい場では忌避されがちな表現である。あえてこうした表現が用いられたのは、叙勲への反対論と関連していると考えられる。二人の叙勲については、まず台湾総督樺山資紀から台湾事務局総裁伊藤博文に対する稟申がなされ、外務大臣臨時代理西園寺公望を介して内閣総理大臣としての伊藤博文への上奏がなされて、伊藤が天皇の裁可を仰いだ。樺山総督からの稟申案には、総督府参謀長大島久直少将による異論が記されている。大島は、「勲五等ヲ以テ賞セラルルハ重ニ過クルノ嫌アリ」として、賞状と金五〇〇円を与えれば十分という見解を示した。これに対して、欄外には水野民政局長による花押とともに「高島〔鞆之助〕副総督閣下ノ命ニヨリ決行ス」と付記されている。(12)

叙勲の手続きは「決行」されたものの、勲五等から勲六等へと格下げされた。「密告」や「間諜」という血なまぐさい表現が理由書に登場するのも、「敵」との戦闘における二人の「功績」をリアルに記述する必要があったためと思われる。新聞報道でも、反応は複雑であった。李春生の叙勲について「褒貶毀誉交々」であり、李春生当人は「邦人の為に疑ひを受け種々の風説を立てられたるを痛く恐怖したる模様」と報道されている。(13)住民一般から浮き上がるとともに、日本人からも猜疑心に満ちた視線にさらされていたことがわかる。

それにしても、李春生は、なぜ総督府による抗日ゲリラの弾圧に協力したのだろうか。大きな政治的変動の際に資産家が保良局のような治安維持機構の担い手となることは、めずらしいことではない。だが、「密告」は、能動的に新しい体制に協力する行為であり、抗日ゲリラの標的とされるリスクをはらむ。実際、一八九七年五月には大稲埕を襲った抗日ゲリラの一隊が李春生宅を襲撃、護衛の日本兵が応戦した事実も報じられている。[14] しかも、同じように日本人に協力する場合でも、元来は行商人であった辜顯榮の場合、新たな支配者の登場を社会的上昇移動の好機とみなしてあえてリスクを選択する事態も考えやすいのに対して、李春生の場合はドッド商会の買弁として清代にすでに巨富を築いていた。林満紅の研究によれば、一九〇五年当時の台湾における中間階層の資産は約四〇〇〇元から一万元のあいだ、そのなかで五〇万円以上の資産を保有していたのは板橋の林本源、台北の李春生、新竹の鄭如蘭、霧峰の林烈堂・林季昌、新庄の呉鸞旂、清水の蔡蓮舫、苓雅寮(のち高雄)の陳中和に限られていたという。[15]

さらに、李春生は変法自強の必要を説いた政論家でもあった。香港の『中外新報』(一八五八年に香港で創刊)や上海の『万国公報』(一八六八年に上海で創刊された『教会新報』の後継誌)などの媒体に、時務を論じた文章を掲載してもいた。たとえば、一八七四年の日本の台湾出兵に際しては、「琉球と高麗の為に計らんとする者は、なお当に機を先んじ防を提すべし。成法を固守し、座して日本の侵大を待つことなかれ」と論じ、この時点では清朝に忠誠を誓う立場で日本の侵略に対する警鐘を鳴らしていた。[16] また、「日本は俗に其れ夜郎自大として軽んぜらる。余独り謂えらく、其の後生の畏るべしと」とも論じている。[17]「夜郎自大」とは自分の力量を省みずに威張っているものを指す。日本人を「井のなかの蛙」として見下げる人びとが大多数である状況のなかで、日本の将来は恐れるべきものだと李春生は考えていた。

このように日本を侮るべからざる「敵」として意識しながら、清朝に対して、防衛の増強、産業の振興、科挙の廃止、西洋式学校教育の普及、新聞の創刊などの必要を訴えていた。また、清朝が劉銘伝を台湾巡撫に任命して洋務運動を推進した際には鉄道敷設委員に任ぜられて基隆—台北間の鉄道敷設に尽力した。[18]

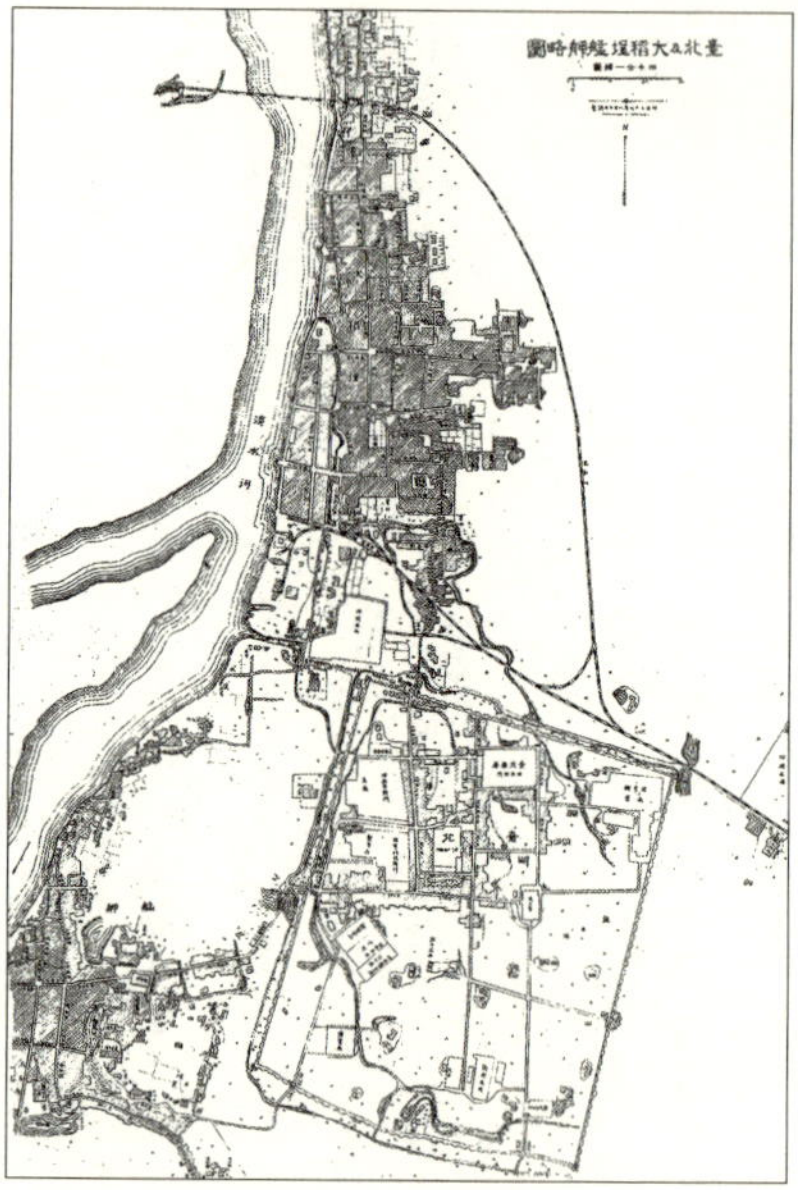

図 3-2 「台北及大稲埕艋舺略図」(1895 年)
1895 年 8 月に作成された台北中心部の地図．上方が大稲埕，左下が艋舺(のちに萬華)，右下の四角く囲まれている部分が台北城内．鉄道は劉銘伝台湾巡撫の時代に敷設されたもの．

李春生は、キリスト教徒として宣教事業のよき助力者でもあった。台北に居住していたことから直接的なかかわりを持ったのはカナダ長老教会の宣教師だったが、南部のイングランド長老教会宣教師との交流もあった。たとえば、イングランド長老教会の宣教師キャンベルは、一八七三年三月に淡水を訪れたときのことを次のように記している。カナダ長老教会のマカイと対面して「真にハイランド的な歓待」を受けたうえで、ふたりで連れだって台北で街頭説教をおこなった。艋舺――龍山寺を中核とする「門前町」ともいうべき地域――では不信感に満ちた視線にさらされ、巨大な猛犬に追い払われた。酷暑のなかを大稲埕まで歩いて移動、そこで「大陸に居住していたときに神の言葉を知ることになった、影響力ある漢人の家」にたどり着き、「敬虔なクリスチャンとしての親切さ」に満ちた歓待を受けることになった。「阿春 **A-chun** は、神の保護される者 **God's hidden one** のひとりである。彼は、異教徒たる隣人たちの面前で一貫した生を送っており、敵対者ですら彼に敬意を払っている。〔……〕神よ、このような人物を何百人、何千人と産みだされんことを！」[19]。キャンベルが「阿春」と呼ぶこの人物は、陳俊宏の研究でも指摘している通り、李春生と考えてよいだろう[20]。親しみを込めて「春生」を「阿春」というように呼ぶのは一般的な慣行だったからである。

　このように、李春生は清代において洋務運動やキリスト教宣教師とのかかわりのなかで、台湾の文明化を追求していた人物といえる。その李春生がなぜ能動的に日本人に協力したのか。

この点について具体的に考える手がかりは、日本による始政式から八ヵ月後、一八九六年二月末からの「東遊」経験である。この時に李春生は、樺山総督の誘いを受けて、日本内地に「凱旋」する際の随行者として日本内地を訪れた。樺山総督一行の広島到着を伝える『東京朝日新聞』は次のように紹介している。「大稲埕の一豪商にして衆に先んじて意を総督府に致し、我軍の為に尽すこと少なからず。〔……〕資性敏活にして能く官話を操り又略《ほ》ぼ英語にも通ず(21)」。樺山からすれば、内地の文明化された姿を見せて心服させるとともに、内地の民衆に対して「新附の民」が服属する姿を見せる宣伝効果も期待していたことであろう。

この「東遊」において、李春生は日本内地で何を見て、どのような経験をしたのだろうか。そして、日本人にどのような期待を寄せていたのだろうか。

二、「東遊」における期待と失望

二ヵ月あまりにわたる日本内地滞在期間中、李春生は、帝国議会、帝国大学、郵便局、造幣廠、製紙工場など多くの施設を参観、三月二七日には岩崎久弥・三井高保・渋沢栄一など当時の日本を代表する財界人が主催者となって、李春生を主賓とする宴会も開催された(22)。三月三〇日には宮中にも参内している。

この時の旅の記録を李春生は『台湾新報』に「東遊六十四日随筆」として連載した。『台湾新報』は、「始政祭」がおこなわれた一八九六年六月一七日に創刊された新聞であり、日文欄と漢文欄から構成されていた。その第一号にも李春生は漢文で祝辞を寄せている。

「東遊六十四日随筆」には、文明化のエージェントとしての日本人への期待と、同時にその期待が裏切られるかもしれないという予感が刻み込まれている。

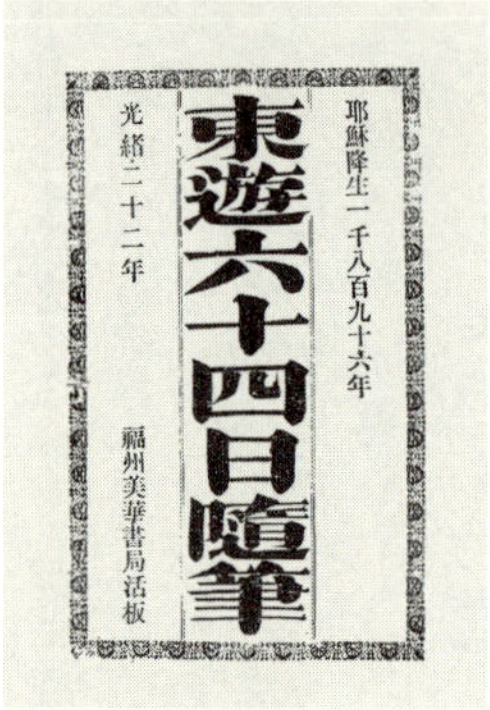

耶穌降生一千八百九十六年
東遊六十四日隨筆
光緒二十二年
福州美華書局活板

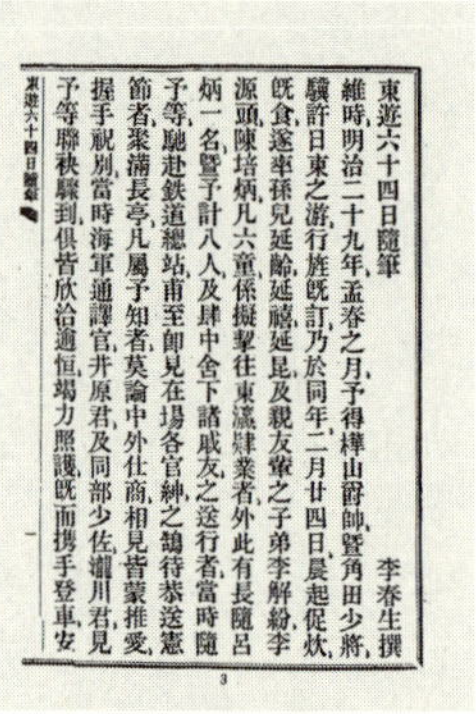

東遊六十四日隨筆　李春生撰
維時、明治二十九年、孟春之月、予得樺山爵帥、暨角田少將、
驥許日東之游、行旌既訂、乃於同年二月廿四日、晨起促炊、
既食、遂率孫兒延齡、延禧、延昆、及親友輩之子弟李解紛、李
源頭、陳培炳、凡六童、係擬挈往東瀛肄業者、外此有長隨呂
炳一名、暨予計八人、及肆中舍下諸戚友之送行者、當時隨
予等、馳赴鉄道總站、甫至即見在場各官紳之鵠待恭送憲
節者、衆滿長亭、凡屬予知者、莫論中外仕商、相見皆蒙推愛、
握手祝別、當時海軍通譯官井原君、及同部少佐瀧川君、見
予等聯袂驟到、俱皆欣洽、適恒竭力照護、既而携手登車、安
東遊六十四日隨筆　一
3

図 3-3　李春生『東遊六十四日随筆』(1896 年)
表紙には「耶蘇降生」を基準とする年(西暦)と清朝の元号による年が記されている.

まず期待の部分から見ていくことにしよう。この旅の記録のなかで、李春生は、学校、工場、新聞などが日本内地で整備されていることに大きな印象を受けたと記している。また、麻布の教会で説教をした際には、清国と日本とのキリスト教への対応の相違を力説して、次のように語っている。「予は鷺江に生まれ、幼くして父の命に順いて、主を信じ教を奉る。東渡以来、一向《ひたす》ら偕牧師に追随し、道を奉り礼を守る」。鷺江は厦門のこと、偕牧師はカナダ長老教会の宣教師マカイである。そのように自らの来歴を語ったうえで、なぜ日本が清国に勝利したのかと問い、日本では「政は寛にして俗は厚く、民をして耶蘇を敬信し、昭かに上帝に事うるに任す」、これに対して清国は「政は残にして民は頑」であり「君民、心を一にして、聖教を駆逐」したから敗れたのだと説く[23]。

李春生は、日本の富強の根源をキリスト教への寛容な対応に見出し、清国が敗北した要因もキリスト教を「駆逐」したことに求めているわけである。本書第一章でも論じた通り、清代の台湾では、アヘン売買や砲艦外交と一体となった宣教師の活動が強い反発を招き、礼拝堂焼き打ち事件のような事態も生じていた。李春生の関係していた大稲埕の礼拝堂も、一八八四年に清仏戦争が生じた際に焼き打ちされた[24]。そのことを想起すれば、「政は残にして民は頑」という発言は、偽りのない感想であったと思われる。他方、日本では「民をして耶蘇を敬信」しているという発言には多分に希望的観測が込められているようにも感じられる。だが、これも根拠のないものではなかった。

李春生は、「慰問使」として台湾を訪れたことのある細川瀏牧師や、明治学院総理井深梶之助など主に日本基督教会関係者に東遊中に面会した。(25) 明治学院を含めてキリスト教系学校に対する政府の干渉が本格化するのはこの三年後、すなわち一八九九年に内地雑居の実施にともなって文部省訓令第一二号(教育と宗教の分離訓令)が制定されて以降のことである。李春生による東遊の時期には、キリスト教系学校はいまだ嵐の前の静けさともいうべき自由を享受していた。清国よりも日本の方が相対的にキリスト教布教に望ましい環境にあると考えても不思議ではない状況にあった。前章で述べた通り、ヒュー・マセソンも、同じ一八九六年の時点で、日本の支配の方がキリスト教宣教に好都合だという観測を抱いていた。

李春生と、ヒュー・マセソンの見解には、このように重なるところがあった。ただし、グローバルな文明の秩序における位置は、大きく異なっていた。日本人の立場からすれば、ヒューは「進んでいる」英国人であったのに対して、李春生は「遅れている」「支那人」に過ぎなかった。実際、李春生は、東遊のなかで、日本人への期待が失望に変わることを予感させる事態にも直面した。

象徴的な出来事は、広島に上陸した際に日本人の子どもから「チャンコロ」という人種主義的な侮辱の言葉――原文では「唱唱保之臭名」――を投げつけられたことである。(26) 警官の制止によりかろうじて石を投げられることこそ免れたものの、この時のショックのために清国人の象徴である弁髪をさっそく切り、洋服を買い求めている。

さらに浅草で「日清水陸戦闘之劇」を観劇した際には途中で見るに耐えないという思いを抱いて中座し、「惟うに是れ新恩は厚しと雖も、旧義も忘れ難し。予、棄地遺民と為るを忝《はずかし》むと雖も、自ら願いて改妝入籍す。然るに此等惨目傷心の景、他の人に在りては興高く彩烈たり」という感懐を洩らしている。(27)「日清水陸戦闘之劇」の詳細は不詳だが、おそらく日清戦争当時大量に作成された錦絵が伝える世界像そのままに、「忠勇無双」の日本兵が「怯懦」な「支那兵」をさんざんに打ち破るという類いの劇であったと思われる。たとえ清朝の「棄地遺民」であったとしても、大陸に逃れるという選択をあえてせず、自らの意思で日本臣民となることを選んだという矜持をもつ李春生にとって、それは「惨目傷心の景」であった。他方、日清戦争の勝利により文明国の仲間入りをしたと沸き返っている日本人の多くにとっては、彼もまた「チャンコロ」として侮蔑すべき対象のひとりに過ぎなかった。

東遊に際してのこうした失望の経験は、『台湾新報』の連載にも記された。浅草での出来事も、一八九六年一〇月六日付の紙面に掲載されている。『台湾新報』は総督府の法令を掲載するなど官報的性格を備えていたことから、日本人官僚を主な読者層としていたと考えられる。李春生は、「チャンコロ」という言葉を投げつけられたことの衝撃や、日清戦争をめぐる日本人の意識との落差を日本人読者層に対して隠すのではなく、むしろ伝えようとしていたと考えられる。加えて、清代に自分の記した時務論を『主津新集』として上梓し、細川瀏牧師に託して東遊のさなかに横浜で出版し、出会った人びとに手渡してもいる。この本は、日本の台湾出兵に際して日本への警戒を説いた文章から始まる。かつて日本人を敵視していたことも、隠してはいない。むしろ、文明の秩序に必死に適応しようとしてきたのは日本人だけではないとして、自らの足跡への理解を求める思いと、日本人の「夜郎自大」的な振る舞いに自省を求める思いがこの出版には込められていたように思われる。

このように、李春生は、一方で文明化のエージェントとして日本人への期待を抱きながら、他方でその期待が裏切られるかもしれないという予感とのはざまに置かれていた。その宙ぶらりんな状態を象徴的に示すのが、孫たちの留学問題である。

東遊に際して、李春生は、孫の李延齡(長男李景盛の長男、当時一六歳)、李延禧(長男李景盛の次男、当時一四歳)など親族の子ども・孫を日本内地に留学させるために同伴していた。台湾教育会編『台湾教育沿革誌』(一九三九年)では、この点について「[一八九六年]四月一日李春生の子弟李延齡以下七名を東京に留学せしめ、石川倉次・鳥居忱をその教育係に嘱託した」と記している[28]。石川は当時東京音楽学校訓導、鳥居は高等師範学校附属音楽学校教授である。いずれも音楽学校の関係者であるのは、李春生から留学斡旋を依頼された伊沢修二が、かつての音楽取調掛長時代の人脈にたよって嘱託すべき人物を探したからであろう。だが、この留学計画は、順調に進まなかったようである。李春生の帰台から日を経ずして「台湾島民の教育」と題する次のような記事が『東京朝日新聞』に掲載された。[29]

同島民の教育に就てハ文部省に於ても大に注意する所あり。数名の俊才を選抜して内地に留学せしめんとの説もありしが、未開の者に向て俄に文明的の教育を施す時ハ、往々にして其目的を誤る事あり。現に沖縄県人の如き内地に留学し多少文明的の空気を吸ふ時ハ、忽ち琉球独立論などを唱へ、県治の妨害となること少からざるに付、台湾島民の内地留学も同様の結果に至らんとの反論あり。留学の議ハ暫く見合となりたる由。

この報道の通り、留学推進の方針は転換されたようである。四月二〇日に文部次官牧野伸顕が総督府民政局長水野遵に対して石川・鳥居の教育係嘱託を解くことを求め、その役割を「学生監督事務嘱託」から「学務部編輯事務嘱託」に変更した。[30] 李延齢は「樺山総督と共に内地に赴き学を内地に学ぶ事一年有半、帰台後更に邦語を研究」[31]という履歴の記述から、一年あまり内地の学校に学んだものの、学歴を残すような形ではなかったことがわかる。李延禧は、いったん帰台したのち、一九〇〇年に明治学院に入学した。この時は李春生が自分で明治学院総理井深梶之助に入学許可を求める書簡を記していることから、総督府の斡旋によるものではなく、教会関係の人脈を通じて留学の道を調整したものと考えられる。[32]

右の記事は、文部省が留学斡旋から手を引くにあたって、沖縄をめぐる状況を重要な先例として意識していたことを物語る。沖縄の状況について着目すべきは、沖縄からの第一回「県費留学生」として上京した謝花昇(一八六五―一九〇八)が、帝国大学を卒業後に高等官として沖縄に戻り、ちょうどこの記事が書かれた当時、農民共有地の官有化問題などをめぐって沖縄県知事奈良原繁と激しく対立していたことである。謝花は、一八九八年には官を辞して沖縄県民の参政権獲得運動に挺身、そのさなかに精神に異常をきたして悲憤のうちに没した。[33] 謝花らが「琉球独立論」を主張していた事実は確認できないものの、県知事に反発する知識人への懸念を抱く側からすれば、そのように見えたということであろう。

文部省としては、この沖縄における出来事を重要な先例とみなしながら、台湾の住民に対しても「文明的の教育」を施すと沖縄と同様に統治の「妨害」となる恐れがある、したがって、積極的な手助けをおこなうべきではないと判断したことになる。このような方針を正当化しているのが、「未開の者に向て俄に文明的の教育を施す時ハ、往々にして其目的を誤る事あり」というロジックである。論の流れでは、この言明は前置き的な位置を占めている。しかし、「文明的の教育」の普及に消極的であるべき真の理由が「琉球独立論」「県治の妨害」という言葉に示唆されている点に着目するならば、「未開の者」という言い分は実質的には後付けのロジックといえる。すなわち、「未開の者」という言明は、「県治の妨害」という経験に基づいた判断であるにもかかわらず、あたかも集団間の本質的な差異であるかのような転倒がなされている。

かくして、沖縄「県治」に対して異を唱える者に「未開」というレッテルが付されるのと同様なロジックで、李春生の孫たちの留学斡旋は中途半端な形で終わることになったのである。

三、黙示録的な世界観

李春生は、東遊から戻ったのちも総督府に協力的に振る舞った。そこには文明化のエージェントとして日本人への期待が存在したばかりではなく、台湾の住民一般からの孤立という要因が介在していたように思われる。すなわち、英国人宣教師と同様に、住民一般を「偶像崇拝」により「堕落」した「異教徒」とみなす視線が、孤立を深める方向に作用したものと考えられる。以下、東遊後の日本人との関係についてふれたうえで、李春生にとってのキリスト教理解の内実を検討していくことにしよう。

まず日本人側からの評価に関して、一八九八年一〇月に『東京朝日新聞』に掲載された「伏魔殿の真相」と題する論説に注目する。この論説では、李春生の固有名詞をあげて、次のように「狡《ずる》い奴」と断定している。まず、「土人ハ未開人民の常性として概ね狐疑の念深く、稀に新来の施政者に近寄り来る者ハ多くハ狡黠《こうかつ》の土人」であるとして、「勲章さへも賜はりし彼の李春生の如き畢竟一狡奴のみ」と言い切っている。また、従来の為政者はこれらの「土人」に「瞞着翻弄」されていたが、新しい為政者は「土人」の言葉を信頼すべきではないことを悟り、ようやく「土匪」鎮圧に成功し始めていると評価している[34]。続編となる記事では、李春生のような「官匪」は「己れの利欲」のために良民を「土匪」だと訴えてその田畑を横領してきたのであり、これまでの嘘がばれて身の危険を感じたために、すでに大稲埕の自宅を片付けて荷物をまとめているとまで評している[35]。

この論説で「新来の施政者」とは児玉源太郎総督と後藤新平民政長官を指す。後藤と李春生のあいだには確かに緊張関係が存在したようである。『読売新聞』一八九九年八月一七日付の記事では「李春生後藤長官を凹ます」という見出しで次のように伝えている[36]。

此程局長《ママ》ハ台北土人《ママ》の重なる者を招き例の御馳走政畧を施す。酒三行長官ハ突如として問ひを発して曰く、台湾日本の新政を仰ぎてより何事か最も是にして何事か最も非なるかと。李春生直に起つて答へて曰く、先づ其遺憾なる点より云はバ本国渡来の官民とも信義の二字を欠けるこそ最大欠点と思はると。流石の局長も之れにハグーの音も発し得ざりしと。

ここで李春生が「信義」という言葉で何を意味していたのか、具体的にはわからない。いずれにしても、双方にそれとわかる具体的な出来事があったからこそ、「グーの音」も出ないということになったのであろう。

後藤新平文書に収録された「台北紳士人物月旦」と題する人物評では、李春生について次のように記している。「素行ハ貞固ニシテ能ク事務ヲ弁ス。但己ノ意ヲ偏信シ、性尤モ吝嗇。〔……〕帝国領台以来ハ多ク自己ノ計ヲ為シ、公益ノ為ニハ甚タ冷淡ナリ」。「偏信」「吝嗇」「冷淡」という表現には、「伏魔殿の真相」と題する記事に通底する、否定的な評価を見出すことができる。同じ資料で辜顯榮については「素行ハ剛直」にして「毀誉褒貶相半」と評しているのと比しても、ネガティブな色彩が強い[37]。

このような「吝嗇」という批評に反して、李春生は、とりわけ教育関係と教会関係に関して、しばしば大口の寄附金を投じていた。一九一五年の大稲埕教会礼拝堂の再建にあたっては、単独で一万円の大金——今日の貨幣価値に直すと優に一〇〇〇万円を超える[38]——を寄附した。建坪で二〇〇坪を占めるこの礼拝堂は、当時全台湾のなかで最も広壮なものとなった[39]。また、後述する台中中学校に六〇〇〇円、淡水中学校に三〇〇〇円、台湾商工学校に一〇〇〇円など学校にもやはり大金を寄附している。これに対して、日露戦争義捐金などにも一〇〇〇円を寄附しているものの、教会・学校関係に比すれば、相対的に少額だった[40]。そのために、日本人官僚の側からすれば「吝嗇」と見えたということであろう。

図 3-4　大稲埕教会礼拝堂入口
李春生の親筆で「救主降誕一九一五年」「大正四年八月　李春生建」と記されている．

こうした事実からも、李春生が、キリスト教と教育の普及に期待をかけていたことがわかる。それでは、李春生にとってのキリスト教信仰とはどのようなものであったのか。その著作からうかがわれるのは、スコットランドにおける長老派の信徒と同様に、勤勉・節制を核とする倫理によって自己と家族を厳しく規律し、また、そのことにより生き延びていこうとする姿勢である。

李春生は、台湾日日新報社から『主津後集』(一八九八年)、『宗教五徳備考』(一九一〇年)、『聖教闡要講義』(一九一四年)など四冊の著作を刊行し、福州美華書局から『民教冤獄解』(一九〇三年)、『東西哲衡』(一九〇八年)など八冊を刊行している。これらの著作で論じられたキリスト教理解について、呉光明は、三位一体論や贖罪論など難解な教義への言及を回避する一方、伝統的な儒教思想に相似した守法主義legalismが顕著である点や、天国と地獄の選択が目前にあることを説いて回心を促している点を特徴として指摘している(41)。これに付け加えるべきは、黙示録的な世界観ともいうべきものである。

たとえば、『聖教闡要講義』において「勝利する者、また私が望む行いを最後まで行い続ける者、その者に私は諸民族を支配する権威を授けよう」(「ヨハネの黙示録」二:二六—二七)という章句への注釈として、これと対照的に滅び行く者たちにかかわる、旧約聖書「エゼキエル書」の章句を引用している。預言者エゼキエルは、バビロンへの捕囚のなかで、神の言葉を次のように語った(42)。

> 彼らはその麗しい飾りを誇りとし、それで自らの忌まわしくもおぞましい偶像を造った。それゆえ、わたしはそれを彼らの汚物とした。わたしはそれを略奪品として異国人の手に、分捕物として地の邪悪な者たちに渡す。彼らがそれを冒瀆するであろう。わたしは彼らから顔を背け、彼らはわが宝物を冒瀆するであろう。強盗らがそれを冒瀆するために押し入り、殺戮を行うであろう。この地が血による審きで満ち、町が暴虐で満ちているからだ。わたしが諸国民から悪者どもを引き入れ、彼らの家々をその悪者どもが奪い取る。(「エゼキエル書」七:二〇—二四)

「エゼキエル書」において「偶像崇拝」に陥っていた人びとは、次々と災いに襲われたすえにようやく、神ヤハウェを信ずるにいたる。李春生が台湾や中国でこうした聖書の章句を解説する著書を刊行したのは、「邪悪な者たち」の「分捕物」とされて、「血による審き」に満たされた土地にかかわる記述が決して他人事とは思えなかったからではないだろうか。

一九〇三年に福州美華書局から出版した『民教冤獄解』では、二〇〇名を超える外国人宣教師と二万人を超える中国人改宗者が殺害された義和団事件に言及しながら、キリスト教に無実の罪を帰しているならば、天はこの「老大古国」を滅ぼして「四百兆人をして変じて他族の奴隷と為さん」と論じている。(43) また、台湾における教育事業の重要性を説いた別の文章では、島内の住民が「アヘン、纏足、迎神賽会〔神を迎える行事〕のような無益な旧習」を墨守していることに批判的視線を向けていた。(44) そこには、中国・台湾の人びとが帝国主義体制下で経験している災禍の意味をキリスト教の信仰に従って解釈しながら、「偶像崇拝」からの回心こそが「血による審き」を逃れる道だというメッセージを見出すことができる。

こうした信仰からすれば、自らの「密告」によって葬られた人びとがいたとしても、その人たち自身の罪ゆえにしかたなかったのだという道徳的な合理化が可能だったと考えられる。本書第一章で述べた通り、長老派の信条の核心であるウェストミンスター信仰告白では、神は「選ばれた者」以外の「人類の残余の人々を看過し、彼らをその罪の故に恥と怒りとに定め、こうして彼の栄光にみちた義の賛美たらしめることを喜び給うた」と記していた。(45) 衝撃的な貧困や悲惨のなかで自らの成功や富を神の選びの証として合理化する傾向は、一九世紀のスコットランドにおける長老派の信仰の特質でもあった。そのことを想起すれば、李春生の信仰も特異なものとはいえない。

李春生において長老派の信仰は、単に舶来の思想として輸入されたものではなく、儒教を根幹とする思想や社会慣行と接合されてもいた。その傾向は、李春生の定めた「家憲」において見出される。この家憲は、あたかも会社組織のように、李春生の子ども・孫以下の家族が守るべき法を示したものである。

この家憲において、家を代表する「家綱」には李春生が就任すると記したうえで、家綱の地位の継承手順や、家族会への参加資格と家族会の権能、家綱による「譴責」から「除名」まで違背者への処分を定めている。財産については、長春公司という会社組織を通じて管理する手法を定め、「長春公司の毎年の収支、予算、決算は家綱が編製し、家族会に提出する」と規定している。また、「訓誡」として、次のような項目を挙げている。「全家族挙げて皆真道を崇奉し、異教に帰依するを許さず」、「全家族まさに念念して李春生創業の艱難を忘れるべからず」、「凡そ起居動作、衣食衣服、一定の法度なかるべからず」、「凡そ修身斎家の道、勤倹質素を以て第一と為す」、「阿片吸引、賭博に耽るを許さず」、「全家族まさに子弟の培養に注意し、其れ必ず中等以上の教育を受けしめよ」。(46)

スコットランドにおける「プロテスタンティズムの倫理」そのままに勤勉や節制という規律を重んじ、高学歴を志向するエートスが示されている。他方で、家族という私的領域における財産処分のあり方や日常的に遵守すべき規範をこのように定める試みは、儒教的な秩序に根差したものであったともいえる。宮嶋博史の論を援用するならば、朱子学は、「共同体を基礎とした社会編成に対する根深い拒否感」に基づきながら、「家礼」により家族という単位集団の箍《たが》を締めようとするものであった。宮嶋にならって、それを「儒教的近代」のひとつの表現とみなすこともできる。(47)台湾における長老派の信仰は、むしろそこに接合されているともいえる。

儒教的なものの影響力の強さは、父系血縁を重視する傾向にも顕著にあらわれている。李春生は、一般論としては女性の地位の向上を説き、幼女を売買する「童養媳《トンヤンシー》」のような慣行についても「男を貴とし、女を賤とする」主義に基づく悪習だと批判していた。(48)ただし、家憲では、家憲制定以前の「蓄妾」についてはこの条規を適用しないとするとともに、今後も万やむを得ない時には一人に限って妾を認めると定めた。(49)

この家憲の制定年は明らかではないが、一八八一年生まれの孫李延齢が家族会の構成員たる二〇歳以上という資格を満たしていることから、一九〇一年以降と考えられる。同時に、一九〇九年に北部教会が「風俗改良」にかかわる規則を制定したのよりも前と思われる。この規則では、アヘン吸引者には洗礼を施さない、飲酒をした者は聖餐式への参加を禁じるといった項目と並んで「自今以後、洗礼を受けた者が妾を娶った場合には之を革出〔追放〕する」と定めたからである。(50)

この家憲に見られるように、李春生は、深い信仰心、勤勉・節制という自己規律、高度な教育を身につけた一族の者が、「ノアの方舟」に乗り込んだ人びとのように、「血による審き」に満ちた土地を生き延びていくことを重視していたように思われる。

四、「犬馬」のごとき地位

その後、李春生は総督府官僚とのあいだにどのような関係を築いたのか。時期的には本書第II部でとりあげる時期に入り込むことになるものの、李春生が一九一〇年に『台湾時報』に寄せた「後藤新平公小伝跋」という文章に着目しておくことにしたい。当時後藤はすでに台湾を立ち去って、満鉄総裁を経て逓信大臣に転じていた。なぜこの時期に李春生が後藤新平にかかわる跋文を書いたのかは不詳だが、李春生の植民地認識を示したものとして興味深い内容となっている。(51)

この跋文で、まず台湾は二〇〇年来「野蛮」な政教のもとにあったが、「東西互市」すなわち西洋との交易が始まって以来、「外国文明の風化」が浸透し、「専制政治の苦」を知るようになったと論じる。西洋の衝撃による開港をポジティブなものとして受けとめる発想が基調に存在したことがわかる。あたかも英国人の立場から台湾の歴史を見るかのような叙述ともいえる。

日本による台湾支配については、次のように礼賛する。

下関条約により台湾割譲が決まると日本を誹謗する流言が生じ、旧清国政府官吏が「民主の挙」に名を借りて日本との抗戦を「妄想」したが、大敗した。その後、各地で「土匪」が蜂起すると、言語通ぜず、下情を上達する手段がなかったために、冤罪で捕縛されたり殺されたりする者が後を絶たず、「惨」たる状況が生じた。そこに児玉総督と後藤民政長官が登場、漢学に通じながら医学士という栄称をもつ後藤は、劉備に仕える孔明のように総督を補佐し、「土匪」の帰順を進め、住民が安穏に暮らすことを可能にした。学校を増設し、病院を設置し、鉄道・電線を拡充して島人の商業に利便を与え、銀行を創立し、「生蕃」を「招撫」し、製糖工場を建てるなど数々の事業を進めた。これにより、雇用も倍増し、「浮浪」の徒も見られなくなった。かくして、「謂《おも》えらく十年前の台湾は、ひとつの野蛮齷齪の部落に異ならず。今日の台湾は、煥然としてひとつの文明繁華の世界に変ず。孰《いず》れも是れみな吾が後藤新平公に由ると曰わざらんや」。

清代に自ら敷設に尽力した鉄道については「拡充」と記すように、清代にも一定の進捗があったことに注意を促してはいる。とはいうものの、インフラの整備などについては確かにポジティブな評価を下していたと思われる。また、「生蕃招撫」、すなわち台湾先住少数民族を鎮圧する事業も、茶商たる李春生にとって重要な意味を持っていた。樟脳の原料たる樟樹と同様に、茶畑も先住民居住地域と重なる部分が大きく、その生産・流通をスムーズに進めるためには「蕃害」に対抗することが必要だったからである。

このように台湾が「文明繁華の世界」へ編入されたことを言祝いだ李春生の文章は、植民地支配という問題に言及するに及んで、微妙に異なったトーンに転ずる。

「夫れ列強の魚肉」たる「殖民」を視るに、インド・ビルマ・ヴェトナムの如く「其の利権を奪し、其の膏脂〔苦労と努力を重ねて得た利益〕を竭《つ》くし、甚だしくは且つ其れ上等の教育を秘し、奴隷の如く之を待し、犬馬の如く之を駆る」。これは「吾が帝国政府が本島臣民を待する」のとは、まったく異なる。「本島臣民、一切の野蛮頑固の根性を急いで棄て、ひとつの民権天職の資格を造成し、かさねて共に吾が兵籍に列するを得て、同じく吾が議会に参し、以て敵愾《てきがい》同仇するを企望す」。米国の「連邦」のように、欧米では無数の「種族」が合してひとつの国を構成することもある。「此の如きは、是れ亦た吾が後藤公、談次の口頭禅、伝者の創言に非ざるなり」。台湾をこのように扱うことで「亜州全部の奮起」を鼓舞するのだと後藤公は述べていた。それを一日も忘れることはできない……。

右の部分で、欧米列強による植民地支配について否定的に述べながら、帝国日本の台湾支配はこれとは異なると断じている。しかし、「口頭禅」とは口先だけで立派なことを唱えることを意味する。そのことに着目するならば、異なる解釈が浮かび上がってくる。すなわち、いったん「異なる」と断言したうえで、「本当に異なるのだろうか……」と反問したものと解釈できる。すなわち欧米列強によって植民地化された人びとが「魚肉」のように他者の意のままに自らの命運を料理される状況において、アジア諸民族は団結しなくてはならない、と後藤は語っていたのではないか……。しかし、台湾の住民は、いまだ徴兵の義務もなく、参政の権利もない……。このように、李春生は問いかけているのではないか。

この文脈で読めば、李春生は後藤のアジア主義的な見解が「口頭禅」、すなわち空約束に終わっている事態を問いただしているともいえる。すでに陳培豊の研究において明確に論じられているように、後藤新平はしばしばアジア主義的な見解を公にしていた。しかし、その根底に存在したのはむしろ優勝劣敗・適者生存を信奉する社会進化論だった。[52] 他方、李春生は、優勝劣敗という発想に対して懐疑を表明していた。すなわち、勝者が常に優れているとは限らないとしながら、社会進化論は仁義道徳を滅ぼし、宗教を覆滅するものだと批判していた。[53]

この跋文でも、最後に唐突に後藤新平の夫人安場和子に話題を転換し、「公の令閨、安場氏亦、一つの耶蘇教中の貴婦人」であるとして——安場和子がキリスト教徒であったという事実は資料的には確認できていない——、赤十字社や婦人慈善会を通じて「義挙」をなしとげたと称賛し、文明化により富強を成し遂げようとしても、キリスト教を軽視する者は「烏《いずくん》ぞ、得るべけんや」と論を結んでいる。最後はやはりキリスト教信仰の是非に帰着するのであり、もしもキリスト教を軽んじるならば、文明といい、富強といっても、皮相上滑りなものとなってしまうと論じているわけである。

一方で後藤の治績を称賛しながら、他方でこれに釘を刺す李春生の論は、植民地支配をめぐる問題の急所を衝いていたといえる。特に着目されるのは、植民地では「上等の教育」を秘すという認識である。前章でも指摘したように、後藤は、中学校を設けようとしなかった。第Ⅱ部で論じる通り、一九一〇年代になると住民により中学校設立運動が展開されて、総督府の側でも譲歩せざるをえない事態にたちいたる。その際、佐久間左馬太総督は「持地ガ後藤等ノ意ヲ受ケ何等施設セザリシ」と述べて、持地六三郎学務課長が後藤民政長官の意を受けて中学校を設けようとしなかったという認識を示している。(54) すなわち、総督府があえて「上等の教育」を秘してきたという認識は、児玉―後藤体制の後継者が抱いていた認識でもあった。

一九一六年五月には、当時の総督府学務部長隈本繁吉が後藤新平に呼び出されて後藤宅を訪問、この時に後藤は台湾の教育にかかわる自説を披瀝した。すなわち、内地人と台湾人の共学問題については「特殊ノ制限ノ下ニ黙認ハ同意、サレド其他ノ大多数ニ就テハ明ニ区別ヲ明言シタシ」として、教育制度における「区別」を維持する必要を説いた。さらに後藤は、辜顯榮が「六三問題ニ云々セシト聞ク」と自ら語り出しながら、六三法(〇六年から三一法)による特別な統治体制を正当化して、次のように述べた。(55)

彼ハ三千年来ノ歴史、国風ノ結晶タル内地臣民ト同シカランコトヲ願フハ不可ナリ、無論俊秀ノ一二ノ人間ハアランモ、犬《チンコロ》サヘ御馳走ニ対シ御預ケヲ守ルニ、俊秀ナル台湾人カチンコロニ劣ルベケンヤ

後藤は、「母国人」と「台湾人」の相違を「三千年来ノ歴史」という言葉で自然な差異と意味づけたうえで、台湾人に対する「御預ケ」を正当化しているわけである。「俊秀ナル」という言葉も、この文脈では「犬」「チンコロ」にしては……という意味にほかならない。隈本がわざわざ「チンコロ」とルビを振っているのは、日本人官僚同士の内話ではあるにしても、その言葉が忘れがたい、強烈な響きを備えていたことを示唆している。こうした人種主義的な言明は、李春生の願いと真っ向から対立するものであったと考えられる。この潜在的な確執は、キリスト教徒と総督府とのあいだの緊張関係としてやがて顕在化する。

第二節　台湾基督長老教会の信徒たち

李春生が日本人という新たな支配者に期待をかけて協力した原因を求めるならば、文明化への強い志向と、その根源としてのキリスト教の信仰——それも一九世紀スコットランドにおける長老派のエートスが儒教的な価値観に接合されたもの——に行き着くことになる。ただし、スコットランド人にとって教会に所属することは自らの社会的ステイタスを高める手段でもあったのに対して、台湾で「番仔教」を奉じる人びとは、圧倒的な少数者であり、孤立を甘受しなくてはならないという状況の相違が存在した。それにもかかわらず、あえてキリスト教に改宗したのはどのような人びとであったのか。

以下、台湾基督長老教会を構成した人びとの社会的な輪郭を素描しておくことにしたい。第II部以降で詳述する台南長老教中学校の支持基盤となるのも、これらの人びとだからである。

一、自治的教会制度の形成

日本による台湾の軍事占領は各地で激しい武装抵抗運動を呼び起こしていたが、教会関係者は宣教師の存在のおかげで相対的に日本軍の武力からは保護される立場にあった。南部教会で最初に牧師となった劉俊臣(一八六六—一九二八、劉茂坤)の場合、一八九五年一〇月に日本軍が台南に進攻するさなか西螺街で捕縛されて斬首されかけたが、斬首直前に祈りの言葉を唱えたおかげで、キリスト教徒と判明して処刑を免れたという(56)。日本軍の側ではキリスト教徒を殺害してしまうと、宣教師を介して国際問題になりかねないという判断があったのだろう。

住民の側からすれば、教会の礼拝堂は日本人の圧制からの避難所であり、教会組織への帰属は一種の護身符であった。一八九五年から九六年にかけて、北部台湾で日本軍が礼拝堂の一部を破壊する出来事が生じた際には、カナダ長老教会の宣教師マカイが英国領事を介して総督府に抗議した。これに対して、水野遵民政局長は、帝国の現行条約では外国人は居留地外に礼拝堂を所有することはできないはずなので、苦情があれば管理人たる「本島人」を介して申し出よと英国領事に返答した。[57]それでも、礼拝堂破壊問題への対応は、在東京英国公使アーネスト・サトウを介して外務省との交渉の俎上に載せられた。[58]こうした事情からも、宣教師の管理する施設は、居留地外でも実質的に治外法権的な領域を構成していたことがわかる。

このように相対的に安全な地帯において、教会関係者は長老派の原則に従った教会制度の整備に着手しようとしていた。鄭児玉の記すように、「教会は日本人のもとで、好意的な取り扱いを受けていた」のであり、「植民地体制下において教会の成長があり、一方、教会の外部では政治的な抵抗が続いていたのである」。[59]

教会制度の整備にあたって宣教師の掲げていたスローガンは、「自養」self-sustaining、「自治」self-governing、「自伝」self-propagatingであった。「自養」とはそれぞれの教会が牧師・伝道師の俸給や謝礼を負担できるようになること、「自治」は現地人信徒が主体となって教会組織を運営すること、「自伝」は現地人信徒が自ら布教に務めることを意味した。[60]これは、長老教会という教派の特質に根差した原則であった。

本書第一章でスコットランドの例に即して述べたように、長老教会の制度は牧師ばかりでなく、信徒(伝道師を含む)の選出した「長老」が牧師と対等な資格において教会の組織運営に参与する合議制を特徴としていた。台湾の場合、各教会レベルの合議体が「堂会」、南部や北部という地域単位の合議体が「大会」(時期によって「中会」)と呼ばれた。「堂会」とは、一定数の信徒が定着することにより牧師・伝道師への謝金や大会への上納金を負担することが可能となった教会を指す。堂会は信徒の互選により「長老」と「執事」を選出し、大会に長老を派遣した。こうした条件を満たさない教会は「分会」と呼ばれて、堂会や大会の管理下に置かれた。

長老教会の制度で牧師となるには、神学校を卒業後に伝道師としての経験を経たうえで「進名考試」と呼ばれる試験を受けて合格し、大会の承認を受けて有資格者の名簿に名を連ねる必要があった。さらに、牧師の俸給を自給することが可能と認められた堂会から招聘を受けた場合に、大会の決定を経て按手礼により牧師に叙任された。これを「封立」あるいは「按立」といった[61]。牧師の俸給の低さはしばしば問題とされたが、それでも教会関係者にとってはリスペクタブルな職業であることに変わりなかった。

現地人の伝道師、さらに牧師を養成するためには、神学校が必要であった。すでに本書第一章で記したように、イングランド長老教会は一八八〇年に台南に神学校の新校舎を建設した。長老教会は信徒同士の結婚を原則としていたので、現地人信徒の伴侶となるべき女性信徒の養成も求められた。八四年に女学校の校舎と女性宣教師のための宿舎を兼ねた建物(姑娘楼)を新楼に設立[62]、八五年にスチュアートとバトラーという二人の女性宣教師が着任し、八七年に女学校(のちに台南長老教女学校)を開校した。カナダ長老教会の管轄する北部でも、マカイが八二年に淡水に牛津学堂Oxford College(のちに台北神学校)を設け、八四年に女学校(のちに淡水女学院)を開設した。当時、カナダ長老教会の女性宣教師は存在しなかったが、マカイが七八年に漢族の張聡明と結婚、張聡明を媒介として女性に対する宣教事業が展開された。南部の中学校に相当する学校は北部では一九一〇年代にいたるまで設けられず、牛津学堂の課程に予備教育にあたる内容が含まれていた。

こうした教会制度の整備は、日本の台湾占領にともなう戦乱の影響により一時的に中断されたものの、ヒュー・マセソンが九五年に宣教師を増員したこともあってすぐに再開された。九六年二月、初めての「台南長老大会」——漢文資料上における名称。宣教師による英語文書では中会Presbyteryと記されている——が開催されて、六名の英国人宣教師と一八名の現地人長老が参加した。本書第一章に登場した、最早期の改宗者高長も、木柵堂会選出の長老としてそのなかに含まれていた(63)。イングランド長老教会の機関誌『メッセンジャー』は、この出来事について次のように報告している(64)。

教会の長老・執事と伝道師が台湾府で一堂に会して二回目の会合を開き、マセソン氏に電信で伝えたように、南部台湾中会の創設が決められた。それは、日本の支配下でこの島の平定が急速に進んでいることの証左である。この中会はわたしたちイングランド長老教会の極東における宣教区域で四番目の中会となる(他は廈門大会を構成する二つの中会と、汕頭の中会)。マカイ博士の北部台湾でも中会が組織されたならば、すぐにも台湾大会が構成されることは疑いない。新しい中会は偉大な前進のステップである。その導きと祝福のために多くの祈りのなされんことを。

日本の台湾支配はキリスト教宣教に好影響をもたらすだろうというヒュー・マセソンの見通しと同様、希望的な観測を感じさせる記述となっている。

北部でも、一九〇四年一〇月に台北長老中会が組織された。第一回中会の構成員は、二名の牧師のほか、各堂会から選出された一五名の長老だった。李春生も、大稲埕堂会選出の長老としてこの会議に参加した(65)。一二年には北部教会と南部教会が合同して台湾大会を組織、台湾基督長老教会と呼称することになった。最高の意思決定機関として台湾大会が設けられたのにともなって、台南長老大会は台南中会と改称した(以下、本書では時期にかかわらず南部中会、北部中会という略称を用いる)。

南部中会の創設に続いて、一八九八年には南部教会として初めて劉俊臣と潘明珠(一八六四—九九)が牧師に封立された。劉俊臣の教会への赴任にあたっては、一二名の神学生が騎馬で先導し、四〇名の中学校の生徒が彩色された旗を持ち、奏楽隊の後に信徒が並び、街民は「蕃仔の秀才の進駐」と評したという(66)。その後、一九〇三年に林学恭(一八六六—一九三九、林赤馬)と黄能傑(一八五五—一九二七、黄誌誠)、〇七年に高金聲、一四年に林燕臣(一八五九—一九四四、林宴臣）というように一四年までに累計で八名が封立された(67)。

これらの人びとは、世代的には、ほぼ李春生の子どもの世代にあたる。日本による領有以後二〇年近くの期間でわずか八名にとどまるのは、牧師を招聘できるだけの、安定した財力を備えた教会が、まだまだ少なかったことを意味した。ただし、少数ではあったとしても、これらの封立された人びとが南部教会を中堅的に担っていくことになる。

林学恭が封立された一九〇三年の南部中会の記念写真に寄せて、宣教師ニールソンは、特に二人の改宗者についてコメントをしている。ひとりは林燕臣である。林燕臣は清代に科挙で秀才の資格をもって家塾を開催していた読書人であった。一八九五年から宣教師に閩南系の台湾語を教えるという関係をもつなかで回心し、九八年に受洗した。「彼は現在のところ台南の中学校の漢文の教師であり、台南教会の長老である。〔……〕キリスト教についてなにも知らない時期から、常に優れた品性を備えていた。彼は次第にイエスのもとにある真実を知り始め、長い間、求めていたものを神の言葉のなかに見出した(68)」。

もうひとりは黄能傑である。孫である黄彰輝（一九一四―八八）が祖父の伝聞として語るところによれば、黄能傑はかつて法術を学んだ道士であったが、悪鬼に関する自らのトリックがばれてしまうことへの怖れを常に感じていた。英国人宣教師による野外集会を邪魔してやろうと出かけたところ、放蕩息子のたとえ話を聞いて怒りがほどけていくのを感じたという(69)。ニールソンは、黄能傑について「病弱であるのと、とても内気であるために難しいかもしれないが、牧師の候補者とみなされている」と記している(70)。

図 3-5　南部中会の構成員（1903 年）
真ん中に座って書物を読み上げているのが林学恭牧師．その右側に立っているのがファーガソン，左側に立っているのが林燕臣，前列右端が黄能傑．

いまだごく少数ではあったものの、読書人と道士という、これまでキリスト教にもっとも敵対的であった人びとが、中会の構成員に含まれていることは着目される。第II部で論じる通り、一九一〇年代になると、林燕臣の息子である林茂生、黄能傑の息子である黄俟命が台南長老教中学校と名乗るようになった教会学校の中核的な担い手として立ち現れることになる。

表 3-1　台湾における長老教会の教勢(単位：人)

事　項	西　暦	南部教会	典拠	北部教会	典拠
牧師封立数	〜1894	0	①	2	①
	1895〜1914	8	①	11	①
	1915〜1934	39	①	8	①
信徒数	1894	1,265	②	2,633	③
信徒数	1914	21,002	①	4,789	①
総人口		2,102,223	①	1,110,994	①
総人口中割合		(1.0%)		(0.4%)	
信徒数	1934	33,444	①	10,414	①
総人口		3,026,316	①	1,906,117	①
総人口中割合		(1.1%)		(0.5%)	

出典：①台湾基督長老教会総会歴史委員会編『台湾基督長老教会百年史』(台南：台湾教会公報社，1965 年)476–485 頁，490–491 頁.
②W. Campbell, *Handbook of the English Presbyterian Mission in South Formosa*, (Hastings: F. J. Parsons, Ltd., 1910), p. xxxi.
③黄六點主編『北部教会大観』(台北：台湾基督長老教会，1972 年)919–921 頁.
注：1) 牧師封立数・信徒数・総人口は，いずれも行政上の「本島人」の数.
2) 牧師封立数は，各期間に「本島人」で按立された牧師の累計数．信徒数は各年現在の数字，1894 年の数値は成人受洗者のみ，1914 年，1934 年の数値は子どもや求道者を含む.

それでは、長老教会の教勢はその後どのように拡張していくのだろうか。あらかじめ三〇年代までを見渡しながらその概要を把握しておこう。**表3-1**は、南部教会と北部教会に分けて長老教会の教勢を示したものである。逐年的な変化を確認するのは資料上困難なので、日本による領有の前年を起点として、二〇年ごとに基準年を設けて数値を示している。情報のソースもまちまちなので、あくまでもひとつの目安にとどまるものの、おおよその傾向を把握することは可能であろう。

牧師封立数は、一八九四年以前、九五年から一九一四年、一五年から三四年という期間に封立された牧師の累計である。北部教会における一八九四年以前の二名は、一八八五年に厳清華(一八五二—一九〇九)と陳榮輝(?—一八九八)が封立された例である。いまだ中会・大会が創設されていない段階での封立であり、宣教要員の不足に対応するための非常措置的なものだったと考えられる。南部教会のバークレイは、北部におけるこの封立について「非長老主義的!」un-Presbyterian! と批判的に記している。(71) その後、一九一四年にいたるまで封立された者は二〇年間の累計で南部は八名、北部は一一名と微々たるものだった。ただし、南部では一四年から三四年にかけて三九名と大きく増加している。この数字は、牧師を招聘することのできる財政的基盤を備えた教会が増加したことを意味する。他方、北部ではこの時期にも八名であり、それほど増加していない。

信徒数については、「信徒」という概念の多義性に留意する必要がある。一八九四年の数値は成人受洗者のみの数値である。これが狭義の信徒にあたる。一九一四年と三四年の数値は、子どもの受洗者や、受洗を志願している求道者が含まれる。これが、広義の意味での信徒ということになる。一八九四年から一九一四年にかけて北部では二倍、南部では一六倍近くになったように見えるが、これは先の時点の信徒数が成人受洗者であるのに対して、後の時点は広義の信徒を示すという計算方式の違いに由来するところが大きい。ただし、一八九八年時点で、南部教会における広義の信徒は約一万名なので、その時点からみても一九一四年時点で実質的に倍増していることにはなる。(72) 他方、北部は日本軍による台湾占領の過程で亡くなった信徒が少なくなかったうえに、清代に集団改宗した平埔族(後述)が、のちに教会を集団的に離脱した例も多く、実質的に減少していると見られる。

人口比という点では、一九一四年の時点でも、三四年の時点でも、南部では約一パーセント程度、北部ではその半分程度である。総じて人口に占める割合は小さかった。北部では一四年から三四年にかけて信徒数が二倍になっているにもかかわらず、人口比は微増にとどまるが、これは台北市域の拡大にともなって人口全体も二倍近くになっているためである。

表3-1には表現できていないものの、エスニシティーとジェンダーという点からみた信徒集団の特徴や、宣教師

と信徒の関係についても確認しておこう。

清代において長老教会の中核を形成したのは漢族ではなく、「平埔族」であった。平埔族とは生活習慣が漢族化した先住少数民族であり、日本の統治期には「熟蕃」と呼ばれた。呉学明の研究によれば、一八八七年の時点で南部で信徒数の多い十大教会のうち、台南の太平境教会を除く九教会は平埔族を中核とした教会だった。平埔族の入信者が多かった理由については、漢族に土地を奪われて生活を脅かされていたことや、在来の信仰が異教に対する包容性に富んでいたこと、共同体的な関係が強いために部族全体での集団的改宗が生じやすかったことなどが指摘されている[73]。最早期の改宗者である高長が結婚した朱鶯(一八五七―?)も、平埔族の洪雅 **Hoannya** 出身だった。台中から台南にかけての地域に居住していた洪雅集団は、同族内の通婚を一般的としていたが、キリスト教に入信するに及んで漢族の信徒とも通婚するようになっていた[74]。高長の長男である高金聲の妻潘筱玉(一八七八―一九四四)もまた、平埔族の巴宰 **Pazzehe** 出身だった。呉学明によれば、一九〇二年時点でも信徒数の多い十大教会のうち八教会が平埔族中心であったが、二〇年代になってようやく漢族中心の教会が多数を占めることになった。これは、一八九五年に着任した宣教師ムーディーと医師ランズボローが台湾中部の彰化を拠点として林学恭牧師と協力しながら、新たな信者を獲得したことの影響が大きいとされる[75]。

先住少数民族のうち日本の統治期に「生蕃」と呼ばれた人びとに関しては、清代に宣教師が「探検」に出かけた記録は残されているものの、言葉が通じないということもあって「接触」レベルにとどまったようである[76]。さらに、日本による植民地化以後は中央山間部は「特別行政区域」とされて自由な立ち入りが禁じられたために、宣教活動の対象から除外された。ただし、東部海岸については花蓮港や台東にも教会が設立された。

ジェンダーという点では、牧師・長老・執事のような役職が男性に限られていた点で、男性中心主義が教会組織のなかにも当然のように組み込まれていたといえる。一九二二年になってようやく台湾大会で女執事の選出を認め、台南東門教会で龔瑞珠（一八八二―一九四二）ら三名が執事に選出された。さらに、二六年の大会で女長老の選出を認め、やはり龔瑞珠らを長老に選出した。(77)信徒の男女別比率という点では、当初は男性が七―八割を占めたのに対して、三〇年代にはほぼ等しくなるという変化があった。(78)

平埔族中心の教会から漢族も組み込んだ教会へ、男性中心の教会から女性も対等に近い地位を占める教会へという変化と並んで徐々に進行したのは、宣教師からの自立という変化だった。

南部中会創設に際しては、宣教師は、堂会で互選されたのではないにもかかわらず、中会の構成員となった。これも本来は、「非長老主義的」な措置のはずだった。形式的には中会設立に先だって長老がまず参集し、宣教師の参加を要請する決議をおこなうことにより、この異例な措置は合理化された。(79)中会創立後も、宣教師会議がロンドンの母教会の意向を確かめながら重要方針を決定し、中会の決定を左右する傾向が強かった。(80)宣教師は、「自養」、「自治」、「自伝」の三原則を掲げて現地人中心の教会組織を構築する必要を唱えていたものの、牧師の俸給負担など「自養」を実現したならば、その範囲で「自治」を認めるというように順序づけられていた。

こうした宣教師の優越的な地位は、日本内地の教会やキリスト教系学校にも相似する形で存在した。しかし内地では、日本人が宣教師の影響力を排除し、イニシアティブを握ろうとする傾向が早くから見られた。たとえば同志社の場合、台湾で南部中会が成立したのと同じ一八九六年、社員会がアメリカン・ボードからの寄附金と教員の派遣を謝絶し、学校の管理運営権を掌握しようとした。(81)これに比して、台湾の信徒の場合は、総督府による圧迫を逃れるために、宣教師という盾を必要とする事情が存在した。こうした状況のために、総じて、日本内地の教会に比して、台湾では宣教師の優越的な地位が維持されたといえる。宣教師の側でも、それを当然のこととみなす傾向があった。

もっとも、宣教師の見解は一枚岩ではなく、それも時代とともに変化していた。たとえば、一八九五年に着任したムーディーは、バークレイやキャンベルよりも一五歳以上若く、新たな世代に属していた。台湾での宣教経験について記した『異教徒の心』(一九〇七年)という著書において、ムーディーは次のように記している。「わたしは、できるかぎりすべての人びとが自分自身を治めるに任せた方がよいと思う。異民族統治をその場しのぎの必要悪よりもよいものとみなすには、あまりにも多くシンガポールにおける司法の運用の誤りを見てしまい、ここ台湾においてあまりにもたくさんの無実な人びとが苦しむのを見聞してしまったからである」[82]。植民地支配は「必要悪」という弁明的言説がはっきりと批判されている。しかも、ここでは、帝国日本による台湾支配ばかりでなく、英国によるシンガポール支配にも批判の鉾先が向けられていることが着目される。

ムーディーはまた、「すべての国民はそれぞれの長所と欠点を持っている」として、日本人と漢人と英国人の比較を展開する。日本人は敏捷で誇り高く、怒りやすい。ただし、メランコリックなところがある。漢人はゆっくりとしているが、ユーモアのセンスに富んでおり、ホスピタリティーにあふれている。漢人には自分自身の痛みに対して忍耐強く、他者の苦しみに対して無関心になりがちなところもある。「ただし、不正義な行為を楽しむという悪癖からは自由である。英国の子どもたちのようにお互いに相手をからかい、いじめあうことに喜びを見出すような子どもを見つけることはできない」[83]。こうした比較を展開したうえで、「数十年前まで台湾は野蛮な地域であり、今になってようやく文明化しつつあるという固定観念」は誤りだと結論している[84]。

ムーディーの特徴は、欧米において一

図 3-6　ムーディー『異教徒の心』(1907 年)

ムーディー『異教徒の心』に用いられた挿画. ムーディーは『台湾の聖人』*The Saints of Formosa*(1912 年)という著書も出版するが,「異教徒」と「心」の結びつきにしても,「台湾」と「聖人」の結びつきにしても, 英国の読者には不可解なつながりをあえて表現したタイトルと思われる.

般的に文明的な諸価値とされたものから比較的自由だということである。彼の描く台湾の信徒たちは、勤勉・規律・節制という「資本主義のエートス」を体現した存在ではない。それにもかかわらず、魅力的で肯定的なものとして描写されている。「異教徒」たちは暗黒のなかで涙にくれているという英国の日曜学校における賛美歌の歌詞を思い起こしながら、そうした先入観に反して、「異教徒」はそれぞれに幸福な生活を送っているのであり、涙にくれてなどはいないという事実と向かい合う。さらに、「賛美歌を歌っている最中に郵便局員が軽快な足取りで入ってきて牧師に手紙を渡し、両方の肩からバケツを提げた異教徒が祭壇を通り過ぎ、子どもたちは歩きまわり、ふざけあう」台湾教会と向かい合いながら、はたして礼拝に「厳粛さ」が求められたのはなぜなのかと英国キリスト教史を捉え返す(85)。かくして、文明―野蛮という尺度に基づくステレオタイプな固定観念は相対化されて、植民地支配者や宣教師の優越的地位は問い直される。

こうしたムーディーの論は、少数派の論であった。実態としては、植民地の支配者と被支配者の区別は明瞭であり、教会内では宣教師が指導的な地位にあった。ただし、そうであればこそ、宣教師と信徒、植民地支配者と被支配者のあいだで構築されるヒエラルキーを相対化しようとする言論が存在したことは着目に値しよう。

二、高学歴と専門職への志向

李春生のような富豪の場合は、その子どもや孫たちの多くは実業世界に生きた。しかし、教会関係者の多くは、資産とも、士紳としての名望とも縁の薄い人びとであった。だからこそ、その子孫の多くは、宣教師のもたらした制度をいち早く利用して牧師・医師・教師のような専門職に就き、姻戚関係によってさらに社会的地位を強化しようとする傾向があった。ここで専門職とは、長期的な教育訓練や独自の資格認定制度を必要とし、体系的な知識と自律的な判断に基づいて公共に奉仕する職業という意味合いである。

図 3–7　高長とその一族
1907 年撮影．前列中央が高長．幼児・乳児を除いて，右に高黄春玉，高候青蓮，高秀理，左に高潘筱玉，高秀圓．後列左から高篤行，高再祝，高金聲，高再得，高再福．

専門職への志向は、最早期の改宗者である高長の一族に端的に見出される。以下、高長の孫までの世代を対象として、家族史的観点からキャリアの特徴を確認しておきたい。許雪姫の指摘したように、統治者・植民者の側に立つ資料に依拠した研究の多い台湾史研究において、家族史は「民衆史の重要な研究領域」とみなすべきものだからである。[86] ここで資料とする高昭義編『台南高長家族族譜』(一九九六年)は、子孫から「渡台始祖」として位置づけられた高長を初代として第六代までを対象としており、「系図」と「世系表」に人物伝記を加えている。系図において高長の息子につらなる親族ばかりではなく、高長の娘につらなる女系親族についても記載している。この点は、父系血縁主義の原理に基づく伝統的な族譜とは異なる点であり、キリスト教の受容に基づく親族意識の変化を示している。[87]

高長・朱鶯夫妻は、五男三女をもうけた。結婚の翌年に生まれた長女高阿金(一八七五—一九三七)は、開学したばかりの女学校——のちの台南長老教女学校——を卒業後、黄信期(一八六七—一九三六、黄秀輝)と結婚した。黄信期は神学校で学んだのち、伝道師としての活動を経て、台南長老教中学校および台南神学校で教えていた。

一八八一年、高長は、同じ永安高氏に属する高金聲を養子とした。高金聲は、台南長老教中学校・台南神学校を卒業後に一八九七年に福州英華書院(鶴齢英華書院ともいう)に留学した。米国のメソジスト監督派宣教会が富商張鶴齢の財政的援助を受けて設立したこの学校は、一八八一年の創設当時から英語教育を組み込み、欧米の大学に匹敵する普通教育機関たることを標榜していた。高金聲は病気のために業半ばで帰台することとなったが、帰台後は伝道師としての活動を経て台南神学校で教えた。一九〇七年に牧師封立、台南太平境教会で司牧にあたった。『台南高長家族族譜』は、高金聲の牧師封立をもって「高家族の黄金時代」の開始を告げるものと記している(88)。

高長の次男高篤行(一八七九—一九六二、高腓力)も台南長老教中学校・神学校に学び、一九〇一年に黄春玉(一八七九—一九四五)と結婚、妻の父黄深河(一八二九—九八)は高長と並んでもっとも早い時期に洗礼を受けた伝道師だった。高篤行は伝道師としての活動を経て、一九一九年に牧師に封立されて、屏東の萬丹教会に聘任された。

高長の長男・次男は兄弟そろって牧師として教会に奉仕することになったわけだが、当時これは希な事態であった。一九年までに南部教会で牧師として封立された現地人は一四名に過ぎなかったからである。

高長一族はこのように教会のなかで確固とした地位を占めたうえで、数多くの医師を輩出した。三男高再得(一八八三—一九四七)は台南長老教中学校を卒業後に彰化医院でランズボロー医師の助手として働いて、のち台南で開業した。四男高再祝(一八八七—一九三六)、五男高再福(一八九〇—一九五一)はともに台南長老教中学校を経て総督府医学校を卒業、高雄で開業した。次女高秀圓(一八九三—一九七二)の夫呉秋微(一八九一—一九六八)も台南長老教中学校を経て総督府医学校を卒業、ランズボローの助手としての経験を重ねたうえで、台南で開業した。三女高秀理(一八九六—一九二二)の夫李墨(一八九三—一九四九)も開業医である。

表 3-2　高長一族の中等教育程度の学歴(単位：人)

分　類	対象者	うち中等教育修了者	地域別・学校別内訳
宗族・男性	30	18	台湾…14 人(台南長老教中学校 13 人，台南第一中学校 1 人)，内地…7 人(同志社中学 4 人，青山学院中学部 3 人)
姻族・男性	35	14	台湾…12 人(台南長老教中学校 7 人，淡水中学 2 人，台南第一中学校 1 人，台南第二中学校 1 人，高雄中学校 1 人)，内地…7 人(青山学院中学部 2 人，同志社中学 2 人，東京府立第六中学校 1 人，西南学院 1 人，日本大学附属第一中学校 1 人)
宗族・女性	35	27	台湾…22 人(台南長老教女学校 19 人，台南第一高等女学校 2 人，台北第三高等女学校 1 人)，内地…7 人(下関梅光女学院 5 人，共愛女学校 1 人，堀越高等女学校 1 人)
姻族・女性	26	14	台湾…12 人(台南長老教女学校 7 人，淡水女学院 2 人，台南第一高等女学校 1 人，台北第三高等女学校 1 人，台南師範学校 1 人)，内地…3 人(淑徳女学校 1 人，堀越高等女学校 1 人，実践高等女学校 1 人)

出典：高昭義編『台南高長家族族譜』(台北：高昭義，1996 年)，「私立台南長老教中学校友会会員名簿」『私立台南長老教中学校友会会報』第 1 号(私立台南長老教中学校友会，1931 年 8 月)．

注：1) 台湾の中学校を途中で退学して，内地中学校に転じている場合など，複数の学校で中等教育を受けている場合には，地域別・学校別内訳においてそれぞれ 1 名とカウントした．したがって，地域別・学校別内訳の合計は，中等教育修了者よりも多くなっている．

表 3-3　高長一族の高等教育程度の学歴(単位：人)

分　類	対象者	うち高等教育修了者	地域別・専攻別内訳
宗族・男性	30	21	台湾…6 人(神学系 4 人，医学系 2 人)，内地…11 人(医学系 10 人，商業系 1 人)，中国…4 人(医学系 3 人，神学系 1 人)
姻族・男性	35	26	台湾…5 人(医学系 3 人，神学系 2 人)，内地…20 人(医学系 11 人，法学系 4 人，商業系 2 人，神学系 1 人，工学系 1 人，その他 1 人)，欧米…1 人(工学系 1 人)
宗族・女性	35	12	内地…11 人(音楽系 5 人，家政系 3 人，医学系 2 人，一般教養系 1 人)，中国…1 人(一般教養系 1 人)
姻族・女性	26	8	台湾…1 人(神学系 1 人)，内地…5 人(医学系 3 人，一般教養系 2 人)，中国…2 人(教員養成系 1 人，音楽系 1 人)

出典：高昭義編『台南高長家族族譜』(台北：高昭義，1996 年)．

表 3-4　高長一族の職業的キャリア(単位：人)

分　類	対象者	うち有職者	職　業　分　類
宗族・男性	30	30	医師…17 人，牧師…5 人，医生…1 人，伝道師…1 人，実業…1 人，その他…5 人
姻族・男性	35	35	医師…19 人，実業…6 人，牧師…2 人，伝道師…2 人，官吏…2 人，法曹(検事・弁護士)…2 人，その他…2 人
宗族・女性	35	9	教師…6 人，医師…2 人，伝道師…1 人
姻族・女性	26	5	医師…2 人，教師…2 人，薬剤師…1 人

出典：高昭義編『台南高長家族族譜』(台北：高昭義，1996 年)．

注：1) 出典となる資料で確認できたものに限定している．女性の職業については，実際にはもっと数が多い可能性がある．

高長一族のキャリアをめぐる特徴は、第二代(高長の子どもの世代)と第三代(孫の世代)の全体を含めて考察するといっそう明瞭になる。**表**3‐2から**表**3‐4は、『台南高長家族族譜』の記載に基づきながら、第二代と第三代の人物の学歴・職歴を男女別に示したものである。男性と女性を問わず、高長の直系の子どもたちを「宗族」、姻戚関係を通じて結ばれた者を「姻族」という言葉で表現した。「幼歿」「少歿」の者を除いて、一二六名を対象としている。対象者のなかで三五年以降生まれの者は三名、これらの人びとは日本植民地期には一〇歳未満であり、戦後世代とみなすべきだが、その他は青年・成人として日本植民地期にキャリアを築いている。

表3‐2、**表**3‐3はそれぞれ日本植民地期の中等程度・高等程度の学歴について、地域別に分けたうえで、修了者数を示したものである。ここに記したのは『台南高長家族族譜』や台南長老教中学校の校友会名簿から判明できた学歴のみであり、実際にはもっと多い可能性がある。男性の高等教育修了者が中等教育修了者よりも多くなっているのは、高等教育にかかわる学歴はかならず記されるのに対して、中等教育については記されないことが多いことによる。

表3‐2から、全体として、宗族では男性・女性を問わず中学校を卒業している者が半数を超え、そのなかでも台南長老教中学校・女学校の占める割合が高いことがわかる。姻族の場合、台南長老教中学校・女学校の出身者が七名ずついるものの、宗族に比すればそれほど大きく偏ってはいない。

表3‐3では学校名称ではなく、専攻分野により内訳を示している。すなわち、神学校については「神学系」、大学医学部や医学専門学校については「医学系」というように、おおよその分野別に記している。女性について見られる「一般教養系」とは日本女子大学校などを指す。この表からわかることは、まず台湾の内部における進学先としては、神学校と医学校しかないことである。男性の場合こぞって内地で医学を学んでいる。女性の場合には音楽系が重要な比重を占める。ただひとり進学先が欧米となっているのは、高再祝の次女高慈美(一九一四―二〇〇四)と結婚した李超然(一九一〇―九二)である。李超然は李春生のひ孫であり、淡水中学を卒業後にベルリン大学に留学した。

表3-4から、男性については宗族・姻族ともに圧倒的に医師の占める割合が高いことがわかる。女性については、全体として職業的キャリアの明記された者が少ないなかで医師は四名、うち一名は東京女子医学専門学校卒業、三名は帝国女子医学専門学校卒業である。游鑑明の研究によれば、四五年までに両校を卒業した台湾人女性は合計で一七〇名にのぼるという。(89) 女性が医師になるうえで有力な留学先であったことがわかる。医師が大きな比重を占めたのに対して、実業は宗族の男性一名、姻族の男性六名である。官吏や法曹関係者はともに姻族の男性二名のみである。教師については男性はゼロであるのに対して、女性については八名と相対的に比率が高くなっている。

このように、全体としては、台南長老教中学校・女学校で学んだ経験を踏み台としながら、内地に留学し、医師となる志向が特に男性において顕著である。留学にはもちろん莫大な費用を必要とした。高長一族のネットワークでは、医師として一定の社会的地位と収入を確保した者が、自らの子どもばかりではなく、一族の者の留学資金を給することにより、これを可能としていた。たとえば、高金聲の長男高天成(一九〇四―六四)は、台南長老教中学校に学んだのち、叔父にあたる高再祝の援助で内地に留学、同志社中学・第八高等学校を経て、東京帝国大学医学部を卒業した。

図3-8　高慈美と李超然の結婚式

高長の孫である高慈美と，李春生のひ孫である李超然が1937年に結婚，南北の教会を代表する一族の婚姻ということで教会関係者の耳目を集めた．会場は台北日本基督教会．

医師志向は、高長一族のみならず、多くの信徒の家族に共有されたものでもあった。呉文星は、一九〇二年から〇六年までの総督府医学校卒業生四六名のなかで一〇名がキリスト教徒であり、医学校の初期学生に少なからずキリスト教の伝道師の子どもが含まれていたことを指摘している。[90] 実際、顔振聲(一八七六―一九四九)、蔡得一(一八七〇―一九六二)のように自ら宣教師の助手として医学を学び、高長一族と同様に、子ども・孫たち世代でも多くの医師を輩出した家族の例がほかにも見られる。

図 3-9　林燕臣

キリスト教への改宗者が宣教師とのつながりを媒介にしながら専門職従事者としての地位をえて、社会的上昇移動を果たす傾向は、台湾に限定されたことではなかった。福建省におけるプロテスタント宣教について研究したライアン・ダンチは、世紀転換期における信徒の動向を特徴づけるのは専門職志向だとして、福州英華書院の卒業生の大半が教師、西洋式医師、官吏、伝道師など専門職的なエリートとなったことを指摘し、「世紀転換期福建省における中国人プロテスタントは社会的地位の低い、無視しうるマイノリティから、社会的上昇移動を果たし徐々に尊敬を集めつつある集団へと変容し、福建省における専門職のセクターで大きな比重を占めることになった」と論じている。[91]

高長家族についても、福建省の改宗者と同様に、社会的地位の低い立場から「尊敬を集めつつある集団」へと変化していったといえる。ただし、そこには留保が必要である。職種が圧倒的に医師に偏り、官吏はもとより、教師や法曹関係者も少なかったことである。この点について、つとに矢内原忠雄が『帝国主義下の台湾』(一九二九年)において指摘したように、「医師が全く自由職業にして官庁及資本家の雇用を待つを要せざること、殊に官界及び実業界に対する進路が内地人独占の為め完全に阻まれたることは、本島人知識階級をば駆りて主として医師たらしめた」という事情が存在した。[92] 高長一族のキャリアは、このように「本島人知識階級」に見られた傾向を先取り的に表現したものとみることができる。

官界・実業界の「内地人独占」という制約条件は、矢内原の指摘した通りだとしても、教師になった者すらほとんどいなかったことはなぜなのか。この点は、医師の方が教師よりも高い収入に恵まれたうえに、開業医になれば総督府から統制を受ける度合いも少なく、相対的に自律性の高い職業だったことが指摘されている[93]。医師と教師との対比は、牧師という専門職を含めて考えるならば、いっそう明瞭になる。教師、医師、牧師という職業は専門職としては共通の性格を備えていたものの、総督府との関係は大きく異なっていた。教師や医師の資格が国家資格として制度化されたものであるのに対して、牧師をめぐる資格は教会組織の内部で自律的に設けられたものだった。また、学校の教師は公立学校においては官吏であり、台南長老教中学校のような私立学校に奉職する場合でも「国語」としての日本語能力を求められた。これに対して、牧師や開業医はそのような圧力から相対的に自由だった。

高長家族のキャリアは、植民地的状況のなかで社会的上昇移動を果たそうとするときに、官吏や教師を目指す方向性が意識的に除外されたことを示している。そこに、信徒にとってのディレンマも存在していた。社会的上昇移動の階梯として台南長老教中学校が重要な位置を占めている以上、教職に専門的に従事する教会関係者が必要であった。教会の負託を受けて、この役割を中心的に担ったのは、初期には儒者林燕臣であり、のちにはその息子林茂生である。

一九二〇年代末のこと、台南神学校の学生だった黄武東は、林茂生が教会関係者の医師志向について次のように語るのを聞いたという。「数日前に「台湾のカント」とも呼ぶべき医師にたまたまお会いした。〔……〕医師ではあるものの、書架の上には医学書と臨床雑誌が象徴的に数冊並べてあるだけであり、その他はみな百冊にも及ぶ哲学の書籍だった。彼と哲学について談じて夜半三時になっても倦むことがなく、話せば話すほど力が湧いてきた」。林茂生は続けて言った。「彼が医学を専攻したことにより、台湾は世界的水準のひとりの哲学者を失ったのだ[94]」。

林茂生にとって、優秀な人材がことごとく医師を目指すような状況は、「哲学者」の誕生を妨げるものでもあった。そこには婉曲的な形でありながらも、植民地支配が医師志望の偏重をもたらしていることへの批判意識を見出すことができる。同時に、この発言は、その後の台南長老教中学校と林茂生の足跡が茨の道となることを示唆してもいる。

おわりに――総督府と信徒のあいだの潜在的火種

台湾において「番仔教」を奉じる人びとにおいて、個々人のレベルでは純宗教的な回心ともいうべき契機も存在したことであろう。ただし、李春生の定めた「家憲」や、高長家族のキャリアから浮かび上がってくるのは、個人としてよりも、一族としての受容である。すなわち、教会への帰属が親から子、さらに孫以下の世代へと受け継がれることを前提としながら、そのことが一族全体の存続と発展に資するような仕組みが見出される。

李春生の家族の場合には、勤勉、節制、アヘン吸引や賭博の厳禁、高学歴などを志向するエートスが、家族の資産を企業の形式で管理する組織と相まって、独特の家憲を形作っていた。父系血縁主義を重視する立場から例外的にではあれ「蓄妾」を認めていることも特徴的だった。他方、資産を持たなかった高長家族の場合は、医師という専門職に進出した。台湾では清代には医師の社会的地位は高いものではなかったが、高い報酬に加えて相対的に統制の弱い領域だったこともあって、医師志向は次第に社会一般に広がっていった。高長一族のキャリアは、そうした動向を先取りするものであった。総じていえば、信徒は文明化という巨大な地殻変動の震源近くにあって、こうした変化の方向性にいち早く反応し適応しようとした人びとであったといえる。

信徒は、日本人という新しい支配者に対して、総じて協力的でもあった。「親日的」傾向を見せていたと言ってもよい。日本軍による軍事占領の過程で、信徒であることが護身符のような役割を果たすこともあった。李春生のように顕著な形で統治体制に協力する者こそ少なかったものの、総督府医学校入学者のなかで信徒の占める比率の高さは、総督府の構築した文明的制度を積極的に利用しようとする志向が強かったことを物語る。ことに医療は、英国人宣教師と日本人官僚と現地人信徒の文明志向が相互に重なる領域だった。

この点を確認したうえで、三者の思惑が重なる部分は相当に限られてもいたことに留意する必要がある。

第一に、キリスト教信仰をめぐる対立である。李春生は、清国よりも日本の方がキリスト教に寛容な国家であるという観測から日本に協力し、一般の住民が「偶像崇拝」から抜け出してキリスト教信仰にいたることを願っていた。伊藤博文や後藤新平に対してキリスト教を広めることへの期待も公言していた。しかし、この期待がかなえられる見込みは乏しかった。伊藤博文が訪台したときに献じた「頌詞」(一八九六年)と、後藤新平の事績をとりあげた「跋文」(一九一〇年)とを比較するならば、日本人の登場を契機としてキリスト教が広まるはずだという目論見が外れつつあることについての、歯ぎしりともいうべき思いが浮かび上がってくる。

第二に、自治という観念をめぐる対立である。長老教会に特有の教会運営の方式は、自治の観念を中核としていた。南部台湾では一八九六年に南部中会、北部台湾では一九〇四年に北部中会が組織された。教会員による長老や執事の選出は、世俗社会における上下関係からは相対的に独立した、自律的な秩序の存在を指し示していた。台湾領有当時の長老教会はそれが本来標榜していた自治的な性格は弱く、教会組織の内部で英国人宣教師が大きな権限を握っていたものの、一九一〇年代以降、教会内における自治は次第に具体化されていった。そして、台湾住民のなかに芽生えた自治への志向は、やがて政治的自治への要求とも重なることにより総督府の意向と対立することになる。

第三に、専門職と高学歴への志向をめぐる対立である。李春生は自分の孫たちを小学校レベルから内地留学させようとしたが、これは文部省の方針転換のために中途半端な形に終わった。南部教会でも資産ある者やその親族は、台南長老教中学校・女学校を踏み台として、子どもたちを内地に留学させようとしていた。他方、総督府の側では、「文明流」教育を普及させることは「権利義務の論」に走らせる傾向を生み出すから危険だと考え、中学校のような高等普通教育機関を設けようとしなかった。ここにも火種が存在していた。

◆第Ⅰ部小括――植民地支配とは何か

第Ⅰ部で述べてきたように、ヒュー・マカイ・マセソンは、スコットランドのハイランドの家系に生まれながらアヘン貿易により巨利を博した一族を媒介としてマセソン商会の共同経営者となり、イングランド長老教会による海外宣教事業の指導者として東アジア世界に大きな影響力を及ぼした。幕末にロンドンに密航してヒューの世話を受けた伊藤博文は維新変革の立役者となり、台湾領有当時には首相として統治方針の決定に参与した。少年時代に父に従ってキリスト教の洗礼を受けた李春生は茶商として巨富を築き、日清戦争後には台湾から東アジア世界の新たな中心たる東京を訪れ、孫たちを留学させようとした。いずれも文明への「改宗者」というべき人びとであり、「改宗」に消極的な人びとや、それを拒否する人びとを「野蛮」とみなしながら影響力を行使した。

台湾領有当初には、ヒューが在台宣教師からの報告をロンドンで受け取り、伊藤は東京から総督府官僚に指示を与えるというように、両者は台湾を介して対峙する関係にあった。李春生は台湾で宣教師の活動を支えるとともに、伊藤首相の訪台を歓迎する役割を担った。こうした相互交渉と文明への「改宗者」としての一定の相似性にもかかわらず、帝国主義時代の文明の秩序においては、それぞれはまったく異なった位置を占めた。

以下、第Ⅰ部の小括として、文明の内実をどのようなものとして理解するかという文明観をめぐる交渉と抗争について整理したうえで、植民地支配とは何かについて本書の対象に即して定義を試みることにしたい。

文明観をめぐる交渉と抗争

文明への「改宗者」というのは、いうまでもなく比喩である。文明の内実として考えられたものは同じではなく、キリスト教を不可欠の構成要素とみなす場合も、これを含まない場合もあった。植民地主義的な制度や価値観についても、そのなかに笞刑のように「反文明的」と評された要素をはらむ一方で、本国と植民地との二重基準の設定そのものを「文明的」な統治とみなす考えもありえた。台湾の支配者として影響力を及ぼす者たちも、これを受けとめながら自分たちの生活を形作っていた者たちも、それぞれに「文明」「近代」をめぐる、独自の概念のパッケージをつくりあげていた。川島真の表現を借りるならば、「東アジアの多様な近代」が緊張をはらみながら共存していたともいえる[1]。

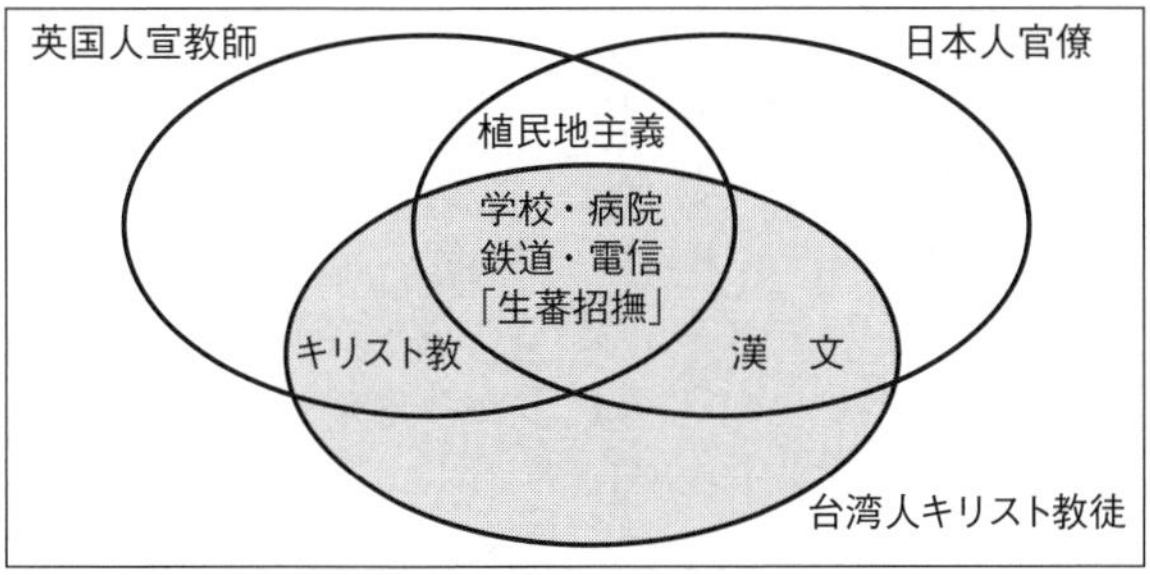

図 3-10　李春生における文明観

試みに本書第三章第一節でとりあげた李春生の「後藤新平公小伝跋」を手がかりとして英国人宣教師、日本人官僚、台湾人キリスト教徒にとっての文明観の重なる部分とずれる部分を図式化すると**図3-10**のようになる。網掛けの部分が李春生にとっての文明ということになる。

三つの円が交わる領域が三者の文明観において重なりが見られる部分であり、李春生が日本植民地支配下の台湾において一定の実現をみたとみなしていたものである。学校、病院、鉄道、電信、「生蕃招撫」などがそのなかに含まれる。

英国人宣教師と台湾人キリスト教徒に共通しながら日本人官僚に欠落していたの

は、キリスト教である。それは狭義の宗教問題であるばかりではなく、自治的な教会組織や、ローマ字による表記体系、専門職への志向などさまざまな制度・実践を伴うものだった。

台湾人キリスト教徒と日本人官僚に共通する文明をどのように考えるかは判断の難しいところだが、さしあたって漢文と記した。李春生自らが漢文で著書を著して日本人に寄贈していることや、後藤新平における漢学の素養を称賛していることを考えるならば、漢文を日本人と共有する文明とみなしていた可能性があるからである。

英国人宣教師と日本人官僚に共通しながら、台湾人キリスト教徒の求める文明の埒外にあるものとして、植民地主義、さらにはこれを正当化する優勝劣敗の価値観を位置づけることができる。

実際には事態は**図3-10**で示したよりも、はるかに複雑である。たとえば、学校は、さしあたって三つの円が交差するところに位置づけているものの、キリスト教主義を基本とする学校教育と、植民地主義に基づく学校教育と、漢字・漢文の共通性を重視する学校教育では、当然ながら性格の異なったものとなる。学校だけでなく、病院、鉄道、電信などについても誰がどのようにこれを設け、利用するのかという次元にまで立ち入るならば、それぞれの思惑の相違が顕在化する可能性がある。**図3-10**は、そうした事態を含めて、文明として総称される制度や実践をポジティブに受け容れようとする場合でも、何を文明の内実とみなしてその普及を説くのかという点では、絶え間ない交渉と抗争が存在したことを示すためのものである。

植民地支配における「ラセンの上昇路」

李春生は、「後藤新平公小伝跋」において日本による台湾領有以降の学校の増設を称賛しながらも、「上等の教育を秘し、奴隷の如く之を待す」ことを婉曲に批判していた。それは、後藤新平の功績として語られた文明的諸事業により「恩恵」を受ける立場だけに安住できない思い、さらに、なぜ自分たちの係累がもっぱら「奴隷」のようなマニュアル・ワークへと方向づけられているのか、という思いを表明したものとみなすことができる。他方、日本人の側では「土人」「未開人」「チャンコロ」に対する措置としては、これも十分に正当化されるという人種主義的なロジックが世紀転換期に広がりつつあった。児玉源太郎総督は教育について「漫に文明流を注入」すべきではないと諭し、後藤新平は「犬《チンコロ》サヘ御馳走ニ対シ御預ケヲ守ル」のだから、台湾人が内地人と平等な権利・義務を享受できないのもやむをえないと考えていた。

右に記してきたことは「植民地支配とは何か」を考えるに際して、教育による社会的上昇移動が重要な位置を占めることを物語っている。

百姓身分に生まれた伊藤博文や「賊軍」藩士出身の後藤新平が帝国日本の中枢に昇りつめたように、明治前期の日本社会は高い社会的流動性を実現していた。台湾の住民に対しても内地と同様に社会的上昇移動のルートを広く開こうとするならば、初等教育に義務制を適用し、高等教育にいたる階梯を整備してもおかしくはなかった。しかし、一九一〇年の時点でも台湾人向けの中等程度の学校は、医学校と国語学校に限定されていた。いずれも特定の職業に方向づけられた専門教育機関であり、多様な職種において支配的地位を占める人材を養成するための高等普通教育機関ではなかった。日本の初代文部大臣森有礼は、一八八六年に高等中学校(のちに高等学校)を設置した際、その目的を「官吏ナレハ高等官、商業者ナレハ理事者、学者ナレハ学術専攻者ノ如キ、社会多数ノ思想ヲ左右スルニ足ルヘキモノヲ養成スル」と述べていた。(2) こうした「社会多数ノ思想ヲ左右スル」立場につく人材を養成する学校の不在は、まさに台湾の植民地性を象徴するものであった。

もちろん、たとえ高等教育を受けたとしても、それにふさわしい政治的・社会的地位をえられるとは限らない。社会的に影響力ある地位に昇るための第一の梯子が中等・高等教育だとすれば、第二の梯子として文官高等試験など就職のための関門が存在していた。中等・高等教育機関は社会的上昇移動を実現するための必要条件ではあっても、十分条件ではなかった。ただし、この必要条件さえも欠いていたのが、台湾領有初期の状況だった。

この点に着目するならば、「上等の教育を秘し、奴隷の如く之を待し、犬馬の如く之を駆る」という李春生の言葉は、植民地とは何かを定義したものともいえる。この場合の植民地とは、社会的上昇移動を目指す被支配者の志向に対して、これを阻止しようとする力が働く空間であり、その結果として、重要な政治的地位を占める人びとと、これから疎外される人びとの隔絶が常態化した世界である。もとより、この場合の政治的地位とは、狭義の政治家の地位を指すものではない。学校でいえば、理事・校長のような管理者的ポストを指す。

植民地にかかわるこのような定義は、異法域という法制的特徴に着目した定義とは性格を異にするところがある。筆者は、前著『植民地帝国日本の文化統合』では、異法域としての特別な統治体制を正当化するものとして植民地主義という言葉を用い、植民地とそれ以外の地域を分かつ指標として、憲法の適用という要素を重視した。[3]「外地」をめぐる法制上の差異にかかわる定義としては、それも根拠がないわけではない。しかし、こうした定義は「内地」とされた地域における「植民地性」を考察する方途を閉ざしてしまう点で不十分なところがある。

これに対して、社会的な上昇移動の可能性という次元に着目することにより、特定の地域は「外地」、特定の地域は「内地」という区分を自明視する考えに距離をとりながら、沖縄人やアイヌ民族をめぐる経験と連続的な側面をはらむものとして、台湾人の経験を検討することも可能となる。厳密な論証は別におこなわなくてはならないが、李春生の孫たちの留学見合わせにあたって「沖縄県人」を内地留学させると「琉球独立論」を唱えることになるという懸念が表明されていることは、その一証左である。本論ではとりあげることができなかったものの、この五年後に「旧土人児童教育規程」(一九〇一年)が制定されて、アイヌ民族を対象とした「簡易」な教育制度が設けられたことも、一連の事態とみなすべきものと思われる。[4]

こうした観点からの植民地の定義は、ベネディクト・アンダーソンの定義に通じるものである。アンダーソンは、連合王国の一部としてのスコットランドと、英領インドの相違は何か、なぜ後者においてのみ反植民地主義的な運動が生じたのかという問いを立てたうえで、「スコットランド人政治家は立法のために南部へ行き、スコットランド人実業家はロンドンの市場に自由に参入することができた」にもかかわらず、英領インド出身のビピン・チャンドラ・パールにとって「一八世紀のスコットランド人にはなお開かれていたあのラセンの上昇路はもう閉ざされていた」と説明している。(5) このアンダーソンのいう「ラセンの上昇路」は社会的な上昇移動のルートを示すものである。もとより上昇路の終点は大学ではない。ウェストミンスターのような議会であり、シティのような経済の中心である。いずれにしても、この中心へのルートの欠落が、インドを植民地たらしめたものだとアンダーソンは語っている。大づかみな類比となるが、自分自身の生まれた土地で「ヨーロッパ人居住者と同じくらいよそ者」(6) でありながら同時に英国人からも疎外されていたというパールの孤立は、李春生の孤立とも通底するものだったと思われる。

もちろん、ラセンの上昇路にいたる扉がほんの少し開けられたりすることはあるだろう。高学歴を取得するというひとつの扉が開いたと思ったら、就職差別というもっと重たい扉がその先に存在することもありえるだろうし、宗主国人同様の「国語」能力など高額な「通行料」が課されることもあろう。いずれにしても、扉の向こう側にあってその開き具合を決める人びとと、扉の前で立ちすくむ人びとの差異が再生産され、その隔絶が双方の人間集団によって自覚される事態において「植民地」が現前化することになる。そこでは、たとえ被植民者のなかで高い政治的地位を得た者がいるとしても、その例外性が強く意識されることになる。

このような人間集団間の隔絶が、人種主義的なカテゴリーによって意味づけられ、正当化される事態も、「植民地」の特徴である。植民地主義と呼ぶべきものは、常に人種主義を随伴する。植民地主義と人種主義の癒着にかかわる「古典的」形態は、アンダーソンの表現を借りるならば、「未開野蛮の半球「西半球」で生まれたクレオールは本国人と生来的に異なり、そして劣っている、したがって高位高官には不適格である」という類いの言説である。(7) もっとも、アンダーソンは、人種主義と国民主義のあいだの違いを強調している。そこには、反植民地主義・反人種主義的な国民主義の可能性を見出そうとするアンダーソンの論の特徴があらわれている。[8] しかし、酒井直樹が指摘しているように、「国民」という概念は運命共同体として自然化されることで「人種」や「民族」という概念に横滑りし、絶えず相互に混同されて浸潤していく傾向が存在した。[9] 人種主義は、植民地主義的な実践を後付け的に正当化するとともに、新たに植民地主義的関係を生み出していく導因ともなると考えるべきだろう。

帝国日本における人種主義《レイシズム》の実践

右にも記したように、植民地主義は人種主義的な要素を不可欠なものとして随伴している。そのうえで、人種主義という言葉の意味内容をどのように理解すべきかという点についても整理しておく必要があろう。

「人種」について『広辞苑』(第六版)では、「人間の生物学的な特徴による区分単位」であり、「皮膚の色を始め頭髪・身長・頭の形・血液型などの形質を総合して分類される」と説明している。これは、人種主義の一面を指摘したものに過ぎない。実際のところ、人種主義には「人種」の違いの根拠を「文化」の差異に求める「文化主義的人種主義」も存在する。もっとも、こうした「人種」概念の拡散傾向だけに着目するならば、それは差別一般と見分けがつかないものとなってしまう。この点で「人種主義」という言葉で捉えるべき事象の範囲を的確に定義しているのは、マイルズのそれであるように思われる。マイルズによれば、人種主義とは、肌の色など恣意的に選び出した特徴を重要な基準として選択し、この特徴により人間集団をカテゴライズし、否定的(あるいは肯定的)な評価を付与し、一定の人間集団を排除(あるいは包摂)するイデオロギーである。[10] 人種主義の基準となる指標は一般的には肌の色など形質的なものだが、「血筋、血統」'breeding' and 'blood' のような生まれつきの現象も選ばれることがある。[11] もとよりこの場合の「血族」「血統」は、あくまでも仮想化された差異であり、「○○の血を八分の一引き継いでいる」というような複雑に入り組んだ事態はしばしば捨象される。

筆者は、かつて帝国日本のナショナリズムには言語の共通性を基礎とする言語ナショナリズムの契機と、皇統の連続性を基軸とした「血統団体」観念を所与の「自然な事実」とみなす血族ナショナリズムの契機が存在すると論じ、植民地における異民族支配では前者が主に包摂的な働きをするのに対して、後者は排除の機制を担うと論じたことがある。[12] 同書を記した際には自覚的ではなかったものの、「血族ナショナリズム」という言葉で把握しようとした問題は、マイルズが論じるような意味での人種主義に重なる。

その点を確認したうえで重要なことは、この仮想された血統上の差異がどのような機能を果たすのかということである。在日朝鮮人史を研究したウエイナーは、マイルズの理論を援用しながら、人種主義の定義に際して重要なことは生物学的特徴と文化的特徴のどちらが選択されているかではなく、ある人間集団が「想像された特徴を保有しているか否かを、物資的その他の諸資源や政治的権利への平等なアクセスの否定を正当化するために用いる」、その利用の仕方であると論じ、日本人の在日朝鮮人への対応を人種主義という言葉で把握している。[13] 李孝徳《イ ヒョドク》《り たかのり》もまた、「他者」との差異を遺伝的に本質化しながら、これを「社会的な暴力(差別、支配、排除、殲滅)の合理化と実行」に結びつける点に人種主義を見出している。[14]

ここで、「犬《チンコロ》サヘ御馳走ニ対シ御預ケヲ守ル」という後藤新平の言葉をあらためて思い起こすことにしたい。後藤がここで否定しようとしているのは、台湾人に内地人と同様の権利・義務を認めることである。これを正当化するために「三千年来ノ歴史、国風ノ結晶タル内地臣民」というように「血統」――もとよりその中核には「万世一系」の皇室の「血統」という神話が存在する――にかかわる、およそ論証も反証も困難な「事実」を持ち出している。その一方で、政治的な排除の対象とみなす人びとに対しては「犬《チンコロ》」というあからさまにネガティブな形容を付している。まさに、帝国日本における人種主義の典型的な実践といえる。後藤新平が同時代の欧米の植民地主義にもよく通暁した、当時としてはもっともモダーンな政治家だったからこそ、欧米における人種主義イデオロギーを受容したとしても不思議ではない。

後藤の発言は、官僚同士の密かな内話であったが、李春生に対しては、「チャンコロ」という言葉が直接的に投げつけられ、新聞紙上で「狡黠《こうかつ》の土人」として貶められた。この「土人」という言葉も、「チャンコロ」と同様に人種主義的な意味合いと機能を備えていたと思われる。アイヌ民族史研究者である児島恭子は、近世において「土人」は「土着の人」という意味でありながらも差別を内包する言葉であったことを指摘したうえで、安政期以降に「夷人」に代えて「土人」という言葉が公式に用いられるようになるに及んで、西洋の人種概念の影響を受けて「野蛮人」とイコールの意味で定着していったのではないかと論じている(15)。

「チャンコロ」にしても「土人」にしても、それぞれの言葉の由来は異にしながらも、「血筋、血統」にかかわる「自然」な差異を表象したうえで、「未開」「野蛮」「不潔」「狡猾」「生意気」「利己的」などさまざまなネガティブな形容と結びつけられることになる。さらに、「未開の者に向て俄に文明的の教育を施す時ハ、往々にして其目的を誤る事あり」という表現に見られるように、こうしたラベリングが「ラセンの上昇路」を狭め、閉ざすことになる。

台湾領有初期に日本人に協力しながら台湾の文明化を図ろうとした李春生は、植民地主義と人種主義という壁につきあたったといえる。たとえそうだとしても、李春生にとっては、これを批判し克服すべき方途を探すのは困難だった。キリスト教徒はごく少数であったうえに、一般の住民を「偶像崇拝」に陥った「異教徒」とみなしていたからである。「台湾人」という集合的な主体は、李春生の意識においてはほとんど不在であったと思われる。だが、一九一〇年代になると、李春生は林獻堂や辜顯榮らとともに中学校設立運動に参与することになる。

こうした運動が展開されるさなかにおいて、李春生の孤立は次第に克服され、「台湾人」という主体が立ちあげられていくことになるだろう。

第II部　「台湾人」という主体

——植民地支配下における自治的空間

文化協会第一回夏季学校紀念（1924年8月，於霧峰萊園）
前列中央の黒い服の人物が林茂生，その右に連雅堂，林獻堂．青年男子が中心だが，女性や子どもも含まれている．

「ある集団のアイデンティティは、その構成員が「われわれが」と強調して言いうる状況に関連している。つまりこのアイデンティティは、けっして拡大された自我のアイデンティティのことではなく、それに取って代わるものである。自分が生まれ落ちた伝統と生活形式を選択的に継続形成することによって、そうした伝統や生活形式をわれわれがいかにして修得するのか、このことが、そうした文化的伝承のなかで自分が何者であるかを——つまり、われわれが市民として誰であるか、また誰でありたいかを——決定する。」(ユルゲン・ハーバーマス、河上倫逸・耳野健二訳『事実性と妥当性——法と民主的法治国家の討議理論にかんする研究』上巻、未来社、二〇〇二年、一九三—一九四頁)

第II部では植民地支配に抗しながら、「台湾人」という主体が歴史のなかにいかに立ち現れたのかについて論ずる。「台湾人」という主体の存在は、本書のはじめにも述べたように、自明なものでも自然なものでもない。この言葉に独自の政治的文化的アイデンティティが託されるようになるのは、近代の歴史的プロセスにおいてのことである。それ自体は「日本人」や「英国人」にも共通することがらであるが、植民地化された地域の人びとが植民地帝国に抗しながら構築する「わたしたち」のあり方は、帝国の「公定ナショナリズム」による主体の構築過程とはやはり性格を異にしている。

台湾ナショナリズムの起源と性格について論じた呉叡人は、ベネディクト・アンダーソンの議論をベースとしながら、「台湾人」という近代的・民族的想像は「日本の植民地支配という現実のもとでの、漢族系台湾人によるアイデンティティの模索と再定義の結果」として生じたと論じている。[1] 呉叡人が「台湾人」意識をめぐる分水嶺として着目しているのは、一九一八年から二〇年にかけて東京在住台湾知識人のあいだで生じた論争である。この論争において、総督専制の法的根拠である六三法を廃止して日本内地との法制的同一化を目指すべきと考えるグループと、植民地帝国が設定した地域的特殊性を逆手にとって自治を求めるべきだとするグループが対立、結果的には後者の路線が選択されて台湾議会設置請願運動が展開された。ただし、これ以前の段階ではむしろ日本内地への編入を求める志向が強かったことを呉叡人は強調している。

たとえば、帝国日本への「同化」を目標として一九一四年末に結成された台湾同化会について、「食べ物を選ぶにはあまりに空腹だった」という当事者(葉榮鐘)の言葉を引用しながら、独裁体制下での無権利状態という「空腹」に比すれば、いかなるアイデンティティを選択するかという問題は二の次であり、「迅速な平等化のために自ら進んでアイデンティティを売り渡そうとしたのだ」と論じる。[2] 呉によれば、当時の台湾住民は、「中国人」にも「日本人」にも「台湾人」にも、あるいは他の何かにもなりうる存在であった。六三法をめぐる論争で自治主義者が勝利したのは、あらかじめ「台湾人」アイデンティティが存在したからではなく、台湾同化会の試みすら弾圧された苦い経験と、おりから第一次世界大戦のさなか民族自決主義が「弱小民族」にも適用可能な普遍的原則として提示された事態に起因するという。

台湾人という主体の構築過程にかかわる呉叡人の解釈は示唆的である。この集合的想像の自然性を強調するのではなく、むしろ曖昧で矛盾をはらんだ性格をえぐり出すことにより、台湾同化会における「同化」志向が、単なる政治的レトリック以上のものだったことを説得的に描き出している。

第Ⅱ部では、こうした呉叡人の枠組みを基本的に踏襲したうえで、学校教育という領域に即して「台湾人」という主体の構築過程を考えることとしたい。

アンダーソンによる「ラセンの上昇路」という言葉をあらためて持ち出すまでもなく、学校教育は社会的な上昇移動のあり方を規定する点で、植民地主義の実践にかかわる重要な構成要素であった。李春生の表現を用いるならば、「上等の教育を秘す」ことが、植民地性の根幹に存在していたともいえる。

具体的には、一九一〇年代初めの時点で台湾人向け高等普通教育機関が不在だったことを指摘できる。高等普通教育機関とは、初等普通教育機関としての小学校や公学校、専門教育機関としての大学や専門学校のあいだに位置するものであり、学校種別としては中学校・高等女学校・高等学校を指す。二〇年代になると、高等普通教育機関への路は台湾人にも開放されたかに見えた。しかし、若林正丈が指摘したように、たとえ帝国大学を卒業しても、新たな知識層は「帝国運営の重役室」はもちろん、「台湾経営の役員室」からも排除されていた。このようにして帝国日本の中枢から排除されるネガティブな経験は、いかにしてポジティブな集合的想像の契機へと反転させられたのか。若林は、植民地帝国の「公定ナショナリズム」の媒体である『台湾日日新報』が「二等臣民」としての「本島人」を「想像させる」ものであったとすれば、『台湾青年』から『台湾民報』を経て『台湾新民報』にいたる「台湾人自前の媒体」の刊行は、その「ネガ」の経験を「ポジに反転させようとする努力」だったと論じている(3)。

学校教育という局面でも、「台湾人自前の媒体」を創設しようとする運動が存在した。中学校設立運動である。一九一二年から一三年にかけて展開されたこの運動は、かつて矢内原忠雄が台湾における「近代的民族運動」の「第一声」と評したことで知られる(4)。運動の中核的な担い手には、本書第三章に登場した李春生も、「御用紳士」として著名な辜顯榮も、二〇年代に抗日運動の領袖として活躍する林獻堂も含まれていた。「近代的民族運動」の「第一声」が中学校設立運動という形式をとったのは、なぜなのか。高等普通教育機関の不在が植民地性の根幹にかかわる問題であり、そうであればこそ、紳商層にとって狭義の政治的・宗教的立場の相違を越えて共通の利害となりやすいことがらだったのではないかと考えられる。

紳商層による中学校設立運動の結果として、一五年には公立台中中学校が創設された。若林正丈の研究によれば、総督府による譲歩の背景には、辛亥革命が台湾に波及することへの恐れ、台湾島内における先住少数民族征服戦争の難航、抗日武装蜂起を策する「陰謀事件」の発生という、重畳する危機が存在した。こうした「内憂外患」のもとで、総督府は、統治の支持基盤であるはずの紳商層との協力関係を再構築するために中学校を設立しなくてはならなかった。[5] 筆者も、若林の研究をふまえて、中学校設立認可をめぐる総督府と本国政府の折衝過程について論じたことがある。[6]

右の経緯をふまえたうえで、本書では、同時代の台南長老教中学校をめぐる動向に着目する。一九一〇年代前半には、紳商層による中学校設立運動とほぼ同時進行で、台南長老教中学校を八年制の高等普通教育機関に拡大改組しようとする計画も進行していた。台湾における中等教育をめぐる二つの出来事は共通の根に由来するものであり、互いに深く連関していたのではないか。

二つの出来事の共通の根と、そのうえでの相違を考えるにあたって着目すべきは、学校の管理運営体制である。なぜ管理運営体制という形式的側面への着眼を有効と考えるのか。この点に関しては、日本教育史の領域における研究蓄積が参考となる。たとえば、荒井明夫は明治期に福山や伊予の地域指導者が中学校設立のために「教育義会」を創立して住民の寄附金を募り、学校の管理運営にあたる商議委員会(理事会)を組織した出来事に着目し、これらの事業の担い手は「地域的自治に基づく「公共ノ事業」という認識」を持っていたことを指摘、国家的公共性と地域的公共性との緊張関係のなかで中学校設立運動を捉える必要を明確化している。[7]

明治期の内地の状況と植民地支配下の台湾の状況は、もとより異なる。だが、学校の管理運営体制と寄附金に即して「公共性」の質を問う視角は、植民地支配という局面において、内地よりもいっそう有効であるとも考えられる。以下、そのように考える理由を明確化するために、あらかじめ第Ⅱ部の梗概を記しておきたい。

台南長老教中学校は一九〇〇年代においてはまだ信徒を中心とした小規模な学校であり、設立維持にかかわる経費もすべてイングランド長老教会から支出されていた。しかし、一〇年代初頭になると、この学校を私立の高等普通教育機関として整備拡充する試みが展開され、林獻堂ら非信徒の紳商層もこの運動を資金的に支えようとした。総督府が公立中学校の設立という方向に林獻堂らを誘導したために、この計画は立ち消えとなった。それでも、教会内の信徒だけで新校舎建設のために二万円を超える寄附金を集めた。これは宣教師に対する発言権を高め、宣教師五名と南部教会の代表五名からなる学務委員会が新たに組織された。他方、林獻堂らが二五万円という巨額の寄附金を投じることで設立された公立台中中学校は、内地の中学校よりもレベルの低い学校とされ、民間の台湾人が管理運営に参与する余地は閉ざされていた。

二〇年代になると、総督府は、私立学校を卒業しても上級学校に進学できない体制を形成した。学校名称についても、正式な中学校ではないということで、「台南長老教中学校」を「台南長老教中学」に変えることを求めた。これに対して、公立中学校と同等の地位を獲得することを目標として、教頭林茂生らが募金運動を展開、林獻堂ら抗日運動関係者もこれを支援し、後援会を組織した。その背景には、公立台中中学校創設の経緯をめぐる苦い経験、島内における中学校数の少なさ、公立中学校や師範学校における台湾人生徒への差別事件が存在していた。二七年には台南長老教中学は新たに財団法人の法人格を取得、理事会は宣教師の代表、南部教会の代表ばかりでなく、非信徒を含む後援会の代表から構成されることになった。かくして、この学校は単に個人の「立身」や「成功」のための手段であるにとどまらず、台湾人にとって「わたしたち」にかかわる公共的なことがらを自治的に決めていく空間としての性格を獲得しつつあった。こうした経緯は、台南長老教中学(校)をめぐる歴史的な展開が、すぐれて公共性にかかわる問題であったことを物語る。

第Ⅱ部は次のように構成される。

第四章では一九〇〇―一〇年代の状況に焦点を当てて、紳商層による中学校設立運動と台南長老教中学校の拡張計画の交錯について論ずる。第四章補論では、第一次台湾教育令(一九一九年)で私立学校を排除する規定が設けられた経緯を考察するとともに、当時の台湾における私立学校をめぐる状況に即してこの規定の意味を検討する。ここでは台南長老教中学校以外の私立学校に着目して、当時の教育状況について横断的に論じる。

第五章では、第二次台湾教育令(一九二二年)と私立学校規則が、当時の内地や朝鮮の法制に比しても私立学校に対して抑圧的内容だったことを明らかにしたうえで、こうした制度をめぐる台南長老教中学校関係者の抗争について論ずる。

第六章では、台南長老教中学校の教頭林茂生が米国のコロンビア大学に提出した学位論文を「公教育」構想という観点から読み解く。

この第Ⅱ部において、国際政治上における英・日・台関係という問題は後景に退くことになる。ただし、台南長老教中学校をめぐる軋轢・抗争には、さまざまな形で国際政治上の力関係が作用していた。そのことにあらかじめ注意しておきたい。第一次世界大戦の影響でミッションの財政が逼迫すると、英国人宣教師は台湾人からの寄附金に依存することで財政上の困難を乗り越えようとした。そのことは、宣教師に対する台湾人の発言権の増大をもたらし、総督府が宣教師および台湾人と対立する構図を強めた(本書第二章「おわりに」で提示した図2-10でいえばA型からB型への転換)。さらに、米国の影響力もおよび始めていた。台湾の対岸中国大陸では米国系ミッションによるキリスト教主義の大学が林立し、林茂生が米国に留学して総督府の教育政策を批判する論文を執筆する事態も生じていた。かくして、「台湾人」という主体の勃興、これと英国人や米国人との関係の変化により、台湾総督府は窮地に追い詰められつつあったといえる。

総督府は、こうした事態への反動的な対応として、法令の運用により私立学校の発展を防ごうとした。そのため、この第Ⅱ部で対象とする時期には、軍事的な暴力はさしあたって後景にしりぞく一方、「法的」形式による暴力が前面に立ち現れる。それは、一見すると法としての形式的な一般性を備えているだけに、運用のあり方にかかわる微細な点にまで立ち入らなければ、その恣意的な性格も判然としない。したがって、この第Ⅱ部では、台湾教育令・私立学校規則のような法とその運用のあり方の分析も重要な位置を占めることになる。本書の序章で述べた通り、こうした植民地支配のシステムとの相関関係においてこそ「台湾人」という主体の働きも明瞭となるであろう。

第四章　台南長老教中学校の変貌

——英国母教会の「出店」から「本島の学校」へ（一九〇〇—一〇年代）

本章では、一九〇〇年代から一〇年代にかけての時期を対象として、高等普通教育機関を不在のままに放置する総督府の施策に抗して、台南長老教中学校が宗教教育中心の小規模な学校という性格を払拭し、台湾島内で最初の高等普通教育機関へと変貌していく過程を追う。

本章の対象とする時期は、台湾の統治体制では武官総督制、国際政治上では日英同盟が継続していた。同時に、東アジアにおける米国の影響力が増大した。フィリピン植民地化を通じて東アジア国際政治に参入した米国は、「遅れてきた帝国主義国」として、「門戸開放」を標榜していた。一一年に米国人の社会学者ロスが出版した著書によれば、中国におけるプロテスタント系高等教育機関のうちで英国人経営は一校、他の一三校は米国系あるいは共同経営だった。ロスは、英国人は米国人に比して教育に消極的だと指摘したうえで、その理由として、英国人はそもそも教育の効用に懐疑的であったうえに、英領インドで高等教育を受けたヒンドゥー教徒が植民地支配を攪乱した事態への不信感を抱いていたと論じた。[1] 台湾における英国人宣教師も、神学校や中学校を設けてはいたものの、教育の普及はあくまでもキリスト教宣教のための手段とみなしていた。そのため、より高度な教育を求める現地人信徒とのあいだで次第に意識の落差が増大していくことになる。

他方、台湾総督府も、実のところ教育の普及に積極的とはいえなかった。一九一一年二月に総督府学務課長(同年一〇月から学務部長)に就任した隈本繁吉は、就任当初の覚え書きで、今後の教育方針を次のように記している。教育施設は「列国ノ視聴」上やむをえない程度に設けていけばよい。「表面上教育ヲ重視スルガ如クシ実際ニ於テハ何等進ンテ之ヲ奨励セズ」、初等教育では就学を強制しないのはもちろん、中途退学する者がいても拒まないこととする。中等教育については既設の教育機関のほかなるべく新設を避け、ただ実習作業を主とする低度の実業教育機関だけを必要に応じて設けることにする。(2) 児玉—後藤体制のもとで明確化された教育方針を継承するものといってよい。その底流には、「文明流」の教育を施すと「権利義務の論」に走り、統治の妨害になる怖れがあるという警戒心が存在していた。

ただし、こうした方針は、そのまま維持されたわけではなかった。一〇年代なかばには隈本繁吉も、総督府の側で適当な教育を与えてこそ、統治の「安全弁」となると主張するようになっていた。(3) 隈本はまた、内地人とのあいだに明確な「限界」を画して「未来永劫(内地人と)同等ノ位置ニ達スヘカラス」という思いを台湾人にもたらす制度はすでに時代の趨勢に適さないと批判した。(4) なぜこうした方針修正をしたのか。一四年六月に隈本が起草した説明書にその手がかりが示されている。留学生の増大など台湾人の「向学心」を抑えようとしても「四囲ノ情況」がこれを許さない。しかも、「既ニ台南淡水等ニ於ケル彼等外国人設立ノ中学校ノ如キモ近来漸ク規模ヲ拡張シテ侮ルヘカラサルノ勢ヲ示セリ。是実ニ本島統治上寒心スヘキ現象ニシテ、救済ノ途一日ヲ後ルレハ、一日ノ禍ヲ招クモノト謂フヘシ」。(5)

総督府における方針転換の背景には、欧米人宣教師の設立したキリスト教系学校が台湾人の「向学心」の受け皿となって影響力を伸張させることへの懸念が介在していたことがわかる。この場合の台湾人の「向学心」とは、単に学問を学ぶ意欲であるばかりではなく、学歴の低さを口実として「未来永劫」従属的な位置を運命づけられることへの危機感や憤りと裏腹なものであったことだろう。

それでは、台湾住民の教育熱はいかにして英国人宣教師を動かし、さらに総督府を動かしていったのか、そこでどのような抵抗に出会い、当初の計画に対してどのような修正を迫られたのか。以下で検討することにしたい。第一節では一九〇〇年代の台南長老教中学校における宣教師と台湾人信徒の関係について論じ、第二節では一九一〇年代の台南長老教中学校拡張計画と、紳商層による中学校設立運動の交錯に着目する。第三節では一〇年代なかばから後半にかけて同校の普通教育機関化、大規模化、学務委員会の組織が併行して進められたことの意味を明確化する。

第一節 「開化文明」のための教育

一、東西学校構想の浮上

台南長老教中学校(以下、本文中では原則として「台南」を略す)では、初代校長イードの帰国後、一九〇一年に新任の宣教師ジョンソンが第二代校長に就任した。〇四年の時点で教師はジョンソンとその夫人、林燕臣、許凌雲、井上秀夫の五名だった。林燕臣は、本書第三章でも記したように、秀才の称号を持つ儒者であった。一八九八年に受洗し、長老教中学校で漢文・習字・作文などを教えていた。(6) 許凌雲(一八六二—一九四四)は澎湖生まれ、やはり科挙で秀才の称号を持っていた。九二年に受洗、漢文訳聖書などを教えた。(7) 井上という日本人教師の経歴は不詳だが、『メッセンジャー』に寄せられたレポートでは「この島で何とか生きていこうとする者は日本語を学ぶ必要がある」ために招聘したと説明されている。(8)

当時の生徒数は全体で三〇名あまり、全体として台湾人信徒の狭いサークルのなかで存立していた、小規模な学校

図4–1　林茂生と趙天慈とバークレイ
後列左の林茂生は第三高等学校，後列右の趙天慈は同志社大学在学中であった．

だった。そのうえで、一九〇三年度の生徒のなかに林茂生と趙天慈（一八八九―一九七五）が含まれていたことが着目される。林茂生は右の林燕臣の息子であり、趙天慈は伝道師趙爵祥（一八四七―一九一八）の息子だった。林茂生はのちに生徒時代を省みて、次のように記している。自分たちの在学当時の台湾社会は「迷信」に満ちていたうえに、「科学的知識の欠乏」のために「悲惨にして暗黒の状態」を呈していた。この学校は、そうした状況のなかでどこよりも先に「泰西の科学を輸入し同時に其の宗教を伝へる為めに」創設された(9)。

欧米の宗教と科学の導入にこの学校の存立意義を見出していたことがわかる。そのうえで、両者を対立的なものとして捉えてはいないこと、さらに、どちらかといえば宗教としてのキリスト教よりも科学に比重を置いた受けとめ方を示していることが着目される。

林茂生と趙天慈の二人は、一九〇八年に宣教師と教会関係者による財政的支援を受けて内地の同志社普通学校に留学、帰台したのちは母校で教えた。林茂生がのちに理事会長、趙天慈が戦後に台湾人として初めて校長に就任することを考えるならば、学校拡張のための胚珠はこの時期に形成されていたともいえる。

一九〇三年のこと、八年制の学校の創設を唱える「議説東西学」という論説が『台南府城教会報』誌上に掲載された。発起人は台南太平境教会の長老呉道源（一八六八―一九二八、呉海）だった。趣意書では「開化文明」を第一の目的とすること、福州英華書院や東京の明治学院をモデルとして五年制の普通学部と三年制の高等学部を設けること、カリキュラムには日文・英文・漢文のほか歴史・地理・算学・物理学などの一般教育科目を含むこと、設立経費および維持費として五―六万円の寄附金を集める必要のあることについて論じていた[10]。

これは、日本内地の学制でいえば中学校レベルと高等学校レベルを含む八年制の学校を設立することを提案したものだった。明記はされていないものの、その際に既設の中学校は最初の五年制の課程に組み込むことを考えていたと思われる。もっとも、この提案は単に中学校の年限を延ばして高度化すればよいと述べたものではない。カリキュラムに聖書が欠落していることに象徴されるように、従来の宗教教育中心主義を廃して、教会外の人びとにも開かれた高等普通教育機関にしていくことを志向するものであった。

図 4–2　台南太平境教会
呉道源らの寄附金により竣工．台湾最初の宣教師マックスウェルを記念する Maxwell Memorial Church として位置づけられた．

発起人の呉道源は神学校で学んだのちに新楼医院での見習いを通じて西洋医学を修得した医師であり、一九〇二年に台南の太平境街に礼拝堂を新設した際に土地の大半を寄附した富豪でもあった[11]。呉道源は、台湾における教育施設が、日本内地の学校はもとより、対岸の福州に比しても著しく立ち後れていることを実際に現地を訪れて痛感し、こうした提案をおこなったのだった。南部台湾の信徒のなかでも、高金聲が福州英華書院に留学していたほか、高耀長老の息子高天賜(一八七二―一九〇二)も一八八七年に同校に留学し、九八年に大学部を卒業していた。内地や対岸における「開化文明」の動向は台湾にも確実に伝わってきていた[12]。

呉道源の提案には、賛同者として、神学校の教師高金聲や長老教中学校の教師林燕臣、牧師劉俊臣など南部教会の中堅的な人物が名を連ねていた。さらに、宣教師のうち、バークレイとファーガソンも賛同者として名を連ねていた。これは個人としての資格での賛同だったようである。一九〇四年一月一三日に開催された台南宣教師会議の議事録では「アングロ・ジャパニーズ・カレッジ Anglo-Japanese College の設立を求める私的運動が生じていることが報告された」と記して「私的」運動と釘をさしたうえで、一月二〇日に「アングロ・ジャパニーズ・カレッジ創立に関する呉海からの手紙が審議に付された。決定は先送りされた」と記している。[13] 提案者が呉道源(呉海)であることから、この場合のカレッジは先の八年制学校を指すとわかる。

当時中国大陸におけるアングロ・チャイニーズ・カレッジ Anglo-Chinese College が「英華書院」と訳されていた例にならうならばアングロ・ジャパニーズ・カレッジの訳語は「英日書院」(あるいは「英和書院」)ということになる。だが、南部中会の議事録など漢文の資料では「東西学(校)」あるいは「中西学(校)」と表記されている。宣教師は帝国日本に位置する学校という点を重視してアングロ・ジャパニーズ・カレッジと呼んだのだろうが、信徒は「日」や「和」ではなく、「東」や「中」という言葉を用いようとしていた。こうした名称の相違に、宣教師と信徒の微妙な思惑の相違があらわれている。

二月一一日の宣教師会議で、ファーガソンとジョンソンを委員に任命して具体的な問題を検討することになり、四月七日に報告がなされた。委員は設立維持に要する経費を詳細に説明したうえで、日露戦争が始まったために必要な寄附金二万円を集めるのは容易でないという見通しを記している。議論の末、キャンベルは反対意見を表明してロンドンの宣教本部の注意を喚起するのにとどめるべきだと提案、マックスウェル(初代の医療宣教師の息子)がこれに追随した。反対の理由は、欧米人教師を新たに確保することが難しいことなど財政的困難であった。バークレイとファーガソンは海外宣教委員会の判断に委ねるという修正案を提示したが、投票により否決された。[14] この日の宣教師会議に参加していたのは右に登場する五名だけなので、長老教中学校の校長であるジョンソンもキャンベルに賛同し、三対二という微妙な票決がなされたことになる。

ロンドン本部の海外宣教委員会の注意喚起は、確かになされた。同年五月にロンドンで開催されたイングランド長老教会の大会では「[台湾における]長老の一人が日本内地への旅行から戻ったあとにアングロ・ジャパニーズ・カレッジ設立計画を立ち上げた」と記し、この計画はミッションが直接的に運営する施設ではなく、宣教師と現地人教師が共同経営者となる構想だと記している。また、米国系ミッションが経営する福州英華書院やイングランド長老教会の経営する廈門英華書院をモデルとしていると伝えるとともに、この長老は現在「カーネギー氏」に寄附を求める書簡を準備していると報じている。(15)

ここに登場する廈門英華書院は、イングランド長老教会が一八九九年にロンドン宣教会に代わって中核的に経営することになった学校である。中国語と聖書に関する科目を別とすれば、授業はすべて英語でおこなうものとされた。卒業生は無試験でエディンバラ大学と香港大学への入学資格を持つことがのちに認められた。(16)この学校の設立された翌年には義和団事件が生じたが、廈門では事件のさなかに出兵した日本に対する反感の方が強く、英国人の存在は日本による恒久的な廈門占領を防いだ存在として好意的に受け取られていたという。(17)また、唐突に登場するカーネギーは、スコットランド出身の「鉄鋼王」アンドリュー・カーネギーを指すものだろう。カーネギーから寄附金を引き出す計画が実行に移されたわけではないようだが、福州英華書院にしても、カーネギーにしても、米国にかかわる動向が参照されている事実は着目に値する。

呉道源らの提案は必要な資金は自分たちで集めるとしており、宣教師に求めていたのは教師の派遣だけだった。それでも、宣教師会議で否決されたために立ち消えとなった。この提案の重要性に着目した呉学明の研究では、宣教師の関心はあくまでも長老教会の教勢拡張であり、高等教育の普及ではなかったと指摘している。また、当時長老教中学校の学生だった趙天慈が、ある宣教師から「もしも君たちに学問を授けたならば、将来わたしたちを怨むようになるだろう」といわれたという回想を引証している。[18] 妥当な解釈というべきだろう。宣教師の判断は、結果として、高等普通教育を放置する総督府の方針と歩調を揃えるものとなった。

もっとも、呉道源らの提案は、何も変化をもたらさなかったわけでもなかった。ジョンソンは、東西学校に関する報告にかかわって、これまでのところ「上質な初等学校」以上ではない中学校の整備拡充の必要を主張し、中学校の水準を向上させるために英語教育を始めるべきだと主張した。実際、一九〇八年から英語は第三・四学年の必修科目として教えられることになった。[19] すでに本書第一章で記した通り、イングランド長老教会は、現地の言葉で「福音」を伝えることを基本方針としており、英語教育には消極的だった。この提案以降、一方で従来通り漢文や教会白話字を教えながら、他方で教育の高度化という文脈で英語教育を導入することになった。それは、「開化文明」のための教育を求める台湾人信徒の意向をたぶんに反映したものと考えられる。対岸中国大陸でも科挙が廃止される前年のことだった。

二、「治外法権」時代の終焉

日本による台湾領有から一〇年間、長老教中学校は、日本人教師による日本語の授業こそ始められたものの、台湾総督府の干渉はほとんど及ばない状況にあった。こうした状況に変化が訪れるのは一九〇五年のことである。この年、総督府は、一八九八年に制定した「私立学校設置廃止規則」を廃止し、これに代えて新たに「私立学校規則」(府令第八八号)を制定した。この規則は、内地の私立学校令(一八九九年)にならって教員の欠格条項を定めたほか、法令に違反した場合の閉鎖命令に関する条項を定めた。

総督府の立場からするならば、欧米列強との協調関係を維持しつつ、台湾における列強の権益を回収する措置は、重要な懸案事項だった。経済界では、つとに矢内原忠雄が指摘したように、三井物産、三井合名会社、大阪商船などが総督府の手厚い保護を受けながら進出し、日露戦争の前後にドッド商会、サミュエル・サミュエル商会、ダグラス汽船会社などの外国資本を駆逐した[20]。日露戦争の辛勝により欧米列強に対して発言権を強めた日本はようやく権益の整理に本格的に取り組み始めたのであり、私立学校規則制定もその一環といえる。ただし、欧米資本は台湾での商売が儲からなければ支社をたたんで撤退すればよかったのに対して、宣教師による教育事業は現地住民との共同のプロジェクトという性格をはらみ始めていた。そのために、異なった展開を見せることになる。

一九〇六年六月、バークレイは、新たな私立学校規則に対応した認可申請書類を当局に提出した。その添付資料から、当時の学校の状況をうかがうことができる[21]。

神学校は「台南長老教会福音書院」という名称で申請された。教員としてはバークレイ、高金聲、森武敏の三名が名を連ねていた[22]。学校の目的は「専ラ基督教伝道師ヲ養成スル」こと。神学校は、卒業後に伝道師として服務することを前提とする職業教育の場であり、これに対応するように、授業料は徴収せず、寄宿食費を支給するとしていた。

中学校は「台南長老教会高等学校」という名称で申請された。のちに校長に就任するエドワード・バンドの回想によれば、英国では初等教育よりもレベルの高い学校は一般的に High School と称するので、その訳語として「高等学校」という言葉が採用され

図 4-3　新楼時代の長老教中学校
撮影年次は不詳だが，1906 年頃か．前列右から 3 番目がニールソン，その左側が林茂生．

たという。[23] 宣教師会議の記録でも Middle School と High School がしばしば混用されていたので、「高等学校」という名称が用いられたとしても不思議ではない。この名称でいったんは認可されるものの、台湾において〇七年に在台内地人を対象とした中学校が設けられたのち、高等学校—帝国大学へと連なる日本内地の学校体系との整合性を図るために、中学校という名称に復することになった。[24] それでもなお、この時期、日本語や漢文の名称表記は曖昧であり、「長老教中学校」と「長老教会中学校」があるうえに、「台南」がつく場合もあるし、つかない場合もあった。[25] また、教会関係資料では「新楼中学」という名称が用いられることも多かった。それは、行政の統制が強くは及んでいなかったために、学校名称を一義的に定める必要性も乏しかったことを物語る。

申請時の書類によれば修業年限は四年、入学資格は一二歳以上、公学校卒業は入学の条件とはされていなかった。授業料は無料、寄宿食費として年間二八円を徴収、貧困者は六円に減免することもあるとされた。教員としてはニールソン、森武敏、林燕臣、許凌雲、林茂生の名前が挙げられている。林燕臣の息子林茂生は在学時から助教的役割を果たしており、卒業とともに正式に教師となったものである。学科課程は、聖書、漢文、修身、国語、英語、数学、地理、歴史、博物、生理、習字、体操、唱歌から構成された。漢文は「台語漢訳」、国語は「台語日訳」「日台翻訳」と説明されていることから、漢文・国語の時間は教会白話字による「台語」——この場合は廈門地方に通ずる閩南系台湾語——の読み書きを学ぶ時間も兼ねていたと考えられる。また、歴史には「聖教歴史」、地理には「猶太《ユダヤ》地理」が含まれており、普通教育科目と見えるものも宗教教育的な色彩が濃かったといえる。

のちに林茂生が台南長老教中学の校友会雑誌に寄せた「本校創立四十週年の回顧」と題する文章では、この一九〇六年をもって学校の歩みを区切って次のように記している。

本校の第一期(一八八五年—一九〇五年)は、「伝統的な宗教教育」の時代であり、神学生の予備教育をするかたわらで、信徒の子どもに聖書・漢文・科学的知識などを教えていた。「地球は丸いもので、東から西へ進んで行つても又た東から帰へつて来られる」というような知識を「もの珍しげに」教えた最初の学校であり、「本島に於ける西洋文明輸入の先駆者たる光栄」を担った。生徒は神学校に進学するか、それとも新楼医院や彰化医院の助手となって医者となることを望んでおり、「西洋医術を業として終に巨万の富を作る人が少なくなかつた」。教会外の「外界」とはほとんど没交渉であり、清国政府の時代には「英国々旗と共に文学《ママ》通りの治外法権」のもとにあり、「帝国政府の時代」になっても総督府からの干渉はほとんどなかった。

本校の第二期（一九〇六年—一九一五年）になると、従来のような治外法権的な状態は許されなくなり、一九〇六年に総督府の正規の認可をえて「対政府交渉の端を開いた」。とはいえ、この交渉は、年一回の定期報告や卒業式における地方長官の臨席など、いまだ形式的な監督にとどまっていた。この時期に信徒たちは福州英華書院や廈門英華書院の影響を受けて「中西学」の設立を要求、長老教中学校の学科程度を高め、「純宗教教育」に代えて「基督教主義的教育」を盛んにすることを要求した。しかし、「学校当局は、二十年来の伝統的精神に依る宗教教育主義を固持して居つた為か、容易に此等の要求に耳を貸さなかつた」。

このように、林茂生は、一九〇五年の私立学校規則により「治外法権」的な状況が終焉したと認識していた。ただし、一九〇〇年代の状況では信徒にとって、総督府との関係よりも、宣教師との交渉が重要な意味を持っていたと解釈している。「中西学」は前述の東西学校を指す。「学校当局」とはこの場合宣教師会議であり、耳を貸さなかったという表現に宣教師への婉曲な批判をうかがうことができる。

林茂生は一〇年代以降の状況については、次のように記している。信徒は「中西学」をめぐる要求が「学校当局」により斥けられたために、かえって高度な教育機関への思いを募らせることになった。時期がくだるにつれてその要求はさらに大きくなり、ついに信徒のなかに「中西学建築敷地を買つて学校に寄附せんと意気込んで居るもの」まであらわれて、南部中会でも新校舎建築基金募集の決議をした。そのために、「流石遅疑決せざりし宣教師会も本島側の意気に感じて」賛意を表して建築資金の半額を負担した。[26] ここに記されているように、一九一〇年代になると、宣教師の多くは「開化文明」のために高度な教育の機会を求める信徒の要求を受けとめ、これに協力する方向に転じていくことになる。

第二節　台湾人による中学校設立運動の展開

一、教会の内外にわき起こる教育熱
——長老教中学校拡張と東西学校設立

一九一二年三月二一日、バークレイはロンドンの宣教本部に送付したレポートにおいて、アングロ・ジャパニーズ・カレッジ設立への機運が高まってきている状況を次のように報告している。

神学校については、学生が聖書や教会史の知識は持ち合わせているものの、英語・ギリシャ語・ヘブライ語に関する十分な知識、哲学や数学などの素養を欠くために、日本内地に留学しても予科から学び直す必要がある。中学校については、漢文教育こそなされているものの日本語は少し解するだけであり、自然科学の知識も乏しい。さらに、中学校の前提となる公学校の教育水準が低く、そこで学ぶのは「悪い言葉と両親への軽侮の念」である。したがって、信徒の子弟のために教会附設の小学を彰化・嘉義・阿猴(屏東)など台南以外の地域にも広めていく必要がある。また、日本人が台湾の青年によりよい教育を施すための手段をほとんど講じていないために、アングロ・ジャパニーズ・カレッジを設立できれば、これまでにおこなってきた教育事業を補完するものになるだろうし、必要な資金に関しては富裕な住民からの寄附によりまかなえる可能性がある。[27]

図 4-4　東門教会附設小学
撮影年次は不詳．1910 年前後か．小学は男女共学だったことがわかる．

ここで取り上げられている問題のうち、教会附設の小学に関しては、かつて存在していたものを復旧する意味合いを備えていた。すなわち、一九〇〇年代に各地で公学校が整備される一方、これと反比例するように教会附設の小学が淘汰される事態が生じていた。宣教師は、自分たちが初等教育の領域にかかわることを日本人は望んでいないと感じて、日曜学校の活動に比重を置くようになった[28]。しかし、公学校教育の及ぼすネガティブな影響を見定めたうえで、あらためて対象地域を主な宣教拠点に限定しながら、教会附設の小学の失地回復を図ろうとしているわけである。

一二年に長老教中学校の代理校長に就任したファーガソンは、この方針に沿って台湾中部における宣教拠点である彰化に「私立小学校」を設立したいという願を台中庁に提出した。台中庁長である枝徳二を介して、この願は学務部長隈本繁吉のもとに届けられた。隈本は、官・公立の内地人向け小学校と「混同ノ怖レナキ様」に学校名称を「台南長老教中学校予備科」に変更することを求めるとともに、対象を「本島人」に限ると明記することを条件として、申請を認可すべきことを指示した[29]。ここでの隈本の対応は、宣教師・長老教会による教育事業を許容しながらも、その影響力の及ぶ範囲を、すでに信徒になった人びとという狭いサークルにとどめようとするものであった。

中学校の拡張とアングロ・ジャパニーズ・カレッジに関しては、四月八日付のバークレイの書簡で重要な「追伸」が記されている(30)。その内容は教会外の台湾人との新しい関係を示す重要な徴候と思われるので、やや長文の引用をすることとしたい。

富裕な住民と親しい関係にある医師が次のように述べた。南部台湾の郷紳や商人たちは、公立の初等教育機関を卒業したあとに入学する高等学校 High School の設立を望んでいる。しかしながら、総督府から必要な許可がえられないことを懸念している。先にも記したように、日本当局は台湾における臣民の高等教育に対して非好意的である。現時点ではまったく住民に認められていない、自治における役割を要求する claim their share in self-government ことに恐れを抱いているためである。これはみんなの一致した見解である、という。こうした状況において、わたしたちの現在の中学校 Middle School の名称を用いることで新たな許可を申請する問題を回避しながら、規模の大きい、よく整備された高等学校建設のために協力することを提案している。わたしたちが、その学校はキリスト教主義の学校でなくてはいけないと述べたところ、その点については好意的であり、学校の経営はわたしたちの手に委ねるつもりだという返事が戻ってきた。信徒のいうには、わたしたちの宗教に対する反感や偏見はぬぐい去られたということである。実際、非信徒の発言として、わたしたちを喜ばせる言葉が伝えられた。彼らは、京都に位置するキリスト教系大学 College である同志社――そこには少なからぬ台湾の若者たちが留学している――の規則をこの学校の組織に採用したいと考えている。この目的のために六万円の寄附を集めると語っている。最初は教育のために古い資産を流用する可能性について語っていたが、現在では必要な金額を寄附で集めるということである。それだけのお金を集めるのも困難ではないとして、次のように語っている。

「壊れた廟の修築に二万円を費やそうとするならば、それを学校のために寄附してもらおう。偶像は確かによいものである。しかし、よい教育ほどには重要ではない」。

さらにバークレイの書簡は、次のように続けている。

非信徒の郷紳や商人は、自分たちの提供する寄附金六万円と信徒による二万円を加えて台湾島内で八万円を集め、宣教師がイングランド長老教会本部から四万円の経済的援助を仰ぐことができれば、合計一二万円——今日の貨幣価値に換算すると一億円を超える[31]——の資金により長老教中学校を八年制の学校に拡張して、最後の四年間をアングロ・ジャパニーズ・カレッジに相当する学校にすることが可能なはずだ、と述べた。

このバークレイの書簡は、「まだ何も決まったわけではない」という但し書きをつけながらも、教会外の紳商層が好意的な提案をしてくれたことへの驚きと喜びがにじみ出ている。在来の信仰を「偶像崇拝」として否定する宣教師と、非信徒のあいだの対立は、この時期にも継続していた。「偶像は確かによいものである」という紳商層の発言は、「偶像」という否定的な言葉をあえて用いながら、それは「よいものだ」と述べて宣教師との立場の違いを鮮明にしている。もしも宣教師の力を借りずとも自分たちで自治的に学校を設立し、運営できるならば、それが望ましいとも紳商層は考えていたことだろう。しかし、植民地当局により住民が自治的に役割を担うことが否定されている以上、それは難しいという見通しが右の申出の前提として存在した。植民地支配というシステムそのものが、宗教的次元における対立を越えた協力関係の構築を促す契機として機能しているともいえる。

右の資料で同志社に言及していることも着目される。この追伸が書かれたのと同じ一二年四月、ちょうど同志社大学が設立されたところだった。「同志社の規則」が何を指しているのか、明示的に説明されていないものの、おそらく「同志社財団寄附行為證」(一九〇〇年認可)を指すものと考えられる。この寄附行為では「本財団ノ維持スル学校ハ基督教ヲ以テ徳育ノ基本トス」(第四条)と定めたうえで、理事会の組織については社友(財団への寄附者・尽力者)のうち

「内国社友」三名、「外国社友」三名、校友（卒業生・正教員・元正教員）から五名の理事を選出すると規定していた。[32] キリスト教主義という方針こそ明確であるものの、宣教師が管理運営体制において特権的な地位を占めていたわけではなかった。同志社の理念に共鳴した寄附者・卒業生・教員による共同管理が基本的な原理であり、宣教師は「外国社友」として影響力を及ぼすにとどまる体制だった。寄附を申し出た台湾人はこうした管理運営体制を望ましいと考えていたからこそ同志社を引き合いにだしたのだろう。

ちょうどこの追伸が書かれた時期、南部教会と北部教会が連合して、新たに台湾大会を創設する計画が進行中だったことにも留意する必要がある。この計画は一二年一〇月に実現し、南部教会と北部教会を包括する「台湾基督長老教会」が正式に成立した。[33] これと同時に、南部教会と北部教会の連合神学校を設立する計画も進捗していた。このプランは設置場所を台北にするのか、台南にするのか、それとも、彰化など中部の都市にするのかという問題で暗礁に乗り上げることになった。それにしても、教会制度の整備が進みつつあった時期であっただけに、非信徒による資金提供の申出はまさに時宜をえたものとして受け取られたことであろう。

バークレイによる重要な「追伸」が記される少し前、四月四日に開催された南部中会では南北教会の連合にかかわる議決をするとともに、学校の整理についてファーガソンが次のように報告した。「教会小学校・中学校・東西学校を整理するために一二万円の経費を必要とする」。この南部中会の決定を受けて、ファーガソン、キャンベル、バークレイ、劉俊臣、高金聲、林燕臣、黄信期、顔振聲、陳老英（一八五九―一九三八）が委員に任命された。[34] 劉俊臣、高金聲、林燕臣は一九〇三年時点の東西学校設立案にも名前を連ねていた。顔振聲と陳老英はそれぞれ台南太平境教会、嘉義教会の長老であり、ともに宣教師から西洋医学を学んだ開業医であった。[35] これらの委員のなかで、高金聲が寄附金募集事業の責任を担うことになった。また、新校舎のための土地の探索と購入にあたっては、李仲義（一八五三―一九三七）、劉瑞山（一八六七―一九四七）らの信徒が奔走した。李仲義は萬丹庄の地主、劉瑞山は台南で和源商行を開業し、砂糖・米穀の輸出などを手がけていた実業家だった(36)。

いったん立ち消えとなった東西学校設立計画は、こうして再び動き始めた。

同年の五月にロンドンで開催された海外宣教委員会の会合では、台湾からの報告として次のように記されている。「新しい、よく整備された High School と Anglo-Japanese College を台南に設立する提案がなされている。台湾における非信徒の漢族系住民が、その費用の半額を寄附しようとしている(37)」。この場合の High School とは長老教中学校、Anglo-Japanese College はかねて計画されてきた東西学校を指すと考えてよいだろう。ふたつの学校が並記されていることから、整備された長老教中学校を前期課程、新たに創設されるべき東西学校を後期課程というように、グレードにより区別することを考えていたと思われる。この両者をあわせて高等学校 High School と称していることもあるので、資料中の用語には若干の混乱が見られるといえる。

同年一一月には新しい教育事業を担う宣教師としてエドワード・バンド牧師が英国から派遣された。バンドは、着任早々、バークレイとともに高金聲に案内されて、台南城東門の外側に広がる中学校の移設予定地を見学に出かけた。この「約束の地」を目の前にして、「神は、教会に利益をもたらし、すべての台湾人に祝福を与える学校を創設するという素晴らしい機会を与えてくださった」と感じたと回想している(38)。

図 4–5　エドワード・バンド

バンドはまた、教会外の紳商から莫大な寄附の申出がなされたことについて、次のように述べている。「わたしの知るかぎり、これらの交渉において主導的な役割を果たしたのは、高金聲牧師だった。彼は、台中地方の霧峰に居住する二人の富裕で公共心に富んだ紳士、すなわち林獻堂とその兄である林烈堂という台湾人発起人のスポークスマンとして活動した。高金聲は、福州のキリスト教系学校で教育を受けた経験を持ち、この計画から台湾教会が引き出すことのできる利益をよく知っていた。彼はこの計画に精魂を傾けて募金を始めた」[39]。

ここに林獻堂とその堂兄(父方の年長の従兄弟)林烈堂の名前が出てきていることは、着目に値する。林獻堂は、霧峰林家の当主として全島を代表する名望家であったばかりでなく、以下に述べる通り、公立台中中学校設立にいたる運動でも中心的役割を果たしたからである。林獻堂は、一九一四年には伝道師の説教に感銘を受けたとして、霧峰に礼拝堂を設立するための用地代五〇〇円を寄附するなど、教会関係者と協力的関係を築こうとしてもいた[40]。

台湾人向け中学校設立にかかわる林獻堂の思いは、隈本繁吉学務部長の着任当時の回想からもうかがわれる。台湾中・南部視察に際して「台中林獻堂ヨリ台湾人子弟ノ教育ニ関シ種々陳情アリ」。内地人向けの小学校への共学のほか、「対岸外国人経営ノ学校ニ入ルカ又ハ欧米留学ノ意向アリ」というように高等教育への要求も強い。その理由として「外ハ支那革命新ニ成リ、其ノ中堅タル南清一帯ノ意気頓ニ振ヘルニ伴ヒ、島民ノ心理ハ一種ノ変調ヲ来タセリ」という状況がある。

資料の記載日は不詳だが、隈本の着任間もない時期のことであること、辛亥革命への言及を考えるならば、一九一二年初頭のことと考えられる。それは、宣教師に対して紳商層が寄附を申し出た時期とも重なる。この時期、かねてから東西学校設立を主張していた教会の中堅人物と、キリスト教には一線を画しながらも中学校設立を求めていた紳商層の協力関係が成立しつつあったと考えられる。

次節で示す通り、この東西学校をめぐる計画は、その後二年近くにわたって複雑な紆余曲折に遭遇することになった。異なる立場から複数の中学校設立構想が出されており、総督府の対応も揺れていたためだった。そこで、いったん南部教会を中心とした動向を離れて、総督府を中心とした動向に視線をすえてみよう。

二、廈門英華書院分院設立構想のインパクト

——辛亥革命と大陸の教育状況

長老教中学校拡張と東西学校創立にかかわる計画は、一九一二年から一三年にかけて水面下で進行していた。ただし、総督府官僚の眼前に立ち現れたのは、この計画とかかわりながらも、微妙に性格を異にする出来事だった。すなわち、一二年八月にイングランド長老教会宣教師ランキンが廈門英華書院の院長として来台、台湾島内の中学校や高等女学校の教育を視察し、隈本学務部長を訪問して学校設置構想を開陳した(41)。

隈本の覚え書きによれば、ランキンは単に表敬訪問したのではなく、「台湾紳士ノ希望ニ依リ英華書院ノ分院ヲ台北ニ設置セントス。総督府ノ意向如何」という問題を持ちかけるために訪問したのだった。これに対して、隈本は台湾に私立学校を設置することは可能だが、「日本国民タル台湾人」の教育では主要学科として「国語即日本語」を課さなくてはならないと返答、ランキンは「英語ニ依リ高等普通教育ヲ施ス」希望を持っていたために熟考のうえであらためて検討すると返答、結局この計画は立ち消えになったという。この出来事をめぐる所感として、隈本は、台南・淡水における外国人経営学校は「規模小ニ且宗教的」であるのに対して、対岸の廈門英華書院は「宗教的色彩少クシテ教育ソノモノヲ主トセル」という相違があるために「一部ノ台湾郷紳カ之ヲ頼リ子弟ヲ教養スヘキ中等学校

図 4-6　廈門英華書院

ノ設立ヲ企テントシタル」という観察を示している。(42)

確かに廈門英華書院は、宗教色の薄い学校だった。ランキン院長も、「高等普通教育」のための学校を設けたいのだと隈本に語っていた。イングランド長老教会は、一九〇六年に広東省にも汕頭英華書院を設立しており、高等普通教育に積極的に取り組もうとし始めていた。エドワード・バンドの執筆したイングランド長老教会百年史では、方針転換の背景について「これまで教会とは縁のなかった中国社会の一部の階層のあいだに西洋式の教育への渇望が広がったのをみて、これらの学校が福音宣教のためのエージェントになるのではないかと考えるにいたった」と説明している。(43) キリストの「福音」を伝えることがあらゆる事業の核心であることに変わりはないものの、「西洋式の教育」への渇望を手がかりとする方向に舵を切ったわけである。英華書院分院設置構想は、こうした事態が台湾に波及する意味を持っていた。

ランキンの提案は、イングランド長老教会の宣教戦略の転換によるものであると同時に、「台湾紳士ノ希望」に基づいたものであった。時期的に考えて、台南における東西学校設立構想と無関係とは思えない。ただし、東西学校構想では設置場所は台南だったのに対して、ランキンは台北に分院を設置したいと述べているので、台南における動きとは独立した動きだった可能性が強い。ここで「台湾紳士」とは誰なのか。台北在住で、キリスト教徒の有力者で、廈門とつながりをも持つという点から、本書第三章でとりあげた李春生が関与していた可能性が強い。李春生の家族のなかには、孫の李延錦のように廈門英華書院に留学した者もいる。(44) この時期の廈門ミッションに関する資料が欠落しているためにこの推測を確定する材料はみあたらないものの、台湾の紳商層が高等普通教育機関を設けるために、対岸の宣教師の力も借りようとしていたのは確かなことだった。総督府官僚の側から見れば、これは統治政策上「寒心」すべき現象であった。

ランキンが訪れたのと同じ一二年夏には、福州東瀛学堂——中国大陸における台湾籍の住民を主な対象として日本側が管理運営した教育施設であり、台湾総督府が教員を派遣していた[45]——の教諭である三屋大五郎が対岸の状況を隈本に報告している。

福州で辛亥革命を目の当たりにした三屋は米国による影響力の浸透に瞠目し、「学校、病院、教会堂、慈善方法ニ依リ、米人ノ支那人ニ対スル努力、勢力驚クヘキモノアリ。昨年〔一九一一年〕十一月革命ノ際、決死隊ハ米人学校設立ノ生徒ナリ。又革命後政府ノ首脳者ニモ米人ニ密接ノ関係アリ(格致書院、英華書院出身)」と記している[46]。

この報告書に記された通り、辛亥革命に際して福建省における決死隊七〇〇名はほとんど福州英華書院と格致書院というキリスト教系学校の学生だった。決死隊を率いたのは福建省におけるキリスト教界の中心人物黄乃裳であり、革命後の軍政府では交通部長に就任した。財政部長、外交部長らも福州英華書院の卒業生だった。福建省に限らず、袁世凱内閣そのものも米国大学出身の閣僚が多数を占め、「親米内閣」という様相を呈していた[47]。ライアン・ダンチは、辛亥革命前後の時期、「福州における中国人の専門職人士は、コスモポリタン的な背景と進歩主義的な社会的見地をあわせもつ存在として、中国の進歩主義的なナショナリズムの主流にぴったりとあてはまっていた」と述べ、当時のキリスト教をめぐる風潮を「プロテスタント、プロフェッショナル、プログレッシブ」と巧みに表現している[48]。

こうした対岸の状況は、多くの台湾人キリスト教徒にとっては羨むべきものであり、そうであればこそ、総督府にとっては脅威と感じられたことであろう。危機意識にかられた隈本は、一二年一二月から一三年一月にかけて自ら対岸を視察している。

隈本の訪問先は福州・廈門・汕頭・香港・広東であり、欧米人・中国人・日本人の経営する学校・病院等について概要と若干のコメントを残している[49]。たとえば、福州英華書院に関しては「第一次革命ニハ此等ハ他ノ学校ト等シク、其出身者及在学生中関係セル者アリ。現ニ小官視察ノ際ハ政治問題ヲ討議シ居リタリ」と記している。英国の香港総督ルガードが創立したばかりの香港大学については「欧米大学ニ比シ遜色ナシ」という感想を洩らし、米国北長老派ミッションの創設した嶺南学堂Canton Christian Collegeに関しては「規模宏大、米支両国人ノ出資ニ係レル基督教主義ノ学校ニシテ小中学及農業、理化、工業等ノ専門部等備ハリ病院亦附設セラル。中学卒業者ハ米国ハーバード大学等ト連絡アリ」と書き留めている。

隈本は、この視察経験を通じて、欧米列強による教育事業に対して日本のそれが大きく遅れをとっていることを痛感し、台湾人向けの中学校、あるいは中学校に類似した学校の設置を検討し始めた。ランキンを台北に呼び寄せた紳商の立場からするならば、廈門英華書院分院を台北に創立するプランこそ実現しなかったものの、隈本を対岸視察に赴かせただけでも効果があったということになろう。

三、総督府による台湾人の教育熱の懐柔
——公立中学校設立路線への誘導

辛亥革命の影響による民心の「変調」を感じ取っていた隈本繁吉学務部長は、台湾教育令制定の由来を振り返った文書において、ランキン訪問への言及に引き続いて、次のように記している。「中部出身者ヲ主トスル辜顯榮、林獻堂其他ノ郷紳ハ之〔理蕃五箇年事業〕ヲ好機トシ、総督ニ請フニ討蕃事業ニ致セル島民ノ赤誠ヲ諒トセラレ対台湾人子弟中学校ノ設立ヲ許可セラレンコトヲ以テシ、且ツ幸ニ許可セラレルトセハ之カ創設費ノ如キ敢テ辞スル所ニアラスト述ヘタ」(50)。

辜顯榮・林獻堂らが佐久間左馬太総督に陳情したのはいつ頃のことなのか、確たる資料はない。ただし、林烈堂がのちに中文で記した経過報告では、運動の立ち上げについて「大正二年九月台北、中部各庁台湾人有志者辜顯榮等一六人が台湾人向け中学を設立する必要について提議し、当時の佐久間総督に請願することになった」と記述している(51)。この「大正二年九月」という記述は、「大正元年九月」の誤記ではないかと考えられる。以下に記す通り、一九一三

(大正二)年四月には中学校設立問題について、学務部長隈本繁吉と辜顯榮・林獻堂らの詳細な会談の記録が残されており、佐久間総督への請願がこれよりもあととする記述は不自然だからである。また、今日の台中第一高級中学(台中中学校の後身)の創校紀念碑には「歳壬子、林烈堂、林獻堂、辜顯榮、林熊徵、蔡蓮舫諸委員、乃起ちて力めて当道に請す」と記している。(52) 「壬子」は一九一二年である。

このように考えるならば、一九一二年春に林獻堂・林烈堂らが高金聲を介して東西学校設立構想をバークレイに持ちかけ、夏にランキンが英華書院分院設立の可否を隈本に対して問いかけた流れともかみ合う。林獻堂らは自分たちで中学校設立を総督府に願い出ても認可される見込みはないという判断からキリスト教会との提携を志向したわけだが、英華書院の分院を設置する構想が一頓挫した段階で、総督と直接交渉する選択肢をあらためて追求することになったものと推定できる。おりしも「理蕃五箇年事業」という名の先住少数民族征服戦争のために人夫や金品の供出など「奉公」を迫られている時期であり、交渉の材料はそろっていた。

翌一三年一月二八日の総督府局長打合会では、鈴木三郎官房文書課長が局長級の官僚に対して、台湾人向けに中等程度の学校を設置することの可否に関する意見を尋ねた。その際に隈本は、学務行政の担当者として、次のように説明している。

「島民」の教育について「事情ノ許ス限リ智識ノ向上セザランコト」に留意するのが基本方針であることに変わりはないものの、「島民ガ内地及対岸ノ情況ヲ見聞セル影響」はいかんともしがたい。内地への留学生の増加も、「進ンテ資ヲ中等学校建設ニ投セントスル傾向」も、「対岸外人ノ来リテ学校建設ヲ企テントスルカ如キ」計画も、みなそうした趨勢のあらわれである。このままに放置しておくならば、「福州、広東、廈門等ニ於ケルト等シク、外人経営ノ組織井《ママ》然タル本島人学校ヲ見ルナキヲ保セズ」。したがって、ある程度教育機関を増設して「表面ハ天下ノ耳目ヲシテ、督府ガ力ヲ島民ノ撫育教化ニ注ケルノ観アルニ首肯セシムル策」が必要である。(53)

あくまでも重視していたのは、「表面」の形式だった。それにしても、欧米列強による影響力の浸透に対抗するためにも、中等程度の学校を創設せざるをえないという認識にはいたっていた。総督府高官全体としても、この点はほぼ同様であった。ただし、その名称・程度・設立主体についてはさまざまな見解が存在した。

そのひとつが、本派本願寺(西本願寺)による私立中学校設立を支援しようとする動きである。三月二九日、本派本願寺台北別院輪番紫雲玄範は、亀山理平太警察本署長ら総督府高官臨席のもとで、辜顯榮・李景盛(李春生の長男)ら紳商層も招いて本願寺立中学校設立に向けての発起人会を開催した。この会合について、隈本は次のようなメモを残している。「李景盛(基督教徒)ハ「辜顯榮ノ説トシテハ本島人中等教育ハ督府ニ於テ容易ニ設立シク《マ》レ《マ》ス、又設立ヲ許ササルモ本願寺ノ仏教主義ノ学校ナラハ督府許可アルニ由リ島民ハ奮テ捐金スヘシ」ト曰ヘリ、果シテ右様ノ趣旨ナラハ吾々基督教徒ハ同意スル能ハス」(54)。隈本は、この時に李景盛は「台北方面ノ代表者トシテ辜顯榮ニ強イラレテ出席」したようだとも記している(55)。

隈本はこの本願寺寄りの路線に批判的な態度をとっていた。四月二二日開催の部局長会議では、総督府大官が特定の宗派を助成するのは、「他ノ宗派ニ対スル立場上」望ましくないという見解を提示した(56)。これは、李景盛らキリスト教徒の不満を意識した発言と思われる。『台湾日日新報』四月二五日付の記事では、本願寺が「有力なる内地人本島人の賛助」をえて総督府に中学校設立願を提出したと報じている(57)。隈本文書中に残された設立願草案によれば、学校名称は「私立台湾龍谷中学」とされている。学科課程は内地の中学校令施行規則にほぼ準拠していたが、英語の時間数が少ない代わりに漢文の時間数が多く、仏教が週三時間組み込まれていた(58)。計画は、かなりの程度具体化していたことがわかる。

隈本は、四月三〇日に辜顯榮・李景盛・林獻堂らと面会し、中学校設立問題について意見を交わした。この時、隈本は、本願寺の計画に総督府が「特別ニ保護ヲ与フル」という見解は「風聞」に過ぎないとまず述べたうえで、「当局ハ中等教育施設ヲ否認セルモノノ如ク考ヘテ居ルト誤解セラレテハ困ル」と述べた。台湾人による中学校設置の願に対して寛容とも思える言動に対して、辜顯榮は我が意をえたとばかりに「私立中学校設立ハ是非吾々ヨリ出願スルコトトシタシ」と述べている。林獻堂もまた、「吾々宿年ノ中等学校設立ハ宗教家ノ力ヲ藉ラサレハ能ハサルカト思ヒシハ誠ニ遺憾ニ堪ヘス」という思いを吐露した。(59) バークレイのような宣教師を喜ばせた、教会への気前のよい寄附の申出の根底には、やはり鬱屈した思いが渦巻いていたことがわかる。隈本は、こうした反応を待ったうえで、中学校を設立するとしたら、中部あるいは南部が望ましいという見解を示した。

図 4–7　林獻堂の子どもたちの内地留学
1910 年撮影．後列左から 2 人目の和服姿は嘉納治五郎，その右が林獻堂．中央列，左から 3 人目が林獻堂の次男林猶龍(9 歳)，4 人目が林攀龍(10 歳)．

この会合が開かれた段階で、林獻堂は、すでに長男林攀龍(一九〇一―八三)、次男林猶龍(一九〇二―五四)らを東京の小日向台町尋常小学校に留学させていた。(60) 中学校設立運動に携わった他の紳商たちの多くも、すでに子どもや孫を留学させていた。台湾領有初期に文部省が李春生の孫の留学を斡旋する試みは中途で打ち切られたわけだが、紀旭峰の研究が指摘する通り、その後、総督府は「地方名士の子弟に対する優遇・懐柔政策」として留学を容認する方針に転じていた。(61) ただし、紳商層は、こうした現状に満足していたわけではなかった。経済的負担が大きかったばかりでなく、中等教育の階梯が整備されていないために幼少時から「留学」することについて、当事者にも保護者にも、心理的な困惑が存在したと思われる。さらに、林獻堂は、やむをえず内地に留学するにしても、これは自分たち「有資産家少数」だけに可能なことであって、多数の人びとは留学などできないと語っていた。自分たちの子ども・孫たちだけが内地留学できるということでよいのかという思いもあったことがわかる。

この四月三〇日の隈本との会合を契機として、辜顯榮・林獻堂らは、「宗教家ノ力」を借りずに、自分たちのイニシアティブで中学校を設立しようとする方向に転じた。

『台湾日日新報』五月一日付報道（漢文欄）では「台中有志建議中学」という見出しで辜顯榮・蔡蓮航《ママ》・林獻堂らが台中に中学校を設立してほしいという陳情を展開、辜と蔡はそれぞれ三万円、他の人物も数千円から数万円の寄附金を拠出して総経費二五万円を準備する意思があると報道している。[62] さらに、五月五日付報道（漢文欄）では「督憲賛成中学」という見出しで、佐久間総督が辜顯榮・李景盛・林獻堂らに対して「中学」設立に賛成する意向を伝えたと報じている。[63]

これらの報道では本願寺という言葉は出てこない。他方、設置場所として新たに台中が浮上している。こうした方針転換は、隈本の示唆にしたがったものではあったものの、ここまでの経緯に限るならば、紳商層の運動が功を奏した側面が強い。すなわち、宗教家の力を借りずに中学校を設立することが林獻堂らの元来の願いだった以上、紳商層がキリスト教会や仏教教団との提携をちらつかせながら、隈本を追い詰めていった過程と見ることができる。

もっとも、紳商層と隈本のあいだには重要な対立軸が残されていた。辜顯榮は「私立中学校」という言葉を使っていたが、隈本は「中学校」という言葉は慎重に避けていた。公立・私立問題についても、見解の相違が横たわっていた。紳商層が求めていたのは私立中学校だった。ここで、紳商層が南部教会に寄附を申し出た際に、claim their share in self-government と述べていたことを想起すべきだろう。ここでの share は self-government に連なるものである以上、単なる「分け前」でもなく、自治における「役割」「貢献」を意味するものと解釈される。中学校についても、単に自分の子ども・孫たちに高度な学歴を与えたいということではなく、自分たちで学校を自治的に管理運営することへの願いが「私立」という要求に託されていたと見るべきだろう。にもかかわらず、実際に設立されたのは公立中学校だった。以下にこの私立という構想が公立に転換された経緯を確認しておこう。

隈本は五月一日時点で「公立学校トシ朝鮮実業学校ノ如ク地方税支弁トスルコト如何」と日誌に記しており、私立という案に否定的であった[64]。五月一七日付のメモでは、公立とした場合の管理運営体制や必要経費に関して具体的に算出している。紳商層から二五万円の寄附金を集めることができた場合、二〇万円を設置経費にあてて残り五万円は基本財産として、授業料のほか、基本財産収入と地方税を経常的な運営費とする。このようにすれば、地方税負担は「僅々毎年三万円以下」で足りる[65]。「公立」でも非常に安上がりですむというわけである。なお、この場合の地方税の性格が内地とは異なる点に留意を要する。一九〇二年の「台湾地方税規則中改正」(律令第四号)は、全島を三つの地方費区に分けて地方税を賦課・徴収し、総督がその管理・編成をおこなうと定めていた。〇九年には地方制度として一二庁制が設けられたが、各庁は警察行政の末端という性格が強く、独自の予算を有する地方自治体という性格を欠いていた[66]。したがって、地方税負担であっても、「公立」という性格は乏しく、要するに総督の管理統制下に置かれることを意味していた。

隈本は五月三一日午前にあらためて辜顯榮・李景盛・林獻堂らとの会談に臨んだ。この会談で紳商層は、学校の組織・内容や、設置場所に関しては当局の判断に任せる意向を示しながら、私立にすることと、内地中学校に準じた学校にすることを重ねて要求した。また、中学校の設立にかかわる発起人二八名の名簿を示した。これらの紳商層の要求に対して、隈本は内地中学校に準じた学校としてほしいという問題にはとりあわず、私立という構想を牽制する発言をおこなった。まず二〇万円という寄附金について、この寄附金に設置経費ばかりではなく経常費も含めるつもりかと尋ね、一同が「然リ」と答えると、経常費を含めるとすれば二〇万円では不十分であると語り、それでも「全ク私立ノ考ヘナリヤ」と問いただしている。一同の返答は「私立ノ外ナカルヘシ」というものだった。隈本は重ねて年四万円程度の経常費をどのように捻出するのかと尋ねた。さらに楔を打ち込むように、基本財産の利子や授業料をどの程度にするかという具体的な算段のないまま、私立にこだわる方針を疑問に思うと述べた(67)。

この会談で示された発起人の名簿は、左のとおりである。

辜顯榮　蔡蓮舫　林烈堂　李景盛　林獻堂　林階堂　林熊徵　林鶴寿　林景仁　鄭拱辰　林祖寿　李文樵　蔡恵如　楊吉臣　呉汝祥　呉昌才　黄玉階　王慶忠　陳仲《ママ》和　王雪農　林燕卿　林瑞騰　林紀堂　林澄堂　呉鸞旂　楊瑤卿　楊澄若　黄東茂

ここに名前の挙がっている人物の多くは、庁参事・区長など総督府の定めた役職に就いていた。若林正丈の表現を借りれば、「地方社会に対する声望の故に日本統治機構の末端にくみこまれた」人物といえる(68)。なかでも霧峰林家(林烈堂・林獻堂・林階堂・林燕卿・林紀堂・林澄堂)の人物が六名と多く、板橋林家(林熊徵・林鶴寿・林景仁・林祖寿)がこれに次ぐ。残りの人物を地域別に分類すると、台北(李景盛・呉昌才・黄玉階・王慶忠・黄東茂)、新竹(鄭拱辰・李文樵・林瑞騰)、台中(呉鸞旂・楊瑤卿・楊澄若)、鹿港(辜顯榮)、彰化(楊吉臣・呉汝祥)、清水(蔡蓮舫)、台南(王雪農)、高雄(陳中和)となる。霧峰を筆頭として、台湾中部が大きな比重を示している。ここで重要なのは、地域利害や宗教的帰属をめぐって相互に緊張関係をはらんでいたはずの紳商層が、私立中学校設立という要求にかかわって協力関係を築いたことである。

しかし、私立という要求は、結局、総督府の容れるところとはならなかった。隈本の日誌によれば、一三年七月八日、地方税支弁の公立中学校を台中に設立する案を内定し、翌一四年一月に公立中学校設立の官制案が総督府において決定されて、官制公布のために本国政府との折衝に入ることになった(69)。紳商たちが、なぜ公立とする案に妥協したのか、詳細はわからない。林烈堂による記録では、「本来発起人が意図したのは、自分たちで管理運営する台湾人の私立中学であった。ただし、総督府は台湾人の教育に不熱心であり、台湾人が自分たちで管理運営する学校には同意しようとしなかった」といかにも無念という趣で記述している。[70]隈本の勧奨する路線に乗ったうえで、梯子を外されてしまったということであろう。

結局、公立台中中学校が一五年に開校されるが、名称こそ「中学校」だったものの、修業年限は日本内地の中学校よりも短く、英語は随意科目とするなど教育内容も内地中学校よりも低レベルとされた。中学校設立運動を推進した有志は、私立という願いについて妥協したにもかかわらず、内地の中学校並みという願いも裏切られたことになる。有志のなかには台中中学校の規則をみて失望落胆し、「畢竟本島人ニ高等教育ヲ授ケサル方針ヨリ来レル結果ニシテ、本島人ノ教育ハ要スルニ苦力ヲ作ルニ在リト」と苦々しげに語る者もいたという。[71]この落胆が、一九二〇年代に紳商層が長老教中学校の拡張計画にあらためて協力する事態の伏線となるであろう。

第三節　台南長老教中学校の普通教育機関化

一、寄附金募集への総督府の干渉

一九一二・一三年当時の中学校設立をめぐる動きをまとめるならば、以下のようになる。①イングランド長老教会の運営する私立台南長老教中学校を拡張し、高等教育レベルの課程を含む八年制の学校とする構想、②イングランド長老教会が対岸で運営する廈門英華書院の分院を台北に創設する構想、③本派本願寺が運営する私立台湾龍谷中学校を台北に創立する構想、④キリスト教会や仏教教団とは関係なく、台湾人を主体とする私立中学校を創設する構想が並び立っていた。前節で論じた通り、②から④までの構想はいずれも隘路に逢着し、公立台中中学校の設立へと水路づけられた。それでは、この間に①の動きはどうなったのだろうか？　ここであらためて南部教会の動向に視点を戻すことにしよう。

一三年五月五日から九日にかけて、ロンドンでイングランド長老教会の大会が開催された。議事録では、「学生を大学へと入学させることができるような高等学校の設立・整備に関する提案を考慮中である。非キリスト教徒の漢族が費用の大半を負担するはずである」と記し、海外宣教委員会は経費に関する詳細な報告を待ってこれを裁可する見通しであると書いている。[72]『台湾日日新報』に「督憲賛成中学」という見出しが躍ったのとちょうど同じ時期のことだった。

この大会のあとほどなくして、教会関係者は、紳商層からの大口の寄附金が取り下げられるという事態に直面することになった。

以下に示すのは、寄附金募集について台南庁に認可申請をおこなう準備をしていた高金聲が、通訳を介して山口安太郎台南庁属に一三年五月当時の状況を語った記録である。[73]

問　在当市英国長老教会ニ於テ中学校移転改築ノ挙アリト聞ケルカ、果シテ然リヤ。

答　然リ。

問　其建築費ハ何程ノ予算ニテ何人カ負担スルヤ。

答　当初ノ計画ハ拾弐万円ノ予算ニテ、内弐万円ヲ全島ノ信徒ヨリ、四万円ヲ英本国ニ於テ、六万円ヲ台南庁管内ノ参事区長及彰化ノ呉汝祥ヨリ寄附ヲ募集スル予定ニテ、寄附募集ノ願書ノ認メ方ヲ当市内代書人久江常男ニ依頼セシニ、同人台南庁員ニ尋ネタルモ外国人ニハ寄附募集認可セストノコトナル旨ヲ以テ書類ノ認メ方ヲ拒絶シタリ。又本島人側ニテ募集スヘキ六万円ニ付テハ、寄附募集ニ応スルコトヲ断リタルモノナリ。其理由、或ル風説ニ依レハ、内地人即庁属員カ折角六万円出スナラバ自分テ学校ヲ設立シタ方カ宜シイテナイカ、外国人ト共同シテハナラナイト申シタル由ニテ其旨市内長老教会側ニ通知セシニ、同教会ニ於テ当初ノ計画ト齟齬スルコトトナリ、予算ヲ変更スルノ已ムナキニ至リタルヲ以テ、此旨英本国ノ教会本部ニ通報セリト云フ。

代書人久江常男の記録によれば、代書を依頼された日付は五月二七日であり、台南庁員の見解を聞いた高金聲は、「実ニ遺憾ナリト云ヒツツ帰宅」したとされている。(74) 高金聲は南部教会における募金活動の責任者だっただけに、失望も大きかったことであろう。このあと心身の調子を崩して、司牧の任務をしばらく免除されることになった。

この高金聲の証言にかかわって第一に着目すべきは、寄附金の提供を申し出た人物の名前が記されていることである。呉汝祥は一九〇五年に彰化銀行を創設、その際には辜顯榮・林獻堂も発起人となっていた。また、辜顯榮・林獻堂らが隈本に提出した中学校設立運動の発起人にも名を連ねていた。(75) 辜や林と密接な関係にあったといえる。なぜここで呉汝祥の名前だけが挙げられているのかは不詳だが、紳商層の窓口という意味合いだったと推定できる。呉汝祥に限らず、高金聲を介して宣教師に働きかけた人びとは、中学校設立をめぐって隈本と交渉した人びととかなりの程度重なっていたのであろう。まただからこそ、宗教家の力を借りずとも中学校を設立できると隈本が請け合ったことが教会への寄附撤回をもたらし、教会関係者にも大きな打撃を与えることになったと考えられる。ちなみに、本願寺に対する寄附金の予定も取り下げられて、台湾龍谷中学校の計画は立ち消えとなった。(76)

第二に、寄附金募集に認可が必要だったことに留意を必要とする。総督府は、一九〇五年に「団体ノ費用徴収及寄附金品募集ニ関スル規則」(府令第八六号)を制定していた。この規則は、「神社、寺廟、祭祀、宗教」にかかわる目的のため、あるいは「水利、土功、衛生、教育、恤救《じゅっきゅう》、慈善、勧業其ノ他公共ノ利益」を目的として寄附金を募集しようとする際には、募集の目的・方法・区域・期間などを具申して総督の認可を受けよと定めていた。さらに水利・土木・教育等を目的とする団体の場合には、寄附金募集ばかりではなく、構成員からの費用の徴収についても、同様の認可申請を義務づけていた。この規則の取扱規程では、認可願書を受理した地方庁に対して、「事業成功ノ見込」「寄附募集者ノ経歴、資産及信用ノ程度」「地方ノ財力ニ及ホスヘキ影響」「租税徴収上ノ成績ニ及ホスヘキ影響」を調査したうえで、諾否にかかわる意見を進達せよと定めている。「公共ノ利益」および宗教にかかわる寄附金募集を包括的に認可の対象として定めた規則は、当時の内地には類例をみない。そこには、台湾人が相互に寄附金を拠出しあって公共性をそなえた事業を自治的に担うことへの警戒心が示されている。

第三に、台南庁員が外国人を主体とする寄附金募集事業は認めないという見解を示し、せっかく六万円を出すならば自分で学校を設立した方がよいと語ったことが着目される。当時長老教中学校の校長だったファーガソンも、ある台湾人が「本件企画ト相係ルナカレト私《ひそ》カニ内地人ノ或ル者ヨリ警告セラレタ」事実があると伝えている(77)。台南庁員の発言が、個人的な判断でなされたものなのか、それとも、台南庁長を介して隈本学務部長ら総督府本府の意見を徴したうえでのものなのかは、わからない。少なくとも結果的には、隈本が宗教家と手を切る方向に林獻堂らを誘導した措置とかみあった対応がなされたことになる。タイミングも絶妙であった。新聞紙上に「督憲賛成中学」という見出しが躍った五月五日は、高金聲らがちょうど寄附金募集事業を申請する準備を整えていた時期だった。台南庁員が多額の寄附金を出すくらいならば(新聞で報じられているとおり)自分で学校を設立した方がよいではないかと語ってもおかしくはない状況が形成されていた。

ほぼ同じ時期に、宣教師のなかでキャンベルが非信徒からの寄附金を受け取ることについて反対意見を表明していたことも着目される。反対の理由は、植民地当局が計画を認可しない可能性が強いということだった(78)。この件についてバークレイは、一三年四月二三日付の本部宛書簡で「新しい中学校の提案に関して台湾における宣教師のあいだで重大な意見の相違が生じてしまった。そのために本国の委員会が当惑していると聞いて、悲しい思いをしている」と困惑を吐露している。さらに、キャンベルがこれまで異議を表明してこなかったにもかかわらず、この段階に及んで突然反対意見を述べたことへの不信感を率直に表明し、もしもこの段階で計画をとりやめたならばその影響は破滅的であると述べて、このまま計画が立ち消えになったら漢人はわたしたちから見棄てられたと感じるであろうし、キリスト教と無関係な学校ができたならばこれと競争する必要に迫られるだろうと結んでいる。[79] かくして、長老教中学校を拡張して八年制の高等普通教育機関とする計画は、宣教師の内部にも亀裂を生み出しながら頓挫した。

キャンベルが突然反対意見を述べた真の理由はわからない。ただしキャンベルにおいて総督府への協力的姿勢は一貫していたことを確認しておきたい。あたかもその見返りとでもいうかのように、一五年に総督府は勲五等双光旭日章への叙勲を稟申、理由は「帝国ノ領台以来欧米人ノ動モスレハ我施設ニ就キ非難ヲ加ヘ或ハ土民ヲ煽動スル者アリシニ対シ、常ニ公明穏健ノ意見ヲ公表シテ我施政ヲ中外ニ顕彰」したことだった。[80] ここで具体的に「公明穏健」の論とされたのは、樟脳専売制度などの実施も「戦利品」の扱いとしては当然だといった総督府擁護論だった(本書第二章第三節参照)。キャンベルが引退して台湾を離れることになった一七年には、さらに勲四等瑞宝章が授けられた。

日英同盟の時代を象徴するかのようなキャンベルの言論は、この時期になると、宣教師のなかでも孤立しつつあった。そして、宣教本部の対応も、ヒュー・マセソンが議長だった時代の日本びいきともいうべき姿勢とは打って変わって、厳しさをはらんだものとなっていく。

二、イングランド長老教会本部からの抗議

一九一四年五月のロンドンにおけるイングランド長老教会の大会では、台湾における学校の整備について、次のように報告されている。[81]

台南の牧師高金聲は、教会を訪問することにより信徒から集める予定の二万円の内の一万五〇〇〇円の寄附金をすでに集めた。教会外の漢族は、新しい学校のための好適地を購入した。こうした報告が印刷されたのち、日本

図4-8　A. マカリスター
ケンブリッジ大学の化学の教授．イングランド長老教会海外宣教委員会の第4代議長．第2代はヒュー・マカイ・マセソン，第3代はアレクサンダー・コーネル．

当局が新しい学校への寄附を非信徒から集めることを禁じたという報告が宣教師からなされた。新しい学校はそれでも建設する、ただし、より縮小された規模でということになった。

「こうした報告が印刷されたのち」とは、一九一三年五月の大会で「非キリスト教徒の漢族が費用の大半を負担するはずである」という報告が印刷されたあとにという意味だろう。長老教会本部にとっても、唐突で心外な事態であったことがわかる。また、「縮小された規模で」というのは、高等学校レベルの課程設置を断念し、既設の長老教中学校を日本内地の中学校レベルの学校に改組する形式をとることを意味した。

この大会に先立って、一四年三月にはマカリスターが海外宣教委員会の議長として、井上勝之助駐英大使を介して台湾総督府に抗議の書簡を送った。そこでは中学校拡張のための用地もすでに購入したと述べ、「わたしたちは、現地の漢人がわたしたちに約束していた寄附金を提供することについて総督府が干渉し、実質的に禁止したことを宣教師から聞いて大いに驚くとともに失望している」と強い語調で記している。さらに、まさか日本政府が自らの「偉大なる帝国」の一部における教育水準を高めようとする努力を阻害するはずはないと皮肉をきかせた表現をしながら、この件についての「調査」と「説明」を求めている[82]。

この書簡は外務大臣加藤高明→内務大臣大隈重信→内務省地方局長渡辺勝三郎→総督府民政長官内田嘉吉へと回送され、内田民政長官は台南庁長松木茂俊に調査を命じた。先に引用した、通訳を介した高金聲の発言も、この調査の際に作成されたものである。松木庁長から内田長官宛の回答では、すでに退官した台南庁取扱主任三原安太郎が不認可と受け取られる発言をしたものであって「正式ノ処分」ではないと記し、あくまでも末端の官吏の窓口での対応の問題と弁明している。[83]これを受けて作成された内務省向けの説明では「団体ノ費用徴収及寄附金品募集ニ関スル規則」の趣旨を説明したうえで、巨額の金額に驚いた代書人が「憶測」を誇張して伝えてしまったものであり、「当府ハ勿論、地方庁ノ毫モ関知セサル所」であると責任逃れをしている。[84]ここでは台南庁属官の対応についてすら記すことなく、もっぱら代書人とこれを信じた教会側の対応に責を帰している。

外務大臣加藤高明は、七月一四日付で井上勝之助駐英大使に総督府の調査結果を転送した。[85]駐英日本大使館は「総督府は常にミッションの事業に対して好意的であり、ミッションの大義に対して偏見を持つようなことは一切ありません」という、いかにも慇懃な送り状を添えて、イングランド長老教会ロンドン本部へ回答を送付した。[86]

ロンドン本部の海外宣教委員会は九月二二日の会合でこの回答を検討した。総督府の回答をそのまま鵜呑みにしたとも思えないが、抗議により総督府当局に釘を刺した効果は感じたのであろう、回答を台南の宣教師に送付し、あらためて非信徒を含めての寄附金募集事業の許可を求めよと伝達した。しかし、この時にすでに公立台中中学校設立の準備が進捗し始めており、六万円という大口の寄附金が教会に戻ってくることはなかった。

三、台南長老教中学校の新体制

長老教中学校では、当初の予定より縮小された拡張計画が一九一三年末以降に進行し始めた。その骨子は、既存の長老教中学校を修業年限・学科課程において日本内地の中学校と同レベルの高等普通教育機関とするというものだった。

一三年一一月にはファーガソンが長老教中学校の校長として学則変更を申請した。変更前の学則では修業年限は四年で、聖書・国語・漢文に大きな比重を置いていたが、変更後の学則では修業年限は五年となり、日本内地の中学校

図4-9　台南長老教中学校の新校舎
左側から講堂，西寮，校長宿舎，東寮．西寮と東寮の二階部分は寄宿舎，一階部分は教室．講堂は礼拝堂を兼ねていた．

令施行規則（一九〇一年制定、一一年に文部省令第二六号により一部改正）で定めたカリキュラムにほぼ準拠したものとなった。教育内容面の独自性を明確に示すものとしては、修身科の内容に「聖教」が組み込まれているにとどまる。この申請に対して、隈本繁吉学務部長は、教科用図書の一覧を添付することを求めながらも、一四年三月一日付けで認可した(87)。これにより、キリスト教主義に基づきながら高等普通教育をおこなうための学校に変貌したといえる。

一四年九月には、日本内地に滞在して日本語を学んでいたバンドが帰台して第三代校長に就任した。バンド校長のもと、一五年初頭に新校舎の建築が始まり、一六年四月に落成した。新校舎は二五〇名収容が可能であり、二二年には生徒総数は二〇六名と増加した(88)。また、従来の校舎は新楼ミッション・コンパウンドのなかに存在したのに対して、新校舎はコンパウンドの外側に位置していた。こうした位置の変更も、信徒の狭いサークルを越えて高等普通教育機関に脱皮しようとする姿勢を象徴的に物語るものであった。

同じ一六年のこと、その後の長老教中学校で重要な役割を果たす二人の台湾人が教員として着任した。ひとりは林茂生である。林茂生の父林燕臣は一四年に牧師に封立されて東港教会に聘任、ちょうど空ポストを補塡する形式で林茂生が着任した。もうひとりは、道士だった黄能傑の息子黄俟命である。黄俟命は、長老教中学校を経て一三年に神学校を卒業、バンドからの招聘を受けて舎監兼宗教主任となり、聖書と漢文科を担当した。黄俟命についてバンドは、「もっとも将来を約束された説教師の一人であり、有能な聖書の教師だった」と回想している(89)。

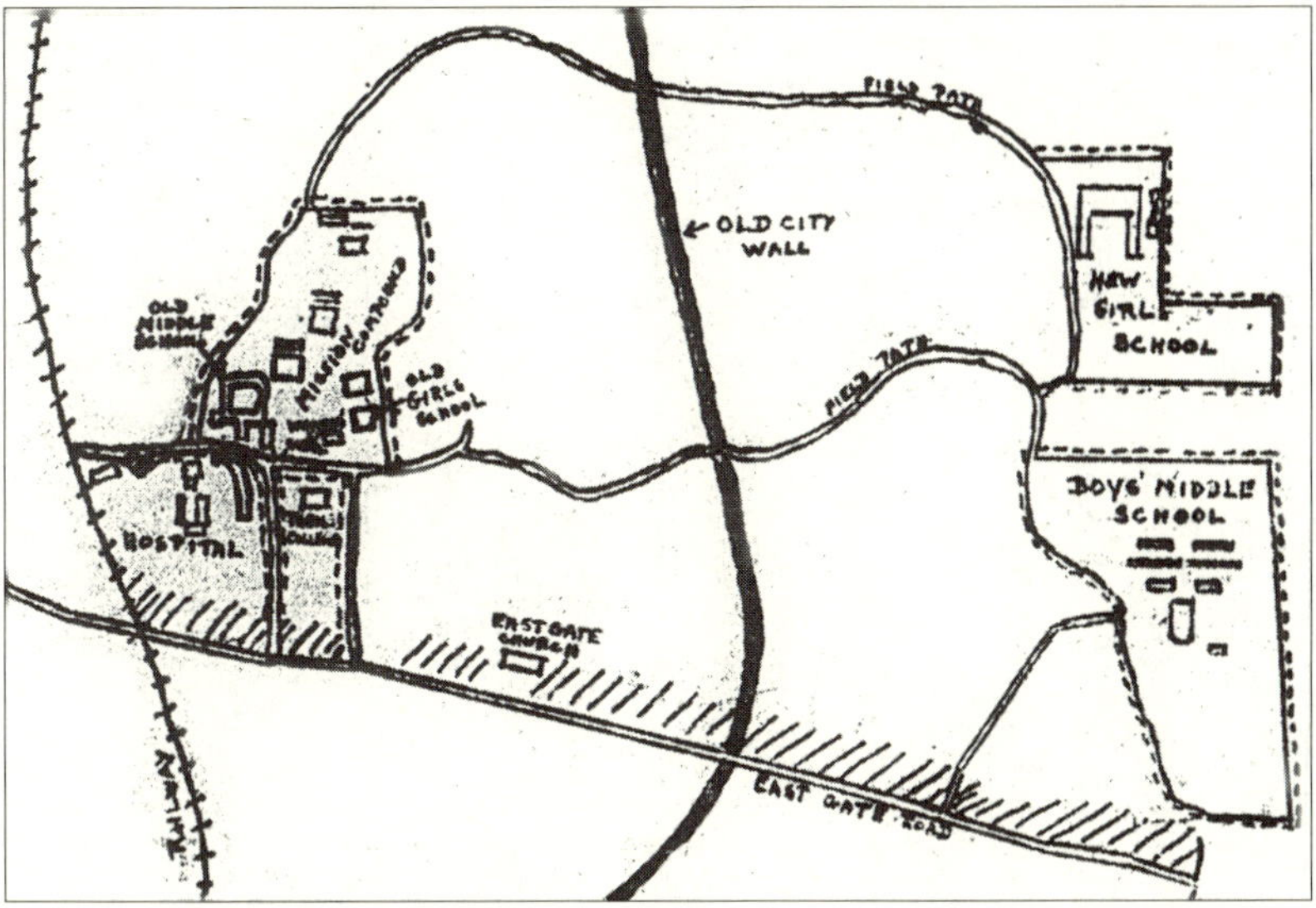

図 4–10　台南長老教中学校関連地図

1923 年にエドワード・バンドが作成したもの．南北に走る真ん中の黒い線が台南城の城壁，その右側，上方に女学校 Girls' School の新校舎，下方に中学校 Boys' Middle School の校舎．城壁の左側に新楼ミッション・コンパウンド，さらにその西側に鉄道があり，市街地が広がる．ミッション・コンパウンドのなかに神学校 Theological College，旧中学校，旧女学校，新楼医院 Hospital が記されている．コンパウンドから右下に向かう東門路沿いに東門教会 East Gate Church がある．

新校舎の建設に要した費用四万五三二八円の内訳は、ミッションからの寄附金が一万九七五四円だったのに対して、台湾人信徒からの寄附金は二万一七四八円にのぼった[90]。信徒がミッションを凌駕する寄附金を拠出した事実に照応して、学校の管理運営体制に変更が加えられて、台南宣教師会議の代表五名、南部中会の代表五名からなる「学務委員会」が新たに組織された。一五年四月に開催された南部中会の議事録によれば、「将来の新中学の課程、規則、教員及び学校内の雑事に関しては、すべて南部中会と宣教師会の選出した委員により管理することとする」「本校の規則と課程は同志社のそれに準拠するものとする」（原文漢文）と定め、委員として顔振聲、劉俊臣、林燕臣、汪培英（一八七八—一九四九）、呉希榮（一八八一—一九二二）の五名を選出した[91]。委員のうち汪培英・呉希榮はともに長老教中学校・神学校の出身、相次いで牧師に封立された。[92] 呉希榮は、教会の自治の熱心な提唱者としても知られていた。[93] 学務委員会は、権限の内容から理事会に相当するといってよい。学務委員たちは、実際に教科書に目を通しながらどれを選択するかについても喧々諤々とした議論を展開、会議は深夜に及ぶこともあったという。[94]

一七年に南部教会は長老教中学校の後援委員会を組織、顔振聲が委員長、林茂生が副委員長に就任、一八年からは林茂生が委員長となった。[95] おりしも第一次世界大戦の影響でミッションの財政が逼迫しているさなかのことであり、後援委員会は、学校運営のための資金不足が明確になるたびに校友や教会関係者から寄附を集める役割を担っていた。

このように、長老教中学校では、カリキュラムの普通教育化、新校舎の建設とミッション・コンパウンドからの移動、台湾人を含んだ管理運営体制の構築という変化を成し遂げたわけである。廈門英華書院長ランキンが訪台したとき、隈本は、台南の外国人経営学校は規模も小さく「宗教的」であるのに対して、廈門英華書院は「宗教的色彩少クシテ」教育そのものを主眼とするという違いを見出していたわけだが、長老教中学校は今や廈門英華書院と同様に高度な普通教育をおこなうための機関に脱皮しつつあったといえる。

総督府は、右のような変化を、どのようにみていたのだろうか。長老教中学校からの学則変更申請がなされたのと同じ一三年一一月作成の文書で、隈本繁吉は、長老教中学校のことを「新楼中学」と称しながら、次のように記している。[96]

最近台南長老派ニテモ、既設新楼中学ノ修業年限ヲ五箇年ニ延長シ広ク基金ヲ募集シテ規模ヲ拡大スルノ計画アリ。蓋シ此等ノ計画ハ本島人ノ中等学校ニ入ランコトヲ欲スル者多キニ拘ハラス官公立中学校ノ少キニ乗シ、此等宣教師ハ本島民心ノ傾向ヲ看取シ衛生事業ト共ニ教育事業ノ布教上最良手段タルヲ認ムルニ依ルモノト認ム。

隈本の側では、長老教中学校の動向に対して強い警戒心を抱いていたことがわかる。さらに、同じ資料で内地および中国への留学生の増加への懸念を表明したうえで、特にひとりの注意すべき留学生の経歴を記している。「既ニ東京帝国大学文科大学哲学科在学者一名アリ(本人ハ台南長老派新楼中学出身ニシテ京都同志者《ママ》及第三高等学校ヲ経タル者ナリ、本島ノ基礎教育機関タル公学校ニ学ハサリシ為ニヤ思想ハ世界的及個人的ニシテ国家的観念乏シキヤニ想察セラル)」[97]。経歴にかかわる記述から林茂生のことを指したものとわかる。

「国家的観念乏シキヤ」という隈本の観察は、あながち的外れなものではなかった。一九一二年、林茂生が第三高等学校在学中に書いた文章では、教派神道と仏教とキリスト教の代表が集まった「三教会同」について言及して、キリスト教の公認は表面上は喜ぶべきことのように見えるけれども、教会の歴史を顧みるならば、義人勇士が「官の圧迫」「国家の苦毒」にさらされて血を流しながら基礎を築いてきた事実を銘記すべきだと論じている[98]。その後の自分自身の人生の歩みを予見するかのようなこの文章には、確かに「国家的観念」よりも「世界的及個人的」思想を優先する傾向があらわれている。

林茂生自身は、「本校創立四十週年の回顧」と題する文章でこの時期の変化を顧みて、「従来英国母会《ママ》の出店であつた如き観を有する本校は《ママ》漸次本島の学校たらんとする傾向を呈し来つたのは、確かに本校歴史上、特筆大書すべき一大変化」だと記している。校長バンドも、この時の変化について、学務委員会の設置により「かつてないほど台湾基督教会のコミュニティの共感と支持を集めることになった。これ以降、この学校はミッション・スクールではなく、教会学校とみなされた」と回想している[99]。林茂生とバンドのあいだで、もはや長老教中学校は宣教師主導のミッション・スクールではなくなったという認識は共通している。そのうえで、バンドが「教会学校」と表現しているのに対して、林茂生が「本島の学校」と表現している点は、微妙な力点の相違を見出すことができる。二〇年代になって非信徒の有力者も学校の支持基盤を形成するに及んで、この懸隔は次第に大きなものとなるであろう。

おわりに――教育の公共性をめぐる問いかけ

一九一〇年代前半の台湾では中学校設立を目指す運動がさまざまな方向で展開された。担い手には、教会関係者も、教会外の紳商層も含まれていた。両者の動きが交錯して合流する可能性も存在したが、総督府の干渉により実現しなかった。結果として、東西学校設立構想は断念される一方で、長老教中学校においてカリキュラムにおける普通教育機関化や新校舎建設による規模拡大が図られた。一方、教会外の紳商層を中心とした動きは公立台中中学校の設立に帰結した。

台湾人による運動の前提には、台湾人を対象とした高等普通教育機関の不在という事態が存在した。対岸中国大陸では福州英華書院や廈門英華書院、日本内地では明治学院や同志社のように、キリスト教系の高等普通教育機関も増大する時代にあって、台湾は植民地であるがゆえに教育について時代の変化から取り残される様相を呈していた。さらに対岸中国大陸では、辛亥革命でキリスト教系学校の学生が中核的担い手となる事態も発生していた。列強が相互に中国への影響力の浸透をめぐって角逐する状況において、隈本繁吉学務部長は、こうした事態を文字通りの「対岸の火事」として座視することはできなかった。他方で、列強による反発を招く形で宣教師による教育事業を抑圧することも避けるべきと考えていた。

一九一〇年代末に隈本が英領インド・米領フィリピンなどにおける列強の教育事業を視察した際の「世界ニ於ケル帝国」というメモでは、「内ハ帝国々体ノ尊厳ヲ不朽ナラシムルト共ニ、外世界ノ大勢ニ順応セシムルノ英断ト、四囲ノ進展ヲ図リ行ク遠慮トヲ以テ経世安民ノ事ニ従フベキナリ」と記している(100)。ここに記されたように、一〇年代の台湾植民地支配は、諸列強の角逐する世界のなかで世界の大勢に「順応」することを基本的な原理として展開されていた。非信徒からの寄附金募集にかかわるイングランド長老教会本部の抗議をめぐる対応にも、英国と日本との力関係が端的に表現されていた。同時に、高金聲のような台湾人が当局に対して同様の抗議をおこなったとしても門前払いに終わることが自明だったからこそ、信徒→台湾在住宣教師→ロンドン宣教本部というルートを介して抗議がなされたことに留意する必要がある。英国人宣教師と台湾人のあいだに協力関係が成立する一方で、総督府がこれに対立する構図が形成されつつあった。

総督府が公立中学校の設置を認めるという形で一定の妥協をおこなったのは、辜顯榮・林獻堂など有力な紳商層を統治体制の末端に組み込んでおく必要があるからでもあった。ここで留意すべきは、紳商層が求めていた中学校は、あくまでも「私立」だったことである。それは、何を教えるかということよりも、誰がそれを決めるかということを重視していたことを物語る。林獻堂が隈本との会談においてやむをえず子どもたちを内地に留学させるにしても、これが可能なのは少数の資産家だけであって大多数は留学させることができないと述べたとき、そこには自分たち資産家に限定されない「わたしたち台湾人」の存在が、いまだたぶんに萌芽的な形ではあれ、イメージされていた。だからこそ、紳商たちは「私立」を求めたのだろう。逆に当局があくまでも「公立」に固執したのは、「わたしたちの学校」を建てる可能性を阻む意味を備えていた。

ここであらためて「公立」学校とはなにか、ということを考える必要があろう。日本内地では、一八八〇年代の森有礼文政期には「公立」と「私立」の境界が曖昧な状況が存在していた。荒井明夫の研究が明らかにしているように、諸学校通則（一八八六年勅令第一六号）の定める府県管理中学校では、多くの場合、寄附金拠出主体が中心となって商議会（理事会）を構成して予算決算の議決権などを握った。(101) 荒井は、府県管理中学校の設立過程に「地域における自治的な学校設立の確かな力」を見出すことができると評すと同時に、「地域的公共性の結晶」たる学校基本金がのちに内務省の指示で県特別会計に組み込まれた事態について、「地域民衆の共同性の収奪にほかならなかった」と論じている[102]。

翻って台湾の状況を見るならば、公立台中中学校への寄附金をめぐる経緯は、内地の事例よりもさらに露骨な形式で、台湾人としての公共性を「収奪」しようとするものだったといえる。当時の台湾では府県会のような地方議会は存在せず、高級官僚は内地人の独占するところだった。そのために、「公立」であるとは、すなわち内地人による官僚制支配に服することにほかならなかった。実際、内地の中学校と同じ水準の学校にするという紳商層の願いも、現実には裏切られることになった。たとえそのような事態が生じたとしても、抗議の声を届けることさえも困難なのが、台湾における「公立」学校だった。さらに視野を広げるならば、水利、土木、衛生、教育、救恤などについて当局による認可の必要を定めた法令は、ありとあらゆる「公共事業」をあくまでも植民地当局のイニシアティブにおいておこなうべきとするシステムを構築していた。

他方、これとは対照的に、長老教中学校では信徒たちが寄附金の拠出という事実を背景として、学校の管理運営に参与することになった。もとよりそれは、さしあたって信徒の範囲内という限定的な意味合いであり、「教会学校」としての自治に限定されていた。しかし、管理運営体制に焦点をあてるならば、皮肉なことに公立台中中学校よりも私立台南長老教中学校の方が、台湾人にとって相対的により公共的な空間としての性格を備えつつあったと評することもできる。

このように一〇年代における多様な形態での中学校設立運動は、教育の公共性をめぐる問いかけとしての意味を持った。そして二〇年代になると、長老教中学校の関係者は、総督府当局による周縁化の圧力に抗しながら教会外の人びとにも支持基盤を広げ、「台湾人の学校」たる夢を語ることになるのである。

第四章補論　第一次台湾教育令における私立学校の位置

——台湾人の教育熱の行方

この補論では、一九一九年一月に公布された台湾教育令(勅令第一号、第一次台湾教育令)を私立学校の位置づけという観点から検証するとともに、当時の台湾人の教育熱がいかにして私立学校へと向かったのかについて論ずる。

第四章で論じた通り、一九一〇年代には教会の内部でも、外部の一般社会でも、台湾人の教育熱がわき起こっていた。教育熱の根底にある思いは、どのようなものであったのか。個人差も存在したとは思うが、公立台中中学校が低レベルの学校として創設されたときの有志の声、すなわち「本島人ノ教育ハ要スルニ苦力ヲ作ルニ在リ」という苦虫を嚙みつぶしたような声が、最大公約数的な思いをあらわすものと考えられる。なぜ台湾人には公学校という初等教育機関と、総督府医学校・国語学校のように特定の職業に方向づけられた専門教育機関しかないのか。なぜ高等普通教育機関が不在なのか。要するに、「苦力」になれということなのか。

ここであらためて、日本の初代文部大臣森有礼が高等中学校の目的として語った言葉、すなわち「官吏ナレハ高等官、商業者ナレハ理事者、学者ナレハ学術専攻者ノ如キ、社会多数ノ思想ヲ左右スルニ足ルヘキモノヲ養成スル」という言葉を思い起こしたい(1)。台湾人の教育熱は、「社会多数ノ思想ヲ左右スルニ足ルヘキ」重要な政治的地位が日本人によって独占されている事態を前にして、自らもそうした地位を獲得しようとする傾向を持っていたと思われる。

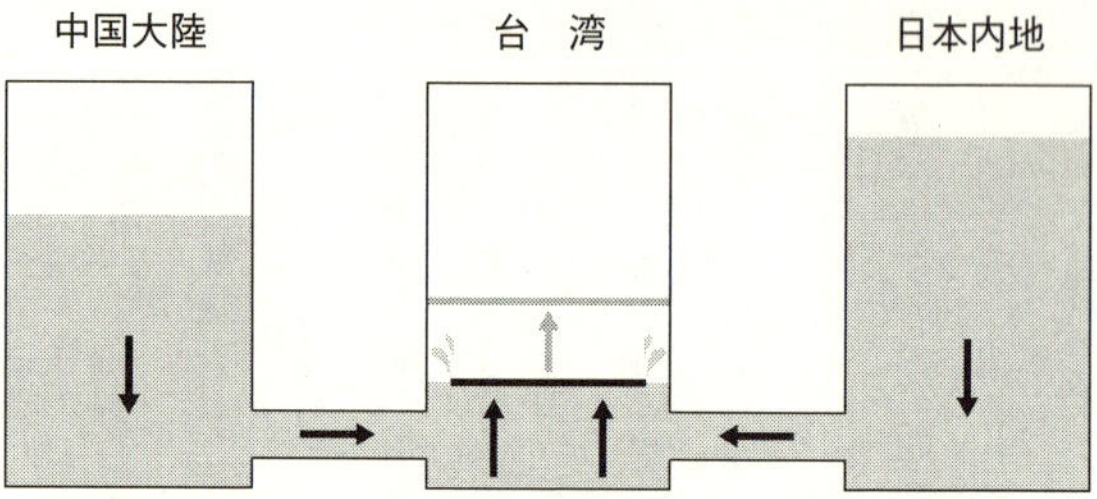

図 4-11　教育をめぐる台湾・日本内地・中国大陸の関係

それは、さしあたって植民地支配というシステムのなかで社会的上昇移動を目指すものであって、システムそれ自体に抗しようとするものではなかった。しかし、公立台中中学校創設をめぐる経緯にも見られるように、上昇移動への期待が裏切られる経験が蓄積されるにつれて、植民地支配というシステムそのものへの疑問も肥大化していくことになるであろう。

台湾人の教育熱は、日本内地や中国大陸の状況との落差にかかわる認識によっても強められていた。第四章で論じたように、内地や中国大陸への留学生は徐々に増大、これらの人びとを介して台湾における教育が立ち後れているという認識が広まりつつあった。

図4-11はこの落差が教育熱を昂進させる仕組みを模式的に示したものである。

初等教育よりもレベルの高い教育機関の質・量をタンクの水位にたとえるならば、台湾ではこれが一定の高さよりも上がらないように、いわば「蓋」がされていた。しかし、留学生というパイプを介して、台湾の状況は内地や中国大陸の状況とつながっており、内地・大陸との落差がこの蓋を押し上げようとする水圧を高めた。この蓋を従来のような形で維持したままでは暴発を懸念せざるをえない事態において、総督府はいわば統治の「安全弁」として公立台中中学校を創設したといえる。それにしても、わずか一校の中学校である。それだけでは満たされない教育熱は、蓋の周囲から水があふれ出すように留学生を増大させるとともに、島内の私立学校に向かっていった。第一次台湾教育令はいわば蓋の位置を少し上方にずらしながら、よりしっかりした蓋を新たに置き直そうとした試みとみなせるのではないか。

以下、このような仮説的見通しに基づきながら、第一次台湾教育令と私立学校の関係について論ずる。まず第一節では、第一次台湾教育令において実業学校以外の学校種別では私立学校を認めないという驚くべき規定が設けられたことに着目し、こうした異例の規定が挿入された経緯を教育令制定過程にさかのぼって考察する。次いで、第二節では、教育令制定当時の台湾における私立学校の状況を包括的に考察する。このような作業を通じて、台南長老教中学校をめぐる事態が、「蓋」をされた教育熱の行方にかかわる、もっとも先鋭な露頭としての意味を備えていたことを明確化する。

なお、以下を「補論」として位置づけるのは、台南長老教中学校をめぐる経験を「図」Figureとして着目する本書の構成からするならば、私立学校全般に関する記述はさしあたって「地」Groundに相当するという判断によるものである。だからといって、かならずしも重要度が低いわけではない。本書の課題は台南長老教中学校の歴史を描くことばかりではなく、これを定点観測の場として設定しながら植民地支配をめぐる問題構造を浮き彫りにすることであり、本補論もその不可欠の一環である。

第一節　私立学校排除条項の制定過程

一、「国民性涵養」の機関としての学校

まず第一次台湾教育令の概要を確認しておこう。

この法令は、初等教育について従来の制度の大枠を維持する一方で、中等以上の教育については小さからぬ変革をもたらした。すなわち、学校間の接続関係を明確化して初等教育—中等教育—専門教育という体系を構成し、中等学

校としては、実業学校のほかに、高等普通学校・女子高等普通学校という学校種別を定めた。第四章で設立経緯を述べた公立台中中学校は台中高等普通学校と名称を変えて存続、国語学校附属女学校(一九一〇年設置)は台北女子高等普通学校に改組された。彰化と台南にも新たに女子高等普通学校が設置された。修業年限は男子が四年、女子が三年で、日本内地の中学校・高等女学校よりも、それぞれ一年短く設定された。また、従来の国語学校は台北師範学校へ、国語学校台南分校(一九一八年設置)は台南師範学校へと改組された。

専門教育機関としては、従来の医学校が医学専門学校に改組されたほか、新たに台北に農林専門学校、台南に商業専門学校が設置された。医学専門学校の修業年限は予科四年・本科四年だったのに対して、商業専門学校・農林専門学校の修業年限は予科三年・本科三年であり、日本内地の甲種実業学校に相当するレベルの学校だった。こうした変則性をはらみながらも、第一次教育令は、それまで蓄をされてきた教育熱の受け皿となった側面があった。実際、医学専門学校や台北・台南の師範学校、台中高等普通学校には多数の志願者が押し寄せ、医学専門学校は一〇倍、その他の学校も五倍近くの高い倍率となった(2)。

そのことを確認したうえで、第一次教育令は、台湾人の教育熱を私立学校ではなく、公立学校へと水路づけるものであったことに留意する必要がある。

第一次教育令は、私立学校にかかわって次のように規定していた。「専門学校及師範学校ハ官立トシ公学校、高等普通学校及女子高等普通学校ハ官立又ハ公立トス」(第三二条)。これは、実業学校以外の学校種別に関しては私立学校を認めないことを意味する。このように特定の学校種別に対して私立学校を認めない条項を、本書では「私立学校排除条項」と呼ぶことにする。日本内地でも師範学校については私立を排していたものの、小学校や中学校では当然のごとく私立を認めていた。大学・高等学校についても、一八年末に制定された大学令(勅令第三八八号)、高等学校令(勅令第三八九号)により私立を認めたばかりだった。一二年創立の同志社大学なども、法制上は専門学校という位置づけだったわけだが、二〇年に大学令の適用対象とされることにより私立大学としての地位を獲得することになった。同じ時期、台湾では、こうした内地の趨勢に逆行する措置がとられたことになる。

第一次台湾教育令制定にともなう明石元二郎総督の諭告では、私立学校排除条項を適用する理由について、「国民性涵養の統一機関として特に其の必要あるか為めなり」と説明している(3)。学校教育はすべからく「国民性涵養」という目的に奉仕すべきであり、私立学校はこの目的に適合的ではないから認めないというわけである。ただし、さすがにいきなり既設の私立学校を閉鎖しようとしたわけではなく、さしあたって附則で「本令施行ノ際現ニ存スル私立ノ学校ハ、当分ノ内仍従前ノ例ニ依ラシムルコトヲ得」と定め、本格的な対応はペンディングとした。

このように異例な規定がなぜ設けられたのか。以下において、教育令の制定過程にさかのぼって検討しよう。台湾総督府が教育令制定作業に着手したのは、一五年一一月のことである。この時に隈本繁吉学務部長が新任の下村宏民政長官とともに上京、一二月には台湾教育令調査委員として文部省専門学務局長松浦鎮次郎、文部省普通学務局長田所美治、内務省参事官潮恵之輔の三名を嘱託に委嘱した。隈本らは、毎週一回東京の総督府出張所で教育令案の審議をおこなった(4)。檜山幸夫が指摘しているように、「台湾統治の基本的な政策決定は、台北ではなく東京でなされるという変則性」が台湾教育令の制定過程にも貫徹していた(5)。

下村宏文書に含まれる一六年一月時点の教育令案では、「師範学校ハ官立トシ台湾総督之ヲ管理ス」としているものの、中学校・高等女学校などその他の学校種別には類似の規定はない(6)。すなわち、内地同様、私立学校排除条項の適用対象は師範学校にとどまる。その後、総督府としての成案をえて内務省との折衝のなかで修正された案文では、「師範学校ハ公立又ハ私立、公学校ハ私立タルコトヲ得ス」というように公学校に対しても適用することになった。しかも、ここでは官・公立とすべしではなく、私立にはできないというように、端的に私立学校の排除を表明する文言となっている。

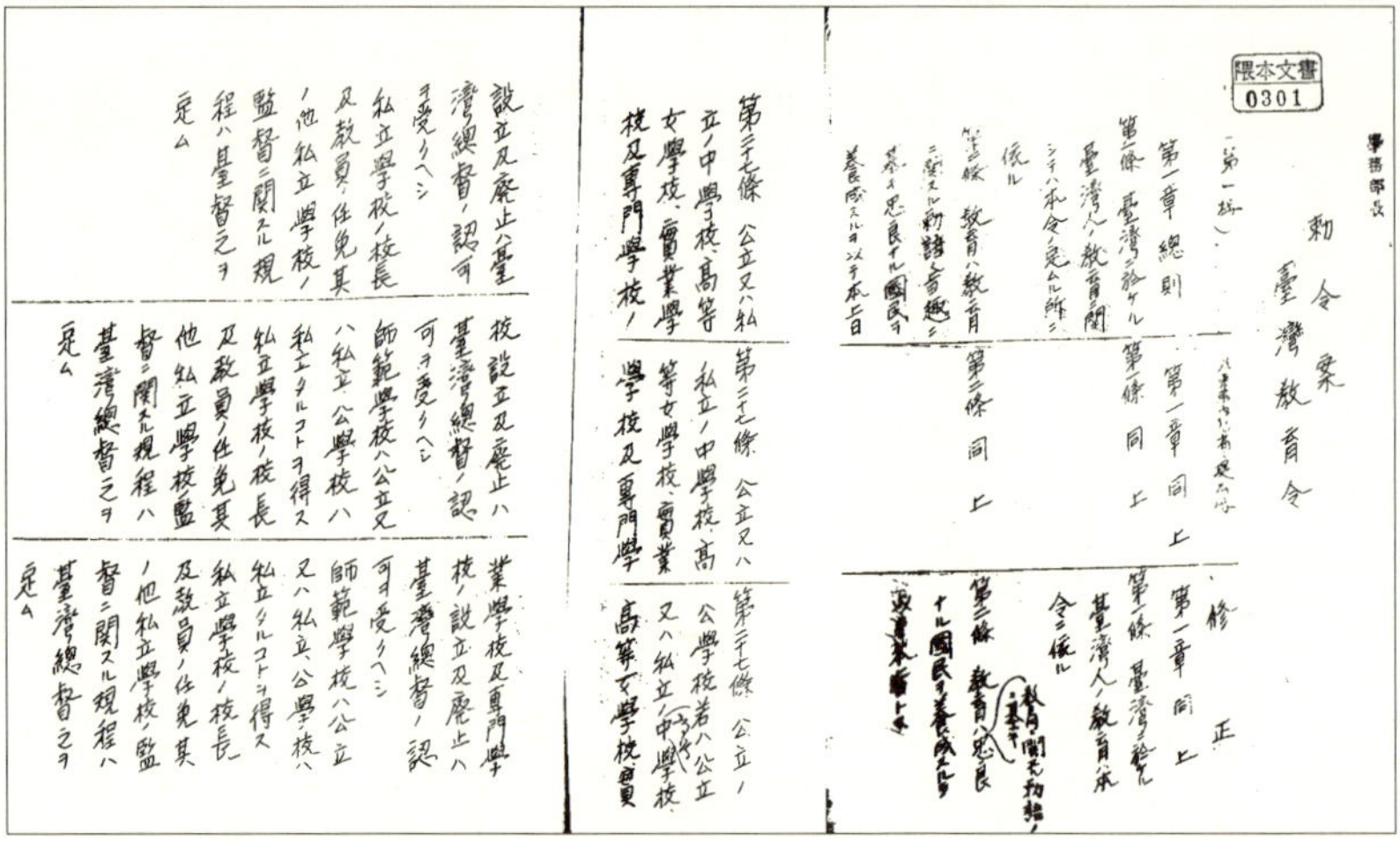

図 4-12 「勅令案　台湾教育令」(隈本繁吉文書)
上段は「第一案」，中段は「於東京内務省ニ提出案」，下段は「修正」と記されている．
中段・下段に「公学校ハ私立タルコトヲ得ス」という文言が見られる．

この案文が作成されたのは一六年四月、半年近くにわたって滞京中の隈本が内務省や枢密顧問官に教育令案を提出して、集中的に面会を重ねていた時期と考えられる(7)。当時、内務省は総督府に対して、公学校の修業年限を原則六年から原則四年に引き下げることを求めていた。私立学校排除条項を公学校に適用する修正も、修業年限引き下げにかかわる修正と同時になされているので、内務省の要求に応えた修正とも考えられる(8)。とはいっても、総督府の側でも、同様の修正をあらかじめ模索していたようである。隈本が内務省との交渉に先立って記したメモには、「私立学校トシテ設置ヲ認可スル学校ノ範囲」が検討すべき事項とされている(9)。第四章で述べた通り、隈本は、林茂生について「国家的観念」が乏しいと考えて、その理由を公学校に学んでいないためと考えていた。同様の人物が多数出現する事態を避けるために、台湾人は例外なくまず官・公立の公学校において「国家的観念」を身につけるべきという考えを抱いていたとしても、不思議ではない。

一六年六月に隈本が台北に戻ったのち、あらためて教育令案を再審議し、一〇月に下村民政長官が修正案を携えて上京した。しかし、同月に寺内正毅が首相、後藤新平が内務大臣に就任すると、教育令制定作業は遅滞することになった。隈本は、「寺内内閣時代ナルニ由リ、台湾人教育問題カ其ノ程度内容形式ノ総テニ於テ、愈々益々朝鮮人教育令ト同一用ニ取扱ハルル傾向トナリ、台湾総督府従来ノ主張全ク無視セラル内情トナレリ」と憤懣やるかたない口調で記している。(10) ここで朝鮮教育令と同一とは、朝鮮人向け初等教育機関である普通学校が四年制を本体としている以上、台湾の公学校も四年制を本体とすべきとするなど、朝鮮における教育を基準として台湾の教育がその水準を超えないように調整しようとする志向を意味する。

『台湾日日新報』一七年三月一五日付の記事では教育令について法制局で審査中と報じているが、その後一年近く関連記事は見られなくなり、一八年一月になってようやく「台湾教育令　近々解決すべし」という見出しで教育令案が閣議に付せられると報じている。(11) この間、寺内首相は一七年七月に拓殖局を内務省所管から内閣所管に変更した。三井須美子の研究によれば、これは山県有朋閥直系の寺内内閣が「台湾総督府を無力化して内閣主導による勅令台湾教育令原案づくりの条件整備」を進めるための措置であった。(12)

台湾教育令案が棚ざらしにされた期間は、後藤新平が内相だった時期と重なっている。したがって、後藤も台湾教育令制定に消極的だった可能性が強い。後藤が内相をしりぞいたのちの一八年六月には、『台湾日日新報』に後藤民政長官時代の方針を踏襲すべしという趣旨の、匿名のコラムが掲載された。その内容は、次のとおりである。英領エジプトのクローマー卿は、「土人教育」については何の施設もせず、英領インドでも小学校すら普及していない。米領フィリピンでは教育を重視しているものの、その効果は明確ではなく、すでに教育重視の方針に懐疑的な論が生じている。教育令案を審議している今こそ、後藤長官が一五年前に「教育は利害相伴ふ」と述べた訓辞を「玩味」すべきだ。(13) 要するに、「土人」に対して積極的に教育施設を設ける必要はないと述べていることになる。直接的に後藤の意を受けた記事であるかどうかはわからないが、後藤内相のもとで教育令案の審議がペンディングされている事態を側面から擁護する内容といえる。

一八年七月に寺内内閣は台湾教育令案を閣議決定した。このときの案文では、公立台中中学校は在学生の卒業を待って閉校にすると定めた。また、従来の国語学校や医学校は専門学校として存置するものの、中学校のような高等普通教育機関は設けず、ただ公学校から予科を経て専門学校に接続するルートのみを開くこととした。公学校の修業年限を原則四年と短縮することを含めて、教育水準を従来よりも低く抑えようとする姿勢を明確にした案だった。私立学校排除条項についても適用対象を専門学校にも拡大し、「専門学校及師範学校ハ官立トシ公学校ハ官立又ハ公立トス」（第二五条）と定めた[14]。

この教育令案の骨子となる考えは、閣議決定に先だって内務省拓殖局の作成した「㊙台湾教育令案参考書」（一九一八年六月）に示されている。そこでは「殆ント底止スル所ナキ土人向学心ノ向上ヲ適宜抑制シ学校ノ系統及程度ヲ簡約」にすべきだという観点から、基本方針を定めていた。すなわち、「高等普通教育ハ、或ハ高等遊民ヲ生シ且ツ徒ニ土人ノ自覚心ヲ高ムルノ虞アルヲ以テ、中学校ノ如キ種類ノ学校ヲ認メサルコト」。さらに、「学校ハ官立又ハ公立トシテ設置スルヲ原則トシ、私立ニ至リテハ現ニ存スルモノ以外可成《なるべく》之ヲ認メサルコト[15]」。

このように、明確に「土人」向けの「高等普通教育」を否定している。たとえ高度な教育であっても、医者を養成する医学校、教師を養成する師範学校のように職種の限定される専門教育ならば認める、しかし、職種を限定せずに「高等官」「理事者」など高い社会的地位に就く人材を養成する高等普通教育は不要どころか、有害であるという発想が示されているわけである。この拓殖局の文書では、私立学校への警戒心も露わにしている。台湾における教育の概況を記した部分では、外国人経営の私立学校が「近時我学制ニ則リ普通教育ヲ施サントスルノ傾向ヲ示セリ」と記しているので、長老教中学校などキリスト教系私学について情報をえたうえで、その動向を抑止しようとしていたことがわかる。

台湾教育令案は寺内内閣のもとで枢密院の審議に付されて、七月一一日に第一回の審査委員会が開催された。その後、米騒動のために寺内内閣が崩壊、原敬内閣のもとで枢密院での審議の方向性も大きく変更された。従来の中学校は「高等普通学校」、高等女学校は「女子高等普通学校」と名称を変えて存置するほか、公学校の修業年限も従来通り六年制を原則とすることとした。[16]「土人」向けの「高等普通教育」を否定する方針は撤回されたとひとまずはいえる。だが、このような方針転換にもかかわらず、私立学校排除条項は撤回されなかった。むしろ適用対象を高等普通学校・女子高等普通学校にまで拡大しながら継承された。

かくして、実業学校以外の学校種別は官立または公立に限るという、本節のはじめに記した条文が登場することになったのである。枢密院審査報告では、その狙いを「当局ヲシテ機ニ応シ〔私立学校を〕漸次整理スルノ方針ニ出テシムル」ことと記している。[17]

このように、当初は内地と同様に師範学校だけを対象としていた私立学校排除条項は、総督府と内務省との折衝の過程で公学校も対象とすることになり、さらに寺内正毅内閣が専門学校を対象に加え、原敬内閣が高等普通学校・女子高等普通学校も適用対象にした。適用対象は拡大の一途をたどったことになる。以下に記す通り、当時の台湾で中学校程度の学校としての形式・内容を整えていたのは、公立台中中学校を別とすれば、私立台南長老教中学校と、カナダ長老教会が一四年に設立した私立淡水中学校だけであった。そのことを考えれば、法としての形式的一般性のゆえに明言こそしていないものの、私立学校排除条項は実質的にこれらの長老教会系学校の「漸次整理」に主な狙いを定めていたとみることができる。

二、朝鮮における改正私立学校規則

第一次台湾教育令は、総督府官僚の思惑だけに基づいてつくられたわけではなかった。寺内内閣にしても、原敬内閣にしても、本国政府の首脳は、台湾教育令制定にあたって、朝鮮における教育制度とのバランスを重視していた。高等普通学校という名称にしても、第一次朝鮮教育令(一九一一年)で導入された学校種別の踏襲という性格を備えていた。私立学校についても、同時期に朝鮮総督府がキリスト教系学校に標的を絞って私立学校の「整理」を進めようとしていたことが、本国政府の方針に間接的に影響を与えていたと考えられる。そこで、一九一〇年代朝鮮における私立学校の状況と朝鮮総督府の対応を概観しておくことにしよう。

朝鮮では甲午改革(一八九四—九五年)のさなかに科挙が廃止されて以降、開化派の朝鮮人知識人や米国人宣教師による学校建設が進み、「保護国」期にはすでに多くの私立学校が設けられていた。

朝鮮総督府は、一九一一年に私立学校規則(府令第一一四号)を制定、一五年に私立学校規則中改正(府令第二四号)により、実質的に宗教教育を禁止する条項を設けた。すなわち、「普通教育、実業教育又ハ専門教育ヲ為ス私立学校」は普通学校規則などに規定した以外の教科目を付け加えてはならないと定め、「聖書」のような教科目を設けることを禁じた。この改正私立学校規則は、日本内地で「教育と宗教の分離」を定めた文部省訓令第一二号(一八九九年)を朝鮮に適用したものと解釈されてきた。[18] しかし、実際には、訓令第一二号に比較して対象とする学校の範囲は広く、いっそう抑圧的な性格を持っていた。

訓令第一二号の対象とされたのは、「学科課程ニ関シ法令ノ規定アル学校」、すなわち小学校・中学校・高等女学校・実業学校だった。大学はもちろん、専門学校も対象に含まれていない。これは、専門学校という学校種別の独自性に由来するものだった。専門学校令(一九〇三年勅令第六一号)では、学校設立者が望むと望まざるとにかかわらず、「高等ノ学術技芸」を教える学校は本令に準拠しなければならないと定めていた。[19] こうした強制規程という性格の引き替えとして、学科課程を統一的に定めた規則は制定しなかった。他方、中学校令は強制規程ではなかったので、学校設立者は私立中学校としての認可を求めるのか、それとも、私立各種学校として存続するのかのどちらかを選ぶことができた。後者を選択した場合、上級学校への接続関係において不利な立場に置かれることにはなるものの、「聖書」のような教科目を設けることも可能だった。

これに対して、朝鮮の改正私立学校規則は、対象を「普通教育、実業教育又ハ専門教育ヲ為ス私立学校」と規定した。これは内地の専門学校令と同様に、強制規程であることを示す条文だった。したがって、普通教育をおこなう以上は、たとえ私立各種学校であっても、この規程に従わなければならなかった。破格な規程であることを朝鮮総督府も自覚していたのだろう、新設校については即時適用としたが、既設校については一〇年間の猶予期間を設けると定めた。

この改正私立学校規則に対して、朝鮮在住米国人宣教師は宗教教育の自由を抑圧するものとして、激しく抗議した。これを契機として、朝鮮総督府外事局長小松緑と宣教師のあいだで論争が交わされた。宣教師の文書を精査した李省展《イソンジョン》の研究によれば、その概要は次のようなものである。小松は、「教育と宗教の分離」は「文明国」として当然であり、私立学校でも普通教育機関では宗教教育を排除する傾向が強まっていると述べた。これに対して、米国北長老派の海外宣教委員会幹事ブラウンは、高名な教育学者モンローらの見解も引き合いに出しながら、私立学校に対する政府の不干渉、私立学校における宗教教育の自由という原則は米国では当然の原理として尊重されていると指摘し、小松の事実認識の誤りを糺した。ただし、ブラウンは、朝鮮総督府の懸念がキリスト教というよりも朝鮮人の思想傾向にあることを察して「日本人が朝鮮を統治するのは正当である」という見解をあえて表明し、宗教教育の自由さえ認められるならば植民地政策に協力する姿勢をアピールした(20)。

一九年に三・一独立運動が勃発すると、朝鮮総督府と宣教師の関係は再び緊張した。キリスト教系学校の学生・生徒の多くが示威運動に参加、宣教師たちは朝鮮総督府による苛酷な弾圧を世界に向けて告発した(21)。『東京朝日新聞』の報道では、高宗《コジョン》の国葬で「不穏な檄文配布」(三月三日付)と第一報を伝え、その後、「鮮人《ママ》の運動　平壌にては一万

人の群衆　警官隊と衝突」(四日付)、「主謀者は天道教及び基教徒　米人の看護婦、檄文を撒布して廻る」(七日付)、「朝鮮騒擾熄まず　既に四千余名検挙さる」(一〇日付)、「平安南道の暴動　憲兵分遣所を包囲して警官隊と大衝突を起す　暴徒の死傷五十余名　暴徒十名射殺」(一二日付)というように時々刻々と拡大していく凄惨な事態を伝えていた。

一九年九月に斎藤実が新たに朝鮮総督に就任すると、在朝鮮の宣教師たちは教派を超えて合同で総督宛に「陳情書」を提出、「聖書及宗教的儀式ヲ課目中ニ入ルルコト」への許可を求めた。[22] 英字新聞でも苛酷な鎮圧が報道されて、朝鮮独立支持案が米国議会に上程される状況のもと、朝鮮総督府は宣教師の要求を認めざるをえなかった。[23] かくして、二〇年に総督府は新たな私立学校規則(府令第二一号)を制定して、宗教教育禁止条項を撤回した。

右の経緯が示しているのは、キリスト教系の私立学校が、帝国日本の内部にありながら米国のような外部世界への通路という性格を備えていた事実である。朝鮮総督府としては、だからこそこの通路を塞いでしまおうとしていたわけである。だが、国際政治上における力関係がそれを許さなかった。台湾の私立学校についても、同様の構造が見出されることになるであろう。

三、台南における「教育令実施祝賀会」

第一次台湾教育令制定当時の台湾の状況に視点を戻すことにしよう。

朝鮮における三・一独立運動をめぐる動向は、『台湾日日新報』では、ほとんど報じられていない。報道統制がかけられていたものと思われる。こうした統制がなされたことは、朝鮮における「騒擾」と同様の事態が台湾にも発生するかもしれないという懸念をあらわすものと考えられる。だが、さしあたって同時期の『台湾日日新報』の紙面から浮かび上がるのは、朝鮮とは対照的に「平和」な風景だった。

第一次台湾教育令の公布を受けて、台北では二月一一日の紀元節に、辜顯榮、李景盛ら中学校設立運動を主導した紳商層が発起人となって「教育令公布紀念講演会」を開催した。[24] 四月一日には台南市でも「教育令実施祝賀会」が開催された。祝賀の行列は、台湾占領に際して北白川宮能久親王が没した地とされる「御遺跡所」をスタート地点として、孔子廟を参拝し、明倫堂で祝賀式をおこなった。祝賀式で発起人総代として挨拶したのは、東京帝大を卒業したばかりの新進の文学士林茂生だった。続いて、台南庁参事である陳鴻鳴が祝辞を述べ、台南庁長枝徳二らが教育令の趣旨説明をおこなった。その後の公館における祝宴は、「観衆雲の如く集まり盛会」であり、「空前絶後」の集まりになったという。[25] 官僚主導の集まりであった可能性が強いが、林茂生の側でも進んで発起人総代を引き受けたのではないかと思われる。たった一校の中学校を設けることも困難だった時代に比するならば、教育令は新しい時代の可能性を示してはいたからである。また、私立学校排除条項については「当分ノ内仍従前ノ例ニ依ラシムル」として、さしあたってその適用はペンディングされていた。林茂生が教育令実施を「祝賀」すべきことと考えたとしても不思議ではない。

この時期の林茂生の言動は、総じて日本の支配に従順な知識人という性格が強かった。一八年に王采蘩〔一八九八—一九七六〕と結婚した際には和服で記念写真を撮ってもいる。『台湾日日新報』ではこの結婚を好意的にとりあげ、「本島人として初めて帝国最高の学府を出でて文学士の栄称」をえた林茂生が、やはり内地留学して高等女学校を卒業した「才媛」と結婚したとして「林氏の将来は必ずや多幸なるべし」と報道している。[26]

教育令制定の翌年には、林茂生は、長老教中学校の教頭職との兼務という形式で、台南に新設された商業専門学校の教授に就任した。教育職では台湾人として初めての高等官就任だった。この時も『台湾日日新報』の報道は好意的だった。台湾人は林茂生の高等官就任を喜んでおり、「朝鮮の如きは併合当時高等官に任せられたる者多数あり。本島は寧ろ遅蒔《おそまき》の感あるも、今日〔今後の意か〕は総て任用を見るべしとて前途を祝福」していると報じた。[27] 林茂生の登用は、原敬により起用された文官総督田健治郎の新たな施政方針をアピールする措置でもあった。田総督は、「資格の備はつて性行優秀なるものは台湾人と雖もそれぞれ相当の地位ある職に採用すると云ふ人材登用の途を開く」方針を明らかにしていたからである。(28)

林茂生の側の胸中はいかなるものだったのか。長老教中学校の内地人教師の記すところによれば、商業専門学校教授就任を光栄なことと感じながらも、「長老教学校の恩」を考え、「父〔林燕臣〕の志を継ぐ」ことが願いであるという思いから長老教中学校の職務との兼務を願い出て、官により特別に認められたということだった。(29)それまでの経歴や当時の言動から考えて、二〇年当時の林茂生にとって、父の志を継いで長老教中学校の発展に尽力することと、官立学校教授に就任することとは、かならずしも矛盾するものではなかったと思われる。さらに、長老教中学校の赤字を補塡する役割を担っていた者として、俸給の道を別にえることにより同校の財政的負担を軽くできると考えていた可能性もある。

右のような経緯に着目するならば、総督府と林茂生のあいだには蜜月的な関係が存在したように見える。ただし、ことはそう単純ではない。そこには潜在的な火種がはらまれていた。

まず、田総督の訓示における「台湾人と雖も」という表現に着目する必要がある。台湾人であるにもかかわらず初めての文学士となり、さらに高等官になるという例外的な立場は、自らの「台湾人」性の否定を迫る圧力となったと思われる。井上達夫が指摘しているように、たとえば「黒人であるにもかかわらず優秀な医師」という称賛を受けた黒人は、自分個人への偏見は解消できたとしても、黒人一般への偏見を確証する欲望に荷担させられ、結果として「仲間を裏切る」立場に追い込まれる。(30)林茂生もまた、自らの例外的地位が台湾人全般への裏切りにつながりかねない立場に置かれたといえる。私立台南長老教中学校の教頭として、また官立商業専門学校の教授として教育にエネルギーを傾けることは、このような自らの地位の例外性を克服しようとする試みでもあったと思われる。

林茂生と総督府当局のあいだに横たわるもうひとつの火種は、長老教中学校の位置づけにかかわることである。

一九二〇年五月に開催されたイングランド長老教会の大会では、台湾の状況が次のように報告されている。「総督府による新しい教育法令の制定について、中学校の仕事に破壊的な影響を与えないことを祈りながら待っている」[31]。この場合の教育法令とは、私立学校にかかわる法令という意味であろう。さしあたって「従前ノ例ニ依ラシムル」ということだとしても、第一次教育令が実業学校以外の学校種別について私立学校の存在を排除している以上、はたしてどのような私立学校令が制定されることになるのか、固唾を呑んで待たざるをえない状況であったと考えられる。二二年五月にバンド校長が吉岡荒造台南州知事に提出した文書でも、第一次教育令下の宙づり的状況について次のように記している[32]。

本校ハ大正七年《ママ》発布ノ旧教育令ト共ニ私立学校令ノ発布ヲ期待シタリシモ、遂ニ其ノ発布ナクシテ今日ニ至リ、ソノ間ニ政府ハ時ノ台南庁長枝徳二氏ヲ通ジテ本校ト非公式ニ種々ノ協議ヲナシタルガ、ソノ結果本校ハ未ダ設立認可申請ノ道ヲ明確ニ知ラズシテ、唯ダ政府ノ命ニ従ツテ二箇ノ附属小学校ヲ閉校セシニ止マル。

台南と彰化に存在した附属小学校については閉校を迫られたが、長老教中学校については非公式の協議が続けられる状態だったことがわかる。結局、第一次教育令に対応した私立学校令が制定されることはないままに、新たな台湾教育令(一九二二年勅令第二〇号、第二次台湾教育令)が制定されることになった。附属小学校を別とすれば、いわば振り上げたこぶしは、実際に振り下げられることはないままに、そっと後ろに隠されることになったといえる。真に困難な状況は、次章で論じる通り、第二次教育令制定以後に生ずることになる。

第二節　私立学校をとりまく状況

それでは、一九二〇年までに台湾にはどのような私立学校が設置されていたのか。私立学校排除条項を設ける際に「漸次整理」の対象として想定していたのはどのような学校であり、なぜ実業学校だけは私立学校排除条項から除外していたのか、そして長老教中学校は私立学校のなかでどのような位置を占めていたのか。

表4-1は、二〇年当時台湾に存在した私立学校の一覧を示したものである。作成にあたって主に参照したのは、以下の資料である。(33)

資料①　台湾総督府内務局「㊙台湾ニ於ケル私立学校」一九二一年一二月

資料②　台湾総督府内務局「㊙私立学校概況」一九二一年一二月

資料③　「私立学校一覧」

三種類の資料は、いずれも第二次台湾教育令(一九二二年二月公布)を制定する過程で参考書類として作成されたものである。第二次台湾教育令は第二次朝鮮教育令と調整を図りながら枢密院で審議され、同日に公布された。これらの資料は、そのプロセスにおいて私立学校にかかわる現状が俎上に載せられていたことを物語る。なお、**表4-1**では、資料②における私立学校の学校種別の分類——「宗教教育ヲ為ス学校」「中学校程度ノ学校」「高等女学校程度ノ学校」「乙種実業学校程度ノ学校」「実業補習学校程度ノ学校」「小学校程度ノ普通教育ヲ為ス学校」「小学校程度ノ盲唖教育ヲ為ス学校」——に従って学校を配列した。もっとも、この分類は、かならずしも排他的なものではない。たとえば宗教教育をおこなう中学校程度の学校は「宗教教育ヲ為ス学校」にも「中学校程度ノ学校」にも分類できる。それをどちらに分類するかは、資料作成者である総督府内務局の判断によるものであることに留意する必要がある。

表のなかで「分類」「学校名称(所在地)」「課程・修業年限」「生徒数」「経費」は、右の資料①~資料③に基づいて記入した。「設立認可年月」は総督府の公文書で確かめられる日付であり、実質的な創立年はこれよりも早いことがある。長老教中学校の場合、実質的には一八八五年に創立されたものの、総督府の公文書で設立認可を確認できるのは一九〇六年である。なお、「私立学校規則による設立認可」欄には第二次台湾教育令に際しての認可申請にかかわる情報、「備考」欄はそれ以降の改廃にかかわる情報を記した。

まず全体的な傾向を確認しておくと、私立学校の数は、全体でわずか二一校に過ぎない。朝鮮で同時期に七〇〇校あまりの私立学校が存在したのに比すれば、人口規模が五対一程度という相違を考慮に入れたとしても、大きな落差である。一八九五年という年が、朝鮮においては被植民地化への危機感のもとで西洋式の学校を創設していく起点となったのに対して、台湾では被植民地化そのものを意味したという状況の相違が、このような落差を生み出した一因と考えられる。なぜならば、第四章の論述からも明らかなように、総督府は台湾人が自らのイニシアティブで私立学校を設立することを認めようとしなかったからである。

所在地という点では、一九二〇年の地方制度改正により設けられた五州二庁のうち、台北州に一二校、台南州に七校と偏っている。設立者については、長老教会系学校が九校と半分近くの比重を占めている。日本人が設立者となっているのは一一校で、このうち官製的な性格の強い財団法人あるいは官吏によるものが五校、日本の仏教教団によるものが三校、民間の篤志者によるものが三校である。台湾人が設立者となっている学校はない。「私立学校規則による設立認可」の欄に記したように、第二次台湾教育令制定時に長老教中学校の設立者として、エドワード・バンドとともに林茂生が名を連ねているのが唯一の例外である。

もっとも、形式的には日本人が設立者となっている場合でも、そこに台湾人の意向が関与していることもある。以

経 費	私立学校規則(1922 年)による設立認可〈設立者〉	備　考	典　拠
¥4,172	1922 年 11 月，台北神学校認可〈William Gauld〉		公文 418–2, 3418–5, 4928–6，府報 2796
¥4,213	1922 年 11 月，台湾基督長老教台南神学校認可 〈Campbell N. Moody〉	1940 年 9 月廃校，生徒は台北神学校に合流	公文 1254–5, 2516–7, 3418–7，府報 2799
¥5,188	1922 年 11 月，曹洞宗台湾中学林認可〈伊藤俊道(曹洞宗台湾布教総監)〉	1938 年 9 月，台北中学校認可	公文 2516–11, 3417–9, 10873–24，府報 2796, 3393
¥7,649		1922 年廃校，生徒は仏教中学林に編入	公文 2661–5
¥13,678	1922 年 10 月，淡水中学認可〈Kenneth W. Dowie〉	1938 年 4 月，淡水中学校認可	公文 2261–1, 3417–8, 10854–3，府報 2787, 3252
¥17,465	1922 年 11 月，台南長老教中学認可〈Edward Band，林茂生〉	1939 年 6 月，長榮中学校認可	公文 1254–5, 2260–28, 2516–7, 3418–6，府報 2799, 3619
¥3,414	1922 年 11 月，台北中学会認可〈尾崎秀真〉	1933 年 10 月廃校	公文 1254–1, 2134–12, 3418–3，府報 1948, 2796
¥5,113	1922 年 11 月，淡水女学院認可〈Mabel G. Clazie〉	1938 年 4 月，淡水高等女学校認可	公文 1349–4, 2515–16, 3418–4, 10854–3，府報 2796, 3252
¥7,971	1922 年 11 月，台南長老教女学校認可〈Jeanie A. Lloyd〉	1939 年 6 月，長榮高等女学校認可	公文 1254–5, 3418–12, 10880–7，府報 2796, 3620
¥4,903	1922 年 11 月，静修女学校認可〈財団法人台湾教区天主公教会〉	1936 年 9 月に日本人校長採用	公文 2517–3, 3418–11, 10873–30，府報 2799
¥17,639	1922 年 10 月，財団法人私立台湾商工学校認可〈財団法人私立台湾商工学校 理事：賀来佐賀太郎(総務長官)外 4 名〉	1939 年 6 月，財団法人私立開南商業学校・開南工業学校認可	公文 2658–b04，2661–11, 3418–1, 10873–22，府報 2787, 3619
¥1,025			公文 1653–19, 2662–6
¥1,161	1922 年 11 月，台南学堂認可〈世良義成(浄土宗台南布教所主任)〉	1924 年 9 月に台湾商業学院に改称	公文 2807–2, 3418–9, 10880–2，府報 2814
¥9,550	1922 年 10 月，財団法人私立台北女子職業学校認可 〈財団法人私立台北女子職業学校〉	1935 年 3 月に財団法人私立愛国高等技芸女学校に改称，1938 年 3 月廃校	公文 3060–12, 3417–7, 府報 2334, 2787, 3242
¥4,482	1922 年 11 月，成淵学校認可〈賀来佐賀太郎(総務長官)〉		公文 3418–10, 5099–24, 10889–4，府報 2797
¥1,250			公文 2663–9
¥714		1937 年 4 月に基隆商業専修学校に改称	公文 5393–31, 10889–3
¥805			公文 2807–9
¥1,092		1920 年廃校	公文 3418–6
¥601		1920 年廃校	公文 5502–10
10,516		1922 年 7 月，台南州立台南盲唖学校移管	公文 2402–22，府報 2708

3)「課程・修業年限」「生徒数」「経費」は 1920 年 3 月現在の数字．ただし，女子職業学校については 1921 年 3 月現在の数字．

4)「私立学校規則(1922 年)による設立認可」の列では第二次台湾教育令制定にともなう認可申請にかかわる情報を記し，「備考」の列ではその他の設置改廃にかかわる情報を記した．

5)「典拠」の列における「公文」は台湾総督府公文類纂の略，そのあとの数字は簿冊番号と文書番号．「府報」は台湾総督府『府報』．

表 4-1　台湾における私立学校(1920 年現在)

分類	学校名称 (所在地)	設立認可年月 〈設立者〉	課程・修業年限	生徒数 内地人	台湾
宗教教育ヲ為ス学校	台湾基督長老教会神学校 (台北州台北市)	1899 年 12 月，オックスフォードスクール認可　〈George Leslie MacKay〉	神学科・5 年	0	
	台湾基督長老教会台南神学校(台南州台南市)	1906 年 6 月，台南長老教会福音書院認可 〈Thomas Barclay〉	神学科・4 年	0	
	台湾仏教中学林 (台北州台北市)	1916 年 10 月，台湾仏教中学林認可 〈大石堅童(曹洞宗台湾布教師)〉	本　科・3 年	0	
	臨済宗鎮南学林 (台北州台北市)	1917 年 3 月，臨済宗鎮南学林認可 〈長谷慈円(臨済護国禅寺住職)〉	予　科・1 年 本　科・3 年	0 0	
中学校程度ノ学校	淡水中学校 (台北州淡水街)	1914 年 3 月，淡水中学校認可 〈George William Mackay〉	中学科・5 年	0	
	台南長老教中学校 (台南州台南市)	1906 年 6 月，台南長老教会高等学校認可 〈Andrew B. Nielson〉	中学科・4 年	0	1
	台北中学会 (台北州台北市)	1906 年 4 月，台北中学会認可 〈尾島音治郎(元大阪東雲学校講師)〉	中学科・2 年 6 ヵ月	336	
高等女学校程度ノ学校	淡水高等女学校 (台北州淡水街)	1907 年 12 月，台北長老教会女学堂認可 〈Jane Kinney〉 1916 年 8 月，淡水高等女学校認可〈同上〉	予　科・6 年 本　科・6 年	0 1	
	台南長老教女学校 (台南州台南市)	1906 年 6 月，台南長老教会女学校認可 〈Magaret Bernett〉	予　科・1 年 本　科・3 年	0 0	 1
	静修女学校 (台北州台北市)	1916 年 12 月，静修女学校認可 〈Clemente Fernandez〉	初等科・3～4 年 高等女学科・3 年 特別科・1 年	0 119 2	
実業学校程度ノ学校	台湾商工学校 (台北州台北市)	1917 年 3 月，東洋協会台湾支部附属台湾商工学校認可　〈東洋協会台湾支部長下村宏(民政長官)〉	商　科・3 年 工　科・3 年	21 44	
実業補習学校程度ノ学校	台湾長老教会淡水聖書学校(台北州淡水街)	1910 年 10 月，台北長老教会婦学堂認可 〈Hannah Connell〉	普通科・2 年	0	
	台南学堂 (台南州台南市)	1918 年 7 月，台南学堂認可 〈秋田貫融(浄土宗台湾布教団理事)〉	本　科・1 年 別　科・1 年	0 0	
	女子職業学校 (台北州台北市)	1920 年 2 月，女子職業学校認可 〈愛国婦人会台湾支部〉	裁縫科・2 年 商業科・2 年	38 20	
	成淵学校 (台北州台北市)	1908 年 3 月，成淵学校認可　〈長尾半平(総督府技師)・峡謙斎(総督府事務官)〉	予　科・1 年 本　科・3 年 別　科・1 年 商業科・2 年	72 97 8 19	
	台南簡易実業補習夜学院 (台南州台南市)	1917 年 11 月，台南簡易実業補習夜学校認可　〈枝徳二(台南庁長)〉	商業科・3 年	25	
	基隆夜学校 (台北州基隆市)	1911 年 6 月，基隆夜学校認可 〈石坂荘作(元台湾日日新報社会計主任)〉	初等科・2 年 高等科・1 年	37 10	
	打狗簡易実業学校 (高雄州高雄街)	1918 年 3 月，打狗簡易実業学校認可 〈古賀三千人(打狗内地人組合長)〉	本　科・3 年 海員科・3 年	42 29	
小学校程度ノ学校	台南長老教会高等学校附属小学校(台南州台南市)	1906 年 6 月，台南長老教会高等学校附属小学校認可　〈Andrew B. Nielson〉	小学科・5 年	0	
	台南長老教中学校彰化予備科(台中州彰化街)	1912 年 11 月，台南長老教中学校予備科認可　〈Duncan Ferguson〉	予備科・4 年	0	
	台南盲唖学校 (台南州台南市)	1915 年 12 月，台南盲唖学校認可 〈台南慈恵院長松木茂俊(台南庁長)〉	盲・3～5 年 唖・3～5 年	0 2	

出典：台湾総督府内務局「㊙私立学校概況」1921 年 12 月，台湾総督府内務局「㊙台湾ニ於ケル私立学校」1921 年 12 月，「私立学校一覧」(「台湾教育令」1922 年 1 月 30 日『公文類聚・第四十六編・大正十一年・第二十二巻・軍事』)ほか「典拠」の列に示したもの．

注：1)「学校名称」は 1920 年 3 月時点のものを基準として私立を省略して表記した．「所在地」としては，1920 年 9 月の地方制度改正後の 5 州 2 庁制のもとでの名称を記した．

2)「設立認可年月」について，総督府の公文書で最初に認可を確認できる年月を記した．実際にはこれより早く創立されている場合もある．

下にみていく通り、むしろこれらの学校の由来を個々に調べていくならば、台湾人の教育熱に不十分ながらも応えるものとして私立学校が次第に広がっていった経緯を見出すことができるだろう。まず長老教会系以外の私立学校について概観したうえで、長老教会系の台南長老教女学校、淡水中学校、淡水女学堂について長老教中学校との比較に留意しながら検証する。

一、宗教教育をおこなう学校

「宗教教育ヲ為ス学校」に分類された四校はさらに「専門程度ノモノ」と「普通程度ノモノ」に分けられており、前者として台北と台南の長老教会神学校、後者として仏教教団の設立した二校が挙げられている。

長老教会系の神学校について、「台湾基督長老教会神学校」と記されているのは、マカイの創設したオックスフォード・カレッジの後身である。一九一四年に淡水から台北に移転し、台北神学校と改称した。台北神学校も、台南神学校と同様に中学校程度の学校を卒業した学生が入学する仕組みのなかに位置づけられていたことから、専門学校程度の教育機関とみなされたと考えられる。

これに対して、仏教教団の設立した学校は普通教育程度とみなされている。曹洞宗による仏教中学林の創立経緯は、江燦騰・松金公正らの研究によれば次の通りである。

仏教の布教は、当初は日本人僧侶が「国語中心」主義をとったこともあって、総じて不振な状況にあった(34)。その後、一五年の「西来庵事件」で在来の民間信仰によりながら大規模な武装蜂起が企図されていたことが露見したために、総督府も宗教の「善導」に本腰を入れることになった。さらに、一六年四月の台湾勧業共進会における宣教師キャンベルの講演への反発を導火線として、仏教徒と長老教会信徒が相互に激しい批判を展開した(35)。この出来事が仏教界における中学校設立の機運を高め、曹洞宗台北別院主たる大石堅童が黄玉階、江善慧、沈本圓らの台湾人と相談して、仏教中学林を設立する方針を定めた[36]。江善慧、沈本圓はそれぞれ月眉山靈泉寺、観音山凌雲禅寺の僧侶である。黄玉階は、台中中学校設立運動の発起人にも名前を連ねた紳商であり、曹洞宗別院における感恩講などの行事にも熱心に参加していた。また、大石堅童を代表として台湾仏教青年会が設立された際には木村匡とともに副会長に選出されてもいる[37]。

かくして曹洞宗による仏教中学林が創設されることになり、一六年一〇月に総督府から設立認可された。設立者は、大石堅童である。認可申請時に提出した学則では、台湾人の僧侶や斎友(信徒)を養成することを目的として、曹洞宗務院が三〇〇〇円の補助金を三年間にわけて支払うことになった[38]。この時点では僧侶養成施設という性格が強かったうえに、生徒数も四〇名以下と小規模だった。そのために、「中学校程度ノ学校」ではなく「宗教教育ヲ為ス学校」に分類されたと考えられる。

なお、鎮南学林も、同じ時期に臨済護国禅寺住職である長谷慈円により設立された。だが、一八年に設立者の長谷慈円が没し、資金不足も顕著となったために二二年に廃校となり、生徒は仏教中学林に編入された[39]。

二、中学校・高等女学校に類する学校

「中学校程度ノ学校」としては、淡水中学校・台南長老教中学校・台北中学会が挙げられている。年間に要する経費は長老教中学校が後述する台湾商工学校とほぼ並んで大きく、次いで淡水中学校という順序だった。

これに比して台北中学会は小規模な教育施設であり、小学校の校舎を借用して主に夜間に中学校程度の普通教育をおこなっていた。創設者の尾島音治郎が没したのち、台湾日日新報社漢文部主筆の尾崎秀真が中核的な役割を担っていた。一三年には大稲埕分会を設置、この時に『台湾日日新報』は、「島内中学程度の私立育英機関としては最も良好なる効果を収め居れり」と好意的に評したうえで、「大稲埕区長黄玉階氏を初め其の他教育に熱心なる二三本島人

図 4-13　大稲埕天主教堂

紳士の賛助」をえて準備中と報じている。[40] 別な記事では艋舺区長呉昌才、台湾日日新報社員謝汝銓ら台湾人有志も熱心にこの計画を支援していると伝えている。[41] 呉昌才も、黄玉階と同様、台中中学校設立運動当時にはその発起人に名を連ねていた人物だった。

「高等女学校程度ノ学校」としては、後述する長老教会系の二校のほかに、カトリックの修道会ドミニコ会の設立した静修女学校が含まれる。

同じようにキリスト教系とはいっても、カトリック系とプロテスタント系のあいだには強いライバル意識が存在していた。プロテスタント、それも長老派のようにピューリタン的な色彩の強い教派からすれば、マリア崇拝などに彩られたカトリックの信仰は「迷信」に近いものであった。他方、カトリック側では、在台湾の神父が一九〇六年にマニラのドミニコ会本部に宛てた書簡で次のように記している。長老教会への改宗者たちはプロテスタンティズムに魅せられたのではなく、いらだたしい官僚制への盾 Shield として英国人宣教師を利用しようとしているに過ぎない。これまでのところカトリックは物質的な資源の制約のために長老教会のような施設を設けることはできなかったものの、英語教育への強い要求に応えて大学 College を設けることができれば多くの支持者を得ることができるだろう。[42]

この計画は、人員や経費の不足により実現が遅れたが、一三年に大稲埕天主教堂(蓬萊町大聖堂)を改築、さらにこれに隣接していた台北製酒会社が解散したので、その土地を女学校用の敷地として購入することになった。当初は買収価格の折り合いがつかなかったが、呉昌才・呉文秀・李萬居ら台北製酒の出資者でもあった台湾人紳商層が解散会社の株式引き受けを申し出たことにより交渉は成立、マニラのドミニコ会本部から六万円の補助金を受けて土地を購入した。[43]

こうした背景のもと、静修女学校は一七年に開校した。教育方針としては学科課程内に宗教に関する時間を設けず、皆寄宿制度も設けないなど「一般外人の手に依り経営せらるる宗教色彩を帯べる学校とは全然趣きを異にする」ことをアピールしていた。[44] ここにも既設の長老教会系学校への対抗意識を認めることができる。また、台北の商業上の中心である大稲埕で聖堂に隣接する地点に設けたことは、一般社会と教会のインターフェイスとして学校の位置づけを明確にすると同時に、生徒募集における競争力を高める意図もあったと考えられる。

三、実業学校に類する学校

実業学校に類する学校は、「乙種実業学校程度ノ学校」と「実業補習学校程度ノ学校」に分かれる。「乙種実業学校程度ノ学校」として挙げられているのは、台湾商工学校だけである。創立の契機は一九一六年四月に、東洋協会——一八九八年創設の台湾協会を前身とする半官半民組織——の台湾支部大会において商工学校の設置を決議、会長小松原英太郎が下村宏民政長官に建議したことだった。この大会には、李景盛・辜顯榮・呉昌才らの台湾人紳商層が支部評議員として出席していた。[45]

学校創設の目的は「台湾、南支那及南洋ニ於テ商工業ニ従事セントスル者」の養成であり、大正期の「南進」ブームを背景にしたものといえる。こうした目的に対応して、学科目に「台湾語又ハ支那語又ハ馬来語又ハ西班牙語」を含んでいた。[46] 設立認可申請の文書では、下村宏が東洋協会台湾支部長として認可申請をおこない、民政長官として認可するというように、認可の申請者と許可者が実質的に同一の主体だった。しかも、台湾商工学校の財政は東洋協会の補助金により支えられており、東洋協会の財政は総督府からの補助金で支えられていた。そのことを考えれば、総督府↓東洋協会↓台湾商工学校という経路で資金が流れていたことになる。この点では、この学校は「准官立」ともいうべき性格を備えていたといえる。ただし、この場合の「准官立」とは、一八八〇年代に内地で設立された学校のように、民間主導で設立した学校に官立と同一の資格を与えることを意味するものではない。むしろ官立・公立としても不思議ではないものを、東洋協会という組織との関係からあえて私立としたという意味合いである。

台湾商工学校は、内地人と台湾人の共学校として設置された。**表4-1**の生徒数の欄にも示されているように、工科では内地人生徒の方が多かったが、商科では台湾人の方が多数であった。開校式で下村民政長官は、内台人の「共学」が本校の特徴であると述べたうえで、「本島人は継子根性を以て内地人に対い《ママ》し、内地人は狭量なる差別観を以て本島人に対する傾向」を克服しなくてはならないと述べた[47]。いまだ内台人の別学が原則とされていた時代において、共学を実施することへの躊躇と緊張感がうかがわれる。それでも、内地人だけを対象とするのではなく、台湾人を含めての学校としたのは、台湾人紳商層がこれを要求すると同時に、支えていこうとしていたためと思われる。

開校式では黄玉階の後を継いで大稲埕区長となった李景盛が祝辞を述べた。一九年に遠方から入学した生徒のための寄宿舎の不足が問題となると、辜顕榮・林熊徴・陳中和・顔雲年が五〇〇〇円、簡阿牛が三〇〇〇円、李景盛が二〇〇〇円、許廷光が一〇〇〇円の寄附を申し込み、さらに李景盛が発起人となって島内有志から寄附金を集めることになった[48]。台湾人の入学できる数少ない中等教育機関として紳商層が支援しようとしていたことがわかる。総督府の側では私立としておくことにより、台湾人による資金を導入しやすいことをメリットと判断したものと考えられる。

次に、「実業補習学校程度ノ学校」に分類された学校は七校である。女性を対象とする台湾長老教会淡水聖書学校と女子職業学校を別とすれば、いずれも夜間に勤労青年を対象として開講されていた。生徒の民族別という点では台湾長老教会淡水聖書学校と浄土宗の設立になる台南学堂は台湾人のみを対象としていた。このうち前者は、一九一〇年に設置された淡水婦学堂の後身であり、聖書の伝道に尽力する婦人の養成を目的としていた。残りの学校のうち、女子職業学校・成淵学校・台南簡易実業補習夜学院は内台人共学であり、設立者は総督府官僚、あるいは愛国婦人会台湾支部のような官製団体であった。

この「実業補習学校程度ノ学校」の学校群のなかには、総督府や地方庁の援助を受けていた学校も多い。成淵学校は一九〇七年度から総督府の補助金を、基隆夜学校は一七年度から台北庁の補助金を受けており、また台南簡易実業補習夜学院は台南第一尋常高等小学校の校舎を借用し、打狗簡易実業学校は打狗尋常高等小学校の校舎を借用していた。これらの夜間開講の学校のなかでも学校規模が大きく、独特の複雑な歴史を備えていたのが成淵学校だった。

成淵学校は、働きながら苦学する青年のための夜間の教育機関であり、他の同様の教育施設を組み込みながら次第に規模を拡大していった。すなわち、一九〇八年に東門学校と台湾学習会を合併して成淵学校が成立[49]、〇九年には総督府から官有地の無料貸し下げを受けたうえで台湾婦人慈善会や元総督府学務課長木村匡などの寄附を受けて新校舎を竣工、総督府の支援のもとに存続した[50]。その後も一二年には台北簡易商工学校の廃校を受けてその建物器具を引き受けるとともに、商業科を設置した。同様に、一三年には台湾殖民行政学校の校舎を移築し、普通文官試験受験志望者のための別科を設けてその機能を引き継いだ[51]。創設当時の学則では入学資格について「尋常小学校ノ卒業」程度と記しているので、当初の募集対象は内地人のみだったと考えられる[52]。最初に台湾人の入学を認めたのがいつかは確定できないが、**表4-1**の示す通り、二〇年現在で生徒二〇〇名あまりのうち一三名が台湾人である。

図 4-14　成淵学校
撮影年次は不詳だが，民家に似たたたずまいだったことがわかる．

成淵学校は、夜間に中等程度の教育をおこなうという点では、前述の台北中学会と共通している。後者が「中学校程度ノ学校」に分類されているのに対して、成淵学校が「実業補習学校程度ノ学校」に分類されている理由は定かではない。おそらく台北中学会はカリキュラムにおいて普通教育志向が強い一方、成淵学校の場合は商業科を設置するなど職業に直結した補習教育という性格が強い点に着目した分類と考えられる。

成淵学校には毎年卒業式に際して記念品贈呈役をするなど、名誉校主的な役割を果たす人物がいた。木村匡である。成淵学校の前身校のうち、東門学校は一八九八年、台北簡易商工学校は九九年、殖民行政学校は一九〇〇年に開校、いずれも総督府事務官である木村が自ら実質的な設立者となって創立したものだった。(53)

旧仙台藩士の家に生まれた木村は、森有礼文政期に東京高等商業学校教授・文部省属となり、日清戦争後に樺山総督の秘書官として渡台、総督府事務官として殖産課長・文書課長・学務課長などを歴任した。本書第二章で述べたように、学務課長在職時に台湾人に対する義務教育の施行を主張したために後藤民政長官と対立し、休職処分とされた。離台に際しての送別会では木村が「痛切なる告辞」をなしたうえで、「李春生諸氏の熱心なる別辞」があったという。(54)

木村は一九〇一年に三十四銀行台湾支店長として再び来台、〇五年にいったん離台したのち一一年に再々度来台し、その後、台湾商工銀行頭取として二六年まで台湾に滞在した。(55)この間、一二年に内地人と台湾人の意思の「疎隔」を克服するために大正協会を設立して、会長に就任した。(56)副会長には李春生の孫李延禧――李春生が一八九六年の東遊の時に内地に留学させた孫のひとり――が就任、例会はほとんど「李春生洋行」でおこなわれていることから、実質的に李春生一族が主導した集まりと考えられる。大正協会の主な活動は総督府高官や学者を招いての講演会開催であり、李春生自ら講演をおこなうこともあった。(57)総督府が公学校の漢文科を廃止するという案が取りざたされた際には、木村がパイプ役となって非公式にこの問題に関する見解を総督府高官に伝えることもあった。(58)このように木村匡と李春生の親密な関係に着目するならば、成淵学校が台湾人を対象としながら拡充していったプロセスにおいても、李春生らの意向が間接的に働いていた可能性が強い。

右に記してきた学校群のほかに、「小学校程度ノ普通教育ヲ為ス学校」と「小学校程度ノ盲唖教育ヲ為ス学校」が存在した。

「小学校程度ノ普通教育ヲ為ス学校」はいずれも長老教中学校の附属初等学校である。二〇年度のレポートでは、「政府の要求により閉鎖された」と記している。(59)この時期の台南宣教師会議の資料が残されていないこともあって、正確にいつ、どのような形で閉鎖されたのかを確認することはできないものの、初等学校をめぐっては、私立学校排除条項は実行に移されたといえる。

「小学校程度ノ盲唖教育ヲ為ス学校」として分類された台南盲唖学校も、イングランド長老教会宣教師の事業の一環として着手されたものだった。人手も経費も不足しているためにキャンベルらが総督府への事業の移譲を希望、後藤新平がこれに応えて一九〇〇年に官製の財団法人に継承させたものである。二二年には台南州立台南盲唖学校に移管された。

ここで**表4-1**に示した学校群の創立年を確認すると、台湾仏教中学林、臨済宗鎮南学林、静修女学校、台湾商工学校、台南学堂、台南簡易実業補習夜学院、打狗簡易実業学校の七校が、一九一六年から一八年という短期間に創立されていることが着目される。これは中等程度の教育への需要が幅広く存在するにもかかわらず、官・公立の学校がその需要を満たすことができなかった状況を示すものといえる。また、総督府・地方庁の援助を受けた「准官立」ともいうべき学校は、学校種別としては「乙種実業学校」「実業補習学校」に集中していた。これは、総督府が台湾人の教育要求を「実用的」な教育へと方向付けようとしていたことを物語る。第一次台湾教育令制定に際して実業学校については私立学校排除条項の適用対象外としたことも、このような方針の延長線上にあると考えられる。実業学校ならば私立も許容しうる、むしろ総督府が間接的にサポートすべきとみなされていたのであった。そのことはまた、実業学校以外の私立学校を「漸次整理」の標的にしていたことでもある。そして、実業学校以外の学校種別において重要な比重を占めていたのが、長老教会系の学校だった。以下、男子対象の学校と女子対象の学校の違い、南部教会と北部教会の状況の相違などに留意しながら、台南長老教女学校、淡水中学校、淡水女学堂について見ていくことにする。

四、台南長老教女学校

台南長老教女学校は一八八七年に開校した。開校に先立つ生徒募集の公告では、入学資格として八歳以上であること、纏足を解いていることなどを条件として定め、聖書・白話字・算術・家事・育児などを教えるとした(60)。

女学校の最初の学生の一人である高潘筱玉(高金聲の妻)は、開校当時の学校の様子を次のように回想している(61)。「生徒は男子とお話することを絶対に禁じられてゐました。だから学校に入学すると云ふことは、今日の刑務所に這入るやうな窮屈なものでありました。〔……〕女宣教師は教室に入りますと先づ第一に、生徒の服装や容姿を点検します。髪の毛はぴかぴか光つてゐるか、着物は立派に洗濯してあるかを調査するのであります」。この回想は、纏足のような習慣からの解放が、「刑務所」のような規律訓練への途でもあったことを物語っている。男子との隔離という点に関しては、漢族の保護者がそれを求めた側面もあったことだろうが、宣教師の価値観を反映するものでもあったと思われる。

一九〇五年の私立学校規則制定時には、「台南長老教会女学校」として認可申請している。修業年限は三年で、入学資格は「纏足セズシテ年齢一〇歳以上ノ者」とされた。公学校の入学資格は七歳以上とされていたので、公学校の上級学年から高等女学校の初級学年にあたる年齢の生徒を主な対象としていたことになる。授業料は徴収せず、寄宿食費として年間六円を納めるものとした。学科課程で実質的に宗教色が濃かったのは男子と同様だが、漢文は教えられたのに対して、国語(日本語)や英語は教えられなかった(62)。女子生徒たちの公学校卒業後の進学先としては、一九〇六年に国語学校第二附属学校(のちに国語学校附属女学校)がようやく設置されたばかりの時代でもあった。洪郁如の研究によれば、当時総督府部内では国語学校に女子向け師範科を設立する予定があったものの、女子教育投資不要論が強かったために見送られたという(63)。宣教師たちも、進学を考慮する必要が乏しい以上、日本語は女性には不要とみなしていたと思われる。教員としてはバーネット、ロイド、バトラーという女性宣教師のほか、秀才の資格を持つ儒者と、龔瑞珠ら三名の長老教女学校出身者がいた。南部教会で最初の女執事・女長老ともなった龔瑞珠は、舎監という重要な役割を担いながら、三九年に退職するまで三〇年以上にわたって同校教諭の地位にあり続けた(64)。

一〇年代の長老教中学校をめぐる革新は、長老教女学校にも影響を与えた。一六年春に長老教中学校が新校舎に移動すると、女学校は新楼コンパウンドの内部で中学校の旧校舎に移転した。だが、当時の女学校はすでに生徒数が一〇〇名を超えており、この旧校舎も手狭を免れなかった。男性宣教師の所属する海外宣教委員会と、女性宣教師の所属する婦人宣教協会は現場では相互に協力しながらも別組織だったので、婦人宣教協会が旧校舎利用について月五〇円の賃貸料を支払うことも要求された(65)。こうした状況のなかで、校長ロイドを中心として、女学校でも新校舎を建設しようとする機運が生じた。

一六年九月には海外宣教委員会と婦人宣教協会の合同で女子教育をテーマとする会議を開催し、次のようなことを決定した。

台南の女学校は四年制の初等レベルの課程と四年制の中等レベルの課程を備えたものに拡充する。台湾中部の彰化に新たに四年制の初等レベルの課程を備えた寄宿学校を設けて、その卒業生は台南の女学校に転入できるようにする。台南の整備計画と彰化の新設計画に優先順位をつけなくてはならない場合には、台南の計画を優先するものとする(66)。

宣教師のなかには台湾中部におけるキリスト教系学校の不在にかんがみて彰化の計画を優先すべきとする者や、財政的観点から計画の実現性を危ぶむ者もいたが、この要求はロンドンの婦人宣教協会本部に提案された。本部からの返答は、彰化の計画には理解を示したものの、台南の女学校の整備については否定的だった。これに対して、バークレイが台湾における女子教育の状況を説明した文書を起草して、次のように女学校を拡張する意図を記している。

一四歳くらいで女学校を卒業した女子たちは、キリストに仕えるという呼び声をもっとも受けとめやすい時期であるにもかかわらず、教師になるには若すぎ、力不足でもある。聡明な女子のなかにはやむをえず台北の国語学校附属女学校やカナダ長老教会の経営する淡水女学堂に入学する者もいる。現在南部教会の信徒でカナダ長老教会の女学堂に学ぶ者は一五名にもなるが、地域的には北部の二倍も広い南部教会が北部教会の施設に頼ることでよいのか、疑問に感じざるをえない。さらに、今年になってカトリック教会が台北に静修女学校を開校、安い授業料で一〇〇名を収容している。これは歓迎すべき傾向というよりも、懸念すべき事態である。伝道師や牧師たちは教会の仕事を導き助けることのできる妻を必要としている。実業家も「新しいものごと」のなかで何が善く、何が悪いかを見分けることのできる妻を必要としている。漢人信徒のなかには女学校問題に関心を持って、寄附を申し出てくれている者もいる。(67)

この書簡に続いて、南部教会の長老・執事数十名が署名した嘆願書を本部に送付、そこではカナダ長老教会がすでに女学校を設立したことに比して南部の女子教育の体制が立ち後れていることなどを訴えている。(68)

校長ロイドは、本部からの協力を引き出すためには台湾の信徒から必要な資金の半分を募ることが必要であるという考えに基づいて各教会の牧師・長老との会合を重ねた。ただし、第一次世界大戦による物価騰貴の影響もあって難しいという反応が一般的だった。この窮状を打開する力となったのは、女学校の校友会組織である。一九年四月に同窓生による校友会が成立、正会長に高候青蓮(高再得の妻)、副会長に石舜英(一八八六―一九七〇、李仲義の妻)を選出し、寄附金募集運動に乗り出した。(69) 高候青蓮は、ロイドの活動を評して「校舎新築の際は英国に於て資金を募集したのみならず、本島を東奔西走して自費を以て建築資金の蒐集に努め、各地の後援者を歴訪した」と回想している。(70) ここではもっぱらロイドの功績としてたたえているものの、校友会が組織としてサポートしたからこそ寄附金募集が順調に進み始めた側面が強いと思われる。二三年までに二万五〇〇〇円近くの寄附金が集まり、婦人宣教協会本部による補助金を加えて合計六万円の費用により二三年に校地の購入と新校舎の建設が実現した(71)。なお、彰化に女学校を創設する計画は、彰化に公立女子高等普通学校が創設されたために立ち消えとなった。

このように長老教女学校の場合、規模の拡大については、長老教中学校にやや遅れて実現した。次章で述べる通り、二二年の第二次台湾教育令制定に際して普通教育化も進めた。ただし、管理運営体制に大きな変更はなかった。校友会組織は寄附金募集事業において大きな役割を果たしたものの、男子と同様の学務委員会が組織されることはなかった。二九年になってようやく六名の台湾人と四名の宣教師からなる学校諮問委員会 School Advisory Board が組織されたが、将来的な理事会組織の土台であり、議決権はないものとされた(72)。

図 4-15　陳澄波「長榮女中校園」(年代不詳)
台南長老教女学校は 1939 年に長榮高等女学校と名称を変えた.

こうした事態の生じた理由のひとつとして、教会組織の男性中心主義的な性格を指摘できる。二〇年代になって女性の長老や執事も選出され始めるものの、教会の管理運営体制の中枢から女性は排除されていた。中学校の場合は、南部中会の主要な構成員が同時に長老教中学校の卒業生であったのに対して、女学校の場合は南部中会の構成員は女学校の卒業生ではなかった。だからこそ、寄附金の募集事業にあたっても、南部中会ではなく校友会組織が中心となったのであろう。社会生活一般と教会組織内部での女性の発言権の低さが、学校運営にかかわる自治的組織の発達を妨げる要因となったと考えられる。

五、淡水中学校

すでに記したように、北部台湾では清代にオックスフォード・カレッジ(牛津学堂)が設けられたものの、中学校は創立されなかった。オックスフォード・カレッジのなかに、聖職者養成のための課程とその予備的な課程が未分化なままに含まれていたともいえる。その要因のひとつとして、宣教師の不足が考えられる。イングランド長老教会の管轄する南部では清代にすでに四―五名の宣教師が存在していたのに対して、カナダ長老教会の管轄する北部では一八七八年までマカイ一人、その後もう一人が派遣されて二人となり、一九〇四年になってようやく三名を超えた。

さらに、マカイが「世俗的教育」をおこなうことに否定的な見解を抱いていたという事情がある。一八九八年のトロント本部向けのレポートでは、オックスフォード・カレッジは現地人の伝道者を育てるために存在しているのであり、「商売に携わる」異教徒を助けることを目的として「世俗的な教育」をおこなうためではないと強い口調で記している。(73) 本書第三章で述べたように、北部教会のなかでもっとも裕福な信徒である李春生が、家憲のなかで一族の者に「必ず中等以上の教育を受けしめよ」と記していたことを想起するならば、この点でマカイと李春生のあいだに微妙な緊張関係が存在していた可能性もある。

マカイは、一八九九年にオックスフォードスクールとして牛津学堂の認可を受けてまもなく、一九〇一年に淡水で没した。その後、公学校が次第に普及し始める状況で、台湾人聖職者の威信を保つために、北部でも聖職者の教育水準を上げる必要があると論じられるようになった。〇五年の北部中会では次のことが決定された。北部に中学校を建設すること、そのために傘下の各地の教会で募集可能な金額の見通しをつけること、またカナダ長老教会本部の財政的援助を仰ぐことである。本部向けのレポートでは、島内における募金の見込みについて次のように記している。[74]

問題点のひとつは、もっぱら一人の人物が何千円も投じることを他の人びとが期待していることである。その人物とは李春生、大稲埕教会の長老のひとりであり、とても裕福である。もう何年にもわたって李は大稲埕教会に対して多くの援助をしてきたし、他の教会に対して援助することもあった。今のところ、この問題に関係してはいるものの、彼が予備学校の校舎のためにいくらを寄附するのか、まだ知らされていない。

図 4–16　マカイ夫妻と子どもたち
左からジョージ・レスリー・マカイ，長男ウィリアム，次女ベラ，長女エレン，妻張聡明．ウィリアムはスコットランドのキルトを身につけている．1899 年に長女は陳清義，次女は柯維思と結婚，長男は 1911 年に宣教師として来台し，北部教会にマカイ家族に連なる集団をつくりあげた．

ここで「予備学校」とは、中学校を指す。北部教会の財政面において李春生の占める位置が大きかったことがわかる。李春生としても、中学校の設立は大歓迎だったことだろう。後述のように三〇〇〇円の寄附を申し出ることになる。〇六年の第三回北部中会では島内での募金の目標額は二万円と定められた。[75] もっとも、教育担当の宣教師がなかなかトロントから派遣されなかったこともあって、計画は進捗しなかった。

一九〇五年制定の私立学校規則制定に対応した認可申請書類によれば、神学校の名称は「Oxford College」と英語で記されている。修業年限は四年、入学資格は特に定めず、牧師が試験により認めた者に入学を許可するとしている。第一学年の学科課程は宗教・読書・数学・地理・歴史・漢文が各週五時間、唱歌が三時間、習字が二時間とされている。「国語」または「日本語」という科目はなく、英語もなかった。「読書」や「歴史」で教科書として指定されているのは聖書であり、宗教教育中心だったとわかる。教師として名前の挙げられているのはゴールド、ゴールド夫人、柯維思(一八六九―一九四五)、張来香(一八七〇―?)の四名。柯維思はオックスフォード・カレッジを卒業して以来、助手のような形で同校で教えていた。一八九九年にマカイの次女ベラ(偕以利)と結婚した。張来香は九七年に国語伝習所甲科を修了しているので、国語(日本語)がまったく教えられなかったわけでもないと思われる。[76]

一九一一年になってようやく初代宣教師マカイの息子ウィリアム・マカイが教育担当の宣教師としてトロントの本部から派遣された。マカイ二世は台湾での語学研修に加えて、さらに東京での半年間の日本語研修を経て一三年一一月に帰台した。淡水中学校の設立申請は一四年三月――イングランド長老教会本部が総督府に抗議したのと同じ月――に認可を受けて、四月一日に総督府高官の臨席をえて開校式がおこなわれた。

新聞報道によれば、開校式で演壇に立った隈本繁吉学務部長は「先代マカイ氏の熱心なる布教事業が当時未開の本島人に及ぼしたる健全なる道徳上の効果を讃し」たうえで、「新入生が尽く公学校卒業生なる点より我が国民として必要なる国語の練習をも益々努力ありたしと訓戒」したという。[77] 宣教師のもたらした「未開の本島人」という観念を総督府官僚が引き継いで語っていることになる。国語としての日本語の重要性を強調しているものの、この祝辞自体は「呉淡水公学堂訓導の通訳を介して」おこなわれたという。カナダ人宣教師がほとんど日本語を解しない事態に対応したものだろう。隈本とすれば通訳を介する点では妥協しながらも、祝辞のなかで「国語の練習」の必要性について釘を刺したことになる。マカイ二世は、隈本らの出席をトロントの本部に報告しながら「総督府がわたしたちの新しい学校を喜んで認めようとしていることをわざとらしく見せかける」ための措置であるという観察を示している。[78] 祝賀ムードは表面的なものであったことがわかる。

マカイは、さらに次のようにも報告している。開校式に関して全島から応募があったが、校舎が狭隘であるために入学許可者を二五名に限定せざるをえなかった。台中中学校はまだ開校せず、イングランド長老教会は新しい中学校を建設しようとしているところだから、これまでのところ台湾人向けとしては淡水中学校が「唯一の中学校」である[79]。淡水中学校の開校に先立って長老教中学校が普通教育中心の学則への変更を実現したことを考えれば、淡水中学校が「唯一の中学校」という評価は手前味噌というべきである。それでも、台湾で最初に高等普通教育を担うことになった施設が、これらのキリスト教系学校であるのは確かであった。

認可申請時の学則によれば、淡水中学校の修業年限は五年であり、学科課程はおおよそ内地の中学校令施行規則に準拠していた。「倫理」に聖書を含めている点、「国語及漢文」を「国語」と「漢文」に分けて漢文に多めの時間を配当している点、第五学年の「法制及経済」を欠く点などが異なってはいたものの、淡水中学校の場合は、開校当初から普通教育を志向していたといえる。開校当時の教員は八名であり、宣教師五名、内地人二名、台湾人一名から構成されていた[80]。宣教師中心の構成だったことがわかる。台湾人教師蕭安居(一八七四—一九六四)はオックスフォード・カレッジに学んだのち、伝道師としての生活を経て、一九〇六年に新店教会の牧師に聘任されていた。長老教中学校における黄俟命と同様、その後、長期間にわたって宗教主任・舎監として宗教的感化の中核を担うことになった。

淡水中学校は、旧オックスフォード・カレッジの校舎を転用して開校したので、生徒数は少数に限定せざるをえない状態にあった。一六年にマカイがトロント本部に宛てた書簡では、せっかく志願者が多数存在しても入学を断らざるをえない現状を嘆きながら、「敬虔な仏教徒」として知られる辜顯榮が新校舎のために一万円の寄附金を申し出てくれたと報告し、「単一のものとしては、わたしたちのミッションがこれまでに受け取ったなかで最も多額の寄附金」だと記している[81]。

翌一七年には新校舎建設のために台湾の住民から五万円の寄附金を集めるための許可申請をおこなった。長老教中学校の寄附金募集事業についてロンドンからの抗議がすでにおこなわれていたためだろう、寄附金募集の認可はすぐ

図 4–17　淡水中学校
1925 年竣工．淡水中学校の新校舎は「八角塔」という愛称で知られた．

に下りた。マカイは、さっそく五名の富裕な人物から合計で一万五〇〇〇円の寄附の約束を受けたという。そのうち三〇〇〇円は李春生によるものだった(82)。このほか、マカイは中部台湾にも旅をして、大変な歓迎を受けて有力者の「兄弟」から大口の寄附金を受納したという(83)。「兄弟」ということなので林獻堂・林烈堂だった可能性もあるが、確認はできない。

かくして新校舎の建設は具体化し始めた。二〇年には第一次世界大戦の戦後恐慌のために、約束された寄附金がなかなか集まらない事態も生じた。それでも、目標金額を達成して二五年六月に「八角塔」で知られる新校舎の落成式がおこなわれた。この年度の学生数は二四〇名なので、大規模化したことがわかる(84)。この間、二三年には学務会 Board of Directors を組織、校友会代表二名、北部中会の代表二名、宣教師四名から構成されることになった(85)。北部中会の代表としては、陳清義牧師（一八七七―一九四二）と郭希信牧師（一八六五―?）が参加することとなった(86)。校友会代表の名前は確認できない。

このように、淡水中学校は一四年の開校当初から普通教育機関化した一方、学校規模拡大のための新校舎建設は時期的に遅れた。また、新校舎建設のための寄附金募集事業を中核的に担った人物が、長老教中学校の場合は高金聲だったのに対して、淡水中学校の場合は校長マカイだった。こうした相違に対応してであろう、教会学校としての自治的性格は長老教中学校に比して薄弱だったといえる。呉学明の研究によれば、南部では一五年に呉希榮牧師が教会の「自給」「自治」を実現していこうと呼びかける文章を発表して、宣教師からの自立の傾向が進んだ(87)。これに対して、本書第三章で論じた通り、一五年から三四年のあいだに北部で封立された台湾人は八名にとどまる。全体として、教勢の拡張が不振だったことがわかる。

北部における教勢拡張不振の理由について、「マカイ家族」が教会の内部で「独裁的」な空気をつくっていたという問題も指摘されている。(88) ここで「マカイ家族」とは、初代宣教師レスリー・マカイの長女エレン(偕媽蓮)と一八八九年に結婚した陳清義、次女ベラ(偕以利)と結婚した柯維思、そして息子ウィリアム・マカイらを指していた。一二三年に宣教師ゴールドが台湾で没したのち、「北部教会の大権は完全に陳(清義)牧師の手中で操縦するところとなった」ともいわれる。(89) こうした教会組織のあり方も、教会学校としての自治が進展しなかった要因と考えられる。

六、淡水女学堂

淡水の女学校は、一八八四年に創設された。もともとそこに学ぶ学生の多くがオックスフォード・カレッジで学ぶ男性の妻であり、実際には「女学堂」Girls' School というよりも「婦学堂」Women's School と呼ぶべき状況だったとされる。(90)

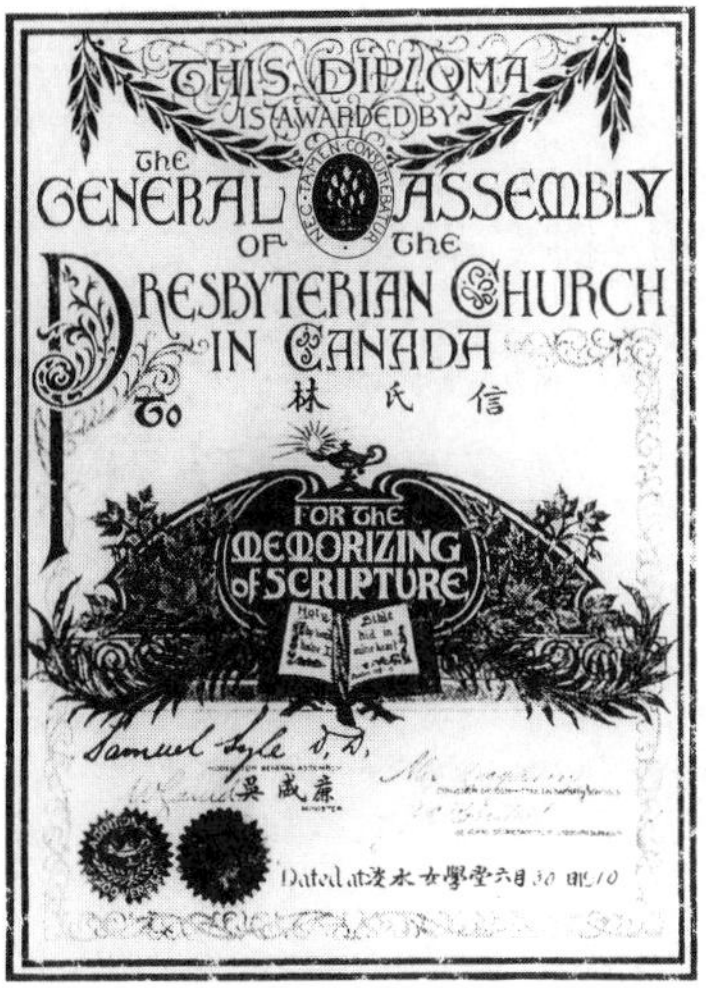

図 4-18　聖書暗誦ディプロマ
このディプロマを受け取った蔡阿信は 1913 年に淡水女学堂を卒業したのち，東京女子医学専門学校に学び，台湾出身者で初めての女医となった．

一九〇五年の北部中会は、中学校建設の方針を決めただけでなく、女学校に関しても女性宣教師の派遣を要請すること、女学校の周りに障壁を築いて男性の立ち入りを許さないこと、女学校の近くに宿舎を建ててそこに既婚の生徒を居住させることなどの方針を定めた。こうした措置の背景に存在したのは、「漢族の良家は、男性から分離されていないかぎり、未婚の娘を学校に通わせたりはしない」という認識

図 4–19　淡水女学堂の教師・生徒たち
1913 年撮影．生徒たちの背後にはユニオン・ジャックと日の丸が掲げられている．

だった。

トロントの本部は女性宣教師派遣の要請に応えてキニーとコーネルという女性宣教師を派遣、一九〇五年末に着任した。〇七年には二メートルを超える壁で囲むという校舎修築を終えて、開校された。

私立学校規則に対応した認可申請は、キニーらの着任を待って〇七年一〇月になされた。学校の正式名称は「カナデヤン・プレスビテリアン・ミッション・スクール(台北長老教会女学堂)」とされた。入学資格は一二歳以上で修業年限は六年、公学校四年修了に接続するものとされた。授業料は徴収せず、食費として年間一二円を納めるものとした。学科課程は、第一学年の場合、「土語・羅馬字」が八時間、修身・日本語・漢文が五時間、英語が二時間、裁縫が一五時間となっている。修身の教科書には聖書を用いるとしている。長老教女学校の学科課程にも、オックスフォード・カレッジの学科課程にも組み込まれていなかった英語と日本語が組み込まれていることが着目される[91]。ただし、英語は選択科目であり、選択科目受講者は追加の授業料を払うことになっていた[92]。他方で、裁縫の時間が多いことも特徴的である。こうしたカリキュラムが上層階級の保護者にアピールしたところもあるのだろうか、初年度の入学生は従来の倍近くに増えて二五名となった[93]。

淡水中学校が開校された一四年、女学校についても新校舎の建設を含む拡張計画が立ち上げられた。新校舎建設に必要な資金五万円はトロントの本部が支出した[94]。淡水中学校が新校舎のための募金事業を立ち上げるよりも前のことであった。一六年五月に六教室と寄宿舎を備えた新校舎が完成、これにあわせて学則も変更して、下村宏民政長官などの臨席のもとで開校式をおこなった。学則変更にかかわる認可申請書類において学校名称は「淡水高等女学校」とされた[95]。

淡水高等女学校は四年制の予科と四年制の本科から構成されることになり、予科への入学資格は公学校二年修了または「漢文若ハ羅馬字ノ修養アルモノ」、本科への入学資格は予科修了者・公学校卒業とされた。予科は事実上、公学校を代替する初等教育機関だったといえる。本科の学科課程はほぼ高等女学校令施行規則(一九〇一年制定、一九一〇年文部省令第二三号により一部改正)に準拠したものであり、「修身」や「漢文」の内容として聖書が含まれているのが異なる程度であった。

図 4-20　淡水高等女学校
1916 年に竣工した新校舎.

一九〇七年の認可申請時点では語学的教科と裁縫に比重を置いていたことを考えるならば、一六年の新学則のもとで高等女学校に相当する学校へと改組がおこなわれたといえる。「淡水高等女学校」という学校名称にも、そうした志向が明確にあらわれている。学則変更時点での教師は合計七名、宣教師三名、日本人一名のほか、清朝の秀才である漢人男性と、淡水女学堂の卒業生である呉氏云壬(一八九二—一九八三)、周氏桃(一八九二—?)だった。呉氏云壬は生涯単身でこの学校の教師を続けることになった。二三年には、淡水中学校と同様、学務会を組織、校友会代表二名、北部中会の代表二名、宣教師四名から構成された[96]。ただし、校友会や北部中会の代表が実態として発言権を及ぼしていた形跡は見られない。

淡水高等女学校は、一六年の改組において長老教女学校に先行して普通教育化と新校舎建設を実現した。ただし、新校舎建設に要する費用は全額トロントの本部から寄せられていた。このあとに淡水中学校の新校舎を建設しようとした際に本部が現地の募金に委ねたことを考えるならば、総じてトロントの本部は中学校よりも女学校に可能性を見出し、そちらを手厚く支持しようとしていたとみることができる。ただし、そのことは、かならずしも女性信徒による自治的な仕組みの構築にはつながらなかった。

おわりに——台湾人の「向学心」をめぐる攻防

第一次台湾教育令制定過程において、公学校の修業年限や中学校の名称については、寺内正毅内閣と原敬内閣の方針の相違もあって二転三転した。しかし、特定の学校種別から私立学校を排除する条項については、当初の素案に含まれたあと次第にその対象を拡大、結果として、実業学校以外の学校種別すべてに適用されることになった。「殆ント底止スル所ナキ土人向学心」として表現された教育熱の高まりを「適宜抑制」し、総督府の管理統制下に置くための措置であった。この「向学心」という言葉は、確かに台湾の当時の状況の一面を捉えていた。当時の私立学校をめぐる状況には、この「向学心」を抑えようとする総督府・本国政府と、それでもあふれ出す「向学心」とのあいだの攻防を見出すことができる。そのことはまた、中等・高等教育を受けていないことを口実として台湾人が社会的に影響力のある地位から疎外される事態をめぐる攻防でもあったと考えられる。

この台湾人の「向学心」をめぐる攻防について、次のようなことを指摘できる。

第一に、時期的には一九一〇年代半ばから後半にかけて、私立学校がこの「向学心」の受け皿として急速に成長しつつあった。実際、二〇年当時台湾に存在した二一校の私立学校のうち、七校が一六年から一八年のあいだに設立されていた。既設の学校も、この時期に性格を変えた。長老教会系の学校は、この時期に普通教育化や大規模化を実現していた。この短期間における連鎖反応的な変化は、中等教育機関をめぐる供給が需要を下回っていたことを物語る。第一次台湾教育令が一方で中等教育を従来よりも充実させながら、他方で私立学校排除条項を組み込んだのは、台湾人の教育熱が私立学校に向かっていく事態を抑制しようとする意味を持ったと考えられる。

第二に、私立学校の設立主体に着目するならば、黄玉階・呉昌才・李春生・辜顯榮のような台湾人紳商層が尾崎秀真や木村匡のような在台内地人と連携・協力しながら、さまざまな形式で学校を支えていたことが着目される。やや大仰な表現をするならば、総督政治の統制下にありながらも、かならずしも総督府の意向には収斂しない形で展開されていた社会的相互作用の露頭の一端をそこに見出すことができる。私立学校の過半は宣教本部や本山から補助金を仰ぐことのできる宗教団体の経営になるものだったものの、そこにも台湾人の関与を見出すことができた。静修女学校創設の経緯における呉昌才らの協力、淡水中学校の新校舎建設における辜顯榮ら有力者の寄附金などを考えるならば、宗教団体経営と見える場合でも、台湾人の協力が重要な位置を占めたといえる。

第三に、学校種別についていえば、長老教会系学校が初等普通教育、中学校程度の高等普通教育、専門教育の各領域にわたっていたのに対して、総督府当局の援助を受けた「准官立」ともいうべき学校は実業系学校に偏っていた。それは、台湾人の教育要求を「実用的」な職業訓練に限定しようとする総督府の方針を表明するものでもあった。結果として、第一次教育令における私立学校排除条項は、この「准官立」ともいうべき学校群を保護する一方で、キリスト教系の学校を「漸次整理」の対象とすることになった。学校の配置にしても、女子高等普通学校三校のうち一校が台中ではなく彰化に設けられたのは、イングランド長老教会が彰化に女子教育の拠点を設けようとしていた計画を意識してのものだった可能性がある。

第四に、長老教会系の中等学校のなかでも、台湾人の教育熱の受け止め方に相違があった。長老教中学校の場合、普通教育化、大規模化、学務委員会の組織という事態が連動して成立した。内地の中学校令施行規則に準拠したカリキュラムを採用するならば、多くの生徒を惹きつけることが可能になるとともに、より多くの教員を雇用しなければならなくなる。そのために必要経費の増大を促すことになる。人件費増大に対応して収入を増やすためには、生徒数の増大と、それを可能にするための新校舎が必要だった。実際、いずれの学校も一〇年代半ばから二〇年代にかけて新校舎を建設した。ただし、必要な資金の集め方は学校により異なっていた。長老教中学校の場合は高金聲ら南部教会の中堅的な人物が新校舎建設のための寄附金募集事業の中核となったのに対して、長老教女学校の場合は校長たる女性宣教師と校友会組織、淡水中学校は校長たる男性宣教師が中心となり、淡水女学堂の場合はトロントの本部からの補助金によりまかなわれた。

かくして、長老教会系学校のなかでも長老教中学校だけが、南部教会の信徒を中心として寄附金を集めることにより、管理運営体制への信徒の発言権を確たるものとすることになった。これは教会組織の内部に男性中心主義が貫徹していたことの反映であると同時に、南部教会で相対的に教会組織の自治が進捗していたことによるものと考えられる。その後、長老教中学校が「台湾人の学校」として拡張していくことになる背景をそこに認めることができる。それはまた、長老教中学校において、私立学校の「漸次整理」を求める総督府の方針と、学校関係者の対立・抗争がもっとも先鋭な形であらわれざるをえないということでもあった。

第五章　抗日運動のなかの台南長老教中学

――「台湾人の学校」という夢（一九二〇年代）

本章では、一九二二年二月に公布された新台湾教育令（以下、第二次教育令）における私立学校の位置づけについて論じたうえで、二〇年代の台南長老教中学校をめぐる状況について抗日運動との関係に着目しながら考察する。

二〇年代は国際政治上における次のような変化が、日本の植民地支配のあり方にも影響を与えた時代だった。第一次世界大戦で疲弊した英国は相対的に影響力を低下させ、米国が東アジア世界における新たな覇権国家としての地位を占めた。第一次大戦中にウィルソンの提唱した民族自決主義の原則は東アジアの諸地域には適用されなかったものの、朝鮮における三・一独立運動、中国における五・四運動の呼び水となった。二〇年には国際連盟が発足、旧植民地が民族自決権を行使するまでの過渡的措置として委任統治制度を設けた。日本も南洋庁を設置して旧ドイツ領のミクロネシアの島々の委任統治にあたることになった。委任統治は実質的には植民地支配と変わらない側面が強かったものの、川島真の指摘する通り、「植民地支配と名のつく支配を新たにおこなうことが以後難しくなった」とはいえる(1)。この時期に原敬内閣は植民地統治方針として内地延長主義、同化主義を打ち出すことになる。この方針は、台湾や朝鮮における統治は「植民地支配ではない（＝内地の一部である）」ことをアピールしたものとみることができる。

国際政治上の力関係の変化は、台湾や中国における英国人宣教師の立場を不安定なものにした。イングランド長老

図 5-1　台湾議会設置請願団

新竹駅における議会設置請願委員餞別会(1926 年). 短冊のように記されている文字は,「議会未成功」「要求自由平等」「倡民権」「争平等」「打倒専制主義」「同志須努力」.

教会の刊行する月刊誌『メッセンジャー』を通覧すると、一八年を最後として各地の宣教師の活動をまとめて定期的に報告する枠――たとえば「極東におけるわたしたちのミッション」というタイトルの枠――が原則的になくなり、その後は関係記事が不定期に掲載されることに気づく。こうした誌面の変化は、東アジアにおける英国の影響力の低下に連動して、中国・台湾での宣教事業への関心も低下したことを物語る。一八年一〇月にはミッションの財政難を説明する記事を掲載、中国人伝道師の俸給や借地代など中国における宣教事業に要する費用はすべてドル建てで支払う必要があるにもかかわらず、ドルに対するポンドの価値は半減、この窮状に対処するためにイングランド長老教会の一般会計を充当する予定だと記している(2)。

中国における英国人宣教師は、財政問題以外にも困難な状況に直面することになった。二〇年代当時、中国国民党や中国共産党は反帝国主義を掲げ、不平等条約改正の方途を追求していた。二五年には上海租界で英国人警察官が中国人労働者を射殺する事件(五・三〇事件)が発生、これを契機として反キリスト教運動・教育権回収運動が激しさを増した(3)。イングランド長老教会の経営する廈門英華書院はいったん閉鎖されたのち、中国人を校長に採用して再開された。宣教師のなかにはこうした事態に反発して「愛国心とは、ならず者たちの最後の逃げ場所である」「自分自身がロシアのボルシェヴィズムの影響下にある人びとが、外国の影響力にあるとしてキリスト教への聖戦を語るとは！」と憤懣を込めて語る者もいた[4]。

こうした中国大陸における宣教師に比して、在台湾の宣教師は、相対的に安穏な立場にあった。宣教師のなかには「〔中国〕本土における悪感情は台湾には広がっていないし、わたしたちのあいだに存在する良好な関係にも影響を与えていない」と語る者もいた[5]。もっとも、台湾でも民族自決主義の風潮に鼓舞されて二一年には台湾議会設置請願運動が始められていた[6]。総督府は二三年にこの運動のリーダーである蔡培火・蔣渭水・林呈禄ら四〇名あまりを逮捕した〔治警事件〕。まがりなりにも独立国家だった中国では政府が反帝国主義的ナショナリズムを標榜したのに対して、台湾では総督府が反帝国主義の思潮を抑圧していた。そのおかげで、在台宣教師は、中国大陸の同僚よりも、反帝国主義的ナショナリズムや共産主義という「脅威」から保護されていたといえる。長老教中学校の校長だったバンドは、「台湾では〔内地より〕さらに厳格な警察力に基づく監視のおかげで、ボルシェヴィキによるプロパガンダはそれほど広範に広がっていない」と述べながら、「共産主義への防波堤」としてキリスト教主義の価値が総督府により認められるのではないかという希望を記している[7]。長老教中学校の支持基盤である台湾人キリスト教徒は、こうした宣教師の思惑をよそに次第に抗日運動関係者との連携を深めることになる。

以下、本章の第一節では、第二次台湾教育令における私立学校の位置づけについて、朝鮮との相違に着目しながら論ずる。第二節では、第二次台湾教育令のために長老教中学校が上級学校に進学できない袋小路の学校とされた状況を確認したうえで、こうした状況を克服しようとする台湾人の試みについて論ずる。第三節では長老教中学校の生徒たちの作文に即して、「優勝劣敗」という思想への懐疑や「自治」への希求を跡付ける。

第一節　第二次台湾教育令と私立学校規則

一、高等普通教育における共学と別学

第一次世界大戦後、原敬内閣は、英米との協調を重視しながらも、朝鮮支配と在中国権益を守る「鮮満防衛」体制の構築を志向し、一九二〇年には朝鮮独立運動の策源地とみなした中国間島への出兵を強行した。(8) 他方で、原敬は、内地延長主義・同化主義を具体化する方策として、第二次台湾教育令・第二次朝鮮教育令の制定を領導した。この二つの教育令は同時に枢密院で審議されて、二二年二月四日に同日公布された。

第二次台湾教育令では、初等教育において「国語ヲ常用スル者」は小学校、「国語ヲ常用シナイ者」は公学校とする区別を維持しながら、「国語常用」という条件を満たした者については、台湾人であっても小学校への入学を公認した。また中等以上の学校については、内地人・台湾人の共学を原則とした。さらに、七年制の台北高等学校を一九二二年に創設し、続いて台北帝国大学を二八年に創設した。第一次台湾教育令における私立学校排除条項は、第二次台湾教育令では師範学校を別として撤廃された。これにより、教育制度の大枠は内地と同様となり、台湾人にも帝国大学にいたるルートが開かれることになった。この教育令改正に先立って地方制度改正も実施、二〇年に五州二庁を設け、州および市・街・庄(街・庄は内地の町・村にあたる)に協議会を置いた。いずれも議決権のない諮問機関であり、協議会員はすべて官選だったものの、それまでの地方庁が総督府の出先機関でしかなかったことに比すれば、「地方自治」をめぐる一歩前進ではあった。(9)

田健治郎総督は、第二次教育令発布に際して総督諭告で次のように語った。「茲に教育令を改正し、内台人間の差

別教育を撤去し、教育上全く均等なる地歩に達せしめ得たるは本総督の洵に欣快とする所」である。[10] 台湾総督府の「御用雑誌」ともいうべき『台湾時報』の巻頭言は、第二次教育令について「新領地の制度としては実に破天荒に属し、戦後の文化的施設として洵に絢爛を極めたもの」と自賛している。[11] そこには、欧米列強が「新領土」としての植民地に臨む方式とは異なる、「破天荒」な方向に転換したのだという自己認識が表明されている。

実際、台湾人であっても、入学試験や就職試験などの競争に勝ち抜くことができれば、帝国大学に入学できることになった。アンダーソンのいう「ラセンの上昇路」が、台湾人の前にも広く開かれたようにも見える。ただし、この「ラセンの上昇路」を昇るためには、微妙な障壁が何重もの形で存在していた。たとえば、つとに矢内原忠雄『帝国主義下の台湾』(一九二九年)が指摘したように、台湾人にとって、日本語を母語とする内地人とともに日本語で同じ試験を受けることは「競争上困難なる立場」に置かれることを意味していた。[12] 新たに導入された「競争」のシステムはフェアなものとはいいがたく、内地人に有利なものだった。矢内原は私立学校をめぐる状況にも言及して、次のように記している。「外国宣教師学校の衰運と官公立学校の之に代る興隆」は、資本家的企業が外国資本を駆逐したのと軌を一にする。「外国宣教師の私立学校は総督府規定の資格を備へざる為め中学校の認定を受くるを得ず、従つて生徒は上級学校入学の資格を得るため途中より内地私立学校に転ずる者が頗る多い」。[13] 矢内原はこれ以上の言及はしていないが、私立学校と公立学校の「競争」もまたフェアではなかったことを示唆している。なぜ、また、どのようにして私立学校を卒業しても上級学校に進学できない制度が設けられたのか。「認定」とはなにか。そして、長老教中学校の関係者は「衰運」に甘んじていたのか。

まず、第二次台湾教育令と第二次朝鮮教育令のあいだの違いを確認しておこう。

台湾教育令では中学校・高等女学校・高等学校という高等普通教育機関についても共学を実施したのに対して、朝鮮教育令では「国語ヲ常用スル者」は小学校・中学校・高等女学校、「国語ヲ常用シナイ者」は普通学校・高等普通学校・女子高等普通学校というように別学を原則とした。さらに二四年に京城帝国大学とその予科を設置したが、高等学校は設置しなかった。結局、朝鮮では大学教育と実業教育では共学を実施したものの、普通教育(初等普通教育および高等普通教育)では別学原則が貫かれた。なぜこのような相違が生じたのか。以下、資料的な制約があるために推測に頼らざるをえないところも大きいものの、台湾・朝鮮総督府および枢密院における審議過程に即して検証しよう。

第二次朝鮮教育令の制定過程については、広川淑子が次のように論じている。

原敬首相は一九年八月に閣僚、斎藤実、水野錬太郎らに「朝鮮統治私見」を内示、そのなかで朝鮮や台湾の教育制度がこれまで英国その他の植民地制度を模倣してきたのは「過失」であり、断然改正を必要とすると説いた。朝鮮総督府は、これを受けて二〇年一二月に臨時教育調査委員会を設置した。その第二回会合(二一年五月)で「内鮮共学」にかかわる規定が登場した。ただし、共学の範囲については、内閣と朝鮮総督府で異なる思惑を持っていた。内閣拓殖局は普通教育についても例外なく「内鮮共学」を主張したのに対して、朝鮮総督府は、実業教育は共学としても、普通教育については「内鮮別学」とする案を提示した。在朝内地人や朝鮮人の代表も、普通教育における民族間の共学には反対していた。臨時教育調査委員会の答申は朝鮮総督府の主張に沿った方向で作成されて、二一年八月に拓殖局での審議に付された(14)。

他方、第二次台湾教育令は、異なる経過をたどった。田健治郎日記によれば、二一年八月八日に在京中の末松偕一郎内務局長から、内閣拓殖局・法制局との交渉について指揮を乞う来報があった(15)。末松によれば、台湾総督府部内でも植民地政策をめぐる世界の動向に対応すべく「差別教育」撤廃を目指して教育令改正案を審議していたところ、二一年夏に朝鮮教育令改正案が内閣に提出されたので「同案の審議に際しては必然台湾教育令に波及する所あるべしとの法制局の注意により、至急台湾教育令の改正案を提出することになつた」という。この時に提出した案は、ほぼそのまま内閣・枢密院の審議を通過したとも記している(16)。したがって台湾の場合は、総督府案の段階で、高等普通教育でも「内台共学」を原則としていたものと思われる。

枢密院における審議過程で作成された文書では、朝鮮の場合について、共学制に反対すべき理由が次のように詳細に説明されている。「一、歴史、思想、慣習等内地ト朝鮮トハ相違セルモノアリ」「二、内鮮《ママ》人共ニ共学ヲ希望セス、強テ之ヲ共学ニスレハ朝鮮人ハ同化ヲ強制セラルヘシト誤解シ、内地人ハ学校ノ程度低下セラレルヘシト考ヘ双方ノ反抗ヲ起スヘシ」「三、言語又ハ国語力ノ相違アリ」。いずれも共学制にまつわる問題点を照らし出す指摘である。とりわけ在朝内地人が共学制の実施に反対の意向を持っていたことは、朝鮮総督府の議論の方向性を強く規定したと考えられる。

しかし、この説明では、なぜ実業教育や大学教育では共学を認めて、普通教育機関では共学制を避けようとしたのかが、明らかではない。一から三は、実業教育にもあてはまるはずの理由だからである。実業教育とは異なる、普通教育にかかわる特徴を説明しているのは、次のような項目である[17]。

七、内地人又ハ朝鮮人ノミヲ教育スル官公立学校無キニ至レハ共学ヲ嫌フモノハ勢ヒ私立学校ニ走リ、内地人側ニ於テハ現在ノ学校組合ノ如キモノヲ私設的ニ組織シテ私立学校ヲ立テ、朝鮮人側ニ於テハ現在ノ私立学校又ハミツシヨン学校ノ隆盛ヲ来シ学校ノ内容不完全トナリ、又之カ監督上多大ノ困難ヲ生スルコト無シト限ラス

この説明は、私立学校が重要な比重を占めている普通教育を想定して書かれたものと考えられる。二〇年時点で、専門学校は官立四校に対して私立二校、実業学校は官・公立二六校に対して私立二校というように官・公立学校の比重が大きかったのに対して、高等普通学校は官・公立五校に対して私立九校、女子高等普通学校は官・公立二校に対して私立五校というように、私立が官・公立を凌駕していた[18]。しかも、このほかに六〇〇校を超える私立各種学校が存在していた。その半数近くはキリスト教系学校であり、実質的に専門学校レベルの課程を備えた学校も存在した。たとえば、米国北長老派ミッションが一八九九年に平壌に創設した崇実学校《スンシルハッキョ》は、四年制の中学科に四年制の大学科を

併設していた。

こうした状況で、共学制の公立学校と、もっぱら朝鮮人を対象とする私立学校が並び立つならば、私立学校の「隆盛」にいたるのは自明の理であった。つまり、別学制の公立高等普通学校をあえて設置したのは、私立学校への対抗策という意味合いを備えていたと考えられる。かくして、朝鮮では内地人中心の公立中学校のほか、朝鮮人中心の公立高等普通学校、私立高等普通学校、私立各種学校という選択肢が設けられたことになる。朝鮮総督府としては、朝鮮人を対象とする公立高等普通学校を設置して、なるべくそこに生徒を引き寄せることにより「監督」を徹底する方針をとったということであろう。

それでは、台湾についてはどのように考えていたのだろうか。共学制実施の理由としては、「台湾人ヲシテ真ニ一視同仁ノ聖旨ヲ感得セシメ同化ノ促進ヲ計ルニ有効ナルヘシト信ス」と常套的な説明がなされるにとどまる。[19]朝鮮の場合と同様に台湾人も同化を強制されると考えて「反抗」するのではないかという懸念すらも記されていない。しかし、第一次台湾教育令における私立学校排除条項を想起しても、警戒心の存在したことは確かである。また、第二次台湾教育令制定にかかわる枢密院の審議では、台湾の私立学校に関する具体的情報が参照書類として提供されてもいた。

結果として台湾の場合は、独自な私立学校規則を制定することにより、その「隆盛」を抑える方策が追求されることになったといえる。

台湾総督府が二二年六月に制定した私立学校規則(府令第一三八号)は、私立学校を中学校として位置づける場合には「台湾公立中学校規則」(府令第六六号)を「準用」する、そうでない場合は「中学校ニ類スル学校」あるいは「各種学校」とみなす、と定めた。公学校や高等女学校、実業学校についても同様だった。特に問題とすべきことはないようだが、以下に記す通り、潜在的には大きな問題がはらまれていた。第一には、既設の私立学校はすべて各種学校としたうえで、各種学校であるがゆえの不利益を補う救済措置(指定校制度)を台湾では適用しようとしなかったことである。第二には、公立学校を対象として制定された規則を私立学校に「準用」するという場合に、何をどこまで「準用」するのかという基準が曖昧だったことである。第二次台湾教育令と私立学校規則は相まって、公立学校に対して私立学校を不利な位置に置き、実質的には私立学校排除条項が存続するのと変わらない効果をあげることになる。

二、指定校制度の棚上げ

一九二二年五月、私立学校規則の制定に先立って、台南長老教中学校の校長バンドは吉岡荒造台南州知事を訪問して陳情をおこなった。この時にバンドの提出した説明資料によれば、第二次教育令の制定から四ヵ月も経過しているにもかかわらず、私立学校に関する法令はまだ制定されていない。そのために学校関係者は「動揺不安ノ状態ヲ持続シツツアル」として次のような質問を記している。[20]

(一)台湾現行教育制度ハ既ニ内地ノソレト同ジフスル以上ハ、本島ニ於ケル基督教主義ニ依リテ建テラレタル中学校モ内地ノミッションスクールト同様ノ待遇ヲ受クベキ筈ナレドモ実際可能ナリヤ否。

(二)若シ前記可能ナリトセバ、我ガ校ハ文部省指定(認定ト区別シテ)トシテ中学校設立ノ認可ヲ受クル見込ミアリヤ否。

(三)前記ノ認可ヲ受ケシ場合ニハ内地ノミッションスクールト同様ニ官立高等学校〔一行判読不能〕勿論基督教式礼拝及学科課程ニ必修課目トシテ聖書ノ一課ヲ入ルルコトヲ許サルルヤ否。

(四)前記ノ認可ヲ受クル場合ハ有資格教員ト無資格教員トノ比率如何。

このように、学校関係者は、内地延長主義に基づく教育制度が設けられたことを理由として、日本内地のキリスト教系学校と同様の待遇を求めた。そのうえで、もしも内地のキリスト教系学校と同等の立場を獲得できないならば、

「本校ノ後援者ヲシテ政府ノ教育政策ニ対シテ信ヲ失ハシムル」ばかりでなく、「英国ニ於ケル本校ノ後援者モ台湾ニ於ケル帝国政府ガ基督教教育ニ対シテ果シテ好意ト諒解トヲ有スルヤ否ヤノ疑ヲ起シ、ヒイテハ本校ニ与フル援助モ常ニ全力ヲ注グ能ハザルニ至ルベシ」と強い口調で記している。台湾人の支持者も、英国の後援者も、総督府に対して憤るであろうと述べているわけである。一九一四年にイングランド長老教会ロンドン本部から台湾総督府に抗議がなされた経緯もあるので、この質問は総督府への威嚇としての意味をもったことだろう。

内地のキリスト教系学校と同等の待遇を求めることは、具体的には「文部省指定(認定ト区別シテ)」を受けることを意味していた。この場合の「指定」とは、内地で定められた専門学校入学者検定規程に従って指定校となることを意味する。文部省は一九〇三年に専門学校令の制定とあわせて専門学校入学者検定規程(文部省令第一四号)を制定し、試験検定と無試験検定という制度を設けた。試験検定は、正規の中学校や高等女学校を卒業していない生徒個々人を対象として学力を検定し、一定の水準を満たした場合に専門学校への受験資格を認めるものである。[21]無試験検定は、指定校とされた学校の卒業者について中学校や高等女学校の卒業者と同等以上の学力を持つ者と包括的に認めることである。後者の無試験検定は個人単位ではなく学校単位なので、指定を受けた学校の卒業生はいわば書類審査で専門学校への受験資格を認められた。〇四年の文部省告示第一六号により、専門学校入学者検定(以下、専検)による指定校の卒業者は、自動的に高等学校への受験資格も認められることになった。

専検による指定と類似した制度として、「公立私立学校認定ニ関スル規則」(一八九九年文部省令第三四号)による認定という制度も存在した。これは、徴兵令上の特典(一年志願兵制度)と文官任用令上の特典(判任官任用資格)にかかわる条件を一括して規定したものであり、認定の条件は「学科程度、入学規則、編制及設備等中学校ノ規定ニ準シ且其教員全数ノ三分ノ一以上ハ専任ニシテ中学校ノ教員免許状ヲ有スルモノ」とされた。こちらは、免許状を要する有資格教員の割合を明示的に規定している点が特徴である。[22]

これらの規則の適用状況は、どのようなものであったのか。たとえば明治学院の場合、文部省訓令第一二号(一八九九年)の制定後、私立各種学校として宗教教育や宗教儀式を継続する道を選択したために、志願者が激減し、中途退学する生徒も続出していた。しかし、一九〇〇年に「公立私立学校認定ニ関スル規則」による認定を受けて、〇三年に専検による指定校としての地位を獲得することにより、さしあたって問題は解決された。これにより、明治学院において中学校相当の課程を修了した生徒たちは、専門学校の受験資格や、文官任用令上の特典や徴兵令上の特典を受けられることになったからである。明治学院の学校沿革史の記述によれば、宣教師インブリーが伊藤博文と交渉したことが、指定校制度という救済措置の獲得にあたって重要な意味を持ったと説明されている。[23]「文明世界の同情」に頼る伊藤の方針からして、ありえないことではない。

それでは、内地のキリスト教系学校において、明治学院のような対応は、どの程度一般的だったのだろうか。**巻末付表1**では、日本内地のキリスト教系学校を対象として、各学校の「関係教会」「関係ミッション」「創立年」という基本情報を記すとともに、専検による無試験検定の指定校として指定を受けた日付、私立中学校・高等女学校としての設立認可の日付、財団法人設置の日付を記した。「関係教会」「関係ミッション」の記述は主として『基督教年鑑』の記述による。「専検指定」「中学校・高等女学校設立認可」「財団法人設置」の日付については、文部省告示を精査した米田俊彦の研究に多くを負っている(なお、**巻末付表1**の右半分は、同じ内地キリスト教系学校について、一九三〇年代におけるキリスト教主義の変質状況を見るための項目であり、本書第一〇章で論及する)。[24]

専検指定の日付と私立中学校・高等女学校としての設立認可の日付の関係から、各学校の対応を次の通り四類型に分けることができる。タイプA：指定校とならずに、正規の私立中学校・高等女学校としての地位を獲得した学校、タイプB：指定校としての地位を獲得したものの、私立中学校・高等女学校とはならなかった学校、タイプC：指定校になったうえで、のちに私立中学校・高等女学校となった学校、タイプD：そのどちらでもなく、純然たる私立各種学校の地位にとどまり続けた学校、である。このタイプ別を「分類」の列に記した。

財団法人設置にかかわる問題については後述することとして、まず四五年までの状況についてタイプ分けを確認すると、次のようになる。プロテスタント系の五二校のうち、タイプAは七校、タイプBは二二校、タイプCは二二校、タイプDは一校、カトリック系の二一校のうち、タイプAは二〇校、タイプCは一校である。カトリック系の場合、寮などの場における宗教的儀式を重視する一方で、学科目として「聖書」という科目を設けることは重視していなかったので、指定校という選択肢をとらずに私立中学校・高等女学校となることが多かった。タイプAである。プロテスタント系でも、日本聖公会の立教中学校などが同様の選択肢をとっているものの、タイプBまたはタイプCが多い。タイプDに属するのは恵泉女学園だけである。生徒募集に際しての競争力という学校経営上の点からするならば、指定校としての地位を獲得するのはほとんど必須であったことがわかる。

第二次台湾教育令の制定された二二年時点での状況を確認しておくと、プロテスタント系・カトリック系をあわせて男子向け一六校のうち中学校は六校、指定校は九校、どちらでもないのは東奥義塾のみである。東奥義塾も二五年に指定を受ける。女子向け四九校のうち高等女学校は一五校、指定校は二六校、それ以外は八校である。米田俊彦が指摘しているように、二四年には実業学校や実科高等女学校の卒業生についても、学校単位ではなく学校種別単位で指定校の範疇に含めたことから、指定校制度の対象範囲は大きく拡大した[(25)]。これを要するに、内地のキリスト教系学校は教派ごと、学校ごとの対応の差異をはらみながらも、少なくとも指定校としての地位を獲得するのは当然のこととなりつつあった。学校ごとの違いは、指定校となるか否かではなく、正規の私立中学校・高等女学校となるか否かという点にあらわれていた。

右のような事態をふまえたうえで、台湾に視点を戻してあらためてバンド校長による説明資料を検討しよう。バンドは、内地では指定校制度がとられている状況をふまえて、内地延長主義を標榜している以上は、台湾のキリスト教系学校にも同様の制度が適用されるのが当然という見解を示しているわけである。「文部省指定(認定ト区別シテ)」と記していることや、「必修課目トシテ聖書ノ一課ヲ入ルル」という表現から指定校制度をめぐる枠組みを的確に理解していたことがわかる。

吉岡荒造台南州知事は、バンドの提出した陳情書を賀来佐賀太郎総務長官に取り次ぎながら、「本島人ノ失望ト英国ニ於ケル本校後援者ノ関係有之、至急何分ノ御指揮相成候様致度」と記している。[26] バンドの言い分に気圧された風である。しかし、「至急」という添え書きにもかかわらず、賀来総務長官による回答がなされたのは四ヵ月あまり後、九月二六日付のことだった。[27] しかも回答の内容は、次のように曖昧なものだった。

> 専門学校入学者無試験検定ニ関スル指定ニ在リテハ手続法ノ発布セラレタルモノ無之、右ハ大体文官任用令第六条若ハ徴兵令第十三条第一項第二号ノ認定ヲ受ケタル学校又ハ之ト同等以上ノ程度ノ学校ニ就キ其ノ課程ヲ考慮シ指定セラルルコトト被存候条御了知相成度
>
> 右通牒ス
>
> 追テ孰レノ学校ニ於テモ国民道徳ノ養成ニ力《つと》ムヘキハ勿論ノ所、殊ニ此種ノ学校ニ於テハ一層之ニ力ヲ竭《つく》スノミナラス、生徒ヲシテ国語ノ使用ニ練達セシムルヲ要スル次第ニ付御留意相成度此段申添候

賀来総務長官の回答は、専検の無試験検定にかかわる指定については台湾でも内地でも「手続法」が定められていないので、文官任用令等にかかわる「公立私立学校認定ニ関スル規則」を援用して対応すべきだと述べているわけである。指定すべきだとも、指定すべきでないとも述べていない。ただし、字下げをして記した追って書きでは、「国民道徳」「国語ノ使用」という観点から慎重であるべきことを示唆している。

賀来総務長官の対応は、指定校制度の適用に対する総督府の消極的姿勢を表している。指定校制度にかかわる手続法は、一二年の時点では明文化された形で存在しなかった。しかし、明文化された手続法が存在しなくとも、内地で

は指定がなされていた。また李省展《イソンジョン》の研究によれば、朝鮮でも、米国北長老派ミッションが「京城」(現在のソウル)に設置した儆新学校が二三年に指定を受けた。北長老派ミッション本部は斎藤実朝鮮総督に対して感謝の辞を捧げたという。[28]さらに、内地では二四年に専門学校入学者検定規程(文部省令第二二号)を改正したうえで、「専門学校入学者検定規程第十一条ニ依ル指定ニ関スル規程」(文部省令第三一号)を手続法として制定した。朝鮮でもこれらの規程を延長施行した。こうした状況と対照的に、台湾では、「専門学校入学者検定ニ関スル規程」(一九二一年府令第九五号、一九二五年府令第五二号により改正)こそ設けたものの、手続法はその後も施行した形跡が見られない。

なぜこうしたことがおこなわれたのか。総務長官による回答に付されたメモが手がかりとなる。[29]

忠良ナル臣民ヲ育成スルコトニ熱誠努力スベキコトヲ基督教主義ニ依リ建テラレタル私立学校ニモ要求スルノ止ムヲ得ザル処置ナリト認メザルヲ得ズ

随テ本島ニ於ケル私立学校ニ対シテ内地ニ於ケル私立学校ノ待遇ト全然同一ナルモノナリト明示スルコトヲ得ザルモノト信ズ

前段ではキリスト教主義学校に対しても「忠良ナル臣民」の育成を要求せざるをえないと書いている。それならば、内地のキリスト教系学校と同一の待遇を認めて、「忠良ナル臣民」の育成を要求するのかといえば、そうではない。後段では同一の待遇をとることはできないと記している。この両者をつなぐ論理があるとすれば、それは、次のようなものであろう。台湾のキリスト教系学校に対しても「忠良ナル臣民」の育成を要求する必要がある。しかし、「国民道徳」や「国語ノ使用」に困難がつきまとう台湾に独自な状況を考えると、実際のところ私立学校ではその効果は覚束ない。したがって、内地のキリスト教系学校と同一の待遇を認めることはできない……。

この賀来総務長官の見解は、「内台人間の差別教育」撤廃を標榜した第二次教育令体制下においても、内地と同一の待遇が実現したわけではなかったことを物語る。総務長官の見解を受けて、台南州知事が学校関係者にどのように回答したのかを明確に示す資料はない。しかし、後述する南部中会の議事録や長老教中学後援会大会の資料などから、回答は次のようなものだったとわかる。専検指定に関しては手続法が制定されていないので、さしあたって「公立私立学校認定ニ関スル規則」による認定の基準を援用して対応する。指定の条件の詳細は検討中だが、有資格教員の比率を三分の二以上とすること、財政基盤を安定させるために一〇万円の基本財産を形成して財団法人を設立することが必要である。

バンドの陳情書において、指定を受ける場合の有資格教員と無資格教員との比率を尋ねていることにも明らかなように、有資格教員の比率が問われることは、学校側でも予測していた。ただし、「三分の二以上」という条件は、あえて高く設定されたハードルという意味を持っていた。

有資格教員の比率については、内地には三つの関連規程が存在した。①「専門学校入学者検定規程第十一条ニ依ル指定ニ関スル規程」では教員の氏名や資格・学歴を提出することを求めていたが、有資格教員の比率は明示的に定めていなかった。②徴兵令上の特典と判任官任用資格にかかわる「公立私立学校認定ニ関スル規則」では三分の一以上であることを要求し、一〇年の改正(文部省令第一五号)ではこの条件を二分の一以上に引き上げた。③私立を含む中学校・高等女学校に対しては、「教員免許状ヲ有セサル者ヲ以テ教員ニ充ツルコトヲ得ル規定中改正」(一九〇八年文部省令第一号)により三分の二以上であることを求めていた。①から③にかけて条件が厳しくなっている。

長老教中学校の関係者が求めていたのは、中学校としての設立認可を受けることでも、徴兵令上の特典を受けることでもなく、専検による指定校となることであった。右の①に相当する。それにもかかわらず、右の③の三分の二以上という条件が要求されたわけである。当時、内地では専検指定校となるためのハードルが下がり、いわば「柔軟な運用」がなされていたわけだが、対照的に、長老教中学校に対してはこのハードルが高められたといえる。

財団法人の設置についても、同様の事情を指摘できる。財団法人設置の必要性は、内地でも一九一一年の私立学校令中改正により定められて、台湾の私立学校規則でも同様に規定されていた。ここで**巻末付表1**の「財団法人設置」という項目を確認しておきたい。二二年時点で中学校として設立認可されていた学校、あるいは指定校だった学校のうちで財団法人を設置していた学校は、一六校のなかの一校に過ぎない。すなわち、財団法人設置は、私立中学校としての地位を獲得したり、指定校となるための必須要件とはされていなかった。このように内地ではたぶんに空文化していた条項を、総督府は長老教中学校に対しては厳密に要求したことになる。一〇万円という基本財産の額についても、法的根拠はなかった。

このようにして、総督府は、内地延長主義を標榜しながらも、内地のキリスト教系学校と同様の救済措置を認めようとはしなかった。総督府からすれば、それこそが法の「運用の妙」ということになるのだろう。しかし、長老教中学校の関係者からするならば、それは、たぶんに恣意的な法の運用による「法的」形式の暴力であった。

三、神社参拝規定の挿入

台湾の私立学校規則は、従来存在した私立学校に対して、一九二二年一〇月末日までに認可申請をおこなうべきことを定めていた。そこで、長老教中学校を含めて既設の私立学校はすべて、認可申請のための書類を提出した。この時の認可申請の資料に添付された学則は、総督府が一方で内地と同様の待遇を否定しながら、他方でそれぞれの学校の個性を否定して一定の規格に押し込めていこうとする圧力を行使した事実を物語る。

長老教会系学校について見るならば、まず学校の名称変更が迫られている。すなわち、「台南長老教中学校」は「台南長老教中学」、「淡水中学校」は「淡水中学」、「淡水高等女学校」は「淡水女学院」と変更している[30]。正規の私立中学校・高等女学校以外は「中学校」「高等女学校」と名乗ってはならないという原理が及ぼされたものと考えられる。

教育目的に関して、長老教中学では「教育勅語ヲ奉体シ男子ニ須要ナル高等普通教育ヲ授ケ特ニ基督教主義ニ基キ人格陶冶ニ努メ以テ国家社会ニ忠良有為ナル人士ヲ養成スルヲ目的トス」と定めている。キリスト教主義を明示しながらも、冒頭で教育勅語に言及することで、公式に定められた教育目的に背馳しないことを強調している。長老教女学校も同様である。他方、淡水中学は「国民性ノ涵養ニ努メ忠良有為ノ国民ヲ養成スル」、淡水女学院は「国民道徳ノ養成」を図るというように教育勅語には言及しない一方、キリスト教主義にも言及していない。長老教中学校は、一三年時点では「本島人子弟ニ基督聖教及日本国語英語漢学普通学ヲ教育スルヲ以テ目的トス」と記していた(31)。淡水中学校も、創立当時の学則では「本島人子弟ニ基督教主義ニヨリ中等教育ヲ為スヲ目的トス」と定めていた(32)。どちらも冒頭でキリスト教主義の方針を鮮明にする一方、教育勅語には言及していない。当局との内交渉において、キリスト教主義について記すならば、教育勅語についても記す必要があると示唆されたものと考えられる。

長老教中学・淡水中学の修業年限は五年、入学資格は尋常小学校卒業または公学校六年卒業程度とされた。実際に入学したのはほとんど台湾人ばかりであったが、尋常小学校卒業者も対象にしているので内地人の入学も想定していたことがわかる。長老教中学の場合、三一年時点の校友会員名簿のなかに内地人と思われる者が二名含まれている(33)。

学科課程では、長老教中学は「修身(道徳要領)」とは別に「聖書(新約クリスト伝・新約使徒行伝)」を設け、他の三校は「修身(道徳要領・聖書)」というように修身のなかに聖書教授を含めていた。また長老教中学・淡水中学・淡水女学院は、随意科目として「台湾語」の時間を設けていた。

祝祭日に関する規定について、長老教中学・長老教女学校は「台湾神社例祭日ニハ職員及生徒学校ニ参集シ礼拝式ヲ行フ」(傍線引用者)と定め、淡水中学・淡水女学院は「台湾神社例祭日ニハ職員及生徒学校ニ参集シ学長台湾神社ニ関スル誨告ヲ為シ謹ミテ敬意ヲ表ス」(傍線引用者)としている。これらの規定は、二二年に改正された台湾公立中学校規則(府令第六六号)における、次のような条文を前提として記されたものと思われる。

第三十七条　紀元節、天長節祝日、一月一日及始政記念日ニハ職員及生徒学校ニ参集シテ祝賀ノ式ヲ行フヘシ
台湾神社例祭日ニハ職員及生徒学校ニ参集シ学校長ハ台湾神社ニ関スル誨告ヲ為シ一同北白川宮能久親王ヲ奉祀セル神社ニ参拝又ハ遙拝ヲ為スヘシ

一九一五年に制定された台湾公立中学校規則(府令第二号)では、この条文の前段の部分、すなわち「紀元節、天長節祝日、一月一日及始政記念」について規定するにとどまっていた。これに対して、新たな規則では、台湾神社の「例祭日」に「参拝又ハ遙拝」を求めている。同様の規程は、台湾公立高等普通学校規則(一九一九年府令第四六号)に初めて登場し、台湾公立中学校規則(一九二二年府令第八七号)で中学校にも適用され、この二二年規則でも踏襲された。二二年規則の制定過程を示す案文では、「台湾神社例祭日ニハ職員及生徒学校ニ参集シテ祝賀ノ式ヲ行フヘシ」と記したうえで、朱線でこれを削除して「参拝又ハ遙拝」という語句を新たに挿入した条文を記している。意識的に導入したものであることがわかる。[34] これに対して、長老教会系の学校は、儀式をおこなうところまでは譲歩しながらも、「参拝又ハ遙拝」という表現は避けている。当然のことながら、キリスト教徒として――それも「偶像崇拝」を強く禁じる、ピューリタン系のキリスト教徒として――神社参拝・遙拝への抵抗感が存在したためであろう。

同時代の内地の中学校令施行規則にも、朝鮮における高等普通学校規則(二二年府令第五四号)にも、このように神社への参拝・遙拝を求める規程は存在しなかった。二〇年代当時、神社参拝は、参拝を拒否した子どもを罰するなどの方式で、事実として強制されていたのであり、明文化されてはいなかった。たとえば、朝鮮では二四年に忠清南道の江景普通学校の生徒六〇名あまりが江景神社例祭の参拝を欠席したり、拝礼を拒否したりしたために、数名が退学処分とされた。この時にすかさず天主教のフランス人神父は、帝国憲法の定める「信教ノ自由」に反するものと抗議し、『東亜日報』は民族的な歴史の相違を無視するものと批判した。[35] こうした事態が支配的であったにもかかわらず、なぜ台湾の場合には府令として明文化したのか。

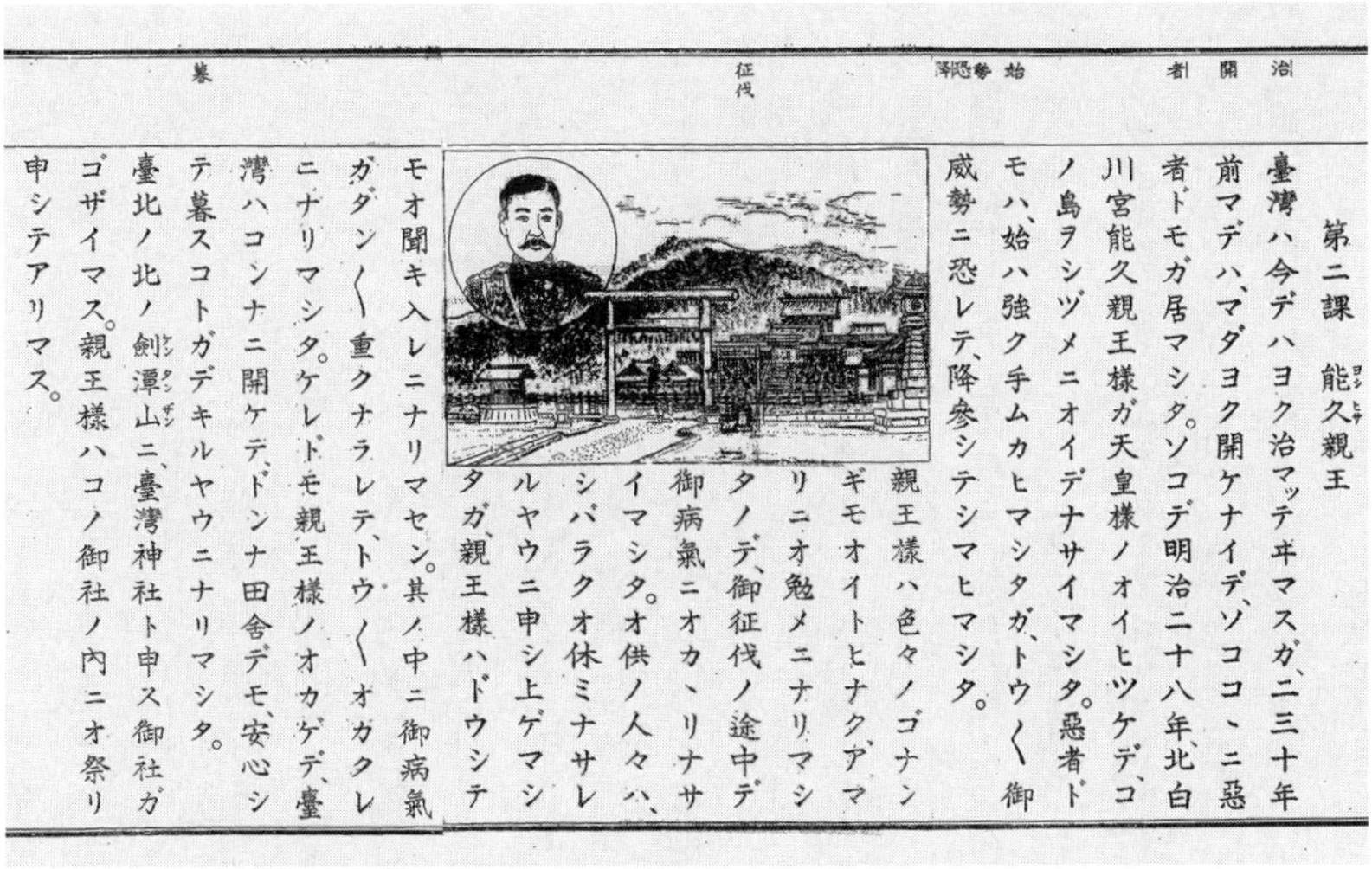

治　開　者　始　参　恐　降　征伐　暴

第二課　能久《ヨシヒサ》親王

臺灣ハ今デハヨク治マッテヰマスガ、二三十年前マデハ、マダヨク開ケナイデ、ソコヽニ惡者ドモガ居マシタ。ソコデ明治二十八年、北白川宮能久親王様ガ天皇様ノオイヒツケデ、コノ島ヲシヅメニオイデナサイマシタ。惡者ドモハ、始ハ強ク手ムカヒマシタガ、トウ〳〵御威勢ニ恐レテ、降参シテシマヒマシタ。

親王様ハ色々ノゴナンギモオイトヒナク、アマリニオ勉メニナリマシタノデ、御征伐ノ途中デ御病氣ニオカヽリナサイマシタ。オ供ノ人々ハ、シバラクオ休ミナサレルヤウニ申シ上ゲマシタガ、親王様ハドウシテモオ聞キ入レニナリマセン。其ノ中ニ御病氣ガダン〳〵重クナラレテ、トウ〳〵オカクレニナリマシタ。ケレドモ親王様ノオカゲデ、臺灣ハコンナニ開ケテ、ドンナ田舎デモ、安心シテ暮スコトガデキルヤウニナリマシタ。

臺北ノ北ノ劍《ケン》潭《タン》山《ザン》ニ、臺灣神社ト申ス御社ガゴザイマス。親王様ハコノ御社ノ内ニオ祭リ申シテアリマス。

図 5–2　台湾総督府『公学校用国民読本』巻 8(1914 年)

台湾占領の過程で没した能久親王は，天皇に刃向かう「悪者ども」を鎮めた「神」として祀られた.

第一に、台湾における神社にかかわって、北白川宮能久という祭神にまつわる特殊性を指摘できる。公立中学校規則で「参拝又ハ遙拝」を定めた神社は、神社一般ではなく、北白川宮能久親王を祭神として祀る神社であった。台湾占領の過程で没した能久親王は、台湾統治の起点を示しながら、その正統性を象徴する神聖性を備えていた。その神聖性を否定することは、日本による台湾統治そのものを否定するに等しい行為とみなされがちだった。台湾神社に関しては、本康宏史の指摘した通り、領台初期の「軍事政権」としての総督府の統治理念が「台湾総鎮守」という総称(規定)に反映されていた。[36] 四二年一二月までに台湾に創建された六八社の神社のうち、六〇社が能久親王を祭神に祀っていた。[37] 台湾における神社は、最初からそれだけ深く統治体制の一環として組み込まれていたといえる。

第二に、朝鮮とは異なる台湾に独自な要因として、第二次教育令制定に先だって私立中学校・高等女学校として認可された学校が存在しなかったという事情がある。カリキュラムや祝祭日儀式を規定した規則は、朝鮮では中学校規則・高等普通学校規則というように公立にも私立にも適用されるものだったのに対して、台湾では台湾公立中学校規則とされた。すなわち、さしあたって公立学校だけを射程に入れた規則であった。これを私立学校にも「準用」するという場合に、何をどこまで適用するのかという判断の基準を曖昧にすることが可能であった。したがって、神社参拝にかかわる規定の問題性も顕在化しにくかったといえる。

第三に、台湾のみならず朝鮮にも通底する要因として、形式的には大日本帝国憲法の及ぶ地域とされていたものの、実質的には憲法の定める権利・義務関係は適用されず、「信教の自由」を含めて自由な空間を保障する原理もなし崩しにされがちだったことを指摘できる。台湾の場合、二一年には六三法・三一法に代わって法律第三号が設けられて、内地法の延長施行が原則となり、総督の律令制定権が制限された。ただしそれは、中央政府との関係における制限であり、台湾島内の状況について見れば、行政権力がすべての法令の直接の源泉である官僚制支配であることに変わりはなかった。朝鮮においても、総督は法律に等しい効力をもつ命令(制令)を制定する権利を保持していた。

このような条件のもと、台湾公立中学校規則において、神社参拝をめぐる異例な規定が挿入されたわけである。私立学校についていえば、さしあたりこの規則の対象校ではないため、神社参拝がすぐさま要求されたわけではなかった。とはいえ、もしも中学校に類する指定校、あるいは正規の私立中学校としての地位を求めるならば、神社参拝を要求される可能性が示されていた。

専検指定校制度の棚上げと、神社参拝にかかわる規定の「準用」可能性は、いわば意図された曖昧さにより多様な解釈の余地を残しながら、私立学校を周縁化する機能を果たすことになる。

カナダ長老教会の二六年のレポートでは新たに現出した困難を以下のように報告している[38]。

「総督府が女子教育機関を設立し始めたために、女学院は競争というステージに置かれることになった。今や総督府の高等女学校が一〇校も設立され、すべての州に存在する。したがって、入学できなかった者は、もはやわたしたちの学校には来ない。生徒数は益々減少しており、おそらく質もそうである」。このように学校間の「競争」がもたらした影響について記したうえで、卒業生が上級学校に進学できるようになるためには設立認可 registration と指定 recognition が必要だとして、総督府が要求している条件を記す。

(1)財政的保証、すなわち総督府の要求に応えるのに十分な基本財産、あるいは宣教本部の確約。

(2)教員免許状を備えた、完全に標準化された教師を擁すること。総督府は、それぞれの学校の教師の三分の二が教員免許状を保持することを要求している。

(3)学校のなかでキリスト教教育をしないこと。

(4)神社崇敬。すべての認可を受けた学校は天皇陛下への敬意を表すために神社に行く必要がある。

この四条件に対する態度を以下のように記す。最初の二つの条件は多額の財政的支出を必要とするものの、履行が可能かもしれない。しかし、第三と第四の条件はそうではない。ことに「四つ目の条件は、もしも要求されたとしたら、他の三つの条件が整えられたあとでも、指定を妨げるものになるであろう。神社参拝は一種の信仰であり、キリスト教的施設であればどんなものでも、受け容れることはできない」。

このうち第三と第四の条件は、指定校となるためには不要なはずのことであるが、この資料では、指定校になることと、私立高等女学校になることが区別されていない。おそらく総督府の説明が曖昧だったのであろう。宣教師としては、不安を抱かざるをえない状況だったことがわかる。「現地人の教師たち、そしておそらく生徒自身もわたしたちの学校が適当な地位を得て指定されることを求めている」と記していることから、台湾人教師・生徒のなかには指定を求める意向の強かったことがわかる。それでも、宣教師は、淡水女学院について指定校となることも、高等女学校となることも求めないこととした。淡水中学についても同様だった。

宣教師の側で積極的な方針をとりにくい財政的事情も存在していた。二五年にカナダでは長老教会がメソジスト教会や組合教会と連合してカナダ連合教会 United Church of Canada を創立、台湾在住の宣教師はこれに反対してカナダ長老教会に残る選択をとった[39]。そのために財政的基盤は従来よりもいっそう脆弱となり、学校の整備・拡張を目指す選択は困難だった。また、台北という大都市とそれほど距離が離れていないために、指定校とならなくとも、一定数の生徒は確保できるという見込みも存在したものと思われる。

これに対して、長老教中学では、右の四項目の内の一番目と二番目にかかわる条件を満たすことにより、内地の明治学院や青山学院や同志社と同様に指定校としての地位を獲得しようとする運動が展開されることになる。

第二節 「台湾人本位の教育」を求めて

一、財政的窮迫と中途退学者の続出

台南長老教中学の校長バンドは、一九二二年度のロンドン本部宛てレポートで、新教育令により校地・校舎・財政・規則・カリキュラム・教師の六点にわたって当局の過大な要求を満たすことを迫られているとして、次のように悲観的な見通しを記している。「わたしたちの財政状態はまったく不十分である。官・公立学校に投入されている大量の税金に比較するならば、わたしたちの〔宣教会からの〕補助金はごくわずかである。当局が一定の金額を超えて授業料の引き上げを許さないこともあって、苦しい状態にある。本部、または台湾人教会からの追加の資金援助がなければ、将来にほとんど望みはないだろう」。教員の資格をまずそろえる必要があるが、中等教員免許状を持っている台湾人は、いまだ少数である。他方、日本人の給料は単身の宣教師に匹敵するほど高い。「それくらいならば、教育は日本人に任せればよいではないか?」と思う人もいるかもしれない。だが、この一年間に中学生のなかで洗礼を志願した者が二五名もいるのだ……[40]。

宣教師から本部宛てのレポートや書簡では、資金や人員の不足を嘆くものが少なくない。それにしても、この時のレポートは深刻さにおいて際立っている。学校の将来に見通しを持てないとして、なぜそこまで教育事業の継続にこだわらねばならないのかという自問を繰り広げていること自体、追い詰められた状況を物語る。そのうえで、バンドが「台湾人に任せればよいではないか?」と記すのではなく、「日本人に任せればよいではないか?」と記していることに注意を要する。英国人の多くは、台湾が帝国日本の領土である以上、日本人が教育事業のイニシアティブを握るのは当然という意識を抱いていたものと思われる。それでも、学校を経営するのは、これを手がかりとして「異教徒」たちにキリスト教を広めようとしていたからであった。学校を舞台とした宣教事業の効用について、バンドは次のような出来事も記している。「キャンベル・ムーディー牧師が中学校と女学校で特別な福音集会を開催した際には、六〇名を超える学生が教会に参加したいという思いを署名によって表明した。こうした事実は、青年たちにアクセス可能な教育施設が素晴らしい機会を提供できるという指標のひとつである[41]」。

本書第三章にも登場したムーディー牧師は、宣教師中心の教会のあり方、さらには外来者による植民地支配という秩序への疑問を隠さずに語る宣教師だった。中学校・女学校の生徒にとって、そうしたムーディーの語りが心の琴線に響いた可能性もある。ただし、バンドにとってさしあたって重要なのは、多くの生徒が入信を希望した事実だった。そこにキリスト教宣教師としての立場が明確に刻まれている。

長老教中学の教頭林茂生は、異なる方向で打開の可能性を模索していた。

本書第四章でも引用したように、林茂生は、長老教中学の歩みを振り返る文章において、学校の歴史を三期に区分し考えていた。第一期は一八八五年——一九〇五年であり、伝統的な宗教教育の時代、第二期は一九〇六年——一九一五年であり、「英国母会《ママ》の出店」から「本島の学校」へという変化の生じた時代であった。そして、第三期が一九一六年以降ということになる。この時期には、学校と外部の関係が複雑となり、いくつもの困難な問題が生じてきたとして、次のように論ずる。

第一に、学科内容の充実を図るために良い教師を獲得することが必要であるが、その俸給を負担するために財政的には困難な状況に陥らざるをえないこと。第二に、公学校の校長や教師のなかに「一部分無理解」な人がいて「直接間接生徒の本校入学を阻止する」こと。第三に、公立中学校の入学試験が激烈になるのにつれて本校が不合格者の「予備学校」となって中途退学者が続出すること。第四に、一九年の第一次教育令のもとでは「内交渉」により医学専門学校と商業専門学校の受験資格を認められたが、新教育令により不可能となったこと。この窮境を脱するためには、財政の基礎を固くし、有資格教員の雇用を進めて、「文部省令に依れる私立中学の認定を申請」する必要がある。[42]

一番目の教師雇用にまつわる困難は、バンドの指摘とも重なる、当面のもっとも実際的な課題だった。二番目は日本人による妨害という事態であった。実際、二二年度に入学した黄武東の場合、信者である父親が子どもを長老教中学に進学させることを決めていたが、公学校での成績がよかったために教師が師範学校や医学校の受験をしきりに勧めたうえに、校長室に呼び出して「あんな学校に行きたいだと? お前は将来坊主にしかなれなくてもいいのかね?」と話したという。[43]

三番目の中途退学者の続出について、**表5-1**に長老教中学の学年別生徒数を示した。予科は、入学試験で学力不足と判断した生徒に予備教育を施すことを目的として、二三年度に設置したものである。[44] 学年を追うにつれて生徒数が減少し、特に第四学年以降はごく少数であることがわかる。三一年度までは第五学年も存在しなかった。卒業しても上級学校に進学できない袋小路の学校とされたために、多くの学生が中途退学し、日本内地の学校に転学したのだった。第二次教育令が、台湾人にも帝国大学へと至るルートを開きながら、長老教中学をこのルートから外したことの効果はてきめんだった。

四番目の上級学校への受験資格は、中途退学者の生じる要因であった。第一次教育令のもとでは、私立学校排除条項が設けられたもののその実施はペンディングとされたために、長老教中学校で学んだのち、台北の医学専門学校（以下、医専）や台南の商業専門学校（以下、商専）に進む道が開けていた。医専予科の受験資格は、公学校（六年制）卒業またはこれと同等以上の学力を有する者であり、本科は公立高等普通学校卒業者、これ以外は独自に学力を検定し、受験資格を認めることになっていた。[45] 商専も予科の受験資格は医専と同様であり、本科の受験資格は公立高等普通学校卒業または同等以上の学力を有する者だった。[46] 医専についても、商専についても、書類審査により長老教中学校の卒業生は受験するのに十分な学力があると判断された。商専については、林茂生が同校教授を兼務していたことも、「内交渉」をスムーズに進めさせた可能性がある。

しかし、第二次教育令が制定されると、医専の受験資格は、中学校卒業者、専検による試験検定の合格者、専検による無試験検定の指定校卒業者に限定された。[47] 商専は、創立のわずか三年後、南部台湾における唯一の専門学校であったにもかかわらず、廃校を告示された。廃校の理由について、末松偕一郎内務局長は、受験資格の厳格化により台湾人出願者の減少が見込まれるために、高等商業学校は台北の一校で十分であると説明した。[48] 確か

表 5-1　台南長老教中学の志願者数・生徒数（1924 年度〜1935 年度）（単位：人）

年　度	志願者	予科	1 年	2 年	3 年	4 年	5 年	合計	備　考
1924 年度	〔不詳〕	48	61	46	34	17	—	206	
1925 年度	〔不詳〕	59	64	50	33	20	—	226	
1926 年度	〔不詳〕	60	64	60	34	18	—	236	4 月末現在
1927 年度	297	53	68	51	45	14	—	231	4 月末現在
1928 年度	256	61	72	54	26	8	—	221	4 月現在
1929 年度	288	60	72	62	42	12	—	248	4 月現在
1930 年度	330	64	71	62	38	12	—	247	
1931 年度	〔不詳〕	57	94	56	34	8	—	249	
1932 年度	201	46	111	82	41	9	6	295	
1933 年度	242	51	116	89	49	20	5	330	
1934 年度	254	58	118	88	59	14	6	343	
1935 年度	328	57	127	98	62	12	12	368	

出典：『台南長老教中学校友会雑誌』・『輔仁』各年度（1924 年度〜36 年度），『財団法人私立台南長老教中学要覧（昭和十一年四月現在）』.

注：1）生徒数について，備考欄に「〜現在」という注記のあるものについては『校友会雑誌』『輔仁』中の記事による．それ以外のものについては『校友会雑誌』『輔仁』中の「学友名簿」の人名を数えた．後者の場合，正確に何月現在のものであるかは不詳.

2）志願者数について，1930 年度までは『校友会雑誌』『輔仁』の「学校暦」の記載による．1932 年度以降の志願者数は『財団法人私立台南長老教中学要覧（昭和十一年四月現在）』による．

に中学校から新しい卒業生を輩出するまでは時間がかかるものの、五年後、六年後を見据えるならば受験資格を持つ者は増加するはずだった。この点で不可解さをはらんだ、朝令暮改的な措置だったといえる。

長老教中学校は、第二次教育令以前は少数ではあってもコンスタントに医専への進学者を輩出していた。時期をさかのぼれば、初期の改宗者高長の息子である高再祝・高再福も、一九〇〇年代初頭に長老教中学校を卒業して総督府医学校に入学していた。二一年度にも卒業生一二名のうちの二名が医専に進学した。しかし、二四年度には、卒業生一一名のうち官立学校への進学者はゼロとなり、台南神学校への進学者が三名いるだけの状態になった(49)。日本内地の専門学校や高等学校を目指すにしても、いったん日本内地の中学校に編入しなければ、受験資格は得られなかった。そのため、長老教中学は公立中学校の入試に落ちた「不本意入学者」の集まる場となり、中途退学者が増大した。

こうした状況への対応策として林茂生は、「文部省令に依れる私立中学の認定」の獲得の必要を説いた。台湾人が徴兵制の対象ではない以上、林茂生らが必要としていたのは、徴兵令上の特典ではなく、上級学校への受験資格の獲得だったはずである。それにもかかわらず、ここで「指定」ではなく「認定」と記している。これは、総務長官が「公立私立学校認定ニ関スル規則」における「認定」の基準を援用して「指定」するという見解を示したことに対応した表現と考えられる。すなわち、「認定」を受ければ「指定」を受けられることになったために、両者が実際のところ同義である文脈がつくられたものと解釈できる(以下、本文で資料用語に即して認定と記す場合も、指定校としての認定という意味である(50))。

指定を受けるためには有資格教員の比率を増やす必要があり、有資格教員の増加には財政基盤の安定が必要だった。それでは、長老教中学の財政と教員の雇用状況はいかなるものだったのか。**表5-2**は、二二年度時点における財政状況を示したものである。収入の半分以上はロンドン本部からの補助金だった。総督府からの補助金はまったくなかった。このほかに年間四〇円の授業料、二四円の寄宿舎費が主な収入源であった。当時、台湾の公立中学校の授業料

表5-2　台南長老教中学の財政状況(1922年度)

収入の部			支出の部		
種　別	金　額	備　考	種　別	金　額	備　考
補助金	¥13,200		教職員俸給費	¥17,160	教職員11人分 平均月俸130円
授業料	¥7,344	生徒170人分 1人に付き年40円	教職員宿舎料及旅行費	¥2,400	教職員8人分 平均毎月20円
入学金	¥0		舎監手当及当直料	¥600	
入学検定料	¥0		雇人給料	¥480	
寄宿舎費	¥4,080	生徒170人分 1人に付き年24円	修繕費	¥2,160	
雑収入	¥504		電灯費	¥480	
			雑費	¥1,848	
合計	¥25,128		合計	¥25,128	

出典：「一年之収支概算」(「エドワード，バンド外私立台南長老教中学設立認可ノ件」『大正11年台湾総督府公文類纂　永久保存　第148巻』簿冊番号348，文書番号6).
注：1）資料の記載は1922年11月から1923年3月まで5ヵ月分の概算．この数字をすべて12ヵ月分に計算し直している．備考の記載についても「一人に付金拾八円」とされているのを40円というように計算し直している．

は三〇円、同志社・青山学院など内地のキリスト教系学校の授業料が六〇円から八〇円程度だった(51)。授業料を上げるにも総督府の許可を必要としたうえに、内地キリスト教系学校と同じくらいに高額に設定してしまえば、志願者の母集団を極度に狭めてしまう怖れが存在した。

支出に関しては、一一名分の教職員俸給が七割近くを占めていた。二二年度の教員は宣教師三名、台湾人六名、内地人二名だったので、この俸給総額には宣教師の俸給も含まれていたと思われる。俸給の平均は月俸で一三〇円となる。当時、奏任官待遇の公立中学校教諭の俸給表は一三級に区分されており、一一級で月俸一〇〇円(俸給表に記された年俸を一二で除した数値)、四級で月俸二〇〇円(同前)だった(52)。二二年当時の大卒の初任給が五〇円—七〇円程度という点に着目して現在の貨幣価値に換算するならば、一〇〇円は二八万円—四〇万円程度ということになる(53)。

内地人教員については、台湾在住の内地人官吏に対して本俸の五—六割の加俸が払われていた(54)。これにならって、長老教中学でも加俸を払っていた(55)。したがって、平均して二〇〇円近くであったと思われる。たとえば、二八年度に長老教中学に赴任した下地恵榮の場合、本俸のほか、加俸、宿舎料、生徒監手当、舎監手当をあわせて月二四五円の収入だったという。沖縄で沖縄師範学校正教員養成所を修了して小学校教員をしていた折には月俸三二円だったので、「夢のよう」であり、本俸だけが支給される台湾人に対して「きまり悪い」思いをしたと回想している。(56)

宣教師の俸給は、バンドが日本人教員の俸給は単身の宣教師と匹敵するほど高いと書いていたことを考えても、二〇〇円よりも高かったと推定される。かりに二五〇円として計算すると、宣教師三人の俸給合計は七五〇円、年俸で九〇〇〇円、これを差し引いた宣教本部からの補助金は四二〇〇円となる。後述する通り、三〇年度の時点での補助金は四〇〇〇円だったので、ほぼこうした推定でよいと思われる。

他方、台湾人の給与は一〇〇円を下回ることも少なくなかったと推定できる。林茂生の場合、二〇年に商業専門学校教授を兼務した際に、長老教中学の月俸は一一〇円から五五円に減額された。(57)教頭という地位から考えて、一一〇円という金額は台湾人にとってもっとも高い給料だったと考えられる。

宣教師の平均月俸を二五〇円、日本人のそれを一七〇円、台湾人のそれを七〇円として計算すると、ほぼ**表5-2**に示した支出程度の額となる。同様の職務に従事しながらこのように民族間で異なる俸給は、長老教中学というコンタクト・ゾーンの内部で作用している権力関係を象徴している。台湾人の教員にしてみれば、もっとも身近で、また切実に感じられる差別であったと思われる。それにもかかわらず、有資格教員の割合を増やさなくてはならないという条件は、いっそう内地人教員の増加を必然することになった。

表5-3は、二二年度から三五年度までの期間に長老教中学に在職した教員の一覧表である。「学歴」の列で宣教師と内地人については最終学歴、台湾人についてはその前提となる学歴を含めて、判明する限りで記した。「年度」の列で◎○は在職中で、このうち◎は確実に中等教員免許状を保持する有資格教員であることを表す。△は年度途中での着任あるいは離任を表す。画家として著名な陳澄波も、長老教中学で美術を教えたことがあるが、この表は一年間

図 5-3　黄俟命（左）と東門教会（右）

以上在職した者に限定しているので含めていない。

「小計」の行には英国人宣教師、台湾人、内地人という三つのグループ別の教員数を示した。英国人は二―三名程度、台湾人は六―七名程度だったのに対して、内地人は、二二年度には二名に過ぎなかったが、二五年度には六名に増加し、ほぼ台湾人に匹敵する割合を占めた。

宣教師としてほぼ一貫して教職にかかわっているのは、バンドのほか、二一年に着任したシングルトンである。

台湾人教員のなかでは、趙天慈、林茂生、黄俟命、呉鏡秋の四名が一九一〇年代から継続的に在職していた。

このうち宗教主任兼舎監である黄俟命は神学校出身で、教員免許状とは無縁であった。聖書の授業も、閩南系台湾語でおこなったものと思われる。その息子黄彰輝の回想では、「父は日本語で聖書を教えることができない、あるいはしたくないと感じていた。日本語を読むことは十分にできたが、話すのは下手だった。実際、どうしてもやむをえない場合以外にはめったに話そうとしなかった」と記している(58)。黄俟命は、二六年に次男黄永輝を病気で失い、そのあとを追うようにして妻と父も相次いで亡くなった。当時長老教中学四年生だった黄武東は、黄俟命が悲しみのなかでいつも通り朝の礼拝を主宰し、「私の神よ、私の神よ、なぜ私を見捨てたもうたのか」という言葉で始まる詩編第二二章を講じたと

表 5-3　台南長老教中学教員一覧(1922 年度〜1935 年度)

人名	学歴(卒業年度)	主要担当科目	年度														備考
			22	23	24	25	26	27	28	29	30	31	32	33	34	35	
E. バンド	ケンブリッジ大学(1908)／東京外国語学校外国人部(1914)／文部省検定	英語・数学	◎	◎	◎	◎	◎	◎休	◎	◎	◎	◎	◎	◎休	◎	◎	1912 年 11 月着任, 35 年 2 月まで校長.
L. シングルトン	ロンドン大学	英語・化学	○	○	○	○	○	○	○休	○	○		○	○	○		1921 年 12 月着任.
A. バンド	〔不詳〕	英語・音楽	○	○	○	休	休		○			○	○				
M. ゴールド	〔不詳〕	英語・音楽											○	○			
小計(宣教師教員数)			3	3	3	2	2	2	3	2	2	2	4	3	2	1	
趙天慈	長老教中学校(1905)／同志社普通学校／立正大学高等師範部地歴科(1931)	数学・地歴・台湾語	○	○	○	○	○	○	留	留	留	◎	◎	◎	◎	◎	1913 年 9 月着任. 戦後初代校長.
黄俟命	長老教中学校(1909)／台南神学校(1913)	聖書・羅馬字・台湾語	○	○	○	○	○	○	○	○	○	○	○	○	△		1916 年 4 月着任. 34 年 9 月に辞職.
呉鏡秋	(清代に科挙で廩膳生員)	漢文	○	○	○	△											1916 年 4 月着任. 25 年没.
林茂生	長老教中学校(1904)／同志社普通学校(1908)／東京帝大文科大学(1916)	世界歴史・英語	◎	◎	◎	◎	◎	◎留	◎留	◎留	◎	◎	◎	◎	△		1916 年 9 月着任. 26 年度まで教頭. 34 年 5 月に辞職.
王金帯	総督府国語学校公学師範部乙科(1916)	国語・漢文・台湾語・歴史	◎	◎	◎	◎	◎	◎	◎	◎	◎	◎	◎	◎	◎	◎	1921 年 4 月着任.
林明海	総督府国語学校国語部(1910)／東京高等工業学校応用化学科(1915)	物理・化学・数学	◎	◎	◎	◎	◎	◎	◎	◎							1921 年 6 月着任. 退職後に自動車会社経営.
廖継春	台北師範学校本科(1922)／東京美術学校師範部図画科(1927)	図画・習字						◎	◎	◎	◎	◎	◎	◎	◎	◎	
劉主安	青山学院中学部(1923)／東京高等工業学校紡織科(1926)	数学・物理・化学						◎	留	留	留	留	◎	◎	◎		長老教女学校が本務.
林慶揚	長老教中学校(1921)／青山学院中学部(1923)／東京高等工業学校電気科(1927)	数学・物理						△	◎	◎	◎						
林澄藻	長老教中学校(1919)／青山学院中学部(1921)／早稲田大学政治経済学部(1928)	英語・法制経済・歴史							◎	◎	◎	◎	◎	◎	◎	◎	
戴明福	長老教中学校(1926)・金川中学校(1927)／広島高等師範学校(1931)	数学・物理										◎	◎	◎	◎	◎	戦後第 2 代校長.
林鞋	台北高等商業学校台南分教場(1929)	数学・商業										◎	◎	◎	◎	◎	
王雨卿	文部省検定	博物・理科												△	◎	◎	
施生進	長老教中学校(1930)／盛岡高等農林学校農芸化学科(1935)	物理・化学・数学														◎	

林高	〔不詳〕	国語・歴史	[illegible]	[illegible]	[illegible]												
三屋大五郎	文部省直轄体操伝習所(1886)	国語・漢文・歴史	◎	◎	◎	◎	◎	◎									1921年9月着任. 元福州東瀛学堂教諭.
和宇慶良光	東京高等商業学校(1912)	英語		◎	◎	◎	◎	△									元台南州内務部属.
越石乙次郎	三重県師範学校	修身・地理			◎	◎	◎	◎	◎	◎	◎	◎	◎				1927–30年度教頭.
松岡鋼一郎	〔不詳〕	国語				◎	◎	◎	◎								元台南師範学校教諭.
江口謹三郎	東京帝大農科大学	博物				◎	◎	◎	◎	◎	◎						元嘉義庁技師.
野元熊市	〔不詳〕	体操				○	○	○									元台湾歩兵第二連隊特務曹長.
上村一仁	青山学院高等学部英語師範科(1926)	英語・修身						△	◎	◎	◎	◎	◎	◎	△		1931–34年度教頭.
角田三寅	東洋大学専門学部東洋文学科(1927)	修身・国語						△	◎	◎	◎	◎	◎	◎	△		
下地恵榮	日本体育会体操学校高等科(1928)	体操・教練							◎	◎	◎	◎	◎	◎	◎	◎	
萬代賢平	東洋大学文学部東洋文学科	国語・歴史								◎	◎	◎	◎	◎	◎	◎	
山中正夫	東北帝大理学部(1928)	博物・理科									△	◎	△				退職後に屏東高等女学校教諭.
内田琢磨	〔不詳〕	国語											◎	△			元台南師範学校教諭.
榎本平助	〔不詳〕	教練・修身											○	○	○	○	台湾歩兵第二連隊より派遣.
井川直衛	東山学院	公民												◎	◎		元下関梅光女学院教諭.
木佐紀久	國學院大学	公民・歴史												◎	◎	◎	退職後に台南商業学校教諭.
粟津瀧蔵	熊本師範学校	国語・漢文												△	○	○	1934年度途中から教頭.
岸田治夫	同志社大学文学部	英語													△	◎	
加藤長太郎	海軍兵学校(1913)／東京高等師範学校数学科教員講習課程(1924)	修身・数学													△	◎	
牧田武夫	〔不詳〕	水泳													△	○	
高野徹	明治学院高等部	英語													△	◎	退職後に台南第二中学校教諭.
小計(内地人教員数)			2	3	4	6	6	5	6	6	6	6	7	7	6	9	
合　計			11	12	13	13	13	14	16	15	14	16	20	19	16	18	

出典：台南長老教中学校友会・学友会雑誌各年度，中等教科書協会『中等教育諸学校職員録』各年度，『私立台南長老教中学校友会会報』第1号(1931年8月)，「財団法人私立台南長老教中学要覧(昭和十一年四月現在)」，『長榮中学校長中校友会会員名簿』(1942年)，『学士会台湾支部名簿』(1941年)，『台湾総督府国語学校一覧』(1917年)，『台北高等商業学校一覧』(1938年)，『東京高等工業学校一覧』(1928)，『広島文理科大学・広島高等師範学校・元第二臨時教員養成所一覧』(1937年)，台湾総督府『府報』，佐藤由美「青山学院の台湾・朝鮮留学生に関する記録【1906–1945】(Ⅰ)」青山学院大学教育学会紀要『教育研究』第48号，2004年.

注：1) 在任中の判断は校友会・学友会雑誌における「教職員名簿」による．教務嘱託を含む．単年度中に着任・離任した者，会計・書記・校医は含まない．
2) ○は教員として在任中であること，◎は中等教員免許状保持者として在任中であること，△は年度途中で任職あるいは退職したことを示す．「休」は休暇帰省中，「留」は留学中であることを表す．人数の小計・合計に際して△は含まない．

きのことを忘れがたいとして、「内心の毅い力」を感じさせる人物だったと回想している。(59) 二七年には牧師に封立されて、長老教中学の生徒が日曜礼拝に通う東門教会の牧師を兼任することになった。

漢文の教師である呉鏡秋は、二五年に没した。このとき、林燕臣・林茂生親子が『台湾教育』に漢文の弔辞を寄せている。呉鏡秋は科挙において廩膳生員の称号を持ち、家塾には生徒が溢れていたという。(60) やはり黄武東の回想録によれば、呉鏡秋は、閩南系台湾語で漢文を講じていた。呉鏡秋の勧めで『紅楼夢』、『水滸伝』、『三国演義』、『東周列国志』、連雅堂『台湾通史』を読みふけったという。(61) このうち連雅堂(一八七八―一九三六、連横)の『台湾通史』(一九二〇年)は、台湾にかかわる初めての通史として知られる書物である。呉鏡秋の存在に象徴されるように、長老教中学は、キリスト教主義という旗印を掲げたばかりではなく、漢族の文化を継承しようとする場でもあった。さらにまた、閩南系台湾語を教授用語として用いることもある空間だった。

図 5-4　台南長老教中学の教員(1927 年)
前列右から越石乙次郎，山崎源，上村一仁，パットン，林慶揚，シングルトン，野元熊市，後列右から林明海，松岡鋼一郎，王金帯，趙天慈，三屋大五郎，黄俟命．渡米中だったためだろう，林茂生は不在．

内地人教員は、総じて異動が多い。たとえ高額な俸給をもらったとしても、恩給などの点で条件が悪いことが定着性の低さの要因になったと考えられる。そのなかで比較的長期間にわたって在職したのは、三屋大五郎と越石乙次郎だった。バンドによれば、三屋は「精力的な老紳士」であり、キリスト教徒ではないものの、朝の礼拝に欠かさず出席していた。また、越石は一七年間にわたって内地のキリスト教系学校に勤めてきたが、関東大震災のために家族と信仰以外のすべてのものを失って、台湾に新たな職を求めて来たという[62]。

三屋は一八九六年に総督府日本語講習員として渡台、総督府国語伝習所教諭、福州東瀛学堂教諭などを歴任して、退官後に長老教中学に赴任した[63]。本書第四章で論じた通り、福州東瀛学堂教諭時代には辛亥革命時のキリスト教系学校の動静を隈本繁吉学務部長に報告する役割を果たした。越石は、米国聖公会が中国人留学生を対象として横浜に設立した志成学校の教頭だった。二一年に東亜高等予備学校長松本亀次郎らとともに中国人留学生減少への対応策を求める建議案を帝国議会に提出している[64]。それぞれに老練の士ともいうべき人物だったが、バンドはもっぱらキリスト教への共感という点からこれらの内地人を高く評価している。また、二七年度にはキリスト教徒である上村一仁が着任、青山学院高等学部を卒業したばかりという若さもあって、バンドの信頼を得てのちに教頭(教務主任)となる。

内地人教員のなかには学校教練の担当者もいた。二五年の陸軍現役将校学校配属令(勅令第一三五号)により内地の中学校では配属将校による教練がおこなわれたものの、徴兵の対象ではない台湾人向け学校では無関係なことのはずだった。しかし、中学校に類する学校として認められるためには……ということで、総督府がその必要を示唆したものと思われる。

かくして、指定校となるためには総督府の意向を忖度しながら、圧倒的に不利な交渉を重ねざるをえない状況が生じていた。しかも、この交渉のプロセスで内地人教員が増大、そのことが学校内部における緊張を高めていくことになる。

二、抗日運動関係者との連携

第二次教育令制定以降、長老教中学の関係者は、指定校となるための運動を始めた。

一九二三年には黄俟命が南部中会で基本金一〇万円を集めて指定を獲得する方法について説明し、了承を受けた(65)。指定校となるためには一〇万円の基本財産が必要という条件は、すでにこの時点で提示されていたと考えられる。寄附金の募集にあたっては、南部教会の組織する後援委員会とは別に、教会外の非信徒を含めた後援会を組織することになった。後援会の代表には、林茂生が就任した。二四年五月一〇日、林茂生を代表者とする台南長老教中学後援会による寄附金募集事業が認可を受けた。一〇年代には有形・無形の圧力により教会外の人士からの寄附金募集の試みは頓挫したわけだが、ロンドンの宣教会本部からの抗議を介して、ようやく可能になったのであった。

『府報』に掲載された記事によれば、「事業ノ方法」は「私立台南長老教中学後援会ヲ組織シ、其ノ目的ニ賛同シテ資金ノ出資ニ参加スル者ヲ会員トス」と定めた。出資方法は二通りあり、「定期出資」では寄附金一口を年額一〇円として五年間にわたり出資、「一時出資」では一口五〇円以上を一時に納付するものと定めた。目標金額は一〇万円、募集区域は台中州・台南州・高雄州、募集期間は五年間とされた(66)。一口五〇円は今日の貨幣価値ではおそらく一五—二〇万円程度、一〇万円という目標額は三—四億円近くと考えられる。

募金を呼びかける漢文の趣意書は、次のように記している(67)。

大正十一年本島新教育令改正以降より、官公立中学各処に林立す。本校、其の間に処するに、若し官許の資格を得るに非ざれば、則ち入学者の質・量漸にして低下するを免れず。精神教育を実行し、以て本校特別の使命を発揮せんと雖も、亦戛戛《かつかつ》乎として難し、本後援会、茲に鑑みるところあり、政府の許可を請いて基金十万円を鳩集し、先ず以て本校の財政基礎を奠せんとす。冀わくば能く有資格の教員を多く聘し、認定を蒙りて正式の中学となさしめんことを。是に由りて卒業生、上級学校に進入することを得ば、望洋の徒嘆を致さず。

「入学者の質・量の低下」など学校のおかれた窮状を率直に説明した趣意書といえる。他方、キリスト教という言葉はどこにも登場しない。教会外の人びとにアピールするには、その方がよいと判断したものと思われる。バンドによる本国の支持者向けのアピールとは、呼びかける対象も、呼びかけの方向性も異なっていた。

バンドは、二二年度のレポートでは「将来にほとんど望みはない」と嘆いていたわけだが、二四年に執筆したレポートでは台湾人の働きのおかげで気を取り直したように、次のように記している。「わたしたちの学校の教頭である林茂生は、今や台湾中を歩き回り、講演をし、趣意書を書き、寄附者を募ることにあけくれている。人びとは、学校の支援を目的とする後援会という組織に入ることを呼びかけられている。〔……〕林茂生の説得は本当に雄弁であり、数ヵ月を経ずして二万円の募金の約束を取り付けた」。(68)

二六年には林茂生が、二年間の寄附金募集事業を顧みた文章を『校友会雑誌』に寄せて、次のように記している。台湾では「一般の民間有志から自発的に教育事業の為めに金銭を寄附したのは、僅かに大正四年の台中中学校の建築基金の寄附」のほか、本校の例があるだけである。本校の場合は、「少数の知名の素封家」から募集するばかりではなく「殆んど各地方の各階級を網羅」し、すでに七〇〇人を超える人びとの寄附金を得ている。ひとりあたりの平均は一三〇円程度、「富者の万灯よりも貧者の一灯」という言葉があるように、これほど多くの民衆が私立学校の教育に多大な理解を示していることは、期待の大きさを物語る。本校出身の校友も財団法人が設置されるならば、後援会を通じて「直接間接に本校の経営管理に参与」できるようになる。かくして、本校と校友が葡萄の樹と枝のように緊密に結びついて、本校の基礎を確立させることにしたい。(69)

まず台中中学校をめぐる経緯が回想されていることが着目される。本書第四章で論じたように、辜顯榮・林獻堂らは私立として自分たちが管理運営に参与する中学校の創立を望んでいたにもかかわらず、公立とすることを迫られた。莫大な寄附金を拠出したにもかかわらず、内地の中学校と同水準という要求もかなえられなかった。長老教中学の寄附金募集事業は、こうした苦い経験の延長線上にあって、今度こそ台湾人の教育熱を私立中学に向けていこうとする側面があった。

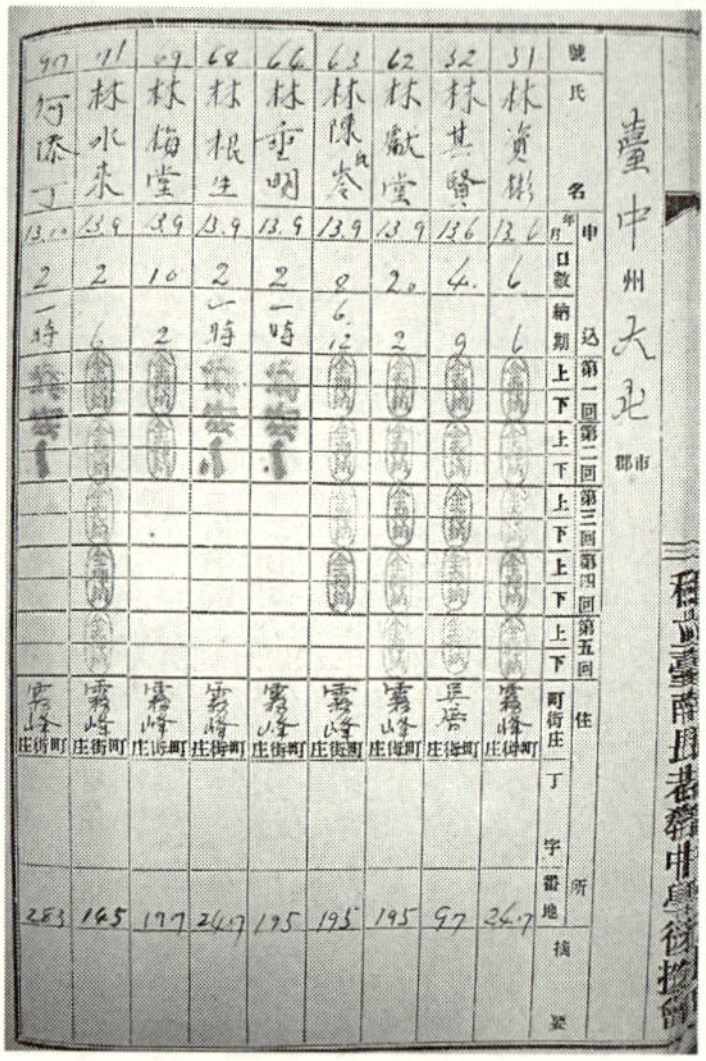

図 5–5 『後援会員名簿』
台中州大屯郡の部分．右から 3 人目に「林獻堂」の名前がみられる．名前の下には申込年月，口数，納期，受領印，住所が記されている．

他方で、紳商層中心の台中中学校設立運動との違いも意識されている。「貧者の一灯」は、この文脈では、たとえ莫大な金額ではないとしても、その生活に鑑みるならば精一杯の寄附金であることの重み、大切さを意味する。さらに、単に寄附金の拠出を求めるばかりではなく、寄附を通じて後援会員となって学校の管理運営に参与することを求めている点も着目される。

二六年中には、すでに支払われたものだけでも五万円近くの金額に達した。後援会に名を連ねたのは、どのような人びとであったのか。『後援会員名簿』(長榮高級中学校史館所蔵)には、「氏名」「申込年月」「口数」「納期」「住所」の枠が印刷されており、そこに手書きの書き込みがなされ、寄附金の受領印が押されている。名簿に記載された名前は全部で九九〇名、もっとも早い申込は二四年二月、もっとも遅い申込は三〇年一一月である。『台湾日日新報』の記事によれば、「寄附金募集は既に昭和六年二月末日を以て結了した」とあるので、この名簿は賛同者をほぼ網羅した最終段階のものと考えてよいだろう。[70]

二〇口以上、すなわち一〇〇〇円以上の大口の寄附としては、劉瑞山の一三八〇口、李仲義の六〇口、陳中和の四〇口、林獻堂・林階堂の二〇口などを挙げることができる。劉瑞山・李仲義は教会の長老であり、林茂生の内地留学にあたって高再得や顔振聲とともに資金援助をした人物でもあった。[71] 陳中和は、新興製糖を経営する「御用紳士」として知られる。キリスト教徒でもない。しかし、高雄を拠点とする陳中和の一族の多くが長老教中学に学んでいることから、指定を求める運動を後押しする思いも強かったと考えられる。林獻堂は、自ら大口の寄附金を寄せたばかりでなく、李仲義から嘱託を受けて台中州大屯郡の寄附金を代理で徴収する役割さえも担った(72)。

これらの大口を別格とすれば、林茂生の記す通り、一口から三口程度が多い。そのなかには、台湾中・南部在住の抗日運動関係者の名前を見出すことができる。たとえば、台湾文化協会創立時の理事・評議員として、蔡培火(二口)、陳逢源(一口)、洪元煌(一口)、楊肇嘉(六口)、林幼春(五口)。陳逢源とともに『台湾民報』を創設した黄朝琴(三口)、林獻堂の片腕として金融機関大東信託の創設にあたった陳炘(二口)、大東信託台南支店長となる劉明哲(二口)、同じく大東信託台南支店長代理に就任する王開運(五口)も名を連ねていた。台南市在住の王開運の子どもが二六年度に予科に入学するなど、これらの後援会員のなかには保護者として長老教中学にかかわっていた者もいた(73)。

教会関係者のなかでは、高再得(高長の三男)、呉秋微(高長女婿)がともに一〇口という比較的大口の寄附をしている。この二人は、台湾文化協会の評議員にも名を連ねた数少ない教会関係者であった。教会関係者と教会外の人びとによる寄附の割合については、二八年一二月の時点で合計九一四名の寄附者の内、教会内が一六二名、教会外が七五二名、と報告されている(74)。蔡培火は、後述する後援会大会で「教会内の申込者が三割強で現金が二万円、教会外が約七割で現金が四万円。この比率の対照は、冠と履物が転倒している感がなくもない」と教会関係者を皮肉りながら、奮起を促す発言をしている(75)。

図 5-6　林獻堂・蔡培火・林茂生

前列左が林獻堂，その右が林茂生，後列右が蔡培火．蔡培火は台湾同化会解散後に公学校教員を辞職，林獻堂の資金援助で内地留学し，1916 年東京高等師範学校に入学した．林茂生が東京帝大を卒業したのも 1916 年であることから，この時期に撮影されたものと思われる．留学中，蔡培火は林茂生に対して「将来，君が事を起こそうとする時には協力する」と語ったという．

なお、後援会員のなかで氏名から日本人と推定できる者は六名、うち五名(越石乙次郎、三屋大五郎、和宇慶良光、江口謹三郎、松岡鋼一郎)は長老教中学の教員である。会員の居住地は、台北州、花蓮港庁在住者がそれぞれ一名いることを別とすれば、台南州、台中州、高雄州に限られる。

右のように、寄附者のなかで教会関係の占める比重が限定的である一方、林獻堂に連なる人脈が小さからぬ比重を占めていた。以下に記す通り、長老教中学をめぐる運動は、民族自決を求める全島的な風潮の後押しを受けていたといえる。抗日運動関係者が長老教中学の後援会に名を連ねる一方で、林茂生が台湾文化協会の集まりに出席することもあった。

よく知られているように、台湾文化協会は二一年に静修女学校で創立総会を開催、林獻堂を総理に推戴した。林獻堂の秘書だった葉榮鐘は、抗日運動の「三大主力」は台湾議会設置請願運動と台湾文化協会と『台湾青年』(二三年に『台湾民報』に改称)であったと述べ、台湾議会設置請願運動は「外交攻勢」、文化協会は「白兵戦」、『台湾青年』は「宣伝戦」だったと論じている(76)。林茂生は、おそらく官立学校教授という立場による制約もあってであろう、政治運動としての性格の明確な台湾議会設置請願運動には名を連ねていない。しかし、台湾文化協会については創立時に評議員に就任し、二四年から文化協会の事業の一環として霧峰林家萊園でおこなわれた夏季学校の講師を務めた。

第一回夏季学校は二四年八月に開催、聴講生は七十余名で、うち一〇名あまりが女性、林獻堂が開校の挨拶をしたのち、蔡培火が経過報告を述べ、連雅堂が「台湾通史」、林茂生が「哲学」を講じた(77)。このほかに上與二郎(日本基督教会牧師)など三名の内地人講師がいた。

第二回夏季学校(二五年)は、生徒募集要項によれば、定員は男子六〇名、女子三〇名、資格は中等学校卒業と同程度、会費は二円、二週間にわたる会期間中の宿舎は主催者が提供するとされた(78)。一般民衆対象というよりも、文化協会の幹部を嘱望される若者たちに高等教育レベルの学識を授けるための場だったことがわかる。第二回の講師はすべて台湾人で一〇名となり、明治大学に学んだ弁護士蔡式穀が「憲法大意」、慶應大学に学んだ陳炘が「経済学」、国語学校を卒業した陳逢源が「経済思想史論」、東京高等師範に学んだ蔡培火が「科学概論」、林茂生が「西洋文明史」などを講じた。第三回(二六年)は第二回とほぼ同様の内容である。全三回にわたって講師を務めているのは林茂生ただひとりであり、この企画で中心的な位置を占めたことがわかる。

第一回夏季学校における林茂生の講義について、受講者による筆記が残されている。メモの内容から察するに、内容の大要はカント『実践理性批判』である。「汝之意志之格率是普遍的立法原理、当行之(汝の意志の格率を普遍的立法原理としてまさに之を行え)」「各人為自己道徳立法者亦為服従者(各人は自己を道徳の立法者と為し、また服従者と為せ)」というように漢文でのメモを基本としながら、時に「意思自由＝責任ヲ生ス」というように日本語が混じる。そのなかで「人格ノ自律」という語句に続けて「Self-determination」と記していることが着目される[79]。Self-determination は、第一次世界大戦のさなかにウィルソン大統領の提唱した原則であり、一般には「民族自決」と訳されていた。こうした言葉が記されているのは、林茂生による講義が道徳的自律という問題を中核としながらも、同時に政治的自治を射程にいれたものだったことを示唆する。カントの論が、道徳の問題であると同時に、政治の問題でもあることは、林茂生自身のよく自覚していたところだった。長老教中学の校友会雑誌に寄せた「カントの生涯」という文章では、「彼が独創にかかる認識論上の自然に対する先験的普通的立法原理は道徳上の人格的自律とな

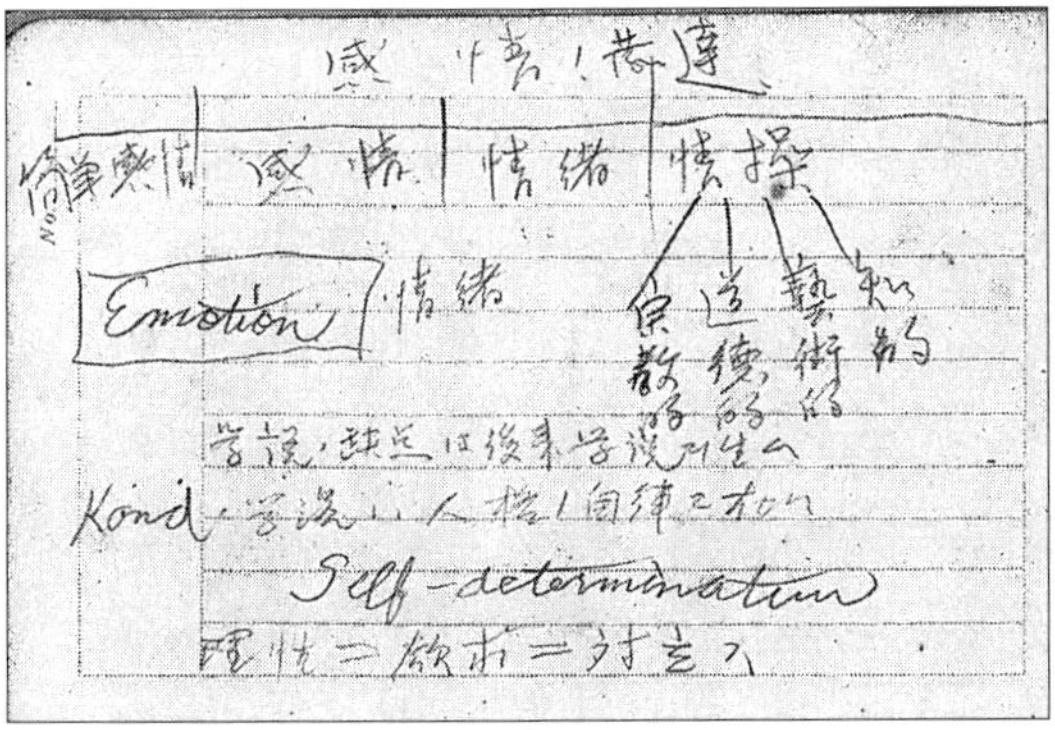

図 5-7 「第一回夏季学校講義筆記」
1924 年 8 月 13 日の林茂生の講義の筆記．葉榮鐘の保存していたもの．カントの学説にかかわる説明の一環として，Self-determination と記されている．

り、宗教上の神的理性観となり、芸術上の美的判断となり、政治上の自治的精神となり、又た経済上の品位擁護律となる」と記している(80)。

林茂生の講義の筆記には、カント『実践理性批判』にかかわる記述に続いて、一篇の漢詩が記されている。林茂生が賦したのか、あるいは、メモをした人物が思いついて書き留めたのかはわからないが、その内容は左の通り風刺に満ちたものとなっている。

海水浴場即事

浪說悠悠雲水寬(浪は悠々として、雲水の寛なるを説《よろこ》ぶ)
眼前人滿惹眉攢(眼前に人満ちて、眉攢を惹きおこす)
一灣垢膩隨波轉(一つの湾、垢膩《くに》は波の転ずるに随ふ)
萬頃汪洋插足難(万頃汪洋《ばんけいおうよう》足を挿すこと難し)
多少魚龍愁失所(多少の魚龍は失ふ所を愁ひ)
已無鷗鷺狎洄瀾(已に鷗鷺の洄瀾に狎れること無し)
天高海闊誰能信(天高海闊にして、誰を能く信ず)
心事茫然不自安(心事茫然として、自ら安んぜず)

「眉攢」は眉をよせて、憂えるさま。「垢膩」は垢やあぶらのよごれ、「萬頃汪洋」は水面が広々としていること、「多少」には、はなはだしく多いという意がある。「魚龍」は、水生の爬虫類。「狎」はなれる、安住する。「天高海闊」は槍術の用語で、広い海のように気を満たしつつ、一分の隙もない構えをすること。

大意は次のように解釈できる。

悠々とした波打ち際で、空と海がゆったりと広がるさまを楽しむ。しかし、目の前に多くの人があらわれて、眉をひそめたくなる思いを味わう。入り江では、垢やあぶらが波とともにただよい、この広々とした海に足をひたらせることも難しい。数え切れないくらいたくさんの魚龍たちが住むところを失って途方にくれ、もはや水鳥たちも波打ち際に安住できない。一分の隙もなく身構えながら、いったい誰を信じたらよいだろう。つかみどころのない不安を感じる。(81)

多くの人が押し寄せたことで汚れてしまった海は、日本植民地支配下の台湾社会、安住すべき地を失った魚龍や鷗鷺は台湾人を指すものと思われる。このような解釈であやまりないとすれば、「海水浴場」という呑気な雰囲気の表題とは裏腹に深刻な認識が語られていることになる。

この漢詩は、夏季学校の雰囲気をよく伝えるものといえる。もとより、警察官が臨検にあたっていただろうが、一見しただけでは意味のつかみにくい漢詩という媒体は、台湾人のあいだで通じる暗号のような役割を果したことであろう。

林獻堂の秘書として夏季学校にかかわった葉榮鐘は、参加者は北京大学を卒業した者から公学校卒業にとどまる者など多岐にわたっていて学力も不揃いであったと記しながら、朝鮮とは異なって私立学校がわずかしか存在しない台湾においてこの試みは総督府への抗議という意味を備えており、あたかも正式の学校であるかのように教師と生徒のあいだの感情的つながりは濃く、教育効果も高かったと回想している。(82)他方、警察の側の資料では、この夏季学校について「内台人の差別待遇、総督政治の非難」にわたる言論をなす者が多いために「民族意識を徒に昂揚する傾きあり、逐年其の取締を厳にするに至れり」と記している。(83)こうした当局の弾圧に加えて、二七年に林獻堂・蔡培火らが左傾化した台湾文化協会を離脱して台湾民衆党を創設したこともあってだろう、二七年以降は夏季学校の開催を確認できない。

この夏季学校の試みに限らずとも、林茂生は林獻堂と頻繁に往来していた。林獻堂日記によれば、ともに漢詩を詠じたり、「茂生と一局の象棋〔中国将棋〕を指す。之に勝利す」というように将棋を指したりしていた[84]。私生活で親密にしていたというだけでもない。林獻堂が総督府評議会員の委嘱を受諾すべきかといった論議に、林茂生も蔡培火や林呈禄らとともに参加していた[85]。長老教中学の卒業生の就職先について相談することもあったほか、林獻堂が林家宗祠の春祭への同行を求めて、林茂生が――信仰の相違にもかかわらず――ともに参拝したこともあった[86]。三二年一二月には長老教中学伝道部の生徒が霧峰の林獻堂宅を訪れて、林攀龍の主宰する一新会での講演会に参加してもいる[87]。長老教中学後援会の組織にあたっては、林獻堂と林茂生の親密な関係が大きな意味を持ったと考えられる。

本書第三章で記したように、日本による台湾領有当初は、総じて教会関係者は在来の住民から孤立していた。その象徴が李春生だった。李春生は二四年一〇月に没し、総督府高官列席のもと、参会者千六百余名という盛大な葬儀が営まれた[88]。これとまさに同じ時期、台湾の南部では林茂生を中心として後援会の組織が図られていたことになる。かくして、教会関係者の孤立は、おそらく李春生の予想していなかった方向で――すなわち「台湾人」による「自治」を中核とした結合を目指す方向で――克服されようとしていた。そして、教会関係者と教会外の抗日運動関係者の結節点を構成したのが、林茂生であった。かくして、林茂生という人物が次第に台湾史の前景に浮かび上がってくることになる。

三、「九牛の一毛」の中等学校進学者

「台湾人唯一之言論機関」を標榜した『台湾民報』も、同時代の教育にかかわる問題点を指摘すると同時に、長老教中学後援会による寄附金募集運動を支援する記事を掲載していた。

たとえば、『台湾民報』一九二五年一一月号に掲載された漢文論説は、中等学校入学者は公学校卒業生全体から見れば「九牛の一毛に過ぎない」という問題点を、具体的な数字を挙げながら指摘する。また、台湾人が台中中学校を

創設しようとした際に巨費を集めたにもかかわらず、結果として、内地よりもレベルの低い「一個の不完全な中学」を獲得したに過ぎなかった事実を苦々しげに回顧している。そのうえで、各州に男女の私立中学を設けて、「中堅人物を養成し、自治発達の完成を期すべきである」と主張している。(89)

二六年七月には長老教中学後援会の運動について報道し、「基督教学校には、本来ならば宗旨が異なるという理由で出費を拒絶する者が少なくないのだが、林茂生氏の顔のおかげで各方面から積極的に援助する者が少なくない」と記して、媽祖を迎えるようなことに無駄遣いをするならば私立学校に出費すべきだと論じている。(90) キリスト教への拒否感や警戒心はやはり存続していた。だが、一〇年代初頭に紳商層が「偶像は確かによいものである。しかし、よい教育ほどには重要ではない」と語ったのとは異なって、媽祖を祀るなど民間信仰への投資もまた無駄遣いとみなしている点が特徴的である。教会外の人士と、教会関係者が提携しうる状況はこうしたところにも生じていた。

『台湾民報』の論調の背景には、第二次教育令制定以降も、中等学校の扉は、台湾人にとって圧倒的に狭き門であるという現実が存在していた。台湾人にも「ラセンの上昇路」が開け放たれたように見えたものの、以下に記す通り、①中等学校進学の土台となる初等教育機関の未整備、②入学試験における在台内地人との不利な競争、③人口に比しての学校数・定員の少なさ、という関門が存在した。「林茂生氏の顔」ばかりでなく、苦渋に満ちた現実そのものが、長老教中学の寄附金募集事業を教会外の台湾人が支援する要因になったと考えられる。以下、この点を統計的な数値により確認しておこう。「ラセンの上昇路」の開き具合にかかわるさじ加減など、数値によらなければ把握困難なことがらもあるからである。

表5‐4は、一九二四年度の新入学児童を例として、台湾人の入学率、卒業率、中学校・高等女学校への進学率を試算したものである。

日本内地では学齢児童はほぼ一〇〇パーセントの割合で小学校に入学したが、台湾の場合、学齢児童——台湾も内

表 5-4　1924 年度新入学台湾人児童の進路(単位：人)

	項　　目	男　子	女　子
初等教育機関入学者	人口(1923 年 12 月末現在)	1,859,185	1,770,536
	学齢児童(1923 年度)	384,884	345,732
	A. 学齢児童中「就学ノ始期ニ達セサル者」 (1923 年度)＝1924 年度新入学予定者	44,513 (100.0%)	41,946 (100.0%)
	B. 修業年限 4 年の公学校入学者(1924 年度)	140	48
	C. 修業年限 6 年の公学校入学者(1924 年度)	38,229	12,000
	D. 尋常小学校入学者(1924 年度)	47	17
	入学者合計(1924 年度) 同年齢児童中の割合(B+C+D/A)	38,416 (86.3%)	12,065 (28.8%)
同卒業者	E. 修業年限 4 年の公学校卒業者(1927 年度)	53	29
	F. 修業年限 6 年の公学校卒業者(1929 年度)	19,056	5,109
	G. 尋常小学校卒業者(1929 年度)	168	47
	卒業者合計(1927 年度，1929 年度) 同年齢児童中の割合(E+F+G/A)	19,277 (43.3%)	5,185 (12.4%)
初等後教育機関進学者	H. 島内公学校高等科・補習科(1930 年度) 同年齢学齢児童中の割合(H/A)	4,219 (9.5%)	885 (2.1%)
	I. 島内中学校・高等女学校(1930 年度) 同年齢学齢児童中の割合(I/A)	244 (0.5%)	302 (0.7%)
	J. 島内中学校・高等女学校(1931 年度) 同年齢学齢児童中の割合(J/A)	133 (0.3%)	60 (0.1%)
	K. 島内中学校・高等女学校(1932 年度) 同年齢学齢児童中の割合(K/A)	64 (0.1%)	48 (0.1%)
	島内中学校・高等女学校合計(1930～32 年度) 同年齢児童中の割合(I+J+K/A)	441 (1.0%)	410 (1.0%)

出典：台湾総督府文教局『大正 13 年度　台湾総督府学事第 23 年報』(1926 年)，同『昭和元年度　台湾総督府学事第 25 年報』(1928 年)，同『昭和 4 年度　台湾総督府学事第 28 年報』(1932 年)，同『昭和 5 年度　台湾総督府学事第 29 年報』(1933 年)，同『昭和 7 年度　台湾総督府学事第 31 年報』(1934 年).

注：1) 統計上の「本島人」のみを対象としている.

2) 小学校尋常科の卒業者数が入学者数を上回っているのは，公学校から転校した者がいるためである.

3) ここに挙げた「初等後教育機関」は網羅的なものではない．島内にかぎっても，公学校高等科や中学校のほかに師範学校，実業学校，実業補習学校，私立各種学校などが存在したが，省略した.

4) 1931 年度の中学校・高等女学校入学者は，高等小学校第 1 学年修了または公学校高等科第 1 学年修了で進学した者，1932 年度の中学校・高等女学校入学者は，高等小学校卒業または公学校高等科・補習科卒業で進学した者.

地と同様に満六歳から満一四歳とされていた[91]——のなかで就学の始期に達しても初等教育機関(公学校または小学校)に入学しない者、すなわち初等教育とまったく無縁の者が男子で一割、女子で七割を超えた。卒業者は、入学者のほぼ半数にとどまった。この卒業者の割合は、総督府の算出した台湾人の公学校就学率——男子四八・五パーセント、女子一六・〇パーセント[92]――にほぼ近い数値となっている。

表5-4では、公学校・小学校卒業後の進学先となる初等後教育機関として、台湾島内の公学校高等科・補習科――それは中等教育機関というよりも初等教育の延長という性格が強かった――、台湾島内の中学校・高等女学校への入学者数を記した。公学校高等科・補習科に通う者(H)は、男子の場合、同年齢人口の一〇パーセント近くになるが、女子の場合は二パーセント程度である。中学校・高等女学校への入学者(I)は一パーセントよりも少ない。いわゆる「受験浪人」をして、三一年度・三二年度に進学した者(J・K)を含めてようやく一パーセント程度、すなわち同年齢児童のなかで一〇〇人に一人程度が入学したことになる。米田俊彦の研究によれば、内地の場合、二〇年度に就学の始期に達した学齢児童は、男子・女子ともに九〇パーセント近くが卒業、一〇パーセント近くが中学校・高等女学校に進学した[93]。台湾における中学校・高等女学校入学者の割合は、その一〇分の一程度ということになる。

このように台湾において中等学校への入学者はまさに「九牛の一毛」ともいうべき状態にあった。その背景には、総督府が義務教育制度を適用せず、公学校での授業料――台湾公立公学校規則(一九二二年府令第六五号)により「一月五十銭以下」すなわち年間六円以下と定められていた――徴収を原則としていた事情が存在する。公学校に通わないことは同化圧力から相対的に自由でいられることではあったものの、男子は苦力、女性は「童養媳《トンヤンシー》」として人身売買の対象とされるように、しばしば幼少時から苛酷な人生を運命づけられる事態と表裏一体であった[94]。

台湾人にとっては、かりに保護者が授業料を工面して子どもを公学校に通わせ、中等学校に進学させようとしたとしても、当時の内地に比してはるかに「狭き門」であるという問題もあった。**表5-5**は、一九三〇年度を例にとって中学校の志願者数、入学者数、倍率を示したものである。公立中学校のほか、官立の台北高等学校も含めた。台北高等学校は四年制の尋常科と三年制の高等科から構成されており、尋常科は中学校に相当する課程を構成していた。

官・公立中学校の入学者合計を見ると、内地人が七一三名であるのに対して、台湾人は四三七名である。民族別に

表 5-5　1930 年度中学校の定員・志願者数・入学者数（単位：人）

学校名	定員	内地人			台湾人		
		志願者	入学者	倍率	志願者	入学者	倍率
総督府立台北高等学校尋常科	40	154	36	4.3	71	4	17.8
台北州立台北第一中学校	200	380	192	2.0	21	9	2.3
台北州立台北第二中学校	95	40	19	2.1	327	75	4.4
台北州立基隆中学校	100	131	59	2.2	193	29	6.7
新竹州立新竹中学校	100	91	44	2.1	361	49	7.4
台中州立台中第一中学校	100	34	18	1.9	545	81	6.7
台中州立台中第二中学校	100	147	83	1.8	18	9	2.0
台南州立台南第一中学校	150	212	134	1.6	45	15	3.0
台南州立台南第二中学校	100	28	7	4.0	550	93	5.9
台南州立嘉義中学校	100	120	53	2.3	272	47	5.8
高雄州立高雄中学校	100	198	68	2.9	210	26	8.1
合　計	1,185	1,535	713	2.2	2,613	437	6.0

出典：台湾総督府文教局『昭和 5 年度　台湾総督府学事第 29 年報』(1933 年).
注：1）表中の台湾人は資料では「本島人」.「外国人」の志願者・入学者数は省略し，「入学者」数から転入学者数を除いている.
2）「志願者」「入学者」には 1929 年度以前に尋常小学校や公学校を卒業した者を含んでいる.

志願者に対する入学者の倍率を見ると、内地人は平均して二倍程度の倍率であるのに対して、台湾人は六倍近くになっている。**表5-4**の数字とつきあわせると、台湾人の合格者のなかには「受験浪人」の末に合格した者も半分近く含まれていることがわかる。さらに、学校別に見てみると、台北・台中・台南のようにひとつの都市に二校の中学校がある場合は、内地人生徒が九割近くを占める学校(台北一中、台中二中、台南一中)と台湾人生徒の多い学校(台北二中、台中一中、台南二中)という棲み分けがなされている。このうち、前者については、台湾人の合格者数はそれぞれ九名、九名、一五名というように、定員の一割以下に抑えられている。この傾向は年度を通じて変わらない。これまで王耀徳の研究などで指摘されてきたように、純然たる競争試験ではなく、入試判定に際して民族別に入学定員を割り振る制度が設けられていた可能性が強い(95)。だとすれば、定員枠は見かけよりも小さかったということになる。

入学者のなかで在台内地人の占める比重の高さについて、試験が日本語でおこなわれたことや、試験の内容が小学校のカリキュラムに準拠していたために、内地人にとって有利な試験であったことがこれまでにも指摘されてきた。この問題をより包括的に説明するためには、社会学でしばしば用いられる「文化資本」という概念が有効であろう。すなわち、日本語を「国語」とする人為的な措置により、在台内地人は相対的に文化資本に恵まれた存在とされる一方、台湾人の備えていた文化資本の価値は大幅に下落させられた。しかも、在台内地人に対しては早くから内地の学制と連絡する中等学校が設けられていたのに対して、台湾人に対しては三〇年近くのあいだ限定的な進学機会しか設けられていなかった。この落差も、進学に適合的な行動様式の形成という点で文化資本の格差を形作ったと考えられる。もちろん、中等学校に子どもを通わせる経済的余裕がないという意味で経済的資本の乏しさも、中等学校入学者の少なさの一因だっただろう。

このように文化的資本と経済的資本をめぐる格差が、台湾人にとって中学校に入学するうえでの障壁として作用していた。それに加えて、以下に記す通り、人口に比しての学校数、定員数の少なさが客観的な限界を形作っていた。この点はこれまで見過ごされがちであったが、もっとも基底的な要因といえる。

表5-6は、一九三〇年度を例にとって学齢児童に対する中学校・高等女学校生徒数の割合を試算し、内地と台湾を比較したものである。ここでは同年齢の学齢児童に対する新入学生徒数の割合ではなく、学齢児童総数に対する生徒数合計の割合を見ている。

内地では、学齢児童一〇〇人あたり中学校・高等女学校の生徒が六人程度となるのに対して、在台内地人の場合は一四—一八人程度であり、内地の割合の三倍近くの数値を示す。一方、台湾人の場合は内地の一〇分の一程度である。かりに台湾における中学校・高等女学校の生徒がすべて台湾人によって占められたとしても、内地における割合の約五分の一にとどまる。

学齢児童あたりの生徒数の少なさは、内地留学という選択肢により補われた側面もあった。たとえば、三〇年度の時点で内地の中学校に留学していた台湾人男子は、第一学年から第五学年まであわせて四九五名、高等女学校に留学

表 5-6　学齢児童あたりの中学校・高等女学校生徒数（1930 年度）（単位：人）

			学齢児童(A)	生徒数 公立	私立	合計(B)	学齢児童100人あたり生徒数(B/A)
内地	男		5,939,768	282,593	62,096	344,689	5.80
	女		5,777,793	253,233	87,292	340,525	5.89
台湾	男	内地人	20,287	2,917	0	2,917	14.38
		台湾人	423,559	1,908	0	1,908	0.45
	女	内地人	19,433	3,674	0	3,674	18.91
		台湾人	400,794	1,398	0	1,398	0.35

出典：文部大臣官房文書課『日本帝国文部省第 58 年報』上巻（1936 年），台湾総督府文教局『昭和 5 年度　台湾総督府学事第 29 年報』（1933 年）．

注：1）公立・私立に限定し，官立を除く．高等女学校は本科のみの生徒数．私立各種学校は含めていない．

2）内地に関しては「外国人」を除く．この「外国人」に台湾人が含まれていたのかどうかは不詳．台湾人は義務教育の適用対象とはみなされていなかったので，学齢児童には含まれていなかったと思われる．他方，中学校・高等女学校生徒数のなかには台湾人も含まれていた可能性が強い．ただし，10 万を超える生徒数のなかでの数百人なので，割合としては無視することが可能な程度とみなすことができる．

3）台湾に関しては，「外国人」「蕃人」を除く．資料中の「本島人」という用語は台湾人と置き換えた．

していたのは全学年で一九名である(96)。男子の場合、この人数を台湾における台湾人中学校生徒数に加えたとしても学齢児童一〇〇人あたり約〇・五七人であり、やはり内地の一〇分の一程度にとどまる。女子の場合、さらに内地と台湾の格差は大きく、内地の一〇〇分の六程度である。

これらの数値は、学齢児童数に比して定員の枠が小さかったことを物語る。定員の少なさは、学校の規模にも左右されたものの、基本的には学校数の少なさに対応した事実であった。三〇年当時、内地には公立・私立あわせて五五五校の中学校が存在した(97)。人口規模にあわせて中学校を設立するならば、少なめに見積もっても、その一〇分の一程度、すなわち五〇校近くの中学校が台湾に存在してもおかしくないはずだった。しかし、実際には一〇校程度しか存在しなかった。

このように第二次教育令が制定されて台湾人にも帝国大学にいたる通路が開かれたとはいえ、それはか細いものであった。台湾人は「ラセンの上昇路」を昇ろうとするならば、経済的・文化的資本に恵まれた在台内地人と不利な競争をしなければならなかったうえに、台湾人相互のあいだでも入学試験に勝ち抜かねばならなかった。そこには、内地延長主義を標榜する体制のもとで、微妙なさじ加減でコントロールされた排除の機制を見出すことができる。ただし、皮肉なことに、こうした政策のおかげで、台南長老教中学が一定数の志願者を確保できたところもあったと考えられる。

表5-1に示したように、長老教中学では第三学年から第四学年にかけて生徒数は激減している。ただし、志願者や予科・第一・第二学年の生徒は十分な数を確保していた。これは、台湾全体として、志願者に対する定員の枠が圧倒的に少なかったためと考えられる。しかも、長老教中学では、第三学年や第四学年への進級時に同志社や青山学院の相当学年に編入する道を開いていた。宗教主任の黄俊命の息子である黄彰輝の場合、台南師範学校附属公学校を卒業して二七年に長老教中学に入学、三〇年に青山学院中学部第四学年に編入、三一年に同卒業、この学歴を足がかりとして台北高等学校高等科を受験して合格している[98]。このように内地キリスト教系学校への編入のルートがつくられていたことから、長老教中学は「留日の跳躍板」とも言われていた[99]。公立中学校の受験に失敗した場合、浪人生活を送るよりは長老教中学に入学して留学の土台とした方がよいという判断も成り立ちえたわけである。

総督府は、一方で専検による指定校制度を棚上げとすることによって長老教中学を周縁化しながらも、他方で公立中学校の学校数・定員数を限定したために長老教中学に志願者が流れる事態を防げなかったといえる。バンド校長も、この点をよく自覚して次のように記している。「今日のようなハンディキャップを負わされた状態でさえも、毎年、多くの新規志願者を獲得できる。それは、この島で中学校が不足しているからである[100]」。

それでも、次々と生徒が中途退学していく事態が、教育上にも、財政上にも大問題であることに変わりはなかった。この点については、基本財産の蓄積と財団法人の設置という形式で問題の克服が目指されていくことになる。

四、財団法人台南長老教中学の成立

一九二七年五月、台南長老教中学は、総督府からようやく財団法人の設置を認可された。設立者は、バンドと林茂生だった。「財団法人私立台南長老教中学寄附行為」が作成されて、「基督教ヲ徳育ノ基本トシテ教育ノ事業ヲ挙クルヲ以テ目的トス」(第一条)と定めた。(101) 財団法人は、この目的のもとで理事会を組織した。それは、宣教師会、台湾基督長老教会南部中会の代表という従来の理事に加えて、新たに後援会代表を理事として含めるものであった。理事会の構成原理は以下の通りである。

・「英国宣教師会」から四名の理事を選出する。
・「南部台湾基督長老教会中会」は一〇名の評議員を選出、そのなかから五名を評議員会において理事に選出する。
・「台南長老教中学後援会」は一〇名の評議員を選出、そのなかから五名を評議員会において理事に選出する。
・学長は就任と同時に理事となる。

宣教師が学長(校長)に就任する慣行を前提とすれば、宣教師会、南部中会、後援会からそれぞれ五名の理事が選出される体制が形成されたことになる。理事会で審議する事項は、次のようなものとされた。「一　資産管理ニ関スル事項」「二　予算決算ニ関スル事項」「三　学長ノ選任及解任ニ関スル事項」「四　学長事故アルトキ代理選定ニ関スル事項」「五　学則改廃ニ関スル事項」「六　職員任免及俸給ニ関スル学長ノ提議事項」「七　寄附行為ノ変更及法人ノ解散」「八　其他重要ナル事項」。

表5-7は財団法人設置以降の台湾人理事の一覧を示したものである。理事の顔ぶれの変化を一覧できる資料は存在しないので、この一覧はさまざまな資料を総合して推定したものである。(102)「職業その他」の欄には職業のほか、教会とのかかわり、協議会員など公職にかかわる情報を記した。職業としては医師が八名、教育関係が四名、牧師が三名、その他実業関係が四名で、専門職的職業が過半を占める。このほかに全体として指摘できるのは、長老教中学出身の校友が半数以上を占めること、後援会選出の理事を含めて教会関係者が多いことである。理事に名を連ねた人物

表 5-7　財団法人私立台南長老教中学台湾人理事一覧（1927 年度～1935 年度）

<table>
<tr><th>人　名</th><th>1927</th><th>1928</th><th>1929</th><th>1930</th><th>1931</th><th>1932</th><th>1933</th><th>1934</th><th>1935</th><th>学　歴</th><th>職業その他</th></tr>
<tr><td>汪培英</td><td colspan="4">教会</td><td colspan="5">教会</td><td>長老教中学校／台南神学校</td><td>牧師</td></tr>
<tr><td>黄俟命</td><td colspan="4">教会</td><td colspan="5">教会</td><td>長老教中学校／台南神学校</td><td>牧師／長老教中学教師</td></tr>
<tr><td>劉文詩</td><td colspan="4">教会</td><td colspan="5"></td><td></td><td>貸地業／高雄州里港教会長老</td></tr>
<tr><td>高金聲</td><td colspan="2">教会
(任期2年)</td><td colspan="7"></td><td>長老教中学校／台南神学校</td><td>牧師／台南神学校教師</td></tr>
<tr><td>黄仁榮</td><td colspan="2"></td><td colspan="4">教会</td><td colspan="3">教会</td><td>長老教中学校／総督府医学専門学校</td><td>医師／台南太平境教会長老</td></tr>
<tr><td>林一鹿</td><td colspan="4"></td><td colspan="5">教会</td><td>長老教中学校／総督府医学専門学校</td><td>医師／台南州西螺教会長老</td></tr>
<tr><td>潘慶彰</td><td colspan="4"></td><td colspan="5">教会</td><td></td><td>元公学校教師／台中州大社教会長老</td></tr>
<tr><td>林茂生</td><td colspan="4">教会</td><td colspan="3">後援会
(1934/5/18 辞任)</td><td colspan="2"></td><td>長老教中学校／東京帝国大学</td><td>台南高等商業学校教授／長老教中学教頭</td></tr>
<tr><td>李道生</td><td colspan="2">後援会
(任期2年)</td><td colspan="7"></td><td>長老教中学校／新楼医院で医師見習</td><td>医生／台中州員林教会長老／員林街協議会員</td></tr>
<tr><td>胡丙申</td><td colspan="2">後援会
(任期2年)</td><td colspan="7"></td><td>国語学校公学師範部</td><td>台南師範学校教諭</td></tr>
<tr><td>彭清約</td><td colspan="4">後援会</td><td colspan="5"></td><td>長老教中学校／総督府医学専門学校</td><td>医師／高雄州鳳山教会長老</td></tr>
<tr><td>顔振聲</td><td colspan="2">後援会
(任期2年)</td><td colspan="4">後援会</td><td colspan="3">後援会</td><td>長老教中学校／彰化医院で医師見習</td><td>医師／台南太平境教会長老</td></tr>
<tr><td>劉瑞山</td><td colspan="2">後援会
(任期2年)</td><td colspan="4">後援会</td><td colspan="3"></td><td></td><td>貸地業・雑貨商</td></tr>
<tr><td>王金帯</td><td colspan="2"></td><td colspan="4">後援会</td><td colspan="3"></td><td>国語学校公学師範部</td><td>長老教中学教師／東門教会執事</td></tr>
<tr><td>李仲義</td><td colspan="2"></td><td colspan="2">後援会</td><td colspan="5"></td><td>漢学</td><td>貸地業・精米業・製糖業／高雄州萬丹教会長老</td></tr>
<tr><td>劉明哲</td><td colspan="4"></td><td colspan="2">後援会</td><td colspan="3"></td><td>国語学校公学師範部／早稲田大学</td><td>大東信託台南支店長／台南州協議会員</td></tr>
<tr><td>李連頂</td><td colspan="6"></td><td colspan="3">後援会</td><td>長老教中学校／総督府医学専門学校</td><td>医師／台南州善化教会長老</td></tr>
<tr><td>林朝乾</td><td colspan="6"></td><td colspan="3">後援会</td><td>長老教中学校／総督府医学専門学校</td><td>医師／台中州彰化教会長老</td></tr>
<tr><td>林振聲</td><td colspan="6"></td><td colspan="3">後援会</td><td>国語学校国語部／新潟医学専門学校</td><td>医師／台南州協議会員</td></tr>
</table>

典拠：「財団法人私立台南長老教中学寄附行為」『台南長老教中学校友会雑誌』第 4 号(1927 年 7 月)，「学校現況一斑」「第一回理事会記録」『輔仁』第 6 号(1929 年 7 月)，「母校現勢要覧」『私立台南長老教中学校友会会報』第一号(1931 年 8 月)，「法人登記変更申請」「理事選任決議書」『昭和九年度以降　財団法人書類綴　発信之部』(長榮中学校史館所蔵)，『台湾総督府国語学校一覧自大正六年至大正七年』(1917 年)，『台湾基督長老教会太平境馬雅各紀年教会設教壱百弐拾年史』(1985 年)．

のなかで、教会関係者でないと思われるのは劉明哲、林振聲の二名にとどまる。他方、理事ではなく評議員に着目するならば、蔡培火や王開運も評議員に含まれていた。後援会の大会において理事を選出するのに先だって「反政府的な色彩が濃厚になるのは避けるべきである」という発言がなされていることを考えるならば、学校の顔ともいうべき理事には「反政府的」色彩の濃い人びとを避けようとする選択がなされたものと考えられる。[103]

劉明哲や王開運が役員をしていた大東信託は、台湾人初の金融機関として、林獻堂を社長として二六年に創立されたものである。大東信託も、長老教中学同様、法の恣意的な運用により、内地人の管理する銀行・信託会社に比して不利な立場に置かれていた。蔡培火は、在台内地人の多くが大東信託設立反対論を展開した問題を取り上げて、「母国人の手中に独占された島内の言論機関は、筆鋒を揃へて、これを台湾金融界の叛逆なりと称し、これを差止むべきことを怒号した」と論じている。また、操業後には信託法が施行されていないことを口実として台中州知事が正式の法的地位を認めようとせず、「産業組合ノ余裕金・準備金等ハ信託会社へ預入ルベカラズ」と指令したことを明らかにしている。[104]

大東信託の設立認可が二六年一二月、長老教中学にかかわる財団法人認可が翌二七年五月というように時期的にも近接していた。さらに、二七年七月には『台湾民報』の島内発行がようやく許可され、初めての台湾人による政治結社として台湾民衆党の結党も許可された。この時期、憲政会系の伊沢多喜男・上山満之進が台湾総督であり、台湾人のさまざまな要求に一定の譲歩をする姿勢を見せながら、たぶんに恣意的な法の運用により競争力を殺いだ状態におく方式がとられたといえる。

財団法人設置認可と同じ二七年五月、林茂生は、総督府在外研究員として米国のコロンビア大学に留学することになった。あまりにもタイミングのよい指名は、体のよい切り崩し工作だった可能性が強い。しかし、次章で述べる通り、林茂生はこの機会を利用して台湾における公教育のあり方を原理的に考察することになった。また、林茂生が不在のあいだも寄附金募集事業は粘り強く継続された。おりしも公立学校では同盟休校(ストライキ)事件が頻発しており、そのことが長老教中学の支持基盤を広げる要因となったと考えられる。

やはり二七年五月のこと、公立台中第一中学校——公立台中中学校の後身——で台湾人生徒による同盟休校事件が起きた。事件のきっかけは日本人炊事夫が台湾人生徒に対して侮辱的な言動をしたことだった。校長下村虎六郎(下村湖人)は同盟休校に参加した台湾人学生に対して厳罰主義で臨み、学生寮自治の停止、学生の発言権の否認、舎監への絶対服従を言い渡した。これに反発した台湾人生徒は再度同盟休校に突入、四〇名を超える生徒が退学処分に付された。(105) この事件について報じた『台湾民報』の記事は、もしも私立中学が存在すれば、保護者が屈服して学校に謝罪する屈辱を経験したり、退学させられた生徒を遠く海外に留学させたりしなくてもすんだはずだと論じ、「台湾人本位の教育をする」ための私立中学が必要だと主張した。(106)

翌二八年一一月には、台中師範学校でも大規模な同盟休校事件が生じた。文化協会関係者の作成した「檄文」によれば、舎監小山重郎が寮で台湾語を使用した台湾人生徒を殴りつけ、抗議を受けると、全校生徒の前で次のように述べたという。

チヤンコロ《ママ》語(台湾語のことだ)を使ふ奴はあの法律もない支那に行け。おれは小原大佐《ママ》の命令で来たんだ。おれは帝国主義者だ。不平のある奴は出て来い。この拳ではりとばして見せる。一体内地学生も意気地なしだ。自分達の前でチヤンコロ語を使はれても平気で居る。チヤンコロ語を使ふ奴を見たらぶん撲つてやれ。大日本帝国政府が八十万円も出して建てた学校は、チヤンコロを教育する処ぢあないんだ。

この檄文は最後に「ゴロッキ小山を叩きつぶせ!」「奴隷教育絶対反対」「民族的差別待遇絶対反対!」「台湾語使用絶対自由!」「打倒日本帝国主義!」という要求を掲げている。(107)

小山の発言はさすがにあまりにも露骨とみなされたのだろう、事件のさなかに台北第一師範学校に異動となり、翌年二月には免官となった。履歴書によれば、小山は一八九九年岩手県生まれ、青年時代に多くの学校を転々としていることから苦学したものと思われる。一九二八年に講道館柔道二段を取得、日本体育会体操学校高等科を卒業して、四月に台中師範学校に赴任したばかりであった[108]。ビラのなかに見られる「小原大佐」は、台中師範学校の配属将校小原甚吾大尉を指すものだろう。ビラの発言が事実だったとして、小山にしてみれば、「チャンコロ」という人種主義的な差別語を投げつけることも、台湾語を話した生徒を殴りつけることも、同化主義という公言された統治方針に従って、自らの職務を忠実に履行しようとしたものということになろう。

他方、台湾人生徒が小山の言動に憤激し、抗議するのも当然だった。「チャンコロ」という言葉が、いかに周囲にいる者を凍りつかせる響きを持っていたかを示すエピソードがある。

二五年当時、公学校の四年生だった黄彰輝は、学校からの帰り道に一〇名近くの内地人生徒に囲まれて石を投げられたうえに、さまざまな罵声を浴びせられ、最後に「チャンコロ」という言葉を投げつけられた。「その言葉の意味を完全に理解していたわけではないが、あたかもベルトで背中を打たれたように激しい憤りを感じて」殴りかかった。その日の夜、なぜ喧嘩をしたのかと問責する父に「チャンコロ」と言われたからだと答えると、父は真っ青に顔色を変えて、それ以上追及しなかった。翌日、父とともに校長室に呼び出された。内地人の子どもを殴ったことを叱責されることを覚悟していたが、やはり「チャンコロ」と言われたのだと説明した瞬間、内地人の校長と父親は目を見合わせてしばらく沈黙し、校長はただ「もうよい、行きなさい」とだけ語ったという[109]。

この校長の対応は、内地人教師の立場から見ても、決して口にしてはいけない言葉であったことを物語る。だが、内地から台中師範学校に着任したばかりの小山は、いとも気軽にその言葉を口にしてしまったのである。

「奴隷教育絶対反対」という台湾人の叫びの背景には、こうした屈辱の経験が蓄積していたと考えられる。同盟休校事件としてあらわれたのは、文字通り氷山の一角でもあった。のちに台湾を代表する左翼的作家のひとりとなる呂赫若は、小山の発言をめぐって台中師範学校で同盟休校事件が生じたときに同校の一年生だった。同盟休校に参加して退学処分にされることはなかったものの、垂水知恵の研究によれば、教師による「操行成績表」は次のようなものだという。[110]

第一学年

1学期：茶目？横着ニテ態度不良。(乙)

2学期：命令ニ服セヌコト数回　空トボケ上手ナリ　反省モナシ。(乙下)

3学期：拗ネ者。不良性ヲ時ニ表ス　反省ノ色少シ。(乙)〔以下略〕

「操行」が人物評価であり、教師の権力性が端的にあらわれる場であることは、内地の学校も、台湾の学校も変わりはなかった。しかし、これほどネガティブな評価もめずらしいと思われる。中学生や師範学校生という立場を守るためには、こうした監視と教導の視線にさらされながら、少なくとも退学処分にはならない程度に、一挙手一投足にまで神経を張りめぐらせる必要があった。同盟休校事件にまではいたらずとも、教師に反発した台湾人生徒が、かろうじて退学を免れる事態は頻繁に生じていたと思われる。実際、呂赫若も左翼的傾向の読書会に参加した嫌疑で五年生の時に二週間の停学処分を受けている。

公立中学校や師範学校の空間に浸透していた日常的な監視の暴力については、ほかにも多数の証言がある。三三年に台南州立嘉義中学校に入学した林歳徳は、入学当初から内地人生徒と喧嘩するたびに教師に「台湾語を使った」と言いつけられて殴られる事態が度重なり、わずか三ヵ月で退学になったという。[111] できるかぎり従順にふるまうようにしても、これに反抗して停学や退学になるにしても、それぞれの若者たちは孤立化した状態のなかで自らの台湾人性を否定することを迫られていたといえる。そうであればこそ、台湾人が台湾人として結束できる場所、「台湾人本位の教育」をする私立学校の必要が広く認識されていた。そうした願いの受け皿となったのが、長老教中学であった。

五、後援会大会という討論空間

財団法人の認可を受けて一年半、林茂生の米国留学中の一九二八年一二月、長老教中学後援会の第二回大会が同校の講堂で開催された。参加者は中部・南部各地の会員五〇名あまり、この大会において本書の冒頭に掲げた「台湾人の学校」となろうとする宣言が採択された。ここで重要なことは、この後援会大会の場そのものが、台湾人にとって自治的で公共的な討論空間としての性格を強めていたことである。

以下、校友会雑誌『輔仁』における漢文記事によりながら、この第二回大会の経過をやや詳細に追ってみることにしよう。(112)

まず長老教中学教員である王金帯が司会として開会を宣言、後援会副会長汪培英を座長に推薦、汪培英は開会の辞において、「何度か落胆の声をもらした後、当局が認定しようとしない理由について言及した」。その内容は、「設備がまだ完善でないこと」「有資格教員が三分の二必要であること」「まだ第五学年を設置していないこと」「基金十万円はただ約束されているだけであり、現金は全納されていないこと」の四項目であった。

一番目の設備と三番目の第五学年設置は、認定を受ければ自ずと解決されることがらと説明された。二番目の有資格教員の割合について、**表5-3**にも示したように、三分の二という条件はすでにクリアしていた。

したがって、指定校となるのに向けてもっとも大きなハードルは、四番目の基本金の全納だった。すでに記したように、「定期出資」の場合、寄附金は五年間に分割して支払うことになっていた。そのため、約束されてはいたものの、まだ集まっていないお金が存在していた。しかも、同じ大会の場で黄俟命は「当局は二十万円無ければ薄弱だと言っている」とも発言している。実際、この八年後、三六年当時に文教当局が私立学校認可の条件を緩和すると報道された時には、これまでのところ「大体二十万円以上の基本財産を有するものに限る方針であつたため実際問題としては実現は困難」であったという当局の見解が示されている。(113) 当時、長老教中学以外に一〇万円近い基本財産を蓄積していた私立学校は存在しなかったので、この「二十万円」という数字は長老教中学に対してつきつけられていたものと考えられる。一〇万円という条件がクリアされそうとみるや、総督府当局は指定校となるためのハードルをさらに上げようとしていたのであろう。そこには、官僚制支配の恣意性が色濃くあらわれている。

将来的に約束された寄附金がなかなか実際には集まらないという問題もあった。寄附金を実際に集金して歩く作業を担当していた林明海は、集金にまつわる困難を次のように説明している。

甲、退学になった学生、及びその父兄による逆宣伝の影響が多少ある。
乙、条件を附して指定後即時全納すると言いながら、支払いが停滞している者がある。
丙、児童が受験に合格せず、入学できなかったために、支払いを中止する者がある。
丁、財政の変動や死亡のために中止する者がある。
戊、収穫期や現金のある時でないと集金できない場合がある。

この発言は寄附金募集事業をめぐって、さまざまな困難が存在していたことを示唆している。

「乙」「丁」「戊」は約束した寄附金を支払う側の困難さをうかがわせる。収穫期でないと払えない人びとの存在は、後援会の活動が一般の農民と無関係ではなかったことを示す。同時に、恒常的に現金収入のある人びとと、そうではない人びととの落差を浮かび上がらせてもいる。さらに、二七年には台湾銀行が鈴木商店への融資の焦げ付きのために休業、これを契機に生じた金融恐慌も支払いに影響したと考えられる。

「甲」や「丙」は、自分の子どもにとって不利な処遇への不満が、寄附金の不払いにつながる例もあったことを示す。「甲」で記された退学処分とは、二七年六月に二年生五一名中の四六名が同盟休校をおこなったことに対して、学校側が四名を退学処分に付した事態を指すと思われる。『台湾日日新報』によれば、同盟休校の原因は、「二学年担当教師が将来聖書に対しては一切試験科目を課さないことを声明したにも拘らず、まだ舌の根の乾かぬうち聖書の問題を課した」ことと報道されている。[114] 当時の二学年担当者は和宇慶良光であり、事件後間もない二七年九月に退職していることから、この教師の個人的資質が影響している可能性もある。しかし、聖書教授が問題にされているからには、キリスト教主義に対する生徒の反発もまた要因になっていると推定される。

キリスト教主義の教育方針の扱いは、この後援会大会における重要な争点だった。大東信託役員である王開運は、「一部の人士のなかには本中学をまったく教会の経営に属するものと誤解している者がある」ので、極力この誤解を取り除くべきだと演説している。すでに後援会代表を含めて理事会が構成されていた以上、長老教中学を教会学校とみなす考えを「誤解」として斥ける姿勢は根拠を持っていた。しかし、宣教師であるバンド校長の立場からするならば、眉をひそめざるをえない発言だったと思われる。バンドは、三〇年の時点で「約四〇パーセントの生徒はキリスト教徒の家庭出身であるものの、残りの学生は、学校に入学するまでキリスト教の信仰についてほとんど何も知らない」と報告している。[115] 学校創設当初に比するならば、非信徒の家庭の割合は顕著に増加していた。したがって、キリスト教主義という方針をめぐって軋轢が生じるのも当然だった。

寄宿制度についても議論の俎上に上げられていた。寄宿制度は台湾中・南部の各地から集まる学生の宿舎を提供するというプラクティカルな意味を備えていた。しかし、それだけではなく、寮を宗教的感化のための空間とするという狙いもあった。学校紹介の文章では、「本校は生徒を寄宿舎に収容し、厳重なる訓練と管理とを以て堅実なる校風を樹立す」と記し、「毎日朝夕二回、天主に対して礼拝を行ひ、之れと同時に身体の姿勢を矯正し、服装を検査」するというように、キリスト教的な規律訓練の空間であることを標榜していた。[116] 学則では特別の事情のある場合にかぎって通学生を認めるとしていたが、顔振聲は「学校経営において複級化しようとするならば、学寮制度の自由化に及ぶべきだ」と論じている。顔振聲は教会の長老だったものの、生徒を増大させて多学級化するためには寄宿舎制度の自由化が必要と考えていたようである。

バンドは校長としてこの会議に出席していたが、寄宿舎制度自由化などの問題に対して特に反論しなかった。むしろ「時代の要求に応じて、この中学を台湾人により自立したものとすべきであり、学長の職の如きも島人に譲るのが当然である。英国宣教師会は援助を惜しまず、常に変わらない好意と友情を捧げる」と述べた。

この第二回後援会大会において、台湾人が校長職を台湾人に譲るべきだと詰め寄ったわけではない。したがって、このバンドの発言は唐突に思えるが、日頃から校長職を台湾人に移譲すべきだという要求が提起されていたからこそ、近い将来に譲るという発言をせざるをえなかったのだろう。

ここで参照すべきは、バンドが二五年におこなった演説である。バンドは、「本島人の方を校長に任命しても善い時期ではありますまいか」という声のあることを挙げながら、「本島人が校長に適さないと云ふことはありません。唯一の困難は財政上の点であります。この点は後援会諸君の熟慮を御煩し度いと思ひます」と語っている[117]。婉曲な言い回しではあるものの、宣教会本部の補助金が収入の過半を構成している以上、自分たち宣教師が校長であるのは当然であるという認識を示したものといえる。ただし、もしも後援会が十分な基本財産を蓄積したならば校長の職を譲ることもありうるという認識を示唆してもいた。二八年度の財政状況は不詳だが、三〇年度の財政状況は**表5-8**のとおりである。後援会の蓄積した基本財産の利子として供出される補助金が、英国宣教会からの補助金に匹敵する金額となっていることがわかる。それだけに、バンドの立場はいよいよ微妙なものとなっていた。

おりしも対岸の中国大陸ではキリスト教系学校に対する教育権回収運動が高まり、校長や理事長を中国人とする措置が実現していた。中華民国政府は教育権回収運動を支援、国民党系の軍人が「帝国主義の手先」とみなしたキリスト教徒に暴力をふるい、教会関係の施設を破壊することもあった。病気療養のために台湾からスコットランドに戻っていた宣教師ムーディーは、こうした動向を踏まえて、宣教師の役割の変化を呼びかけていた。曰く、「台湾では年

表 5–8　台南長老教中学の財政状況（1930 年度）

収入		支出	
種　別	金　額	種　別	金　額
英国長老教会ヨリノ補助金	¥4,000	俸給，雑給	¥19,207
長老教中学後援会ヨリノ補助金	¥4,000	諸費	¥3,481
授業料	¥8,407	寄宿舎賄費諸費	¥24,081
其他ノ収入	¥4,281	学友会費	¥1,971
寄宿舎食・舎費	¥24,081		
舎費一部分	¥2,000		
学友会費	¥1,971		
合計	¥48,740	合計	¥48,740

出典：『私立台南長老教中学校友会会報』第一号（1931 年 8 月）.
注：1）1922 年度には 11 名だった教師が 1930 年度には 14 名と増加しているにもかかわらず俸給総額は表 5–2 と比較して 2000 円程度しか増加していない．これは，表 5–2 が宣教師の俸給を含んでいたのに対して，本表が宣教師の俸給を含んでいないためと考えられる．英国長老教会からの補助金も，宣教師の俸給に相当する金額を除いた補助金ということであろう．
2）1930 年度の生徒数 247 名が 40 円の授業料を払ったとすれば，収入の総額は 9880 円となるはずである．本表の授業料収入と 1500 円近くの差がある理由は不詳である．

初から年末まで一度も宣教師の顔を見ることがなくても、会衆が集まり、堂会が開かれ、執事が財政の工面をしている」。それが「光栄ある達成」であるにしても、「早逝」であるにしても、「外国宣教の終焉」について考え、語るべきである[118]。ムーディーにしても、宣教師や宣教本部からの補助金をいきなりすべて引き揚げるべきだと主張していたわけではなかった。そのようなことをしたら、現地の信徒たちが困ることは明らかだった。ただし、従来のように、宣教師が指導的立場にあることを当然とみなす発想への反省が必要と考えていた。

このように台湾人への権限移譲を説く宣教師が存在する一方で、宣教師の立場を擁護する台湾人も存在した。代表的な論者は蔡培火である。蔡培火は、後援会大会の場で「本中学が独立自主を達成すべきであるという問題に関しては、余は、かならずしもそうは考えない。英国の同胞のように純善で友情をもって援助しようとする者に対しては、末永く共に事にあたるべきである」と発言した。

抗日運動のリーダーである蔡培火が、なぜ台湾人の「独立自主」に水を差すような発言をしたのか。その真意は確かめようもないが、総督府と対抗するためにも英国人宣教師との協力関係を不可欠と考えていた可能性がある。他の場での言動を考え合わせると、蔡培火の言動は状況に応じた政治的妥協を重視するタイプであり、バンドの立場を擁護する発言もこうした性向との関連で解釈すべきものと思われる。たとえば、この後援会大会の二年後、林獻堂が石塚英蔵総督から総督府評議会員への就任を求められた際に、林茂生は断るべきと主張したのに対して、蔡培火は『台湾新民報』日刊化の糸口となりうるという観点から受諾すべきことを主張した。[119]結局、林獻堂はいったん就任したもののすぐに辞表を提出、あくまでもこれに反対した蔡培火に対して「なぜ余が装飾品として利用されるのを甘受しなくてはならないのだ！」と怒りをぶつけている。[120]

右に述べてきたように、後援会員たる台湾人のなかにもキリスト教主義の評価をめぐって微妙な不協和音が存在していた。英国人宣教師の果たすべき役割についても、見解の相違が存在した。しかし、そのことはかならずしもネガティブな意味にとどまらない。むしろ、自らのヴォランタリーな意思に基づいて参加した人びとが、学校の教育方針や人事について討論する空間を構築した事実そのものが重要である。長老教中学は単なるキリスト教系学校ではなく、「台湾人の学校」という夢を共有しようとする人びとが、キリスト教主義であるにもかかわらず集まる空間だった。それだけに矛盾に満ちていて、しかも可能性にあふれた空間だったとみることができる。

こうした事実の積み重ねに基づきながら、後援会大会はさらなる寄附金を呼びかけるために「宣言書」を採択・公表した。[121]本書の冒頭に掲げた宣言書である。「台湾人の学校」という夢をもっとも直截に語ったマニフェストとして重要な資料なので、全文を書き下し文にして引用する。

本校、英才を教育すること四十年、久しからずと為さず。積年、財帛を消耗すること、多からずと為さず。艱難を歴し、善く奮闘すること、堅からずと為さず。今則ち肆然として大廈広軒、平衍広土、人材萃然、済々多士、台湾文化史に於て一頭地を抜く。其れ自ずから来たるところ有るなり。然るに、時勢の推移、小に安んじて大を忘るる者を容れざる有り。今、校舎、校地、校具並びに諸教員の資格、空前の盛況に属し、前代の進歩を画すと雖も、基本財産未だ豊満を尽くさず、英国同胞の援助を仰ぎ、依然として旧態を改めず。其れ故、此の如し。上

臺南長老敎中學校

將爲民衆之教育機關

後援會決定來月六日開大會

臺南長老敎中學校開辦以來、年月己久、凡是島民莫不知道的。四年前爲要得文部省的認可、林茂生氏出爲奔走、募集基金、己達十萬圓。蓋長老敎中學校雖然是敎會學校、目的乃爲給全臺不論有信敎及無信敎的青年子弟念書之敎育機關。故亦有組織臺南長老敎中學之後援會。該後援會爲該校發達計、卽於十一月十六日開委員會於該校、出席委員是李道生、劉文詩、顏振德、王開運・劉瑞山・劉明哲、林明海、王金帶、汪培英、黃俟命等。是日磋商結果、決定十二月六日午後二時於該校、開後援會大會、希望全臺的出席者、最少須半數以上云。

長老敎中學校々長是日亦出席、頗呈熱烈的氣慨、希望各爲努力、並辯解該校乃是全臺青年敎育的機關、絕不是祗限于基督敎徒的敎育機關、務期互相共同努力云。林明海、顏振聲、王金帶、黃俟命四名爲籌備後援會大會委員、而該委員會亦發表趣意書一張、可抄錄之於下。

本校敎育英才四十載、不爲不久矣。積年消耗財帛、不爲不多矣。歷艱難、奮鬭、不爲不堅矣。今則雖然大樓廣軒、平街廣土、人材萃然、濟々多士、於臺灣文化史出入地、其有自來忘其大者矣。今校舍校地校具暨諸敎員之資格、雖屬空前之盛、劃時代之進步、而基本財產未嘗豐滿、仰英國同胞之栽培、仍不改舊態。其故如此、上不應當局之要求、下不副社會之囑望、未獲認定、未成復級、而求學之士、日多一日、宮墻外望者、嗟嘆之聲、澎湃宇內、看作雲煙過眼、可謂有心人、手籍覩後援會員、如斯民衆矣。十萬二十萬、一氣可成、易同反掌耳。英國例年援助二敎會補助數千金、而後援會近由基金補助金利子、三千金不及、因人成事、何可恃爲長久之策哉。試問年々入學率何如?依據統計、敎會內二成强、敎會外卽居八成之多。故後援雖英人、宗旨雖基督、實體無非純全臺灣民衆之敎育機關也。而以一簣之功勉、不能不貫徹目的使命、可謂智者乎。深望吾南全臺人士、群策群力、急起直追、冀乎名實具備、爲臺灣人之學校而後已

海水浴場貪利

西子灣開運動會

强要徵收遊覽料

十一月十八日星期日、高雄市內各中等與小公學校爲祝賀御大典、特地的聯合運動會於高雄市西子灣運動場。是日

図 5-8 「台南長老教中学校将為民衆之教育機関」

後援会大会に先だって，後援会準備委員会起草の「趣意書」として発表されている．なお，宣言書に続く記事は，内地人の管理する海水浴場で台湾人は立ち入っただけで「遊覧料」がとられる問題を報じている．期せずして，第一回夏季学校における「海水浴場即事」と響き合う記事となっている．

には当局の要求に応ぜず、下には社会の嘱望に副わず。未だ認定を獲得せず、未だ複級を成さず。宮墻の外に望む者の磋嘆の声、宇内に澎湃す。雲煙過眼を看作すること、仁者と謂うべけんや。後援会員を観るに、其の衆、斯くの如し。十万二十万の基金、一気呵成、易きこと掌を反すと同じきのみ。英国、例年、二宣教師に四千金を補助す。而して後援会、基金利子による補助、五千金に及ばず。人によりて事を成す、何ぞ長久の策を恃む可けんや。試みに問う、年々の入学率如何。統計に依拠するに、教会内十分の二強、教会外十分の八の多きを数うる。故に、後援は英人、宗旨は基督教と雖も、実体は純全たる台湾民衆の教育機関に非ざるは無きなり。而して、一簣の功を以て勉めざれば、目的を貫徹し使命に到達する能わず。智者と謂うべけんや。吾が台人士に深望す。群に策し群に力め、急起直追せんことを。冀わくば名実ともに台湾人の学校たるを備えんのみ。

昭和三年十二月十日《ママ》

台南長老教中学後援会大会啓

この二八年の宣言書を二四年の募金開始当時の趣意書と読み比べるならば、そこには大きなロジックの変化が存在している。

二四年の趣意書には、キリスト教主義という言葉が存在しなかった。この宣言書では、「宗旨は基督教と雖も」というように明確にネガティブな文脈で言及している。「英国同胞の援助」を仰ぐことも、もはや否定すべき「旧態」とみなしている。このようにキリスト教主義に距離をとる一方で、「台湾民衆の教育機関」「吾が台人士」「台湾人の学校」というように「台湾人」に呼びかける姿勢は顕著となっている。「宮墻の外に望む者の磋嘆の声」というのは、もしも長老教中学が指定校だったならば喜んで志望するのに、そうではないために断念せざるをえない人びとの嘆きを示すものであろう。そうした嘆きをやりすごしてよいのか、それで「仁者」といえるのか、とこの宣言書は訴えかけている。

ここに見られる「台湾人」という呼びかけの言葉は、二四年の趣意書には欠落していたものであった。重要なことは、単にこうした言葉が用いられた事実だけではなく、それに見合う実態がつくられていたことである。すなわち、まずは台湾人向けの高度な教育機関を設けることについて「学校当局」としての宣教師の消極的姿勢を打ち破ろうとする試みがあり、そのために新校舎建築のための募金運動があった。これにより「本島の学校」としての性格を強めた長老教中学だったが、教会外の非信徒との提携は総督府の干渉により阻まれた。ロンドンの本部からの抗議という助力もえてこの壁も打ち砕き、二〇年代には非信徒を含めての募金運動を展開し、後援会を組織した。後援会の蓄積した基本財産は、いわば「台湾人」という呼びかけの物質的基礎であった。

こうして構築された自治的で公共的な空間は、総督府という公権力による庇護のもとに成立したものではなく、権力編成上では圧倒的な劣勢にある人びとが、公権力に抗しながら、相互のあいだをつなぐ膨大な交渉の積み重ねによりはじめて実現したものだった。

第三節 「優勝劣敗」への懐疑――生徒たちの経験

長老教中学後援会を構成したのは主に生徒の親たちの世代の人びとであった。それでは、長老教中学における生徒たち自身は、この学校でどのような経験をしていたのだろうか。本章の主眼は学校の管理運営体制について論じることであるものの、同校に学ぶ台湾人青年の経験をここでかいま見ておくことにしたい。ひとつの手がかりとして、『校友会雑誌』第四号(一九二七年)において、「学友文壇」に掲載された五〇篇の日本語作文、および「学友漢文壇」に掲載された二九篇の漢文作文に着目する。[122]

日本語と漢文の作文を通覧すると、おおよそ次のような特徴を指摘できる。

第一に、指定校となるための寄附金募集事業について、生徒もよく認識していたことを示す文章が五篇ある。たとえば、「生等の切望する所は我が校の認定で御座います。基本金は、私共の敬慕する林先生のご尽力に依り確かに拾万円を越えたとか聞いて嬉しくてたまりませぬ」(四年、林金殿、六六頁)というように「認定」問題を持ち出している。また、長老教中学の位置づけをめぐって、「或人は吾が学校を侮辱して無資格な中学だと思ふが、それは実に間違ひである。吾が学校は何方面から云つても官立の学校と変りが無く、劣ることは勿論ないのである」(予科、江得清、九三頁)と記しているものもある。生徒たちこそが自分たちのキャリア形成にかかわる問題として、指定校制度をめぐる成り行きをもっとも注視していた人びとだったかもしれない。

第二に、天皇崇拝や国民儀礼にかかわる文章は、一般の校友会雑誌に比すれば少ない。こうした範疇に属するものは三篇、「陛下は我が台湾をどれ程に愛しなされるかは息子を三人までも御遣しになりましたので分かると思ひます」

(二年、鐘堂華、八〇頁)という程度にとどまる。ただし、天皇崇拝にかかわる儀礼がおこなわれていなかったわけではない。同じ校友会雑誌に掲載された「校内記事」では、「十月二十八日。台湾神社祭礼につき、遙拝式を行ひ、三屋教師は該祭につきての講演をなしたり」「十月三十一日。天長節祝日につき、東門礼拝堂に於て女学校と共に祝賀式を挙行し、越石教師は司会者となりて、祈禱並に講演を行ふ」と記している(一二一頁)。二七年の時点で、すでに内地人教員を進行役としながら、台湾神社に向けて遙拝式をおこなっていたことがわかる。神社参拝とは異なり「遙拝式」は、式次第において一定の自由なアレンジが可能であり、生徒にとっても「やり過ごす」ことが可能な儀式という判断がなされていたものと思われる。

第三に、キリスト教にかかわる作文も六篇であり、キリスト教系学校の校友会誌としてみれば少ない。たとえば、校舎の窓にたたずんで暮れゆく野原を眺めながら、「嗚呼、神よ、此のあはれな私を救ひ給へと言つて歩み始めた。冷たい風は前とかはらず小さい音をして吹いてゐる」(一年、高上榮、九〇頁)という随想風の文章は、高金聲の四男の手になるものである。他方、漢文欄で信教の自由について論じて、「昔より専制国は、必ず一つの宗教を択び、以て国教となし、国教の外は、悉く排斥を行い、甚だしくは或いは加うるに戯辱を以てす。〔……〕若し夫れ立憲国ならば則ちしからず、一切宗教の信仰、人の自由に任せ、併せて苟も安寧秩序に背く無ければ、皆干渉を加えず」(二年、林清河、一〇八頁)と論じているものもある。この場合の「国教」が具体的に何を指示しているのかは推測するほかな

図5-9 『輔仁』第6号(1929年)表紙
台南長老教中学の校友会雑誌は第5号(1928年)から『輔仁』という名称が付されるようになった．表紙の下部には「私立台南長老教中学校友会」と記されている．

いが、当時の長老教中学の文脈では、天皇崇拝のための儀式を間接的に批判したものと解釈することも可能である。

第四に、全体としては、日常のなかの率直な感懐ともいうべきものを記したものが多い。病気で寝込むさなかに「校友会雑誌をはしから読んだが、ちつとも面白くない。英語教科書を開いて見たがちつとも判らない」(三年、郭定、七二頁)と揶揄的に記すもの。あるいは、友だちと二人で見知らぬ村に「遠足」に行ったところ「果物がじゆくして居るので腹一ぱい食べたが、眠かつたので昼寝をして居つた」(二年、陳炳文、八四頁)という類いのものなど、いささか間の抜けた雰囲気を感じさせるものもある。題材としては、長老教中学に入学するために郷里を去るときの寂しさ、郷里の両親への思いを記したものが少なくない。

第五に、とりあげる題材にも文体にもかなりの広がりがあるなかで、一〇篇近くの作文に共通して見られるキー・ワードとして、「弱肉強食」「優勝劣敗」「いぢめ」といった言葉を挙げることができる。

「優勝劣敗」という表題の漢文作文では、「児童初めて入校の時、差異無しと雖も、幾年を待ちて、優勝劣敗の則起こる。卒業し再び中学に進まんことを希む人、亦少なからず。其中、或は其の望みを達し、或は選抜試験に合格せず、終身牆外にあって望む者あるなり」(四年、林清木、一〇二頁)として入学試験の経験に引きつけながら、中学校入試に臨むことのできる者はごく少数であり、この間に進路が大きく分かれる問題について考えようとしている。すでに記したように、長老教中学には「不本意入学者」が少なくなかったと考えられる。その場合、「劣敗者」たる哀しみは他人事でなかったはずである。右の作文での「終身牆外にあって望む者あるなり」への着目は、それに「勝ち抜く」ことを目指すだけでよいのかという疑問をうかがわせる。同様に、郷里の公学校のことを思い起こしながら「卒業者七十余人もあつたが、大抵お父さんの業を継ぎて、中等学校に入つて勉強してゐる人は少ない。なぜと云へば庄は貧しいからです」(一年、林建勳、八五頁)というように貧困という要因を強調した文章もある。

これらは自らの経験に基づいたものであるのに対して、より抽象度の高い思索も見られる。「強きものは弱いものをいぢめ、強き国は弱い国を侵略します。又金持のものは華美を極めてはおごり、貧しき者は汚い着物を着て働かなければなりません」(三年、林宗慶、七六頁)と社会の理不尽さを問いかけた文章では、個人レベルにおける強者と弱者の関係ばかりではなく、国家レベルで強国による弱国の「侵略」という次元にも視野を及ぼしている。

同様に、「宇宙及人世」と題して哲学的な思索を展開した漢文作文では、次のように現状を嘆ずる。「或いは貴、或いは賤、或いは貧、或いは富、或いは僥倖ありて座して名利を得、或いは刻苦淬厲《さいれい》ありても得るところ無し、是を以て人生を悲観し苦痛の海、赤い涙の谷となすあり、或いは人世を楽観し春華秋月の如く享楽し以て年を終わるあり。噫、孰れが邪にして孰れが非なりや」(四年、李春祥、九九頁)。座して利益と名声をえる人びとがいる一方で、刻苦しても「赤い涙の谷」を生きざるをえない人びとがいる。いったいどこに間違いがあるのだろうか? なぜこのように不条理な事態がまかり通っているのだろうか? 傷心の思いを懐きながら、問いの前に佇んでいるという趣である。

これらの作文において、それぞれの表現は多様である。その多様性自体が、「弱肉強食」「優勝劣敗」をめぐる問いの切実さ、内発性を表しているようにも思える。また、多様でありながらも、総じて強者よりは弱者の立場から問いを発している点は共通している。貧しい者が「汚い着物」を着て働かねばならない状況を身近なところで実見する共通の経験が、こうした観点の共通性を生み出しているのではないかと思われる。

作文のなかには、「弱肉強食」「優勝劣敗」をめぐる問いに向かい合う途上で、苦しみの由来を考え、それを乗り越えていく可能性を「自治」という言葉に託した作文も見られる。次に掲げる「自治」と題する作文は、「学友文壇」五〇篇の日本語作文の冒頭に置かれたものである。この配置には、校友会雑誌を編集した教師の意図が込められていると思われる。

自治とは実に現代流行の熟語也。言こそ簡なれども意味甚だ深きものあり。自ら治めて他人に依らず他人を妨げず悪を改めて善に赴き、自分の安寧幸福を維持して進歩発達を図る、これ即ち自治なり。〔……〕欧米諸国は東洋諸国に比して国民自治の精神に富み、且よく此れを実行するが故に彼等は吾等よりも文明なり。野蛮なる国民は自治の精神を欠き、且其の実行に至りては全然不可能なるが故に、彼等は吾等に比して進歩遅れ、竟に吾等よりも其生活状態に於いて苦難圧迫多く自由少《すくな》し。〔……〕(四年、陳景三、六一頁)

この作文では「文明」と「野蛮」を峻別したうえで、文明の秩序において「進歩」を図る重要性を説いている。それは前世紀からの認識枠組みを踏襲するものともいえるが、他方で文明の内実を「自治」という言葉で捉えている点が時代の風潮の変化を示している。この文章の後段は微妙な混乱、あるいは意図的な曖昧さを感じさせる内容となっている。「欧米」が「東洋」よりも自治という点で文明的だという図式は明確である。それでは、自治の精神を欠くために「苦難圧迫」に襲われるのは誰なのか。「彼等は吾等に比して」と述べているのだから、さしあたって「吾等」ではないことになる。しかし、それでは「彼等」とは誰なのか? 「東洋」の人びとを指示しているとも解釈できるが、「東洋」には「吾等」も含まれるはずである。さらに、引用箇所に続く文章で「嗚呼、自治は実に、人生必修の徳なり」と記していることから、やはり自治の実現を自分たちの課題と考えていることがわかる。それはまた、「苦難圧迫多く自由少し」という状態が決して他人事でないことを言外の内に示唆している。

もうひとつの例を挙げておこう。「学友漢文壇」一二九篇の最後に置かれた作品も、「自治精神」と題するものである。

世界文明諸国、都会と郷村とを論ぜず、必ず自治あり。其れ自ら治めざるの国は、植民地也。然るに何故に其れを植民地と為すや。仔細に之を観れば、則ち民心自治の精神を欠乏せるなり。其れ此の精神を欠乏すると為せば、凡百の事、人に制を受く。試みに本島の現状を観るに、寒心無きを能わざるや。民心太平に夢を貪り、日ごとに迷信に趨き、文化の向上に努めず。文明国民の伍に列して、懸隔太だ多し。嗚呼、危うきかな島民。〔……〕(二年、廖三春、一一〇頁)

この文章では、自治の不在という問題が「植民地」としての「本島」にかかわるものであることを明示している。ただし、自治欠乏の理由を、「太平に夢」を求め「迷信」に陥った「島民」の態度に求めている。そのことによって、植民地支配批判とは異なるところに論点を帰着させている。このような逃げ道が設けられてはいるものの、この漢文の作文と、先の日本語による作文とをつきあわせるならば、全体として、「植民地」という「苦難圧迫」のもとで自治的な主体たりえない「わたしたち」をめぐる問題を考えさせる構成となっている。

もっとも、「学友漢文壇」の最後を飾るこの文章のすぐ後には「詞苑」という欄を設けて、あたかも口直しのように、内地人教員松岡鋼一郎が大正天皇「御大葬」(一九二七年)の折に詠んだ和歌を掲載している。すでに危険水域に達しているといわんばかりに、これ以上の問いをさしあたって封印する構成になっている。

『校友会雑誌』の誌面はもちろん、学校という空間そのものも、多様な思想・信条・嗜好をそなえた人びとが共存する場であり、かならずしも植民地支配下における「自治」を問う志向が支配的であったと断言できるわけではない。しかし、長老教中学の管理運営体制、さらに法制上の位置づけをめぐって生じていた「苦難圧迫」を想起するならば、右の生徒たちの作文は、長老教中学をめぐる現実の重みに根ざしたものであり、生まれるべくして生み出されたものと見ることができよう。

右の作文から、思想表現の手段として漢文に重要な位置づけが与えられていたこともわかる。日本語の表現は総じて年齢の割にある種の「幼さ」を感じさせる面があるのに対して、漢文作文は、漢文特有の誇張された表現を介して抽象的思考を有効に表現する媒体となっている。漢文科を教授する目的について、バンドは「両親に漢文の書信を送ること」「掛軸に漢字を書くこと」「所属教会又は日曜学校のため聖経題目を意匠を凝らして書くこと」「白話字《パイウエイジー》を学び、少しも読めない人に教へること」と記している。(123) 単に古典を読む手段ではなく、思想を表現しコミュニケートする手段として位置づけていたことがわかる。さらに、書を重視する漢族のカルチャーを継承しようとしていることや、教会白話字と結びつけることにより閩南系台湾語学習の機会としていることもわかる。

校友会雑誌の誌面で日本語の占める比重が高いことからも、授業の大半は日本語でおこなわれており、漢文の占める時間数はそれほど多くなかったと思われる。それでも、「チヤンコロ語を使ふ奴を見たらぶん撲つてやれ」と語る教師のいる公立学校との性格の相違は、明らかだった。まことに細々とした可能性ではあるものの、長老教中学は、漢族系台湾人の生徒が、自分たちの生まれ落ちた社会の文化的伝統や生活形式を選択的に習得する場としての意味合いを備えていたといえる。

図 5-10　蹴球部の生徒たち
生徒たちの胸には「長中」と記されている.

生徒の経験について述べる以上、スポーツのことについてもひとこと言及しておくべきだろう。生徒たちの生活のなかでスポーツの占める比重は大きかった。たとえば、二七年に入学した黄彰輝は、入学以前は痩せていて病気がちだった自分が、寮における規律と共同生活を十分に楽しむことができ、熱心なサッカー選手になったことに自分の父(黄俟命)も自分自身も驚いたと述べながら、東寮・西寮・北寮という寮対抗の野球、テニス、サッカーの試合を楽しんだと書いている[124]。校友会雑誌もスポーツの記録に多くのページを割いている。たとえば、長老教中学のサッカー部が三〇年の南部蹴球連盟大会で台南一中などを破って優勝、さらに北部に遠征して台北高等学校などに勝利して優勝したことが特筆大書されている。このときの北部遠征の費用も、教師や後援会員の寄附した資金によりまかなわれたものだった[125]。

こうしたスポーツにかかわる課外活動は、学校への帰属意識を高める役割を果したことだろう。しかもそれが豊かに展開されればされるほど、上級生になると、ひとりまたひとりと減っていく事態の不条理もいっそう深く感じられたことと思われる。黄彰輝は第三学年に進級したときに生徒が三〇人近くまで減少したと語り、「生徒数減少は、生徒たちや保護者たちが長老教中学に不満足だったためではない。長中 Tióng-tiong はよい学校だった」という。そのうえで、ただ上級学校に進学するためには内地に留学せざるをえなかったのだと憤懣やるかたない筆致で記している。(126)

おわりに──同化圧力を減衰させる空間

長老教中学が「台湾人の学校」を標榜したことの意味は、同化圧力との関係でどのように考えられるのだろうか。こうした観点から本章の内容をまとめると、次のようになる。

まず第一に確認すべきことは、同化主義とは台湾人全体を対象としたものではなかったことである。一九三〇年前後の段階においても、男子の半分以上、女子の八割以上が初等教育機関である公学校を卒業することもできなかった。それは「国語」としての日本語習得など文化的同化への圧力から相対的に自由でいられることでもあったが、同時に、底辺労働力たることを運命づけられることでもあった。

第二に、底辺労働力たることを免れてホワイトカラー的な職業に就こうとするならば、それに見合った学歴を取得することが必要条件であった。第二次台湾教育令により、内地の教育制度との接続関係も設けられて、台湾人は原理的には「帝国の重役室」へといたる「ラセンの上昇路」を昇ることができるようになったはずだった。しかし、実際にはこのルートはきわめてか細いものだった。それまで競争に参加する機会すらも与えられていなかった台湾人は、在台内地人も参加する入学試験において、経済的・文化的な資本という点で圧倒的な劣勢にあった。それに加えて、学校数・学級数がそもそも限定されていたために、男子の場合、学齢児童あたりの中学校生徒数は内地の一〇分の一程度に過ぎなかった。台湾から内地への留学生を含めたとしても、この割合はさほど変わらなかった。

第三に、「ラセンの上昇路」はか細いばかりではなく、その種別も限定されていた。台湾では専検による指定校制度が棚上げにされたために、長老教中学は上級学校との接続関係を断ち切られた。同時代の朝鮮の場合、内地人中心の公立中学校のほか、朝鮮人中心の公立高等普通学校、私立高等普通学校、専検指定を受けた私立各種学校、それ以外の私立各種学校など多様な選択肢が存在したわけだが、台湾の場合は、共学制の公立中学校と私立各種学校という両極端の選択肢しか存在しなかった。したがって、やむをえず公立学校を志望する場合も多かったと考えられる。また、たとえ長老教中学に入学したとしても、中途退学して内地留学する者も少なくなかった。佐藤由美の研究によれば、戦前の青山学院への留学生は全体として朝鮮人が台湾人よりも多かったが、中学部については台湾人は一一一名、朝鮮人は三五名というように圧倒的に台湾人の方が多く、しかも台湾人の五分の一が長老教中学からの編入生だったという。こうした事実も、中学校入学が台湾において破格に困難だったことを物語る[127]。

第四に、入学試験という競争に勝ち抜いて公立学校に入学した台湾人青年は、それぞれの学校で厳しい同化圧力にさらされた。その極端な表現が、台中師範学校の舎監小山重郎による「チヤンコロ語を使ふ奴を見たらぶん撲つてやれ」という発言である。小山の対応は、露骨ではあったにしても、さほど特異なものではなかったと思われる。本章で何度か登場した黄彰輝は、日本留学中の三七年のこととして、公立台中第一中学校の生徒だった弟と神戸で偶然会って、思わず台湾語で話したときのことを回想している。船室に閉じ込められて教員からひどく殴られている弟を解放してもらうために、その教員の前で土下座して額を地面につけて「こうしてお詫びします」と語ったという[128]。いわば咄嗟の驚きのなかで条件反射のように語る時でさえも「日本人らしい」反応をするという規律化が求められていた。このような規律化の実践に耐えられない者は殴られ、侮辱され、時には停学や退学という処分を受けた。

ここで同化圧力を「規律化」という言葉で捉えるのは、目新しいことではない。冨山一郎はかつて「沖縄人」という主体にかかわって、「日本人」になるとは身体的な自己規律化の実践のなかで想像され確認されるものであり、「定期券を見せる」(鶴見俊輔の言葉)ように、無意識のうちに日本語を話したり教育勅語のカギ言葉のつなげ方に熟達したりすることを意味すると論じた。[129] 趙景達も、反同化主義を掲げる同盟休校に「反規律訓練化」という性格を見出した。[130] 冨山や趙の指摘にも明らかなように、この場合の規律化とは宗教や教育など文化領域にかかわるとしても、本質的に政治的な事態であった。あるいは、宗教や教育をめぐる文化領域こそが、「わたしたち」をどのように定義するかという政治をめぐる闘争の場であったといってもよい。このような政治的規律化の実践は、同盟休校のような事態を鎮圧し、「操行」の評価などを通じてひとりひとりを孤立化させる実践と背中合わせであった。

これを要約すれば、同化という名目のもとに実際に進行していたのは、総体としては支配者と被支配者とのあいだの構造的な不平等を再生産することであり、また個別には社会的上昇を志向する少数者に対しては、相互に分断されて孤立化した状態を強いながら「日本人」としての政治的規律化への圧力を及ぼすことだったといえる。

長老教中学が「台湾人の学校」を標榜したことの意味も、右のように同化圧力を捉えることにより明確になる。「台湾人の学校」とは、第一義的には台湾人が管理運営体制に参加し、教育方針について議論する討論空間を意味した。同時に、この空間は生徒たちが文化的伝統や生活形式を選択的に習得する場という意味合いも備えていた。さらに、「弱肉強食」「優勝劣敗」の思想を弱者の立場から批判的に対象化したり、自治の重要性について考察したりする作文を発表できる場でもあった。むろん長老教中学でも、日本語を教えたり、台湾神社例祭日に遙拝式をおこなったりというように、同化圧力から完全に自由だったわけではない。それにしても、台湾人が主体となって自治的にこの同化圧力をコントロールし、減衰させようとしていた点に特徴がある。

総督府の立場から見るならば、たった一校の私立学校といえども、同化圧力を減衰させる抜け道は塞いでしまわねばならなかった。長老教中学を通じて上級学校へ進学するルートが開かれるならば、公立学校における政治的規律化の実践の不条理さを際立たせてしまうこともありうるからである。社会的上昇移動を目指す若者たちは公立学校に囲い込んで、ひとりひとりを孤立化させたうえで、そのなかで生きていくほかないのだと思い込ませる必要があった。だからこそ、総督府は、長老教中学を指定校とする措置を控えたのだと考えられる。他方、次章で述べる通り、林茂生の側では、長老教中学を自治的空間とするにとどまらず、これを橋頭堡として台湾における公教育制度全般を変革することを目指していた。

第六章　林茂生における「公教育」構想

――内部観測としての歴史叙述

本章では、林茂生がコロンビア大学ティーチャーズ・カレッジに提出した学位論文を、「公教育」構想という観点から検討する。

一九二七年三月、林茂生は台湾総督府在外研究員として、「英語学、英語教授法」の研究を目的として、一年間の米国・英国滞在を命ぜられた(1)。出発前に林獻堂に宛てた書簡では、本来は一緒に渡欧の旅に出たいと思っていたが、一足先に四月二八日に横浜から渡米すると言付けている(2)。しかし、五月六日付で財団法人私立台南長老教中学の設立認可がなされて、五月九日に初めての理事会が開催されることになった(3)。そのため、林茂生は予定を変更してこの理事会に出席、その日の夜に台南駅を出発することになった。

長老教中学後援会の活動が重要な局面を迎えた時点で総督府が林茂生に在外研究を認めたのは、長老教中学をめぐる運動の中心人物にしばらく台湾を離れていてほしいという事情も存在したものと思われる。ただし、在外研究の機会それ自体は、林茂生も歓迎したことだろう。滞在先としてデューイやモンローら著名な教育学者の集うコロンビア大学を選び、修士、さらに博士の学位を取得した。そのために当初は一年間の滞在予定を一年延長し、さらに半年近くにわたる「私事滞在」を経て、三〇年一月に帰台した。

図 6-1　コロンビア大学(右)
図 6-2　米国留学中の林茂生(左)

林茂生の出発後、林獻堂は少し遅れて次男猶龍とともに欧米旅行に出発、二八年三月にニューヨークを訪問し、林茂生と面会した。「九時耕南〔林茂生の号〕来訪、竟夕《きょうせき》〔一晩中の意〕暢《のびやか》に談じる、而して一日の疲労、遂に悉く之を忘る」と書き残している。(4) おそらく日本人官憲の姿も見当たらないニューヨークで、時を忘れて閑談にふける贅沢な時間を楽しんだのであろう。それは、台湾を代表する知識人と富豪だからこそ享受できたものであった。とはいうものの、それは「台湾人」としての集団的な自己決定を求める思いと無縁な試みではなかった。林獻堂はこの旅の記録を「環球遊記」として『台湾民報』に連載、欧米各国の現況と比較することで台湾の現況を相対化しながら、「文明とは何か」「近代とは何か」を問いかけようとした。(5) それは迂遠なようでありながら、日本植民地支配下の閉塞状況からの脱出口を探ろうとする試みでもあった。

林茂生の学位論文も、「環球遊記」と同様の意味を担うことになる。論文の表題は『日本統治下台湾における公教育――その発展と文化的諸問題に関する歴史的理論的分析』(*Public Education in Formosa under the Japanese Administration: A Historical and Analytical Study of the Development and the Cultural Problems*)である。公式に総督府から与えられた研究課題「英語学、英語教授法」とは、およそかけ離れたテーマだった。

台湾における教育の歴史と現在について包括的に論じたこの論文において、自らが深く関わっていた長老教中学をめぐる事象への直接的言及は、意外なほどに乏しい。長老教中学を「台湾人の学校」としていくだけでは不十分である、台湾における教育制度全体を台湾人にとって公共的なものへと変革していくことこそが重要である、と考えてのことだったと思われる。論文のタイトルにおける「公教育」public education という言葉もそのような関心の所在を示唆している。

論文の読解に先立って、米国留学にいたる林茂生の足跡をここであらためて整理しておこう。

林茂生の父・林燕臣は秀才の称号を持つ儒者であり、私塾で教えていた。母方の祖父もまた挙人の称号を持つ儒者だった。幼年時に父から四書五経を学んだ茂生は、作文・習字に秀でており「小童生」と称されたという(6)。日本による台湾占領後、曹洞宗布教師が台南に創設した日本語学校に入学、修了後は日本語の能力を生かして郵便局の給仕となった(7)。いまだ抗日ゲリラによる抵抗が台湾各地で展開されていたさなかの時期のことだった。その後、父にしたがって受洗して長老教中学校に学び〇四年に卒業したのち同校教諭となった。〇八年に教会関係者の資金援助のもとで内地に留学して同志社普通学校第四学年に編入、一〇年に第三高等学校大学予科第I部に入学、一六年に東京帝国大学文科大学哲学科を卒業した。

卒業論文の題目は「中庸の哲学的体系」だった(8)。東京帝大の「支那哲学」研究室が中心となって刊行していた『東亜研究』にその骨子と思われる内容が掲載されている。この論文で林茂生は、王陽明の哲学をカントのそれと類比している。すなわち、王陽明の立論が「kant の如く論理的ならずして、やや独断的傾向に流るるは惜むべし」としながらも、理の客観的性格を否定して理もまた心の外にあるものではないと主張した点は、カントが心の作り出す現象の外側に本体があるわけではないと論じたのと類似していると解釈している(9)。また、王陽明の知行合一説をとりあげて、一つには「先験的良知に主観的内省」をなすことが必要であり、一つには「躬行実践」によらなくてはならない

図6-3　林茂生の家族
1932年撮影．前列右から三男林宗人，林茂生，長男林宗正，父林燕臣，母郭寛，次男林宗義，五男林宗和，妻王采蘩．後ろに立つのは弟の林永生．長男から四男までの名前の最後の文字は「正義人道」からとられた．

として「茲に於て経験の必要生ぜり」と書いている。[10]「実践」「経験」への関心が特徴的である。

東京帝大卒業後は母校長老教中学校の教頭に就任、一八年に王采蘩と結婚した。王采蘩は、アヘン戦争で英国との抗戦のさなかに死亡した浙江提督・王得禄の子孫であり、地方儒者とは家庭的背景を異にしていた。ふたりが出会った当時はキリスト教徒でもなかった。しかし、王采蘩は台湾人の女性として初めて日本内地の高等女学校を卒業した人物であり、この点で共通の経歴を有していた。ふたりの結婚を仲介した采蘩の兄・王鐘麟はのちに台湾文化協会理事、台湾民衆党常務委員に就任、抗日運動において中核的な役割を果たすことになる。[11]

一九年に長男宗正、二〇年に次男宗義が誕生した。次男宗義の誕生と同じ年、林茂生は官立商業専門学校教授に就任、長老教中学の教頭と兼務することになった。商業専門学校の教授という立場でも、授業という場を通じて「台湾人本位の教育」を追求しようとしていたようである。同校の学生だった呉新榮は、ただひとりの台湾人教授だった林茂生の授業を回想し、時にはカーライルの『フランス革命史』を講じて「自分自身が革命家であるかのように熱弁をふるい」、時にはトルストイの「幸福な家庭」について宗教家としての沈思黙考を感じさせながら談じ、時には密かに台湾語で自分の経験を語る姿に接して、大きな感動と興奮を経験したと述べている。[12]本書の終章に登場する陳紹馨のように商業専門学校で林茂生に学び、その影響で台湾文化協会にも加入し、戦後に台湾大学教授に就任した人物もいる。

第二次台湾教育令が制定されると、商業専門学校は、二一年度の予科入学生が卒業する二六年度を期して廃校とされることになった。創立してわずか三年の学校を廃校にする措置は、総督府の施策の朝令暮改的な性格を象徴する出来事だった。藤井康子の研究によれば、商業専門学校の台湾人生徒たちは、同校を高等商業学校へ改組して存続させる運動を展開、唯一の台湾人教授だった林茂生もこの運動の支援者として名を連ねた。台南市としての地域利害に訴えることで在台内地人も巻き込んだ運動は総督府を動かし、二六年に台南高等商業学校が創設されることになった。ただし、従来の商業専門学校が台湾人だけを対象とした学校だったのに対して、台南高等商業学校は日台共学の学校とされた(13)。

さらに、林茂生渡米中の二八年には、新任の台湾総督川村竹治が、台南高等商業学校を廃校にして台南高等工業学校を創立することを決めた。内地ならば、たとえ高等工業学校が必要という場合でも、既設の学校に加えての増設ということになったであろう。しかし、台湾では既設の学校の廃校を引き替えとしての新設だった。商業専門学校から高等商業学校へ、さらに高等工業学校へというめまぐるしい変化を通じて、台湾人学生の割合は大きく減少し、「台湾人本位の教育」をおこなう余地も狭められていった。それこそが、総督府による施策のねらいだったとみることもできる。

林茂生の学位論文は、高等商業学校教授という立場を含めて、台湾の植民地教育をめぐる状況のただなかで自らが対峙している対象を、できるかぎり客観化しながら、しかも現実的な展望を切り開く形で認識しようとしたものといえる。以下に記す通り、日本の統治政策について肯定的に評価していると思われる部分もあれば、はっきりとネガティブな評価を下している部分もある。これは、単に論理的整合性を欠くということではなく、歴史のなかにあって歴史と格闘しながらなされた叙述の特質とみるべきだろう。台湾における教育の未来に希望が持てると思えるならばわずかにでも存在する可能性に目が向くことになるだろうし、ほとんど希望を持てないと感じるならば、なぜこのような事態に立ちいたったのか、その原因を厳しく問いただすものとなろう。未来に希望を持ちたい、しかし、やはりそれは難しいのではないか……。この学位論文は、そのような揺れる心境のなかで書かれたものであり、崎山政毅の表現を借りるならば、「内部観測」としての歴史叙述といえる。(14)

なお、この学位論文はすでに中文訳と日文訳が刊行されている。(15) それぞれの翻訳に付された解説も先行研究としての意味を持つほか、近年では林茂生の教育思想に焦点をあてた研究もなされている。たとえば祝若穎は、日本植民地支配下におけるデューイ教育思想の受容という観点から、林茂生の学位論文を分析している。祝は、林茂生の論文は、公学校の台湾人教師がデューイの教育学説を教授法の次元に転化して具体化した流れのなかに位置づけられるとしている。同時に、林茂生の場合、デューイのもとで学んだ胡適や蔣夢麟らの中国人学者に比して、総督府当局の圧迫のもとで理想と現実との落差が大きく、それだけ内心の葛藤はいっそう深かったと論じている。(16) こうした祝の指摘をふまえながら、林茂生による学位論文というテキストをさらに読み深めるためには、日本による教育への高い評価と、手のひらを返したような厳しい批判の混在を正面にすえた分析が必要であろう。このようなテキストの裂け目にこそ、「内部観測」としての歴史叙述の深みが見出されるはずである。

第一節　台湾における教育の歴史と現在への問い

一、「知識階級の文化運動の指導者」のひとりとして

林茂生の学位論文は、序論的な第Ⅰ部、台湾における公教育の発展をクロノロジカルに叙述した第Ⅱ部、「文化的

諸問題」に関する理論的考察を主眼とした第Ⅲ部に分かれる。各章の構成は次の通りである。

緒言
第Ⅰ部　序論
第一章　序章
第二章　主題の背景に関する概観
第Ⅱ部　日本支配下における公教育の発展
第三章　日本人による教育の起源(一八九五―一八九八)
第四章　基礎定立期(一八九八―一九一八)
第五章　第一次教育令期(一九一九―一九二二)
第六章　第二次教育令期(一九二二―一九二九)
第七章　教育行政機構の発展
第Ⅲ部　諸問題と結論
第八章　理論的諸問題
第九章　実際的諸問題
附録A　一九二二年朝鮮教育令
附録B　一九一一年朝鮮教育令
図・表

緒言では、「モンロー教授、キャンデル教授、ウィルソン教授に対して、この作品を準備する過程で貴重な示唆と批判と友好的な関心を寄せてくれたことに深い感謝を捧げたい」(.iv頁、以下林茂生の学位論文からの引用は、林茂生愛郷文化基金会が二〇〇〇年に刊行した英文版によって本文中に頁数を示す）と謝辞を記し、またカウンツやキルパトリックとの議論からも大きな刺激を受けたと述べている。いずれも米国を代表する高名な教育学者である。後述する論文の内容から考えるならば、ここにデューイの名前がないのは不自然と思われるが、すでに七〇歳という高齢であったことから論文指導という職務から退いていたものと思われる。

序章では、日本植民地支配下台湾における教育という対象の特質について、次のように論じている。教育問題とはつまるところ、学務官僚の専制的精神と、大多数の人びとのあいだに広がりつつある民主的精神の衝突から生じるものである。台湾人 Formosan People の九五パーセントは古い伝統と偉大な文化的遺産を有する漢族 Chinese であり、同じ文化的起源を有する年少の国民 younger people——いうまでもなくこの文脈では日本人を指す——に支配されている点で特殊な状況に置かれている。日本の台湾支配は、英国のインド支配とも米国のフィリピン支配とも異なっており、フランス人とドイツ人の混住するアルザス＝ロレーヌの状況に近い。植民地政策は大別して、経済的搾取のための従属化を主眼とするもの、同化を主眼とするもの、自治の養成を図るものに分類できるが、日本の場合は極端に包摂を重視した同化政策をとっており、そのために抗争が生じている（四―六頁）。

このように前置きしたうえで、論文で用いる資料について説明し、「台湾における官立および私立の学校で一〇年以上にわたって教育に携わってきた者として、また、知識階級の文化運動の指導者の一人として、著者の個人的な観察も組み込むことにする」と述べている（七頁）。このように述べてはいるものの、自分の経験を直接的に語ることはない。自身の経験は、論文のソースとなる資料を吟味する姿勢や、歴史的出来事を評価する姿勢に間接的にあらわれることになる。また、資料の吟味に際しては自らの立場性を鮮明にして、次のように記している。

第一に、総督府当局に嘱託された者による著書は、しばしば「偏見に満ち、部分的で、誤解へと導く」ものであり、たとえその依拠しているデータは正確であったとしても「あらかじめ定められた視点」によって内容を取捨選択している点で「プロパガンダ」ともいうべきものである。第二に、台湾に滞在した領事や商人による書物は、比較的公平な観察がなされていることが多い。第三に、台湾に長期間滞在した宣教師による記録は住民の習慣や慣行についての情報を提供するものの、「政治的・社会的状況」についてはほとんど述べるところがない。第四に、漢文や日本語、さらに英語により、指導的階層 leading class によって書かれたものは、公正な態度で注意深く選択するならば、リアルな状況を示すのに役立つであろう(七―八頁)。

林茂生は、どの文献がどの範疇に属するかを明示的に述べてはいないものの、ビブリオグラフィーと照らし合わせると、次のような対応関係が考えられる。

第一の範疇に属する文献は、竹越与三郎『台湾統治志』(一九〇五年)、持地六三郎『台湾殖民政策』(一九一二年)、吉野秀公『台湾教育史』(一九二七年)などであろう。たとえば、『台湾教育史』は、元公学校教諭である吉野が石黒英彦文教局長の序文を得て出版したものである。そこでは、台湾特殊の制度として「実業的教育」を重視することが必要だと結論的に論じている。[17] 以下に記す学位論文の内容から、林茂生が吉野の見解に対して批判的だったことは明白である。ただし、この論文のなかで個々の著者名をあげて批判を展開することはない。特に日本人による著書を批判することについては、意識的・無意識的な抑制が働いていたと考えられる。評価にかかわる問題はいわばやり過ごしながら、もっぱら法令や総督諭告などにかかわる情報のソースとして利用している。

第二の範疇に属するものとして、アーノルド『台湾における教育』(一九〇八年)がある。著者は元淡水駐在米国領事であり、同書は米国内務省が印刷・刊行したものである。米国内務省教育局長ブラウンが序文を寄せて、台湾は米領フィリピンと地理的に近接しているうえに、教育事業にも類似した側面のあることに注意を喚起している。[18] 林茂生は、同書について、台湾の教育という同一の主題について記したものとして参考になるところがあったとしながら、一九〇八年に刊行されたものであるために有用性も限定されていると評している。

なお、このアーノルドの著書に関連して、コロンビア大学で日本も含む各国の植民地教育にかかわる調査が展開されていたことに留意しておきたい。すなわち、二三年にロックフェラー財団の寄附金によりコロンビア大学ティーチャーズ・カレッジに国際研究所が附設されて、モンローが所長、キャンデルが研究員に就任し、米国植民地支配下のフィリピンやプエルト・リコの教育に関する調査を進めた。(19) 二四年には『教育年報』*Educational Yearbook* を創刊、後述するとおりそのなかで植民地教育にかかわる特集を組んでいる。林茂生の論文は、フィリピンにおいて「よりよい植民地教育政策」を立案するための資料を求める米国人研究者の視線と向かい合いながら、執筆されたと考えられる。

図 6-4　蔡培火（左）と矢内原忠雄（右）
1927 年 3 月から 4 月にかけての訪台時の写真.

第三の範疇に属するものとしては、宣教師キャンベルやマカイの著作を参照している。これらの著作が「政治的・社会的状況」をネグレクトしているというコメントは、自ら親しく交わってきた宣教師たちへの距離感を示すものとして興味深い。

第四の範疇に属すと考えられるものは、矢内原忠雄『帝国主義下の台湾』ほか矢内原の一連の著作、山川均『殖民政策下の台湾　弱少民族の悲哀』（一九二六年）、『台湾青年』誌上における蔡培火や林呈禄の言論などである。矢内原は二七年三月には蔡培火の招きで訪台、霧峰の林獻堂宅も訪れた。(20) 琉球大学矢内原忠雄文庫には「台湾総督府在外研究員」という肩書きの林茂生の名刺が残されているので、林茂生も、この時に矢内原と面会している可能性が強い。

矢内原は、この時の台湾調査に基づいて『帝国主義下の台湾』を二八年五月から八月にかけて『国家学会雑誌』に連載、二九年一〇月に岩波書店から単行本として刊行した。そこでは、資本主義化により台湾の生産力や文化の程度が「向上した」としながらも「政治的関係に於ては住民の参政権は尚未だ零にして総督専制の極端なる点に於て台湾は又世界植民地中稀有の例に属する」と批判した。さらに同化政策という方針に固執するならば、「人民参政運動の発展そのものが、かかる同化政策の貫徹せられざるべきことを強制的に示すに至るであらう」とその逆効果を指摘し、台湾統治体制の変革が不可避だと論じていた(21)。矢内原の著書は発売わずか三ヵ月あまりの三〇年一月に総督府警務局により発禁処分とされた(22)。ただし、この発禁処分は台湾かぎりのものだった。王育徳の回想では、内地に留学した台湾人青年は「図書館や研究室をさがし廻って」この『帝国主義下の台湾』を借り出しては「バイブル」のように繰り返し繰り返し読んだという(23)。

山川均の文章は、左傾後の文化協会の指導者連温卿から資料提供を受けて執筆されたものである。初出は「弱小民族の悲哀——「一視同仁」「内地延長主義」「醇化融合政策」の下に於ける台湾」という表題で『改造』一九二六年五月号に掲載された。その後、『台湾民報』にも翻訳掲載されて、二六年中に単行本としても刊行された。山川は、第三インターナショナル影響下の日本共産党による世界革命路線に対抗しながら、各地域における地方革命が相互に支援しあって協力する路線を追求していた(24)。

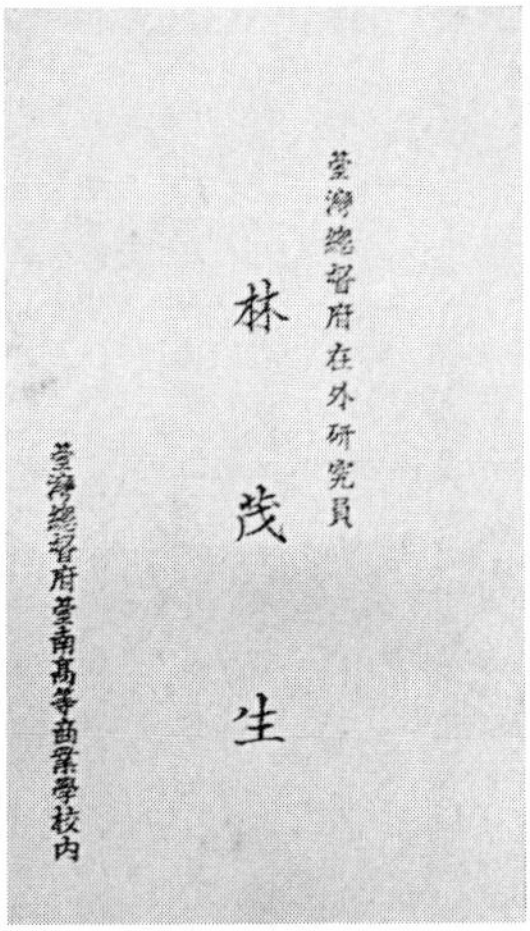

図 6–5　林茂生の名刺
琉球大学附属図書館「矢内原忠雄文庫」所蔵．林茂生の肩書きから考えて，矢内原が 1927 年春に台湾を訪れたときに受け取ったものと思われる．

矢内原忠雄と山川均のあいだには、無教会派の信仰を抱く植民政策学者と労農派のマルクス主義者という立場の相違が存在した。とはいうものの、帝国主義的な植民地支配への批判的認識を抱きながら台湾の歴史と現在について論じる姿勢は共通していた。それは、台湾総督府の意を受けた著書と立場が異なるのはもとより、米国の教育研究者たちとも立場を異にしていた。台湾における「知識階級の文化運動の指導者の一人」として、こうした立場を異にする議論をどのようにまとめあげるのかということが論文の課題であった。

林茂生の論文の第二章では、台湾の地理や人口、日本による領有前の歴史について、基本的な情報を記述している。台湾は人口や面積という点ではデンマークやスイスのような欧州の独立国と同じ規模であると述べ、人口の九五パーセントを占める漢族は福建系の閩南人と広東系の客家から構成され、残りの「原住民」**Aborigines** は「平埔族」**Pe-po-huan** と「生蕃」**Chhi-huan** から構成されると説明している。平埔族については一七世紀にオランダ人、その後に漢族、さらに日本人から一定程度の文明を受容したと語り、「生蕃」については漢族との接触により「文明の技術」を習得した者もいると論じている(一五一―一九頁)。

先住民のなかにも「文明」を習得した者がいるという記述は、文明の秩序において先住民は漢族よりも下のランクにあるという認識を前提としたものである。序論で「漢族の一部、すなわち台湾人」という表現をしていることからも、林茂生にとっての **Formosan People** とは基本的に漢族系台湾人を指すものであったといえる。本論で先住民の教育にかかわる「蕃人公学校」や「蕃童教育所」について述べているところもごくわずかである(25)。そこには情報の欠如だけではなく、関心と共感の欠如が見られる。

そのひとつの要因としては、先住民の多く居住する中央山間部が台湾領有当初から特別行政区域として一般行政区域から隔離されたために、相互交渉の機会がきわめて限られていた事情が考えられる。ただし林茂生は、一八年から二三年まで台南師範学校で教務嘱託をしていた。ちょうど入れ違いではあるものの、ツオウ族の「先覚者」と称された矢多一生(Uyongu Yatauyungana、高一生)は二四年に台南師範学校に入学している。したがって、面識があったとしてもおかしくはない。しかし、この論文では、先住民のリーダーの命運と自らの命運を重ねあわせて、そこに共通する問題を自覚する方向に思考を展開する徴候は見出せない。

この点に関連して、論文の書き出し部分にあらためて着目したい。林茂生は、日本による台湾支配は、「古い伝統と偉大な文化的遺産を有する漢族」が「同じ文化的起源を有する年少の国民」に統治されている点で特異だと論じていた。支配者としての日本人への対抗関係を意識するからこそ、漢族としての「古い伝統と偉大な文化的遺産」の強調を迫られる磁場が存在したと考えられる。このように「中華」の伝統を重視する一方で「台湾人」から先住民を排除して考える傾向は、若林正丈の指摘する通り、当時の台湾抗日運動にかかわる漢族系知識人の大多数に共通したものだった。[26] 林茂生においても、帝国主義体制下に形成された文明の秩序を相対化しようとする努力は、この点において不徹底な側面をはらんでいた。そのことを確認しておかねばならない。

　論文の第二章では、台湾における政治経済状況についても概観している。一九二一年に法律第三号が制定されて法制上における内地延長が原則とされたのちも、「総督は立法と行政においていまだに強大な恣意的権力 arbitrary power を保持している」と批判している。具体的には、総督府評議会が民意を表現する組織と称されてはいるものの、評議会員は官選であるうえに総督の諮問機関という位置づけに過ぎないことを指摘している(二二頁)。経済面に関しては、「一般的に農民や労働者はもっぱら台湾の現地住民から構成されているのに対して、商業や産業にかかわる、より大規模な事業はほとんど日本人が支配している」と指摘し、日本人が主要な産業と財政的施設を管理統制下に置くことによって、この経済生活を支配していると論じる(二二―二三頁)。

　このように、植民地支配の基幹に存在する政治的経済的な不平等に対して、批判的なトーンは明確である。明言こそされていないものの、そこに矢内原や山川の議論の影響を見出すことが可能である。ただし、以下に示す通り、教育に関する問題と

図 6-6　矢多一生
ツオウ族としての名は Uyongu Yatauyungana，戦後国府統治下の名は高一生．阿里山の「達邦蕃童教育所」で学んだのち，嘉義尋常高等小学校を経て，台南師範学校に学んだ．

なると論述のトーンは微妙に異なったものとなる。

二、「新式文化」の登場(台湾領有初期)

第三章から第七章までの台湾教育史に関する叙述は、全体として抑制的であり、基本的な制度の推移について正確な情報提供者に徹しようとする姿勢が顕著である。ただし、ところどころ、自らの立場性にかかわる論述も見られる。その論述は、かならずしも新たな支配者としての日本人に対してクリティカルなものではなかった。なかでも着目すべきことは、第三章と第四章において「新式文化」をもたらした日本人という観点が強調されていることである。

第三章では、日本人は征服者としてばかりではなく、教育者としての責任を担おうとしてやってきたと語る。たとえば、一八九六年元旦に芝山岩で日本人学務部員六名が抗日ゲリラにより殺された芝山岩事件については、「跳梁する匪賊」**plague of bandits** により悲劇が起こされたと述べ、芝山岩を「公教育の揺籃の地」**cradle of public education** と評している(三三頁)。抗日ゲリラを「匪賊」としてネガティブにとらえる見方は、本書第三章で着目した李春生の言動を想起させる。学務部員の立場に共感的な叙述は、芝山岩を「聖地」として位置づけた総督府の立場をそのままなぞったものでもある。(27) そこでは、抗日ゲリラによる暴力はリアルに想起されても、日本軍による鎮圧の暴力は等閑に付されている。

後述のように、同じ論文の別の箇所では総督府の教育政策に対して鋭い批判を投げかけていることを考えるならば、こうした記述は奇妙な印象を与える。しかし、そうした奇妙さこそが、内部観測としての歴史叙述の特徴を構成していると考えるべきだろう。林茂生にとって、新式の教育は「よきもの」であった。その新式の教育をもたらした日本人の役割を評価しようとする姿勢は、かならずしも儀礼的なものではなかっただろう。しかし、当初「よきもの」と思えたはずのものが、なぜ今日ではかくも大きな問題をはらむことになってしまったのか……。どこにボタンのかけ違えが存在したのか……。この論文は、かならずしも明確な見通しのないままに、迷宮のなかを行きつ戻りつするかのように書かれている。また、論文の対象とする時期が変化するにつれて、著者による評価のスタンスも微妙にずれていくことになる。

第四章では、一八九八年に台湾総督に就任した児玉源太郎の訓示を引用している。本書第二章第三節でも引用したように、それは、「教育は一日も忽諸に付し去るべからず、然れども漫に文明流を注入し、権利義務の論に走るの風を養成し、新附の人民をして不測の弊害に陥るなからしめんことを期せざるべからず」というものだった。さらに、後藤新平民政長官の「無方針」演説を引用して、児玉・後藤の消極的教育政策 negative educational policy が教育の遅滞をもたらしたと論じる。ただし、そうした政策がとられた責任の一端を台湾人の「保守的な態度」に求めて、次のように論じている(三七—三八頁)。

台湾人は自分たち自身の理由によって日本人が導入した新式文化 new type of culture の価値を認識することができなかった。その保守的な態度 conservative attitude と古い文化への強い固執が総督府に影響し、消極的教育政策をとらせることになった。

図 6–7　「学務官僚遭難之碑」
芝山岩で抗日ゲリラに襲われて没した学務部員を祀る碑．側面には 6 名の名前が刻まれている．

中華文明への誇りに固執する人びとを「保守的」と批判する叙述には、林茂生の少年時代の経験も反映していると思われる。決定的な意味を持ったのは、父親のキリスト教への改宗であろう。林燕臣・林茂生親子は読書人としてのプライドを持ちながらも、いち早く「新式文化」の導入を決意した人びとであった。その後の親子の足跡を考えるならば、生活実感としても、中華文明の誇りに固執して「新式文化」の導入にネガティブな人びとを「保守的」とみなしてきたことと思われる。台湾領有初期において「番仔教」としてのキリスト教を奉じる人びとが一般民衆から孤立していたことを想起するならば、こうした評価も不自然ではない。

もっとも、林茂生の考える「新式文化」は、日本文化と決して同義ではなかった点に留意する必要がある。「新式文化」における「新しさ」が欧米に由来することは、よく自覚されていた。長老教会系学校に関する言及にも、そのことは明確にあらわれている。清代の教育について論じた部分でも「清代にもっとも近代的で、また体系的な教育事業 the most modernized and systematic educational work はイングランドとカナダの長老教会宣教師によりおこなわれた」と述べて、長老教中学校や女学校の創設に言及している。また、科挙制度や書院について語りながら、「官立学校でも私立学校でも女子教育のための施設を設けなかった」というように、女子教育をめぐる清朝の無策と宣教師の積極性の対比に注意を促している(二六―二七頁)。宣教師の導入した教育を近代教育 modern education と表現していることから、「新式文化」と述べる時の「新しさ」の内実を「近代的」という言葉で把握していたことがわかる。欧米人あるいは日本人の立場からするならば、「わたしたちの文化」がそのまま「新式文化」であり、同時に「文明」であり、「近代」であるということになろう。だが、複数の帝国の影響力にさらされた台湾人の立場からするならば、「新式」であること、「日本的」であること、「近代的」であることは、重なるところがありながらも、微妙にずれたところもあるものと認識されていた。そのうえで、教育における近代性をどのように把握するかという点は、論文を書き進めるなかであらためて問われることになる。

なお、学位論文執筆にあたって林茂生が参考にした、アーノルド『台湾における教育』では、日本人が今や全島的に学校を設立しているので「宣教師の教育事業にかかわる働きは、今後顕著な役割を減ずるだろう」と論じている。(28)

林茂生はこの言葉をそのまま引用しながら、「しかし、五〇年間にわたる台湾の教育への貢献は記念に値する」という言葉を付け加えている(二八頁)。これまでに宣教師が果たしてきた役割への感謝をさりげなく示しながらも、今後は自分たちが主体となって運営していくという思いをあらわしたものであろう。

三、「公共性」概念の重層性(一九〇〇―一九一〇年代)

第一次台湾教育令制定までの時期を論じた第四章では、学位論文の表題でも用いられている公共的publicという概念が重要な位置を占める。

第四章では、まず日露戦争における日本の勝利と産業発展の事実が台湾人の変化を呼び起こしたとして、その時期の心境の変化を次のように叙述している。「第一に日本人が永続的にこの島にとどまるであろうという事実を受け容れるようになり、第二に日本の文化や教育の価値を認めるようになった」(四〇頁)。

この文章から、台湾人にとって、日本人が半世紀にわたって存在し続けることは、決して自明ではなかったことがわかる。その受け容れがたい事実を受け容れることにより、「日本の文化や教育の価値」が認識されることになったと論じる。台湾人の変化を示す根拠として挙げているのは、公学校への就学者と日本内地への留学者の増大である。檜山幸夫の研究でも、一九〇六年以降、漢族系台湾人による公学校設置願書や寺廟財産処分願書が増加し、日露戦争の結果による衝撃のもとで「漢族系台湾人社会の近代的転換」がもたらされたと指摘している[29]。林茂生の叙述は、このような事態の根底に存在した心境の変化を示すものである。

そのうえで、台湾人のなかで新式教育への要求が高まるにつれて、総督府の消極的教育政策への不満も高まっていった事実に注意を促しながら、本書第四章にもとりあげた台中中学校設立運動について詳細に言及している。

公学校卒業後の教育施設としては総督府国語学校が存在したものの、カリキュラムが内地人向け中学校に比べて低レベルなうえに定員も四〇名と少数だったために、「公共的精神をそなえた台湾の漢族」public-spirited Formosan Chineseが、自発的に寄附を申し出て総督府の譲歩を勝ち取り、台中に台湾人のための中学校を創設するにいたった。これは「現地住民のために初めて公共的に創設された中学校」the first publicly established middle school for natives だった。ただし、そのカリキュラムは国語学校とあまり変わらず、英語は随意科目として導入されるにとどまった。内地の中学校とカリキュラムにおいて異なるのはもとより、上級学校への入学資格、判任官への任用資格、徴兵上の特典なども異なっていた(五九頁)。

林茂生は、長老教中学の校友会雑誌に寄せた文章でも、台中中学校の設立運動と、長老教中学の寄附金募集事業を類比していた。それだけ重要な出来事として意識していたことがわかる。なぜならば、それは公共性にかかわることだったからである。台中中学校について「公共的に創設された」と述べる場合の公共性は、漢族系台湾人が自発的に寄附金を出し合って中学校を設立しようとしたことを指す。

論文全体を通じて、この公共的publicという用語の使い方には揺れが見られる。たとえば、「小学校」の訳語はprimary schoolとしているのに対して、「公学校」の訳語はpublic elementary schoolとしている。林茂生の論文で参照しているアーノルドの著作において公学校をpublic schoolと訳しているのと比較するならば、あえてelementaryという言葉を挿入しているところに林茂生なりの判断があらわれている。一般的にprimary schoolは、secondary schoolと対になって初等・中等・高等という階梯のなかの位置づけを示唆する。これに対して、elementary schoolについては英国で労働者階級のための実用的な教育の場を指す言葉として用いられてきたという由来があった。このような従来の用法をふまえて、公学校をpublic elementary schoolと翻訳したと思われる。

同じ台中中学校についても、publicという言葉を異なる意味で用いている例も見られる。「現地住民向けの初めての公立中学校」The First Public School for Secondary Education for the Nativesという例では、Publicは「公立」という意味であり、「公《おおやけ》」の管理に属すという次元での公共性を示唆している。これに対して、「公共的に創設された台中の中学校」Taichu Publicly Established Middle School というように副詞として用いている例も見られる（六八頁、八一頁）。この場合は、台湾人が相互に協同しながら自らのイニシアティブで創設したという次元での公共性を意味している。このように「公《おおやけ》」の管理に属すという次元での公共性と、台湾人が自治的に担ったという意味での公共性のあいだに介在する微妙なズレを表現している。もしも「公共的精神をそなえた台湾の漢族」が同時に地方庁の担い手であれば、このふたつの公共性のあいだの距離は小さなものとなるであろう。しかし、実際には高級官僚ポストはほぼ完全に日本人によって独占されており、地方議会も存在しない状況において、ふたつの公共性のあいだの懸隔は大きかった。それだからこそ、台湾人にとって「公共的」であるとはどのようなことであり、「公教育」とは何であるのかを問う必要を感じていたということになろう。適切な翻訳を模索する試みのなかに、その問題意識がはっきりと表明されている。

四、「文化的同化」への批判（一九二〇年代）

第五章から第六章では第一次台湾教育令から第二次台湾教育令の時期について論じている。さらに、これらの同時代の叙述を前提としながら、文化的同化について論じた第八章では台湾総督府の教育政策への批判的スタンスを前面に打ち出すことになる。

第五章では、文官総督田健治郎の就任、地方制度改正、六三法・三一法に代わる法律第三号の制定、内地延長主義 principle of "Japan-Extension" と同化 assimilation という統治方針について概述したうえで、台湾人の国民意識の覚醒 awaking of national consciousness があったからこそ、総督府はこれらの改革をおこなわざるをえなかったことを強調し、日本や中国大陸や欧米から戻ってきた留学生たちは、新しい民主主義的精神を身につけており、自由であり、率

図 6–8　台湾民報創立記念会
前列左から蔣渭水，蔡培火，陳逢源，林呈禄，黄朝琴，蔡恵如，
後列左から蔡式穀，黄呈聡.

直であり、批判精神に満ちていたと述べている(七二―七四頁)。自分自身を含めて、文化協会夏季学校の講師に名を連ねた面々などを思い浮かべていたことだろう。

第六章では、第二次台湾教育令をめぐって次のように議論を展開する。

田総督が内地延長主義を標榜したにもかかわらず、第一次台湾教育令は台湾人向けの教育制度を別体系で低レベルなものとした点で、矛盾する側面をはらんでいた。そのために総督府は、第二次台湾教育令を制定した。この時期台湾では、島内の政治的な状況ばかりではなく、ウィルソンによる民族自決主義 Wilson's principle of "self-determination" の提唱にも影響されて、民族に対する自尊感情が日増しに大きくなっていた。台湾文化協会の設立、台湾議会設置請願運動の展開、『台湾民報』の刊行、台湾民衆党の組織、さらに「近代社会主義思想に影響を受けた極端にラディカルな集団」の登場とこれに影響を受けた農民組合や工人連盟の組織……(九一―九二頁)。

このあたりの林茂生の記述は、二〇年代における台湾ナショナリズムの盛り上がりを如実に感じさせる記述となっている。政治的ラディカリズムへの評価は記されていないものの、宣教師バンドのように反共的な見解を表明しているわけでもない。かくして「台湾人のあいだでリベラルな態度が成長するのにともなって、総督府は統制を強め、より厳格な同化を実施することになった」と論じる(九二頁)。ナショナリズムの勃興は、同時に批判精神に満ちたリベラリズムの成長を意味していた。

同化を標榜した第二次台湾教育令は、「従来の差別的な制度により引き起こされてきた傷を癒やすための治療手段をある程度提供することになった」。ただし、第二次朝鮮教育令では民族間の実質的な別学が中等学校でも維持されたのに対して、第二次台湾教育令では異なっていた。この教育令により現地住民にとっての「差別的な不利益」discriminating disadvantages は理論的には除去されたはずだったが、実際はかならずしもそうではなかった。しかも、文化的同化という新しい問題を生み出すことになった(一〇一—一〇二頁)。

第二次台湾教育令下の状況をこのように描写しながら、官僚主義的に体系化された教育計画においては私立学校の発展の余地はほとんどないと指摘し、私立学校は公立の中等学校と同様の立場を総督府に要求しているにもかかわらず、総督府はカリキュラムに宗教教育を含んでいるという理由でこれを認めないと説明している(一〇七頁)。いうまでもなく、この点は長老教中学の直面する状況にかかわっていた。林茂生はここで、総督府の私立学校政策の異常さをさらに掘り下げて論じることも可能だっただろう。しかし、この話題をさらに展開することはない。むしろ一応の指摘という位置づけに止められる。

第七章では、教育行政機構の変遷について概説的な記述をしている。あきらかにやむをえず書いたという趣の章である。指導教官のひとりであるキャンデルが教育行政学の担当であることから、行政機構についても最低限の情報を提供する必要があるという示唆がなされた可能性もある。

続く第Ⅲ部の第八章では、まず「国語教育をめぐる問題」という節を設けて、次のような考察を展開する。台湾教育令制定以前は児玉―後藤体制のもとで旧慣尊重路線が展開されてきたのに対して、明石総督・田総督のもとで同化が標榜されるにいたった。二つの時期の違いは明確なようだが、実際のところは曖昧であり、前者が後者の土台となっている側面もある。後藤民政長官は「同化」という言葉こそ語らなかったものの、国語普及の重要性は強調した。日本語が公式の言語 official language であり教授用語であることはやむをえないことだとしても、土着の言語 native language を消滅させようとしている点に関しては疑問がある。第一に、キャンデル教授は、フィリピンの事例について英語は多くの方言を結びつけて進歩への障害を取り除く役割を果たしてきたと述べているが、台湾の場合、住民の九五パーセントは共通の言語を欠いているとは感じていない。第二に、日本語の語彙の八〇パーセントは漢字で書かれており、漢文と共通した意味を持ち、発音についても似た側面がある。そのため漢文の学習は、むしろ日本語の進歩を促すはずである。第三に、かりに民族的同化がある程度必要という立場に立つとしても、言語上における同化が民族的同化を促進するという考えは誤りである。

台湾における日本語は疑いなく現地の住民にとって次第により身近で、有用なものになるであろう、しかし、決して台湾の言葉に置き換わることはない、というのが筆者の信念である。言葉は死んでいるのではなく、生き、成長し、変化し、台湾人の思想と感情を表現している。それは、ゆりかごから墓場まで台湾語をしゃべる人びとに関係しているのであり、台湾の子どもが大人の生活に入っていく時のイニシエーションの一部なのである(一一七―一一八頁)。

言葉のこうした性格を無視して台湾語を排除しようとするならば、それは教育の効果を損なうものとなる。現地の言葉の使用は、古い文化に対する敬愛の感情を保持するためにも重要である。したがって、さしあたって暫定的な措置として、公学校低学年では日本語を除くすべての教科で現地住民の言葉を教授用語とすることが必要であり、高学年で児童の日本語能力が高まるのにともなって、漸進的に日本語を教授用語とすべきである。これはモンロー教授がフィリピンの道徳教育において「方言」使用の重要性に注意を促していることとも一致する(二一九頁)。

右のように、第八章では、「わたしたちの言葉」「わたしたちの文化」にかかわる問題を集中的に論じている。それは、台湾ナショナリズムの表現ともいえる論調を構成している。ただし、「子どもが大人の生活に入っていく時のイニシエーションの一部」という表現にも明確なように、論の主眼は、言葉を通して親あるいはそれ以前の世代から引き継がれてきた文化に敬意を表しながら、これを選択的に継承する能力を養うことに置かれていた。

図 6–9　P. モンロー(左)とI. L. キャンデル(右)

ここで注目すべきは、右の立論のなかで、キャンデルの議論はフィリピンにおける英語の普及という方針を正当化する役割を果たしているのに対して、モンローの議論は現地語の必要性を説いたものとなっていることである。林茂生は、キャンデルの論に対してはフィリピンと台湾では状況が異なるのだと反論する一方、モンローの唱える原則については台湾にも適用されるべきとしている。林茂生が立ち向かい、説得すべき相手は、さしあたってはキャンデルやモンローら米国の教育学者たちであり、そのうちの一方の議論を用いて、他方の議論を批判するという戦略を駆使していることになる。

台湾語を教授用語とすべきだという右の提言に続いて、公学校では漢文を必修科目として、中等学校では真に中国的な方式で漢文を教えるべきだと論じている。ここで中国的方式というのは、日本式読み下し文ではなく、上から下に語順通りに読んでいくという意味合いだろう。また、「学校のカリキュラムは古い台湾の文化——中国文化に対してまったく考慮を払わないような形でつくられている」(一二二頁)と述べる文脈では、「古い台湾の文化」といったん述べながら、「中国文化」という言葉で置き換えている。それは、やはり先住少数民族の文化を軽視する姿勢をあらわすと同時に、「台湾の文化」とは何かが自明ではなかったことを示す。全体として、文化に対しては「中国の」という形容詞がつくことが多いのに対して、言葉には「台湾の」という形容詞がつけられる傾向がある。このズレは、漢族系台湾人が言葉の点では一定の独自性をもちながらも、文化という点では大陸の住民と共通した側面が大きいという客観的状況により生じたものといえる。

第八章における「共学の問題」という節では、第二次教育令制定以降、論文執筆当時にいたる時期に顕在化した問題をとりあげ、総督府の施策に明確に否定的な評価を下している。

日本による統治の最初の二五年間において、日本人を指導者、台湾人を助手とする制度が構築された。卒業後に官途を求めても台湾人は判任官よりも下のクラスしか採用されず、高いポストはすべて日本人のために予約されている。大量の台湾人が日本内地へと留学したのは、台湾では質的に劣った教育しか受けることができず、日本人により独占されていた責任ある地位 responsible positions に向けて準備をするのに十分ではないと感じたためである。第二次台湾教育令により「ひとつの制度、ひとつの学校」"one system and one school" における共学が実現された。しかし、そこでは自分たちの民族の遺産を子どもたちの世代に引き継いでいくことが許されなかった。そこで「ひとつの制度、しかし異なる学校」"one system, but separate schools" という要求が生じてきた。この要求に背馳する日本人化 Japanization 政策は誤謬のうえに基礎づけられている。日本の台湾領有以来の三四年間の政策は、決して成功したとはいえないし、改革と再編を必要としている(一二〇―一二四頁)。

「ひとつの制度、しかし異なる学校」とは、台湾人にも日本人と同じ水準の教育制度が構築されて、社会的に責任ある地位への通路が広く開かれるべきことを根幹としながら、ただし、同時に「わたしたちの言葉」「わたしたちの文化」を選択的に継承していくことが可能な枠組を求めたものである。その前提には、台湾人が日本人と同様に責任ある政治的地位に就こうとするならば、自らの台湾人性というべきものを徹底的に否定しなくてはならない同化圧力への批判がある。この批判は、今や日本人への期待は裏切られつつあると林茂生が感じていたことを物語る。

それにしても、林茂生は、日本人を「新式文化」という福音の導入者とみなしていたのではなかったか？「土着の文化」の誇りに固執して、「新式文化」の導入に消極的な人びとを「保守的」とみなしていたのではなかったのか？それにもかかわらず、「日本人化」政策を批判するとはどういうことなのか？「日本人化」することと、近代化することが同じではないとすれば、両者を分かつポイントはなにか？

次の文章は、こうした問いを行きつ戻りつするなかで、林茂生が、「そもそも近代教育とは何か」という原理的レベルで自らの視座を再構築したことを物語る。

近代教育 modern education は子どもの創造的な力を台無しにしてはならないという考えのもとに、外部から強制するのではなく、内部から個々人を発達させることを目的としている。同化とは、外部からそれ自身の規範を押しつけようとするものである。そのような規範は望まれたものではないうえに、求められてもいないし、その必要性が認識されてもいない(一二四—一二五頁)。

ここで「近代的」という言葉は単に「新式」という意味ではない。「文明的」という言葉が一般的に想起させるものからもかけ離れている。たとえ「新式」であり「文明的」と見えるものであったとしても、子どもの創造力を台無しにしていく教育は、「近代的」ではない。林茂生は、そのように考えた。ここにおいて「近代的」という言葉は、むしろ一般に「文明的」「近代的」とされることがらのなかの暴力性を摘出し、告発するための概念として、摑み直されている。土着の言葉を守ろうとすること、言葉を換えれば、いわば人間の「根源的自発性(30)」ともいうべきものを尊重する教育のあり方こそが、近代教育の名にふさわしいものとみなされる。根源的な自発性などというものは、規範的な言説に過ぎないという見方もできよう。しかし、林茂生の眼前に存在するのは、外側からの同化圧力により、個の自発性があまりにも無惨に踏みしだかれる現実であった。言葉の問題だけではない。歴史教育でも宗主国中心主義が貫徹しているために、「現地住民自身の歴史への視野を失わせている」。言葉や歴史をめぐる外側からの圧力、自分たちが元から備えていたものを否認する力は、いわれなき「文化的劣等感」を生み出すとして、次のようにも記している。「ある個人が自らの文化を失うのは恐ろしい前触れである、特に外側から強制された時に、それは人格 personality の崩壊、個人の存在基盤そのものの浸食を予感させるものとなる」(一二三頁)。具体的な例こそ記していないものの、同化圧力により「人格の崩壊」ともよぶべき事態に陥らざるをえなかった若者たちのことが、林茂生の脳裏には去来していたのではないかと思われる。本書第七章で論じるように、三三年に『台湾教会公報』に寄せた文章では、無意識の抑圧にさらされた「精神病患者」に言及してもいる。

右のような立論にあたって手がかりとしているのは、デューイの論である。「教育とは成長であり、成長はさらなる成長ということ以外のことには関係しない」。あるいは、民主主義とは、「自律的な有効感に向けて知性を解放するものである」。これらのデューイの言葉を引用しながら、同化主義はこの格率 axiom に抵触すると論じる。林茂生は、植民地における同化政策を批判するという文脈にデューイの思想を置き直すことにより——おそらくデューイ自身の意図を越えて——同時代の帝国主義的な世界秩序のなかで、デューイ思想のアクチュアリティーを見出したと評することができる。

ただし、デューイ思想の流用は、林茂生の立論にある種の分裂を持ち込むことにもなっている。

右の文章で、文化的同化を批判する論拠としているのは、個人の創造力を損なってはならないという原則である。それは、ナショナリズムの表現というよりも、個を基盤とするコスモポリタニズム的な色彩が強い。言葉を換えれば、ここでの議論は、「わたしたちの言葉」「わたしたちの文化」という共同体的な表象や感情それ自体に価値を見出すものではない。むしろそれらは、外部的な圧力による喪失が個人の人格を脅かすからこそ重要なのだという、二段階の論理構造になっている。

さらに、「わたしたちの言葉」「わたしたちの文化」の内実が自明なものではなかったという問題もある。すでに指摘したように、前者には「台湾の」という形容詞が付せられる一方で、後者にはしばしば「中国の」という形容詞が付せられた。さらに、一方で日本人による被支配という政治的経験——教育において同化圧力にさらされることもその一部である——を共有する人びととして「台湾人」をネーションとみなす志向があり、他方で漢民族としての伝統的な生活様式をネーションの足がかりとみなす志向があった。すなわち林茂生の学位論文は、台湾ナショナリズムの表現であることは確かなものの、かならずしも中国ナショナリズムと矛盾・対立するものではなく、重なり合うところがあった。さらに、その基調には、コスモポリタニズム的な志向が存在した。これらの相互に乖離しがちな要素は、同化主義的な教育体制への批判という文脈で、かろうじてつなぎとめられていた。それは論理的な混乱というよりも、林茂生の置かれた状況自体の迷宮的性格を示唆するものといえる。

五、「実際的問題」へのオールタナティブ

学位論文の最終章である第九章では、林茂生は、その置かれた複雑な状況から独自に構想した公教育の改革案を記している。すなわち、「実際的問題」として、台湾で具体的に講ずべき教育改革の要点を初等・中等・高等教育に即して、次のように論じている。

第一に、台湾における就学率は、アフリカにおける欧米列強の植民地や英領インドや朝鮮と同様に、低い。台湾人の就学率の低さはしばしば台湾人の就学意欲の低さのせいにされてきたが、州庁別に就学率を試算すると、人口密度

が高く都市化した地域でかえって就学率が低いことがわかる。これは人口密度の高い地域において学校も教室も足りないために生じている現象である。その背景には、初年度の定員が全体で一〇〇名に過ぎない台北帝国大学に巨額の経費を投じる一方で、公学校に十分な経費をさかないという、逆立ちした top-heavy 財政構造が存在する。財政不足という口実に安住せずに、義務教育制度の実現を目指して学校を増設すべきである(一三一―一三六頁)。

第二に、中等学校における台湾人生徒の少なさは、台湾人の知性が劣っているからではない。入学試験における言語上のハンディキャップ、入学試験が小学校のカリキュラムに適合的なように構成されていること、公学校の設備が劣っているうえに教員免許状保持者が少ないなど教員の質も低いことに由来する。さらに、実際には、競争的な入学試験が自由におこなわれているわけではないという問題がある。共学とはいっても、日本人が圧倒的多数を占める中学校では、台湾人生徒の割合を一割以内とする不文律 unwritten law が設けられてきた。「これが事実であるとすれば、民族差別 racial discrimination は実際上維持されていることになる。それは、入学志願者に対して不当な体制であるばかりでなく、入学を認められた一割に対しても不適切な体制である。生徒たちはマイノリティであるから、個性的な違いを考慮に入れてもらえず、不利益をこうむることになる」(一三九頁)。こうした弊害を取り除くためには、現在のところ中学校が一校しかない新竹、基隆、高雄、嘉義などを含めて主要都市に二校の中学校を設けて、日本人と台湾人を別学とすべきである。この原則は高等女学校にも適用すべきである。このように中等教育で民族間の別学を原則とする体制は、朝鮮で実際におこなわれていることである。

第三に、高等教育機関については日本内地でも入学試験がおこなわれているために台湾人が入学するのはきわめて難しい。台湾における医学専門学校、高等農林学校、高等商業学校などに占める内地人の割合は年々増加する一方、台湾人の割合は減少している。そのうえに、台湾人は高等教育機関を卒業したとしても、それを生活の手立てへと変換することができないでいる。高い報酬を約束された「ホワイトカラー」的地位を求める台湾人は増加しているものの、そこに空席 vacancies はない(一四〇―一四一頁)。

右のように第九章では、台湾の教育にかかわって改革を要する問題点を総合的に論じている。主要都市に日本人向けの中等学校と台湾人向けのそれを併設すべきだという提言は、一定の現実性を備えた改革案として注目に値する。朝鮮の場合、第二次朝鮮教育令の制定に際し、枢密院において、共学にすれば朝鮮人が同化されると「誤解」して「反抗」するだろうと論じられていた(本書第五章第一節参照)。こうした共学制への「反抗」は、台湾の場合も生じてもおかしくないはずだったが、台湾では民族間の共学が強行された。そして同時に、同化圧力にさらされるのを嫌う人びとが私立学校に集まってしまう事態を避けるために、専検による指定校制度を棚上げにする措置がとられた。これは、一方で同化圧力を働かせつつ、他方で同化圧力からの逃げ道をも塞ぐという意味を持っていた。林茂生の論文は、こうして形成された同化主義という閉域が、台湾人の人格の根幹を脅かす仕組みであると告発している。さらに、中学校への入試における台湾人生徒の一割制限という「不文律」の存在については、林茂生が台南高等商業学校教授として入試をめぐる内規を知りうる立場にあっただけに、重みを持つ。こうした隠微な民族差別を排するためにも、民族間の別学が必要であった。

たとえ台湾人が高等教育を修了したとしても、それにふさわしい責任ある政治的地位に空席はないという指摘も重要である。本書第四章補論で述べたように、林茂生は台湾人として例外的に高等官の地位に就いた人物だった。林茂生の主観的な願望としては、自分が例外的な存在ではなくなること、すなわち自分のキャリアを糸口としながら多くの台湾人が高等官に就くことを望んでいたものと推測される。だが、その後も、高等官としての登用は遅々として進まなかった。岡本真希子の研究によれば、三〇年の時点で台湾人の高等官は五名、うち地方理事官たる三名(劉明朝、劉茂雲、李讃生)は「萬年課長」とも呼ぶべき地位に置かれていた。(31) 残り二名が、医学専門学校教授である杜聡明、そして台南高商教授林茂生だった。二〇年代以降、台湾人のなかで文官高等試験の行政科に合格した有資格者は内地人と遜色ない程度に輩出されていたが、総督府が数年に一人という程度のペースでしか任用しようとはしなかったために、こうした事態が生じていた(32)。

右のように初等教育から高等教育、さらに職業との接続関係まで射程にいれたうえで、林茂生は、初等教育における義務制と中等教育における別学制の実施、高等教育と社会的に影響力のある政治的地位の台湾人への開放という提言をおこなったわけである。それが台湾における「公教育」構想の骨子であったということになろう。主要都市に男女それぞれ日本人向けと台湾人向けの中等学校を設けるべきだとするこの構想において、ほぼ台湾人生徒だけで構成される長老教中学は改革の拠点であると同時に、先導的試行の場と位置づけていたと考えられる。

結語の部分は、再び奇妙な分裂を感じさせる叙述となる。

台湾における日本の教育行政は、帝国主義 imperialism の担い手により選択された通常の経路に従うものであり、一方で植民地の経済的な発展を目指しながら、他方で搾取 exploitation を容易にするために台湾人の近代化と日本化を図ろうとするものである。したがって、「教育事業の内部に生じた欠点や矛盾は、帝国主義それ自体の欠点や矛盾 defects and contradictions of imperialism itself に由来する」(一四二頁)。とはいうものの、日本人の誠意 sincerity は疑いえない。今後、日本人と台湾人のあいだに精神的一体感 spiritual unity を築き、近代教育の原則を慎重に適用することを通じて、誤解の原因を取り除かなくてはならない……(一四三頁)。

結語では、論文のなかでほとんど登場しなかった「帝国主義」や「搾取」という言葉が不意打ちのように顔を出す。論文の序章では、日本の台湾植民地支配は欧米列強のそれとは異なると論じていたにもかかわらず、結語では台湾の状況は「アフリカの植民地」と異ならないと述べ、日本の台湾統治はまさに「帝国主義」のそれだと論定している。この部分の叙述は、それまで必死に自らの内に抑えこもうとしてきた怒りが、地殻のひび割れから噴出するかのような様相を呈している。ただし、最後の最後にいたって、このひび割れはさしあたって修復される。もはや収拾のつかなくなった事態になんとか最低限のまとまりを付けようとするかのように、結語は、日本人の誠意を信じ、「精神的一体感」を実現すべきという論に横滑りしていく。

この横滑りは、日本人の読者が論文を読んだときの反応を想定しての、自覚的なカムフラージュであった可能性もある。なぜならば、この論文の執筆以降、植民地支配のシステムとの対決姿勢が顕著になったからである。

論文執筆後、スコットランドやドイツに立ち寄って帰台した林茂生は、台南市公会堂における講演会で、民主主義の価値を説いた。そして、「文明に遅れてゐる国家の警察は、王者の如き権力を揮って民衆に望む《ママ》」と語り、「人民が租税を納めれば、政治に関与する権利を持つのが当然」と宣言している(33)。さらに、三〇年七月には『台湾民報』の後継誌『台湾新民報』の発刊に寄せて、「台湾新民報の十周年は、それ自体から云へば台湾人の言論確立史であり、其の社会との交渉から云へば台湾各種の解放運動の血と涙の尊い記録である」と熱く論じている(34)。これらの熱弁の裏を返せば、民主主義とはほど遠い政治的現実を変革しないかぎり、教育における解放運動も挫折せざるをえないという認識を抱きつつあったということである。「帝国主義」からの政治的解放、植民地支配というシステムの廃棄を目指す選択肢は確実に視野のなかに入っていたと思われる。

他方で、まったくのカムフラージュであったとも思えない。批判されるべきは、帝国主義的な世界体制そのものであって、個々の日本人ではない。自ら「帝国主義者」であることを吹聴する日本人もいるものの、そうではない日本人もいる。そう考えて、日本人の「誠意」に期待をかけるという思いもまた、捨てきれないでいたのではないかと思われる。たとえば論文のなかで下村宏民政長官――在任中に長老教中学校を視察して林茂生と漢詩を交わした経験を持つ――についてリベラルな性向 liberally-minded と評していることから、個別には信頼を寄せる日本人官僚が存在していたことがわかる。自らが教育制度改革に影響力を行使できる立場にはない以上、論文に示した教育改革案を机上のプランに終わらせずに現実的なものとするためには、総督府高官の納得と同意が必要だった。それは、総督府高官の恣意に「わたしたち」の命運を委ねざるをえないということでもあった。「精神的一体感こそが必要なのだ」という言葉は、林茂生の置かれた状況の袋小路的な性格を物語る。

第二節　教育研究と帝国主義

一九三〇年一月末、学位論文を書き終えた林茂生は台湾に戻った。当時長老教中学の生徒だった黄彰輝は、この年の二月六日に開催された歓迎会を回想し、次のように記している(35)。

長中時代の最後の年もっとも興奮した経験は、林茂生博士が、コロンビア大学から博士号を授与されて米国から帰ってきたことであった。彼の栄誉を祝して大きなパーティーが開かれ、すべての先生方と生徒が出席した。このパーティーで、わたしたちの校長は、学校が生徒に対してなしうることのもっとも輝かしい例として、大きな誇りを持って林茂生博士を紹介した。ここにわたしたちの同窓生のなかで初めて東京帝国大学を卒業した人がいる、そして、今や、あまりにもよく知られているアメリカの大学、ニューヨークのコロンビア大学から博士号を初めて授与された人がいる。いったいどれだけたくさんの青年たちが、かくも輝かしい経歴を持った博士の姿に鼓舞されたことであろう。実際、わたしはそうであった。林茂生博士は、わたしの青年時代のヒーローとなった。

植民地支配のもとで人為的仕組みにより文化的な劣等感を抱かされがちだった台湾人青年にとって、林茂生の経歴は、確かに輝かしく感じられたことであろう。それはまた、一九三〇年代という時代が、その始まりの時点では未来への希望を感じさせる時代であったことを示唆してもいる。

それでは、林茂生の学位論文は、アカデミックな教育研究の内部においてどのような反響に出会ったのだろうか。

公刊にいたらなかったこともあって、現在のところでは、直接的な反響を見出すことはできない。息子林宗義の回想によれば、「この論文は日本統治期には出版できなかった。その原因は、植民地政府の教育政策に対して厳しい批判を提起したからである」とされている[36]。矢内原忠雄『帝国主義下の台湾』が台湾島内ですぐに発禁処分とされたことを考えても、同書を引用している林茂生の学位論文が台湾島内で公刊される見込みは、あらかじめ閉ざされていたといえる。

ただし、この学位論文への反響を考察するための間接的な手がかりとなる論文はある。それは、コロンビア大学教授キャンデルの編集する『教育年報』一九三一年版に掲載された阿部重孝「台湾と朝鮮における教育」である。

阿部重孝は、一三年に東京帝国大学文科大学を卒業した。二二年に東京帝大文学部の助教授となり、翌年、米国に留学した。当時、ドイツの哲学的教育学の影響を受けた研究が支配的な日本の学界において、いち早くアメリカ流の経験的な研究手法を取り入れて「教育科学」を樹立する必要を説き、教育の機会均等という観点からの制度改革を推進した人物として知られている[37]。

図 6–10　高上榮（左）と黄彰輝（右）
1930 年頃の撮影と思われる．

阿部が東京帝大を卒業したのは林茂生の三年前である。どちらも哲学科出身であることを考えれば、両者は面識があった可能性もある。阿部はまた、二五年から二六年にかけて東京帝大の命を受けて台湾における教育調査を実施した。林茂生は学位論文でこの調査に言及し、「一九二六年に東京帝大の阿部教授が主要な学校で知能テストをおこなうために台湾に来た。しかし、著者の知るかぎり、その結果はまだ公表されていない」と記している（一三七頁）。阿部がどのような知能テストをして、いかなる評価をくだしたのかは明らかではないが、林茂生にとっては、このような知能テストの枠組みそれ自体が、民族差別の正当化につながりかねない点で脅威と受けとめられていたのではないかと考えられる。

阿部の論文は、植民地教育に関する特集を組んだ『教育年報』一九三一年版に掲載された。この論文で、欧米列強にとっての植民地と日本にとっての台湾・朝鮮の違いを強調し、台湾・朝鮮の教育は「本国の教育制度の延長であり、日本内地で一般化しているのと同じ理想を実現することを期待されている」と論じる。このように内地延長主義のもとでの原則的な共通性をまず強調したうえで、次のように記している。(38)

台湾・朝鮮において微妙な違いも存在している。その言語、風俗、習慣は異なっており、一般に文化のレベルが本国の日本人に比べてはるかに劣っているからである。だが、帝国のこうした地域において教育が何らかの差別意識に基づいておこなわれていると考えてはならない。彼らに対する教育の究極的目的は、新附の民に教養を与え、政治的地位と同様、社会的経済的地位を日本人と同じ基準に引き上げ、「ギブ・アンド・テイク」の原則を実現することだからである。

阿部は、台湾における教育は「差別意識」に基づいたものではないと語っている。しかし、台湾・朝鮮は「文化のレベル」が日本よりも「劣っている」ことを説明不要な前提としていること自体に、「差別意識」の表れをみることもできる。文化程度の高い植民者が文化程度の低い被植民者を「引き上げる」ために教育をしているのだという言説は、植民地支配を正当化するための使い古されたレトリックだった。それでも、一九〇〇年前後のこと、すなわち林燕臣・林茂生親子が、日本人のもたらした「新式文化」を積極的に受容していた時期のことならば、ある程度通用したかもしれない。しかし、阿部の論文の発表されたのは、台湾人の「国民意識」が「覚醒」し、文化的同化圧力の破壊的作用が問題視されていた時期であった。それは、いかにも時代遅れのレトリックだった。

林茂生の論文の辛辣な表現を用いるならば、阿部の論文は、まさに「プロパガンダ」であった。それでは、なぜキャンデルは、自らの編集した『教育年報』にこうした「プロパガンダ」を掲載したのか？　林茂生の学位論文の執筆過程で助言を与えた経験に照らして、疑問を感じなかったのだろうか？　この問いに答えることは難しい。ひとつの手がかりとして、キャンデルが『教育年報』三一年版の序論で植民地教育についてどのように論じているのかを確認しておくことは、無意味ではないだろう。

キャンデルは、フィリピンにおけるアメリカの同化主義的教育は、たとえ「民主的精神に基づく、もっとも先進的な実験」だとしても、失敗したと述べている。そして、同化は「オウム的反復、すなわち外的な洗練」に帰結するだけである以上、同化ではなくむしろ社会的経済的必要への適応 adaptation を原理とすべきだと主張している。[39]

文化的同化への批判という点では、林茂生の論文の趣旨と一致している。それは、阿部の論文において欠落していた視点でもある。ただし、なぜ同化を否定すべきかという立脚点において、林茂生とキャンデルのあいだには決定的な差異が存在した。たとえば、キャンデルは「読み書きのできる人間は、肉体労働に従事することを自分の尊厳を犯すものと感じるようになる。ちょうど先進的な人びとの間での中等教育がそうであるように、初等教育の基礎は〝ホワイトカラー〟の仕事への欲求を遅れた人びとのあいだに引き起こし、葛藤を持ち込む役割を果たしてきた」と論じている。[40]キャンデルが同化政策に反対するのは、個人の人格を崩壊させる危険があるからではなく、「遅れた人びと」がホワイトカラーの仕事への期待を高めるのを懸念したからである。その論は、黙々と肉体労働に従事する現地住民という植民地支配の秩序を前提としたものであり、台湾の状況に即していえば、一九二〇年代以前の状況に逆戻りさせるような性格を備えていた。

近代的な学問、そして、大学という空間は、林茂生に高学歴という威信を与えただけでなく、「自由な知性」の重要性を認識させた。林茂生は、王陽明、カント、そしてデューイらの論をあらゆる文化的な諸価値の源泉にかかわるものとみなしていたことであろうし、だからこそ、近代教育の普及を重視していたのであろう。しかし、同時に近代的な学問と大学には、植民地出身のエリートを抑圧する側面も存在した。キャンデルが『教育年報』に阿部重孝の論文を掲載したことも、そうした事実の一側面を示すものと考えられる。

もちろん、キャンデルは、単に阿部が東京帝大教授であったから原稿を依頼した可能性もある。もしもそうだとすれば、そもそも植民地出身のエリートに帝国大学教授になる道が開かれていたのだろうか、ということを問わねばならない。その可能性はまったく閉ざされていたわけではないにしても、ほとんどないに等しかった。

息子林宗義の回想によれば、林茂生は一九三〇年にニューヨークから台湾に戻った際に台北帝大総長幣原坦から台北帝国大学教授に招聘された。だが、この大学の目的は日本の南進政策を推進する人材を養成することであって、「わたしたちのための大学ではない」と考えて断ったとのことである。(41) 当時、高等教育機関の教授が帝国大学教授に就任するのに先だって在外研究員として欧米留学をすることが慣例とされていたことを考えれば、この回想には信憑性がある。

帝国大学は、その名前の通り、植民地帝国日本の高級官僚養成機関としての性格を色濃く持っていた。台湾人スタッフの存在についていえば、京都帝大医学部卒の杜聡明が三八年に台湾人として初めて台北帝大教授に就任するが、四五年の日本敗戦時にいたるまで、台湾人教授は杜聡明ひとりにとどまった。台湾人学生も、ごくわずかだった。たとえば創設当時の文政学部の定員は二〇名というように、公学校の一学級よりも少なかった。そのうえに、内地でも入学試験がおこなわれたために、内地帝国大学に進学できなかった内地人専門学校等卒業者の受け皿ともされた。(42) 二八年の創立以来四三年までの文政学部卒業生は累計で三二三名、このうち台湾人は四六名——学科別内訳は政学科三七名、哲学科ゼロ、史学科二名、文学科七名——に過ぎなかった。(43) 台北帝大は、台湾に設立された帝国大学ではあったものの、スタッフはもとより、学生の過半も日本人であり、「台湾人の学校」という夢とはおよそ無縁の空間だった。林茂生が台北帝大から招聘を受けたのが事実だったとして、拒絶するのも当然だったことだろう。

台北帝大文政学部哲学科の教育学講座担当教授という、あるいは林茂生が着任したかもしれないポストに就いたのは、近藤寿治であった。近藤は一九一二年に京都帝大哲学科を卒業後、和歌山県の中学校校長などを経て二八年に台北帝大学生主事となり、二九年に教育学講座担当の教授を兼任した。学生主事は二八年に新設された役職であり、学生の「思想指導」「生活指導」を主たる役職としていた。帝国大学の学生主事の場合、官制上は助教授相当の奏任官だったが、主たる任務は研究・教育ではなく、文部省がほぼ毎月開催した学生生徒主事協議会に出席して「思想対策」のあり方について協議し、その趣旨を学内で徹底することだった(44)。

近藤は、戦後に台北帝大在職当時を顧みて、「日本人商社や官庁などでも台湾人を使うことを喜ばない。そうすると平等な卒業生の取扱いをしないという差別観が先に立って、何故そうなるかということに対する反省というものはない」と述べている(45)。かくして現実における差別は、学生の「心の持ち方」という問題に帰せられることになる。近藤の回想によれば、毎月一回、学生主事として東京に出張して文部省で「思想対策」について議論したが、「当面の問題をどう処理するか」に追われるのをあきたらなく思い、より根本的な対策として「教育の人間像」の研究が必要と考え、三三年に『人間学と国民教育』を刊行したという(46)。同書の再版(一九三四年)の序では、「日本教育の使命は日本人を日本人にまで陶冶することでなければならぬ。蓋し我等は彼岸の神に奉仕することを教へて此岸の国民存在を無視する基督教的教育学に満足することは出来ぬ」と論じている(47)。この「日本人を日本人にまで陶冶する」という同語反復的な言及が示唆しているのは、「(国籍上の)日本人」ではありながら「(文化的に)日本人」ではない人びとである。それは、マルクス主義者であり、植民地人であり、キリスト教徒であった。近藤の著書は、これらの人びとを「日本人らしい日本人」に成形すべく「再教育」する必要性を提起するものだった。「基督教的教育学」を批判して日本主義を強調するその論は、まさに林茂生の学位論文と対極的な位置であった。

大学というユニバーサルに見える空間も、帝国主義的な世界秩序から決して自由ではありえなかった。井上達夫の表現を借りるならば、「普遍の名を騙るものによる普遍の蹂躙の横行(48)」が一般化していたともいえる。かくして、林茂生はアカデミズムの内部において自らの位置を見出すことができず、彼の学位論文もまた黙殺され忘却されることになる。

おわりに——「政治的解放なきコスモポリタニズム」の先へ

林茂生の学位論文は、台湾における「公教育」のあり方を総合的に考察したものだった。この場合の「公」とは、総督府・地方庁の監督下にあるという意味も含まれていたが、同時に台湾人が共同してつくりあげていく公共性という意味合いも含まれていた。いわば前者の公式という意味での「公教育」を、後者のパブリックという意味の「公教育」へと漸進的に組み替えていくことが目指されていたといえる。

教育内容・方法面では、公学校低学年において子どもたち自身の言語を補助的な教授用語として用いることの重要性を説き、漢文教授や歴史教授を通して、自分たちの親や祖父母たちの歩みに敬意を払い、従来の文化を選択的に継承することを可能とするようなカリキュラムを求めていた。教育制度上では、初等教育に義務制を適用するとともに、中等教育については第二次朝鮮教育令を引証しながら、主要都市に各二校の中学校や高等女学校を日台別学の学校として設けるべきだと説いた。また、高等教育修了者には、それにふさわしい責任ある地位を用意することを求めた。

このような改革案の中核にあるのは、同化主義的な教育体制は近代教育の格率に反するものであり、子ども・青年たちの人格(パーソナリティ)を崩壊の危機にさらすという原則だった。この場合の近代教育は、英国人宣教師や日本人植民者の持ち込んだ「新式文化」一般とは区別されるものであり、人間の根源的な内発性を重視する意味合いを核としていた。林茂生は、このように規範的な次元で近代性を捉えることにより、いかに「新式文化」としての魅力に満ちたものだったとしても、それを外側から強いるべきではないことを強調し、「わたしたちの言葉」「わたしたちの文化」を尊重すべきとする論を展開した。

このような林茂生の議論のなかには微妙な亀裂も含まれていたといえる。「わたしたちの言葉」「わたしたちの文化」の重要さを説くナショナリズムと、このナショナリズム自体も相対化する可能性を備えたリベラリズムやコスモポリタニズムが混在していたからである。さらに、台湾人の政治的経験を核としたナショナリズムと、漢族としての文化的伝統に基盤を置くナショナリズムとが混じり合ってもいた。これらは、同化主義批判という文脈のなかでかろうじて相互に支え合う要素となっていた。

林茂生における漢族ナショナリズムとしての性格は、台湾先住少数民族を排除する傾向に連なりうるものであった。論文のなかで、先住民に関しては、「文明化した者」もいると述べるにとどまり、具体的な関心をほとんど示していない。漢族系台湾人のなかでの貧しい人びとや女性については、彼・彼女らが十分な教育機会から排除されている問題を指摘し、今後は義務教育制度の適用を通じてこうした問題を克服していかなくてはならないと論じていることに比しても、関心の薄さが顕著である。自らを文化的に劣った存在とみなす植民者の視線との対抗関係のなかで、「中華」の「偉大な伝統」を持ち出すという機制を林茂生も逃れられなかったといえる。ただし、自らが生まれ落ちた言語・文化の習得こそ重要なのだという林茂生の立論は、彼の依拠した漢族中心の台湾ナショナリズムそれ自体をも相対化する契機をはらんでいた。すなわち、原理的には、先住少数民族にとっては先住民自身の言語・文化が大切なのだという論にもなりうるものだったことに留意しておきたい。

植民地支配下の朝鮮における近代を問う文脈でシン・ギウクとマイケル・ロビンソンが記した次のような指摘は、右のような林茂生の論の特質を考えるにあたっても示唆深い(49)。

朝鮮人は、直接的または間接的に独自の植民地的近代の構築に参加した。その場合の植民地的近代とは、政治的解放なきコスモポリタニズム(宇宙を共有しているという感覚)を生み出した近代である。植民地的近代は、人びとを自由にする力、人びとを変形するむき出しの力を持つと同時に、より複雑なニュアンスを持った支配や抑圧の形態に影響することになった。その全き複雑性こそ認識されねばならない。

「政治的解放なきコスモポリタニズム」は、林茂生の論にも特徴的である。本章で林茂生に即して述べたことは、台湾と朝鮮を問わず、植民地出身の知識人のあいだで一定の広がりをもつ傾向であったと考えられる。王陽明にしても、カントにしても、デューイにしても、普遍的な「宇宙」の広がりを重視する議論である。そのうえで台湾の場合、植民地化される以前から独自の王朝を持った朝鮮に比較して、植民地支配への対抗文化を形成するための土壌が乏しく、近代に憧れながら「政治的解放なきコスモポリタニズム」の可能性に賭けようとする衝動も生じやすかったと考えられる。それだけに、林茂生の論文の結論部分が「帝国主義」という言葉を通して「政治的解放なきコスモポリタニズム」の先、すなわち政治的解放それ自体を見据える地点にたたずんでいたのは重要だともいえる。

コロンビア大学留学中の林茂生は、長老教中学の校友会雑誌『輔仁』に寄せた書簡(一九二九年四月二五日付)で、「長中の事に就いては夢床の間と雖ども忘れることはありません」と述べるとともに、次のように記している。「台湾を出でて台湾を眺める機会を得て喜んでゐます。台湾教育界に就ても教育以外の社会に就いても客観した或る鮮明さを覚えたのを喜んで居ります。帰台後何れ寛いでゆつくり語りませう」[50]。それでは、「客観した或る鮮明さ」とはどのような方向のものだったのか。林茂生が学位論文の結語で「帝国主義」「搾取」という言葉を台湾の状況にもあてはまるものとして用いていることに鑑みるならば、ここで「客観した或る鮮明さ」とは、日本の台湾支配は帝国主義的な植民地支配であるという、当然と言えば当然の、しかし林茂生のような当事者にとっては受け容れることの困難な真実だったのではないかと思われる。

総督府の側では、こうした林茂生の政治的自覚に反比例するかのように、「より複雑なニュアンスを持った支配や抑圧の形態」を生み出した。神社参拝問題である。

今日確認できる資料によれば、総督府官吏が長老教中学関係者に神社参拝を求める発言を最初にしたのは林茂生の渡米直後、二七年六月のことである。若槻道隆視学官らが視察した際に神社参拝を求めた。バンドによれば、この時には「日本内地ではそのようなことは指定の条件とされていない」と指摘すると、さしあたって撤回された(51)。この時点ではまだ総督府の方針も定まっていなかったと考えられる。二八年一二月――「台湾人の学校」を標榜する「宣言書」が採択されたのと同じ月――、総督府視学官は、「神社参拝も、わたしの個人的見解では、条件の内である」と明言した。バンドは、この時にも「内地ではすでに早くから参拝を不問にしている。植民地朝鮮の宗教学校に対する態度もそうである」と反論した(52)。しかし、今回は反論しても撤回されることはなかった。この時期以降、指定校となるための条件として神社参拝を含める方針が既定のものとなった。それは、キリスト教徒としても、台湾人としても、受け容れがたい条件であった。

林茂生は、やはりニューヨークから長老教中学校友会に寄せた書簡で、「長中の認可申請は結局僕のぶつかつてはいけないと思つた大難関にかかつてゐるらしく思はれます。困つたことです」と今後予想される事態への憂いを吐露しながら、「人事を尽して、天命を待つより外はありません」と書いている(53)。

この場合の「大難関」とは、神社参拝のことを指すものであろう。神社参拝問題が、いかなる形で破局的事態を生み出すのかということの考察は、第Ⅲ部の課題となる。

◆第Ⅱ部小括——自治的空間とは何か

一九〇〇年代から二〇年代にかけて台南長老教中学校は、宣教師の運営する小規模なミッション・スクールという状態から、南部教会の構成員たる台湾人が学校の管理運営に参加する段階を経て、さらに教会外の抗日運動関係者も含めて「台湾人の学校」を標榜する学校へと、変貌を遂げた。とはいっても、生徒数二〇〇名あまりの私立学校であり、台湾社会における現実的な影響力は当然のごとく限定されていた。第Ⅱ部を通じて描き出そうとしたのは、長老教中学の現実的影響力というよりも、むしろ潜在的な可能性であり、潜在的な可能性すらも徹底して抑圧した植民地支配の体制である。

潜在的な可能性の抑圧とは、長老教中学を袋小路の学校とすることで、生徒募集の段階で志願者の意欲を殺いだことにあらわれている。内地や朝鮮では、法的には私立各種学校という位置にあるキリスト教系学校の卒業生も、上級学校に進学することが可能だった。専門学校入学者検定規程による指定校制度という救済措置が機能していたからである。これに対して、台湾総督府は、三分の二以上の有資格教員や一〇万円に及ぶ基本財産の蓄積など指定校となるためのハードルを高く設定することにより、この制度を事実上棚上げとした。それでも、抗日運動関係者の支援のもとでこの高いハードルをようやくクリアしようとした段階で、総督府は神社参拝という新たな条件をつきつけた。

この第Ⅱ部でとりあげたのは、たぶんに恣意性をはらんだ形で法を運用する行政権力と、恣意性に翻弄されながらもそこからの脱出口を見出そうとする台湾人のあいだの、圧倒的に不均衡な力関係のなかの交渉である。

同化主義という閉域

一九一〇年代には台湾人の教育熱はいわば蓋をされていた状態だったが、日本内地や中国大陸への留学者が増加するにつけて、この蓋を押しのけようとする力は高まっていった。一五年の公立台中中学校設置以降、教育にかかわる台湾人の不満に対する安全弁がわずかながらも開かれた。そのうえで、教育熱の噴出する方向は官・公立学校へと水路づけられた。

台湾人が官・公立学校に引き寄せられた思いは、ハンナ・アーレントの表現を借りるならば、差別からの「個人としての解放」を求める志向であったといえよう。自らユダヤ人としてユダヤ人問題に対峙したアーレントは、ラーエル・ファルンハーゲンの人生について語りながら、次のように論じている。ラーエルは、「ユダヤ人」という「賤民」に生まれついたという「宿命」を「個人的不運」として受け取ったのであり、「ひとかけらの幸福をかちとり、安全と市民的境遇を手に入れる」ためにユダヤ人としての自己を否定し、「社会への個々人の脱出の道」を求めた(1)。かくしてラーエルは、ベルリンでサロンを開いて教養人との交流を重ねるわけだが、「個人的不運」からの「個人としての解放」を実現できたわけではなかった。森川輝一が指摘するように、ユダヤ人がユダヤ人であることを否定するというまさにそのことが、非ユダヤ人とユダヤ人とは本性的に異なるというユダヤ人排除の論理を反復することになってしまうディレンマが胚胎していた(2)。

台湾の場合にも、台湾人として生まれたという「個人的不運」を脱して「ひとかけらの幸福」や「安全と市民的境遇」を手に入れようとした人びとがいたとしても、まったく不思議ではない。そうした人びとにとって、かつてのサロンに代わる手がかりとして見えたのが、官・公立学校に学んで高学歴を取得することであったように思われる。袋小路の長老教中学の在学者がひとりまたひとりと転校し、その学校から引きはがされたように、同化圧力は集団を個人に解体していく。解体された個々人がその後「日本人」という集団の一員として扱われることがあるとしても、それは個々人としてそれに適当な存在であるか否かについて、いわば徹底した「品質検査」を経たうえでのことである。日本語による入学試験や、「操行」の評価は、徹底した「品質検査」の実践を指し示している。このようにして、官・公立学校は、個々人を単位とした孤立化と政治的規律化を図るのに適合的な環境を構成した。そのなかで、「チャンコロ語(台湾語のことだ)を使ふ奴はあの法律もない支那に行け」という言葉のように、台湾にかかわる事物については、徹底してネガティブなスティグマが刻印された。もちろん、官・公立学校の生徒としての生活にはネガティブなことばかりではなく、「よき師」と思えるような人物との出会いなどポジティブな経験もはらまれていたことだろう。だからこそ、多くの台湾人生徒たちは、身動きのとりにくい立場に追い込まれたものと思われる。そのような形での無力化が、同化主義の効果だった。

元来、同化主義は、一般的には日本内地におけるアイヌ民族、欧州におけるユダヤ人などのように、国内におけるマイノリティを対象として用いられる統治方針であった。一定の地域で人口的にはマジョリティである人びとを、それにもかかわらず同化圧力のもとに置くためには、脱出口となる選択肢を人為的に塞いでしまう必要があった。言葉を換えれば、同化主義を有効に機能させるためには、もはや他に出口はないと思えるような閉域を形づくることが必要であった。

総督府の私立学校政策は、この閉域を人為的に形づくる措置の一環だった。第一次台湾教育令制定時には、初等・高等普通教育機関は「国民性涵養ノ統一機関」たるべきだという観点から、内地・朝鮮などに類例を見ない、包括的な私立学校排除条項を設けた。ただし、さしあたってペンディングとしたまま「漸次整理」を目指していた。いわば閉域の予告の段階であった。これに対して第二次教育令では、表面的には私立学校排除条項を撤回したものの、実質的には、指定校制度の棚上げという形式を通して私立学校の「整理」を具体化した。かくして、台湾人がホワイトカラー的な職業を目指して高学歴を獲得しようとするならば、その高学歴の前段となり得る私立学校は存在せず、官・公立学校に学んで文化的同化の圧力にさらされざるをえない体制が構築された。いわば閉域が圧倒的な現実と化した段階といえる。

公共圏としての台南長老教中学

長老教中学は、同化主義という閉域のなかでかろうじて外部世界につながる脱出口としての性格を備えていた。この場合の外部世界とは、台湾議会設置を求めるような抗日運動であり、台湾語・漢文など漢族系台湾人に共通する在来の生活形式であり、さらには道徳的自律を説くカントの思想や、子どもの内発性を重視するデューイの思想であった。

政治的でもあり、文化的でもあり、思想的でもあるこれらの動向の核に位置するのが、自治あるいは民族自決という概念であり、自治・民族自決の担い手としての「台湾人」という意識だった。本書ではこの点に着目して長老教中学を「自治的空間」という言葉で把握した。それは、確固とした共同体のようなものではない。むしろ、異なる背景を持つ人びとがヴォランタリーな原理に基づきながらつくりあげる空間である点において、ハーバーマスが「公共圏」public sphereという言葉で問題にしてきたことと重なる。(3) それでは、ハーバーマスにおける「公共圏」にかかわってこれまでに論じられてきたことがらと、本書で述べる「自治的空間」はどのような点で重なり、どのような点でずれるのか。若干の整理をしておきたい。それは長老教中学をめぐる試みの普遍的な広がりと同時に、その独自性を示すものとなるはずである。

よく知られているように、ハーバーマスは『コミュニケーション的行為の理論』(一九八一年)において現代社会の行為領域を「システム」と「生活世界」に分けたうえで、前者は官僚制の国家行政システムと資本主義の経済システムから構成されること、これに対して後者の生活世界は、家族や自由な結社によって担われる「私的領域」と文化的再生産や社会的統合にかかわる「公共圏」という二種から構成されると論じた。この用法に従うならば植民地支配とは、外来の支配者が構築する「システム」と、在来の住民の生きる「生活世界」とが相互に隔絶している状況を基本的特徴とする。植民地台湾を念頭に置くならば、システムと生活世界を媒介するはずのマス・メディアは、「御用新聞」という言葉が象徴するように、官僚システムの強い管理統制下に置かれた。ハーバーマスが政治的公共圏にかかわって想定していたような道筋、すなわちコーヒーハウスやサロンにおける自由な談論を基盤としながら、政党の形成を通じて公論形成に参与するような道筋は、ほとんど閉ざされていた。公共圏のあり方がつまるところ民主主義の質にかかわるものである以上、植民地的状況の基本構造が公共圏の不在であることは当然ともいえる。

植民地台湾における生活世界と官僚制システムの隔絶を象徴するのは、本書第四章でとりあげた、「団体ノ費用徴収及寄附金品募集ニ関スル規則」(府令第八六号)である。この法令は、水利・衛生・教育など「公共ノ利益」にかかわる事業、あるいは宗教的な事業を目的として寄附金を募集しようとする際には、総督の認可を受けよと定めていた。管見のかぎりでは、このように公共事業および宗教にかかわる寄附金募集事業を包括的に認可の対象とした法令は、他に例を見ない。(4) この府令はその後何度か改正されるが、適用範囲を限定するのではなく、むしろ拡大していった。一九二五年の改正(府令第二九号)では、「又ハ新聞紙、雑誌其ノ他出版物ノ発行者」を付け加えた。すなわち、「公論」の形成にかかわる媒体への拠金が包括的に許認可行政の対象に組み込まれた。台湾人が寄附金を出し合って「公共ノ利益」にかなう事業を展開し、自前の媒体を通じて「公論」を形成することは、まさに生活世界に根ざした公共圏の構築であり、だからこそ総督府はこれを抑止し、自らの監督下に置こうとしたと見ることができる。

一九一〇年代に林獻堂らが長老教中学に寄附金を寄せようとした試みは、この法令により阻まれた。その結果として、キリスト教徒は教会内部だけで寄附金募集事業を展開して長老教中学の新校舎を建設する一方、林獻堂ら教会外の人士の企図は、私立ではなく公立の台中中学校へと誘導された。林茂生が学位論文で台中中学校について「公共的に創設された学校」publicly established school と表現しているのは、創設の経緯における公共性と、台中庁の監督下に置かれるという意味での公共性の質の相違に着目していたことを示す。

イングランド長老教会の宣教会本部が干渉に抗議したこともあって、二〇年代には教会外の人士を含めての寄附金募集事業がようやく認可された。その際、『台湾民報』の論説でも、林茂生が校友会雑誌に寄稿した文章でも、かつて公立台中中学校の創設に莫大な寄附金を投じた経緯を振り返りながら、今度こそ私立という形式で「わたしたちの学校」を実現するのだという思いを表明している。かくして長老教中学では宣教師会議、南部教会、後援会という三者から構成される理事会が構成されるとともに、後援会大会では、キリスト教主義の方針をどのように位置づけるのかという討論もなされた。

右のような歴史的経緯に着目するならば、長老教中学を「台湾人の学校」としようとする運動は、公共圏を創出する試みと性格づけることができよう。ただし、そこにはいくつかの注釈が必要である。

第一に、キリスト教という特定の宗教を奉じている点である。そうした空間を公共圏とは呼びえないのではないかという疑問もあろう。実際ハーバーマスは、啓蒙のリベラルな伝統に自らを位置づけるために、世俗性を近代性の重要な特徴とみなしていた。他方で宗教学者ファン・デァ・ヴェーアは、この点でハーバーマスを批判して、「宗教は公共圏の創造において決定的な役割を果たした」と論じている。具体的には、一九世紀英国における反奴隷制協会・聖書協会など福音主義的な団体が公共圏の創出に果たした役割の重要性を指摘している。また英国統治下のインドにおいて、ヒンドゥー式あるいはイスラム式の病院や学校・大学などが、政治的であると同時に宗教的な公共圏を構築したことを強調している。[5] このように英領インドの場合には、支配者の宗教としてのキリスト教との対抗関係においてヒンドゥーやイスラムが重要な役割を果たしたわけだが、日本植民地支配下台湾の場合には、キリスト教がむしろ英領インドにおけるヒンドゥーやイスラムに相似した役割を担ったともいえる。とはいうものの、英国のインド支配が長期にわたり、ヒンドゥーやイスラムの学校・大学が広範に設立されていたことに比するならば、長老教中学は高等教育機関を併設したわけでもなく、たぶんに萌芽的な段階にあった。

第二に、長老教中学がキリスト教主義を掲げながらも、管理運営体制において非キリスト教徒が重要な位置を占めた点も特徴的である。この点は、中国大陸におけるキリスト教系学校との対比において鮮明になる。ライアン・ダンチは、一九〇〇年代から二〇年代の福州におけるキリスト教系学校、教会、ＹＭＣＡについて論じて、これらの施設は国家の保護を受けずに、ヴォランタリーな原理に基づいて自治的に構成されており、公共の利益の実現を志向していた点で、ハーバーマスの述べる「公共圏」にあたると論じている。そのうえで、軍閥、国民党、共産党の支配体制が、この自治的な社会組織の力を掘り崩しながら中央集権的ナショナリズムをつくりあげたことの問題性を指摘している。[6] そのような立論も可能であろうが、ダンチのいう公共圏を担う人びとが反帝国主義的なナショナリストと対立していたことに着目するならば、この場合の公共性の質というべきものはそれだけ限定されていたと見るべきだろう。中国大陸の場合とは異なり、長老教中学の場合は、抗日運動に挺身する反帝国主義的なナショナリストも、キリスト教徒も、共同して公共圏をつくりあげた。それは、むしろ朝鮮の三・一独立運動において天道教徒とキリスト教徒が協力して独立宣言を起草した事態を想起させる。植民地支配下であるがゆえにそうせざるをえなかったという側面があるとしても、それだけ公共圏としての質の広がりを実現していたといえる。

第三に、長老教中学という公共圏は、官僚制システムの統制が強く及ぶ教育という領域において構築された。ハーバーマスにおいて公共圏という言葉は、「道端でのごく一時的な公共圏」や、芝居の上演など「催事としての公共圏」、あるいはマス・メディアが作り出す「抽象的な公共圏」など多様な次元で考えられている。[7] この点に着目するならば、台湾文化協会、台湾民衆党、台湾農民組合など抗日運動関係の結社における公共圏としての性格はもちろん、廟や教会における集まり、水利組合、『台湾民報』のような新聞や文芸雑誌など、多様な領域での公共圏について論ずることが可能であり、必要でもある。

そのうえで、学校という場が公共圏たりえたことの重要性を確認しておきたい。廟や教会、あるいは病院などは、生活世界の私的領域として位置づけられており、そのかぎりで一定の自由が許容されていた。たとえば、教会におい て国語使用を強要される事態は三〇年代後半以降のことである。これに比して学校教育では、早い時期から国語使用を義務づけられていた。官僚制システムの構築する公式領域 official realm を国語使用によって特徴づけられる空間とみなすならば、学校教育は当初から公式領域に属したことになる。それだけに、official という意味での「公」と、public という意味での「公」の対立が、学校教育という局面で顕在化しやすかったといえる。

第四に、公共圏としての長老教中学に現実に関与した人びとは、漢族の、男性の、中産階級以上の人びとに偏っていた。後援会大会での議論や、生徒たちの作文、林茂生の学位論文には、貧しい人びとや女性にとって、学校教育へのアクセスが困難な事態を問題視する認識が示されていた。ただし、台湾先住少数民族についてはほとんど視野に入っていない。その要因として、行政上の境界により交流の機会が限られていたという外在的条件に加えて、中華文明のもとで存在した漢族―先住民間の差別的な位置関係が、欧米人や日本人との出会いのなかで強化されたことが考えられる。みずからを「野蛮」「未開」と見くだす人びとに対抗するために、みずからの誇りのよりどころとして「中華文明」を強調する傾向があったからである。

こうした長老教中学をめぐる事態は、多様な人びとに開かれているという意味での公共性に制約があったことを示す。そのことを確認しておかねばならない。同時に、実態としての公共圏とは常にそのようなものであることに留意する必要があろう。花田達朗が指摘しているように、ハーバーマスは、システムを実態概念として捉えているのに対して、生活世界は対話的合理性によって支配されるべき規範的なものとして把握している。そのために、現実には公共圏から排除されている人びとが存在するという批判がしばしばなされてきた。これに対して、花田は、公共圏にも談合や癒着をメタファーとするような実態があり、差別や排除が存在する事実をふまえたうえで、それだからといって公共圏がなくなってしまうわけではないことに注意を向けている。すなわち、内部矛盾や葛藤を抱えながらも運動し続けるものとして、〈アクチュアルに存在する公共圏〉を把握すべきと論じている。現実態としては〈パブリックなるもの〉を損なう要素も含まれていることを認識し、自覚しつつ、その現実の先にある地平としての可能態を見据えるというように、二重性において把握すべきだということになる(8)。

本書では、公共圏という言葉にまつわるこのような問題をふまえて、自治的空間という言葉を分析概念として用いた。公共圏の最大公約数的特性は、官僚制システムの一部に組み込まれてしまうのではなく、その庇護から自立した自治的空間だということである。自治的な空間は少なくともそこに属する人びとにとって公共的といえる。他方で、公共性の範囲には常になんらかの限界がつきまとう。この点に着目するならば、公共圏という言葉をひとたび自治的空間という言葉に置き直し、その空間がどのような範囲の人びとにとって、どの程度において公共的な意味をもちえたのかを考察していくことが必要と思われる。そして、長老教中学の場合、漢族の、男性の、中産階級以上の人びとを中心とするという限定をはらみながらも、宗教をめぐる対立を克服しようとしていた点に特徴を見出すことができる。しかも、この場合の宗教をめぐる対立とは、本書第I部で論じた内容を想起するならば、英国人の導入した西洋文明にいち早く適応し受容しようとした人びとと、むしろこれに敵対的・懐疑的な視線を投げかけた人びととの対立と重なる側面を持っていた。したがって、宗教をめぐる対立の克服は、「西洋の衝撃」によりもたらされた社会的亀裂を克服しようとする意味合いを備えていた。

被支配民族の集団的な自己決定

自治的空間という言葉をキー・ワードとすることによって、植民地体制下における被支配民族の集団的な自己決定、あるいは民族自決 self-determination という重要な主題との連関も明確になる。

テッサ・モーリス＝鈴木は、自己決定という言葉の含意が従来矮小化されてきたとして、次のように議論している。一九世紀から二〇世紀前半にかけて、常備軍や産業経済を維持するにはあまりにも小さな peoples とみなされた人びとは、同化によって国民国家のなかに溶け込んで姿を消すことを期待された。今日では、これらの「内なる国民」の主張する自己決定は、議会・常備軍・関税設置権など主権国家モデルの自己決定とは異なるものとして定位されるべきである。それはたとえば、「差異の権利(たとえば、言語や歴史の教育においての)、集合的な交渉権」などを含んでいるという。[9] 林茂生が学位論文のなかで「ひとつの制度、しかし異なる学校」として強調していたことも、まさに「差異の権利」という側面をはらんでいた。

集団的な自己決定という問題をめぐるこうした広がりが軽視されてきたのは、主権国家秩序との折り合いの付け方に問題を収斂させる傾向が存在したからである。この点に鑑みて、本書で台湾人の自治的空間について述べるとき、帰属をめぐる態度決定に焦点をあてようとはしてこなかった。すなわち、自治的空間に集う人びとが、帝国日本への文字通りの帰属を望んでいたのか、祖国中国への復帰を目指していたのか、台湾独立を志向していたのか、本書では掘り下げて問おうとはしなかった。その大きな理由は、検閲の影響もあって、この点に関する明確な言明が見られないことである。そのうえで、もうひとつの理由として、帰属問題を優先させてしまうと、自治的空間の創造をめぐるダイナミズムを矮小化してしまうということがある。[10] やはりテッサ・モーリス＝鈴木は、次のように論じている。「私たちは自己決定権を多くの人間集団間の交渉と協力の継続的プロセスとして再発見する必要があるだろう。そのプロセスは、普通の人々が自らの未来の方向を形づくる能力を高めることを目指すものである」[11]。

日本植民地支配下の台湾において、台湾人という主体は、多種多様な形態で自己決定権をめぐって交渉と協力を継続していた。長老教中学をめぐる動向はその一つの露頭である。文化協会主催の夏季学校でも林茂生はカントの哲学を講じて独立した人格としての道徳的な自律、自己決定の重要性を説いていた。それは同時に、民族自決という観念を媒介として、政治的な次元における集団的な自己決定にもつながるものであった。本書では、長老教中学の歴史に視座をすえることにより、このような言論が林茂生という一知識人の思想の表現であるに止まらず、被植民地支配の経験を通じて生まれるべくして生まれてきたものであり、「台湾人」という意識を共有する主体により分け持たれたものであることを明らかにした。

次章以降で示す通り、三〇年代になると、帝国日本が全体主義化していく状況のなかで、集団的な自己決定への願いは暴力的な形で打ち砕かれることになる。だからといって、その試みが無意味だったということにはならない。ハーバーマスは、『公共性の構造転換』の「一九九〇年新版への序言」において東欧革命に言及して、「革命を先導したのは、教会、人権擁護団体、エコロジーやフェミニズムの目標を追求する反体制サークルといった自発的な結社《アソシエーション》だった」と述べたうえで、自発的な結社を中心とした「自律的な公共圏」における意見形成は、「国家社会主義の廃墟のうちにすでに目立つようになっていた新しい秩序の下部構造《インフラストラクチャー》」だったと評している[12]。

やや先走って見通しを述べておくならば、長老教中学をめぐる自律的な公共圏も、帝国日本の廃墟のあとに生じるはずの「新しい秩序の下部構造」を形作るものだったといえよう。この見通しの意味は、終章であらためて論じる。

第Ⅲ部　全体主義の帝国

――戦時期における「内部の敵」

台南長老教中学職員・生徒一同による台南神社参拝

「全体主義の支配は、この支配に服する人々の私的・社会的生活をテロルの鉄の箍にはめた瞬間に真に全体的になる。――そして全体主義的支配はいつもこの成果を当然ながら誇ってやまない。それによって全体主義的支配は、一方では政治的・公的領域の消滅の後にも残っている人間間の一切の関係を破壊し、他方ではこのようにして孤立化され互に切離された人々が政治活動(尤もそれは真の意味での政治的行動ではないが)に動員され得るような状況を否応なしに作り出す。」(ハナ・アーレント、大久保和郎・大島かおり訳『全体主義の起原3　全体主義』みすず書房、一九八一年、二九六頁)

第Ⅲ部では、一九三四年春に展開された台南長老教中学排撃運動を焦点としながら、その前後の時期に帝国日本各地で連鎖反応的に生じたキリスト教系学校排撃運動をとりあげる。

長老教中学排撃運動が展開されるプロセスにおいて、台湾の新聞紙上では「長老教中学撲滅期成同盟会」を名乗る人びとがこの学校を閉鎖せよと叫び、林茂生を「左傾的人物」としてやり玉に挙げ、生徒たちに対してすらも「台湾魂」を云々すると攻撃の鉾先を向けた。ことの発端は、長老教中学の関係者が、学校として集団的な神社参拝をしようとしなかったことだった。だが、排撃の火の手があがるさなか、林茂生が理事会長として神社参拝を実施する意向を表明しても攻撃がやむことはなく、ついには後援会の解散、学校からの林茂生と黄俟命の追放という事態にまで行き着くことになった。

こうした動きがなぜ、また、いかにして生じたのか。誰がそれを担ったのか。そして、どのような社会的状況を生み出すことになったのか。この問題を考えようとすると、長老教中学排撃運動が、同時代のさまざまな出来事——そこにはキリスト教系学校排撃運動ばかりでなく、一九三五年春に生じた天皇機関説排撃運動のような出来事も含まれる——と複雑に絡み合っていたことが浮かび上がってくることであろう。そしてまた、あらゆる「事件」がそうであるように、一面で偶発的な要因をはらみながら、他方で、三四年の、台湾において、まさに起きるべくして起きた事件であり、帝国日本全体を覆い尽くす全体主義化の先駆けともいうべき出来事であったことが見えてくるはずである。

この第Ⅲ部では、長老教中学をめぐる動向を通時的に追った第Ⅱ部とは異なり、帝国日本全体に視野を広げながら、同時代における共時的な構造連関に目を向けて、これまで個別には知られてきた排撃運動相互のあいだのつながりを見出したい。

「排撃運動」と呼ぶべき事象はたぶんにとらえどころのないものであり、「大衆運動」としての広がりや、排撃の動機や目的はケースにより異なった。ただし、一連の排撃運動には通底する特徴も存在したように思われる。あらかじめこの点を、美濃部達吉の天皇機関説をめぐる排撃運動——国体明徴運動とも呼ばれた——に即して確認しておくことにしよう。

よく知られているように、美濃部達吉は帝国日本を代表する憲法学者であり、文官高等試験の出題委員や貴族院議員としても権威ある人物だった。排撃運動は、学説上は異端であるどころか正統的なオーソドキシーだった見解を「不敬罪」に相当するものとして糾弾し、美濃部の著書を発禁処分に追い込み、美濃部を貴族院議員などの公職から排除した。

排撃運動の手法は、声明の表明と関係官庁への提出、「天皇機関説撲滅市民大会」のように排撃の趣旨を前面に打ち出した集会の開催、パンフレット・ポスター・ビラの配布などが中心だった。さらに、「断固排撃」「撲滅」「膺懲」といった威勢のよいフレーズの踊る新聞報道が、それ自体として、しばしば排撃勢力の重要な一角を構成した。

また、国体擁護連盟を名乗る人びとが美濃部宅におしかけて「国賊美濃部達吉討伐万歳」を叫んだり(三五年二月一一日)、大日本生産党が美濃部に「自決勧告書」を手渡したり(三五年三月一一日)するように、より直接的に街頭的暴力の行使を示唆する行動もなされた。(1) その延長線上で三六年二月には、右翼の暴漢が美濃部宅を訪れて狙撃し、重傷を負わせる事件も起きた。この出来事はおそらく氷山の一角であり、「未遂」のうちに終わった暴力沙汰も多かったものと思われる。ひとことでいえば、暴力的な威嚇としてのテロルが排撃運動の手法だった。

天皇機関説事件で排撃運動の中核的な担い手として前面に立ち現れたのは、さしあたり在郷軍人会と右翼団体である。ただし、政友会系の官僚も重要な役回りを果たしたうえに、皇道派系の軍人の意向も背後で大きく作用していた。藤井忠俊がつとに指摘したように、帝国在郷軍人会本部による天皇機関説排撃声明(三五年三月一六日)は、政治的運動という非難を避けようとした軍部が、在郷軍人会に声明を「代行」させた性格が強い。(2) 在郷軍人会は、「満洲事変」後の国際軍縮会議に際して初めて軍部の「代行者」として軍縮反対を表明、これ以降、軍部と大衆の接点としての重要性を増していた。

このように排撃運動の特徴は、方法面では暴力的威嚇としてのテロル、主体という面では在郷軍人会・右翼団体に加えて、一部の高級官僚と現職軍人の直接的・間接的な関与が見られることだった。この点に着目するならば、排撃運動とは、思想・信条・信仰の統制にかかわる行政的圧力を前提としつつ、暴力的な威嚇という手段によって、異端的な思想・信条・信仰の担い手とみなされた人びとを追い詰め、影響力のある社会的地位から排除する運動として、さしあたって定義できるだろう。その点では、カトリック系の上智大学の学生が靖国神社参拝を拒否したことをめぐる事件(三二年)にも、排撃運動としての特徴を見出すことができる。この事件でも、軍の意向を背景として新聞が一斉に「断固排撃」という論調を掲げ、右翼団体が上智大学に押しかけていたからである。

この上智大学事件には、大学の自治の抑圧という側面と、キリスト教主義の排撃という側面が含まれていた。大学自治への抑圧として見るならば、京大滝川事件(三三年)から天皇機関説事件(三五年)を経て教学刷新評議会設置(三五年)にいたる一連の事態の発火点として位置づけることができる。他方、キリスト教系学校への排撃運動として見るならば、奄美大島で展開された大島高等女学校排撃運動(三三年)、本書の主眼である長老教中学排撃運動(三四年)、淡水中学排撃運動(三五―三六年)、朝鮮における崇実学校《スンシルハッキョ》等排撃運動(三五―三六年)などに連なるものとして見ることができる。

本論で明らかにするとおり、これらの一連の事態において、軍は直接的あるいは間接的に影響力を行使していた。軍を主体とする、軍事的暴力は、狭義の「敵」だけに向けられていたのではない。当然のごとく、「味方」であるはずの人びとに対しても向けられていた。あるいは、そうした威嚇によってはじめて「敵」と「味方」とのあいだの一義的な境界線を思い描くことが可能になったともいえる。もとより、その境界線はどこまでも相対的であり、不安定なものであった。だからこそ、「スパイ」や「非国民」として「内部の敵」を析出し、「処分」しようという欲望も繰り返し生じてくることになる。(3) キリスト教系学校排撃運動も、そうした事態の一部であった。それは宗教としてのキリスト教への攻撃を意味したばかりでない。台湾人や朝鮮人への不信と警戒心、欧米人宣教師への猜疑心などがない交ぜになりながら展開されることになる。

この第Ⅲ部では、右のような意味での排撃運動の一環として、長老教中学排撃運動を捉える。第Ⅱ部で論じたように、一九二〇年代には恣意的な法の運用により「台湾人の学校」を求める思いや、「台湾人本位の教育」への願いを圧し去ろうとしたが、完全に解体することはできなかった。そこに登場したのが、軍事的暴力である。軍事的暴力の独占的保有者としての軍の存在は、台湾総督府の対応を「生ぬるい」とみなす在台内地人の活動を刺激し、その後ろ盾ともなった。一九二〇年代までの状況では、長老教中学にかかわりをもつ内地人は総督府官吏と教員にほぼ限定されていたのに対して、一九三〇年代になると在台内地人民間人、在台軍部、内地キリスト教界など多様な主体がこの学校の行く末にかかわることになった。このような事態において、在台内地人はどのような役割を果したのか。この点で参照すべきは、藤井忠俊の論である。藤井は、ファシズムをめぐる朝鮮や中国の民衆の対応と日本の民衆の対応を比べて次のように論じる。

朝鮮人や中国人の場合には、底にある意識においてファシズムの評価を見誤ることはほとんどなかった。これに対して、日本人の場合には「ファシズムの被害者」であったけれども同時に「ファシストになりきることもできた」という二重性が存在した。そのためにファシズムの評価が曖昧にならざるをえなかった。[4]

朝鮮・中国・東南アジアでの日本人は、意図してそうでないことを検証しないかぎり、ファシストの姿で存在したのである。日本人にとって、外地にあるか内地にあるかは問題でなかろう。日本人はすべてファシストの下士官候補でもあったのだ。民衆は、その時、戦争推進の要素の一つになっていたし、残虐行為の担当人(首切り役人)でもあった。この面からいうならば、日本人が民衆としてファシズム体制を支え、戦争に参加したことが、日本ファシズム形成のカギであったのではないかと思われる。

この藤井の議論に台湾は登場しないものの、文脈上「朝鮮・中国」に含まれていると考えてよいだろう。本論で述べる通り、長老教中学排撃運動を推進する在台内地人はまさに「ファシストの姿」において登場する。これらの人びとは台湾人に対して加害者であった。ただし、そのことは、日本人すべてが本質的に「ファシスト」的であり、暴力的であったことを意味するわけではない。藤井が「意図してそうでないことを検証しないかぎり」という慎重な但し書きをつけていることにも示されているように、「自分はファシストではない」ことを証明する可能性も常に潜在していた。民衆は生活者として、常にファシズム的な思想や運動から逸脱していく側面を備えていたからである。しかしまた、だからこそ、行政や軍により強力な形で民衆の組織化が推進されることにもなる。

こうした事態を表現するのに、本書では、「全体主義」という用語を用いる。その理由は、人種主義と帝国主義をめぐる問題系の延長線上で全体主義を考察したハンナ・アーレントの論が、本書の対象についても本質的な問題点を浮かび上がらせる洞察力に満ちていると考えるからである。「ファシズム」という言葉を立脚点とする諸研究にも大いに学ぶべきところがあるものの、総じて言えば、人種主義や帝国主義をめぐる問題群をうまく分析の俎上に載せえなかったと考えている。(5)この点は、総力戦体制論と総称できる研究動向についても同様である。(6)

従来の研究ではファシズム論は日本・ドイツ・イタリアを、総力戦体制論は日本と米国を、全体主義論はヒトラー支配下のドイツとスターリン支配下のソヴィエト連邦を主要な適用対象とみなす傾向があった。筆者は、これらの諸概念を特定の時期の、特定の国家にだけ適用すべきものとは考えない。とりわけアーレントにとって「全体主義」とは、川崎修の指摘した通り、ドイツやソ連にのみ現れた問題ではなく、二〇世紀文明において普遍的な「全体主義という時代経験」を意味したと見るべきだろう。(7)日本において戦前・戦後を貫く「全体主義の時代経験」について論じた藤田省三は、その特質を次のように規定した。「かつての軍国主義は異なった文化社会の人々を一掃殲滅することに何の躊躇も示さなかった。そして高度成長を遂げ終えた今日の私的「安楽」主義は不快をもたらす物全てに対して無差別な一掃殲滅の行われることを期待して止まない」。(8)本書で用いるのはそのような意味での全体主義である。帝国日本におけるキリスト教系学校、とりわけ植民地におけるそれの「一掃殲滅」を図ろうとした事実に即して、全体主義という言葉の具体的な意味合いを浮き彫りにすることを目指したい。

第Ⅲ部で対象とする主な事象は、**表7-1**の年表に示した。朝鮮・内地の出来事への言及は、台湾におけるそれに比して簡単なものに止めざるをえないものの、全体主義の帝国ともいうべき状況が徐々に、しかし確実に現出していったことを明確にしたい。

以下、第七章では一九二九年頃から三三年頃にかけての台湾・内地・朝鮮の状況を対象とする。専門学校入学者検定規程による指定校としての地位を獲得するためには神社参拝が必要という要求に直面した長老教中学関係者は、内

表 7-1　キリスト教系学校排撃運動関係年表(1932 年〜37 年)

西暦	台湾		内地・朝鮮	
	一　般	キリスト教系学校関係	一　般	キリスト教系学校関係
1932	**3月**　南弘，台湾総督就任. **5月**　中川健蔵，台湾総督就任．安武直夫文教局長，今川淵台南州知事ら留任.	**12月**　安武直夫文教局長，神社参拝にかかわる通牒を発する.	**3月**　「満洲国」建国. **5月**　五・一五事件．斎藤実を首班とする「挙国一致」内閣成立. **10月**　リットン調査団報告書が公表される.	**9月**　神社参拝にかかわる文部次官通牒. **10月**　上智大学排撃運動始まる. **11月**　朝鮮平壌で崇実学校等排撃運動始まる．すぐに鎮静化.
1933	**5月**　地方長官会議で，中川総督が地方自治制案を提起. **8月**　松井石根，台湾軍司令官就任. **11月**　総督府で神宮大麻頒布「奉告祭」.	**9月**　台南宣教師会議で神社参拝容認の方針を採択.	**3月**　国際連盟脱退声明. **5月**　文部省，京都帝大教授滝川幸辰を休職処分とする.	**4月**　基督教教育同盟会，神社参拝容認の方針を採択. **8月**　奄美大島で大島高等女学校排撃運動，始まる.
1934	**3月**　台湾社会教化協議会開催. **8月**　長勇台湾歩兵第一連隊大隊長が第16師団に異動. **10月**　江藤源九郎代議士が訪台，地方自治制反対の秘密会合.	**2月**　長老教中学排撃運動，始まる. **5月**　長老教中学の後援会解散，林茂生が一切の役職を辞職. **10月**　長老教中学職員・生徒一同，台南神社に参拝.	**7月**　岡田啓介，首相就任. **12月**　内閣，ワシントン海軍軍縮条約の単独廃棄を決定.	**3月**　大島高等女学校廃校.
1935	**4月**　安武直夫，朝鮮平安南道知事に異動. **4月**　ジュノー号船長のスパイ容疑にかかわる裁判始まる. **6月**　ジュノー号事件をめぐる「国防演説会」開催.	**2月**　加藤長太郎，長老教中学の新校長に着任. **4月**　皇政会主催「淡水中学問題演説会」が開催される. **6月**　淡水中学教師陳清忠が解雇される.	**2月**　江藤源九郎，衆議院で天皇機関説を非難. **4月**　真崎甚三郎陸軍教育総監，天皇機関説批判の声明. **10月**　文部省に教学刷新評議会設置.	**6月**　同志社神棚事件. **11月**　朝鮮平壌で崇実学校等排撃運動，始まる.
1936	**2月**　今川淵，台北州知事に異動. **6月**　林獻堂殴打事件. **9月**　小林躋造，台湾総督就任. **10月**　英国軍艦の水兵がスパイ容疑で拘留される(基隆事件).	**4月**　淡水中学撲滅期成同盟会，建白書を提出. **8月**　カナダ長老教会，台北州への淡水中学・女学院の移譲決定.	**1月**　内閣，ロンドン海軍軍縮条約からの脱退宣言. **2月**　二・二六事件. **3月**　広田弘毅，首相就任. **12月**　ワシントン海軍軍縮条約失効.	**1月**　安武直夫知事，崇実学校長マッキューンを罷免. **5月**　江藤源九郎，衆議院で同志社を廃校にすべきと主張. **7月**　基督教教育同盟会，「御真影」受領の方針を決定.
1937	**4月**　新聞・雑誌における漢文欄廃止.	**1月**　植村環が台南長老教女学校の校長に着任.	**7月**　日中全面戦争，始まる. **12月**　東京帝大教授矢内原忠雄が辞表を提出.	**3月**　「同志社教育綱領」を公表. **12月**　同志社総長湯浅八郎が辞表を提出.

地キリスト教界との連携により打開策を見出そうとした。しかし、上智大学や大島高等女学校を標的とした排撃運動によって内地キリスト教界の抵抗が掘り崩されたために、むしろ内地で高まった神社参拝への圧力が台湾へと逆流するにいたる。また、米国北長老派ミッションが平壌に設立した崇実学校等を標的とした排撃運動がすぐに鎮静化された経緯に言及し、英米プロテスタント系学校への対応は国際問題化する可能性があったことを示す。

第八章では長老教中学排撃運動、続く第九章では淡水中学排撃運動をとりあげる。前者が三四年に集中的に生じたのに対して、後者は三五年から三六年にかけて断続的に展開された。これらのキリスト教系学校排撃運動の主体は、人脈や動機という点において、内地における天皇機関説排撃運動や、台湾における地方自治制反対運動やジュノー号事件とつながっていたことを指摘し、この時期に台湾の軍事要塞化に向けての地ならしがおこなわれたと論じる。

第一〇章では、三五年以降の朝鮮・内地のキリスト教系学校の状況をとりあげる。朝鮮では三二年にいったん鎮静化された崇実学校等排撃運動が再開され、内地では同志社排撃運動が断続的に展開された。これらは、台湾ですでに展開されていた全体主義的な運動が波及した性格をもつことを明確化する。

第九章、第一〇章では三七年以降の状況についても簡単に言及するものの、本論の中心的な対象は三六年までの時期である。かつて丸山真男が「満洲事変」から二・二六事件にいたる時期を、軍部を推進力とする「急進ファシズムの全盛期」(9)と性格づけたように、この時期は不安定な流動性に満ちた状況であった。国際関係という点では、三三年三月に日本政府は国際連盟脱退を宣言、三五年三月には二年間の猶予期間を経てこの宣言が発効することになった。さらに三六年にはワシントン会議とロンドン軍縮会議に基づく海軍軍縮条約が失効することになり、「非常時」という言葉がさかんに呼号された。ただし、いまだ英米との決裂にはいたっていない点で、日独伊防共協定(一九三七年)から日独伊三国同盟(一九四〇年)へといたる三〇年代末の状況とは区別される。三七年以降には、台湾人や朝鮮人を日本軍の軍夫、さらに兵員として動員していく体制が整えられた点でも、この第Ⅲ部の対象とする時期とは性格を異にする。全体主義的な運動の核心が排除であり、追放であるのに対して、三七年以降の総力戦体制においては動員が中心的な問題となる。ここで重要なことは、前者が後者の不可欠の前提だということである、三〇年代末から四〇年代にかけて植民地住民の軍事動員がなぜ、またどのようにして可能になったかを考察するためにも、全体主義的な運動がもたらした不可逆的な変化を明確にする必要がある。

なお、第Ⅱ部に登場した「台湾人」という主体、ことに長老教中学にかかわって抗日運動との結節点を築いた林茂生の存在は歴史の表舞台から抹殺されたために、第九章・第一〇章にはほとんど登場しない。終章において林茂生の足跡に立ち返り、全体主義の帝国が個人の生に刻んだ爪痕についてあらためてふりかえることとする。

第七章　上智大学・大島高等女学校排撃運動の波紋

──台湾・内地・朝鮮を横断する震動（一九二九─三三年）

本章では、一九二九年から三三年までの時期を対象として、台南長老教中学にかかわる問題が、内地・朝鮮におけるキリスト教系学校排撃運動とどのように連関していたのかについて論じる。

二九年から三〇年にかけて、長老教中学の関係者は、内地のキリスト教界と連絡をとることにより神社参拝問題への打開策を見出そうとした。たとえばバンド校長は、内地・台湾在住の欧米人宣教師を主な読者とする『日本宣教年鑑』*The Japan Mission Year Book* において長老教中学の置かれた窮状を説明した文章を掲載し、プロテスタント諸教派の連合体である日本基督教連盟や基督教教育同盟会を介して文部省の公式見解を問いただそうとした(1)。バンドの認識においても、実態としても、キリスト教系学校への指定校制度の適用条件として神社参拝が求められたのは、他に例のない事態であった。その理不尽さを浮き彫りにするためにも、内地に問題を持ち込むことを有効と考えたのだろう。これを糸口として、長老教中学をめぐる問題は、内地、さらに朝鮮の状況とさまざまな形でリンクし始めることになる。

バンドが内地キリスト教界と連携を模索し始めた当時、内地はいかなる状況だったのか。

二九年七月に民政党系の浜口雄幸内閣が成立すると、在郷軍人会や青年団に依拠して教化総動員運動を展開、消費生活の簡素化を進めると同時に、神社参拝・国旗掲揚などの励行による「国体明徴」を訴えた。[2] 一二月には内務省が神社制度調査会を設置、神社の宗教的性格をめぐる論議に決着をつけようとした。浜口内閣はまた、幣原喜重郎を外相に登用して米英との協調外交を回復、政友会の反対を押し切ってロンドン海軍軍縮条約を締結、陸相宇垣一成を介して陸軍軍縮を追求した。宇垣は、かつて加藤高明内閣の時代に陸相として陸軍四個師団を削減、これによりポストを失った現役将校を官・公立学校に配属して軍事教練を指導させていた。この宇垣軍縮は、軍部の勢力を一般社会に浸透させる意味を持ったものの、軍縮を求める民政党政権への反発は軍部の内部で増大しつつあった。

三一年九月の「満洲事変」は、軍部の政治的発言権を増大させて軍縮の趨勢に水をさすとともに、神社の地位を上昇させることにもなった。かつて赤澤史朗が論じたように、神社の地位向上の根底には「戦争という勝敗の予測のつかない賭けへの不安に基づく戦勝祈願」や「身近な出征兵士の安全と生還を願う祈願」が存在した。出征兵士の安全を祈願する思いそれ自体はかならずしも国家主義的なものではなかったものの、次第に国際的孤立が深まるなか、国家こそが「私」の「生活」を守ってくれるという意識を介して、戦争の正当化へと連なっていくことになった。[3]

このように神社の政治的役割が拡大する一方で、欧米列強との緊張関係の高まったことが、キリスト教排撃の伏線を形成することになる。

よく知られているように、満洲事変をめぐり、南京国民政府は日本軍の軍事行動の不当性を国際連盟に提訴、連盟の派遣したリットン調査委員会は三二年一〇月に報告書を公表、日本軍による軍事行動を自衛とはみなせないという結論をくだした。この報告を受けて、国際連盟は「満洲国」の正当性を否定する決議を採択した。連盟の中心国である英国は日本に協調的な立場から「実際的解決」を図ろうとしたが、国際連盟規約やパリ不戦条約にかかわる原則を重視する「小国」の立場が「大国」間の無原則的妥協を阻んだのであった。[4]

日本政府はこれを不服として、三三年三月に国際連盟脱退を宣言した。それでも、英国は、中国との通商上の利益を増進しながら、日本との無用な衝突を避けようとする政策を継続していた。[5] 日本政府の側でも、斎藤実内閣を支える元老・重臣層が米英との協調関係を保とうとしていた。しかしその一方で、軍部・政友会系の官僚・在郷軍人・右翼団体などのあいだでは「軟弱外交」を批判する傾向も強まっていった。こうした排外主義的風潮のもとで、キリスト教系学校は欧米列強の影響力を目に見える形で体現する空間として着目を集めることになる。本章以下の各章で記す通り、欧米の外交官の側でもキリスト教系学校の動向を注視していた。したがって、個々の学校をめぐる問題は外交問題ともなる可能性を実際に備えており、また、それゆえに、これへの攻撃が同時に「軟弱外交」への糾弾ともなるような仕組みが客観的に存在していた。

この点をふまえたうえで、以下、第一節では、長老教中学関係者がどのように神社参拝問題を認識し、いかにして内地にこの問題を持ち込もうとしたのかについて論じる。第二節では上智大学・大島高等女学校のような内地のカトリック系学校、崇実学校など朝鮮のプロテスタント教系学校に着目し、第三節では再び台湾の長老教中学に目を転じて、内地における抵抗線の後退が長老教中学における抵抗の基盤を狭め、神社参拝を容認する見解を多数派としたことを確認する。そのうえで、林茂生とシングルトンが展開した神社参拝反対論に着目する。

第一節　内地キリスト教界との連絡

一、「信教の自由」をめぐるせめぎ合い

本書第六章の最後に指摘したように、総督府が専検による指定校となる条件として神社参拝を求める方針を明確化したのは、一九二八年の年末のことだった。当時の総督府文教局長石黒英彦は、東京帝大在学中に古神道を奉ずる異

図 7–1　建功神社
鳥居に代えて中国風の牌楼を立て，巨大なドームを備えるなど，折衷式の建築様式となっている．

色の法学者筧克彦に私淑した経歴を持ち、朝鮮総督府在職時代には天晴《あっぱれ》会《かい》を組織し、毎月一日の早朝に会員とともに朝鮮神宮を参拝し、自ら「やまとばたらき」と呼ばれる体操の実習を指導した人物であった。[6] 二七年二月に朝鮮総督府内務局地方課長から台湾総督府文教局長に異動すると、台湾神職会を組織して機関誌『敬慎』を刊行、自ら会長に就任した。また、台湾神社宮司山口透らと協力して建功神社の創建に尽力した。建功神社(二八年七月創建)とは、台湾人を含めて警察官・教員などの「殉職者」「殉難者」を祭神として祀る神社だった。法的位置づけは無格社だったものの、総督府はこれを「台湾の靖国神社」として重視し、靖国神社の年額一万二〇〇〇円にも迫らんとする、年額八〇〇〇円という多額の国庫供進金を交付した。[7]

長老教中学の校長バンドは、『日本宣教年鑑』に寄せた文章で「熱心に神道を奉じる官僚」の態度に言及して次のように記した。[8]

> 不幸なことに、総督府は、忠誠の証として、国民的祝祭日にすべての生徒が神道の神社に参拝することを、日本内地以上に求めている。〔……〕日本内地でも朝鮮でも、指定校としての認定 recognition of the “shitei” order を受けたキリスト教系学校は、かならずしも神社参拝を求められていない。なぜ台湾総督府だけがこの条件を押しつけようとするのだろうか。忠誠心を養成する手段は他にもあるはずだ。熱心に神道を奉ずる少数の官僚を満足させるために台湾人に神道主義者のカルトを押しつけるのは、植民地政策として誤っている。いかなる学校に対してであれ、政府による指定校認定の必要条件として神社参拝を強要するのは、単なる誤謬以上のものである。そ

れは、微妙で洗練された形式であるものの、それにもかかわらず残酷な、宗教的圧制 religious tyranny, subtle and refined, but none the less cruel というべきだろう。

このバンドの文章において、神社参拝への対決姿勢は明確である。指定校の地位を認める条件として神社参拝を求めることは、バンドにとって「宗教的圧制」にほかならなかった。内地や朝鮮のキリスト教系学校には神社参拝という条件が要求されていない事実も、不条理感を強めたことであろう。

他方で、日本の植民地支配それ自体を「圧制」とみなしていたわけではないことに留意する必要がある。植民地当局が忠誠心を台湾人に要求するのは当然だということは、繰り返し強調している。また、総督府が教育ある台湾人を責任ある地位に登用しない問題を指摘しながらも、「こうした民族的区別 racial distinction はすべての植民地に存在するものだ」という留保をつけている。[9] ここで「差別」ではなく「区別」という表現を用いている点に留意すべきだろう。そこには、植民地としては当然のことだというニュアンスが表現されている。神社参拝にかかわる抵抗感も、もっぱらその宗教的性格に向けられていた。神社参拝問題について論じた別な文章では、「当局が神社はネルソン記念碑や戦没者記念碑のように非宗教的で愛国的な施設に過ぎないと述べたとしても、祝詞の奉献やお守りの販売、お祓いのように明白に宗教的な行為が結びつけられている」と論じている。[10] 換言するならば、英国におけるネルソン記念碑や戦没者記念碑と同様な意味での非宗教的施設とみなしうるならば、台湾人もまた当然それに対して敬意を払い、帝国日本への忠誠を誓うべきと考えていたことになる。ただし、それが宗教的な色彩をともなう以上、「洗練された形式」における「宗教的圧制」として受けとめていたのだった。

二九年七月、浜口雄幸内閣の成立に連動した人事異動で、石黒英彦は総督府文教局長から内務局長に異動した。台湾総督には民政党系の石塚英蔵が就任、文教局長の後任には杉本良が就任した。バンドは相対的にリベラルな民政党内閣に転換したことにより政策が転換されることを期待していたが、総督府の対応に変化はなかった。そこで、三〇年六月に内地に渡って、神社問題への対応について日本基督教連盟関係者と協議した。内地ではおりしも内務省に神社制度調査会が設けられ、日本基督教連盟の呼びかけにより、キリスト教関係五五団体が「神社問題に関する進言」を発表したところであった。

以下、内地における議論の振れ幅をおさえておくために、神社問題をめぐるキリスト教界、神社界、憲法学者美濃部達吉の見解を確認しておこう。

日本基督教連盟の斡旋した進言書は、次のように訴えていた。神社を宗教でないとするならば、祈禱やお守りの授与を廃止して明確に非宗教化すべきである。宗教とするならば、「直接にも間接にも宗教的行為を国民に強要せしめざる事」。いずれの場合でも、「帝国憲法の保障する信教自由の本義」を守るべきである[11]。

連盟は、三年後の三三年にはこの問題への抵抗線を大きく後退させることになるのだが、この時点ではそのことが予想もできないほど、神社参拝問題に対する鋭い切り込みを見せている。とりわけ、「直接にも間接にも」という表現が着目される。「強要」という言葉は、それだけでは首に縄をつけて神社まで引っ張っていくような事態をイメージさせがちである。実際にそこまで極端なことがおこなわれることはなかった。他方で、神社参拝をしなければ不利益をこうむる仕組みは、さまざまな形で設けられていた。バンドによれば、台湾でも三〇年に台北第一中学校に学ぶカトリック教徒の生徒が神社参拝を拒絶したために放校処分にされたという[12]。これより早く、二三年には奄美大島の奄美中学校に学ぶ二人の生徒が、やはりカトリックの信仰を理由として高千穂神社への参拝を拒否して放校処分とされている[13]。こうした措置は、退学させられた当人の人生を大きく狂わせるばかりでなく、幅広いキリスト教関係者に対して、退学のような不利益を避けるためには神社参拝もやむをえないと考えさせる効果を持つ。「間接的」強要という言葉で示唆されているのは、そのような事態であろう。

他方で、全国神職会の機関誌である『皇国時報』では、これと対立する言論を展開していた。たとえば、三〇年八月に長崎県平戸小学校の教員が神社参拝を拒否したために免職とされる事件が起きた際には、「異教信仰のために、学校教員が神社参拝を拒否する」ことは国民の思想に悪影響を及ぼすものであり「極めて恐るべき」ものとコメントしている。(14) 学校教員である以上は、その信仰にかかわりなく、神社参拝をすべきという論を展開しているわけである。さらに『皇国時報』は、東京府神職会作成のパンフレットを紹介している。そこでは、「神社は国家と特殊なる関係を有する宗教なり」と規定したうえで、憲法の基礎が「神随《かんながら》の道」に置かれている以上、「神社に対する国民の信仰は信教自由の条項の支配を受く可きではない」とまで結論している。(15) これは、信教の自由を実質的に否定する開き直り的な見解といえる。

キリスト教関係五五団体による進言書と東京府神職会作成のパンフレットは対照的な見解を示しているものの、帝国憲法に定める信教の自由をどのように解釈するかという問題を意識していた点は共通している。それでは、帝国日本を代表する憲法学者美濃部達吉は、この問題についてどのように論じていたのか。この点で着目されるのは、『神社協会雑誌』三〇年七月号に掲載された「神社の性質と信教の自由」と題する論説である。これはもともと『中外新報』に掲載された論説がのちに内務省管轄下の『神社協会雑誌』に転載されたものである。

美濃部は、次のように論ずる。神社が宗教であるか否かについては、「神霊の存在を信じて之を礼拝し崇敬することを根本思想とする」ものである以上、明白に宗教の性質をもつ。行政上の取り扱いにおいて宗教と区別されることは、それが本質において宗教であることを否定するものではない。さらに、神社神道が宗教であるとすれば、「それは国家的の宗教であり即ちわが帝国の国教である」。(16) しかし……として、続ける。

それが日本の国教であるといふことは、唯国家が自己の事務として祭事を行ひ神社を経営することを意味するだけであつて、国家が宗教としての神道の信仰を国民に強制し得ることを意味するのではない。信仰の自由は勿論憲法の堅く保障して居る所で、国教と雖もその信仰を強制することが、憲法違反なることは言ふまでもないとこ

ろである。〔傍点美濃部〕

神社神道を「国教」とする議論は、神社非宗教論という内務省の公式見解を逸脱した突飛な解釈のようにも思える。ただし、美濃部の論の眼目は、神道を「国教」と認めたうえで、だからこそ、国家が宗教をめぐって果たすべき役割を限定すべきだと鋭く説いた点にあった。美濃部の見解は、神社を宗教とするならば間接的にも強要すべきではないと論じたキリスト教関係団体の声明を、側面から援護する意味を持っていた。

台湾総督府の官僚を含めて帝国日本の高級官僚の多くは、文官高等試験の受験に際して美濃部の学説を諳んじることを求められていた。したがって、美濃部の学説は、高級官僚にとっての「常識」の一部を構成していたと考えられる。そのことは、神社参拝を強要することへの抑制原理として働いていたことであろう。ただし、それは内地においてのことである。台湾では、神社の存在が統治体制の一部に組み込まれていたのであり、抑制原理は微弱にしか働かなかった。そのような内地と台湾の落差は、神社参拝問題をめぐる経緯にも端的にあらわれることになる。

バンドは内地から帰台したのち、総督府の杉本良文教局長から呼び出され、指定のためには神社参拝が必要であるという公式見解をあらためて提示された。これを受けて、三〇年九月八日に財団法人台南長老教中学の理事会が開かれて、「資格指定問題につき重要な協議」がなされた(17)。バンドによれば、「出席者によりさまざまな議論が展開された。しかし、明確な決定をくだす前に、日本基督教連盟に照会することに決まった(18)」。同じ月、『台湾教会報』は、「Lūn Sîn-siā būn-tê(論神社参拝問題)」と題する記事を掲げ、キリスト教関係団体による「神社問題に関する進言」を翻訳・紹介した(19)。前言では「神社参拝問題は、現在宗教界において重大な問題になっている」と記すにとどめて明確な賛否の表明を避けているものの、神社問題をめぐって鋭い切り込みを見せた内地教会関係者の認識を、台湾の教会関係者のなかで共有すべきものとして翻訳・紹介したと考えられる。

長老教中学から日本基督教連盟への照会については史料的に確認できないが、基督教教育同盟会への照会は確認できる。同盟会は、文部省訓令第一二号に対する超教派的な反対運動を契機として、一九一〇年に創設された組織である。二三年に日本基督教連盟が設立されるとその構成団体となるとともに、同盟会の理事が連盟教育部の委員を兼任する慣行が形成された。(20)

長老教中学は、三〇年に「外地」のキリスト教系学校としては初めて、この同盟会の加盟校として名を連ねた。(21) これは、同盟会という組織を介して、暗礁に乗り上げつつあった指定校問題の解決を図ろうとしたものと考えられる。そこには、三〇年時点で同盟会の会長兼理事長だった田川大吉郎に寄せる信頼と期待もあったことだろう。田川は、植村正久牧師の主宰する富士見町教会の信徒であり、植村を介して蔡培火と知り合い、衆議院議員として台湾議会設置請願運動の紹介議員ともなっていた。二四年末には台湾を訪れて、『台湾訪問の記』(一九二五年)を刊行、英国の植民地支配をモデルとして台湾統治を立憲的・自治的な方向に改革すべきだと説いていた。(22) その田川が同時に明治学院の総理であり、連盟教育部の委員長、同盟会の会長などの役職を兼務していたのだから、長老教中学の関係者が同盟会に期待をつなぐのは自然な成り行きであった。(23)

長老教中学からの照会を受けた同盟会では、三〇年一一月の理事会で田川大吉郎が報告した。曰く、「台南長老教中学よりの質問及び依頼を受け、意見書を文部省に提出し」たものの、文部当局の側では確答せず、「二、三年間内には容易に片付くまじ由をほのめかし居る」。この報告を受けて、同盟会として神社参拝に関する「信仰圧迫」の問題が絶えないのは「遺憾」であるとして、信仰の自由を確実に保障することを希望するという建議案を可決した。(24) 長老教中学の側からの「質問」「意見書」の具体的内容は記されていないものの、バンドのそれまでの言動から考えて、神社の宗教的性格について問いただすと同時に、なぜ内地・朝鮮のキリスト教系学校に対して要求されていないことが台湾では要求されるのか、その法的根拠は何か、と質問したと推測される。そうだとすれば、急所を衝いた質問であるだけに、回答が困難だったことだろう。たとえ文部省が総督府の対応を拙劣とみなしたとしても、公にそれを非難することもできず、二、三年間のうちには片付かないだろうとしか答えようがなかったのではないかと思われる。

バンドのこうした働きかけは、台湾における「宗教的圧制」を実際に跳ね返すまでにはいたらなかった。しかし、長老教中学のおかれた困難な問題を内地キリスト教界と共有することにはなった。そのことにバンドが、心強さを感じていたことが、ロンドン本部宛て報告書からわかる。曰く、台湾基督長老教会も、日本基督教連盟も、基督教教育同盟会も、自分たちを支持してくれている、残念ながらこれらの団体は日本政府に方針変更を促すほどに強力ではないものの、世論が「恐怖」に打ち克って神道主義という足かせを取りはらい、宗教的自由の原則のもとに団結できるならば、打開の道が開ける日は来るはずだということであった。[25]三一年一月、台南宣教師会議は全会一致で、「神社の存在に宗教的意義を示す要素が保持されているかぎり、理事会が指定のための申請を求めることは推薦できない」ことを決定した。[26]

後述するように、長老教中学の後援会員のなかには、指定校としての地位を獲得するためには神社参拝もやむをえないと考える者もいた。この点では長老教中学の支持者のあいだにも微妙な不協和音が生じてはいたものの、さしあたって神社参拝の実施は見送られることになった。

二、キリストとマルクスの「福音」

一九三一年前後の時期、南部教会の青年たちのあいだに政治的なラディカリズムが浸透し始めてもいた。そのことは、教会夏季学校の様子からうかがうことができる。教会夏季学校は、二九年に蔡培火が中心となって長老教中学講堂を会場として開催したものである。六〇名あまりの青年が集まって、一週間近くにわたってキリスト教について集中的に考え、論議するための場を構成した。

教会夏季学校に参加した若い信徒たちは、植民地支配下の辛酸な現実にコミットしない教会に対して批判意識を鮮明にしつつあった。たとえば、「神の国」というテーマを掲げて第三回夏季学校が三一年八月に開催された時の様子について、ヒーレイという新来の宣教師は次のように伝えている。「台湾の青年は、西洋から日本へと伝染病のように伝わった新しい思想で満たされている。電子と本能と社会改革、アインシュタインと賀川〔豊彦〕とマルクス、美と真実と善、これらは、彼らが福音と関連づけて考えようとするキー・ワードである」(27)。

この時、林茂生、および蔡培火も講演したようである。ヒーレイが「台湾の傑出した学者は、神の国と教育についてとりあげた。アメリカの心理学者の議論に例をとりながら、新しい酒を聴衆に提供した」と述べるくだりでの「学者」は、林茂生を指すものだろう。学位論文の内容から類推するならば、おそらくアメリカの心理学という「古い革袋」に、同化主義批判という「新しい酒」を盛った講演をしたのではないかと思われる。ヒーレイはまた、「同胞のために政治的な権利を獲得するために奮闘している台湾人」が「預言者の炎と改革者の性急さ」をもって語った演説は、「たとえ旧態依然たる教会への攻撃が年輩の牧師の感情を害した時でも」青年の心をしっかりとつかんでいたと報告している。この「預言者」とは蔡培火のことだろう。蔡培火の日記によれば、このときの夏季学校で三時間にわたって演説したことがわかる(28)。

図 7–2　台湾基督教青年会夏季学校
1936 年に開催された夏季学校の写真.

長老教中学で化学を教えていたシングルトンは、同じ夏季学校について次のように報告している(29)。

台湾では貧富の差ははなはだしい。そのことと、日本人と漢族のあいだの民族感情のために、中国や日本本国とはやや異なる形態の共産主義が生じてきている。キリストとマルクスは、ひとつの福音を説くものとみなされているのである。物質的な富と権力の不平等は真実の悪であり、暴力によって富める者の富を奪い、全ての人が平等になるべきだというわけである。どうしたら心のなかのこうした欲望を取り除き、キリストのもとで同胞として全ての人がともに歩むことができるのだろうか。このような考え方は生じてこないし、生じたとしてもアヘンとみなされるのである。

三〇年前後は、欧米でも日本でも既存の教会のあり方に懐疑を呈する神学思想が影響力を持ちつつあり、社会変革を求める学生キリスト教運動も活発化した時期だった。若い台湾人信徒のなかには、内地に留学してカール・バルトやエミール・ブルンナーの唱える弁証法神学を学んで帰る者もいた(30)。

シングルトンの証言は、台湾の青年たちが、そうしたキリスト教理解を単に輸入理論として受容したのではなくて、植民地支配の現実に根ざした形で受け容れ、成長させようとしていたことを物語る。もっとも、ヒーレイが「伝染病」と記し、シングルトンが「欲望」と評していることからも明らかなように、宣教師たちはこうした思想傾向に対して総じてネガティブな反応を示していた。バンドも、本書第五章冒頭で記したように、キリスト教主義の教育について「共産主義への防波堤」という価値が認められるのを期待していた。宣教師としては、キリストとマルクスを「ひとつの福音」とみなす青年たちの考え方を頭ごなしに否定するのではなく、むしろ存分にその思いを語らせながら、その「誤謬」を指摘することを肝要と考えていたのだろう。

この夏季学校を契機としながら、三二年八月には青年層が自ら主導して台湾基督教青年連盟を組織した(31)。その中心となったのは、高天成(一九〇四―六四、東京帝大卒)、劉子祥(一九〇七―八八、慶應大学卒)、長老教中学の美術教師廖継春(一九〇二―七六、東京美術学校卒)らであり、顧問としてモンゴメリーらの宣教師のほか、林燕臣、林茂生、蔡培火、林攀龍らが名を連ねていた(32)。高天成が高金聲の長男であり、劉子祥が劉瑞山の三男であるというように、青年連盟は教会の中堅人物の子どもたちの世代により領導されていた。彼らは、日本留学を経験した新進の知識人でもあった。

さらに、高天成は林獻堂の女婿であり、林攀龍は林獻堂の長男であるというように、林獻堂を中心とした人脈との重なりも見られる。すでに台湾民衆党は総督府当局により解散を命じられ、台湾農民組合・台湾共産党は幹部の一斉検挙により壊滅していたものの、台湾議会設置請願運動や台湾地方自治連盟の活動はかろうじて継続されているなかでの出来事だった。

抗日運動一般の趨勢からすれば遅ればせながらではあったものの、教会関係者も政治的対決の姿勢を強めつつあった。それは、総督府当局から見れば、長老教中学をめぐる動向の危険性が増しつつあったことを意味する。民族自決主義や共産主義など総督府から見ての「危険思想」は、帝国日本を環流していた。台湾島内における同化主義という閉域を完結させるためには、帝国日本全体を閉域とするような工作が必要になっていたといえる。実際、三二年以降、帝国日本の全域においてキリスト教系学校の変質・解体を迫りながら、「日本人」という主体だけが存立するかのような状況が構築されていくことになる。その動力源を構成したのは、総督府や文部省ではなく、軍であった。

第二節　軍部によるキリスト教系学校への圧力

一、上智大学排撃運動

一九三二年には上智大学学生による「靖国神社参拝拒否事件」と称される出来事が生じた。上智大学はカトリック系修道会であるイエズス会により一三年に創立、二八年に大学令による認可を受けていた。この上智大学をめぐる事件はよく知られた出来事ではあるものの、その後の台湾や朝鮮におけるキリスト教系学校の命運にも影響を与えることから、排撃運動としての性格に着目しながらやや詳細に経緯を追うことにしたい。

上智大学をめぐる出来事は、三つのフェイズ(局面)に分けて考えることができる。第一のフェイズは、三二年五月から九月までであり、一部の学生の神社不参拝が水面下で問題とされていた時期である。

三二年五月五日、上智大学の配属将校北原一視大佐が、学校教練の一環として大学予科の学生を引率して靖国神社を参拝した。この四日前まで「満洲事変戦没将兵」を「合祀」するための靖国神社臨時大祭が開催されており、八〇万人を超える参拝者が押し寄せたばかりのことだった[33]。このとき、参拝の強要に疑問を感じたカトリック信者の学生数名が、ホフマン学長の見解を尋ねたうえで、靖国神社に同行しなかった[34]。のちにホフマン学長が文部省専門学務局長に説明したところでは、学生に神社参拝の可否を尋ねられて、信教の自由が定められている以上、神社は宗教であると信じる者に参拝を強要することはできないと回答したという[35]。

当時、カトリック教会は全体として神社参拝拒否の姿勢を明確にしていた。たとえば、カトリック中央出版部の刊行していた雑誌『聲』に掲載された「神社問答」では、祝詞の文言も具体的に引用しながら神社の宗教的性格について詳細に論じたうえで、いくら政府が宗教でないと宣言したとしても実質は明らかに宗教であるから「我等カトリック教徒は甚だ遺憾ながら神社参拝などを遠慮しなければならぬ」と結論していた[36]。

この問答を載せた『聲』の刊行は三二年五月一日、一部学生が靖国神社参拝を拒否する出来事の生じる直前だった。同じ号に掲載された匿名の座談会では、台湾のことについても言及されている。「私が台湾できいた話なのですが、あちらは内地とは事情が異つてゐて、宗教家経営の学校でも総督府の公認を得る為には、神社参拝を断然廃止することができないのです[37]」。台湾における理不尽な状況への認識が、内地でも一定程度共有されていたことがわかる。

北原大佐は信者の学生による学校教練の欠課を陸軍省に通報、六月一〇日に陸軍次官小磯国昭はこれを受けて将校配属の停止について協議したいと文部次官粟屋謙に伝えた。その理由は、上智大学における教育の「根本思想」が国体と相容れないのみならず、教練の目的遂行を著しく阻害するということだった[38]。教練が廃止されると、上智大学の卒業生は在営年限短縮など兵役義務を軽減する「特典」を剝奪されることになるので、カトリック教会としては学校経営上の一大事だった。文部省としても自らの管轄領域を軍部に侵犯されることであり、水面下で対応策について協議を重ねた。

九月二二日、カトリック教会のシャンボン東京大司教は、文部大臣に宛てて神社参拝の意義に関する公式の説明を求める照会を発した。九月三〇日、文部次官粟屋謙は、「学生生徒児童等ヲ神社ニ参拝セシムルハ教育上ノ理由ニ基ツクモノニシテ此ノ場合ニ学生生徒児童ノ団体ガ要求セラルル敬礼ハ愛国心ト忠誠トヲ現ハスモノニ外ナラス」と回答した(以下、本書ではこの回答を「文部次官通牒」と略す)[39]。西山俊彦の研究が鋭く指摘しているように、「愛国心と忠誠」を表明する意義と「宗教的意義」とが二者択一的なものではない以上、この文部次官通牒は神社における「敬礼」が「宗教的なものではない」ことを保障したものでは決してなかった[40]。しかし、カトリック教会は「宗教的なものではない」ことを保障したものとしてこれを都合よく解釈し、関係各学校に対して神社参拝をすべき旨を正式に通告した。これより早く、九月一九日に上智大学では職員および全学生による靖国神社参拝もおこなっていた[41]。

上智大学をめぐる出来事の第二のフェイズは、三二年一〇月から一一月にかけてである。カトリック教会としては一件落着のはずであったが、むしろ一〇月以降に上智大学排撃運動という様相が生じることになった。

筆者が確認しえたかぎり、『報知新聞』は第一報が一〇月一日、第二報が一〇月一四日、『読売新聞』は第一報が一〇月一三日、第二報が一〇月一四日、『東京日日新聞』は第一報が一〇月一四日である。『東京朝日新聞』だけは第一報が一二月三日と遅いが、その他はほぼ一〇月一四日前後に一斉に報道を開始している。軍の意向に従ってプレス・リリースされたものと推定できる。これにより、数名の学生による靖国神社参拝の回避は社会的「事件」として拡大していった。

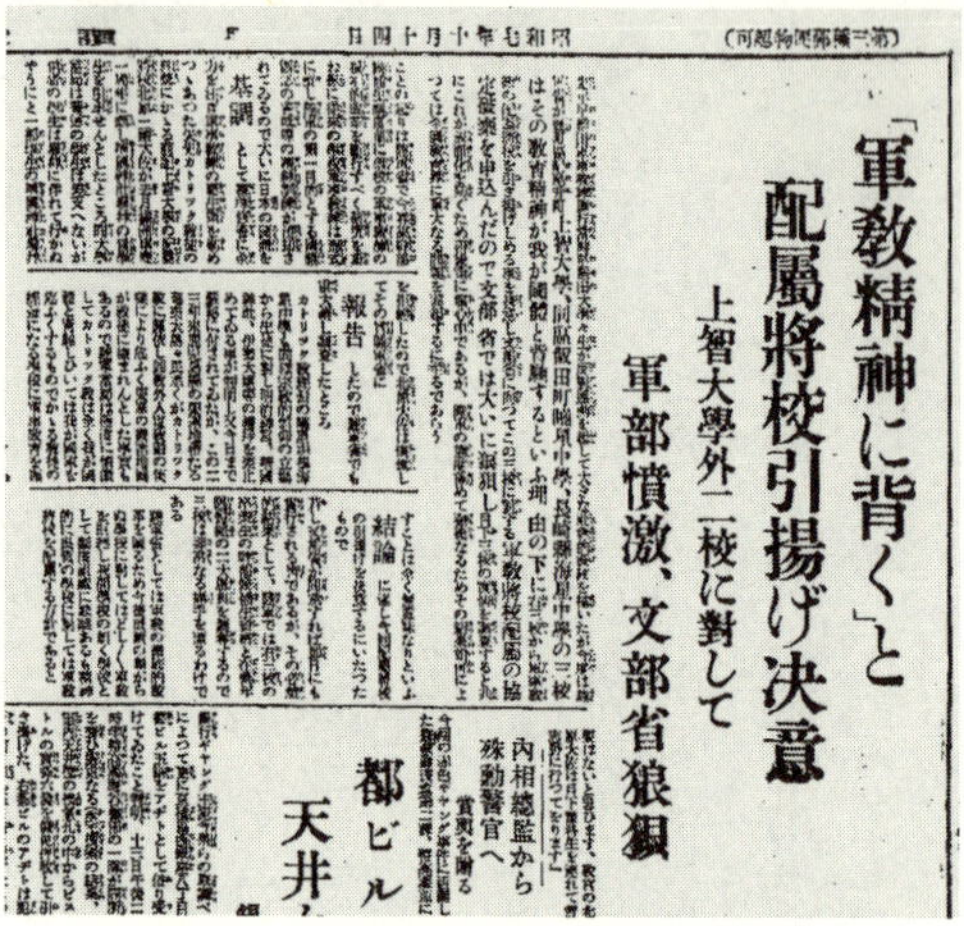
「軍教精神に背く」と
配属将校引揚げ決意
上智大學外二校に對して
軍部憤激、文部省狼狽

図 7-3　『読売新聞』1932 年10月14日付

特に『読売新聞』は、一〇月中、ほぼ連日のようにこの問題にかかわる記事を掲載した。一〇月一四日付の記事では、「配属将校引揚げ決意　上智大学外二校に対して　軍部憤激、文部省狼狽」という見出しを掲げ、ことの発端は「去月満洲事変一周年」の靖国神社不参拝であると記している。そのうえで、陸軍省の見解を次のように報じている。「この二三年来、鹿児島県の要塞地帯たる奄美大島々民悉くカトリック教に帰依し、同教外人宣教師の使嗾により危ふく要塞の機密地図が教徒に盗まれんとした事実もあるので、陸軍当局は極度に憤激してカトリック教は全く我が国体と背馳しひいては我が国策を危ふくする」とみなして、このたび上智大学における将校の配属停止を決意するにいたった[42]。

この記事には、年月の誤記――それも意図的な誤記と思われるもの――が見られる。まずことの発端を「満洲事変一周年」、すなわち三二年九月として記しているが、実際には五月に起きた出来事である。半年近くを経た一〇月になってこれを問題化することの不自然さを繕おうとしたためと考えられる。また、奄美大島のカナダ人宣教師が「機密地図」を入手しようとした疑惑が浮上したのも、六年前のことである。しかも、捜査の結果、軍事的な機密に触れる行為を証拠立てるものは見出されなかった[43]。したがって、この報道の真偽は危うい。しかし、だからこそ、ことさらに排撃熱を煽りながら事態を拡大しようとする報道姿勢が如実に表現されている。さらに、「軍部憤激、文部省狼狽」という見出しは、軍部が文部省所管の学校を攻撃することが、同時に文部省への攻撃としての意味を備えていたことを示唆している。

軍の意向に唱和したのは新聞だけではない。内務省管轄下の『神社協会雑誌』はほとんど沈黙していたが、『國學院雑誌』は、三二年一一月号から四号連続でこの問題を特集した。一一月号では「去る十月十四日都下諸新聞が一斉に、靖国神社参拝忌避に関する記事を掲載するに至つて驚愕、又言ふ所を知らず」という声を伝える一方、編集者の見解として「国家精神に背き、神社に対し認識不足なるカトリック教は須らく排撃すべきであり、其の反国体教育の如きは一日も早く清算さるべきである」(傍点引用者)と強い語調で記している(44)。さらに、カトリック教会側の主張を長文にわたって転載しながら、「筆誅」を加えている。たとえば、先に引用した『聲』の「神社問答」欄を引用しながら、「不謹慎至極の彼等が単に一片の通達位で従来の謬念から脱し得たであらうか」という疑問を投げかけている(45)。生徒の個々の行為を問題視するにとどまらず、カトリックの信仰それ自体を「排撃」すべきとする姿勢が表明されている。

学校関係者を威嚇するための、より直接的な行動もなされた。一〇月一四日、上智大学学長に対して、次のような質問状が送付された(46)。

国家の為めに身命を捧け敵弾に斃れたる忠勇の霊に対し、国民としての至誠より感謝の意を捧け之れを慰むる事か、貴校の捧持せらるる信仰に背馳せるを以て、貴校教育方針上之れを拒否せらるるか。

この質問は、神社参拝を拒否することは戦没者を冒瀆するものであるという主張を言外の内に含んでいる。差出人の名前は、「神道革新会　宮井鐘次郎」。一民間人による質問状という形式をとってはいるものの、新聞が一斉に上智大学の出来事の報道を始めたのと同じ日に届けられていることや、後述のように他のキリスト教系学校にも送付していることから、組織的背景を持った行動と思われる。

並行して、右翼団体による威嚇もなされていた。上智大学幹事(副学長に相当)だった丹羽孝三の回想によれば、「黒シャツ姿の右翼団員が学長と幹事に面会を求めて来た」ばかりでなく、「上智大学叫《ママ》弾大演舌《ママ》会」を護衛の刑事つきで傍聴させられ、「国賊、非国民カトリックをほほむれ〔葬れ〕」「上智大学をつぶせ」という叫びに直面させられたという。[47] かくして、第二のフェイズにおいて排撃運動としての性格が明確になったといえる。

第三のフェイズは、三二年一二月からの一年間である。陸軍省は、一一月二六日の定期人事異動に際して、「適任者人選中」という理由で上智大学に後任の将校を配属しないことを文部省に通知した。そのため、三三年度の入学志願者は激減し、中途退学者も続出した。学生数は三二年五月時点では三一五名だったが、三三年末の時点で二二〇名へと減少した。[48]

学校関係者は教育理念の根幹にかかわる「改革」を進めた。すなわち、学生に神社参拝をおこなわせたばかりでなく、国民精神涵養のための講座を設置して、天皇崇拝にかかわる公式解説者ともいうべき井上哲次郎東京帝大名誉教授らにこれを担当させる、現役軍人を招いて国防講演会を開催する、丹羽孝三に責任をとらせて幹事・教授の職を退かせる、学校をあげて「マルクス主義ノ批判的研究」をおこなうなど多岐にわたった。[49] 三三年一二月になってようやく、小出治雄大佐が配属された。三四年一月の配属将校歓迎式で、ホフマン学長は配属将校の来任によって上智大学は「復活」したと述べ、「今上陛下の万歳を三唱」したという。[50]

右のような事態の推移にかかわって注目しておきたいのは、以下の三点である。

第一に、直接の標的とされたのは上智大学だったものの、他のカトリック系学校にも問題が飛び火したことである。事態拡大の明確な意図を最初に確認できるのは、九月一五日に陸軍次官柳川平助が文部次官粟屋謙に宛てた照会である。柳川は、「私立暁星中学校及海星中学校モ前記上智大学ト全然同一ノ状況ニアル」という理由で、両校に関しても将校の配属を停止する意思を伝えている。[51] 先の新聞見出しの「外二校」も、暁星・海星の両校を指す。

この措置には伏線ともいえる事態が存在した。二九年一〇月、伊勢神宮の式年遷宮祭に際して暁星・海星の両校は遙拝式を挙行しなかったために、府県学務当局の注意を受けていた。[52] 三二年五月には、岡山県学務局長が清心高等女学校に対して、神宮式年遷宮祭において遙拝式を挙行したか否かを問い合わせる照会を発している。[53] 三年前のことをあえて照会したのは、この機会にカトリック系学校全体の「非行」を問う材料を集めようとする力が働いていたということだろう。結局、暁星中学校については、上智大学と同様に配属将校引揚げの措置が実行に移された。

第二に、三二年一〇月以降に社会的「事件」として事態が拡大した点については、陸軍省の人事が関連していると思われる。三二年当時陸相は皇道派の領袖荒木貞夫であり、同年八月の人事で、陸軍次官として腹心の柳川平助を据えるなど、皇道派系で要職を固める人事をおこなった。[54] 新聞・雑誌が軍の意向に唱和して排撃熱を煽ったのは、この「皇道派人事」以降である。そこには、陸軍として文部行政に介入する糸口をつかむと同時に、陸軍内部で皇道派の発言権を高めようとする意向があったものと推定できる。軍内部の派閥争いが関係していた点について、丹羽孝三は次のように回想している。「軍そのもののうちにも荒木大臣一派に反対する人々から同情者が現われ、軍内部で開かれる上智大学問題対策会議の記録で部外秘の印を押されたものが、その日のうちに私の手許に届けられた」。[55] 皇道派と反皇道派という軍内部の争いが、この事件の背景に存在したことは確かであろう。

第三に、プロテスタント系学校も、局外におかれていたわけではなかった。たとえば、日本聖公会の牧師である貫民之介は、次のように記している。「上智大学々生が靖国神社に参拝せざりし事に就て問題が起こされしと新聞紙上に報道されしが、右に関し神道革新会の名を以て諸教会に印刷せる書簡を送り意見を求め来たる者あり」。神道革新会なる団体の実態は不詳だが、上智大学宛に脅迫状めいたものを送った団体と共通している。同様の文書がカトリック系の清心高等女学校はもとより、聖公会系の平安高等女学校などにも送付されていることから、プロテスタント系学校にも波及しつつあったと考えられる。[56]

貫民之介牧師は、この質問状への自分の返答として、次のように記している。「事実上宗教たるものの礼拝を其宗教を信奉せざる他人に強要する事は信教自由の憲法に違反す」、キリスト教徒が個人的に参拝するのは自由だとしても、「之を以て他人を律し、又は其個人的行動を他人に要求するが如き事は、決して許さるべからざるものとす」[57]。この見解は、排撃運動の火の手が燃えさかる状況のなかでも、従来の立場を堅持しようとした人物がいたことを示す。しかし、これ以降、全体としては、カトリック系・プロテスタント系を問わず、神社参拝の直接的・間接的強要に明確に反駁した見解は見出しにくくなる。神社参拝をめぐる議論の幅は、急速に狭まっていくことになるのである。

二、崇実学校等排撃運動

日本内地で上智大学の出来事が社会的「事件」とされたのからやや遅れて、朝鮮の平壌でもキリスト教系学校の慰霊祭不参加が「事件」とされる状況が生じていた。

当時平壌には、米国監理派(メソジスト監督教会)に属する光成高等普通学校・正義女子高等普通学校、米国北長老派に属する崇実学校・崇義女学校などが存在した[58]。前者の監理派系の二校は高等普通学校規則に準拠する私立学校であり、後者の長老派系の二校は三一年に専検による指定校としての地位を獲得していた[59]。さらに、やはり米国北長老派の経営になる専門学校として、崇実専門学校も存在していた。

平壌の位置する平安南道は、朝鮮のなかでもキリスト教の影響力が強い地域であった。三・一独立運動(一九一九年)当時の憲兵隊の資料では、崇実学校などの教職員・生徒が大挙して運動に参加したことを指摘し、「耶蘇教学校は平素に於て不穏思想の揺籃たり。今回の騒擾に際しては陰謀場たり策源地たり」と不信感を露骨に表明し、「徹底的監督を期するか、然らずんば断然廃校を命ずるを可とす」と進言している[60]。

一九年当時の日本政府は原敬内閣のもとで対米英協調路線をとっており、「断然廃校」どころか、宣教師の要望に応えて改正私立学校規則(一九一五年)を撤回した。その後も、朝鮮軍は、「不穏思想」を抱く朝鮮人と米国の関係に警戒心を抱き続けていた。「満洲事変」の際に朝鮮軍参謀だった神田正種も、「〔朝鮮統治は〕表面は如何にも治まつて居

図 7–4　朝鮮耶蘇教長老会第 1 回総老会(1907 年)
平壌は米国北長老派の宣教事業において最大の宣教拠点であった.

た様であつたが、之れは臭いものに蓋をしたのであつて、実情は民心険悪、排日拝米思想澎湃としており〔……〕学校の廁には日米開戦を待つと云ふ様な激烈な落書き」があったと回想している。[61]「日米開戦を待つ」と落書きをする朝鮮人と、その落書きにも神経を尖らせざるをえない日本人……。植民地支配に内在する対立関係が、日本と米国の緊張に連動していっそう尖鋭なものとなる構図が存在していた。

平壌における問題のきっかけは、三二年九月一七日、平壌の瑞氣山公園忠魂碑前でおこなわれた戦没兵士の「慰霊祭」である。この式典は、「軍、一般官民有力者、学生児童等の参拝者大広場を埋めて神仏両式により」挙行された。[62]式典の約一週間前、平安南道知事藤原喜蔵は、公立および私立の初等・中等学校の校長を招致し、式典への参列方を指示した。しかし、式典前日にキリスト教信徒の代表が道当局を訪れて、不参列の意向を表明した。おりしも同月九日から一六日まで平壌で朝鮮耶蘇教長老会の総会が開催され、キリスト教系学校の学生が「神社及び諸祭式に参拝することはできない」という決議がなされたところだった。[63]結局、右に挙げた五校を含むキリスト教系学校一一校がこの式典に参加しなかった。上智大学の場合と同様、この出来事がすぐに「事件」とされることはなかった。しかし、一一月になってこの出来事をセンセーショナルに報道する記事が登場した。

『大阪毎日新聞』の「朝鮮版」では一一月九日付紙面で「崇実校はじめ十校に　始末書如何で断然廃校処分　戦没者慰霊祭に不参拝　基督教系学校の奇怪事」と報じている。これ以降、一一月二五日まで連日のように報道を続けた。一五日付の記事は、平壌郷軍〔在郷軍人会〕分会長の発言として、「アメリカ人の経営学校とはいへ、総督府の教育令によつて建てた学校で国体に悖るがごとき教育は断じて許容できない」と語るさまを伝えている。また、匿名の陸軍現役将校の発言として、「外人に少しも遠慮する必要はない」「事《こと》戦友の貴き霊の上におよぶとき我慢できない」と報道している。翌一六日付の記事では、平壌郷軍の正・副分会長が平安南道知事藤原喜蔵に面会して「断乎として排撃」〔傍点引用者〕すべきと意見を述べたうえで、「平壌連隊に上村〔弘文〕中佐を訪ひ会見顛末を報告」したと報道している。在郷軍人の活動が現役軍人の意向を背景にしたものであることがわかる。

一一月二〇日付の紙面では、在郷軍人が、「軟弱」な総督府官僚に詰め寄るありさまを次のように報じている。「慰霊祭に参拝しなかつた聖代の不祥事件は時節柄国民の憤激を買ひ在郷軍人、仏教団その他の団体が一斉に蹶起、各校糾弾の烽火を上げ、一方平南〔平安南道〕知事ならびに総督府学務局の軟弱な態度にあきたらず、厳重処断方を要求するなど非常な雲行きとなつたので学務局でも大いに狼狽」している。上智大学事件では「文部省狼狽」という事態が形作られたが、ここでは朝鮮総督府学務局が「狼狽」となっている。さらに、二三日付記事では「内地でも在郷軍人会本部が動き出し陸軍省を通じて事実の調査を進める」ことになったと事態が平壌から内地へと飛び火していくさまを報じている。報じているというよりも、拡大させようとする動きを記事が作り出しているともいえる。

これと対照的に、朝鮮総督府の「御用新聞」として知られる『京城日報』は、消極的な報道姿勢に終始していた。第一報は、一一月一六日付夕刊の「真相を取調べ中」という短い記事である。その後もほぼ沈黙を守ったうえで、二二日付朝刊で「道より厳重戒飭《かいちょく》〔注意〕」という見出しで「不参拝事件全く解決」と報じている。明らかに、鎮静化を促す報道である。この『京城日報』の記事からやや遅れて、『大阪毎日新聞』の報道も一挙にトーン・ダウンした。すなわち、二五日付記事は「平壌在郷軍人会分会大会席上、この際不参拝十一校を廃校せしめよの硬論も出たが、大勢は当局の処置を不満足ながらも是認し一まづ打切り」と決したと伝えている。翌二六日付のベタ記事を最後として、関連記事は見られなくなる。まさに、ひとまず打切りという様相である。

かくして、平壌におけるキリスト教系学校への排撃運動は、二週間あまりの運動の末に頓挫した。しかし、その経過には重要な問題があらわれている。

第一に、上智大学事件が陸軍省による配属将校引き揚げという行政的措置を重要なモーメントとしたのに対して、平壌の事件の場合は軍の関与は間接的であり、在郷軍人会が排撃の主体として登場している。新聞報道の始まる一一月九日の前日には、平壌郷軍分会の大会が開催されていた。このとき、平壌郷軍分会は瑞氣山上広場で大会を開いたうえで「トラック、自転車、騎馬で府内を大デモ行進」、さらに旅団司令部や府庁の前で「万歳を三唱し、リットン報告書反対の大気勢」をあげたという(64)。内地でも、リットン報告書は「白人の正義」の欺瞞を示すものとして在郷軍人の示威行動を誘発していた。もっとも、帝国在郷軍人会規約で「政治不関与」の原則を定めていたために、「有志」による活動としておこなわれるのが一般的だった。平壌の例のように分会それ自体が政治的活動の主体となるのは、この時期としては異例といってよい。たとえ朝鮮軍全体としての意向ではないとしても、現役軍人中に排撃運動の展開を扇動した者がいると思われる。そのうえで、朝鮮における在郷軍人会——会員は兵役を終えた者だから、当然内地人男性だけであった——は、支配民族としての面子にもかかわって、いっそう鋭敏にリットン報告書に反応し、「アメリカ人の経営学校」に鉾先を向けたと見ることができる。

第二に、排撃運動の標的が米国プロテスタント系の学校だったことと、この排撃運動が不発に終わったこととは関連していると考えられる。内地における上智大学排撃運動の場合には、経営主体たるイエズス会にドイツ人神父が多く含まれていた。ただし、国際政治の舞台においてカトリック教会の利害を代表する役割を担ったのはドイツ政府ではなく、ローマ教皇庁――二九年にムッソリーニとのラテラノ協約により独立国としての地位を認められていた――だった。与しやすいという判断が働いてもおかしくはない。これに対して、米国プロテスタント系学校の場合には、国際問題化した際の交渉相手は米国政府であった。『大阪毎日新聞』における「外人に少しも遠慮する必要はない」という現役将校の発言も、米国人宣教師の関係する問題であるために、軍や朝鮮総督府の内部に「遠慮」の存在したことを言外の内に示唆している。

この点に関連して、三二年当時の朝鮮総督が宇垣一成だった点に留意する必要がある。陸軍の穏健派として英米協調路線を重視していた宇垣は、満洲問題について列国の承認をとりつけるべきと考えていた[65]。リットン調査団報告書が公表されたばかりの微妙な時期だったからこそ、外交政策上の配慮をふまえて、在郷軍人の行動を戒めたのではないかと推定できる。上智大学の事件をめぐって反皇道派系の軍人が部外秘の資料を密かに丹羽幹事のもとに届けていた事実を思い起こしても、宇垣が鎮静化を志向するのは不思議ではない。

第三に、米国人の側でも、平壌における慰霊祭不参列問題の推移を注視していたことを指摘しておきたい。崇実学校等排撃運動のさなか、ソウル駐在米国総領事デービスは、駐日米国大使グルーと米国国務省に対して、『朝鮮日日新聞』のような民間新聞の排撃関係記事をすべて英語に翻訳して送付する一方、御用新聞『京城日報』が事件に対してわずかな言及しかしていないことに注意を促している。そして、九月の出来事が一一月になって突然ぶり返されたのは在郷軍人会によるものという判断を伝えるとともに、それ以上の背後関係は不明として、さらに注視を続けると報告している[66]。

デービスの報告を受けたグルーは、平壌における慰霊祭不参拝問題を、上智大学の出来事と結び付けて対応策を考慮した。一二月一日付の国務長官宛書簡では、「神社での敬礼に対する宗教的異論の問題について、駐日教皇庁使節であるムーニー大司教と、米国聖公会のライフスナイダー主教と話しあった」と記している。そのうえで、神社参拝にかかわる文部次官通牒を翻訳・紹介し、次のように報告している。「この説明は、教皇庁使節と、米国聖公会にとって満足のいくものであった。そこで、わたしは、文部省の説明をソウル駐在総領事に送り、平壌のミッション・スクールに伝達することを求めた」[67]。実際にグルーはデービスに文部次官通牒の翻訳を送り、これで事態は終息するだろうという見解を示していた。もっとも、グルーも今後の成り行きを単純に楽観していたわけではない。平壌の宣教師たちが今後どのような態度をとるのかは不明と記したうえで「朝鮮人自身が日本の神社の前で愛国的な行為をすることに対して異論を表明しているために、状況が複雑になっていることは理解している」と慎重な留保を付け加えてもいる[68]。

ここで、グルーがカトリック教会のムーニー大司教および聖公会のライフスナイダー主教と協議したうえで、自らの見解を定めていることに着目したい。両者ともに米国人だったので、日常的に連絡があったのだろう。加えて、聖公会のライフスナイダーがここに登場するのは、グルー自身が聖公会の信徒だったことと関係していると思われる。たとえば、米国聖公会系の東京三一教会と英国聖公会系の聖アンデレ教会が合同することになった際に、グルーは合同委員会の委員として駐日英国大使クライブとの折衝を担った[69]。聖公会が国教会としての地位を占める英国はもとより、米国においても政府高官の関係者が多かった。グルーにとって宗教に関する問題に関してはライフスナイダーがもっとも近しく、また信頼できる存在だったものと思われる。

その後、グルーは、一貫して神社参拝問題について不介入の態度をとった。たとえば、平壌の崇実学校の校長である宣教師マッキューンが同様の事態が起こらないように朝鮮総督に働きかけてほしいと要請した際には、国務省に次のような見解を伝達している。「わたしは、公式的にも非公式にも、領事館はこの問題にかかわるべきではないと思う。日本人は、おそらくこの問題に関する方針を変えることはないだろう。わたしたちが介入することにより、どのような利益が生じるのかは不明である」[70]。ここで重要なことは、グルーの見解が、「併合」以来の米国の対朝鮮政策の延長線上にあることである。米国は、朝鮮植民地支配それ自体には反対しない態度を貫いてきた[71]。米国の「利益」を優先する立場からすれば、たとえ朝鮮人が異論を表明していたとしても、日本人から妥協を引き出すことの困難な問題への介入は控えるべきという判断に落ち着くのだった。

同じ米国人とはいっても、在平壌の長老派宣教師と、聖公会のライフスナイダー主教の判断には開きがあった。そのうえ、グルーは外交官として米国の国益を優先させる立場から非介入の態度をとろうとした。かくして、三二年の慰霊祭不参拝問題は、日米間の火種となる前に消し止められた。とはいえ、さしあたって問題が先送りされたに過ぎなかった。一方には、総督府の「軟弱な態度」を非難する在郷軍人たちがおり、他方には、神社参拝強要に抵抗しようとする朝鮮の米国人宣教師、そして朝鮮人キリスト教徒がいた。火種は再び容易に燃えさかる状況にあった。

三、大島高等女学校排撃運動

一九三三年夏、いまだ上智大学や暁星中学校の配属将校が引揚げ状態のままの時期に、奄美大島の名瀬に位置する大島高等女学校に対する排撃運動が展開された。

鹿児島と沖縄諸島のあいだに位置する奄美諸島では、一八九〇年代にカトリックの布教が展開されて以降、「切支丹」の伝統を持つ長崎に匹敵するほど多くの信者が誕生していた。一九二二年にフランシスコ会カナダ管区の宣教師モーリス・ベルタンが奄美大島を訪問した際に、地元の信者の要請に応えて女学校の建設を決定し、二四年に私立大島高等女学校を開校した。他方、奄美大島は軍事上の要地でもあった。軍部は二〇年に奄美大島要塞を建設する方針を定め、奄美大島の南方に接する加計呂麻《かけろま》島の安脚場《あんきゃば》などに砲台を着工し始めた。二二年のワシントン海軍軍縮条約の取り決めにより砲台建設は中止したものの、二三年に奄美大島南端の古仁屋に要塞司令部が開設された。

大島高等女学校を標的とする排撃運動については、二九年に前史ともいえる出来事が起きていた。神宮式年遷宮祭に際して、他の多くのカトリック系学校と同様、大島高等女学校は遙拝式をおこなわなかった。これに対して、『大島朝日新聞』社長肥後信夫らが「大島高等女学校を葬るべし」とする決議書を採択したのである。[72]二九年当時、鹿児島県大島支庁長には、民政党系の小林三郎が奄美諸島出身者として初めて就任していた。松田清の研究では、『天城町史』の記述を引用して「小林氏の支庁長就任は、閥関係の強い鹿児島県では全く予想外のことであった。歴代郡長や島司、支庁長は鹿児島本土出身で県庁在職者でないと出来ないものであった」とその画期性を主張している。[73]他方、陸軍省の文書では、この人事について「当時ノ民政党ノ主義政策ヲ謳歌スルト共ニ国際協調主義ニ堕シ軍縮ニ共鳴」と否定的に記し、小林支庁長が大島高等女学校に便宜を与えているとみなしていた。[74]また、排撃運動を主導した『大島朝日新聞』創業者のひとり肥後憲一は、「政友会の党員、政治ブローカー」と称される人物でもあった。[75]この点に着目すれば、二九年の神宮式年遷宮祭をめぐる出来事には、政友会系の人びとが軍部の意向を背景として民政党系の統治体制に揺さぶりをかける意味も存在したと推測される。この時には文部省が鹿児島県を通じて宣教師米川基――日本国籍を取得したカナダ人カリキスト・ジェリナの日本名――を校長から退職させて、主席教諭小田満直を校長とするように「注意」を与えた。こうした事態を前史としたうえで、三三年夏には実際に廃校にまでいたる流れが

図 7–5　大島高等女学校
第 5 回卒業記念アルバムに用いられた写真．フランシスコ会カナダ管区からの補助金により建築され，1928 年 3 月に落成式が行われた．

大阪毎日新聞 西部毎日
南島に漲る愛國の熱情
大島高女排撃の烽火
果然！爆發した
カ教への反撃心
本社鹿児島支局が探知した
事件の全貌を報道
皇道日本精神と
相容れぬ學校
町民大會で宣言決議
事件の端緒は公文書紛失
町當局の失態
鹿児島にあるカ教側契約書
覚書は果して何？
契約書

図 7-6 『大阪毎日　鹿児島沖縄版』1933 年 8 月 29 日付
記事左端中央は大島高等女学校の校舎，その下は名瀬聖心教会．どちらも当時の名瀬では威容を誇る建築物であった．

作り出されることになる。

三三年八月二五日に大島高女を糾弾する町民大会が開催された。この出来事を報じた『大阪毎日新聞』の「鹿児島沖縄版」は、「南島に漲る愛国の熱情　大島高女排撃の烽火」「果然！爆発した　カ教〔カトリック〕への反撃心」〔傍点引用者〕という見出しの記事を掲載した[76]。さしあたって軍部や在郷軍人は表面に登場せず、「奄美国防研究会」を名乗る新聞記者らが中心となったほか、町会議員、高千穂神社宮司、青年団関係者らを主体とする「町民大会」という形式で排撃運動が展開された。また、大島高女がさらなる排撃の口実を与えまいと神社参拝などを実施していたためだろう、「即時廃校」を求める理由は公文書――大島高女の設立にあたって名瀬町とのあいだに交わされた敷地貸与に関する文書――の紛失であった。排撃する側としては適当な口実を欠く状態にあったともいえる。

『カトリック新聞』の記事によれば、名瀬町会で大島高女問題について激論が交わされていたさなかの九月八日、深夜に大島高女を浴衣姿の男が訪れて、「大島高女は廃校になるのだ。今の内、童貞〔修道女〕も帰らぬと打殺すぞ」

と脅迫、翌日にも暴漢による投石がおこなわれた。学校側は警察署に保護を求める一方で、勅語謄本を安全な場所に移すために一時的に修道女室の鍵付きの押し入れに仮置きした。ところが、すぐに学務係が勅語謄本の位置を尋ねてきたので右の事情を答えたところ、サイレンを鳴らした消防車に乗って町会議員らが到着、勅語謄本の仮置き状況を証拠写真として写真師に撮影させた。(77) さらに、町長や新聞記者が次々と押し寄せ、いわば町ぐるみで大島高女関係者を追い詰めていった。

名瀬町会は、九月一六日にカトリック教徒の町会議員久保喜助らの反対を押し切って「公教立大島高等女学校認可取消処分に関する意見書」を多数決で可決、その後、鹿児島県・第六師団・陸軍省・文部省に陳情団を派遣した。文部省に提出した意見書では、教育勅語謄本が「箒、塵取、雑巾、バケツ、洗面器」とともに「炊事係女中部屋」の押し入れに置かれていた写真を貼付して、この事実は同校の教育が「我建国精神ノ根本ヲ破壊スル」ものであるとして、同校の認可取消処分を求めた。(78)

結局、一一月二五日にカトリック鹿児島教区長エジト・ロアが大島高女の廃校願を提出、三四年三月末をもって同校を廃校とした。一方、新たに鹿児島市に聖名高等女学校を開校して行き場を失った生徒たちの受け皿とした。旧大島高等女学校の白亜の二階建ての校舎については、エジト・ロアと鹿児島県のあいだで売買契約が成立し、三五年度から鹿児島県立奄美高等女学校の校舎として用いられることになった。(79) 奄美高等女学校の前身たる名瀬実科高等女学校は、もともと名瀬尋常高等小学校の教室の一部を間借りしている状態であった。(80) したがって、この売買契約により一挙に校舎の「整備」「拡張」がなされたことになる。

文部省として大島高等女学校排撃運動の調査にあたった下村市郎督学官は、町民大会の中心人物は新聞記者等であるとしながら「軍部ノ後援ニヨリテ之等ノ者ガ表面ニ踊リタル」という観察を示している。(81) 当時『大島新聞』主筆だった新《あらた》天嶺も、「邪教排撃運動」と題する文章で大島中学校配属将校らの示唆によるものと記している。さらに新が語るところでは、大島高女が廃校されたのちに信徒が信教の自由を盾として「公然反抗」の態度を示したので、参謀本部・陸軍省・第六師団・奄美大島要塞司令部を縦貫した「撃滅方針」が定められた。奄美大島要塞司令部の角和善助少佐は信徒を集めて、「俺は、カトリック撃滅の特命を承けて、わざわざ大島くんだりまでやつて来たんだから、根こそぎにやつつける。若し理を説いて聴かない者が在つたら、軍機保護上「銃殺」も敢て為る覚悟だ」と脅したという。(82)

三四年中には青年団員による教会焼き打ちなどもおこなわれた末に、三四年末にすべてのカナダ人宣教師が島外退去することになった。その後、あたかも往年の切支丹弾圧のように、カトリック教徒ひとりひとりの改宗状況までもが調査されて、どの村にどれだけ改宗者がいるかという調査結果は陸軍中央に報告された。(83)「軍機保護」のために「銃殺」もあえてする覚悟だという角和少佐の言葉を思い浮かべるならば、カトリック信徒は明白にスパイ予備軍とみなされていたといえる。実際、三四年一〇月に奄美大島北部でおこなわれた「警備演習」では、「戦時内敵」を想定した演習が大規模におこなわれた。演習に際しての想定は「怪しい二人組が旅館に潜伏したために警察が一斉に捜査」「釘をまいて自動車をパンクさせた婦人を逮捕」というものだった。(84)

それにしても、軍はなぜ奄美大島を重視していたのか。ここであらためてワシントン海軍軍縮条約の内容を確認しておく必要がある。同条約は主要な艦船の保有比率を定めたばかりでなく、英・米・日が太平洋に領有する島嶼や「属地」における要塞・海軍根拠地にかかわる現状維持を定めていた。交渉の結果として、英国は香港、米国はフィリピンやグアム、日本は「小笠原諸島、奄美大島、琉球諸島、台湾及澎湖諸島」などをこの範囲に含めることになった。(85)三四年夏、日本政府は海軍艦隊派の声に押されてワシントン海軍軍縮条約廃棄の方針を決定、同年末に米国政府に通告した。条約廃棄の宣言は二年間の猶予期間を経て三六年末に発効することになっていたが、陸軍は三四年四月時点で加計呂麻島の砲台の補修を指示してもいた。(86)同時に澎湖島要塞や小笠原の父島要塞の砲台についても補修を指示しており、条約廃棄を先取りした指示であったことがわかる。軍としては、砲台の補修をめぐる事実が英米に洩れる事態を懸念し、カナダ人宣教師、およびこれに連なるカトリック信徒の言動に神経を尖らせていたものと思われる。

以上のように、奄美大島における排撃運動が過激化するにあたっては、一般の住民のなかにもこれに呼応する土壌が存在したようである。三四年八月に奄美大島要塞司令官に着任した笠《りゅう》蔵次大佐が起草した文章では、カトリック勢力の「跋扈」の原因のひとつとして「信者中教会ノ出資ニテ学校ヲ卒業シ又ハ事業ヲ行ヒ資産ヲ作リ有力者トナリアル者多数アルコト」を挙げている。[87] 奄美諸島の人びとは、沖縄諸島の人びとと同様に二〇年代以来「ソテツ地獄」と呼ばれる経済的破局に直面、内地や「満洲」や「南洋」へとやむをえず移民していく人びとも少なくなかった。圧倒的な貧困のなかで資産ある人びとへの羨望と、その裏返しとしての反感が、軍部に呼応した「大衆運動」を展開する土壌となったと考えられる。

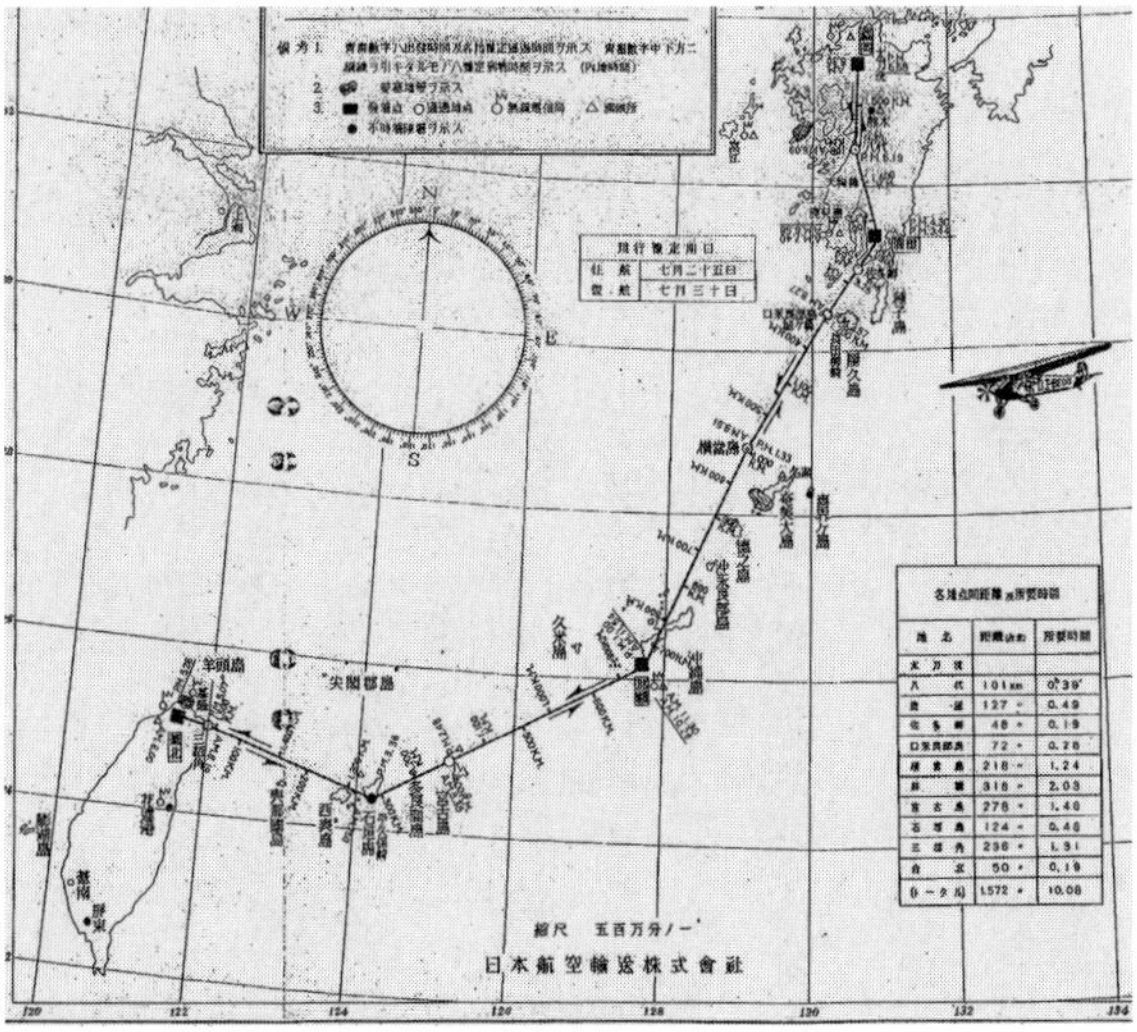

図 7–7　「内地台湾間準備飛行路図」
1934 年に日本航空が福岡大刀洗陸軍飛行場から台北松山飛行場へといたる内台間の航路で準備飛行をおこなった際の飛行路図．鹿児島から奄美大島，沖縄本島，石垣島等を経て台湾にいたるルートが視覚的に示されている．

奄美大島での出来事と同じ時期、沖縄でもカトリック排撃に連なる動きが見られた。

石井虎雄沖縄連隊司令官が三四年一月に「沖縄防備対策」と題する文書を起草して柳川平助陸軍次官

に送付、そのなかで「隣島奄美大島ニ於ケル加特〔カトリック〕教ノ非国家的暗中飛躍」に言及したうえで、沖縄県立第二中学校の教師が生徒を教会に引き入れようとしていたので「非国民的行為ナルヲ痛論正面ヨリ排斥」して辞職を迫ったほか、三三年中に八重山・宮古にカトリック経営の中等学校を設立する計画があったので「支庁及連合分会長ニ内報シテ之カ排撃ノ準備ヲナサシムル一方、新聞ヲシテ大島ノ実情ヲ報道シテ警告ヲ与ヘシメタリ」という。(88) ここで「連合分会」とは在郷軍人会の分会であろう、軍が在郷軍人会や新聞社を操縦して自らの意向を代行させようとしていた事実を明確に示す文言といえる。

上智大学、崇実学校等、大島高等女学校を標的とした排撃運動は、展開過程には異なる側面をはらみながらも、三四年二月に展開される長老教中学排撃運動の重要な前提となる。すなわち、上智大学をめぐる事件は神社参拝問題、崇実学校は植民地における英米勢力への警戒心、大島高等女学校はワシントン海軍軍縮条約廃棄をめぐる軍事的重要性という点において、それぞれに長老教中学排撃運動の伏線という意味を持つことになる。

第三節　台南長老教中学における「不幸な分断」

一、指定校認定への希望的観測

ここであらためて台湾に視点を戻すことにしよう。

一九三〇年から三一年にかけて長老教中学の関係者は基督教教育同盟会を介して文部省の見解を問いただすことにより、局面の打開を図ろうとしていた。その際に、宣教師はあくまでも神社参拝を拒否する立場をとっていた。『台湾教会報』に「神社問題に関する進言」を翻訳・紹介していることから、台湾人信徒の大勢も同様だったと思われる。

ただし、後援会員のなかには、指定校としての地位を獲得するために、神社参拝やむなしと考える見解も存在した。『台湾新民報』三一年八月一日付の記事は長老教中学の指定校問題をとりあげて、「父兄等は、台湾の現状に鑑みて、又現実の利益からして、一日も早く台湾神社参拝の条件を入れて認定を受くべきであると主張してゐる者が多い」と報じている。(89) ここで「台湾の現状」「現実の利益」という言葉で示唆されているのは、「台湾人本位の教育」をおこなうための私立学校が不在だということだろう。非信徒の後援会員が、宗教的な信念にかかわる問題よりも、指定を優先させるのは自然な成り行きだった。

それでは、後援会長だった林茂生は、どのような態度をとっていたのか。蔡培火の日記によれば、右の記事よりも前、三一年四月二一日に長老教中学後援会の理事会が開催された際に、林茂生は次のように語ったという。指定校となるためには神社参拝もやむをえない、もしもそうしなければ今後三〇年間にわたって指定を受けることはできないだろう。ただし、神社参拝をするとしたら宣教師は台湾を退去するだろうから、その場合の対策を考えなくてはならない……。これに対して、蔡自身は、内地の信徒もいまだ神社参拝に反対している、宣教師が退去する事態も絶対に避けるべきだ、日本内地のキリスト教系学校の同情に頼って打開策を模索すべきだと反論し、口論になったという。(90)

この日記の記述の信憑性を確かめるすべはないものの、ありうることではある。キリスト教徒として、林茂生も、神社参拝に対して大きな抵抗感を抱いていたことだろう。だが、後援会長として非信徒の立場も考えるならば、これまで指定校としての地位獲得のために費やした費用と時間とエネルギーのすべてが、神社不参拝という一事のために無期延期のような状態に置かれることは、あまりにも大きな代償とも感じられたことであろう。後援会の集めた寄附金の膨大さは、「台湾人の学校」としての長老教中学に対する期待の大きさを物語るものでもあった。宗教上の立場を優先させる宣教師と対立したとしても、「台湾人の学校」という夢の現実化を優先させるべきだと考えた可能性はある。

もとより、神社参拝をしたならば、「台湾人の学校」としての性格が大きく傷つくと考えてもいただろうし、キリスト教徒としての立場と、台湾人としての立場も、それほど截然と区別できるわけでもなかっただろう。またそうであるがゆえに、神社参拝という要求は林茂生を絶対的なディレンマに落とし込むものであったと思われる。夜になると参拝やむなしと感じたとしても、翌朝になればやはりダメだと思い直すようなことがらであったのではないか。実際、後述するように、三三年段階では神社参拝反対論と思われる主張を展開することになる。

そのうえで、三一年段階で林茂生が神社参拝やむなしと考えていたのが事実だとしたら、それは指定の現実的可能性が高まっていた、あるいは高まっていると思えるような状況が生じていたことと無関係ではないと思われる。長老教中学の教員である王金帯がのちに回想して記した文章では、「昭和六年即ち新民報が日刊紙として許可された頃大場〔鑑次郎〕文教局長は絶大の好意を寄せられた。その時代の阿部〔文夫〕視学官は熱心に折衝を重ね認定まで推進せられようとした」と書かれている。[91] 内地人教員である下地恵榮も、「某局長時代には誰云ふとなく愈々長中〔長老教中学〕は認定確実と噂さが高くなり、(多分新聞記事にも載つた)職員生徒は勿論学校関係者の喜びは一方ではなかつた」と回想している。[92]

阿部文夫の視学官就任は三一年一月、大場鑑次郎の文教局長在任は三一年五月から三二年三月、『台湾新民報』の日刊化許可が三二年一月のことであることから、右の二つの引用の指示する時期も、三一年後半から三二年初頭にかけての時期と考えられる。[93] 第一節で記した通り、三〇年当時、文部省は、基督教教育同盟会を介して提出された長老教中学からの意見書に対して、お茶を濁した対応をしていた。内地のカトリック系の雑誌『聲』では、台湾でキリスト教系学校が総督府の「公認」をえるために神社参拝をしなくてはならない状況が批判的に語られていた。神社参拝にかかわる台湾総督府の対応が突出して厳しいものであることは誰の目にも明らかだった。その認識が内地にも及ぶにつれて、総督府としても、指定校として認めることに前向きな姿勢をとらざるをえなかったと推定できる。

台湾人の立場からするならば、圧倒的に不利な立場からの理不尽な交渉ではあったものの、それでも、妥結する可能性も生じていた。しかし、内地における上智大学排撃運動、大島高等女学校排撃運動の波紋が台湾にまで及ぶなかで、その可能性は閉ざされていくことになる。

二、神社参拝への圧力の高まり

一九三〇年代の台湾においては、学校を通じて神社参拝を迫ろうとする圧力が日増しに高まっていった。そこでは、指定の条件ということにも信仰のいかんにもかかわりなく、神社参拝は「国民」としての当然の義務という空気が醸成されていく。

図 7-8　台南神社
「北白川宮御遺跡所」を前身として 1923 年に創建され，25 年に官幣中社に昇格した．台南長老教中学からは徒歩で 15 分程度の位置にあった．

台南神社の神官である松本頼光によれば、三一年当時、毎月の月次祭には台南市の師範学校、高等女学校、小学校、公学校の生徒七〇〇〇人以上が台南神社の参拝をして、

おほみ心をこころとし
我か高砂のたみくさを
そたて培ひおしなへて
開化の露にうるほせ

という「にぎみたまの唱歌」を斉唱していた。

松本は、こうした歌を歌い、参拝する児童の姿を見て「感極まりて言ふところを知らず」と表現する一方、「或宗教家の家庭に生ひ育ちたる小学生」が月次祭の参拝を欠席したことを「非国民的な言動」と非難している。松本はまた、中学生の参拝は月一回ではなく、年一回だけであ

ることをやり玉に挙げて、中学生も月次祭に参拝させるべきだと論じている。[94] その年一回の参拝すらしない長老教中学は、松本の観点からすれば許し難い存在と映ったことだろう。

それでは、神社参拝は、いつ頃から、どのような行政的圧力のもとになされていたのか。その詳細は不詳であるが、私立学校への対応に関しては台北神学校に残された文書から推定できる。

三二年一〇月一三日――内地で上智大学問題について一斉に報道が始められる前日――には淡水郡役所から台北神学校に対して「台湾神社例祭日団体参拝ニ関スル件」という通牒が出されている。台北神学校に残された通牒類のなかでは、この通牒が神社参拝にかかわる最初の通牒である。

この通牒に添付された総務長官発台北州知事宛の文書では、台湾神社例祭日に学生、生徒、児童の団体参拝は七時半までにおこなうか、九時半以降に参着するように取り計らえと記し、集合場所として「三ノ鳥居前」を指示している。[95] 淡水郡役所は、この通牒を台北神学校に転送したうえで、「右ニ依リ実施相成度」という言葉を付け加えた。これは参拝を実施せよという意味合いともとれるが、参拝するとしたら時間と場所を指示通りにせよという意味合いと解することも可能である。[96] 公立学校についてはすでに慣例化させているので「実施」それ自体を求める必要もない一方、私立学校については事細かに記すと厄介な問題が生じることから、多様な解釈の余地を残す表現を用いたものと思われる。それにしても、こうした通牒を送付すること自体が、大きな圧力を構成することは、当局の側でも自覚していたことであろう。

同年一二月二〇日には台湾総督府文教局長が「宗教系団体経営学校ノ神社其ノ他不参拝ニ関スル件」という通牒を発した。[97] この通牒は、上智大学・崇実学校等をめぐる出来事の波紋が台湾にも及んだ筋道を具体的に示すものとして重要である。

この通牒の本文は、文教局長安武直夫が州知事・庁長に宛てて、表題の件について拓務省管理局長が通知してきたしている。

ので「参考迄」送付するという短いものである。しかし、「別紙」の構成は複雑であるうえに、重大な事態を指し示している。

「別紙」の内容を日付順に述べれば、次の通りである。

三二年一一月一七日、朝鮮総督府学務局長が、文部省宗教局長に次のような照会文書を送付した。「基督系団体経営ノ学校ニシテ神社或ハ戦没将士ノ追悼祭等ニ関シ、宗教ノ教理ニ悖ルモノトナシテ学生生徒ノ参拝ヲ阻止シ、又ハ学生生徒自ラ参拝ヲナサザルヲ放任セル事実有之候ハバ、其ノ実情並ニ之ニ対スル取扱ノ御方針等ニ就キ御内意承ハリ度」。そのうえで、至急回答せよと付け加えている。時期的に考えて、平壌における慰霊祭不参列問題にかかわって起案された照会と考えられる。この前々日には平壌郷軍分会長がキリスト教系学校を「断乎として排撃」すべきという意見を知事に告げたところだった。

一一月二二日付の文部省回答は、上智大学の事件に言及したうえで文部次官通牒を掲載し、さらにシャンボン大司教がこの通牒を受けてカトリック関係の各学校に対して神社参拝すべき旨を通知したと文部省に報告した文書を添付している。このように文部省が公式のルートを介して朝鮮総督府に文部次官通牒の内容を通知したことは、上智大学方式での「解決」を勧奨する意味合いを備えていたと考えられる。朝鮮総督府の側でも、それを求めていたのであろう。文部省の回答の出されたのと同じ日、平壌での出来事はいったん鎮静化した。

次に、内地から台湾への通知である。拓務省は、以上のような朝鮮総督府と文部省のやりとりを一二月八日付で台湾総督府文教局長安武直夫に通知した。さらに同月二〇日に安武文教局長がこれを台湾の州知事・庁長に移牒したわけである。文部次官通牒をめぐるカトリック教会の妥協が、いわば「例規」としての規範性を備えるにいたったとみなすことができる。以上が「別紙」を含む通牒の構成である。

この通牒の翌月、台湾神職会の機関誌『敬慎』三三年一月号には、次のような巻頭言が掲載された。

「最近宗教上の理由から、靖国神社参拝を拒否したる宗教大学があつた」。この「宗教大学」の関係者は文部次官通牒により神社参拝をしたが、今でも「信教の自由」を持ち出すという「憐れむべき謬想」に陥っている。そもそも「日本の神道が所謂宗教に属するものであるといふことに対しては毫も疑を挿まぬ」ことである。「然らばとて、信教自由の立前から神社参拝は国民各自の自由たるべきものなりとする意見には絶対に承服する能はざる」ものである。(98)

この巻頭言の最後には「加村」という署名が付されているので、当時文教局属だった加村政治によって記されたものと思われる。ここに示された解釈は、文部次官通牒の内容を踏み越えるものだった。神社神道が宗教であるということを明言したうえで、神社参拝を求めているからである。全国神職会の機関誌『皇国時報』に掲載された東京府神職会作成のパンフレットと同様、信教自由の原理を正面から否定する論といってよい。

同じ三三年一月には、建国祭の実施にかかわる通牒が台北神学校に送付された。建国祭とは、二六年に赤尾敏らの右翼人士が当時の東京警備司令部参謀長秦真次や元東京市長永田秀次郎などの支持をえて始めたものであり、「紀元節」たる二月一一日に「日本建国の理想」の発揚を訴えて大規模な集会、街頭パレード、夜の行事などをおこなっていた。行政主導の国家的行事だったものの、歌舞音曲をともなう「民衆的」イベントたることを標榜する点に特徴があった。(99) 三三年一月の台湾総督府内務局長発の通牒では、「島民ノ国民的自覚ヲ旺盛ニシ挙国一致愛国奉仕ノ赤誠ヲ熾烈ナラシムル」ために、例年に比していっそう盛大に建国祭を祝う必要があると述べたうえで、「建国祭実施要領」で「建国祭式次ニハ国旗掲揚、君ガ代合唱、伊勢神宮及宮城遙拝、主催者式辞及大日本帝国万歳三唱ヲ加フルコト」と記している。(100)

ここで「国旗掲揚」「君ガ代合唱」と並んで「伊勢神宮及宮城遙拝」を求めているのは注目に値しよう。しかも、台北州は、期限を指定して実際にどのような行事をおこなったかを報告することを求めた。これに対して、台北神学校は二月二五日付で回答し、「国旗掲揚、君ガ代合唱、遙拝、万歳三唱、司会者デックソン氏ニヨリ「建国祭ニツイテ」ノ講話、賛美歌合唱、祝禱等」をおこなったと回報している。[101]「遙拝」とは記しているものの、何に対する「遙拝」であるかを明確化していない。そこに「伊勢神宮及宮城遙拝」という要求への戸惑い、あるいは消極的な抵抗を見出すことができよう。なお、「万歳三唱」についても、何に対する万歳かは、明記していない。

三三年五月には、総務長官平塚広義が国際連盟脱退にかかわる訓辞をおこなうにあたり「神社ノ崇敬」という論題をとりあげ、神社参拝を「勧奨」し、神宮大麻の「拝戴」を奨めることにより、「島民」に「敬神崇祖ノ念」を植え付け、知らず知らずのうちに「国民精神」を培うべきだと述べている。[102] 神宮大麻とは、伊勢神宮で歳末に頒布するお札である。総督府は、これを台湾人に購入させる運動を組織的に展開し始めた。同年一一月一日には初めて総督府正庁で大麻頒布にかかわる「奉告祭」がおこなわれた。この「奉告祭」の式次第の最初の部分を記すと次のようになる。

図 7–9　台北神学校

Oxford College の後身．1934 年度の時点で校長はディクソン，ほかに教師はカナダ人宣教師 4 名，台湾人 3 名，内地人 1 名．生徒は台湾人 12 名だった．中央の鐘楼にはユニオン・ジャックが翻っている．その右側は初代宣教師マカイ，左側はゴールドの顔写真．

時刻来賓頒布員係員著席
次斎主以下祭員著席
次修祓《しゅうふつ》　受祓者起立磬折《けいせつ》
次斎主降神ヲ奉仕ス　警蹕《けいひつ》　一同起立磬折
次大麻及暦ヲ奉安ス
次陪膳以下神饌《しんせん》ヲ供ス
次斎主祝詞ヲ奏ス　一同起磬《ママ》折
次斎主玉串ヲ奉リテ拝礼

『広辞苑』(第六版)によれば、磬折は「立ったままで腰を前方に折り曲げる敬礼」であり、警蹕は「天皇または貴人の出入り、神事の時などに、先払いが声をかけて、あたりをいましめること」であり、神饌は「神に供える飲食物」である。明確に神道式の儀式であることがわかる。

台北神学校校務文書には、この「奉告祭」について、右の式次第を記したうえで、淡水郡守田中国一が参加を呼びかけた文書が残されている。この文書は、「拝啓」で始まり「敬具」で終わる。すなわち、「私信」という形式を取っている。文書番号も記されていない。本文の内容は、「御多用中恐縮ニ候へ共、御参列被下度、御案内申上候」という慇懃なものだった。もとより回答の期限を定めてはいない。(103)「私信」という形式は、明確に神道的な儀式にキリスト教系私立学校の関係者を組み込むことへの躊躇を表現しつつ、しかし、なんとか参加させようとする意思をあらわすものと考えられる。行政が主体となってこのように神道的な儀式をおこなうこと自体、新しい局面の到来を告げるものであった。

三、「軍国主義的ナショナリズム」への恐怖

台北神学校に寄せられていたのと同様の圧力は、長老教中学に対しても及ぼされていたものと思われる。もはや指定校という文脈を抜きにしても、神社参拝をおこなわずにいることは困難な状況が生まれていた。それに加えて、内地キリスト教界が神社参拝への抵抗を解除していったことが、長老教中学関係者をさらに困難な立場に追い込むことになった。

上智大学問題をめぐってセンセーショナルな報道が続けられていたさなかの一九三二年一〇月二七日、内地の基督教教育同盟会は理事会を開催した。

この理事会では上智大学事件を議題としてとりあげて、次のように記している。本件について下村寿一宗教局長の

見解をただしたところ「学生の神社参拝は全く国民道徳の目的達成手段と解する」ということだったので、同盟会として「文部省の方針を承認する事を申合す」ことを決定した。[104] おそらく同盟会の理事たちは、排撃の鉾先がカトリック教会に向かっているうちに恭順の意を示すことにより、プロテスタント系教会にも鉾先が及ぶ事態を避けようとしたのだろう。翌三三年四月の理事会では「長老教中学より学生の神社参拝問題に関する本会の公定意見問合せの件」を議題としてとりあげた。会議の結果、同盟会として文部省の方針を承認するという理事会の決定を長老教中学に送付することになった。わずかな留保が見られるのは、ホーリネス派が神社参拝に反対意見を持っていることを附帯的に報告している点だけであった。[105] 内地のキリスト教の教派のなかには抵抗の姿勢を保持している人びともいる、しかし、同盟会としてはそのような対応に責任はとれない、という意思が示されたことになる。

日本基督教連盟も、三三年一一月開催の総会において同様の方針を決定した。連盟の神社問題調査委員会委員長田川大吉郎は、次のように「神社問題に関する報告」をおこなった。

第一、三〇年に神社制度調査会に提出した進言書については進展がなく、神社が宗教か否かという問題は明白な決着にはいたっていない。第二、文部省は「教育上之を全く宗教圏外に置いて取扱はるる事」を声明しているので、キリスト教系学校から方針を尋ねられた場合には、文部省の解釈に同意する旨を回答していること。第三に、神社について祭神を明示し、不明なものは「整理」すべきを要求すること。第四に、「昨年来上智大学に於て、又近頃美濃ミッションに於て、神社参拝に関し問題を惹起したる事あり、大要その顚末を調査したるも、別に積極的に動くほどの途を見出さず、尚その成り往きを静観しつつあり」ということ。[106]

三〇年に提出した進言書に比するならば、神社参拝の直接的・間接的な強要に反対するスタンスが大きく後退していることがわかる。

第四項に上智大学とならんでとりあげられている美濃ミッションとは、米国人宣教師ワイドナーが主宰、米国に本部をもたない独立ミッションとして岐阜県大垣市に創設、聖書学校・幼稚園などを経営していたものである。[107] 二九年には美濃ミッション所属の児童の神社不参拝、三三年には伊勢神宮「参宮旅行」への参加を拒否したことが「事件」とされた。結局、八月に児童三名は出席停止処分とされ、三四年一月に幼稚園が閉鎖された。

奥平康弘の研究では、美濃ミッション事件に触れて、ワイドナーの対応に信教の自由にかかわる「権利意識の強さ」を見出すとともに、日本における教会関係の諸個人の多くが首をすくめ、「これは私たちの問題ではない」〔傍点奥平〕とみなしたことの問題性を指摘している。[108] そのことを確認したうえで、「成り往きを静観」という表現は、単に他人事とみなしていたということではないのではないかという解釈を提示しておきたい。この表現はむしろ、聖書で囚えられたイエスのことをペトロが「知らない」と否定した時のように、燃えさかる焔のなかにある対象と自らが地続きであるために延焼してしまうことへの恐怖心を物語るように思われる。

長老教中学関係者からするならば、右のような事態は、内地キリスト教界と協力しながら神社参拝をめぐる不当な圧力をはね返していく可能性が狭められたことを意味した。

三三年四月、神社参拝問題にかかわる基督教教育同盟会の回答が長老教中学に伝えられた。五月一二日、長老教中学理事会が開催された。[109] この理事会では、神社参拝はもっぱら愛国心を表明するものだという文部省の見解、および基督教教育同盟会がこの見解を受容した事実を考慮に入れたうえで、神社参拝の可否について再考することを台南宣教師会議に求めた。[110] このあと、バンドは休暇で英国に帰国、シングルトンが校長代理となった。シングルトンは、ロンドンの宣教本部への報告において、神社参拝に関する意見は真っ二つに割れていると記しながら、この「軍国主義的ナショナリズム」の風潮のもとで三〇年に日本基督教連盟が中心になって起草した進言書以上の見解をえるのは難しいだろうと記している。[111]

九月一九日、同盟会や連盟の見解をふまえて、宣教師会議で神社参拝問題について方針を定めることになった。激論の末、賛成九、反対二、棄権二で理事会に神社参拝を薦めることを決議した。[112] この決議は、三一年一月の神社不参拝の決定を覆したものであった。多数派の意見を本部に伝えたガルトは、賛成の理由として、日本基督教連盟・基督教教育同盟会が神社参拝を国民道徳の実践に過ぎないものとして受容すべき旨を書簡で伝えてきたことを挙げている。さらに、生徒たちは神社において敬意を表す敬礼 bow in respect を求められるだけであり、宗教的な意味を持つ行為は要求されないと付け加え、ウェストミンスター寺院での国家的典礼 state service に非キリスト教徒の官僚が参加することを求められるのと変わらないと論じている。[113]

三二年以降、総督府があらゆる学校に対して神社参拝を求める圧力を高めたこと以上に、内地キリスト教界の屈従は長老教中学をめぐる動向に決定的な影響を与えたように思われる。右の宣教師の論にしても、真に納得してという内容ではない。三一年の宣教師会議ではお守りやお祓いなど宗教的な行為が存在する以上、神社参拝はできないとかつて決議していたわけだが、こうした宗教的行為それ自体は何のかわりもなく存続していた。それでは、なぜ態度を変えたのか。三〇年の時点でバンドが恐怖に打ち克って宗教的自由の原則のもとに結束すべきと論じていたことを思い起こしても、恐怖心が内地キリスト教界をとらえ、さらに台湾の宣教師にも及んだと見るべきだろう。それは、「軍国主義的ナショナリズム」の風潮のもとで、一体、なにが生じるかわからない、という恐怖心でもあったことだろう。以下に記す通り、この恐怖心を克服して不条理な要求への抵抗の姿勢を貫こうとする者も存在した。

四、「不正」に抗する良心

一九三三年九月の宣教師会議で反対意見を表明したのは、シングルトンとマックラウドである。シングルトンは、宣教師会議の議事録とは別便で「神社参拝反対論」Objections to Shrine Attendance と題する意見書をロンドンの本部に送った。意見書の冒頭では、「今日の状況で神社参拝問題について率直な意見を表明することは台湾人教会に所属する者にとって危険を犯すことになる」として、次のように記している。[114]

> 神社参拝を拒絶したら学校が閉鎖されると怖れる者もいるが、これまでそのような前例はない。指定校に対して指定を取り消すという脅しがなされたことはあるものの、わたしたちの学校はいまだ指定校ではないので関係がない。神社の宗教的性格は、台南神社の神官が能久親王の神霊 spirit について語っている以上、明白である。さらに、台湾の特殊事情がある。

図 7–10　レスリー・シングルトン

> 現地の台湾人は、〔神社参拝を〕祖先崇拝とあまり変わらないものとみなしている。東洋で福音宣教に従事したものは、祖先崇拝が多くの大衆にとってキリスト教の信仰を受け容れる際の大きな障害の一つであることを知っている。神社参拝問題について妥協することは、福音への情熱、ゆるぎない信仰、台湾基督教会の成長を大きく傷つけることを意味する。そうなったとしたら、わたしたちの立場は中立的でもなく、非自発的な黙従でもなくなる。台湾における人口の九〇パーセントは日本内地における人びとと同じような歴史的背景を持っていないことも思い起こされるべきである。

多数派の賛成論が、神社参拝問題をめぐる内地キリスト教界の対応を規範として、それに従おうとするものであったのに対して、ここでは第一義的に台湾人としての立場が考慮されている。

若干の解釈を交えて、シングルトンのいわんとするところを敷衍すると次のようになろう。

台湾人信徒は、これまで祖先崇拝を「迷信」「偶像崇拝」として否定してきた。それにもかかわらず、ここで多くの台湾人信徒が祖先崇拝と変わらないとみなしている神社参拝を認めたならば従来の態度と齟齬をきたし、宣教師としての、内的な一貫性を失ってしまうことになる。しかも、信徒ばかりでなく非信徒の台湾人についても日本人と歴史的な伝統を異にする以上、それは民間信仰と疎遠な、征服者の宗教にほかならない。内地キリスト教界の見解に追随して神社参拝を容認するのはおかしい。日本人と台湾人のあいだの厳しい対立関係のなかで宣教師は中立的であるべきだ。総督府の要求に従わざるをえない場合でも、せめて「非自発的な黙従」であるべきだ。それにもかかわらず、ここで神社参拝を認めてしまうならば、日本人による統治政策に積極的に手を貸すことになってしまう。

さらに、シングルトンは、次のように論を展開する。

文部省は、神社は国民道徳養成の場だという見解を示したが、神社の管轄は文部省ではなく内務省である。内務省はそのような見解を公に示していない。さらに、神社制度調査会も結局、神社が宗教であるか否かという点について明確な結論に達することはできなかった。したがって、宗教的な要素が神社から取り除かれたとみなすことはできない。今のままの状況ですべての生徒と教員に強制的に神社参拝をさせるならば、三一年五月二六日の宣教師会議の合意、すなわち「学校のなかで部分的に、また自発的に神社参拝をすることは、生徒のなかにも教員のなかにも同様に不幸な分断と不快な区分を持ち込み、学校の共同生活を傷つけ、キリスト教の確かな原理の証言者という立場を弱めることになる」という合意に背くことになる。そして、「そのことは、明治天皇の詔勅により認められ、大日本帝国憲法の一部である信教の自由を否定するものともなる」。

右の論から、神社参拝をめぐる法制的な枠組みについて、シングルトンはかなり正確な情報を取得していたことがわかる。内務省が「神社神道は宗教ではない」ことを明言して祈禱やお守りなど宗教的要素を取り除かせたわけではない以上、上智大学事件にかかわる文部次官通牒を過大に評価すべきでないことは正確に認識されていた。最後に信教自由の原理に言及するにあたり、教員としてすべての生徒に神社参拝を強いることの問題性を自覚している点も着目される。神社参拝は、その宗教的な性格に曖昧さをはらむからこそ、その是非をめぐって学校という空間のなかに「不幸な分断」を持ち込むことになる。それが問題の核心だった。

書き出し部分で台湾人にとって神社参拝について率直な見解を示すことは「危険を犯す」ことだと記している点に着目するならば、台湾人としての立場を強調したこのシングルトンの意見書は、台湾人との討議を経て、なかば彼らの意向を代弁する形で記されたものとも考えられる。

それでは、台湾人はどのような見解を抱いていたのか。次章で述べる通り、長老教中学理事会を構成する宣教師、南部中会、後援会という三つのグループのなかで、少なくとも三四年にいたるまで南部中会は神社参拝を容認していなかった。その中心人物は、財団法人設立以来、一貫して理事の役職にあった黄俟命と思われる。

息子黄彰輝の回想によれば、「父は、神社参拝問題をめぐる論争に巻き込まれて、神社参拝問題をめぐる論争の中核に位置した「天皇崇拝」emperor worship に強く反対していた」という。[115] ここで黄彰輝の父黄俟命が、神社参拝に反対したばかりでなく、「天皇崇拝」に反対していたことは着目してよい。宣教師たるバンドが気にかけていたのは、もっぱら神社にまつわる宗教的な要素だった。これに対して、黄俟命の場合は、神社参拝という行為をめぐる問題性の核心を「天皇崇拝」に求めていたことになる。たとえば「君ガ代合唱」や「宮城遙拝」や「大日本帝国万歳三唱」は、宗教的行為ではないとしても、天皇崇拝に連なる行為であった。そうした違いに着目するならば、この違いは大きい。神社参拝のみならず、いわば国家的宗教としての天皇崇拝に「帰一」する「日本人」への同化を求める実践は、総体として受け容れられないという思いがあったものと推測される。

それでは、林茂生は、どのような態度をとっていたのか。黄俟命と同様に財団法人台南長老教中学成立時から一貫して理事の立場にあった林茂生は、三三年には台湾人として初めて理事会長に就任していた。[116] 三一年の時点で林茂生が神社参拝容認論に傾いていたと思われることはすでに指摘した。しかしこの三三年時点では、林茂生は黄俟命と同様のスタンスを保持していたようである。そのことは、三二年六月から三三年一〇月にかけて「基督教文明史観」というタイトルで『台湾教会公報』に連載した文章からうかがうことができる。

この文章では、キリスト教が「一神教」であるのに対して、小乗仏教、中国の道教、日本の「古神道」など東洋における宗教は「多神教」であると述べる。これだけでは一般的な比較宗教学的な議論を展開しているように思えるものの、林茂生のねらいは、このように「学問的」な議論の相貌をもたせながら、キリスト教における「良心」の問題を提起することにあったように思われる。特に着目されるのは「贖罪観念」を焦点として、次のような対比を展開していることである。

キリスト教の贖罪意識は、古神道とも大乗仏教とも儒教とも異なる。古神道では祭祀の最初にお祓いをする。清気を保つというのは一種の贖罪の表現である。儒教では人民が罪を犯せば自然災害というような形で譴責があらわれるとして、天子が百姓の願いを体して祭祀をおこなうことになっている。仏教では因果律が贖罪意識の表現であり、出家修行することで罪を贖うことができるとされる。これらいずれも精神的な贖罪観であり、お賽銭を払えば鬼を追い払うことができるという黄金万能主義的な贖罪観とは異なる。

キリスト教の贖罪観の特色は、仲保――神学者ブルンナーが用いた用語で「媒介者」の意――にある。儒教においても天子という仲保がいる。ただし、儒教の贖罪観は一時的なもので、国家にかかわるものであるために、天下が太平ならば反省も生じないのではないかという疑問を抱かせる。これに対して、イエスという仲保による罪の赦しを説くキリスト教の贖罪観は、個人の罪にかかわっており、人の良心を呼び起こすものである。イエスを仲保とするからこそ罪の赦しという歓びがあり、この歓びがあるからこそ良心が解き放たれて、気力が漲り、艱難辛苦を乗り越えようとする意思が生じる。台湾語には「天良」という言葉がある。教育の程度の深浅にかかわらず、この天良によって正義と不正の分別が可能となるのだ。(117)

この文章は、第一段階では「黄金万能主義的」な民間信仰と古神道・仏教・儒教について論じたうえで、第二段階ではもっぱら儒教との対比でキリスト教の独自性を論じるという論理構造となっている。神道とキリスト教を直接対比するような論は慎重に避けているものの、全体としてみれば、古神道・仏教・儒教とキリスト教を対比したうえで、キリスト教におけるイエスを媒介とした罪の赦しの観念の重要性、罪の赦しによって呼び起こされる良心の大切さを説くものとなっている。三三年夏という神社参拝への圧力がかつてなく高まっていた時期に、あえて神道の評価という当時燃えさかっていたイッシューに入り込みながら「天良によって正義と不正の分別が可能となる」と述べている以上、この場合の「不正」という言葉は神社参拝にかかわる圧力を言外の内に示唆するものと解釈できる。

なぜ「不正」なのか。林茂生が長老教中学をめぐる寄附金募集運動を始めた当初、指定校となるための条件のなかに、神社参拝は含まれていなかった。もしも当初から指定に必要な条件として提示されていたならば、あえて指定を求めない選択肢もありえただろうし、非信徒との提携のあり方も異なった展開を見せたはずである。運動の展開のさなかに、しかも、一〇万円に及ぶ基本財産の蓄積など他の条件をようやくほぼクリアできた局面で新たな条件として提示されたからこそ、学校関係者は戸惑いのなかで対立せざるをえなかった。それは、まさに恣意的権力の行使であり、「法的」形式の暴力という意味を持っていた。さらに、もしも信仰上の理由などから参拝を拒否する、あるいはためらう生徒を罰するとしたら、本人が望みもしない規範を外側から押しつけることになる。それは、林茂生が学位論文において人格を崩壊させる可能性のあることがらとして斥けたことであった。右の文章でも、「天良」について述べたくだりで「精神分析学派」の心理学に言及して、自らの願いを無意識の奥底に抑圧し続けるならばついには「発狂」にいたるとして、天良を解き放つことの大切さを説いている。

黄俟命による抵抗の対象が「天皇崇拝」という言葉で語られていたことに対応するように、林茂生もまた、単に神社参拝が宗教的行為だからという理由で反対していたのではない。神社参拝を強要することは「不正」であり、良心に反することだから抵抗すべきなのだという論理構造になっている。キリスト教の信仰はこの良心の働きを強め、解き放つものではあるものの、天然の良心それ自体はキリスト教の信仰を持つか否かにかかわらず、すべての人に自然に備わっているものとみなしていた。三三年一〇月というクリティカルな局面で、良心に従った行動の重要さを説く文章の意図するところは、多くの学校関係者にとって自明だったと思われる。

右の解釈が正しいとして、なぜ三三年時点で反対論に転じたのかという問題が残ろう。そこには、上智大学事件に端を発する一連の事態が影響していたと考えられる。軍部という主体が登場するに及んで、神社参拝は、指定校制度をめぐる総督府との交渉の手段ですらなく、「敵弾に斃れたる忠勇の霊」を祀るための義務的行為であり、自らの内心にかかわりなく排撃される恐怖につき動かされて実施すべきこととなりつつあった。神社参拝をすることは、とりもなおさず国家的宗教への恭順を示すものであり、さらには日本軍が中国大陸でおこなっている戦争への協力を誓うことでもあった。惨たる状況を前にして、もはや総督府との交渉による指定の獲得に望みをつなぐことよりも、「不正」な暴力に抗する良心において団結することの必要性を意識したのではないかと思われる。

他方、三一年の時点で神社参拝容認論を批判していた蔡培火は、この時点ではむしろやむをえないとする立場に転じていたようである。そのことは、日記で林茂生について「無謀な良心」を振りかざすと批判している点からうかがわれる。[118]これも、かならずしも不思議なことではない。蔡培火は一貫して内地キリスト教界との連携に望みをつないでいたからである。内地キリスト教界が屈従し、宣教師の大多数もそれに従うことになった以上、「良心」をかざして「不正」に抗しようとする試みは「無謀」ということになろう。

かくして、神社参拝をめぐる理不尽な圧力にさらされる状況のなか、学校内部における「不幸な分断」はすでに現実のものとなりつつあった。しかも、それは英国人宣教師、台湾人キリスト教徒、台湾人後援会員という立場に応じた対立をもたらしたばかりではなく、英国人宣教師のあいだにも、台湾人のあいだにも鋭い亀裂を生みだしていた。

三三年一〇月二八日の台南神社例祭日には学校単位で神社参拝をおこなうことはなく、ただ何人かの教師と生徒が自らの意思で「敬意を払いに」行ったという。[119]他方、行政の側では、翌三四年二月の建国祭にかかわる通牒において

「神社参拝遙拝神棚設置ノ徹底等ニ依リ大ニ敬神観念ヲ高調スルコト」と定めた(120)。ここでは明確に「神社参拝遙拝」の実施を求めており、三三年の建国祭で伊勢神宮と宮城への「遙拝」を求めていたのに比しても、より踏み込んだ内容となっている。すでに一触即発ともいうべき局面を迎えていた。

おわりに――上智大学事件がもたらしたもの

一九三〇年前後の時期、バンドが台南長老教中学の校長として内地キリスト教界と連絡をとることにより、台湾における神社参拝をめぐる特殊な状況は、台湾かぎりの問題を越えて拡大しつつあった。内地キリスト教界全体としても神社参拝の直接的・間接的な強要に対して抵抗しようとする動きが繰り広げられていた。そのことを考えれば、打開の糸口がないわけではなかった。長老教中学が指定校としての地位を獲得できるのではないかという希望的観測も、三一年から三二年にかけての時期には生じていた。

しかし、上智大学事件とこれに続く事態は、そうした可能性をかっちりと閉ざすことになった。神社参拝にあくまでも抵抗しようとする人びとは少数派となり、理事会のなかにすら「不幸な分断」が生じるようになっていた。いわば台湾で生じた出来事の波頭が内地に押し寄せ、その波が内地や朝鮮の各所で大きな泡しぶきをあげながら、さらに大きな波となって台湾に打ち返していったような流れを見出すことができる。

それぞれの事件の展開には、相違も存在した。この点にかかわってポイントとなることがらを整理しておくならば、次のようになる。

第一に、荒木貞夫、柳川平助のような皇道派系の軍人の意向が、上智大学をめぐる出来事の拡大にあたって重要な位置を占めたと考えられる。他方、三二年当時の朝鮮総督宇垣一成は反皇道派のリーダーだった。本書第一〇章で述べる通り、三五年以降の朝鮮における事態の展開を考えても、宇垣が神社参拝そのものに反対だったとは考えられない。しかし、「事件」を起こす時機や追及の程度に関して、微妙な判断の相違が存在した可能性が強い。朝鮮では宇垣が総督だったために排撃運動を抑え込むことが可能だったのに対して、内地では文部行政に対する軍の容喙を抑えることは困難だった。

第二に、なぜ、カトリックが排撃の対象とされたのか。カトリック教会に内在する要因として、総じて外国人宣教師の影響力が強かったこと、儀式的行為に関しては厳格であり、神社参拝を禁じる方針を中央集権的な教会組織を通じて浸透させる体制を備えていたことが考えられる。しかし、より重要なのは外交的配慮に基づく抑制が働きにくかったという外的要因であろう。カトリック系学校に関して外交交渉の相手となるのは、ローマ教皇庁だった。米国や英国に対する場合と比較して、外交政策上のリスクは小さいという判断が働いたとしても不思議ではない。

第三に、排撃運動の展開過程で新聞報道が火に油を注ぐ役割を果たした。この点は共通するものの、軍部による介入の手法は異なっていた。上智大学・暁星中学校のような内地の男子向け教育機関の場合には、配属将校の引揚げという行政的措置を通じて軍部が直接的な影響力を及ぼすことも可能だった。しかし、植民地の学校や女学校に対しては、徴兵上の「特典」と無関係であるためにこうした手法を用いることはできなかった。そのためであろう、平壌では在郷軍人会が運動の前面に立ち、奄美大島では町民大会のような「大衆運動」の形式がとられた。ただし、大島高女の事例において、軍部の意向に唱和した人びとのなかにもそれぞれの動機があり、軍部に依存する方向で自分たちの生活の「救済」を求めようとする心情が存在したものと思われる。本書ではこの点について立ち入ることはできなかったものの、すべてを軍部の意向に帰せるわけではないことも確認しておきたい。

第四に、満洲事変以後、神社参拝の是非は、戦争遂行のために「身命を捧げた」人びとを祀り、そのことにより戦争を聖化する儀式という性格を強めた。内地のキリスト教界がほぼ屈服した状況のなか、長老教中学ではシングルトンが、神社参拝を認めたならば宣教師の立場は総督府への「非自発的な黙従」ですらなくなってしまうと論じて、内地キリスト教界に追随しようとする態度を批判した。黄俟命は「天皇崇拝」に反対する必要を語り、林茂生は「不正」に抗する良心の重要性について説いた。これらの論は、単にキリスト教徒として「偶像崇拝」を排するという次元にとどまらず、征服者の信奉する国家的宗教の暴力性を、それぞれの言葉で表現したものといえる。

三四年初頭には長老教中学を標的とした排撃運動が、いつ生じてもおかしくはない状況が形成されていた。ただし、可能性はあくまでも可能性にとどまる。排撃運動の可能性を現実へと転化していったのは、長老教中学というコンタクト・ゾーンの内部に組み込まれた緊張関係であった。

第八章　台南長老教中学排撃運動

――自治的空間の圧殺（一九三四年）

本章では、一九三四年二月から五月にかけて展開された台南長老教中学排撃運動のプロセスを追うことにする。排撃運動の発端は、理事会による内地人教頭上村一仁の解職だった。上村が、自らの解職を神社参拝と結びつけたことが、「事件」の火種となった。三二年の平壌の出来事のように、この火種を初期段階で消火する可能性もあるはずだった。しかし、三四年の台南では、異なる展開となった。乾燥しきった空気のなかに引火しやすい燃料が山積みされているような状況のもとでこの火種はすぐに大きな炎となり、さらにこの炎を激しく燃え上がらせようと煽る力が強く働くことになった。

点火の燃料となったのは、教員集団内部の緊張関係だった。前章で述べた通り、長老教中学では、宣教師の内部、台湾人支持者の内部でも、神社参拝を実施するか否かをめぐって鋭い緊張が生じていた。さらに教員集団のなかでは内地人が半分近くを占めており、次第に発言権を増大させていた。この点は、長老教中学における林茂生の立場の変化とも連関していた。一九一六年から教頭職にあった林茂生の渡米にともなって、教頭職は二七年度―三〇年度は越石乙次郎、三一年度以降は上村一仁というように内地人教員に移っていた。(1) 他方、林茂生は、台南高等商業学校の廃校のために台北高等商業学校台南分教場の主事となり、三〇年四月にこの分教場が廃止されると台北高商教授として台北に赴任した。この時に長老教中学の教務嘱託の兼任が総督府に認められなかったためだろう、長老教中学関係の肩書きは単に「設立者」となった。翌三一年四月に台南高等工業学校が新設されたのちは台南に戻り、長老教中学の「設立者兼教務嘱託」となった。(2) 理事会では林茂生が台湾人として初めて理事会長に就任することにより台湾人中心という色彩が強まる一方、教員集団は内地人中心という性格を強めつつあった。

さらに、長老教中学排撃運動が組織化された背景として、三四年当時の台湾の政治的・社会的状況全般において台湾人による自治的空間を圧殺しようとする力が働いていたことに留意を要する。

三二年に総督に就任した中川健蔵は、台湾議会設置請願運動に対して運動中止を求めるのと引き換えに、限定的な地方参政権を認める地方制度改正案――しばしば「地方自治制」案と称された――を構想、三三年五月の全島地方長官会議に諮ったうえで、監督官庁である拓務省との交渉を開始した。岡本真希子による詳細な研究が明らかにしているように、この案は台湾人からも、在台内地人からも、異なる意味で批判された。林獻堂ら台湾地方自治連盟のリーダーは議員の半数は官選という総督府案を漏れ聞いて、民選の普通選挙に基づく完全自治を要求した。他方で、一部の高級官僚、右翼団体は、限定的な民選の導入すらも台湾人の意向に「迎合」する措置として猛烈な反対運動を展開していた。(3) そこには政党政治にからむ利害関係も存在していた。斎藤実「挙国一致」内閣のもとで総督に起用された中川健蔵は民政党系であったものの、平塚広義総務長官は政友会系であり、長老教中学排撃運動の際に文教局長だった安武直夫や、台南州知事だった今川淵なども政友会系だった。これらの人びとが、中川総督の路線を「穏健」「弱腰」とみなす立場を代表することになる。

在台軍部の意向も無視できない。三三年八月に台湾軍司令官に就任した松井石根は、『台湾日日新報』のインタビューで台湾地方制度改正案に関する見解を聞かれた際に、「南方国防」の必要性に鑑みて「もつと外にやることはないだらうか」と答え、さらに言葉を続けて、領台以来四〇年にもかかわらず「精神的統一」を欠いている、しかし

「不動の精神統一がなければ自治制を布いた所でなんにもならない」と応答した(4)。婉曲な表現とはなっているものの、地方自治制反対のメッセージは十分に伝わる応答となっている。松井はまた、台湾軍司令官就任に際しての抱負を、次のように語っていた。「時局は次第に北から南に移り行く傾向であるから、国防的にも政治的にも充分引締つてやらねばならぬ(5)」。松浦正孝の研究が指摘する通り、松井は、満洲問題を棚上げにして、華僑とも提携しながら経済的な発展により政治問題の解決を図ろうとしていた。さらに、中国西南地方の胡漢民のような反蔣介石派の要人と提携して、蔣介石政権の分断を図ろうとしてもいた。この華南工作の足がかりとされたのが台湾であった(6)。

中川総督の施策に批判的な勢力が、総督府の高級官僚のなかにも、在台軍部のなかにも存在した。これらの勢力が長老教中学排撃運動において火種を燃え上がらせる役割を果たすことになるであろう。

以下、第一節では、排撃運動をめぐる新聞の論調に着目しながら、暴力的な威嚇としてのテロルが社会生活の前面に立ち現れた状況を描く。ここでは、暴力によって引き起こされる震動のリアリティを捉えるために、日録風の記述を心がける。第二節では、排撃運動を構成していた主体についてその重層的な性格に注意しながら整理し、それぞれの思惑を見通す。第三節では、一連の出来事に対する英国人と台湾人の受け取り方の落差に注意を促しながら、この出来事を通じて英国人と台湾人のあいだにも、台湾人相互のあいだにも深い亀裂が生み出されたことを明らかにする。

第一節　「非国民を膺懲せよ」——排撃運動の展開過程

排撃運動は、予告もなく始まり、突然に終息したり、断続的に再開されたりする。**表8-1**は、そうしたとらえどころのなさを前提としながら、おおよその時期的傾向を見るために、長老教中学・淡水中学排撃運動関係新聞記事の

表 8-1　台南長老教中学・淡水中学排撃運動関係記事延べ件数（1934 年～1936 年）

年　月	日刊合計		台湾日日新報		台南新報		週刊合計		台湾経世新報		新高新報	
	南	北	南	北	南	北	南	北	南	北	南	北
1934 年 2 月	17件	0件	4件	0件	12件	0件	5件	0件	0件	0件	0件	0件
3 月	40	3	16	0	18	3	23	2	8	1	4	1
4 月	29	3	15	3	11	0	9	3	6	2	2	0
5 月	54	4	24	4	28	0	6	1	2	0	1	0
6 月	2	0	1	0	0	0	2	0	0	0	1	0
1935 年 2 月	5	5	1	1	2	3	0	0	0	0	0	0
3 月	1	13	0	11	──	──	1	1	0	1	1	0
4 月	1	4	1	4	──	──	0	7	0	3	0	2
5 月	0	2	0	0	0	2	0	4	0	4	0	0
6 月	0	1	0	1	──	──	1	4	1	2	0	0
1936 年 3 月	0	8	0	6	──	──	0	5	0	1	0	1
4 月	0	3	0	0	0	2	1	5	0	1	1	2
5 月	0	10	0	7	──	──	0	1	0	0	0	0
6 月	0	23	0	16	──	──	0	5	0	3	0	0
7 月	0	5	0	4	──	──	0	0	0	0	0	0
8 月	0	16	0	8	0	3	1	1	1	1	0	0
9 月	0	5	0	4	──	──	0	4	0	0	0	1
10 月	0	1	0	0	0	1	0	2	0	2	0	0
計	149	106	62	69	71	14	49	45	18	21	10	7

出典：巻末付表 2 に基づいて作成.
注：1）「南」は台南長老教中学・台南長老教女学校関係，「北」は淡水中学・淡水女学院への言及を含む記事の件数を表す．両者に言及している記事は両方にカウントしたので，実際の記事の件数よりも多くなっている．ただし，これに相当するのは，日刊紙が 6 件，週刊紙が 8 件，合計で 14 件に止まる．
2）長老教会系学校関係記事が同じ日付の新聞の複数の面にわたっている場合には，面単位で別の記事としてとりあげた．同じ面のなかで複数の見出しがある場合には 1 件と数えた．
3）『台南新報』の列における横線は資料が欠落していることを示す．

延べ件数を示したものである。対象にした時期についてすべての資料が残存しているわけではないうえに、特にベタ記事に関しては見落としの可能性も否定できない。それでも、さしあたっておおよその時期別傾向をつかむことは可能だろう。なお、ここで「排撃運動関係」とみなす基準は広義の意味で解しており、長老教中学・淡水中学にかかわる記事は基本的にすべて対象にしている。本章で指摘する通り、ごく少数ながら排撃される学校側の言い分を伝える記事や客観的な事実関係だけを伝える記事も見出されるものの、**巻末付表2**に示した新聞記事の見出し一覧から明らかな通り、総じて排撃を煽る論調一色に塗りつぶされていた。新聞は排撃運動にかかわる事実を伝えるばかりではなく、排撃運動の重要な一角を構成していたといえる。

表8-1において日刊紙については『台湾日日新報』、『台南新報』、『大阪朝日新聞』の「台湾版」、『大阪毎日新聞』の「台湾版」(以下、本文中では『台日』『台南』『大朝』『大毎』と略す)、週刊紙については『台湾経世新報』、『新高新報』、『南瀛新報』、『南日本新報』、『昭和新報』(以下、本文中では『経世』『新高』『南瀛』『南日』『昭和』と略す)を対象としている。(7) 日刊と週刊に分けて関係記事の件数合計を示すとともに、『台日』『台南』『経世』『新高』について記事件数の時期別内訳を示した。個々の記事の見出しは、**巻末付表2**に示した。「南」は長老教中学、「北」は淡水中学にかかわる記事を示す。両者に言及している場合には両方にカウントしている。また、和文欄と漢文欄で同一の内容を取り上げている場合は、別々にカウントしている。なお、総じて淡水中学にかかわる記事では淡水女学院にも言及していることが多く、長老教中学にかかわる記事で長老教女学校に言及することは少ないという傾向が見られる。ただし、女学校をめぐる動向についてはあらためて論ずることとして、本書では長老教中学と淡水中学をめぐる動向に焦点をあてて分析する。

時期的には、次のような傾向を認めることができる。

①長老教中学にかかわる記事は三四年二月から五月にかけて集中している。同じ時期に淡水中学にかかわる記事は少数にとどまる。まず『台南』が二月に報道を始め、三月になると『台日』の記事も増大した。なお、三四年三月の『経世』は週刊紙であるにもかかわらず八件となっている。各号あたり平均して二件の記事を掲げていることになる。②三五年以降は長老教中学に関する記事がほとんど見られなくなる一方で、淡水中学にかかわる記事が増大する。三五年については三月に『台日』の記事が増加するが、四月には減少し、五月にはゼロとなる点が着目される。③三六年には『台日』がコンスタントに淡水中学にかかわる記事を掲げ続ける。

本章ではこのうち①の局面をとりあげ、②③の局面については次章で考察する。長老教中学排撃運動は三四年二月以降の四ヵ月間に集中的に展開されるが、その過程は三つのフェイズ(局面)に分けることができる。

第一のフェイズは三四年二月二日夕刊の『台南』における第一報から、二月二六日までである。この時期に『台南』が上村一仁の解職を神社参拝問題とかかわるものとして報道、「事件」として拡大していく素地がつくられた。『台日』はこの時期には沈黙を守っている。第二のフェイズは、二月二六日に長老教中学の内地人教員全員が上村への支持を表明する形式で「連袂辞表」を提出して以降である。この時期には『台南』だけでなく『台日』や多くの週刊紙もセンセーショナルな報道を展開したほか、台南同志会という在台内地人の構成する民間団体による示威行為が活発に展開された。第三のフェイズは三月七日に台北の在郷軍人有志が「蹶起」して以降のことである。この時期、『台日』は事態をいったん鎮静化させようとする報道姿勢を露わにして、実際にその後一ヵ月あまりにわたって沈黙を続けた。『台南』も、『台日』と歩調を揃えるようにして沈黙した。四月半ばになると両紙そろって再び「輿論沸騰」する事態を演出、バンド校長による妥結を引き出すことになる。

一、神社参拝問題への点火

まず一九三四年二月二六日までの第一のフェイズを追っていくことにする。休暇中のバンドに代わって校長代理を務めていたシングルトンが、ロンドンの本部に宛てて三月一〇日に記した報告書によれば、事態の発端は以下の通りである。

三三年一二月二六日の後援会評議員会で上村教頭への不信が表明された。理由は、学校の許可をえずに個人的に総督府当局と話し合うなど独断専行的な行動をしたことや、生徒や保護者から「パリサイ人」——律法の厳格な遵守を説きながらもイエスから偽善者と呼ばれた者たち——と呼ばれて信頼されていないことだった。三四年一月五日、長老教中学理事会は全会一致で上村に辞表を求めることを決議した。この時に上村の進退にかかわることがらとしては、神社参拝にかかわる議論はなされなかった。理事会による決議は、バンドの承認を待って上村に申し渡すことになった。一月三〇日、自らの解職の噂を聞きつけた上村が、シングルトンに対して神社参拝が理由なのかと尋ねたので、理由は信を置けないことであると答えた。同じ日、シングルトンは長老教中学生徒の転入について内地のキリスト教系学校と交渉をするために内地に渡り、二月二一日まで不在とした。この間に台南の新聞が「真実ではない、また口汚い」記事を掲載した。シングルトン不在中はモンゴメリーが校長代理を務め、バンドからの承認の返事を得て二月一二日に上村に解職を言い渡した。それ以来、これを不服とした上村は、在郷軍人らの支持を集めることに尽力した。(8)

新聞報道における第一報は、『台南』二月二日夕刊の「神社礼拝問題？から　台南市某校の内紛　礼拝させた教頭危し」という記事である。この記事では、三三年一二月二九日の「皇太子殿下御降誕奉祝提灯行列」の際に、上村教頭が全校生徒を台南神社に「礼拝」させようとしたところ、これに反対した教員が中心となって「特殊組織による学校当務者会議」で教頭の罷免を議決したと報じている。さらに教頭に同情した教員たちは、「当務者会議」への参加を要求し、もしこの要求が容れられなければ連袂辞表を出すつもりだとも報道している(『台南新報』三四年二月二日夕刊。なお、以下、新聞記事からの引用に際して、『台南』二・二夕、というように紙名の略称と日付を本文中に略記する。文脈の関係で年を記した方がよい場合には西暦の下二桁を記す。発行翌日付となっている夕刊については発行日を記す。第一〇章まで同様)。ここで「当務者会議」は財団法人台南長老教中学理事会を指すものと考えられる。これを「特殊組織」と評するところに、台湾人中心の管理運営体制への不信があらわれている。もっとも、「台南市某校」が長老教中学であることは明らかではあるものの、この段階では上村教頭という名前も、長老教中学という学校名も伏せている。

二月六日には「同校の重要関係者にして本島人先覚者であり且つ教育界に重きをなしてゐる某氏」の「釈明」が『台南』に掲載された。この「某氏」は林茂生であろう。「釈明」は以下の通り。①教頭の解任は昨年一二月末の後援会評議員会で定められた方針であり、その三日後におこなわれた「皇太子殿下御降誕奉祝提灯行列」における神社参拝とは無関係である。②現在理事会で「台湾神社例祭当日職員生徒一同御遺跡所たりし台南神社へ参り敬礼を行ふ」という規程について附議している。③学校の管理運営体制の改革にかかわる要望は出されているものの、教頭に同情した教員が連袂辞表の提出を通告した事実はない。④理事会に教職員代表を参加させること、あるいは理事会と別に教職員と理事を交えた会を設けることを考えている。⑤教頭の後任には内地から学識徳望ある人を招聘する予定である(『台南』二・六)。

このうち、②から、長老教中学理事会における議論の痕跡がうかがわれる。能久親王が没した地の「御遺跡所」があった場所に「敬礼」をしに行くのだという形式的文脈を明確にしたうえで、これを受容する選択肢を検討していたということだろう。それは、「参拝」という言葉にはらまれる曖昧さを開示してもいる。神社「参拝」とは何か……。神社と呼ばれる場所に行くこと、加えてそこで身体的実践としてのお辞儀をする——それは「敬礼」という言葉で表現された——こと、さらにそのお辞儀に際して祭神の神霊に対する祈りを込めることなど、多様な位相を考えることができる。英語でも、go to, visit, attend など多様な訳語が用いられるとともに、そこでおこなわれる身体的実践については bowing, pay respect, pray などの単語があてられている。右の理事会の案は、ぎりぎりの妥協の模索をうかがわせる。

④⑤の背景として、理事会の構成原理と教員の構成原理のあいだのズレが問題化していたことが考えられる。すでに記したように、教員集団のなかでは内地人が半数近くを占めており、林茂生の渡米後は教頭にも内地人を起用していた。学位論文で林茂生が「責任ある地位」は内地人に独占されていると述べていたように、植民地支配の秩序では内地人が「責任ある地位」を掌握するのは当然のこととされていた。そうである以上、たとえそれが台湾人にとって憤懣やるかたないことだったとしても、植民地支配の秩序への一定の妥協として内地人を登用すべきという判断がなされたとしてもおかしくはない。そのために、右の「釈明」でも、上村教頭の後任は内地から招聘するつもりだと語

られることになる。これも台湾人にとっては大きな譲歩であった。林茂生としては、譲歩の姿勢を示すことにより、なんとか窮境を切り抜けることができればということだったろう。

ここまでの報道では、文字通り一私立学校の「内紛」として終わる可能性もあった。週刊新聞も散発的にこの問題を取り上げたが、「神楼中学」(『昭和』二・一〇)と校名を誤って記す、「カトリック系の宗教学校」(『南瀛』二・一〇)と宗派を誤るなど認識の浅さを露呈している。しかし、一九日になって、『台南』は、実名を挙げて「理事会長林茂生氏」の釈明に対する「上村教頭」の反論を掲載した。反論の内容としては、シングルトンが上村に対して「僕が若し生徒を連れて神社参拝をやらねばならぬと云ふなら僕は学長代理をやめる」と述べたことや、林茂生が神社参拝問題にかかわる「糊塗策」として二月一一日の建国祭に神社参拝をさせようと述べたことを挙げている。また、事態の拡大を防ごうとして「高等警察や憲兵隊にまで諒解運動をした」ことをあげつらい、そのことも神社参拝問題が教頭罷免の真因であることを証拠立てるものと論断している(『台南』二・一九夕)。

シングルトンが、「真実ではない、また口汚い」記事と書いたのは、おそらくこの記事であろう。「真実ではない」という部分は、特に上村解職の理由が神社参拝問題であるという点にかかわるものと思われる。ただし、すべてが根拠のないものとも思えない。憲兵隊への働きかけについて、週刊紙でも報じられている。『南瀛』によれば、林茂生が台南州高等警察課および台南憲兵隊に赴いて上村教頭の罷免は個人的理由によるものであり、「悪宣

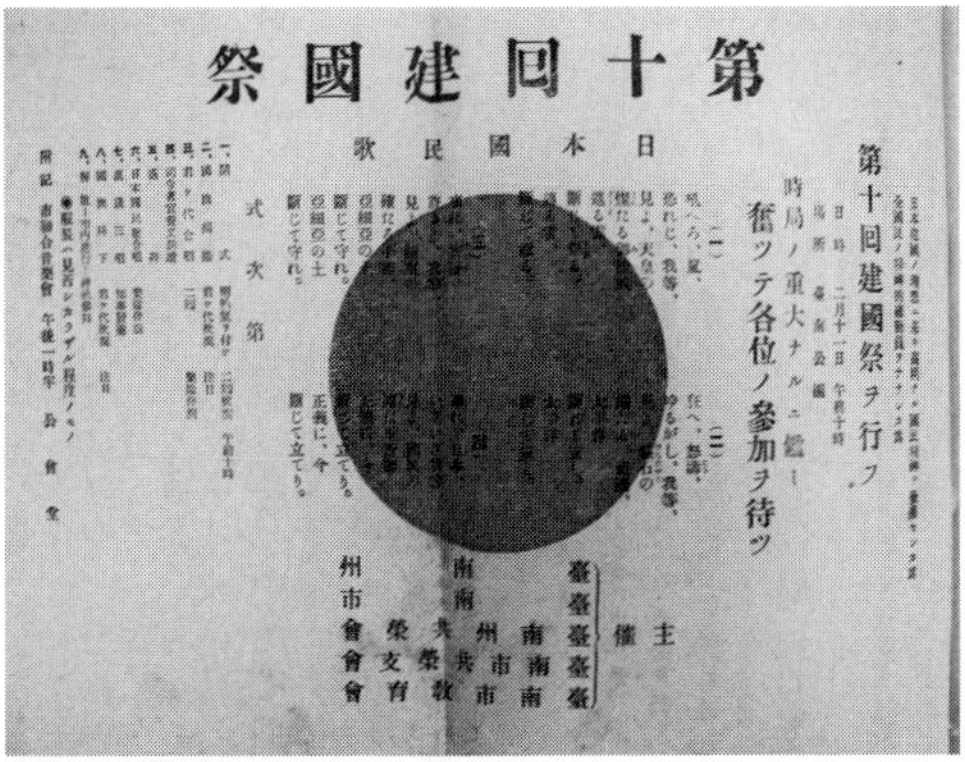

図 8-1　建国祭のポスター(1935 年)
1935 年 2 月の建国祭のポスター．台南長老教中学の『学校日誌』に挟み込まれたもの．式次第の最後は「市内進行〜神社参拝」と記されている．真ん中の丸は赤色の二色刷であった．

伝をなす者が現れても当局に於てこれを認められぬ様にとの意味の希望」を述べたという。そのうえで、このような態度は「自ら顧みて甚だ忸怩たるもの」がある証拠だと批判するとともに、上村罷免は「人事問題等に対して事毎に容喙してゐる林茂生氏等によつて計画されてゐたもの」と論じている(『南瀛』二・二四)。「容喙」という言葉は、本来は発言すべき立場にない人が横から余計な口出しをするという意味である。したがって、理事会長たる人物の発言に用いるのは的外れな用法なのだが、だからこそ、この記事が攻撃のための攻撃という性格をはらんでいたことを示している。

憲兵隊への働きかけが事実として、それは林茂生なりに、神社参拝を求める力の根源がどこにあるかを認識し、その根源に働きかける必要があると判断したことによると思われる。二月二四日時点で、教頭を支持すべく「驚くべき潜在力を持つ或る種の団体が蹶起した」という報道もなされている(『昭和』二・二四)。ここで、表舞台には登場しないものの「潜在力」ある組織として示唆されているのは、在台軍部、あるいは在郷軍人会である可能性が強い。

長老教中学理事会が上村解職を決議した三四年一月には、松井石根台湾軍司令官のイニシアティブのもと、大亜細亜協会台湾支部の発会式がおこなわれた。この組織を通じて、台湾における陸・海軍の将官、総督府の高級官吏、学者、民間有力者のあいだをつなぐ人的ネットワークが構築された。同じ月、松井軍司令官と今川淵台南州知事の臨席のもと、台南州下の嘉義で、警官隊と嘉義中学校・嘉義農林専門学校の生徒七〇〇名あまりによる「模擬戦」も実施された(『台日』一・二三夕)。さらに、二月一一日には、建国祭に引き続いて、全島各地で国防義会の発会式が挙行された。国防義会は「国防観念の強化」を目的として発足した組織であり、台南州では会長に今川淵知事、副会長に台南新報社長富地近思ら、顧問に台湾歩兵第二連隊長村上義正大佐が就任、理事には州官吏のほか、在郷軍人会台南州連合分会長、内台人有力者が名を連ねていた(『台南』二・一二)。二月一八日には、松井が台南市を訪問して台南神社に参拝した(『台日』二・一九夕)。『台南』が実名を挙げて長老教中学問題を報道し始めるのは、この翌日のことである。

かつてないほど軍の存在感が増す状況のなかで、神社参拝を拒絶する、あるいは躊躇する者を、「非国民」として指弾する空気が充満しつつあった。

二、「精神的差別」という真相

二月二六日、事態を拡大する焚き付けともなる出来事が、相次いで生じた。

第一に、台南市政調査会教育部委員会の席上、「我々日本国民精神と異つた斯かる学校を存置することは問題である」というような「激越な議論」が「百出」したとされる。第二に、長老教中学の内地人教師七名全員(角田三寅、萬代賢平、下地恵榮、榎本平助、井川直衛、木佐紀久、粟津瀧蔵)が、「日本帝国臣民たる国民教育が施せない」という理由で連袂辞表を提出した。第三に、同日の夜、台南市に在住する内地人民間人の構成する台南同志会の会合において、長老教中学問題について「断乎たる態度」をとる必要があるという見解が出て、長老教中学問題調査委員会を発足させることになった(『台南』二・二七、二・二七夕、『台日』二・二七)。

これらの出来事が同じ日に生じているのは、偶然の一致とは考えられない。事態を拡大しようとする明確な意思が働いていると見るべきだろう。ここからが第二のフェイズとなる。

内地人教師による連袂辞表提出の背景について、シングルトンの報告書では、「脅迫された辞任」と表現している。バンドも、連袂辞表について「上村に同情していたからではなく、外部からの圧力が学校の完全な日本化への要求を理事会につきつけるための機会として〔神社参拝問題を〕利用することを求めた」ためだと報告している。(9) 他方、連袂辞表の提出者のひとりである下地恵榮は、戦後に記した回想において、「長中は宗教的な問題を看板に神社参拝を拒否し、軍部、監督官庁から圧力が入ってきた」として、自分たちは「顛末書と請願書を、台南州知事、台湾総督府教育課、地方の市会議員、其の他有力者にそれぞれ提出した。其の後も、時々刻々に状況報告を続けた」と記している。(10)

ここで下地が圧力の出所を「軍部、監督官庁」と記していることは留意に値しよう。長老教中学の第一次監督官庁は、台南州であった。「軍部」は、この場合、台湾軍ということになろう。「請願書」の提出なども、その圧力の出所から求められておこなったものであることを率直に語っている。ただし、下地は、これを「脅迫」として受け取るのではなく、むしろ外部からの要求に勇躍して応えようとしていた。回想録のトーンも「手柄話」という趣であり、それだけに真実味もある。

二月二七日以降、それまで沈黙を守っていた『台日』も長老教中学問題に関する報道を始めた。下地ら内地人教員が今川台南州知事に提出した「請願書」の内容も報道している。それは、神社参拝問題という範囲を越えて、学校の管理運営体制にかかわる変革を要求していた。すなわち、理事会に五名の内地人を加えること、校長には内地人を推薦すること、教員は内地人を三分の二以上とすることなどである(『台日』二・二八)。

三月一日、事態の収拾が困難と判断したシングルトンは、休暇中のバンドに至急帰台するように電報を送付した。(11) 同じ日、林茂生は個人的見解として、自らの「信念と改革案の一端」を披瀝した。その骨子は以下の通りである(『台南』三・二)。

第一　国家の典礼に凡て参加すべきこと
　　殊に神社参拝は一面に於ては国家の典礼にして一面に於ては報恩返本の精神を発揮すると云ふ教育上の重大なる意義を有するが故に絶対的に之れを行ふべきこと
第二　国語教育の徹底を期すべきこと
第三　公民教育の実地的訓練を施すべきこと
第四　理事会、校長、教師間の三位一体の精神を実現する為めに懇談会を開くべきこと〔中略〕
第五　従つて内台人の融和を計りその精神的差別を全く一掃し、数よりも実を重んじ、共に相提携して神聖なる

図 8–2　台南長老教中学卒業記念(1932 年)
前列右から林澄藻，越石乙次郎，マーガレット・ゴールド，王金帯，エドワード・バンド，上村一仁，アグネス・バンド，内田琢磨，黄俟命，2 列目右から廖継春，林鞋，戴明福，趙天慈，萬代賢平，榎本平助，下地恵榮，角田三寅，劉主安，林朝権と思われる．3 列目は卒業生．王金帯を例外として，中心部には宣教師と内地人，両脇に台湾人という並び順になっている．

教職に従事し、教師と生徒の人格的接触に
　徹底すべきこと

長老教中学を「台湾人の学校」としていこうとする夢が粉々に打ち砕かれる予感につき動かされてのものであろう、第一から第三の点は、これまでのぎりぎりの譲歩よりもさらに大きな譲歩を示している。神社参拝については、「国家の典礼」という表現で宗教的意義を棚上げとしながら受容する方針を示している。第四の懇談会の設置についても、内地人教員の要望に応えようとする案とみなすべきだろう。

ただし、第五の点では、「精神的差別を全く一掃」という言葉で今回の出来事の真因が「精神的差別」にあることを言外の内に示唆している。「数よりも実を重んじ」という表現も、理事会に内地人を加えて内地人教師の割合を三分の二以上にせよという要求に対する、婉曲な拒否とみなすことができる。自分たち台湾人は募金活動を組織するなど学校のために尽力してきた、内地人がどのような資格においてこのような要求をするのか。理不尽な要求に身悶えする思いが滲む。

林茂生は、この個人的改革案の最後に、もしもこれが理事会の成案とならなければ「私も遺憾ながら此学校に対する関係、自決すべきことは勿論であります」と語る一方、連袂辞表を提出した内地人教師でも「志を同じうする者あれば踏止つて共に学校の為めに尽力して貰ふ」ことへの希望を述べている(『台南』三・二)。同じ改革案を伝える『大朝』の報道では、右の五項目のうち「精神的差別」に言及した第五項は省略しながらも、次のような林茂生の言葉を伝えている。「パリサイ人などと誹謗されてゐるお方は潔よく自決すべきではないでせうか、上村氏に対しては先ごろバンド学長よりも諒解したとの返事があつたので正式にやめて貰ふ考へです」(『大朝』三・三)。

自らが「自決」するか、さもなければ上村が「自決」するかという、切羽つまった状況にまで追い詰められていたことがわかる。このように生死の関頭に立たされたかのような発言の前提には、痛切な出来事があったと思われる。シングルトンの報告書では、一月五日の理事会の前の出来事として、「後になってわかったことだが、上村は理事会長である林茂生に対して言うべきではないことを言ってしまっていた」と付け加えている。言うべきではなかった言葉を、具体的には記していない。しかし、文脈から考えて、台湾領有当初に李春生に投げつけられ、その後も多くの台湾人を侮辱し、責めさいなんできたあの言葉、「チャンコロ」が発せられたものと推定される。

バンドが三四年夏に宣教本部向けに記した報告書も、こうした事実が一連の事態の発端に存在したことをうかがわせる記述となっている[12]。

理事会長である林茂生博士が、〔理事会の〕数日前に問題の日本人教頭上村と激しい口論をしたことが後になってわかった。林博士はあまりの憤りのためにふだんの健全な判断力を失い、いつもの思慮分別をもって状況を操縦することに失敗した。上村氏が当局にこの話を持ちかけたやり方は抜け目なく、巧妙だった。彼は、神社参拝という燃えさかる話題と結びつけて、帝国臣民としての林博士の忠誠心のなさを中傷することにより、ナショナリズムが熱狂的な域に達している日本人の同情を買うことに成功した。台湾人主体の理事会に対する日本人の軍人や民間人による攻撃はとても激しく、世論を満足させるために学校を閉鎖させるのではないかと英国領事が怖れるほどであった。

この報告からも、林茂生が怒りに身を震わせる出来事の起きていたことがわかる。ただし、バンドはその出来事が具体的にどのようなものだったかについては立ち入らず、「激しい口論」と述べるにとどまる。また、シングルトンが、上村との対立に注意を促しながらも理事会の決定は全会一致だったことを強調していたのに対して、バンドは事態拡大の責任を、「健全な判断力」「思慮分別」を欠いた林茂生の対応に帰している。しかも、林茂生が「バンド学長よりも諒解したとの返事があった」と『大朝』で語っていたように、実際には、バンドも上村の解職を承認していた。一月五日の理事会の決定は電信で滞英中のバンドにすぐに伝えられており、バンドは現場にいる者の判断に任せるとして、実質的な承諾の回答を二月九日付で送付した。(13)モンゴメリー校長代理が正式に解職を申し渡したのは、その三日後のことである。バンドの右の報告書ではこうした自身の対応に言及することはなく、「上村の過ちは確かに批判に値するかもしれないが、辞職を求めるほどではない」と記している。林茂生らの立場に共感的なシングルトンと、これに対立的なバンドという構図は、事件での展開過程にも、そのふり返り方にも影響を与えていた。

林茂生が改革案を提起した翌日の三月二日、長老教中学の同窓生からなる校友会台南支部が臨時支部会を台南太平境教会で開催し、林茂生の提起した五箇条に賛同する旨を決議した。同日、長老教中学の緊急理事会も開催された。「物々しい警戒裡」のなか新楼のミッション・コンパウンドで理事会は「大緊張裡」に審議をおこない、やはり五箇条を原案通り可決した(『台南』三・三夕)。ここで「物々しい警戒」がなされているのは、総督府・台南州当局が、自らの意図を越えて街頭的暴力の噴出する事態を懸念していたからであろう。

内台人間の「精神的差別」こそが問題の根源なのだというぎりぎりの抗議の声は、このあとさらにエスカレートする排撃運動によって、かき消されていくことになる。

三、監督官庁のお墨付き

三月上旬、学校関係者が事態の収拾に奔走する一方で、上村は、排撃運動に追い打ちをかけるような発言を繰り返していた。たとえば、「台南神社参拝の件は一部本島人有力者は解決しつつあると伝へてゐますが、それは公認を得やうとの功利的な打算から出発した宣伝です」という具合である(『大朝』三・三)。

総督府当局も、おもむろに腰を上げるという趣で排撃運動の援護射撃をおこない始めていた。『台南』は、「督府当局重視」という見出しを掲げて、当局の見解を次のように伝えている。長老教中学は神社参拝を容認すべきことについて、「基督教教育連盟《ママ》(同盟会の誤記か)理事長、田川大吉郎氏から通牒を受けた筈」である、加えて総督府としても、三二年一二月に神社参拝にかかわる通牒を発して「呉々も誤りなからん事の注意を促した」、それにもかかわらず、このような事態が生じたのは「遺憾」である。そのうえで、「一般識者」の言として次のように記している。「所謂改善改革と称するカムフラージ的施設による解決を排除し、日本帝国々民教育上支障ある思想的、国民性的禍根を除去」すべきである(『台南』三・三)。この記事では、基督教教育同盟会を日本基督教連盟と混同して誤記しているうえに、三二年一二月の文教局長通牒の内容も拡大解釈している。事実関係には頓着せずに、もっぱら排撃ムードを煽ろうとする姿勢が顕著にあらわれている。

『台日』も督府当局が「断乎たる処置」(『台日』三・一)を考えていると伝えるとともに、社説で長老教中学の問題をとりあげ、「国民教育の一部を為す中等普通の教育機関」である以上は神社参拝を躊躇すべきではないと論じ、さらに今回の事態を紛糾させたのは理事会の責任であるから「理事会改造」が必要だと断定している(『台日』三・四)。長老教中学は、「中等普通の教育機関」とはいっても、正式の私立中学校でないのはもとより、専検による指定校ですらなく、私立各種学校という周縁化された地位にあった。それにもかかわらず、なぜ公立中学校と同様に神社参拝をしなくてはならないのか……。もはやそのことを問うのも難しい空気が形成されていた。そして、排撃の焦点は、神社参拝問題から、理事会という管理運営体制をめぐる問題に移っていった。

新聞報道のネタになるような事実を作り出す実行部隊の役割を果たしたのが、台南同志会である。

台南同志会は、三月三日に在郷軍人台南分会会館において「長中問題調査委員会」を開催した。在郷軍人会はもっぱら兵役を終えた内地人男性によって構成された組織であり、「名誉会員」の称号を受けた少数の台湾人を例外とすれば、分会会館も台湾人にとってオフリミット（立入禁止）区域だった。四日には台南市公会堂で台南同志会臨時総会を開催、「断乎として国民教育の精神に相反する台南長老教中学の存在を否認す」という声明書を発し、このような学校の存在を一日も認めることができないとして監督官庁の「監督権の発動を促す」ことを決議した（『台南』三・五夕、『台日』三・五）。

五日に台南同志会の長中問題調査委員一一名は、午前一〇時に州庁を訪問して声明書を今川台南州知事に提出、このあと長老教中学を訪問してシングルトン校長代理に意見書を手渡し、夜七時に折から来南中だった安武直夫文教局長を東屋旅館に訪ねて激励を受けた。今川は当局として「御尽力を謝す」と応答したうえで、同日午後の社会教化対策打合会の席上で、「宗教に隠れ本島教化の指導精神に反するものは断乎排撃すべきである」（傍点引用者）という見解を表明した。タイミングよく台南訪問中であった安武もまた、「国民教育の精神に副ふ改革なり処置を執る」つもりだという「力強い言葉」を発した（『台南』三・六、三・七、『台日』三・六）。

この三月五日の行動により、排撃運動は台南州と総督府文教局という監督官庁のお墨付きを受けたことになる。

この間、辞表を提出した内地人教師たちは、さらにエスカレートした要求を提示、「長中理事会長林茂生氏は理事会長として不適任と認む。速かに辞任されたい」と林茂生の理事会長辞任を求めたほか、「台湾語を廃す」ことを求めた(『台日』三・五)。また内地人教師の言葉として、学校の日常の様子を次のように伝えている(『台日』三・六)。

四大節にすら教育勅語を奉読せず又一口の訓話もない。而も礼拝、説教、祈禱の後に拝賀式を行ふ。又国史教授中、日支の比較、我国体の尊厳、優秀な事など述べると生徒は必ず反抗的に私語する、下関講和条約の挿画中にある伊藤〔博文〕公、陸奥〔宗光〕公の顔を汚して使用に堪へなくし、日本魂を云々すれば反抗的に台湾魂云々と私語する。

ここに記されたことは、誇張や虚偽も含まれていたことだろう。ただし、四大節の儀式や修身教育をめぐって、「日本魂」をことごとしく語る内地人教師と台湾人生徒のあいだに心理的な確執や行き違いが存在していた可能性はある。今や攻撃の鉾先は、理事会長林茂生ばかりではなく、生徒の私語にすら向けられていた。

『台日』三月七日付の紙面は、一転して事態の鎮静化を志向したものとなった。すなわち、「当局は冷静に善処」という見出しで「之が激化すれば国際問題ともなるべく」という懸念を伝えるとともに、教育勅語も「奉読」しないという前日の報道について「学長自身が奉読しないので、学校としては四大節に於て教諭が順番に奉読の任に当つて来てゐる」と訂正している。同日の別の紙面では、五日も前の三月二日に発表された長老教中学校友会の声明書を掲載している。そこでは内地人教師七名の辞任について、「氏等は永年国民教育に重要なる学科を担当し訓育の衝に当つて居るものであるから、今更之が不徹底を叫ぶのは自家撞着であります」と台湾人教師の言い分が述べられている(『台日』三・七)。排撃ムードの鎮静化を図ろうとする、数少ない報道のひとつであった。

三月七日午前、シングルトンは台南州庁に今川知事を訪問、バンドの帰台まで対応を留保することを申し出て諒解をえた(『台南』三・八、『台日』三・八)。『台南』は三月九日付で淡水中学にも鉾先を向けた記事を掲載するものの、これ以降、四月一二日まで二つの日刊新聞は長老教中学問題についてほぼ完全に沈黙を続けた。この日刊新聞の不自然な沈黙や論調の変化は、何を意味するのか。仮説的な見通しをあらかじめ記しておくならば、以下に論じるように、

昭和九年三月八日
臺南長老教中學問題
國体の尊嚴を冒瀆する
非國民を膺懲せよ
臺北鄕軍蹶起、中央へ打電

昭和九年三月五日
教育精神を冒瀆する
長老教中學を否認
日本國民として默視出來ぬと
臺南同志會四日蹶起
林理事長は不適任
七教師の發表した革新意見

図 8-3　『台南新報』1934 年 3 月 8 日付(左)と『台湾日日新報』1934 年 3 月 5 日付(右)

台南のみならず台北も含めて在郷軍人や右翼団体が蠢動しはじめたことに対する、総督府の懸念が反映されているように思われる。

四、在郷軍人有志の「蹶起」

『台南』の報ずるところによれば、三月七日に台北市の在郷軍人有志が、「長老教中学撲滅期成同盟会」という名義で中川総督と今川知事に陳情書を送付し、さらに中央の問題とすべく内地の文部・拓務両大臣宛てに電文を送付した(『台南』三・八)。この台北における在郷軍人の動きに関しては、集合の時間、電文を作成した主体、電文の内容などについて『台南』、『台日』、および週刊紙『南瀛』のあいだに微妙な食い違いが見られる。『台南』の報道をあらためて見るならば、「台北郷軍御成《おなり》班、建成班、十日会」が六日午後にそれぞれ集まって対策を講じ、建成班が台南郷軍分会宛に「帝国の前衛線を守る諸君、時将に近きを知れ、革正意見批判、闘争等徒らに非国民を増長せしむるのみ、断じて膺懲、支援を惜しまず」という激励電報を発した。「革正意見批判」というのは、事をあまり荒立てない方向で解決しようという志向をあらわすものだろう。台北の在郷軍人たちは、そうした「批判」に屈すべきではないと述べているわけである。そのうえで、さらに「六日午後一時」に十日会を中心とした有志が「御成町一丁目清水氏宅」に集まり、「長老教中学撲滅座談会」を開催し、中川総督・今川知事に意見書を提出する一方、文部・拓務両大臣に電文を発したと報じている。電文の内容は、「神社参拝を忌避し国家の尊厳を冒瀆する長老教中学は君臣一体の国体を破壊するものなり、吾々国民は同校の存在を否認す、閣下の善処を望む」というものだった。

時間の問題については、まず「六日午後」に集合し、その後にさらに「六日午後一時」に集まったという記述は不自然である。以下の別の新聞記事との兼ね合いも考えるならば、後者は「七日午後一時」の誤記と考えてよいであろう。

他方、『台日』では、「台北でも　有志が憤起」という見出しで「明倫会員を始め各種団体員台北市民間有志二十余名」が「七日午後零時半」に「御成町一丁目二一清水氏方」に集まって座談会を開き、文部・拓務両大臣、台南州知事に打電し、総督に郵送したと報道している(『台日』三・八)。明倫会とは、三三年五月に予備役将校を中心に東京で設立された右翼団体であり、在郷軍人を中核としていた。[14]『台湾総督府警察沿革誌』によれば、「台北市大正町居住予備陸軍砲兵大尉足立乙亥千は明倫会々長田中〔国重〕大将と親交あり、田中大将の依頼に基くと称し明倫会台湾支部結成を策し」たとされている。[15]田中は二六年から二八年まで台湾軍司令官だった。足立乙亥千と称する人物は、後述するように「淡水中学撲滅期成同盟会」にも名前を連ねているので、この記事における「明倫会員」は足立を指すものと考えてよいだろう。

週刊新聞のなかで最も詳しい『南瀛』は、「六日夜」に在郷軍人有志がそれぞれ所属班に集合して対策を講じ、同日夜、「御成町班内有志によつて組織されてゐる十日会及び建成班有志等」が具体的な方策を協議して「関係筋」に激励電報を発し、続いて七日に「清水紀與治氏方」に「有志十数名」が参集して文部・拓務両大臣、総督、台南州知事宛てに発送したとしている。『台南』では、「御成班、建成班、十日会」と併記していたが、「十日会」は御成班有志の組織する集まりらしいことがわかる。「関係筋」は、台南郷軍分会を指すものであろう。

『南瀛』は、以下のように内地の出来事にも言及している（『南瀛』三・一〇）。

斯の種事件を起して問題となつたものにさきに上智大学あり、こは靖国神社不参拝を糾弾され配属将校引上げとなつて学校当局その態度をあらためて漸やく解決を見たものであり、三《マ》重《マ》県の某幼稚園亦神社不参拝より遂に閉鎖処分を受け、奄美大島の高女亦スパイ問題を惹起して閉鎖を命ぜられてゐる。

この『南瀛』の記事は、上智大学、美濃ミッション、大島高等女学校排撃運動の延長線上に、長老教中学排撃運動を位置づけている。美濃ミッションの所在地を三重県と誤って記しているものの、学校閉鎖という脅しにリアルな威嚇効果を持たせるための言及である以上、細かな事実関係には頓着しなかったということであろう。

三紙に共通しているのは、在郷軍人有志が清水紀與治という人物の家に集まって文部・拓務両大臣宛に打電したことである。清水紀與治は蓬萊胚芽米精米所社長であり、在郷軍人会御成班のメンバーであった(16)。三月六日以降、何回か会合を重ね、会を重ねるにつれて、「有志」としての性格を強めたと考えられる。「有志」という形式をとったのは、帝国在郷軍人会規約第八二条において、いわゆる「政治不関与」の原則を定めているために反対する者もいたからであろう。

内地の文相・拓相への打電文の内容については、「吾々国民」という語句が「我等島民」「我々島民」となっているなど微細な違いはあるものの、ほぼ同文である。「吾々」や「国民」という言葉が一体誰を指すのか、すべて曖昧なままに「非国民」を排斥すべきというムードが高められていくことになる。

右に述べてきたように、まず『台南』が報道を始め、やがて『台日』が歩調をそろえて排撃の機運を煽る運動を展開したわけだが、この三月七日を境として『台日』は鎮静化する方向に転じ、『台南』もこれに従った。『台日』については、「御用新聞」として、総督府当局の強い監督下にあったといえる。他方、『台南』の報道については、今川台南州知事の意向が及んでいたと推測される。今川と『台南』の親密な関係について、たとえば『台湾時事新報』では「古狸のやうな老獪な性格」である今川が「特殊技能を以て、地元の言論界は殆ど完全に操縦し、日刊紙など追随是れ事としてゐるなど全くお話にならない」と報じている(『台湾時事新報』三五・二・二二)。ここで今川台南州知事の

図 8-4　台南長老教中学生徒の台南神社参拝

「地元」日刊紙とは、『台南』を指すものだろう。長老教中学排撃運動をめぐる『台日』と『台南』の報道姿勢の微妙なズレと重なりは、中川総督と今川台南州知事の関係を反映するものと考えられる。

日刊新聞が沈黙しているあいだも、週刊新聞は報道を続けていた。右翼的な色彩の強い『経世』は、『台日』の報道姿勢を牽制するかのように、「長老教中学問題は何かの魔力が働いてバンド校長が帰任する頃にはビールの泡と消へるのではないか」という巷の声があると皮肉るとともに、台南同志会員は「徹頭徹尾根本的解決を期するんだ」と息巻いていると伝えている(『経世』三・二五)。

こうした報道の渦中、長老教中学では、三月一〇日の陸軍記念日に全校生徒の神社参拝をおこなった。徹底した神社参拝反対論を唱えていたシングルトンは、そのことを、放心したような文体で記してロンドンの本部に送付した[17]。ロンドンの本部からは三月二二日付で返信が届いた。前年の三三年一〇月に提起された神社参拝をめぐる容認論と反対論について、本部で十分な審議を尽くした結果として、容認論を支持するという見解を示し、反対論者もその線に従うべきことを説いた。さらに、ロンドンの本部は、宣教師会議や理事会が巧みに事態を収拾する能力をなぜ欠いているのか、理解しかねるという率直な感想を付け加えている[18]。この最後の感想は、暴力の渦中に置かれた当事者と、その圏外で情報だけを受けとめる者の意識の落差を示すものといえよう。シングルトンからするならば、もはや神社参拝容認という内容よりも、手遅れともいうべき状況で高みから見下ろすような見解が届けられたことに対して、やり場のない憤りを感じたことだろう。

五、校長バンドによる妥結

一九三四年四月、バンド帰台の直前になると、台南州が主導して、再び「輿論沸騰」する事態をつくり出した。四月一〇日、台南州教育課員が台南長老教中学・女学校を訪れ、抜き打ちで「国家観念に対する考査」を全生徒に対しておこなった。試験の内容は「教育勅語の全文を記せ」「我国体について記せ」「我国民は何故台南神社に参拝するか」のほか、「三種の神器」「伊勢大廟」「台湾領有」などについて「知るところを記せ」といったものだった(『台日』四・一二夕)。あからさまな思想検査といえる。しかもここで留意すべきことは、国体論一般に関する知識が求められるばかりでなく、神社参拝の是非が問われていること、さらに、帝国日本による「台湾領有」の正統性も問われていることである。もとより「正解」の方向性は明らかだった。

『台日』『台南』の両日刊紙はそろって調査結果をことごとく報道、『台南』は、「台南長老中学生に　日本国民精神殆どなし　恐懼すべく戦慄すべき其内容　俄然輿論更に沸騰」という見出しを掲げ、「一般識者」の言として「三五、六年の国際危局を前に控へた所謂非常時日本に於て、殊に新府《ママ》の民を持つ台湾に於て、本島人子弟の国民教育を施す機関として外国人を首脳とする学校の存在は断じて否定すべきである」という見解を伝えている(『台南』四・一四)。この「一般識者」の見解は、長老教中学排撃運動が、単にキリスト教主義を標的にしていたのではないことを物語る。国際連盟脱退など国際的な孤立にともなう「非常時」意識、「本島人」を対象とした学校であること、「外国人」を校長としていることの交錯する地点で長老教中学は問題視されていたのであった。

このようにセンセーショナルな報道を背景にしながら、四月一二日、台南州当局は林茂生を州庁舎に召喚、伊藤英三教育課長が、後援会の基本財産八万七〇〇〇円を学校基金名義に繰り入れることを勧告した。後援会の基本財産とは、いうまでもなく長老教中学の指定校認定を目標として蓄積してきたものである。それは、総督府による妨害に抗して紡いできた「台湾人の学校」という夢のあらわれであり、その現実可能性を担保する物質的基礎であった。台南州はそこに目をつけたことになる。林茂生は、学校基金名義への繰り入れについて、二一日の後援会理事会で決定すると応答した(『台日』四・一三)。

二一日の後援会理事会は「大体満場一致」〔傍点引用者〕で繰り入れを決議した(『台日』四・二二)。「大体」という言葉は異論の存在を物語る。『大朝』は、同じ後援会理事会についてより詳細に報道、「甲論乙駁」となったものの「当局の強硬なる態度」のためにやむなく決したと伝えている。さらに林理事会長の談として、「最近私に理事の職を去れと伝へるものがあるがこれは一存で行かぬ。だがこんな大きな問題を起したので理事会長の職は辞任する決心だ」という言葉を伝えている(『大朝』四・二四)。この『大朝』の報道姿勢と、『台日』の報道姿勢には落差がある。『台日』は、繰り入れをめぐる事態を伝えるにあたり、林茂生が基本財産を後ろ盾に「専横をほしいままにしてゐる」と説明し、繰り入れの遅れを「醜状」として報道した(『台日』四・一二夕、四・一二)。こうした『台日』の報道姿勢は、莫大な基本財産を蓄積した後援会の力を怖れていたがゆえに、「醜状」をことさらにフレームアップしようとしていたことを示唆する。他方、『大朝』の場合には、「当局の強硬なる態度」をやや相対化した形で報道している。

四月二六日には英国から帰台したバンドが台北に到着、すぐにインタビューに答えて「不在中の不始末を謝し」、今後台南に帰ったならば「台南州知事をはじめ教育課長の御指導を仰ぎ出来るだけ早く当局者に満足して戴けるやうに解決」する所存だと述べた。もちろん、神社参拝をするつもりだという見解も明らかにした(『台南』四・二七)。

バンドの帰台を起点として、長老教中学の「更正」に向けてバンドと台南州官吏との交渉が続けられた。そのさなか、五月四日には林茂生が、理事会長および理事を辞任する意を明らかにした。理由は「バンド校長不在中事件発生した責任を感じた事、本職である高工の方が忙しい事」と報道された(『台日』五・六)。これが強いられた辞任であることは、理事職も退くことへの抵抗感を示した『大朝』での発言から明らかである。しかし、排撃運動の主体の側では、林茂生が理事会長・理事を辞職するだけでは不十分とみなしていたようである。

五月七日に今川州知事、川村直岡内務部長、伊藤英三教育課長がバンド校長と面会した際のこと、三者は、州当局による改善案を公文書として手渡すとともに、林茂生および王金帯について、「とかく問題視されて来た理事会長林茂生氏及び王金帯教師は全然学校と関係を断たしめるやう通達」したという(『大朝』五・八)。結局、王金帯は教師として学校に残留するが、林茂生は実際に学校との関係を一切断つことを迫られることになった。他方、七名の内地人教師の辞表は撤回されて、復職することになった。上村一仁の辞表は受理されたが、半年後には台南州教育課の斡旋で台北第二高等女学校に就職した(『南瀛』三四・一一・三)。[19]

五月一八日、財団法人長老教中学の理事会が開催された。このとき、林茂生は理事会に出席せず自宅に引き籠もりながら次のような談話を発表したという(『台日』五・一九)。

問題の紛糾を来した事に就ては真に相済まぬ、責任者として恬然として理事会長並に講師としても其職に止まる事を潔しとしない、総てはバンド校長に一任して今後長中から全然手を引く様に致しましたが、今日の理事会も何等関係ありません。

林茂生が内地から戻り教頭に就任して一八年目のこと、自らの半生の夢をかけてきたともいえる学校と一切の関係を断つことを迫られたわけである。それが当局の圧力による追放ともいうべき措置であることは、ここまで論じてきた文脈から考えて明らかである。長老教中学の教頭、さらに後援会長、理事会長として「台湾人の学校」「台湾人本位の教育」という夢を支えてきた大黒柱が、ここに無残な形で断ち切られたことになる。

六、台南長老教中学「更正」への道

林茂生が欠席した五月一八日の理事会では、長老教中学の管理運営体制を抜本的に変更する「改革案」が決定された。

『台南』は、「台南長老教中学　更正の途に躍進　聡明、至純、バンド学長の徹底改革案」という見出しを掲げて、この「改革案」を報じている。その内容は、「一、生徒教育上の問題」「二、法人組織並後援会改革問題」「三、学校職員組織」に分けて以下の通り詳細に説明されている(『台南』五・二〇)。

「一」では、教育勅語の趣旨と国語使用の徹底、四大節・始政記念日に公立中学校と同様に「国家的式典」に参加し、台南神社に参拝することを定めた。「二」では、後援会の集めた基本財産の長老教中学への継承と後援会の解散、理事会の改組を規定した。理事会の構成は、南部教会から四名、校友会から三名、英国宣教師会から四名、日本基督教会の内地人から一名、「台南州の内地人教育者にして知事の認可を得たる者」二名、学長たる内地人一名から構成することとされた。「三」では、学長については知事の許可をえた者とすること、教務主任・寮務主任、修身・公民・国語・漢文・歴史・地理・体操科の主任は内地人とすること、聖書は選択科目とすることなどを定めた。

この「改革案」は、大筋において、連袂辞表を提出した内地人教師の要求として語られてきた内容と一致する。ただし、新たに「後援会の解散」という項目が挿入されている点が異なる。後援会の解散は、五月七日に今川州知事がバンドに手渡した意見書に記されていたことであった(『大朝』五・八)。理事会組織についても大きな改変が加えられている。南部教会の枠が一名減った分、日本基督教会選出の理事が入ることになった。後援会代表は校友会代表に変わり、五名から三名に減じられた。この減員分が台南州知事指名の内地人教育者にあてられた。なぜ内地人の枠が必要なのか。なぜ各教科の主任は内地人でなければならないのか。その理由があるとすれば、台湾が日本の植民地であり、台湾人の「国民教育」は内地人の監督下におかれるべきだということのほかにはなかった。この成り行きから見るならば、監督官庁にとって、神社参拝問題は学校の管理運営体制に介入するための突破口であり、台湾人による自治的空間の解体こそがその狙いだったと見ることができる。

バンドは、台南州の要求する「改革案」をのんだ。わずかながらの抵抗線は、日本基督教会の理事を理事会長とするなど内地のキリスト教界と連携しながら、自らの考える「キリスト教主義」を守ることであった。

実際のところ、バンドと台湾人後援会員のあいだには、もともと立場の違いが存在したともいえる。第二次台湾教育令制定当時、バンドはロンドンの支持者向けの報告書において、洗礼を志願する生徒の多さをアピールしていた。

これに対して後援会は、寄附金募集にかかわる趣意書において、キリスト教主義に言及していなかった。二八年に採択した宣言書では、「後援は英人、宗旨は基督教と雖も」と述べていた。今回の「改革案」において、バンドは「台湾人の学校」という夢の切り捨てに同意することにより、いわば同床異夢的な関係を断ち切って「キリスト教主義」という原点に立ち返ったともいえる。

「聡明、至純」なバンド学長による「改革案」を伝える新聞報道では、右の三項目に続いて、「将来の方針」として、台湾人関係者の思いを表明したと思われる方針も記されている。曰く、「本学設立本来の目的即ち「自治的団体にして基督教主義教育事業を遂ぐる本島人本位の私立学校」たる事は将来に於ても変更すること無く進行すべきことを州に於て文政当局を代表して之を承認せられたし」(『台南』五・二〇)。これは、従来の方針を継承しようという声の存在したことをあらわしている。ただし、すでに神社参拝が決められていただけでなく、理事会の大幅な改組や後援会の解散までも決定されていた。したがって、「自治的団体」「本島人本位」という言葉は、具体的な内実をともなわないものとならざるをえない。そのことを痛切に自覚すればこそ、せめて抽象的な言葉の次元でも、「台湾人の学校」という夢を刻み込んでおきたかったということのように思われる。

長老教中学の生徒たちは、一連の事態をどのように見ていたのだろうか。資料的な制約のためにその動向はつかみにくいが、不信と憤りを抱いていたことは確かなようである。内地人教師が新聞紙上で「台湾魂」を云々する生徒の「私語」をやり玉に挙げていた時期には、制服姿の一生徒が内地人教師の家に石を投げ込んだという報道もなされている(『新高』三・九)。また、五月になってバンドが生徒に「改革案」を説明した三日後には、第三学年の生徒が内地人教師角田三寅による修身教授に対して「反抗的態度」を示したという。角田が怒って職員室に引き揚げると、相手の論理を逆手にとって「我々に国民教育を行ふ誠意なし」と抗議、生徒大会で角田の辞職勧告の決議をした(『大朝』五・二九)。この事件は再び大きく報道されたが、バンドによる説諭と生徒による謝罪ということで、「円満解決」をみたとされる(『台南』五・三〇)。

学友会雑誌『輔仁』の誌面にも「改革」が生じた。三三年までは漢文欄が日本語欄の半分程度の比重を占めていたにもかかわらず、これが削減される。排撃運動さなかの三四年五月に刊行された第一〇号にはまだ漢文欄が存置されているが、これは準備が間に合わなかったためだろう。漢文欄の存在を取り繕うかのように、冒頭には「国語演習会ニ於ケル中川総督閣下ノ告辞」がおかれている。[20] そして、三五年以降は漢文欄が消える。

学校暦においても、「非常時日本」という風潮に連なる行事が学校生活全体を覆い始めた。三四年四月から六月にかけての行事を摘記すると、以下のようになる。[21]

四月二四日　新に教育勅語奉安庫を学長室に建立す。
四月二七日　靖国神社臨時大祭遙拝式挙行。
四月二九日　天長節祝賀式を挙行し練兵場にて取行はるる閲兵式分列式に参加す。
四月三〇日　建功神社祭につき朝会に於て少時黙禱を行へり。
五月二一日　教育映画「輝く日本」総見会。
六月一三日　台北帝大近藤教授来訪。
六月一七日　台湾始政記念日(三九回)祝賀式挙行。

右の項目のなか「近藤教授」は、本書第六章でとりあげた近藤寿治を指すものだろう、三四年度当時の台北帝大教授で近藤という姓の者は、近藤寿治だけだからである。[22] 三四年四月、総督府は、近藤の著書『人間学と国民教育』を、「現下ノ思想問題並ニ教育上ノ根本問題」の啓発に資するものとして公・私立学校に広く推薦した。[23] その内容は、「日本人を日本人にまで陶冶する」ことこそが教育だと説くものであった。近藤が長老教中学を訪れたのも、そのような「教育思想」を説き聞かせるためであったと思われる。近藤は、このあと内地の文部省督学官に抜擢されて、戦時下における「教学刷新」において辣腕をふるうことになる。

四月三〇日の建功神社例祭に際しての記述が、「少時黙禱」となっていることも着目される。神社参拝をせずに、「少時黙禱」で対応しようとする力が働いていたことがわかる。この状況が変わるのは九月である。学校暦によれば、九月一四日に「財団法人定期理事会評議員会を開催」、一八日に「満洲事変三週年記念慰霊祭職員生徒代表参拝を為し生徒一同に講話を為す」、二〇日に「黄俟命先生告別式を執行ふ。教職員会にて送別宴を張る」と記されている。[24]黄俟命の「告別式」とは、長老教中学の職を退くことへの告別であった。おそらく九月一四日の法人理事会で今後は例外なく神社参拝を実施する方針を確認するとともに、黄俟命に対して辞表提出を求めたものと思われる。黄俟命は、聖書を日本語で教えることを拒み、神社参拝にも反対していたからである。

こうした「改革」の積み重ねのうえで、一〇月二八日台南神社例祭日に「職員生徒一同」による「正式参拝」がおこなわれた。[25]翌二九日には招魂碑前広場における招魂祭祭典にも参加した。おそらくこの両日の儀式への参加を拒絶した生徒がいたためだろう、『学校日誌』一〇月二九日条によれば、二九日昼休みに緊急教員会を開催、生徒一同を講堂に集めて「通告及ビ注意」がおこなわれた。さらに、「神社参拝、招魂祭々典不参者」の存在をめぐって「調査訓戒」をしたと記されている。[26]神社参拝や招魂祭への参加は、生徒にとって明白に強制的な意味合いを備えていたことがわかる。

人事面の「改革」は、次のように進んだ。

シングルトンは宣教師として台湾に残ったが、長老教中学の職からは外された。かくして、三三年中に神社参拝に反対していたと思われる人物――林茂生、黄俟命、シングルトン――は、すべて学校から追われたことになる。三五年二月には、日本基督教会の斡旋により、加藤長太郎が新校長として着任した。加藤は海軍兵学校を卒業した軍人であり、予備役となったのちに中等教員免許状をえて朝鮮の京城高等工業学校で教えていた。新校長の人材を推薦する側も、これを迎える側も、軍人出身であることが軍部への対策上効果的だと考えていたと思われる。バンドは名誉校長となり、辞職させられた黄俟命に代わって聖書教授を担当することになった。

下地恵榮の回想によれば、バンドは加藤新校長に対して、下地恵榮と萬代賢平が外部勢力と連携した張本人なので早く馘首してくれと申し出たが、下地と萬代は辞職を拒否したという。下地はまた、「校長との対話一切を速記形式で、監督官庁の課長・視学官・視学宛に逐次文書で報告した」という。さらに、自分を馘首しようとするバンド前校長や加藤新校長との争いについて、「吾等の人事権はすでに監督官庁に移っていたので、意気揚々と勝利の幕を閉じた」とも記している。[27] この場合の人事権の移行とは、三四年六月二七日の私立学校規則中改正(府令第五二号)を指すものであろう。この改正で「校長又ハ教員ヲ解職セントスル時ハ設立者ニ於テ事由ヲ具シ第一次監督官庁ノ認可ヲ受クベシ」という条項を追加したことにより、教員の解職は届け出制から認可制に変わった。たとえ学校内部に監督官庁の意にしたがう教師が入り込み、意思決定のプロセスをことごとく監督官庁に注進する事態になったとしても、学校関係者としては手のつけようがない仕組みがつくられたわけである。

図 8–5　加藤長太郎の校長就任式

理事会の改組については、三四年九月に長老教中学理事会から日本基督教会大会に対して、理事の推薦と派遣を求める建議案が提出された。理由は、次のように説明された。「政府の台湾統治の方針に従ひ、我等は益々国民教育を徹底せしめ以て内地人と本島人との融和」を図る必要がある。[28] 文書の発信者たる理事会長はモンゴメリーとなっているので、すでに名義上においても理事会長は林茂生から交代していたことがわかる。

七、淡水中学・淡水女学院への飛び火

台南長老教中学をめぐる排撃運動は、台湾北部の淡水でカナダ長老教会の経営する淡水中学・淡水女学院にも飛び火していった。三五年以降の状況は次章で述べることとして、ここでは長老教中学排撃運動とも関係の深い三四年段階での動きを確認しておこう。

淡水中学にかかわる最初の報道は、三四年三月九日付で『台南』に掲載された記事である。見出しは「南に長老中学あり　北に淡水中学あり　「礼拝」を強要、「神社参拝」を拒否　外人教師の専横」となっている(『台南』三・九)。一五日には淡水中学の生徒募集にかかわる記事で淡水中学の教師柯設偕が神社参拝を拒否したことはないと語っている(『台南』三・一五夕)。四月八日には『経世』が、淡水中学について「非常に畏怖」しつつ、「台南のそれのやうに燃え上がらない中に片を附けたいと焦つて居る」と評しながら、その「非国民的教育振り」に変わるところはないと断じている(『経世』四・八)。

四月一七日には、総督府視学官大浦精一らが淡水中学・女学院を視察して、長老教中学におけると同様の抜き打ち調査をおこなった。『台日』では、大浦視学官による「極秘裏」の調査に言及しながら、「淡水の丘上軒《のき》を並べて別天地の聖園を形成してゐるが、従来淡水に在りながら土地住民と余りに交渉なく独尊的態度を持してゐた」と報じている(『台日』四・二〇)。抑えめのトーンではあるものの、長老教中学をめぐって「輿論沸騰」のさなかでもあり、「独尊的態度」という言葉ひとつでも十分過ぎるくらいの威嚇効果を備えていたことであろう。

カナダ長老教会宣教師の側では、この視学官の訪問について次のように記している。[29]

一九三四年春のこと、総督府視学官が初めて淡水女学院を訪問し、徹底した詮索をおこない、学校における勉強よりもむしろ政治的倫理的な信条にかかわって生徒たちに多くの質問をした。その質問とは、「天皇とキリスト

ではどちらがより崇敬 reverence に値するか」「教育勅語と聖書は、どちらがより重要か」といったものである。生徒たちの回答は、視学官にとってまったく不満足なものだった。視学官はまた、文教局による規則のなかで遵守されていないものがあることや、あまりにも多くの台湾語が話されていることをとりあげて、学校の対応に問題があるとみなした。主席視学官は、日本精神を涵養し、日本帝国への忠誠心を鼓吹することの絶対的必要性について、長い演説をおこなった。帰りがけに視学官は、この目的を達成するのに役立つと彼らが考える、幾つかの要求を提示した。それは以下の通りである(一九三四年四月一九日の教育部記事からの引用)。

1. 勅語謄本のために適切な場所を設けること。
2. 聖書は日本語で教授すること。
3. 「漢字」(表意文字)とローマ字を台湾語で教授しないこと。
4. 生徒たちに国民精神を涵養することについて教師がもっと注意を払うこと。
5. 国民精神養成には日本人が適切なので、舎監は日本人とするように勧告する。
6. 日本語を話せない教師をどのように待遇するかという計画を示すこと。
7. 中学校は、なるべく神社参拝をおこなうように勧告する。(At the Middle School they also recommended that, if possible, we go to the shrine.)

図 8-6　陳澄波「岡」(1936 年)
油彩．1936 年の第十回台展に入選した作品．淡水中学排撃運動がさかんに展開された時期に発表された．画面上方の淡水中学は丘の上の「別天地」を思わせるとともに，波打つ強い曲線により土台を揺るがされているようにも見える．

カナダ長老教会宣教師たちは、神社参拝以外の項目については総督府の要求を受け容れる方針を定めた。すなわち、勅語謄本のための奉安庫を備えることとしたほか、長年にわたって宗教主任・舎監の役割を果たしてきた台湾人牧師蕭安居に解雇を通告し、巡回牧師への配置転換をおこなった(30)。長老教中学の黄俟命がそうだったように、宗教主任・舎監として宗教的感化の中核を担っていた台湾人牧師がまず学校から追放されたわけである。「舎監は日本人とする」という類いの要求は、文化的な同化圧力を意味すると同時に、日本人ではない者を舎監という立場から追放する、人種主義的な排除の実践を意味した。たとえそうだったとしても、宣教師としては、排撃運動の鉾先がいつ自分たちの学校に向けられるかわからないという恐怖心のなかで、自らの「宗教的良心」にかかわる神社参拝以外の事項についてはとにかく当局に従わざるをえないと判断したということだろう。

視学官視察の三日後、四月二〇日、台北州が神社参拝にかかわる二件の通牒を台北神学校に送付した。ひとつは「靖国神社臨時大祭ニ関スル件」であり、臨時大祭には休業として敬意を表すべきと記している。もうひとつは「建功神社例祭ニ関スル件」であり、四月三〇日に「学校及教化団体等ニ於テハ適宜建功神社ニ関スル訓話ヲ為シ参拝又ハ遙拝ヲ為スコト」としている(31)。「適宜」という言葉こそついているものの、実質的にすべての学校に参拝または遙拝を求めたものといえる。淡水中学・女学院は専検指定を求めていなかったので、総督府の求める体制への妥協の必要は薄く、それまで遙拝式もおこなっていなかった。しかし、この時には「白熱した議論の末に妥協がなされて「遙拝式」がおこなわれることになった」という(32)。

四月二六日には淡水中学校長マカイらが安武直夫文教局長に面会、席上、文教局長は「圧力は外部からもたらされている pressures were being brought to bear on them from outside、しかし、わたしたちも国民精神を涵養することは必要だと感じている」と述べ、神社参拝については言及しなかったという(33)。総督府の「外部」にあって総督府の意思決定に影響力を及ぼしうる組織とは何か。そうした主体として考えうるのは、日本政府と在台軍部である。当時の日本政府で神社問題を管轄していた内務省は、神社参拝に相対的に慎重な姿勢をとっていた。したがってここでの「外部」の主体はやはり在台軍部と考えられる。

この日の会合の模様は、『台日』において、「国語を解しない教師は全部一掃　淡中当局が誠意を披瀝」という見出しで報じられた(『台日』四・二七)。神社参拝問題はとにかくとして、それ以外のことでは学校関係者が恭順の意を表したことになる。

この三四年四月以降秋までは、総督府から神社参拝問題が提起されることはなかった。しかし、一〇月一五日、突然、安武文教局長らが学校を訪問した。当時淡水女学院長代理であったアーガルによれば、この時、台北州視学が帰りがけに安藤信成教頭を呼び寄せ、台湾神社の例祭日(一〇月二八日)に生徒たちを神社に連れて行くように語った。「この発言に対して教師たちは興奮し、一週間のあいだ、職員室で神社参拝の適切性と必要性をめぐる問題以外のことはほとんど話し合われなかった」という。ただし、神社参拝をすべきという結論にはいたらなかった(34)。同じ時期、長老教中学は職員生徒一同の神社参拝をおこなう状態へと追い込まれたわけだが、淡水中学・女学院に対しては、この段階ではそこまでは求められなかった。そのことにも示されているとおり、何がどのように問題視されて、排撃の対象とされるかは、たぶんに排撃する側の恣意に委ねられていた。

第二節　排撃における重層的主体

一九三四年の事件において排撃運動の中心となったのは、もちろん内地人である。ただし、この場合の内地人という主体は入り組んでいた。異なる社会的地位にある者が、それぞれの思惑——そこにはさしあたって長老教中学問題とは関係が薄いと思われることがらも含まれる――に基づいて相互にもたれ合い補完し合いながら、結果として、巨大な暴力の作動に関与することになったといえる。その複雑にからみあった関係を完全に解きほぐすことは困難であるものの、以下、①今川淵台南州知事と台南同志会、②『台湾経世新報』と右翼団体、③在郷軍人会と在台軍部という三つのポイントを設けて、重層的な主体の輪郭をできるかぎり浮かび上がらせることにしたい。

一、今川淵台南州知事と台南同志会

台南長老教中学排撃運動において、今川淵台南州知事は「断乎排撃すべき」という声明を発し、監督官庁としてお墨付きを与えた。今川はどのような経歴を持ち、どのような目論見のもとにこの声明を発したのだろうか。

今川は、一九一二年に東京帝国大学法科大学政治学科を卒業、翌一三年に文官高等試験に合格、一四年に渡台して台湾総督府事務官となり、殖産局農務課長などを歴任した。その後、二七年に上山満之進総督のもとで休職、二八年に川村竹治が総督に就任すると専売局参事に復帰し、二九年に石塚英蔵が総督となると依願免官、三二年に南弘が総督となると台南州知事として返り咲いた[35]。上山と石塚が民政党系、川村と南が政友会系であることを考えるならば、今川の経歴はまさに政友会系官僚の浮沈を如実に表現したものといえる。

今川が、政友会系の官僚であることは同時代にも認識されていた。政友会寄りの論調の顕著な『経世』は、三二年の南弘総督就任時の大人事異動は、「民政系掃討」を目的としたものであり、「当時まだ任命を見なかつた田端〔幸三郎〕専売〔局長〕、今川台南〔州知事〕等々」が川村竹治元総督らとともに人事の脚本を書いたと報道している(『経世』三二・四・一七)。この「民政系掃討」人事で今川は州知事、安武直夫は文教局長に抜擢されたのだった。

今川の経歴において、文官高等試験合格後すぐに台湾に渡っていることも着目される。植民地官僚について研究した岡本真希子は、任官後すぐに台湾に赴任した「在来官吏」と、内務省に入省して多くの府県勤務を経てから台湾総督府に着任した「移入官吏」という区分をしたうえで、田健治郎総督時代には在来官吏のなかでも台湾でエリート官僚としての道を歩み始めた「生え抜き官吏」が登用されたが、伊沢多喜男総督期以降、総督・総務長官はもとより局長・州知事クラスでも移入官吏の割合が増加したことを明らかにした[36]。今川のような生え抜き官吏は、内地の府県にポストを求めるのが困難だったために、台湾の官界で生き残るために顕著な「手柄」を求めがちであった。

今川と中川総督との微妙な関係も視野にいれる必要がある。五・一五事件後の「挙国一致」体制のもと、中川総督の赴任に際して、政友会系官僚が少なからず留任したが、両者のあいだには微妙な緊張関係が存在した。三二年春の「民政系掃討」人事で新竹州知事に抜擢された内海忠司の日記によれば、三三年五月の地方長官会議で中川総督が台湾人に限定的な地方参政権を認める地方自治制案を提起した際には、「殖田〔俊吉殖産局長〕、友部〔泉蔵警務局長〕の両局長と、地方長官では今川〔淵〕、内海〔忠司〕は絶対に反対論者」であったという[37]。殖田と友部は、同年八月に関東庁に異動となった。総督の片腕たるべき局長ポストにありながら、これに反対したことへの報復ともみなしうる人事だった。今川や内海も、いつ異動を求められてもおかしくはなかった。内海は軍人との関係を深めることで、この難局を乗り越えようとした。内海忠司にかかわる近藤正己の研究によれば、三三年頃を境として、内海が接触・面会する人物のうちで軍人の頻度は高まり、形式的な挨拶にとどまらず実務的な交渉が多くなったとされる。特に松井石根司令官との接触の頻度は多く、松井の側で地方行政官を通して総督府を動かす目的があったと論じている[38]。今川の場合も内海と同様に自らの立場を庇護する後ろ盾を求めて在台軍部に近づいた側面があると考えられる。

圧力は「外部」から及ぼされているという安武の発言を想起するならば、今川の行動は、在台軍部の意向を背景としていた可能性が強い。そのように考えることにより、台南の地元紙たる『台南』が、総督府の「御用新聞」たる『台日』よりも早い時期から、いっそう過激な論調で排撃運動を煽った事実も不思議なことではなくなる。とはいうものの、中川総督も、長老教中学の自治的性格を圧殺すること自体は歓迎していたと考えられる。日本基督教会の機関誌『福音新報』は、長老教中学をめぐる問題の根本的原因は「台湾人本位の学校で従って理事会なども台湾語を以てする習慣」だったことや、「理事の一人に総督の覚え目出度からざる人物」があったことと指摘している。[39] この理事は、林茂生をさすものと思われる。「台湾人本位」の空間をなくすという目的そのものは共有しながらも、その手法において、今川州知事と中川総督のあいだに温度差があったものと解釈できる。

それでは、排撃運動の実働部隊ともいうべき役割を果たした台南同志会は、どのような組織だったのか。排撃に参加した個々の民間人には、どのような動機や思惑が存在したのだろうか。

会員名簿のようなものも残っていないので実態はつかみにくく、創立年もわからない。[40] **表8-2**は、各種の新聞記事から三三年—三五年当時台南同志会の会員であった者で、経歴や肩書きがある程度判明する人物を示したものである。台南同志会の臨時総会で「出席者は三十二名、殆ど全会員」(『台日』三四・三・六)と記されているので、ここに挙げたのは全会員の六—七割に相当すると思われる。

表8-2で「長中」という表題の列は、長中問題調査委員に就任したことをあらわす。「職業」としては、実業家が中心ではあるものの、弁護士や新聞記者も含んでおり、純然たる実業団体というわけでもなかった。特に長中問題調査委員一一名のうち四名が弁護士、二名が新聞記者というように、言論人の多かったことが着目される。活動内容としては、台南駅改築など地域利害にかかわる請願をおこなったりしていた(『経世』三三・四・二)。月例会に今川知事を招待することもしばしばであり、三四年一月末の第四回総会では、産業道路を建設した功を賞して今川知事に対して感謝状を授与、さらに「市内数十の美形酒間を斡旋し歓談数刻」という具合だった(『経世』三四・二・四)。長老教中学排撃運動が起こるのは、この翌月である。

台南市において台南同志会はどのような位置を占めていたのか。台南市の実業団体としてもっとも古い歴史を持つのは台南商工会(一九〇五年創立)であり、会長の佐々木紀綱、副会長の越智寅一はともに一八九五年に渡台、その後雑貨商などを通じて財と社会的地位を築いた人物だった。台南実業協和会(二三年創立)は、商工会の革新を図ろうとした高島鈴三郎らにより設立された。商工会は実業界における既得権益層を代表し、実業協和会はこれに挑戦しようとする新興勢力という構図が存在した。これら内地人中心の団体のほかに、台湾人中心の団体として王開運を会長とする台南商工業協会(二七年創立)、蔡培火の兄蔡培庭を中心とする台南総商会(三〇年創立)などがあった。

表8―2における「商工会」「実業協和会」は、三三年時点でそれぞれの実業団体の役員を示す。同志会の会員のなかには栗山新造以下台南商工会の役員を兼ねている者も少なくなかった。したがって、全体として功成り名を遂げた既得権層という色合いが強い。ただし、少数ではあるものの台南実業協和会の役員を兼ねている者もいた。また、弁護士のなかには台湾人中心の実業団体の顧問という肩書きを持つ者もいた。したがって、これらの団体は、かならずしも相互に明白な形で対立していたわけではない。それでも、勢力争いともいうべき傾向は存在した。

おりしも長老教中学排撃運動が展開されていたさなかの三四年三月には、台南州購買組合の撤廃問題をめぐって、内地人実業家を二分する争いが起きていた。

台南州当局の保護を受けた購買組合が三階建ての百貨店を建設しようとする計画に対して、これを脅威と感じる内地人小売業者が購買組合の撤廃を目指して二月二七日に実業同盟会を組織した。一五名の幹事のなかには実業協和会の会長高島鈴三郎、同副会長山本寿太郎なども含まれていた(『台南』三・一)。同志会の会員のなかでも、実業同盟会の幹事に名を連ねた者もいた。そのひとり小出平左衛門は、市内小売商人の困窮に以前から同情していると語り、幸いにして現在の知事や州内務部長は「理解のある方々」だから「穏健に」嘆願すべきだと話している(『台南』二・二五)。

今川州知事としては、内地人による運動である以上は頭ごなしの否定はしにくい一方、日用品の消費者でもある官吏の立場からするならば州購買組合の存続が望ましいと考えたと思われる。三月三日、台南同志会としては購買組合撤廃運動に参加しない方針を定めた(『台南』三・五)。長老教中学排撃の方針を定めたのと同じ日の会議であった。台南同志会によるこの決定は今川にとって都合のよい選択であり、長老教中学排撃運動への参加と同様、知事の歓心を買う行為であったと思われる。その「論功行賞」のように、州知事の任命になる台南市協議会員の改選において、同志会の関係者は厚遇されることになった。

表8-2の「台南州・市協議会」の列は三〇年度から三六年度までの任命状況を示したものである。三四年一〇月の市協議会員(定員二五名)の半数改選において、台南同志会関係者が優遇されている。すなわち、実業協和会会長の高島鈴三郎、同副会長の阿波種次郎、総商会会長の蔡培庭が選に洩れる一方、これまで市協議会に三名(川中忠五郎・小出平左衛門・千葉才治)を送り出していた台南同志会から新たに四名(井戸諫・野坂新太郎・堀内明・西川善三郎)が選出された。この改選について、同志会に近い立場の『経世』は、「実業協和会は名実共に滅亡し、本島人の総商会は統制力の有無が疑はれ、独り押立てた候補四人迄の選出を見た台南同志会は倍《ます》す其優勢を発揮して万歳と云ふべきであらう」と報じている(『経世』三四・一〇・七)。こうした事態への反発の声も、他紙では伝えられている。たとえば、『南瀛』では、「〔台南同志会の〕連中が市政、州政に容喙せんとするは余りに、自惚れが強過ぎる嫌ありとの批難の声高く、他方徒らに知事其他官僚連の歓心を買はんとする唾棄すべき態度」であると評している(『南瀛』三五・二・九)。

右のような経緯には、議会なき植民地における政治のあり方の一端が示されている。すなわち、選挙による議員の選出という仕組みが存在しない台湾では、それだけ「美形酒間」を介した個人的なコネクションが内地政界よりもいっそう重要な意味を持ったと思われる。知事のような官吏は、自分にとって都合よい「民意」を表明してくれる存在として内地人民間人を利用し、民間人は知事の歓心を買って市協議会員などのポストを獲得し、実業界における自分たちの発言権を拡張していこうとする風潮が存在した。(41) 『台南』三月六日付の報道では台南同志会の陳情に応えて今川が「断乎排撃すべきである」という声明をしたことになっているが、以前からの蜜月関係に着目するならば、もと

表 8-2　台南同志会の主要構成員(50 音順)

氏　名	長中	職　業	商工会	実業協和会	その他の肩書き	台南州・市協議会
安里積千代		弁護士			在郷軍人会台南分会理事	1935 年-　市会議員(民選)
井戸諫	委員	弁護士			在郷軍人会台南分会理事	1934-35 年　市協議会員 1935 年-　市会議員(民選)
遠藤彦四郎		台南タクシー会社取締役	評議員	評議員	在郷軍人会台南分会評議員	
小原光雄	委員	織布会社支配人				
川上八百蔵	委員	元台南新報編輯長			台南総商会顧問	1930-34 年　市協議会員 1935 年-　市会議員(民選)
川中忠五郎	委員	川中鉄工場主	評議員	理事		1933-35 年　市協議会員 1935 年-　市会議員(官選)
久代求		台南タクシー会社専務取締役			在郷軍人会台南分会評議員	1935 年-　市会議員(民選)
栗山新造	委員	台湾南部無尽会社社長	評議員			1930-32 年　市協議会員 1932-36 年　州協議会員 1936 年-　州会議員(官選)
小出平左衛門		小出商工主人	評議員	評議員	台南市実業同盟会幹事	1931-35 年　市協議会員
小林憲二		近藤商会支店主任	評議員			
佐藤三之助	委員	弁護士				1930-35 年　州協議会員
須田義次郎	委員	台南食塩元売捌人			元総督府技師・台南州勧業課勤務	
千葉才治		医師				1931-35 年　市協議会員 1935 年-　市会議員(官選)
津川福一	委員	台湾新聞社台南支局員			台南市実業同盟会幹事・台湾地方自治連盟理事	1935 年-　市会議員(民選)
西川善三郎		台南建築利用組合主事				1934-35 年　市協議会員 1935 年-　市会議員(官選)
二宮儀之助	委員	貸屋貸地業			元嘉義庁警部・打狗支庁長	
野坂新太郎		西村商店台南支店長	評議員		在郷軍人会台南分会評議員	1934-35 年　市協議会員 1935 年-　市会議員(官選)
樋口常弥	委員	弁護士			台南商工業協会顧問	
藤本周一		信用組合台南友信会常務理事	評議員			
堀内明		宅商会台南支店長	評議員			1934-35 年　市協議会員
和田二三松	委員	弁護士			台南総商会顧問	1930-31 年　市協議会員 1931-36 年　州協議会員 1936 年-　州会議員(官選)

出典：各年度『台湾総督府及所属官署職員録』,『台南州下官民総覧』(1933 年), 林進発編『台湾官紳年鑑』(1934 年),『台湾人士鑑』(1937 年),『台日』34/3/5,『台南』34/2/25・34/3/1・34/3/5・34/4/30,『経世』1086・1089・1131・1165・1175・1179・1206・1210・1237・1285,『昭和』258・259・335・356・359,『新高』424・502,『台湾時事新報』87・88,『南日』538. 日刊紙は日付, 週刊紙は号数を表す.

注：1)「長中」の列は, 台南同志会の長中問題調査委員会の委員であることを表す.
2)「商工会」「実業協和会」の列に記した役職名は, 1933 年 4 月 1 日現在のもの.
3)「台南州・市協議会」の列には, 1930～35 年度の台南州・台南市の協議会員, 1935～36 年度の台南州会・台南市会の議員の履歴について記し, 後者については官選・民選の相違を附記した.

もと互いに意を通じながら、陳情から声明へという流れを演出した可能性が強い。

このように、台南同志会の会員の多くにとって、長老教中学排撃運動への参加は、知事の歓心を買って自分たちの発言権を高めるという、いわば卑近で切実な利害に根差した行為であったと考えられる。そのことに加えて、神社参拝というイッシューそれ自体を重視していたと思われる人物もいる。特に着目されるのは、栗山新造（南部無尽会社専務取締役社長）である。栗山は自宅に神社を建てた「敬神家」として知られた人物であり、自らの著書で台北における神懸かりの女性の「御啓示」を紹介している。ここで「御啓示」を受けているのは、内地人官吏の妻であり、キリスト教徒だった女性である(42)。

> 神も拝まぬ、先祖も拝まぬ、天に居るキリストの神だけが自分の神である、そんな恐ろしい汚ない垢を心にこびりつかせておいて、日本のお役人を勤めてゐる夫に病気をなほつてもらふと云ふことが出来ると思つてゐたらいけません。（ほんとに悪るい考へ方でございました、お許し下たい《ママ》ませ）〔……〕あなたはえらい魂をもつた方である、そのえらい魂がアーメンで曇り切つてゐる、その曇を洗ひ落せば夫の病気はずんずん直りますわ。

病気に由来する不安感は、「恐ろしい汚ない垢」への不快感を媒介として、巧みなレトリックによりキリスト教の問題へと転位されていくことになる。栗山は、この「御啓示」を紹介したのと同じ著書で、台南州内務部長だった川村直岡ら総督府官吏の「女買」にまつわるゴシップを書き連ね、「人並以上に料理屋づきあ《ママ》いをつとめながら、而かも女買をせないと云ふことは之は一寸凡人には出来ない芸当」と揶揄する口調で記している(43)。また、金貸し業は罪深い職業ではないかと問われて「矢張り怨を受けます。私等が神を敬し祭るのも其罪をイクラか浅くするためです」と答え、質問者を「アングリ」とさせている（『南瀛』三四・一二・八）。

栗山の文章からにじみ出てくるのは、ジェンダー化された社会秩序における強者としての男性の欲望や、仮借ない債務取り立てによるさらなる蓄財への欲望である。自宅に社を建てるような「敬神家」としての行為が、それらの欲望をすべて「浄化」する仕組みとなっている。その一方で、神社参拝を拒否した長老教中学関係者は、いわば道徳的な「犯罪者」とみなされた。こうした価値の転倒がもっともらしく見えるためにも、キリスト教系学校は排斥されねばならなかったといえる。

二、『台湾経世新報』と右翼団体

長老教中学排撃運動は、出発点において台南発のローカルな出来事だったが、センセーショナルな新聞報道は全島レベルに及んでいた。

新聞報道は、総じて排撃ムード一色に塗りつぶされた。そのなか、「漢文週報」として創刊された『昭和』には、排撃運動に唱和する記事と、これに距離をとろうとした記事が混在している。『昭和』は、『台湾新民報』——三四年当時のものは残念ながら現存を確認できない——と同様に、社長が台湾人であり、漢文欄が充実している点に特徴があった。[44] たとえば、和文欄では長老教中学問題に対する台南同志会の「調査結果」に疑問を提示しながら「学校停止する議は理不尽」と評し、漢文欄では、入学難の声が満ちている状況のもとで「当校を存置すること、我が国人に対して大益無からんと雖も、亦必ず小補有らん」と主張している(『昭和』三・一〇、三・一七)。この程度の論でも、当時としては珍しいものだった。

『新高』は、一般的には民政党系寄りで相対的にリベラルが特徴的だったものの、この件については排撃一色である。たとえば林茂生について「歴史の講義中皇室皇道に関するところなどは逃避する」として、台南高等工業学校教授の職も辞すべきだと主張している(『新高』三・九)。また、長老教中学のような「反国家主義の団体」がこれまで放任されてきたのがそもそも間違いである以上、今回は徹底的処置をとるべきと論じながら、「彼等とても只の鼠ではあるまい、始末の悪い獣《けだもの》共である、賠《しっか》りやつつけて欲しいものである」ともコメントしている(『新高』四・二九)。

この「獣」という喩えは、排撃運動がたぶんに人種主義的色彩を帯びていたことを物語る。『経世』においても、林茂生を「頗る付きの左傾的人物」と攻撃している(『経世』三・四)。これまでの論から明らかなように、林茂生はリベラリストではあっても、「左傾的」とは言い難い存在であった。ここで「左傾的」として攻撃したのは、要するに社会的に抹殺すべき人物という意味合いであったと考えられる。

さらに、『経世』に独自な論調は、林茂生のような台湾人のみならず、英国人宣教師をも標的とした排外主義である。バンド校長が神社参拝をおこなう声明をした際にこれを「ご都合主義」による解決策と非難、「当局だつたら毛唐の鼻毛を一本抜いて喜んで居るかも知れまいが日本人なら我慢せぬ。向脛を敲き折つて運河へでも放り込んで了ひ度い位だ」とまで評している(『経世』五・六)。

『経世』の論調は、政党政治との関係では政友会寄りだったが、日常的に排外主義的でセンセーショナルな論評を展開していた点では右翼的であったともいえる。この点は、『経世』社長の蓑和藤治郎が台湾社会問題研究会(以下、台湾社研)と称する右翼団体の顧問だった点と関連づけて考えることができる。

台湾社研は三一年に山下好太郎(四国民報台湾支社記者)らが中心となって結成、三三年に政治結社として公認、退職官吏である鎌田正威——後述するように今川淵の「親友」として知られた——を会頭として組織体制を整えた。もともと借家人組合に端を発する組織であることから、経済的に不遇な状況にある在台内地人が中心となって組織したものと思われる。州購買組合問題については、撤廃の必要を唱えたほか、電灯料金や専売品の値下げを要求していた(45)。州購買組合問題に着目するならば、台湾社研は、客観的には台南同志会と対立する立場にあったともいえる。

台湾社研は、三三年から三四年にかけて大日本生産党や皇道会のような内地右翼団体との連携を強めていた。よく知られるように、大日本生産党は玄洋社系の右翼団体であり、頭山満・内田良平らを中心として三一年に創設された。同党は、三三年一〇月に八幡博堂らの台湾遊説を実現させた。

また、皇道会が台湾社研にとってもうひとつの強力な連携相手となった。皇道会は、明倫会と同様に、在郷軍人を基盤とする内地の右翼団体として三二年に創設された。三四年二月の山下好太郎の内地訪問を契機として、「台湾問題の概要」と題する報告書を作成した。[46] そこでは、「一視同仁の同化政策は台湾本島人迎合に堕し、日本、内地人軽視となりて現はれ総督の威信全く失墜せり」と断じ、「台湾人の執拗、強固なる日本母国勢力の排除」のために在台内地人は困窮していることを強調している。[47] 台湾社研の活動も、内地人富裕層から台湾人へと鉾先を向け変え、「公園なんかで寝てゐるルンペンはみな日本人で台湾人は一人もゐない有様」と内地人の困窮を訴えながら、皇道会の報告書と同様に、その理由を総督府の「台湾人迎合主義」に転位していく傾向があった。[48]

皇道会は、山下らの要請に応えて、三四年四月二二日から五月一三日にかけて、三名の人物——皇道会顧問たる予備役中将高田豊樹、大日本生産党員で日蓮宗僧侶高鍋日統、『改造戦線』主筆山本昌彦——を台湾遊説に派遣、全島各地で講演会を開催した。[49] 四月二五日には、蔡培火が林獻堂を誘って台中公会堂でおこなわれた高田・高鍋の講演会に赴いている。林獻堂の日記によれば、高田の講演題目は「非常時の政治と台湾」、高鍋の講演題目は「殖民地政治及教育問題」だった。高鍋は、国民は皇室を尊敬すべきであり「基督教生徒の神社不参拝は厳重に取り締まるべきだ」と演説したという。林獻堂は最後まで聴くに及ばないと判断して途中で退出した。[50] この四月二五日という日付は、バンドの帰台を目前にして、台南州当局が再び「輿論」を「沸騰」させる事態を演出していた時期であった。

台湾社研の活動は、長老教中学排撃運動をめぐる新聞報道において表だっては登場しない。しかし、この皇道会の台湾遊説に着目するならば、台湾社研も水面下で長老教中学排撃運動にかかわっていた可能性が強い。翌三五年に展開される淡水中学排撃運動では、台湾社研のメンバーは排撃の中核部隊として立ち現れることになる。

三、在郷軍人会と在台軍部

台南長老教中学にかかわる『台日』の報道は、一九三四年三月六日から七日にかけて台北の在郷軍人が「蹶起」し、文部・拓務両大臣に打電した出来事を境として、いったん鎮静化を志向するものに転じた。それでは、この在郷軍人有志はどのような人びとであったのか。総督府は何を怖れていたのか。

この問題を考えるにあたって、「御成班」「建成班」という記述が手がかりとなる。御成町、建成町は台北市内の町名であり、班は町単位で構成されていた。台北市内の二つの町名しか挙がっていないことは、市内の他の町の成員が、この排撃の動きに参加しようとしなかったことを示唆している。この点の含意は、台北における内地人の職業構成と居住地域を参照することで明らかとなる。

在郷軍人会の組織において、台北市は**図8-7**のように七つの区域(城内、城西、城北、城南、大成、大稲埕、萬華)に分けられており、それぞれに分会が設けられていた。これらの地域と民族別・職種別には一定の相関が存在した。官吏が中心的に居住していたのは、台北駅の南側に位置する城内である。城内から鉄道を隔てて北側に位置する城北地区は台湾人と内地人の混住割合が相対的に高い地域であり、その西側には台湾人中心の繁華街である大稲埕が広がった。御成町・建成町は、この城北地区に位置した。波形昭一の研究によれば、二〇年代後半から三〇年代前半にかけて、これらの中間的地域における内地人零細商工業者の存立基盤は動揺していた(51)。在郷軍人会のなかでも、城北分会の御成班、建成班の名前だけが挙がっているのは、官舎に居住する総督府官吏ではなく、零細な商工業者たる内地人が排撃運動の担い手たらんとしたことを示唆している。皇道会の報告書において、「台湾人の執拗、強固なる日本母国勢力の排除」と記したのも、この階層に蓄積していた不満を吸い上げようとするものであろう。

他方で、在台軍部には、これらの在郷軍人たちに自らの意向を代行させようとする傾向が存在したと思われる。本章冒頭で述べたように松井石根台湾軍司令官は、地方自治制について婉曲に反対の意向を表明し、「南方国防」を強化する重要性と、そのための「精神的統一」の必要性を説いていた。

松井は、三四年八月の台湾離任に際して、帝国日本が太平洋上に生存するためには帝国南端の台湾が根拠地として国防上重要であると論じ、ワシントン海軍軍縮条約において帝国日本にとっての台湾や沖縄が、米国にとってのフィリピンや英国にとっての香港と同様に扱われたのは不当であり、台湾の国防上の重要性ははるかに高いのだと主張した。そのうえで、「台湾は物質的にも経済的にも内地のお陰を蒙つてゐることの方が多い」として、「非常時局」において「台湾島民」はこの点をよく自覚し「深き反省と覚悟」を持つべきだと語った（『台日』八・二夕）。こうした松井の言動について、在淡水英国領事オーヴェンスは、三四年の年次報告で次のような観察を示している(52)。

図 8–7　台北市域区分図（1934 年）

> 松井将軍は率直な意見を語ることを誇りとしており、台湾人に対しても、日本の支配と保護のもとで暮らす運命を考えた時にどんなに自分たちが幸福かを認識しなくてはならないし、その恵まれた状態に対していかに報いるかを考えなくてはならない、と率直に語っている。しかしながら、たいていの軍人と同様、島人が自分たちの運命を形作るための発言権を拡大しようとする試みに対しては、どんなものに対しても一片の共感も示さない。

この観察は、正鵠を射たものと思われる。長老教中学排撃運動にしても、単に神社参拝をさせたにとどまらず、「島人が自分たちの運命を形作る」自治への希求を封殺する試みという意味を備えていた。

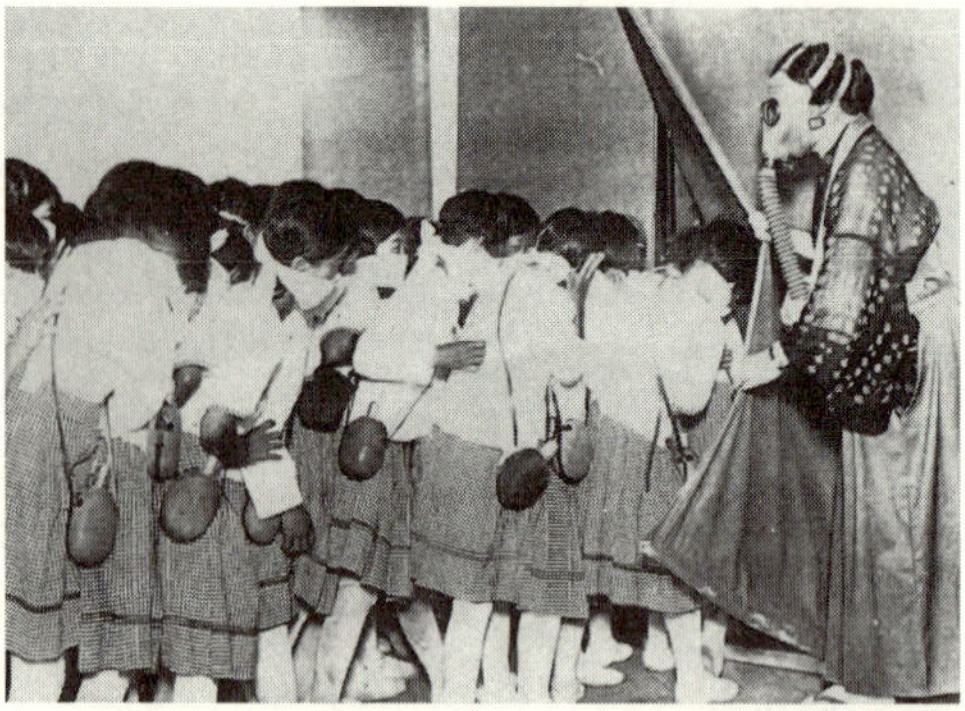

図 8-8　台湾軍特種演習(1934 年 6 月)
上は台北第三高等女学校における避難演習，教師はガス・マスクを付け，生徒たちは布を口にあてている．下は台湾総督府前における演習終了後の閲兵．

三四年当時、在台軍部はさまざまな形式で政治に介入し、「精神的統一」を図ろうとしてもいた。在台軍部が台湾人の生活にはっきりと影響を及ぼした出来事として二つのことを挙げておきたい。

ひとつは、台湾社会教化協議会である。三四年三月一日に開催されたこの協議会の出席者は、総督、総督府各部局長、州知事らのほか、在台軍部より外山豊造台湾守備隊司令官、土橋一次台湾軍高級参謀など、総勢一五〇名あまりであった。このうち外山は台湾軍において松井に次ぐナンバー2、土橋は三三年一一月に福建省の反蔣介石派が福建独立運動を展開した際に、松井の命を受けて現地で諜報活動を繰り広げた人物だった[53]。教育・教化の方策を主題とする協議会にこうした現役の高級軍人が出席していることは、当時としては異例なことだった。この協議会の答申では「本島に適切なりと認むる教化施設」として、「神社崇敬」「国語の普及」などを挙げた[54]。これにより「神社崇敬」の重要性は、総督府ばかりではなく、在台軍部によりオーサライズされたことになる。今川台南州知事が「宗教に隠れ本島教化の指導精神に反するものは断乎排撃すべきである」という声明を発したのも、この協議会の打合会の席上だった。

もうひとつは、台湾軍特種演習(台特演)である。三四年六月二四日から二九日にかけて、松井台湾軍司令官を統監として、台北州と新竹州において台湾でかつてないほど大規模な軍事演習がおこなわれた。この演習は、学校などの組織を通じてガス・マスクの着用を訓練する、高射砲実弾射撃演習に住民を動員するなど一般住民を巻き込んだ形で実施された。「非常時」意識の浸透がそのねらいであった。長老教中学排撃運動もまた、単にキリスト教徒への威嚇行為であったばかりでなく、広く台湾人一般に対して「非常時」という心構えを持たせるための絶好の宣伝材料という意味を備えていたものと推測される。他方、民政党系総督の立場からするならば、理由の如何を問わず、在台軍部が直接的に統治政策にかかわろうとする傾向は警戒すべきものだっただろう。

右に記してきたように、排撃運動の主体は、内地人という共通性はあったものの、一枚岩ではなく、重層的であった。官僚と軍人、政友会系と民政党系、民間人の既得権層と零細業者のように、これらの内地人のあいだでもさまざまな利害対立があり、思惑の相違が存在した。しかし、だからこそ、林茂生のような台湾人をスケープゴートとする排撃運動は、「日本人」としてのかりそめの一体感を感じるための機会としても必要とされ、歓迎されたものと思われる。

第三節 「激しい憎しみの嵐」の爪痕

一、英国人の帝国的無意識

右に述べてきた一連の事態において、排撃運動の過激化を抑制しえた要素があるとすれば、外交問題化への懸念であった。しかし、ロンドンの宣教本部も、バンドら英国人宣教師も、在台英国領事も、外交問題化しようとする姿勢は見せなかった。それはなぜだったのだろうか。バンドは、三四年の出来事を記したレポートにおいて次のように記している。[55]

> 激しい憎しみの嵐と氾濫するナショナリズムの感情の洪水がようやくおさまったこの日本の植民地において、わたしたちが置かれている状態は、気づいてみれば、キリスト教系学校が中国で一九二九年に直面した状況ほどには悪くないかもしれない。あの頃は、ナショナリズムの波が国中を覆い、キリスト教系中学校が存続するには、中国人の校長を任命し、理事会の大多数を中国人としなければならなかった。宗教教育は随意科目にしなければならなかったし、その他の必要とされた変化も、キリスト教施設としての中国におけるミッション・スクールの未来を危険にさらすものだった。

冒頭の「激しい憎しみの嵐」と「氾濫するナショナリズムの感情の洪水」という言葉は、長老教中学排撃運動が、バンドにとっても震えを感じさせる出来事だったことを物語る。ただし、中国の状況よりはましかもしれないとすぐに思い直している。本書第五章で論じたように、中国では二〇年代末に教育権回収運動が生じて、校長や理事長を中国人とする体制が形成された。イングランド長老教会の経営する廈門英華書院もその例外ではなかった。バンドは、これにより中国では宗教教育の自由が失われたと理解していた。それに比するならば、台湾の状況はキリスト教主義を保つことができている点でまだよいと理解したのだった。この認識の根底には、「(中国や日本で勃興する)ナショナリズムVSキリスト教」という対立図式のもとで、キリスト教が抑圧されることへの懸念がある。それが根拠のある懸念だとしても、大陸の中国人向け学校で中国人が管理運営権を掌握することと、台湾における台湾人向けの学校において日本人が管理運営体制の中核を占めることは、同じではないはずである。後者には、植民地支配の秩序が埋め込まれているからである。しかし、バンドの認識枠組みではこの点は重視されていない。ひとことでいうならば、中国と日本を対比するバンドの認識枠組みでは、台湾人の反植民地主義的ナショナリズムの問題が抜け落ちている。

もっとも台湾人の思いにまったく着目していなかったわけでもなかった。バンドは、林茂生と上村の対立や、内地人教師の強いられた辞職などに関する経過説明を記したうえで、結論的に次のように書いている。

幸いなことに、宣教師に対する内地人の排外感情はそれほど強くはなく、主要な攻撃の対象は理事会の台湾人に向けられている。台湾人理事は、台湾人生徒のあいだに国民的教育を浸透させようとした上村教頭の賞賛すべき努力を、実際に妨害しようとしたと考えられているからである。多くの台湾人は、この出来事において、わたしたち宣教師が当局に対して台湾人による自治 Taiwanese independence の擁護者としてふるまわなかったことに失望を感じている。しかし、わたしたちにはそのようにふるまう希望も権利もない。宣教師として、キリスト教教育に対する完全な自由を犯さないという当局の保証がとりつけられるかぎり、わたしたちは、日本当局の植民地政策を実行に移す体制を整えておかなければならない。

ここには、当局の要求にバンドが譲歩した理由が明瞭に語られている。バンドが妥協した理由は、排撃運動による暴力的な威脅のもとで、学校が廃校とされる事態を怖れたからと思われる。しかし、それだけでもなかっただろう。つきつめるならば、植民地支配という政治的経験のなかで生みだされた「台湾人の学校」という夢を、そもそも共有していなかったという事情に行き当たる。英国人宣教師として、それは当然ともいえる。ただし、台湾人による自治の擁護者としてふるまう「希望」も「権利」もないという表現には注意を要する問題がはらまれている。

第一に、「台湾人の学校」たることを目的とした寄附金を委託されたことにより、寄附金を本来の目的のために用いる「義務」を負ったと見ることもできる。この義務を放棄するならば、それは公共的な資金の「横領」ということになりかねない。この場合、外部の圧力により、いわば「強いられた横領」であるとしても、この点についての自覚は乏しい。後援会の解散にまで踏み切ったバンドの対応が台湾人関係者の多くを絶望させたとしても不思議ではない。実際、三四年当時長老教中学教員だった戴明福は「学校の前途に対してまったく絶望した」と記している(56)。

第二に、バンドとしては、台南州当局との妥結により「台湾人の学校」という夢は切り捨ててでもキリスト教主義を守ったということになるのであろうが、その場合の「キリスト教」とは何かという問題がある。バンド自身、後年になって「もっと早い段階で国家神道のシステムに対する非妥協的立場を明確に樹立しておくべきだった」と苦々しげに回顧している(57)。この場合の「国家神道」が、どのような意味でキリスト教の対立物といえるのか。バンドの思考においては明瞭ではない。他方で同時代の欧米・日本・台湾には、全体主義的国家の奉じる国家的宗教との対決を、キリスト教にとって本質的な契機とみなす思想も存在した。

たとえば、日本基督教会系の『福音新報』は、カール・バルトらによる反ナチズム闘争の経緯を詳細に報道していた。三四年四月には「ヒットラーの統一《トータリテリアニズム》政策と独逸教会」という論説を翻訳掲載、そこでは「全体主義」のもとにおけるキリスト教について、次のように語っている。ナチス・ドイツにおいては「アリアン人種及び独逸民族を人類中に在つて偏愛する神に代つて語らなければならない。世界の神から一種族の神に忠誠を移す可く要求せられる。斯うした民族主義の宗教は基督教の全き対立である(58)」。

これを帝国日本の文脈に置き直すならば、神社神道の神々は「人類中にあって日本民族を偏愛する神」であり、それはキリスト教の対立物であるという発想にも連なりうるものであった。同じ宣教師であってもシングルトンが神社参拝反対論について記した際には、支配者が自らに都合のよい「民族主義の宗教」を押しつけることの不条理を意識していた。林茂生も、ブルンナーの仲保という概念によりながら、「不正」に抗する良心を強める力をキリスト教に見出していた。他方、バンドが神社参拝について問題視していたのは、もっぱらお祓いやお守りに宗教的要素が存在することであった。それは、神社神道のとらえ方の相違であると同時に、キリスト教のとらえ方の相違でもあった。

もっとも、バンドの立場で考えるならば、個人としては疑問や良心の痛みを感じていたにもかかわらず、ロンドンの支持者に宛てた説明としては、そうした感情の表出を抑制したという可能性もある。

というのも、そもそも宣教師による報告書の役割とは、本国の支持者の価値観に沿った形で宣教事業の具体的な「成果」を説き、さらなる資金の提供を求めることだったからである。そのように考えるならば、ことはバンド個人という範囲を越えて、英国人の「帝国意識」とも呼ぶべき問題に及ぶことになろう。たとえば、在淡水英国領事オーヴェンスは、長老教中学排撃運動にふれて次のように記している。「学校の管理とカリキュラムにおける変化は、センチメンタルな観点からは悔やまれるべきことかもしれない。しかし、外国人を校長とする学校の存在は、長期間にわたって先鋭なナショナリズムの感情によって非難すべきもの、時代錯誤的なものとみなされてきた。これらの学校のリベラルな影響と有用性が今後次第に減退するだろうことは、疑いもなく避けがたい」[59]。

オーヴェンスは、このようにリベラリズムの後退を不可避とみなす一方で、松井石根台湾軍司令官就任後の言動を注視すべきと説いていた。植民地支配下の台湾人が置かれていた状況、すなわち、自らを擁護するメディアをほとんど持たず、警察・軍隊はあからさまに敵対的な存在であり、学校教育において自らの言葉も信仰も否定され続ける人びとの思いは、宣教師バンドにとっても、領事オーヴェンスにとっても、それぞれの職務を果たすうえで本質的な問題ではなかった。そこに見られる「帝国意識」をどのような言葉で把握すればよいのか。

木畑洋一は、英国人の「帝国意識」の特徴として、「自らが、世界政治の中で力をもち、地球上の他民族に対して強力な支配権をふるい影響力を及ぼしている国、すなわち帝国の「中心」圏に属しているという意識」や、「自国に従属している民族への、しばしば強い人種的差別感に基づく侮蔑感と、それと裏腹の関係にある自民族についての優越感」を挙げている[60]。一般的には木畑の指摘する通りであろうが、むしろバンドやオーヴェンスの論に特徴的なのは、ある種の無頓着な冷淡さであるように思われる。それは、たとえば、林茂生が怒りのあまり「健全な判断力」を失ったと責任を転嫁しながら、その原因となる出来事を「口論」という把握ですませてしまう無頓着さである。また、キリスト教主義という観点から、日本ナショナリズムと中国ナショナリズムのどちらがよりましかという比較をして、台湾人と日本人の対立関係を無視できる無頓着さである。さらには、植民地支配という差別的な秩序のもとにおかれた人びとの具体的な苦しみへの無頓着さである。それは、「帝国意識」というよりも「帝国的無意識」とも呼ぶべきものであり、ここでの無頓着さは自覚的な冷淡さというより、「帝国的無意識」による認識障害として理解すべきものかもしれない(61)。

バンドが、ロンドン本部からの補助金への対価として一連の経緯を説明すべき対象は、そのような帝国的無意識に満たされた人びとであったと考えられる。そこが変わらないかぎり、バンドが自らの立場を変えることも難しかった(62)。そのうえで、本書第一章の序文でとりあげたエザリントンの指摘に立ち戻るならば、バンドの対応は、少なくとも結果として、植民地政府との対立というクリティカルな局面で「高度な教育を求める改宗者の要求を裏切る」ことになった点を確認しておかねばならない。

二、蔡培火と林茂生の対立

長老教中学をめぐる一連の出来事は、台湾人と英国人宣教師のあいだの対立をもたらしたばかりではなく、台湾人社会の内部にも深い亀裂を持ち込むことになった。総督府の圧迫に抗しながら「台湾人の学校」という夢をめぐって協力していた人びとは、植民者の暴力に怯えざるをえない状況において、相互不信に陥り、孤立することになった。そうした事態のひとつのあらわれが、蔡培火と林茂生の対立である。

蔡培火は、三四年四月二九日、日記に次のように記している。「林茂生と上村教頭の勢力争いは深刻化し、林一派は後援会と財団法人の決議を利用して上村に辞職を迫った。上村はこれを不服として、自分は学生を台南神社に参拝させたから解職されたのだという口実を設け、中学は非国民教育をしているという宣伝をして、内地人の公憤を煽った」。このように一連の事態の原因を林茂生と上村一仁の「勢力争い」と把握したうえで、攻撃の鉾先を上村ではなく林茂生に向けて、彼は「天良」を喪失したのか、と嘆いて次のように記す[63]。

いとこの侯全成君も、林茂生の虚偽の信仰と無謀な良心に大きな不満を持ち、教会のなかにこの虚言者をそれとして認める者が少ないことに憤慨し、その後ろ盾となって志を思う存分に遂げようとしている。まったく頼もしいことだ。〔……〕余は一面で中学校長バンド氏に、今後の経営は日本内地の有力教会と連絡をとること、権力が学校に侵入するのを防ぎ、信仰の自由を保持することなどの必要を説いた。バンド氏は同意を表明した。余はまた一面で台北日本基督教会牧師上與二郎氏に、この機会に積極的に英人と協力して中学改革問題に乗り出すことを勧めた。上氏もまた甚だ勇躍している。

この記述に明らかなように、蔡培火は、林茂生の追放を嘆くどころか、歓迎すべき出来事としてみなしていた。また、日本基督教会と提携して事態を「収拾」していく方策は、蔡培火がバンドに献策したものでもあったとわかる。

蔡培火は、三五年二月、排撃運動後の「改革」の一環として加藤長太郎が校長として赴任した際の歓迎宴の様子も日記に記している。校友会員のなかには前途を悲観し、難局にあたる新校長に同情すると述べる者もいた。悄然とした雰囲気のなかで発言を促された蔡培火は、次のような趣旨のことを述べたという。昨年の春に事件が発生した際に、「野心家と無責任の徒」が学校を収拾不可能な状態にして、政治と宗教にかかわる苦境におとしいれた。しかし幸いにしてバンド前校長の賢明な判断と上與二郎牧師の協力をえて、ここに篤信の新校長を迎えることができた。今後はいっそう基礎を堅固にして信仰によって青年を導く必要がある[64]。この記述にも、林茂生の追放を歓迎する思いが滲み出ている。

なぜ蔡培火は林茂生を非難しているのか。確たる理由はわからない。「天良」という林茂生が用いた言葉を引用しながら、「大昧(無謀、危険を顧みない)」という形容詞を付している点が、わずかな手がかりである。蔡培火は三一年時点では日本内地のキリスト教界との提携によって事態の打開策を見出そうとしていた。上與二郎牧師との協力に言及した記述から、このような志向は三四年時点でも変わらないことがわかる。ここでかつて二八年の後援会大会において、蔡培火が英国人に校長を任せておいてよいと述べたことを想起すべきだろう。「台湾人の学校」としての自治的空間を構成していくことよりも、英国人と日本人キリスト教徒に頼りながら学校を存続することを重視する態度は、蔡培火において一貫していた。そうした立場からするならば、宣教師会議と内地キリスト教界が屈服したにもかかわらず、総督府に屈従しようとしない林茂生の態度は、「大昧」と感じられたのであろう。こうした蔡培火の行動原理は、台湾人による自治を求める原理とはかけ離れているようにも見える。だが、台湾議会設置請願運動にしても、帝国議会への「請願」という形式をとったことを考えるならば、そもそも台湾抗日運動のなかに外部勢力への依存という形式があらかじめ埋め込まれていたと見ることもできる。

蔡培火の日記には、「他人に対して自分を一段上に置く態度」など林茂生への人格的非難と見られる言葉も散見される(65)。そこには、ふたりの人物の立場や性向の相違に由来する確執も積み重なっていったように思われる。林茂生は、官立学校教授としてひとまず安定した地位を築いており、よくも悪くも政治には疎い、理想主義肌の教育者であり学者だった。他方、蔡培火は、「職業的抗日運動家」ともいうべき不安定な状況にあり、抗日陣営のなかでも機会主義的判断を優先させる傾向があった。林獻堂日記の記述からは、蔡培火がしばしば林獻堂とも衝突していたことが浮かび上がる。のちのことになるが、林獻堂は、新楼医院の経営について蔡培火と高天成の交渉がうまくいかなかったことを聞いた際に、「相手の意見を尊重しない」蔡培火の態度を咎めて、もしも今回高天成とともに事にあたることができなければ「今後あえて汝と共に事を為す人はいない」とまで語っている(66)。他方、林獻堂と林茂生とのあいだでは、ともに漢詩を賦したりする穏やかな交友関係が継続していた。こうした林獻堂による対応の相違も、蔡培火において林茂生へのライバル意識のようなものを強めた可能性がある。

とはいえ、蔡培火と林茂生が立場と性向の相違をはらみながらも、二〇年代には協力関係を築いていた事実を過小評価すべきではない。長老教中学の卒業生ではなかった蔡培火は、林茂生を中心とした南部教会関係者の呼びかけに応えて後援会に参加したのだった。「台湾人の学校」という夢は林茂生の夢であると同時に、蔡培火の夢でもあったはずである。林茂生を教育における理想主義的志向、蔡培火を政治における現実主義的志向を象徴する存在とみなすならば、林茂生的なるものは蔡培火的なるものを必要とし、蔡培火的なるものは林茂生的なるもののために必要とされたともいえる。両者は補い合うものでありえたし、実際に二〇年代はそのような関係にあったと考えられる。両者のあいだを決定的に引き裂いていったのは、指定校の条件として神社参拝を求めることに象徴される、理不尽な圧力そのものであった。長老教中学排撃運動をめぐる蔡培火の見解の問題は、もっぱら林茂生の対応や人格に事態の本質を収斂させようとすることで、排撃という暴力の構造に目を閉ざしていることにある。その見解は、長老教中学の前途に絶望したと語る戴明福や、林茂生と同様に学校を追放された黄俟命をはじめとして、多くの台湾人関係者の見解から浮かび上がったものだったと考えられる。

三、南部教会における亀裂

神社参拝問題への対応と台南長老教中学排撃運動の過程で生じた台湾人社会内部の亀裂は、南部教会をも切り裂いていくことになった。前述の通り、宗教主任だった黄俟命は、一九三四年九月に長老教中学から辞職を求められた。しかもそれにとどまらず、台湾教会の内部での争いが誘発されて、東門教会の牧師の地位も追われることになった。その経緯は次の通りである。

東門教会は、二七年に黄俟命を牧師として招聘したが、校牧との兼務で繁忙を極めることに鑑みて三〇年に潘道榮を副牧師として聘任した。三四年に黄俟命が長老教中学を追われると、長老教中学の生徒が日曜礼拝に訪れる東門教会で説教を続けてよいのだろうか、という声が信徒のなかから生じることになった。これに加えて、内地への留学経験を持つ潘道榮は日本語で説教できるのに対して黄俟命はそうではないという事情や、従来長老教中学で負担してきた黄俟命の俸給を教会で負担しなくてはならなくなったという事情が重なった[67]。かくして、教会の構成員は黄俟命派と潘道榮派に分裂、バンドが「教会の安寧」を考慮して両者の同時離任を求めることになった[68]。

黄彰輝の回想によれば、三四年一〇月、突然父黄俟命が失意の内にやつれきった姿で留学先の東京の寓居にあらわれて、「まだ自分に何が起こったのか……なぜそれが起こったのか……わからない」と述べたという。黄彰輝は、父がいかに長老教中学のチャプレンとしての仕事を愛し、バンド校長を敬愛していたかという文章に続けて、次のように記している[69]。

長期間に亘って働き、愛した学校から「辞職」(解雇の婉曲な表現)を迫られたことは十分にひどいことだったが、同じような政治的な陰謀のもと、自分で基盤を創り、最初の牧師となった教会からも追い払われる事態がすぐに続いたことにより、父は、深く揺さぶられた。自分自身が拒絶され、見捨てられ、裏切られたとすら感じていたのであろう rejected, forsaken, even betrayed。〔……〕父とわたしは、ヨブ記を読んだ。来る夜も来る夜も、二つの章を読み、夜遅くまで話した。わたしが愛し尊敬していた人が、このように精神的、肉体的、そして何よりも魂の次元における苦しみ such suffering, mental, physical, and above all spiritual のなかにある姿を見て、しかも、真実の慰めをもたらすこともできず、問題に対する適切な回答も提供することができずにいるのは、わたしにとって、もっともつらい経験のひとつであった。わたしは、以前にもわたしの父が深い苦しみのなかにあるのを見たことがあった。わたしの弟である阿永〔黄永輝〕が死んだときと、母が死んだときである。いつも自制心の強い父であるにもかかわらず涙を抑えることができず、泣き続けた。今回は、彼は決して泣かなかった。それにもかかわらず、父は、内側で、心の奥底から泣いているとわたしは感じた。

黄俟命にとって一連の事態はあまりにも衝撃的であったために、自分に何が起こったのかわからないような出来事であった。黄彰輝から見てそれは「精神的」苦しみというような月並みな言葉ではとても表現できない事態であった。ことは「魂」の問題であり、「魂」に加えられた暴力にかかわる問題であった。

この親子が失意のなかで読み続けた「ヨブ記」とは、ヨブが最愛の者を失い、財産を失い、皮膚病に陥り……という苦難に次々と襲われる状況のなかで、苦難の意味を神に問いかけたものである。数々の苦難のなかで、ヨブは、不正を放置する神に苦しめられながら生きていくことの苦悩を語る。(70)

彼〔神〕は祭司たちを裸足で連行し、
声望ある者たちを没落させ、
信頼される者たちから言葉を奪い、
長老たちから賢察を取り上げ、
高貴な者たちに軽蔑を注ぎ、
権力者たちの帯を解く。
彼は暗闇から深部を露わにし、
暗黒を光に向けて引き出す。
彼は諸国民を育て上げて、これを滅ぼし、
諸国民を広げてから、これを連れ去る。
彼は地域の有力者の頭《かしら》たちから判断力を奪い取り、
彼らを道なき荒野に迷い込ませ、
彼らに光なき暗闇の中で手探りさせ、
酔いどれのように、彼らを迷わせる。(「ヨブ記」一二：一九―二五)

図8-9　黄俟命

誰が「判断力」を奪われて「権力者たちの帯」を解いており、誰が言葉を奪われて、侮辱されていたのか。黄俟命にとっては、明白だったことだろう。問題は、なぜ神がそうした事態をゆるしているのか、なぜこんなにも不条理な事態が現実にありうるのか、ということであった。答えのない問いをめぐって、親子で「ヨブ記」を読む生活が続けられた。

　黄俟命は、内地人による暴力の犠牲になったばかりではなく、バンドのような英国人宣教師、さらには教会という組織を守ることを優先した台湾人の信徒たちからも裏切られたといえる。排撃運動というテロルが、このように拒絶され、見捨てられ、裏切られる経験をもたらしたのだった。ハンナ・アーレントは「テロルのもたらす複数性の破壊は、一人々々の個人の心にすべての人間から完全に見捨てられた verlassen zu sein という感情を残す。〔……〕全体主義的支配のなかで政治的に体得される人間共存の基本的経験は見捨てられていること Verlassenheit の経験なのである」〔傍点アーレント〕と論じている。(71) 黄俟命の嘆きは、そのような「見捨てられている」孤絶の経験を物語る。

　翌三五年の夏、黄彰輝は休暇で台湾に戻り、林茂生と面会した。林茂生は、黄俟命に対する教会の仕打ちに激しく怒っており vehemently indignant、「もし教会があのように君のお父さんを追放することができるのならば、いったい何のために君は牧師になろうとするのか」と語ったという。(72) ここで怒りの直接的対象となっているのは、南部教会の信徒である。ただし、その怒りは南部教会の信徒にだけ向けられたものではなかっただろう。内地人と英国人と台湾人とを横断しながら、人びとを分断し孤立化させ、砂漠のような社会を作り出していく力、いわば全体主義の暴力に対して向けられていたと見るべきだろう。

　この時期の林茂生の思いを示す文章はほとんど残されていない。まさに言葉を奪われた存在であった。ただし、

『台湾教会公報』に寄せた文章から、わずかにその思いの一端をうかがうことができる。

林茂生は、三三年一二月から「新台湾話陳列館」という連載を『台湾教会公報』に寄稿、長老教中学排撃運動の時期をまたいで三五年三月まで継続した。この連載の序文では新しい文明があれば新しい生活があり、新しい生活があれば新しい思想があり、新しい思想があれば新しい言葉が用いられると連載の意図を説明したうえで、いくつかの重要な語彙をとりあげながら、まずそれを教会白話字で示し、日文や英文、さらに「民国」(中華民国)における中文ではどのように表現されるかを、簡易な字典という趣きで記したものである。その一例を記すと以下のようになる。

愛情、愛人、愛顧、愛国、握手、案内(三三年一二月号)

未亡人、母校、母国、牧場、文学、文献、文化、文房具、没収(三四年六月号)

陳情、潮流、弔電、蓄音機、治安、腸窒扶斯《チフス》、平等、知識階級、治外法権、直接、勅語(三四年八月号)

注意、注文、大多数、妥協、団結、団体、脱線、同情、同化、同感(三四年一〇月号)

動機、動員、動物、動議、同業者、同盟、同級生、同居人、

6 TÂI-OÂN

Sin Tâi-oân-ōe ê Tîn-lia̍t-koán

(Lîm Bō͘-seng)

Chù-ì (注意): Chù-sîn ê ì-sù. Tùi Kok-gú ê *chūi* lâi, chiū-sī Eng-gú ê *careful, take care of, pay attention to.* Bûn-lē: Tio̍h chù-ì thiaⁿ sian-siⁿ ê ōe. (=Sensei no yu koto wo chūi shite.=Pay attention to your teacher). Tio̍h chù-ì tī-hông hóe-chhia lâi. (=Kisha ni chūi seyo. Look out for the train). *Chù-ì jîn-bu̍t* (=chūi-jinbutsu=a man in the black list). Bîn-kok iā ū ēng. Goân-thâu chhut tùi Hàn-bûn: khòaⁿ [史記田完世家] 孔子晩而喜易,易之爲術,幽明遠矣,非通人達材,孰能注意焉。[賈傳] 天下安注意相,天下危注意將。

Chù-bûn (注文): Pān-hòe ê ì-sù. Tùi Kok-gú ê *chūmon* lâi, chiū-sī Eng-gú ê *to order.* Bûn-lē: Nā ū khiàm-ēng, chhiáⁿ lí lâi chù-bûn. (=Go-chūmon wo negai masu. =We beg you will fevour us with your orders). Bîn-kok bô ēng.

Tōa-to-sò͘ (大多數): Pí-phēng liáu ū khah chē (lâng á-sī mih). Tùi Kok-gú ê *daitasu* lâi, chiū-sī Eng-gú ê *a large majority.* Bûn-lē: Tit-tio̍h tōa-to-sò͘ ê chàn-sêng. (=Daitasu no sansei wo eru. =With a large majority in its favour). Bîn-kok iā ū ēng.

Thò-hia̍p (妥協): N̄g pêng saⁿ niū chhú-hô. Tùi Kok-gú ê *dakyo* lâi, chiū-sī Eng-gú ê *compromise.* Chit chân sū, tāi-ke thò-hia̍p liáu. (=Kono arasoi wa dakyo de owatta. =The dispute ended in a compromise). Bîn-kok bô ēng.

Thoân-kiat (團結): Tāi-ke hia̍p-hô, kho͘ chò kui sńg. Tùi Kok-gú ê *danketsu* lâi, chiū-sī Eng-gú ê *to hold together, union.* Bûn-lē: Lán nā tāi-ke thoân-kiat chiū m̄-bián kiaⁿ. (=Wareware wa danketsu shite iru aida wa anshin da. =We are safe as long as we hold together). Bîn-kok iā ū ēng. Goân-thâu chhut tùi Hàn-bûn: khòaⁿ [金史盧庸傳] 積芻粟團結工兵爲備。[元史答失八都魯傳] 收散卒團結屯種

Thoân-thé (團體): Chē-chē lâng ha̍p chò-tīn chò chit sńg. Tùi Kok-gú ê *dantai* lâi, chiū-sī Eng-gú ê *a body, corporation, a party.* Bûn-lē: Tāi-ke lâi chò chit ê khòaⁿ kong-kéng ê thoân-thé. (=Yuran-dantai wo koshirae masho. =Let us make up an excursion party). Lâng tio̍h ū thoân-thé cheng-sîn. (=Hito wa dantai-seishin ga nakereba naran. =One should have esprit de corps). Thoân-thé chē chhia ū saⁿ-koah-ín. (=Dantai josha chin-3-waribiki. =For parties fare reduced thirty percent). Bîn-kok iā ū ēng.

Thoat-sòaⁿ (脫線): Chhia cháu lī-khui thih-lō͘. Tùi Kok-gú ê *dassen* lâi, chiū-sī Eng-gú ê *detrailment.* Bûn-lē: Hóe-chhia thoat-sòaⁿ. (=Kisha ga dassen shita. =A train was detrailed). Bîn-kok bô ēng.

Tông-chêng (同情): Gâu thé-thiap lâng ê chêng. Tùi Kok-gú ê *dōjō* lâi, chiū-sī Eng-gú ê *sympathy. Tông-chêng-sim (=dōjōshin=sympathetic).* Bîn-kok iā ū ēng.

Tông-hòa (同化): Kúi-nā hāng ê mih, á-sī koh-iūⁿ chéng-cho̍k ê lâng lām chò-tui, kàu-bóe saⁿ o̍h-lâi o̍h-khì, piàn-hòa chò siāng chit khoán ê mih á-sī lâng; chit-khoán ê chok-iōng, kiò-chò *tông-hòa.* Tùi Kok-gú ê *dōka* lâi, chiū-sī Eng-gú ê *assimilation.* Tông-chêng chèng-chhek *(=dōka-seisaku = policy of assimilation).* Bîn-kok iā ū ēng.

Tông-kám (同感): Kap lâng saⁿ-tâng chit-khoán ê ì-kiàn, kiò-chò tông-kám. Tùi Kok-gú ê *dōkan* lâi, chiū-sī Eng-gú ê *to agree with some one on some point.* Bûn-lē: Lūn chit chân tāi-chì, góa kap lí *tông-kám. (Kono koto ni tsuite wa, watakushi wa anata to dōkan shimasu.=I agree with you on this point).*

図 8–10　林茂生「新台湾話陳列館」(1934 年 10 月号)

教会白話字による説明を基本としながら，英文，日本語のローマ字表記，漢字・漢文が入り交じる．

独創、独立、独断(三四年一一月号)

このなかには、思想的な問題にはかかわりの薄そうな日常用語も含まれる(案内、牧場、文房具、蓄音機、脱線、動物、同級生、同居人など)。他方、植民地政策とかかわりの深い語彙も散見される(治安、勅語、同化、動員など)。「勅語」については教育勅語、「同化」については同化政策を用例として挙げている。さらに、それらに入り交じりながら、台湾抗日運動のなかでも用いられてきた重要なボキャブラリーも組み込まれている(平等、知識階級、団結、独立など)。いずれの場合でも、辞書的な説明に徹し、価値判断にかかわる表現は注意深く避けられている。たとえば、「愛国」については、「国語(日本語)から伝入した語彙であり、英語のpatrioticに相同的である、台湾のみならず、民国でもしばしば用いられている」という具合である。[73]

ここで林茂生が目指しているのは、台湾の文脈に即して「愛国」や「独立」の重要さを訴えることではなかっただろう。そのようにして自らの思想を語るというような贅沢は許されない状況であった。「新台湾話陳列館」という形式で目指されていたのは、「日本人」への同化圧力のなかで人格を分裂させられがちな人びとが、「台湾人」としての生活経験を根底としながら外部の諸力を統合していくことであり、また、そのための知的なインフラの整備であったように思われる。

それにしても、ただそれだけでもないかもしれない。ひとつひとつの語彙の選択、その例文にも細心の注意と深い思いが込められているように思われる。たとえば「団結」の例文としては教会白話字に続いてローマ字と英語で「Wareware wa danketsu shite iru aida wa anshin da.(=We are safe as long as we hold together).」と記し、「妥協」の例文としては「Kono arasoi wa dakyo de owatta.(=The dispute ended in a compromise).」と記している。あくまでも「字典」に過ぎない風を装いながらも、「妥協」を重ねることで、台湾人としての「団結」が粉々に打ち砕かれたことの重大さを想起させようとしているのではないだろうか。散乱した言葉の破片の向こう側に憤怒の表情を見据えたとしても、それは読み込みすぎではないだろう。

おわりに――人種主義的な暴力の実践

右に論じてきた一連の経緯を通じて、物理的な意味での血が流されたわけではなかった。だが、そこには巨大な暴力が作動している。あるいは、そのようなものとして解釈しなければ、「暴力」という言葉はあまりにも形式的で、虚しいものとなる。この場合の暴力というのは、単に神社参拝を台湾人に強要したことではない。神社参拝問題は事件の発火点を形成した重要なイッシューではあるものの、事件の展開は「神社参拝問題」という言葉で概括できる範囲を越えていた。排撃運動の結果として生じたのは、神社参拝の実施ばかりでなく、台湾人による自治的な管理運営体制の解体であり、「台湾人本位の教育」という可能性の圧殺であった。そのプロセスにおいてテロルの威嚇により、宣教師と台湾人のあいだ、宣教師相互、台湾人相互のあいだにも深い亀裂を生みだし、相互に孤立した状態を作り出していった。人種主義的な暴力の実践による分断と孤立化こそが、深層に横たわる事態であった。

それでは、この暴力の担い手となったのは誰なのか。一連のプロセスに登場した順序で見ていくならば、上村一仁をはじめとする内地人教師、台南同志会、今川淵台南州知事と安武直夫文教局長、在郷軍人会御成班・建成班の有志、明倫会台湾支部員や内地から遊説に訪れた皇道会員のような右翼人士を挙げることができる。『台南』や『経世』をはじめとして、排撃の論調ほぼ一色に塗りつぶされた新聞も、それ自体として排撃運動の重要な一角を構成した。さらに、在台軍部の存在を見逃すことはできない。三四年時点で軍人の政治不関与という原則がたぶんになし崩しになりながらも生き続けていたために表だって登場することはなかったものの、今川や安武の言動は在台軍部の意向を体したものだったと考えられる。

排撃運動をめぐる多層的な主体の思惑も、さまざまであった。

在台軍部は、国際的な孤立の深まりのなかで「非常時」意識を浸透させながら忠誠心を調達することを必要と考えていたことだろう。長老教中学排撃運動は、国防義会の発足や「台湾軍特種演習」の実施と同様に、ともすれば「非国民」的な思考に傾きがちと見える「島民」に対して、「国防意識」の重要性を訴えるキャンペーンという意味合いを持ったものと思われる。他方、今川淵からするならば、自らの後ろ盾として軍人との結びつきを強めながら、知事としての「手柄」をあげるための絶好の機会だったことだろう。今川は中川総督に対して、地方自治制案のような譲歩をせずとも、台湾人による自治的空間を圧殺できることを示したことになる。

「大衆運動」の担い手にとっては、また独自の思惑が存在したように思われる。官吏と民間人の立場の相違、台南同志会と他の実業団体の利害対立、政友会系官僚と民政党系官僚の対立など、内地人植民者の世界も決して一枚岩ではありえなかった。議会なき植民地という空間では政治的浮沈が官僚の恣意により左右される度合いが高かっただけに、台南同志会は、「美形酒間」を介した知事とのコネクションにより利益の保全や拡大を図ろうとしていたと考えられる。一方、皇道会の台湾遊説をお膳立てした台湾社会問題研究会は、もともと借家人組合に発する組織であったこともあって、客観的には台南同志会のような既得権益層と対立する立場にあった。台北の在郷軍人会のなかで「蹶起」した御成町・建成町は、零細な内地人小売業者が多い地域であった。しかし、こうした現実に由来する不満は、総督府の「台湾人迎合政策」が悪いのだという方向に水路づけられた。

ハンナ・アーレントの表現を借りるならば、台南同志会の構成員はブルジョア的「大衆」であったのに対して、台湾社研や在郷軍人有志は「モッブ」的存在と特徴づけられるだろう。テロルの実践にあたっては、「階級脱落者」として所与の世界を憎悪するモッブ的な人びとが能動的に暴力を行使するとともに、ただ与えられた「職務」にしたがって私生活の安全を確保しようとする大衆が無批判にこれに順応する。[74] たとえば、バンドは、排撃運動の原因として、三三年度の「台湾南部蹴球連盟大会」で長老教中学隊が台南一中隊などを破って優勝したために「羨望に満ちた批判」にさらされており、「愛国心という装い」のもとに復讐を果たした者のいたことを挙げている。[75] この観察は的外れであるどころか、本質的な問題を開示しているのではないか。「台湾人ごときに負けて、腹の虫がおさまらない……」。そんな次元の「気晴らし」や「腹いせ」も、排撃運動を積極的・消極的に支持する動機となりえた。そうした行動によりもたらされる苦しみの深さは、排撃する側にとってはほとんど想像外のことであっただろう。本章で英国人に即して指摘した、帝国的無意識による認識障害ともいうべき事態は、もとより内地人の問題でもあった。

排撃する側にとって単なる「気晴らし」や「腹いせ」に過ぎないことも、排撃される側にとっては、いわば「魂」への暴力としての意味を持った。長老教中学を追放された黄俟命が「まだ自分に何が起こったのか……なぜそれが起こったのか……わからない」と息子に語ったのは、人間存在の根底を震撼させられる出来事だったことを物語る。

二〇年近くにわたって長老教中学に奉職していた林茂生や黄俟命にとって、長老教中学の歴史には――南部教会の七十週年記念誌に寄せられた林茂生の表現を借用するならば――、台湾人としての「無限の血涙、無限の熱禱、無限の精神」が込められていた。一九〇〇年代における東西学校構想の提唱と宣教師たちからの協力のとりつけ、一〇年代における林獻堂ら教会外の信徒との連携の模索と断念、新校舎の建設と理事会の組織、二〇年代における寄附金募集事業の展開、財団法人の結成、後援会大会の開催、「台湾人の学校」とするのだという宣言の採択……。ひとつひとつの試みが、総督府による妨害に抗しながら、政治的に圧倒的に劣勢な立場にある者たちがかろうじて積み上げてきたことがらであった。排撃運動の発端で上村一仁が林茂生に対して語ったとされる「語るべきではない言葉」は、このような努力の積み上げを一言にして否定し、侮辱する意味合いを備えていたものと考えられる。

さらに、バンド校長による裏切りともいうべき事態は、ある意味で内地人による攻撃以上に、林茂生や黃俟命にとって大きな打撃となったと考えられる。これをバンド個人の問題として考えるべきではないだろう。神社参拝についても、ロンドンの本部は、多数派の容認論を支持していた。宣教師として台湾人の自治を守る「希望も権利もない」というバンドの発言にしても、宣教師としては当然の言明であり、本国の支持者の多くも同意するものだったと考えられる。いわば今川台南州知事が自らの職務に忠実であったように、バンドもまたキリスト教宣教師という職務に忠実であったといえる。問題は、おそらくそのこと自体のうちにある。アーレントが『イェルサレムのアイヒマン』において鋭く指摘したように、世界を構成するものが自己と自己に「職務」を与えるシステムだけである人びとは、他者の受苦に対して冷淡でありうる。なぜならば「他者の言葉、他の人々の現前、すなわち現実 reality そのものに対して、この上なく堅固な防衛機構によって身を鎧っていたからである(76)」。

バンド校長に対して、日本基督教会と提携しながら事態を収拾すればよいのだという献策をしたのは、蔡培火であった。バンドや内地キリスト教界という強力な「味方」に追随するといった趣の蔡培火の言動もまた、台湾人による行動の一部だった。そのことは、全体主義の暴力が内地人と台湾人のあいだに作動したばかりでなく、その関係を垂直に貫きながら、あらゆる人びとを共犯者に仕立て上げていったことを物語る。

三七年のこと、林茂生は、台南高等工業学校の同僚だった台湾人の七言絶句への返歌として次のような漢詩を詠んだという(77)。

可無隻手挽狂瀾(なかるべし隻手の狂瀾を挽くこと)
歌哭終難慰鼻酸(歌哭は終に難し、鼻酸を慰むること)
歳序易過人易老(歳序は過ぎ易く、人は老い易し)
空留一劍匣中寒(空しく一剣を留めて、匣中寒し)

人びとを分断し、孤立へと追い込んでいく「狂瀾」のなかで、たとえどんなに嘆いたとしても酸鼻な状況を脱することはできない。歯ぎしりをしている内にも、人は年老いていく。かくして自らの擬する「剣」が空しく宙に漂うことへの無念さを詠んだものと解釈してよいであろう。その「剣」は誰に向けられていたのだろうか……。

次章では、淡水中学排撃運動について論じたうえで、三六年以降の長老教中学の状況に言及する。そこにはもはや林茂生は登場しない。すでに両者の関係は断ち切られていたからである。林茂生のその後の歩みについては、終章で再び立ち返ることとする。

第九章　淡水中学排撃運動
――「台湾ファッショ」の台頭（一九三五―三六年）

本章では、一九三五年から三六年にかけて断続的に展開された淡水中学排撃運動をとりあげる。

前章で述べた通り、三四年の時点ですでに「南に長老中学あり　北に淡水中学あり」というように攻撃の鉾先が向けられていた。この点では、淡水中学を標的とした排撃運動は、台南長老教中学排撃運動の延長線上にある出来事といえる。ただし、運動の展開過程には似て非なる側面もあった。三四年春以降、台湾では「台湾ファッショ」と称された全体主義的運動が台頭し、右翼団体が中川健蔵総督の提起した台湾地方自治制案への反対を訴えた。さらに三五年春にはオランダ船籍の油槽船ジュノー号の澎湖島への寄港をめぐって、これをスパイ行為として厳罰を要求する在台軍部と、国際関係を考慮して穏便な解決を目指す総督府が対立、軍部の威光を背景として「台湾ファッショ」の運動がいっそう活発化した。これらの運動をもっとも先鋭な形で担った人びとは、淡水中学排撃運動の主体と重なっていた。

「台湾ファッショ」の運動は、台湾かぎりの問題にとどまったわけではなく、同時期の内地における天皇機関説排撃運動とも連動する性格を備えていた。

天皇機関説事件をめぐる政治対立の構図は、かつて坂野潤治の指摘した通り、与党民政党を中心に構成された「重臣ブロック」と永田鉄山を中心とする陸軍統制派が、野党政友会と真崎甚三郎の率いる陸軍皇道派、および右翼集団と対立したものとして理解できる。(1) すなわち、天皇機関説排撃運動は、三四年七月に成立した岡田啓介内閣のもと、野党的立場に追い込まれた政友会と、陸軍の主要なポストを失った皇道派の将官が、「帝大粛正」を唱えていた右翼蓑田胸喜らと手を結んで自分たちの勢力挽回を企てた試みだった。それは、美濃部達吉という学者個人の特定の学説への攻撃であるにとどまらず、倒閣運動としての性格を備えており、さらに憲政への挑戦という意味も備えていた。酒井哲哉の研究によれば、天皇機関説排撃運動に直面した岡田啓介内閣は、皇道派を制圧するために林銑十郎・南次郎ら反皇道派勢力に依存、林・南らは国内政治では相対的に穏健な勢力でありながらも国際政治では強硬派として華北分離工作を追認、これにより長城線以南に多くの権益を持つ英国との協調関係を掘り崩していくことになった。かくして、天皇機関説事件から二・二六事件にいたる過程で、軍部の統御をいかに図るかという「憲政の生命線」と、中国大陸において長城線以南の軍事行動をいかにくいとめるかという「外交の生命線」はいずれも突破されることになったと酒井は論じる。(2)

本章では、こうした坂野や酒井の研究を前提としてふまえながら、「憲政の生命線」「外交の生命線」突破の伏線ともいうべき事態が、ほぼ同じ時期に台湾で生じていたことを明らかにする。植民地である台湾にはもともと憲政の原理は形式的な形でしか及ぼされていなかったものの、まったくその圏外というわけでもなかった。「台湾フアッシヨ」によるさまざまな運動は、憲政により保障されていたはずの自由の原理——信教の自由を含めて——の命脈を絶つものとなる。さらに、三五年の台湾では内地に先がけて、反英主義的な「大衆運動」が展開されもした。こうした動向は、「憲政の生命線」「外交の生命線」を帝国の周縁から掘り崩していくものとなるであろう。

以下、第一節では三五年に淡水中学・淡水女学院に対して神社参拝・遙拝を認めさせる圧力が、どのようにかけられたのかについて論じる。そのうえで暴力的威嚇としてのテロルの主体となった人びとの背景に着目し、淡水中学排撃運動が台湾地方自治制反対運動やジュノー号事件、さらに天皇機関説排撃運動と人脈的につながっていたことを指摘する。第二節では、三六年に今川淵台南州知事が台北州知事に異動して以降、淡水中学排撃運動が再開されて、カナダ人宣教師と台湾人信徒の関係を引き裂きながら、台北州への移譲にいたった経緯について論ずる。第三節では、台南長老教中学・台南長老教女学校・台南神学校など南部教会にかかわる学校を再び視野に収めながら、大英帝国と帝国日本という対立する帝国のはざまに落ち込むようにして台湾におけるキリスト教系学校が事実上の解体を余儀なくされたプロセスについて概述する。

第一節　台湾軍が「山を下りる」とき

一、「わたしたちの敵」の結集

第二次台湾教育令制定以来、長老教中学関係者が指定校としての地位を求めて運動を展開したのに対して、宣教師の発言権の強い淡水中学・淡水女学院ではそうした動きは見られなかった。そのために、「台湾人の学校」としての性格は弱い一方、純然たるミッション・スクールとしての独立性が強く、神社参拝はもちろん、祝祭日の遙拝式も原則的におこなっていなかった。総督府としては介入の糸口を見出すのが困難な状況だったともいえる。前章に記したように、長老教中学排撃運動にかかわる圧力を利用して、安武直夫文教局長は淡水中学・女学院の教育体制への介入を始めた。ただし、教育勅語の奉安庫を設けさせたり、宗教主任・舎監たる台湾人を追放させたりしたものの、強硬な反対を予想してであろう、神社参拝については「もしも、できるならば」という但し書きをつけていた。

一九三五年二月のこと、四月の新学期を前にして、総督府文教当局は淡水中学・女学院に対する行政的な圧力の行使を再開した。要求項目は台湾語の時間削減と国語の時間増加など多岐にわたった。宣教師にとって特に重大な意味を持ったのは、三大節および始政記念日に台湾神社に「敬意を表す」と定めた学則を、「参拝または遙拝」と修正せよという要求であった。宣教師がこれを拒否したために、『台日』の報道のトーンは次第に厳しくなっていった。三月末の記事では、前年長老教中学の問題が生じたときに淡水中学・女学院関係者は「傍の見る目も気の毒な位戦々兢々たる有様」だったが、「国民の興奮状態」が冷めると再び旧に復して、台湾神社例祭日にも単に「敬意を表す」だけとなっていると批判し、阿部文夫視学官が、マカイ中学校長およびアーガル女学院長代理に対して新学期にあわせて学則を改正することを要求したと報じている(『台日』三・二九)。

内地の全国神職会の機関誌『皇国時報』三五年四月号でも淡水中学の問題をとりあげて、次のように報じている。淡水中学校長マカイと女学院長代理アーガルは、「暗に神社参拝を拒否するが如き申出」をした。「私立中等学校にして未だ我が神社の本質を弁へず神社参拝を拒否するものあるは甚だ遺憾」である。「民間識者」も、「かかる徒輩を剿滅しなければならぬ」と説いている(3)。ここで「剿滅」すべきという発言は、『皇国時報』の報道姿勢をあらわすものとみてよいだろう。三四年春の長老教中学排撃運動から一年を経て、今度は淡水中学を標的とした排撃運動を展開する機運が形成されていた。右の『皇国時報』の論説にも明らかなように、この時には淡水中学だけでなく淡水女学院にも攻撃の鉾先が向けられた。

淡水女学院長代理アーガルがのちにトロントの本部に事情を説明するために起草した文書では、この時期に内地人教頭の安藤信成は、総督府の圧力に抵抗すべきことを説いたという。すなわち、安藤は、内地の教会からの支持を獲得して、この問題の国民的重要性、さらに国際的重要性を明確化できれば、「台湾総督府という地方政府」の行動は限定的なものとならざるをえないと述べ、次のように進言したとされる(4)。

断固とした対応をするならば、最初からしなくてはならない。もしもミッションが総督府の要求に従うことを望み、これは正しい道だという確信を持っておこなうならば、それでもよい。しかし、単に安定のために、あるいは結果を恐れるために、妥協するならば、ミッションの評判を落とすばかりでなく、総督府はさらなる要求をしてくるだろう。しかも、ここで妥協することは、二つの矛盾する思想を教えるという困難な立場に教師を追い込むことになる。

安藤は、このような自らの考えに基づいて、日本内地や朝鮮のキリスト教系学校に対して、神社参拝問題にどのように対応しているかを問う質問状を送付した。その調査結果は、次章で分析することとして、ここでは、内地学校からの回答のなかで神社参拝への疑問を呈するものはほとんどなかったことをあらかじめ指摘しておく。長老教中学をめぐる経緯のなかでも言及したように、内地キリスト教界は上智大学事件を通じて神社参拝への要求に屈従する姿勢を強めていた。したがって、内地キリスト教界との連携により打開策を切り開こうとした安藤の目論見は空ぶりに終わるのだが、それでも、宣教師の意図も越えて抵抗を組織しようとしていたこと自体は着目に値する。特にここで重要なのは、総督府の要求に対していったん妥協したならばさらにエスカレートした要求をしてくるだろうという観察である。長老教中学排撃運動のその後のことを考えても、淡水中学のこれ以降のことを考えても、それは事態を正確に予見した発言であった。また、「二つの矛盾する思想」という表現から、神社神道とキリスト教信仰とを明確に対立するものと認識していたことがわかる。教頭という立場も、内地人キリスト教徒である点も、長老教中学の上村一仁と同じではあったものの、神社参拝問題に対する姿勢は大きく異なっていた。

淡水中学・女学院の教師たちは、神社参拝または遙拝という文言を挿入せよという要求を拒否したままに、四月新学期を迎えた。四月一日、アーガルは、総督府主席視学官阿部文夫から私宅での「個人的」な会見を求められた。その時の会話について、次のように記録している。阿部は、「神社に行って求められた日に敬礼をするのは、ウェストミンスター寺院の戦没者記念碑での祈禱に際して、すべての人が敬意を表するために少なくとも帽子をとって起立するのと同じようなことなのだ」と語った。これに対して、自分は、もしもミッションが総督府の命令に従わなければ、何が起こるのだろうかと尋ねた。阿部はただ微笑しただけだった。重ねて「学校は閉鎖されるのでしょうか？」と尋ねると、微笑し、肩をすくめたうえで「おそらく」と答えた。(5)

アーガルの印象では、阿部自身は教養もあり、ミッションに対して好意的であるものの、総督府にはリベラル派と保守派と二つの派閥があった。安武文教局長は後者に属するうえに、軍から圧力をかけられていると観察していた。神社参拝をしなければ学校は閉鎖されるかもしれない。それでも、学校が閉鎖されたならば街頭に立って説教を続ければよい、とアーガルは考えた。しかし、四月二日におこなわれた臨時の宣教師会議では、学則に「遙拝」という言葉を挿入することを決議した。これに抗議して、アーガルは、院長代理の職を辞す意思を表明した。(6)

この時の宣教師会議の決定については、淡水中学のマカイ校長の意向が強く働いていたようである。マカイは、やはりトロントの本部向けに起草した報告書で次のように説明している。(7)

淡水郡守(田中国一)が「淡水中学の友としておしゃべりをしに来た」と訪ねてきた。彼はわたしたちがカリキュラムのなかに遙拝という言葉を入れたくない理由を知りたがって「遙拝には宗教的意味はないのだ」と語った。「わたしたちの敵 our enemies は勢力を結集しつつある、彼らによる攻撃の機先を制する最上の手段は、総督府の規定に従って「参拝または遙拝」という言葉を学則に入れることだ」と話した。「淡水中学と淡水におけるミッションは過去の輝かしい歴史を持っているのであり、それを維持しなければならない」と言った。

ここで淡水郡守がマカイに対して「わたしたち」と語りかけていることが着目される。自分自身は淡水中学の「友」であり、宣教師たちの「味方」なのだとアピールしていることになる。この表現をマカイが素直に受け容れたかどうかは、わからない。だが、そこに共通の「敵」が存在する点については、幾分かの真実味を感じた可能性がある。それでは、「わたしたちの敵」とは誰なのか……。アーガルの証言とつきあわせるならば、安武文教局長ら総督府部内の強硬派官吏、そしてこれらの官吏に圧力をかけている在台軍部の存在が想定されていたと思われる。淡水郡守は、この「敵」による攻撃を避けるために「遙拝」という言葉を挿入すべきだと助言し、マカイはこの助言に従ったわけである。

マカイからするならば、「遙拝」という言葉を挿入したことにより、事態はひと段落のはずであった。しかし、安藤の予測していた通り、これはむしろ事の始まりだった。総督府はすぐにさらに立ち入った要求を提示、四月一一日に以下のことを文書で求めてきた。神社参拝の実施、四大節(三大節および始政記念日)における学校儀式の挙行、学校日誌の作成と保存、教員の半数以上を内地人とすること、教頭(教務主任)および修身・国語・国史・教練担当者にはできるかぎり内地人をあてること。その多くは、長老教中学の「改革」に際して求められたことと重なっていた。北部宣教師会議は、神社参拝の実施を含めて、これらの要求を受け容れる方針を定めた。議事録には、「もしもこれに従わなければ学校が閉鎖されるために、宣教師会議の確信に反して、こうした手段をとるものとする」と記されている。(8)

こうした宣教師の対応を評価したことによるものであろう、『台日』は四月一六日付で「淡水中学の一大改善策」として事態の「決着」を報じた。しかし、宣教師による妥協は、事態の解決をもたらすものとはならなかった。この二日前には清水紀與治・足立乙亥千ら「長老教中学撲滅期成同盟会」を構成していた在郷軍人が「淡中撲滅期成同盟会」を組織し、淡水街の在郷軍人会分会とも協力しながら「撲滅運動」を推進することになった。(9)さらに、「決着」報道の翌日の一七日には、皇政会主催「淡水中学問題演説会」が台北駅前の鉄道ホテルで開催された。右翼団体が排撃運動の前面にようやくはっきりと姿をあらわした出来事であった。

二、皇政会と鎌田正威

それでは、「淡水中学問題演説会」は、どのような内容であったのか。

主催者たる皇政会は、前章に登場した台湾社研が三五年初頭に名称変更したものである。雑誌『台湾』は、演説会の模様については次のように報じている。まず山下好太郎が主催者として開会の辞を述べ、最後は皇政会総裁である鎌田正威が「得意の国体論を一席弁じ、終つて氏の発声で、すめら御国の「弥栄《いやさか》」を三唱して散会した」。[10]このほかに宮島龍華(『南日本新報』嘱託)、緒方武歳(『台湾経世新報』記者)、土屋米吉(普盟社盟主)、難波三郎(土木業)のように台湾社研・皇政会のメンバーだったことを確認できる人物が登壇した。雑誌『台湾』を刊行していた台湾通信社の社長である田中一二や、清水紀與治、足立乙亥千も登壇している。

清水紀與治はこの演説会で「淡水中学を〇〇〔伏せ字〕す」という演題のもとに「「日本の領域に英領あり」と真甲より淡中問題に切り込み、正に噴火せんとしたが極どい所で「中止」を宣告された」という。[11]雑誌『台湾』は、この演説会の詳報に先んじて、「日本教育の反逆者淡水中学校を変革せよ」という論説を掲げ、「国家が当然発動して差支へなき正しき権力行使の前には欧洲人と雖断じて仮借すべきではないと思ふ」と論じている。[12]この「欧洲人」への言及に続く部分は伏せ字となっている。清水の「英領」という言葉にも示されているように、総督府当局は反英主義的な主張に神経を尖らせていたものと思われる。

他方、日刊紙『台日』は、この演説会を黙殺したばかりか、その後、三五年中は淡水中学問題についてまったくといってよいほど報道しなかった。前章の**表8-1**に示したように、三五年三月の淡水中学関係の報道は一一件にのぼったのに対して、四月は四件に減少し、五月はゼロとなっている。他方、『台南』と『経世』は五月中にも淡水中学問題を報道し続けていた。『台日』のこうしたスタンスは、演説会で登壇した人物とその背後関係に対する、総督府当局の警戒心を示すものと考えられる。特に着目すべき人物は、演説会の最後に「弥栄」を叫んだ鎌田正威である。

鎌田は、一八八五年に香川県に生まれた。一九一〇年に東京帝大法科大学政治学科卒業、学生時代に古神道を奉じ

図 9-1　鎌田正威と今川淵
左は鎌田正威，右は今川淵.

る憲法学者筧克彦に私淑した。卒業の年に文官高等試験合格、台湾総督府土木部書記として渡台、一八年に明石元二郎総督のもとで台湾総督秘書官に就任、その後、専売局関係の役職を歴任した。二七年に総督府を退官、中国福州における閩報の館主に就任、三一年に退職した(13)。

官僚としての鎌田は「奇人」として知られていた。文官高等試験の合格者の多くが内務省入りを希望する状況のなかで、あえて台湾総督府入りを志望し、独身時代には「台湾で役人をする以上台湾の真相を知らねばならぬ、それには本島人と同居するに限る」という考えから「大稲埕の台湾人の小さな雑貨店かの二階」に住んでいたという。内地人高級官僚の大多数が官舎に居住し、公務に際しては制服を身につけて台湾人社会との距離を保つなかで、いわばその裏返しを自覚的に実践していたことになる。「奇人」的言動ゆえに官界における友人の少なかった鎌田ではあるものの、「高橋親吉氏、今川淵氏等、五六人親友があった」とされる(14)。東京帝大政治学科において鎌田の二年後輩にあたる今川は、台湾総督府で官界生活を始めた点でも、専売局勤務の経験が長い点でも鎌田と相似した経歴を描いており、思想的にも共鳴するところがあったものと推定される。

鎌田は、退職したのち、東京に赴いて筧克彦および前橋庄三郎(禊神道本院)の指導のもとで神道修行に励んだ。三三年に帰台して、台湾社会問題研究会の会頭に就任するとともに台湾維新社を創設、内地人および台湾人の青年を対象として合宿訓練方式による禊《みそぎ》修行をおこなった。奉じている宗教はキリスト教ではなく神道であったものの、宣教師的な資質を備えていた人物と見ることもできる。そのことは、宣教の対象とすべき人びとを「野蛮」とみくだすこと矛盾しなかった。たとえば、私立台湾商工学校の教師をしていた内地人女性が「獰猛な生徒」たちに追いつめられて精神的に「瀕死の重傷患者」となった状態で維新社の門を叩き、禊の修行に参加したところ、鎌田は「野生の獣に向つていきなり人間が「人の道を守れ」といつて強ひたつて、それは強ひる方が無理」と諭したという(15)。この女性はまた、鎌田の紹介により台北帝国大学の憲法学教授井上孚麿《たかまろ》に面会、歌人でもあった井上から「児童や、生徒、本島人、高砂族、朝鮮人に至るまで」の「純情」を披瀝した「奉祝和歌のお綴」を見せてもらって「感激の涙がたぎり落ちた」という(16)。

少数ではあるものの、鎌田につき従おうとした台湾人もいた。たとえば、総督府専売局に勤務していた簡維臨は、三四年三月に「奥村〔辰次郎〕前支局長の御推薦に依り、同支局在勤中の先輩黄大海氏と同道にて、北投の無名庵にて鎌田先生の惟新之大道禊祓の修行をうけた」と語っている(17)。修行を終えた簡維臨らはさっそく酒煙草小売人組合の定期総会において神拝式を挙行した。台湾で専売品の小売人たる資格は、確実な収入を約束するものであり、退職内地人官吏にとっても、台湾人有力者にとっても、身近で、また切実な利権だった。専売局の事業はそうした利権の巣窟であるがゆえに、単なる利益追求にはとどまらない、「精神性」の演出がいっそう求められたものと考えられる。

こうした経歴にもその一端があらわれているように、鎌田は、単なるゴロツキ的な存在ではなく、有力な官僚・軍人・政治家などに幅広い人脈を築いており、総督府官吏にも影響力を持っていた。以下、いったんキリスト教系学校の問題を離れて、鎌田を結節点とする人的ネットワークの広がりを辿ることにより、淡水中学排撃運動の背後にうごめいていた力を見定めることにしたい。

三、地方自治制反対運動の展開

鎌田正威は、一九三四年夏には地方自治制反対運動を展開、さらに三五年春にはジュノー号事件において総督府糾弾の急先鋒ともなった。

まず時期的には三四年にさかのぼることになるが、地方自治制反対運動についてみておく。前章でも指摘したように、中川総督は、限定的な地方自治を認めることを引き替えに台湾議会設置請願運動の中止を要求、三四年九月に林獻堂らはついに請願中止という事態に追い込まれた。他方、内地人のあいだで地方自治制に反対する機運も高まっていた。『南瀛』の報道では、かつて「青年将校の指導に任じ」た「極右的」な現職軍人――「覆面の士」と匿名にしている――が、鎌田正威宅で開催された台湾社会問題研究会の会合で「台湾を去るに臨んで台湾のファッショを生かすべく」工作していたと報じている(『南瀛』八・一二)。伏せ字だらけの記事であり、検閲にあたる総督府当局が神経を尖らせていたことがわかる。

この報道の四日後には愛国連盟を名乗る団体が自治制反対の建白書を中央に打電した(『台日』八・一六)。その一員でもあった土屋米吉は、「清水紀與治氏、鎌田正威氏、緒方武歳氏、土屋米吉氏の署名に係る建白書が中央で論議された」と記している。土屋はまた、愛国連盟に台湾軍の現職軍人が関与していたと述べ、ちょうど「現職軍人が政治に関係を持つ事の可否が全国的に論議されて居た時」のことであり、彼らは「国家改造に対してはかつて十月事件を引き起こすだけの実行力を有して居たに関せず、今回敢て全国的同志に呼び掛けなかつた」といかにも無念という趣で書いている(18)。

土屋が愛国連盟にかかわった人物として挙げた顔ぶれは、先の淡水中学問題演説会で登壇した人物と重なっている。また、土屋の語る現職軍人と、『南瀛』で報じられた「覆面の士」は、同じ人物である可能性が強い。「十月事件」の首謀者たる橋本欣五郎中佐が桜会を結成して「青年将校」を糾合した人物でもあるように、両者は関連していたからである。それでは、この「覆面の士」とは誰か……。

先の『南瀛』の記事によれば、「イガグリ頭」の「覆面の士」は、八月二日に鉄道ホテルで送別会の主賓となり、四日に内地に去ったとされている。八月二日の鉄道ホテルでの送別会は、松井石根台湾軍司令官や外山豊造台湾守備隊司令官などを送別する会でもあり、同時に主賓として名を連ねていることから、佐官級以上の軍人と考えられる。八月一日付で台湾以外の地域に異動となった佐官以上の軍人は一五名、そのなかで四日に離台した人物として台湾歩兵第一連隊大隊長であった長勇《ちょういさむ》少佐が含まれている。『台日』では「長勇少佐(前歩第一大隊長)第十六師団参謀に転勤、四日午前八時二十六分台北発」と報じている(『台日』八・四夕)。

よく知られているように、長勇は、橋本欣五郎とともに桜会結成に参加して「青年将校の指導」に任じた人物であり、さらに土屋米吉の言及している「十月事件」の首謀者のひとりでもあった。「十月事件」で首相官邸を襲撃して全閣僚を殺害する予定であった長は、いったん保護検束されたのち、三三年八月の人事異動で台湾軍に飛ばされたのだった。土屋の回想と『南瀛』の記事を総合するならば、「覆面の士」は長勇と断定してよいと思われる。もっとも、現職軍人は決してひとりではなかった。先の『南瀛』の報道では、「台湾に右翼的統治の確立」を期している現職軍人は複数であり、「覆面の士」が台湾を去ったのちも「地下にモグツてゐる在郷軍人並現職軍人のグループ」があると伝えている(『南瀛』八・一一)。

台湾社研(皇政会)・愛国連盟の活動には、内地における議会内右翼ともいうべき政治家もかかわっていた。そのひとりが江藤源九郎である。江藤は、一八九七年に陸軍士官学校を卒業、台湾歩兵第一連隊大隊長等を経て予備役に編入、三二年に総選挙で衆議院議員(奈良県選出)に当選した軍人政治家である。真崎甚三郎日記の記述から、江藤が真崎宅をしばしば訪れては、情報提供と引き替えに資金を受けていたことがわかる。真崎日記の三四年一〇月一日条によれば「江藤来訪。今夜ヨリ台湾ニ赴ク由ニテ彼ノ地ノ有力者ニ紹介ヲ求ム」、求めに応じて「民間総督」として知られる有力者三好徳三郎らに宛てて名刺を託したことを記している。[19] 真崎は三一年八月から三二年一月まで台湾軍司令官の地位にあったことから、台湾に一定の人的ネットワークを築いていたものと思われる。

『南瀛』の報ずるところによれば、「来台した江藤代議士は、南部より帰北した〔一〇月〕十一日夜、鉄道ホテルに於て愛国連盟員、台湾社研員等と共に、自治制施行問題を中心とする座談会を催した」という。また、会合の内容について、「軍部はそれ〔地方自治制〕の実施に反対意向を有して居り、軍部に追従する右翼各団体も同様の態度に出て、台湾に於ては愛国連盟台湾社研などが「絶対反対」を叫んでゐる」と報じている(『南瀛』一〇・二〇)。どのくらい太いパイプであったかは見当がつかないが、鎌田らの人的ネットワークは江藤源九郎を介して真崎にもつながっていたことになる。

三四年一〇月当時、真崎は陸軍教育総監の地位にあったが、おりしも内地を訪問中の中川健蔵台湾総督から重要な依頼を受けていた。真崎日記の一〇月三〇日条に、「中川総督午前八時ニ来訪、彼ノ台湾ニ於ケル施政方針ノ実現ニ協力ヲ乞フ」と記されている件である[20]。中川は、別の機会にも地方自治制の説明のために真崎邸を訪れていることから、この場合の「施政方針」も地方自治制を指すものと考えられる。中川が児玉秀雄拓務大臣を訪れた翌日のことであった。官制上の関係から見るかぎり、台湾総督が台湾島内での「施政方針」の決定にあたって、陸軍教育総監に「協力」を乞う必要はまったくないはずであった。それにもかかわらず、なぜ中川は真崎に「協力」を依頼したのか。真崎が陸軍皇道派の実力者であったというだけではあるまい。むしろ、鎌田らの動きが江藤源九郎をパイプとして真崎の意向に結びついていると中川が察知していたからこそ、わざわざお門違いの「協力」を求めに訪れたと考えるべきだろう。おりしも、中川による真崎訪問直前の一〇月二六日には「台湾自治制改革反対島民大会」が企画されていたが、総督府当局は解散命令を発していた。これに対して、愛国連盟が「五百万島民は台湾の特殊性と民情を考慮し、一部異分子の外、自治制施行は絶対反対につき御配慮を乞ふ」と内地有力者に打電したばかりのことであった[21]。三五年一月に台湾社研として中川総督、岡田首相らに提出した意見書では、台湾で地方自治制を実施するならば「一部逆心の徒の策謀によつて地方自治制を踏台として進んで台湾議会の設置、台湾全体の自治、民族自決、民族独立の運動

に民衆をひきずつてゆく」と危険性を訴えた。(22)

江藤は、三五年春の帝国議会において、台湾地方制度改正案への反対論を執拗に展開した。二月九日の予算委員会第一分科では、「内地人デ今回ノ地方自治制ノ即行ニ賛成シテ居ル者ハ一名モ私ハナイト思フ」と断言し、総督府が「島民大会」に解散を命じたことをやり玉に挙げた。(23)こうした江藤の見解は、台湾社研・愛国連盟の意見書の内容をそのまま復唱したものだった。

結局、台湾地方制度改正案は台湾総督府の提案通りに可決された。ただし、江藤は、同じ帝国議会で別の大事件の火付け役のひとりとなった。天皇機関説事件である。

江藤は、二月七日に衆議院予算委員会第二分科で天皇機関説を批判、その後も貴族院議員菊池武夫らとともに美濃部糾弾の急先鋒となった。これも真崎と関係していた。真崎日記の記述から、江藤や蓑田胸喜が、真崎邸で天皇機関説を「事件」とするための算段をしていたことがわかる。真崎日記三五年二月一五日条には、「江藤来訪、目下三井〔甲之〕、蓑田等ト美濃部ニ対スル質問ノ準備中ナル旨ヲ報ジ、又政府ハ容易ニ倒壊セズト観測シアリ」と記されている。(24)四月四日には真崎自身が陸軍教育総監として、天皇機関説を批判する見解を表明、天皇機関説排撃に陸軍としてのお墨付きを与えた。

天皇機関説排撃には、やはり鎌田正威と関係の深い人物が一役買ってもいた。台北帝大教授井上孚麿である。井上は東京帝大における筧克彦門下であり、鎌田正威の「学弟」として、台湾維新社にも創設当初から参加していた。また、蓑田胸喜とは東京帝大の学生時代から右翼運動の「同志」でもあった。真崎日記三五年一月二〇日条には次のような記述が見られる。「蓑田午後二時来訪〔……〕同氏ハ先般来陸軍大学ノ憲法講師ヲ現台北〔帝国〕大学教授井上孚麿ニ代ラシメタキ希望ヲ有セリ」。(25)また、四月二一日条には「井上孚麿十時半ニ来訪、其ノ論文統治権ノ主体ニ就テノ著書ヲ持チ来リ、予ニ大要ヲ説明ス。悉ク適切ナル意見ナリ」とも記されている。(26)井上が、天皇機関説排撃に資するレ

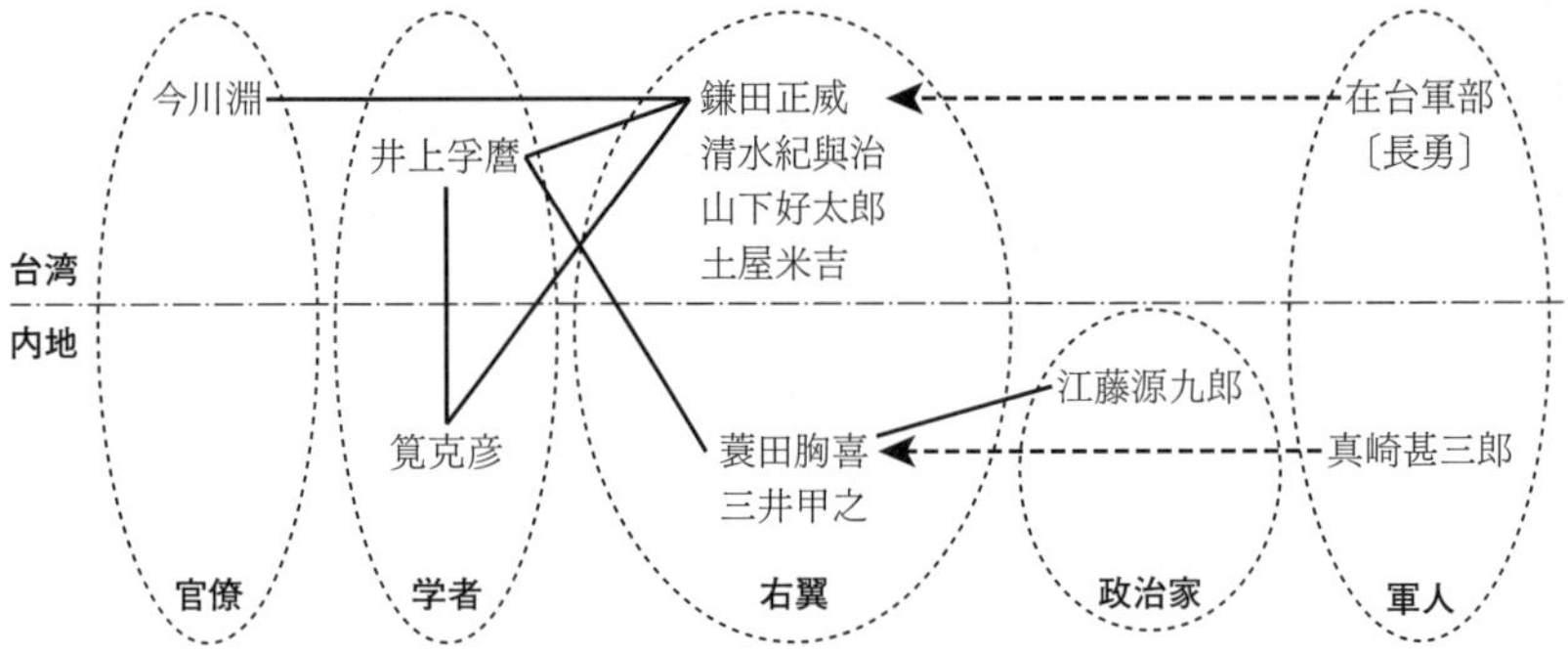

図9-2　「台湾フアッシヨ」をめぐる人間関係相関図

クチャーをしていたことがわかる。

右に述べてきた人間関係を、若干の推定を交えて整理すると、図9-2のようになる。矢印のない線は台湾地方自治制や天皇機関説をめぐって指示する関係、矢印のある線は「親友」「同志」「師弟」などの言葉で表現される関係をあらわす。蓑田胸喜と鎌田正威のように、さしあたってどのような関係だったかを把握しにくい部分もあるものの、鎌田正威を結節点として、台湾社研・皇政会の活動が、内台をまたぐ高級官僚、学者、政治家、現職軍人の人脈に連なっていたことは確かといえる。とりわけ鎌田らの背後にちらつく現職軍人の影は、中川総督に警戒心を抱かせるのに十分であったことだろう。「台湾フアッシヨ」を構成する人びとは、わずかな「自治」も認めるべきではないという立場から、「台湾人迎合」と見える中川総督への反発をさらに強め、武官総督復活運動に乗り出すことにもなる。

他方、台湾人の立場からすれば、中川総督による地方制度改正はあまりにも不十分な措置であった。議員の半数は官選、民選議員は納税額五円を基準とする間接選挙であり、台湾人の八割は非有権者とされていたからである。[27] 林獻堂を顧問とする台湾地方自治連盟は三五年四月一四日に全島理事会を開催して、今回の改正は一歩前進ではあるものの、幾多の欠陥があるとして「一日も早く完全なる地方自治制度の実現」に努めるべきという方針を採択した(『台日』四・一六)。淡水中学問題演説会が開催されたのは、この台湾地方自治連盟の全島理事会の三日後のことだった。

四、ジュノー号事件と在台軍部

「台湾フアッショ」を構成した在台内地人は、以下に記すジュノー号事件においても突出した働きを見せた。ジュノー号事件は天皇機関説排撃運動とまさに同時期のことであり、帝国日本が「憲政の生命線」「外交の生命線」を突破しながら全体主義化していく分水嶺を構成することになった。あらかじめ仮説的な見通しを述べておくならば、三四年から三六年にかけての時期、在台軍部は次第に政治的主体としてたちあらわれ、文官総督を頂点とする台湾総督府への影響力を強め、三六年九月の武官総督制の復活へといたる。長老教中学排撃運動も、淡水中学排撃運動も、この巨大な地殻変動の一部であり、露頭であるという性格をそなえていた。後述する通り、淡水中学排撃運動が三五年春に始められながらもいったん下火となり、三六年に再開された理由も、ジュノー号事件とあわせて考察することにより鮮明になるであろう。

ジュノー号事件の経過は、次のようなものである(28)。

三五年春、オランダ船籍の油槽船ジュノー号(二三〇〇トン)が、アングロサクソン石油会社の委嘱を受けてオランダ領東インドのバタヴィアから淡水港に石油を運搬、シンガポールへの帰途の台湾海峡航行中に台風に遭遇したため、澎湖島要塞の要港である馬公に寄港した。四月七日のことであった。海軍馬公要港部は、海難のため

図 9-3　淡水港に入港する油槽船
淡水にはライジングサン社の経営する石油貯蔵タンクが存在した．この写真の船は3000トンだが，ジュノー号は2300トンなので，もう少し小さかった．

のやむをえない入港にはあたらないと判断してオランダ人船長を検挙し、台南地方法院高雄支部検察局に送致した。

ジュノー号事件よりも前、三四年一二月には英国船籍のラングリーブルック号がやはり馬公に海難入港し、英国人船長が厳しい取り調べを受ける事件が生じていた。一週間にわたり拘留された船長は、「尋問全体の目的は、わたしの理解しえた限りでは、わたしがスパイをしているかどうかを確かめることだった」と証言した(29)。船舶を保有する会社が苛酷な取り調べにかかわる謝罪と金銭的な補償を要求していたので、駐日英国大使クライブは、三五年一月二八日に重光葵外務次官と面会して説明を求めた(30)。ジュノー号事件が生じたのは、このラングリーブルック号事件をめぐる日英の交渉が膠着状況に陥っていたさなかのことだった。

四月一七日――皇政会主催「淡水中学問題演説会」が開催されたのと同じ日――、オランダ人船長の第一審公判が開始された。参考人として法廷で意見を述べた馬公要港部先任参謀中堂観恵中佐は、被告はスパイであると断じた。中堂は、三二年に軍令部第一部第一課に出仕、中原義正中佐とともに海軍における「中心的な反英論者」として知られる人物である(31)。中堂の講演記録によれば、ラングリーブルック号事件など同様の事態が相次いで生じていたので、馬公要港部司令官大野寛海軍少将は自ら台南と高雄の司法官を歴訪して、「国際関係ヲ過度ニ顧慮シ穏便ニ」取り扱う態度を改め、今後は同様の事態に「断乎タル処置」をとるべきだと説いて回ったという(32)。馬公要港部は、外国船の海難入港を政治問題化する機会をうかがっていたとみてよい。ジュノー号は、まさに「飛んで火に入る夏の虫」のごとく、そこに寄港したのであった。

ジュノー号が馬公に投錨した翌日には、馬公要港部参謀長木幡行大佐が海軍省軍務局長吉田善吾少将に極秘の緊急電を送付、そこでは最近しばしば外国船が入港している事態に鑑みて、船舶法に定める「最大刑」を科して「今後ノ縮減ヲ期スル」こととしたいと記し、もしも異存があれば通知せよと打診している。軍務局長にも異論はなく、「今後此種不法行為ヲ取締ル為充分ノ効果ヲ挙グル」ことを目指して、関係官憲と折衝せよと指示した(33)。まだ船長の取り調べも始まらないうちに「最大刑」を科す方針が定められたわけである。

第一審判決は、軍の意向に追随するように、船舶法に定める最大の刑罰として罰金二〇〇〇円と船舶没収を言い渡した。控訴審のさなかに五名の被告弁護人(安保忠毅・蓑和藤治郎・金子保太郎・長尾景徳・岡田庄作)は、管轄を台南地方法院から台北地方法院に移転することを要求、台北での控訴審判決(三五年六月)は、罰金を五〇〇円に減額したうえで、船舶没収の措置を取り消した。管轄移転請求は、台南や高雄の判事が軍の影響下にあることを見越しての措置であり、控訴審判決にはことを「穏便ニ」運ぼうとする総督府の意思が介在しているとみなされた。

ジュノー号事件が発生した当時、日本政府では元老・重臣グループが依然として影響力を保持しており、外交の基調は対英米協調政策だった。たとえば、三五年八月の重光葵外務次官の講演では、中国大陸における日本の利害を守るために英国との協調関係を維持し、東南アジアでの活動は通商的関係を維持することに限定すべきだと論じている。さらに、「英国ハ海洋ニ対シテハ欧洲諸国ヲ代表シテ居ル」としてフランスやオランダも英国の「傘下」にある以上、「南洋」においてこれらの一国と「事ヲ構フル」ことは「全部ト争フ」ことでもあると述べている。[34] オランダ船籍の油槽船に対する苛酷な罰則は、英国との関係も危うくしかねなかった。こうした配慮に基づく日本政府・総督府の意向が、控訴審判決に影響を与えた可能性は強い。

ジュノー号事件の経過は、実際、英国領事アーチャーからクライブ大使を通じて、刻々とロンドンに伝えられていた。クライブ大使はロンドンの外務省にこれを転送するにあたって、日本軍の警戒心の強さを考えると「日本人は台湾とその周辺で要塞の強化に従事していると考えられる」というコメントを付し、中国駐屯軍の司令官にもコピーを送付している。[35] 英国政府のなかには、オランダ政府と歩調を揃えて日本政府に正式の抗議をおこなうべきだという強硬意見も海軍省や商務省を中心に存在した。[36] 日本政府・総督府としては、そうした事態が現実化することを怖れていたものと考えられる。

これに対して、在台軍部は事件発生当初から「最大刑」を科す方針を立てていた。オランダ人船長の厳罰を求める「大衆運動」も、在台軍部の意向を背景として活発に展開されていた。運動の中核を形成したのは、在郷軍人会と海友会——海軍の予備役・退役軍人などによる組織——だった。さらに大日本生産党のような内地の右翼団体と連携した、皇政会の活動も顕著だった。総督府高等法院検察官長であった伴野喜四郎は、事件がひと段落した八月段階で、「コノ事件ニ就テ行ハレタ所謂民衆運動ハ、団体的ニモ個人的ニモ実ニ猛烈ナモノデアツタ。ソシテ、ソノ行動中ニハ非合法ノモノノアツタ事ハ勿論、明ニ犯罪ヲ構成シタモノモ少クナイ」と述懐している(37)。

たとえば、三五年四月一九日には、台北市に居住する在郷軍人会・海友会の有志約四〇名が会合を開催、出席者は在郷軍人会台北市城西分会副長の林治人、同城北分会幹部の西川純、清水紀与治らであった。この会合では、船長を「極刑」に処すことで「無形的国防」とすべきだという見解が出されたほか、高雄商工会会長の中村一造——ジュノー号に業務を委託したライジングサン石油の代理人——の「非国民的」言動を糾弾することを決議、「実行委員ヲ高雄ニ派シ以テ自決ヲ迫ルヘシ」と述べる者さえもいた(38)。

控訴審判決前の六月五日には、在郷軍人会有志・海友会有志を主催者とする「国防演説会」が、台北鉄道ホテルで開催された。「殺気場内ニ満ツル熱狂ブリ」と評されたこの演説会において、壇上に上ったのは一九名、その顔ぶれは清水紀与治、足立乙亥千、山下好太郎、宮島龍華、田中一二ら淡中問題演説会で登壇した人物とかなりの程度重なっていた。山下は、「警察官タリト雖モ不法弾圧スル者アリトセハ非国民ニシテ日本精神ナキ者」と発言し、さらに「非国民的弁護士乃至売国奴」は「葬ル」べきだと述べて、発言中止を命ぜられた(39)。警察官までも「非国民」と罵る山下の言動は、「排撃」「糾弾」の対象を次々と増殖させていく全体主義的な運動の特徴をよく表している。

憲兵隊の調査によれば、この演説会の聴衆は「約一千名」、そのなかに「現役軍人約二十名、内地人婦人十名、本島人数名」が含まれていた。現役軍人が出席していたことは、この演説会の真の主催者が誰であったかを物語る。台湾人は少なかったものの、参加者は台湾人の視線を強く意識していた。たとえば憲兵隊が調査した「一般市民」の感想には、次のようなものがある。「在郷軍人カ一斉ニ起ツコトハ、在台内地人ハ素ヨリ、母国愛ニ欠如スル本島人ニ我カ国民ノ国防意識ヲ注入スル上ニ多大ノ効果アリ」[40]。「母国愛」を欠く台湾人が多数存在しているからこそ、在郷軍人による示威行為は重要と述べているわけである。台湾人の忠誠心に期待を持てないという感覚が、威嚇行動をエスカレートさせる土壌となっていた。この演説会を契機として、六月八日に台湾国防強化連盟が結成された。役員には在郷軍人会代表として西川純・林治人・清水紀與治の三名、海友会から原田義男ら四名、国防青年団から田中一二、明倫会から足立乙亥千、皇政会から山下好太郎などが名を連ねた[41]。

控訴審判決の確定に際して、台湾軍参謀長桑木崇明少将は、「あまりにも寛大」な判決は「遺憾」であり、「我台湾を侮辱するの甚だしきもの」とする声明を発表した[42]。同じ声明は『台日』にも掲載されたが、見出しは「ジユ号悶着を清算　総督府の言明に軍部釈然」となっている(『台日』六・一七)。これに対して、雑誌『台湾』は、「静観の山より下つた台湾軍〔八字伏せ字〕乎」という見出しで、在台軍部の強硬な態度をセンセーショナルに報じた[43]。控訴審判決以降、在台軍部と総督府とのあいだの対立は終息するどころか、むしろ拡大した。在台軍部は、とりわけ船長の弁護にあたった安保忠毅弁護士に対して鉾先を向けた。安保は、台湾法曹界きっての有力者として官選の総督府評議会員にも登用されていたが、軍部から軍法会議所属弁護士の資格を取り消され、安保が理事長を務める台北弁護士協会は解散へと追い込まれた。年末になって、中川総督が安保に対して総督府評議会員の辞職を求める姿勢を明らかにし、安保が軍部に謝罪することにより、一応の「和解」が成立した。近藤正己の指摘した通り、それは、「文官総督を頂点とする総督府が軍部に対して屈服したことを示す」出来事となった[44]。

ジュノー号事件は、同時に、司法の独立性に引導を渡すという意味も備えていた。台湾法曹界の重鎮である安保弁護士は、このようにジュノー号事件の弁護活動ゆえに糾弾されて社会的に抹殺され、在台軍部との「和解」の一年あまりのちに心臓麻痺で五三歳の若さで亡くなった(『台日』三七・一・二〇)。こうした出来事は、司法の独立性がほとんど有名無実化したことを物語る。アーレントの指摘した通り、「すべての暴力支配は法律の垣を打ち倒さねばならない」(45)。同じ時期に内地では美濃部、台湾では安保というように、法曹界を代表する人物に排撃の鉾先が向けられたのは、偶然ではないだろう。

ジュノー号事件にともなう「大衆運動」は、反英運動という色彩を帯びてもいた。雑誌『台湾』の記事を集成した『蘭船ジユノウ号事件を語る』(一九三五年)と題する小冊子に寄せた文章で、中堂観恵中佐は、英国人は「印度人の覚醒に依て、又日本人の刺激に依て独立しはしない」かと極度に怖れており、「南進の足場となるべき此の台湾に如何なる準備工作をやつて居るか」を知りたがっていると論断している(46)。中堂において、英領香港やシンガポールと台湾を結ぶ海域は日本の南進を怖れる英国が防備を固めていると意識されていた。民間における南進論者として著名な竹井十郎もまた、オランダの「横暴無礼」な態度の背後には「煮ても焼いても食へぬ老獪」な英国が「陰険」な「策謀」をめぐらせていると論じた(47)。

中堂らのセンセーショナルな論調は、まさにデマゴーグ的である。だが、それは根拠のないものでもなかった。英国の側でも確かに日本の動向に神経を尖らせており、水面下では日英間の軍事的な緊張が密かに高まっていた。「諜報戦」である。

英国の対日諜報活動について論じたアントニー・ベストの研究によれば、三四年一二月にシンガポールで日本人海軍士官がスパイとして逮捕され、民間人容疑者は拘禁中に自殺した。香港でも日本海軍の船が事前通告なしに寄港したり、旅行客が双眼鏡を用いて港湾を観察したりしていたために、防衛体制の増強の必要が説かれていた(48)。

三五年二月に英国の諜報機関が中国駐屯軍司令部に寄せた報告書では、英日戦争 Anglo-Japanese War だけが香港に巨大な被害を与える唯一の可能性であるという観察を示し、「日本を海軍の主要敵とすることになるとわたしたちの考えている戦争は、決して小規模なものとはならないだろう。〔……〕英国は東洋における現地住民のなかに同盟者も見出すだろうが、敵も見出すことだろう」と警戒の必要を説いた[49]。同じ時期に英国海軍諜報機関のテイト大佐が起草した報告書では「極東」における平和への脅威として「日本帝国主義」「汎アジア主義」「共産主義」の三要素を挙げ、日本が東アジアにおける英国の利害を深刻に脅かす可能性がある唯一のパワーだと論じている[50]。アジアの諸民族が「汎アジア主義」を介して「日本帝国主義」と手を結ぶことを、現実的な脅威として認識していたことがわかる。さらに、アーチャー領事による六月一五日付の機密電では、「中堂中佐は、発言の過激さにおいて特に際だっている」として、中堂が「白人を激しく非難し、とりわけ英国のインド支配を酷評した」ことを報告している[51]。

英国の諜報機関は、この時期になって台湾の戦略的重要性に着目し始めてもいた。三五年なかばには諜報機関の命を受けてドレイグが台湾に入り込み、広範なエージェントのネットワークをつくりあげた[52]。その「成果」の一部であろう、三六年八月には英国の中国駐屯軍司令部が「台湾における軍事メモ」を起草した。この報告書は、台湾の統治機構・人口・地理などを概説したうえで、兵員・兵器の配備状況について詳細に報告している。たとえば、台北市の北東に位置する松山飛行場が北緯二五度四分、東経一二一度三〇分の位置にあり、軍用機が六機配備されていること、海軍航空隊の根拠地が澎湖島の馬公に存在すること、水上飛行艇の基地が基隆、淡水、高雄、澎湖に設けられる可能性があることなどである[53]。

かくして、英国の側も警戒を強め、水面下で日英の諜報戦が展開されていた。大時化の海のように流動する政治状況のなかで、ジュノー号事件は、帝国日本の対外関係においても、植民地支配の方式においても、従来とは異なる方向へと舵を切る、重要な分岐点としての意味を持った。もとより、「諜報戦」は水面下の出来事であり、日本政府がこの時点で対英協調路線を放棄したわけではなかった。「国策ノ基準」で正式に英国を仮想敵国に含めたのは、三六年八月のことである。そうした日本政府の相対的に慎重な姿勢と、ジュノー号事件をめぐって台湾で生じた事態の落差こそが重要である。

台湾は、帝国日本の中心から見れば周縁的な位置にあり、総督が文官という事情も相まって、在台軍部に対する統制が機能しにくい状況にあった。同時に、「南支南洋」との関係では帝国日本の「最前線」として重要性を備えていた。事件発生当時、ジュノー号は淡水の油槽所に石油を運搬してシンガポールへの帰途にあったのだが、その積荷——海軍にとって死活的重要性を持つ石油資源——と航路は、台湾の地政的な重要性を象徴している。しかも、台湾は日本の植民地であり、台湾人の忠誠心に対しては常に猜疑心が抱かれていた。在台軍部にとって、英国のように強大な「外敵」と、台湾人という潜在的な「内部の敵」との双方が結びつく事態は、決してあってはならないこととして、しかしいつでも生じうる事態として、常に意識化されていた。そうした状況のなかで、「軍機擁護」を旗印とする「大衆運動」は展開されたといえる。

ひるがえって淡水中学・女学院は、カナダ人宣教師が教師となり、台湾人の生徒が学ぶ学校であった。実際にそこで何がどのように教えられているかにかかわりなく、そうした学校の存在自体を許しがたいとする風潮が、かくして盛り上がってくることになる。

第二節　「大英帝国立淡水中学」——台北州による接収への道のり

一、淡水中学排撃運動とジュノー号事件

淡水女学院長代理アーガルは、神社参拝にかかわる経緯を説明した報告書において、三五年四月当時の状況について次のように記している(54)。

軍部や、愛国的国粋的団体の力は非常に強く、また急速に力を獲得しつつある。台湾における在郷軍人の数は□□〔二字空白〕にのぼる。これらの団体にとって、天皇崇拝や日本への崇拝に悖るような態度への疑いが少しでもあるならば、それは攻撃を始めるのに十分な理由となろう。台湾は、もともと軍事政権の支配下にあった。今日、軍部は、現在の権力者である文官政権の穏健さや寛容さに嫌悪感を抱き、もう一度この島の支配を自らのものとするために力を尽くしている。その攻撃のための手近な武器がキリスト教会である。キリスト教は唯一にして至高の神が存在すると教える。その教えは、右翼的思考をする、忠誠な日本人にとって耐えられないものである。彼らは、天皇だけが至高の存在と考えるからである。したがって、キリスト教と教会の存在を許容することは日本への不忠を意味する。こうした理由のために、四月一四日から二〇日のあいだにキリスト教排撃のキャンペーンが展開されようとしている。

ここでアーガルは、文官総督を頂点とする総督府の外部にあって圧力をかける主体として、在台軍部の存在に着目している。彼女は、事態の本質を正確に把握していたと考えられる。宇垣一成陸軍大将が総督だった朝鮮、岡田啓介海軍大将が首相だった内地に比して、文官総督を首班とする台湾の統治体制は、在台軍部の攻撃を受けやすい状況にあった。淡水中学・女学院をめぐる問題も、アーガルが自覚していた通り、在台軍部が総督府を攻撃するための「手近な武器」という意味を備えていたと考えられる。

すでに指摘したようにジュノー号の船長の第一審公判が開始されたのは、皇政会主催「淡水中学問題演説会」が開催されたのと同日であった。排撃運動の牽引者ともいうべき主体もかなりの程度重なっていた。淡水中学にかかわる『台日』の報道は、この演説会以降、ほぼぴったりと止む。しかも、三四年春の長老教中学排撃運動では一ヵ月あまりにわたる沈黙を経て排撃キャンペーンを再開したのに対して、この時には翌年二月までほぼ完全な沈黙を続けた。これは、ジュノー号事件をめぐって在台軍部による総督府攻撃が年末まで継続したことに対応したものと考えられる。

すなわち、淡水中学の教育体制をめぐる問題にメスを入れる報道が総督府の「軟弱」な態度へのさらなる攻撃を呼び起こしてしまう事態を懸念したからこそ、『台日』は不自然な沈黙を続けたものと思われる。

『台日』の沈黙に逆行するように、『経世』は三五年四月から五月にかけて毎週のように淡水中学にかかわる報道を継続した。たとえば、内地の文部省が天皇機関説事件に際して発した「国体明徴訓令」(文部省訓令第四号)に言及して、「国体明徴の訓令は発せられた　モウ夫れ丈けで　廃校の運命にある淡水中学」と断じ、総督府が「廃校」措置を「逡巡」していると攻撃した(『経世』四・二一)[55]。あるいは淡水中学のマカイ校長の出自を人種主義的な観点からとりあげて、「(現校長マカイは)前校長マカイ(加奈陀人)と本島婦人との間に出来た混血児《ママ》である。それで彼は決して国語を学ぼうとはしなかつた」と侮辱している(『経世』四・七)。ここでは、英国人への反発と台湾人への蔑視が、ないまぜになった形で表現されている。

もっとも、『経世』は、顕著な排外主義的論調にもかかわらず、奇妙なことにジュノー号事件についてはほとんど沈黙していた。この沈黙は、台湾経世新報社の社長である蓑和藤治郎が、安保らとともにジュノー号の船長の弁護人となったことと関連していると考えられる。ジュノー号事件に関する「島人の観測」もこの点を衝いて、「一番おかしな事は国粋党を気取り保守的な行動を取つて来た弁護士が、被告(オランダ人船長)の側の弁護に立つた事で、結局金の為に節を売つてゐるのは醜い」と語っている(『南瀛』六・一七)。この「国粋的弁護士」は蓑和を指すものと考えられる。大日本生産党の八幡博堂も、総督府から弁護人に莫大な報酬が出されたと論じ、弁護人が「金銭の為め国を売る行為」をしたことは明白と断じている[56]。

淡水中学にかかわる『経世』の報道は、ジュノー号事件をめぐる沈黙の埋め合わせであるかのように、過激化していく傾向を見せた。たとえば「淡水砲台埔の一角　「ユニオン・ジヤック」の旗は翻る　此の国辱的事実は奈何?」という見出しで、淡水中学のマカイ校長らを借地権者とする「永代借地」が英国領事館に踵を接する形で淡水河の河口を見下ろす丘のうえに位置していることを問題化し、「奪還」の必要を説いた(『経世』五・五)。清代以来の英国の権益を標的とした記事は、まさに反英主義的なムードを煽ろうとするものであった。

『経世』の報道と並行して、在郷軍人会や右翼団体による排撃運動も継続していた。四月二二日には山下好太郎・土屋米吉・田中一二・緒方武歳・足立乙亥千・清水紀與治・宮島平次郎(龍華)の構成する「淡中撲滅期成同盟会」が中川総督、深川繁治文教局長、野口敏治台北州知事に対して「建白書」を提出、淡水中学の対応は表面を取り繕うものに過ぎないとして「即時同校の設立許可を取消すの英断」に出ることを求めた。(57)

淡水中学は、こうした圧力に取り囲まれながら、教師の半数以上を内地人とせよという総督府の要求に応えようとした。三五年五月現在の淡水中学の教師は下記の通りだった。(58)カナダ人二名(マカイ校長、マカイ校長夫人)、台湾人七名(陳清忠、張基全、陳能通、陳瓊琚、柯設偕、駱先春、王映)、内地人三名(黒住安臣、鈴木勇、中野格郎)。台湾人教師のうち、陳清忠(一八九五―一九六〇)、陳瓊琚(一八九五―一九四五)は同志社大学文学部、陳能通(一八九九―一九四七)は京都帝国大学理学部、柯設偕(一九〇〇―九〇)は台北帝国大学文政学部、駱先春(一九〇五―八四)は神戸の中央神学校を卒業していた。この点で中等教員として十分な資格を備えていたといえる。ただし、長老教中学と比較するならば、内地人教師の割合が低かった。指定校としての地位を求めようとしていなかっただけに、内地人教師を雇用する必要も薄かったのであろう。それだけに、内地人教師を半数以上とせよという総督府の「改革」要求は、高いハードルだった。

北部宣教師会議はトロントの本部に対して、内地人教師の雇用には台湾人よりも高額な給料を支払う必要があることから、現在の補助金で当局の要求に応えるのはとても不可能だと報告した。(59)内地人教師増員のためには、少なくとも、数名の台湾人教師を解雇しなければならなかった。そこで、四月末に陳清忠に対して、六月末日をもって解雇することを通告した。陳清忠は不服を訴えたが、認められなかった。(60)こうした事態は、北部教会の内部対立として報道

図 9-4　淡水中学卒業記念（1935 年 3 月）
1935 年 3 月の卒業記念写真．前列中央にマカイ校長とアーガル女学院長代理，その右側にマカイ夫人，マクミランと内地人教師，マカイ校長の左側に台湾人教員．2 列目，マカイ校長の左後ろが陳清忠．

された。『昭和』の記事では、「淡中には陳清忠を繞る一派と、之れを追撃するマカイ学長一派がある」としながら、淡水中学の卒業生が陳清忠の留任運動を起こしたと報じている。また、淡水中学が「反日本的」「非国民的」なのはマカイ校長の方針によるものであるにもかかわらず台湾人教師がやり玉に挙げられるのは理不尽であるとして、「本島人教師たる者こそ迷惑千万」と論じている（『昭和』六・二二）。陳清忠解雇の前提には内地人教師の割合の増加を求める当局の圧力が存在したわけだが、この点は無視してもっぱらカナダ人宣教師（マカイ）VS台湾人教師（陳清忠）という構図のなかで、前者の専横を非難するという、歪んだ構図となっている。

もっとも、新聞報道に指摘されるような内部対立は確かに存在していたようである。三〇年代前半、北部教会では、「新人運動」と呼ばれる教会革新運動が展開されていた。これは、従来北部教会で大きな権限を握っていたマカイ校長や陳清義牧師に反発して若い世代が起こした運動であり、陳能通、陳清忠ら淡水中学の教師もその担い手であった。

新人運動にかかわる鄧慧恩の研究によれば、『伝道師会会誌』第二号（一九三四年一一月）において、陳能通はカール・バルトの危機神学を紹介する論説を掲載し、陳清忠――「旧派」の中心人物とみなされた陳清義の実弟――は台湾人伝道師の犠牲的働きはカナダの母教会のためではなく「台湾同胞」のためであり、「正義」のためであると説いていた[61]。この新人運動に共感的な姿勢を示していた宣教師マクミランは当時の状況を顧みて、次のように記している。「キリスト教徒の青年は蛇のように聡く、鳩のように従順でなくてはならなかった。ローマ帝国の手法と日本帝国主義の手法に共通性が見られたがゆえに、新約聖書の記録がとりわけ意味深く思える時期であった」[62]。新人運動は、単に教会内部での権力争いであったに止まらず、帝国日本に対峙しうる、新たな信仰のあり方を模索するものであったことがわかる。

三五年度中にさらにもう一名の台湾人が解雇される一方、新たに内地人教師三名(高宮正二郎・斎藤喜久男・福山伯明)が雇用された[63]。かくして、台湾人は五名、内地人は六名となり、内地人教師を半数以上にする条件が達成された。同様の措置は淡水女学院でもおこなわれて、三〇年近くにわたって教師としてかかわり続けてきた呉氏云壬が教職を退き、非公式の寮母に配置転換されることになった[64]。三五年九月には、内地における日本語学習を修了したマクミランが、マカイに代わって新たに校長に就任した(『台日』九・四夕)。もはや日本語を自由に操ることができなければ、校長として時局に対処することはできないという宣教師会議の判断に基づくものであった。こうして淡水中学・女学院は、総督府の要求した「改革」を実行に移した。『経世』の報道によれば、この間、六月一七日の始政記念日には初めて台湾神社への集団参拝をおこなった。『経世』は、それでもこれは「欺瞞外交」の手だと批判し、淡水中学の関係者たる台湾人が「在郷軍人はマルで狂犬同様だ」と述べたと論じて排撃の火の手を煽ろうとした(『経世』六・二三)。だが、三五年のあいだはジュノー号事件の余震が継続する衝撃のなかで排撃運動はさしあたって下火となった。

二、台北州知事今川淵の登場

一九三五年末には、ジュノー号事件をめぐって総督府は、在台軍部に屈した。その後、三六年二月に台北州知事野口敏治が官界を引退して台湾電力の理事に就任した。三五年に淡水中学を卒業した徐謙信は、永代借地を奪還せよという右翼団体の運動について言及しながら「幸いにして当時の台北州知事野村《ママ》氏は教会の苦しい立場について理解があった」と書いている(65)。また、台北第二高等女学校長だった室田武は、自らキリスト教徒として「台北州の知事も中瀬〔拙夫〕野口〔敏治〕と二代も引続いて基督教徒の絶対支持者であつた」と語っている(『経世』三六・一一・一五)。あくまでも総督府官僚のなかでは相対的にという程度の意味に解すべきものであろうが、野口は在郷軍人や右翼団体と距離をとろうとしていたと考えられる。その後任として台北州知事に就任したのは、今川淵であった。州知事レベルの人事には総督の意向が強く働くはずだが、間接的に在台軍部の意向が及んでいた可能性も考えられる。

今川の異動からほどなくして、事態は再び動き始めた。きっかけとなる出来事は、長老教中学の場合と同様、内地人教師の辞職であった。『台日』三月一二日付の記事は、淡水中学の内地人教師鈴木勇が辞意を表明して、日本内地に戻ったことを大きく報道した。辞職の理由について鈴木は、教員会が「多数決で本島人教師に牛耳られ」ているとして、台湾人教師を非難した。生徒たちについても「授業中に内地人教師を排撃」し、「教科書の裏に大英帝国立淡水中学」と書く者もいたとあげつらった(『台日』三・一二)。

北部宣教師会議の議事録によれば、鈴木の辞職は、実は三五年九月のことであった(66)。前年夏のことをつい最近生じたことのように、ことごとしく持ち出しているわけである。また、その発言内容は、もはや神社参拝など個々の行為を俎上に載せるのではなく、内地人が学校の管理運営体制を掌握していないことそれ自体を問題視している点が特徴的である。さらに、「大英帝国立淡水中学」と書いたことをあげつらうという反英主義的な表現が着目される。三五年中にはもっぱら『経世』に顕著だった反英主義的な論調が『台日』に転移・拡散しているともいえる。そこには、ジュノー号事件以後ともいうべき状況が刻印されている。

同じ時期、週刊新聞でも淡水中学排撃運動が再開された。『経世』は鈴木の辞職をとりあげて、「台湾に於ては外人経営のミッション・スクールなどは最早不要」「断然排撃して然るべきもの」という見解を示すとともに、「淡中撲滅既《ママ》成同盟会は予ねて待機の形で静観してゐたが、愈々黙視するに忍びずとて俄然蹶起」して三月一三日に実行委員会を開催したと報じている(『経世』三・一二)。『南日』は、「大英帝国々立淡水中学」という『台日』でも報道された表現をことさらに強調して、「非国民の養成所」と断じている(『南日』三・二七)。『新高』のインタビュー記事では、今川が「淡中問題に対しては既に吾々の腹も決つてゐる。〔……〕君等によつて大いに輿論を喚起して貰らはねばならぬ」と語っている(『新高』四・一一)。どの新聞の紙面からも、今川の意向通りの「輿論」を喚起することへのためらいはうかがわれない。

四月二一日には淡水中学撲滅期成同盟会の一〇名が今川州知事を訪問、淡水中学の廃校を求める中川総督宛建白書の取り次ぎを依頼した(『経世』四・二六)。この時に建白書に名を連ねたのは一三名、そのなかには清水紀與治、足立乙亥千、山下好太郎、宮島龍華、田中一二ら、これまでにもたびたび登場してきた人物のほか、林治人、西川純のようにジュノー号事件で「活躍」した在郷軍人会幹部も含まれている(『昭和』五・九)。新たに加わったというよりも、在郷軍人会幹部として排撃運動に参加することへの障壁がなくなったために実名で登場するようになったとも考えられる。

『台南』によれば、淡水中学撲滅期成同盟会一行は州知事への陳情のあとに淡水中学を訪れて「宣言書を突きつけて退散」した。この際に「警察当局では時節柄事件の成行きを重視し、南北両署並に淡水郡警察課高等係員は異常な緊張裡に警戒に当り物々しきものがあつた」という(『台南』四・二二夕)。ここで「時節柄」とは、二・二六事件を指すものであり、ものものしい警戒は、街頭的暴力の行使への懸念から生じたものだろう。

淡水中学撲滅期成同盟会はさらに二七日に鉄道ホテルで、「淡水中学の反国体的教育方針の暴露、二・二六事件の批判」を趣旨とする演説会を開くことを企画した(『経世』四・二六)。この演説会が実際に開かれたのか、開かれたとして二・二六事件への「批判」がどのようになされたのかは不詳である。おそらく二・二六事件における青年将校の「蹶起」そのものが批判されたのではなく、「蹶起」した将校たちの処遇が批判されようとしたのではないかと考えられる。かくして、在郷軍人・右翼団体らによる常套的な示威活動がひととおりおこなわれて「輿論」が演出された段階で、その陳情に応える形式をとりながら、今川台北州知事が前面に登場した。

今川は、五月四日にカナダ長老教会の宣教師を招致して会談をおこなった。この会議に出席した宣教師は淡水中学校長マクミラン、淡水女学院長代理ニューベリー、淡水婦女塾長バーディック、牧師ウイルキ、馬偕病院長テイラー、の五名だった。会談の模様は、「五代表を招致して 淡水中学に大警告 国民教育上看過出来ぬとて 州に学校移譲を慫慂」と写真入りで報道された。この時に今川州知事の提示した方針は、学校の管理運営の州移譲を求めるというものであった。その理由は、「東洋の盟主たる現在の日本、取分け我が台湾では国民教育は日本人の手で」という「根本信念」に基づくものと説明された(『台日』五・五)。ほとんど行政的な命令という形でこのような要求がつきつけられたのは新しい事態であり、この日の会合は「台北州の私立中等学校に対する教育行政方針の一大転換」とも報じられた(『大朝』五・一五)。他方、宣教師のレポートではこの日の会談のことを、その後数ヵ月間にわたって継続する「悪夢」の日々の発端と記している(67)。

北部宣教師会議の議事録によれば、この時の会議で今川は、内地人教師の採用、神社参拝、国旗掲揚という点では一定の「改善」が見られると前置きしたうえで、そもそも「外国人が国民教育をおこなうのは難しい」と語り、「もしあなた方が同意するならば、わたし自身が生徒のために国民教育をおこなおう。宗教教育には干渉しない。宗教教育はあなた方の神学校でおこなえばよい。中学校と女学院を総督府の手に委ねてほしい」と述べたとされる(68)。神学校を別として、高等普通教育に関しては台北州で管理すると述べているわけである。もとより、日本内地でも台湾でも、「外国人」による私立学校の経営を禁じるような法令は存在しなかった。今川の発言を支えているのは、法的な根拠ではなく、「国民教育は日本人の手で」という「根本信念」だった。すなわち、教育とはすべからく「国民教育」の原理に即したものでなくてはならず、「国民教育」の適切な主体たりうるのは内地人だけであるという「信念」である。それは同時に、カナダ人や台湾人は、そのような主体の位置から排除されるべきという人種主義的な言明でもあった。

五月二一日の会談では、今川は、長老教中学問題に言及して「改善は牛歩遅々として居り」、不十分な「解決」であったという認識を示している。そのうえで、淡水中学・女学院の経営を州に移譲する場合の「方案要項」を文書で

臺灣日日新報　昭和十一年五月五日

五代表を招致して
淡水中學に大警告
國民教育上看過出來ぬとて
州に學校移譲を慫慂

今川知事は──

生徒

教會側
知事
教會側
知事

膨れる東京市
人口五百八十餘
ただ激増

瑞穗丸入港
猛烈な濃霧を突破し

吉野丸
神戸を出帆

図 9–5　『台湾日日新報』1936 年 5 月 5 日付

提示した。その要件とは、財団法人を設置して知事を首班とする理事会を組織し、知事の委嘱する者をもって理事を構成する、校長は内地人とするなどの内容であった(『台日』五・二二)。その多くは長老教中学に要求した「改革」と重なるものの、理事会長に知事をあてるとしている点が異なる。すなわち、私立学校という性格を実質的に否定するのに等しい要求であった。

新聞報道では言及されていないものの、宣教師会議の議事録から、この時に経費についても質疑がなされたことがわかる。今川は、もしも学校を州に移譲すれば州費を補塡するが、ミッションが運営し続ける場合には一切の経済的援助をしないと語った。また宣教師が、「もしも州が学校を管理することになった場合には土地と建物を購入する意思があるのか」と質問したところ、寄附が望ましいが、購入も考慮すると答えた(69)。

今川との会談を終えた宣教師たちは、この件についてトロントの本部と相談するほか、北部中会と協議することを決めた。

三、カナダ人宣教師と台湾人信徒の亀裂

五月末には、学校関係者に対してさらなる揺さぶりをかけるような「事件」が生じた。五月三〇日、海軍の飛行艇二機が佐世保から淡水まで長距離訓練飛行を実施、淡水では台北在勤海軍武官酒井武雄大佐、星野力淡水郡守らが出迎えていたほか、淡水中学生徒や淡水街の小学校・公学校の児童らが動員されていた。この時に淡水中学の台湾人教師駱先春と陳能通は、「奇怪極まる言動」をとったという理由で台北憲兵分隊に拘留されて取り調べを受けた。その言動とは、悪天候のために海軍飛行艇の到着が二時間近く遅れたことについて、「延着とは無責任だ」「歓迎するよりは授業をする方がましだ」と語ったというものだった。

ここで重要なことは、発言の正確な内容、あるいはその「真意」ではない。日常の些細な言動までもが恒常的に監視の対象とされていた事実である。また、憲兵隊という軍事組織が介入していることである。台北憲兵分隊は、駱先春と陳能通の取り調べにあたったばかりでなく、軍曹を派遣して淡水中学の「反国体的教育方針」について「徹底的に再調査」した(『台日』六・五)。総督府文教局が管掌するはずの教育問題に対して、憲兵隊が明確な干渉をおこなっている事態のなかにも、ジュノー号事件以後ともいうべき状況が刻印されている。この事件に関する学校側の対応を不十分として、内地人教師中野格郎と高宮正二郎は、六月三日に辞表を提出した(『台日』六・三、六・三夕)。六月四日、淡水中学撲滅期成同盟会の幹部が集まり、残りの内地人教師に対しても辞職勧告の電文を発した。電文の内容は、「国民教育の本義に鑑み貴校の存在は天下の許さざる所、此際貴下の在職は国民の等しく遺憾とする所なり速かに辞職せられんことを」というものであった(『台日』六・五夕)。この「勧告」は、ほとんど脅迫状に等しい効果を持った

と考えられる。

六月四日には、北部教会の代表が臨時中会を開催、北部宣教師会議のメンバーと対応策を協議した。『台日』はこの会議について、「学校は移譲せず　教会と中会で経営　問題の淡中及び淡女につき　きのふ協議会で決定」と報道した。これまで宣教師の経営であったものを、北部中会、すなわち台湾人信徒組織も含めて経営にあたるという方針変更である。その理由については、「長き伝統と歴史を有する学校を移譲するに忍びず」という見解を伝えるとともに、この会議の開催経緯としては、北部中会が宣教師会の態度に「あきたらず」という思いを抱いて開催したと報じている（『台日』六・五）。

三六年当時台北神学校の学生だった徐謙信の歴史記述によれば、北部中会は、これまで経営主体ではなかったために直接今川知事と交渉することができなかったけれども、今後は宣教師との合同経営とすることにより、「宣教師を鼓舞して日本人の無理な要求を勇敢に拒絶させ、よりよい方法を探し出してこの難関を通り抜けさせようとした」ということである(70)。この協議会の決定に基づいて、北部中会から委員を選出して、宣教師とともに対応を相談するための連合委員会が設けられた。学校の存立にかかわる瀬戸際において、北部教会でもようやく台湾人の発言が大きな意味を持ち始めていた。

六月五日には、こうした北部教会の動きの息の根を止めるかのように、永田則雄・福山伯明・斎藤喜久男の三名が辞表を提出した。内地人教師のなかには、生徒が自分たちを「害虫呼ばわり」したことや、台湾人教師の「不遜な態度」を辞職の理由としてあげつらう者もいた。ただし、みなが同様の口調だったわけでもない。斎藤喜久男は、新聞記者に辞職の理由を尋ねられて「永田、福山の両氏が辞めると云ふので、私も名を連ねたに過ぎません」と発言し、外部からの圧力によるものであることを言外に示唆した（『台日』六・七）。さらに、一〇日には内地人教師としてただひとり残っていた黒住安臣教頭も辞職、辞職の理由を尋ねられて「全く意気消沈の低声」でただ「不徳の至すところ」とだけ述べた。他方、駱先春と陳能通は、この「飛行艇事件」の責任を問われて解職された(『台日』六・一一)。

北部宣教師会議は、内地人教師に対しては、どのような体制になろうとも学校に復職してほしいという意向を伝達した。他方で、台湾人教師の解職を進めることにより、内地人教師の復帰も容易になるだろうと考えていた。六月二二日付で淡水中学に残っていた三人の台湾人教師のうち、陳瓊琚も解職した。残るは柯設偕と張基全の二名となった。[71]このような宣教師の対応は、自らの意図に違反して解職された台湾人教師たちの怒りを買ったようである。駱先春と陳能通は、「もしも三名の日本人教師が復職するとしたら、わたしたちにも同様の対応をしてほしい」という意向を宣教師会議に六月二七日付で伝えた。宣教師会議はこれに対して、「六月二七日付でなされた要求を認めることはできない、また、さらなる煽動 agitation をおこなわないように強く求める」と回答した。[72]この場合の「煽動」は、陳能通や駱先春が宣教師会議への不信を教会関係者に訴えていた事実をさすものと推測される。

もっとも、南部同様、北部でも宣教師は一枚岩だったわけではない。宣教師のなかにも、できるかぎり台湾人の意向を尊重した形で打開策を見つけようとする者もいた。七月二日の宣教師会議でテイラーは、トロントの本部から委員の派遣を求めることを提案、その委員は「一九三二年以降の国際関係、特にナショナリズムに関する鋭い分別」「総督府官僚と交渉し、権利にかかわる正義を擁護する能力」「外交的手腕と、可能なかぎり法律的な知識」を備えた人物でなくてはならない、と論じた。[73]この提案のなかには、淡水中学・女学院をめぐる問題の根源を三二年以降の国際関係という広い視野のなかで見直し、場合によっては外交的交渉も駆使しながら「正義」を追求する必要が示されている。しかし、この提案は七月一八日に投票に付されたが、否決された。マカイら反対者の理由のひとつは、本部から委員を招聘するならば、台湾人信徒がその機を捉えて本部委員に自分たちの嘆きや不満を訴え、現地教会の「平和と一致」を乱すだろうというものであった。[74]同じ日の会議において、淡水中学・女学院の土地売却に賛同するというトロント本部からの電信が読み上げられた。すでに台湾人信徒とカナダ人宣教師の亀裂は、修復しがたいほどに深まりつつあったといえる。

四、淡水の要塞化に向けて

トロントの本部からの電信を契機として、宣教師会議が売却方針を固めたために、淡水中学・淡水女学院をめぐる問題は一挙に商談という様相を呈することになった。

七月二四日の今川との会談では、宣教師の側が土地の売却価格を九万円以上と見積もったのに対して、台北州の提示した購入価格は六万円台であり、両者のあいだには三万円以上の開きがあった。[75] 八月一五日には州と宣教師会のあいだで学校の州移譲に関する最終的な打合せをおこなった。価格については台北州が譲歩して九万円で購入することになった。ただし、新たに設置される財団法人の理事一二名のうち半数を宣教師会議が推薦するという要求に関しては譲歩せず、知事が宣教師会議の推薦を考慮するという程度に止めることにした。[76] この合意は、「淡中の移譲問題愈よ正式に決定」と報道された(『台日』八・一六)。一一月時点の「職員調査表」によれば、教師は、宣教師マクミランのほか、辞表が撤回された内地人教師六名、新たに採用されたと思われる内地人教師三名が記されている。台湾人としては、柯設偕のみが年度初めと同様に名前を連ねている。[77]

この経緯を台湾人信徒は、どのように見ていたのか、台湾人信徒のなかにも、学校の閉鎖、あるいは州移譲という選択肢もやむをえないと考えて、そのことを宣教師に伝える者もいた。[78] ただし、七月一七日付でトロントの本部からの電信が届いて以降、宣教師と北部中会の代表が協議した形跡は見られない。徐謙信による歴史記述では、六月四日の北部中会の会議から数ヵ月後、「今川淵の派遣した台北州教育課長立川〔義男〕氏が突然両校を接収するために来校して校長事務取扱に就任した。その後で、わたしたちは初めて宣教師会議がすでに今川淵に両校を移譲したことを知った」と記している。[79]『台日』でも報道されていた以上、台北州教育課長がやって来て初めて知ったという記述には

図 9-6　淡水中学ラグビー部

台北新公園で行われた公式試合の際の記念写真．2 列目，帽子を手に持っている人物が柯設偕，その手前生徒とともにしゃがんでいるのが陳清忠．同志社留学中にラグビーを学んだ陳清忠は，「台湾ラグビーの父」としても知られる．

多少の誇張があるかもしれない。しかし、最終的な決定が台湾人信徒の頭越しになされたことは確かであろう。

九月新学期に淡水中学・女学院の経営主体として「財団法人私立淡水中学及私立淡水女学院維持財団」が成立、台北州知事が理事長に就任した。校長すらも決められていなかったものの、新学期に合わせて授業も再開された。

淡水中学・女学院の生徒たちは、一連の事態をどのように目撃し、いかなる思いで新体制の学校に通ったのか。この点をうかがうことのできる資料は乏しい。ただ、排撃の急先鋒であった『経世』が次のようなエピソードを伝えている（『経世』一〇・一一）。

> 中野〔格郎〕教師は修身、公民等の科目を担任してゐるが、数日前、五年生に対して公民科の授業中講義が権利義務の項に及んだところ、生徒より皮肉な質問が続出、之に対して同教師より一応の解答は与へられたのであるが、予《か》ねて計画的に此の機会を狙つてゐた生徒一同は、斯様

な解説は我々本島人を侮辱し差別待遇を為すものである、我々は斯かる教師より講義を受けることを、潔しとしないとて講義半ばに教室より退場し、中野教師の辞職を迫るに至つた事から学校内は大動揺を来し、下級生徒にも此の空気が波及せんとする事態を捲起《まきおこ》す迄悪化してしまつた。之に驚愕した学校当局は直ちに州教育当局に事情を陳べて善後処置を乞ひ来つたであるが、州当局では此の生徒側の不謹慎極まる態度を頗る遺憾とし、徹底的に禍根を一掃せねば将来悪例を胎《のこ》す虞れありとの見地から首謀者二名を放校に、他十名を停学処分に附して断乎たる処置を講ずるところあり、之れが為めに同校五年は全滅の状態に陥つた。〔傍点原文〕

このように報じたうえで、生徒たちの背後には馘首された台湾人教師がいるとしながら、「民族的偏見と、低劣なる犬糞的感情」に捉えられた生徒たちの「不埒なる振舞」に対して徹底した措置をとるべきだと主張している。

生徒たちの対応は、理不尽な権力作用に自らの命運を左右されることへの激しい憤りを漂わせている。ことに権利義務の説明にかかわって内地人教師を追及した点は、植民地主義の根幹への問いかけとして注目される。本書第二章で記したように、台湾領有当初、児玉源太郎総督は、教育の普及により「権利義務の論に走るの風」を警戒すべきだと述べた[80]。林茂生は、学位論文でこの児玉の言葉を引用したうえで、あたかも児玉を批判するかのように、帰台後の講演会で「人民が租税を納めれば、政治に関与する権利を持つのが当然」と語った[81]。児玉の懸念した通り、教育の普及は、否応なく権利義務関係をめぐるアンバランスを浮き彫りにする効果を持った。淡水中学の生徒たちも、文脈から考えて、なぜ納税の義務は負うているのに、参政への権利を持たないのかといったことを「質問」したものと考えられる。こうした植民地的状況への疑問が噴出するに及んで、もはやあからさまな暴力以外にこれを抑えつける手段はなくなっていた。

一一月には台北州教育課長立川義男が校長事務取扱に就任、翌三七年一月になってようやく有坂一世(元台南第一中学校教諭)が正式に校長に就任した。新校長のもと、「毎週月曜日ニ国旗掲揚式ヲ挙行シ、伊勢神宮及宮城ヲ遙拝シ、

図 9–7　淡水高等女学校生徒による淡水神社参拝
右上は淡水神社.

各教員順次ニ訓話ヲナシ又ハ訓辞ヲ朗読スル」というように、淡水中学・女学院は「国民教育」のための施設という性格を強めた。[82] もとより、その場合の「国民」とは平等な権利を享受する集団という意味ではなく、内地人中心の秩序のもとで政治的規律化に服す人びとという意味であった。

台北州は、淡水中学・女学院を「国民教育」のための機関とする方針こそ明確であったものの、管理運営方式については実は明確な青写真を持っていなかったようである。三六年一一月に維持財団が台北州に補助金交付を申請、その申請書では淡水中学・女学院の「改善」に努力してきたと歴史的な経緯を説明したうえで、「補助ナクシテハ到底経営スルコト能ハザル実情」を記している。[83] この申請に対して、台北州は一万五〇〇〇円もの補助金を交付した。興味深いのは、この申請書の発信者(財団法人私立淡水中学及私立淡水女学院維持財団理事長)と受信者(台北州知事)がどちらも藤田倶治郎であり、同一人物だということである。いわば「お手盛り」の形で補助金の認定がおこなわれたことになる。

それにしても、このように多額の補助金を支出せざるをえないのは、上級学校に接続しない袋小路の学校であるために、上級生になるほど生徒数が減少し、授業料収入が少ないという事情が大きかった。かくして、総督府は自らが私立学校抑圧のためにつくりあげた制度をいかに手直ししていくかということが、その後の懸案事項になる。

淡水中学排撃運動が展開された時期、それ以外のキリスト教系学校にも同様の圧力が及ぼされていた。[84] 長老教女学校については、三六年四月に総督府が内地人を校長にすることを「推奨」suggest した。イングランド長老教会の宣教師たちは、内地人校長を採用するほかないと判断し、日本基督教会に適当な人物の推薦を依頼した。淡水中学・女学院をめぐる状況を知るにつけても、宣教師が校長であり続けるのはほとんど不可能と考えたためだった。[85] 三七年一月に植村正久の娘である植村環《たまき》（柏木教会牧師）が暫定的に校長に就任、同年一二月に番匠鉄雄（鹿児島教会牧師）が代わって就任した。[86] カトリック系の静修女学校でも三六年八月末を期してスペイン人宣教師が校長職を退き、「州知事の推挙」に基づいて小宮元之助が九月新学期から新校長に就任することになった。[87]『大毎』の報道では「問題の淡水中学　新道のスタートへ　州に移譲し財団組織へ」（『大毎』八・二〇）と報じた一週間後に「静修女学校の改革　台北州当局乗り出す　教会から引き離して新財団組織へ」（『大毎』八・二七）と報道しており、後者の記事のなかで淡水中学をめぐる出来事にも言及している。台北州は、淡水中学をめぐる圧力を最大限に利用しながら静修女学校にも「改革」を求めたといえる。かくして、キリスト教系私立学校の校長は、すべて内地人である体制が構築された。

日本内地では、一一月に日本基督教会の機関誌『福音新報』が、淡水中学・女学院をめぐる事態について「遂に金九万円を以て台北州に移譲すること」になったと報じながら、「一葉の落下が天下の秋を示すのでなければ幸運」という感懐を記している。[88] 淡水中学・淡水女学院という「一葉」の落下が、内地キリスト教系学校という「天下の秋」の前触れとなることを怖れているわけである。この怖れは、次章で論じる通り、やがて現実のものとなるであろう。

一方、在淡水英国領事アーチャーは、淡水中学撲滅期成同盟会の活動にも言及しながら、一連の事態を次のようにロンドンに報告している。「非常時という意識は教育における国民主義的な傾向をますます顕著なものとし、台湾における英国系宣教会に対して大きな困惑を与え、国内政治に対する軍部のより公然とした干渉をますます呼び寄せている。〔……〕淡水は遅かれ早かれ海軍飛行艇の基地として開発されるだろうし、地域全体が要塞化されるだろう。こうした状況で、すべてのものを見渡すことのできる丘のうえに外国人の存在することが怒りを引き起こすのは当然であり、そのことがカナダ長老教会系の学校を排撃するうえでさらなる動機を与えるものとなっている[89]」。

図 9–8　淡水における水上飛行艇
「白鳩号」. 1931 年撮影.

淡水が海軍飛行艇の基地として開発されるだろうという観測は的確だった。曽令毅の研究によれば、三一年に臨時航空調査掛が淡水への飛行場建設を提言、三六年三月には総督府と海軍武官が「南洋」と淡水をつなぐ飛行路の開設を計画、四一年に水上飛行艇用の飛行場を淡水に竣工した。(90) 三六年時点ではいまだ計画段階であったものの、英国領事の見通していたように、淡水中学・女学院接収以後、次第に淡水の要塞化が進捗することになる。長老教中学の場合には長老教女学校には攻撃の鉾先がほとんど及ばなかったのに対して、淡水中学と淡水女学院が同時に攻撃されたのも、軍事上の要地の位置する土地の「奪還」が意図されていたためと考えられる。

第三節　戦時総動員体制への組み込み

一、準備される「殲滅的弾圧」

淡水中学・女学院が新体制で新学期を迎えたのと同じ一九三六年九月、予備役の海軍大将小林躋造が総督に就任した。この総督交代にともなう人事異動において、今川淵は、専売局長に「栄進」した。巨大な利権の巣窟である専売局長のポストは、総督、総務長官に次ぐナンバー3のポストといってよい。「国体精神に悖る教育方針を採りつつあつた台南長老教中学や淡水中学の改革問題に大に腕の冴えを見せて庶政一新」した今川は、「その功労に報ひられてか、小林総督の官界人事刷新に当つて、専売局長の椅子を引当てた」と評されている。(91) 長老教中学や淡水中学の「改革」は、在台軍部の視点からすれば「お手柄」であったということだろう。それはまた、今川が、誰の評価を意識しながら行動していたかを物語るものである。

小林総督の就任による武官総督制度の復活は、三四年から三六年にかけて台湾で生じていた変化の総仕上げともいうべき意味を持っていた。その変化とは、台湾における政治にかかわる在台軍部の発言権の増大であり、軍事的顧慮を根幹とする全体主義的な統治体制の構築である。それは三四年当時においてはいまだ隠然たる動きであり、三五年に顕在化し、三六年に制度化された。小林総督のもとで台湾人や英国人への監視の視線は以前にもまして強化されると同時に、やがてキリスト教系学校をも戦時総動員体制に組み込む動きが生じることになる。本格的には稿をあらためて論じるべきことであるものの、以下ではこの戦時総動員体制への組み込みのプロセスについて見通しを提示しておくことにしたい。

台湾人や英国人への監視の強化という点では、淡水中学排撃運動とほぼ同じ時期に、「林獻堂殴打事件」(三六年六月、「祖国事件」とも呼ばれる)と、スパイ容疑で英国人水兵を取り調べた「基隆事件」(三六年一〇月)が生じていることが着目される。まず林獻堂殴打事件とは、次のようなものであった[92]。

三六年六月一七日、台中公園における「台湾始政記念日」祝賀会において愛国政治同盟員を名乗る人物が林獻堂に対して「一切の政治社会文化運動等に関係せぬこと」を要求、返答にためらう林獻堂を殴打した(『台日』六・一九、六・一九夕)。暴力を振るった人物の取り調べ過程で、林獻堂が同年三月の上海滞在中における歓迎会の席上で「此度祖国に帰つて」と発言し、帰台後に台北憲兵隊の取り調べを受けた出来事がことごとしく報道された(『台日』六・二一、六・二三)。これを契機として、台北では二〇日に皇政会が真相聴取会を開催した。台中でも二二日に「有志」が「糾弾演説会並びに市民大会」を開催し、この事件を「糾弾」する方針を定めた。大木繁台湾憲兵隊長は、林獻堂の言動を捉えて「一朝有事の際に反国家的態度に出る危険が包蔵されて居る」以上「軍機保護」を担うべき憲兵隊として看過できないと語った。新聞の投書欄には「林獻堂の如きを府評〔総督府評議会員〕にして置くことは何事だ、支那に追放せよ」といった投書があふれた(『台日』六・二三、六・二四)。

事件の渦中に置かれた林獻堂は、二二日付で総督府評議会員、台湾地方自治連盟顧問など一切の「公職」を退く見解を表明し、これを契機として台中市の「有志」も「追求《ママ》打切り」という方針を明らかにした(『台日』六・二五、六・二六)。その後も大日本生産党および皇政会のメンバーが中心となって「林獻堂排撃同盟会」を名乗る活動を継続するものの、『台日』の報道は下火となった(『台日』九・一四、九・一七)。

林獻堂の秘書だった葉榮鐘の回想では、この事件の「演出者」は台湾軍参謀長荻洲立兵と台北在勤海軍武官酒井武雄――淡水における「飛行艇事件」の現場に居合わせた軍人のひとり――だった(93)。軍部の関与、新聞紙上における排撃キャンペーン、右翼団体の活動、そして街頭的な暴力の行使に着目すれば、この事件も、短期間に集中的に展開された排撃運動と見ることができる。もとより、林獻堂を標的とすることは、単に個人を排撃の対象とするにとどまらない意味を持ったであろう。台湾地方自治制によっても息の根を止めることができなかった台湾地方自治連盟の活動に引導を渡すことを目指したものと考えられる。その際、「殴打」という街頭的暴力の行使は、「次は殺すぞ……」と感じさせる脅迫効果を備えていたのではないか。

外交関係の次元において重要な意味を持ったのは、基隆事件である。この事件の経過は以下のようなものであった。三六年一〇月六日、基隆に入港した英国艦ミッドウェイの甲板から英国人将校が基隆要塞にかかわる「重要地帯」の写真を撮影、基隆水上署員がこれを発見して憲兵分隊に引き渡した(『台日』三六・一〇・七)。この件については、英国人艦長が英国領事をともなって要塞司令部に「陳謝」することにより、さしあたって解決とされた。だが、在台軍部は別件で英国人水兵三名を台北憲兵分隊に留置、「暴行」容疑をかけて苛酷な取り調べをおこなった。林獻堂排撃運動にも登場した大木繁台湾憲兵隊長はこの件について、「帝国の威信保持のため国法に基く公正断乎たる態度」

を取るつもりだという方針を明らかにした(『台日』一〇・一〇夕)。
英国外務省の文書によれば、水兵たちは台北から基隆までタクシーを利用したところ、約束の代金を支払ったにもかかわらず、台湾人の運転手が代金をもらえなかったと警察官に通報したために検束されたという。私服姿の警察官が英国人水兵をひどく殴りつけ、ひとりは顎の骨が折れた。水兵たちはその場から解放されるために、スパイ行為を働いたという趣旨の「自白書」に署名をさせられた。英国領事は駐日英国大使と連絡をとって、水兵の虐待について抗議した。総督府も日本政府も「調査中」という曖昧な回答に終始するなかで、駐日英国大使クライブは、英国艦隊の日本表敬訪問の延期を表明した[94]。明確な形で外交問題化したわけである。その後、日本政府と駐日英国大使との交渉が続くなか、翌三七年四月、秩父宮雍仁親王のロンドン訪問の直前に森岡二朗総督府総務長官が「斯る不快な事件が起つた事を遺憾」に思うという見解を示すことにより、一応の「落着」を見た(『台日』三七・四・一五)。どのような意味で「不快」な出来事であり、何が「遺憾」だったかは曖昧だったものの、一応は謝罪の意を表したということであろう。かくして、在台軍部によってつくられた日英間の亀裂は、日本政府によってかろうじて弥縫された。

長老教中学排撃運動、淡水中学排撃運動、林獻堂排撃運動、ジュノー号事件、基隆事件……三四年から三六年にかけて相次いで生じたこれらの諸事件に通底する核心として浮かび上がってくるのは、スパイへの猜疑心であり、暴力に訴えてでも帝国日本の内部に存在する「敵」を摘発しようとする欲望である。

台湾軍参謀長秦雅尚が三七年七月末の地方長官会議で述べた「対総督府要望事項」では、「防諜」という観点の重要性を次のように語っている。「本島ニハ動《やや》モスレハ支那ヲ祖国ト考ヘアル五百万島民ヲ包有シアリテ、防諜防謀略ハ単ニ警察力ノミニテハ不充分ナリト思考セラルルヲ以テ国民ヲ警察化(例ヘハ軍機ヲ探知セントシタル外人ヲ憲兵隊ニ引キ渡シタル自動車運転手ノ如ク)指導セラレ度[95]」。ここにおける「自動車運転手」は、基隆事件におけるタクシー運転手を指すものだろう。秦参謀長は、「国民」の「警察化」という言葉で台湾人を「防諜」に協力させる必要を説いているわけである。単にスパイ行為を取り締まるだけではなく、スパイ摘発への積極的な協力を求めている点が着目される。

秦参謀長はまた、小林躋造総督の着任前後から台湾人のあいだに「本島統治ノ形式カ往年ノ武官総督時代ニ還元シ征服者(搾取者)ト被征服者(被搾取者)ノ分野ヲ強ク画セラルル」という不満が広がっているという観察を記したうえで、台湾人による組織を「一挙ニ潰滅」する方策は「私生活方面」において「同士《ママ》ノ獲得」を図るように追い込むだけであるから、「殲滅的弾圧ヲ準備シツツ寧ロ或程度黙視スルヲ可トセン」と記している[96]。ここで「殲滅的弾圧」を実行に移さないのは、その方が私生活における不穏な動きを封じるのに都合がよいという判断がなされていたからであった。

このように、日中全面戦争が始められた時期において、在台軍部は「国民」全体の「警察化」を求めながら、私生活にまで監視の視線を強く及ぼしていた。そのことは、台湾人からするならば、私的領域すら監視する権力作用にさらされることを意味した。かくして、以下に記す通り、従来は私的領域として消極的に自由を認められていた教会にも総督府の監視が及び始めることになる。

二、台南長老教中学の終焉

この時期、台南長老教中学の関係者はどのような事態に直面していたのか。加藤長太郎の赴任後に長老教中学の名誉校長・宗教主任となっていた宣教師バンドは、一九三八年の時点で台湾基督長老教会の様子を次のように伝えている[97]。

台湾では「誰もが中国との戦争、あるいは「事変」と呼ばれる出来事について語ろうとはしない」、なぜならば検閲があまりにも厳しいからである。「この国全体が戦争の支持に向けて動員されている」。長年にわたって、教会は台湾語でおこなわれる公共的な集会public meetingsの強力な拠点として存在し続けてきた。当局はこれを抑圧して日本語による礼拝をおこなわせようと圧力をかけている。だが、教育の普及していない地域の集会では大多数が日本語による礼拝を理解できず、年配の牧師も日本語で説教することはできない。当局が日本語で礼拝をおこなうべきだという通牒を発した地域もあるものの、台湾人信徒は、強制されないかぎりはこの点について譲歩しようとしない。

この報告から、それまで台湾語の使用が認められていた教会での礼拝でも日本語使用を求める圧力が高められていたことがわかる。この時期、総督府が教会の礼拝前に「国民儀礼」を挙行し、君が代を歌い、宮城遙拝をおこなうことを求めたという証言もある。(98) 同時に、寺廟整理も進められていた。それは、宗教的信仰にかかわる領域がそれぞれの信者にとって公共的な空間であり、まさにそのことによって天皇崇拝への「帰一」を妨げるものとみなされたことを意味する。もっとも、寺廟整理に対するバンドの評価は、かならずしもネガティブではなかった。「当局の命令に従って、異教徒の寺廟が毀たれて偶像が焼かれた地域もある。こうした古代からの迷信を根こそぎにすることは、もしも参拝すべき場所として神道の神社だけが残されるのだとしたら、十分に満足できる事態ではない」。バンドにとっては、寺廟整理それ自体はむしろ望ましいことですらあった。ただ「古代からの迷信」に代わるものがキリスト教ではなく、神社神道であることが問題なのだった。この時期にもバンドはキリスト教宣教師としての職務に忠実であったといえる。しかし、バンドの予想を越えて、そのような職務の遂行すらも困難な状況がすぐに到来することになった。

三八年一月一八日、総督府文教局は「私立中学校高等女学校設立認可標準」(以下、「認可標準」)を定めた。私立の中学校や高等女学校を認可する基準を明文化したこの通牒は、キリスト教学校排撃運動の総仕上げともいうべき意味を備えていた。この段階になって私立を認める理由について、総督府は、中等学校の絶対数が不足しているために、在台内地人に対しては「遺憾」、台湾人に対しては「憂慮」すべき事態を生み出していると説明している(『台日』一・二〇)。ここで「遺憾」とは在台内地人のなかでも中学校・高等女学校への「試験地獄」について大きな不満が生じていたこと、「憂慮」とはやむをえず日本内地に留学した台湾人青年が「危険思想」に染まりがちであることを意味していた。そのうえで、私立学校の指導監督は内地でも相当に困難なものであり、まして台湾のような「特殊事情ト環境ノ下」ではいっそう厳格な監督を必要とすると付け加えている[99]。

認可の条件は広範で、詳細にわたった。すなわち、①中学校では一〇万円以上、高等女学校では八万円以上の基本財産を有すること、②理事長および理事会の半数以上は内地人とすること、③校長は内地人とすること、④教員の半数以上は内地人とすること、修身科・公民科など主要教科の担当者にも内地人をあてることなどである。①は長老教中学を指定校とするための条件として要求してきたことがらであり、②から④も長老教中学排撃運動において台南州が提示した要求だった。言葉を換えれば、長老教中学に対して法的根拠もないままに要求し、テロルによる威嚇の力を借りながら実現してきたことを、あらためて法令として制度化したのが認可標準だともいえる。

①の基本財産にかかわる条件は、これまで二〇万円という内規があったものの、一〇万円に緩和すると説明された。だが、たとえ一〇万円でも、厳密に解すれば、この認可標準は空文に帰すはずだった。なぜならば、当時のほとんどの私立学校は、基本財産を持たなかったからである。三七年度時点での基本財産による収入を示すと、長老教中学がもっとも多額で一〇万円近い基本財産から三八〇二円の収入、以下、収入のみを記すと第二位が台南神学校で九一九円、第三位が基隆商業専修学校(基隆夜学校の後身)で三六三円、第四位が台北中学(曹洞宗台湾中学林の後身)で一二一円、第五位が長老教女学校で二二円、その他はゼロであった[100]。したがって、長老教中学以外は認可の見込みはないはずであった。しかし、総督府は、重要な抜け道を用意していた。「地方公共団体」その他の基礎確実な団体から確実な補助金がある場合には、基本財産は不要とする例外規定を設けたのである。すなわち、もっぱら行政当局の裁量に委ねられる補助金の支出により、基本財産をめぐる条件は空文化することがあらかじめ予定されていた。その点では、①

の条項は、これまで長老教中学に対して一〇万円以上の基本財産を求めてきた事実との整合性を取りつくろうものでしかなかったともいえる。

この認可標準は、長老教会系学校とのかかわりにおいては、次のようなねらいをもっていたと考えられる。第一に、台北州が接収した淡水中学・女学院を正規の私立中学校・高等女学校とすることにより経営基盤を安定させること。第二に、長老教中学・長老教女学校もやはり正規の私立中学校・高等女学校とすることにより、キリスト教主義の教育方針に対していっそうの後退を迫ること、である。

認可標準制定の三ヵ月近く後、三八年四月一一日に淡水中学・女学院は最初の認可校となり、学校名も淡水中学校・淡水高等女学校と改称された。すでに記したように、台北州は両校の維持のために莫大な補助金を支出しており、その削減のためには生徒数の増加が必要だった。私立中学校として認可されて袋小路状態を脱するならば、生徒数の増大を期待できる。認可標準の制定はそのための措置という意味を持っていた[101]。

他方、長老教中学・女学校に対しては、キリスト教主義を後退させるための圧力という意味を持った。ここで留意すべきは、認可標準の想定している「認可」が正規の私立中学校・高等女学校としての認可であり、学校関係者の求めてきた専検指定校としての認定ではなかったことである。

台南宣教師会議の議事録には、認可標準の制定に端を発する動きが、次のように記されている。

三八年一月一六日、「すべての私立学校に対して認可が「与えられる」という新聞報道」がなされる。一月二四日、番匠鉄雄長老教女学校長が当局を訪問。「もしも中等学校として存続し続けようとするならば認可は絶対に必要である」と言われる。一月二七日、加藤長太郎長老教中学校長が台北から「落胆」して戻る。「過去と明確に訣別するために既存の理事会を解体して組織し直すことが求められる」。二月二日、番匠校長が台北から戻って当局の意向を伝える。「(1)台北の官吏は学校の目的から基督教という言葉を削除することを求めている。(2)聖書の教育は正規の時間内におこなってはならない。ただし、寮において宗教的訓育をすることは可能である」[102]。

この議事録の最初の「与えられる」という言葉にカギ括弧がついているところに、学校関係者の戸惑いがあらわれている。番匠校長の報告が示しているように、認可標準の眼目は、正規の私立中学校・高等女学校とすることにより、正規の時間内における宗教教育を廃止させることであった。それは排撃運動に直面しながらもキリスト教主義という方針だけは護持してきたつもりの宣教師にとって、大きな衝撃だった。

総督府は、理事会のさらなる改組も要求した。長老教中学では、排撃運動さなかに定められた「改革」案に従って三六年三月に新理事会が構成されていた。上與二郎牧師を理事会長に迎え、内地人としては加藤長太郎学長、若槻道隆(台南高等工業学校長)、石川誠一(台南盲唖学校長、元台南州視学)が参加した。このほかに四名の宣教師、南部教会・校友会の代表として七名の台湾人(呉秋微、顔春和、劉子祥、蔡愛仁、侯全成、林攀龍、陳宗恵)が名を連ねた[103]。蔡培火とともに林茂生の追放を歓迎していた侯全成が理事に含まれていることが着目される。ただし、全体としていえば、南部教会の中堅的人物、あるいはその子どもたちの世代が中心になっていた。その限りで、「台湾人本位の学校」としての性格は大きく破壊されたとしても、教会学校としての性格は残っていたともいえる。三八年段階で総督府が提示したさらなる改組案は、理事会員を一五名から九名に減員し、五名を内地人、二名を宣教師、二名を台湾人(南部教会代表一名、校友会代表一名)とするというものだった[104]。ひとことでいえば、宣教師会議と南部教会・校友会の影響力を殺いで、内地人を過半数とすることが、「過去との明確な訣別」の意味することであった。

台南宣教師会議は、淡水中学のように州管理下で「反キリスト教的」な学校になってしまうくらいならば、とにかく存続させることが望ましいという判断に傾いた。もっとも、長老教女学校の場合は、基本財産を欠いているという問題点があった。総督府は補助金を支出するので問題はないという見解を示したが、宣教師は補助金を受けいれれば、わずかに残された自由すらも失われると考えて、反対の見解を抱いていた[105]。そこで、遅ればせながらではあったものの、女学校についても基本財産を蓄積し、理事会を設けようとした。三八年に女学校の基本財産募集のための寄附金募集事業が認可されて、校友と保護者が協力して五年計画で必要な財産を集めることになった。(106) しかし、戦争遂行のための献金が次々と求められている状況において、募金を集めるのは困難を極めた。(107) 結局、三九年六月二日付で台南長老教女学校設立者たるバンドが台南州知事宛てに「補助金下付申請」を提出、これが認められて三九年度に台南州から三〇〇〇円の補助金が交付されることになった。(108)

かくして、基本財産をめぐる条件はクリアされることとなり、三九年六月二一日付で私立中学校・高等女学校として認可された。学校名称は「長老教」という宗教色を取り除くために私立長榮中学校・長榮高等女学校と改称された。編入試験に合格した生徒は、この新しい学校に転入することになった。これにより生徒数は大幅に増加し、財政的にも安定することになった。しかし、学則から「基督教主義」という文言も削除されるなど、もはや私立学校としての独自性をほとんど失っていた。(109)

台南州知事川村直岡は、私立中学校としての設立認可を祝う祝辞において、このたび「宗教的色彩ヲ全然分離一掃シ公立中等学校ト全ク同様ニ純正ナル日本教育ヲ以テ教養ノ目的タラシメルコト」になったのは目出度いことであり、今後「勇躍」して国民精神総動員運動に参加する「覚悟」が必要だと語った。(110) 一九一九年の第一次台湾教育令以来の、私立学校を周縁化する措置に代わって、ここではむしろ積極的に利用し、動員しようとする姿勢が打ち出されている。ただし、厳密には私立学校の利用というよりも、その私性の否定、私的領域への権力作用の浸透が基底的な事態であったといえる。

各界から寄せられた「祝電」には、文教局長島田昌勢、青山学院長阿部義宗、淡水中学校長有坂一世などによるものに混じって、「台南　林茂生氏・李明道氏」の名前で「古き歴史に新しき一ページを飾る今日の吉き日を祝す」と記された電文が含まれている。(111) 李明道は、一九〇八年に林茂生・趙天慈とともに同志社普通学校に留学した人物である。林茂生がこの「祝電」をどのような思いで記したのか、わからない。連名でもあることから、本当に林茂生自身が書いたのかも、疑わしい。他方、台南州当局としては、認可にともなう「祝賀」ムードの演出のために、林茂生の名前を必要としたということだろう。「祝賀」行事は、暴力の痕跡を抹消しようとする欲望と表裏一体のものであった。

この時期、すでにキリスト教主義という教育方針ばかりでなく、英国人宣教師の立場も危ういものとなりつつあった。

三九年九月にはドイツ軍がポーランドに侵攻し、英国とフランスがドイツに対して宣戦を布告、バンドら宣教師は台湾からの退避の方法を検討し始めた。永久租借地たるミッション・コンパウンドの土地は、もしも英国と日本の戦争が起きた場合に「敵産」として接収される事態を考慮して、財団法人南部教会の管理下に置かれることになった。(112) 日増しに高まる反英感情のなかで自らの微妙な立場についてバンドは、次のように記している。「毎朝学校の集会で日本の旗を掲げ、宮城遙拝をすることに抵抗を覚えるようになっていることに自分で気づいた。キリスト教徒である日本人の同僚が見せる、いつもの礼儀正しさと好意を別とすれば、敵国にいるのだと感じていた(113)」。

四〇年九月に日独伊三国同盟が締結されると、宣教師は「自発的」撤退を望む空気をひしひしと感じることになった。(114) 九月六日には台南神学校の廃校礼拝がおこなわれて、一五名の学生が北上して台北神学校に合流した。(115) 一一月二二日、バンドほか最後まで台湾に残っていた数名の女性宣教師が基隆から英領シンガポールへと移動し、台湾におけるイングランド長老教会の宣教事業はいったん終わりを告げた。医療宣教師マックスウェルが初めて高雄に上陸してから七五年目の出来事であった。同じ時期にカナダ長老教会のマカイなどカナダ人宣教師も台湾から退去した。このののち、長榮中学校や淡水中学校の生徒たちはより本格的な軍事訓練のなかに組み込まれて、四〇年代には卒業生・在校生から陸軍特別幹部候補生も輩出することになる。

長榮中学校の「教務日誌」では、四〇年一一月一九日条に「エドワード　バンド氏退職帰英につき、本日、朝会にて別れの挨拶あり」と記されている。その少し前、九月二〇日条には「旧長老教中学廃校認可」と記されている。(116) 三九年六月の長榮中学校への編入試験で不合格となった生徒の最後の卒業をまって、廃校を申請したものである。長老教中学の後身として長榮中学校が存在してはいたものの、両者の性格の相違を考えるならば、それは確かにひとつの歴史の終わりを告げるものだった。

おわりに——大英帝国と帝国日本のはざま

一九三四年春の長老教中学排撃運動、同年秋の地方自治制反対運動、三五年春の淡水中学排撃運動、これとほぼ同時期に生じたジュノー号事件、武官総督制の復活と時を追ってみるとき、在台軍部と台湾総督府の緊張関係が高まり、次第に前者の発言権が大きくなっていく流れを見出すことができる。

キリスト教系学校排撃運動は、台湾軍が「静観の山を下りる」震動のなかで展開され、さらにその震動を増幅していくものだった。これらの運動には、対台湾人という側面と、対英国人という側面が含まれていた。長老教中学の「改革」の顛末にも明らかなように、排撃は台湾人にとって自治的空間の破壊という意味を持っていた。淡水中学についても、北部教会における「新人運動」という形式で教会の革新が模索されるさなかに排撃運動が展開された。こうした動きは、林獻堂を中心とした自治運動の圧殺とも連動していたと見ることができる。他方で、対英国人関係という点では、長老教中学排撃運動ではバンド校長への配慮が見られたのに対して、淡水中学排撃運動では宣教師マカイがスケープゴートとされた。さらに、英国人やオランダ人によるスパイ行為とみなされる出来事がやり玉に挙げられたほか、淡水の英国領事館に踵を接する「永代借地」の問題が俎上に上げられ、基隆事件へと連なることになる。対台湾人関係の次元と対英国人関係の次元が重なり合う結節点が、「スパイ」への猜疑心だった。潜在的な「内部の敵」として台湾人一般に猜疑の視線が向けられているからこそ、英国人の存在に対していっそう過敏にならざるをえない構造が存在した。長老教中学や淡水中学が排撃運動の対象とされたのも、この「内部の敵」に対する猜疑心と、英国という仮想敵国に対する敵愾心とが交錯する地点においてのことであった。今川淵台北州知事が淡水中学・女学院の管理運営を移譲することを求めて譲ろうとしなかったのも、軍事戦略上の要地でもある土地の接収ということが、ひとつの重要な狙いだったからと考えられる。こうした方針を正当化したのが、「外国人が国民教育をおこなうのは難しい」という発言である。この言明は今川を介して語られたものであるものの、同様の考えは総督府部内の執務資料においては繰り返し表明されていたことに留意する必要がある。

時期をさかのぼるならば、隈本繁吉学務部長は一九一三年時点で、台南・淡水における「外国人設立ノ中学校」が規模を拡大しているのは「寒心」すべき現象であると述べて、東京帝国大学在学中の林茂生の「世界的及個人的」思想に警戒の目を光らせていた(本書第四章参照)。第二次台湾教育令制定当時の賀来佐賀太郎総務長官は、私立のキリスト教系学校であっても「国民道徳ノ養成」「国語ノ使用ニ練達」が重要である以上、台湾の私立学校に内地私立学校と同様の地位を認めることはできないという見解を示した(本書第五章参照)。以来、基本財産などについて破格な条件を提示し、決して指定校として認めようとしなかった。今川の発言はこうした歴史の積み重ねのうえに位置づくものであり、総督府官僚の猜疑心をようやく正面切って打ち出したものといえる。

今川がこのように語ることのできた背景には、国際関係の変化がある。世紀転換期に「極東の憲兵」として成り上がった帝国日本は、今や「東洋の盟主」と大仰に語るようになっていた。日本政府のなかでは、三七年の宇垣一成首相擁立工作に見られるように英国との協調を探ろうとする勢力も根強く存在したが、軍部のなかには「南進」論が台

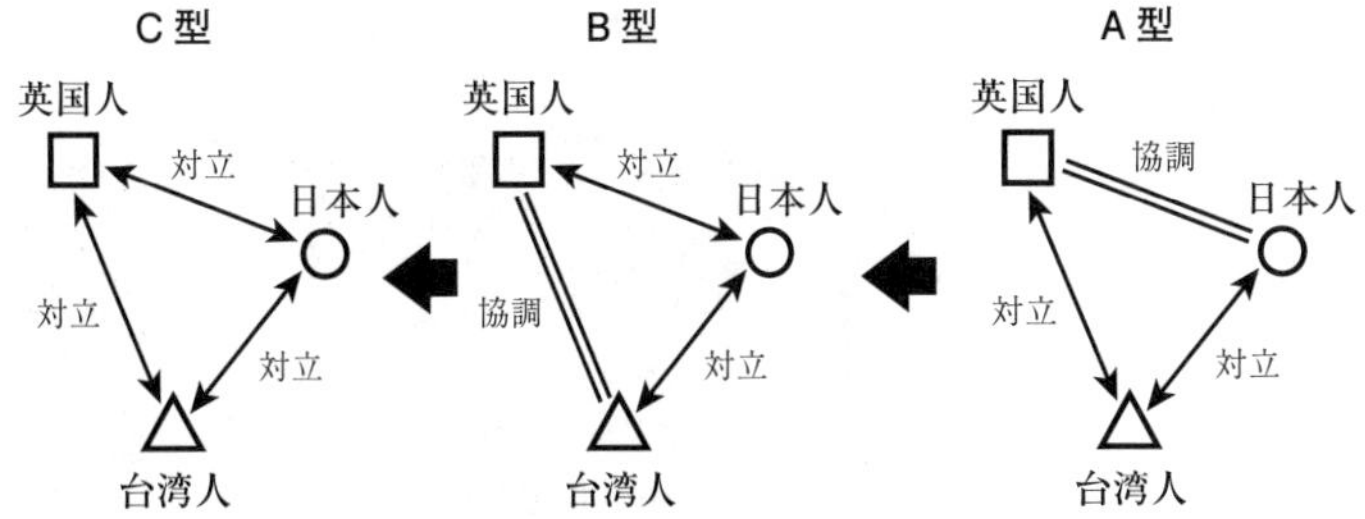

図 9-9　英国人―日本人―台湾人関係の変化

頭、英国を仮想敵国とする姿勢が強まっていた。帝国日本のなかで英領香港にもっとも近接する台湾において、こうした軍部の姿勢は帝国の他の地域よりも早く、また顕著な形であらわれて台湾の要塞化を推進することになった。同時期の中国大陸における華北分離工作と並んで、これを「外交の生命線」を突破する動きと見ることができよう。内地や朝鮮と異なり、行政のトップが文官、それも民政党系の文官であったために、ワシントン体制に不満を持つ軍人にとって台湾における政治的発言権を強めることはいっそう必要であるとともに容易とみなされたと考えられる。

本書第二章のまとめに用いた図を再度用いて、右のような英国人―日本人―台湾人の関係を整理すると**図9-9**のようになる。

台湾植民地化当初の基本的な構図は、すでに指摘したとおりA型として表現できるものであった。個別にはB型やC型の構図で表現される事態が生じたとしても、総督府が英国に対して謝罪したりする行為を通じてA型のうちに回収された。

この時期の英・台・日関係を象徴するのは、イングランド長老教会海外宣教委員会の議長ヒュー・マカイ・マセソンである。帝国日本による台湾支配を諸手を挙げて歓迎する発言をしたヒューと、自らを「マセソン・ボーイズ」と語る伊藤博文首相との関係は、日清戦争前後の時期に強大な大英帝国に依存しながら帝国日本が成立したことを象徴する。それは、台湾住民に対しては、共同の抑圧の体制を意味した。

こうしたA型の関係がその後も単純に継続したわけではなかった。一九一〇年代から二〇年代にかけては、総督府がキリスト教系学校を圧迫する状況のなかで、B型の

図 9-10　バークレイの葬儀(1935 年)
バークレイの葬儀は，1935 年 10 月 8 日，台南太平境教会で行われた．中央にユニオン・ジャックと日の丸，そのあいだに勲章を付けたバークレイの写真．

構図が支配的な関係となった。このA型からB型への過渡期を象徴するのが、宣教師バークレイである。バークレイは、三五年に台南で八五歳の生涯を終えた。バンドは、バークレイの伝記を三六年に教文館から英文で刊行、スコットランドにおける生い立ちから、日本軍による台南入城に際して先導した経験、雲林事件などの出来事についてバークレイの回想録によりながら記した。ただし、たとえば一八九六年当時バークレイが「自らの意思とかかわりなく、古い歴史を持つ中華帝国から引き離された人びとに同情せざるをえない」と記した点については引用を控えて、もっぱら帝国日本との友好的な側面を強調している。実際には、バークレイの歩みは、帝国日本による支配を一面で歓迎しながらも、他方で英国人宣教師が台湾人との協力関係を深めていった軌跡を示している。

バンド自身は、この台湾人との協力関係が重要な意味を持ち始めた時代に着任した宣教師だった。たとえば、第二次台湾教育令制定を受けて学校の将来に望みはないと嘆いていたバンドが、林茂生による寄附金募集事業に接して気を取り直したことは、財政的な事情ゆえに台湾人に依存する必要のあったことを示している。淡水中学の場合にも、新校舎建設に際して、辜顯榮をはじめとした非信徒の紳商層が莫大な寄附金を寄せた。

二〇年代末から三〇年代にかけて、さらなる転換が生じる。バンドも「宗教的圧制」として批判した神社参拝問題、「国語」としての日本語能力の劣る台湾人教師を追放させる圧力、そして排撃運動は、このB型の構図における英国人と台湾人との協調的関係に楔を打ち込む意味を持った。それでは、三〇年代の排撃運動により、B型は再びA型に回収されたといえるのだろうか。「聡明、至純、バンド学長」という見出しに着目するかぎり、そのようにも見える。基隆事件でも、総督府の謝罪を通じて一応の「落着」がなされた。しかし、そうした側面をはらみながらも、水面下の「諜報戦」にまで視線を及ぼすならば、日英関係はすでに敵対的なものになっていたと見るべきだろう。すなわち、C型である。そのことを証するように、台北州による淡水中学の接収の四年後には、台湾島内からすべての英国人宣教師が退去することになった。

長老教中学や淡水中学のようなキリスト教系学校は、大英帝国の影響力と帝国日本の影響力の重なる地点に成立していた。両者の軍事的な対立が深まるなかで台湾人は帝国のはざまにおいて切り裂かれ、「日本人」として生きていくほかない状況に追い込まれた。それればかりではなく、総督府・在台軍部は、やがて「敵」としての英国人に対決するための戦時動員体制のうちに台湾人を組み込んでいくことになる。この点については、終章であらためてとりあげる。本章でとりあげたのはその前段階、B型の構図が崩れながらも、それを再びA型の協調的関係に回収しようとする力と、C型の対立的関係に移行していく力がせめぎ合いながら、次第に後者が優勢となっていく時期のことである。

もとより、英国と日本は、台湾だけをめぐって協調と対立のつばぜり合いを繰り広げていたわけではない。同様のつばぜり合いは中国大陸でも繰り広げられていた。日本政府にとっても、英国政府にとっても、その方が政治的・経済的に重大な意味を持っていたことはいうまでもない。永井和は『日中戦争から世界戦争へ』と題する著書において、「対立と協調」という観点から日本と英国・米国との関係を整理し、「対立」という側面は「中国に対する政治・経済的勢力の拡大をめざす帝国主義国として互いに競争関係」、「協調」の側面は「自己に強制された半植民地状態を脱せんとする中国の民族主義に敵対する帝国主義国としての利害の共通性」と整理したうえで、次のように論じる。満洲事変以後、日本の政策は英・米との「対立」関係を強める方向に振れるが、経済的次元での対英・米依存構造があるために「英・米勢力駆逐論」に全面移行したわけでもなかった。この揺動する状態を決定的に変える契機となったのは、三九年の天津英仏租界封鎖事件である。これにより中国に膨大な権益を有しながら、それを実力で守る軍事力を欠いた英国は、米国と歩調を揃えて日本との対立を深めることになる。(117)

このようなマクロな次元から見るならば、本章でとりあげた出来事は、いわばその予兆という意味を持つことになる。英国人宣教師の管理運営するキリスト教系学校は比喩的には小さな「租界」のようなものであった。台湾人による自治的空間を圧殺するために英国人との緊張関係も高めてしまう構図は、天津租界封鎖事件で中国人政治犯の引き渡しを求めて英国人と対立した構図と類似した側面を持つ。そのうえで、三〇年代半ばの台湾における出来事が天津での事件よりも、時期的に先んじている事実に留意する必要がある。それは、台湾には台湾として独自の歴史の展開が見られること、日本政府や英国政府の動向に左右されながらも、単なる国際関係の従属変数ではなかったことを物語る。三〇年代のことだけではない。**図9-9**においてA型からB型を経てC型へという変化は、国際政治上の力関係という外部要因に確かに影響されていたものの、それだけではなかった。帝国主義列強の「魚肉」として意のままにされる状況を前提としながら、いわば自律的に歴史を創造しようとする主体としての「台湾人」が立ち現れたからこそ、A型からB型への変化が促進されたといえる。すなわち、「台湾人」という主体を脅威として意識した日本人がテロルという手段を用いてこれを破壊したことが、結果として日英間の緊張を高めていくことにもなったとみることができる。かくして、中国大陸をめぐる日英の競合関係と相乗しながらB型はA型に回収されるのではなくC型に近づき、帝国日本は次第に国際的な孤立を強めながら自滅的な戦争にのめり込んでいった。

不条理なことに、この戦争において、台湾人もまた英国人や米国人を「敵」として戦うことを迫られることになるであろう。

第一〇章　崇実学校・同志社排撃運動への波及
――全体主義という閉域（一九三五年以降）

一九三五年から三六年にかけて台湾で淡水中学排撃運動が起きていたのと同じ時期、朝鮮半島では崇実学校など平壌のキリスト教系学校を標的とした排撃運動、内地の京都では同志社に対する排撃運動が展開されていた。崇実学校など米国北長老派ミッションの経営する学校は、神社参拝問題を契機として宣教師が撤退、校舎・敷地は売却されて公立中等学校に転用されることになる。

他方、内地では三二年の上智大学事件以降、神社参拝をめぐる抗争は、ほとんど浮かび上がらなかった。徐正敏《ソジョンミン》が指摘しているように、朝鮮の教会が神社参拝問題をめぐって抵抗、受難、屈辱を経験したのに対して、内地の主流教会は神社参拝問題を合理化する「国家適応路線」を採り、総じて「国家神道」体制に順応したといえる(1)。それでも、三五年から三八年にかけて同志社で断続的に生じた諸「事件」では、学校関係者と軍部・右翼団体との軋轢を見出すことができる。

台南長老教中学に視座をすえるならば、これらの崇実学校や同志社をめぐる出来事は、長老教中学排撃運動の延長線上に生じた出来事と見ることができる。なぜならば、排撃の主体におけるつながりを見出すことができるからである。台湾総督府文教局長だった安武直夫は三五年四月に朝鮮の平安南道知事に異動し、平壌のキリスト教系学校をめぐる神社参拝問題の火付け役となった。台湾歩兵第一連隊大隊長長勇少佐は三四年八月に京都第一六師団に異動し、「神棚事件」と呼ばれる出来事で同志社に圧力を及ぼした。台湾地方自治制反対運動を展開した江藤源九郎代議士は帝国議会で今度は同志社を廃校にせよと叫んだ。内地の上智大学・大島高等女学校の事件の波紋が台湾に及んで全体主義的な運動を増殖させたうえで、返す波がさらに大きな波頭を形づくりながら朝鮮へ、内地へと打ち返していったとみることができる。(2)

排撃の主体におけるつながりばかりでなく、排撃される側のつながりにも留意する必要がある。長老教中学や淡水中学から多くの若者が留学していた。阪口直樹の研究によれば、一九一二年度から三九年度までに同志社中学に留学した長老教中学の生徒は累計で一四一名、淡水中学からの留学生は累計で一一〇名にのぼる。各年度あたりで見ても一〇名を超えることが少なくなかった。(3)ここであらためて、内地留学した台湾人青年が、台湾島内では発禁処分とされた矢内原忠雄『帝国主義下の台湾』を「バイブル」のように繰り返し読んだという証言を思い起こしたい。(4)台湾で発禁処分にされた著書が内地では流通し、その著者が東京帝大の教壇に立っていることは、全体主義的な体制が台湾島内だけでは完結しないことを意味していた。換言するならば、崇実学校や同志社をめぐる事態は、全体主義という閉域が台湾のみならず帝国日本を覆い尽くすプロセスともいえる。帝国日本の全域で「敵」と「味方」を峻別する体制が構築され、その体制を相対化するような実践や価値観の担い手は、その可能性があるというだけの人びとを含めて、「内部の敵」として糾弾され、孤絶の状態に追いこまれる。そして、もはやどこにも脱出口はないという思いが、戦時動員への「自発的」な呼応を可能にする条件として作用することになるであろう。

以下、第一節では、朝鮮で神社参拝問題を契機として多くのキリスト教学校が廃校に追い込まれた経緯について論じる。台湾における出来事が当事者以外にはあまり知られてこなかったのとは対照的に、朝鮮の出来事については日本語で刊行された研究に限定しても、韓晳曦《ハンソッキ》、澤正彦、李省展《イソンジョン》、韓国基督教歴史研究所などによる研究が積み重ねられてきた。[5] 本章ではこれらの先行研究に拠りながら、台湾における出来事との連関および米国人の対応に着目した記述をおこなう。

第二節では、内地のキリスト教系学校の動向をとりあげる。まず同志社をめぐる諸事件に焦点をあてて考察したうえで、内地のキリスト教系学校全体の動向を鳥瞰し、台湾や朝鮮に比するならば相対的に大きな自由を許容されていた内地の学校も三八年頃を境として切迫した状況へと追い込まれたことを明らかにする。

第三節では、米国人宣教師が台湾・朝鮮・内地における神社参拝問題をどのように認識していたのかを考察する。戦後における米軍の占領政策で用いられた「国家神道」という概念は、米国人宣教師が台湾や朝鮮における凄惨な事態を目撃する経験のなかで形づくられたものなのではないか。それにもかかわらず、戦後に台湾・朝鮮における出来事を捨象した認識が一般化したことにより、戦前・戦中期の「国家神道」、ひいては帝国日本の全体主義的性格に関する批判が曖昧で薄弱なものになってしまったのではないか、という問題を提起する。

戦後米国の「極東」政策立案に際して、しばしば日本研究者でもあった米国人宣教師の経験と見解は重要な情報源となった。台湾との関係については、植民地期の台湾で米国のプレゼンスは大きくなかったが、戦後になると台湾も米国中心の覇権的な秩序に組み込まれることになった。この点に着目するならば、本章は、これまで論じてきた内容の「後史」であるばかりでなく、「戦後台湾」、ひいては「戦後東アジア」という空間に内在する問題を考えるための「前史」としても重要な意味を持つことになるであろう。

第一節　朝鮮における崇実学校等排撃運動

一、台湾から朝鮮への飛び火

台湾における神社参拝問題をめぐる状況は、宣教師間のネットワークを通じて、朝鮮在住宣教師にも伝えられていた。米国北長老派の宣教師ソルトーは、三五年三月に淡水女学院長代理アーガルから朝鮮の状況について情報を求める手紙を受け取った。返信では次のように記している。「台湾でミッションが直面している困難な状況は、わたしたちの大きな関心を呼ぶものでした。それは、来るべき時において、わたしたちが何らかの形で直面しなくてはならない状況の別な兆候です(6)」。

「来るべき時」を予感させる出来事はすぐにやってきた。三五年四月、台湾で文教局長の地位にあった安武直夫が、朝鮮の平安南道知事に異動した。本書第七章でも述べた通り、平安南道の中心都市である平壌は米国北長老派の最大の宣教拠点であり、「三崇」と称された崇実学校・崇義女学校・崇実専門学校が存在した。三二年の戦没者慰霊祭に際しては、「三崇」を含む平壌のキリスト教系学校を標的とする排撃運動が生じたものの、初期段階で鎮静化されていた。そこに安武が登場したわけである。ソルトーは、安武が台湾の神社参拝問題をめぐって「大きな成功を収めた」人物であることを知っていた(7)。

三五年九月に状況は一挙に緊迫した。米国北長老派が四都市(京城、平壌、宣川、大邱)に経営していた学校は、地域によって微妙な時差をはらみながら、次々と神社参拝を迫られることになった。まず標的とされたのは、首都「京城」(現ソウル)における儆新学校・貞信女学校だった。京畿道学務課は、一〇月一日の「始政二十五周年記念奉告祭」

に貞信女学校に対して朝鮮神宮参拝を求め、同月一五日・一六日の「朝鮮神宮御鎮座十周年記念奉祝大祭」については儆新学校・貞信女学校両校に対して、朝鮮神宮への参拝を促す通牒を発した(8)。

　ニューヨークの宣教会本部に宛てた書簡で、ソルトーは、朝鮮でもカトリック教会とメソジスト監督教会が神社参拝について異論を提起しない方針を立てているために、対応に苦慮していると報告している。そのうえで、前年の内地訪問時に面会したキリスト教界の代表的人物――青山学院長阿部義宗、明治学院中等部長都留仙次、明治学院総理田川大吉郎、関西学院中学部長真鍋由郎、日本聖公会松井米太郎司教など――の見解を伝えている。都留仙次は朝鮮人児童に神社参拝をさせるとしたら自分は躊躇すると述べ、田川大吉郎は現状では命じられた通りに神社参拝をするが、法令を変える努力を継続すべきだと語った。しかし、はっきりと神社参拝を拒絶すべきという見解はついに聞けなかった。そのために神社参拝の拒絶は「宗教的良心による躊躇として受けとめられるのではなく、政治的な反日感情によるものと解釈されてしまう」とソルトーは苦々しげに記している(9)。

　ソルトーの観察は、台湾・朝鮮・内地の出来事が相互に深く連関し合っていたことを示す。台湾の出来事は朝鮮における出来事の前兆であり、内地の動向が抵抗の基盤を掘り崩す意味を持った点も同様であった。

　九月二三日、米国北長老派宣教会の評議員であるホルトクラフトらが京畿道学務課を訪れ、安岡源太郎視学官と面会した。上智大学事件をめぐる文部次官通牒をふまえて神社参拝は愛国心の表明に過ぎないと繰り返す視学官に対して、ホルトクラフトは、型どおりの答弁には納得せず、

図 10-1　米国北長老派の宣教師たち
向かって左からソルトー，ホルトクラフト，マッキューン，ローズ．

天照大神と明治天皇を祀る朝鮮神宮に「神霊 spirits は存在しているのか」と繰り返し尋ねた。視学官は答え渋ったが、何度か質問された末に「神霊は存在する。もしも神社に行かない学校があったならば、きわめて深刻な結果が生じるだろう」と答え、指定の取り消し、場合によっては学校閉鎖もありえることを示唆した。ホルトクラフトらは、対応に苦慮しながらも、「実際のところ何が起きるのかを観察する」目的で、儆新学校・貞信女学校の生徒を式典に参加させることを決定した。(10)

京城でのこの出来事は、総督府の側でも、宣教師の側でも互いの腹のなかを探り合う意味合いが強かった。しかし、以上の経緯のなかにすでにいくつかの重要な問題があらわれている。

第一に、神社神道が宗教であるか否かについての判断の基準を、文部省や朝鮮総督府による行政的解釈ではなく、「神霊」の存在に求めていることである。宣教師からすれば、もしも「神霊」の存在を認めるならば、行政的にどのように解釈しようとも、それは宗教なのであった。三〇年当時の美濃部達吉も、「神霊」の存在を信じてこれを礼拝するものは宗教であり、だからこそ「信教の自由」の原理に従って神社参拝を強要してはならないのだと論じていた。そこには、行政的解釈に自分の見解をあずけてしまうのではなく、むしろ行政的解釈の正当性を問い糾そうとする原則的な姿勢が示されている。

第二に、「指定」の取り消しが示唆されていることである。この場合の指定とは、これまで長老教中学にかかわって述べてきたように、専門学校入学者検定規程による無試験検定指定校となることを意味する。朝鮮では京城の儆新学校が二三年に最初に指定を受けたのち、三一年に崇実学校・崇義女学校と宣川の信聖学校、三三年に大邱の啓聖学校、三五年に京城の貞信女学校と宣川の保聖女学校が指定を受け、残るは大邱の信明女学校だけとなっていた。(11) 指定校制度が適用された点では、朝鮮のキリスト教系学校は、台湾よりも相対的に「恵まれた」状況にあった。ただし、ここでは、この指定の取り消しという措置が行政的圧力を構成することになっているわけである。

第三に、ホルトクラフトが、右の経過説明に続けて、次のような所感を記していることが着目される。「この問題に関連して総督府の強調している幾つかの目的に関しては、共感せざるをえないところもある。総督府は、愛国心を養成しようとしているのであり、共産主義への防波堤を築こうとしているのである」。朝鮮人に対して帝国日本への「愛国心」を養成することや、共産主義を排斥することに関してはまったく疑問をさしはさんでいなかったことがわかる。この点は、長老教中学の校長バンドの見解とも共通していた。宣教師としては、ごく一般的な対応だったと思われる。

宣教師にとって、右に挙げた三項目のうちで第一の項目が神社参拝を拒否させる要因として機能したのに対して、第二・第三は神社参拝やむなしという判断にも連なるものだった。他方、朝鮮人の信徒にとっては、第三の「愛国心の養成」も神社参拝拒否の要因となりうる一方で、第二の指定の取り消しという脅迫はいっそう重要な意味を持って受けとめられたものと推定される。宣教師、朝鮮人信徒、それぞれの立場でディレンマを抱え込んでいたともいえる。こうした状況のなかで生じたのが平壌における神社参拝問題だった。

二、「キリスト教徒皆殺し」という脅迫

一九三五年一一月一四日、平安南道公私立中等学校長会議が開催された。そこには、私立のキリスト教系学校の校長も出席していた。開催に先立って、平安南道の視学官が、これから全員で平壌神社を参拝すると宣言した。外には五〇人あまりの参加者を送迎するための車がすでに用意されていた。メソジスト監督教会系学校の校長は視学官の命に従ったが、崇実専門学校・崇実学校の校長であるマッキューン、崇義女学校の教師鄭益成《チョンイクソン》――校長スヌークは会議を欠席していた――、安息教系の順安義明学校の校長リーらは拒絶した。

マッキューンの伝えるところによれば、神社から戻ったのち、安武直夫知事はマッキューンらを知事室に呼び出し

図 10–2　崇義女学校
崇義女学校は 1903 年に創設された.

た。二名の陸軍将校も同席していたという。安武は、「神社は、天照大神と明治天皇の神霊がまします場所である」と明言したうえで、参拝を拒否する理由を尋問し、あくまでも拒否するならば学校閉鎖もありうることを示唆しながら、命令口調で次のように語った。「今度は命令する I am giving you an order now。主席視学官とともに神社に行って敬礼しなさい」。マッキューンがやはり参拝できないと答えると、しばらくの時間的猶予を与えるから再考せよと諭した。会議室に戻ると、その場にいた校長たちは、「あたかも犯罪者であるかのように」マッキューンらを見たという[12]。

この時の安武の行動が朝鮮総督府の意を体したものなのかということは微妙である。一〇月に京畿道当局が京城のキリスト教系学校に神社参拝を求めたことを考えれば、背後に朝鮮総督府の意思が存在したとしても不思議ではない。ただし、長老教中学事件における『台日』の報道と同様に、「御用新聞」である『京城日報』(以下『京城』)の報道には不自然な逡巡が見られる。

『京城』の最初の報道は一一月二〇日付の「北鮮《ママ》版」の紙面である。「平壌に続く不祥事」という見出しで公立学校教員が「妓生に惑溺」していることを報道、この記事のなかで「キリスト教系四中等学校長の神社不参拝声明」についても簡単に言及している(『京城』一一・二〇)。第一報というよりは続報の筆致である。しかし、第一報は見あたらない。一六日付「北鮮版」紙面で大幅な伏せ字の部分があるので、これが第一報だった可能性もある。いずれにしても、会議開催から一週間近く、ほとんど報道はなされていない。

日本YMCA連盟の総主事だった斎藤惣一は、この事件の三ヵ月後にソルトーに対して安武直夫を個人的に知っていると話したうえで、安武の行動は朝鮮総督府の予期していなかったものであり、近い内に左遷されるだろうと予言している。(13)『京城』における不自然な報道から考えても、後述するように安武がほどなく実際に左遷されることからも、斎藤の観察は正しいと思われる。安武は、自分が台湾における神社参拝問題をめぐる「手腕」を買われて抜擢されたことを自覚しており、命令すれば宣教師がすぐにでも折れることを予想しながら、いわば「抜け駆けの功名」をねらったのではないだろうか。さらに、二名の陸軍将校が同席していたというマッキューンの証言に着目するならば、功名にはやる安武の背中を押した軍人のいた可能性が高い。この事件のすぐあと、朝鮮軍司令官植田謙吉が一二月二日付で異動となり、後任として、宇垣朝鮮総督に近い立場の小磯国昭が就任している。宇垣が朝鮮軍に対する統制を強化するためにおこなった人事とも考えられる。

発火点を形成したのは安武知事であるにしても、三二年の出来事とは異なり、排撃運動を初期消火するような展開とはならなかった。朝鮮総督府は、むしろこれを機会として積年の懸案事項の「解決」に乗り出した。『京城』は一一月二一日に「神社参拝拒否問題　俄然紛糾の兆現る」と報じ、さらに二四日付の報道では、「飽くまで頑張れば断乎廃校に処す　学校側ではいま更ながら大狼狽　道の態度は強硬」と平安南道当局の強硬姿勢を威嚇的な論調で報じている(『京城』一一・二一、一一・二四)。この段階で総督府としても強硬な態度で臨む姿勢を鮮明にしたものと思われる。

朝鮮語新聞『東亜日報』は、当局の忌諱にふれる論評を避けながらも、比較的詳細に事態の推移を追っていた。『東亜日報』の伝えるところによれば、朝鮮人信徒は一二月一三日に平壌老会――老会は長老中会 Presbytery を指す――を開き、神社参拝問題への態度を表明することになった。しかし、平壌警察署は、老会が開かれれば参拝反対を決議することが火を見るよりも明らかである以上、これは宗教集会ではなく政治集会であるとみなして集会禁止を命令、老会長である李承吉《イスンギル》を召喚し、予定通り開催すれば「老会員二百名全部を検束せざるを得ない」と述べた。[14] しかし、教会側では集会の中止を拒絶、七時間にわたる会見は「もの別れ」に終わり、「長老派と警察が　つひに正面衝突　神社不参拝問題愈々重大化す」と報じられた（『大毎』一二・一一）。

老会当日、厳戒体制のなかで五〇名あまりの老会員が会場である教会に参集、沈黙の内に黙禱して散会した。[15] 当時総督府による軟禁状態にあったマッキューンの書簡の伝えるところによれば、老会に参加予定の朝鮮人牧師や長老はすべて二日前から警察・憲兵の監視下に置かれ、教会への参集を阻まれた。それでも参集した老会員のなかには、鉄道の切符を買うことを拒絶されたために、何キロもの道を歩いてたどり着いた人もいたという。[16]

宣教師はこうした朝鮮人信徒の意向を強く意識しながら、朝鮮総督府との折衝を重ねた。一二月末には、マッキューンらが渡邊豊日子学務局長に面会した。渡邊は、「警告書」を読み上げ、あくまでも神社参拝を拒絶するならば校長を辞職させるか、罷免する意を示した。[17] 結局、マッキューンは、愛国心、忠誠、規律などの価値には同意するが、総督府の説明は自分の良心的拒否への思いを取り除くのに十分ではないとして、神社参拝を拒否する意思を明確にした。[18] 安武知事は、私立学校規則で監督官庁が「不適当」と認めた時には罷免できると定めた規定を援用し、三六年一月一八日付でマッキューンを崇実学校の校長から罷免した。後日、崇実専門学校長としてのマッキューン、崇義女学校長スヌークについても同様の処置がとられた。行政的な処分が発動されたわけである。

このように朝鮮では行政の強硬姿勢が事態の推進力となったことから、大衆運動としての性格は薄い。ただし、まったく存在しなかったわけでもない。注目に値するのは神職関係の雑誌の論調と、在郷軍人の動向である。

朝鮮神職会の機関誌『とりゐ』は、平壌の不参拝問題をとりあげて「執拗の平壌ヤソ教徒　断乎たる当局の決心に信頼す」というタイトルの無署名記事を掲載し、「国家的の崇敬を拒み、国民教育を妨げる如き輩に対しては、断乎たる決意を以つて将来再び斯くの如き事件なきやう、速やかに禍根を艾除すべく努めらるるのが当然」と排撃ムードを煽る論調を展開していた。[19]

また、内地では神道学者加藤玄智が、全国神職会の機関誌『皇国時報』に三六年元旦に掲載した文章において、平壌の問題について論じた。加藤は、「朝鮮の長老派のキリスト教徒が挙つて神社参拝を宗教的意味のあるものとして拒否した」ことを新聞報道で知ったと述べて、上智大学事件の経緯も振り返りながら、神社非宗教論では反対論者は「衷心」からの「納得」ができない以上、神社は「日本の国民的宗教」であるという本質を闡明にすべきだと記す。そのうえで、天皇機関説が「清算」されている今日では信教の自由の解釈も変更されるべきであり、キリスト教のように「我が国家的神道に矛盾するやうな外来宗教」は、共産主義と同様に国家の「安寧秩序」を乱すものとして「禁止」すべきだと主張した。[20]

加藤の見解は、神社神道を「国民的宗教」とみなす点において美濃部達吉の学説と共通している。そのうえで、神社参拝を拒否する宗教——この文脈ではいうまでもなくキリスト教を指している——を共産主義思想と同様に非合法化すべきだとした点は、美濃部の見解とは対照的である。こうした憲法解釈の変更の手がかりとされたのは、「日本臣民は、安寧秩序を妨げず、かつ、臣民としての義務に背かない限りにおいて、信教の自由を有する」という帝国憲法の条文のなかの「安寧秩序」という文言である。「安寧秩序」を乱すものとしてキリスト教を非合法化せよという主張は、信教の自由をめぐる法的な保護の垣根が解体されていく状況を追認しながら、その解体をいっそう促進しようとするものであった。[21]

在郷軍人の活動も活発だった。三六年一月一九日には京城、平壌、大邱などで郷軍大会が開催されて、平壌では公会堂での大会ののち「市内の宣伝行進を行ひ、平壌神社に参拝、神前において奉告祭を執行」したという(『大毎』一・二〇)。ソルトーは、「平壌における膨大な数の軍人と愛国的な在郷軍人」が当局に大きな圧力をかけていると観察していた。[22] また、ソウル駐在米国領事ラングドンの伝えるところによれば、崇実学校の校長代理となったモフェットのもとを在郷軍人会平壌分会長がしばしば訪れていた。二月一八日にはモフェットが不在だったために、在郷軍人は朝鮮人教師と面会し、「自分の仲間たちは危険である。神社問題の解決を不当に引き延ばしたならば、キリスト教徒皆殺し massacre of Christians という事態さえ生じるかもしれない」と脅したという。単なる口先だけの威嚇とは感じられなかったのだろう、この翌日、平壌在住の米国人宣教師は警察官の助言に従って一触即発の雰囲気のなかを京城に退避、ラングドン領事に対して「平壌の空気は〔宣教師だけでなく〕すべての米国人の退避を考えた方がよいほど不穏である」と告げた。米国領事はすぐに総督府に赴いて米国人の保護を要請し、総督府は憲兵に指令して保護することを約束した。(23)

在郷軍人が「キリスト教徒皆殺し」という言葉を口にしたのと同じ時期、崇実専門学校の学生たちは、万歳を叫びながら示威運動をおこなおうとして警官に鎮圧された。また、同校の教授団は、「我等は平壌崇実専門学校と最後まで運命をともにする」「学校経営者側で問題を解決できない場合には、我らは同校の経営権を朝鮮人に譲渡することを要求する」という決議を採択、学生大会でも同様の決議をおこなった。(24) 神社参拝問題には言及せず、朝鮮人主導で学校の存続を求める内容だった。

ラングドン領事は、この決議について「当局の圧力と威嚇」のもとで出されたものだという観察を示している。当局としては、朝鮮人主導で学校を存続できる可能性を曖昧に提示することにより、米国人宣教師と朝鮮人学生のあいだに楔を打ち込もうとしたということであろう。しかし、朝鮮人学生たちが単に当局の誘いに乗っただけとも考えられない。「学校と最後まで運命をともにする」という表現には、いざとなれば領事館という安全地帯に避難できる米国人への不信も表現されていたのではないかと思われる。

三、朝鮮耶蘇教長老会の屈従と分裂

一九三六年三月になると、平壌における一触即発の空気はさしあたって緩和された。背景には二・二六事件以後の不穏な空気のなかで、在郷軍人らの「暴走」を恐れた総督府が事態の収拾に乗り出した事情が存在するようである。『京城』は三月六日付夕刊で「「不参拝問題」解決」と報じ、『大毎』も七日付で「朝鮮人校長を迎へて　やっと難問題解決」と報じた。崇実専門学校の副校長として李《イ》勲求《フンク》、崇実学校の校長として鄭等鉉《チョンドンヒョン》などの朝鮮人が認可されたことを指しての報道だった(『京城』三・六夕、『大毎』三・七)。台湾の長老教中学の場合には神社参拝問題を契機として校長が内地人とされたことを想起するならば、朝鮮人校長の認可は朝鮮総督府の側での一定の妥協を示すものといえる。神社参拝拒否の思いから学校を飛び出していった学生たちも、学校に戻って授業に参加することを認められた[25]。さしあたって校長の交代のほかは「平常通り」ということになったわけである。ただし、学校関係者が神社参拝をするという決定をしたわけではない以上、実は何も「解決」してはいなかった。同じ月、宇垣総督の日記では、二・二六事件で殺害された斎藤実の葬儀について記した箇条で「〔三六年一月の内地訪問の際に〕痛く平壌神社不参拝問題を憂慮し居られしが、満足なる結末を告げたるを見ずして長逝せられしは遺憾なり！」と記している[26]。

米国人宣教師は、朝鮮総督府の行動を牽制すべく、米国政府の介入を求めた。これに対して、三六年三月八日、ワシントンで極東部長補佐ハミルトンらにより対応策が協議された。結論として、現段階での外交的介入の必要はないと判断された。大きな理由は、神社参拝は公式に宗教的行為ではないと解釈されているうえに、校長という職責によって参拝を求められたのだから個人的に信教の自由という原理を侵害されたとはみなせない、というものだった[27]。

右のような経過のなかで、ホルトクラフト、ソルトーらは、朝鮮で教育事業を継続する以上は神社参拝を避けることはできない、だとすれば、学校を閉鎖するしかないという判断に傾いていた。これに対して、反対論も存在した。たとえば、北長老派と他教派の合同で経営していた延禧専門学校の校長アンダーウッドは、神社で祈りを捧げることはできないが、丁寧に頭を下げることはキリスト教徒としての良心に反することなく可能であると主張した。また、たとえ学校を閉鎖したとしても、朝鮮人の学生は教育機会を断念するか、「反キリスト教的」な学校でより頻繁に儀式に参加せざるをえなくなるだけだという反論を展開した。[28] 大邱の啓聖学校の校長ヘンダーソンらもアンダーウッドに同調していた。

朝鮮総督府は、宣教師の心証を改善するための措置もおこなった。三六年五月の人事異動で安武直夫は日本赤十字社朝鮮本部理事に左遷された。日本YMCA連盟総主事斎藤惣一が予言したとおりの出来事だった。ソウル駐在英国領事フィップスは、安武をめぐる一連の事態について次のように報告している。[29]

安武が異動させられたのは、決して彼の行為それ自体の結果ではなく、彼のやり方が拙劣だったためである。〔宇垣〕総督は、安武を平安南道知事に任命する人事を裁可した時に彼の評判をよく認識していたにちがいない。しかし、安武が先走って外国人宣教師を敵に回し、殉教者をつくりあげてしまうような事態は、総督府の希望にも意向にも沿ったものではなかった。宣教師の目には良心の問題に属することに関する、安武の強引なやり方は、長老教会が大きな影響力を持っている米国で非常な反感を呼び起こし、〔朝鮮〕統治に関する悪い評判を生み出した。安武の側で少しでも外交的手腕と思慮があれば、この出来事の重大性を弱めることができたであろうし、この出来事によって引き起こされた感情を避けることができただろう。もっとも、なんらかの妥協の余地がありえたかどうかは疑わしい。というのは、安武は、破局的な事態を生み出し「あとはどうともなれ式に放り出す」ように、軍部から扇動されていたらしいからである Yasutake is said to have been egged on by the military to bring about a shut down and "damn the consequences."。もしもこの観察が正しいとすれば、安武も、ある意味ではスケープゴートだったということになるかもしれない。

このような英国領事の観察は、これまで論じてきたこととも整合する。「外交的手腕と思慮」で知られる宇垣からするならば、安武の拙劣なやり方は十分に左遷に値するものであったと考えられる。同時に、軍内部の強硬派を抑えこむためには総督府のイニシアティブで「断乎」とした措置をとる必要があったということだろう。

六月二五日、宇垣総督は、アンダーウッドら数名の宣教師と米国副領事エドソンを招いて、午餐会を開催した。エドソンによれば、神社参拝問題は一切話題にのぼらず、「非公式的で心暖まる」空気のなかで会食がおこなわれたという。(30)

七月一日、警察による厳戒体制のなかでおこなわれた宣教師の年次総会において、六九対一六の投票で神学教育以外の世俗的な教育事業から撤退することを決議した。(31) その後、教育事業の継続を望む朝鮮人は大量の署名を宣教本部に寄せたが、決定は覆らなかった。この結末は、台湾でカナダ長老教会宣教師が台湾人信徒の頭越しに淡水中学・女学院の州移譲に同意した顛末に相似している。時期的にもほぼ同時期のことであった。

図 10–3　平壌神社

1913 年に創建され，1935 年に社殿が改築された．国幣小社．絵葉書右下の部分では「神厳なる大神宮の清景」と記している．

一〇月二日の平壌神社の例祭日、崇実専門学校・崇実学校・崇義女学校の生徒の四分の三近くが神社参拝をした。(32) 崇実専門学校副校長李勲求は、米国に帰国したマッキューンへの書簡において、神社参拝は「総督府の鉄拳的圧力」によるものだと説明しつつ、教育機関への切実な需要に鑑みて朝鮮人による管理下で学校を継続することを認めてほしいと嘆願した。(33) しかし、三七年度末をもって閉鎖する方針は変更されなかった。崇実専門学校・崇実学校・崇義女学校の三校は、三八年三月に「廃校願」を平安南道に提出、解散式をおこなった。校舎は売却されて、公立中学校・公立高等女学校の校舎として利用された。(34) 米国南長老派系の学校も同様の運命をたどった。

三六年八月には南次郎が宇垣に代わって朝鮮総督に就任、これ以降、総督府による神社参拝への圧力はさらに高められた。三七年九月からは毎月六日にすべての学校で「愛国日」を挙行、「国旗掲揚」「国歌奉唱」「時局ニ関スル講話」「東方遙拝(皇運ノ武運長久祈願)」と並んで、「神社神祠ノ奉祠サレタル土地ニ於テハ式後参拝ヲ為サシムルコト」が定められた。[35] 翌三八年二月に総督府はキリスト教指導対策を定め、学校ばかりではなく教会を通じて一般信徒にも神社参拝させる方針を明確化した。[36] 同年九月には平壌における朝鮮耶蘇教長老会総会の場で、「愛国的国家儀式」としての神社参拝を「率先励行」するという声明書が決議された。[37] 総会終了後には、各老会長二八名が平壌神社を参拝した。[38] 警察力に基づく強要によるものだとしても、声明文の決議が既成事実化されることによって、参拝拒否の姿勢を貫く者が孤立せざるをえない事態がつくられることになった。

たとえば、北長老派の保聖女学校教員として神社における最敬礼を拒絶した安利淑《アンイスク》は、校長たる宣教師が学校存続のために参拝を決意したことにより、隠れている生徒を「倉庫や便所に至るまで」血眼になって探す事態に接して泣くに泣けなかったと回想している。[39] また、三八年当時慶尚南道三千浦《サムチョンポ》教会・草梁《チョリャン》教会の信徒だった趙寿玉《チョスオク》は、神社参拝を求められた時のことを次のように回想する。「結婚が破れて、女としては死んだと感じたので、今度は正しい道で死ぬようにしようという考えはあったのです。そういう考えというか、理想が頭にありながら、拷問や虐殺の恐怖を克服することができないのです」。趙寿玉はこの恐怖を祈りのうちになんとか克服して参拝を拒否、釜山警察による拘留を経て教会に戻った。すると、今度は教会による一致を破壊するものとして朝鮮人信徒からも圧迫された。「警察からの迫害は恐ろしいには恐ろしいけれど、精神的にシッカリしておれば、耐えるのはまだ容易なのです。しかし、教会の中で感じる圧迫は、それはつらかったですよ」と語っている。[40]

安利淑や趙寿玉らは、治安維持法違反、「不敬」、保安法違反に問われた。具体的な「罪状」は、たとえば、天皇についてその「現人神」的性格を否定し、「畢竟不完全ナル人間ニ過ギズ」と述べ、神社参拝を「モーゼ十誡命中ニ所謂他神崇拝或ハ偶像崇拝」にあたるとみなして、同志の獲得を図ったことなどであった(41)。かくして、神社参拝拒絶という道徳上における「罪」は実定法上の「罪」に変換された。

このように神社参拝拒否を実定法上の「罪」として問い、逮捕・投獄を進める措置は、管見のかぎり台湾では見られない。ただし、この違いをあまりに過大に評価することもできないだろう。朝鮮でも実定法上の「罪」に問われた人びとは、信徒の全体からすれば、ごくわずかであった。一方、台湾でも、長老教中学の神社参拝に南部教会の代表が反対していた事実に示されているように、大きな抵抗が伏在していた(42)。むしろ神社参拝問題への対応をめぐって、教会の内部に容易には修復しがたい亀裂が生じたことの共通性に着目すべきであろう。また、内地の日本基督教連盟や基督教教育同盟会ではまがりなりにも神社の宗教的性格について討論することができたのに対して、朝鮮人信徒や台湾人信徒は中会(老会)という意思決定機関において議論する自由すら奪われていたという共通性もある。それは、信教の自由の抑圧が、集会結社の自由の抑圧と結びつくことにより、破壊的な効果を発揮したことを物語る。

ここであらためて二九年時点での美濃部達吉の憲法解釈を参照したい。美濃部の解釈では、帝国憲法に定める信教の自由は集会結社の自由を当然のごとく含んでいた。文部省宗教局長下村寿一が、信教の自由とは基本的に心のなかの自由を意味するものであり、外部的行為としての結社の自由を含まないと論じたのに対して、美濃部は、次のように反駁した。内心の自由は絶対無制限の自由であり、性質上国家権力の及び得ないものであるから国法の干渉の外にあり、憲法に規定すべきことがらではない。憲法に定める信教の自由は外部的な宗教行為にかかわる制限的自由であり、安寧秩序を妨げず臣民たるの義務に背かざるかぎり「礼拝儀式布教演説及結社集会」の自由を包含する(43)。

論争めいた形式ではあるものの、下村が美濃部に対して「平素博士に対し、深甚の尊敬を払つて居る」者として「高教を請ふ」としているのに対して、美濃部の側では、まるで教え子を諭すかのように「下村君も今少し前後を注意して翻読せられたならば、此の趣意を御諒解になることと思ふ」と記している(44)。こうした関係性を反映してであろう、赤澤史朗の指摘するように、三〇年代前半の時点では美濃部説が文部省宗教局の公式見解ともなっていた。(45) しかし、天皇機関説事件以降、加藤玄智の論に見られるように、実質的な「解釈改憲」ともいうべき事態が進行しつつあった。加えて、もともと憲政の原理が形式的にしか及ぼされていなかった台湾や朝鮮では、集会結社の自由はかねてから抑圧されていた。こうして自由を保護する法的垣根が破壊された状態において、神社参拝を拒絶する者たちは「犯罪者」とされることになったのである。

第二節　同志社排撃運動と内地キリスト教界

一、同志社「神棚事件」とその収拾過程

台湾で淡水中学排撃運動が展開され、朝鮮で崇実学校等の排撃運動が展開されていた時期、日本内地のキリスト教系学校は、どのような状況に直面していたのか。

全体としていえば、不思議なまでに大きな事件は生じていない。あたかも台風の周縁部では暴風が吹き荒れているにもかかわらず、その目となる中心部は無風であるかのような相貌を呈していた。ただし、京都に位置した同志社は、三五年夏から断続的に軍部や右翼団体の攻撃にさらされた。すなわち、三五年四月に湯浅八郎が総長に就任して以来、「神棚事件」(三五年六月)、「国体明徴論文掲載拒否事件」(三六年二月—五月)、「上申書」事件(三七年二月—四月)、「チャペル籠城事件」(三七年七月—八月)と呼ばれる出来事が相次いで生じた。これらの諸事件への対応を通じて、同志社は「国体明徴」路線に適合的な教育方針を採用することを迫られた。ただし、台湾や朝鮮のキリスト教系学校とは異なり、ドラスティックな変化が短期間に集中的に生じたわけではなかった。さらに、問題の焦点はかならずしもキリス

ト教主義ではなく、左翼的思想を持つ教授への個人攻撃という側面も強かった。なぜ同志社でこうした事件が生じたのか、またこの事件をめぐる経緯に「内地」という空間のどのような特徴を見出すことができるのか。以下、「神棚事件」と「国体明徴論文掲載拒否事件」について検討することにしよう。

三五年四月、同志社創設当初の功労者湯浅治郎の息子である湯浅八郎が、京都帝大農学部教授の職を辞して、同志社の第一〇代総長に就任した。総長就任式において、湯浅は「同志社学徒は宜しく自由にして敬虔なる学風を樹立し、気品あり含蓄ある自治的精神の発揮に勉むることを要する」と誇らかに語った(『大朝』四・二四)。

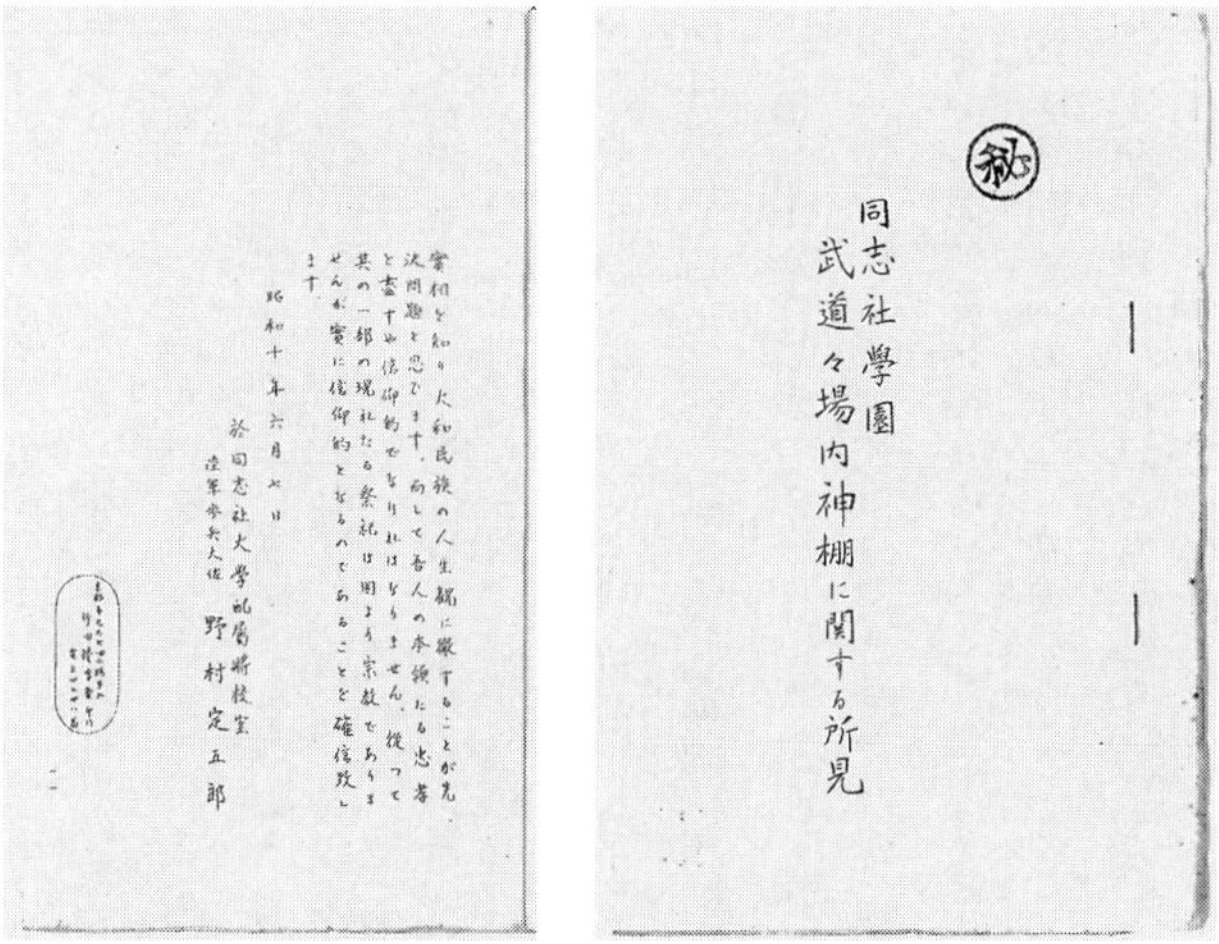

図 10-4　野村定五郎「㊙同志社学園　武道々場内神棚に関する所見」

表紙と最後の頁．同志社高商の配属将校三浦中佐の名前ではなく，同志社大学配属将校野村大佐の名前で記されたのは，高商のみならず同志社全体の問題とする姿勢をアピールするためだろう．

その二ヵ月後、同志社高等商業学校の武道場で剣道部員が、同志社の創立者新島襄の肖像を掲げる予定の場所に神棚を掲げる出来事があった。鷲尾健治高商校長の説諭により剣道部員は神棚の取り下げに同意、学生の謝罪により落着したはずだった。しかし、これを配属将校が問題視することにより「事件」として拡大していった。三五年当時、同志社高商には三浦国雄中佐、同志社大学には野村定五郎大佐が配属将校として軍事教練の指導にあたっていた。野村大佐は神棚問題に関する意見書を六月七日付で起草、「我国体に関する神を尊崇しないことは、我国民の大精神を失ふこととなり、宗教問題ではなく日本民族そのものの大問題であつて、許し難い所」と断じたうえで、「神社及神棚を偶像視し、従つて之を設くることは基督教の教義に反する」という考えは「誤謬」であると否認している(46)。明確に教育方針への介入を意図した文書といえる。また、やり玉に挙げたのは神棚の処遇だったものの、神社への対応を含めて「我国体に関する神」の「尊崇」を問おうとしていたことがわかる。

おそらく学校当局と配属将校のあいだで水面下の交渉がおこなわれたものの交渉は不調に終わったのだろう、野村大佐の意見書から二週間ほどを経た六月二〇日、『京都日日新聞』(以下、『京日』)が「同高商の武神追放事件」にかかわる第一報をおこない、さらに追い打ちをかけるように、「三浦配属将校も断乎引揚の決意　愛国団体もこれに呼応して　渦紋愈々拡大す」という見出しで「クリスト教主義と神道との相剋」を報じた。三浦国雄中佐も談話を寄せて、「敬神崇祖を根本主義とする我国の国体精神に反することも甚だしい」と語っている(『京日』六・二〇夕、六・二一)。

この報道がなされたのと同じ二一日、第一六師団司令部では三浦中佐の報告を受けて「河村〔董〕少将、中薗〔盛孝〕高級参謀、長〔勇〕参謀、吉田〔章雄〕、四谷〔巖〕各少佐参集して軍部側のとるべき対策を鳩首協議した」という。「台湾フアツシヨ」を指導していたと思われる長勇が第一六師団参謀として、この事件に関与していたことを確認できる。第一六師団首脳の態度は強硬なものであり、同志社側が対応を変更しない場合は「所信を断行し」、陸軍大臣に具申して「配属将校の撤退をも辞せない」ということで意見の一致を見た(『京都日出新聞』六・二二。以下、『日出』)。翌二二日、湯浅総長・鷲尾高商校長らが第一六師団司令部を訪れて河村少将、中薗大佐、長少佐らと会見したが、「物分れ」に終わった(『日出』六・二二夕)。

ここまでの経過は、上智大学事件の経緯とよく似ている。事件のきっかけが神社参拝ではなく神棚であるという違いこそあったものの、野村大佐の意見書にも見られるように、神社と神棚は一体のものとして把握されていた。配属将校が重要な役割を演じた点も共通している。同志社の配属将校も、上智大学の出来事を十分に意識しながら引揚げ

図 10–5 『京都日出新聞』1935 年 6 月 25 日
写真，向かって右から湯浅総長，上谷財務部長，中薗高級参謀，河村少将，大澤理事．長勇参謀もこの時の会合に同席していたはずだが，写真には写っていない．

という言葉を発したものと考えられる。「上智大学対軍部の二の舞を演ずるのではないか」という報道もなされていた(『日出』六・二五)。軍部の意向、右翼団体の活動、排撃ムードを煽ろうとする新聞の論調、「クリスト教主義と神道との相剋」という問題の構図など、本書でこれまでに見てきた排撃運動と通底するところが大きい。

ところが、この事件は、新聞紙上における第一報から四日後、「急転直下」の「解決」を見ることになった。すなわち、同志社側では二三日に理事会を開催して神棚を武道場に掲げることを決定し、二四日に湯浅総長が大澤徳太郎理事・上谷続財務部長らをともなって再度第一六師団司令部を訪れて河村少将、中薗参謀、長参謀らと会見した結果として「円満解決」ということになった(『京日』六・二五)。もともと排撃を煽る論調とは一定の距離をとっていた『日出』は、「円満解決」という結果を強調するように、河村少将、中薗参謀、湯浅総長、大澤理事、上谷部長が談笑する写真を掲げた(『日出』六・二五)。この会談で、湯浅総長は神棚を掲げるばかりではなく、「敬神崇祖の観念涵養とともに皇道精神の振作をはかり、一方また日本に即したキリスト教の研究を進めてゆく方針である」と語ったという(『大毎』六・二五)。

神棚設置は、同志社からするならばキリスト教主義という建学の理念にかかわる大きな譲歩だったことだろう。ただし、上智大学事件において学校側が神社参拝をしたあとに配属将校の引揚げがなされたことを考えるならば、軍部がさらにエスカレートした要求をつきつけて事態をこじらせることも十分に可能だったはずである。それでも、六月二四日の会談を契機として、排撃の論調はぴったりと止んだ。それはなぜなのか。要因としては、次のように考えることができる。

第一に、軍部の意見も統一されていなかったらしいことである。『日出』は、第一六師団での協議について「極度に憤慨するものと、学校精神と軍人精神との意見の一致しないのは或は当然かも知れないとの二派に分れ」意見はまとまらなかったと報じている(『日出』六・二一夕)。長勇少佐は、おそらく強硬派に属したことだろう。これに対して、相対的に穏健な立場から事態を鎮静化しようとした者もいたことになる。この神棚事件はまさに天皇機関説排撃運動が燃えさかっている時期に生じた出来事であり、当時の政府は、陸軍大臣林銑十郎を含めてその鎮静化に躍起になっていた。そのため、問題がさらに複雑化することを怖れた陸軍中央が、第一六師団における動きに歯止めをかけた可能性もある。

第二に、同志社関係者の政治的影響力ともいうべきものも無視できない(47)。第一六師団司令部を訪れた大澤徳太郎は、同志社で学び、京都商工会議所会頭などを歴任し、貴族院議員にも選出されていた。また、『日出』の創業者である京都実業界の大物浜岡光哲も、明治期に同志社大学設立運動にかかわった経歴を持つ。同じ京都の地方紙でも、『京日』が排撃を煽る姿勢を打ち出したのに対して、『日出』は「円満解決」を志向する傾向が強かった。そこには浜岡の意思が介在していた可能性もある。また、明治期に同志社で学んだ徳富蘇峰も同志社擁護の活動を展開したらしい。のちのことになるが、三五年一〇月開催の「同志社創立六十周年記念祭」では蘇峰が講演し、新島襄は「日本精神」の体現者だと説いた(『大毎』一〇・一一)。

このように、同志社の場合には政界、財界、言論界の中枢に学校関係者が存在した。そのことは、台湾や朝鮮のキリスト教系学校には見られない特徴であった。神棚事件の経緯について、『大毎』のコラムでは、「[湯浅総長が]学園の急を慮つて必要以上にペコペコ頭を下げたことは筆者などにはいささか不満といへば不満だが、学園の〝権威〟より〝安全〟のほうをとらうといふ利口な態度は同志社のオエラ方には容認された」と報じている(『大毎』一一・三)。政治力があるということは、同時に、政界・財界・言論界の有力者の見解に従って「安全」で「利口」な対応へと方向づけられがちだということでもあった。

第三に、台湾や朝鮮のキリスト教系学校では宣教師が校長として実権を握っていたのに対して、同志社では明治期からすでに日本人が校長になっていたという相違がある。宣教師の場合は、自らの「宗教的良心」を守るために米国や英国に帰国するという選択肢が存在した。これに対して、日本内地の日本人にそうした選択肢はなかった。それだけに学校の存続が何よりも重視される一方で、当局からの圧力に抗するのは難しい事情が存在したと考えられる。

二、大学の自治／教会の自治／植民地の自治

神棚事件が一段落したのち、同志社は、「国体明徴論文掲載拒否事件」を通じて再び世間の耳目を集めることになった。一九三六年二月に同志社大学法学部の野村重臣教授が「国体明徴」にかかわる論文を『同志社論叢』に掲載しようとしたところ、論文の内容に問題があるとして法学部評議会が掲載を否決、さらに湯浅総長がその人物品行に問題があるとして野村ほか一名の解職を決定した。すると、野村らは「時局を解せずして自由主義を標榜する学部を改革せよと右翼学生に呼びかけ」る態度に出た(『読売新聞』三六・四・一二)。洛北青年同盟本部などの右翼団体や「在郷将校有志」は野村を擁護するとともに「左傾教授」の解職を要求、「同志社糾弾の嵐」と報道された(『日出』四・二五)。五月七日に湯浅総長は、右翼団体のやり玉に挙げられた林要教授に辞表提出を求めた。

洛北青年同盟の中心人物中川裕は三二年に同志社高等商業学校を卒業したばかりであり、大日本生産党などの支援を受けて活動していた(48)。中川作成のパンフレットでは湯浅総長の「プロマルキスト」的姿勢を問いただし、「反軍部

的態度を固持」していることをやり玉に挙げ、「非国民、非愛国的で校祖新島襄氏の意志に悖る事」を理由として湯浅に引責辞職を求めていた。(49)「米国カブレのアーメン同志社」という表現も見られるものの、キリスト教主義や新島襄の思想そのものに鉾先を向ける傾向は弱い。むしろそれは「国体明徴」方針となんら矛盾するものではないと解釈したうえで、マルクス主義者や自由主義者はそこから逸脱していると批判する傾向が強かった。このようにして同志社をめぐる攻防は、キリスト教主義よりも、マルクス主義を焦点とするものに横滑りしていった。

さらに、中央では、台湾地方自治制反対運動や天皇機関説排撃運動で「活躍」を見せた江藤源九郎が、帝国議会で同志社に鉾先を向けた。

江藤が質問に立ったのは、林要教授による辞表提出の一週間後、五月一四日の第六九回帝国議会衆議院予算委員会だった。当日の主要な議題は、天皇機関説事件をめぐる善後策として打ち出された「教学刷新」諸施策に関する追加予算だった。文部省による『国体ノ本義』の編纂経費、大学・直轄学校における日本文化講義実施に要する経費、国民精神文化研究所の拡充に関する経費などが俎上に載せられた。国民精神文化研究所は三二年に学生の「左傾」思想問題への対応を主眼として創立された文部省直轄の研究所であり、教員の「再教育」などもおこなっていた。

江藤は、この予算委員会における質問の冒頭において「東京帝国大学ハ従来四大節ニ式ヲ挙ゲテ居ナイト云フコトヲ聞イテ居ル」がこれはどういうことなのかと質問し、政府委員である山本厚三文部政務次官から「甚ダ遺憾」という答弁を引き出している。そのうえで、財団法人同志社が定款で「基督教ヲ以テ徳育ノ基本トスル」としているのは「誤ッタ方針」であり、そのために同志社は「教育上芳シクナイ幾多ノ問題ヲ惹起シテ居ル」から、「サウ云フ学校ハ日本ニハ必要ナイ」と断言し、文部省として「将来厳格ニ御監督」する意思があるのかと尋ねた。これについても肯定的な回答を引き出したうえで、東京商科大学における学生の「労働争議」のような行動をやり玉に挙げ、「国体ト相容レナイ思想ヲ有スル教授ヲ断乎トシテ処分サレル御決意ガアリマスカドウカ」と質問している。(50)この最後の問いについては、文部省の答弁はなされていない。

江藤の質問は、東京帝大のことに始まり、同志社のことに説き及んで、さらに東京商科大学について論じるというように、大学にかかわる問題を中軸としていた。江藤が口火を付けた天皇機関説事件は、憲政への挑戦であり、倒閣運動であると同時に、大学の自治と、これを根幹とする学問の自由を掘り崩そうとする動きでもあった。そのことを想起すれば、この質問はまさに天皇機関説排撃運動の延長線上にあるものといえる。その点で、同志社への攻撃にしても、キリスト教系学校への攻撃という文脈だけでなく、大学「粛正」という文脈でなされていることに着目する必要があろう。

「大学ハ国家ニ須要ナル学術ノ理論及応用ヲ教授」するという大学令の文言をあらためて挙げるまでもなく、大学は国家的有用性を認められた施設であり、またそのようなものとして人事・学位授与・学科編制などにかかわる自治を認められていた。ただし、三〇年代なかば、右翼団体や江藤のような軍人政治家の鉾先は次第に大学に向けられていった。よく知られているように、京大滝川事件では、三三年五月に文部省が文官分限令により滝川幸辰教授を休職処分に付した。松尾尊兊の研究によれば、文部省の強硬姿勢の背後には、蓑田胸喜ら民間右翼の組織する国体擁護連合会の活動や、菊池武夫のような軍人出身の政治家の圧力が働いていた[51]。

滝川事件さなかの三三年四月に内閣に設けられた思想対策協議会には柳川平助陸軍次官が委員として出席していた。この協議会では「大学教育ノ改革」にかかわる案として「教授ニシテ不穏思想ヲ抱懐スル者ハ徹底的ニ排除スルコトヲ要ス」、「大学ノ経費ト人事トヲ文部省ニ於テ堅ク握リ監督ヲ厳ニスルコトヲ要ス」と強硬な見解が打ち出されていた[52]。詳細な論証は別におこなわなくてはならないものの、この文言は軍部の狙いの所在を示したものであり、国体と相容れないとみなした教授の「処分」を求めた江藤の発言も軍部の意向を背景にしたものと推定される。他方、同志社総長湯浅八郎は、滝川事件当時は京都帝大農学部選出の評議員として、文部省と対決しようとする法学部教授会を支持した人物でもあった。[53] 湯浅は、同志社総長に就任するにあたり、「自由」「自治」の重要性を説いてもいた。キリスト教会、とりわけ同志社の支持基盤たる日本組合基督教会は教会自治の原理を重んじていた。そのことを考えるならば、同志社は、大学としての自治と、キリスト教会としての自治の原理が交錯するところに成立していたともいえる。

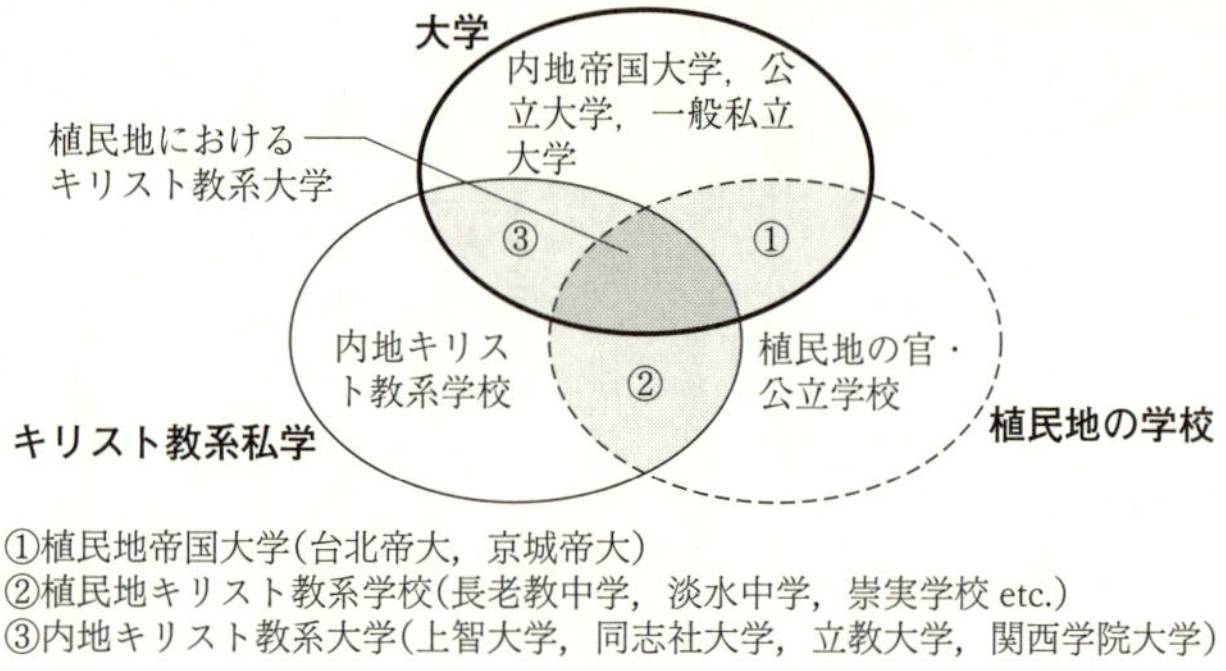

図 10–6　自治的性格という観点から見た諸学校の類別

図10–6は、同志社大学の微妙な位置を自治という観点から整理するために作成したものである。太線の円は「大学」であること、細線の円は「キリスト教系私学」であること、点線の円は「植民地の学校」を表す。大学としての自治は、国家的にオーサライズされた制度であった。[54] キリスト教系私学としての自治は、これとは対照的に、教会の自治の延長線上において、私的領域において消極的に許容されていたものと理解できる。他方、植民地に位置することは、自治を認められるのではなく、むしろ内地ならば許容される自治すらも否定されることを意味した。ただし、自治への強い要求が存在した。

井上達夫の指摘する通り、全体主義の特質は「個人と国家との間に介在する様々な中間的な共同体や団体を破壊するか、または国家機構の末端として統合」することにあった。[55] 大学、キリスト教会、そして長老教中学のように植民地住民が運営に参与する学校は、それぞれ国家との関係において位相を異にしながらも、中間的な団体としての性格を備えていたといってよい。そのうえで、これらの団体の中間的性格の重なりに着目する必要がある。

図10–6で三つの円が交錯する部分、すなわち植民地におけるキリスト教系大学は、ついに実現されなかった。朝

鮮においてその創立を目指す運動が展開されたものの、総督府の妨害に直面した。台湾の林茂生にとっては、それは文字通りの夢の領域であった。

二つの円が交錯する部分も、以下のように微妙な問題をはらんでいた。

①の植民地帝国大学は、台北帝国大学・京城帝国大学という形式で存在していた。これらの大学では、植民地であるにもかかわらず、内地の帝国大学と同様の大学自治の原理が認められていた。ただし、当時における大学自治の実質的な担い手たる教授は、ほぼ一〇〇パーセント内地人から構成されていた。また、台北帝大文政学部の定員は創設当初にわずか二〇名であり、学生としても台湾人はごくわずかしか含まれていなかった。植民地において帝国大学は例外的に自治を認められた飛び地であり、それだけにあくまでも内地人中心の空間とされた。

②の植民地におけるキリスト教系学校は、これまでに論じてきた通り、自治をめぐる抗争が表れやすい場であった。台南長老教中学についていえば、教会の自治を手がかりとしながら、植民地であるがゆえの制限に抗して、自治的な空間を自覚的につくりあげていったと見ることができる。そのために、三〇年代になると排撃運動により、この自治的性格が解体されることになった。

③の内地におけるキリスト教系大学としては、上智大学、同志社大学、立教大学、関西学院大学という四校が存在した。これらの大学は、大学としての自治を保障される一方で、キリスト教系学校としては排撃される可能性を備えていた。三六年当時同志社大学の文学部教授だった和田洋一が「あのころは同志社はつぶされると思ってハラハラしている」人がたくさんいたと回想しているように、学校閉鎖という懸念も学校関係者のあいだに強く働いていた。[56] それは帝国大学の教授ならば考えなくてもよい懸念であったことだろう。当時、蓑田胸喜などが「帝大粛正」を叫んで帝大教授への個人攻撃を繰り広げていたが、国家組織の基幹でもある帝国大学を閉鎖するという事態はおよそ考えにくかったからである。したがって、帝国大学への攻撃は多くの場合に美濃部達吉や滝川幸辰のような教授を個人とし

て糺弾するものとなった。これに対して、同志社のようなキリスト教系私学への攻撃は、個人への攻撃とあわせて組織そのものの改廃を要求するものへとエスカレートしがちだった。

第六九回帝国議会における江藤源九郎の発言は、同志社をめぐる、この危うい自治の基盤を掘り崩しながら、個人攻撃を組織の改廃にまでエスカレートさせていこうとするものだった。江藤の発言は新聞でもとりあげられて、「同志社大学など　存置必要ありや」と報道された(『京日』五・一四夕)。もっとも、江藤の言動に批判的な論調も見られる。たとえば、「同志社、遂に　議会で問題となる　江藤代議士の質問」と報じた『中外日報』は、同志社の「某部長」が「殊更に問題を惹起せしめる様な態度は学校当局としても頗る迷惑」と述べた談話を掲載している(『中外日報』五・一六)。台湾や朝鮮のキリスト教系学校関係者が排撃運動のさなかに「迷惑」という言葉を発する事態は考えにくい。もしもそうした発言が新聞に掲載されたとしたら、そのことがまたさらなる排撃の格好の材料とされたことだろう。しかし、内地の新聞の場合にはそのような展開は見られなかった。

江藤の発言の翌日には、洛北青年同盟中川裕ら右翼人士が同志社におしかけて湯浅総長への面会を求めた(『日出』五・一六)。しかし、これ以上に問題は拡大しなかった。三六年五月当時、江藤のパトロンともいうべき真崎甚三郎が二・二六事件の責任をとらされて予備役とされていた事情も、そこには影響していたかもしれない。同じ時期、台湾では今川淵台北州知事が「外国人が国民教育をおこなうのは難しい」とカナダ人宣教師に詰め寄り、朝鮮では宇垣総督が安武直夫を左遷したところだった。英米との緊張関係を高めても自治的空間を圧殺しようとする志向と、より慎重な手法をとろうとする志向がせめぎあっていたといえる。かくして、同志社の廃校を求めた江藤の発言は、さしあたって「不発弾」のような形で残されることになった。

他方、同志社の側では、防衛的な対応を積み重ねるなかで「国体明徴」「教学刷新」という路線に順応する姿勢を徐々に強めていった。たとえば、三七年二月の常務理事会で新たな「同志社教育綱領」を採択、第一条では「敬神尊皇愛国愛人ヲ基調」とする、第二条では「教育ニ関スル勅語並詔書ヲ奉戴シ基督ニ拠ル信念ノ力ヲ以テ聖旨ノ実践躬行ヲ期ス」と定めた。[57] ここで「愛人」よりも「敬神尊皇愛国」が前にあり、「基督ニ拠ル信念」よりも教育勅語が前にある点が重要である。同年六月には、筧克彦を招いて全教職員を対象とした「惟神道」の講座も開催した（『京日』三七・六・一）。それは、上智大学が配属将校引揚げのさなかにおこなったのと類似した措置であった。実際の講座の内容とは別次元で、筧克彦を招くことは、それ自体として体制への恭順を示す象徴的な意味を備えていたと考えられる。かくして、「自由にして敬虔なる学風」はたぶんになし崩し的に変質していくことになった。

同志社をめぐる右翼団体の攻撃はこのあとも断続的に継続した。三七年一一月には予科教授新村猛、真下信一の二名が治安維持法違反の疑いで検挙される事件が発生、これを契機として湯浅総長はついに辞表を提出した。湯浅退陣により事態は鎮静化したわけではなく、むしろこのあと大日本生産党など既成の右翼団体が前面に立ち現れて、キリスト教主義そのものに攻撃の鉾先を向けることになる。

三、内地キリスト教界の順応

一九三八年初頭には、特別高等警察の資料で「同志社大学糺弾運動」と称される事態が生じた。[58] この時期に同志社排撃にかかわる新聞記事は一挙に増大する。たとえば、『大阪時事新報』には次のような記事が掲載された。[59]

同志社大学に〝教育勅語に還れ〟と悲壮にも校友が投げた本紙特報の一石は、俄然同系の関西学院、立教大学の卒業生、在校生をもつひに蹶起さすに至り、三大学のみに止らず日本に存在するすべてのミツシヨン・スクールの教育方針根本改革の叫びがあがり、大きな渦紋を画いてゐる。〔……〕この改革運動の烽火に狼狽した日本基督教組合教会派で来る十四日夜中之島中央公会堂でこれが弁明的講演会を国民精神総動員の名の下に行ふことになつてゐるが、同夜は相当紛糾を来すのではないかと注目されてゐる。

この記事には、一部の卒業生・在校生による針小な動きを棒大に報じて、同志社をめぐる出来事を他のキリスト教系学校へと意図的に飛び火させようとする傾向を見出すことができる。[60] しかも、同志社、関西学院、立教というように、キリスト教系大学ばかりを挙げていることが着目される。上智大学についてはすでに三二年の神社参拝問題において排撃の対象とされていたことを考えるならば、キリスト教系学校のなかでもことに大学を危険な存在とみなす思考が存在したと考えられる。そのうえで、上智大学、同志社大学以外のキリスト教系大学、すなわち関西学院大学や立教大学にもこの時期になって排撃の鉾先が向けられた理由についてはは推測するよりほかないが、立教学院総長が米国人ライフスナイダーであった事実にも見られるように、この両校では学校の管理運営体制において英米系外国人宣教師が大きな権限を握っていたために、宣教師の反応への懸念もまた強く働いていたものと推測できる。

記事の最後に登場する講演会は、紛糾を来すであろうという予告の通り、紛糾した。同志社の次期総長候補でもあった西尾幸太郎牧師が登壇したものの、その発言内容に「不敬」な部分があったということで、西尾は大阪憲兵隊の取り調べを受けることになった。特高資料によれば、「不敬」の内容は、明治天皇御製の「罪あらば我を咎めよ」という章句を「罪あらば我を殺せよ」と読み違えたというものであった。[61] 大阪憲兵隊はさらに、三八年三月に在阪キリスト教会ならびにキリスト教系学校に対して質問状を送付、その内容は「基督教の神とは」「我国の八百万の神々に対する見解」「我　天皇と基督教の関係」「外国皇帝(例へば英国)等と神との関係」「勅語とバイブルの関係」などであった。[62]

このときの大阪憲兵隊の活動について、奥平康弘は、憲兵がキリスト教取締りにかかわったことの異常さに注意をうながしながら、「憲兵条例」(一八九九年勅令第三三七号)に定める憲兵の主要な職務が「軍事警察」であることに着目し、「軍機保護・外事その他防諜に関する事柄」という職掌との関係で理解すべきことを説いている。[63]

憲兵隊によるキリスト教系学校への干渉は台湾でいち早く見られていた事態だった。憲兵隊による調査の内容は、三四年春に長老教中学や淡水中学の生徒を対象にして抜き打ち的におこなわれた「国家観念に対する考査」を彷彿とさせる。

さらに、この時期の反キリスト教運動は、反英主義的な風潮と結びついていた点でも、三五年当時における台湾の状況と相似していた。三七年一〇月には、英国のカンタベリー大司教がロンドンのロイヤル・アルバートホールで日本軍による中国空爆を非難する「反日大会」を主宰したことが大きく報じられた。『東京朝日新聞』も、「ホールを埋め 反日気勢をあぐ 狂気じみた英京〔ロンドン〕の騒ぎ」とこの集会を批判的に報じた。(64) また、国際連盟総会では同年九月末に対日非難決議を採択、一一月のブリュッセル会議で欧米列強が日本への対応策を検討、これに反発した在郷軍人会分会、右翼団体、新聞社などが中心的な担い手となって反英運動——一般的に第一次反英運動と呼ばれる——を展開していた。(65) 台湾で先導的に展開されていた反英主義的な運動が、この時期になってようやく内地でも興起しつつあったといえる。それは、英米プロテスタント系学校を排撃の対象とすることへの箍《たが》が内地でも外されつつあったことを意味していた。

英国人や米国人も、日本における反英米、反キリスト教的な運動の動向を注視していた。同志社の場合、教師や理事のなかに米国人が含まれていたためであろう、大阪駐在米国領事マキンソンが三八年三月に起草した「日本におけるリベラルなキリスト教主義への懐疑」Liberal Christianity Suspect in Japan と題する文書において、同志社をめぐる出来事を詳細に報告している。

マキンソンは「アジアにおける日本の攻撃的な膨張主義は西欧諸国の厳しい批判を呼んでいる」と書き始め、「日本のナショナリズムは西洋のリベラリズムと調和しない」と論じる。なぜならば、日本では天皇は神聖であり、人びとは国家 State に尽くすために存在するとされるのに対して、西洋の思想は国家への忠誠よりもさらに重要な忠誠が存在すること、力 might はかならずしも正しさ right ではないことを教えるからである。そのうえで、わずかにリベラリズムが支配的な位置を占めている空間としてキリスト教会とキリスト教系学校があるとして同志社をめぐる諸事件に言及、神棚事件、湯浅総長辞任の経緯、西尾幸太郎牧師の「不敬」事件について記している。結論として、日本人キリスト教徒と外国人宣教師は今後さらに激しい迫害にさらされることが予想されると結んでいる(66)。

さしあたって日本の「膨張主義」の背後に生じている事態についての情報提供という趣の文書であり、米国国務省になんらかの対応を促しているわけではない。リベラリズムを「西洋」の専売特許であるかのように語っている点や、キリスト教の影響力が及ぶ空間にだけリベラリズムを見出そうとしている点には、西洋中心主義的な思考が顕著である。とはいうものの、リベラリズムを「正しさ」という観点から国家を相対化する原理として把握したうえで、リベラリズムへの攻撃を一連の事態の深層に横たわる問題として把握している点は鋭い観察を示している(67)。

それでは、同じ一九三〇年代後半、日本内地のキリスト教系学校は、全体としてはどのような状況に直面していたのだろうか。同志社をめぐる一連の出来事は、内地のキリスト教系学校全体のなかでどのように位置づくのだろうか。リベラリズムの凋落というマキンソンの観察は正鵠を射たものだったのだろうか。

同時代の内地におけるキリスト教系学校について全体像をつかむのは難しい。学校数が多いうえに、上智、大島高女、同志社を別とすれば、排撃運動のようなドラスティックな事態もほとんど生じていないからである(68)。それでも、学校ごとの対応の違いも存在していた点には留意を要する。この点を明確化するために、**表10-1**を作成した。この表は、**巻末付表1**の、①神社参拝、②「御真影下賜」、③日本人校長の就任にかかわる情報に基づいて、カトリック系とプロテスタント系に分けて時期的分布を示したものである。以下、それぞれの指標に即して、内地キリスト教系学校が徐々に、しかし確実に変質していった軌跡を確認しておく。

①「神社参拝」の項目では、前章でとりあげた淡水女学院教頭安藤信成のおこなった調査への回答(A)、および学

校沿革史等における神社参拝関連の記述（B）を**巻末付表1**に示した。「参拝日」は学校沿革史等の記述による。なお、安藤による調査結果への回答は日本語で記されたと思われるが、資料としては英文のものしか残されていないために日本語に翻訳した。翻訳にあたり、go to は「行く」、bowing は「お辞儀」、pay respect や pay homage は「敬礼」と訳したほか、Keirei や Sampai とローマ字で書かれている場合にはそれぞれ「敬礼 Keirei」「参拝 Sampai」とした。

表 10-1　内地におけるキリスト教系学校の変質状況（年次別校数）

西　暦	神社参拝		御真影下賜		日本人校長就任	
	プロテスタント系	カトリック系	プロテスタント系	カトリック系	プロテスタント系	カトリック系
1900 年以前	0	0	0	0	18	2
1901～1910 年	1	0	0	0	4	2
1911～1920 年	0	0	1	1	8	0
1921～1930 年	1	0	1	1	9	1
1931 年	1	0	0	0	1	0
1932 年	0	5	2	1	0	0
1933 年	1	3	0	1	0	0
1934 年	1	0	0	0	1	1
1935 年	1	0	4	4	1	0
1936 年	0	0	3	2	1	0
1937 年	8	1	7	0	0	0
1938 年	4	0	7	2	3	1
1939 年	2	0	1	0	1	1
1940 年	1	0	5	2	3	7
1941 年	2	0	6	1	2	4
1942 年	1	0	4	0	0	0
1943 年	0	0	1	1	0	0
1944 年	0	0	2	0	0	0
1945 年	0	0	0	0	0	0
その他・不詳	28	12	8	5	0	2
合　計	52	21	52	21	52	21

出典：巻末付表 1 に基づいて作成.

安藤の調査に回答を寄せたのは一六校に過ぎない。学校沿革史の記述を含めても、四〇校について実施状況がわからない。それは、神社参拝の実施がかならずしも学校関係者にとって「事件」ではなかったこと、あるいは、たとえ校長や教員が内心で「事件」として感じていたとしても、できるかぎりさりげなく実施して記録にとどめなかったことを物語る。

実施時期については、カトリック系の場合、やはり上智大学の事件が生じた三二年・三三年に集中している。一方、プロテスタント系の場合、およそ三七年・三八年頃を境として増加したといえる。

プロテスタント系のなかでも立教中学校は三四年と比較的早い時期に神社参拝をおこなっており、安藤による調査に対しても「公立学校と同じようにする」と回答している[69]。本書第七章で論じたように、立教学院総長ライフスナイダーは、上智大学事件への対応にかかわってグルー駐日大使の相談にあずかり、文部次官通牒を受容すべきという見解を示していた。そのため、このような対応がなされたものと推定される。

立教のような例もあるものの、三五年時点ではいまだ神社参拝を実施していなかった学校の方が多かったようである。消極的抵抗といえようか。安藤の調査に対する、同志社中学の回答も、「神社へのお辞儀に関しては、敬意の表明としておこなうだけならばすることであろう。しかし、今のところ、政府は参拝するように命令していない」というものだった。学校行事としての神社参拝に距離をとろうとしていたこと、また、かりに神社参拝をするとしても、「敬意の表明」にとどめようとしていたことがわかる。安藤による調査がなされたのは三五年三月、同志社神棚事件が生じたのはこのすぐあとのことである。したがって、神棚事件の時点でも、同志社諸学校では神社参拝をおこなっていなかった可能性が強い。しかし、配属将校がこれを問題化した形跡は見られない。確たる理由は不詳であるものの、排撃する側で何を「事件」とするかということは、たぶんに恣意的な判断の余地があったということになろう。

三五年半ばの時点では、学校側は行政当局から求められるならば参拝する、行政側は適当な機会をうかがう、という腹の探り合いともいうべき状況が支配的だったように思われる。このバランスが大きく変化するのは、三七年七月の日中全面戦争以後のことである。たとえば明治学院と文部省との往復文書を通覧すると、文部省からの通牒で神社参拝に最初に言及しているのは、三七年九月二五日の「国民精神総動員強調週間実施方ノ件」である。そこでは一〇月一七日の神嘗祭当日に神社で一斉に祭祀を執行するので「普ク官民ヲ参列セシメ国威ノ宣揚ト皇軍ノ武運長久ヲ祈願スル」とともに、都会地では「学生、生徒、青年団等ヲシテ神社ニ参拝後行進ヲ行ハシムル等挙国一体時局ニ対応スル堅忍不抜ノ信念ノ昂揚ヲ期スルコト」と通牒している[70]。日中全面戦争にともなう大量召集が内地の社会全体の空気を変える状況のなかで神社参拝への圧力は高まり、実際に神社参拝をおこなった学校も増加したと考えられる。

内地キリスト教系学校でも、神社参拝にかかわる抵抗がまったくなかったわけではない。名古屋中学校では三七年一〇月に神社参拝を実施したが、三九年に校長に就任した藤川要は神社参拝に批判的だったために地元の新聞から攻撃されて四〇年七月に辞表を提出、その四ヵ月後には同校の福地虎雄教諭が突然辞職をせまられた。常々「天皇の神格化はおかしい」と語っていた福地教諭は別れの挨拶に際して講堂正面の「敬神愛人」という額を指して「わが名中に今や〝敬神愛人〟の精神はなくなった」と語り、福地教諭を去らせまいと校庭に座り込んだ生徒たちは「先生、やめないで」という涙声の怒号をあげ、なかには授業放棄を叫び、「敬神愛人」の額に向かって石を投げた者もいたという(71)。

この名古屋中学校における生徒たちの行動は、林茂生が追放されたあとの長老教中学の生徒たちや、台北州による接収後の淡水中学生徒たちの行動を思い起こさせる。学校経営上の観点からする「安全」で「利口」な選択肢について、ほかならぬ生徒たちが鋭くその欺瞞性を感じ取っていたということであろう。

②「御真影下賜」は、神社参拝の実施状況が不詳である学校の多いことに鑑みて、これを補う指標として着目した。天皇・皇后の公式肖像写真を意味する「御真影」は、かつて佐藤秀夫が指摘したように、学校側の「熱誠」あふれる願い出に対して、天皇の「優渥ナル思召」により「下賜」される仕組みとなっており、交付対象は学校制度体系上での「高き」から「卑き」へ、国家機構上での「近き」から「遠き」へと位階的に推移していく傾向が見られた(72)。台湾・朝鮮のキリスト教系学校のように、国家機構の位階秩序で「卑き」「遠き」地位にある学校は「御真影」とは基本的に無縁であった。長老教中学も、教育勅語謄本をいかに「奉安」するかという問題には直面させられたものの、特別な写真への対応は考えなくてもよかった。他方、内地のキリスト教系学校にとっては、この問題への対応が重要

な位置を占めた。

「御真影」は、明治期以来、祝祭日学校儀式の重要な道具立てであったうえに、三〇年代においては天皇神格化の昂進にともなって物神的な崇拝の対象とされた。たとえば、三六年に立教大学が写真を受け取った際には、宮内省からの帰路「車内に在っても手を降ろすことが出来ず、車内には警察官が警備に同乗、池袋に入れば沿道各戸道路に整列して最敬礼」という有様だった。(73)それは単なる写真ではなく、天皇の分身であり、いわば「ご神体」であった。このありがたくも厄介な写真を「下賜」された学校は、小野雅章による研究で詳細に明らかにされているように、厳重な「奉護」規程を定めて宿直・日直を置かねばならなかったほか、しばしば耐震・耐火の神社様式奉安殿まで建設しなければならなかった。さらに、やんごとなき写真がカビたり、シロアリに喰べられたりしてしまう事態にも細心の注意を払わねばならなかった。(74)

神社参拝とは異なり、「御真影下賜」は公式的性格の強い行事だったので、正確な日付が判明する。**表10-1**に示したように、時期的分布という点では、三〇年以前に受領したのはプロテスタント系・カトリック系をあわせて七三校中の四校とごくわずかである。キリスト教系の私立学校は、原則的に「下賜」の対象とはみなされていなかったといえる。しかし、三〇年代半ばに状況は変化、プロテスタント系では三七年から三八年にかけて顕著な増加を示し、カトリック系についても三五年頃に増加する。(75)

同志社の場合は、籠谷次郎が指摘しているように、二九年に同志社専門学校高等商業部(三一年に同志社高等商業学校に改組)が新校舎を建設した際に写真を受け取り、三四年の天長節儀式ではこれを今出川校地に「奉遷」して同志社諸学校全体で「奉拝」した。(76)また、三三年一二月には「御真影奉戴に関する委員会調査事項」と題する文書を起草、写真を受け入れることの可否について検討した。委員会の記録では、検討すべき事項として次のような論点を挙げていた。「同志社校友中奉戴賛否論者と其論点要旨(一例、上毛月報掲載、柏木義円氏論説)」「文部省の神社参拝に関する意見」「宗教の自由に関する帝国憲法の前文」「御真影に対する最敬礼の意義」「新島先生の皇室に関する愛国的精神と言葉」。さらに、「奉戴」すべきではない理由として、「経済的負担、精神的負担、社会の誤解、他校への影響、学内の非難(時勢に諛《おもね》るもの等)」などを挙げていた(77)。「柏木義円氏論説」とは、同志社の校友のなかでも戦闘的な言論で知られる安中教会の牧師柏木義円が、奉安殿への最敬礼は「羅馬の帝王礼拝」に類する「偶像礼拝」だと批判したことを指すものであろう(78)。宗教の自由や神社参拝にかかわる項目も挙げていることから、写真の受領を宗教的良心にかかわる問題とみなしていたことがわかる。

　天皇・皇后の写真を受領すべからざる理由が山積していることは、よく自覚されていた。それにもかかわらず、三四年二月には同志社全体としての「拝戴」を決定した。その理由は定かではない。ただし、右の文書の起草者が当時京都帝大教授だった湯浅八郎であることに着目した推測は可能である。湯浅は、京都帝大評議員として、滝川事件を目撃していた。その衝撃のなかで、当局の機先を制して受け取っておこうと判断した可能性がある。実際、帝国議会における江藤源九郎の発言では、同志社が「創立五十年に当る昨年に至り、やうやく御真影を奉戴」したとして、「御真影奉戴」の「遅延」をことごとしく問題としていた(『京日』三六・五・一四夕)。この点では、同志社側が追及の糸口をあらかじめ塞いでおいたともいえる。ただし、それは「時勢に諛る」と見られてもしかたのない対応であった。

図 10–7　同志社の奉安殿
御真影や教育勅語謄本を「奉護」するために，1938 年 10 月にチャペルの南側，同志社のキャンパスの中心部に設けられた．

　プロテスタント系学校については、三六年七月開催の基督教教育同盟会の会合で「御真影奉戴」をめぐる方針が定められた。この時、「田川〔大吉郎〕理事長より各基督教学校に成可く速く　御真影　奉戴を希望勧告せられ文部当局よりも各基督教学校に対して同様の希望ありたる」と記録されている。[79]一方には江藤源九郎のような「ファッショ」的な軍人政治家による威嚇があり、他方にいかにも理解ありげな文部官僚が存在するなかで、前者による攻撃をかわすために、後者の要求に従って譲歩していく傾向を見出すことができる。そこには、台湾で淡水郡守が「わたしたちの敵」の機先を制するために神社参拝・遙拝にかかわる規程を挿入すべきと助言して、マカイ校長がこれを受容したのと同型的な構図を見出すことができる。

③「日本人校長就任」は、「御真影下賜」とは異なる意味でキリスト教系学校の変質を示す指標といえる。内地のプロテスタント系の学校のなかにはミッションから自立した管理運営体制の構築を目指して、明治期に日本人が就任していた学校も少なくない。他方で、三八年から四一年にかけての時期に初めて日本人へと交替した学校も九校ある。これは、戦時体制の本格化にともなって、管理運営体制の「日本人化」を目的とする当局からの働きかけに対応した措置と考えられる。カトリック系の場合は、上智大学事件ののちも総じて宣教師の影響力が強く、四〇年前後になって日本人校長の就任した学校が半数近くに達した。

なお、**巻末付表1**における三五年当時の校長のなかで、欧米人宣教師でもなく、日本人でもない人物がひとりだけ含まれている。共愛女学校の校長周再賜である。周再賜は一八八八年に台湾でキリスト教徒の家庭に生まれた。総督府国語学校に学んだのちに内地留学して、一九〇五年に同志社普通学校に編入、一〇年に同志社大学神学部に入学した。一一年に京都台湾青年会が成立した際は、当時第三高等学校の学生だった林茂生とともに幹事に就任した。[80]同志社大学を卒業後は、オベリン大学留学を経て同志社大学神学部助教授に就任、しかし、二五年に海老名弾正学長の学校拡大方針を批判して辞職、同志社と同じく組合教会系の共愛女学校の校長に就任したのだった。[81]戦時下に共愛で学んだ女学生は、周再賜の言動を次のように回想している。「「国家」という全体主義のもとで、個人、自由などの言葉は絶対禁句であったにもかかわらず、毎朝の礼拝でじゅんじゅんと、「人格の尊重」と「自由と自治」をとかれる先生に生徒の私達は先生の御身の危険を案じていたものである」[82]〔傍点原著〕。内地キリスト教系学校で「全体主義」に抗する姿勢を見出すことのできる、数少ないエピソードのひとつである。ただし、台湾のキリスト教系学校では台湾人の校長がついに実現しなかったことを考えるならば、このような言動も内地であるからこそ可能であったといえよう。

図 10–8　東京高砂基督青年会の学生たち（1911 年）
1911 年 4 月撮影．前列向かって右から廖三重，林茂生，陳清義，エレン・マカイ，潘道榮．当時同志社在学中の周再賜は含まれていないが，第三高等学校で学んでいた林茂生はたまたまこの写真の撮影時に東京に滞在中であったために一緒に写ったという．

右に見てきたように、特にプロテスタント系については、およそ三七―三八年前後に大きな変化が生じている。それは、当時のキリスト教界の大勢をあらわしたものでもあった。「天皇制狂奔期」の教会について論じた土肥昭夫は、日本基督教連盟の活動に即して「いわゆる主要な教派や団体を担っていた人たちは、その維持、存続のためには天皇制に順応するより他にないと考えた」と指摘した[83]。中等学校を経営していたのは日本基督教会、日本組合基督教会、日本聖公会、日本バプテスト教会など「主要な教派」であり、それぞれの教派の組織防衛的な志向が学校の運営にも反映したといえる。

他方、「主要な教派」の外側に目を転じるならば、内地キリスト教界にも、こうした時流に対峙した人物が存在しなかったわけではない。そのうちのひとりが、矢内原忠雄である。本書でこれまでに論じてきたこととの関係で、無教会派の信徒としての矢内原の言論の歴史的意味をあらためて確認しておきたい。

三七年一〇月、東京日比谷市政講堂における「神の国」と題する講演において、矢内原は、日本のキリスト教界における政治批判の弱さを告発して次のように語った。「キリストが言はれて居るのに、汝らは地の塩である。塩もしその味を失つたなら何を以て塩付けるのであるか。現実の社会の不義を批判しない者は味の無い塩であります。自分を守らんとすることによつて自分を失つて居るのであります」。矢内原はさらに言葉を続けて、「支那を撃つのは聖書の示す教である」というように日中戦争を神学的にも合理化する当時のキリスト教界の議論をとりあげて「現実国家の言ふところを悉く、道徳的に信仰的に而も聖書的に弁護するといふならば、基督教の存在の価値はないのであります」と言い切って、次のように講演を結んだ。「今日は、虚偽《いつはり》の世に於て、我々のかくも愛したる日本国の理想、或は理想を失つたる日本の葬りの席であります。私は怒ることも怒れません。泣けません。どうぞ皆さん、若し私の申したことが御解りになつたならば、日本の理想を生かす為めに、一先づ此の国を葬つて下さい(84)」。

矢内原による戦後の回想によれば、この講演の少し前、『中央公論』三七年九月号に発表した論文「国家の理想」が蓑田胸喜らの着目するところになり、かねて矢内原と対立していた東京帝大経済学部教授土方成美らが蓑田らに呼応して矢内原の追放を策していた。この「国家の理想」も現実の国家を正義という観点から批判すべきことを強調し、「国家が正義を指定するのではなく、正義が国家を指導すべきである」と説いていた(85)。

この「国家の理想」が問題とされていたところへ、教学局が右の「神の国」講演を見つけ出して、「一先づ此の国を葬つて下さい」という最後の言葉を長与又郎東京帝大総長に突きつけた。そのために、長与も矢内原をかばいきれなくなって、辞表提出を求めたという[86]。

ここに登場する教学局とは、教学刷新評議会の答申に基づいて、三七年七月に文部省の外局として設置された組織である。思想・学問統制の中枢的機関として、国民精神文化研究所にかかわる事業や、官製の学会たる日本諸学振興委員会にかかわる事業などを所管していた[87]。かつて台北帝大教授として「日本人を日本人にまで陶冶すること」が教育だと説いた近藤寿治は、教学局創設とともに教学官に就任、四〇年には教学局指導部長、四二年には教学局長にのぼりつめた。やはり台北帝大教授だった井上孚麿は、真崎甚三郎に対して天皇機関説を排撃すべきゆえんを講義したのち、三六年一月に国民精神文化研究所に引き抜かれた。「台湾フアッショ」を構成した人びとは、内地に「活躍」の場を見出していたのである。

矢内原の著書の出版法違反にかかわる東京地裁検事局の調書によれば、「皇室等尊厳冒瀆」に問われていた文章もあった[88]。それは、「天皇を現人神なりと為す信念」への批判として、天皇の「人性」を強調したものであり、「生活及人格に於ては凡ての人間と同様、造物主に対して人性を有つ」と論じたものであった[89]。この文章も当時の状況ではセンセーショナルな発言としての意味を持った。三六年一〇月の教学刷新評議会の答申では、家族国家観のもとでの総家父長に代わる、「現人神」としての天皇イメージを打ち出していたからである[90]。天皇の「現人神」性を明確に否定した矢内原の論は、客観的には朝鮮で治安維持法違反により投獄された「犯罪者」たちの論と通底するものでもあった。それだけに矢内原の論は否定されねばならなかった。

東京帝大からの矢内原の追放は、三七年当時ではすでに内地でも絶滅寸前となっていた思想、すなわち普遍的な「正義」という観点から現実の国家の行為を相対化し、批判するリベラリズムの思想の息の根を止めようとするものであった。それまでかろうじて許容されてきたキリスト教会の自治が縮小し、さらに帝国大学における特権的な自治すらも制限されつつあった時代において、マキンソン領事が観察したように、リベラリズムは凋落していた。同志社をはじめとするキリスト教系学校の屈従や、矢内原事件はそれを象徴するものであった。しかも、台湾とのかかわりにおいても、矢内原追放は象徴的な転換点としての意味を持っていた。三八年二月に『帝国主義下の台湾』について「自発的絶版」の要求が岩波書店に対してなされた。[91] それは、内地においてすら全体主義という閉域の外側へといたる脱出口が塞がれようとした事態を象徴している。

第三節　「国家神道」をめぐる宣教師の視線

本章のまとめと同時に、第Ⅲ部のまとめをかねて、帝国日本で活動した米国人宣教師たちが、内地・朝鮮・台湾における キリスト教排撃運動や神社参拝問題について、どのような見方をしていたのかを最後に検討しておきたい。

ここでは三人の宣教師に着目する。ひとりは米国北長老派の宣教師として明治学院に奉職していたラマート、もうひとりは同じく米国北長老派のオーガスト・ライシャワー、そして米国北バプテスト派の宣教師として関東学院に奉職していたホルトムである。

ラマートについては、「日本におけるキリスト教と国家をめぐる問題についての観察――キリスト教教育をめぐる問題に着目して」(以下、「観察」と略す)と題する文書が着目される。この文書の由来について、三六年一二月に北長老派宣教教会幹事スコットに宛てた書簡では、次のように記している。「わたしは、この夏に執筆し、最近になって補足した文書を二部同封した。わたしは、これを印刷するのは賢明だとは思わない。そのことが日本に報告されたならば、ここ日本におけるキリスト教界のリーダーに影響を与え、政府との間にトラブルを生じさせるかもしれないからである」。日本から直接投函せず、米国に渡る学生に手渡し、シアトルから投函してもらうという念の入れようだった。[92]

この文書は、宣教会本部に届けられたばかりでなかった。ラマートの意向に従って、国際宣教協議会米国幹事を介して米国国務省極東局長であるホーンベック、やはり国際宣教協議会英国幹事を介して英国外務省政務次官クランボーン卿にも届けられた(93)。米国国務省・英国外務省に所蔵された文書では、著者は「日本在住米国人宣教師　一九三六年夏」というように匿名とされている。

ラマートは、三五年一二月に「不敬罪」の容疑で警察の取り調べを受けたことがある。ちょうど朝鮮で神社参拝問題が燃えさかりつつある時期であった。『明治学院百年史』ではこの事件について、ラマートが取り調べ内容を夫人にすら語っていないと記している(94)。しかし、「観察」では「不敬罪の容疑でウィリス・ラマートが取り調べを受けた時に問題とされたのは、天皇崇拝を時代錯誤だと述べたことではなく、明治天皇のことを「実に偉大な人間だ great man」と述べたことだった」と記述している。ラマートは、明治学院関係者には語らなかった取り調べ内容を、この論説では記しているわけである。そのことは、この論説が、当時の日本における全体主義的な風潮への不信と憤懣に裏打ちされたものであることを示唆している。

「観察」では、多くのキリスト教系学校で「非キリスト教徒の同窓会や保護者たちからなる組織」が「国体明徴」を要求し、時には職業的暴力団のような「愛国者」により扇動されていると指摘している。そのうえで、英語圏の読者に向けて、教育勅語奉読式、神社崇拝、御真影 the Portrait、修身と国民道徳など天皇崇拝の基本的な装置について説明し、御真影の「偶像崇拝」iconolatry としての性格を指摘しながら、「キリスト教の基本的概念の多くは、今日の日本のナショナリスティックな思想潮流とはまったく対立的である」と論定している。それにもかかわらず、「朝鮮や台湾で起こっているような抗争が、〔内地では〕なぜもっと生じないのか?」Why have not more conflicts resulted, as in Chosen and Formosa? という問いを立てて、その理由について次のように解釈している。

日本人キリスト教徒は、日本人のことを知っているからこそ破壊的な事態をひきおこすような明確な行動を避けて「低くうずくまる」ようにしている〔……〕。軍は、外国人であるという理由で宣教師を国家の敵とみなしており、日本人キリスト教徒については、ミッションと関係していることや、キリスト教界の多くの指導者がリベラルな政治社会思想を抱いていることを理由として、準売国奴とみなしている。

ラマートの見るところでは、だからこそ、キリスト教界の指導者は、文民官僚を軍の圧力から自分たちを守ってくれる「味方」であるとみなし、その勧奨に従っている。しかし、そのために学則に「教育勅語ノ旨趣ニ基キ」など「馬鹿げた、また吐き気を催させるような言葉」の使用を迫られている。同志社の出来事についても言及、帝国議会で「職業的「愛国者」がこの国のキリスト教系学校、とりわけ同志社大学を公然と攻撃した」として、同志社の湯浅総長は「言語的にも物理的にも、もっとも卑劣なタイプの攻撃」にさらされてきたと記している。

このラマートの文章は、同時代の台湾や朝鮮の状況との対比により内地キリスト教界の状況を相対化したものとして重要である。台湾や朝鮮のことについて具体的に記してはいないものの、『日本宣教年鑑』のような刊行物から台湾人・朝鮮人信徒のなかに天皇神格化に抗する風潮が確固として存在していたことを知っていたのであろう。またそれだからこそ内地キリスト教界の状況にもどかしさを感じて、「朝鮮や台湾で起こっているような抗争が、なぜもっと生じないのか?」という問いを発したのであろう。「観察」は次のような文章で終わる。

あるキリスト教系の男子校(明治学院)で陸軍の軍人が専門学校学生の教練を査閲していた際に、学生に次のような質問をした。「人びとの幸福を守ることと、強大な軍隊をつくることと、どちらが国家の優先的目標か」。「人びとの幸福」を支持するとして手を挙げた三〇名の生徒たちは、罰として特に不愉快な行進をさせられた。別のキリスト教系学校では教練将校が学生をさらにがんばらせようとして次のように言った。「アメリカ人の顔を踏みしめているように、できるだけ激しく地面を踏みしめろ!」。

ここには、キリスト教系学校がそれぞれの独自性を失いながら、天皇の神格化を強めつつ戦時総動員体制に組み込まれていく変化のひとつの露頭が示されている。ラマートの文書が日本政府の目を逃れて米国政府・英国政府に届けられていることは、キリスト教系学校への攻撃が国際的な緊張を高める要因の一つとして機能していたことを示す。すでに相互不信の連鎖は始まっていた。

ラマートと同じ明治学院に奉職しながらに、日本人のナショナリズムに対して共感的な理解を寄せようとしていたのがオーガスト・ライシャワー――戦後に駐日大使となるエドウィン・ライシャワーの父――である。三六年二月に京城在住のソルトーが東京を訪問した際、ライシャワーは、朝鮮における神社参拝問題をめぐる状況に大いに同情しながらも、日本の官僚は実は宗教に関心がないのであり、単に国民的な愛国主義の象徴として神社を維持したがっているのだと語っている[95]。ライシャワーはまた、エドソン領事に次のように語っている。朝鮮における長老派宣教師、特に平壌在住の宣教師は、長老派のなかでもファンダメンタリスト(原理主義)的傾向のもっとも強い人びとであり、神学的にも保守的である。そのために反発しているものの、日本人にとって敬礼は日常的な挨拶に過ぎないのであり、朝鮮の宣教会がこの問題で戦おうとしているのは間違っている[96]。

図 10–9　ライシャワー一家

1916 年頃の写真．後列右から「おキヨさん」，オーガスト，長女フェリシア，「おキクさん」，妻ヘレン，「おハルさん」，前列右から長男ロバート，次男エドウィン．エドウィンは 1910 年に東京で生まれ，父が宣教師として働く明治学院の構内に住んでいた．

ここでライシャワーが、神学的な立場の相違について言及していることに着目しよう。二〇年代から三〇年代にかけて、米国人宣教師の世界では神学的に保守的なファンダメンタリストと、相対的に「リベラル」なモダニストとの対立が激しくなりつつあった[97]。宗教学者として日本の仏教研究も進めていたライシャワーは、後者の立場から神社非宗教論を容認しているわけである。しかも、それは単に政治的妥協として導き出された見解ではなく、非西洋世界における宣教師の役割への自己批判的見解と、日本の歴史や社会に対する一定の共感に支えられたものであった。プリンストン大学神学部などでおこなった講演の記録『日本における課題』(一九二六年)には、そうした彼の思想がよく示されている。この書でライシャワーは、次のように論じている[98]。

西洋文明は、アジアの精神世界を破壊してきた。「西洋人が考える意味での進歩を東洋の人びとが成し遂げたとしても、しばしば自分たち自身の精神的文化 their own spiritual culture の解体という現象を付随していた」(二六頁)。日本人のように西洋文明を必死に取り入れようとした人びとも、世界の富の圧倒的多くが「白人の西洋」White West の手にあるという冷厳な事実に気づかざるをえなかった。そのために、今になって西洋の事物への尊敬を失って、自分たち自身の精神的伝統に関心を向け始めている。宣教師も、日本人の宗教に無関心でいることはできない。日本人の宗教は神道・仏教・儒教が混合しているが、そのなかで「神道の多くの要素は宗教的発達において驚くほど低い水準にある」(八〇頁)。しかし、近代思想により再解釈された神道は、天皇と国家への忠誠心を吹き込むのに成功している。神道には、さまざまな神々を祀る宗教としての神道と、国民的英雄や皇族を祀る「愛国心のカルト」cult of patriotism としての神道が存在するのであり、後者は米国におけるリンカーン記念館のようなものとして容認すべきである。そのうえで、宣教師としては、「神道における最善のもの、すなわち、かつて宣教の障害となった忠誠心を、キリスト教的なメッセージへの通路となるように転換させ、昇華させていくべきである」(八七頁)。

このようにライシャワーは、日本人の忠誠心を敵視するのではなく、むしろそれを利用しながら「神の国」への忠誠心に切り替えさせ、キリスト教を広めていくべきだと考えていたわけである。その見解は、「白人の西洋」への自己批判的省察を含む点で相対的に「リベラル」である。ただし、リンカーン記念館への言及に見られるように、国家への忠誠心を求めること自体は当然のこととみなしていた。さらに、植民地支配下における朝鮮人や台湾人が帝国日本への忠誠を求められるのはどういうことなのか、植民地における問題の独自性への関心はほとんど見られない。

ラマートの見解が日本における「愛国心のカルト」への憤りから日米対立に横滑りしていく傾向を備えていたのに対して、ライシャワーの見解は日米協調論ともいうべき性格を備えていた。ただし、神学的には「リベラル」であったとしても、「正義」という観点から国家を相対化するという意味でのリベラリズムの契機は弱い。むしろ現実の国家への忠誠と「神の国」への忠誠を連続的なものとみなしながら、両者をともに重要視している点に特徴がある。

関東学院に在職しながら神道研究を進めていたホルトムは、ラマートともライシャワーとも異なる見解を抱いていた。

神道学者であるホルトムは、「国家神道」State Shinto は宗教だと明確に論定していた[99]。この「国家神道」という用語法に影響を与えていたのは、神道学者加藤玄智の論だった。「国家的神道」は「日本の国民的宗教」であるとする加藤は、神社参拝を拒否する外来宗教は禁止すべきだと主張する点において、もとより宣教師と対立する立場にあった。しかし、たぶんに玉虫色の行政的解釈とは異なって論理的な一貫性は存在していたからであろう、ホルトムは、加藤の著書『神道の宗教発達史的研究』(一九三五年)の詳細な書評を英文で著し、「総督府の官僚もこの本を読むべきだ、なぜなら彼らは神道が意味することを知らないからだ」という伝言を添えて朝鮮のホルトクラフトに送付している。さらにホルトクラフトは「注意深く読んでくれ」という言葉を添えて、ホルトムの書

図 10–10　D. C. ホルトム
ホルトムは神道に関する研究で 1919 年にシカゴ大学から学位を取得した.

評をニューヨークの宣教本部に転送した[100]。

ホルトムはまた、一九四三年に米国で出版した『近代日本と神道ナショナリズム』において、今日の国家神道は権力を持つ人びとによって普遍的な恩恵をもたらすものとみなされているが、支配される人びとの側での「自己決定」self-determination を完全に無視しており、自由の抑圧に貢献している。この点にかかわる最たる証拠は朝鮮での出来事だとして、次のように述べている。

朝鮮では政治的統合という利害のために、神道に同調することへの要求は、日本内地の人びとに対するよりもいっそう激しいものとなった。国家神道が宗教であるかどうかを議論する権利さえ否定された。朝鮮における神社をめぐる嵐が吹き荒れ始めた一九三六年、平安南道内務部長は声明文を発した。〔……〕この声明やその他の類似した命令が朝鮮におけるキリスト教を危機に陥れ、多くの学校の閉鎖と、キリスト教団体に属する外国人宣教師の朝鮮からの撤退に帰結した。

ホルトムは、右の文章に続けてさらに「政府の指導者の掌中にある神道は、政治的軍事的支配のエージェントとなることによって初めて新領土に膨張することができた」のであり、「体系的な従属化」への圧力にさらされた非日本人にとって「神道の恩恵とは、警察力により同調性を調達する政治的規律化 political regimentation にほかならない」と論じている[101]。

本章で論じてきた内容に照らして、ここに記されたことは誇張ではなく、事態の本質を捉えたものといえる。その際、宗教としての神道の評価を云々するばかりではなく、「体系的な従属化」「政治的規律化」をめぐる実践そのものの問題性を指摘している点が重要である。その論には、台湾や朝鮮において「体系的な従属化」にさらされた人びとのうめき声のようなものが間接的に表現されていると見ることができる。

こうしたホルトムの立論の前提として、宣教師同士のあいだで詳細な情報交換がなされていたことに着目すべきだろう。たとえば三六年二月にソルトーが東京を訪れた時には夜を徹して朝鮮の状況について議論していた。(102) ホルトムは、日本内地に居住しながらも、朝鮮における神社参拝問題を目撃していたといえる。

おわりに――台湾・朝鮮と内地の落差が意味するもの

ここでは、第Ⅲ部の各章で言及してきた排撃運動の特質について整理する。**表10-2**では排撃運動の主体のありようを簡略化して示した。崇実学校については三五年から三六年にかけての出来事、同志社については神棚事件だけを想定している。

新聞報道などにあらわれた内容を基準として考えるならば、上智大学や同志社のように内地の男子を対象とした学校の場合は、軍部が配属将校を介して直接的にその意思を表明したのが特徴である。他方、大島高等女学校、長老教中学、淡水中学の場合は、右翼団体や在郷軍人による「大衆運動」が行政を突き動かす構図が見られた。行政の対応は一枚岩ではなく、大島高等女学校における文部省、長老教中学・淡水中学をめぐる台湾総督府の対応には消極的な傾向も見られた。ただし、台湾の場合、当初は消極的だった台湾総督府が強硬な姿勢に転じるという変化が見られた。崇実学校の場合、朝鮮総督府は当初若干のためらいをみせたうえで強硬姿勢をとったので、行政主導の展開となった。

いずれの出来事でも圧力の震源となったのが軍であることは、ほぼ確実である。ただし、軍人は政治に関与せずという原則に規制されて、間接的な関与にとどまる場合も多かった。この原則をなし崩しにしていく大きな契機となったのが、内地における天皇機関説事件、台湾におけるジュノー号事件であった。ただし、排撃の主体は常に曖昧であり、また重層的であった。「大衆運動」にしても、単に軍の意向に従っておこなわれたということではない。身近で

表 10-2　キリスト教系学校排撃運動をめぐる主体

学校名称 関係宣教会	軍の対応	大衆運動	行政当局の対応	発端となる出来事
上智大学 イエズス会 (ドイツ)	陸軍次官柳川平助による配属将校引き揚げ	右翼団体	文部省が文部次官通牒を発する	一部学生の靖国神社不参拝
同志社 アメリカン・ボード (米国)	第16師団司令部による配属将校引き揚げの示唆	右翼団体	〔文部省・京都府の動き不詳〕	武道場からの神棚撤去
大島高等女学校 フランシスコ会 (カナダ)	(背後に奄美要塞司令部)	名瀬町民大会 奄美国防研究会	名瀬町議会における廃校決議 文部省は消極的	公文書の紛失 教育勅語謄本の安置場所不適当
台南長老教中学 イングランド長老教会 (英国)	(背後に在台軍部)	内地人教師 台南同志会 在郷軍人・右翼団体	台南州知事による排撃方針 台湾総督府は消極的→積極的	学校の台南神社不参拝 内地人教頭の解任
淡水中学 カナダ長老教会 (カナダ)	(背後に在台軍部)	内地人教師 在郷軍人・右翼団体	台北州知事による排撃方針 台湾総督府は消極的→積極的	学校の神社不参拝
崇実学校 米国北長老派 (米国)	(背後に朝鮮軍の軍人)	在郷軍人	平安南道知事による命令 朝鮮総督府による校長罷免	学校の神社不参拝

卑近な利害が内地人の官僚や大衆を引き寄せたこともあったし、生活の行き詰まり感を打ち破る「救済者」としての軍の登場を歓迎する土壌も存在したと考えられる。

排撃の意図も、かならずしも明白な形で表明されたわけではない。神社参拝の拒絶は、「戦没者慰霊」の重要性や天皇の聖性、あるいは台湾統治の正統性に疑問をなげかける行為とみなされた。ただし、神社参拝をしさえすれば十分だとみなされていたわけでもない。「御真影奉戴」、勅語謄本の安置法、神棚の扱い、内地人教員の解職なども十分に介入の契機となりえた。大島高等女学校の例のように、あからさまに後付け的に排撃の口実が作り出されることもあった。

神社参拝をしさえすればよいというわけではないとしたら、その先に目的として存在したのは何か？　明言されたわけではないものの、これまでに論じてきた事実から帰納するならば、軍事的顧慮を根幹とする、いわば透明な支配体制(全体主義)の樹立が目的であり、そうした体制への欲望が「軍機擁護」「防諜」という言葉で示されたのではなかったか。

台湾軍参謀長秦雅尚が基隆事件にかかわって述べたように、「軍機擁護」という旗印は、「国民」が「警察化」すること、すなわち、ひとりひとりがスパイ行為を働かないばかりか、他者のスパイ行為に対して監視の目を光らせることを求めていた。それは、相互監視が及びにくい自治的空間を圧殺していこうとする衝動と背中合わせのものであった。神社参拝は、この透明さを図るための指標であり、「踏絵」であったと見ることができる。

次に、排撃運動が展開された時期について、キリスト教系学校の変質・解体を迫る圧力が高まった流れを単純化して示すと、次のようになる。

内地のカトリック系学校(一九三二―三三年)
↓台湾のプロテスタント系学校(一九三四―三六年)
↓朝鮮のプロテスタント系学校(一九三五―三六年)
↓内地のプロテスタント系学校(一九三七年以降)

排撃の時期については、排撃の必要性と、排撃運動がひきおこすかもしれない外交上の危険性との兼ね合いを考慮して、それぞれの局面で判断されたように思われる。

外交上の危険性という要因が単なる杞憂ではなかったことは、排撃運動の経緯が英国外務省や米国国務省に詳細に報告されていたことなどから確認できる。まずカトリック系学校に鉾先が定められたのも、宣教師の国籍にかかわりなく、交渉相手がローマ教皇庁だったことが影響していると考えられる。他方、英米プロテスタント系の学校について外交的な配慮が機能していたことは、三二年の崇実学校等排撃運動がすぐに鎮静化された事態にも表れていた。

英米プロテスタント系学校としては、台湾や朝鮮のキリスト教系学校が内地のそれよりも早く標的とされた。これは、台湾や朝鮮の学校については、排撃する必要性が、これにかかわる危険性への顧慮を上回っていたことを物語るものであろう。そのうえで、朝鮮よりも早い時期に台湾で排撃運動が展開された理由に関しては、総督府と軍部の力関係が影響していると思われる。宇垣一成朝鮮総督は陸軍内部では穏健派であり、英米との協調を志向していた。他方、台湾では文官総督を頂点とする総督府に対して、在台軍部が影響力を伸張させようとする動機が存在した。さらに、長老教中学の事件が淡水中学の事件よりも先行した点については、英国人を排撃することよりも、台湾人が結束して作り上げた自治的空間を圧殺する必要性がまず意識されていたことを物語る。

かくして英米プロテスタント系学校に対する排撃運動を抑止する箍《たが》はまず台湾で外され、次いで朝鮮・内地に波及したといえる。朝鮮については、排撃の必要性も強く意識されていたが、朝鮮人信徒や米国人宣教師の反応をめぐる危険性も認識されていた。そのために、台湾よりも運動の展開が遅れたと考えられる。三〇年代の対英関係と対米関係は性格を異にするところがあり、伊藤隆の研究で指摘されているように、右翼団体においてすら対英観に比するならば対米観は開戦直前の段階まで良好であり、米国への敵対意識の形成は緩慢に進んだという事情も介在しているだろう。[103] 台湾では三五年から三六年にかけて反英運動が内地に先駆けて生じたが、朝鮮では神社参拝問題のさなかにも朝鮮総督府は米国人総領事や宣教師との友好的関係の維持に腐心していた。英国の権益のひしめく中国大陸の南部と台湾が一衣帯水の位置関係にあったのに対して、地政的に朝鮮が米国の植民地と隣接していたわけではないことも、米国人に対して相対的に穏健な態度をとりえた理由のひとつだっただろう。そのうえで、朝鮮総督府が、米国との緊張関係が一定増大するという代償を払ってでもキリスト教系学校に強い態度に出たのは、「租界」的な空間における朝鮮人の活動への強い警戒心によるものと考えられる。

他方、内地プロテスタント系学校が遅れたのは、すでに上智大学事件という一撃によって、排撃の必要性が薄れていたためと判断できる。キリスト教界の「自分を守らんとする」傾向を矢内原が批判したように、総体としては明確な抗争が生じる以前に体制の要求に順応しようとする傾向が顕著だった。これに対して、ラマートは「朝鮮や台湾で起こっているような抗争が、なぜもっと生じないのか？」という疑問を投げかけた。

本章では同志社の事例に即して幾つかのポイントを指摘した。日本人が管理運営体制を掌握していたこと、卒業生のなかに政界・財界・言論界の有力者が含まれていたこと、大学として制度化された自治を保障されていたことなどである。これらは、台湾・朝鮮におけるキリスト教系学校にはない特徴だった。さらに、より根本的な問題として、集会・結社の自由や言論の自由が内地では相対的に機能していたということが考えられる。

内地キリスト教系学校は、三〇年代半ばにはあたかも台風の目のように相対的な「平穏」を享受していたが、三八年以降次第に台湾と相似した暴風雨に襲われることになった。それは台湾を重要な揺籃とした全体主義的な運動が帝国日本全体を覆い尽くし、全体主義の帝国を完成させる過程でもあった。その過程はまた、教会の自治・信教の自由ばかりでなく、大学の自治・学問の自由を掘り崩していくプロセスとも重なっていた。

戦時下における大学自治の解体をめぐる問題について、寺﨑昌男は、次のように論じている。東京帝大教授河合栄治郎のように「自由主義者」として知られた人物はマルクス主義者の学外追放に反対しなかった。しかし、その河合自身がほどなくして大学を追われることになった。それは、大学の「自由」が、「それ以外の教育場面における自由の圧倒的な不在と併存している」という認識を、大学人が持つことができなかったことの帰結でもあった[104]。寺﨑の表現を借用するならば、圧倒的に多くの日本人は自らの守ろうとしている自由が「植民地における自由の圧倒的な不在」と併存しているという認識を持つことができなかった。そうした状況で「一葉落ちて天下の秋を知る」という予感の通り、内地のキリスト教系学校も全体主義化の波のなかに呑み込まれていったのである。

◆第Ⅲ部小括——全体主義とは何か

全体主義とテロル

一九三〇年代の帝国日本をなぜ「全体主義の帝国」と評することができるのか。ここであらためて整理しておくことにしよう。

ハンナ・アーレントによれば、全体主義とは、帝国主義——その特徴は政令による官僚制支配、肥大化した警察権力、種族的ナショナリズムと人種主義とされる——に覆いかぶさるようにして現出するものであり、暴力的な威嚇としてのテロルにより大衆を孤立させ、画一的なイデオロギーにより動員する。ここでテロルとは、「教義を受容れようとしない者、あるいは何らかの理由から教化の対象から除外されている者すべてに対する、婉曲で間接的な脅迫」を意味する。全体主義の最終段階では「ますます多くの人々が「罪がある」か「無実」かには関わりなく罰せられる、つまり殺されるようになる」事態が生じる(1)。

帝国日本を想定するならば、右のような意味の全体主義は、あるいは極端に過ぎるという印象を与えるかもしれない。そこでは、ユダヤ人の文字通りの「絶滅」を志向した強制収容所のような施設が設けられたわけではないからである。この点は重要な相違である。だが、実際に人を殺すための物理的な暴力を発動しなくとも、「婉曲で間接的な脅迫」が破壊的な効果を発揮することを本書では見てきた。アーレントの論では、「執行」「処刑」としてのテロルと、「婉曲で間接的な脅迫」のあいだの距離は重視されていない。ユダヤ人として、強制収容所という衝撃的な事実に直面していた以上、「執行」「処刑」という契機を重視したのは自然なことである。しかし、かならずしも「執行」「処刑」には直結せずとも、その可能性を予感させるような実践、たとえばヒトラーへの「忠誠宣誓」——神学者カール・バルトはこれを拒否したためにボン大学を免職とされた(2)——のような実践も、それ自体として「婉曲で間接的な脅迫」として作用した点を重視すべきであろう。

帝国日本のキリスト教系学校排撃運動では、神社参拝などの実践が、ナチズムにおける忠誠宣誓と相同的な役割を果たしたと考えられる。神社参拝を拒否する者や国語としての日本語を話そうとしない者は、実定法上の罪にかかわりなく、侮辱され、罰せられる事態が生じた。道徳上における「罪」を実定法上の「罪」に変換する装置が治安維持法や不敬罪だった。そこまでいたらずとも、「非国民を膺懲せよ」という叫び声に満ちた大衆運動やメディア上のキャンペーンにより、その拒否が「執行」「処刑」をもたらすのではないかと恐怖を抱かせる事態が生じていた。

台南長老教中学排撃運動に即していえば、右翼団体や在郷軍人会の有志が能動的に暴力を行使する「モッブ」の役割を果たし、台南同志会のような内地人民間人の既得権層がこれを支援する「大衆」を構成した。アーレントは、大衆が全体主義体制に参加した理由を考察して次のように述べている。「大衆人とはブルジョワジーであり、自らの世界が滅亡する最中にあって、自分の私的な安全以外には何も思い悩むこともない。そしてほんの少し挑発されるだけで、あらゆるもの——信念、名誉、尊厳——を犠牲にしてしまう」人びとである(3)。そこには単なるアナロジーを越えた、人間精神の基底に及ぶ洞察が見られるように思われる。

本書の第Ⅲ部でとりあげたのは一九三〇年代の出来事、それも主に三〇年代半ばの出来事である。この段階では「婉曲で間接的な脅迫」が支配的であるものの、四〇年代の「決戦」体制下になると、文字通り人を殺害する事態も日常的な光景になっていく。この場合の軍事的暴力の対象は交戦中の「敵」ばかりではなく、「味方」であるはずの人びとを含んでいた。「味方」でありながら「敵」と見える「内部の敵」への迫害は、四〇年代にさらにエスカレートする。台湾にかかわる二つの出来事を記しておきたい。

ひとつは、「高雄陰謀叛乱事件」と総称される事件である。

四一年から四五年にかけて、台湾島内で連合国軍と呼応して叛乱を起こす「陰謀」を企てたとされる事件（東港事件・旗山事件・鳳山事件）が相次いで生じた。東港事件では四二年夏に高雄州東港郡の台湾人二〇〇名あまりが検挙・投獄されて、特高警察による取り調べを受けて、台南市で開業していた弁護士欧清石が首謀者であるという「自供」がなされた。治安維持法違反で起訴された一一名のうち、四名が獄中で衰弱死し、欧清石を含めて二名が米軍による刑務所爆撃に際して逃げることができずに死んだ(4)。特高警察としてこれらの事件の取り調べにあたった寺奥徳三郎は、さまざまな拷問――寺奥はこれを「テロ」と呼ぶ――により「自白」を引き出すための「苦心」を回顧しながら、次のように記している。「国家という大局的立場から、正義人道を信条として、愛国心の上に立ち、職責を遂行したその現実の職務執行が、此の如き特高警察の歩んだ道であった(5)」。この感想に偽りはないだろう。そして、だからこそ、「職務」の正当性を相対化する思考回路の欠落が問題なのである。アーレントが『イェルサレムのアイヒマン』で述べたように、「アイヒマンにとっては、日常的な所定の作業と浮き沈みを伴う一つの職務に過ぎなかったものが、ユダヤ人にとっては、文字通りの意味で、世界の終わりだった(6)」。そのような現実 reality の落差こそが問われねばならない。

もうひとつはキリスト教会への監視とキリスト教徒皆殺し計画である。

台南長老教中学校・台南神学校に学んだ黄武東は牧師となり、四四年に嘉義教会に赴任した。嘉義の近くに軍用飛行場があったので牧師宿舎は防衛団の詰所として用いられた。この時の憲兵の態度について、黄は次のように回想している。[7]

礼拝堂の向かいには二階建ての建物があり、二階は憲兵が強引に占拠し、一日中そこに人を配して教会と自分の一挙一動を監視していた。憲兵は教会幼稚園の用地を買収して私を監視させる工作すらしていた。憲兵は公然と教会の活動を監視していたばかりでない。岩村という姓の憲兵はしばしば教会に出入りし、つきまとうことをやめず、たびたび私に対して言った。日本の天皇は万世一系で、大日本帝国は永遠に不滅だ。天照大神は世界の最高の神であり、天皇はその直系であり、「現人神」である。万民が天皇を礼拝しなくてはならない……。

同様の監視は他の教会でもおこなわれており、台南太平境教会でも常に私服特務が三名近く出入りしていたほか、礼拝堂の正面の赤嵌楼旅館に駐在所を設けていた。[8] 戦後四六年に台湾に戻ったカナダ長老教会の宣教師が伝えるところによれば、「日本軍は牧師と長老と実際的な見地からすべての教会員のリストを作成して、連合国軍が上陸した際には殺害する予定だった」とされる。[9] 教会への徹底した監視を考えるならば、誇張とは思えない。朝鮮においても同様であり、米軍の朝鮮上陸に備えて「キリスト教徒皆殺し」を実現する準備が整えられており、実行の日取り(四五年八月一八日)まで定められていたという。[10]

戦争末期米軍が実際に上陸したのは、台湾でも朝鮮でもなく、沖縄であった。その沖縄において第三二軍司令部は、長勇参謀長の名前において、「軍人軍属ヲ問ワズ標準語以外ノ使用ヲ禁ズ(沖縄語デ談話シアルモノハ間諜ト見做シ処分ス)」という命令を発した。[11] 個々の兵士のレベルでは、「沖縄人はみんなスパイだから殺せという命令が上から出ている」と述べる者さえもいた。[12] この命令において「沖縄人」と呼ばれた人びとは、個々人の思想はもとより経歴や地位すらも問題とされていないことに留意しなければならない。人間を「処分」すること、すなわち殺すことを正当化するための口実として、「標準語以外」の言葉を話すことが必要にして十分な罪であるという認識が示されている。

この長勇という軍人が、台湾の自治制反対運動の時期には台湾歩兵第一連隊、同志社神棚事件の時期には第一六師団に属して、それぞれの事件に関与していたらしいことは、象徴的である。四五年の沖縄戦における出来事は突発的に生じたものではなく、三〇年代半ばの台湾・朝鮮で「内部の敵」への「殲滅的弾圧」の準備が整えられていた事態の延長線上にある。

同化主義から全体主義へ

それでは、全体主義という問題は、人種主義、同化主義という問題群とどのような関係にあるのか。

まず確認すべきことは、同化主義は、本書の文脈では植民地支配の一方式だということである。それは植民地支配をあからさまにおこなうことが困難となった時代状況において、段階的な自治を認めるのとは対照的に、「国内」の一部として植民地を位置づけていこうとするものだった。同化主義という言葉は、制度的に内地と同一化する内地延長主義という言葉と相同的なものとしてしばしば用いられた。しかし、台湾における教育を見るかぎり、内地延長主義としての同化主義は貫徹しなかった。教育制度では、①初等教育で義務制を適用しない、②公立中等学校の定員数を人口比において内地の一〇分の一程度に限定する、③私立学校への救済措置としての指定校制度を適用しない、という重要な相違があった。これにより、台湾人は社会的上昇移動をめぐる競争において、内地人に比して圧倒的に不利な立場に置かれた。結果として、支配者集団としての内地人と、被支配者集団としての台湾人の隔絶は維持された。もしも台湾人が社会的上昇移動をはたしてホワイトカラーの職業に就きたいと思うならば、孤立化と政治的規律化の実践に身を委ねざるをえない体制が形づくられた。それが、同化主義の内実であった。ある集団が、まるごと別な集団に変わることは、ありえない。まずばらばらにすることが前提であり、しかも本質的な作用であった。

全体主義は、このような意味での孤立化と政治的規律化を暴力的な威嚇としてのテロルにより迫るところに成立する。比喩的にいうならば、二〇年代の台湾における同化主義は、社会的な上昇移動という強力な磁石で少数の砂鉄を引き寄せるような方式であったのに対して、三〇年代の全体主義は、土塊のかたまり全体を篩《ふる》いにかけて、相互に連結不可能なまでに小さく細かく砕く措置とたとえることができようか。「台湾人」による自治的空間を破壊されて相互に孤絶した人びとは、かくしていったんばらばらにされたうえで戦時総動員体制に組み込まれていくことになる。

全体主義のもうひとつの新しさは、内地への拡大である。植民地でまず現出した同化主義という閉域が内地に拡大して、内地をも閉域のなかに囲い込んでいったと見ることができる。かくして内地でもテロルにより自由の空間は縮小し、国家的に「有用」とされた人びとの死は選別されて聖化されて、靖国神社に「英霊」として「合祀」されることになる。(13)

このように述べたからといって、植民地をめぐる状況と、内地をめぐる状況が同じだったというわけではない。本書第一〇章で論じた通り、同志社と長老教中学を比較しても、前者では日本人が学校の管理運営体制を掌握していた。また、政界・財界・言論界など帝国日本の中枢近くで学校を擁護しようとする人びとも存在していた。そのために排撃する力が働いても、これを押しとどめようとする力も働いた。それは、長老教中学のような植民地のキリスト教系学校が排撃の圧力に一方的にさらされ続けたのとは異なる。

さらに、植民地においては、孤立化と政治的規律化を迫る圧力は、同時に人種主義の実践としての性格を帯びていた。あるいは、人種主義的な実践の展開される空間が「植民地」なのだというべきかもしれない。この場合の人種主義には、ふたつの異なるモードが存在した。

ひとつは、台湾人をいわばマス(集合)として取り扱ったうえで差別する、従来の実践である。たとえば、排撃運動の圧力のなかで、長老教中学の理事長や校長や舎監は「内地人でなくてはならない」とされた。内地人のなかにも「耶蘇」もいたし、「アカ(共産主義者)」もいたはずである。しかし、さしあたってこの点には頓着せず、とにかく内地人でありさえすればよいとされた。それは、種の違いという仮想化された差異を機軸とする、排除の実践であった。

もうひとつは、対象を固有名詞を備えた個人として認知したうえで、少しでも「日本人」としての政治的規律化を逸脱する傾向が見られたならば、「チャンコロはこれだからダメなのだ」という類いの罵りの言葉を投げつけるような実践である。長老教中学排撃運動の発端で上村一仁教頭が林茂生に対して「語るべきではない言葉を語ってしまった」という証言は、現地住民のなかで相対的に高い社会的地位を獲得した少数者が、それゆえにこそ人種主義の格好の標的とされたことを示唆する。

時代が下るにつれて、人種主義をめぐる右のふたつのモードは内部矛盾を深めながら、それぞれに強化されたように思われる。この点を整理する手がかりとなるのは、タカシ・フジタニの研究である。

フジタニは、アジア・太平洋戦争期の米国における日系アメリカ人の軍事動員と植民地朝鮮における朝鮮人の軍事動員をとりあげ、どちらの場合も政府は、「自分たちの敵」こそが真の人種主義者《レイシスト》であることを証明するために、彼らの入隊を積極的に認め、自らは人種主義的な差別の担い手ではないとアピールしたと述べている。それでは、米国人も日本人も人種主義者ではなかったのか。フジタニは、バリバールによる定義をふまえて、「粗暴な人種主義」vulgar racism と「慇懃な人種主義」polite racism という概念を提起する。前者の特徴は、排除、差異にかかわる自然化された理解、同化の可能性の否定、周縁的な人びとの健康や福祉への無関心である。他方、後者の特徴は、包摂、差異にかかわる文化主義的な理解、同化の可能性の肯定、周縁的な人びとの健康と福祉への最低限の関心である。(14) 後者の「慇懃な人種主義」の実践においては、フーコーのいう「生―政治」が重要な位置を占める。たとえば、戦時中の収容所で、日系人が米国に忠誠を誓って武器を取ることについての「同意」を求められた「儀式」が挙げられる。(15)「慇懃な人種主義」のもとでの従属化とは、このように、「自己統治を統治する」governing of self-governing 実践である。それは、「自由で責任ある主体」が、自らの欲望と意思に従って「正しい」選択に方向付けられるような権力の働き方ということになる。

フジタニの指摘は、本書でこれまで論じてきた内容とも整合的である。人種主義の異なる契機への着眼も説得的である。ただし、実際に多くの朝鮮人が日本軍に志願したことを指して、平等言説をめぐるプロパガンダが実態との乖離にもかかわらず、一定の「効果」を生み出したと論じている点には、若干の留保を必要とする。[16] 植民地住民の志願は、プロパガンダの「効果」というよりも、より根本的には、テロルの「効果」とみなすべきと思われるからである。

本書の主眼は四〇年代の軍事動員それ自体ではなく、その前段階の出来事なので仮説的見通しにとどまるものの、国家暴力としてのテロルにより「台湾人」という集合的な主体が圧殺されたからこそ、総動員体制の構築が可能になったのではないか。文字通りの独房、あるいは、比喩的にはだれもが独房にいるような社会において、日本軍への志願という行為のほかに「よりよい生」への選択肢を見出しにくい状況が構築されていたのではないか。たとえば、台湾共産党員として三一年から獄中につながれた簡吉は、四一年に出獄した際に意外な社会的地位に就いた。それは、戦時民衆動員組織である皇民奉公会の高雄州分会書記という職である。[17] 彼はその社会的地位における役割を、特高警察による執拗な監視にさらされながら果たすことになる。それはプロパガンダの「効果」というよりも、一〇年間も独房でのテロルにさらされた末に、独房に居続けるよりは……という状態での選択だったとみなすべきだろう。

かくして、見棄てられた状態での身悶えを媒介として、「慇懃な人種主義」が、被支配者の「主体的」かつ「能動的」な「自己決定」を調達していくことになる。帝国日本においては神社参拝という儀式が、こうした「自己決定」を演出する舞台装置の重要な道具立てとして組み込まれたといえる。

「国家神道」と植民地支配

最後に、あらためて神社参拝とは何であったのか、それは天皇崇拝をめぐる体系的な実践のなかでどのような位置を占めており、「国家神道」という概念をどのように理解すべきかということについて整理しておきたい。それは、日本の敗戦による帝国日本の解体の時点において、本来ならば、何が、どのように反省・批判されるべきだったのかという問題にもかかわるからである。

よく知られているように、一九四五年一二月、連合国軍最高司令官総司令部GHQ／SCAPは、「国家神道、神社神道ニ対スル政府ノ保証、支援、保全、監督並ニ弘布ノ廃止ニ関スル件」、いわゆる「神道指令」を発した。ここで提出された「国家神道」という概念には、狭義の意味合いと広義の意味合いが曖昧に共存していた。ひとつは、「非宗教的ナル国家的祭祀トシテ類別セラレタル神道ノ一派」という狭義の神社神道の意味であり、いまひとつは、公立学校で神道の教義を教えることなどを含めた広義の意味である。

四六年から民間情報教育局宗教課に勤務したウッダード――三五年一一月までアメリカン・ボードの宣教師として朝鮮の京城に滞在していた経歴を持つ――は、広義の国家神道はかならずしも神道の一形式ではない以上、「国体のカルト」Kokutai Cult とみなすべきだという論を展開した。[18]「カルト」という言葉は、オーガスト・ライシャワーの「愛国心のカルト」という言葉を思い起こさせる。それは、宗教的な側面をはらんでいるものの、宗教そのものとは区別されるという意味合いだろう。

筆者は、ウッダードのように狭義の神道と「国体のカルト」を区別したうえで、この両者が重なり合う地点に「国家神道」を見出すべきと考える。[19]

学校という空間は、教育勅語謄本や「御真影」への拝礼を通してたぶんに宗教色を帯びたナショナリズムを浸透させる装置として機能していた。ただし、それは、基本的に世俗的な空間であった。他方、神社神道については、行政上は宗教にあらずという公式見解を保持していたとしても、「霊魂」の存在を前提としている点でまぎれもない宗教としての性格を備えていた。学校教育における宗教的なナショナリズム(国体のカルト)と、神社におけるナショナリスティックな宗教が結合する局面が、児童・生徒・学生の神社参拝であった。これにより、「国民」とされる人びと全体を対象とする包括性と、信仰という人間の心の繊細な部分にまで立ち入る侵襲性が同時に追求されることになった。だからこそ、学校教育を通じた神社参拝について、一定の箍《たが》がかけられてきたのである。国家神道の本質は、この箍を外して、神社参拝を拒否する者に対してのさまざまな不利益――教師が神社参拝をしない子どもを放校処分とする、あるいは訓戒するなどの日常的な措置を含めて[20]――を制度化した点に見出されるべきである。

このような意味で国家神道を定義した場合に、それは、日本内地に先だって植民地台湾でまず成立し、やがて内地・朝鮮にも及んでいったといえる。そのプロセスは、次のように整理できる。

第一に、第二次台湾教育令(一九二二年)と同時に制定された公立学校規則では、能久親王を祭神として祀る神社への参拝・遙拝を明文化して求めた。この場合の参拝は、日本軍による台湾占領という始原を思い起こしながら、これを正当化する意味合いを備えており、参拝の拒否は、台湾統治それ自体を否定するものとみなされた。さらに、神社参拝をしなければ指定校としての地位を認めないという条件を総督府が長老教中学に提示することにより、神社参拝をしないことは永続的で、深刻な不利益をもたらすことになった。この点に着目するならば、台湾では二〇年代の時点で国家神道的体制が先取り的に構築されていたといえる。

第二に、満洲事変以後の状況において、神社参拝は「戦没者慰霊」、さらには戦争の正当化という課題と密接に結びつけられることになった。換言すれば、神社参拝の拒否は反戦的言動とみなされる磁場が形成された。これは台湾だけでなく、内地・朝鮮にも共通した傾向だった。

第三に、とりわけ天皇機関説事件以降の状況において、天皇を「現人神」として神格化する働きとも密接に結びついていた。米国人宣教師ラマートが警察の取り調べを受けた理由、矢内原忠雄が東京帝大を追われた理由、そして、朝鮮人信徒が投獄された理由のひとつは、天皇が神ではなく人間であると述べたことだった。神社参拝を拒否することは、天皇の神聖性を否定するものとみなされた。

右の文脈において神社神道とはまさにホルトムの指摘した通り、「政治的軍事的支配のエージェント」であり、神社参拝という行為は「体系的な従属化」のための政治的規律化を意味していた。

このように考えるならば、台湾や朝鮮における神社参拝は、「日本人の信仰」「日本文化」を押しつけたから問題だったとする理解は、重要なポイントを外していることになる。鵜飼哲がデリダの主張を敷衍して述べたように、神社参拝強要の根底に存在したのは日本人としての文化的同一性ではなく、むしろ非同一性であったとみるべきだろう。(21)

植民者が被植民者に同化を強制する文化、だがそれは、植民者の文化だろうか？　植民者自身がそもそも同化された者であり、彼ら自身の同化の過程の苦痛を忘却するために、あるいはそれを想起することを回避するため、彼らはその文化を、「わがもの」として他者に強制しようとするのではないか？　植民地主義の暴力の起源には植民者自身とその文化との根源的な非同一性があり、その深淵から眼をそらすため、さまざまな言語行為によって、その言語行為を成立させる諸条件を力づくで作り出すことによって、彼らは、この文化との一体性を他者に信じこませ、その他者の信仰を通じて自分も信じようとしているのではないか？〔傍点鵜飼〕

本書第I部で論じたように、明治国家の形成過程で「日本人」と呼ばれることになった人びとは、急速に文明の秩序に適応することを迫られた。明治維新前にまで視点を及ぼすならば、民俗信仰には多様な神々が存在し、またこれを核とした生活秩序が存在した。しかし、「文明開化」のプロセスで神道は神社神道として制度化されることにより大きく変質、(22)台湾のような植民地ではさらに征服者の国家宗教として、政治的規律化のための道具立てという役割を担わされた。こうした断絶が存在するからこそ、「日本人」と呼ばれる人びとは、神社参拝を拒否しようとする人びとに対して居丈高な脅迫をあえてしたのではないか。

ここで国家神道と称すべき対象が、かならずしも「特殊日本的」なものではないことにも留意する必要がある。実際、宣教師バンドらは、神社参拝とはウェストミンスター寺院における戦没者記念碑に敬意を払うのと同じだという解釈を受け容れ、ライシャワーらは、神社はリンカーン記念館のようなものだとみなした。そこには、国家に忠誠を誓うことも、戦没者を「慰霊」するのも当然のこととする価値観が見られる。子安宣邦が指摘しているように、近代的な世俗国家とは新たな宗教性と祭祀性を組み込んだ存在であり、戦争を行使する主権国家は同時に「英霊」を祀る国家でもある。また、そのことによって、国家暴力の行使を正当化していった。[23]もっとも、信教の自由の重大性をめぐる感受の深さにはやはり相違があったようにも思われる。神社参拝問題にかかわる文書は、ワシントンやロンドンにも大量に残されているが、日本の官僚や軍人がそのことをリアルに認識できていたのかは疑わしい。近代天皇制による宗教的感受性の破壊が、大きな溝を形作っていた可能性が強い。

戦後日本において国家神道の暴力性を正確に認識していた数少ない人物のひとりは、やはり矢内原忠雄である。矢内原は、戦後に神道指令を解説した文章において、満洲事変以来、神社は「最悪の形における国教化」を経験したと告発し、さらに、「神社参拝の強要は、日本国内におけるよりも、朝鮮台湾外地において一層甚だしく、また一層深刻なる結果を引き起こした〔……〕民族的に異りたる歴史と生活を有する朝鮮人や台湾人に対し、この皇民化政策がいかに信教自由に対する迫害であり、ファッショ的弾圧であったかは明白である」と論じた。[24]ここには、戦時中のホルトムの論と同様、台湾人・朝鮮人の経験に即して神道指令の意味合いを考えるべきだという認識が示されている。

占領軍による神道指令の起草に際しては、ホルトムの執筆した神道に関する勧告書もふまえられていたことが知られる。[25]だが、国家暴力の行使として国家神道を捉える核心は、神道指令では曖昧なものとなってしまっている。なぜそのようになってしまったのか。戦後米軍占領下において天皇制を温存する方針が前提とされていたことが大きな制約要因となったと考えられる。

天皇制の存廃問題については、よく知られているように、戦中から国務省で議論がおこなわれていた。元国務省極東部長ホーンベックらが廃止論に近い見解を唱える一方、元駐日大使グルーらが存続論を唱えていた。[26]タカシ・フジタニが明らかにしたように、若きエドウィン・ライシャワーは、四二年に「対日政策についてのメモランダム」を起草し、予想される「戦後」において「イデオロギー闘争に勝利」し、「協力的な集団を我々の側に引き入れる」ために、天皇を米国の「傀儡」として利用する必要を説いた。[27] これは、日本人の宗教的なナショナリズムを認め、温存し、それをさらに高次の目的のために利用すべきと論じた父オーガスト・ライシャワーの見解と相似している。ただ、父オーガストにとっての高次の目的は「キリストのメッセージ」を伝えることだったのに対して、息子エドウィンにとってのそれは、米国が「イデオロギー闘争に勝利」することだったということになろう。

「国家神道」という言葉の内には、本書第Ⅲ部を通じて論じてきたような、巨大な暴力の記憶が塗り込められていた。本来ならば、それは戦後において「人道に対する罪」として訴追されるべきことがらであったのではないか。清水正義の論じているように、人道に対する罪とは「戦時、平時を問わず、大規模に系統的に、一定の政治的意思と計画性をもって一定の社会集団に対して暴力的迫害行為」をおこなうことであり、「その政治的意思と計画の初発責任者から末端実行犯にいたるまで」を処罰するための概念だからである。[28] 長老教中学などをめぐる排撃運動は、まさにそのような「暴力的迫害行為」であった。さらに、清水が植民地支配とは「長期にわたる緩やかな大規模暴力の連続」であると論じている点も重要である。[29] 一九三〇年代の出来事は植民地化以来の、私立学校を認めまいとする「長期にわたる緩やかな大規模暴力」の延長線上において、いわばその総決算のような形で生じたものであった。

実際の歴史においては、神社参拝を重要な要素とする「暴力的迫害行為」が、それとして裁かれることはなかった。米国の天皇制温存政策によって、国家神道という言葉のなかに組み込まれていたはずの台湾人や朝鮮人の恐怖と憤りは闇に葬られてしまった。しかも、米国が戦後東アジア世界の覇権を握り、共産主義陣営との対抗関係の最前線に台湾や朝鮮を位置づけることにより、これらの地域の人びとは、新たな全体主義体制に直面することになるのである。

終章——林茂生と二・二八事件、あるいは中断された夢の続き

慶祝台湾光復紀念大会（1945年10月25日）
午前中に日本軍の降伏式典が行われ，午後に紀念大会が開催された．
この大会で，林茂生は林獻堂とともに登壇し演説した．

「例へば小高い山の上に一本の松があるとして、それが小春の陽を浴びて緑の枝を輝かせて居る時に、俄かに天気模様が変つて暴風雨となつた。山の上の松ですから風当りがひどく、大きな唸《うな》りを立てて居る。松が唸つて居るのではない。嵐が唸つて居るのですが、終に松の枝が折れ、幹も折れてしまふ。丘の上の目標《めじるし》は無くなつてしまふ。併《しか》し乍《なが》ら根があるから、やがて嵐がをさまり、復春《また》が来ると芽が出で幹が伸び、光を浴びて枝を拡げるやうになる。再び目標が出来てくる。何時迄も老木が立つて居ることは不可能だけれども、前に述べたやうに苟くも真理が実在して確く固く地に根を張つて居る限り、嵐は松の樹を倒した様で倒し得たのではない。また蘖《ひこばえ》が生えて来るのだ。」(矢内原忠雄「自由と統制」『嘉信』第一巻第一号、一九三八年一月)

一九四七年三月一一日の早朝、腰に銃を帯びた特務機関員とおぼしき人物が、林茂生の自宅を取り囲み、同行を求めた。林茂生は着替えるためにいったん寝室にさがり、妻に対して印鑑など貴重品の入ったカバンを手わたしたうえで「陳儀〔台湾省行政長官〕に会ってくるよ」という言葉を残して用意された黒塗りの車に同乗した。その後に「失踪」、二度と家族の前に姿をあらわすことはなかった。(1) 当時の政府側の資料から、連れ去られて数日後には処刑されたことを確認できる。

苛酷な命運に襲われたのは、林茂生ひとりではない。呉密察が指摘したように、四五年八月一五日を境として台湾の統治者は変わったにもかかわらず、そこには奇妙な連続性が見られた。「台湾人は、異民族である日本の植民地統治体制と砲声轟々たる戦争の中から抜け出はしたが、明白に識別しがたいもう一つの植民地体制の中に、砲声はあまり響かないが依然戦争であるような戦争の中に、再び組み込まれていったのである。極言するなら、戦後国府による台湾での植民地支配が直接的に継承したのは、旧植民地時期五〇年のうち最も苛酷であった「皇民化時期」のものであった」[2]。なぜそのように評することができるのか？　台湾は「祖国中国」への「光復」を果たしたのではなかったのか？　砲声があまり響かない「戦争」とはいかなるものであったのか？　ここで生じた出来事は、いかなる意味で日本植民地支配下の出来事の延長線上にあるといえるのか？

こうした問題群を長榮中学校（台南長老教中学の後身）の歴史に即して本格的に検証するためには、また別な準備と、別な一冊の書物を必要とする。他方で、四五年以降の台湾はもはや帝国日本の一部ではないのだからということで戦後台湾の歴史をネグレクトするとしたら、それは歴史叙述として一面的ともいえる。帝国日本の歴史は、日本人の歴史であると同時に、台湾人の歴史でもあり、さまざまな形で戦後台湾の歴史をも規定したからである。そこで、この終章では、林茂生の足跡ということに課題を限定しながら、四五年前後の台湾の歴史を記述することにしたい。戦前において林茂生の歩みは台南長老教中学の歴史とほとんど一体であったものの、三四年の追放以後は同校とのかかわりは断ち切られていた。戦後、林茂生は新たに『民報』社長、台湾大学教授として政治の表舞台で重要な役割を果たすことになる。その足跡には、「台湾人の学校」という中断された夢をもう一度、さらに大きなスケールで追求しようとする試みを見出すことができるであろう。

林茂生という人物は、台湾抗日運動史という文脈ではさほど注目を集めてこなかったものの、四七年二月末の民衆蜂起に端を発する「二・二八事件」——それは台湾人の立場からは「二・二八起義」あるいは「二・二八革命」[3]と表現されることもある——における象徴的な犠牲者としては着目されてきた。「林茂生之死考」という表題の、詳細な研究もなされている[4]。また、二〇一一年に張炎憲主編『二二八事件辞典』が刊行されたことにも象徴されるように、一九九〇年代以降の台湾では、二・二八事件をめぐる国家的な謝罪と賠償を求める運動と平行して、膨大な研究が蓄

図終-1　二二八事件紀念碑前で演説する林宗義（1995 年）
林宗義は，戒厳令解除後，二・二八事件の受難家族の代表として当局に真相解明，補償，謝罪，紀念碑建立を求める運動の先頭に立った．

積されてきた。

この終章では、二・二八事件そのものに関してはこれらの先行研究の知見に拠りながら、日本植民地支配下にあった台湾と、「戦後」を迎えたはずの台湾との連続面を明確化することに努めたい。こうした作業は、日本の統治と中華民国の統治を比較してどちらがより「まし」かという論がなされがちな状況において、そうした論で見過ごされがちな次元の問題を開示するものともなるはずである。

以下、林茂生について日本敗戦までの歩みをとりあげたうえで、四五年以後の出来事について台湾大学と米国領事館との関わりに着目して記す。二・二八事件で林茂生の「罪状」として掲げられたのも、台湾大学の学生を「煽動」し、米国領事館の協力をえて「台湾独立」を「妄想」したことだったからである。最後に、丘の上の松の樹がなぎ倒されたのちの蘖《ひこばえ》として、林茂生の子どもたちの世代の歩みについて言及する。

一、「聖戦完遂」のかけ声のなかで

台南長老教中学からの追放の五年後の一九三九年九月、林茂生は、次男林宗義の一九歳の誕生日に寄せて次のような五言絶句を贈った(5)。

桃源在何許（桃源は何許《いずこ》に在る）
西峰最深處（西峰の最も深き処）

不用問漁人（漁人に問うを用いず）

沿渓踏花去（渓に沿いて花を踏みて去《ゆ》け）

林宗義の語るところによれば、この詩の大意は次のようなものである。「お前は若い志を抱いて日本へ行く。これからだんだん勉強をして、桃源すなわち一つのパラダイスを求めていくことであろう。しかし、桃源は非常に奥深い所にあるものだ。ただ、陶淵明の桃源境《ママ》記によれば、川で魚捕りをやっている人は知っているという。わずかな人だけは知っているのだ。しかし、そういう人に道を問う要はない。むしろ、川のへりに沿って自分で花を踏んで進んで行け(6)」。

林宗義は、公学校を卒業後、三三年に七年制の台北高等学校の尋常科に入学していた。台北高等学校への進学にあたって、林茂生は、息子が公学校入学前から祖父林燕臣に漢学の手ほどきを受けるなど台湾人としての自覚を身につけてきたので、日本人中心の環境におかれてもアイデンティティが掘り崩されることはないだろうと判断したという(7)。上記の五言絶句を受けた当時、林宗義は、東京帝大医学部に進学して精神医学を専攻することを決めたところだった。父のように文科に進むか、それとも多くの台湾人エリートと同様に医者を目指すか悩んだ末に、その接点にあたる領

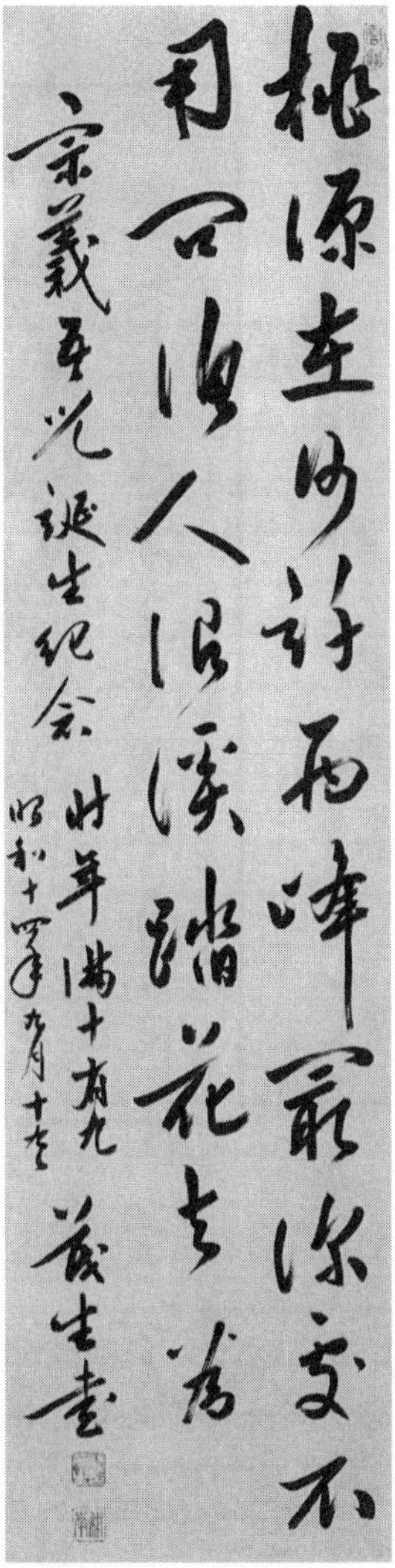

図終-2 「桃源在何許」
署名部分には「時年満十有九　昭和十四年九月十九日　茂生書」と記されている.

域を選択したともいえる。林茂生は精神医学が「艱難と寂寞に満たされた学問であり、偏見と冷眼にさらされる仕事」であると述べながら、だからこそ、この道を選んだことを祝福したいと語ったという(8)。

桃源郷と呼ばれるユートピアを求めて、前人未踏の道を歩むこと、それが親から子へと託された願いであった。その際、「漁人」に案内役を頼む必要はないという言葉は、重要な含意をはらんでいる。植民地とは、外来の支配者が「わたしたちこそ案内役である。だから、とにかくわたしたちのあとについて来なさい。そうすれば幸せになれる」とささやく空間だからである。そうした誘惑に屈することなく、自立した歩みの先にこそユートピアは存在すると説いたものと解釈することができる。

林宗義を東京帝大に留学させるにあたっては、林獻堂が毎月四〇円の学費を出すことを約束した(9)。林茂生は、長老教中学を追放されたのちも、台南高等工業学校教授として台湾人としては相対的に安定した収入に恵まれていたが、子どもを内地に留学させるのに十分な経済的余裕はなかったものと思われる。二〇年代末の自身の米国コロンビア大学における私費での滞在も借金によるものであり、四〇年代になっても利息の支払いに追われていたという(10)。こうした経済的窮境にもかかわらず、四一年九月には、林茂生は「一身上ノ都合」として台南高等工業学校に退官願を提出した(11)。定年より六年も前のことだった。しかも、退官願提出後もパートタイム講師として働き続けている。行政から退職勧奨がなされ、林茂生の側でもこの圧力に抗するのは難しいと判断したと考えられる。

林茂生退官の五ヵ月前、四一年四月には皇民奉公会が発足した。これは、まさに「上意下達」組織であり、台湾人からは冷ややかに見られていた(12)。しかし、だからこそ、総督府は、全島的な名望を備えた林獻堂を中央本部参与に就任させた。さらに、陳炘は本部事務局附、林呈禄(改姓名により林貞六)は本部生活部長というように、林獻堂の片腕とも呼ぶべき人びとも同時に役員に名を連ねさせられた。総督府はかつて一九三〇年に無理強いに林獻堂を総督府評議会員に就任させておきながら、三六年に「林獻堂殴打事件(祖国事件)」が起きると評議会員その他一切の公職からの辞表提出を求めた（本書第九章第三節参照。以下、〔九―三〕というように略す）[13]。にもかかわらず、四〇年末に長谷川清海軍大将が総督に就任すると、再び評議会員への就任を求めた。林獻堂に対する皇民奉公会役員への登用は、こうしたいかにもご都合主義的な利用の延長線上にある出来事といえる。

四三年一二月に皇民奉公会の組織改組がおこなわれた。この時、林茂生が、国民動員部長に就任した。林茂生の部長就任を告げる『台湾公論』の記事は「皇民奉公会が同氏に目を付け引張り出しに成功した事は近来の傑作」と評し、「引張り出し」によるものという認識をはからずも吐露している[14]。林獻堂日記では、この人事について次のように記している。「台中に至り、余と天佑〔甥の楊雲鵬を指す〕、大東信託に到り陳炘に会う、林茂生を皇民奉公会中央本部に入り戦時生活部長と為すべく推薦したと言うを聞く、既に決定したという」[15]。この「既に決定したという」という記述には、若干の戸惑いが示されているように思われる。

当時の皇民奉公会の幹部には、今川淵（中央実践協力会議員）、栗山新造（台南州支部戦時生活部長）、清水紀與治（台湾義勇報国隊総本部参与）ら台南長老教中学排撃運動の中核に位置した内地人の名前がずらりと並んでいた〔八―二〕[16]。単純に考えて、林茂生が平静でいられたとは思えない。台南高等工業学校における同僚だった潘貫の回想によれば、皇民奉公会役員就任のため台北近郊の北投に居を移すことになった林茂生は、台南駅を発つ時に「凄然」とした表情をしていたという[17]。退官によりもはや生活の基盤も掘り崩されていたうえに、林獻堂らの盟友も皇民奉公会に組み込まれている状況が、この時の選択の重要な前提条件になったように思われる。

かくして、林茂生も、人びとを戦争協力に駆り立てていく「共犯者」としての役割を担わされたといえる。そのことは、皇民奉公会の機関誌『新建設』からうかがうことができる。『新建設』誌上の記事で林茂生の署名が付されたものとして、二篇の日文の文章、一篇の漢詩、三件の座談会記録がある。そのうち、「本島青年に寄す」と題する文章では、「聖戦完遂の次に来たるものは、興亜の大業である」と当時の内地人の口吻をそのままなぞりながら、「本島

に保とうとした痕跡をうかがうことができる。

青年」の行動は「独り戦局の成敗に関係するばかりではなく、実にまた島民の皇民としての運命の浮沈を決定する関鍵である」と語っている。(18) 関心の焦点が「島民」の命運に置かれていることはわかるものの、全体として、「奴隷の言葉」が使われているというほかはない。他方、座談会での発言では、次に示すように、自らの内的な一貫性を必死に保とうとした痕跡をうかがうことができる。

四四年八月号に掲載された「「心の要塞化」を談る」という座談会には、内地人七名とともに林茂生と顔春和（国民動員部参事）が参加している。林茂生は、「本島有識層の悩み」が三つあるとして、第一は「自分達の政治的地位が低いこと、若くは低いと感じて居ること」、第二は「日本人生観」について明確な考えをもてないこと、第三は「自分達が取り残されて居る」と感じることだと語る。政治的地位については、よくよく振り返るならば螺旋を描くように地位の上がっているところもあると補足的に語っているものの、この補足自体が台湾人の政治的地位の低さをいっそう印象づけるものとなっている。「日本人生観」について、掘り下げた言及はしていないが、天皇崇拝を核とした「日本人」意識になじめない思いの婉曲な表現であろう。「取り残されて居る」という発言からは、全体主義の圧力のもとで、誰からも見棄てられているという孤絶の心境がうかがわれる。

「「心の要塞化」を談る」という勇ましい座談会のタイトルとは裏腹に、林茂生の発言には台湾人としての戸惑いの意識がにじむ。これに対して、引き続いて発言した穂積正義（戦時生活部次長）は、「いざといふ時一億玉砕あるのみだといふ心構が徹底した時は総督政治も要らぬ」と語る。「総督政治」とは、本書で見てきたように、台湾人の政治的地位を低くとどめる体制であった。したがって、穂積は、「一億玉砕」という心構えがまだ台湾人に浸透していない以上は、その政治的地位は低くてもしかたないのだと反論していることになる。それは反論というよりもむしろ恫喝であり、この座談会の場が「一億玉砕」の覚悟を台湾人に対して問いかける尋問の場になっているともいえる。

台湾語使用をめぐるやりとりにも、林茂生の意向と内地人有力者のあいだの意識の落差を見出すことができる。同じ座談会で林茂生は、台湾語の重要性を説いて「大衆への浸透方法として台湾語を使へといふ声が相当高くなつて居ります。それは変則だとか、遠慮すべきだとか考へるべきではない」と語った。これに対して、栗原広美（台湾新報社政治部長）は、「国語を使はなければ配給もしない」「台湾語など使つて居る者は容赦なくビシビシやる」措置が必要であると威嚇しながら、ただし今は「血戦中」なので国語の問題にあまり拘泥しない方がよいと若干の譲歩の姿勢を示した。こうした発言のあとに、林茂生は繰り返して「台湾語で以て時局の認識をさせ、又為すべきことを言つた方がよいと思ひます」と食い下がるのだが、司会の大澤貞吉（戦時生活部長）は「国語問題が話題に上ると毎《いつ》も議論に花が咲くからこの辺で……」と議論をさえぎった。[19] この時期に国語問題をめぐっては在台内地人のなかにも方向性の異なる主張があり、台湾人動員のために差別撤廃が必要だと説く者がいる一方、台湾語使用に法的罰則を設けることを進言するなど相変わらずの強硬論を主張する者もいた。[20] このような隘路を意識すればこそ、司会は、議論をさえぎらねばならなかったのであろう。

図終–3　長榮中学校の陸軍特別幹部候補生

　この座談会（四四年八月号）の前後にも、台湾人はいよいよ深く戦時動員体制の内に組み込まれていった。四四年二月には中等学校の卒業生・在校生（一五歳以上）を対象として陸軍特別幹部候補生の試験がおこなわれた。台南長老教中学の後身たる長榮中学校からも一〇名の在校生が合格し、訓練のために内地に赴くことになった。[21] この時に合格したひとり張厚基は、幹部候補生に応募した理由を次のように口述している。新聞で四五年度からの徴兵制実施のことを知り「兵隊に取られるならあっさり幹部になった方がいいと思ったんですよ。一か八か行かなければ、南洋で野垂れ死にするでしょう」[22]。いち早く日本軍に入営して下士官候補生としての訓練を受けるのか、それとも兵隊に取られて「南洋で野垂れ死に」するのか……。「台湾人の学校」という夢が潰えたあと、台湾人の青年のとりうる選択肢の幅はあまりにも限られていたことがわかる。

四四年九月には台湾人の徴兵制が前倒しにして実施される一方、台湾軍が第一〇方面軍に改組されて、安藤利吉陸軍大将が方面軍司令官に着任した。一〇月一四日には米軍の爆撃機一〇四機が四川省から飛来して台湾南部の岡山の飛行場を空爆、全島各地における空襲がこれに続いた[23]。一二月、安藤利吉方面軍司令官が台湾総督を兼任することになり、総督は軍隊指揮権、行政権、立法権を併せ持つことになった。

『新建設』の座談会記事は多いが、林茂生の出席したものはわずかである。上記のほかは、四四年一〇月号の座談会「楽しい奉公班」、同年一二月号の座談会「必勝の神機到る」のみである。しかも、前者では出席者一〇名のなかで、林茂生の発言は「時には裃を脱がなければ笑は出てきません」という当たり障りのないものだけである[24]。後者の座談会では、「私は暫らくアメリカに居りました関係上、若し私の観察にして間違ひがなければ、日本の様に最後まで頑張る、さういふ国民意識はないと思つて居ります」という短い発言をするにとどまっている[25]。すでに米軍による空襲も始まっていた時期であり、林茂生のなかにも、日本軍を「友軍」、米軍を「敵軍」とみなす感覚が生じていた可能性がある。戦争という出来事は、否応なく運命共同体的な感覚を生み出すからである。だが、右に挙げた例が林茂生の出席した座談会での発言のすべてであり、総じてぎりぎりのところで自らの良心を裏切るまいとしていた姿を見出すことができる。

四五年五月一日、林茂生は、林獻堂に対して皇民奉公会の部長職を辞退し一般の部員になりたいと辞意を洩らした。だが、林獻堂は「時局切迫、まさに宜しく協力すべきなり」と慰留した[26]。すでに日本軍の敗局は明らかだった以上、この慰留は日本軍の勝利を信じ、また願ってのものとは思えない。むしろ、「時局切迫」の今だからこそ何が起きるのかわからない、内地人からどのような行為を迫られるのかわからないという恐れによるものと思われる。北投で林茂生の仮寓のすぐ近くに居住していた弁護士陳逸松は、この時期の状況について「(日本の)軍部は、米軍が台湾に上陸する際に、日本に反抗的な知識分子、彼らの心中における「非国民」を除去することを計画していた」と回想している。[27] すでに記したように、台湾人キリスト教徒をリストアップして、やはり米軍上陸作戦の際に殺害する準備も進められていた〔第Ⅲ部小括〕。

かくして、日本軍の銃口がいつ自分たちに向けられるかわからない状況のなかで、林獻堂や林茂生らも「聖戦完遂」への協力を続けることとなった。

二、中華民国への「返還」

林茂生が皇民奉公会に「引張り出」された一九四三年一二月、時を同じくして、中国大陸では戦争終結後の統治体制の青写真づくりが進められていた。同月一日には、中国国民党の率いる中華民国政府(以下、慣用にしたがって国府と略す)主席蔣介石が英国首相チャーチル、米国大統領ルーズヴェルトと会談して戦争終結後の方針を決定、朝鮮は独立、台湾は中国東北(満洲)とともに中華民国に「返還」するとしたカイロ宣言を発表した。かつて下関条約で清国が台湾を日本に「割譲」したのと方向性は逆だったものの、台湾住民の頭越しに、帰属にかかわる重要方針が決定されたという点では相似した事態が生じていたともいえる。[28] もっとも、台湾人のなかで、戦争終結後の青写真づくりに参加した人物も、次のように少数ながら存在してはいた。

近藤正己の研究によれば、中国国民党は四四年七月に戦後の台湾接収に備えて台湾調査委員会を設置、そこには台湾革命同盟会の幹部である謝南光(謝春木)、顧問格である黄朝琴ら台湾出身者が参与していた。これら大陸を拠点として活動していた台湾人は、「祖国」中国の富強により台湾の「光復」を図ろうとした人びとであった。ただし、そのなかにも微妙な見解の相違が存在した。謝南光は徹底した民主制度のもとで「高度自治」実現を求めたのに対して、黄朝琴は、台湾人官吏の登用や州長・市長民選の必要を説きながらも、日本の統治機構を「効率的な体制」とみなして総督と同様の委任立法権を台湾省長に認め、保甲制度や専売制度を活用すべきことを主張した。[29]

この二人はともに林茂生と親交があった。謝南光は東京高等師範学校を卒業、台湾文化協会主催の第三回夏季学校では林茂生とともに講師を務めた。三一年に台湾民衆党が解散させられたのち、中国大陸に移住していた。[30] 黄朝琴は早稲田大学留学中に『台湾民報』創刊に参加、林茂生を会長とする台南長老教中学後援会の会員にも名を連ねた〔五-二〕。その後、中華民国の国籍を取得、国府外交部に勤務していた。[31] 黄朝琴が、台湾人の思いをよく知るはずでありながら総督政治を模倣すべきことを説いたのは、意外にも思われる。しかし、近藤の指摘する通り、「中国が憲法を公布し自治制度を完成させるまでは、台湾は現状のままでよい。中国社会の発達が先であるべきだ」と考えていたということだろう。[32]

台湾調査委員会の主任陳儀の場合、そもそも台湾出身者ではないこともあり、中国本土の現状を優先させる傾向はいっそう顕著だった。陳儀は日本に留学して陸軍士官学校・陸軍大学校に学んだ「知日派」であり、三五年から四一年まで台湾と関連の深い福建省の主席であった。やはり近藤の研究によれば、陳儀はもっぱら資源の豊富さや軍事的価値という観点から「台湾を中国の国益のレヴェルで考える」傾向を持っていたという。[33]

四五年八月一五日、日本は降伏してポツダム宣言を受諾、これによりカイロ宣言の方針に基づいて台湾は中華民国に「返還」されることになった。ただし、国府当局も、カイロ宣言だけでは、台湾の主権移転の法的根拠は乏しいことを認識していた。そこで国府は、連合国軍による接収の一翼を担うという形式で台湾を接収することになった。米中の協定により、中国大陸の部隊が台湾に赴く際の運送および援護は、米軍が受け持つことになった。このように台湾をめぐる主権の所在はいまだ曖昧だったものの、国府は台湾人が中華民国の国籍を保有することを宣言するなど既成事実化を進めた(34)。

八月二七日、蔣介石は陳儀を台湾省行政長官兼台湾省警備総司令に任命した。台湾は、「中華民国台湾省」に編入されて、在来の住民は台湾省を籍貫(本籍に相当)とする者すなわち「本省人」と称され、他方新たに台湾に在住し始める者は台湾省以外の籍貫を持つ者すなわち「外省人」と称されることになった(35)。そして、台湾省行政長官たる陳儀は、本土の一般の省制とは異なる体制のもとで、行政権・立法権・司法権、さらに台湾省警備総司令としての軍隊指揮権も併せ持つことになった(36)。まさに戦争末期の台湾総督に類似した強大な権限を委託されたことになる。

松田康博の研究によれば、陳儀は行政長官公署各処——処は局に相当、たとえば日本時代の「文教局」は「教育処」と改称された——の長として福建省主席時代の部下を優先的に任用する一方、台湾人はひとりも登用しなかった。中国東北の接収の場合には東北出身の国民党員が要職を占めたのに対して、台湾接収に際しては台湾出身者が行政機構から排除されたわけである。その理由について、松田は、国民党の有力地方派閥が存在しなかったこと、島内の政治エリートがおしなべて日本に協力した「漢奸」とみなされていたことを挙げている(37)。

右に述べてきたような事実に着目するならば、蔣介石・陳儀らの意識において、伊藤博文・後藤新平らが「新領土」としての台湾に臨んだときとどれほど実質的相違が存在したかは微妙である。どちらの場合も、台湾とは別に「本土」「内地」と呼ばれた土地があり、そこに位置する中央政府が、台湾統治とは別次元で国策上の優先課題を追求していた。一八九五年前後の日本の場合は欧米列強との条約改正がそれであり、一九四五年前後の国府の場合は中国共産党の影響力に抗して中国全土に実効支配を及ぼすことが優先課題だった。台湾という失われた土地を「回復する」という言説とは裏腹に、国府にとっての台湾は、「戦利品」として獲得した「属地」という性格が当初からつきまとっていたように思われる。

翻って台湾の人びとは、八月一五日前後にどうしていたのだろうか。曽健民の研究によれば、多くの台湾人は高圧的な植民地支配の終焉を歓迎したものの、なかには戦争の終結に呆然とする者もいた。さらに、台湾は地上戦の戦場とならなかったために、総督府と日本軍は八月一五日以後も戦中と同様の威圧的な空気とともにその場に存在しており、しばらくは喜びを公然と表現することすらも困難であったという。(38)

この八月一五日直後の時期、一般に「台湾自治(独立)事件」と称される出来事が起きた。(39)日本軍第一〇方面軍の復員関係史料によれば、「林茂生其の他の有志」が「台湾独立運動」を始めたが、なおも暫定的に権力の座に留まる安藤方面軍司令官兼総督が「日本軍の実力で断乎之を討伐する」と語って、その独立運動を制止したとされる事件である。(40)この情報の真偽は微妙である。林獻堂日記によれば、八月二〇日に林獻堂、許丙らが安藤総督のもとを訪れて、治安維持に協力することの可否を尋ねたのに対して、安藤は従来通り治安維持にあたるつもりだと答えたとのことである。(41)林獻堂が林茂生と面会するのは、安藤総督との面会を終えてホテルに戻った後のことである。したがって、林茂生が「台湾独立」を求めて安藤総督から制止されたという記述は、信憑性は薄い。ただし、林茂生、林獻堂らが台湾人による自治の可能性を探っていた可能性は大いにあるであろう。敗戦直後に総督府警務局が作成した資料によれば、台湾人「有産階級」のなかに、「本島ノ実情ニ応ズル自治体ノ樹立ヲ要望、更ニ進ンデ本島ノ独立ヲ希求スル者多ク」あったとのことである。(42)当時の国府高官の回想にも、同様の情報がある。それによれば、日本の敗戦前後の時期に林獻堂は林茂生らを前にして「今後の台湾と中国の関係は、まさにカナダと英国の関係の如くであり、中国政府は本島において僅かに宗主権を保持するのみである」と語ったとのことである。さらに、陳儀長官の来台を待つ時期に林獻堂を副長官として、劉明朝を財政、林茂生を教育の責任者に擬す構想も話し合われていたという。(43)こうした動きを日本時代の「御用紳士」による「分離主義」とネガティブにみなす国府官員側の証言ではあるものの、台湾人の間で、英連邦のなかのカナダのありようが自治の一つの範型となっていた可能性はある。

他方で、国府は、法的な帰属関係の曖昧さにもかかわらず、台湾を自国の領土に編入する体制を着々と整えていた。こうした状況で台湾人による自治のありようを模索する林獻堂は、結局、台湾同胞代表として九月八日に南京を訪れ、蔣介石と会談した。(44) かくして、蔣介石と交渉しながら、中華民国の国制の枠内で自分たちの生き延びる道を求めることとなる。

三、脱植民地化への希求

一九四五年一〇月一〇日、中華民国の建国記念日を意味する「双十節」の慶祝大会が、台湾各地で開催された。この日付が記念する武昌起義(一九一一年)は、日本による台湾植民地化以降のことであり、当然ながら、台湾で祝われたのはこの年が初めてであった。台北市公会堂でおこなわれた式典では、行政長官公署秘書長葛敬恩の代理による祝辞に引き続いて、黄朝琴、林獻堂、林茂生が祝辞を述べた。

ここで林獻堂が登壇するのは、彼の政治運動にかかわる経歴と全島的名望から考えて自然なこととも思える。他方、林茂生の登壇についてはそれほど自明ではないものの、次のように推測できる。林獻堂日記一〇月八日条によれば、「〔黄〕朝琴、双十節に出席して公会堂にて祝辞を講じることを余に請う」とあり、同じ日に林茂生と会合したことを書き留めている。(45) 黄朝琴のように大陸から戻った台湾出身者は、「半山」と呼ばれて、行政長官公署と台湾人社会の仲介的役割を果たしていた。したがって、行政長官公署が黄朝琴を介して林獻堂と交渉し、林獻堂がさらに林茂生に委嘱したと考えるのが自然であろう。林茂生は、学者・教育者として全島的に日本時代からよく知られた存在であるうえに、林獻堂と信頼関係で結ばれていた。狭義の政治運動にかかわる経歴の乏しさも、日本時代に内部分裂を重ねた抗日運動関係者を束ねるのにむしろ都合がよいと判断された可能性が強い。

林茂生は、双十節に創刊された新聞『民報』の社長にも就任した。『民報』の総主筆となった黄旺成(陳旺成)は、台湾民衆党などで中堅的役割を果たした人物であり、かつての『台湾民報』の記者として著名だった。[46]『民報』は、双十節の様子について「歓天喜地　極呈興奮」という見出しで報じるとともに、林茂生の演説を次のように記している。「これまでの五一年、その惨状の一切はとても表現することができない」。しかし、日本人もついに「中国魂」を奪うことはできなかった、それは日本による支配が完全な失敗だったことを証するものだ、という内容である。[47]日本植民地支配下の「惨状」、そこからの解放の歓びが、まずは出発点だった。

林茂生はさらに、台湾大学の教授、また淡水中学校・淡水高等女学校の校長兼理事長にも就任した。台湾大学教授就任の経緯については後述する。淡水中学校・淡水高等女学校は、カナダ長老教会の経営する学校だったが、本書で論じてきたように、三六年に激しい排撃運動の結果として台北州に移譲されていた。一九四五年一〇月四日、台湾基督長老教会北部大会が日本時代に奪われた学校を接収する段取りを整え、一一月二〇日に林茂生を校長兼理事長として、また陳能通と陳清忠――淡水中学排撃運動のさなかに学校を追放された二人(九-二)――をそれぞれ淡水中学校、淡水高等女学校の教務主任として選任し、学校を再開した。[48]開校式において林茂生は、神を敬い、三民主義を奉じ、真理を尊重すべきという方針を情熱的な口調で説いたという。[49]翌四六年五月には、陳能通が淡水中学校の校長、陳清忠が淡水高等女学校の校長となり、林茂生は校長職を解かれたが、理事長のポストにはとどまった。[50]なお、林茂生が精魂傾けてきた台南の長榮中学校については、この時期、役職に就いた形跡は見られない。林茂生がすでに台北に居を移していたうえに、排撃運動の過程を通して、学校に残った人びととのあいだに心理的な懸隔が生じていた可能性もある。

四五年一〇月一五日には中華民国の国軍が台湾に上陸、二四日に林獻堂らの出迎えのもと陳儀行政長官が松山飛行場に到着した。かくして一〇月二五日午前、台北市公会堂で「中国戦区台湾省」にかかわる日本降伏式典がおこなわれ、同日午後に「慶祝台湾光復紀念大会」が開催され、連合国軍の兵士も列席した。この祝賀式でも、林茂生は林獻堂とともに登壇した。

『民報』の報ずるところによれば、六〇〇〇を超える人が集まった祝賀会の式次第は次の通りである。奏楽ののち、青天白日旗と孫文遺影に敬礼、孫文遺嘱を読み上げたのち、抗日戦争の死者に哀悼の意を捧げた。そして林獻堂が主席として開会の辞を述べ、「帝国主義日本による挑戦の責任は軍人の責に帰すばかりでなく、六千万日本人が共同で負うべきものである」と語ったうえで、陳儀長官に従って新台湾の建設に尽力しようと呼びかけた。次いで陳儀長官と台湾省党部主任委員李翼中が訓辞を述べた。その後で「省民代表」として林茂生が演説した。林茂生は以下のように語った。

> 「光復」がなされたのはかつて「失陥」があったからであり、「失陥」がなされたのは国民が無自覚で、団結がなく、「敵人」につけいる隙を与えたからである。今日は「光復」の第一段階に過ぎない。「光復」の最終段階は、「完全な自由を回復することで、中国の完全な自由を回復」した時に初めて達成される。本当の意味での「光復」を実現するように同志はすべからく努力しなくてはならない。

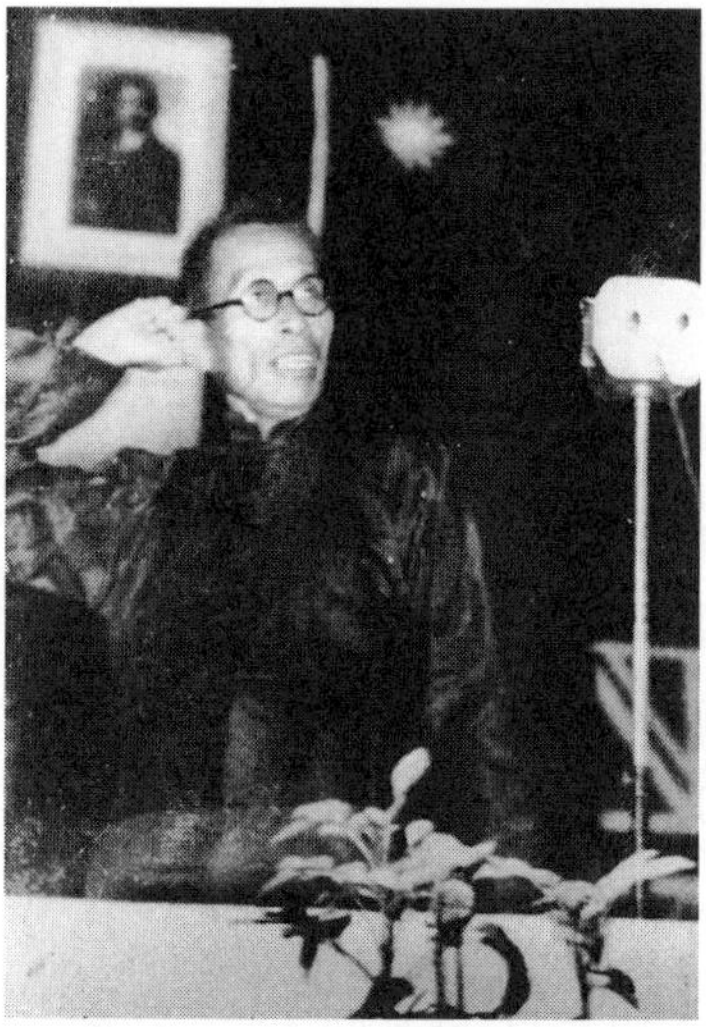

図終-4　慶祝台湾光復紀念大会で演説する林茂生
背後に見えるのは孫文肖像と青天白日旗.

これらの演説を終えたあと、「慶祝台湾光復」「建設三民主義新台湾」「国家至上、民族至上」「意思集中、力量集中」「蔣主席万歳」「中国国民党万歳」「中華民国万歳」を叫んで散会となった(51)。

林茂生の演説で「失陥」とは、台湾の「失陥」、すなわち下関条約により台湾が「割譲」されたことを指すものだろう。この出来事は、台湾の住民に「棄地遺民」という意識を深く刻むことになった〔三-一〕。また、「完全な自由を回復」という表現を繰り返しているが、最初の「完全な自由」の主語が表現上曖昧であることに注意したい。林茂生の意図した主語は、おそらく台湾であろう。すなわち、台湾が完全な自由を回復した時に、中国もまた帝国主義に翻弄された歴史を脱して完全な自由を回復したといえる、という意味合いと解釈できる。そのように解釈することにより、この晴れがましい式典であえて「失陥」という負の歴史に言及したことの意味も明瞭となる。国府が台湾「返還」について語る以上は、一八九五年の台湾「割譲」についても責任をとる態度が必要である。そうした態度を示すことにより、台湾の住民と中国大陸の住民の再統合も可能になる。そのように語ろうとしたのであろう。

林茂生の演説には、脱植民地化という課題を、単に日本の支配を脱することではなく、これにより生じたさまざまな傷痕や歪みから回復するための長期的な営みとして捉える観点が示唆されている。それにしても、大陸から来た新たな支配者が、「失陥」という負の歴史に対して正面から向き合う準備があるのかどうか……。微妙に焦点をぼかした『民報』の報道は、この点にかかわる見通しのつきにくさに対応したものと思われる。

「光復紀念大会」と同日に創刊された雑誌『前鋒』に寄せた文章にも、脱植民地化への希求を見出すことができる。林茂生はいう。「従来帝国主義の桎梏下に処するに、我は人ならず」。その含意はこうである。人は人格を持ち、人格はそれ自体が目的であるはずなのに、帝国主義国は人を単なる手段、「機械」とみなした。「機械」として待遇されながら生存しようとするために、人格は分裂せざるをえず、本当のことを語ることもできなかった。さらに、人は過去と現在と未来を持つにもかかわらず、父祖から受け継いだ一切の固有文化を放棄し、言語も、習慣も、文字も、信教も棄てることを迫られた。今ようやく、同一の歴史、同一の法制、同一の言語、同一の伝統に立つ「真の国家」に出会えたのだから、そのために力を尽くさなくてはならない[52]。

林茂生は、日本時代に台湾文化協会の主催した夏季学校において、カント哲学を講ずるという形式で道徳的な自律と政治的な自己決定self-determinationの重要性を説いていた〔五－二〕。この『前鋒』の論説は、その議論の延長線上にある。すなわち、人間の人格はそれ自体が目的であるというカントの哲学をベースとしながら、個々の人格的内面性とその内的一貫性を破壊するものとして「帝国主義」への批判を提起している。理想主義哲学を根底とする原理的な批判であるがゆえに、たぶんに抽象的ではありながらも、揺るがぬ立脚点を示したものといえる。

この『前鋒』の文章にはまた、林茂生自身の苦痛に満ちた経験も滲み出ている。日本時代に棄てることを迫られたものとして言語ばかりではなく「信教」を挙げている点は、台南長老教中学で神社参拝をめぐって信教の自由を否定された出来事をふまえてのものであろう〔八－一〕。本当のことを言うことができず、人格は分裂せざるをえなかったという文章からは、皇民奉公会の動員部長に引っ張り出された際の苦悩がうかがわれる。

他方、同一の歴史・法制・言語について述べた後半は、希望的な観測という色彩が強い。台湾の人びとは、下関条約を境として、大陸の人びとと異なる歴史を歩み、異なる法制を経験した。「国語」として日本語を習得することを迫られる一方で、大陸で中国語が普及していくプロセスから隔離された。大多数の台湾人は辛亥革命も、中国国民党の成立も、抗日戦争も、自らの経験としては知らなかった。しかも、日本植民地支配下において、「台湾史」はほとんど存在しないに等しい状況だった。わずかに連横『台湾通史』(一九二〇年)のように清代以前の歴史を中心としたもの、あるいは井出季和太『台湾治績志』(一九三七年)のように統治者の立場から書かれたものがある程度であった。歴史書すらほとんどな

図終–5 『前鋒』第1期
『前鋒』は，留学経験を持つ台湾人のグループにより光復紀念大会と同日に創刊された．

い状況で、文字通り筆舌に尽くしがたい歴史的経験をいかに伝えていくことができるのか……。

こうした歴史認識をめぐる問題を意識してのことだろう、林茂生は、日本時代の経験を、さまざまな場で伝えようともした。たとえば、『政経報』という左派系の雑誌において、かつて欧清石から託された「獄中吟」を掲げた(四五年一二月)。欧清石は、戦時期に「東港事件」の「首謀者」として治安維持法違反で起訴されて、獄中で死んだ弁護士である〔第Ⅲ部小括〕。

「獄舎の風は酸にして打料は顫える」と吟じた欧清石の詩に寄せて、林茂生は跋文を草し、次のように哀悼する。「之を読するに一字一血、日吏の惨酷無道、人をして切歯痛恨せしむる。余、君と共に平生道義を相求める。君の詩を誦し、蓋し君の死を惜しむ。而して君の泯滅たるを忍びず。因りて之を掲げ、以て世に伝う(53)」。

帝国日本の暴力により葬り去られた者への哀悼に発しながら、この暴力を担った日本人官吏による「惨酷無道」の責任を問おうとする態度がそこにある。それは、脱植民地化に向けての基本的な課題であると同時に、大陸の人びとと「同一の歴史」を創造＝想像していくためにも必要不可欠なことであった。しかし、それは、本章を通じて示すように、ほとんど絶望的なまでの困難に満ちた作業でもあった。

四、「わたしたちの大学」の創造

林茂生の活動は、日本の敗戦以後多岐にわたっていたが、主戦場ともいうべき位置を占めたのはやはり学者・教育者としての仕事であり、台湾大学教授としての活動だったように思われる。林茂生が台湾大学教授に就任した経緯は、以下のようなものである。

一九四五年一〇月、国府は、台北帝国大学の接収事業の担当者として羅宗洛を台北に派遣した。羅宗洛は浙江省生まれ、北海道帝大農学部で植物生理学を専攻し、広州中山大学などで教鞭をとった。このほかに接収委員としては陸志鴻、馬廷英らが任命された。陸志鴻は浙江省生まれで東京帝大工学部卒業、馬廷英は遼寧省生まれで東北帝大理学部卒業。接収事務には日本語能力が必要と判断されたためであろう、羅を含めていずれも日本留学経験者であった。羅宗洛は、米国の軍艦に搭乗して一〇月一七日に基隆に上陸、台北駅では台北帝大唯一の台湾人教授だった杜聰明が出迎えた(54)。

台北帝国大学の総長官舎に住むことになった羅宗洛は、杜聰明から基本的情報を仕入れるとともに、彼に医学部の接収委員を委嘱した。既に陸志鴻が工学部、馬廷英が理学部の担当、羅自身が農学部の担当だったので、残るは文政学部の担当者だった。羅は回想録で次のように記している。「台湾同胞中に林茂生という者がいて、日本で教育学を専攻して文学士となり、さらに米国に渡って箔を付けたと聞いた。台湾人のなかにあってすこぶる名望があるということなので、特に文・法学院の接収を依頼したところ、快く引き受けてくれた(55)」。

一〇月二九日、羅宗洛は林茂生を接収委員に加えることを台湾省行政長官公署に申請、陳儀長官の裁可を得て一一月一日付けで辞令が発せられた(56)。一一月一五日には台北帝大の接収式がおこなわれた。この場に臨んだのは、中華民国側が羅宗洛、陸志鴻、馬廷英、杜聰明、林茂生ら、日本側が台北帝大総長安藤一雄と各学部長らであり、公印、会計帳簿などの授受がおこなわれた。各学部は学院、大学予科は先修班と呼ばれることになり、文政学部は文学院と法学院に分離されることになった。

羅宗洛は、この接収式について日記に次のように記している。「林茂生が接収方式に甚だ不満の意を表していることを仄聞した。「この大学はつまるところ、日本人を主とするのか、中国人を主とするのか」「光復したのは台湾か、それとも日本か」という憤激の語を洩らしたという(57)」。林茂生が何に憤激していたのかは、明記されていない。ただし、以下に記す通り、①日本人スタッフの大量留用、②台湾人スタッフ登用の消極性、③文学院長の人事をめぐる軋轢が原因であったと考えられる。

第一に、日本人スタッフの留用について。

接収式よりも前の一〇月二一日には、医学部の学生が学生連盟による決議として「日本人勢力の一掃」を求めた。もしも日本人教授追放の結果として大学の程度が下がったとしても、自分たちが責任を負うとまで主張した[58]。こうした学生の行動には、それまでの日本人中心の大学のあり方への鬱屈した思いが反映していると思われる。

こうした学生の思いとはうらはらに、多くの日本人教授が留用されていた。四六年一月当時、日本人教授について、文・法学院の留用者は二三名中で二名だけだったものの、それ以外の自然科学系の学院（理学院・農学院・工学院・医学院）は合計で六五名中の五五名が留用となっている[59]。台湾人の教授は、全学を通じ、林茂生・杜聡明を含めてわずか九名にとどまった[60]。自然科学系における留用者の多さは、国府が戦争終結前から、日本人技術者を人的資源としてしばらく留用する方針を定めていたことにもよると考えられる[61]。

第二に、台湾人スタッフ登用の消極性について。

右のように、文・法学院以外では日本人教授の大半を留用としたために、ほとんど空きポストは生じなかった。台湾人登用の傾向が顕著なのは、医学院の助教ポストにとどまる[62]。文・法学院については、日本人解雇の方針が立てられたものの、台湾人の登用も遅々として進まなかった。林茂生としては、そのことへの苛立ちと憤りがあったと思われる。それは、次のような台湾人若手研究者との交流という文脈を参照することでより明瞭となる。

林茂生は、台湾大学の接収以前から、次世代の台湾研究を担うべき若手研究者と交流し、台湾研究の深化・普及を目的とする台湾人文科学会の創設に携わっていた。一〇月一四日には台湾人文科学会の創立大会がおこなわれて、林茂生が委員長に選出された。この時の様子について「日本政府時代の人文科学研究の圧迫を痛論しない者はなく、ようやく八時頃に散会した」とされている[63]。また接収式直前の一一月一二日には台湾人文科学会の委員会を開催、委員長林茂生のほか、陳紹馨、呉守禮、黄得時、楊雲萍らの委員が出席した[64]。林茂生以外は、いずれも一九〇〇年代生まれの、新進の知識人であった。

陳紹馨は台南商業専門学校で林茂生に学び、その影響で台湾文化協会にも加入した経験を持つ。その後、東北帝大で社会学を学び、四二年に台北帝大文政学部土俗学・人種学講座の副手に就任した。(65) 呉守禮は三三年に台北帝大文政学部東洋文学専攻に学び、卒業後に副手となった。(66) 中国古典研究と同時に台湾語の研究をおこなっていた。黄得時も台北帝大で東洋文学を専攻、卒業後は『台湾新民報』の記者をしていた。楊雲萍は東京に留学して文化学院で文学を学んで、帰台後は白話文雑誌『人文』の創刊などに携わっていた。

これらの台湾人は、日本植民地支配下に『民俗台湾』にかかわっていた点で共通した経歴を持つ。『民俗台湾』は四一年に民俗研究家である池田敏雄、台北帝大教授金関丈夫らの日本人研究者を中心に創刊された雑誌である。この時期、総督府は、台湾人社会の大きな反発を買った寺廟整理運動を中止するなど、在来の文化をむしろ利用しながら戦時動員を図ろうとしていたところだった。そこに、『民俗台湾』のように日本人研究者と台湾人研究者とが参与する台湾研究が許容される余地があった。創刊に際して陳紹馨・黄得時は発起人に名を連ね、楊雲萍や呉守禮は文章を寄稿した。(67) 林茂生自身は『民俗台湾』の座談会に一度参加したことがある程度だったが、これらの若手研究者と知己の間柄だったと思われる。

台湾人文科学会の創設に対して、『民俗台湾』にかかわってきた日本人の視線は冷ややかだった。池田敏雄「敗戦日記」では、次のように記している。「台湾新報、台湾人文科学会の成立を報ず。林茂生(発起人代表、委員長)、陳紹馨(経過報告)などの名あり。純学術団体なりというも、日本人は排除されている」。池田はまた、この時期の金関丈夫と陳紹馨の会話を書き留めている。『民俗台湾』について金関が「適任者さえあればいつでも接収に応ずる」と陳紹馨に話したところ、陳は「台湾人に適任者がいなかったわけではない。仕事をしようとしてもできないようにされていた。それで引っこんでいたまでだ」と語った。陳紹馨が席を辞したのち、金関は「彼らの実力ではいいものはできないね。編集の技術的な面だけを見ても、おそらく二、三十年は退化するね」と語ったという。池田自身も、「陳氏は金関先生に対してずいぶん気負ったいい方をしたものだ」というように、金関に共鳴する所感を記している[68]。ここには、日本人が敗戦という経験を経てもなお、台湾人を見下げる植民者意識を払拭しないままであることが見て取れる。林茂生らによる日本人「排除」が事実だとして、それは、こうした植民者意識を払拭できない日本人への対応として必要とされたものと考えられる。

このような文脈をふまえるならば、一一月一五日の接収式において、林茂生が「光復したのは台湾か、それとも日本か」という怒りを表白していた由来も鮮明となる。台湾が「光復」した今こそ、これまで重要な社会的地位から疎外されてきた台湾人が日本人の地位に取って代わるべきではないのか。それにもかかわらず、日本人が居座り続けているのはなぜなのか。戦後に大陸から来た「外省人」も戦前から台湾に居住する「本省人」も、同じ「中国人」だという。だとすれば、なぜそこまで日本人の立場を尊重するのか。

接収式ののち、四五年一二月に陳紹馨は文学院教授、呉守禮は文学院副教授、黄得時は先修班教授に就任した。また、楊雲萍は『民報』で「学芸」欄などを担当して健筆をふるい、のちに台湾省編訳館が成立すると館長許寿裳により台湾研究組の主任に登用された[69]。こうした点では台湾人の登用もようやく進み始めたものの、全体から見ればごくわずかであり、文学院の多くのポストは実質的に空きポストの状態に留まった。

第三に、文学院長の人事をめぐる軋轢である。

四六年八月になっても、法学院長は大陸から来任せず、文学院長は任命すらなされていなかった。この問題は、林茂生自身の地位にかかわっていた。接収式を経て羅宗洛が総長代理に就任したほか、陸志鴻が工学院長、杜聡明が医学院長というように、それぞれ接収委員が院長に就任した。ただし、林茂生は文・法学院の院長に任命されなかった。文・法学院長に林茂生とは別の人物を宛てる方針は、陳儀長官の意向でもあった。接収式の一〇日前には、陳儀が文・法学院長には自らの考える人物を招聘したいと羅宗洛に伝えた。羅宗洛は、長官公署が大学の校務に干渉するのは軍人式のやり方であり、寒心すべきものと考えて判断を保留していた[70]。四六年五月、羅宗洛は総長代理の職を辞した。これは羅の憤りによるもので、陳儀が台湾を「自己の独立王国」とみなし、大学の自治を無視してことあるごとに台湾大学の管理運営について介入しようとしたことへの批判であった[71]。八月には羅の後任として、陳儀の推薦に基づいて陸志鴻が総長に任命された。陸志鴻は、陳儀の意向に対して忠実だった。

文学院長が不在という異常な状況において、実質的にその職務を代行していたのは林茂生であり、彼は教務委員として公文書に署名していた。それにもかかわらず林茂生が文学院長となりえなかったのは、彼を管理運営体制の中枢から排除する力が働き続けていたことを物語る。

台湾大学をめぐる状況は、林茂生が社長を務める『民報』でも頻繁にとりあげられていた。たとえば、四六年九月三〇日に『民報』は「台湾大学に対する希望」と題する社論を掲載した。そこでは、人事問題にも言及しながら、次のような論を展開している。

台湾大学への期待の第一は研究の水準を保つこと、第二は日本人の「高等政策」により故意に「人文科学」の研究・教育が軽視されてきたので体制を改革すること、第三は、「もはや日本帝国主義者は存在せず、台湾の歴史と文化を隠蔽する必要もなくなった」のだから、台湾の歴史と文化を重点的に研究・教育すべきこと。これらを期待として挙げたうえで、文学院長がいまだ来任せず、教授として招聘された人物が少数にとどまることひとつをとっても「事実として、不満を感じざるをえず、失望を感じざるをえない」と論じる。さらに、台湾大学の経費は「本省」の負担に支えられており、「台湾大学は当然わたしたちの大学〔原語は我們的大学〕」なのだから、この現状について大学当局の責任を追及すべきだと主張している[72]。

社論であるために執筆者は確定できない。楊雲萍のように『民報』の学芸欄を主に担当した人物が書いた可能性もあるものの、ここに記された期待は、林茂生その人の願いでもあったと考えられる。台湾の歴史と文化を研究・教育することの重要性は、林茂生が学位論文で主張したことでもあったからである。台湾大学の経費は台湾の人びとによって支えられているという論は、彼の米国から帰国後の言葉「人民が租税を納めれば、政治に関与する権利を持つのが当然」という言葉を想起させる〔六一二〕。

日本時代において、台湾人が台湾に関する歴史と文化を学ぶ機会はほとんど閉ざされてきた。だからこそ、台湾大学における台湾研究を充実させて「わたしたちの大学」として創造していくことは、脱植民地化の不可欠な構成要素であった。それは、林茂生の学位論文の帰結として要請されることでもあり、「台湾人の学校」という中断された夢の続きを全島的なスケールで追い求める行為でもあった。しかし、人事をめぐる障壁や、大学自治の不在という壁に阻まれて、この夢は、四六年夏の時点ですでに袋小路に陥っていた。

五、孤立無援の島

台湾大学に見られる袋小路的な状況は、台湾の政治・経済・社会体制のあらゆる局面で見られる傾向であった。

一九四六年五月、東京帝大医学部で学んだ林茂生の息子宗義が、台湾大学医学院の助教に就任するために帰台した。久しぶりの家族での食事の後、林茂生が「納涼話」でもしようともちかけた。「納涼話」という気軽な誘いかけとは裏腹に、親子の会話はきわめて重たい内容となった。

林宗義がこの数ヵ月間の台湾の変化について尋ねたところ、林茂生は「この数ヵ月、毎時毎分、見ること聞くこと、すべてが悪い徴候であり、すべてが新しい痛苦を生み出す……。以前の願いが達成されたとは思えない」と語り、さらに次のように言葉を続けた。台湾人には社会的地位もなく、政治参加の機会もなく、公共空間で台湾語を使用することも禁じられている、数ヵ月で「国語〔中国語〕」を習得するのは難しいに決まっているにもかかわらず「台湾人は国語を話せないから行政官にも教員にもなれないのだ」と言われる……。[73]

「国語」の能力を口実として社会的に責任ある地位から疎外される体制は、日本時代と同様であった。選挙にしても、四六年春に県・市参議会員の選挙がおこなわれていたものの、日本時代の州・市街庄協議会と同様に、県・市参議会は諮問機関に過ぎなかった。重要な決定をおこなうのは、日本時代の総督府に代わって、今や台湾省行政長官公署なのだった。林茂生は、「台湾は一日にしてまた二等国民に戻ってしまった」とつぶやきながら、次のように語ったという。「不幸なことに、戦争の終結から今に至るまで、台湾はほとんど完全に孤立無援の情況にある。わたしたちの不満や怒りを訴えられるところはない。これは台湾の最大の欠陥であり、台湾の悲劇の一大原因である」。そして、ひとりごとのように「黒天暗地〔真っくらな夜の暗黒の地〕」という言葉を繰り返した。[74]

米国人が助けてくれないだろうかと林宗義が問うと、即座に「助けてはくれないだろう」と返答して、さらにこう語った。「一個の政治勢力をなす、あるいは武力を持つ外国集団の力を借りるには、前提として相当の空間と時間と財力が必要であり、これらをもって初めて可能となる。しかし、わたしたちは、このどれも保持していないのだ」。[75]

「歓天喜地」の時代はまたたくまに過ぎ去り、「黒天暗地」という絶望を語らざるをえない時代が早くも訪れていた。本書第Ⅰ部の小括で述べたように、植民地とは、被支配者における社会的上昇移動への志向に対してこれを阻止しようとする力が働く空間であり、その結果として、重要な政治的地位にある人物を輩出する人間集団と、これから疎外される人間集団の隔絶が常態化した世界である。「台湾は一日にしてまた二等国民に戻ってしまった」という林茂生の言葉は、そのような意味での植民地的境遇からの離脱の試みが、すでに頓挫していたことを物語る。

四六年八月には、林茂生をさらに具体的に窮地へと陥れる事態が生じていた。それは、林茂生が「台湾省」の政治的代表者として選出される機会をあえて辞退せざるを得なかったほどの、まさに足下をすくわれるような出来事であった。

林茂生は、中華民国の最高の民意機関である国民参政会の代表選出(省参議会員による間接選挙)にあたり、林獻堂に続いて、複数の次点者のうちの一人となった。次点者にかかわる抽籤の方法について議論が交わされるなか、林茂生は辞退を表明した。なぜ辞退したのか。ひとつの要因として、無効票の判断などにおいて結果の公正性に疑いがもたれた事情が作用していた。(76) そのうえで、より深刻な要因として、日本時代の皇民奉公会関係者に対する公民権停止問題が関係しているのではないかと思われる。この点は、『民報』が、林茂生辞退の記事を掲載したのと同じ日(九月六日)の社論で取り上げた事柄である。

「公民権停止という原子爆弾」と題するこの社論は、まず、行政長官公署が公民権の停止範囲を規定した規則において、禁治産者らと並んで「皇民奉公会で実際工作に任じた者」を対象に含めることにしたという方針を報じる。そのうえで社論は、次のように論評している。「本省人民の利益に違背し、国家の権益を損害する工作に携わった土豪劣紳」は自ら反省して退場すべきである、ただし、「日本の圧迫下で無言の内に抗議していた善良な台湾同胞に対してまで、敵人とみなし、奴隷化されたと譏《そし》るとすれば、それは本省人と外省人の感情的疎隔を大きくするものだ」。さらに、大悪人が法の網の目を逃れることを喩えた「網呑舟《あみどんしゅう》の魚を漏らす」という言葉を用いながら、「国賊とも称すべき貪官汚吏」に対する調査こそ優先させるべきだと論じた。(77)

皇民奉公会関係者の公民権停止という条項を実行に移したならば、林獻堂や林茂生はもとより、台湾共産党に属した簡吉のような獄中一〇年の左翼人士まで含めて、台湾人の政治エリートがのきなみ選挙権・被選挙権を停止される事態がもたらされかねなかった。換言するならば、日本時代に皇民奉公会が動員し利用しようとした台湾人の範囲は、それほどまでに広範囲で、また徹底していた。

『民報』が「土豪劣紳」には「自己退場」を求める一方で、帝国日本による圧迫に無言で抗議していた者までを含めて一律に「奴隷化」されたと罵るのは不当だと論じるとき、そこには外省人官吏に対する台湾人エリートの強い抗議の意思が込められている。「本省人と外省人の感情的疎隔」を作り出しているのは、いったい誰なのか？　新来の「貪官汚吏」が、利益を壟断する態度ではないのか？　そのような怒りに震えながらも、林茂生のとりうる選択肢は限られていた。参政員選出辞退は、精一杯の抗議だったとみなすことができる。同時に、いかなる事情があったにせよ、かつて皇民奉公会の役員として名を連ねたことへの痛みも、辞退という行動に影響した可能性が強い。

この皇民奉公会関係者の公民権停止という条項は、台湾社会の強い反発に直面したため、さしあたっては取り下げられた。しかし、「原子爆弾」のような衝撃力を備えた条項が取り沙汰されたことそれ自体、「本省人と外省人の感情的疎隔」を浮き彫りにし、それをいっそう深刻なものとした。

外省人との感情的疎隔は、もとより林茂生、あるいは『民報』関係者だけが感じていたものではなく、以下のように台湾人一般に広く共有されていたものだった。

四六年一〇月には、「祖国光復」一周年を機会に、新聞・雑誌における日本語欄が廃止されることになった。この措置に反発する台湾人も少なくなかったが、断行された(78)。外省人の側では、日本語を流麗に話す台湾人の姿は、辛酸な抗日戦争の「敵」であった日本人の姿に重なって見えていたことだろう。陳翠蓮の指摘するように、外省人は「日本に対する怨みと憎しみを台湾人の身上にやり場として投げ置いた」のであり、台湾人に対して奴隷化されたという非難を向けることによって、歴史の「清算」を図ろうとしていた(79)。さらに街中では、国府軍の軍人が商品の代価を払わない事態や、女性を性的に陵辱する事態も頻発していた(80)。しかも、インフレの昂進により、飢餓状態が生み出された。台湾円と中国元の換算レートが一：三〇に固定されたために、大陸から中国元が大量に流入し、台湾の物資は米のような食糧を含めて安く買いたたかれて大陸に移出されたのである(81)。

インフレの昂進は、日本時代に蓄積した財産の価値が減ることを意味した。たとえば、台南長老教中学では林茂生が中心となって寄附金募集事業を展開し、一〇万円に及ぶ基本財産を蓄積していたが、戦後台湾に戻った英国人宣教師モンゴメリーによれば、四六年八月の時点でその資産価値はインフレのため一〇分の一以下に目減りしていた(82)。のちのことになるが、四九年八月の新旧台湾元の切り替え（四万旧台湾元を一新台湾元に換算）は、資産価値の暴落をいっそう劇的なものとした。戦後、長榮中学校の最初の台湾人校長となった趙天慈の回想によれば、このデノミネーションにより、一〇万円の基本財産は二元五角に変じた。教育部長の視察で基本財産の金額を聞かれた際、趙天慈は「わずか二元五角だ！」と叫んだという(83)。

この資産の暴落という事態は、象徴的な意味合いを備えている。比喩的には、言語能力などについても同様のことを指摘しうるだろう。

台湾人にしてみれば、日本語能力は、日本による植民地化の際、文化資本としての漢文の価値が下落させられたためにやむなく習得したものであった。今度は逆にその日本語能力の価値が暴落したことになる。軍隊との関係についても、同様である。日本による台湾領有当初、日本軍は征服者として、言葉の通じない「土人」たちの物品を奪い、無差別に殺戮するなど、軍事的暴力をほしいままに行使していた〔二-二〕。台湾人は、軍事的暴力を自分たちに対して行使させないための交渉——そこには皇民奉公会への協力や青年たちの「志願」も含まれていた——をやむなく重ねた。今度はその努力のありようが、すべて御破算となって価値の暴落に至ったばかりでなく、むしろ「奴隷化」したことの証左としてマイナスに評価される状況が生じた。かくして、日本人による植民地支配体制のなかで、植民地支配に抗して、台湾人が営々と築き上げてきた努力の蓄積は、ほとんど無に帰することになった。

そのことを確認したうえで、一九四五年以後の出来事は、一八九五年前後の不条理を単に繰り返したのではなかったことにも留意する必要がある。それは、この台湾という地理的領域に住む人びととの認識上の変化である。新たな統治者への反発と抵抗、既成の価値の暴落は一八九五年にも生じていた。しかし、この時には「台湾人」という意識は乏しかった。それが、「台湾人の学校」という夢をめぐる経験にも明らかなように、半世紀に及ぶ被支配の経験を通じて大きく変わっていた。

この「台湾人」意識については、二・二八事件のあとで南京の駐華米国大使館の作成した「台湾の情勢にかかわる覚え書き」も、次のように記している。「台湾にとってよそ者である日本人の重荷という圧力のもとで、台湾人は全島的な広がりを持つ社会的な連帯感 an island-wide sense of social solidarity を育んできた」。だからこそ台湾人は「自分たち自身にかかわる事業の管理運営について、大きなシェア large share を担うことを期待」していたという観察である(84)。ここでシェアという言葉に留意すべきだろう。この言葉は、一九一二年に林獻堂らの紳商層が南部教会に寄附金提供を申し出たときに「自治における役割を要求する claim their share in self-government」という文脈でも用いられた言葉であった〔四－二〕。台中中学校創設の経緯も顧みるならば、この場合のシェアは単に「分け前」を意味するものではなく、自分たち自身が主体となって事業に貢献できるような「役割」と解釈できる。このシェアの観念を中核とする自治的空間こそが、本書第Ⅱ部小括で指摘したとおり、帝国日本の廃墟のうちに成立すべき新しい政治秩序の下部構造となるはずだった。しかし、実際のところは、台湾人の役割を否定する体制が継続した。新たな政治秩序への期待が大きければ大きいほど、幻滅もまた激しいものとなったことであろう。かくして、四六年末の時点において、行政長官公署の官吏が民心の険悪を意識し、いつ暴動が生じてもおかしくないと怖れる状況が生じていた(85)。

六、「破局的虐殺」への道

一九四七年二月二七日、台北市内で武装した専売局員と警察官が、ヤミ煙草を販売していた寡婦を激しく殴打し、銃で頭部を殴りつけて人事不省の状態に追い込む事件が生じた。これを目撃して抗議した民衆に対して専売局員が威嚇射撃、ひとりが流れ弾にあたって死亡した。激昂した人びとは警務総局と憲兵隊の建物を取り囲んで、犯人の引き渡しを求めた。この日の一連の事態は、煙草をめぐる流血事件という意味で「緝煙血案」と呼ばれた。以下、林宗義の回想を軸としながら、事件をめぐる経緯を日録風に追うこととする。

林宗義の回想によれば、二月二七日、林茂生は夜遅く帰宅し、次のように語った。「わたしたち台湾人は誰もが政府に対してすっかり幻滅しており、その幻滅は切迫した段階に立ちいたっている。とりわけ今は、値上がりした食料の供給が市民全体の共同の関心事となり、大衆を苦しめている。今回の専売局との衝突が、さらに激しい暴動と混乱の引き金とならないことを願う。台湾人には〔叛乱を起こすだけの〕準備がまだできていないのだ」[86]。

二月二八日、多くの民衆が専売局に抗議に押し寄せた。台湾大学附属病院でこの様子を目撃していた林宗義は、「若者も、年輩の者も、みなとても興奮していた。一〇人や一〇〇人で隊伍をつくり、顔を真っ赤に紅潮させていた」と語る。銅鑼を鳴らし、幟を掲げている者もあり、民衆に銃を向けた専売局員の処罰と行政改革を求めていた。その後、民衆が行政長官公署に向かったところ、政府機関から機関銃の一斉掃射がおこなわれた。銃声を聞いた林宗義は、台湾大学附属病院に次々と運び込まれる負傷者への対応に追われた。機銃掃射に憤った人びとは外省人を見境なく殴打したり、自動車を焼き払ったりした。放送局を占拠して決起を呼びかける者もいた。午後三時、戒厳令が布告された。この日も夜遅くに帰ってきた林茂生は、民衆の示威行為は幻滅と挫折感の合理的表明である……として認めながらも、「大陸人とその財産に対する、このように普遍的で白黒わきまえない暴力」は誤りであり、「この報復はきっとたいへんなものとなる。きっと！」と語った[87]。

三月一日、台湾大学の学生たちは、「軍人たちが台湾同胞を銃殺した。我らは台湾を愛し、中国を愛する。すぐに決起せよ」という趣旨の宣言を発した[88]。決起した学生のひとり郭琇琮の婚約者は、次のように回想している。「王添灯と林茂生が会合し、長官公署に行って抗議する準備をしていた。台大文学院長《マ マ》林茂生が郭琇琮に対して、絶対に無辜の外省同胞を傷つけてはならないと教授としての立場で話していた」[89]。

同じ日、台北市参議員・省参議員・国民参政員ら民意代表が緝煙血案調査委員会を立ち上げており、王添灯と林茂生の会合もこの調査委員会の立ち上げにかかわるものだったと思われる。王添灯は、日本植民地支配下に夜間勤労青年のために設けられた台北中学会および成淵学校に学び、台北市役所の雇員として働きながら、台湾地方自治連盟の活動などに参加した経歴を持つ。戦後は台北市参議員、さらに省参議員に選出されて当局の不法な行為を厳しく追及していた。(90) 緝煙血案調査委員会を代表して、王添灯らは陳儀長官を訪問して、戒厳令の解除、官民共同の処理委員会の立ち上げなどを求めた。陳儀は住民の要求に柔軟に対応する姿勢を見せて、この日の夜、台北市の戒厳令を解除した。

三月二日、緝煙血案調査委員会は官民共同の二二八事件処理委員会に拡大改組された。委員会のなかに国民党の意を受けた者が密かに紛れ込むことにより、議論は紛糾を続けた。一方、学生たちの行動はいよいよ先鋭化し、台湾大学、延平学院などの学生約一〇〇〇名が中山堂(旧台北市公会堂)で学生大会を開催し、「政治民主」「教育自由」などを求めるビラを配布した。延平学院は、林獻堂を理事長、朱昭陽を校長として四六年一〇月に開校された私立の高等教育機関であり、林茂生や林宗義もパートタイムの講師としてかかわっていた。(91) 同じ日、台中地区では台湾共産党のリーダー謝雪紅らが警察局の武器を奪って国府軍と市街戦を展開するなど、全島各地で民衆蜂起が始められた。(92)

三月三日、二二八事件処理委員会の大会が開催されて、台北の米国領事館に事件の真相を世界中に知らせることを求めるため、林宗賢ら五名の委員を派遣することになった。(93) 委員の要求に対して、ブレイク総領事は「領事館は報道機関ではない」として真相を世界に伝える役割は拒絶したものの、南京の駐華米国大使に伝えることは約束した。

同日、米国のマーシャル国務大臣宛の請願書も米国領事館に提出された。一四一名の署名の付されたこの請願書は、「数年間にわたって中国本土との政治的経済的な関係を断ち切り、連合国による共同統治に服し、しかるのち台湾が独立するFormosa becomes independent」ことを要求していた。(94) 当時米国領事館の副領事だったカーが、後年自らの著書『裏切られた台湾』*Formosa Betrayed*(一九六五年)に引用したものを見ると、この請願書は次のようにも主張していた。「カイロ宣言がわたしたちを「生き地獄」“**Living Hell**”に追いやってしまった」。したがって、現在の事態について米国にも責任がある。「連合国と日本のあいだで講和条約が締結されるまでは、台湾は完全に中国に返還されたとはいえない」ので、連合国として介入してほしい[95]。すでに記したように、この時期、国府は、形式的には連合国軍による接収計画の一部を担っているに過ぎなかった。したがって、連合国軍の中心である米軍の対応によっては、ここで求められている選択肢がありえないわけでもなかった。

この請願書提出の経緯について、『民報』社員だった呉濁流は次のように回想している。米国領事館に請願に赴くことになった委員が、「林茂生を代表に推挙し、彼らの意向を英文で表明することを依頼した。この時に流暢な英文を記すことができるのは、ただひとり林茂生をおいてほかにいなかったからである。林茂生はまた教会関係者だったので、光復後久しからずして米国・カナダの在台人士と関係を結んでおり、連絡を取りやすいと認識していた[96]」。林茂生の特徴をよく捉えた回想であり、信憑性は高い。

呉濁流の証言の通り、林茂生は、「代表」のような立場で、この請願書提出にかかわったと判断してよいだろう。その際に、連合国による信託統治を経て「台湾独立」を実現するという見通しを、どれくらいの現実性をもって考えていたかは不詳である。ただし、「生き地獄」から脱するために、もはや「中国本土との政治的経済的な関係を断ち切」ることが必要だという判断を抱いていたとしても不思議ではない。

同じ三月三日のこと、ブレイク総領事が米国国務省に宛てた報告では、国府軍による台湾人の破局的虐殺 **disastrous slaughter** を防ぐために、米国として、あるいは連合国として、即座に介入することが唯一の現実的解決策であるという結論に達したと記している。こうしたブレイク総領事の見解の前提には、領事館がかねて台湾人と意見交換をしていた事情が存在した。とりわけ副領事であったカーは、一九三〇年代後半、林宗義が台北高等学校の生徒だった時代に同校の英語の講師をしており、この時期から、林茂生と親しく往来していたという[97]。

「生き地獄」からの脱出のために連合国による共同管理を経て「台湾独立」を求める請願書は、林茂生とカーのつながりを介して米国領事館を動かそうとしていた。

三月四日、学生たちは三大隊を結成、第一大隊は建国中学(旧台北第一中学校)、第二大隊は師範学院、第三大隊は台湾大学に集結した。この日、台湾大学の会議に参加して遅く帰宅した林茂生は、次のように語っている。「中国の歴史上において、秀才の造反はいまだ成功したことがない。秀才は語ることはできるし、叛乱を計画することもできる。しかし、計画を実現させることはできない。経験と勇気を欠いているからであり、軍事的な力量の支持も欠いているからである」(98)。同じ日、陳儀は南京の蒋介石に対して、全島各地で「暴動」が生じていることを理由として援軍の派遣を要請した(99)。

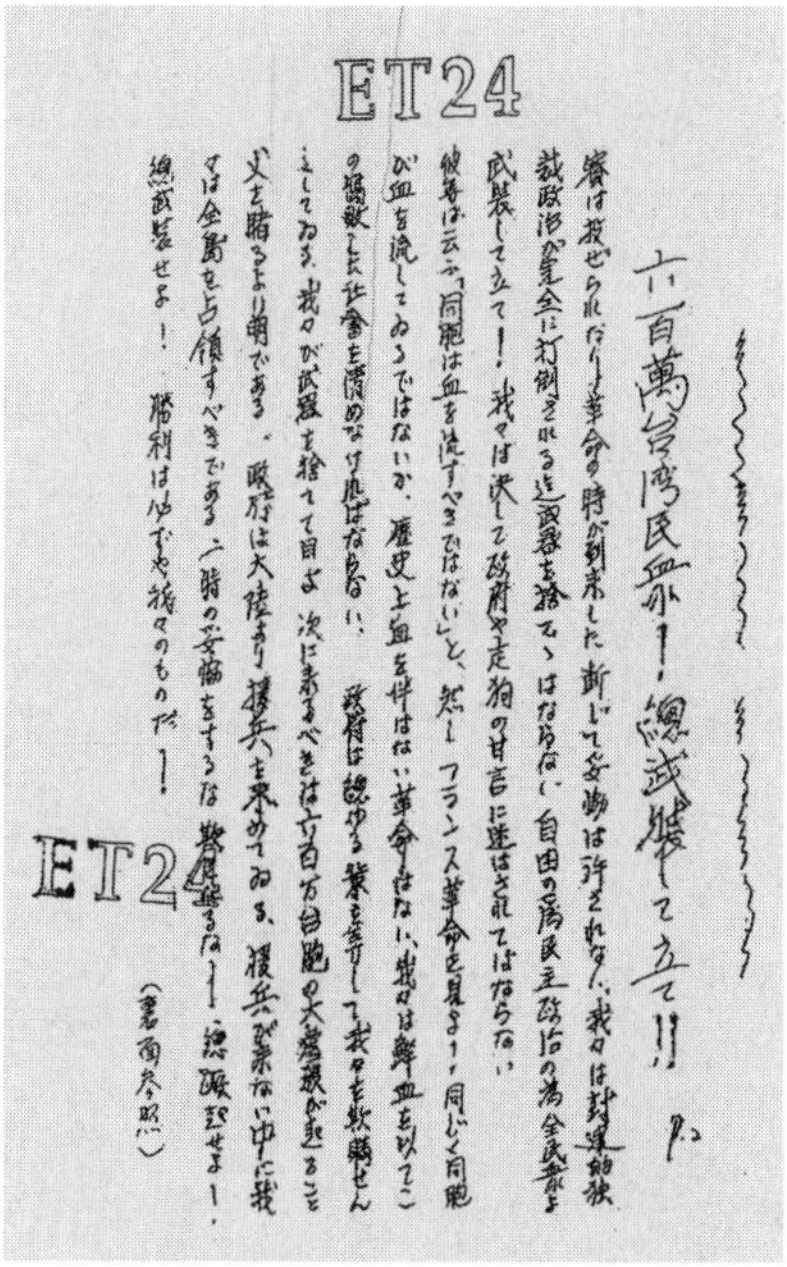

図終–6　武装蜂起を呼びかける日本語のビラ

「革命の時が到来した」とまず記したうえで,「我々が武器を捨てて見よ,次に来るべきは六百万同胞の大虐殺」であるとして,武器を手に持つことを呼びかけている.

三月五日、台湾大学に留用されていた医学院教授大瀬貴光が、林宗義を尋ねて、父親をどこかにかくまった方がよいと語った。林宗義が「父は反政府行動をしたわけではない」と応答すると、大瀬は、「あなたのお父さんは、社会的な影響力と国際的声望ゆえに台湾人のリーダーとして怖れられている。実際に何をしたかは関係ない」と語った。

三月六日、即時介入を求める台北駐在総領事の報告を受け取った駐華米国大使スチュアートは、米国の官僚は「法的形式を備えた権力」constituted authorityだけを注視すればよいのであり、どのような形であれ、米国が巻き込まれるのは避けるべきだという返信を送った。[100]この場合の、「法的形式を備えた権力」とは、南京国民政府のように国際政治上で認知された主体を指すものであろう。台湾人はそのような主体ではなかった。この駐華米国大使の指示により、「破局的虐殺」への歯止めは取り除かれることになった。

同じ日、陳儀は蔣介石に対して事件の詳細を報告、今回の「暴動」は「奸党分子〔共産党員〕」と「日本時代御用紳士」と「流民〔ゴロツキ〕」に扇動された外省人排斥行動である。そのなかには「台湾独立」「国際共管」という「謬見」を抱いて政府を攻撃する者もいる。したがって、武力をもって「独立」を叫ぶ者を「消滅」させるつもりだと報告した。[101]同日の夜、林茂生は息子に対して、国府軍の報復により「台湾人は消滅させられるかもしれない」と語った。[102]偶然ではあろうが、奇しくも「消滅」という言葉が一致している。

三月七日、官民共同の二二八事件処理委員会は、三二条の処理大綱を陳儀に提出した。主な内容は省自治法の制定、県長・市長の民選、各種行政機構の長に本省人を登用すること、言論・出版・集会結社の自由、専売局の廃止など日本時代以来の要求と重なっていた。[103]陳儀はこれに対して柔軟な対応の素振りを見せたが、援軍到着までの時間稼ぎであった。同日午後、蔣介石は陳儀に対して、第二一師団直属部隊がすでに上海を出発したと告知した。[104]「台湾独立」を叫ぶ叛乱者たちを「消滅」させる方針を裁可したことになる。蔣介石にとっては、おそらく二・二八事件も多数の地方叛乱の一つに過ぎなかったのだろう、武力鎮圧の方針に迷いがあったようには見受けられない。

三月八日、大陸からの援軍到着が間近であることを知った陳儀は、強硬方針に転じ、処理委員会の提出した改革案を拒否した。夜一〇時、国府の援軍が機銃掃射をしながら基隆に上陸し、台北に向けて進軍を開始した。

三月九日早朝、国府軍は、台湾人によって占拠されていた放送局、鉄道駅、政府官衙を奪還した。また、『民報』社を襲い、活字を散乱させ、什器を破壊した。[105]陳儀は台北と基隆に戒厳令を施行、処理委員会をはじめとして一切の

「非法団体」に解散を命じた。

この日、林茂生は早く帰宅した。父を匿うべきだという忠告が気にかかっていた林宗義は、両親の家から少し離れた自分の家に父を招いた。そのとき林茂生は、今回の事件の原因と今後の見通しについて自らの見解を語ったうえで、次のような言葉で締めくくった。[106]「〔日本人は〕一般大衆の生活水準を改善した。しかし、わたしたちが自分自身を管理し、政治に参与することを意図的に防いだ。さらに不幸なことは、台湾人がただ一種類の政治体制しか知らないことである。それは殖民政府である」。

林茂生にとって、台湾人の「消滅」さえ怖れねばならないほどの深刻な事態の本質は、単に行政長官公署あるいは国民党の失政ということではなかった。在来の住民を「二等国民」として見下げ、時にはあからさまに侮辱し、重要な政治的地位から疎外する「殖民政府」の存在そのもの、さらには、これを許容する帝国主義的な世界秩序であった。そのような世界において、たとえ生活水準の改善という分け前に幾分かあずかることはできても、自分たち台湾人が政治秩序の形成者として自治における役割を担うことができないことに問題の根源があった。

三月一〇日、陳儀は全島に戒厳令を布告した。街中を歩く者は軍人と警察官以外にほとんどいないという状況が生まれた。この日、一日中自らの家に滞在した父の様子を、林宗義は次のように回想している。[107]

父の眼光には憂慮と哀傷の念が溢れていた。額の皺もまた、内心における苦悶〔原語は掙扎〕をはっきりと示していた。ほぼ一五年前、三〇年代前半にもわたしは父がそのようにしているのを目撃したことがある。「神社参拝」問題をめぐって日本人に抵抗しようとして、内心に深刻な苦悶を抱えていた時のことである。長老教中学〔現在の台南長榮中学〕の理事長として、彼は、日本政府の指示に従うことを拒絶した。その指示とは、台湾の他の学校と同様に学生を必ず神社に参拝させよというものであった。政府の指示に従わなかった場合、学校は正式な地位と認定を受けることができず、それゆえに多くのひどい仕打ちを受けなくてはならなかった。父親が仲間たちとともに長年にわたって努力してきた成果が完全に抹殺されようとしていた。こうした情況の深刻さを認識してはいたものの、父親は原則を堅持し、台南長榮中学の学生たちを強いて日本の神社に参拝させようとはしなかった。こうした教育と宗教における原則の「生死」にかかわる問題をめぐって内心の苦悶が生じた時に、わたしは初めて父の顔つきに注意を向けたのだった。同じように「眼光と額の皺に滲む憂慮と悲傷」があった。重大な事件がまさに父の思考において醸成されていることを本能的に感得しながらも、どうしたらよいのか、わたしはわからないでいた。父は次から次へと間断なく水煙草を吸い、煙草入れのなかの煙草はあっという間に少なくなっていった。それもまた、重大な決定をおこなう際に、父の脳裏の深処で激烈な活動がおこなわれていることを示していた。

図終–7　「失踪」する直前の林茂生

「殖民政府」の恣意に自らの命運を左右されることへの絶望において、神社参拝問題における憂慮と悲傷は、二・二八事件におけるそれに通底していた。

この日の夜、林茂生は、我が家に引き留めようとする林宗義の願いを断って、夜中に妻と母の待つ自宅に戻った。三月一一日未明、この終章の最初に述べた出来事が生じた。使用人の注進により父が連れ去られたことを知った林宗義は、あわてて父の家に駆けつけたが、もはやそこに父の姿はなかった。呆然とその場に崩れ落ちた林宗義に対して、母王采蘩は、いつもの平静な口調で、長男宗正が病気である以上、これからはお前が一家の大黒柱とならねばならないと申し渡した。(108)

王采蘩の気丈な対応は、こうした事態を十分に予感していたことを物語る。母の前で崩れ落ちた林宗義にしても、この一〇日あまりのあいだにおける父の一挙手一投足、一言一句を鮮明に記憶して書き留めている。それは、極度の緊張感のなかで生活していたことを示唆している。「陳儀に会ってくるよ」という林茂生の言葉は、自分を召喚している張本人が誰であるかを自覚していたことを示す。

特務とおぼしき人物による連行は、降って湧いたような災難ではなかった。林茂生当人も、そして家人も、近いうちにそうした破局的な事態が訪れるだろうという予感に襲われ、その予感を必死に打ち消そうとするさなかに、それはついに現実のものとなったのだった。

七、失踪者たちの「罪状」

林茂生が特務とおぼしき人物に連れさられたのち、家族は所在をつきとめようと四方八方手を尽くした。この絶望的な試みで頼りとされたのは、霧峰にあって難を免れた林獻堂だった。

林獻堂は、三月一五日に台北に赴いて、陳儀長官に林茂生らについて寛大な処置を乞うが、陳儀はあからさまに不快な様子を見せていたという[109]。三月一九日に林獻堂は、林茂生らの保釈を懇願する書面を、柯遠芬台湾省警備総司令部参謀長らに送った。四月三〇日に柯遠芬に会って直接安否を尋ねたところ、「そのような案件はない」という返事に接して、「嗚呼！　彼らは確かに死んだのだ」と日記に書き留めた。さらに二日後、警備総司令部に林茂生らが収監されている場所を尋ねたところ、拘留者中に名前はないという回答に接して、ふたたび同じ言葉を記した。五月一七日、すでに銃殺されたという確かな情報を得た林獻堂は、二二日に林茂生の妻・王采蘩にそのことを告げた[110]。林獻堂は、この時に「わたしたちは長期間にわたって暴力政権に対応する備えをしなくてはならない」と語ったという[111]。

その後も声望ある台湾人エリートが狙い打ち的に襲われて連れ去られる事件が相次いだ。長老教中学の教壇に立ったことのある画家陳澄波の場合のように、駅頭で公開処刑がなされる事態も頻繁に生じていた。林宗義は語る[112]。

戒厳期間中、安全に対して責任を持つ政府部門は例外なく、父、あるいは父の遺体の命運と行方について、何も知らないと答えた。対照的に、父がなぜ死んだとか、どのように死んだとか、どこで死んだとか、ある特務によって殺されたとかという噂はとても多かった。〔……〕六ヵ月にわたる追跡の末、母親とすべての家人は、父親が生きて戻ってくるという希望を棄てた。わたしの兄宗正は一九四七年一〇月に亡くなり、祖母もまた一九四八年三月に相次いで世を去った。そのことは、我が家の暗闇をいっそう深いものにした。林家の悲劇の一頁が終わったのだと誰もが感じていた。

実際のところは、林茂生は連れ去られた直後にすでに処刑されていた。二・二八事件にかかわる監察使として南京から派遣された楊亮功の報告では、三月一六日に陳儀に対して林茂生をなぜ逮捕したのかと尋ねたところ、「独立運動に参与したからだ」と答えたという。さらに、同じ日に陳儀の政策顧問である沈仲九に対して電話で、林茂生の案件には慎重に対処すべきと述べたところ、沈仲九は言葉を濁したが、のちになって、この時にはすでに処決していたことが判明したという(113)。

三月一三日に陳儀が蔣介石に送付した「犯罪者」名簿二〇名のなかに、林茂生の名前が記されている。肩書きは「台湾大学教授」、「罪状」は、「叛乱を陰謀し、台湾大学の学生に暴動を起こさせようとしたこと」「強力をもって国

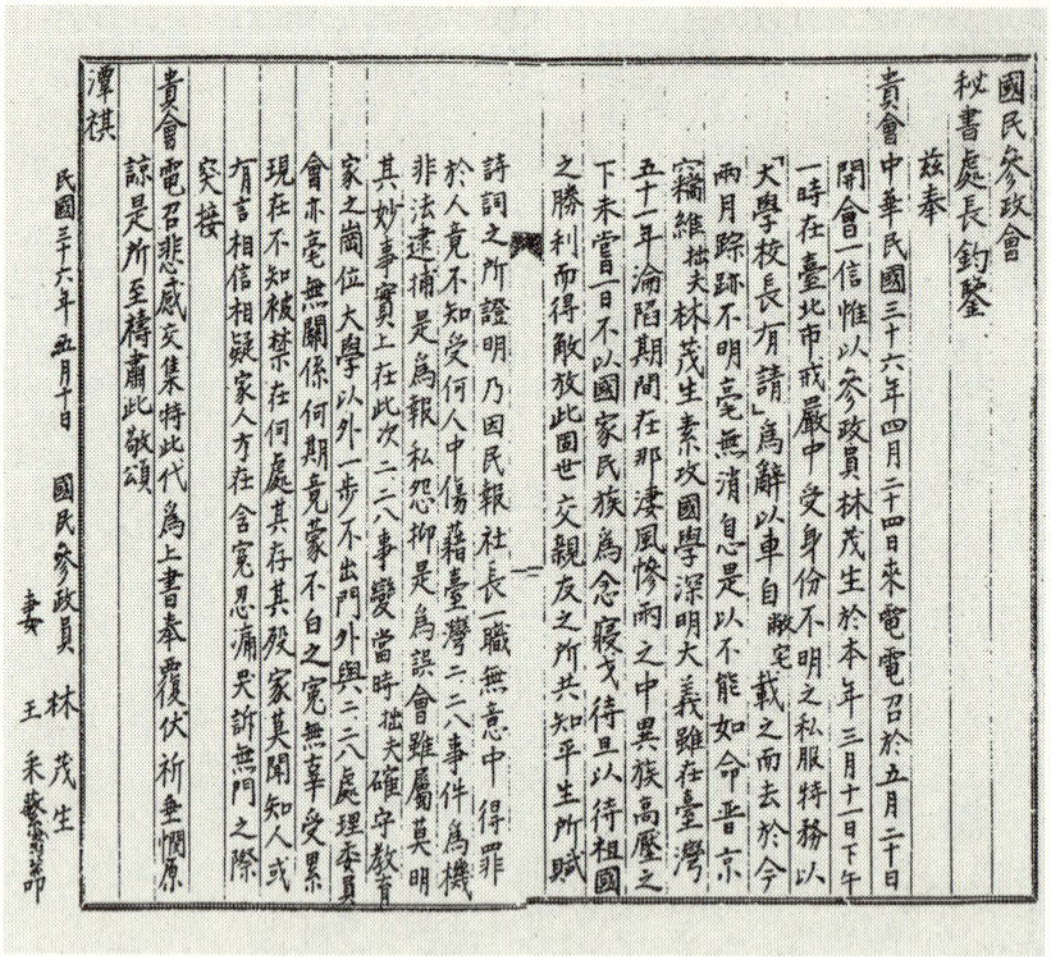
國民參政會
秘書處長鈞鑒
茲奉
貴會中華民國三十六年四月二十四日來電召於五月二十日
開會一信惟以參政員林茂生於本年三月十一日下午
一時在臺北市戒嚴中受身份不明之私服特務以
「大學校長有請」為辭以車自寓宅載之而去於今
兩月蹤跡不明毫無消息是以不能如命晉京
竊維拙夫林茂生素攻國學深明大義雖在臺灣
五十一年淪陷期間在那淒風慘雨之中異族高壓之
下未嘗一日不以國家民族為念寢戈待旦以待祖國
之勝利而得敵放此固世交親友之所共知平生所賦
詩詞之所證明乃因民報社長一職無意中得罪
於人竟不知受何人中傷藉臺灣二二八事件為機
非法逮捕是為報私怨抑是為誤會雖屬莫明
其妙事實上在此次二二八事變當時拙夫確守教育
家之崗位大學以外一步不出門外與二二八處理委員
會亦毫無關係何期竟蒙不白之冤無辜受累
現在不知被禁在何處其存其歿家莫聞知人或
有言相信相疑家人方在含冤忍痛哭訴無門之際
突接
貴會電召悲感交集特此代為上書奉覆伏祈垂憫原
諒是所至禱肅此敬頌
潭祺
民國三十六年五月十日　國民參政員林茂生
妻　王采蘩謹叩

図終–8　王采蘩による助命嘆願書
5月10日に王采蘩が林茂生の妻として国民参政会秘書処長に宛てた助命嘆願書．林茂生は，日本時代には「凄風惨雨」の「異族高圧」のもとで「祖国の勝利」を期待していたと記している．その言葉は偽りではないだろう．

立台湾大学を接収しようとしたこと」「米国領事館に接近し、国際的な干渉を企図し、台湾独立を妄想したこと」の三箇条だった[114]。事実性という観点からその内容を検討するならば、信憑性が薄いところがある。台湾大学の学生たちに対しては、武装決起にはやる青年たちを鎮静する側に回ったというのが真相に近いだろう。このようなフレームアップ的性格にもかかわらず、この「罪状」には次のように、林茂生に対する当局の恐れが率直に吐露されているともいえる。

第一点と第二点に関して、林茂生は、台湾大学における数少ない台湾人教授として、学生たちに対して影響力を保持していたと考えられる。正式な接収委員だった林茂生が台湾大学を接収しようとしたという「罪状」は意味をなさないようにも思えるものの、台湾人として接収するのか、中華民国として接収するのかという方針の違いと考えるならば、すでに接収式の時点で根深い確執が生じていたといえる。台湾大学の学生たちが「政治民主」「教育自由」を叫び、武器を手に取るに及んで、行政長官公署からは、林茂生が「黒幕」と見えたとしても不思議ではない。林茂生の側でも、「秀才の造反」に悲観的見通しを抱いてはいたものの、叛乱にいたる心情に対しては明らかに共感を抱いていた。問題は、ただ「十分な準備ができていない」ということであった。

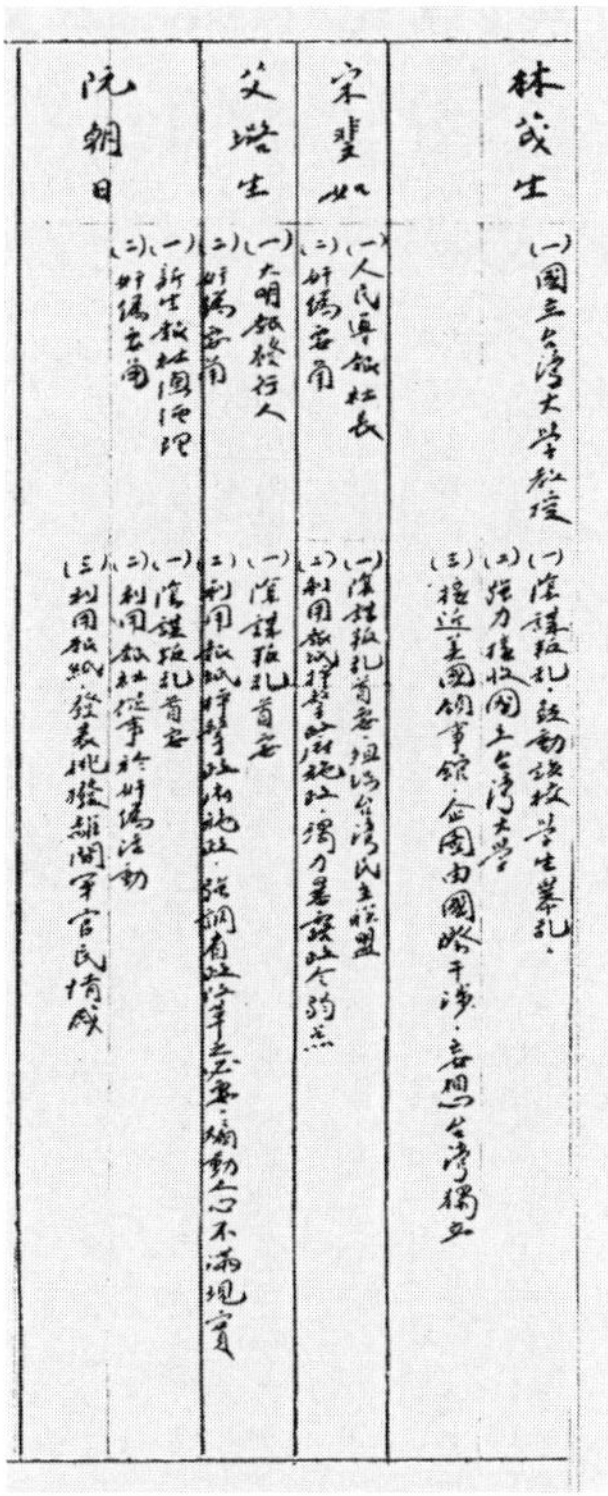
林茂生	(一)國立台灣大學教授	(一)陰謀叛亂・鼓動該校學生暴亂 (二)強力接收國立台灣大學 (三)接近美國領事館・企圖由國際干涉・妄想台灣獨立
宋斐如	(一)人民導報社長 (二)奸偽要角	(一)陰謀叛亂首要・組織台灣民主聯盟 (二)利用報紙抨擊政府施政・[illegible]
艾璐生	(一)大明報發行人 (二)奸偽要角	(一)陰謀叛亂首要 (二)利用報紙抨擊政府施政・[illegible]・煽動人心不滿現實
阮朝日	(一)新生報社總經理 (二)奸偽要角	(一)陰謀叛亂首要 (二)利用報社從事於奸偽活動 (三)利用報紙・發表挑撥離間軍官民情感

図終–9 「辦理人犯姓名調査表」(1947年3月13日)

陳儀が作成した「犯罪者」の名簿の一部．この名簿には私立延平学院教授だった徐征のように左派的な外省人も含まれていた．

第三点の米国領事館への働きかけについても、事実無根というわけでもない。三月一八日付蔣経国発電文では、林茂生ら「親米派」が、米国副領事カーに対して銃と資金の提供を求めたと記している[115]。この電文は、すでに「処決」してしまったあとに、その行為を正当化するためにでっちあげたものと解釈されてきた[116]。その可能性もある。ただし、二・二八事件の初期段階ならばとにかく、すでに民衆蜂起が抑えようもなく広まった段階でならば、実際に銃と資金を求めた可能性もあったのではないか。事件後、カーは、陳儀から台湾退去を求められたために三月一七日に南京に渡って事件の経過をまとめた長文の覚え書きを記した[117]。台湾人は日本時代を通じて「全島的な広がりを持つ社会的な連帯感」を形成したとする、あの覚え書きである。そこには、林茂生が未明に連れ去られたという事実も記されていた[118]。最終的に「台湾独立」を求める請願書を林茂生が翻訳したと思われる事実を含めて、林茂生とカーのつながりは、陳儀にとって脅威と感じられたことであろう。

陳儀作成の「犯罪者」名簿には、王添灯や陳炘、さらに『人民導報』社長宋斐如や『台湾新生報』総経理阮朝日ら、ジャーナリズム関係者もふくまれていた。政界や経済界、言論界において影響力ある者たちだった。これらの人物は、例外なく三月一一日前後に特務によって連れ去られて「失踪」した。逮捕状がなかったのはもとより、死刑判決すらも存在しなかった。それは、あからさまな国家暴力の発動としての処刑だった[119]。

四七年四月、国府は行政長官公署を台湾省政府に改組、その後、戒厳令も解除して台湾人エリートを登用、「台人治台」的政策を一定程度進捗させた。しかし、国共内戦の敗北にともなう国府の台湾撤退と台湾の「中央化」に伴い、「台湾化」の進展は中断された[120]。四九年五月、中華民国台湾省主席陳誠はあらためて戒厳令を宣言した。これと前後して、共産党関係者と思われる人物を根こそぎ摘発して処刑する「白色テロ」が全島各地で展開された。二・二八事件後に共産党系の地下組織に加入して抵抗を続けた者たちの多くが、捉えられて処刑された。二・二八事件のさなかに林茂生と言葉を交わした郭琇琮も、その一人だった。

本書第Ⅲ部において、暴力的な威嚇としてのテロルを根幹とする統治体制のことを全体主義という言葉で表現した。

台湾においては、一九四五年八月一五日以後のわずか数ヵ月間の幕間を別として、全体主義的な統治体制が統治者の交代を越えて存続し、一九五〇年前後にその「完成形態」に到達したと見ることもできる。アンダーソンの表現を借りるならば、社会主義の革命政権ですら、倒壊させた政権の「配電システム」を相続する。[121]中華民国が帝国日本の「効率的」な「配電システム」を引き継いで全体主義的な統治体制を完成させたとしても、不思議なことではない。

八、新しい蘖《ひこばえ》

膨大な人びとが二・二八事件と、それに続く白色テロにより殺された。気の遠くなるような被害の広がりと重みの全体を確認する作業は、本書の任を越えている。[122]ここでは、これまで本書に登場した人物のうちの幾人かについて、その後の歩みを記して、本書のまとめに代えることにしたい。

林茂生が理事長の職にあった淡水中学校では、校長である陳能通が、やはり二・二八事件のさなかに自宅から連れ去られて殺害された。[123]長榮中学校については、犠牲者は確認できない。ただ、事件当時校長であった趙天慈は、五五年の講演で林茂生のことをとりあげ、いかに優れた教師であり、いかに苦労して学校のために一〇万円の基本財産を蓄積したかを力説しながら、次のように語った。「不幸にして三八《ママ》年〔一九四九年〕三月初め、匪に遭遇して抹殺されて、永遠に帰らないものとなってしまった。嗚呼、哀しいかな、誠に社会国家の一大損失なり」[124]。没年が実際とは異なり、「匪に遭遇して」という表現も曖昧である。あえてぼかして語ったのであろう。二・二八事件の殉難者の知人であるというだけで反政府的の嫌疑をかけられる時代であり、このように語ることすらも大きな勇気を必要としたと思われる。

一方で、二・二八事件を巧みに生き延びた人びともいた。台南では、長老教中学排撃運動の際に林茂生の追放を歓迎した二人、蔡培火と侯全成が、当局に協力することで難局を切り抜けた。[125]蔡培火は、五〇年に国府の行政院政務委員(国務大臣)に就任、五二年には教育処の意向を背景として淡水中学校の理事長に就任した。この強引な人事に対して、運営母体である台湾基督長老教会の北部教会は不服として提訴、これに敗訴した蔡培火は理事長の職を退いた[126]。侯全成も五〇年に台南市議会議員となり、のちに長榮中学校の理事長に就任した。趙天慈の後を継いで校長に就任した戴明福はこれに反発して辞表を提出、侯全成が理事長職を退いたのちにようやく復職した[127]。これらの出来事は、蔡培火や侯全成が、教会・学校関係者から信を失っていたことを物語る。

陳儀は、二・二八事件ののちに行政長官の職務を解任され、国府顧問を経て浙江省主席に復帰した。だが、共産党に投降しようとしていたことが露見して五〇年六月に台北で銃殺された。

林獻堂は、新聞報道で陳儀銃殺のニュースを知り、「林茂生、陳欣〔炘〕、施江南、林連宗等千余名を虐殺」した張本人として、すべてが陳儀ひとりの罪に帰せるわけではないとしても、その死に原因がないわけではないと、怒りに震える筆致で日記に書き留めた[128]。この時、林獻堂はすでに国府の統治体制に絶望して東京に移住していた。そして、国府の使者として帰台を求める蔡培火の懇請をはねつけたまま、五六年に東京で客死した。

林茂生の妻、王采蘩は、蔣介石が四九年に来台した時、事件の真相を明らかにして台湾人にとっての正義を回復するという可能性に一縷の望みをつないでいた。だが、陳儀の処刑が、二・二八事件の責任を問われたものではなく、「匪賊に通じた」という理由であったこと、蔣介石が二・二八事件についてなんらの謝罪の意も示さなかったことを知り、絶望の内に哭涙した[129]。

林宗義は、六五年に世界保健機関の精神衛生研究主任に就任して北米大陸に活動の拠点を移した。その後、国府支配下の「半奴隷状態」を抜け出したいという思いから家族ともどもカナダに移住した[130]。

林宗義と同様、台湾を脱出した人物として、黄彰輝がいる。彼の父、黄俟命は神社参拝問題で林茂生とともに長老教中学を追放された人物であり、五〇年に病没した。黄彰輝は、三七年にイングランド長老教会の奨学金をえて英国に留学、二・二八事件ののちに帰台して、台南神学院の院長に就任した。しかし、六七年に英国国籍を取得し、やはり台湾を離れて世界教会協議会で活動した。

林宗義や黄彰輝がディアスポラとして欧米に移住したことは、戒厳令下の苛酷な政治状況からの脱出という意味を持っていた。しかし、それは単なる逃亡ではなかった。ふたりは戦後台湾基督長老教会総幹事であった黄武東らとともに、七三年三月に米国で「台湾人民自決運動」Formosa Christian for Self-Determination を発足させ、「台湾の一五〇〇万人民は、これまでのように〔大国間の〕商談の材料とされることを認めない。わたしたちは自己の命運を決定する権利を持つ。この基本的人権は神が賦与したものであり、国連憲章が認めたことでもある」と宣言した[131]。おりしも台湾島内では台湾基督長老教会が七一年一二月に「国是声明」を公表、台湾に生まれた者と大陸から移住した者とを問わず「わたしたち台湾人民はこの島々を愛し、家郷とみなす。わたしたちの希望は平和と自由と公義〔正義〕のなかの生活である」として、台湾人民は自己の命運を決定する権利を持つと宣言し、台湾での総選挙の実施を求めたところだった[132]。林宗義らの運動は、戒厳令下の台湾で文字通り必死の思いでおこなわれている運動に対して、北米大陸から呼応しようとする性格を備えていた。

　こうした子どもたちの世代の言動の内に、新たな蘖を見出すことができる。それは、林茂生の活動や言論が、「真理」の種子を確かに宿していたことを示唆するものでもある。

図終-10　二二八事件紀念碑破土典礼（1988 年）
1987 年の戒厳令解除の翌年の 2 月 28 日，台北市内の北湖で林茂生の近親者を中心として，二二八事件紀念碑を建立する典礼が行われた．右側の杭には「二二八紀念碑」，左側の杭には「林茂生紀念碑」と記されている．

林茂生は、台湾を単位とした政治的・文化的ナショナリズムの担い手であり、二・二八事件のさなかには「台湾独立」に政治的解放の方途を求めようとしたと考えられる。同時に、その思想と行動の根幹に位置したのは普遍主義的に解釈された公義 justice の観念であり、そうした公義の原理に基づいて構成された世界＝「桃源」への希求であったように思われる。この希求が実現するためには、世界のあり方そのものが変わらなくてはならない。その点に着目するならば、「桃源」と呼ばれるユートピアを求めて「渓に沿いて花を踏みて去け」という、彼がかつて息子の誕生日に贈った言葉は、いかにも意味深長である。それは、息子林宗義や台湾人への呼びかけであるばかりでなく、全世界の人びとを宛先とした呼びかけであり、道徳的命令であり、祈りでもあると考えるべきだろう。帝国日本はもとより英国や米国、さらに中華民国など、自らを「普遍」として位置づける帝国による暴力、いわば「普遍の名を騙るものによる普遍の蹂躙の横行」(133)に直面し続け、対峙し続けた歴史の質量がその祈りには込められている。今、ここで、地中奥深くに埋められた死者たちの声に耳をそばだてながら、その祈りを聞き届ける力こそが問われている。

本書の序章でも記した通り、一九三五年のこと、林茂生は、台南長老教中学を追放された孤絶の境遇において、次のように記した。「千年はなお昨日のごとし、昨日は千年に似たり。〔……〕七十年の光陰は無限の血涙、無限の熱禱、無限の精神を含有す。生命、ここに在り。一瞬も亦千年に似たり(134)」。

一瞬一瞬に浮かんでは消えていく現実のなかの「無限の血涙」に思いを寄せるとき、歴史はクロノロジカルな水平軸を越えて、垂直的な広がりをもって現前する。そのような意味での歴史は、「千年」前のことであると同時に、「昨日」のことでもあり、「明日」のことですらある。その「明日」がどのようなものとなるのか、まだ決まってはいない。

あとがき

本書にまつわる旅の記憶を記すことにより、「あとがき」に代えることにしたい。

一九九六年、前著『植民地帝国日本の文化統合』のゲラを出し終えたのち、スコットランドのグラスゴーに渡り、在外研究員として一年近くを過ごした。前著には「世界」からの視点が欠落していたという思いから、大英帝国による植民地政策との比較研究を試みようとしたのだった。だが、時間的にも、空間的にも、大英帝国は呆然とするほど広大であり、比較の糸口すらもつかめずに途方に暮れることになった。そこで、渡英前から考慮していたもうひとつの選択肢、イングランド長老教会宣教師と、その設立した台南長老教中学校を参照点として、英国・台湾・日本の関係史を探ることとした。

かくして、グラスゴーやエディンバラで教会の成り立ちや宣教師の出自にかかわる資料を探索する一方で、しばしばロンドンを訪れてＳＯＡＳ《ソアーズ》（ロンドン大学アジア・アフリカ研究院）所蔵のイングランド長老教会文書を読む生活を始めた。やみくもにマイクロフィッシュを手繰る作業のなかで、ひとつの資料に息を呑んだ。シングルトンという宣教師の記した「神社参拝反対論」（一九三三年）という文書である。シングルトンも教師を務めた台南長老教中学校で、神社参拝をしなければ学校として不利益を蒙るという情勢のなか、それでも参拝すべきではないとする論を展開した意見書だった。台湾で「皇民化政策」の一環として神社参拝が強要されたことは知ってはいた。すでに論じ尽くされた対象ですらあるような気がしていた。しかし、資料からは「神社参拝の強要」という概括的説明には収まりきらない問題の深みと広がりが感じられた。一体、そこで何が生じているのか？ なぜ、また、いかにして、神社参拝問題をめぐって人間関係が音を立てて軋むような事態が生じたのか？ 本書の起点となる問いが、こうして形づくられた。

この問いを探求する過程で、台湾への旅が続くことになった。手がかりは、宣教会文書のなかに Lim Bo-seng として登場する台湾人であった。この人物は、神社参拝問題のさなか、学校から追放された。漢字では「林茂生」ということになるらしい……。その程度の知識しか持ち合わせていなかった自分であったので、年来の友人である何義麟さんから、この人物が一九四七年の二・二八事件で蔣介石率いる国民政府により殺害されたと聞いたのは驚きであった。宣教会文書から浮かび上がってくるのは、政治的ラディカリズムにはほど遠い、穏健な教育者というイメージだったからである。なぜ殺されたのか？ 二・二八事件とはどのような事件であり、日本時代の出来事とどのようにつながっているのだろうか？ 疑問はふくらむばかりだった。

今さらながら自分が台湾の歴史について無知であるという自覚を抱きながら、二〇〇一年には財団法人交流協会による派遣歴史研究者として、半年近く台北に滞在した。学生時代からいっこうに身につかなかった中国語（台湾では「北京語」とも呼ばれる）の会話を「四十の手習い」で学び直すとともに、台湾総督府文書や日本語による新聞記事を調査した。神社参拝を拒否する、「非国民」を「断乎排撃」せよといったセンセーショナルな見出しで林茂生やその仲間を攻撃する記事は山ほどあった。ただし、そのなかで林茂生自身が何を感じ、考えていたかをうかがうことのできるものは乏しかった。

茫漠としたイメージしか浮かばない人物の姿がほのかに見えてきたのは、在台中、台南を訪れた時のことである。長榮高級中学（台南長老教中学校の後身）の校史館の入口には林茂生の胸像が据えられ、校友会雑誌などに彼の執筆した文章を見出すことができた。さらに貴重だったのは、台南神学院の鄭児玉牧師の招きで、台南長老教中学校の同窓生と現役の神学生を前にして、神社参拝問題をめぐる歴史について「講義」させていただいた経験である。その「講義」で、校長だった宣教師バンドが日本人の圧力に屈して林茂生らを追放したことについて批判的見解を述べたところ、「あの時にバンド校長が妥協しなければ、学校は閉鎖されていたのではないか。それでも、よいのか」という意見が出された。何と答えてよいかわからずに、まごまごとしていた。すると、ほかの人が答えた。「閉鎖された方がよかったのだ。閉鎖された学校はまた建て直せばよい。それよりも、神社参拝問題を通じて、私たちが分断されたことの方が問題なのだ」。激しい議論の応酬が始まった。自分はほとんど置いてきぼりとなりながら、身につまされていた。日本の植民地統治がもたらした亀裂は、決して過去の問題ではない……。

ロンドンのSOASのマイクロフィッシュに記されていたことがらが、台南ではいまだに、生々しい痛みの感覚とともに語られていた。他方、日本では、台湾人は「親日的」であるという、一面的に単純化されたイメージばかりが流布していた。かくいう自分自身も、この調査を始めるまでは林茂生という名前すらも知らず、日本による植民地支配から「解放」されたはずの人びとの戦後の命運についても無関心だった。そこには、巨大な落差が現在進行形の問題として存在している。

台南神学院での「講義」のあとには鄭児玉牧師から、「日本時代のことを研究するのも大切だけれど、戦後のことにも関心を持ってください」と言われた。たとえ自分が日本の植民地支配を批判する研究をしたとしても、日本統治期のことにしか関心を払わないのだとしたら、もっぱら日本人を中心とした歴史の見方をしていることになる。鄭牧師は、台湾人としての立場から、そうした問題を婉曲に指摘してくださったのだと思う。本書の終章で不十分ながらも戦後のことを記したのは、そのような指摘を自分なりに受けとめたいと考えたからである。戦後のことを記すなかで、ほかならぬ林茂生をめぐる戦前の歩みと戦後の歩みが連なっている様子も、ようやく見えてくることになった。それは、台湾人による、台湾人のための学校を求めるという思いの連なりであり、そしてまた、そのような夢の実現さえも無残に阻み続ける壁の分厚さの連なりであった。

本書では、地域による情報量の落差や、歴史的記憶をめぐる温度差など、自分が旅の経験のなかで感じたズレの歴史的な形成過程それ自体を、歴史叙述のなかに埋め込みたいと考えた。もっとも、実際のところ、異なる言語、異なるパースペクティブの資料をつきあわせる試みは容易ではなかった。構成的にもアンバランスが生じる。しかし、この収まりの悪さこそが、台湾史をめぐる試行錯誤の旅の、ひとつの重要な帰結なのだと感じている。

本書は、主として以下の既発表論文をベースとして、大幅な加筆修正を施したものである（既発表論文の一部を簡略化して組み込んだものについては、本文中に注記した）。

序章

「「帝国のはざま」から考える」（赤澤史朗他編『年報日本現代史　第一〇号　「帝国」と植民地――「大日本帝国」崩壊六〇年』現代史料出版、二〇〇五年）

「帝国と「文明の理想」――比較帝国史研究というアレーナで考える」（駒込武・橋本伸也編『帝国と学校』昭和堂、二〇〇七年）

第Ⅰ部

「「文明」の秩序とミッション――イングランド長老教会と一九世紀のブリテン・中国・日本」（『年報近代日本研究19　地域史の可能性――地域・日本・世界』山川出版社、一九九七年）

Komagome Takeshi and J. A. Mangan, "Japanese Colonial Education in Taiwan 1895–1922: Precepts and Practices of Control", *History of Education.* (Taylor & Francis Ltd., 1997)

「日本の植民地支配と近代――折り重なる暴力」（『別冊思想　トレイシーズ』第二号、岩波書店、二〇〇一年）

第Ⅱ部

"Colonial Modernity for an Elite Taiwanese, Lim Bo-seng: The Labyrinth of Cosmopolitanism", in Liao Ping-hui and David Der-wei Wang eds., *Taiwan Under Japanese Colonial Rule, 1895–1945*. (Columbia University Press, 2006)

「一九一〇年代台湾における中学校設立運動再考――台南長老教中学校との関係に着目して」(『教育史フォーラム』第八号、教育史フォーラム・京都、二〇一三年)

第Ⅲ部

「台南長老教中学神社参拝問題――踏絵的な権力の様式」(『思想』第九一五号、岩波書店、二〇〇〇年)

「一九三〇年代台湾におけるミッション・スクール排撃運動」(『岩波講座　近代日本の文化史7　総力戦下の知と制度』岩波書店、二〇〇二年)

「一九三〇年代台湾・朝鮮・内地における神社参拝問題――キリスト教系学校の変質・解体をめぐる連鎖構造」(『立教学院史研究』第三号、二〇〇五年)

「朝鮮における神社参拝問題と日米関係」(『岩波講座　アジア・太平洋戦争4　帝国の戦争経験』岩波書店、二〇〇六年)

発表の時期が示しているように、まず第Ⅰ部のベースとなる論文ができあがり、次いで第Ⅲ部に取り組んだ。第Ⅱ部に取り組んだのは比較的最近であり、加筆の度合いも大きい。

第Ⅲ部にかかわる作業の過程で、台南長老教中学排撃運動が同時代の帝国日本全体に広がったうねりの一部であることが見えてくるにつれて、トロントやワシントン、フィラデルフィアにも旅をした。また、激しいカトリック排撃運動の展開された奄美大島を訪れることにもなった。その旅はまだ途上であるものの、いったん中間報告としてまとめることにした。

各部にはそれぞれ「序」と「小括」を置いているので、第Ⅱ部や第Ⅲ部から読み始めることも可能な仕組みになっている。あるいは、最初に終章で二・二八事件におけるカタストロフを見定めたうえで序章に立ち返ることにより、ひとつひとつのミクロな出来事が意義深く見えてくるということもあるかもしれない。

本書の表紙に用いた陳澄波「新楼風景」(一九四一年)についても、ひとこと記しておきたい。陳澄波は一八九五年に生まれ、東京美術学校に学んだ。短期間だが、台南長老教中学校で美術を教えたこともあった。戦後は嘉義市参議会の議員としての政治的活動の末に、二・二八事件で銃殺された。

「新楼」と呼ばれたミッション・コンパウンドを描いたこの油彩において、正面の建物は台南神学校であろう。その前に帽子をかぶった子どもと、その姉らしき人物が小さく描かれている。国籍不明の、不思議な空間……。この空間の奥には何があるのか、子どもは、興味津々のまなざしで佇んでいるという趣である。あるいは、一八九五年当時九歳だった林茂生も、このようにして不思議の空間に吸い寄せられていったのかもしれない。たとえそれが迷宮への入口だったとしても、それは結果論であろう。そのように感じることができた時に、二〇年近くも抱え続けてきた研究を一書にまとめようとする気力が不思議と湧いてきたのだった。

本書ができあがるまでに、ほんとうにたくさんの方々にお世話になった。そのお名前を挙げ尽くすことはとてもできない。それでも、台湾大学呉密察ゼミと東京大学若林正丈ゼミの交流に端を発する集まりに加えていただいたことへの感謝は記しておかねばならない。陳培豊さん、何義麟さん、李承機さん、許佩賢さん、呉叡人さん、張隆志さん、川島真さん、三澤真美恵さんを始めとして、日台青年台湾史研究交流会議や、中央研究院台湾史研究所による比較帝国主義研究のプロジェクトに一緒に取り組んだ友人たちと、一九九〇年代から二〇〇〇年代にかけて台湾近現代史研究が本格的に立ち上げられる際の熱気のようなものを共有できたことは、自分の人生において幸福な経験であったと感じている。また、京都大学や同志社大学で、「台湾史をどのように語るのかは、本当に難しいんだよね」と言って頭を抱えながらぼそぼそと話す「講義」に付き合い、鋭い質問を発してくれた学生のみなさんにも感謝したい。筆者の前著を韓国語に翻訳する労をとられた呉成哲《オソンチョル》さんも客員教授としてこの「講義」に出席して貴重なコメントを寄せてくださった。

本書の宛先として思い描きながら、亡くなられたためにお届けすることのできなくなってしまった方も少なくない。教育史研究上の師である久木幸男先生や佐藤秀夫先生、台湾史研究について薫陶を受けた曹永和先生から、辛辣なご批評をいただけなくなってしまったことは、無念というほかない。

届けることのできなくなってしまった宛先は、研究上の師だけではない。ここでは、お三方のお名前を挙げさせていただく。

まず、林茂生の息子である林宗義さん。「林茂生愛郷文化基金会」という看板を掲げた台北の事務所で、林宗義さんが日本語で「うちのオヤジは、こんな気持ちだったのかと思うんですよ」と柔らかい口調で語り出されたことがある。そのときの驚きの感覚を忘れることはできない。自分にとっての歴史研究上の対象が、目の前にいる人にとっての「オヤジ」である。それは当たり前のことのはずであるものの、不思議なことだった。林宗義さんがサインしてくださったご編著『邁向公義和平之路――弱者的苦難與策略』(一九九八年)を見るたびに、本書にかかわる作業をなんとか前進させなくてはという気持ちにさせられた。

鄭児玉牧師も、林茂生の遠縁にあたる方であった。鄭牧師は、ご高齢にもかかわらず本書終章の草稿に丁寧に目を通してくださり、打ち倒された者の魂を受け継いで芽生える蘖《ひこばえ》という終章冒頭の比喩に着目しながら、林茂生だけではない、たくさんの樹木から無数の蘖が生じて、それがみな地下茎でつながっているのだという趣旨のコメントを寄せてくださった。鄭牧師帰天の報せを受け取ったのは、そのわずか一ヵ月後だった。

そして、京都大学における私のゼミで学んでいた山根実紀さん。山根さんは、夜間中学における在日朝鮮人女性の学びにかかわる研究活動の傍ら、排外主義的な煽動を行う人びとに対抗するデモの先頭で横断幕を持って歩いていた。短距離走のような人生を駆け抜けた山根さんは、日本社会の底に淀み続ける排外主義的な殺意のようなものを、これ以上ない敏感さで感じ取り、これに抗おうとしていた。たとえば中村一成著『ルポ　京都朝鮮学校襲撃事件』(岩波書店、二〇一四年)と本書をあわせてひもとかれた方は、今日の日本社会における出来事が、一九三〇年代の台湾や朝鮮における出来事と恐ろしいまでに相似していることに驚かれることだろう。「スパイ養成学校をつぶせ!」という類いのスローガンまで共通している。単に似ているということではなく、はっきりと通底する問題があるのだと思う。教育史という領域において植民地主義や人種主義《レイシズム》にかかわる歴史的省察を目指した本書が、こうした方々の足跡に芽生えた蘖の一部と化すことを願っている。

岩波書店の小島潔さんの呼びかけで「ポチの会」と称する研究会をはじめて一五年近く、冨山一郎さん、小川正人さん、板垣竜太さん、鳥山淳さんらと近代日本の植民地主義について考える機会を持ってきた。その間、本の出版という目に見える形では「研究成果」はまったくあらわれなかった。それにもかかわらず、小島さんは京都に来て、研究会に参加してくれた。昨今ほどには学問に即効性を求める圧力が強くなかった時代、お互いにそのような「贅沢」をする条件に恵まれていたということもあろう。でも、「ポチの会」が続いた理由はそれだけでもないと感じる。植民地主義や人種主義を問うことが、単にアカデミズムの「トレンド」だからということではなく、惨たる現実に対峙するうえで重要な課題なのだという思いを共有してきたからだと感じている。そのような編集者の手を介して本書が誕生したことをありがたく、また誇らしく思う。さらに、「枕」にするにしても厚すぎる本書にかかわって、膨大な編集実務を的確にやりとげてくださった奈倉龍祐さんにも感謝したい。

ひととおりの原稿を仕上げて小島さんに渡したあと、それまでの無理を重ねた生活がたたったのか、思いもかけず入・退院を繰り返すことになった。そうしたなかで私を支え、励ましてくれた妻の直美と娘の泉にも、心からありがとうの言葉を記しておきたい。

二〇一五年——「戦後七〇年」「安保法制」をめぐってひときわ暑い夏　洛北・修学院にて

駒込　武

植民地帝国日本の文化統合　駒込武　A5判四九六頁　本体八二〇〇円

帝国神道の形成
——植民地朝鮮と国家神道の論理
青野正明　A5判四〇〇頁　本体六〇〇〇円

「帝国」と「祖国」のはざま
——植民地期台湾映画人の交渉と越境
三澤真美恵　A5判三八四頁　本体八二〇〇円

【一橋大学経済研究叢書60】
帝国日本と統計調査
——統治初期台湾の専門家集団
佐藤正広　A5判三二八頁　本体五六〇〇円

帝国主義下の台湾　矢内原忠雄　四六判三二八頁　本体二八〇〇円

岩波書店刊
定価は表示価格に消費税が加算されます
2015年10月現在

駒込 武

1962年，東京生まれ．京都大学大学院教育学研究科教授．専門は，教育史・台湾近現代史．
単著に『植民地帝国日本の文化統合』(岩波書店)，共編著に『日本の植民地支配——肯定・賛美論を検証する』(水野直樹・藤永壯との共編，岩波ブックレット)，『帝国と学校』(橋本伸也との共編，昭和堂)，『戦時下学問の統制と動員——日本諸学振興委員会の研究』(川村肇・奈須恵子との共編，東京大学出版会)，『内海忠司日記 1928-1939——帝国日本の官僚と植民地台湾』(近藤正己・北村嘉恵との共編，京都大学学術出版会)などがある．

世界史のなかの台湾植民地支配
——台南長老教中学校からの視座

2015年10月15日　第1刷発行

著 者　駒《こま》込《ごめ》 武《たけし》

発行者　岡 本 厚

発行所　株式会社 岩波書店
〒101-8002 東京都千代田区一ツ橋 2-5-5
電話案内 03-5210-4000
http://www.iwanami.co.jp/

印刷・三秀舎　製本・牧製本

ISBN 978-4-00-061073-5　　Printed in Japan

索　引

- 索引は，「人名索引」と「事項索引」（一般）（学校・大学名）（宗教関係）（法令）から構成される．宗教的背景をもった学校は（学校・大学名）に含めた．
- 索引の対象は，本文・注，および本文に附随する図・表であり，巻末付表は対象に含めていない．注から採った頁数はイタリックで示した．
- 朝鮮人名はハングル読み，それ以外の人名は日本語音読みとして 50 音順に配列した．
- 人名にかかわる幼名や号，宣教師の中国名，事項にかかわる表記揺れや法令番号，欧文表記は，必要に応じてカッコ内に注記した．

【人名索引】

あ　行

か　行

さ 行

た　行

な 行

は　行

ま　行

や 行

ら　行

わ　行

【事項索引】

一　般

学校・大学名

宗教関係

269, 272, 273, 275, 559, 560, 567, 585, 672, 700, *84*
北部宣教師会議(North Formosa Mission Council)　539, 540, 559, 561, 562, 564, 565, 567–569
本願寺(本派本願寺)　218, 220, 223, 225, *111*, *112*
南長老派(米国長老教会，Presbyterian Church in the United States)　605
美濃ミッション　455, 456, 487, *140*
無教会派　93, 363, 630
メソジスト監督教会(Methodist Episcopal Church，米国監理派)　434, 595, 597
メソジスト監督派宣教会(Methodist Episcopal Mission)　68, 170
靖国神社　408, 418, 427–431, 433, 452, 487, 495, 500, 640, 649, *136*, *157*
臨済宗　255, 263
ローマ教皇庁　438, 439, 465, 641
ロンドン宣教会(London Missionary Society)　68, 201

法　令

一般ノ教育ヲシテ宗教外ニ特立セシムルノ件(1899 年文部省訓令第 12 号，教育と宗教の分離訓令)　145, 246, 289, 423
官有林野及樟脳製造業取締規則(1895 年日令第 26 号)　116
教員免許状ヲ有セサル者ヲ以テ教員ニ充ツルコトヲ得ル規定(1900 年文部省令第 15 号)　293
——中改正(1908 年文部省令第 1 号)　293
訓令第 12 号　→一般ノ教育ヲシテ宗教外ニ特立セシムルノ件
建国ノ本義ニ基キ日本精神作興等ニ関シ教育関与者ノ任務達成方(1935 年文部省訓令第 4 号，国体明徴訓令)　558, *147*
高等学校令(1918 年勅令第 389 号)　240
高等女学校令施行規則(1901 年文部省令第 4 号)　275
——中改正(1910 年文部省令第 23 号)　275
高等普通学校規則(1921 年朝鮮総督府令第 54 号)　296, 434
公立私立学校認定ニ関スル規則(1899 年文部省令第 34 号)　288, 289, 291, *121*
——中改正(1910 年文部省令第 15 号)　293, 304
三一法　→台湾ニ施行スヘキ法令ニ関スル法律
宗教系団体経営学校ノ神社其ノ他不参拝ニ関スル件(1932 年文学第 1069 号，文教局長通知)　450
諸学校通則(1886 年勅令第 16 号)　235
私立学校規則(1911 年朝鮮総督府令第 114 号)　246
——中改正(改正私立学校規則，1915 年朝鮮総督府令第 24 号)　246, 247, 434
私立学校規則(1920 年朝鮮総督府令第 21 号)　248, 600
私立学校規則(1905 年台湾総督府令第 88 号)　202, 203, 205, 264, 269, 274
私立学校規則(1922 年台湾総督府令第 138 号)　253, 254, 286, 294
——中改正(1934 年台湾総督府令第 52 号)　497
私立学校設置廃止規則(1898 年台湾総督府令第 3 号)　129, 202
私立学校排除条項(1919 年台湾教育令第 32 条)　240–242, 244, 245, 249, 252, 263, 277, 282, 287, 396, 397
私立学校令(1899 年勅令第 359 号)　129, 202
——中改正(1911 年勅令第 218 号)　293
私立中学校高等女学校設立認可標準制定ニ関スル件(1938 年文学第 36 号，文教局長通知)　579, *149*
専門学校入学者検定規程(1903 年文部省令第 14 号)　288
——(1924 年文部省令第 22 号)　292
——(1925 年台湾総督府令第 52 号)

292, 293
専門学校入学者検定規程第十一条ニ依ル指定ニ関スル規程(1924年文部省令第31号)　292
専門学校入学者検定ニ関スル規程(1921年台湾総督府令第95号)　292
専門学校令(1903年勅令第61号)　246, 288
大学令(1918年勅令第388号)　240, 241, 427
台湾阿片令(1897年律令第2号)　123
台湾医生免許規則(1901年台湾総督府令第47号)　127
台湾教育令(第1次，1919年勅令第1号)　237, 240, 248, 251, 276, 302, 371, *110*, *113-115*
——(第2次，1922年勅令第20号)　251, 252, 279, 282-284, 287, 292, 303, 312, 321, 357, 371-373, 376, *120*
台湾公立公学校規則(1922年台湾総督府令第65号)　323
台湾公立高等普通学校規則(1919年台湾総督府令第46号)　296
台湾公立中学校規則(1915年台湾総督府令第2号)　296
——(1921年台湾総督府令第87号)　296
——(1922年台湾総督府令第66号)　286, 295, 296, 298
台湾総督府条例(1896年勅令第88号)　107
台湾ニ施行スヘキ法令ニ関スル法律(1896年法律第63号，六三法)　107, 157, 189, 298, 371
——(1906年法律第31号，三一法)　157, 298, 371
——(1921年法律第3号，法3号)　298, 365, 371
団体ノ費用徴収及寄附金品募集ニ関スル規則(1905年台湾総督府令第86号)　225, 229, 398, *131*
——中改正(1925年台湾総督府令第29号)　398
中学校令(1899年勅令第28号)　246
中学校令施行規則(1901年文部省令第3号)　229
——中改正(1911年文部省令第26号)　229, 271, 278, 296
朝鮮教育令(第1次，1911年勅令第229号)　246, 359, *115*
——(第2次，1922年勅令第19号)　252, 282-284, 359, 373, 381, 390, *120*
天主公教徒タル学生生徒児童ノ神社参拝ニ関スル件(雑宗140号，文部次官通牒)　412, 429, 439, 451, 452, 459, 595, 624, 640
匪徒刑罰令(1898年律令第24号)　120
法律第3号　→台湾ニ施行スヘキ法令ニ関スル法律
保甲条例(1898年律令第21号)　120
民事商事及刑事ニ関スル律令(1898年律令第8号)　119
文部次官通牒　→天主公教徒タル学生生徒児童ノ神社参拝ニ関スル件
陸軍現役将校学校配属令(1925年勅令第135号)　311
六三法　→台湾ニ施行スヘキ法令ニ関スル法律

《日文要旨》

世界史のなかの台湾植民地支配
―台南長老教中学校からの視座―

清代に中華帝国の周縁に組み込まれていた台湾は，アヘン戦争後に大英帝国の影響力の及ぶ地域となり，さらに日清戦争の結果として帝国日本の植民地とされた．これら複数の帝国の影響力が重なり合う領域のひとつが，イングランド長老教会宣教師が1885年に設立した台南長老教中学校であった．この学校は，日本による植民地化以後も存続，1928年には「台湾人の学校」としていくのだという宣言書を発した．本書では，このミクロな空間に視座を定位しながら，英国人・日本人・台湾人のあいだに働いた権力関係を考察する．そのことにより，複数の帝国が相互に角逐しながらもいわば折り重なる暴力を構成する局面と，これに対峙した「台湾人」という集合的主体の姿を浮き彫りにすることをねらいとしている．

本書の第Ⅰ部は19世紀後半，第Ⅱ部は1900年代―1920年代，第Ⅲ部は1930年代，終章は1940年代を対象とする．

第Ⅰ部は，本書のプロローグにあたる．ここでは，英国人宣教師・日本人官僚・台湾人キリスト教徒という，本書で主要な位置を占める集団の輪郭を素描しながら，台南長老教中学校が三者間の競合の焦点として浮かび上がった経緯を明確化した．

台湾に宣教師を派遣したイングランド長老教会は，スコットランド自由教会から派生した教会であり，主要な構成員のなかに長老派キリスト教への改宗者として成り上がったハイランダー(ブリテン島の北辺ハイランド地方のケルト系住民)を含んでいた．英国の内部で「野蛮」とみなされていた人びとは，今度は自らが文明の秩序において劣等とみなす人びとを改宗させるエージェントとして宣教事業に従事した．アヘン貿易や砲艦政策と一体となった宣教事業は台湾社会の強い反発に直面したが，徐々に現地人改宗者も現れた．宣教師はまず神学校を設け，次いでその予備的教育機関として台南長老教中学校を設立した(第1章)．

日清戦争により台湾を領有した日本は，いまだ欧米列強との不平等条約改正の途上にある新興国家として，台湾における英国人の権益の保護を重視した．他方，日本人に対する英国人宣教師の態度は両義的であり，一方で「軽蔑された帝国」に支配されることになった台湾住民に同情し，日本軍による残虐行為を告発しながらも，他方で日本の支配はキリスト教布教という目的には好都合だと考えてもいた．伊藤博文や後藤新平ら帝国日本の担い手は，このような英国人の視線を強く意識しながら，欧米列強における植民地と本国との二重基準を模倣する形で，植民地支配のシステムを構築した(第2章)．

台湾住民は日本人に対して武装抵抗を展開したが，キリスト教への改宗者のなかには日本支配下の文明化に期待を寄せる者もいた．ただし，何を「文明」の内実とみなして普及していくのかという点では潜在的火種がはらまれていた．改宗者の多くが高度な教育と専門職を志向したのに対して，日本人は，「未開」の「土人」に高度な教育は不要とする立場から，大学はもちろん，中学校すらも設置しようとしなかった．そのために英国人宣教師の設立した台南長老教中学校は，改宗者からは社会的上昇移動の手がかりとみなされる一方，日本人からは厄介視されることになった(第3章)．

19世紀に世界の隅々にまで浸透した文明化への圧力は，グローバルなレベルで社会的流動性を高めた．他方，それ自体として文明の秩序の一部でもある植民地支配のシステムは，この社会的流動性を抑制したうえで，人種主義的なイデオロギーに拠りながら異なる集団間のヒエラルキーを固定化し，重要な政治的地位を植民者が独占しようとするものだった(第I部小括)．

第II部では台南長老教中学校をめぐる状況に焦点をあて，「台湾人」という集合的主体が登場する過程と，これにより英国人・日本人・台湾人の権力関係が変化していった様相を分析した．

1900年代には台湾人信徒が台南長老教中学校を高等教育レベルの学校に拡張する計画を立てたが，英国人宣教師は資金不足を口実としてこれを拒絶した．1910年代初頭には，林獻堂ら非信徒の有力者が中学校設立運動を展開し，台南長老教中学校を高等普通教育のための機関として拡張するための資金提供を申し出た．宣教師はこの申し出を歓迎したが，台湾総督府が干渉して地方庁の監督下に運営される公立中学校を設置する方向に誘導したために計画は頓挫，イングランド長老教会本部はこの件について台湾総督府に抗議した．こうした事実に象徴されるように，英国人と台湾人の関係が協力的なものに転ずる一方で，日本人がこれに対立する構図が形成されつつあった．また，台南長老教中学校では，信徒が新校舎建設のための寄附金を蓄積した実績を背景として宣教師に対する発言権を強め，学校の管理運営体制に参与することになった(第4章)．

1915年時点の台湾において中学校相当の学校としては，総督府国語学校と，台中に設置された公立中学校のほか，私立台南長老教中学校およびカナダ長老教会宣教師の運営する私立淡水中学校があるばかりだった．高度な教育を求める台湾人の教育熱が私立学校や内地留学に向かう状況のなか，日本政府は1919年には第一次台湾教育令を制定して初等後の教育を拡張する一方，実業学校以外の学校種別については私立学校の設立を認めないとする異例の条項を設けた．これはキリスト教系学校の拡張を阻止しようとする意図を背景としていたものの，既設の私立学校に即時廃校を求めるまでにはいたらなかった(第4章補論)．

日本政府は1922年に第二次台湾教育令を制定して，民族間の共学を原則として

公立中学校を増設する一方，すべての私立学校を各種学校とすることにより，上級学校に接続しない袋小路の学校とした．学校名称についても「中学校」と名乗らず，「中学」とすることを求めた．台南長老教中学では校長である宣教師バンドがもはや学校の未来はないと嘆く一方，教頭林茂生や宗教主任黄俟命は私立中学校相当の地位を獲得するための方途を追求，総督府が莫大な基本財産の蓄積をその条件として要求したことから，林茂生が後援会長となって寄附金募集運動を展開した．公立学校で台湾人生徒への差別事件が相次いで発生する状況のなか，信徒と非信徒を問わず，林獻堂や蔡培火ら抗日運動関係者も「台湾人本位の教育」が必要という立場からこの運動を支援し，後援会に加入した．1927 年には，バンドと林茂生を設立者として財団法人台南長老教中学が設立され，宣教師会議，南部台湾教会，後援会それぞれの代表各 5 名からなる理事会が構成された(第 5 章).

1927 年に林茂生は米国コロンビア大学ティーチャーズ・カレッジに留学して，台湾における教育を主題とする学位論文を執筆した．この論文では，台湾人の子どもが自らの言葉や歴史を学ぶことの重要性を主張した．また，公立学校における文化的同化への圧力は人格の崩壊をもたらす可能性があるという批判に基づいて，日・台別学制を基幹として台湾の公教育制度を変革していく構想を提示した．米国から帰国した林茂生は総督府との対決姿勢を鮮明にした(第 6 章).

かくして，当局の監督下にある「公立学校」とは対照的に，台南長老教中学は台湾人が学校の管理運営に参与する自治的空間となり，台湾人にとっての公共圏という性格を強めた．こうした台湾人の試みは，台湾総督府が日本人としての「国民教育」を行おうとする姿勢と対立したばかりでなく，宣教師が台南長老教中学をもっぱらキリスト教布教の手段とみなす志向とも緊張関係をはらむものとなった(第Ⅱ部小括).

第Ⅲ部では，1930 年代に生じた台南長老教中学排撃運動の顚末を，その前史や後史とみるべき諸事件とあわせて論じた．

1920 年代末，台湾総督府は，台南長老教中学の卒業生に上級学校進学資格を認定する条件として，集団的な神社参拝を新たに追加した．それは，内地や朝鮮のキリスト教系学校に対しては求められていない条件であった．台南長老教中学理事会は信教の自由を損なうものとしてこの要求を拒否，内地キリスト教界と連携して局面を打開すべく働きかけた．しかし，満洲事変後に軍部は上智大学・大島高等女学校など内地のカトリック系学校の教育方針に介入し，神社参拝しない者を「非国民」として排除する圧力を高めた．内地の英米プロテスタント系の学校も軍部の意向に順応する姿勢を明確にしたために，台南長老教中学における抵抗の基盤は狭められた(第 7 章).

1934 年になると，在台内地人が神社参拝を拒否する学校は廃校にすべきとする排撃運動を展開した．林茂生が理事会長として神社参拝を行う旨を声明しても排撃の火の手はやまず，今川淵台南州知事や安武直夫文教局長が排撃運動を支持する見

解を公表した．背後には，在台軍部の意向も介在していた．校長バンドは，キリスト教主義を維持できるならば台湾人の自治を擁護する必要はないという考えから当局の要求に妥協し，神社参拝を行ったばかりではなく，林茂生と黄俟命を学校から追放，後援会を解散し，内地人の理事会長・校長を採用する方針を定めた．台湾人のなかにも蔡培火のようにバンドによる妥結を支持する者がおり，それまで団結してきた人びとのあいだに深い亀裂が生じた(第 8 章)．

1935 年以降，台南長老教中学排撃運動は，台湾北部の淡水中学，朝鮮の平壌に米国北長老派宣教師の設立した崇実学校，さらに内地の同志社など帝国全体へと拡大していった．こうした運動は，英米との国際的緊張を高めることになった．1939 年に台南長老教中学は正規の私立中学校に認定されて長榮中学校と改称したが，もはや当局の運営する「公立学校」とほとんど変わらない学校となっていた．1940 年には英国人宣教師も台湾から退去し，やがて長榮中学校における台湾人生徒からも日本軍兵士が輩出されることになった(第 9 章・第 10 章)．

かくして，「台湾人」という主体は暴力的威嚇としてのテロルにより解体され，相互に孤立化させられたうえで，「日本人」として戦時動員体制に協力することを迫られた．こうした全体主義化の趨勢はまず台湾で増殖し，帝国日本を覆い尽くしていった(第Ⅲ部小括)．

終章では，台南長老教中学を追放された林茂生のその後を追った．

1945 年 8 月，中華民国と英米の首脳が発したカイロ宣言にしたがって，台湾は中華民国に「返還」された．林茂生は脱植民地化を志向する言論活動を展開すると同時に，台湾大学教授として「台湾人の学校」という中断された夢の続きを追求した．しかし，国民党を中核とする新たな統治者は台湾人を日本人により「奴隷化」された存在とみなし，日本時代と同様に重要な政治的地位から排除した．1947 年 2 月末，事実上の再植民地化というべき事態に幻滅した台湾人は反政府叛乱を起こした．蔣介石の派遣した援軍による苛酷な武力鎮圧が行われるさなか，林茂生も台湾大学の学生を「煽動」し，米国領事館と接触して「台湾独立」を「妄想」した罪で処刑された(2・28 事件)．米国領事館は台湾人虐殺が生じる事態を予想していたものの，国際政治上の主体だけを交渉相手とすればよいと考えて介入を見送った．

林茂生は「失踪」する直前に息子に対して，台湾人の不幸は，「殖民政府」という政治体制しか知らないことだと語った．この言葉は，林茂生にとって，2・28 事件をめぐる事態の本質が，中国国民党の失政という次元には止まらなかったことを示している．外来の統治者が在来の住民を「二等国民」として見下し，時にはあからさまに侮辱し，重要な政治的地位から疎外する植民地主義的体制，さらには，こうした事態を許容する世界秩序そのものが問題の根源であった．このような世界のあり方の変革を求める林茂生の夢は，子どもたち，孫たちの世代に継承されることになった(終章)．

《Summary》

Colonial Rule of Taiwan in the Global Context: Perspective from Tainan Presbyterian Middle School

Taiwan had been incorporated into the territory of the Chinese Empire as a fringe territory during the Qing Dynasty period, later fell within the sphere of influence of the British Empire after the Opium War, and was then colonized by the Japanese Empire as a result of the First Sino-Japanese War. The Tainan Presbyterian Middle School, established in 1885 by a missionary from the English Presbyterian Church, which is the focus of this book, was an important sphere where these imperial powers competed among them. The school survived through the period of Japanese colonial rule, in 1928 declaring itself to be a 'School for the Taiwanese'. This book examines historical details of this school, locating them into a wider context related to the British, the Japanese, and the Taiwanese. It aims to analyze dynamics where the multiple empires, competing with one another, perpetrated successive layers of violence against the Taiwanese, and at the same time to highlight the feature of 'the Taiwanese' who confronted these empires as a collective independent actor.

This book is divided into four parts: Part I covers the second half of the 19th century; Part II the 1900s, the 1910s and the 1920s; Part III the 1930s; and Part IV the 1940s.

Part I is the prologue of the book. The three chief groups discussed in the book are British missionaries, Japanese bureaucrats, and Taiwanese Christians. These groups are briefly introduced, showing the process by which the Tainan Presbyterian Middle School came to be the focal point where the three competed among them. The Presbyterian Church of England, which sent missionaries to Taiwan, was a church set up in association with the Free Church of Scotland, and its primary member included the Highlanders, who were Celtic Scottish from the Highlands of northern Great Britain. These Highlanders—who had been looked down upon as 'barbarians' within Britain—took on the role of agents with the task of converting those who were considered to be living at an inferior level of civilization. Although missionary activities in Taiwan went in hand with the opium trade and gun boat diplomacy and met strong opposition in Taiwanese society, native converts did eventually emerge. British missionaries first established a theological college, and set up the Tainan Presbyterian Middle School as a preparatory school for the college. (Chapter 1)

Japan, as itself a developing country in the middle of revising unequal treaties that

had been forced upon it by the western powers, had colonized Taiwan after the First Sino-Japanese War and attached great importance to protecting British interests in Taiwan. On the other hand, the British missionaries' attitude toward Japanese was ambiguous. While sympathizing with Taiwanese people who had come to be ruled by a 'despised empire', and also criticizing the Japanese army's brutality against the Taiwanese, they found Japanese rule conducive to their missionary activities. Leaders of the Japanese Empire, such as Itō Hirobumi and Gotō Shinpei, were to construct a system of colonial rule with a strong awareness of British expectations, while imitating the double standard that western powers conducted their own home countries and their colonies differently. (Chapter 2)

While the Taiwanese were generally opposed to Japan's use of military force, among Taiwanese converts to Christianity there were those who saw Japanese rule as having the potential for a civilizing effect. However, there was a potential conflict how to define the 'civilization' that would be encouraged. Although many converts hoped for higher level education and professional occupations, the Japanese considered higher education unnecessary for 'natives' of 'the uncivilized' and did not establish even middle schools, let alone universities. Thus, while converts to the church saw the Tainan Presbyterian Middle School as a means to move up the social ladder, the Japanese considered it an irritant. (Chapter 3)

Social pressure towards 'civilization' which permeated all over the world in the 19th century heightened social mobility on a global scale. On the other hand, the system of colonial rule—itself part of the order of civilization—restricted social mobility according to a racial ideology that entrenched a hierarchy of different groups in which the colonizers dominated important political posts. (Conclusion of Part I)

Part II, focusing on the situation around the Tainan Presbyterian Middle School, examines the process by which the collective independent actor of 'the Taiwanese' emerged, and how this changed the power relationships among the British, Japanese, and Taiwanese.

In the 1900s, Taiwanese converts presented a plan to expand the school into a school in higher education level, but the British missionary rejected it under the pretext of insufficient financial resources. In the early 1910s influential non-Christian individuals such as Lim Hian-tong (Lin Xian-tang) engaged in a movement promoting the establishment of middle schools, while proposing to offer funds for the expansion of the Tainan Presbyterian Middle School into an institution for post-elementary general education. British missionaries welcomed this idea, but the plan suffered a setback due to interference by the Japanese colonial government which canalized the direction rather into establishing a public middle school run by a relevant local government. The head-

quarters of the English Presbyterian Church appealed to the colonial government on behalf of this plan, illustrating a new relationship: British & Taiwanese cooperation versus Japanese opposition. Taiwanese church members managed to strengthen their voices in school affairs due to their success in raising funds for the new school building, resulting in Taiwanese joining the missionaries in managing the school. (Chapter 4)

In 1915 Taiwan had only a few schools at the middle school level: the governmental National Language School in Taihoku (Taipei) and the Public Middle School in Taichū (Taichung), the Private Tainan Presbyterian Middle School and the Private Tansui (Danshui) Middle School, run by missionaries of the Canadian Presbyterian Church. While Taiwanese seeking for higher education looked to private schools and study in Japan proper, the Japanese government enacted the first Taiwan Education Ordinance in 1919 to extend post-elementary education. However, it included an exceptional clause that no private schools other than vocational schools may be established. Although this was intended to inhibit the existence of private Christian schools, it did not demand the immediate closure of preexisting private schools. (Supplement to Chapter 4)

The Japanese government enacted the second Taiwan Education Ordinance in 1922, expanding public middle schools on the basis of coeducation among races. At the same time, it categorized all private schools as miscellaneous schools, turning them into dead-end schools that could not connect to higher-level schools. Although the missionary Edward Band, principal of Tainan Presbyterian Middle School, despaired for the future of his school, Taiwanese involved in the school, such as Head Teacher Lim Bo-seng (Lin Mao-sheng) and School Chaplain Ng Su-beng (Huang Si-ming), sought official status equivalent to a middle school. In response to the colonial government's requirement that the school ought to have an enormous endowment fund in order to win such official status, Lim Bo-seng became the head of the School Support Society and began a fundraising campaign. Those who had joined anti-Japan movement, both Christian and not, such as Lim Hian-tong and Chhoa Poe-hoe (Cai Pei-huo), supported the fundraising campaign as necessary for 'education that puts the Taiwanese at its center' when discrimination against Taiwanese students often occured in public schools. In 1927 the colonial government recognized the establishment of the endowment fund. The founders were Edward Band and Lim Bo-seng, who also formed a Board of Managers, with five representatives each from the Mission Council, the South Taiwanese Church, and the School Support Society. (Chapter 5)

In 1927 Lim Bo-seng became a student of Teacher's College, Columbia University in the US, where he wrote a PhD thesis on education in Taiwan. In the thesis he insisted on the importance of Taiwanese children learning their own language and history, and criticized how the officially maintained schools pressured them to assimilate into Japa-

nese culture, leading to possible personality disorder. From this point of view, he proposed a plan for changing Taiwan's public education system to separate schools for Taiwanese from those for Japanese. After going back to Taiwan, he made clear his opposition to the colonial government. (Chapter 6)

Thus the Tainan Presbyterian Middle School strengthened its character as a school autonomously run and managed by Taiwanese, that can be called more of a public sphere for Taiwanese than the so-called 'Public Schools' under official control. Such efforts by the Taiwanese not only confronted the policy of the colonial government, which promoted national education, but also implied tensions with the missionaries whose aim was solely to promote Christianity via the school. (Conclusion of Part II)

Part III discusses a movement emerged in the 1930s against the Tainan Presbyterian Middle School, along with related incidents which create its pre-history and post-history.

In the late 1920s the colonial government of Taiwan added a new condition for graduates of Tainan Presbyterian Middle School to qualify for admission to higher level school: collective Shintō shrine worship by the school. This was a condition to which Christian schools in Japan and Korea had never been subjected. The Board of Managers of Tainan Presbyterian Middle School rejected the new requirement as an abridgment of religious freedom, and worked with Christian groups in Japan proper to change the situation. But when, after the Manchurian Incident, military authorities began to intervene in the educational policies of Catholic schools in Japan, such as Sophia University and Ōshima Girls' High School, there was heightened pressure to exclude those who refused Shintō shrine worship as 'traitors to the country'. British and American Protestant schools in Japan proper also became subject to the demands of the military authorities, which weakened the foundation for resistance at the Tainan Presbyterian Middle School. (Chapter 7)

In 1934, Japanese residents of Taiwan began a denunciation campaign of the Tainan Presbyterian Middle School for its rejection of shrine worship, calling for the school's closure. Lim Bo-seng, now head of the Board of the Tainan Presbyterian Middle School, made clear the school's intention to engage in shrine worship, but this failed to halt the denunciation campaign. Instead, it gathered force and was even endorsed publically by Tainan Provincial Governor Imagawa Fukashi, and Director of the Educational Bureau Yasutake Naofumi. The campaign appeared to have the backing of military authorities in Taiwan. The school principal Band compromised with requests from the Japanese authority as long as Christian principles could be protected, considering support towards Taiwanese self-governance is not his duty as a missionary. He not only attended shrine worships but also decided to expel Lim Bo-seng and Ng Su-beng from the school, dissolving the School Support Society, and to hire Japanese to serve as both

the head of the Board and the principal. Since some Taiwanese like Chhoa Poe-hoe supporting Principal Band's decisions, people previously united became deeply divided. (Chapter 8)

After 1935, similar denunciation campaigns spread throughout the Japanese Empire, against the Tansui Middle School in northern Taiwan, the Sunsil School in Heijō (Pyongyang), Korea, established by US Presbyterian missionaries, and also Dōshisha in Japan. The campaign heightened international tension between Japan and both Britain and the US. In 1939 the Tainan Presbyterian Middle School changed its name to the Chōei Middle School officially recognized as a private middle school, making it barely different from an officially maintained 'public school'. In 1940 the British missionaries evacuated from Taiwan, and soon after the school sent Taiwanese students as Japanese soldiers. (Chapters 9 & 10)

Thus was the independent collective actor 'the Taiwanese' dissolved by terror in the form of violent threats. Its members were isolated from one another and were required to co-operate with wartime mobilization as 'Japanese'. The trend of moving toward totalitarianism strengthened in Taiwan and covered the entire Japanese Empire. (Conclusion of Part III)

The final chapter discusses Lim Bo-seng's life after his expulsion from the Tainan Presbyterian Middle School.

In August 1945 Taiwan was 'returned' to the Republic of China (ROC), led by the Chinese Nationalist Party (Kuomintang or KMT) following the Cairo Declaration proclaimed by the heads of The Republic of China, The United Kingdom, and The United States. Lim Bo-seng promoted the idea of de-colonization through talks and writings, and as professor of Taiwan University, made efforts to fulfill his interrupted dream of 'Schools for the Taiwanese'. However, the KMT considered Taiwanese to have been 'enslaved' by the Japanese, and excluded them from important political positions as Japan did. In late February, 1947 the Taiwanese people joined in a political uprising against the government, disappointed by the fact that Taiwan had been virtually re-colonized. The protest was suppressed by the Republic of China Army and Lim Bo-seng was arrested and prosecuted on charges of 'inciting' the students of Taiwan University, making contact with the US Consulate, and 'falling into the delusion of Taiwanese independence' (2/28 Incident). Although the US Consulate had been forecasting a possible situation in which the reinforcements sent by Chiang Kai-shek massacred Taiwanese civilians, they thought that it would be sufficient to negotiate with 'a legally constituted authority' and declined to get involved.

Lim Bo-seng told his son just before his 'disappearance' that the misfortune of the Taiwanese people was that they knew no political system other than 'colonial govern-

ment'. These words show that, for Lim Bo-seng, a real problem of the 2/28 Incident was not merely a result of Kuomintang misrule. The origin of the problem lay in a colonial system in which outside rulers looked down upon native residents as 'second-class citizens', often overtly insulting them and preventing them from holding significant political posts, and in fact the ultimate root lay in the world order that permitted such a colonial system. His dream to change that world order was to be taken over by the generation of his children, and his grandchildren.（Final Chapter）

Note）Names of Taiwanese and Japanese people are written in the original order, with family names first, followed by given name. Names of Taiwanese persons are written throughout first in the Romanization of the Taiwanese language reading of the name, but the more commonly known Mandarin Pinyin reading is given in parenthesis upon the first mention. Names of places under Japanese colonial at the time of the events described are given in Japanese, followed by the current official name in parenthesis.

（translation: Betchaku Atsuko and Roy Berman）

《中文摘要》

世界史脈絡中的台灣殖民地支配

—來自台南長老教中學校的視角—

台灣在清代被納入中華帝國版圖的邊緣領土，鴉片戰爭後被劃入大英帝國的勢力範圍，甲午戰爭後又成為了日本帝國的殖民地。這些帝國的勢力範圍盤根錯節，相互交匯。而由英格蘭長老教會傳教士于 1885 年設立的台南長老教中學校即是其中的一個交匯空間。該校在日本殖民統治後仍得以存續，並于 1928 年發出建立“台灣人的學校”的宣言書。本書將視角定位於這一微觀的空間，從中考察英國人、日本人和台灣人之間的權力關係。試圖以此掌握這些帝國在相互角逐過程中所構成的交疊式暴力的同時，勾勒出與其對峙的“台灣人”這一集合性主體的面貌。

本書的第一部分以 19 世紀後半期，第二部分以 1900 年代至 1920 年代，第三部分以 1930 年代，終章則以 1940 年代為考察對象。

第一部分相當於本書的引言，著重描繪英國傳教士、日本官僚以及台灣基督教徒這三個在本書中占主要地位的集團的基本輪廓，同時理清台南長老教中學校成為這三者間鬥爭焦點的來龍去脈。

當時向台灣派遣傳教士的，是由蘇格蘭自由教會派生而來的英格蘭長老教會，其主要人員包含了改宗長老派基督教的信徒組成的高地人(不列顛岛北部高地的凱爾特裔 Celtic 居民)。這些在英國國內被貼上“野蠻”標籤的人們，搖身一變作為使者，肩負起了讓文明秩序中的“劣等人”皈依基督教的傳教使命。與鴉片戰爭和炮艦政策一同席捲而來的傳教活動，雖然遭遇台灣社會的強烈抵抗，但也逐漸在當地人中催生出了改宗者。傳教士們建起神學院，接著又設立了作為其預備教育機關的台南長老教中學校(第一章)。

甲午戰爭后將台灣佔為己有的日本，作為新崛起的國家，致力於修訂其過往與西洋列強所簽下的不平等條約，因而格外重視保護在台英國人的權益。而英國傳教士對待日本人的態度則具有兩面性。他們既對受日本這一“被蔑視的帝國”支配的台灣居民感到同情，並告發日本軍隊的暴行，但又將日本的殖民地支配視為基督教傳教的良機。伊藤博文和後藤新平等日本帝國的領導者，在對英國人的這一態度保持高度自覺的同時，模仿歐美列強對待殖民地和本國所採取的雙重標準，積極構建起日本的殖民地支配體系(第二章)。

雖然台灣居民掀起了反抗日本人的武裝鬥爭，但在改宗基督教的信徒中亦不乏對日本支配下的文明化抱有期待者。不過，究竟將什麼視為“文明”的內涵并加以普及？在這一問題上埋下了日後引發爭端的火種。儘管改宗者多為尋求高級階段的教育或掌握職業資格的人群，日本人仍然從“未開化”的“土人”無需高級階段教育這樣的觀

點出發，不僅不設立大學，對於辦中學也頗為消極。正因為如此，台南長老教中學校在改宗者看來是社會階層向上流動的階梯，可另一方面卻成了日本人的眼中釘(第三章)。

於 19 世紀滲透至世界各個角落的文明化訴求在全球範圍內提高了社會的流動性。然而，作為構成文明秩序的一部分的殖民地支配體系卻旨在抑制這種社會流動性，并基於種族主義的意識形態將不同族群集團間的等級秩序固定化，而由殖民者壟斷重要政治地位(第一部分小結)。

第二部分聚焦台南長老教中學校，著重分析“台灣人”這一集合性主體的登場過程及其所帶來的英國人、日本人和台灣人之間權力關係的變化。

1900 年代，台灣信徒計劃將台南長老教中學校擴充為高等教育程度的學校，然而這一計劃卻被英國傳教士以資金不足為藉口所拒絕。1910 年代初，林獻堂等非信徒的有力人士開展中學設立運動，并對將台南長老教中學校擴充為普通高等教育機關的計劃提供資金支援。傳教士方面對此表示歡迎，然而，總督府卻只傾向於建立屬地方廳監管運營的公立中學，擴充計劃因此遭到擱置。英格蘭長老教會本部就此事向台灣總督府提出抗議。由此可見，英國人與台灣人走向合作并由此引發日本人阻撓的局面逐步形成。此外，在台南長老教中學校，信徒們仰仗著為新校舍建立募集到大量贊助金，加強了在傳教士面前的發言權，并積極參與學校的管理運營體制(第四章)。

1915 年的台灣，中等教育級別的學校中，除了官立國語學校和公立台中中學校之外，只剩下私立台南長老教中學校和加拿大長老教會傳教士運營的私立淡水中學校。追求高學歷的台灣人對教育的熱情蔓延至私立學校，并開始熱衷於前往日本內地留學。在這種情況下，日本政府於 1919 年制定了第一次台灣教育令，一方面擴充初等以上教育，但同時又制定了不認可實業學校以外的私立學校建校的特殊條款。這背後雖隱含了遏制基督教學校擴張勢頭的意圖，但還不到要求現有私立學校即刻關門的地步(第四章補論)。

日本政府於 1922 年制定第二次台灣教育令，在增設日台共學制的公立中學的同時，將所有私立學校列入所謂的各種學校範疇，切斷了其就讀生升學的途徑。“台南長老教中學校”則由於未能被認定為正規的中學校，校名也變更為了“台南長老教中學”。當時任校長的傳教士萬榮華(Edward Band)歎息學校前景黯淡之時，教頭林茂生和宗教主任黃俟命積極地尋求使學校獲得與正規中學相當地位的途徑，為符合總督府開出的學校須具備巨額基本財產儲蓄這一條件，以林茂生為會長的後援會開展了贊助金的募集運動。當時，公立學校中，針對台灣學生的歧視事件層出不窮，有鑒於此，林獻堂、蔡培火等抗日運動參與者，不論信教與否，都從“台灣人本位的教育”大有必要的立場出發支持了這一運動并加入了後援會。1927 年，萬榮華和林茂生設立的財團法人台南長老教中學，由傳教士會議、南部台灣教會及後援會各自推選 5 名代表組成了校理事會(第五章)。

1927 年林茂生赴美國哥倫比亞大學師範學院留學，完成了以台灣教育為主題的學

位論文。他在文中強調台灣兒童學習自身語言以及歷史的重要性，并對当局運営的學校中的文化同化壓力可能對兒童人格發展所帶來的損害進行批判。他還提出變革以日台別學制度為基礎的台灣公教育制度的構想。留美歸來的林茂生進一步明確了其對抗總督府的立場(第六章)。

如此一來，台南長老教中學作為由台灣人管理運營的自治空間的性質得到了強化，與其說其是當局監控下的“公立學校”，倒不如說它成為了一個對台灣人而言的公共領域。台灣人的這一舉措不僅是對台灣總督府實施“國民教育”之企圖的對抗，也包含了與僅僅想把台南長老教中學當做基督教傳教手段的傳教士之間的緊張感(第二部分小結)。

第三部分探討了 1930 年代爆發的抨擊台南長老教中學運動的始末以及運動前後所發生的一系列事件。

1920 年代末，台灣總督府在對認定台南長老教中學畢業生升學資格的條件中新加入了集體参拜神社這一條。值得一提的是，該條件並未向內地和朝鮮的基督教學校提出。台南長老教中學理事會以侵害信教自由為由拒絕了此項要求，並且聯合內地的基督教界尋求解決途徑。然而，滿洲事變後，日本軍部對上智大學和大島高等女學校等內地的天主教學校的教育方針採取了強制干預，將不参拜神社者作為“非國民”進行抨擊和壓迫。由於內地的英美新教系的學校已明確表態順從軍部的意願，台南長老教中學抵抗的基礎不可避免地遭到了削弱(第七章)。

1934 年，在台內地人掀起了廢除拒絕参拜神社的學校的抨擊運動。儘管作為理事會會長的林茂生聲明同意参拜神社，但抨擊方仍未作罷。台南州知事今川淵和文教局局長安武直夫甚至公開表示支持抨擊運動。這背後也包含了在台軍部的指使。對此，校長萬榮華則認為只要能維繫學校的基督教教育方針，便不必擁護台灣人的自治。基於這一考慮，校方決定向當局妥協，不但實行了神社参拜，還將林茂生和黃俟命驅逐出校，並解散後援會，同時任用日本內地人作為理事會長和校長。由於台灣人中不乏像蔡培火那樣支持萬榮華採取的妥協政策者，一度緊密團結的集團內部出現了深刻的裂痕(第八章)。

1935 年以後，原本針對台南長老教中學的抨擊運動擴大到了台灣北部的淡水中學，美國北長老派傳教士於朝鮮平壤設立的崇實學校以及內地的同志社，影響波及日本帝國全境，並加劇了與英美之間國際關係的緊張。1939 年，台南長老教中學被認定為正規的私立中學校，同時改名為長榮中學校。至此，該校已與當局所運營的「公立學校」相差無幾。1940 年，英國傳教士撤離台湾，之後，在長榮中學校就讀的台灣學生中湧現出了一批又一批的日本軍隊士兵(第九章、第十章)。

如此，“台灣人”這一主體在恐怖政治的暴力恐嚇下遭到解體并被相互孤立，繼而被迫作為“日本人”加入戰爭動員體制。這一集權主義趨勢在台灣滋長蔓延，不久覆蓋了日本帝國全境(第三部分小結)。

終章則探尋被驅逐出台南長老教中學的林茂生的後續活動。

1945 年 8 月，按照中華民國和英美首腦發佈的開羅宣言，台灣被“歸還”給了中華民國。林茂生一邊積極呼籲擺脫殖民地化，一邊作為台灣大學教授繼續追尋建立“台灣人的學校”這個曾被擱淺的夢想。然而，以國民黨核心的新任統治者卻將台灣人視為受過日本人“奴化”的存在，與日本統治時期一樣將其排除在重要的政治地位之外。1947 年 2 月末，對實質上再度淪為外來統治者殖民地的這一局面忍無可忍的台灣人爆發了反政府示威。在蒋介石派遣的援軍所採取的嚴酷的武力鎮壓行動中，林茂生以“煽動”台灣大學學生，勾結美國領事館，“妄圖”製造“台灣獨立”的罪名遭到處刑(二二八事件)。美國領事館雖然預想到了屠殺台灣人這一幕的發生，但卻從只需和具備法定權力當局交涉即可的立場出發，選擇了不與介入。

林茂生在“失蹤”前一刻曾對其子說道，台灣人的不幸就在於只知道“殖民政府”這一種政治體制。這句話説明，對林茂生而言，圍繞二二八事件的事態的本質不僅僅停留在國民黨的政治這一層面。外來統治者將本地居民蔑視為“二等國民”，時而加以赤裸裸的侮辱並將其排擠在重要政治地位之外的殖民地主義體制，以及對此袖手旁觀的世界秩序本身才是問題的根源。而渴望變革這樣一個世界的遺願則落在了後世的子子孫孫的肩上(終章)。

（翻譯：林子博）

図版出典一覧

イングランド長老教会海外宣教委員会文書……図 2–5(台湾民主国保護証)，図 4–10(台南長老教中学校関連地図)
隈本繁吉文書……図 4–12(勅令案　台湾教育令)
呉三連台湾史料基金会……図 6–4(蔡培火と矢内原忠雄)
長榮高級中學校史館……図 5–5(後援会員名簿)，図 8–1(建国祭のポスター)
陳澄波文化基金会……カバー表(陳澄波「新楼風景」)，カバー裏(陳澄波「淡水夕照」)，表紙・図 4–15(陳澄波「長榮女中校園」)，カバー背・図 8–6(陳澄波「岡」)
「**典蔵台湾**」(http://digitalarchives.tw/)……図 5–7(第一回夏季学校講義筆記)
同志社社史資料センター……図 10–4(野村定五郎「㊙同志社学園　武道々場内神棚に関する所見」)
矢内原忠雄文庫……図 6–5(林茂生の名刺)

『恩典之美——高慈美女士図像資料選輯』(張隆志他編，2008 年)……図 3–8(高慈美と李超然の結婚式)
『鎌田正威先生追想録』(1936 年)……図 9–1(鎌田正威)
『黄虎旗的故事——台湾民主国文物図録』(2002 年)……図 2–4(基隆城占領時の日本軍)，図 2–6(台南府城大北門)，図 3–2(台北及大稲埕艋舺略図)
『島国顕影　第一集』(1993 年)……序章扉(林茂生)，図 4–3(新楼時代の長老教中学校)，図 4–7(林獻堂の子どもたちの内地留学)，図 4–18(聖書暗誦ディプロマ)，図 5–1(台湾議会設置請願団)，図 6–2(米国留学中の林茂生)，図 6–3(林茂生の家族)，図 6–8(台湾民報創立記念会)，図終–4(慶祝台湾光復紀念大会で演説する林茂生)，図終–7(「失踪」する直前の林茂生)
『侵略神社』(辻子実著，2003 年)……図 10–3(平壌神社)
『崇義九十年史』(1993 年)……図 10–2(崇義女学校)
『台中市珍貴古老照片専輯』第三集(1987 年)……第 II 部扉(文化協会第一回夏季学校紀念)
『台南高長家族族譜』(1996 年)……図 1–8(高長と朱鸞)，図 3–7(高長とその一族)
『台北市立成淵高級中学慶祝創校 100 週年校慶紀年集　百年樹人』(1997 年)……図 4–14(成淵学校)
『台湾教会公報』(1934 年 10 月号)……図 8–10(林茂生「新台湾話陳列館」)
『台湾軍特種演習写真帖』(1934 年)……図 8–7(台北市域区分図)，図 8–8(台湾軍特種演習)
『台湾酒専売史』(1941 年)……図 9–1(今川淵)
『台湾時報』(1931 年 11 月号)……図 9–8(淡水における水上飛行艇)
『台湾全島写真帖』(1913 年)……図 6–7(学務官僚遭難之碑)
『台湾民報』(1928 年 11 月 25 日号)……図 5–8(「台南長老教中学校将為民衆之教育機関」)
『淡江中学全史』(2000 年)……図 4–16(マカイ夫妻と子どもたち)，図 4–17(淡水中学校)，図 4–19(淡水女学堂の教師・生徒たち)，図 4–20(淡水高等女学校)，図 7–2(台湾基督教青年会夏季学校)，図 7–9(台北神学校)，図 9–3(淡水港に入港する油槽船)，図 9–4(淡水中学卒業記念)，図 9–6(淡水中学ラグビー部)，図 9–7(淡水高等女学校生徒による淡水神社参拝)
『長榮中学百年史』(1991 年)……序章扉(台南長老教中学校講堂)，図 3–9(林燕臣)，図 4–4(東門教会附設小学)，図 4–5(エドワード・バンド)，図 5–3(黄俟命)，図 5–4(台南長老教中学の教員)，図 5–10(蹴球部の生徒たち)，図 6–10(高上榮と黄彰輝)，第 III 部扉(台南長老教中学職員・生徒一同に

よる台南神社参拝)，図 7–10(レスリー・シングルトン)，図 8–2(台南長老教中学卒業記念)，図 8–4(台南長老教中学生徒の台南神社参拝)，図 8–5(加藤長太郎の校長就任式)，図 8–9(黄俟命)，図 9–10(バークレイの葬儀)，図終–3(長榮中学校の陸軍特別幹部候補生)

『東京大学百年史　部局史三』(1987 年)……図 2–3(工部大学校校舎設計図)

『桃源在何許？』(林淑芬編著，2002 年)……図終–2(「桃源在何許」)

『同志社女子大学 125 年』(2000 年)……図 10–7(同志社の奉安殿)

『南部台湾基督長老教会設教七十週年記念写真帖』(1935 年)……図序–1(林茂生「序」)，図 2–8(彰化基督教医院)，図 5–3(東門教会)

『内地台湾間準備飛行実施計画』(1934 年)……図 7–7(内地台湾間準備飛行路図)

『日本地理風俗体系 15　台湾篇』(1931 年)……図 7–1(建功神社)，図 7–8(台南神社)

『二二八事件資料選輯(二)』(1992 年)……図終–6(武装蜂起を呼びかける日本語のビラ)

『二二八事件档案彙編(一)立法院・国家安全局档案』(2002 年)……図終–8(王采蘩による助命嘆願書)

『二二八事件档案彙編(十七)大渓档案』(2008 年)……図終–9(辨理人犯姓名調査表)

『日本への自叙伝』(エドウィン・O. ライシャワー著，1982 年)……図 10–9(ライシャワー一家)

『邁向公義和平之路――弱者的苦難與策略』(林宗義他編，1998 年)……図終–1(二二八事件紀念碑前で演説する林宗義)，図終–10(二二八事件紀念碑破土典礼)

『李春生的思想與日本観感』(陳俊宏著，2002 年)……図 3–1(李春生)

『李春生著作集 1』(2004 年)……第 I 部扉(大稲埕教会礼拝堂)

『林茂生・陳炘和他們的時代』(李筱峰著，1996 年)……図 5–6(林獻堂・蔡培火・林茂生)

『林茂生博士紀念專輯』(台南長榮高級中学編，1991 年)……図 4–1(林茂生と趙天慈とバークレイ)

『1945 破暁時刻的台湾――八月十五日後激動的一百天』(曽健民著，2005 年)……終章扉(慶祝台湾光復紀念大会)

Edward Band, *Barclay of Formosa* (1936)……図 2–7(バークレイ)

Edward Band, *Working His Purpose Out* (1947)……図 4–6(廈門英華書院)

G. Thompson Brown, *Not by Might: A Century of Presbyterians in Korea* (1984)……図 7–4(朝鮮耶蘇教長老会第 1 回総老会)

Harry A. Rhodes, *History of the Korea mission, Presbyterian Church in the U.S.A.: Volume II, 1935–1959* (1964)……図 10–1(米国北長老派の宣教師たち)

Maggie Keswick ed., *The Thistle and the Jade* (1982)……図 1–5(『あざみと龍――ジャーディン・マセソン商会 150 年史』)，図 2–2(英一番館)

William A. Pickering, *Pioneering Formosa* (1898)……図 1–9(高雄港)

William Campbell, *Sketches from Formosa* (1915)……図 2–9(台南盲学校)

***The Messenger and Missionary Record* (June, 1869)**……図 1–6(イングランド長老教会の宣教拠点)

***The Messenger and Missionary Record* (Mar., 1878)**……図 1–7(台湾府の病院)

***The Monthly Messenger* (Nov., 1897)**……図 2–7(ファーガソン)

***The Monthly Messenger* (Dec., 1902)**……図 4–2(台南太平境教会)

***The Monthly Messenger* (Sept., 1903)**……図 3–5(南部中会の構成員)

***The Presbyterian Messenger* (Mar., 1912)**……図 10–8(東京高砂基督青年会の学生たち)

***The Presbyterian Messenger* (Sept., 1917)**……図 4–9(台南長老教中学校の新校舎)

※なお，筆者撮影のものや図版の表題が出典を示すものなど出典表記を不要と判断したものはここに含めていない.

巻末付表 1　内地におけるキリスト教系中学校・高等女学校の状況

【凡　例】

1) 本表で対象とした学校は，1935 年の時点で日本内地に存在したキリスト教系中学校・高等女学校，およびこれに類する各種学校である．プロテスタント系学校に関しては，日本基督教連盟『基督教年鑑』(1935 年版)に「基督教主義学校」として所載されているもののみを対象としており，配列の順序も同書による．「学校名称」「所在地」は，プロテスタント系，カトリック系を含めて，1935 年時点のもの．

2)「関係教会」の項目は，『基督教年鑑』による．恵泉女学園は「教派関係なきもの」と記されているので空欄とした．「関係ミッション」の項目は，原則的に各学校沿革史の記述によりながら，学校の設立・運営に深いかかわりを持った宣教会の名称を記した．創立以後に関係ミッションが変わった場合には「→」で示した．「国」の項目は宣教師の国籍，「加」は英領カナダ，「濠」は英領オーストラリアを表す．

3)「創立年」の項目は，原則として各学校沿革史の記述を参考とした．ただし，特に総合的な学院の場合，多様な解釈がありうる．したがって，ここに記した「創立年」は，あくまでも一つの目安に止まる．

4)「専検指定」の項目は，専門学校入学者検定規程による無試験検定の指定を受けた日付を表す．

5)「中学校・高等女学校設立認可」の項目は，中学校または高等女学校として認可された日付を表す．

6)「財団法人設置」の項目は，学校の設立者が新たに財団法人となった日付，あるいは既存の財団が設立者となった日付を表す．原則として各学校沿革史の記載にしたがったが，文部省告示により日付を補ったものもある．「分類」の項目については，本文 289 頁参照．

7)「神社参拝日」の項目は，学校沿革史等の記述で神社参拝を行ったとされる日付を記した．参拝年を推測で補った場合は，〔　〕内に記し，神社参拝にかかわる記述があるにもかかわらず日付の不詳な場合には〔不詳〕と記した．「神社参拝への対応」の欄の「(A)安藤信成の調査への回答」の項目は，淡水女学院教頭安藤信成による諸学校への質問への回答の内，神社参拝に関する部分を試訳したもの．「(B)学校沿革史等の記述」の項目には，学校沿革史等の関連記述を記し，頁数を記した．空欄は神社参拝にかかわる記述を見出せないことを示す．

8)「御真影下賜」の項目は，宮内庁書陵部『御写真録』において「下賜」として手書きで記された日付を表す．ただし，「下賜」の日付が不詳な 4 校(No. 9, 47, 53, 56)については，「下賜」を申請した日付を示した．

9)「校長」については，各学校沿革史の記載にしたがって 1935 年時点での校長名を記し，括弧内に初代日本人校長とその就任年を記した．複数の学校種別を含む学院については，学院長ではなく，中学部長・高等学部長等について記した．

10)「学校沿革史」の項目には，本表作成にあたって主に参照した学校沿革史の略称を記した．「学校沿革史」は複数刊行されていることが一般的なので，ここに記したものはその一部に止まる．

No.	学校名称 (所在地)	関係 教会	関係ミッション (国)	創立年	専検 指定	中学校・高等女学校設立認可	財団法人設置	分類	神社 参拝日
1	明治学院中学部 (東京府東京市)	日本基督教会	北長老派＋オランダ改革派(米)	1887	1903. 5. 6		1905. 3. 1	B	1939. 10. 3
2	東北学院中学部 (宮城県仙台市)		ドイツ改革派(米)	1891	1903. 6. 16	1943. 4. 1	1929. 8. 31	C	1937. 10. 17
3	女子学院 (東京府東京市)		北長老派(米)	1876	1917. 2. 20		1933. 6. 12	B	
4	共立女学校 (神奈川県横浜市)		婦人一致外国伝道協会(米)	1871	1928. 4. 10		1932. 10. 3	B	
5	フェリス和英女学校 (神奈川県横浜市)		オランダ改革派(米)	1870	1927. 7. 6		1939. 5. 5	B	
6	金城女子専門学校附属高等女学校部 (愛知県名古屋市)		南長老派(米)	1889	1915. 3. 6		1927. 3. 8	B	1937. 10. 17
7	北陸女学校 (石川県金沢市)		北長老派(米)	1885	1913. 1. 27		1937. 1. 12	B	1942. 1. 8
8	ウイルミナ女学校 (大阪府大阪市)		カンバランド派→北長老派(米)	1884	1912. 3. 29	1944. 3. 31	1938. 4. 7	C	1940. 6
9	下関梅光女学院 (山口県下関市)		北長老派＋オランダ改革派(米)	1914	1915. 3. 6		1941. 1. 1	B	
10	宮城女学校高等女学部 (宮城県仙台市)		ドイツ改革派(米)	1886	1910. 12. 21	1943. 4. 1	1941. 2. 14	C	
11	北星女学校 (北海道札幌市)		北長老派(米)	1887	1919. 4. 19	1943. 4. 1	1941. 3. 20	C	1937. 9. 18
12	同志社中学 (京都府京都市)	日本組合基督教会	アメリカン・ボード(米)	1875	1903. 6. 16	1943. 4. 1	1900. 4. 2	C	
13	共愛女学校 (群馬県前橋市)		アメリカン・ボード(米)	1888	1925. 4. 25		1913. 2. 5	B	1941. 5. 17
14	同志社高等女学部 (京都府京都市)		アメリカン・ボード(米)	1877	1911. 5. 3	1945. 4. 1	1900. 4. 2	C	1940. 1. 24
15	梅花高等女学校 (大阪府豊中村)		アメリカン・ボード(米)	1878		1913. 1. 22	1899. 12. 12	A	
16	神戸女学院高等女学部 (兵庫県西宮市)		アメリカン・ボード(米)	1875	1909. 10. 8		1926. 12. 17	B	1937. 10. 1

神社参拝への対応 (A)安藤信成の調査への回答(1935年) (B)学校沿革史等の記述	御真影下賜	1935年時点校長 (初代日本人校長／就任年)	学校沿革史
(B)「銃後後援強化週間には，中学部は特別行事をおこない，第一日に勅語奉読式と明治神宮参拝，第二日には靖国神社参拝をおこなった」(『百年史』p. 371)	1938. 10. 26	都留仙次 (熊野雄七／1912)	明治学院百年史(1977) 明治学院百五十年史(2013)
(B)「朝礼の後一同天主台招魂社に参拝，十時より追廻聯兵場に於ける市主催の武運長久祈願式に参列した」(p. 828)	1935. 10. 21	五十嵐正 (同／1920)	東北学院百年史(1989)
		三谷たみ (矢島楫子／1890)	女子学院の歴史(1985)
	1942. 4. 23	C. D. ルーミス (笹尾粂太郎／1936)	横浜共立学園120年の歩み(1991)
(A)「「神社はこの国の高貴な人を記念するものである」．これが生徒に対する教えだが，学校として神社に行ったことはない」	1941. 10. 28	L. J. シェーファー (都留仙次／1940)	フェリス女学院100年史(1970)
(B)「スマイス校長代理入院・手術中に，「全校職員生徒招魂社に参拝」(金城，最初の神社参拝)」(p. 1095)	1938. 10. 26	市村與市 (児島亀士／1889)	金城学院百年史(1996)
(A)「靖国神社に向けてお辞儀をする．しかし，状況によってその行為に祈りの意味があるならば，「参拝 sampai」はしない」 (B)「一月八日は第三学期始業式が行われたが，この日は第一回の大詔奉戴日であった．…詔書奉読があり，護国神社を参拝した」(『百年史』p. 365)	1937. 12. 17	中澤正七 (里見エツ／1885)	北陸学院百年史(1990) 北陸学院125年史(2010)
(B)「1940(昭和15)年6月，明治神宮に参拝する」(p. 54)		森田金之助 (同／1925)	ウヰルミナ物語(2009)
	1935. 4. 20	広津藤吉 (同／1914)	梅光女学院五十年史(1963)
(A)「「参拝 Sampai」に関しては，公立学校と同様にしている」	1942. 4. 23	C. D. クリーテ (西山貞／1941)	宮城学院の百年(1987)
(B)「九月一八日初めて全校生徒で札幌神社を参拝」(p. 228)	1941. 4. 24	新島善直 (島田操／1894)	北星学園百年史(1990)
(A)「神社へのお辞儀に関しては，敬意の表明としておこなわれるだけならばすることであろう．しかし，今のところ，政府は参拝するように命令していない」	1935. 12. 19	野村仁作 (新島襄／1875)	同志社百年史(1979)
(A)「「参拝 sampai」に対して特別な反対はない．年に2回か3回は神社に行く」 (B)「靖国神社に3・4年生140名参拝，勤労奉仕」(p. 1695)		周再賜 (不破唯次郎／1888)	共愛学園百年史・下巻(二)(2009)
(A)「神社でのお辞儀は任意である」	1935. 12. 19	片桐哲 (新島襄／1877)	同志社百年史(1979)
	1936. 2. 4	伊庭菊次郎 (田村初太郎／1879)	梅花学園百十年史(1988)
(B)「十月一日に高等女学部五年生のA組みが広田神社に参拝した．以後毎月各クラスが交替で参拝」(p. 220)	1937. 12. 17	川崎市蔵 (同／1919)	神戸女学院百年史総説(1986)

No.	学校名称 (所在地)	関係 教会	関係ミッション (国)	創立年	専検 指定	中学校・高等女学校 設立認可	財団法人 設置	分類	神社 参拝日
17	松山東雲高等女学校 (愛媛県松山市)	日本組合基督教会	アメリカン・ボード(米)	1886	1925. 7. 22	1932. 2. 10	1935. 5. 1	C	1935. 5. 5
18	大江高等女学校 (熊本県熊本市)			1889		1921. 3. 10	1929. 2. 13	A	
19	青山学院中学部 (東京府東京市)	日本メソヂスト教会	メソジスト監督教会(米)	1883	1903. 5. 6		1906. 12. 17	B	
20	関西学院中学部 (兵庫県西宮市)		南メソジスト監督教会＋カナダ・メソジスト教会(米＋加)	1889	1909. 8. 6		1931. 9. 17	B	1938. 10. 10
21	鎮西学院 (長崎県長崎市)		メソジスト監督教会(米)	1881	1908. 4. 8	1944. 1. 7	1925. 9	C	
22	東奥義塾 (青森県弘前市)		メソジスト監督教会(米)	1872	1925. 11. 18	1942. 2. 26	1922. 8. 15	C	1906. 9. 11
23	青山学院高等女学部 (東京府東京市)		メソジスト監督教会(米)	1874	1908. 5. 12		1927. 4. 1	B	1941. 12. 8
24	東洋英和女学校高等女学科 (東京府東京市)		カナダ・メソジスト教会(加)	1884	1918. 3. 19	1944. 3. 31	1934. 5. 21	C	1941. 6
25	静岡英和女学校 (静岡県静岡市)		カナダ・メソジスト教会(加)	1887	1913. 12. 24	1941. 2. 17	1937. 6. 16	C	1929. 10. 10
26	山梨英和女学校 (山梨県甲府市)		カナダ・メソジスト教会(加)	1889	1919. 11. 1	1943. 4. 1	1939. 3. 8	C	〔1933〕
27	広島女学院高等女学部 (広島県広島市)		南メソジスト監督教会(米)	1886	1910. 2. 9	1943. 4. 1	1906. 8. 7	C	1937. 10. 17
28	福岡女学校 (福岡県福岡市)		メソジスト監督教会(米)	1885	1918. 3. 8		1942. 2. 15	B	1942. 2. 6
29	活水女学校高等女学部 (長崎県長崎市)		メソジスト監督教会(米)	1879	1912. 3. 29	1944. 2. 15	1918. 7	C	
30	弘前女学校 (青森県弘前市)		メソジスト監督教会(米)	1886	1917. 3. 29		1937. 11. 29	B	1931. 4. 30
31	遺愛女学校 (北海道函館市)		メソジスト監督教会(米)	1882	1917. 4. 5		1933. 11. 15	B	1938. 7. 7
32	立教中学校 (東京府東京市)	日本聖公会	米国聖公会(米)	1896		1898. 4. 2	1931. 8. 7	A	1934. 4. 27

神社参拝への対応 （A）安藤信成の調査への回答（1935 年） （B）学校沿革史等の記述	御真影下賜	1935 年時点校長 （初代日本人校長／就任年）	学校沿革史
（B）「松山連隊軍旗拝受五〇年記念祝賀式に全校参列，分列式見学後営内招魂社に参拝」（p. 963）	1938. 4. 21	O. S. ホイテ （二宮邦次郎／1886）	松山東雲学園百年史（1994）
		竹崎八十雄 （海老名弾正／1889）	「愛と誠」の教育（2011）
	1937. 10. 25	川尻正脩 （石坂正信／1907）	青山学院九十年史（1965）
（A）「学校としてお辞儀をした経験はない．しかし，神戸の三つの神社で「敬礼 keirei」するように生徒に教えている」 （B）「中学部職員生徒，橿原神宮に参拝」（p. 613）	1937. 2. 2	真鍋由郎 （吉岡美国／1911）	関西学院百年史通史編 II（1997）
	1932. 12. 20	川崎升 （笹森卯一郎／1906）	鎮西学院九十年史（1973）
（A）「学校では，勇士に敬意を表して靖国神社に向けてお辞儀する．しかし，お辞儀は宗教的な重要性を持たない」 （B）「高照神社に，職員生徒一同参拝せり」（p. 101）	1938. 2. 3	笹森順造 （兼松成言／1872）	東奥義塾の歴史（2002）
（B）「午後は全校職員生徒一同，明治神宮に詣でて必勝を祈願した」（p. 404）	1937. 10. 25	A. B. スプロールズ （倉永久／1940）	青山女学院史（1973）
（A）「靖国神社大祭は学校は休日である．政府から命令されたら神社に行くであろう．さもなければ，行かない」 （B）「学校行事も宮城外苑勤労奉仕，学校農場作業，明治神宮参拝，五大節，勅語奉読式が学校行事となる」（p. 346）	1939. 2. 2	F. G. ハミルトン （小野直一／1938）	東洋英和女学院 120 年史（2005）
（B）「招魂社例祭，湯浅教員引率第四・五学年生徒参拝ス」（p. 505）	1940. 4. 23	I. カブンラック （室田有／1938）	静岡英和女学院百年史（1990）
（B）「この発表〔1933 年の基督教教育同盟会総会の見解—注〕によって，全国のキリスト教主義学校は神社参拝を徐々に行うようになり，山梨英和女学校とて例外ではあり得ませんでした」（p. 66）	1941. 4. 24	K. M. グリンバンク （雨宮敬作／1939）	山梨英和 100 年（1989）
（B）「神社参拝殉国勇士を讃えるの日（ラヂオ国民朝礼，招魂社参拝）」（p. 168）	1936. 12. 21	脇山司家太 （児玉弥三郎／1920）	広島女学院百年史（1991）
（A）「「神社参拝 sampai」は国民の義務と考えているので，その義務を行う．地方社の祝日と靖国神社大祭に他の学校と同様に参加する．ただし，学校自体で祈りを捧げるときには，もちろん神に対してである」 （B）「本校でも当時毎月一日に近くの古小烏にあった小烏神社に参拝した」（p. 184）	1942. 2. 6	徳永ヨシ （峰タツ／1889）	福岡女学院百年史（1987）
	1937. 4. 21	A. R. ホワイト （岡部珪蔵／1940）	活水学院百年史（1980）
（B）「昭和六年四月の招魂社例祭には，創立以来はじめて全校参拝し，以後，恒例の学校行事としている」（p. 317）	1940. 2. 6	中川まさご （同／1930）	弘前学院百年史（1990）
（A）「私たちの祖先に敬意を表すしるしとして，神社でお辞儀する」 （B）「日中事変 1 周年につき，6 時 30 分招魂社に集合参拝の後八幡宮にて祈願」（p. 162）	1944. 4. 21	A. チニー （小畑信愛／1935）	遺愛百年史（1987）
（A）「神社へのお辞儀は，公立学校と同じようにする」 （B）「靖国神社臨時大祭につき，全校生徒午前五時半参拝」（『いしずえ』第 25 号，1934 年 7 月）	1938. 10. 26	小島茂雄 （左乙女豊明／1897）	立教学院百年史（1974）

No.	学校名称 (所在地)	関係教会	関係ミッション (国)	創立年	専検指定	中学校・高等女学校設立認可	財団法人設置	分類	神社参拝日
33	桃山中学校 (大阪府大阪市)	日本聖公会	英国聖公会(英)	1890		1902. 1. 15	1933. 3. 31	A	1937. 10. 15
34	立教高等女学校 (東京府東京市)		米国聖公会(米)	1877		1908. 4. 17	1938. 7. 29	A	1938. 2
35	香蘭女学校 (東京府東京市)		聖ヒルダ伝道団(英)	1887	1917. 3. 6	1945. 2. 11	1930. 5	C	
36	平安高等女学校 (京都府京都市)		米国聖公会(米)	1875	1909. 9. 18	1915. 3. 9	1941. 2. 8	C	〔不詳〕
37	プール高等女学校 (大阪府大阪市)		英国聖公会(英)	1879	1909. 4. 8	1929. 3. 30	1934. 6	C	1941. 2
38	松蔭高等女学校 (兵庫県神戸市)		英国福音伝道協会(英)	1892	1911. 5. 3	1915. 3. 17	1922. 3. 23	C	〔不詳〕
39	関東学院中学部 (神奈川県横浜市)	日本バプテスト教会	北バプテスト教会(米)	1919	1922. 4. 4		1927. 6. 3	B	
40	西南学院中学部 (福岡県福岡市)		南バプテスト教会(米)	1916	1920. 3. 29		1921. 2. 17	B	1937
41	捜真女学校 (神奈川県横浜市)		北バプテスト教会(米)	1887	1913. 1. 14		1943. 3. 17	B	
42	日ノ本女学校 (兵庫県姫路市)		北バプテスト教会(米)	1893	1918. 2. 12	1944. 3. 14	1943. 1	C	
43	西南女学院 (福岡県小倉市)		南バプテスト教会(米)	1922	1927. 3. 15		1938. 4. 6	B	1938
44	尚絅女学校 (宮城県仙台市)		北バプテスト教会(米)	1892	1910. 1. 7	1943. 4. 16	1942. 7	C	
45	九州学院 (熊本県熊本市)	日本福音ルーテル教会	アメリカ福音ルーテル教会(米)	1910	1915. 11. 29	1943. 4. 1	1916. 5. 5	C	〔不詳〕
46	九州女学院 (熊本県熊本市)		アメリカ福音ルーテル教会(米)	1926	1928. 10. 3	1943. 4. 1	1941. 11. 13	C	1941. 5. 6
47	名古屋中学校 (愛知県名古屋市)	日本美普教会	メソジスト・プロテスタント教会(米)	1887		1906. 9. 14	1938. 8. 5	A	1937. 10. 15
48	横浜英和女学校高等女学部 (神奈川県横浜市)		メソジスト・プロテスタント教会(米)	1880	1913. 4. 28		1939. 4. 6	B	

神社参拝への対応 （A）安藤信成の調査への回答（1935 年） （B）学校沿革史等の記述	御真影下賜	1935 年時点校長 （初代日本人校長／就任年）	学校沿革史
（B）「全校生徒，阿倍野神社に参拝」（p. 906）	1915. 12. 28	小泉秀 （浅野勇／1907）	桃山学院百年史（1987）
（B）「国民精神総動員強調週間実施事項として，全校生徒，徒歩で明治神宮参拝」（p. 123）	1944. 4. 21	小林彦五郎 （清水友輔／1891）	立教女学院百年小史（1977）
（A）「伊勢神宮に行ったら，敬礼 Keirei（深い尊敬を表すお辞儀）がおこなわれる」		井上仁吉 （今井寿道／1887）	香蘭女学校 100 年のあゆみ（1988）
（A）「私たちの祖先に敬意を表すために，神社へのお辞儀は必要である．靖国神社祭日にみなお辞儀する」 （B）「昭和 7・10・12　神道革新会宮井健次郎なる人より靖国神社参拝等に関する質問書来る．靖国は宗教にあらず．又毎年の京都招魂祭には致させをる旨回答」（p. 91）	1936. 10. 26	早川喜四郎 （澤村繁太郎／1891）	平安女学院 100 年のあゆみ（1975）
（B）「全校生が伊勢神宮に参拝」（p. 159）	1938. 10. 26	豊藤篤朗 （小泉秀／1927）	写真で見るプール学院の 110 年（1990）
（A）「学校として神社に行ったことはない．しかし，そうすることに対して反対は感じていない」 （B）「春と秋の靖国神社臨時大祭には，松蔭の南側，現在の王子体育館辺りにあった護国神社へ参拝するようになった」（p. 214）	1941. 10. 28	浅野勇 （同／1921）	松蔭女子学院百年史（1992）
	1937. 4. 21	坂田祐 （同／1919）	関東学院一二五年史（2009）
（A）「神社に行くことに関しては，公立学校と同様にする．ただし前もってこれは宗教的な行為ではないことを生徒に説明する」 （B）「一九三七年の「中学部日誌抄」を見ると，原則として毎月上旬に実施される閲兵分列式・紅葉八幡宮参拝」（p. 542）	1937. 4. 21	佐々木賢治 （條猪之彦／1916）	西南学院七十年史・上巻（1986）
	1940. 10. 25	坂田祐 （高垣勣次郎／1929）	捜真女学校 100 年の歩み（1986）
	1942. 10. 23	山本憲美 （同／1931）	日ノ本 75 年史（1968）
（B）「一九三八年度「西南女学院経営要綱」には，年中行事の項目のなかに，「毎月一日神社参拝及愛国貯金」の記載が登場する」（p. 189）	1941. 2. 7	原松太 （同／1934）	西南女学院七十年史（1994）
	1940. 4. 23	川口卯吉 （同／1926）	尚絅女学院 100 年史（2002）
（B）「招魂祭には学院代表として五年生が花岡山，四年生が藤崎宮に参拝している」（p. 83）	1932. 12. 20	稲富肇 （遠山参良／1911）	九州学院七十年誌（1981）
（B）「招魂祭　護国神社，官軍墓地参拝」（p. 87）	1938. 12. 20	M. B. エカード （江藤精一／1941）	九州女学院の 50 年（1975）
（B）「十五日は三年生以上が練兵場の強調式に参加後街頭行進し，熱田神宮に参拝」（p. 279）	1929. 11. 29	木村克巳 （丸山愿／1898）	名古屋学院百年史（1987）
	1941. 4. 24	大竹清 （同／1938）	成美学園百十年史（1990）

No.	学校名称（所在地）	関係教会	関係ミッション（国）	創立年	専検指定	中学校・高等女学校設立認可	財団法人設置	分類	神社参拝日
49	普連土女学校（東京府東京市）	基督友会	フィラデルフィア・フレンド伝道局（米）	1887	1912. 3. 19		〔不詳〕	B	
50	聖学院中学校（東京府東京市）	基督教会	ディサイプルス派（米）	1906		1906. 4. 9	1921. 1. 1	A	
51	女子聖学院（東京府東京市）		ディサイプルス派（米）	1908	1912. 8. 14		1936. 12. 14	B	1939. 4. 26
52	恵泉女学園（東京府東京市）			1929			1934. 9. 29	D	
53	暁星中学校（東京府東京市）	カトリック教会	マリア会（仏）	1888		1899. 10. 11	1937. 9	A	1932. 9. 19
54	海星中学校（長崎県長崎市）		マリア会（仏）	1892		1911. 3. 21	1943. 11. 10	A	1933. 2. 17
55	雙葉高等女学校（東京府東京市）		サン・モール会（仏）	1887		1909. 3. 19	1906. 3. 19	A	
56	不二高等女学校（静岡県静岡市）		サン・モール会（仏）	1903		1912. 3. 8	1906. 3. 8	A	1933. 9. 18
57	横浜紅蘭高等女学校（神奈川県横浜市）		サン・モール会（仏）	1899	1927. 7. 6	1932. 12. 28	1906. 3. 8	C	
58	仙台高等女学校（宮城県仙台市）		シャルトル聖パウロ修道女会（仏）	1893		1907. 3. 9	1941. 3. 4	A	1937. 10. 1
59	白百合高等女学校（東京府東京市）		シャルトル聖パウロ修道女会（仏）	1884		1910. 3. 12	1941. 3. 4	A	1933. 3. 10
60	東北高等女学校（岩手県盛岡市）		シャルトル聖パウロ修道女会（仏）	1892		1911. 3. 10	1941. 3. 4	A	1932. 4. 30
61	成美高等女学校（熊本県八代町）		シャルトル聖パウロ修道女会（仏）	1900		1921. 3. 25	1941. 3. 4	A	1932. 12. 16
62	聖保禄高等女学校（北海道函館市）		シャルトル聖パウロ修道女会（仏）	1886		1929. 2. 27	1941. 3. 4	A	
63	信愛高等女学校（大阪府大阪市）		幼きイエズス会（仏）	1884		1908. 4. 8	1941. 5. 30	A	
64	上林高等女学校（熊本県熊本市）		幼きイエズス会（仏）	1900		1920. 2. 12	1936. 12. 1	A	
65	清心高等女学校（岡山県岡山市）		幼きイエズス会→ナミュール・ノートルダム修道女会（仏→米）	1889		1904. 4. 1	1932. 5. 17	A	
66	聖母女学院高等女学校（大阪府友呂岐村）		ヌヴェール愛徳およびキリスト教的教育修道会（仏）	1923		1925. 3. 24	1932. 10. 22	A	

神社参拝への対応 (A)安藤信成の調査への回答(1935年) (B)学校沿革史等の記述	御真影下賜	1935年時点校長 (初代日本人校長/就任年)	学校沿革史
		冨山時子 (海部忠藏/1887)	普連土学園百年史(1987)
	1940.10.25	平井庸吉 (石川角次郎/1906)	聖学院八十年史(1986)
(B)「二六日に全校職員，生徒市電七台貸切りに搭乗して靖国神社に参拝した．全校職員，生徒の靖国神社参拝はこれが初めてである」(p. 134)	1943.12.17	平井庸吉 (同/1924)	女子聖学院五十年史(1956)
		河井道 (同/1929)	恵泉女学園六十年の歩み(1989)
(B)「暁星では，校旗を先頭に隊伍を組み，靖国神社参拝を行った」(p. 137)	1938.1.28	P. グリシンガー (久松和太右衛門/1939)	暁星百年史(1989)
(B)「4年生が学校を代表して諏訪神社に参拝した」(p. 208)	1915.10.26	J. ケール (川上延一郎/1938)	海星八十五年(1978)
		M. S. クリスチン (高嶺信子/1941)	雙葉学園八十年の歩み(1989)
(B)「満洲事変二周年記念式のあと，三年生が生徒を代表して参拝．校友会誌『不二』の「学校行事」として公式に記録されている招魂社参拝は，これが最初である」(p. 232)	1928.8.24	M. S. ウジェンヌ (熊田薫子/1940)	静岡雙葉学園八十周年記念誌(1983)
		M. ヘンヌカール (荻島みさ/1940)	八十周年記念誌(1980)
(B)「青葉神社例祭，職員生徒一同参拝」(p. 34)	1938.2.3	関原重雄 (芳賀俊吾/1893)	仙台白百合学園100年のあゆみ(1993)
(B)「靖国神社慰霊祭に生徒代表参列」(p. 262)	1935.10.21	M. A. マリア (山本ムメ/1940)	白百合学園百周年記念誌(1982)
(B)「午前十時招魂社参拝をなす」(p. 169)	1936.4.24	M. ボナン (村木経勁/1892)	盛岡白百合学園創立百周年記念誌(1992)
(B)「八幡宮参拝」(p. 111)		伊喜見謙吉 (小野元荘/1910)	創立七十五周年記念誌(1984)
	1941.4.24	E. マルキ (深井ツヨ/1940)	百周年記念誌(1978)
	1940.12.21	R. エレナ (田川シズ/1940)	信愛百年(1984)
	1943.10.23	山本耕造 (辻村寛尭/1909)	熊本信愛女学院100年のあゆみ(2000)
	1932.12.20	M. コスカ (松浦俊吉/1941)	清心学園百年史(1985)
		C. リユチニエ (〔不詳〕/〔不詳〕)	聖母　創立五〇周年記念誌(1973)

No.	学校名称（所在地）	関係教会	関係ミッション（国）	創立年	専検指定	中学校・高等女学校設立認可	財団法人設置	分類	神社参拝日
67	南山中学校（愛知県名古屋市）	カトリック教会	神言会（独）	1932		1932. 1. 21	1932. 1. 21	A	1932. 4. 25
68	聖霊高等女学院（秋田県秋田市）		聖霊会（独）	1909		1928. 3. 23	1941. 10. 22	A	1932
69	札幌藤高等女学校（北海道札幌市）		殉教者聖ゲオルギオのフランシスコ修道会（独）	1924		1924. 12. 26	1940. 12. 13	A	
70	聖心女子学院高等女学校（東京府東京市）		イエズスの聖心会（濠）	1908		1910. 2. 7	1908. 6. 1	A	
71	小林聖心女子学院高等女学校（兵庫県住吉村）		イエズスの聖心会（濠）	1923		1924. 3. 13	1942. 11. 25	A	
72	聖名高等女学校（鹿児島県中郡宇村）		聖名修道女会（加）	1933		1933. 12. 22	1933. 12. 22	A	
73	光塩高等女学校（東京府東京市）		メルセス宣教修道女会（西）	1931		1931. 2. 18	1934. 9. 1	A	

出典：日本基督教連盟『基督教年鑑』(1935年版)，文部省普通学務局『昭和十年度　全国中学校ニ関スル諸調査』(1936年)，同『昭和十年度　全国高等女学校実科高等女学校ニ関スル諸調査』(1936年)，同『昭和十五年十月一日現在　専門学校入学者検定規程ニ依ル指定学校ニ関スル諸調査』(1942年)，米田俊彦「大正・昭和初期道府県別中学校一覧　その2　私立中学校」(財団法人日本私学教育研究所『教育制度の研究(その15)』1990年)，同「高等女学校関係文部省告示記事要旨一覧(1)」(財団法人日本私学教育研究所『教育制度の研究(その19)』1994年)，同「高等女学校関係文部省告示記事要旨一覧(2)」(財団法人日本私学教育研究所『教育制度の研究(その20)』1995年)，高木一雄『大正・昭和カトリック教会史2』(聖母の騎士社，1985年)，「学校沿革史」の列に記した文献，『官報』，宮内庁書陵部『御写真録』．'Historical Statements of the events in connection with 'Shrine Question' as it concerns the Tansui Girls' School', PCC File No. 1988–1003–63–24.

神社参拝への対応 (A)安藤信成の調査への回答(1935年) (B)学校沿革史等の記述	御真影下賜	1935年時点校長 (初代日本人校長／就任年)	学校沿革史
(A)「「参拝 Sampai」は国民の義務である．日本の市民と同様に参拝しなければならない．特に現状では，すべての人が注意深く見ているので，求められたことをすべてやり，思慮深くあらねばならない」 (B)「4月25日，招魂社，熱田神宮例大祭への生徒代表参拝」(p. 45)	1940. 2. 6	J. ライネルス (高山孫三郎／1940)	南山学園創立75周年記念誌(2007)
(B)「昭和七年，学校の方針が決まり，招魂社，弥高神社の祭典には，全校生徒が参加することになった」(p. 111)	1933. 4. 17	園部ピア (島美恵子／1947)	聖霊学園七十年史(1978)
	1935. 10. 21	X. レーメ (牧野キク／1941)	藤女子大学40年記念誌(2000)
	1936. 10. 26	M. シェルドン (平田トシ／1940)	聖心女子学院のあゆみ(1994)
	1935. 10. 21	H. マイヤー (星野萬／1924)	小林聖心女子学院五〇周年記念誌(1973)
	1935. 10. 21	守屋興隆 (同／1934)	純心のあゆみ(1969)
		C. D. エロソアーガ (山崎忠雄／1941)	光塩女子学院50周年記念誌(1980)

注：本表は，拙稿「1930年代台湾・朝鮮・内地における神社参拝問題」(『立教学院史研究』第3号，2005年3月)に掲載した付表1・付表2を土台としながら，その後の調査をふまえて修訂したものである．認可の日付レベルの細かな修正は少なくないが，そのなかでも特に重要なのは，「神社参拝日」の項目について，5校(No. 8, 13, 23, 24, 67)について参拝日を修正したことである．「御真影下賜」の項目について，『御写真録』には青山学院高等女学部(No. 23)に関する記載はないが，学校沿革史の記述から中学部と同時に「御真影奉戴」を行ったと判断して，中学部と同じ日付を記した．

巻末付表 2　台南長老教中学・淡水中学排撃運動関係記事一覧(1934〜1936 年)

【凡　例】

1) 本表には，1934 年から 36 年にかけての台南長老教中学・淡水中学排撃運動関係記事を挙げた．対象とした時期は，厳密には 1934 年 2 月から 6 月，1935 年 2 月から 6 月，1936 年 3 月から 10 月である．対象とした新聞は，日刊紙では『台湾日日新報』(→『台日』と略す)，『台南新報』(→『台南』)，『大阪朝日新聞』(→『大朝』)，『大阪毎日新聞』(→『大毎』)，週刊紙では『台湾経世新報』(→『経世』)，『新高新報』(→『新高』)，『南瀛新報』(→『南瀛』)，『昭和新報』(→『昭和』)，『南日本新報』(→『南日』)である．これらの新聞が対象時期についてすべて保存されているわけではなく，『台南』の 1935 年・1936 年分のように欠号の多い時期もある．
2)「日付」の列には新聞の発行日を記した．日刊紙の夕刊については発行翌日付となっているが，この日付をとると前後関係がわかりにくくなるので，本表では採用していない．
3)「情報」の列では日刊紙については朝刊と夕刊の別を記し，週刊紙については通号を記した．
4)「欄」の列ではコラムなどの名称を記したほか，漢文欄の場合には漢文と記した．
5)「見出し」の記載にあたっては，原則として改行を／で示し，同じ面に複数の見出しが用いられている場合には○で区切りを示した．コラムのなかの文章など見出しが存在しない記事については，本文の一部を〔　〕内に記した．同じ日付の複数の面にわたっている場合には，面単位で別の記事としてとりあげた．
6)「分類」の列の「南」は台南長老教中学・台南長老教女学校関係の記事，「北」は淡水中学・淡水女学院，「南北」は両者への言及を含むことを表す．

新聞	日 付	情報	面	欄	見 出 し	分類
1934年2月						
台南	2月2日	夕刊	3		神社礼拝問題？から／台南市某校の内紛／礼拝させた教頭危し／礼拝派？の義憤，態度強硬	南
台南	2月3日	朝刊	8	漢文	台南市某校之内紛／或因拝礼問題啓衅？／命生徒拝礼之教頭者危／拝礼派之義憤？態度強硬	南
台南	2月6日	朝刊	7		神社参拝と／台南某校内紛説／学校関係者の釈明	南
台南	2月7日	朝刊	8	漢文	参拝神社與／台南某校内紛説／学校関係者之釈明	南
南瀛	2月10日	277	10	台南百態	長老教中学生の台湾神社不参拝問題	南
昭和	2月10日	266	4	台南夜話	〔神楼中学教頭排斥運動に端を発し輿論漸く紛糾を極めんとして□□□君揉み消運動に着手す〕	南
台南	2月19日	夕刊	2		教頭罷免の主因は／神社参拝問題／台南長老教中学の内紛／参拝を断行した上村教頭の釈明	南
台南	2月20日	朝刊	8	漢文	教頭罷免之主因／係関参拝神社問題／台南長老教中学之内紛／断行参拝之上村教頭之釈明	南
台南	2月22日	夕刊	1	惜字塔	〔俺の机の上には盛に不敬教育排斥の猛烈な投書が降り濺ぐ〕	南
南瀛	2月24日	279	9		長老教中学の神社不参拝問題／漸く重要性を帯び来る／理事会を代表して林台南高工教授／州高等課，憲兵隊に妙な諒解運動	南
南瀛	2月24日	279	10	台南百態	〔長老教中学　上村教頭罷免問題は愈々表面化し，内地人教師側八名は結束して総督，長官文教局長，今川知事伊藤教育課長に嘆願書を提出した〕	南
昭和	2月24日	268	8		咄!!　台南長老教中学校／理事会の正体を曝く／創立以来生徒に神社の参拝をさせぬ奇怪の学園	南
台日	2月27日	朝刊	7		内地人教師七名／連袂辞表を提出／長老教中学教頭の解職から／紛争が表面化して	南
台南	2月27日	朝刊	2		台南市政調査会／教育部委員会開催／「神社不参拝」問題になる	南
台南	2月27日	朝刊	7		台南長老教中学／内地人教員全部辞表提出／「同校にあつては日本帝国臣民たる／国民教育が施せない」	南
台日	2月27日	夕刊	4	漢文	台南長老教中学教頭解職／教師七名連袂辞表	南
台南	2月27日	夕刊	2		長老教中学問題輿論激化の兆／台南同志会席上激越なる論議／州購問題と共に調査委員選任	南
台南	2月27日	夕刊	4	漢文	台南市政調査会／開催教育部委員会／「不参拝神社」成問題○台南長老教中学／内地人教員全部提出辞表／以同校不施日本帝国々民教育故	南
台日	2月28日	朝刊	7		長老教中学の紛争／内地人教師の辞表／理事会で受理せず／欠陥は協力して改善○学校経営の組織改善を嘆願／内地人教師側から○神社参拝とは別個の問題／校長代理シ氏の談○問題につき／林理事長談	南
大朝	2月28日	朝刊	5		内地人教師八名／連袂辞職す／台南長老教中学の内紛／一般に衝動を與ふ	南
台日	2月28日	夕刊	4	漢文	長老教々師辞表／理事会不受理／双方且協力改善欠点○内地人教師／歎願改善	南
台南	2月28日	夕刊	4	漢文	所謂不参拝神社問題／未為基督教徒前／何箇不是日本人／雖属教徒亦参拝神社為当然○殉於国民教育的／七教員宜慰安之／於台南聖公会協議中○緊急理事会／協議善後処置／七教員之辞表保留	南

新聞	日　付	情報	面	欄	見　出　し	分類
1934年3月						
台日	3月1日	朝刊	7		長老教中学の問題／督府当局で重大視／州を督励して真相調査し／場合に依つて断乎たる処置	南
大朝	3月1日	朝刊	13		内紛の長老教中学／真相を調査する／監督者今川知事は語る／事態は表面へ，事件拡大	南
台日	3月1日	夕刊	8	漢文	長老教中学問題／督府当局視為重大／督励州当局調査真相	南
台南	3月2日	朝刊	7		林茂生氏／声明を発す／長老教中学に就て	南
台南	3月2日	夕刊	3		基督教徒と神社問題(上)／台南…須田清基／外人宣教師の羈絆より脱せよ	南
新高	3月2日	414	3		皇道日本精神の破壊者／台南長老教中学校／断乎たる制裁を加へよ	南
台南	3月3日	朝刊	7		台南長老教中学問題／督府当局重視／神社不参拝は遺憾／識者も根本的解決要望〇説教と礼拝／台南真耶蘇教会	南
台南	3月3日	朝刊	8	漢文	林茂生氏／已発声明／就長老教中学	南
大朝	3月3日	朝刊	13		果然，明るみに出た／長老教中学の内紛／真相は理事長と教頭から？／本島教育界へ投じた渦紋〇いふに堪へぬ／無茶な教授ぶり／上村一仁氏談〇パリサイ人は／自決すべきだ／林茂生氏談〇林理事長から／諒解を求む／欠陥是正の四ヶ条をあげて／急転直下解決か	南
台南	3月3日	夕刊	2		長老教中学理事会／建設案五箇条を可決／七教員の件は校長帰校の上解決	南
台南	3月3日	夕刊	3		基督教徒と神社問題(下)／台南…須田清基／外人宣教師の羈絆より脱せよ	南
台南	3月3日	夕刊	4	漢文	台南長老教中学問題／督府当局以為重視／不参拝神社者誠遺憾／有識者亦要望根本的解決	南
南瀛	3月3日	280	6	台南百態	〔不埒な奴　南高工の林茂生君，長老教中学校で日本歴史の講義を担当してゐるが，講義中事，皇室に関するところは全然省略する由だ〕	南
南瀛	3月3日	280	9	街から拾ふ	長老教の内紛	南
昭和	3月3日	269	5	台南通信	〔台南長老教中学は意外な火の手を揚げたが，内容を調査すると種々遠因もあり，から繰りもあるらしく最近非常にデマも飛んで居る〕	南
昭和	3月3日	269	15	赤嵌週言／漢文	〔本報和文欄既報之台南長老教中学．不参拝神社．並対内地人教頭罷免問題．一時衝動世人耳目〕	南
台日	3月4日	朝刊	2	社説	長老教中学の不参拝問題／我教育方針を認識せぬため	南
台日	3月4日	朝刊	7		七教師の辞表は／校長帰校まで保留／上村教頭には辞表を出さす／長老教中学の理事会〇改革案	南
台南	3月4日	朝刊	8	漢文	長老教中学理事会／建設案五個条皆可決／七教員之関係校長帰校而解決	南
大朝	3月4日	朝刊	5		林理事長の改革案に／大体意見一致す／内地人七名の辞表は保留／長老教中学の臨時理事会	南
経世	3月4日	1179	5	台南週報	神社参拝問題の中心／長老教理事会長林茂生と同校の平素	南
経世	3月4日	1179	6	赤嵌話題	〔長老教中学の神社不参拝問題に付いては井戸氏より火蓋を切り悲憤慷慨の意見続出し……輿論は其沸騰点に達せり〕	南

新聞	日　付	情報	面	欄	見　出　し	分類
台日	3月5日	朝刊	7		教育精神を冒瀆する／長老教中学を否認／日本国民として黙視出来ぬと／台南同志会四日蹶起○林理事長は不適任／七教師の発表した革新意見○批判演説会	南
台日	3月5日	朝刊	8	漢文	長老教七教師辞表／保留至校長帰校／理事会先定以後方針○林氏改革案／以個人資格	南
台南	3月5日	朝刊	7		長老教中学の教育方針否認／州購撤廃運動には不参加／台南同志会委員会	南
台日	3月5日	夕刊	4	漢文	冒瀆教育精神／欲否認長老教中学／台南同志会憤慨蹶起	南
台南	3月5日	夕刊	2		国民教育の精神に反する／長老教中学の存在／台南同志会は断乎之を否認し／監督権の発動を促す	南
台南	3月5日	夕刊	4	漢文	対長老教中学之／教育方針而否認／対州購撤廃運動而不参加／台南同志会委員会	南
台日	3月6日	朝刊	7		国民性教育に背馳する／長中の存在を許さぬ／台南同志会で決議／監督官庁の善処を促す○声明書を知事へ手交／長中校長代理へも手渡す○四大節当日すら／教育勅語奉読せぬ／民族意識刺激の言動多し／内地人教師側の声明○教育の本質を／今川知事説く／社会教化団体打合会の席上	南
台南	3月6日	朝刊	7		宗教に隠れて／本島教化の指導精神に／反する者は断乎排撃す／今川知事確たる信念を表明○長老教中学問題／台南同志会の委員／今川知事訪問，進言／更に校長代理に会見	南
台日	3月6日	夕刊	4	漢文	台南長老教問題／同志会開総会決議／促監督官庁善処	南
台日	3月7日	朝刊	2		渦中の長中問題／当局は冷静に善処／教育勅語は教諭が順番に奉読	南
台日	3月7日	朝刊	3		台南長中／校友会の声明書	南
台日	3月7日	朝刊	7		文教局長に／決議を提出／台南同志会の七氏	南
台日	3月7日	朝刊	8	漢文	長老教問題／冷静善処／勅語順番奉読	南
台南	3月7日	朝刊	7		国民教育の／精神に副ふ改革／又は処置を執ると声明／台南長老教中学問題と文教局長	南
大朝	3月7日	朝刊	5		台南長老教中学の／存続否認を陳情／同志会員ら七氏／安武文教局長と会見	南
台日	3月7日	夕刊	4	漢文	向文教局長／提出決議／台南同志会員○校友会発表／声明書	南
台日	3月8日	朝刊	7		学長の帰任を待ち／内部を改造する／学長代理が今川知事を訪問／陳情諒解を求む○台北でも／有志が憤起／長中の存在を許さぬ／内台当局へ打電陳情	南
台南	3月8日	朝刊	7		台南長老教中学問題／国体の尊厳を冒瀆する／非国民を膺懲せよ／台北郷軍蹶起，中央へ打電○校長が帰任せねば／手も足も出ない／留守当局，今川知事に諒解を求む	南
台南	3月8日	朝刊	8	漢文	須要改革副諸／国民教育之精神／又声明執行処置／台南長老教中学問題與文教局	南
台日	3月8日	夕刊	4	漢文	台南長老教問題／学長代理訪今川知事／陳情俟学長帰後改造内部	南
台南	3月9日	朝刊	7		南に長老中学あり／北に淡水中学あり／「礼拝」を強要，「神社参拝」を拒否／外人教師の専横	南北

新聞	日　付	情報	面	欄	見　出　し	分類
台南	3月9日	朝刊	8	漢文	台南長老教中学問題／冒瀆国体之尊厳／膺懲此非国民者／台北郷軍蹶起，向中央打電	南
大朝	3月9日	朝刊	5		改善の必要を説き／今川知事と懇談／台南長老教中学校／シ，モ両氏州庁を訪問	南
南日	3月9日	547	1		国民教育とは何か／頑迷なる宗教教徒の弊	南
南日	3月9日	547	8		沸騰する長老教中校問題／指導精神に最大の過失あり／神社不参拝問題と宗教上の偏見固陋／内部の暗闘遂に醜を白日の下に曝らす	南
新高	3月9日	415	1	時局を射る	南北長老会の／裏面を暴露す	南北
新高	3月9日	415	7	赤嵌夜話	〔長老教中学校の問題で市中至るところ口角泡をとばして論難をきく〕	南
新高	3月9日	415	10		許すべからざる皇道日本精神の／破壊教育学校長老教中学／本紙は逸早く報導したが遂に焰は全島的に拡まる	南
台南	3月10日	朝刊	8	漢文	南有長老中学／北有淡水中学／強人礼拝而拒絶参拝神社／外人教師之専横	南北
大朝	3月10日	朝刊	13		従来の二元的動向を／一元論に清算す／長老教中学の林茂生氏／決然として所懐を語る	南
南瀛	3月10日	281	9		台南長老教中学問題急転向／在郷軍人有志の蹶起／檄を飛ばして非違の糾弾に努む	南
南瀛	3月10日	281	10	台南百態	〔長老教中学　神社不参拝問題は台南同志会の噴起に依り愈々表面化し，教育界の重大問題となつて来た〕	南
昭和	3月10日	270	6	台南通信	〔上村氏の罷免は神社不参拝問題未発生の以前に該理事会に提議し，該校の神社不参拝することは全然参加しないでもない．日曜日と祭日の催し以外は参拝してゐるのだ．学校停止する議は理不尽であると思ふ〕	南
経世	3月11日	1180	2	七日目毎に	〔土壇場になつて私はゴッドの命に従ひますが故に出られるやうな国民の存在は第一に否定されねばならぬ．今度の長老教中学問題の如きは……〕	南
経世	3月11日	1180	8		台南長老教中学問題／同志会の蹶起で遼原の火／時局柄愈よ重大化／学校側の弥縫策が禍因／「校長は内地人たるべし」と肉迫	南
経世	3月11日	1180	9	合財袋	〔長老教中学問題は輿論が大分燃え上つて来た．撲滅期成同盟の檄は其日に大朝大毎へも電報が飛んだ……最近は淡水中学へも燃え移て居るやうだ〕	南北
経世	3月11日	1180	11	赤嵌話題	〔シングルトン学長代理を長老教中学に訪ふた同志会委員等は期せずして国威の偉大が此会見にまで明かに認識された事を痛感した〕	南
台南	3月15日	夕刊	2		淡水中学生徒募集	北
昭和	3月17日	271	13	論説／漢文	長老教中学問題／爰述観感	南
経世	3月18日	1181	6	赤嵌話題	〔台北在郷軍人会の反長老教中学運動の声明書に対しては全島の注意を喚起してゐるが，此問題もバンド学長が帰校するまで保留されて居るので今では静寂の裡にあるが無論アレで決済されたのではない．清算はこれからだ〕	南
南日	3月23日	549	7	台中通信	敬神は日本国民の魂／寒心すべき異教教師の存在／純心なる小公学童に見習へ	南

新聞	日 付	情報	面	欄	見 出 し	分類
経世	3月25日	1182	4	赤嵌話題	〔長老教中学問題は何かの魔力が働いてバンド校長が帰任する頃にはビールの泡と消へるのではないかとの本紙の記事を見た台南の有志殊に同志会員は決してそんなことはない……大いに息巻て居る〕	南
1934年4月						
経世	4月1日	1183	8		〔今川州知事も長老教中学の埋め合わせにウンと気を入れて居る……今度こそ本式に火が燃え出すだらう〕	南
新高	4月6日	419	5	赤嵌展望	〔皇道日本精神の破壊や反逆を強ふるやうな学校の島内存在は許すべきではない〕	南
経世	4月8日	1184	6	台南週報	〔長老教中学問題につきここに奮然として立つた台南同志会の精神，台北郷軍の後援は実に愉快だ，が不思議なことには肝心要なお膝元台南州当局の落付いた態度だ〕	南
経世	4月8日	1184	8		島都台北の鼻先にも／第二の「長老教中学」／いはゆる租借地内に蟠居する／その名も「淡中」のこの校風振り／ひよツとしたらこの方が返つて問題	北
台日	4月12日	夕刊	2		長老教中学問題で／台南州が鋭いメス／国体観念に付全生徒を考査／更に経理状態について調査○寄付金問題で／知事が勧告せん／けふ林理事会長を招き○志願者減る	南
台南	4月12日	夕刊	2		台南長老中学生に／日本国民精神ありや／州教育課の不意打式試験	南
台日	4月13日	朝刊	7		林理事会長と／教育課長会見／募集寄附金について	南
台日	4月13日	朝刊	8	漢文	長老教中学問題／州当局就国体観念／慎重考査全生徒○寄附金問題／招林理事会長／知事勧告○志願減去	南
台南	4月13日	朝刊	7		長老教中学の／財政紊乱問題／州教育課より理事長に勧告	南
台南	4月13日	朝刊	8	漢文	台南長老中学生／果有日本国民精神否／州教育課突然赴該校試験	南
台日	4月13日	夕刊	4	漢文	林理事会長／面見課長／同意当局勧告	南
台南	4月14日	朝刊	2		台南長老中学生に／日本国民精神殆どなし／恐懼すべく戦慄すべき其内容／俄然輿論更に沸騰	南
大朝	4月14日	朝刊	13		突如，長中生徒に／国体観念の試験／台南州当局が精査の上／断乎改善に決す	南
台南	4月15日	朝刊	8	漢文	台南長老中学生／殆無日本国民精神／可恐懼可戦慄之内容／俄然輿論復見沸騰	南
大朝	4月15日	朝刊	13		長老中後援会寄附の／基金繰入れ方勧告／林理事会長を招致して／問題解決に乗出した州当局	南
経世	4月15日	1185	4		長老教中学／愈よインチキ	南
経世	4月15日	1185	8		問題は燃える／長老教中学から淡中へ／今度は楽山園へ！	南北
台日	4月18日	朝刊	3		台南長老中学に／一大改革を加ふ／同校理事に有為な内地人を／数人容れる州の計画	南
台日	4月20日	朝刊	3		台南州教育課で／答案は目下採点中／長中，外三校生徒の課題	南
台日	4月20日	朝刊	7		淡水中学，女学院を／督府で大改新断行／大浦視学官が極秘に内容調査	北
台日	4月20日	夕刊	4	漢文	長中女課題／現採点中／欲提出于会議	南

新聞	日　付	情報	面	欄	見　出　し	分類
台日	4月21日	朝刊	3		台南の長老中・女問題／改革に関しては／断乎徹底を期す／今川知事抱負の一端を洩す	南
台南	4月21日	朝刊	7		長老中学と国民精神／醜状完全に暴露／当局は啞然,識者は戦慄／考査の結果は言ふに忍びず／地方長官会議中の重要題目か	南
台日	4月21日	夕刊	4	漢文	長老教中学女学／擬徹底的改造之／今川台南州知事談	南
台日	4月22日	朝刊	3		募集金の八万八千円／学校の基金に／繰入る事に決定／台南の長老教中学校／きのふ理事会を開いて	南
経世	4月22日	1186	5		長老教生徒動揺／国民精神の閃き	南
経世	4月22日	1186	9		長老教中学問題／泥棒猫を見つけてから／台南州当局の手入れ／外人のオ世話は一部も要らぬ／要は「断」の一字あるのみ	南
台南	4月23日	朝刊	4		「台湾の為ならば」と／北白川宮様の思召／台南長老教中学の徹底的改善／安武文教局長は語る	南
台日	4月23日	夕刊	4	漢文	長中後援会理事会／決議基金寄贈長中／総額募集八万八千余円	南
大朝	4月24日	朝刊	13		内地人教師が要求した／台南長中の改革案／十項目の骨子を中心に／台南州当局乗り出す〇当局の人々と懇談し／円満解決したい／エドワード・バンド学長／帰任の途，神戸で語る〇後援会寄附金は／基金に繰入／理事会において決定〇責任上／辞任する／林理事会長談〇万難を排し／改革断行／川村内務部長談	南
台南	4月25日	朝刊	2		台南長老教中学／バンド校長神戸着／直に乗船帰台の途に就く	南
台日	4月26日	朝刊	3		台南の長老教学長／二十七日の朝帰南	南
台日	4月27日	朝刊	7		“文教局長に会ひ／謝罪の意を表す”／バンド長中校長語る〇バンド校長／局長を訪問〇国語を解しない／教師は全部一掃／淡中当局が誠意を披瀝	南北
台南	4月27日	朝刊	2		神社参拝は当然と／長老中学校長談／不在中の不始末を謝し／今後は鋭意校内改善を期す	南
台日	4月27日	夕刊	4	漢文	長老中校長帰台／会文教局長道歉	南
台南	4月27日	夕刊	4	漢文	参拝神社者是当然／長老中学校長談／謝不在中之不謹慎／今後鋭意所期校内改善	南
台日	4月28日	朝刊	8	漢文	淡中対当局披瀝誠意／一掃不解国語教師	北
昭和	4月28日	277	3	昭和時評	私立中学校／長老中から／淡中に飛火	南北
台日	4月29日	朝刊	3		研究熟慮の上／最善の改革を図る／バンド校長語る〇最善の方法を／講ずる考だ／今川知事談	南
新高	4月29日	422	7		？バンド校長の帰校と／皇道日本精神を蝕まんとするインチキ学校／長老教中学の処置は？	南
台南	4月30日	夕刊	2		バンド校長／州庁を訪問／諸問題は調査の上報告	南
1934年5月						
台日	5月1日	朝刊	3		長中のバンド校長／神社参拝を声明／今川知事を訪問して／衷心から誠意を披瀝	南
台南	5月1日	朝刊	2		長老教中学問題と／今川知事の態度／相当強硬な決意を仄かす	南
台南	5月1日	朝刊	8	漢文	長老中学萬校長／訪問州庁／諸問題俟調査後報告	南
台日	5月1日	夕刊	4	漢文	長老教中学校長／訪知事約参拝神社／州俟另日提示具体改革案	南

新聞	日 付	情報	面	欄	見 出 し	分類
台南	5月2日	朝刊	8	漢文	長老教中学問題與／今川知事之態度／暗示以相当強硬的決意	南
台南	5月4日	夕刊	2		長老教中学校／改善に愈々着手／バンド校長を州に召致	南
南日	5月4日	555	1	南日春秋	〔長老教中学，団体参拝を誓つて参拝問題は解消せりとして国民精神に確認ありやは残されてゐる〕	南
台南	5月5日	朝刊	8	漢文	長老教中学校／着手於改善／招致萬校長於州	南
台日	5月6日	朝刊	3		バンド校長を訪ひ／林氏辞意を洩す／留守中起つた事件の責任を／痛感したに因るもの	南
経世	5月6日	1188	2	七日目毎に	〔長老教中学バンド校長の声明に対し地元台南市民として我慢の出来ぬ節々がある．当局だつたら毛唐の鼻毛を一本抜いて喜んで居るかも知れまいが日本人なら我慢せぬ〕	南
台日	5月7日	朝刊	8	漢文	長中問題／林理事欲辞／校長訪知事	南
台南	5月7日	夕刊	2		台南長老教中学問題／今川知事，校長を招致／徹底的の同校／林茂生氏理事会長及理事を辞す	南
台日	5月8日	朝刊	3		バンド校長の改革で／立派な学校になる／今川知事バンド校長と／会見後朗らかに語る	南
台南	5月8日	朝刊	7		バンド氏誠意を披瀝／根本問題に就て／隔意なき意見交換／長老中改革問題／今川知事との会見	南
台南	5月8日	朝刊	8	漢文	台南長老教中学問題／今川知事招致萬校長／同校徹底的改善乎／林茂生氏辞理事会長及理事	南
大朝	5月8日	朝刊	13		台南長老教中学の／改革意見を交換／三項目十三箇条の改善策を／今川知事，バンド学長に手交	南
台日	5月8日	夕刊	4	漢文	台南長老中学／改革問題／今川知事満足	南
台南	5月8日	夕刊	4	漢文	萬校長披瀝誠意／就根本問題／無隔意交換意見／與今川知事之会見	南
南瀛	5月12日	290	9	街から拾ふ	淡水中学問題	南北
南瀛	5月12日	290	10	台南百景	長老教中学に大斧下るか	南
台南	5月14日	夕刊	1		台南長老教中学／校長引退？／バンド氏	南
台日	5月15日	朝刊	3		台南長中／全然旧態を脱して／新装の第一歩へ／いよいよ踏み出す模様／バンド氏も責任を負うて辞職か	南
台南	5月15日	朝刊	8	漢文	台南長老教中学／萬校長引退？	南
台日	5月15日	夕刊	4	漢文	台南長老中校長／訪川村内務部長／聞将変更理事会組織	南
台日	5月16日	夕刊	4	漢文	淡中国民教育改善／国語使用猶未徹底／開催国語講演会	北
台日	5月17日	朝刊	3		台南の長中改革案／今川知事とバンド氏が／きのふ会見して決定	南
台南	5月17日	朝刊	2		台南長老教中学／問題の解決近づく／州と学校の改善意見畧一致	南
台南	5月17日	夕刊	4	漢文	台南長老教中学／問題之解決在茲／州與学校之改善意見略為一致	南
台日	5月18日	朝刊	3		けふ理事会を開き／長中改革案を決定／議論沸騰予想さる	南
台南	5月18日	朝刊	2		長老教中学／改革案懇談／校長，今川知事を訪問	南

新聞	日　付	情報	面	欄	見　出　し	分類
台日	5月18日	夕刊	4	漢文	長中改革案／諮理事会／且見相当議論	南
台南	5月18日	夕刊	4	漢文	就長老教中学／改革案而懇談／校長訪問今川知事	南
台日	5月19日	朝刊	7		長中の改善案を／理事会を開き協議／細目は調査委員をあげて研究／林理事長は講師の辞表も提出〇一切関係を絶つ／林茂生氏語る〇淡水中学の国民精神作興／黒住教頭より州へ報告	南北
台日	5月19日	夕刊	4	漢文	長老改革／理事会協議／林理事辞講師〇断一切関係／林茂生氏談〇淡中改革／黒住教頭報告	南北
台南	5月19日	夕刊	2		台南長老教中学／根本的改革案／理事会に於て認容	南
台日	5月20日	朝刊	3		台南の長中問題／今川知事の意見通り／改革案決定す／バンド学長も或る時期に辞任し／後任学長に内地人を置く〇今川知事／声明書を発す	南
台南	5月20日	朝刊	11		台南長老教中学／更正の途に躍進／聡明，至純，バンド学長の徹底改革案／校長に内地人選任	南
台日	5月21日	朝刊	8	漢文	台南長中改革案／後任学長改内地人／教諭全員亦各占半	南
台南	5月21日	朝刊	8	漢文	台南長老教中学／向更生之途而躍進／萬校長之徹底改革案極明純／校長則選任内地人	南
台日	5月22日	朝刊	3		台南長中の上村教頭辞職	南
台南	5月24日	夕刊	2		長中問題と同志会	南
台日	5月25日	朝刊	3		台南同志会／長中問題が／解決して解散	南
台南	5月25日	朝刊	8	漢文	長中問題與同志会	南
新高	5月25日	426	2		長老中学問題解決／生徒訓育，法人組織，後援会，職員組織／等々六項目の改正	南
台日	5月26日	朝刊	8	漢文	長中問題解決／同志会訪知事／即便解散	南
経世	5月27日	1191	3		長老教中学改革案を批判す	南
台日	5月28日	朝刊	8	漢文	淡中初回／国語音楽会	北
台南	5月28日	朝刊	7		台南長老教中学生／動揺？　謎の怪行動／内地人教師排斥か国民精神の再認識か／嵐の後のツムジ風	南
台日	5月28日	夕刊	2		長老教中学で／教師排斥の運動／修身科の角田教諭を	南
台日	5月28日	夕刊	4	漢文	長中生徒／排斥角田教師／校長極力慰撫	南
台南	5月28日	夕刊	4	漢文	台南長老教中学生／可怪行動復有動揺乎／排斥内地人教師乎再認識国民精神乎	南
台日	5月29日	朝刊	3		長中の教師排斥は／改革問題が主因／生徒は学長の諒解を得たらしく／きのふは平生通り授業〇バ学長に／事務を引継	南
台南	5月29日	朝刊	11		迷へる者よ　汝の名は／台南長老教中学／動揺せるは学校当局か将又可憐の生徒か／果して内地人教師排斥	南
大朝	5月29日	朝刊	13		長老教中学に／またゴタゴタ／民族意識濃厚な／内地人教師を生徒排斥	南
台南	5月29日	夕刊	4	漢文	台南長老教中学／動揺者是学校当局乎／将見再有可憐生徒乎／果爾排斥内地人教師？	南
台日	5月30日	朝刊	3		長中の不良生徒／角田教師に謝罪／今回の紛糾問題は／これで一先づ解決か	南
台南	5月30日	朝刊	2		大風一過／台南長中問題解消／バンド学長の訓諭に服して／生徒代表より誠意披瀝	南

新聞	日 付	情報	面	欄	見 出 し	分類
台日	5月30日	夕刊	8	漢文	長中生謝罪／円満解決	南
台南	5月30日	夕刊	4	漢文	台南長中問題解消／師徒間仍帰旧好／感服萬校長之諄々訓諭／由生徒代表披瀝誠意	南
台日	5月31日	朝刊	3		伊藤課長を訪ひ／バ学長が陳謝す／長中の紛糾問題につき	南
台南	5月31日	朝刊	2		長老教中学／紛糾円満解決／万事水に流して	南
台南	5月31日	夕刊	4	漢文	長老教中学之／紛糾已円満解決／万事如流水而解消	南
1934年6月						
台日	6月1日	朝刊	3		バンド学長／誠意を披瀝／長中紛糾問題で	南
大朝	6月1日	朝刊	13		バンド学長／当局と懇談／騒擾事件を報告	南
南瀛	6月2日	293	7		長老教中学の遣り方は／島民を嘲弄するもの／台南州当局は勇を鼓して／断然たる措置を執れ	南
新高	6月8日	428	6	台南鈍鏡録	〔彼が改革案を肯定しながらも其反面に基督主義教育を挙ぐる本島人本位の私立学校だと否定した言を云つて居るではないか〕	南
1935年2月						
台南	2月13日	夕刊	2		北部基督教会／内訌表面化／某々教師，理事の不正を挙げ／廓清の声起る	北
台南	2月14日	朝刊	8	漢文	牧師長老伝道等／分派紛糾事／台湾基督教会愈烈	北
台日	2月15日	朝刊	11		淡水女学院／学制を改む／国民精神，国語普及を／徹底させるやう	北
台日	2月16日	朝刊	3		従来の校風を刷新し／日本魂を打込む考へ／台南長老教中学に着任の／加藤大佐抱負を語る	南
台南	2月16日	朝刊	7		長老教中学／新校長着南／校内刷新を期待○立派な人を得た／将来を期待する／今川知事語る	南
大朝	2月16日	朝刊	5		ミッション校の／学制改革に乗出す／文教部当局の新方針／まづ淡水女学院から○“一意教導に専心”／台南長老教中学初代校長／加藤長太郎氏着任	南北
大朝	2月19日	朝刊	5		日本精神を／基礎に教育／着任の加藤長中校長談	南
台南	2月20日	朝刊	7		北部基督教会／諸問題解決／不正の噂は誤解から	北
台南	2月27日	夕刊	4	漢文	加藤校長歓迎会／於台南銀座森永	南
1935年3月						
大朝	3月19日	朝刊	5		新学期と共に／改革第一歩へ／州当局も公認の肚／更正の台南長老教中学	南
台日	3月20日	夕刊	2		淡水中学の火事に／放火の疑ひあり／校内に複雑な事情伏在	北
台日	3月21日	朝刊	7		淡水中学の火事／果して放火／停学処分を受けた／一年生の仕業と判明	北
台日	3月21日	朝刊	8	漢文	淡水中学校発生火災／放火嫌疑之説濃厚／因該校内有複雑事情	北
台日	3月21日	夕刊	4	漢文	淡水中学校火災／果属生徒放火／受処分停学懐恨	北
台日	3月28日	朝刊	7		淡水中学の放火事件／真犯人は他に挙がる／恐怖の余り虚偽の自告○学校の冷淡さに／生徒愛憎をつかす／四分一は転校を希望○教師側の談	北
台日	3月28日	夕刊	2		淡水中学校長／詳細報告／州教育課に出頭	北
台日	3月29日	朝刊	7		国体観念に欠陥あるを／淡水中学が暴露／台湾神社遙拝を肯んぜず／当局は断乎たる決意	北

新聞	日　付	情報	面	欄	見　出　し	分類
大朝	3月29日	朝刊	5		意外放火学生は／被疑者と違ふ／虚偽の申立をした／淡中放火真犯人判明	北
台日	3月29日	夕刊	4	漢文	淡水三学園／不肯遙拝台湾神社／暴露欠陥国体観念	北
台日	3月30日	朝刊	2	社説	国体観念の涵養と私立校／之を疎外するは黙視できぬ	北
台日	3月30日	朝刊	11		「拝」の字の解釈違ひ／淡水三学校の遙拝問題で／督府阿部視学官談	北
大朝	3月30日	朝刊	5		神社参拝問題で／淡中の申出を拒絶／“敬意を表すのみ”は不可と／文教当局強硬	北
新高	3月30日	467	8,9		長老教中学は更正するか／悪評街頭に飛ぶその後の同校／校長の手腕は期待を裏切る／就任当時の言明今何処	南
台日	3月31日	朝刊	12	漢文	淡水学園遙拝問題／拝字解釈有誤／督府阿部視学官談	北
経世	3月31日	1234	2	経世評林	淡水中学問題／廃校最も妥当	北
1935年4月						
新高	4月6日	468	8,9		紙上ギロチン／淡水中学の内面暴露／教育勅語を奉読せぬ中学／神社参拝を何故拒避する？／何故断乎たる処置をとらぬか	北
経世	4月7日	1235	8		聖堂に火は燃える／淡水中学を曝く／侮日者マカイ校長／文教局長は眼盲いたるか／而かも夫れは全くの営利事業だ	北
台日	4月10日	朝刊	11		淡水中学の／国旗不掲／学校当局者／州へ釈明○購入が間に合はなかつた／藤田教育課長談	北
南日	4月12日	603	8		疑はるる淡水中学の誠意／果然反噬的態度に出る／遙拝主張の正義派一挙にして追はる／団体軽視の徒は断乎として排撃すべし	北
新高	4月13日	469	8,9		紙上ギロチン／淡水中学の内面暴露(下)／特殊学生の予備校的存在／五年生は七八名と云ふ有様／台湾のためにこの存在を悲しむ	北
昭和	4月13日	325	8		時節柄世人の注目を惹く／淡水中学の内面的事情／教員間の暗闘は宛然蜂戦の如し／吾人は淡水中学革新の為に馬稷〔ママ〕を斬る	北
経世	4月14日	1236	8		国体冒瀆のマカイ校長を的に／淡中撲滅期成同盟会／結成されんとす／学校内にも果然批難の声挙る／本島，内地の要路へ夫々陳情せん○淡中側の釈明	北
台日	4月16日	朝刊	7		淡水中学の／一大改善策／学則に遙拝も加へて／国民教育に力を注ぐ	北
台日	4月16日	夕刊	4	漢文	淡水中学改善案／於学則加入遙拝／注力国民教育	北
台日	4月19日	朝刊	8	漢文	淡水中学／放火後聞／釈放帰校処置	北
台日	4月20日	朝刊	3		長老教中学の／改革実施案／加藤校長が攻究中	南
経世	4月21日	1237	9		国体明徴の訓令は発せられた／モウ夫れ丈けで／廃校の運命にある淡水中学／正義の前には決して逡巡躊躇を許さぬ／真向から断罪の剣を揮へ！	北
1935年5月						
経世	5月5日	1239	8		淡水砲台埔の一角／「ユニオン・ジヤツク」の旗は翻る／此の国辱的事実は奈何？／乃木将軍の遺図を遂行せよ	北
台南	5月9日	朝刊	7		淡水中の責任者／漸く非を悟る？／野口知事の説示に対し／誠意ある改革を誓ふ	北

新聞	日 付	情報	面	欄	見 出 し	分類
台南	5月10日	朝刊	8	漢文	淡水中学事件／責任者己悟其非／対野口知事之説示／誓為有誠意之改革	北
経世	5月12日	1240	2	経世評林	国辱的存在／遺物永代租権速に奪還せよ○改革の断案／州当局と文教局見解が違はぬか	北
経世	5月12日	1240	8		問題の「永代借地権」の現場／原野の筈が立派な美田／土地台帳がそれでは当然免租地／之れも亦国辱で無いか／続々として他にも「永代借地」を発見	北
経世	5月26日	1242	4		微温湯の如き／台北州当局の措置／淡水中学の真相旧態依然／甘く見るなと舌を出してる	北
1935年6月						
経世	6月9日	1244	10		淡水中学校長／マカイ氏辞表提出／山下谷次代議士の訪問／撲滅期成同盟の第二次計画	北
台日	6月18日	夕刊	2		淡水中学に／案の定，内紛／卒業生総会を開き／陳教師辞職反対を決議	北
昭和	6月22日	335	8,9		反対教師を追出す／淡中の内訌表面化す／十五年勤続教師に僅か／三箇月の解雇特別賞与○砲台埔にマカイ／学長威を揮ふ／始政記念日の神社参拝に／彼は不相変不遜の態度だ	北
昭和	6月22日	335	12	鐘の声	林輝焜「淡中卒業生に告ぐ」	北
経世	6月23日	1246	8		侮日漢淡中学長マカイの城郭／果然内部的に爆発す／憂国教諭の馘首を契機として／此の十七日に校友大会開催さる／在郷軍人は狂人だと嘲るものあり	南北
1936年3月						
台日	3月12日	朝刊	7		淡水中学の教育方針／旧態依然たるを暴露／驚くべき国体観念の欠如／国史担任の鈴木教諭慨歎して去る	北
台日	3月12日	夕刊	2		断乎たる処置に出ん／淡水中学校の怪問題に対し／憲兵隊調査を開始○遺憾な点もある／徹底的に調査したい／鈴樹教育課長談	北
台日	3月13日	朝刊	8	漢文	淡水中学教育方針／依旧大欠国体観念／国史担任鈴木教諭辞職○淡中問題／憲兵重視／派曹長調査	北
大毎	3月13日	朝刊	5		又も淡水中学が／反国民的の教育／裏面を暴露し問題化せんとす／内地人教諭遂に辞職	北
台日	3月13日	夕刊	4	漢文	淡水中学撲滅／期成同盟／蹶起運動	北
新高	3月14日	515	8		問題視される淡水中学／植民地教育史の汚点／鈴木教諭辞職から内面暴露す／抜本塞源的大手術を施す要がある／教育の淵源を顧みざるをも甚だしい中学	北
台日	3月16日	朝刊	7		世論沸騰に鑑み／淡中愈よ改革／国民精神涵養に努めん	北
台日	3月16日	夕刊	4	漢文	淡中鑑世論大反対／擬改革招聘内地人教員／涵養国民精神徹底国語○暴露其内容／学校弁明	北
南日	3月20日	651	1		淡水中学問題／依然として異臭味紛々たり	北
南日	3月20日	651	8		断乎鉄槌を下すべし／又復問題の淡水中学／偽装的教育の仮面を剝げ	北
経世	3月21日	1285	11		当局の懈怠が／淡中再度の燃焼／撲滅の外途無し	北
大毎	3月27日	朝刊	13		淡水中学校の／撲滅運動が台頭／反国民的な同校の態度に憤慨／将来の禍根を危惧す	北
南日	3月27日	652	9		非国民の養成所は当然叩き壊すべし!! 如何なる名医も施すの術無く／病根骨髄を喰む淡水中学／此の	北

新聞	日付	情報	面	欄	見出し	分類
					上は速かに引導を渡すことが親切／内面的醜悪は今後続々剔抉されん	
1936年4月						
南日	4月10日	654	8		痛憤の下に綴られた!!／『鈴木教諭の手記』／淡中の内部遺憾なく曝け出す	北
新高	4月11日	519	2		教育問題の再検討／淡水中学校日新小学校，台北商業／当局の慎甚なる考慮を促す	北
新高	4月11日	519	9		今川太守と語るの記／終始輿論政治を力説する彼氏／ウガツた処世術＝「四十前は目上と，四十以後は青年と交際」	南北
台南	4月22日	朝刊	8	漢文	淡水中学撲滅期成同盟／訪問今川知事／警察当局暗地注視	北
大朝	4月22日	朝刊	5		総督に建白書／淡中撲滅期成同盟会／猛運動を開始す	北
台南	4月22日	夕刊	2		今川知事を訪問し／種々意見開陳／淡水中学校撲滅期成同盟会の／行動を警察当局重視し厳戒	北
南日	4月24日	656	2		国体の本義に悖る／淡中撲滅運動／期成同盟会の蹶起／建白書提出と演説会を開催	北
経世	4月26日	1290	5	嶋都情報	市民大会	北
1936年5月						
台日	5月2日	夕刊	2		菊花御紋章類似の／模様付き茶碗使用／淡水中教師に大目玉	北
台日	5月5日	朝刊	11		五代表を招致して／淡水中学に大警告／国民教育上看過出来ぬとて／州に学校移譲を慫慂	北
台日	5月5日	夕刊	4	漢文	関于淡中及女学院／今川知事招五代表／到州庁勧告両校移譲于州	北
大朝	5月6日	朝刊	5		今川州知事から／厳重警告を発す／淡中問題で／北部長老教会代表に	北
大毎	5月7日	朝刊	5		淡水中学校に／重大警告を発す／国民教育の冒瀆問題を繞つて／今川台北知事の決意／国民教育は日本人の手で	北
昭和	5月9日	378	8		淡水中学に又亦問題発生!!／恐るべき間諜？　キリスト伝道の宋尚節／スパイ嫌疑の噂高まる／学生彭文現は何故失踪したか○反教育断乎打倒／今川知事重大決意／問題の淡水中学の改革に／今後の動向注目に値す○淡中撲滅期成同盟会建白書	北
台日	5月13日	夕刊	2		“淡中”移譲に／教会は迷ふ／再度知事訪問か	北
台日	5月14日	朝刊	12	漢文	淡中女学院移譲／代表者将訪州知事／聴取移譲或附条件等	北
大朝	5月15日	朝刊	5		回答を遷延せば／断乎休校を命ず／淡中移譲に当局強硬	北
台日	5月22日	朝刊	7		淡中・女学院経営の／伝道手段化を排撃／移譲案につき代表者と会見し／今川知事より言明○経営主体は財団法人／知事を主班に組織／移譲実現の場合の方策	北
台日	5月22日	夕刊	4	漢文	淡水中同女学院問題／教会代表会見知事／知事力主張移譲案○組財団法人／重要科目／内地人担当	北
1936年6月						
台日	6月3日	朝刊	7		淡中教師又もや／奇怪極まる言動／佐世保飛行艇飛来に際し発覚／憲兵分隊の取調を受く	北

新聞	日　付	情報	面	欄	見　出　し	分類
台日	6月3日	夕刊	2		淡中に愛想を尽かし／二教師，断然辞職／国民教育に対する／無理解，不誠意を憤つて○一部教員，生徒を扇動／知事の改革案にも反対態度	北
台日	6月4日	朝刊	8	漢文	佐世保飛艇到淡水／淡中教師不穏言動／台北憲兵隊従厳査究○内地人教師／二名辞職	北
大朝	6月4日	朝刊	5		本島教育界の明暗相／本島人教諭が反国防的な言動／佐世保海軍機訪問に／淡中・また不祥事○両教師辞表を提出／国民教育に学校当局の／不誠意を憤慨して	北
台日	6月5日	朝刊	7		祟る淡中／反国体的教育方針を／徹底的に再調査／台北憲兵分隊の手で○学校は移譲せず／教会と中会で経営／問題の淡中及び淡女につき／きのふ協議会で決定	北
台日	6月5日	夕刊	4	漢文	長老会北部中会会議／淡中女院決不移譲／作成具体案與当局折衝○反国体教師／暫時釈放	北
南日	6月5日	662	9		今や風前の灯火／醜悪淡中の運命／非国民？　黒住教頭の狂奔／淡水街の郷軍遂に蹶起	北
大毎	6月6日	朝刊	5		問題の淡水中学／又もや不祥事件／本島人教師の非国民的暴言／内地人教師遂に辞職	北
台日	6月6日	夕刊	1		淡中の三教師／続いて辞職す／「東方遙拝」其の他で○本島人教師不遜の態度	北
台日	6月7日	朝刊	7		内地人教師に対し／生徒が害虫呼ばり／国民教育の無理解を暴露した／「淡中三教師」辞職問題○“生徒に罪はない”／永田，高宮両氏語る○詳しい事情は知らない／齋藤教師談○“改造の矢先き／この問題が起り／何とも手がつかない”／学長マクミラン氏語る○鈴樹課長の帰庁を待ち／適当な処置をとる／今川知事談	北
台日	6月7日	朝刊	8	漢文	淡中邦人教師三人／復為遙拝問題辞職／不穏言辞将再査究真相	北
大朝	6月7日	朝刊	5		淡中遂に休校か／相つぐ不祥事件に／内地人教師が連袂辞職	北
経世	6月7日	1296	8		「断」の一字／金で精神は／完全に買へぬ／淡中問題の最後案	北
経世	6月7日	1296	10	嶋都情報	日本人なら／当然辞める	北
大毎	6月10日	朝刊	5		問題の淡水中学／教会側で経営か／歴史に鑑みて移譲に忍びずと／財源問題で打合す○撲滅期成同盟会は／あくまでも目的達成に邁進	北
台日	6月11日	朝刊	11		淡中問題の追究に／鈴樹課長乗り出す／淡水郡役所に教師達を招き／最後的猛省を勧告○“結果はこれからだ／けふは学校側の考へを聴取”／鈴樹教育課長語る○辞表を提出した黒住教頭／『不徳の至り…』と恐縮	北
台日	6月11日	夕刊	2		紛糾する淡中問題／州移譲案に対し／回答案を提出／肝腎の経営主体は／依然ミッション中心の新財団○州に提出された／回答の内容	北
台日	6月11日	夕刊	4	漢文	鈴樹州教育課長／如淡水追究学校長態度／教師十二名辞去三分之二○黒住教頭／自引責不徳	北
台日	6月12日	朝刊	8	漢文	淡中同女学移譲案／学校正式提出回答／主体仍以旧教会為中心○回答内容／組理事会	北
南日	6月12日	663	9	四方山がき	〔非国民養成の殿堂淡水中学の黒住教頭，家庭的に種々事情あり，同氏の辞職は個人としては気の毒だが，苟くも正義の為には又止むを得ず〕	北

新聞	日付	情報	面	欄	見出し	分類
台日	6月13日	朝刊	2	社説	淡水中学問題／と国民教育／州移譲が是か／教育中心が是か	北
経世	6月14日	1297	2	経世評林	淡中問題／一牧師の上京／愈々中央へか	北
大毎	6月16日	朝刊	5		淡水中学問題／改組案を州に提出す	北
台日	6月19日	夕刊	3	公開欄	南北長老教会に呈す(須田清基)	北
台日	6月19日	夕刊	4	漢文	淡中女学院之改革／再提出修正案于州／経改革委員宣教師会決議	北
台日	6月20日	夕刊	1		淡中改革案／知事に提出／マクミラン氏ら訪問	北
大朝	6月21日	朝刊	5		円満解決の曙光／淡中移譲妥協案を提示	北
大毎	6月23日	朝刊	5		淡水中学移譲問題／両者の会見は物別れ	北
1936年7月						
台日	7月3日	朝刊	7		教会との分離を／飽くまで希望！／淡中及び女学院改革問題に／今川知事から回答	北
台日	7月3日	夕刊	4	漢文	淡中女学院教会案／今川知事会五代表／答希望與教会分離	北
大毎	7月4日	朝刊	5		淡水中学問題／解決の曙光見ゆ／正式回答は十月十五日まで延期／今川知事の強硬意見	北
台日	7月7日	夕刊	2		淡中の代表者／三氏を招致／学校側よりの書面内容を／鈴樹州教育課長が聴取	北
台日	7月8日	朝刊	8	漢文	淡中問題／招致三代表／聴取回答内容	北
1936年8月						
大毎	8月1日	朝刊	5		淡水中学校問題／多年の悩み解消／今後更正して明朗を取戻す／今川知事の断案奏功	北
台日	8月9日	朝刊	7		問題の淡水中学／愈よ手離す意向／カナダ長老教会本部より回答／近く州で買収評価に著手	北
大毎	8月9日	朝刊	5		淡水中学問題解決／新学期早々から明朗学園建設／まづ台北州に委譲	北
台日	8月10日	朝刊	8	漢文	淡水中学及女学院／願以九万余円移譲／当局認有誠意著手評価	北
台南	8月13日	朝刊	2		淡水中学移譲に／長老教会加奈陀本部大体同意／敷地評価を急ぐ	北
台南	8月13日	朝刊	8	漢文	淡水中学移譲／長老教会加奈陀本部／大略同意急就敷地評価	北
台日	8月16日	朝刊	11		淡中の移譲問題／愈よ正式に決定／婦女義塾と共に敷地を九万円で／新財団が買収する	北
台南	8月16日	朝刊	2		淡中移譲問題／今川知事案に落着く／総敷地宿舎等を九万円と決定／州当局…財団法人組織を急ぐ	北
大朝	8月16日	朝刊	5		淡中問題解決／全部をあげ州に移譲／今後は財団組織へ	北
台日	8月17日	朝刊	8	漢文	淡中女学問題解決／譲與新財団経営／学校建物售価九万円	北
大毎	8月20日	朝刊	5		問題の淡水中学／新道のスタートへ／州に移譲し財団組織	北
台日	8月21日	夕刊	2		静修女学校の改革／天主公教会から分離／外人校長は勇退／国民精神の養成上／小宮元之助氏校長に就任	北
台日	8月22日	朝刊	8	漢文	私立静修女校改革／小宮氏将就任校長／由教会分離組新財団	北

新聞	日付	情報	面	欄	見出し	分類
経世	8月23日	1307	2	経世評林	内地人校長	南北
大毎	8月27日	朝刊	5		静修女学校の改革／台北州当局乗り出す／教会から引き離して新財団組織へ	北
台日	8月30日	朝刊	7		淡水中学の理事／大体人選を終る／新校長は内地で物色	北
台日	8月31日	朝刊	8	漢文	銓衡淡中女学理事／州一辺人選完了／現対内地銓衡学校長	北
1936年9月						
台日	9月10日	朝刊	2		淡中新財団の／草案ほぼ成る／校長も漸く内定す	北
台日	9月10日	夕刊	4	漢文	淡水中学新財団／草案略完校長内定／十日審議定款草案	北
昭和	9月12日	395	13	週評／漢文	成績優良之静修高女／鈴木教頭将栄任淡中校長／後任者当局宜乎為之考慮	北
昭和	9月19日	396	4		教育界焦眉の秋!!／淡中校長物色難／当局はドウ善処するか／恩給も貰へぬ私立学校の悲哀	北
昭和	9月19日	396	13	週評／漢文	成績優良之静修高女　続報／鈴木教頭無意転校／始終欲為当校尽力	北
台日	9月26日	朝刊	7		淡中の土地買収／一致して可決／台北州協議会臨時会で	北
台日	9月26日	夕刊	4	漢文	台北州臨時協議会／関淡中女学院土地／一致可決買収費等	北
新高	9月26日	541	3		淡水中学今後の問題／二十万の資金捻出はどうなる／新任校長の人選に留意せよ	北
大毎	9月30日	朝刊	5		淡水中学買収費／追加予算九万円可決	北
1936年10月						
台南	10月8日	朝刊	7		淡中の内部粛正／不逞生徒放校／全校生徒今後の動きを厳重注視	北
経世	10月11日	1314	3		清算途上の淡中／余燼尚ほ消えず／悪生徒の背景に退職本島人教師	北
経世	10月18日	1315	8		淡中学長決定	北

注

◆凡　例

- アジア歴史資料センターがネット上に公開している国立公文書館・外務省外交史料館・防衛省防衛研究所所蔵の公文書については，「件名」(JACAR Ref.：レファレンスコード，『簡略化した簿冊名』所蔵機関)というように記し，台湾総督府公文類纂(台湾国史館所蔵)については，「件名」(『簡略化した簿冊名』簿冊番号，文書番号)というように記した．
- 隈本繁吉文書(東京大学国際社会科学図書室所蔵)の資料番号については，阿部洋『隈本繁吉文書(台湾教育関係等資料)目録・解題　特定研究「文化摩擦」』(1991年)，台北神学校校務文書(台湾神学院所蔵)の資料番号については劉静貞『日本政府対台湾宗教学校管理——以台北神学校為中心 1895–1945』(行政院国家科学委員会専題研究計画成果報告，1995年)にしたがった．
- 英文の文書資料については次のような略号を用いた．

PCE FMA — Presbyterian Church of England Foreign Mission Archives, The School of Orient and African Studies, London

PCE WMA — Presbyterian Church of England Women's Missionary Association Papers, The School of Orient and African Studies, London

PCC ——— The Presbyterian Church in Canada Archives and Record Offices, Toronto

UCC ——— The United Church of Canada Archives, Toronto

PCUSA —— The National Archives for the Presbyterian Church (U.S.A.), The Presbyterian Historical Society, Philadelphia

FO ———— Great Britain Foreign Office Archives, The National Archives, London

RG59 ——— State Department Central Decimal Files, National Archives at College Park, College Park, Maryland

- 英文書籍について，次のような略称を用いた．

GA of PCC ——— Presbyterian Church in Canada, *The Acts and Proceedings of the General Assembly of the Presbyterian Church in Canada*, (Toronto: Presbyterian Printing Office)

Synod of PCE ——— Presbyterian Church of England, *Minutes of the Synod of the Presbyterian Church of England*, (London: Offices of the Presbyterian Church of England)

GA of PCE ——— Presbyterian Church of England, *Minutes of the General Assembly of the Presbyterian Church of England*, (London: Offices of the Presbyterian Church of England)

Handbook of EPM— W. Campbell, *Handbook of the English Presbyterian Mission in South Formosa*,（Hastings: F. J. Parsons Ltd., 1910）

History of EPM—— Edward Band, *Working His Purpose Out: The History of the English Presbyterian Mission, 1847–1947*,（London: Presbyterian Church of England, 1947）

・書名や論文名，資料名，引用文の表記において，漢数字を洋数字に改めたものがある．

◆序　章

1）秋田茂「パクス・ブリタニカとイギリス帝国」(秋田茂編著『イギリス帝国と20世紀第1巻　パクス・ブリタニカとイギリス帝国』ミネルヴァ書房，2004年)9–10頁．なお，日本語における「イギリス」という言葉にはEnglish(England)という意味と，スコットランドなどを包括するBritish(Britain)という意味が含まれているために，後者に対しては「ブリテン」という訳語をあてるべきという見解も存在する．たとえば，デイヴィッド・アーミテイジ(平田雅博・岩井淳・大西晴樹・井藤早織訳)『帝国の誕生——ブリテン帝国のイデオロギー的起源』(日本経済評論社，2005年)の「訳者あとがき」ではBritish Empireに「ブリテン帝国」という訳語を選ぶべき理由を丁寧に説明している．その主張には説得力があるものの，本書ではBritainの訳語としては「英国」を用い，EnglandやScotlandはそれぞれ「イングランド」「スコットランド」とする(言語としてのEnglishは慣用に従って「英語」と訳す)．イングランドとスコットランドの関係を主題的にとりあげる第1章を別とすれば，「ブリテン」内部での対抗関係は後景にしりぞくからである．特に「大ブリテン連合王国」としての性格を強調すべき文脈では，「連合王国」を用いることとする．

2）ギャラハー＝ロビンソンに由来する「非公式の帝国」という用語は曖昧さを指摘されて久しい．ここで「非公式の帝国」は広義の意味であり，オースタハメルの定義に従って「外国人に対する法的特権」「外から強要された自由貿易主義体制」「砲艦や“帝国主義的”領事のような干渉の道具の採用」によって特徴づけられるものとして用いる．オースタハメルは，アヘン戦争を契機として中国は英国による「非公式の帝国」に組み込まれ，1941年12月に日本が居留地貿易体制を破壊するまでこの体制が継続したと論じている(Jürgen Osterhammel, ‘Britain and China’, in Andrew Porter ed., *The Oxford History of the British Empire, The Nineteenth Century*, Oxford and New York: Oxford University Press, 1999, pp. 148–149)．なお，山本有造は，帝国の内実を「併合領土(公式帝国)」「従属地・保護国(非公式帝国)」「覇権圏(覇権行使国)」「影響圏(影響行使国)」というように類型化して把握しながら，「影響圏」を広義の意味での「非公式の帝国」とみなすことも可能であると論じている(山本有造「「帝国」とはなにか」山本有造編著『帝国の研究——原理・類型・関係』名古屋大学出版会，2003年，19頁)．オースタハメルのいう「非公式の帝国」は，山本のいう「影響圏」＝「広義の非公式の帝国」にあたると考えてよいだろう．

3) Mary Louise Pratt, *Imperial Eyes: Travel Writing and Transculturation, Second Edition*, (London and New York: Routledge, 2008), p. 8.

4) 「台南長老教中学校将為民衆之教育機関」『台湾民報』第236号，1928年11月25日付(漢文欄).

5) 行政上の「本島人」という概念の内包は，総督府刊行の統計書でも資料と時期により異なるが，『台湾総督府統計書』に即していうならば，「内地人」と「外国人」を除いた，在来の住民を包括するものとして用いられた．ただし，特別行政区域に居住する先住少数民族が含まれたのは1932年度以降であった．本書で台湾人という言葉は，基本的に行政上の「本島人」と同じように台湾在来の住民という意味であり，特別行政区域の先住民を含むか否かは文脈により異なる．そのうえで，特にアイデンティティにかかわる集合的表象としての「台湾人」という意味合いを強調する文脈ではカッコをつける．他方，そのような集合的表象としての意味合いを考えにくい文脈では「在来の住民」というように呼称する．また，日本植民地支配下の台湾に居住する日本内地出身者については，「内地人」という表現を用いる．植民地権力を背景とする優越的地位にあることにより，「日本人」のなかでも独特な性格をはらむ存在だったと考えるからである．

6) 1920年の時点で台湾の「本島人」人口は約348万人，私立学校は22校(『大正九年 台湾総督府第二十四統計書』1922年，36頁，122頁)，同じ1920年時点での朝鮮人の人口は約1692万人，朝鮮人を対象とした私立学校は708校(『大正九年　朝鮮総督府統計年報』第一篇，1921年，44頁，同第七篇，1926年，22–23頁)．私立学校数はいずれも書堂・書房を除く．

7) 呉密察(若林正丈訳)「台湾人の夢と二・二八事件」(大江志乃夫他編『岩波講座近代日本と植民地 8　アジアの冷戦と脱植民地化』岩波書店，1993年).

8) 冨山一郎『暴力の予感——伊波普猷における危機の問題』(岩波書店，2002年)40–41頁．森宣雄も，「沖縄人共産主義者」徳田球一に即して日本から分離独立した沖縄や奄美が，共産主義革命を果たした日本の人民共和国政府と再結合する「夢」について語りながら，「現実が厳しければ厳しいほど，現実の厳しさに渡りあうためにこそ〈夢の領域〉は呼び出される」と論じている(森宣雄『地《つち》のなかの革命——沖縄戦後史における存在の解放』現代企画室，2010年，95頁).

9) E. W. サイード(大橋洋一訳)『文化と帝国主義 2』(みすず書房，2001年)35頁.

10) 簡吉については，さしあたって拙稿「台湾史をめぐる旅(6)　布施辰治と簡吉」(『季刊前夜』第7号，2006年4月)を参照.

11) E. J. Hobsbawm, 'The End of Empires', in Karen Barkey and Mark Von Hagen eds., *After Empire: Multiethnic Societies and Nation-Building: the Soviet Union and Russian, Ottoman, and Habsburg Empires*, (Boulder, Colorado: Westview Press, 1997), p. 12.

12) ガンディーの足跡についてはD. S. デェヴァネッセン(寺尾誠訳)『若き日のガーンディー——マハートマーの生誕』(未来社，1987年)，ファノンについては海老坂武『フランツ・ファノン』(みすず書房，2006年)，伊波普猷については鹿野政直『沖縄

の淵——伊波普猷とその時代』(岩波書店，1993年)を参照．

13）秋田茂「植民地エリートの帝国意識とその克服——ナオロジとガンディーの場合」(木畑洋一編著『大英帝国と帝国意識——支配の深層を探る』ミネルヴァ書房，1998年)184頁．秋田茂は，ガンディーにおいて英国によるインド統治への期待が幻滅へと変わった理由として「帝国政治への不信」「自治領責任政府への幻滅」「西洋文明への懐疑」を挙げながら，「西洋式の高等教育を受けた植民地エリート層にある程度共通する体験であろう」と述べている(同前書，196–197頁)．

14）Lung-chih Chang, *From Island Frontier to Imperial Colony: Qing and Japanese Sovereignty Debates and Territorial Projects in Taiwan, 1874–1906*, (Ph.D. Dissertation submitted to Harvard University, 2003), pp. 5–6.

15）この点について，台湾史研究において「時空の境界」を越える必要を説いた松田康博の，次のような指摘が参照されるべきである．「1945年と49年の時間的境界を越え，中国大陸と台湾という空間的境界を越えた先行研究は，やはり極めて稀少である．ところが，現実に台湾に住む人々に会えばわかることであるが，本省人であれ，外省人であれ，彼らの人生や国家・社会の歴史が，1945年や49年で途切れたり，あるいは過去を白紙にして再出発したりしたわけではない」(松田康博『台湾における一党独裁体制の成立』慶應義塾大学出版会，2006年，2頁)．

16）上原専禄「現代における「東洋」と「西洋」」(『上原専禄著作集　第25巻　世界史認識の新課題』評論社，1987年)528頁．なお，上原専禄によるマルクス主義史学への異論，とりわけ「世界史の基本法則」と「アジア的停滞性論」という概念をめぐる批判については，永井和「戦後マルクス主義史学とアジア認識」(古屋哲夫編『近代日本のアジア認識』京都大学人文科学研究所，1994年)に詳しい．

17）松沢弘陽『近代日本の形成と西洋経験』(岩波書店，1993年)75頁．

18）宮地正人『通史の方法——岩波シリーズ日本近現代史批判』(名著刊行会，2010年)16頁．

19）山室信一「「国民帝国」論の射程」前掲山本『帝国の研究——原理・類型・関係』108頁，114頁．欧米—日本—アジアの重層的・双方向的関係に即して「世界史」を把握する必要性について，山室信一『思想課題としてのアジア——基軸・連鎖・投企』(岩波書店，2001年)も参照．

20）栗本英世・井野瀬久美惠「序論——植民地経験の諸相」(栗本・井野瀬編著『植民地経験——人類学と歴史学からのアプローチ』人文書院，1999年)13–14頁．

21）松田素二「西ケニア山村からみた大英帝国——個人史が世界史と交錯するとき」同前書，212–216頁．

22）柄谷行人は，カントの哲学に寄せて，一般性－個別性という対概念と，普遍性－単独性という対概念を区別し，「単独者のみが普遍的でありうる」と述べるとともに，言語はいつも単独性を一般性－個別性の回路に引き戻してしまうという問題を指摘している(柄谷行人『トランスクリティーク——カントとマルクス』岩波現代文庫，2010年，150頁，157頁)．本書は，一方で固有名で表現される個人の単独性に密着

すると同時に，他方で世界史の普遍性を射程に収めうるような歴史叙述のあり方を目指している．本書はまた，柄谷がカントにおける「目的の国」(道徳法則が実現された世界)について，決して実現されることはないが，それに近づこうと務める「統整的理念」であると論じながら，歴史を“事後”ではなく“事前”において見る立場への移行を説いている点にも，大きな示唆を受けている(柄谷行人『世界史の構造』岩波書店，2010 年，xiii 頁)．

23) 松田素二「植民地文化における主体性と暴力——西ケニア，マラゴリ社会の経験から」(山下晋二・山本真鳥編『植民地主義と文化——人類学のパースペクティブ』新曜社，1997 年)281 頁，303 頁．

24)「植民地(的)近代(性)」にかかわる研究動向については，板垣竜太・戸邉秀明・水谷智「日本植民地研究の回顧と展望——朝鮮史を中心に」(同志社大学人文科学研究所『社会科学』第 40 巻第 2 号，2010 年)において詳細で，また的確なサーベイがなされている．台湾人によるサーベイとしては，張隆志「殖民現代性分析與台湾近代史研究——本土史学史與方法論芻議」(若林正丈・呉密察主編『跨界的台湾史研究——與東亞史的交錯』台北：播種者文化有限公司，2004 年)がある．

25) 並木真人「植民地期朝鮮における「公共性」の検討」(三谷博編『東アジアの公論形成』東京大学出版会，2004 年)213 頁．同「朝鮮における「植民地近代性」・「植民地公共性」・対日協力——植民地政治史・社会史研究のための予備的考察」(フェリス女学院大学『国際交流研究』第 5 号，2003 年 3 月)も参照．

26) 斎藤純一『公共性』(岩波書店，2000 年)viii–ix 頁．

27) 尹海東(河かおる訳)「植民地近代と大衆社会の登場」(宮嶋博史・李成市・尹海東・林志弦『植民地近代の視座——朝鮮と日本』岩波書店，2004 年)71 頁．

28) 趙景達『植民地期朝鮮の知識人と民衆——植民地近代性論批判』(岩波書店，2008 年)15 頁．

29) 同前書，120 頁．

30) 朝鮮総督府警務局編(姜在彦解説)『光州抗日学生事件資料』(風媒社，1979 年)154 頁．

31) 三澤真美恵『「帝国」と「祖国」のはざま——植民地期台湾映画人の交渉と越境』(岩波書店，2010 年)12 頁．

32) 萱野稔人『国家とはなにか』(以文社，2005 年)52–56 頁．

33) ハナ・アーレント(大島通義・大島かおり訳)『全体主義の起原 2　帝国主義』(みすず書房，1981 年)199 頁．

34) 同前書，200 頁．

35) 拙著『植民地帝国日本の文化統合』(岩波書店，1996 年)364 頁．

36)「同化」という言葉で表現された事態について，「同化」圧力にさらされた人びとの主体性を抹消してしまうのではなく，しかも，「同化」を迫る圧力のリアリティを描き出した研究として，小川正人『近代アイヌ教育制度史研究』(北海道大学出版会，1997 年)がある．児島恭子は，小川の研究において「同化政策に屈しない，アイヌ側

の同化に対する拒絶の魂のありようが，経験によって研ぎ澄まされていった」ことを明らかにしたと評価すると同時に，筆者の前著の指摘に対して「異俗の住民を支配体制内部にかかえる為政者にとって同化は理想であり，達成されるべき目標」であるのは当然と述べて，「「同化」という言葉に振り回されて実態が見えなくなるなどという状況にはない」と批判している（児島恭子『アイヌ民族史の研究――蝦夷・アイヌ観の歴史的変遷』吉川弘文館，2003年，344–345頁）．児島による批判を引き取るならば，重要なことは，「同化」という理念の形骸性を批判することではなく，「同化」という言葉が産出する実態の問題性を「同化に対する拒絶の魂のありよう」との関係において浮き彫りにすることだということになろう．

37）何義麟『二・二八事件――「台湾人」形成のエスノポリティクス』（東京大学出版会，2003年）195–196頁，陳翠蓮「戦後初期における台湾の法的地位問題と台湾人エリートの政治展望」『広島法学』34巻4号，2011年．

38）幸徳秋水／山泉進（校注）『廿世紀之怪物帝国主義』（岩波書店，2004年）85頁．

39）同前書，21頁，27頁．

40）同前書，91頁，94頁．

41）山田朗「幸徳秋水の帝国主義認識とイギリス「ニューラディカリズム」」『日本史研究』第265号，1984年9月．

42）ベンジャミン・D. ミドルトン（梅森直之訳）「幸徳秋水と帝国主義への根元的批判」『初期社会主義研究』第12号，1999年．

43）井口和起『日本帝国主義の形成と東アジア』（名著刊行会，2000年）241頁．なお，秋水における植民地問題への関心については，李京錫「平民社における階級と民族」（梅森直之編著『帝国を撃て――平民社100年国際シンポジウム』論創社，2005年）を参照．

44）経済史の領域では，須永徳武が，マルクス主義の影響下で「自国の社会変革を志向する意識」が「日本中心主義の歴史観を無自覚に創り出してきた」という問題を指摘している（須永徳武編著『植民地台湾の経済基盤と産業』日本経済評論社，2015年，4頁）．

45）前掲井口『日本帝国主義の形成と東アジア』序章および第1章．

46）小林啓治『国際秩序の形成と近代日本』（吉川弘文館，2002年）4頁．

47）森山茂徳『近代日韓関係史研究――朝鮮植民地化と国際関係』（東京大学出版会，1987年），同『日韓併合』（吉川弘文館，1992年），小川原宏幸『伊藤博文の韓国併合構想と朝鮮社会――王権論の相克』（岩波書店，2010年）．

48）中野聡「太平洋植民地の獲得とアメリカの「アジアへの道」」（和田春樹他編『岩波講座東アジア近現代通史2　日露戦争と韓国併合』岩波書店，2010年）132頁．帝国としてのアメリカの性格をフィリピンの事情に即して捉えたものとして，中野聡『歴史経験としてのアメリカ帝国――米比関係史の群像』（岩波書店，2007年）を参照．

49）長田彰文『セオドア・ルーズベルトと韓国――韓国保護国化と米国』（未来社，1992年）．

50）長田彰文『日本の朝鮮統治と国際関係——朝鮮独立運動とアメリカ 1910–1922』(平凡社，2005 年)．長田彰文『世界史の中の近代日韓関係』(慶應義塾大学出版会，2013 年)も，表題が示すように，本書の問題意識と重なるところが大きい．ただし，国際関係上の主体たりえた大韓帝国と異なり，台湾はそのような主体ではありえなかったために，国際関係論的なアプローチの限界も大きいという相違がある．

51）浅野豊美『植民地帝国日本の法制——法域統合と帝国秩序』(名古屋大学出版会，2008 年)9–10 頁．このほかに，梶居佳広が朝鮮・台湾・満洲に駐在する英国領事が日本の植民地支配をどのように観察していたかを主題とした著書をまとめていることが着目される(梶居佳広『「植民地」支配の史的研究——戦間期日本に関する英国外交報告からの検証』法律文化社，2006 年)．

52）拙稿「「帝国史」研究の射程」『日本史研究』第 452 号，2000 年 4 月．

53）上原専禄「民族の独立と国民教育の課題」(『上原専禄著作集　第 14 巻　国民形成の教育』評論社，1989 年)48 頁．

54）たとえば，経済史家である石井摩耶子は，大塚久雄の経済史学に言及して，ロビンソン・クルーソーの物語に出てくるフライデーの役割をあえて捨象したために「イギリスの対外的活動や植民地支配の問題を近代的人間類型の深みから把握することが困難となり，そうした問題への関心自体が希薄になってしまったのではあるまいか」と論じている(石井摩耶子『近代中国とイギリス資本——19 世紀後半のジャーディン・マセソン商会を中心に』東京大学出版会，1998 年，8 頁)．

55）T. Fujitani, *Race for Empire: Koreans as Japanese and Japanese as Americans during World War II*, (Berkeley, Los Angels and London: University of California Press, 2011), p. 30. 同書の刊行に先立って，その一部を日本語で刊行したものとして，T. フジタニ(中山いづみ・葛西弘隆訳)「戦下の人種主義——第二次大戦期の「朝鮮出身日本国民」と「日系アメリカ人」」(小森陽一他編『岩波講座近代日本の文化史 8　感情・記憶・戦争』岩波書店，2002 年)，T. フジタニ(小澤祥子訳)「殺す権利，生かす権利——アジア・太平洋戦争下の日本人としての朝鮮人とアメリカ人としての日本人」(倉沢愛子他編『岩波講座アジア・太平洋戦争 3　動員・抵抗・翼賛』岩波書店，2008 年)などがある．

56）酒井直樹「共犯性としてのスーパー国家性」(西谷修他『非対称化する世界——『〈帝国〉』の射程』以文社，2005 年)36 頁．

57）酒井直樹『死産される日本語・日本人——「日本」の歴史－地政的配置』(新曜社，1996 年)154–155 頁．

58）Lewis H. Gann, ‘Western and Japanese Colonialism: Some Preliminary Comparisons’, in Ramon H. Myers and Mark R. Peattie, eds., *The Japanese Colonial Empire, 1895–1945*, (Princeton: Princeton University Press, 1984), p. 502, p. 525.

59）E. W. サイード(大橋洋一訳)『文化と帝国主義 1』(みすず書房，1998 年)295 頁．

60）木畑洋一『イギリス帝国と帝国主義——比較と関係の視座』(有志舎，2008 年)8–9 頁，31 頁．

61）P. J. Marshall ed., *The Cambridge Illustrated History of the British Empire*,（Cambridge, New York and Melbourne: Cambridge University Press, 1996）, p. 13.

62）Ibid., p. 380.

63）Ann Laura Stoler, Carole McGranahan, Peter C. Perdue, *Imperial Formations*,（Santa Fe: School for Advanced Research Press, 2007）, p. 19.

64）水谷智は，これを「比較の罠」と呼んで，帝国間の比較は「ましな帝国」の存在を認めるという形で，帝国的な植民地支配をめぐる責任を免罪する議論に組み込まれやすいという問題点を指摘している．そのうえで，アン・ストーラーの指摘を要約する形で，「我々が研究対象とする過去の帝国国家自身が他との比較を通して自己の植民地支配を正当化したり，統治方針を策定／修正していた」ことに着目する必要を説いている（水谷智「〈比較する主体〉としての植民地帝国――越境する英領インド教育政策批判と東郷実」同志社大学『社会科学』第85号，2009年11月）．水谷の指摘するように，植民地官僚もさまざまな形で比較の実践を展開していた．さらに，先の秋水の議論にも示されているように，帝国に抗する者たちもまた比較を展開していた．このような点に着目するならば，帝国の比較という作業を避けて通ることもできない．重要なことは，なんのための比較かということであり，その動機が帝国の認識そのものにいかなる影響を及ぼしていたのかということであろう．

65）Leo T. S. Ching, *Becoming "Japanese": Colonial Taiwan and the Politics of Identity Formation*,（Berkeley, Los Angels and London: University of California Press, 2001）, p. 20.

66）Ibid., p. 210.

67）Rwei-Ren Wu, *The Formosan Ideology: Oriental Colonialism and the Rise of Taiwanese Nationalism, 1895–1945*,（Ph.D. Dissertation submitted to Chicago University, 2003）, p. 423.

68）ここで「戦後史」と記すときにカッコをつけるのは，台湾に「戦後」が存在したのかという問題があるからである．この点について，劉進慶「「戦後」なき東アジア・台湾に生きて」（『季刊前夜』第9号，2006年10月）を参照．

69）許雪姫「台湾史研究三部曲――由鮮学経顕学到険学」『思想』第16期，2010年10月．

70）呉叡人「賤民宣言――或いは，台湾悲劇の道徳的な意義」『思想』第1037号，2010年9月．

71）台湾基督長老教会総会歴史委員会『台湾基督長老教会百年史』（台南：台湾教会公報社，1965年）249–250頁．なお，日本基督教団台湾関係委員会『共に悩み共に喜ぶ』（日本基督教団，1984年）では『台湾基督長老教会百年史』の神社参拝にかかわる部分を訳出している．また，日本語による文献としては，鄭児玉「台湾のキリスト教」（呉利明・鄭児玉・閔庚培・土肥昭夫編著『アジア・キリスト教史』教文館，1981年）が台南長老教中学校の苦難に満ちた歴史にいち早く言及したものである．

72）査時傑「皇民化運動下的台湾長老教会――以南北教会学校神社参拝為例」（『中国海

洋発展史論文集』第 3 輯，中央研究院三民主義研究所，1988 年).

73) 査忻『旭日旗下的十字架——一九三〇年代以降日本軍国主義興起下的台湾基督長老教会学校』(台北：稲郷出版社，2007 年)175–181 頁.

74) 呉学明「終戦前台南「長老教中学」的歴史観察」(呉学明『台湾基督長老教会研究』台北：宇宙光，2006 年).

75) 王昭文『日治時期台湾基督徒知識分子與社会運動(1920–30 年代)』(成功大学歴史系博士論文，2009 年).

76) このほかに台南長老教中学の創設当時から 1934 年までを通史的に論じたものとして，黄徳銘の研究がある．近年の研究成果を集成した研究といえるものの，それぞれの時代の状況をめぐる問題点は十分に掘り下げられず，1920 年代の抗日運動との関連についても簡単な言及にとどまる(黄徳銘「長老教中学的発展與本土教育(1885–1934)」戴文鋒主編『南瀛的歴史，社会，文化 II』台南：台南縣政府，2010 年).

77) 李筱峰『林茂生・陳炘和他們的時代』(台北：玉山出版，1996 年).

78) イングランド長老教会海外宣教委員会文書(Presbyterian Church of England Foreign Mission Archives, The School of Orient and African Studies, London)の引用に際して，マイクロ化されているものについてはマイクロフィッシュの番号を示し，「補遺」として付け加えられた資料などマイクロ化されていないものについては Box 番号を示す．なお，台湾宣教にかかわる文書は，第二次世界大戦中の戦災のために 1920 年代半ば以前のものは多くが焼失している．このほかに，大会・総会記録に含まれる宣教師のレポートも基本的な資料となる．本書の注では，*Synod of PCE* のように略記し，大会・総会記録の刊行年を記す．

79) カナダ長老教会の台湾宣教にかかわる資料については，1925 年以前の文書はカナダ連合教会文書館(The United Church of Canada Archives, Toronto)，1925 年以降の文書はカナダ長老教会文書館(The Presbyterian Church in Canada Archives and Record Office, Toronto)に所蔵されている．この分割は 1925 年にカナダで長老教会とメソジスト教会の合同が生じた際に，在台湾の宣教師は新たな連合教会に参加せず，カナダ長老教会に残る選択をしたことによる．こうした事実を含めて，カナダにおける台湾宣教関係資料については，Kim M. Arnold, ‘Hand in Hand: An Analysis of the Archival Documentation Pertaining to Taiwan as held by the Presbyterian Church in Canada Archives and Record Office, 1875–1998’, (林治平主編『台湾基督教史——史料與研究回顧』台北：宇宙光，1998 年)に詳しい．

80) いうまでもなく，「漢文」と「中文」の境界は曖昧である．陳培豊が指摘しているように，台湾における「漢文」には「正則漢文」のほかに，「和式漢文」「中国白話文」「漢文訓読体」「台湾話文」など，異なる歴史的コンテクストに由来する文体上の微妙な差異が入り交じっている(陳培豊『日本統治と植民地漢文——台湾における漢文の境界と想像』三元社，2012 年，29 頁)．したがって，何を「漢文」と表現し，何を「中文」と表現するかはどこまでも曖昧たらざるをえない．

81) イングランド長老教会の機関誌は次のように時期によって名称を変えるが，本文

中では『メッセンジャー』と称することとする．1845〜1867—*The English Presbyterian Messenger*／1868〜1885—*The Messenger and Missionary Record*／1886—*The Presbyterian Messenger*／1887〜1889—*The Presbyterian Messenger and Missionary Record*／1890〜1891—*Presbyterian Church of England Messenger and Missionary Record*／1891〜1896—*The Monthly Messenger and the Gospel in China*／1897〜1907—*The Monthly Messenger*／1908〜—*The Presbyterian Messenger*.

82) A. Hamish Ion, *The Cross and the Rising Sun: The Canadian Protestant Missionary Movement in the Japanese Empire, 1872–1931*, (Waterloo: Wilfred Laurier University Press, 1990). A. Hamish Ion, *The Cross and the Rising Sun, Volume2: The British Protestant Missionary Movement in Japan, Korea and Taiwan, 1865–1945*, (Waterloo: Wilfred Laurier University Press, 1993). A. Hamish Ion, *The Cross in the Dark Valley: The Canadian Protestant Missionary Movement in the Japanese Empire, 1931–1945*, (Waterloo: Wilfred Laurier University Press, 1999).

83) 長榮高級中学校史館に所蔵される教会関係資料については，かつて所澤潤氏・川路祥代氏・王昭文氏と筆者の共同作業として「長榮中学校史館所蔵資料仮目録——教会関係資料之部」(2003 年 9 月 1 日作成)を作成したものの，校務にかかわる文書については目録を作成できていない．

84)「台北神学校校務文書」は，大半が 1932 年以降となっている．閲覧にあたっては鄭仰恩台湾神学院教授に多大な便宜を図っていただいた．記して謝意を表したい．

85) 校友会・学友会雑誌は，第 5 号から『輔仁』という表題が付される．『輔仁』という表題が付されて以降も，表紙の下部に「台南長老教中学校友会雑誌」と記されていたが，第 7 号から「台南長老教中学学友会雑誌」に変わる．また，1941 年刊行のものから表題が『弥榮』に変わる．

86) 南部大会の議事録については，台南長老大会『聚珍堂史料 2　南部大会議事録(一)1896–1913』(台南：教会公報社，2003 年)，台南長老大会『聚珍堂史料 3　南部大会議事録(二)1914–1927』(台南：教会公報社，2004 年)としてその一部が刊行されている．これらは漢文で記された未公刊の議事録を編集して刊行したものである．北部中会の議事録については，黄六點主編『北部教会大観』(台湾基督長老教会，1972 年)に摘要が掲載されている．

87) 張妙娟『開啓心眼——《台湾府城教会報》與長老教会的基督徒教育』(台南：人光出版社，2005 年)，呉学明『従依頼倒自立——終戰前台湾南部基督長老教会研究』(台南：人光出版社，2003 年)．なお，『台湾教会報』に掲載された重要記事・論説については，「台湾白話字文献館」(http://pojbh.lib.ntnu.edu.tw/，最終確認日 2015 年 7 月 18 日)と題するサイトで漢文訳を掲載するなど読解の手がかりを提供している．本書で『台湾教会報』紙上の論説を利用するにあたっては，張妙娟・呉学明の研究とこのサイトに多くを負っている．また，「頼永祥長老史料庫(Elder John Lai's Archives)」(http://www.laijohn.com/index.htm，最終確認日 2015 年 7 月 18 日)にも，台湾基督長老教会関係の人物の生没年や事績について多くを負っている．

88）林茂生「序」（台南長老大会編『南部台湾基督長老教会設教七十週年記念写真帖』教会公報出版社，2004 年，原著は 1935 年）.

◆第Ⅰ部序

1）松沢弘陽『近代日本の形成と西洋経験』（岩波書店，1993 年）231 頁.

2）小林啓治『国際秩序の形成と近代日本』（吉川弘文館，2002 年）34 頁.

3）Frederic Cooper, *Colonialism in Question: Theory, Knowledge, History*,（Berkeley, Los Angeles and London: University of California Press, 2005）, p. 115. なお，クーパーの論については，水谷智「〈読書ノート〉植民地主義と近代性の関係を再考する——フレデリック・クーパーの論考から」（同志社大学人文科学研究所『社会科学』第 79 巻，2007 年）に詳しい.

4）小島潔は，絡まり合う歴史にかかわるサイードの指摘をふまえながら，中国革命史研究と日本近代史研究が相互に乖離した状況のなかでいかに「絡まり合った歴史」を描いていくかという問題を提起し，「「絡まり合った歴史」という視座だけが，「進み」と「遅れ」の近代的時間性を相対化し，もうひとつの時間性——同時性の世界——を切り開くのである」と論じている（小島潔「思考的前提」『读书』2000 年 3 月）.

◆第Ⅰ部第 1 章

1）John Greville Agard Pocock, 'British History: a Plea for a New Subject', in *The Journal of Modern History*, Vol. 47, No. 4（Dec., 1975）. Alexander Grant and Keith J. Stringer eds., *Uniting the Kingdom?: The Making of British History*,（London and New York: Routledge, 1995）. イングランド，ウェールズ，スコットランド，北アイルランド各地域の相互関係に着目した研究として，たとえば，山本正「ブリテン史」（岩井淳・指昭博編『イギリス史の新潮流——修正主義の近世史』彩流社，2000 年），岩井淳「ブリテン近世の国家と帝国」（歴史学研究会編『シリーズ歴史学の現在 10　帝国への新たな視座——歴史研究の地平から』青木書店，2005 年），木畑洋一「陽の沈まぬ帝国——イギリス帝国論」（木畑洋一・南塚信吾・加納格編著『21 世紀歴史学の創造 4　帝国と帝国主義』有志舎，2012 年）などを参照.

2）「ケルト辺境」Celtic Fringe という概念は，「内国植民地」という観点からアイルランドやスコットランドの連合王国への統合過程を問題にした次の文献で用いられたものである. Michael Hechter, *Internal Colonialism: The Celtic Fringe in British National Development, 1536–1966,*（London: Routledge & Kegan Paul, 1975）.

3）藤波潔「イギリスの台湾産樟脳貿易に対する天津条約適用問題——1868–1870 年のイギリス商社所有の樟脳に対する襲撃事件を事例として」『沖縄国際大学社会文化研究』第 6 巻第 1 号，2003 年 3 月.

4）「中心—周縁」構造の重層性という観点については，平野健一郎「アジア地域における地域システムと国際関係」（平野健一郎編『講座現代アジア 4　地域システムと国

際関係』東京大学出版会，1994 年)を参照．

5) 村上衛による研究が明らかにしているように，アヘン貿易に従事したのは英国人だけではなかったことにも留意する必要がある．英国人商人がインドから運び込んだアヘンを最終的な「消費者」に届けたのは，福建・広東の沿海民であった(村上衛『海の近代中国――福建人の活動とイギリス・清朝』名古屋大学出版会，2013 年)．

6) 新村容子『アヘン貿易論争――イギリスと中国』(汲古書院，2000 年)103 頁．

7) 英語圏における帝国主義と宣教師にかかわる研究動向については，稲垣春樹「帝国と宣教――一九世紀イギリス帝国史における宗教の復権」(『史学雑誌』第 121 巻 6 号，2012 年 6 月)で詳細なサーベイがなされている．台湾キリスト教史にかかわる部分では高井ヘラー由紀「「キリスト教宣教と植民地主義」研究における被植民者の歴史的主体性について――台湾キリスト教史の方法論に関する一考察」(『明治学院大学キリスト教研究所』第 44 号，2012 年)を参照．なお，高井は，この論文において本書の元になった筆者の諸論文を検討して「歴史的主体としての台湾人が，「国家によるテロル」による犠牲者というイメージで固定され，結論を語るためのツールへと収束されてしまう感がある」と批判している．これに対して，本書では，台湾人の歴史的主体としての働きと，帝国主義の暴力に直面してこの集合的主体が解体される過程を相互往還的なものとして把握し，主体としての活動が暴力を呼び起こし，暴力の廃墟から再び主体が立ち上げられるような関係に着目することにより，高井による批判に応えることを目指したい．

8) イングランド長老教会についていえば，台南長老教中学校の校長として本書にもしばしば登場するエドワード・バンドが海外宣教事業の百年史を記している(Edward Band, *Working His Purpose Out: The History of the English Presbyterian Mission, 1847–1947*, London: Presbyterian Church of England, 1947)．その歴史叙述は自分たちを通じて「神の業が成し遂げられた」というスタンスを基調としており，「改宗者の要求への裏切り」といった問題が主題化されることはない．そのような宣教師としての立場性に十分に留意しながら，バンドによる歴史叙述を読み解く必要がある．

9) Norman Etherington ed., *Oxford History of the British Empire, Companion Series, Missions and Empire*, (Oxford: Oxford University Press, 2005), pp. 4–5, p. 12．なお，前掲稲垣「帝国と宣教」によれば，エザリントン自身の研究は植民地支配をする側の多様性を強調する修正主義的潮流に位置づくものであり，言説分析や文化史的アプローチを重視する「新しい帝国史」の研究潮流とのあいだには乖離が存在するとされる．

10) Edward Band, *Barclay of Formosa*, (Tokyo: Christian Literature Society, 1936), p. 18. エドワード・バンドの著書中における，バークレイの回想録の引用．回想録の原文は PCE FMA, Additional Materials, Box 121 に保存されている．また，同書は，E. バンド(松谷好明・松谷邦英訳)『トーマス・バークレー――台湾に生涯をささげた宣教師』(教文館，2009 年)として日本語訳されている．本書では，筆者の試訳により引用する．

11) G. M. トレヴェリアン(松浦高嶺・今井宏訳)『イギリス社会史　2』(みすず書房，

1983年)361–362頁.

12) T. C. Smout, *A Century of the Scottish People: 1830–1950*, (London: Fontana Press, 1986), p. 187.

13) Callum G. Brown, *The Social History of Religion in Scotland since 1730*, (London and New York: Methuen & Co. Ltd., 1987), p. 136.

14) マックス・ヴェーバー(大塚久雄訳)『プロテスタンティズムの倫理と資本主義の精神』(岩波書店, 1989年)146頁.

15) Donald C. Smith, *Passive Obedience and Prophetic Protest: Social Criticism in the Scottish Church 1830–1945*, (New York, Bern, Frankfurt am Main and Paris: Peter Lang Publishing, 1987), pp. 110–112.

16) David Daiches, *Glasgow*, (London: Grafton Books, 1986), p. 142.

17) Tom Gallagher, *Glasgow: The Uneasy Peace: Religious Tension in Modern Scotland*, (Manchester: Manchester University Press, 1987), p. 12.

18) R. D. アンダーソン(安原義仁・橋本伸也訳)『近代ヨーロッパ大学史——啓蒙期から1914年まで』(昭和堂, 2012年)225頁. 同書によれば, 学生の宗教審査は1850年代に撤廃されたが, 講座の教師職やフェローシップ, スカラシップが国教徒以外に開かれたのは1871年であった.

19) Keith Robbins, *Nineteenth-century Britain: Integration and Diversity*, (Oxford: Clarendon Press, 1995), p. 76.

20) イングランド長老教会の創設当時の名称はPresbyterian Church in England. 1876年にイングランドにおける連合長老教会United Presbyterian Churchと合同した際にPresbyterian Church of Englandに改称した(Presbyterian Church of England, *A Memorial of the Union*, London: James Nisbet & Co., 1876).

21) 井野瀬久美恵『興亡の世界史16　大英帝国という経験』(講談社, 2007年)84頁.

22) 原語はconvenerであり, 直訳すると(会議の)招集者, 主催者. だが, 実際の役回りは海外宣教委員会のトップとして実務を中心的に取り仕切るものであることから, 「議長」という訳語をあてることにした.

23) 村岡健次・木畑洋一編『世界歴史大系　イギリス史3　近現代』(山川出版社, 1991年)128頁.

24) T. C. Smout, *A Century of the Scottish People: 1560–1830*, (London: Fontana Press, 1985), p. 312. 同書は, T. C. スマウト(木村正俊監訳)『スコットランド国民の歴史』(原書房, 2010年)として日本語訳されている. 引用は, 筆者による試訳である.

25) Ibid., p. 322.

26) 前掲井野瀬『興亡の世界史16　大英帝国という経験』76頁.

27) G. L. Mackay (edited by J. A. MacDonald), *From Far Formosa*, (Edinburgh and London: Oliphant Anderson & Ferrier, 1896), p. 14.

28) Ann Matheson ed., *Memorial of Hugh M Matheson*, (London: Hodder and Stoughton, 1899), p. 8.

29) Ibid., p. 260. 講演は 1878 年にグラスゴーでおこなわれたもの.

30) Ibid., pp. 262–263.

31) Ibid., p. 9, pp. 13–15.

32) Callum G. Brown, 'The Costs of Pew-renting: Church Management, Church-going and Social Class in Nineteenth-century Glasgow', in *Journal of Ecclesiastical History*, Vol. 38, No. 3 (July 1987), p. 359.

33) Ann Matheson, *op. cit.*, p. 15.

34) Peter Ward Fay, *The Opium War 1840–1842*, (Chapel Hill: University of North Carolina Press, 1975), p. 159.

35) Ann Matheson, *op. cit.*, p. 50. 1846 年 7 月 16 日に従兄弟宛にかかれた手紙の文章.

36) Maggie Keswick ed., *The Thistle and the Jade: A Celebration of 150 Years of Jardine, Matheson & Co.*, (London: Octopus Books Ltd., 1982), p. 28.

37) Edward Band, *Working His Purpose Out: The History of the English Presbyterian Mission, 1847–1947*, (London: Presbyterian Church of England, 1947, hereafter *History of EPM*), p. 10.

38) 石井摩耶子『近代中国とイギリス資本――19 世紀後半のジャーディン・マセソン商会を中心に』(東京大学出版会, 1998 年)38 頁, 55 頁.

39) *History of EPM*, pp. 2–3.

40) J. A. Mangan, 'Images for Confident Control: Stereotypes in Imperial Discourse', in J. A. Mangan ed., *The Imperial Curriculum: Racial Images and Education in the British Colonial Experience*, (London and New York: Routledge, 1993), p. 10.

41) Ann Matheson, *op. cit.*, pp. 145–146. *History of EPM*, p. 4.

42) George Woodcock, *The British in the Far East*, (London: Weidenfeld and Nicolson, 1969), p. 99.

43) ギュツラフの活動とイングランド長老教会との関わりについては, George A. Hood, *Mission Accomplished?: The English Presbyterian Mission in Lingtung, South China*, (Frankfurt am Main, Bern, and New York: Verlag Peter Lang, 1986), Chapter 1 を参照.

44) James Johnston, 'Our Customers', in Eye-Witness ed., *The Opium Trade in China*, (Leeds: Edward Baines and Sons, 1858), pp. 16–18, PCE FMA, Mf. no. 1896.

45) James Johnston, *Glimpses of Missionary Work in China*, (Edinburgh: William P. Kennedy, 1860), p. 64, PCE FMA, Mf. no. 1898.

46) 前掲新村『アヘン貿易論争』148–150 頁.

47) H. M. Matheson, 'Treaty with China', in *Times*, Feb. 3, 1870.

48) 杉原薫『アジア間貿易の形成と構造』(ミネルヴァ書房, 1996 年)62–65 頁.

49) 前掲石井『近代中国とイギリス資本』75–76 頁.

50) 前掲新村『アヘン貿易論争』186–188 頁.

51) Ann Matheson, *op. cit.*, p. 168.

52) Alexander Mackenzie, *History of the Mathesons with Genealogies of the Various Fami-*

lies, (Stirling: Eneas MacKay, London: Gibbings & Coy, Ltd., 1900), pp. 142–144, Anthony Slaven and Sydney Checkland eds., *Dictionary of Scottish Business Biography 1860–1960*, volume 2, (Aberdeen: Aberdeen University Press, 1990), pp. 301–302.

53) 'Treasurer's Corner', *The Messenger and Missionary Record*, (Apr., 1869), p. 96.

54) *History of EPM*, p. 571.

55) Donald C. Smith, *op. cit*., p. 107.

56) Paul A. Cohen, 'Christian missions and their Impact to 1900', in John K. Fairbank ed., *The Cambridge History of China: volume 10 Late Ch'ing, 1800–1911*, (Cambridge, London, New York and Melbourne: Cambridge University Press, 1978), p. 565.

57) China Centenary Missionary Conference ed., *China Centenary Missionary Conference Records*, (Shanghai: Centenary Conference Committee, 1907), pp. 773–774.

58) 黄紹恒「不平等条約下の台湾領有——樟脳をめぐる国際関係」『社会経済史学』第67巻第4号, 2001年11月.

59) 'Letter from Dr. J. L. Maxwell', *The English Presbyterian Messenger*, (Nov., 1865), p. 360. 黄茂卿『太平境馬雅各紀年教会九十年史(1865–1955)』(台南：太平境馬雅各紀年教会, 1988年)22頁.

60) William A. Pickering, *Pioneering Formosa: Recollections of Adventures among Mandarins, Wreckers, & Head-Hunting Savages*, (London: Hurst and Blackett Ltd., 1898), p. 78.

61) 高昭義編『台南高長家族族譜』(台北：高昭義, 1996年)10頁.

62) 高俊明・高李麗珍(口述)／胡慧玲(撰文)『高俊明牧師回憶録　十字架之道』(台北：望春風文化事業股份有限公司, 2001年)28頁.

63) 'Mr. Swanson's Visit to Formosa', *The English Presbyterian Messenger*, (Dec., 1866), p. 364.

64) 台湾基督長老教会総会歴史委員会編『台湾基督長老教会百年史』(台南：台湾教会公報社, 1965年)13頁.

65) 前掲『高俊明牧師回憶録　十字架之道』29頁.

66)「福建英国教案」中央研究院近代史研究所編『中国近代史資料彙編　教務教案档　第二輯(三)　同治六年—同治九年』(台北：中央研究院近代史研究所, 1974年)1279頁. なお, 清代台湾における宣教事業と国際政治との関係については, 蔡蔚群『清季台湾的傳教與外交』(台北：博揚文化事業有限公司, 2000年)において詳細な研究がなされている. 本節の内容は, 蔡蔚群の研究に多くを負っている.

67) G. Jamieson to R. Alcock, Apr. 24, 1868, in *British Parliamentary Papers: China, No. 3 (1869)*, (Shannon: Irish University Press, 1971, hereafter *BPP*), p. 2.「樟脳事件」に関する英国政府の外交文書は, PCE FMA にも収録されており, イングランド長老教会が当事者としてかかわっていたことを示す.

68) 'Letter from Dr. Maxwell', *The Messenger and Missionary Record*, (Sept., 1868), p. 190.

69）'Letter from Dr. J. L. Maxwell', *The Messenger and Missionary Record*,（Oct., 1868）, p. 218.
70）'Letter from Dr. J. L. Maxwell', *The Messenger and Missionary Record*,（Dec., 1868）, pp. 263–264.
71）台湾総督府史料編纂委員会編『台湾樟脳専売志』(台北：台湾日日新報社, 1924 年）3–4 頁．なお，清代における樟脳専売制度に関しては，藤波潔「台湾樟脳貿易を通してみる「近代」東アジア」(沖縄国際大学『地域研究シリーズ』第 33 号，2005 年 3 月）を参照．
72）W. A. Pickering, *op. cit.*, pp. 203–206．前掲蔡『清季台湾的傳教與外交』80 頁．
73）Acting Consul Gibson to R. Alcock, Dec. 14, 1868, in *BPP China, No. 3*（*1869*）, p. 12. 'Foreign Missions', *The Messenger and Missionary Record*,（Mar., 1869）, pp. 58–59. 「福建英国教案」前掲『教務教案档　第二輯(三)』1368–1371 頁．
74）前掲『台湾樟脳専売志』5 頁．
75）林満紅『茶，糖，樟脳業與台湾之社会経済変遷(1865–1895)』(台北：聯経出版，1997 年)175 頁．
76）P. D. Coates, *The China Consuls: British Consular Officers, 1843–1943*,（Oxford, New York and Hong Kong: Oxford University Press, 1988）, p. 325.
77）D. Matheson to the Earl of Clarendon, Mar. 31, 1869, in *BPP China, No. 3*（*1869*）, p. 24.
78）英国における「食人」言説の歴史については，正木恒夫『植民地幻想――イギリス文学と非ヨーロッパ』(みすず書房，1995 年)を参照．また，「大英帝国のアジア・イメージ」について論じた東田雅博は，1850 年代の中国イメージがかならずしも否定的なものではなかったのに対して，1860 年代になると中国人への軽蔑，敵対，嫌悪を顕わにする言説が支配的になったと論じている(東田雅博『大英帝国のアジア・イメージ』ミネルヴァ書房，1996 年，186 頁)．この変化は，宣教師や洋行の活動の活発化により中国社会との軋轢が増大するのにともなって，これを正当化するために中国人への蔑視もまた強まっていったことを示唆する．
79）H. M. Matheson to W. McLaren, Oct. 3, 1868, United Church of Canada Archives (hereafter UCC), Acc No. 79. 194c, Box1 File1．本資料は，陳俊宏「加拿大北台宣教的縁起――從両封歴史性信函談起」(『台北文献』第 163 期，2008 年 3 月)でも紹介されている．
80）W. Campbell, *Handbook of the English Presbyterian Mission in South Formosa*,（Hastings: F. J. Parsons Ltd., 1910）, p. XV．同書は 1910 年までの台南宣教師会議の議事録を含んでいる．阮宗興校注『聚珍堂史料 6　台南教士会議事録』(台南：教会公報出版社，2004 年)として復刻されている．復刻にあたって版を組み直しているほか，巻末の英文索引に漢字表記を付け加えるなど若干の編集を施している．本書での引用に際しては各章を通じて，*Handbook of EPM* と簡略化して表記し，英文版の頁数を示す．
81）The Presbyterian Church of England, *Foreign Mission of the Presbyterian Church of*

England, Handbook for Missionaries, (London: McGlashan Gregory, 1901), PCE FMA, Mf. no. 1933.

82) 陳梅卿「清末加拿大長老的教会的漢族信徒」『台湾風物』第 41 巻第 2 期，1991 年.

83) 清末における教会建設状況について，陳梅卿「清末英国長老教会在台之教区」(『台湾史料研究』第 6 号，1995 年)を参照.

84) 'Chinese Characters versus Roman-Letter Words in the Formosa Mission', *The Messenger and Missionary Record*, (Apr., 1881), pp. 67–68.

85) ベネディクト・アンダーソン(白石隆・白石さや訳)『増補　想像の共同体――ナショナリズムの起源と流行』(NTT 出版，1997 年)38 頁.

86) *Handbook of EPM*, p. xxiii. なお，清代における神学校の状況については，張妙娟「出凡入聖――清季台湾南部長老教会的伝道師養成教育」(『台湾文献』第 55 巻第 2 期，2004 年 6 月)に詳しい.

87) Ibid., 135: 8, 137: 4, pp. 40–41. なお，*Handbook of EPM* には 1910 年までの台南宣教師会議の議事録の番号と，それぞれの議事録のなかの項目番号が記されている．ここで「135: 8」の 135 は議事録の番号，8 は項目番号をあらわす(項目番号は記されていないこともある)．以下も同様.

88) 'A Missionary Teacher for Formosa', *The Messenger and Missionary Record*, (Aug., 1883), p. 157.

89) 'Formosa: Letter from Mr. Ede', *The Messenger and Missionary Record*, (Aug., 1884), p. 157.

90) 「イード夫人の書簡」『私立台南長老教中学校友会雑誌』第 1 号(私立台南長老教中学，1924 年 6 月)20 頁.

91) *Handbook of EPM*, 169, 170, pp. 55–56.

92) Ibid., 178: 7, p. 59.

93) *History of EPM*, p. 496, p. 530.

94) *Handbook of EPM*, 187: 1, 192: 4, pp. 64–66.

95) 「Lun Siat-líp Tíong-óh(論設立中学)」『台湾府城教会報』第 1 張，1885 年 6 月，3 頁.

96) 張妙娟『開啓心眼――《台湾府城教会報》與長老教会的基督徒教育』(台南：人光出版社，2005 年)209–210 頁.

97) George Ede, 'Formosa: Opening of Middle School', *The Presbyterian Messenger*, (Jan., 1886), pp. 11–12.

98) 前掲張妙娟『開啓心眼』207 頁.

99) 林淑美「清代台湾移住民社会と科挙受験秩序の構築――特に閩・粤関係をめぐって」『NUCB Journal of Economics and Information Science』第 50 巻第 1 号，2005 年 9 月.

100) 高金聲「母校今昔物語」前掲『私立台南長老教中学校友会雑誌』第 1 号，22 頁.

101) *Handbook of EPM*, 374: 1, p. 136.

102）同様の用例として，ヴェーアによる「モダニティへの改宗」という用語がある．ヴェーアの場合はキリスト教の受容が単に宗教的な経験であるにとどまらず宗教的な型態で表現された近代性の受容であると述べている（Peter Van Der Veer ed., *Conversion to Modernities: The Globalization of Christianity*, New York and London: Routledge, 1996）．これに対して，本書ではかならずしも宗教的な経験を含まない場合を含めて「改宗」という言葉を比喩的な意味で用いることとしたい．

103）H. M. Matheson, ʻPrefaceʼ, in W. S. Swanson, *The China Mission of the Presbyterian Church of England: Its History, Methods, Results*, (London: Publishing Office of Presbyterian Church of England, 1887).

104）Ann Matheson, *op. cit*., pp. 305–310.

◆第Ⅰ部第2章

1）ʻThe Making of New Japanʼ, *The Westminster Gazette*, Mar. 4, 1895.

2）「何故我国は世界の同情を博したるか」小松緑『伊藤公全集』第2巻（伊藤公全集刊行会，1927年）231頁．

3）イアン・ニッシュ（木畑洋一訳）「イギリスのアジア政策」（和田春樹他編『岩波講座東アジア近現代通史2　日露戦争と韓国併合』岩波書店，2010年）100頁．

4）「㊙台湾総督府開創以来外国人関係事務取調書」1896年8月4日（JACAR Ref. B03041510100,『外務省記録　台湾総督府民政事務報告雑纂』B-1-5-3-5-0014，外務省外交史料館）．外国人統計表の作成年月日は明記されていないが，外国人の国籍および員数を記した表では「二十九年一月調」と記されている．

5）伊藤之雄『伊藤博文――近代日本を創った男』（講談社，2009年）37頁，356頁．なお，伊藤博文にかかわる近年の伝記的研究として，瀧井一博による研究もある．瀧井は，ヒュー・マカイ・マセソンについて「イギリスの東アジア貿易を一手に握っていたジャーディン・マセソン会社社長」と記しているが，ヒューはマセソン商会の経営には参加したものの，ジャーディン・マセソン商会には参加していないので，正確な表現とはいいがたい（瀧井一博『伊藤博文――知の政治家』中央公論新社，2010年，12頁）．

6）同前書，358頁．

7）末松謙澄『修訂　防長回天史』第三編下（柏書房，1980年，原著は1921年）426頁．Maggie Keswick ed., *The Thistle and the Jade: A Celebration of 150 Years of Jardine, Matheson & Co*., (London: Octopus Books Ltd., 1982), p. 161．なお，ジャーディン・マセソン商会と日本のかかわりについては，石井寛治『近代日本とイギリス資本』（東京大学出版会，1984年）を参照．

8）春畝公追頌会『伊藤博文伝』上巻（春畝公追頌会，1940年）105頁．

9）同前書，106頁．

10）松沢弘陽『近代日本の形成と西洋経験』（岩波書店，1993年）166–169頁．

11）Ann Matheson ed., *Memorial of Hugh M Matheson*, (London: Hodder and Stoughton,

1899), pp. 203–204. なお，このヒュー・マセソンの文章は，前掲『伊藤博文伝』上巻(979–982 頁)にも英文のまま載せられている.

12) 前掲『伊藤博文伝』上巻 112–113 頁.

13) R. D. アンダーソン(安原義仁・橋本伸也訳)『近代ヨーロッパ大学史――啓蒙期から 1914 年まで』(昭和堂，2012 年)104–105 頁，221 頁.

14) 犬塚孝明『密航留学生たちの明治維新――井上馨と幕末藩士』(日本放送出版協会，2001 年)91–92 頁.

15) 'The Making of New Japan', *The Westminster Gazette*, Mar. 4, 1895.

16) 中原邦平『伊藤公実録』(啓文社，1910 年)214 頁.

17) Ann Matheson, *op. cit*., pp. 205–206. 三好信浩『日本工業教育成立史の研究　増補版』(風間書房，2012 年)267 頁.

18) 和田正法「工部大学校創設再考――工部省による工学寮構想とその実施」『科学史研究』第 II 期第 50 号，2011 年.

19) Ann Matheson, *op. cit*., p. 206.

20) Ibid., p. 208.

21) 'Reminiscences of Mr. H. M. Matheson', *The Monthly Messenger*, (May, 1898), p. 117.

22) Paul A. Cohen, 'Christian missions and their Impact to 1900', in John K. Fairbank ed., *The Cambridge History of China: volume 10 Late Ch'ing, 1800–1911*, (Cambridge, London, New York and Melbourne: Cambridge University Press, 1978), p. 558.

23) 前掲松沢『近代日本の形成と西洋経験』245 頁，284 頁.

24) 中村敬宇「格物探源序」1878 年(大久保利謙編『明治啓蒙思想集』筑摩書房，1967 年)288 頁.

25) 田中智子『近代日本高等教育体制の黎明――交錯する地域と国とキリスト教界』(思文閣出版，2012 年)150 頁.

26) 同前書，390 頁.

27) 田中智子「京都看病婦学校開設運動の再検討――地域の支持型態に着目して」同志社大学人文科学研究所『キリスト教社会問題研究』第 61 号，2013 年 1 月.

28) 清水伸『帝国憲法制定会議』(岩波書店，1940 年)88 頁.

29) ひろたまさき「解説」(ひろたまさき校注『日本近代思想大系　差別の諸相』岩波書店，1990 年)459 頁，510–513 頁.「差別の諸相」としてアイヌ・沖縄人，被差別部落民，娼婦，病者・障害者，貧民，坑夫，囚人を統一的に視野に収めた同書は，今日においてもきわめて斬新な問題提起であり続けている. これに比して，台南長老教中学校に視座を置く本書は，もっぱら民族差別，あるいは人種主義《レイシズム》をめぐる問題に着目するという視野の限定を免れていない. ただし，台南長老教中学校と台南長老教女学校や淡水女学院の置かれた状況の相違などを行論のなかに組み込むことにより，男性／女性という次元での差別に焦点化した研究と接続可能なものとしたい.

30) 宮地正人『通史の方法――岩波シリーズ日本近現代史批判』(名著刊行会，2010 年)

214 頁．より詳細には，宮地正人「日本的国民国家の確立と日清戦争――帝国主義的世界体制成立との関連において」(比較史・比較歴史教育研究会編『黒船と日清戦争――歴史認識をめぐる対話』未来社，1996 年)を参照．ひろたまさきが，『日本帝国と民衆意識』(有志舎，2012 年)において，日清・日露戦争における日本兵の体験などに即して，「欲望自然主義」の延長線上に帝国意識を捉えている点も重要である．

31）檜山幸夫「日清戦争における外交政策」(東アジア近代史学会編『日清戦争と東アジア　下巻』ゆまに書房，1997 年)70–72 頁．

32）Ann Matheson, *op. cit.*, pp. 203–204.

33）「会見要録第三回」1895 年 3 月 24 日(伊藤博文文書研究会監修／檜山幸夫総編集『伊藤博文文書　第 28 巻　秘書類纂　日清事件 12』ゆまに書房，2009 年)229 頁．

34）Leonard H. D. Gordon, ‘Taiwan and Powers’, in Leonard H. D. Gordon ed., *Taiwan: Studies in Chinese Local History*, (New York and London: Columbia University Press, 1970), p. 109.

35）「台撫唐景崧致軍務処抄紳民血書称誓不従日請照公報以民意為從違電」(王彦威・王亮編『清季外交史料』第 56 巻，北京：王希隠，1932 年)巻 110，14 頁．本資料の日本語訳にあたっては黄昭堂『台湾民主国の研究』(東京大学出版会，1970 年，53 頁)を参考とした．ただし，資料中の「日人」という言葉を「倭人」と訳すのではなく，そのまま「日人」と訳すなど一部を修正している．

36）「台撫唐景崧致総署台民願帰英保護請商英使以解倒懸電」同前書，15 頁．英国への割譲案については，前掲黄昭堂『台湾民主国の研究』(27–28 頁)でも言及されている．

37）‘Formosa and the Japanese’, *The Monthly Messenger and Gospel in China*, (July, 1895), p. 153.

38）「清政府英国政府に台湾を譲与せんとしたり」1896 年 1 月 18 日(JACAR Ref. C11080946100,『海軍省公文備考類』防衛省防衛研究所)．『マンチェスター・ガーディアン』記事中の文章．なお，英国政府が三国干渉にも参加せず，局外中立を保った理由に関しては，君塚直隆「イギリス政府と日清戦争――ローズベリ内閣の対外政策決定過程」(『西洋史学』第 179 号，1995 年)を参照．

39）清代台湾における土豪の士紳化について霧峰林家の事例に即して論じたものとして，Johanna Menzel Meskill, *A Chinese Pioneer Family: The Lins of Wu-feng, Taiwan, 1729–1895*, (Princeton: Princeton University Press, 1979)がある．

40）James W. Davidson, *The Island of Formosa: Past and Present*, (London and New York: Macmillan & Co., Yokohama, Shanghai, Hongkong, and Singapore: Kelly & Walsh, Ltd., 1903), p. 283.

41）「内閣総理大臣伊藤博文より台湾総督樺山資紀への訓令」1895 年 5 月 10 日(伊藤博文文書研究会監修／檜山幸夫総編集『伊藤博文文書　第 32 巻　秘書類纂　台湾 2』ゆまに書房，2010 年)321–322 頁．

42）台湾事務局総裁と台湾総督の関係については，檜山幸夫「台湾総督の職務権限と台湾総督府機構」(檜山幸夫編『台湾総督府文書の史料学的研究――日本近代公文書学

研究序説』ゆまに書房，2003年)を参照.

43)「安平打狗には外国人の居留地があることから各国が出兵する可能性があるため開港場安寧維持のために迅速なる南進を要する旨内閣総理大臣伊藤博文より台湾総督樺山資紀への電訓写」1895年7月3日(伊藤博文文書研究会監修／檜山幸夫総編集『伊藤博文文書　第31巻　秘書類纂　台湾1』ゆまに書房，2010年)99–100頁.

44)「台湾鎮撫方の義に付英国駐清公使より申し入れの件」同前書，395–397頁.「英国軍艦及艦隊の挙動(3)」(JACAR Ref. C08040484700,『海軍省公文備考類』防衛省防衛研究所). 'Formosa', *The Monthly Messenger and Gospel in China*, (Aug., 1895), p. 177.

45) *GA of PCC*, (Toronto: Presbyterian Printing Office, 1896), pp. xxviii–xxix.

46)「台湾島に文武の職を奉じる者を平定までは外征従軍者と見做す件」1895年7月10日，前掲『伊藤博文文書　第32巻』349頁.

47)「台湾総督府を軍衙組織とせられたるにより大本営と台湾事務局との事務分界を定む」(伊藤博文文書研究会監修／檜山幸夫総編集『伊藤博文文書　第33巻　秘書類纂　台湾　3』ゆまに書房，2010年)233頁.

48) 呉密察「日清戦争と台湾」(東アジア近代史学会編『日清戦争と東アジア　上巻』ゆまに書房，1997年)361頁. なお，台湾民主国について，呉密察「一八九五年「台湾民主国」的成立過程」『台湾近代史研究』(台北：稲郷出版社，1990年)も参照.

49) *Handbook of EPM*, 469.2, 470.4, pp. 176–177.

50) 'Formosa', *The Monthly Messenger and Gospel in China*, (Nov., 1895), p. 250.

51) 鄭天凱／呉密察(審訂)『攻台図録——台湾史上最大一場戦争』(台北：遠流出版，1995年)77頁，104頁.

52) 'Our own missionaries in Formosa', *The Monthly Messenger and Gospel in China*, (Jan., 1896), p. 6. なお，台湾の軍事占領の過程において現地人キリスト教徒が日本軍と抗日ゲリラの板挟み的な立場におかれた点については，高井ヘラー由紀「植民地支配，キリスト教，そして異文化交流——日本軍による台湾武力制圧における事例より(1895年)」(国際日本文化研究センター『日本研究』第30集，2005年)を参照.

53)「麻豆地方虐殺事件ニ関スル件」1895年11月9日(『明治28年台湾総督府公文類纂永久保存(追加)　第1巻』簿冊番号51，文書番号7). 麻豆事件の詳細に関しては，李佳奮『1895年麻豆基督長老教会事件』(台南大学碩士論文，2011年)を参照.

54) 'Our missionaries and the Occupation of Taiwanfoo', *The Monthly Messenger and Gospel in China*, (Jan., 1896), p. 10.

55)「明治28年　台湾南部征討に関する陸軍の作戦計画及び戦況通報　本艦隊より総督府及南進軍への通報附戦利品及捕虜に関する雑書綴　常備艦隊幕僚(2)」(JACAR Ref. C08040626300,『海軍省公文備考類』防衛省防衛研究所). 大久保春野第二師団参謀長発上村彦之丞常備艦隊参謀長宛「通報」1895年10月21日.

56) Edward Band, *Barclay of Formosa*, (Tokyo: Christian Literature Society, 1936), p. 101.

57) Duncan Ferguson, 'The Japanese Occupation of Taiwanfoo', *The Monthly Messenger*

and Gospel in China, (Jan. 1896), pp. 11–12.

58) 英国公使より西園寺外務大臣臨時代理宛「軍艦八重山ノ英国汽船「スヱレス」号臨検ノ件」1895年10月24日(外務省編『日本外交文書』第28巻第2冊，日本国際連合協会，1953年)633頁.

59) アーネスト・サトウ(長岡祥三訳)『アーネスト・サトウ公使日記I』(新人物往来社，1989年)62頁．なお，Thales号について，サトウ日記の翻訳では「セイリーズ号」と訳している．また，外交文書では「スヱレス」と訳している.

60) 西園寺外務大臣臨時代理より英国公使宛「軍艦八重山ノ英国汽船「スヱレス」号臨検事件ニ関シ弁明ノ件」1895年11月6日，英国公使より西園寺外務大臣臨時代理宛「八重山艦事件結了ノ件」1895年12月7日(前掲『日本外交文書』)634–635頁，648–650頁.

61) James W. Davidson, *op. cit.*, p. 363.

62) E. Band, *op. cit.*, p. 100.

63) Ibid., p. 103.

64) 前掲鄭天凱『攻台図録——台湾史上最大一場戦争』133頁.

65)「安平駐在英国領事ニ関シ外務大臣へ稟議」(『明治29年台湾総督府公文類纂　永久保存(追加)　第1巻』簿冊番号51，文書番号9).

66) T. Barclay, 'The Church', in *Formosa in 1895, The War: Mission Work: The Outlook*, (London: Publication Committee, 1896), pp. 3–5, PCE FMA, Mf. no. 153. なお，バークレイの書いた文章を集めて編集した『聚珍堂史料8　巴克禮作品集』(台南：教会公報社，2005年，182–183頁)にもこの文章は収録されている.

67) T. Barclay to H. M. Matheson, Oct. 24, 1895, PCE FMA, Additional Materials, Box 122.

68) 'The Synod of 1896', *The Monthly Messenger and Gospel in China*, (June, 1896), p. 128.

69) 'The Exter Hall Missionary Prayer Meeting', *The Monthly Messenger and Gospel in China*, (Oct., 1895), p. 225.

70) 佐藤公彦『清末のキリスト教と国際関係——太平天国から義和団・露清戦争，国民革命へ』(汲古書院，2010年)122頁，155頁.

71) 前掲檜山「台湾総督の職務権限と台湾総督府機構」191頁.

72)「桂総督蒞任の訓示」(台湾総督府『詔勅・令旨・諭告・訓達類纂』台湾総督府，1941年)19頁.

73) 総督府における外事関係部署とその権限に関しては，藤波潔「日本による台湾領有直後期の台湾「外交」をめぐる問題——その制度的枠組みと「外交」問題に関する基礎的整理」(『沖縄国際大学社会文化研究』第7巻第1号，2004年3月)に詳しい.

74) Lung-chih Chang, *From Island Frontier to Imperial Colony: Qing and Japanese Sovereignty Debates and Territorial Project in Taiwan, 1874–1906*, (Ph.D. Dissertation submitted to Harvard University, 2003), p. 158.

75）翁佳音『台湾漢人武装抗日史研究(一八九五―一九〇二)』(台北：国立台湾大学出版委員会，1986年)83頁，140頁．雲林事件について，王暁波『台湾抗日五十年』(台北：正中書局，1997年)14–30頁も参照．

76）「台北紳士人物月旦」(国会図書館憲政資料室所蔵「後藤新平文書」R33–88)．本資料の作成年月日，作成者は不詳であるものの，簡義の項で「前年ノ雲林ノ変」という記述が見られることから，1897年に作成されたものと推定できる．

77）雲林事件をめぐる戦闘の経過については，柏木一朗「日清戦争後に於ける台湾の治安問題――雲林虐殺事件を中心に」(『法政史学』第48号，1996年)に詳しい．なお，柏木が，「政治的秩序の壊乱者」としての「土匪」を「抗日ゲリラ」と区別したうえで，雲林事件で抵抗した人びとを「土匪」と呼ぶべきだと論じている点は首肯できない．児玉源太郎総督が「旧時代ノ土匪ハ，無資無産ノ徒ニシテ，良民ハ之ニ党セサリキ．今ノ土匪ハ否ラス．産アリ．資アリ．加之郷党ヨリ愛敬ヲ受ルモノアリ」(鶴見祐輔『後藤新平』第2巻，勁草書房，1965年，原著は1937年，123頁)と訓示していることを考えても，「土匪」の性格が変化していたことに留意する必要がある．雲林地方で日本軍と抗戦した人びとが，住民一般に敵対する「盗賊」「匪賊」であるよりも，住民の意向を背景とした「叛徒」的な存在であったことは，日本側の資料でも認めていることである．「土匪」という史料上の用語をそのまま使うことは，こうした「土匪」の性格の変化を曖昧にしてしまうと思われる．

78）内川芳美・宮地正人監修『国際ニュース事典　外国新聞に見る日本　第3巻　1896–1905　原文編』(毎日コミュニケーションズ，1992年)36–40頁．

79）「台湾南部ニ於テ本邦人虐殺ヲ行ヒタリトノ義ニ付在英加藤公使ヨリ実否問合一件」(JACAR Ref. B08090141800，『外務省記録』B-5-3-1-15，外務省外交史料館)．なお，アジア歴史資料センターのサイトにアップロードされている文書は膨大な簿冊の一部であり，本書で引用する部分は含まれていない．

80）大谷正「旅順虐殺事件の一考察」(『専修法学論集』第45号，1987年)．旅順虐殺事件に関しては，同「旅順虐殺事件と国際世論をめぐって」(『歴史評論』第532号，1994年8月)，井上晴樹『旅順虐殺事件』(筑摩書房，1995年)も参照．

81）*Handbook of EPM*, 494: 9, p. 187.

82）*Dr. Barclay's Reminiscences* (manuscripts), PCE FMA, Additional Materials, Box 121.

83）「雲林地方ニ於ケル日本軍隊ノ行為ニ付英国領事ヨリノ注意事件」(『明治29年台湾総督府公文類纂　永久保存　第16巻』簿冊番号9679，文書番号11)．

84）「台南縣知事内報及外事新聞記事各地方庁へ通達」(『明治29年台湾総督府公文類纂　乙種永久保存　第7巻』簿冊番号76，文書番号27)．

85）同前．

86）前掲『アーネスト・サトウ公使日記I』164頁．

87）水上熊吉編『前台湾高等法院長高野孟矩剛骨譚』(広文堂，1902年)41–43頁．

88）幸徳秋水／山泉進(校注)『廿世紀之怪物帝国主義』(岩波書店，2004年)85頁．

89）前掲水上『前台湾高等法院長高野孟矩剛骨譚』，41頁．

90）この措置は大日本帝国憲法に定める司法官の身分保障，司法権の独立を犯すものとして内地政界でも大きな問題となるが，ここではこの点には立ち入らない．詳しくは，小林道彦「一八九七年における高野台湾高等法院長非職事件について——明治国家と植民地領有」(『論究(中央大学大学院研究科)』第 14 巻第 1 号，1981 年)参照．

91）「雲林地方土匪蜂起ニ関スル件」(『明治 29 年台湾総督府公文類纂　乙種永久保存第 23 巻』簿冊番号 93，文書番号 5)．

92）前掲大谷「旅順虐殺事件の一考察」．

93）前掲「台湾南部ニ於テ本邦人虐殺ヲ行ヒタリトノ義ニ付在英加藤公使ヨリ実否問合一件」所収．加藤高明特命全権公使発西園寺公望外務大臣宛「在台湾日本人残虐行為ニ関スル件」1896 年 8 月 18 日．

94）宮内庁編『明治天皇紀　第九』(吉川弘文館，1973 年)107 頁．「台湾雲林地方救恤費ヲ国庫剰余金ヨリ支出ス」(JACAR Ref. A01200849400，『公文類聚　第二十編』国立公文書館)．

95）「雲林地方土匪討伐ニ関シ松村〔雄之進〕雲林支庁長懲戒処分ノ件」(『明治 29 年台湾総督府公文類纂　永久保存(追加)　第 3 巻』簿冊番号 117，文書番号 4)．

96）「現行条約施行及阿片輸入ニ関スル一件書類，現行条約施行ニ関スル件書類」(『明治 29 年台湾総督府公文類纂　甲種永久保存　第 6 巻』簿冊番号 6，文書番号 1)．

97）「現行条約施行及阿片輸入ニ関スル一件書類，阿片輸入ニ関スル件」(『明治 29 年台湾総督府公文類纂　甲種永久保存　第 6 巻』簿冊番号 6，文書番号 2)．

98）黄紹恒「不平等条約下の台湾領有——樟脳をめぐる国際関係」『社会経済史学』第 67 巻第 4 号，2001 年 11 月．

99）前掲『アーネスト・サトウ公使日記 I』174 頁．台湾総督府専売局『台湾阿片志』(台湾総督府専売局，1926 年)161 頁．

100）前掲『アーネスト・サトウ公使日記 I』173 頁．

101）同前書，177 頁．

102）樟脳をめぐる権益にかかわる日英・日独の交渉については，藤波潔「台湾樟脳貿易を通してみる「近代」東アジア」(沖縄国際大学『地域研究シリーズ』第 33 号，2005 年 3 月)，および前掲黄紹恒「不平等条約下の台湾領有——樟脳をめぐる国際関係」に詳しい．

103）雲林事件を契機としての保甲制度の採用については，野口真広「台湾総督府の雲林事件への対応と保甲制——領台初期の台湾人の抵抗と協力」(早稲田大学大学院社会科学研究科『社学研論集』第 9 号，1997 年)において詳細に論じられている．

104）「英国人トーマス，バークレー及ダンカン，フアルガッソン叙勲ノ件」1897 年 1 月 25 日(『明治 30 年台湾総督府公文類纂　甲種永久保存　第 5 巻』簿冊番号 125，文書番号 35)．「英国人トーマス，バクレー以下二名叙勲ノ件」(JACAR Ref. A10112473000，『叙勲裁可書』国立公文書館)．

105）E. Band, *op. cit.*, p. 101.

106）後藤新平「台湾誌」(大隈重信編『開国五十年史』下巻，開国五十年史刊行会，

1908年)808頁．英語版は次のように刊行されている．Shigenobu Okuma ed., *Fifty Years of New Japan (Kaikoku Gojunen Shi), vol. 2*, (London: Smith, Elder & Co., 1909).

107）澤田謙『後藤新平一代記』(平凡社，1929年)3頁．

108）鶴見祐輔『後藤新平』第1巻(勁草書房，1965年，原著は1937年)764–765頁．

109）東北とスコットランドの類比について，両者のアナロジーを当事者が意識していたことは重要である．河西英通が指摘しているように，青森県弘前出身のジャーナリスト陸羯南が東北はスコットランドたれと論じていたという(河西英通『東北――つくられた異境』中公新書，2010年，163頁)．

110）浅野豊美『植民地帝国日本の法制――法域統合と帝国秩序』(名古屋大学出版会，2008年)106頁．

111）檜山幸夫「台湾総督の律令制定権と外地統治論」(中京大学社会科学研究所・中華民国台湾省文献委員会監修『台湾総督府文書目録』第4巻，ゆまに書房，1998年)497頁，504頁．

112）武田清子『日本リベラリズムの稜線』(岩波書店，1987年)46–53頁．

113）竹越与三郎『台湾統治志』(博文館，1905年)序．Yosaburo Takekoshi, *Japanese Rule in Formosa*, (London: Longmans, Green, and Co., 1907), p. vii.

114）同前書，69頁，77頁．

115）同前書，320–321頁．笞刑という英領エジプトで発達した統治の技法をめぐる移動と意味変容について，梅森直之「変奏する統治――20世紀初頭における台湾と韓国の刑罰・治安機構」(酒井哲哉編『岩波講座「帝国」日本の学知1 「帝国」編成の系譜』岩波書店，2006年)参照．

116）前掲『アーネスト・サトウ公使日記I』45頁．

117）'Japanese in Formosa', in *The China Mail*, June 25, 1901．同月24日，27日にも同様の趣旨の記事が掲載されている．

118）W. Campbell, *Sketches from Formosa*, (London, Edinburgh and New York: Marshall Brothers Ltd., 1915), pp. 298–300.

119）石井摩耶子『近代中国とイギリス資本』(東京大学出版会，1998年)290–293頁．

120）水野遵『台湾阿片処分』(私家版，1898年)33頁．

121）「宣教師バークレー氏ヨリ阿片制度ニ関スル意見書ニ関スル件，意見書送付ニ付謝辞，右意見書台湾事務局長へ送付，バークレー氏謝辞ニ対スル返翰，意見書ニ関シマイヤース氏ノ批評」(『明治30年台湾総督府公文類纂　15年保存　第10巻』簿冊番号4524，文書番号4)．

122）'Takow', *The Monthly Messenger*, (Apr. 1905), p. 113.

123）劉明修『台湾統治と阿片問題』(山川出版社，1983年)93頁，112頁．

124）前掲水野『台湾阿片処分』51頁．

125）新村容子「「王立アヘン委員会」とモリソンパンフレット」(東洋文庫現代中国研究班資料グループ(斯波義信)編『モリソンパンフレットの世界』財団法人東洋文庫，2013年)21頁．

126）栗原純「上海における「国際阿片調査委員会」と日本のアヘン政策——台湾総督府のアヘン専売制度を中心として」(『近代日本研究』第28巻，2011年)，同「大正期における台湾総督府専売局の阿片政策」(東京女子大学『史論』第66集，2013年3月)．アヘンをめぐる国際関係について，後藤春美『アヘンとイギリス帝国——国際規制の高まり 1906–43年』(山川出版社，2005年)も参照．

127）前掲後藤「台湾誌」808頁．

128）同前書，835頁．

129）「公医会に於ける後藤長官の演説」『台湾協会会報』第37号，1901年10月，26頁．公医をめぐる制度とその実態に関して，鈴木哲造「台湾総督府の衛生政策と台湾公医」(『中京大学大学院生法学研究論集』第25号，2005年)に詳しい．

130）前掲後藤「台湾誌」813頁．

131）呉文星『台湾社会領導階層之研究』(台北：正中書局，1992年)104–105頁．

132）「台南市ニ設立セル英国人主管ニ係ル私立新楼病院ニ於テ養生セル医学生所置方ニ付キ台南庁長へ通達ノ件」(『明治36年台湾総督府公文類纂　5年保存　第14巻』簿冊番号4734，文書番号9)．

133）台湾領有初期にどのように学校制度が構築されたのかという問題については，許佩賢『殖民地台湾的近代学校』(台北：遠流出版，2005年)，山本和行『自由・平等・植民地性——台湾における植民地教育制度の形成』(台北：台湾大学出版中心，2015年)，拙著『植民地帝国日本の文化統合』(岩波書店，1996年)第1章を参照．

134）国府種武『台湾における国語教育の展開』(台北：第一教育社，1936年)39頁．

135）George Ede, ‘Formosa: The Middle School’, *The Monthly Messenger and Gospel in China*, (Sep., 1896), pp. 206–207.

136）吉野秀公『台湾教育史』(台北：台湾日日新報社，1927年)130–131頁．

137）井出季和太『台湾治績志』(台北：台湾日日新報社，1937年)299頁．

138）前掲鶴見『後藤新平』第2巻，25–26頁．

139）W. Campbell, *Formosa under the Japanese: Being Note of a Visit to the Taichu Prefecture*, (Helensburgh: J. Lamont, 1902), pp. 17–18, pp. 28–29, PCE FMA, Mf. no. 149–150．表紙に「1902年5月29日，スコットランド王立地理学協会の会合で読まれた」と記されている．

140）「何故我国は世界の同情を博したるか」前掲小松『伊藤公全集』第2巻，230頁．

141）「日清戦後の経営」同前書，48–50頁．1896年1月の第九帝国議会貴族院における演説．

142）徳富猪一郎編述『公爵桂太郎伝　乾巻』(故桂公爵記念事業会，1917年)735–736頁．

◆第I部第3章

1）「雲林の暴徒」『台湾新報』1896年6月17日付．黒崎美知雄「台湾始政祭」『東京朝日新聞』1896年7月5日付．

2）黒崎美知雄「台島巡回随行(四)」『東京朝日新聞』1896年7月7日付.
3）黄俊傑・古偉瀛「新恩與旧義之間——李春生的国家認同之分析」(李明輝編『李春生的思想與時代』台北：正中書局，1995年)221頁.
4）古偉瀛「從棄地遺民到日籍華人——試論李春生的日本経験」同前書，203頁.
5）日本人との「同床異夢」的な関係という観点から李春生について論じたものとして，陳培豊『「同化」の同床異夢——日本統治下台湾の国語教育史再考』(三元社，2000年)がある．本章における李春生に関する叙述は陳培豊の論述に大きな示唆を受けながら，新聞記事などの資料も新たに組み込んで，李春生と総督府の関係をさらに具体的に論じようとするものである.
6）黄武東『黄武東回憶録——台湾基督長老教会発展史』(嘉義：嘉西，2009年)33頁.
7）「別紙丁号　保良総局正主理劉廷玉・副主理葉為圭・会弁李春生よりの答弁書」1895年8月8日(伊藤博文文書研究会監修／檜山幸夫総編集『伊藤博文文書　第32巻　秘書類纂　台湾2』)414頁.
8）「紳商」の社会的性格という観点から保良局の構成員などを精緻に検討した研究として，楊永彬『台湾紳商與早期日本殖民政権的関係——1895年-1905年』(台湾大学歴史学研究所碩士論文，1996年)がある.
9）「陸達第七〇号台湾総督府条例施行以後民政局主管事務施行に関する一般の概況」1895年9月23日(伊藤博文文書研究会監修／檜山幸夫総編集『伊藤博文文書　第33巻　秘書類纂　台湾3』)281頁.
10）黒崎美知雄「民政局事務施行概況」『東京朝日新聞』1895年12月19日付.
11）「台湾住李春生辜顯榮叙勲ノ件」1896年1月10日(JACAR Ref. A10112453700,『叙勲裁可書』国立公文書館).
12）「李春生及辜顯榮叙勲ニ関スル件」(『明治28年台湾総督府公文類纂　乙種永久保存第2巻』簿冊番号13，文書番号8).
13）小川定明「李春生の叙勲」『東京朝日新聞』1896年2月21日付.
14）「賊李春生を襲ふ」『台湾新報』1897年5月12日付.
15）林満紅『茶，糖，樟脳業與台湾之社会経済変遷(1865-1895)』(台北：聯経出版，1997年)176頁.
16）李春生「論日報有関時局」1875年8月18日(李明輝・黄俊傑・黎漢基合編『李春生著作集2　主津新集』台北：南天書局，2004年，原著は1896年)24頁．清代における李春生の言論に関しては，呉文星「清季李春生的自強思想——以台事議論為中心」(前掲李明輝『李春生的思想與時代』所収)に詳しい．なお，波平恒男の研究によれば，「台湾出兵」にかかわる日清間の条約では，「日本国属民等」と記していたにもかかわらず，明治政府は琉球人が「日本国属民」であることを示す「政治的武器」としてこの条約を利用していくことになる(波平恒男『近代東アジア史のなかの琉球併合——中華世界秩序から植民地帝国日本へ』岩波書店，2014年，207頁).
17）李春生「台事其一」1874年4月26日，同前書，9頁.
18）張季琳・古偉瀛編「李春生相関大事年表」(李明輝・黄俊傑・黎漢基合編『李春生

著作集附冊　李公小伝・伝記資料・相関大事年表』台北：南天書局，2004年)242頁.

19）W. Campbell, *Sketches from Formosa*, (London, Edinburgh and New York: Marshall Brothers Ltd., 1915), pp. 50–51.

20）陳俊宏「加拿大北台宣教的縁起——従両封歴史性信函談起」『台北文献』第163期，2008年3月，138頁.

21）黒崎美知雄「総督上京」『東京朝日新聞』1896年3月3日付.

22）「紅葉館の大宴会」『東京朝日新聞』1896年3月27日付.

23）李春生『東遊六十四日随筆』(福州：福州美華書局，1896年)41–42頁．同書は，李明輝・黄俊傑・黎漢基合編『李春生著作集4　東遊六十四日随筆・天演論書後』(台北：南天書局，2004年)にも収録されているほか，陳俊宏訳『李春生的思想與日本観感』(台北：南天書局，2002年)で詳細な注釈とともに刊行されている.

24）卓維煌「大稲埕教会設教120週年沿革史略」『大稲埕基督長老教会設教120週年紀念特刊』(台北：大稲埕基督長老教会，1997年)45頁.

25）従軍慰問使としての細川瀏牧師の足跡については，高井ヘラー由紀「植民地支配，キリスト教，そして異文化交流——日本軍による台湾武力制圧における事例より(1895年)」(国際日本文化研究センター『日本研究』第30集，2005年)に詳しい.

26）前掲李春生『東遊六十四日随筆』4頁.

27）同前書，51頁.

28）台湾教育会編『台湾教育沿革誌』(台湾教育会，1939年)34頁.

29）「台湾島民の教育」『東京朝日新聞』1896年5月9日付.

30）「石川倉次外一名〔伊笠硯哉〕嘱託名義変更ノ件」(『明治29年台湾総督府公文類纂　永久保存(進退)　第2巻』簿冊番号104，文書番号60).

31）林進発編『台湾官紳年鑑』(台北：民衆公論社，1934年)16頁.

32）井深梶之助とその時代刊行委員会編『井深梶之助とその時代　第3巻』(明治学院，1971年)493–494頁.

33）謝花昇が沖縄県知事と対立して狂気にいたる過程に関しては，新川明『反国家の兇区——沖縄・自立への視点』(社会評論社，1996年，原著は1971年)参照.

34）「伏魔殿の真相(台湾通信)」『東京朝日新聞』1898年10月1日付.

35）「伏魔殿の真相(台湾通信続)」『東京朝日新聞』1898年10月2日付.

36）「李春生後藤長官を凹ます」『読売新聞』1899年8月17日付.

37）「台北紳士人物月旦」(国会図書館憲政資料室所蔵「後藤新平文書」R33–88).

38）換算の目安としては企業物価指数(卸売物価指数)を用いた．2012年の企業物価指数674.3を1915年0.625の企業物価指数で除すと1078.88となる．1915年の企業物価指数については，大里勝馬『明治以降本邦主要経済統計』(日本銀行統計局，1966年)による.

39）前掲卓維煌「大稲埕教会設教120週年沿革史略」47頁．沙螺殻「一献千金的李春生」『李春生紀念基督長老教会設教五十週年紀念冊』(李春生紀念基督長老教会，1985年)12頁.

40）前掲「李春生相関大事年表」252–261 頁．前掲陳培豊『「同化」の同床異夢』123 頁．

41）呉光明(陳俊宏・洪碧霞訳)「李春生的基督教人生原則」(前掲李明輝編『李春生的思想與時代』)44–45 頁，52 頁．本論文は，李明輝・黄俊傑・黎漢基合編『李春生著作集 3　民教冤獄解　民教冤獄解続編補遺　宗教五徳備考　聖教闡要講義』(台北：南天書局，2004 年)に再録されている．

42）李春生『聖教闡要講義』1914 年(前掲『李春生著作集 3』)238–239 頁．聖書からの引用の日本語訳は，旧約聖書翻訳委員会訳『旧約聖書 III　預言書』(岩波書店，2005 年)440 頁による．

43）李春生『民教冤獄解』1903 年(前掲『李春生著作集 3』)17 頁．

44）李春生『哲衡続編』1911 年(李明輝・黄俊傑・黎漢基合編『李春生著作集 1　東西哲衡・哲衡続編』台北：南天書局，2004 年)239 頁．

45）マックス・ヴェーバー(大塚久雄訳)『プロテスタンティズムの倫理と資本主義の精神』(岩波書店，1989 年)146 頁．

46）「李春生家憲」(前掲『李春生著作集附冊』)5–10 頁．

47）宮嶋博史「儒教的近代としての東アジア「近世」」(和田春樹他編『岩波講座東アジア近現代通史 1　東アジア世界の近代』岩波書店，2010 年)64–65 頁．

48）前掲李春生『聖教闡要講義』204 頁．

49）前掲「李春生家憲」6 頁．

50）黄六點主編『北部教会大観』(台湾基督長老教会，1972 年)83 頁．1909 年 2 月 2 日開催北部中会の議事録．

51）李春生「後藤新平公小伝跋」『台湾時報』第 8 号，1910 年 2 月．

52）前掲陳培豊『「同化」の同床異夢』127 頁．なお，陳培豊は「後藤新平公小伝跋」について，欧米植民地統治に比較して日本の統治は優れたものと礼賛していると解釈している．この点は，後藤の「空約束」を告発する反語的な論として読む筆者とは，解釈を異にする．ただし，後藤と李春生の台湾統治観が「似て非なる」ものであるとする陳の結論的な見解は筆者の解釈とも一致する．

53）李春生『天演論書後』1907 年(前掲『李春生著作集 4』)7 頁．

54）隈本繁吉「㊙部務ニ関スル日誌」第 1 冊，1913 年 4 月 26 日条(隈本繁吉文書 0201)．本資料は，上沼八郎「台湾総督府学務部「部務ニ関スル日誌」について」(高千穂商科大学総合研究所『総合研究』第 5 号，1992 年 3 月)において翻刻されている．引用にあたっては原資料にあたることに務めたが，翻刻の労に多くを負ってもいる．

55）隈本繁吉「㊙部務ニ関スル日誌」第 4 冊，1916 年 5 月 18 日条(隈本繁吉文書 0204)．本資料は，上沼八郎「台湾総督府学務部「部務ニ関スル日誌」(承前)——植民地教育史研究ノート・その八」(高千穂商科大学商学会『高千穂論叢』第 31 巻第 3 号，1996 年 11 月)において翻刻されている．

56）‘The New Pastors’, *The Monthly Messenger*, (Aug. 1898), pp. 214–215. 楊士養編／林信堅(修訂)『信仰偉人列伝』(台南：人光出版社，1989 年)125–126 頁．

57）「耶蘇教会堂保護ノ件」(『明治 29 年台湾総督府公文類纂　永久保存　第 16 巻』簿

冊番号 9679，文書番号 10)．
58) 「台湾島諸所ニ散在セル基督教会堂ヲ帝国軍隊占拠ニ関スル英国領事ノ報告同国公使ヨリ提出一件」(JACAR Ref. B07090726700，『外務省記録』B-5-2-6-0-4，外務省外交史料館)．
59) 鄭児玉「台湾のキリスト教」(呉利明・鄭児玉・閔庚培・土肥昭夫編著『アジア・キリスト教史』教文館，1981 年)93 頁．
60) *History of EPM*, p. 97. H. M. Matheson, 'Preface', in W. S. Swanson, *The China Mission of the Presbyterian Church of England: Its History, Methods, Results*, (London: Publishing Office of Presbyterian Church of England, 1887).
61) 呉学明『従依頼倒自立——終戦前台湾南部基督長老教会研究』(台南：人光出版社，2003 年)309–327 頁．
62) *Handbook of EPM*, p. xvi.
63) 台南長老大会『聚珍堂史料 2　南部大会議事録(一)1896–1913』(台南：教会公報社，2003 年)1 頁．
64) 'A New Presbytery', *The Monthly Messenger and Gospel in China*, (Apr. 1896), p. 28.
65) 前掲『北部教会大観』82 頁．
66) 黄茂卿『太平境馬雅各紀念教会設教九十年史』(台南：太平境馬雅各紀念教会，1988 年)193–195 頁．
67) 台湾基督長老教会総会歴史委員会編『台湾基督長老教会百年史』(台南：台湾教会公報社，1965 年)476–477 頁．
68) 'The Presbytery of Formosa', *The Monthly Messenger*, (Sept. 1903), p. 24.
69) 張瑞雄『台湾人的先覚——黄彰輝』(台北：望春風文化，2004 年)60 頁．同書は，張瑞雄(大宮溥訳)『台湾人の先覚者——黄彰輝』(教文館，2007 年)として日本語訳されている．
70) 'The Presbytery of Formosa', *The Monthly Messenger*, (Sept. 1903), p. 24.
71) Edward Band, *Barclay of Formosa*, (Tokyo: Christian Literature Society, 1936), p. 113.
72) 前掲呉学明『従依頼倒自立』51 頁．
73) 同前書，42–46 頁．
74) 呉新榮「追跡洪雅族後裔」(呂興昌総編輯『南瀛文学家　呉新榮選集 2』台南：台南縣文化局，1997 年)97 頁．
75) 前掲呉学明『従依頼倒自立』49 頁．
76) 宣教師と先住少数民族の関係について，白尚徳(鄭順徳訳)『英国長老教会宣教師與台湾原住民族的接触』(台北：順益台湾原住民博物館，2004 年)，費徳廉(羅效徳編訳)『看見一九世紀台湾——十四位西方旅行者的福爾摩沙故事』(台北：如果出版，2006 年)を参照．
77) 前掲『台湾基督長老教会百年史』228 頁．
78) 郭書秦『両個時代北部長老教会女性——從晩清到日治前期』(花蓮師範学院郷土文

化研究所碩士論文，2005 年)124–125 頁．

79）前掲『南部大会議事録(一)1896–1913』1 頁．

80）前掲呉学明『従依頼倒自立』392–393 頁．

81）上野直蔵編『同志社百年史　通史編一』(同志社，1979 年)433–439 頁．

82）Campbell N. Moody, *The Heathen Heart: An Account of the Reception of the Gospel among the Chinese of Formosa*, (Edinburgh and London: Oliphant, Anderson and Ferrier, 1907), p. 51．キャンベル・ムーディーにおいてキリスト教への信仰と植民地主義への批判がいかに結びついていたのかという問題について，三野和惠「日本植民地支配下台湾におけるキリスト教宣教――キャンベル・N・ムーディの宣教経験に着目して」(『キリスト教史学』第 66 集，2012 年)を参照．

83）Ibid., pp. 52–53.

84）Ibid., p. 53.

85）Campbell N. Moody, *The Saints of Formosa: Life and Worship in a Chinese Church*, (Edinburgh and London: Oliphant, Anderson and Ferrier, 1912), p. 113.

86）許雪姫(張士陽訳)「台湾家族史の回顧と展望」『日本台湾学会報』第 2 号，2000 年 4 月．

87）高昭義編『台南高長家族族譜』(台北：高昭義，1996 年)．高長一族に関しては，査時傑「光復初期台湾基督長老教会的一個家族――以台南高長家族之発展為例」(『国立台湾大学歴史学系学報』第 18 期，1994 年)，林素霞『基督長老教会與高長』(台南大学台湾文化研究所碩士論文，2006 年)などの研究がある．台湾キリスト教史研究における家族史的手法の重要性を説いたものとしては，査時傑「台湾基督教家族史的研究和展望」(林治平主編『台湾基督教史――史料與研究回顧』台北：宇宙光，1998 年)がある．

88）同前書，61 頁．

89）游鑑明(金丸裕一訳)「植民地期の台湾籍女医について」『歴史評論』第 532 号，1994 年 8 月．

90）呉文星『台湾社会領導階層之研究』(台北：正中書局，1992 年)141–144 頁．

91）Ryan Dunch, *Fuzhou Protestants and the Making of a Modern China, 1857–1927*, (New Haven and London: Yale University Press, 2001), p. 36.

92）矢内原忠雄『帝国主義下の台湾』(岩波書店，1929 年)132 頁．

93）Ming-Cheng M. Lo, *Doctors Within Borders: Profession, Ethnicity, and Modernity in Colonial Taiwan*, (Berkeley, Los Angels and London: University of California Press, 2002), pp. 48–49.

94）前掲『黄武東回憶録』79 頁．

◆第 I 部小括

1）川島真「東アジア世界の近代」(和田春樹他編『岩波講座東アジア近現代通史 1　東アジア世界の近代』岩波書店，2010 年)45 頁．

2)「宮城県庁において県官郡区長及び学校長に対する演説」1887年6月21日(上沼八郎・犬塚孝明共編『新修森有礼全集』第2巻，文泉堂書店，1998年)405頁．なお，天野郁夫「高等普通教育と社会階層」(『教育社会学研究』第41号，1986年)によれば，「高等普通教育」の理念に思想的基礎を与えたのは福沢諭吉と森有礼であり，1918年の臨時教育会議答申で「各種事業ノ経営者」「地方行政ニ従事スル官吏ノ養成」「地方自治体ノ名誉職」の養成という高等学校の目的規定で定式化されたという．

3) 拙著『植民地帝国日本の文化統合』(岩波書店，1996年)360頁．なお，山室信一は，近代植民地帝国における「帝国」を「国境を超えた民族が資本と軍事という二つのパワーによって，そこで獲得した空間を，自らとは異なる政治社会としてあくまで“外部”にとどめおきつつ，なお自らの主権領域として“内部”化していくという相反するベクトル」によって形成される「超領域的政治体」として定義している(山室信一「「国民帝国」論の射程」山本有造編著『帝国の研究——原理・類型・関係』名古屋大学出版会，2003年，89頁)．山室の論は，近代的な国民国家体制のもとでの「植民地」の定義を示すものともいえる．そのうえで，本書では国内法の適用という法的差異ではなく社会的な上昇移動と政治的地位の獲得可能性に着目することにより，「異なる政治社会としてあくまで“外部”にとどめお」くという意味を広義に把握する方向性を示したことになる．

4) アイヌ民族を対象とした「旧土人児童教育規程」については，小川正人『近代アイヌ教育制度史研究』(北海道大学出版会，1997年)を参照．

5) ベネディクト・アンダーソン(白石隆・白石さや訳)『増補　想像の共同体——ナショナリズムの起源と流行』(NTT出版，1997年)152頁，157頁．

6) 同前書，156頁．

7) 同前書，106頁．

8) 同前書，245頁．なお，アンダーソンは，「驚くべきことに「裏返しの人種主義」と知られるあのいかがわしい実体は，ときに植民地イデオローグがそうした宣言をしたことを別とすれば，反植民地運動のなかでほとんど出現することがなかった」とも論じている(同前書，249頁)．これについて，たとえば台湾における反植民地主義的ナショナリズムに「裏返しの人種主義」ともいえる傾向が見られなかったかといえば，答えは微妙であろう．あくまでも仮説的な見通しではあるものの，被植民者が国民主義を立ち上げる際に植民者の持ち込んだ人種主義の「裏返し」を実践してしまうのが一般的事態であり，かろうじてそれへの異議や留保も見出せる点に被植民者の国民主義の特徴を見出すことができるのではないかと筆者は考えている．

9) 酒井直樹「レイシズム・スタディーズへの視座」(鵜飼哲，酒井直樹，テッサ・モーリス＝スズキ，李孝徳『レイシズム・スタディーズ序説』以文社，2012年)16頁．

10) Robert Miles, *Racism*, (London and New York: Routledge, 1989), p. 79. 日本語の文献でマイルズの議論に言及したものとしては，酒井直樹「序論——ナショナリティと母(国)語の政治」(酒井直樹他編『ナショナリティの脱構築』柏書房，1996年)などがある．

11) Robert Miles, *Racism after Racial Relations*, (London and New York: Routledge, 1993), p. 66.

12) 前掲拙著『植民地帝国日本の文化統合』357–359 頁.

13) Michael Weiner, *Race and Migration in Imperial Japan*, (London and New York: Routledge, 1994), p. 11. やはりマイルズの議論によりながら，アイヌ民族に対する和人の対応をレイシズムという概念で把握したものとして，次のような研究もある. Richard Siddle, *Race, Resistance and the Ainu of Japan*, (London and New York: Routledge, 1996).

14) 李孝徳「訳者解説――日本の人種主義を見すえて」(G. M. フレドリクソン(李孝徳訳)『人種主義の歴史』みすず書房，2009 年)180 頁.

15) 児島恭子『アイヌ民族史の研究』(吉川弘文館，2003 年)280–281 頁.

◆第Ⅱ部序

1) Rwei-Ren Wu, *The Formosan Ideology: Oriental Colonialism and the Rise of Taiwanese Nationalism, 1895–1945*, (Ph.D. Dissertation submitted to the University of Chicago, 2003), p. 164.

2) Ibid., p. 171.

3) 若林正丈『台湾抗日運動史研究　増補版』(研文出版，2001 年)444 頁.

4) 矢内原忠雄『帝国主義下の台湾』(岩波書店，1929 年)242 頁. なお，矢内原は，台湾領有初期の抗日ゲリラは「水滸伝式匪賊」であり，西来庵事件などの抗日武装蜂起計画も「迷信的色彩暴動的性質」が強かったと論じながら，資本主義の発展浸透，ある程度の教育の普及，政治的自由思想の成立を前提とする「近代的民族運動」と区別している(同前書，241–242 頁). このような「迷信」と「近代的」の対比は，近代化としての側面が強いかぎり植民地化を正当化し，肯定する論ともなりうることに留意する必要がある. 本書では近代的なるものの多義性に着目し，近代性のなかに「近代的民族運動」を圧殺しようとする傾向もその本質的な要素として組み込まれていたという矛盾の把握を目指している.

5) 前掲若林『台湾抗日運動史研究　増補版』付篇 1「総督政治と台湾土着地主資産階級――公立台中中学校設立問題，1912–1915 年」.

6) 拙著『植民地帝国日本の文化統合』(岩波書店，1996 年)第 3 章. なお，同書では紳商層の要求した中学校が「私立」であったことの意味を見落としていたので，本書ではこの点を中心に再論する.

7) 荒井明夫『明治国家と地域教育――府県管理中学校の研究』(吉川弘文館，2011 年)230 頁. 公共性にかかわる荒井の指摘に関連して，寺﨑昌男による「私学」の位置づけが参照されるべきである. 寺﨑は，「「私なるもの」が実はそれ自体としてパブリックなものである」ことを「実証する」のが私学の存在だと指摘し，「非常にパブリックな意味を持ったプライベートな部分，この部分を育てることについて公立学校は成

功していているかというと，成功してはいない」と論じている(寺﨑昌男「近代日本の私学と「公」」財団法人日本私学教育研究所『教育制度等の研究(その 19)』1994 年)．植民地支配下では私学こそがパブリックというアイロニカルな事態が誰の目にも明らかな形で生じることになるであろう．

◆第Ⅱ部第 4 章

1）Edward Alsworth Ross, *The Changing Chinese: The Conflict of Oriental and Western Cultures in China*, (London: T. Fisher Unwin, 1911), pp. 226–227.

2）「㊙台湾ニ於ケル教育ニ対スル卑見ノ一二並ニ疑問」(隈本繁吉文書 0102)．なお，本資料には 3 月 5 日という執筆月日が記されているのみだが，内容から考えて隈本が赴任直後の 1911 年 3 月に執筆したものと推定できる．

3）「自大正五年六月一日至同六日　内務省ト交渉概要」『公立台中中学校設置問題』第一章附教育令案等一括(隈本繁吉文書 0301)．『公立台中中学校設置問題』は，仮綴で 250 丁からなる簿冊である．公立台中中学校の成立経緯，台湾教育令勅令案，公立台中中学校の「教育ノ実際」や保護者・生徒の反応などの経緯を説明するとともに，関連資料を綴じて，目次を付している．簿冊中に登場する直近の統計は 1916 年度のものであり，直近の日付は 1916 年 6 月 6 日である．隈本繁吉「㊙部務ニ関スル日誌」(第 4 冊，隈本繁吉文書 0204)1916 年 7 月 14 日条の記述に「中学校設立の経過書類(反右中学校なる名称に関し当初之を避けんとせし事情も包含せり)は，総督閣下に提出致置候」と記している．『公立台中中学校設置問題』はこの時に安東貞美総督に提出された「経過書類」にあたると考えられる．

4）「教育令修正案ニ対スル意見」(隈本繁吉文書 0403)．

5）台湾総督府民政長官内田嘉吉発法制局長官高橋作衛宛「公立中学校設置ノ必要」1914 年 6 月 4 日，前掲『公立台中中学校設置問題』第一章参照書類第二号．発信人は内田民政長官だが，隈本繁吉「㊙部務ニ関スル日誌」(第 3 冊，1914 年 6 月 3 日条，隈本繁吉文書 0203)の「長官名内閣ニ提出閣議ニ対スル説明書起稿」という記述から起草者は隈本とわかる．

6）楊士養編著／林信堅修訂『信仰偉人列伝』(台南：人光出版社，1994 年)93–94 頁．

7）同前書，359–364 頁．

8）‘The Tainan High School’, *The Monthly Messenger*, (Jan., 1905), p. 14.

9）林茂生「第四十六週年紀念日を迎へて(開校記念日講話大要)」『輔仁』第 8 号(私立台南長老教中学，1931 年 12 月)9–10 頁．

10）「Gī-siat Tong-Se-óh(議説東西学)」『台南府城教会報』第 224 巻，1903 年 11 月，87–88 頁．『台湾府城教会報』は，時期に応じて次のように名称を変える．1892—『台南府教会報』／1893–1905—『台南府城教会報』／1906–1913. 6—『台南教会報』／1913. 7–1932. 4—『台湾教会報』／1932. 5 以降—『台湾教会公報』．

11）黄茂卿『太平境馬雅各紀念教会設教九十年史』(台南：太平境馬雅各紀念教会，1988 年)210 頁．

12）賴永祥「福州鶴齡英華書院」『教会史話』第4輯(台南：人光出版社，1997年)50頁．

13）*Handbook of EPM*, 705: 7, 706: 9, pp. 256–257.

14）Ibid., 707: 1, 709: 5–7, pp. 257–260.

15）*Synod of PCE*, 1904, p. 180.

16）'Amoy: Anglo-Chinese College', *The Monthly Messenger*, (May, 1903), p. 72. *History of EPM*, pp. 297–299, pp. 397–398.

17）'The Situation in Amoy', *The Monthly Messenger*, (Jan., 1901), p. 20.

18）呉学明「終戦前台南「長老教中学」的歴史観察」『台湾基督長老教会研究』(台北：宇宙光，2006年)86頁．

19）*Handbook of EPM*, 707: 1, 767: 12, p. 257, p. 296.

20）矢内原忠雄『帝国主義下の台湾』(岩波書店，1929年)44–47頁．

21）「トーマス，バークレー私立学校設立認可ノ件」(『明治39年台湾総督府公文類纂　永久保存(追加)　第15巻』簿冊番号1254，文書番号5)．

22）森武敏は富岡尋常中学校を卒業後に陸軍憲兵として渡台，予備役編入後に法院通訳を経て1905年に退官した(「元総督府法院通訳森武敏恩給ノ件」『明治38年台湾総督府公文類纂　永久保存　第8巻』簿冊番号1058，文書番号14)．

23）E. Band, 'Reminiscences by Ex-Principal Rev. Edward Band', in *Reminiscences by the Three Schoolmasters*, (Tainan: Chang Jung Boy's Middle School, 1956), p. 4. 同書にはバンドの回想録の英語原文と中文訳が掲載されている．書籍のタイトルとしても英文書名と，『校長回憶録』と題する中文書名がある．バンドの回想については，英文からの試訳により引用する．

24）*Handbook of EPM*, 767: 12, p. 259.

25）なお，学校沿革誌の記述では1908年「基督教崒英中学」と改称し，1912年から「長老教中学校」という名称になったとされる(張厚基総編輯『長榮中学百年史』台南：私立長榮高級中学，1991年，704頁)．

26）林茂生「本校創立四十週年の回顧」『私立台南長老教中学校友会雑誌』第2号(私立台南長老教中学，1925年7月)4頁．

27）T. Barclay to A. Connell, March 21, 1912, PCE FMA, Mf. no. 2033. コーネルは1898年にヒュー・マカイ・マセソンの後継者としてイングランド長老教会海外宣教委員会の議長に就任した．

28）*Synod of PCE*, 1905, p. 582.

29）「台南長老教中学校予備科設立認可」(『大正元年台湾総督府公文類纂　15年保存　第56巻』簿冊番号5502，文書番号10)．

30）Postscript, Letter from Barclay to A. Connell, April 8, 1912, PCE FMA, Mf. no. 2033.

31）換算の目安としては企業物価指数を用いた．2012年の企業物価指数674.3を1915年の企業物価指数0.646で除すと1043.81となる．

32）「同志社財団寄附行為證」(上野直蔵編『同志社百年史　資料篇二』学校法人同志社，

1979年)1167頁.

33) 台湾基督長老教会総会歴史委員会編『台湾基督長老教会百年史』(台南：台湾教会公報社, 1965年)214頁.

34) 台南長老大会『聚珍堂史料2　南部大会議事録(一)1896–1913』(台南：教会公報社, 2003年)306頁.

35) 頼永祥「台湾基督教医学史」『教会史話』第1輯(台南：人光出版社, 1990年)24頁, 台湾総督府『台湾列紳伝』(台北：台湾日日新報社, 1916年)239頁.

36) 劉瑞山について, 黄佩萱『従台南劉家看来台湾基督長老教会家族與地方社会的関連(1849–1970年)』(東海大学歴史学研究所碩士論文, 2009年)を参照.

37) Minutes of the Executive Committee, May 28, 1912, PCE FMA, Mf. no. 1377.

38) E. Band, *op. cit.*, p. 11.

39) Ibid., p. 9. 回想録の記述という点を考慮しなくてはならないが, バンドの着任当時に学校拡張計画が進行中であり, ファーストハンドの情報を知りうる立場にあったことや, 回想録が刊行された1956年という時点――奇しくも林獻堂が東京で客死した年――で林獻堂と教会との関係にかかわる情報を歪めて伝える必要も乏しかったことを考えても, この情報は信用してよいだろう.

40) 黄子寧「林獻堂與基督教(1927–1945)」許雪姫編『日記與台湾史研究――林獻堂先生逝世50週年紀念論文集』(台北：中央研究院台湾史研究所, 2008年)680頁.

41) 「廈門英華書院長の視察」『台湾日日新報』1912年8月8日付.

42) 隈本繁吉「台湾教育令制定由来」前篇, 8–9丁. 本資料については隈本繁吉文書に含まれる下書き版(資料番号0401)と, 東書文庫所蔵の浄書版が存在する. 本書では, 東書文庫版により筆者の算出した丁数を前篇・後篇の通しで示す. 隈本繁吉文書のものについては, 上沼八郎が以下のように翻刻をおこなっている. 上沼八郎「「台湾教育令制定由来」(資料)について――植民地教育史研究ノート・その1」(『高千穂論叢』第26巻第3号, 1991年12月), 同「「台湾教育令制定由来」(資料)について――植民地教育史研究ノート・その2」(『高千穂論叢』第26巻第4号, 1992年3月).

43) *History of EPM*, p. 256.

44) 林進発編『台湾官紳年鑑』(民衆公論社, 1934年)70頁.

45) 学務部「㊙対岸籍民学校情況」1917年11月(隈本繁吉文書0507). ほかに籍民教育の施設として, 廈門旭瀛書院(1910年設立), 汕頭東瀛学堂(1915年設立)が存在した. これらの籍民学校に関しては, 王学新「南進政策下的籍民教育(1895–1937)」(『国史館学術集刊』第14期, 2007年), 蔡蕙光「台湾総督府による台湾籍民学校の成立――東瀛学堂・旭瀛書院・東瀛学校」(『東京大学日本史学研究室紀要』第16号, 2012年)などを参照.

46) 隈本繁吉「㊙部務ニ関スル日誌」第1冊, 1912年8月5日条(隈本繁吉文書0201).

47) 菅野正『清末日中関係史の研究』(汲古書院, 2002年)89頁, 104頁.

48) Ryan Dunch, *Fuzhou Protestants and the Making of a Modern China, 1857–1927*, (New Haven and London: Yale University Press, 2001), p. 79.

49）隈本繁吉「㊙対岸視察事項摘要」1915 年 2 月(隈本繁吉文書 0503).
50）前掲隈本「台湾教育令制定由来」前篇，10 丁.
51）呉三連・蔡培火等『台湾民族運動史』(台北：自立晩報社，1961 年)48 頁.
52）同前書，44 頁．なお，この紀念碑は今日でも台中第一高級中学の敷地内に現存するものの，「昭和七年」という建碑の年が「民国二十一年」と改められるなど修正が施されている.
53）「㊙本島人内地人共学問題　本島人中等教育問題各打合員意見」(隈本繁吉文書 0302)．引用部分は前書き的な説明の部分．「小官意見」という手書きの書き込みがある.
54）前掲隈本「㊙部務ニ関スル日誌」第 1 冊，1913 年 4 月 20 日条.
55）前掲隈本「台湾教育令制定由来」前篇，14 丁．なお，真宗本派本願寺台湾別院編『真宗本派本願寺台湾開教史』(台北：台湾別院，1935 年，202 頁)ではこの時に李景盛ではなく，李春生が出席したと記している.
56）同前.
57）「私立中学設立出願」『台湾日日新報』1913 年 4 月 25 日付.
58）紫雲玄範「建設私立中学校稟底」1913 年(隈本繁吉文書 0307).
59）「㊙本島人紳士学務部長訪問談話要領」1913 年 4 月 30 日(隈本繁吉文書 0303).
60）台湾新民報社編『台湾人士鑑』(台北：台湾新民報社，1937 年)465 頁.
61）紀旭峰『大正期台湾人の「日本留学」研究』(龍渓書舎，2012 年)66 頁.
62）「台中有志建議中学」『台湾日日新報』1913 年 5 月 1 日付(漢文欄).
63）「督憲賛成中学」『台湾日日新報』1913 年 5 月 5 日付(漢文欄)．なお，隈本のメモによれば，佐久間総督は長官の帰府をまって解決すると述べたのであって，総督が賛成したかのような報道は「誤用」だと内田民政長官に報告している(前掲「㊙部務ニ関スル日誌」第 1 冊，1913 年 5 月 5 日付民政長官宛報告の写).
64）前掲隈本「㊙部務ニ関スル日誌」第 1 冊，1913 年 5 月 1 日条.
65）「㊙対本島人中等教育問題」1913 年 5 月 17 日(隈本繁吉文書 0305).
66）地方費区制度について，謝政徳「植民地台湾における地方費区制度導入の経緯と目的――1902 年台湾地方税規則の改正過程を手がかりにして」(『阪大法学』第 63 巻第 3・4 号，2013 年 11 月)，藤井康子「第 2 次台湾教育令期における中学校設置問題――中学校の支持基盤に着目して」(『京都大学大学院教育学研究科紀要』第 57 号，2011 年)を参照.
67）「㊙学務部長本島人紳士会談要領(第二次会議)」1913 年 5 月 31 日(隈本繁吉文書 0306).
68）若林正丈『台湾抗日運動史研究　増補版』(研文出版，2001 年)348 頁.
69）前掲隈本「㊙部務ニ関スル日誌」第 3 冊，1914 年 1 月 17 日条．本資料は，上沼八郎「台湾総督府学務部「部務ニ関スル日誌」(隈本繁吉)(承前・三)」(高千穂商科大学総合研究所『総合研究』第 7 号，1994 年 3 月)において翻刻されている.
70）前掲呉三連他『台湾民族運動史』49 頁.

71）「答申事項」，前掲『公立台中中学校設置問題』第三章参照書類第四号．台中中学校における教育の実際にかかわる報告書の一部であり，「台湾公立台中中学校罫紙」に記されている．

72）*Synod of PCE*, 1913, p. 208.

73）「英国長老教会寄附募集ニ関スル件」（『大正 3 年台湾総督府公文類纂　15 年保存　第 29 巻』簿冊番号 5770，文書番号 2）．「聴取書」1914 年 6 月 4 日．

74）同前所収．久江常男「答申書」1914 年 6 月 5 日．

75）前掲「㊙学務部長本島人紳士会談要領（第二次会議）」．

76）本願寺立中学校認可申請は提出されたが，その後 2 年にわたって店ざらし状態におかれた末に，1915 年 4 月，台湾公立中学校官制が公布されたのちに「申請書御却下」ということになった（「私立中学校設立願書及財団法人設立申請書返戻（本願寺紫雲玄範）」『大正 3 年台湾総督府公文類纂　15 年保存　第 30 巻』簿冊番号 5925，文書番号 15）．

77）前掲「英国長老教会寄附募集ニ関スル件」所収．ダンカン・ファーガソン発台南庁属山口安太郎宛書簡，1914 年 6 月 3 日．

78）W. Campbell to D. Ferguson, Mar. 14, 1913, PCE FMA, Mf. no. 2037.

79）T. Barclay to A. Connell, April 23, 1913, PCE FMA, Mf. no. 2033.

80）「英国長老教会宣教師英国人ウィリヤム，キャンベル叙勲ノ件」（JACAR Ref. A10112801300，『叙勲裁可書』国立公文書館）．

81）*Synod of PCE*, 1914, p. 717.

82）前掲「英国長老教会寄附募集ニ関スル件」所収．A. Macalister to Japanese Ambassador, Mar. 11, 1914.

83）同前所収．台南庁長松木茂俊発総督府民政長官内田嘉吉宛「英国長老教会附属学校ニ関スル件」1914 年 6 月 9 日．

84）同前所収．総督府民政長官内田嘉吉発内務省地方局長渡辺勝三郎宛「在台南プレスビテリアン教会附属学校ノ件ニ付内務省地方局長ヘ回答ノ件」1914 年 6 月 15 日．

85）「在台南プレスビテリアン教会附属学校ニ関スル件」（JACAR Ref. B12082178300，『外務省記録　学校関係雑件』B-3-10-3-65，外務省外交史料館）．外務大臣加藤高明発特命全権大使井上勝之助宛書簡，1914 年 7 月 14 日．

86）Minutes of the Executive Committee, Sep. 22, 1914, PCE FMA, Mf. no. 1379.

87）「台南長老教中学校学則中変更」（『大正 2 年台湾総督府公文類纂　永久保存　第 41 巻』簿冊番号 2260，文書番号 28）．「台南長老教中学校学則中変更認可ノ件」1914 年 1 月 12 日．

88）前掲『長榮中学百年史』87–94 頁，108 頁．

89）E. Band, *op. cit*., p. 17.

90）台南長老大会『聚珍堂史料 3　南部大会議事録（二）1914–1927』（台南：教会公報社，2004 年）80 頁．

91）同前書，42–44 頁．

92）前掲楊『信仰偉人列伝』221–230 頁．賴永祥「汪培英略歴」『教会史話』第 2 輯（台南：人光出版社，1994 年）237–238 頁．

93）呉学明『従依頼倒自立——終戦前台湾南部基督長老教会研究』（台南：人光出版社，2003 年）374 頁．

94）E. Band, *op. cit*., p. 16.

95）前掲台南長老大会『南部大会議事録（二）』86–87 頁，110–111 頁．

96）「台湾総督府学政大要」『学務材料』1913 年 11 月（隈本繁吉文書 0106）．本資料は，台湾総督府罫紙に手書きで記されたものであり，「台湾総督府学政大要」「内地留学生取調表」「将来ノ希望事項」「台湾民暦ニ関スル件」といった文書が綴じられている．隈本繁吉「㊙部務ニ関スル日誌」（第 2 冊，隈本繁吉文書 0202，1913 年 11 月 4 日条）中の長官官邸における会議の審議事項「民暦ニ関スル誤解ナキヤウ説明」「学務行政ノ組織拡張」と簿冊の構成がほぼ一致していることを考えるならば，この時の会議の説明資料として作成されたものと推定される．

97）同前．

98）Lîm Bō-seng（林茂生）「Loē-tē Chong-kàu-kài kīn-bûn（内地宗教界近聞）」『台南教会報』第 326 巻，1912 年 5 月，8 頁．

99）E. Band, *op. cit*., p. 15.

100）隈本繁吉「世界ニ於ケル帝国」（隈本繁吉文書 1108）．

101）荒井明夫『明治国家と地域教育——府県管理中学校の研究』（吉川弘文館，2011 年）359–360 頁．

102）同前書，339 頁．

◆第Ⅱ部第 4 章補論

1）「宮城県庁において県官郡区長及び学校長に対する演説」1887 年 6 月 21 日（上沼八郎・犬塚孝明共編『新修森有礼全集』第 2 巻，文泉堂書店，1998 年）405 頁．

2）台湾総督府内務局学務課「台湾教育令ノ反響」（隈本繁吉文書 0404）．

3）「台湾教育令発布に関する諭告並に訓令」（台湾総督府『詔勅・令旨・諭告・訓達類纂』台湾総督府，1941 年）274 頁．

4）隈本繁吉「台湾教育令制定由来」後篇，60 丁．「文部省専門学務局長松浦鎮次郎台湾教育ニ関スル調査嘱託」（『大正 4 年台湾総督府公文類纂　永久保存（進退）　第 12 巻』簿冊番号 2471，文書番号 38）．

5）檜山幸夫「序章」（檜山幸夫編『台湾総督府文書の史料学的研究——日本近代公文書学研究序説』ゆまに書房，2003 年）6 頁．

6）「勅令案　台湾教育令」天理大学図書館所蔵「下村宏文書」319-341-30．本資料については，檜山幸夫「台湾統治の構造と台湾総督府文書」（前掲檜山『台湾総督府文書の史料学的研究』156–165 頁）において詳細な考察がなされており，1916 年 1 月 9 日よりも前に立案された議案を 1 月 9 日に修正し，24 日の会議で再修正して「台湾総督府原案」としたものとされている．

7)『公立台中中学校設置問題』第一章附教育令案等一括(隈本繁吉文書 0301). 本資料は,『公立台中中学校設置問題』という仮綴じの簿冊において「第一章附教育令案等一括」と題して綴じられた参考資料であり,台湾教育令案にかかわるものとしては次の3点が連続して収録されている. ここで引用したのは文書①である.

- 文書①「勅令案　台湾教育令」……墨書, 柱名なし, 10丁. 手稿. 上下3段に分かれて上段は「第一案」, 中段は「於東京内務省ニ提出案」, 下段は「修正」と記されている. 1頁右上に「学務部長」の朱印.
- 文書②「㊙教育令ニ関スル調」……墨書, 柱名なし, 14丁. 上下3段に分かれて, 上段は「台湾教育令」, 中段は「朝鮮教育令」, 下段は「内地ノ規定」とされている. 1頁右上に「秘」の丸印,「大正六年四月十三日藤井内務属提出」と手書きで記されている.
- 文書③「㊙勅令案　台湾教育令」……墨書, 柱名なし, 11丁. 表紙あり, 右上に「秘」の角印.

このうち文書②は, 上沼八郎「植民地「教育令」の公布について(台湾・朝鮮の比較)——植民地教育史研究ノート・その11」(『高千穂論叢』第32巻第2号, 1997年7月)において翻刻されている. 檜山幸夫はこの翻刻について「隈本繁吉文書のなかでこの文書はどのような位置に当るのか, 台湾教育令案の立案の中で如何なる役割を果たしたのか」がわからないという問題を指摘している(前掲檜山「台湾統治の構造と台湾総督府文書」159頁). そこで, さしあたって現時点でわかるかぎりの範囲で, この史料の位置づけを明確化しておきたい.

上の3点の資料を含む簿冊『公立台中中学校設置問題』の性格については, 本書第4章注3において1916年7月に総督への経過説明書類として編纂されたと論じた. 3点の資料の前後関係については, 条文の修正のプロセスから次のように推測できる. 以下, 注6でとりあげた「下村宏文書」中の草案を文書ⓐ, 文書①の上段に記された案を文書①A, 中段を文書①B, 下段を文書①Cとする. 公学校の修業年限問題に着目すると, 文書ⓐでは公学校の修業年限は6年とされているのに対して, 文書①Aでは「四年乃至六年」となっており, 文書①Bでは「四年トシ土地ノ情況ニ依リテ二年内ノ高等科ヲ併置スルコトヲ得」(第7条)というように4年本体に修正している. この修正は, 文書①Cにも, 文書②にも, 文書③にも引き継がれる. 他方, 前掲隈本「台湾教育令制定由来」(後篇, 67丁)では1916年4月9日に金子堅太郎枢密顧問官に面会した際に朝鮮の普通学校が4年制であるのに対して, 台湾の公学校が「四年乃至六年」である理由を説明したとあり, すでにこの時点で文書①Aのように4年または6年とする方針を固めていたことがわかる. さらに, 同年5月31日に隈本が下村宏民政長官宛に送付した親書の控えでは公学校の修業年限をめぐる内務省との折衝について「四年ヲ本体トシ二ヶ年ノ補修科又ハ高等科ヲ置クコトヲ得ルコトニ折合可申歟ト想察仕候」(隈本「㊙部務ニ関スル日誌」第4冊, 隈本繁吉文書 0204)と記している. 内務省との折衝での「折合」地点として文書①Bのような方針が考えられたことがわかる. また, 文書③における細かな文言の修正を文書②では反映したうえで朱

書で若干の修正をおこなっている．これらのことから，文書ⓐ→文書①→文書③→文書②と推定できる．

なお，文書②には「大正六年四月十三日藤井内務属提出」という日付が記されている．『公立台中中学校設置問題』と題する簿冊は1916年7月14日に安東貞美総督宛に提出した経過説明書類とする解釈が正しいとすると，そのなかに「大正6年4月13日」という日付の文書が含まれているのは不自然であり，これは大正5(1916)年4月13日の誤記とも考えられる．しかし，他方で，1916年7月にとりまとめた経過説明書類にあとから文書を付け加える可能性もあるので，この点については確定できない．「藤井内務属」は，檜山の指摘する通り，内務省地方局属藤井唐三と思われるが，これも確定できない．

8）「自大正五年六月一日至同六日　内務省ト交渉概要」，前掲『公立台中中学校設置問題』第一章附教育令案等一括．

9）前掲隈本「台湾教育令制定由来」後篇，61丁．

10）同前，78丁．

11）「本島教育令　近く制定されん」『台湾日日新報』1917年3月15日付，「台湾教育令　近々解決すべし」『台湾日日新報』1918年1月17日付．

12）三井須美子「江木千之と臨時教育会議(6)——勅令台湾教育令制定過程にみる原敬内閣の教育政策」『都留文科大学研究紀要』第47集，1997年．

13）「日日小筆」『台湾日日新報』1918年6月16日付．

14）「台湾教育令」(JACAR Ref. A03033132300，『枢密院会議文書　御下附案』国立公文書館)．

15）「台湾教育令ヲ定ム」(JACAR Ref. A01200171900，『公文類聚　第四十三編』国立公文書館)．拓殖局「㊙台湾教育令案参考書」(1918年6月)中の文章．

16）寺内内閣の案から原内閣の案への変化については，拙著『植民地帝国日本の文化統合』(岩波書店，1996年)第3章で言及したこともあるのでここでは省略する．

17）「台湾教育令」(JACAR Ref. A03033374800，『枢密院会議文書　審査報告』国立公文書館)．なお，岡本真希子の研究によれば，植民地教育令は最初から枢密院の諮詢事項とされたわけではなく，第一次朝鮮教育令制定に際して諮詢不奏請であった事実を枢密顧問官が批判し，公立台中中学校官制制定過程において枢密院への諮詢という問題が浮かび上がり，第一次台湾教育令制定に際して正式に諮詢事項とされたという(岡本真希子「枢密院と植民地問題」由井正臣編『枢密院の研究』吉川弘文館，2003年，155頁)．

18）李省展『アメリカ人宣教師と朝鮮の近代——ミッションスクールの生成と植民地下の葛藤』(社会評論社，2006年)92頁．訓令12号について，詳しくは久木幸男「訓令12号の思想と現実(1)」(『横浜国立大学教育紀要』第13集，1973年)ほか一連の久木の研究を参照．

19）教育史編纂会『明治以降教育制度発達史』第4巻(教育資料調査会，1964年)256頁．

20）前掲李省展『アメリカ人宣教師と朝鮮の近代』94–103 頁．

21）3・1 独立運動におけるキリスト教の役割について，澤正彦『未完　朝鮮キリスト教史』(日本基督教団出版局，1991 年)を参照．澤は，3・1 独立運動にかかわる「キリスト教主導」論に疑問を呈しながら，「かえってキリスト教がみせたこの時の謙卑(ケノーシス)と協力の姿勢こそ，後の歴史に稀なものとして，この三・一運動から学ばねばならない」(154 頁)と論じている．

22）朝鮮総督府『朝鮮の統治と基督教』(1921 年)56 頁．「全鮮宣教師連合大会陳情書」の一部．なお，本資料は，第二次朝鮮教育令制定にかかわる枢密院の審議においても第 19 号参照書類として提出されている．

23）長田彰文『日本の朝鮮統治と国際関係――朝鮮独立運動とアメリカ 1910–1922』(平凡社，2005 年)220 頁．

24）前掲「台湾教育令ノ反響」．

25）「教育令祝賀会」『台湾日日新報』1919 年 4 月 2 日付．

26）「林文学士の結婚」『台湾日日新報』1918 年 4 月 14 日付．

27）「新竹　高等官と風評」『台湾日日新報』1920 年 6 月 19 日付．

28）「大正八年一一月庁長に対する田総督の訓示」前掲『詔勅・令旨・諭告・訓達類纂』295 頁．

29）三屋清陰「送長老教中学教頭林茂生君研究於欧米大洲序」『私立台南長老教中学校友会雑誌』第 4 号(私立台南長老教中学，1927 年 7 月)124–125 頁．

30）井上達夫『普遍の再生』(岩波書店，2003 年)94–95 頁．

31）*Synod of PCE*, 1920, p. 463.

32）「エドワード，バンド外私立台南長老教中学設立認可ノ件」(『大正 11 年台湾総督府公文類纂　永久保存　第 148 巻』簿冊番号 3418，文書番号 6)．台南州知事発総務長官宛「私立中学校ニ関スル件」(1922 年 5 月 10 日)に付された別紙資料．

33）台湾総督府内務局「㊙台湾ニ於ケル私立学校」1921 年 12 月(JACAR Ref. A03034092900,『枢密院会議文書　枢密院決議』国立公文書館所蔵)，台湾総督府内務局「㊙私立学校概況」1921 年 12 月(同前所収)，「私立学校一覧」(「台湾教育令ヲ定ム」JACAR Ref. A01200503500,『公文類聚　第四十六編』国立公文書館所蔵)．なお，1920 年 8 月には私立台北盲唖学校が設立認可を受けているが，上のいずれの資料にも記載がないので，表 4–1 や本文における記述には含めていない．

34）蔡錦堂『日本帝国主義下台湾の宗教政策』(同成社，1994 年)35 頁．

35）江燦騰『日拠時期台湾仏教文化発展史』(台北：南天書局，2001 年)159–160 頁．

36）「仏教中学林」『台湾日日新報』1916 年 11 月 11 日付．

37）「仏教青年発起人会」『台湾日日新報』1917 年 5 月 19 日付(漢文欄)．

38）松金公正「植民地台湾における曹洞宗の教育事業とその限界」(台湾史研究会編『台湾の近代と日本』中京大学社会科学研究所，2003 年)278 頁．

39）鎮南学林に関しては，前掲江燦騰『日拠時期台湾仏教文化発展史』170–173 頁，松金公正「日本統治期における妙心寺派台湾布教の変遷――臨済護国禅寺建立の占める

位置」(『宇都宮大学国際学部研究論集』第12号，2001年)を参照．

40)「台北中学会近況」『台湾日日新報』1913年6月17日付．

41)「中学会設置分校」『台湾日日新報』1913年12月13日付(漢文欄)．

42) Fr. Clemente Fernandez to Fr. Vicar General, June 20, 1906, in Pablo Fernandez ed. (trans. by Felix B. Bautista and Lourdes Syquia-Bautista), *One Hundred Years of Dominican Apostolate in Formosa, 1859–1958*, (Taipei: SMC Publishing Inc., 1994), pp. 234–236.

43)「台北製酒改造」『台湾日日新報』1915年6月6日付．「製酒善後」『台湾日日新報』1915年7月10日付(漢文欄)．

44)「静修女学募集」『台湾日日新報』1917年2月5日付．静修女学校の設立経緯については，古偉瀛『台湾天主教史研究論集』(台北：国立台湾大学出版中心，2008年)に詳しい．

45)「東洋協会大会」『台湾日日新報』1916年4月16日付，「東洋協会台湾支部総会及臨時支部大会概況」『台湾時報』第80号(1916年5月)．なお，東洋協会は1898年に台湾協会として設立，1900年に台湾協会学校を創立，07年に東洋協会と会名変更をしていた．台湾商工学校に関する学校沿革誌としては，『開南商工慶祝80週年校慶特刊』(台北：私立開南高級商工職業学校，1997年)，研究論文としては，江旭本「台湾商工学校の創立前後」(『拓殖大学百年史研究』第3号，1999年)がある．

46)「下村宏私立台湾商工学校設立ノ件認可」(『大正6年台湾総督府公文類纂　永久保存　第30巻』簿冊番号2661，文書番号11)．

47)「台湾商工学校設置」『台湾日日新報』1917年2月14日付，「台湾商工学校開校式」『台湾日日新報』1917年4月21日付．

48)「諸富紳與商工学」『台湾日日新報』1916年5月17日付(漢文欄)，「商工校寄附續聞」『台湾日日新報』1916年5月18日付(漢文欄)，『官報』第2184号(1920年8月19日)．

49)「成淵学校開校式」『台湾日日新報』1908年4月28日付．なお，『大阪朝日台湾版』1936年2月27日付の記事では，成淵学校の名付け親を後藤新平としており，李瑞明「成淵史略」(『台北市立成淵高級中学慶祝創校100週年校慶紀年集　百年樹人』台北市立成淵高級中学，1997年)でもこうした解釈を引き継いでいる．ただし，成淵学校成立当時の資料についてこの点は確認できない．

50)「本島最古の私学校(中)(成淵学校と其沿革)」『台湾日日新報』1913年6月22日付．

51)「本島最古の私学校(下)(成淵学校と其沿革)」『台湾日日新報』1913年6月23日付．「商業科新設と開校」『台湾日日新報』1912年7月7日付．

52)「私立東門学校及私立台湾学習会ヲ合併シ私立成淵学校設立認可ノ件(峡謙斎外1名)」(『明治41年台湾総督府公文類纂　15年保存　第37巻』簿冊番号5099，文書番号24)．

53)「東門学校」『台湾日日新報』1898年10月25日付．「簡易商工学校の設立認可願」『台湾日日新報』1899年8月23日付．「殖民行政学校の開校」『台湾日日新報』1900

年7月4日付．「台北府前街官地ヲ簡易商工学校設置ノ為メ使用方認可」(『明治32年台湾総督府公文類纂　永久保存(追加)　第14巻』簿冊番号434，文書番号4)．「木村匡ヨリ台湾殖民行政学校設置認可台北縣報告」(『明治33年台湾総督府公文類纂乙種永久保存　第35巻』簿冊番号521，文書番号31)．

54)「木村匡氏送別会」『台湾日日新報』1900年11月8日付．

55)「木村匡」五十嵐栄吉編『大正人名辞典』(東洋新報社，1918年)998頁．「木村匡氏帰郷」『台湾日日新報』1926年3月9日付．

56)「大正協会成立」『台湾日日新報』1912年12月9日付(漢文欄)．

57)「大正協会例会」『台湾日日新報』1914年6月24日付(漢文欄)，「大正協会例会(続)李春生翁講演」『台湾日日新報』1917年3月20日付(漢文欄)．

58)「漢文科廃止問題　大正協会の研究」『台湾日日新報』1918年6月1日付．「漢文廃止問題　大正協会に於ける」『台湾日日新報』1918年6月5日付．なお，1914年末に台湾同化会の活動が展開された時には，協会の内部で賛否の意見が割れて各人の自由に任せるという方針を示している(「大正協会例会」『台湾日日新報』1914年12月9日付(漢文欄)，同12月13日付)．この大正協会という団体の活動について，そのメンバーシップの限定の仕方を含めて検討する作業は興味深いものであるものの，他日を期すこととしたい．

59) *Synod of PCE*, 1921, p. 803.

60)「Khui-siat Lú-o̍h(開設女学)」『台湾府城教会報』第17号，1887年11月，123頁．私立長榮女子高級中学編『長女百年史1887–1987』(台南：私立長榮女子高級中学，1988年)47頁．なお，長老教女学校の歴史については，楊玉媚『長榮女子中学発展史――従1879–1979』(成功大学歴史研究所碩士在職専班論文，2009年)が基本的な史実を整理している．

61)「高金聲氏夫人談　五十年前の母校について」『燈』(台南長老教女学校，1937年)8頁，12–13頁．

62)「トーマス，バークレー私立学校設立認可ノ件」(『明治39年台湾総督府公文類纂永久保存(追加)　第15巻』簿冊番号1254，文書番号5)．

63) 洪郁如『近代台湾女性史――日本の植民地統治と「新女性」の誕生』(勁草書房，2001年)108頁．

64) 楊士養編著／林信堅修訂『信仰偉人列伝』(台南：人光出版社，1989年)185–187頁．

65) Minutes of Missions Executive Committee, Sep. 25, 1917, PCE Women's Missionary Association (hereafter WMA), Mf. no. 7.

66) Conference on Education of Girls in Formosa, Sept. 22, 1916, PCE WMA, Box.1 File10 (Part II).

67) T. Barclay's letter re Formosa Conference on Girls Education, June 15, 1917, PCE WMA, Mf. no. 7.

68) Members in the Tainan Deacons Court to the Women's Missionary Association of the Presbyterian Church of England, July 27, 1917, PCE WMA, Mf. no. 7.

69）前掲『長女百年史』49 頁．

70）高候青蓮「私の生徒であつた時代」台南長老教女学校『燈』1937 年，25 頁．

71）J. A. Lloyd to Reid, Feb. 1, 1923, Minutes of Formosa W. M. A. Council, Jan. 14, 1923, PCE WMA, Mf. no. 29.

72）*GA of PCE*, 1929, p. 526.

73）*GA of PCC*, 1898, p. 185.

74）*GA of PCC*, 1906, p. 102.

75）黄六點主編『北部教会大観』(台湾基督長老教会，1972 年)81 頁．

76）「英国人ウヰリヤム，ゴールード私立学校設立認可ノ件」(『明治 39 年台湾総督府公文類纂　15 年保存(追加)　第 2 巻』簿冊番号 4928，文書番号 6)．

77）「淡水長老教会中学校開校式」『台湾日日新報』1914 年 4 月 2 日付．なお，淡水中学の歴史に関しては，葉晨聲『従牛津学堂到淡江中学——一個台湾基督長老教会学校的個案研究(1872–1956)』(中国文化大学碩士論文，2004 年)が基本的な史実を整理している．

78）G. W. Mackay to A. E. Armstrong, May 20, 1914, UCC, Acc No. 79. 194c, Box4 File52.

79）Ibid.

80）「私立淡水中学校設立認可」(『大正 3 年台湾総督府公文類纂　永久保存　第 42 巻』文書番号 2261，文書番号 1)．

81）G. W. Mackay to R. P. MacKay, Nov. 6, 1916, UCC, Acc No. 79. 194c, Box5 File63.

82）*GA of PCC*, 1918, p. 84, *GA of PCC*, 1919, p. 91. *GA of PCC*, 1935, pp. 55–67.

83）G. W. Mackay to R. P. MacKay, Nov. 20, 1917, UCC, Acc No. 79. 194c, Box5 File64.

84）*GA of PCC*, 1926, p. 49.

85）*GA of PCC*, 1924, p. 71.

86）前掲『北部教会大観』98 頁．

87）呉学明「終戦前台南「長老教中学」的歴史観察」『台湾基督長老教会研究』(台北：宇宙光，2006 年)88–90 頁．

88）鄭仰恩「従草創開拓到組織牧養」『定根本土的台湾基督教』(台南：人光出版社，2005 年)19 頁．

89）前掲『北部教会大観』674 頁．

90）*GA of PCC*, 1905, p. 153.

91）「英国人ジセ，イメ，エム，ケンー私立学校設立認可ノ件」(『明治 40 年台湾総督府公文類纂　永久保存(追加)　第 1 巻』簿冊番号 1349，文書番号 4)．

92）*GA of PCC*, 1910, p. 122.

93）*GA of PCC*, 1908, p. 84.

94）Dr. Campbell's letter re Girls' School, Sept. 21, 1916, PCE WMA, Box.1 File10 (Part II).

95）「私立学校規則変更認可ノ件」(『大正 5 年台湾総督府公文類纂　永久保存　第 43 巻』簿冊番号 2515，文書番号 16)．

96) *GA of PCC*, 1924, p. 71. なお，呉氏云壬の経歴に関して呉文益『呉添友家族與南嵌教会』(台湾神学院碩士論文，2004 年)では生年を 1891 年としているが，ここでは認可申請文書に添付された履歴書の記述にしたがって 1892 年とした.

◆第Ⅱ部第 5 章

1) 川島真「社会主義とナショナリズム　1920 年代」(和田春樹他編『岩波講座東アジア近現代通史 4　社会主義とナショナリズム』岩波書店，2011 年)12 頁.

2) 'Our Financial Problems', *The Presbyterian Messenger*, (Oct. 1918), p. 183.

3) 中国における教育権回収運動に関しては，佐藤尚子著／阿部洋編『中国ミッションスクールの研究――米中教育交流史研究序説』(龍渓書舎，2010 年)を参照.

4) Presbyterian Church of England, *Report of the Foreign Mission Committee*, (London, 1926), p. 1, p. 8, p. 15.

5) Ibid., p. 24.

6) 台湾議会設置請願運動については，若林正丈『台湾抗日運動史研究　増補版』(研文出版，2001 年)第一篇，周婉窈(若松大祐訳)「台湾議会設置請願運動についての再検討」(和田春樹他編『岩波講座東アジア近現代通史 5　新秩序の模索』岩波書店，2011 年)を参照.

7) *GA of PCE*, 1929, pp. 522–523.

8) 服部龍二『東アジア国際環境の変動と日本外交　1918–1931』(有斐閣，2001 年)54–57 頁.

9) 地方制度と台湾教育令の関係については，藤井康子「第 2 次台湾教育令期における中学校設置問題――中学校の支持基盤に着目して」(『京都大学大学院教育学研究科紀要』第 57 号，2011 年)を参照.

10)「教育令の改正実施に関する田総督諭告」(台湾総督府『詔勅・令旨・諭告・訓達類纂』台湾総督府，1941 年)404–405 頁.

11)「巻頭言　新教育令の精神」『台湾時報』第 33 号，1922 年 4 月.

12) 矢内原忠雄『帝国主義下の台湾』(岩波書店，1929 年)203 頁.

13) 同前書，206 頁，215 頁.

14) 広川淑子「第 2 次朝鮮教育令の成立過程」『北海道大学教育学部紀要』第 30 号，1977 年 10 月.

15) 呉文星・広瀬順晧・黄紹恒・鐘淑敏主編『台湾総督田健治郎日記』中巻(台北：中央研究院台湾史研究所，2006 年)274 頁.

16) 末松偕一郎「世界的植民地政策の革新と我が新教育令」『台湾時報』第 33 号，1922 年 4 月．なお，第 2 次台湾教育令の制定過程に関する研究として弘谷多喜夫・広川淑子・鈴木朝英「台湾・朝鮮における第 2 次教育令による教育体系の成立過程――内地延長主義と民族的教育要求の体制内把握をめぐる矛盾」(『教育学研究』第 39 巻第 1 号，1972 年 3 月)がある.

17)「台湾教育令」(JACAR Ref. A03034092900，『枢密院会議文書　決議』国立公文書

館）．「㊙普通学校，高等普通学校及女子高等普通学校ニ関スル件」．

18）朝鮮総督府『大正九年　朝鮮総督府統計年報』（朝鮮総督府，1922年）22–23頁．

19）「台湾教育令ヲ定ム」（JACAR Ref. A01200503500，『公文類聚　第四十六編』国立公文書館）．

20）「エドワード，バント外私立台南長老教中学設立認可ノ件」（『大正11年台湾総督府公文類纂　永久保存　第148巻』簿冊番号3418，文書番号6）．台南州知事発総務長官宛「私立中学校ニ関スル件」（1922年5月10日）に付された別紙資料．

21）菅原亮芳の研究によれば，専検試験検定の受検者の多くは，高等小学校卒業者や，中学校・高等女学校・実業学校という中等教育機関の中退者などであり，昼間働き，講義録や夜学・予備校を利用しながら苦学していたという（菅原亮芳『近代日本における学校選択情報――雑誌メディアは何を伝えたか』学文社，2013年，347–358頁）．菅原はまた，私学出身の人びとが文官高等試験に合格したとしても，官界に多くの「先輩」を持つ帝大法科出の人びとに対して圧倒的に不利な状況に置かれていたことや，新聞配達をしながら「苦学」する青年の夢を鮮やかに描き出している．そうした「苦学」する日本人青年の経験と，台湾人青年の経験に通底するものがあったのではないか．それは，台湾人青年の場合でも，政治的自治や独立を求める夢に先立って，個人的「成功」の夢を追うのが当然だということでもある．そのような仮説に立ったうえで，日本人青年の経験と台湾人青年の経験がどのような点で重なり，どのような点ですれ違うのかという問題を掘り下げる必要がある．

22）1920年には徴兵令上の特典に関する認定は陸軍大臣と文部大臣が共同で行うことになり，「公立私立学校認定ニ関スル規則」はもっぱら文官任用令上の特典にかかわる認定のためのものとなった．なお，専検制度と「公立私立学校認定ニ関スル規則」の変遷について，三上敦史「近代日本における「中学校程度」の認定史」（『北海道大学大学院教育学研究科紀要』第103号，2007年12月）を参照．

23）『明治学院百年史』（明治学院，1977年）211頁．

24）米田俊彦「大正・昭和初期　道府県別中学校一覧　その2　私立中学校」（財団法人日本私学教育研究所『教育制度の研究（その15）』1990年），同「高等女学校関係文部省告示記事要旨一覧（1）」（財団法人日本私学教育研究所『教育制度の研究（その19）』1994年），同「高等女学校関係文部省告示記事要旨一覧（2）」（財団法人日本私学教育研究所『教育制度の研究（その20）』1995年）．

25）米田俊彦『近代日本教育関係法令体系』（港の人，2009年）473頁．

26）前掲「エドワード，バント外私立台南長老教中学設立認可ノ件」．台南州知事発総務長官宛「私立中学校ニ関スル件」1922年5月10日．

27）同前所収．総務長官発台南州知事宛「私立中学校ニ関スル件」1922年9月26日．

28）李省展『アメリカ人宣教師と朝鮮の近代――ミッションスクールの生成と植民地下の葛藤』（社会評論社，2006年）219頁．

29）前掲「エドワード，バント外私立台南長老教中学設立認可ノ件」所収．総務長官発台南州知事宛「私立中学校ニ関スル件」1922年9月26日．

30）同前．「ゼヱーロイド私立台南長老教女学校設立認可ノ件」(『大正 11 年台湾総督府公文類纂　永久保存　第 148 巻』簿冊番号 3418，文書番号 12)．「ケニネス，ウヰリアム，ダウヰ私立淡水中学設立認可ノ件」(『大正 11 年台湾総督府公文類纂　永久保存　第 147 巻』簿冊番号 3417，文書番号 8)．「マーベル・ジクレージー私立淡水女学院設立認可ノ件」(『大正 11 年台湾総督府公文類纂　永久保存　第 148 巻』簿冊番号 3418，文書番号 4)．

31）「台南長老教中学校学則中変更」(『大正 2 年台湾総督府公文類纂　永久保存　第 41 巻』簿冊番号 2260，文書番号 28)．

32）「私立淡水中学校設立認可」(『大正 3 年台湾総督府公文類纂　永久保存　第 42 巻』簿冊番号 2261，文書番号 1)．

33）「私立台南長老教中学校友会会員名簿」『私立台南長老教中学校友会会報』第 1 号(私立台南長老教中学校友会，1931 年 8 月)によれば，名前から内地人と思われるのは山崎源(1918 年入学)と浅子英太郎(1924 年入学)．なお，このほかに『輔仁』第 6 号(1929 年)の「学友名簿」の第 4 学年に山口誠という名前が見られるが，上の校友会名簿には掲載されていない．

34）「府令第六六号公立中学校規則改正」(『大正 11 年台湾総督府公文類纂　永久保存　第 144 巻』簿冊番号 3414，文書番号 21)．

35）韓晳曦『日本の朝鮮支配と宗教政策』(未来社，1988 年)160 頁．

36）本康宏史「台湾神社の創建と統治政策――祭神をめぐる問題を中心に」(台湾史研究会編『台湾の近代と日本』中京大学社会科学研究所，2003 年)314 頁．

37）横森久美「台湾における神社――皇民化政策との連関において」台湾近現代史研究会編『台湾近現代史研究』第 4 号，1982 年．なお，菅浩二「「台湾の総鎮守」御祭神としての能久親王と開拓三神――官幣大社台湾神社についての基礎的研究」(『明治聖徳記念学会紀要』第 36 号，2002 年 12 月)によれば，「天皇・皇族であっても同時代人を「総鎮守」或いは官国幣社に祭ることはきはめて異例」という．台湾ではこの「きはめて異例」のことが常態化していたことになる．

38）*GA of PCC*, 1926, p. 48.

39）カナダ連合教会の成立とそれが台湾に与えた影響に関しては，鄭仰恩「論加拿大教会連合運動及其対台湾教会的影響」(『定根本土的台湾基督教』台南：人光出版社，2005 年)を参照．

40）*GA of PCE*, 1923, pp. 461–462.

41）*Synod of PCE*, 1920, p. 463.

42）林茂生「本校創立四十週年の回顧」『私立台南長老教中学校友会雑誌』第 2 号(私立台南長老教中学，1925 年 7 月)4–5 頁．

43）黄武東『黄武東回憶録――台湾基督長老教会発展史』(嘉義：嘉西，2009 年)44 頁．

44）「エドワード，バント外一名私立台南長老教中学予科設置並学則ノ一部改正認可」(『大正 12 年台湾総督府公文類纂　15 年保存　第 28 巻』簿冊番号 7188，文書番号 25)．

45)『府報』第 1820 号，1919 年 4 月 30 日，同第 1986 号，1919 年 12 月 5 日．
46)『府報』第 2006 号，1919 年 12 月 28 日．
47)『府報』第 2086 号，1922 年 12 月 3 日．
48)「台南商専問題」『台南新報』1922 年 2 月 23 日付．「再び商業学校問題に就きて」『台湾日日新報』1922 年 3 月 3 日付．
49)「大正六年以後卒業生」『私立台南長老教中学校友会雑誌』第 1 号(私立台南長老教中学，1924 年 6 月)76 頁，78 頁．
50) なお，米田俊彦編の資料集によれば，「外国ノ学校卒業者ニシテ文部大臣ノ認定シタル者指定ノ件」(1929 年文部省告示第 266 号)では，「専門学校入学者検定規程ニ依リ左記ノ者ヲ専門学校入学ニ関シ中学校若ハ修業年限四年ノ高等女学校卒業者ト同等以上ノ学力ヲ有スルモノト指定ス　外国ノ学校ヲ卒業シタル者ニシテ文部大臣ノ認定シタル者」と規定している(前掲米田『近代日本教育関係法令体系』477 頁)．これは「外国」の学校を対象とした法令なので，台湾の学校には適用されたとは考えにくい．ただし，文部大臣が「認定」した学校を，専検による無試験検定の「指定」を受けたものとみなすという「認定→指定」という構造は，台湾の事例と共通している．
51) 王金帯「私学振興」『輔仁』第 6 号(私立台南長老教中学校友会，1929 年 7 月)21 頁．
52)『職員録　大正十二年』(内閣印刷局，1924 年)28 頁．
53) 週刊朝日編『値段史年表――明治・大正・昭和』(朝日新聞社，1988 年)によれば，1922 年当時の大卒銀行員初任給 50 円，2012 年の大卒初任給平均が厚生労働省「平成 24 年賃金構造基本統計調査結果(初任給)」によれば 199,600 円という数字を元にして試算した．なお，企業物価指数(戦前基準)を用いて換算すると 1922 年の 100 円は今日の 5–6 万円となる．中等学校教員の給与としてはあまりに安すぎることから，この局面では企業物価指数による換算は不適当と判断した．
54) 植民地における加俸について，岡本真希子『植民地官僚の政治史――朝鮮・台湾総督府と帝国日本』(三元社，2008 年)第 1 部第 4 章参照．
55) 前掲王金帯「私学振興」21 頁．
56) 下地恵榮『風雪七十五年』(守礼企画，1975 年)85 頁．
57)「林茂生任台南高等工業学校教授，俸給」(『昭和 6 年台湾総督府公文類纂　甲種永久保存』簿冊番号 10064，文書番号 18)．
58) Shoki Coe, *Recollections and Reflections*, (New York: The Rev. Dr. Shoki Coe's Memorial Fund, 1993), p. 66.
59) 前掲『黄武東回憶録』53 頁．
60) 林燕臣「故呉先生鏡秋弔辞」『台湾教育』第 277 号，1925 年 7 月．
61) 前掲『黄武東回憶録』55 頁．
62) *GA of PCE*, 1925, p. 143.
63)「三屋大五郎外五名公学校教員検定ノ件」(『明治 32 年台湾総督府公文類纂　乙種永久保存　第 50 巻』簿冊番号 418，文書番号 10)．

64)「1. 第四十四議会／9. 支那留学生ニ対スル建議案提出ノ件」1921年3月14日(JACAR Ref. B0304144190,『外務省記録』B-1-5-2-015, 外務省外交史料館).

65) 台南長老大会『聚珍堂史料3　南部大会議事録(二)1914–1927』(台南：教会公報社, 2004年)289頁.

66)『府報』第3238号, 1924年5月20日.

67)「台南長老教中学基金募集趣意書」前掲『私立台南長老教中学校友会雑誌』第1号, 81頁.

68) E. Band, 'Report of the Presbyterian Middle School Tainan, Formosa', 1924, PCE FMA, Mf. no. 153–154.

69) 林茂生「寄附金募集の経過に就き校友会諸君に告ぐ」『私立台南長老教中学校友会雑誌』第3号(私立台南長老教中学, 1926年7月)1–2頁.

70)「募集金の八万八千円　学校の基金に　繰入る事に決定　台南の長老教中学校　きのふ理事会を開いて」『台湾日日新報』1934年4月22日付.

71) 賴永祥「「同志社普通学校」──劉青雲憶古談」『壹葉通訊』第42号, 1985年3月.「賴永祥長老史料庫」(http://www.laijohn.com/Laus/Lau,Chun/recollections/1910-1915.htm)中の記事により確認(2013年6月10日).

72) 林獻堂著／許雪姫・鐘淑敏主編『灌園先生日記(二)一九二九年』(台北：中央研究院台湾史研究所籌備処・中央研究院近代史研究所, 2001年)199頁, 1929年7月20日条. なお, 林獻堂は日付を新暦と旧暦の双方で記しているが, 本書を通じて出典日付は新暦で示すことにする. 原文はすべて漢文.

73)「学校要録」前掲『私立台南長老教中学校友会雑誌』第3号, 71頁.

74)「Tâi-lâm Tiúⁿ-ló-kàu Tiong-óh Hō-oān-hōe(台南長老教中学後援会)」『台湾教会報』第525号, 1928年12月, 4頁.

75)「第二回台南長老教中学後援会大会記録」前掲『輔仁』第6号, 149頁. 原文は漢文.

76) 葉榮鐘『日拠下台湾政治社会運動史』下巻(台中：晨星出版, 2000年)327頁.

77)「文協夏季学校」『台南新報』1924年8月16日付.

78)「夏季学校招生」『台湾新聞』1925年7月8日付. 本資料および注79, 注81の資料は, 中央研究院文化中心による「典蔵台湾」(http://digitalarchives.tw/)より入手した.

79)「一九二四年八月一三日第一回夏季学校上課筆記(林茂生「倫理哲学」課)」.

80) 林茂生「カントの生涯」前掲『私立台南長老教中学校友会雑誌』第1号, 12頁.

81)「海水浴場即事」. この漢詩の解釈にあたっては, 陳威瑨氏と祝若穎氏から多大なご教示をいただいた. 記して謝意を表したい.

82) 前掲葉榮鐘『日拠下台湾政治社会運動史』下巻, 345–346頁.

83) 台湾総督府警務局『台湾総督府警察沿革誌第二編　領台以後の治安状況(中巻)台湾社会運動史』(1939年)150頁.

84) 林獻堂著／許雪姫・呂紹理主編『灌園先生日記(六)一九三三年』(台北：中央研究院台湾史研究所籌備処・中央研究院近代史研究所, 2003年)281頁, 1933年7月18

日条．林獻堂と林茂生の交友については，黄子寧「林獻堂與基督教(1927–1945)」(許雪姫編『日記與台湾史研究――林獻堂先生逝世50週年紀念論文集』(台北：中央研究院台湾史研究所，2008年)に詳しい．

85) 林獻堂著／許雪姫・何義麟主編『灌園先生日記(三)一九三〇年』(台北：中央研究院台湾史研究所籌備処・中央研究院近代史研究所，2001年)219頁，1930年7月3日条．

86) 林獻堂著／許雪姫主編『灌園先生日記(一)一九二七年』(台北：中央研究院台湾史研究所籌備処・中央研究院近代史研究所，2000年)81頁，1927年2月13日条．

87) 林獻堂著／許雪姫・周婉窈主編『灌園先生日記(五)一九三二年』(台北：中央研究院台湾史研究所籌備処・中央研究院近代史研究所，2003年)486頁，1932年12月3日条．「中部伝道旅行紀行」『輔仁』第9号(私立台南長老教中学学友会，1933年3月)41頁．なお，本資料の奥付は1932年3月刊行となっているが，32年12月までの行事の記録が記されていることなどから考えて，1933年3月の誤りと考えられる．

88)「故李春生翁葬儀」『台湾日日新報』1924年11月8日付(漢文欄)．

89)「台湾教育界的当面問題――私立中学的必要」『台湾民報』第81号，1925年11月29日付．

90)「台南長老教中学的基本金已募集十万円了」『台湾民報』第113号，1926年7月1日付．

91) 台湾の場合には義務教育制度が適用されていなかったので，厳密な意味では保護者が就学の義務を負う時期という意味での「学齢期」は規定されていなかった．ただし，統計の典拠たる『台湾総督府学事年報』では，統計の対象たる学齢児童について「大正十一年度以後ハ年齢ハ満六歳一日以上十四年以下ノ者」と定めており，内地と同様に8年間としていたことがわかる．

92) 台湾総督府文教局『昭和五年度　台湾総督府学事第二十九年報』(台湾総督府文教局，1933年)89頁．この場合の「就学率」とは，就学の始期に達した学齢児童のうち，公学校に就学中の者と，公学校の教科を修了した者の合計の占める割合である．

93) 米田俊彦『資料にみる日本の中等教育の歴史』(東京法令出版，1994年)44頁．

94) 台湾の婦女救援基金会が1992年に元日本軍「慰安婦」とされた女性48名に対しておこなった調査の結果によれば，このうち養女あるいは童養媳であった者は半数近くの23名にものぼる．また，公学校・国民学校卒業以上の教育歴を持つ者は48名のなかで5名しかいない(詳しくは，拙稿「台湾植民地支配と台湾人「慰安婦」」Vaww-net Japan編『「慰安婦」・戦時性暴力の実態I――日本・台湾・朝鮮編』緑風出版，2000年を参照)．貧しい家庭に生まれた女子が幼い内に養女に出されて，公学校に学ぶ機会すらないままに，底辺の生活を強いられる構造が存在したといえる．

95) 王耀徳「日本統治期台湾人入学制限のメカニズム」『天理台湾学報』第18号，2009年7月．

96) 前掲『昭和五年度　台湾総督府学事第二十九年報』53頁．

97) 文部大臣官房文書課『日本帝国文部省第五十八年報』上巻(1936年)147頁．

98）Shoki Coe, *op. cit*., pp. 39–40.
99）前掲『黄武東回憶録』53 頁.
100）E. Band, ‘Tainan Presbyterian Middle School Report, 1929’, PCE FMA, Mf. no. 10.
101）「財団法人私立台南長老教中学寄附行為」『私立台南長老教中学校友会雑誌』第 4 号(私立台南長老教中学，1927 年 7 月)129–133 頁.
102）なお，理事の任期が 4 年であることを考えると，李仲義が 1929 年度に新任の理事となりながら，31 年度の理事に名前を連ねていない点が不自然である．1853 年生まれの李仲義が高齢であったことを考えれば，何らかの理由で任期途中に辞退，代わって劉明哲が選出されたと考えられる．すなわち，寄附行為の規定する臨時補欠選挙により李仲義の残任期間をつとめる理事として選出され，33 年度に退任したと推定できる．このように考えると，35 年度の退任理事一覧において劉明哲の名前が見られず，「辞任」とも「任期満了」ともなっていないことと整合的である．
103）「第一回理事会記録」前掲『輔仁』第 6 号，152 頁．原文は漢文.
104）蔡培火『日本々国民に与ふ』(台湾問題研究会，1928 年)67–69 頁.
105）台中一中における同盟休校事件については，張季琳『台湾における下村湖人——文教官僚から作家へ』(東方書店，2009 年)第 3 章を参照.
106）「提倡創弁私立中学」『台湾民報』第 165 号，1927 年 7 月 10 日付.
107）前掲台湾総督府警務局『台湾社会運動史』227–228 頁.
108）「小山重郎任総督府師範学校教諭，俸給，勤務」1928 年 9 月 1 日(『昭和 3 年台湾総督府公文類纂　甲種永久保存』簿冊番号 10219，文書番号 35).
109）Shoki Coe, *op. cit*., pp. 25–26.
110）垂水知恵『呂赫若研究——1943 年までの分析を中心として』(風間書房，2002 年)26 頁.
111）林歳徳『私の抗日天命　ある台湾人の記録』(社会評論社，1994 年)90 頁.
112）「第二回台南長老教中学後援会大会記録」前掲『輔仁』第 6 号，148–151 頁．原文は漢文.
113）「市立の昇格と　私立の条件改変　中等学校拡充につき　文教当局の意向」『大阪朝日新聞台湾版』1936 年 6 月 18 日付.
114）「同休盟業　台南私立長老教中学二年生」『台湾日日新報』1927 年 6 月 27 日付，「一両日中には　全部復校　長老中学盟休生」『台湾日日新報』1927 年 6 月 29 日付.
115）*GA of PCE*, 1930, p. 901.
116）「学校の実況」前掲『私立台南長老教中学校友会雑誌』第 4 号，118 頁.
117）エドワード・バンド「本校創立四十年記念祝賀式に於ける学長式辞」前掲『私立台南長老教中学校友会雑誌』第 3 号，7 頁.
118）Campbell N. Moody, ‘The End of Foreign Missions’, *The Presbyterian Messenger*, (Dec., 1927), pp. 209–210. ムーディーのこの論説については，三野和惠「宣教中後期(1914–31)ムーディの伝道論と実践——伝道師の給与問題を中心に」(『アジア・キリスト教・多元性』第 12 号，2014 年)を参照.

119) 前掲『灌園先生日記(三)一九三〇年』356頁，1930年10月24日条．林獻堂と総督府評議会とのかかわりについては，許雪姫「反抗與屈従——林獻堂府評議会員的任命與辞任」(『国立政治大学歴史学報』第19期，2002年5月)，拙稿「台湾総督府評議会の人的構成」(中京大学社会科学研究所・檜山幸夫編『歴史のなかの日本と台湾』中京大学社会科学研究所，2014年)を参照．
120) 同前書，413頁，1930年12月13日条．
121)「台南長老教中学校将為民衆之教育機関」『台湾民報』第236号，1928年11月25日付(漢文欄)．この宣言書は，12月6日の後援会大会のために起草されたものであり，前掲『輔仁』第6号(150–151頁)にも掲載されている．
122) 以下，生徒の作文からの引用は，前掲『私立台南長老教中学校友会雑誌』第4号による．本文中には作文の学年，作者，頁数のみを記す．なお，校友会雑誌に着目した研究として，斉藤利彦編『学校文化の史的探究——中等諸学校の『校友会雑誌』を手がかりとして』(東京大学出版会，2015年)がある．
123) エドワード・バンド「教育上の「プロジエクト・メソツド」と社会奉仕に就いて」前掲『私立台南長老教中学校友会雑誌』第1号，6頁．
124) Shoki Coe, *op. cit.*, p. 32, p. 34.
125)「体育部々報」『輔仁』第7号(私立台南長老教中学，1930年)87–90頁．
126) Shoki Coe, *op. cit.*, p. 37.
127) 佐藤由美「青山学院の台湾・朝鮮留学生に関する記録【1906–1945】(I)」青山学院大学教育学会紀要『教育研究』第48号，2004年．
128) Shoki Coe, *op. cit.*, pp. 242–244.
129) 冨山一郎『増補　戦場の記憶』(日本経済評論社，2006年)84–85頁．
130) 趙景達『植民地期朝鮮の知識人と民衆——植民地近代性論批判』(岩波書店，2008年)120頁．

◆第Ⅱ部第6章

1)「林茂生任台南高等工業学校教授，俸給」1931年4月1日(『昭和6年台湾総督府公文類纂　甲種永久保存』簿冊番号10064，文書番号18)．
2) 林獻堂著／許雪姫主編『灌園先生日記(一)一九二七年』(台北：中央研究院台湾史研究所籌備処・中央研究院近代史研究所，2000年)111頁，1927年3月14日条．
3)「年中行事要録」『輔仁』第5号(私立台南長老教中学，1928年)127頁．
4) 林獻堂「環球遊記」『林獻堂先生紀念集巻二　遺著』(台北：海峡学術出版社，2005年)147頁．
5) 林獻堂『環球遊記』については，林淑慧「叙事・再現・啓蒙——林獻堂1927年日記及《環球遊記》的再現意義」(政治大学『台湾文学学報』第13期，2008年12月)，黄郁升『林獻堂《環球遊記》及其現代性論述』(台湾師範大学台湾文化及語言文学研究所碩士論文，2011年)等を参照．
6) 賴永祥「少年茂生手写中堂」『教会史話』第1輯(台南：人光出版社，1990年)163

頁.
7) 李筱峰『林茂生・陳炘和他們的時代』(台北：玉山出版，1996年)28頁.
8)「卒業論文題目」『東亜研究』第6巻第5号，1916年5月.
9) 林茂生「王陽明の良知説」『東亜研究』第6巻第8号，1916年8月.
10) 林茂生「王陽明の良知説(承前)」『東亜研究』第6巻第11・12号，1916年12月.
11) 前掲李筱峰『林茂生・陳炘和他們的時代』33頁.
12) 呉新榮「震瀛回憶録」(呂興昌総編輯『南瀛文学家呉新榮選集3』台南：台南縣文化局，1997年)56–57頁.
13) 藤井康子「1920年代台湾における台南高等商業学校設立運動」『日本の教育史学』第48集，2005年.
14) 崎山政毅『サバルタンと歴史』(青土社，2001年)100頁.
15) この学位論文は，コロンビア大学ティーチャーズ・カレッジ図書室特別室に所蔵されている原本(請求番号071929 no. 78c. 2)のほか，阿部洋編『日本植民地教育政策史料集成(台湾篇)』第35巻(龍渓書舎，2008年)における翻刻，林茂生愛郷文化基金会が2000年に刊行した中文への翻訳版(林詠梅訳『日本統治下台湾的学校教育——其発展及有関文化之歴史分析與検討』台北：新自然主義股份有限公司，2000年)，および同時に刊行した英語版，日文への翻訳版(古谷昇・陳燕南訳『日本統治下の台湾の学校教育』拓殖大学，2004年)がある．中文訳は林茂生の娘である林詠梅によってなされたものであり，翻訳という作業それ自体に万感の思いが込められていることが序文からも伝わってくる．ただし，中文訳も日文訳も，タイトルのpublic educationを「公教育」ではなく「学校教育」と訳しているなどの問題がある．加えて，日文訳には不正確な訳語が非常に多い．たとえば「高等普通学校」という学校種別の名称を中文訳では正しく翻訳しているのに対して，日文訳では「男子普通学校」としている．日文訳における杜撰な翻訳のあり方は，新渡戸稲造の植民政策論を高く評価する拓殖大学総長の「序」と相まって，ほとんど著者への冒瀆ともいうべき域に達している．
16) 祝若穎「日治後期杜威教育思想在台湾之引進與實踐」『當代教育研究(TSSCI)』第19巻第1期，2011年．このほかに，林茂生の教育思想について論じたものとして，楊正堂『林茂生文化理念與教育實踐』(東華大学碩士論文，2004年)，陳美伶『林茂生文教活動之研究(1887–1947)』(台湾師範大学碩士論文，2006年)などがある．
17) 吉野秀公『台湾教育史』(台北：台湾日日新報社，1927年)580頁.
18) J. H. Arnold, *Education in Formosa*, (Washington: Government Printing Offices, 1908).
19) 小林哲也「アメリカ，イギリス，ドイツにおける比較教育学の成立と発展(1)」『ICU教育研究』第V号，1958年.
20) 矢内原忠雄と蔡培火・林獻堂ら台湾人の関係について，何義麟『矢内原忠雄及其「帝国主義下の台湾」』台北：台湾書房，2011年)，若林正丈「矢内原忠雄と植民地台湾人——植民地自治運動の言説同盟とその戦後」(『東京大学大学院総合文化研究科地域文化研究専攻紀要Odysseus』第14号，2010年3月)を参照．若林正丈はまた，

『帝国主義下の台湾』という学知を媒介として「日台関係史の新たな位相を浮かびあがらせていくことができるのではないだろうか」と論じている(若林「台湾をめぐる学知の日台関係史への誘い――序に代えて」前掲何義麟『矢内原忠雄及其「帝国主義下の台湾」』). 林茂生の学位論文も，この「学知の日台関係史」の重要な構成要素となりうるだろう.

21) 矢内原忠雄『帝国主義下の台湾』(岩波書店，1929年)254–255頁.

22) 台湾総督府警務局保安課図書掛「台湾出版警察報」第7号，1930年2月(台湾総督府警務局保安課図書掛編『復刻版　台湾出版警察法』第1巻，不二出版，2001年，101頁).

23) 王育徳『台湾――苦悶するその歴史』(弘文堂，1970年)131頁.

24) 山川均と連温卿の台湾解放論については，呉叡人「誰是「台湾民族」?――連温卿与台共的台湾解放論与台湾民族形成論之比較」中央研究院台湾史研究所『地方菁英與台湾農民運動』(台北：中央研究院台湾史研究所，2008年)を参照.

25) 台湾先住少数民族の教育にかかわる問題群を精緻に論じた研究として，北村嘉恵『日本植民地下の台湾先住民教育史』(北海道大学図書刊行会，2008年)がある.

26) 若林正丈『台湾の政治――中華民国台湾化の戦後史』(東京大学出版会，2008年)38頁.

27) 芝山岩事件については，拙稿「芝山岩」(板垣竜太・鄭智泳・岩崎稔編『東アジアの記憶の場』河出書房新社，2011年)参照.

28) J. H. Arnold, *op. cit.*, p. 67.

29) 檜山幸夫「台湾総督府文書と日本の近代行政文書」(檜山幸夫編『台湾総督府文書の史料学的研究』ゆまに書房，2003年)110頁.

30)「根源的自発性」という概念は，大田堯『大田堯自撰集成4　ひとなる　教育を通しての人間研究』(藤原書店，2014年，15頁)がデューイの思想の解釈にかかわって提示したものである.

31) 岡本真希子『植民地官僚の政治史――朝鮮・台湾総督府と帝国日本』(三元社，2008年)314頁．なお，呉文星によれば，1945年まで射程を伸ばしたとしても，林茂生のような教師や医師を含めて，高等官はわずか29名にとどまった(呉文星『台湾社会領導階層之研究』台北：正中書局，1992年，203頁).

32) 同前書，269–279頁.

33)「台南公会堂の二集会」『台湾民報』第300号，1930年2月15日付.

34) 林茂生「祝台湾新民報発刊十周年」『台湾新民報』第322号，1930年7月16日付.

35) Shoki Coe, *Recollections and Reflections*, (New York: The Rev. Dr. Shoki Coe's Memorial Fund, 1993), p. 83.

36) 林宗義「殉道者雖亡，其影響力卻将起始」前掲林茂生(林詠梅訳)『日本統治下台湾的学校教育』21頁.

37) 寺﨑昌男「解説」(『阿部重孝著作集』第8巻，日本図書センター，623–624頁)では，この『教育年報』誌上の阿部論文をとりあげて「台湾・朝鮮において展開された同化

＝皇民化政策をそのまま肯定し，それを他国との対比において讃美ないし擁護する論旨」を批判しつつ，「阿部における教育の機会均等，制度民主化の思想と国家主義とのかかわり」について阿部の全業績を通じて再検討する必要があると論じている．この点については，他日を期して取り組むこととしたい．

38）Shigetaka Abe, 'Education in Formosa and Korea', in I. L. Kandel ed., *Educational Yearbook of the International Institute of Teachers College, Columbia University, 1931*, (New York, 1932), p. 681.

39）I. L. Kandel, 'The Education of Indigenous Peoples', in I. L. Kandel ed., *op. cit.*, p. xii.

40）Ibid., pp. xi–xii.

41）Marrie Copland, *A Lin Odyssey*, (Brewster: Paraclete Press, 1987), p. 30. 前掲李筱峰『林茂生・陳炘和他們的時代』109 頁．なお，マリー・コープランドは宣教師の妻として台湾に滞在した経験を持つ．その著書は，林宗義からのインタビューを基本として，林燕臣・林茂生・林宗義という親子三代の歩みを描いたものである．

42）所澤潤「専門学校卒業者と台北帝国大学――もう一つの大学受験世界」近代日本研究会編『年報・近代日本研究　第 19 号　地域史の可能性　地域・日本・世界』(山川出版社，1997 年)．

43）李東華「光復初期的台大文学院(1945–50)――羅宗洛接収時期」周樑楷編『結網二編』(台北：東大図書公司，2003 年)457 頁．なお，台北帝国大学文政学部設置の経緯については，李恒全「台北帝国大学設立計画案に関する一考察――幣原坦の設立構想を中心に」(『神戸大学大学院人間発達環境学研究科研究紀要』第 1 巻第 1 号，2007 年 11 月)を参照．

44）学生主事については，岩田康幸「学会への動員状況」(駒込武・川村肇・奈須恵子『戦時下学問の統制と動員』東京大学出版会，2011 年)参照．

45）近藤寿治『ひとすじの道』(学校図書株式会社，1986 年)186 頁．

46）同前書，183 頁．

47）近藤寿治「再版に序す」『人間学と国民教育』(宝文館，1934 年，初版は 1933 年)5 頁．近藤寿治の教育研究に関しては，拙稿「近藤寿治「日本教育学」成立事情」(前掲駒込他『戦時下学問の統制と動員』)参照．

48）井上達夫『普遍の再生』(岩波書店，2003 年)x 頁．

49）Gi-wook Shin and Michael Robinson, *Colonial Modernity in Korea*, (Cambridge Mass. and London, Harvard University Press, 1999), p. 11.

50）「林茂生氏書信　其二」『輔仁』第 6 号(私立台南長老教中学，1929 年 7 月)160 頁．

51）*GA of PCE*, 1928, p. 145.

52）「第一回理事会記録」前掲『輔仁』第 6 号，151 頁．

53）「林茂生氏書信　其一」同前，159 頁．

◆第Ⅱ部小括

1）H. アーレント(大島かおり訳)『ラーエル・ファルンハーゲン――ドイツ・ロマン派

のあるユダヤ女性の伝記』(みすず書房，1999年)12頁.

2) 森川輝一『〈始まり〉のアーレント――「出生」の思想の誕生』(岩波書店，2010年)103頁.

3) 社会的に周縁化された人びとによる学びの場を「公共圏」という言葉でとらえた例として，徐阿貴《ソアギ》の研究がある(徐阿貴『在日朝鮮人女性による「下位の対抗的な公共圏」の形成――大阪の夜間中学を核とした運動』御茶の水書房，2012年)．夜間中学における在日朝鮮人女性の学びの場を「対抗的公共圏」としてとらえる問題設定には共感できる．ただし，夜間中学が教育委員会の監督下にあることにより公共性がどのように制約されているのかという次元を含めて，公共圏としての質的な変化を明確にする必要があろう．また，民間の識字学級が在日朝鮮人女性の学びの場として持つ意味と夜間中学におけるそれとがどのように異なるのか，「対抗的公共圏」という言葉がより適切なのは後者なのではないかという観点からの検討も必要と思われる．民間の識字学級における在日朝鮮人女性の学びに関しては，山根実紀「在日朝鮮人女性の識字教育の構造――1970–80年代京都・九条オモニ学校における教師の主体に着目して」(松田素二・鄭根植編『コリアンディアスポラと東アジア社会の現在』京都大学学術出版会，2013年)を参照.

4) この規則にあえて類似した性格の法令を求めるとするならば，「北海道旧土人保護法」(1899年)においてアイヌ民族の土地を「共有財産」として北海道庁が管理することとしながら，「北海道庁長官ハ内務大臣ノ認可ヲ経テ共有者ノ利益ノ為ニ共有財産ノ処分ヲ為シ又必要ト認ムルトキハ其ノ分割ヲ拒ムコトヲ得」(第十条)と定めたことを挙げることができるかもしれない．山田伸一が指摘しているように，このような規定は，アイヌ民族のリーダー層が「共有財産」を自分たちで決定した使用目的のために使いたいと考えたとしても，道庁の許可をえることができなければ使用できない状況を作り出した(山田伸一『近代北海道とアイヌ民族――狩猟規制と土地問題』北海道大学出版会，2011年，353–361頁)．ここでは「共有財産」の使用をめぐって，アイヌ民族が結束して公共圏を形成していくことが阻まれているともいえる．他方，板垣竜太の研究によれば，植民地支配下の朝鮮では契という在来の方式を通じて蓄積された共有財産が書房の維持や私立学校創設の土台となったということであり，アイヌ民族や台湾をめぐる状況と鋭い対照をなす(板垣竜太『朝鮮近代の歴史民族誌――慶北尚州の植民地経験』明石書店，2008年)．この点について，「植民地」とは何かという問題とあわせてさらに掘り下げて考察する作業については，他日を期したい.

5) Peter Van Der Veer, *Imperial Encounters: Religion and Modernity in India and Britain*, (Princeton, New Jersey and Woodstock, Oxfordshire: Princeton University Press), pp. 20–27. ヴェーアの論の重要性については，磯前順一『近代日本の宗教言説とその系譜――宗教・国家・神道』(岩波書店，2003年)序章に教えられたところが大きい.

6) Ryan Dunch, *Fuzhou Protestants and the Making of a Modern China, 1857–1927*, (New Haven and London: Yale University Press, 2001), pp. 198–199.

7) ユルゲン・ハーバーマス(河上倫逸・耳野健二訳)『事実性と妥当性――法と民主的

法治国家の討議理論にかんする研究』下巻(未来社，2002 年)105 頁.
8) 花田達朗『メディアと公共圏のポリティクス』(東京大学出版会，1999 年)31–32 頁，37–41 頁.
9) テッサ・モーリス＝鈴木(大川正彦訳)『辺境から眺める――アイヌが経験する近代』(みすず書房，2000 年)193–194 頁.
10) 鳥山淳は，敗戦直後の沖縄における「自治」への希求に着目しつつ，復興への希求とのはざまで実現を阻まれて断裂を抱え込まされた経緯を明らかにしている(鳥山淳『沖縄／基地社会の起源と相剋 1945–1956』勁草書房，2013 年，4–5 頁).「自治」が核心的問題であった点には，本書で論じる台湾の状況に通底する問題があるように思われる.
11) テッサ・モーリス＝スズキ「マイノリティと国民国家の未来」キャロル・グラック他編『日本の歴史 25　日本はどこへ行くのか』(講談社，2003 年)141 頁.
12) ユルゲン・ハーバーマス(細谷貞雄・山田正行訳)『公共性の構造転換(第 2 版)』(未来社，1994 年)XXXIX–XL 頁.

◆第Ⅲ部序

1) 大木康栄「国体明徴運動と軍部ファシズム」『季刊　現代史』第 2 号，1973 年 5 月，196–198 頁.
2) 藤井忠俊『在郷軍人会――良兵良民から赤紙・玉砕へ』(岩波書店，2009 年)219 頁，249 頁.
3) 史料上の用語としては「内敵」という表現が多いものの，文富軾《ムンブシク》(板垣竜太訳)「「光州」二十年後――歴史の記憶と人間の記憶」(『現代思想』第 29 巻第 2 号，2001 年 7 月)の用例に倣って「内部の敵」という表現を用いることにしたい．文富軾が「内部の敵」を容赦なく摘発する体制として想定しているのは戦後韓国のことであるが，それは「全体主義」という時代経験が日本植民地期から戦後韓国へと継続したことを示唆するものともいえる.
4) 藤井忠俊「民衆動員について考えたこと」『季刊　現代史』第 2 号，1973 年 5 月，5 頁.
5) 従来の「日本ファシズム」研究において語られてきた対象と方法は，本書のそれと重なるところもありながらも微妙にずれるところもある．たとえば，須崎愼一『日本ファシズムとその時代――天皇制・軍部・戦争・民衆』(大月書店，1998 年)はファシズムにかかわる包括的な研究であり，具体的分析については学ぶべきところが多い．ただし，須崎が，ファシズムの思想や運動を「第一次世界大戦後，社会主義への強烈な反発と，新たな国際秩序(ベルサイユ・ワシントン体制)への不満を主要なインパクトとして登場した」(12 頁)というように概念規定している点については，具体的な分析のあいだに若干の齟齬があるように思われる．たとえば，須崎の研究においてとりあげ，本書第 7 章でも着目する，奄美大島におけるカトリック排撃運動の位置づけである．須崎の指摘している通り，1933 年当時のカトリック教会は反共主義を標榜

しており，社会主義的でも自由主義的でもなかった．それにもかかわらず排撃の対象とされたのは，なぜなのか．また，なぜプロテスタントではなくカトリック教会，それも奄美大島のそれが大衆運動の標的とされたのか．須崎は，その理由をうまく説明できないように思われる．須崎はまた，「満洲事変」によってファシズム運動の「主敵」である共産主義運動の影響力が低下したために，「大衆的ファシズム運動の役割と必要性」〔傍点須崎〕も以前に比して低下したと論じている(須崎前掲書，54–55 頁)．しかし，植民地台湾における出来事を射程に入れるならば，異なった歴史像が立ち現れてくることであろう．なお，須崎が，表面上は暴力を伴わない運動や要求においても「第二，第三の五・一五事件」(同前書，53 頁)を起こすぞという類いの脅しにより対象からの妥協・承認を引き出したと論じている点は重要な着眼であり，本書でも踏襲したい．

6）総力戦体制論の理論化に務めた山之内靖は，総力戦体制が階級やエスニック・グループ，ジェンダーなどの差異に基づく社会的排除のモーメントを社会的制度内に積極的に組み込んで「強制的均質化」を進めながら，社会の機能主義的な再編成を促したと論じ，そこに「戦後」へと続く「システム社会」の成立を見出している(山之内靖「方法的序論　総力戦とシステム統合」山之内靖，ヴィクター・コシュマン，成田龍一編『総力戦と現代化』柏書房，1995 年)．これに対しては，総力戦体制下に「強制的均質化」の契機が存在したのは確かであるにしても，本書で述べる通り，植民地を含む帝国のレベルで考えるならば，社会的排除のモーメントが除去されたとはいえないという問題を提起しておきたい．また，日本の戦中と戦後とのあいだに連続性が認められるのは確かであるものの，台湾と朝鮮の経験に比するならば，相対的に断絶を認めることができるのではないか．換言するならば，かつて日本の植民地とされた台湾・朝鮮において，植民地支配からの解放にもかかわらず全体主義的な体制が継続したことをめぐる連続性にこそ着目すべきなのではないか，と考える．この点はさらに，日本「本土」を念頭において指摘されるような「戦後」が，他の東アジア諸地域において存在したのかという問題にも連なる．この点について，台湾出身の経済史学者劉進慶の「「戦後」なき東アジア・台湾」という言葉が想起されるべきだろう(劉進慶「「戦後」なき東アジア・台湾に生きて」『季刊前夜』第 9 号，2006 年 10 月)．

7）川崎修『アレント――公共性の復権』(講談社，2005 年)41 頁．

8）藤田省三『藤田省三著作集 6　全体主義の時代経験』(みすず書房，1997 年)31 頁．

9）丸山真男『増補版　現代政治の思想と行動』(未来社，1964 年)32 頁．

◆第Ⅲ部第 7 章

1）日本基督教連盟に関しては，土肥昭夫「天皇制狂奔期を生きたキリスト教――日本基督教連盟を中心として」(富坂キリスト教センター編『十五年戦争期の天皇制とキリスト教』新教出版社，2007 年)，基督教教育同盟会については，キリスト教学校教育同盟百年史編纂委員会『キリスト教学校教育同盟百年史』(キリスト教学校同盟，2012 年)を参照．

2) 古屋哲夫「民衆動員政策の形成と展開」『季刊　現代史』第 6 号，1975 年 8 月，31 頁.

3) 赤澤史朗『近代日本の思想動員と宗教統制』(校倉書房，1985 年)200–201 頁.

4) 小林啓治『国際秩序の形成と近代日本』(吉川弘文館，2002 年)205 頁.

5) アントニー・ベスト(奈良岡聰智訳)「「門戸開放」か「勢力圏」か——戦間期のイギリス，日本と中国問題」松浦正孝編著『昭和・アジア主義の実像——帝国日本と台湾・「南洋」・「南支那」』(ミネルヴァ書房，2007 年)135–136 頁.

6)「天晴会概況(朝鮮)」『敬慎』第 3 巻第 2 号，1929 年 12 月.

7) 山口透「全国神職大会並神社問題」『敬慎』第 5 巻第 2 号，1931 年 7 月.

8) E. Band, 'The Educational Situation in Formosa', in Paul. S. Mayer ed., *The Japan Mission Yearbook, formerly The Christian Movement in Japan and Formosa, twenty-seventh edition*, (Tokyo, The Meiji Press, 1929), pp. 273–274.

9) Ibid., p. 272.

10) E. Band, 'Report for 1930', PCE FMA, Mf. no. 29.

11) 日本基督教団宣教研究所教団史料編纂室『日本基督教団史資料集』第 1 巻(日本基督教団出版局，1997 年)178 頁.

12) E. Band, 'The Educational Situation in Formosa', PCE FMA, Mf. no. 9.

13) 鹿児島県立大島中学校校友会編『更生の大島中学校』(1930 年)14–15 頁．宮下正昭『聖堂の日の丸——奄美カトリック迫害と天皇教』(南方新社，1999 年)36–40 頁.

14)「頻々として起る　神社参拝拒否問題　その多くはキリスト教徒　然し真宗派の運動の影響なきや？」『皇国時報』第 394 号，1930 年 8 月 21 日.

15)「神社問題の研究　神社宗教非宗教論に就て」『皇国時報』第 401 号，1930 年 11 月 1 日.

16) 美濃部達吉「神社の性質と信教の自由」『神社協会雑誌』第 29 年第 7 号，1930 年 7 月．この美濃部の論については，前掲赤澤『近代日本の思想動員と宗教統制』162 頁で神社信仰強制の違憲性を示したものとして着目している．これに加えて，美濃部が「神霊」を礼拝し崇敬するものは宗教だとしている点は，「宗教」の定義としても注目に値する．近代日本における「宗教」概念の形成過程について論じた磯前順一によれば，英語のレリジョン Religion の訳語には二つの系統があり，ひとつは「宗旨」のようなプラクティス(非言語的な慣習行為)を中心としたものであり，もうひとつは「教法」のようなビリーフ(概念化された信念体系)を中心とするものである．「宗教」という言葉がレリジョンの訳語として定着する過程でビリーフ中心的な宗教概念が支配的となり，プラクティス的民間信仰は「迷信」として抑圧された．さらに，大日本帝国憲法制定と教育勅語発布により，公的領域に属するものとしての「道徳」と私的領域に属するものとしての「宗教」という区分が成立するとともに，政府がキリスト教や仏教との競合関係から神道を防御するために，ビリーフ中心の宗教概念を逆手にとって神社非宗教論という「強弁」をおこなったとされる(磯前順一『近代日本の宗教言説とその系譜——宗教・国家・神道』岩波書店，2003 年，35 頁，51 頁，54 頁)．磯前の整理に従うならば，プラクティス的側面を含めて「宗教」を定義する

美濃部の考えは，ビリーフ中心の宗教概念の批判的な捉え返しという意味を備えていることになろう．

17）「昭和五年度学校暦」『輔仁』第 8 号(私立台南長老教中学，1931 年 12 月)129 頁.

18）E. Band, ‘Report for 1930’, PCE FMA, Mf. no. 29.

19）「Lūn Sîn-siā būn-tê(論神社参拝問題)」『台湾教会報』第 546 巻，1930 年 9 月.

20）前掲『キリスト教学校教育同盟百年史』37 頁，77 頁.

21）辻直人の研究によれば，基督教教育同盟会の『第十九回総会記録』の加盟校一覧に台南長老教中学が列記されるようになるが，教育同盟総会で加盟校として承認および紹介された記録はなく，加盟の経緯は判然としないところがあるという(辻直人「台南長老教中学の教育同盟加盟の背景と意義について」キリスト教学校教育同盟『百年史紀要』第 8 号，2010 年 6 月).

22）若林正丈『台湾抗日運動史研究　増補版』(研文出版，2001 年)106–110 頁.

23）田川大吉郎による多様な活動の全体像については，遠藤興一『田川大吉郎とその時代』(新教出版社，2004 年)を参照.

24）『第十九回総会記録』(基督教教育同盟会，1930 年)21 頁．本資料は，同盟会の百年史編纂にあたられた榑松かほる教授(桜美林大学)のご厚意により入手できたものである．記して謝意を表したい.

25）E. Band, ‘Report of Tainan Presbyterian Middle School 1931’, PCE FMA, Mf. no. 30.

26）Minutes of the Formosa Mission Council, Jan. 27, 1931, PCE FMA, Mf. no. 11.

27）F. Healey, ‘The New Generation in Formosa’, *The Presbyterian Messenger*, No. 1041, (Dec., 1931), p. 211.

28）張漢裕主編『蔡培火全集一　家世生平與交友』(台北：呉三連台湾史料基金会，2000 年)182 頁，1931 年 8 月 14 日条．なお，蔡培火は，1929 年 7 月 31 日には「基督教と家庭」，30 年 8 月 5 日には「基督教の本質」という表題で演説している(同前書，101 頁，142 頁).

29）L. Singleton, ‘Evangelising in Formosa’, *The Presbyterian Messenger*, No. 1042, (Jan., 1932), p. 246.

30）Hugh Macmillan, *Then Till Now in Formosa*, (London: English and Canadian Presbyterian Mission in Formosa, 1953), p. 90.

31）高井ヘラー由紀「日本植民地統治期の台湾人 YMCA 運動史試論」『明治学院大学キリスト教研究所紀要』第 45 号，2012 年 12 月.

32）「第二回委員会」『台湾基督教青年会連盟報』第 3 号，1933 年 10 月 25 日付．本資料は，高井ヘラー由紀氏のご厚意により入手できたものである．記して謝意を表したい.

33）「五百余の英霊を合祀　靖国神社の臨時大祭」『読売新聞』1932 年 4 月 26 日付夕刊.「尊し貧者の一灯」『読売新聞』1932 年 5 月 3 日付夕刊.

34）田代菊雄「天皇制国家主義教育とカトリック学校(1)——上智大学・暁星中学配属将校引揚事件を中心として」(『ノートルダム清心女子大学キリスト教文化研究所年報』

第 13 号，1991 年 3 月）に掲載された関係者の回想によれば，靖国神社までは行きながら拝殿の前での最敬礼をしなかった学生と，靖国神社に行かずに学校に残った学生がいるとのことだが，このあたりの詳細な事実関係は不詳である．

35）『学校教練　自昭和 7 年 2 月至昭和 15 年 7 月　第 2 冊』文部省 59-3A-32-7，国立公文書館所蔵．上智大学長ヘルマン・ホフマン発専門学務局長赤間信義宛書簡，1932 年 7 月 5 日．上智大学の事件に関しては，久保義三『新版　昭和教育史——天皇制と教育の史的展開』（三一書房，2006 年）がもっとも包括的な研究といえる．本資料の所在についても久保の研究に示唆を受けたものである．

36）山鹿生「神社問答」『聲』昭和七年五月号，1932 年 5 月．

37）「ある日の座談会（続）（子女の宗教々育に就て）」同前所収．

38）前掲『学校教練　第 2 冊』．陸軍次官小磯国昭発文部次官粟屋謙宛「陸軍現役将校学校配属停止ニ関スル件照会」1932 年 6 月 10 日．

39）同前所収．文部次官発天主教会大司教アレキシス・シャンボン宛「天主公教徒タル学生生徒児童ノ神社参拝ニ関スル件」1932 年 9 月 30 日．

40）西山俊彦『カトリック教会の戦争責任』（サンパウロ，2000 年）48 頁．

41）前掲『学校教練　第 2 冊』所収．上智大学学長ヘルマン・ホフマン発文部大臣鳩山一郎宛「配属将校御配属方御願」1933 年 6 月 30 日．別紙「実施事項」中の記述．

42）「「軍教精神に背く」と　配属将校引揚げ決意　上智大学外二校に対して　軍部憤激，文部省狼狽」『読売新聞』1932 年 10 月 14 日付．

43）「本邦ニ於ケル宗教及布教関係雑件／奄美大島ニ於ケル加特利教圧迫問題　分割 1」（JACAR Ref. B04012532700，『外務省記録』I-2-1-0-005，外務省外交史料館）．1934 年 9 月に鹿児島教区長エジト・ロアの起草した説明書類．

44）「カトリック学校生徒の神社参拝拒否問題」『國學院雑誌』第 38 巻第 11 号，1932 年 11 月．

45）「カトリック学校生徒の神社参拝拒否問題（続）」『國學院雑誌』第 38 巻第 12 号，1932 年 12 月号．

46）前掲『学校教練　第 2 冊』所収．富山県知事斎藤樹発内務大臣山本達雄・文部大臣鳩山一郎・各庁府県長官宛「上智大学排撃ニ関スル印刷物郵送ノ件」1932 年 10 月 14 日．

47）「丹羽孝三幹事の手記」（上智大学史資料編纂委員会編『上智大学史資料集』第 3 集，1985 年）111 頁．

48）「上智大学配属将校を懇請」同前書，96 頁．ラテン語による報告の日本語訳．

49）前掲『学校教練　第 2 冊』所収．前掲「配属将校御配属方御願」．

50）『配属将校を迎へたる上智大学』（謄写版，イエズス会聖三木図書館所蔵）4 頁．発行年月は不詳だが，「本年一月十一日」に配属将校を迎えたという記述があることから，1934 年初頭と推定できる．

51）前掲『学校教練　第 2 冊』所収．陸軍次官柳川平助発文部次官粟屋謙宛「陸軍現役将校学校配属停止ニ関スル件照会」1932 年 9 月 15 日．

52）記念誌等編纂委員会『暁星百年史』(1989年)126頁，橋本国廣編『海星八十五年』(1978年)180頁．

53）前掲田代「天皇制国家主義教育とカトリック学校(1)」．

54）陸軍の派閥については，秦郁彦『軍ファシズム運動史　新装版』(原書房，1980年)，酒井哲哉『大正デモクラシー体制の崩壊』(東京大学出版会，1992年)などを参照．

55）前掲「丹羽孝三幹事の手記」111頁．

56）『平安女学院百年のあゆみ』(1975年)91頁．清心学園百年史編纂委員会編『清心学園百年史』(1985年)91頁，443頁．後者は宮井鐘次郎宛の返信を資料として掲載している．

57）貫民之介「神社参拝の問題に就て」『基督教週報』第65巻第8号，1932年10月28日付(富坂キリスト教センター編『日韓キリスト教関係史資料II』新教出版社，1995年，179–180頁)．

58）平安南道教育会『平安南道の教育と宗教』1932年(阿部洋編『日本植民地教育政策史料集成(朝鮮編)』龍渓書舎，1989年)67–68頁．

59）李省展『アメリカ人宣教師と朝鮮の近代――ミッションスクールの生成と植民地下の葛藤』(社会評論社，2006年)224–226頁．

60）朝鮮憲兵隊長報告書「大正八年朝鮮騒擾事件状況」1919年(市川正明編『三・一独立運動』第3巻，原書房，1984年)430頁．

61）神田正種「鴨緑江」1950年(小林龍夫・島田俊彦編『現代史資料7　満洲事変』みすず書房，1964年)465頁．

62）「戦没者の慰霊祭　各地で執行」『京城日報』1932年9月18日付夕刊．

63）『朝鮮イエス教長老会二十一回総会録』1932年9月(前掲『日韓キリスト教関係史資料II』458頁)．朝鮮耶蘇教長老会の動向に関しては，井田泉「『朝鮮耶蘇教長老会総会録』に見る神社参拝問題」(『キリスト教学』第33号，1991年12月)で詳細に分析されている．

64）「リ卿報告書に　反対気勢を挙ぐ　大デモ行進を行つて　八日の平壌郷軍」『朝鮮朝日(西北版)』1932年11月8日付．

65）前掲酒井『大正デモクラシー体制の崩壊』32頁．臼井勝美「外務省――人と機構」(細谷千博他編『日米関係史』(1)，東京大学出版会，1971年)137–139頁．

66）J. K. Davis to J. C. Grew, Nov. 25, 1932, State Department Central Decimal Files (hereafter RG59), 395.1163/9.

67）J. C. Grew to the Secretary of State, Dec.1, 1932, RG59, 395.1163/8.

68）J. C. Grew to J. K. Davis, Nov. 28, 1932, in Paul Kesaris ed., *Confidential U.S. Diplomatic Post Records, Japan: 1930–1941, Part3*, Microfilm Section A, Reel 6.

69）C. S. Reifsneider to J. W. Wood, Dec. 12, 1936, Japan Records, Archives of the Episcopal Church, RG71, Roll30. 同資料の閲覧にあたっては，日本聖公会文書保管委員会諫山禎一郎氏に便宜をはかっていただいた．記して謝意を表したい．なお，グルーの経歴に関しては，ウォルド・H. ハインリックス(麻田貞雄訳)『日米外交とグルー』(原

書房，1969年)を参照.

70）J. C. Grew to the Secretary of State, Oct. 4, 1933, RG59, 395.1163/14.

71）長田彰文『日本の朝鮮統治と国際関係――朝鮮独立運動とアメリカ 1910–1922』(平凡社，2005年)381頁.

72）『奄美』1930年1月号．奄美大島におけるカトリック排撃運動に関しては，小坂井澄『「悲しみのマリア」の島』(集英社，1984年)，須崎愼一『日本ファシズムとその時代』(大月書店，1998年)，前掲宮下『聖堂の日の丸』のほか，平山久美子「昭和前期・鹿児島のカトリック高等女学校圧迫問題の研究(1)――大島高等女学校の廃校問題と聖名高等女学校の設立」(『鹿児島純心女子短期大学研究紀要』第23号，1993年)など平山による一連の詳細で緻密な研究がある．本書の記述は，1934年に台湾で生ずる出来事の伏線として必要な限りにとどまるが，機会をあらためて奄美におけるカトリック排撃運動それ自体を正面に据えた考察をおこないたい.

73）松田清『奄美社会運動史』(JCA出版，1979年)86頁.

74）『高等女学校設置廃止認可　鹿児島県　第4冊』文部省47-3A-011-04，国立公文書館所蔵．「奄美大島ニ於ケル外国宗教ニ関スル件　昭和八年六月調　陸軍省」.

75）前掲松田『奄美社会運動史』72頁.

76）「南島に漲る愛国の熱情　大島高女排撃の烽火」『大阪毎日新聞西部毎日　鹿児島沖縄版』1933年8月29日付．なお，『大島朝日新聞』や『大島新聞』が排撃を煽る記事を数多く掲載したことは確かなようだが，これら当時奄美大島で刊行されていた新聞については現物の所在をほとんど確認できていない.

77）「大島高等女学校　問題の真相を語る」『日本カトリック新聞』第421号，1933年11月5日付．本資料は平山久美子教授(鹿児島純心女子短期大学)のご厚意により入手できたものである．記して謝意を表したい.

78）前掲『高等女学校設置廃止認可　鹿児島県　第4冊』所収．鹿児島県大島郡名瀬町々民大会「公教立大島高等女学校認可取消処分意見具申書」1933年9月．本資料は，平山久美子「資料・解題　大島高等女学校の廃校問題に関する文部省資料」(鹿児島純心女子短期大学地域人間科学研究所『地域・人間・科学』第2号，1998年)において一部が翻刻されている.

79）平山久美子「大島高等女学校廃校問題の一背景――町立名瀬実科高等女学校の組織変更・県立移管への動向」『鹿児島純心女子短期大学研究紀要』第37号，2007年.

80）同前.

81）前掲『高等女学校設置廃止認可　鹿児島県　第4冊』所収．下村市郎発武部欽一普通学務局長宛「大島高等女学校ニ関スル調査」1933年10月6日.

82）新天嶺編述「史実概論」鹿児島県名瀬町史編纂委員会『名瀬町史』(鹿児島県名瀬町史編纂委員会，1943年)112頁.

83）「「カ」教徒転向状況の件」(JACAR Ref. C01004164700，『密大日記』防衛省防衛研究所)．奄美大島要塞司令官高橋省三郎発陸軍次官梅津美治郎宛，1936年9月25日.

84）前掲宮下『聖堂の日の丸』211頁.

85）外務省編『日本外交文書　ワシントン会議　上』(外務省，1977年)460頁，465–466頁．ワシントン会議における軍縮条約の締結過程については，横山隆介「ワシントン会議と太平洋防備問題」(『防衛研究所紀要』第1巻第2号，1998年12月)を参照．

86）「防御営造物新営工事の件」(JACAR Ref. C01004060600，『密大日記』防衛省防衛研究所)．なお，ワシントン海軍軍縮条約の廃棄に関しては，今村佳奈子「ワシントン条約廃棄と日本海軍」(『日本研究』第16号，2003年3月)を参照．

87）「本邦ニ於ケル宗教及布教関係雑件／奄美大島ニ於ケル加特利教圧迫問題　分割2」(JACAR Ref. B04012532800，『外務省記録』I-2-1-0-005，外務省外交史料館)．奄美大島要塞司令官笠蔵次「極秘　奄美大島ニ於ケル「カトリック」教徒啓導ニ関スル経緯」(1935年1月10日)中の表現．

88）「沖縄防備対策送付の件」(JACAR Ref. C01004021200，『密大日記』防衛省防衛研究所)．沖縄連隊区司令官石井虎雄「極秘　昭和九年一月稿　沖縄防備対策」中の文言．なお，『職員録』によれば，1933年1月時点で沖縄県立第二中学校教諭だった鈴木喜四郎が，34年1月時点では退職している．

89）「台南長老教私立中学の認可問題」『台湾新民報』第375号，1931年8月1日付．

90）前掲『蔡培火全集一　家世生平與交友』171頁，1931年4月21日条．

91）王金帯「長中は世に出た」『輔仁』第16号(私立台南長榮中学校，1940年5月)14頁．

92）下地恵榮「今昔の感に堪ゑず」同前書，12頁．

93）『台湾新民報』日刊化の経緯について，李承機「日本殖民地統治下「台湾人唯一之言論機関」的苦闘――日刊「台湾新民報」創始初期史料解題」(李承機主編『日刊台湾新民報　創始初期(1932. 4. 15–5. 31)』台南：台湾歴史博物館，2008年)を参照．

94）松本頼光「月次祭ごとに七千の児童の参拝を見る」『敬慎』第5巻第1号，1931年1月．

95）総務長官平塚広義発台北州知事宛「台湾神社例祭日団体参拝ニ関スル件」1932年10月5日(台北神学校校務文書 A0253)．

96）淡水郡役所発私立台北神学校宛「台湾神社例祭日団体参拝ニ関スル件」1932年10月13日(台北神学校校務文書 A0253)．

97）台湾教育会編『台湾学事法規』(帝国地方行政学会台湾出張所，1943年)706頁．

98）「信教の自由と神社参拝問題」『敬慎』第7巻第1号，1933年1月．

99）尾川昌法「建国祭の成立――日本主義と民衆・ノート」『立命館文学』第509号，1988年12月．

100）総務長官代理内務局長小浜浄鑛発台北州知事中瀬拙夫宛「昭和八年建国祭ニ関スル件」1933年1月20日(台北神学校校務文書 A0579)．

101）私立台北神学校長ジェムス・デックソン発台北州宛「昭和八年建国祭ニ関スル件」1933年2月25日(台北神学校校務文書 A0470)．

102）「平塚総務長官訓辞抜抄」『敬慎』第7巻第2号，1933年6月．

103）淡水郡守田中国一発台北神学校長宛，1933年11月10日(台北神学校校務文書

A0499).

104)『第弐拾弐回総会記録』(基督教教育同盟会，1933 年)35 頁．キリスト教学校教育同盟百年史編纂委員会編『キリスト教学校教育同盟百年史』(キリスト教学校教育同盟，2012 年)92 頁．

105) 同前，38 頁．

106) 前掲『日本基督教団史資料集』第 1 巻，179 頁．

107) 美濃ミッションをめぐる事件に関しては，高瀬幸恵「1930 年代における小学校訓育と神社参拝――美濃ミッション事件を事例として」(教育史学会『日本の教育史学』第 50 集，2007 年)に詳しい．

108) 奥平康弘「明治憲法における「信教ノ自由」」前掲『十五年戦争期の天皇制とキリスト教』36–37 頁．

109)「昭和八年度学校暦」『輔仁』第 10 号(私立台南長老教中学，1934 年 5 月)53 頁．

110) Minutes of the Formosa Mission Council, May. 23, 1933, PCE FMA, Mf. no. 18.

111) L. Singleton to Maclagan, June 4, 1933, PCE FMA, Mf. no. 17.

112) Minutes of the Formosa Mission Council, Sep. 19, 1933, PCE FMA, Mf. no. 19.

113) J. W. Galt, ‘Majority Statement Regarding Pupils’ Attendance at Shrine’, Oct. 29, 1933, PCE FMA, Mf. no. 19.

114) L. Singleton, ‘Objections to Shrine Attendance’, Oct. 12, 1933, PCE FMA, Mf. no. 19.

115) Shoki Coe, *Recollections and Reflections*, (New York: The Rev. Dr. Shoki Coe’s Memorial Fund, 1993), p. 66.

116) 林茂生がいつ理事会長に就任したかを明確に示す資料を見出せてはいない．ただし，1933 年 5 月の理事会で任期満了にともなう理事改選がおこなわれていることと，1934 年春の時点では確実に林茂生が理事会長だったことを考え合わせるならば，この改選の時に理事会長に選出されたと推定できる．

117) Lîm Bō-seng(林茂生)「Ki-tok-kàu Bûn-bêng Sú-koan(基督教文明史観)」『台湾教会公報』第 580–583 巻，1933 年 7–10 月．なお，『台湾教会公報』誌上の林茂生の論文については，張妙娟「「台湾教会公報」中林茂生作品之介紹」(『台湾風物』第 54 巻第 2 期，2004 年 6 月)において先駆的な紹介と分析がなされているほか，王昭文『日治時期台湾基督徒知識分子與社会運動(1920–30 年代)』(成功大学歴史系博士論文，2009 年)が教会白話字からの中文訳を，三野和惠「資料紹介　林茂生「基督教文明史観」(1932–33)を読む」(『教育史フォーラム』第 10 号，2015 年)が日文訳を掲載している．

118) 前掲『蔡培火全集一　家世生平與交友』298 頁，1934 年 4 月 29 日条．

119) J. W. Galt to P. J. Maclagan, Oct. 29, 1933, PCE FMA, Mf. no. 19.

120) 台北州発台北神学校長宛「昭和九年建国祭ニ関スル件」1934 年 2 月 3 日(台北神学校校務文書 A0634).

◆第Ⅲ部第8章

1）「現在職員職務分掌」『輔仁』第6号(私立台南長老教中学校友会，1929年7月)139頁．

2）「昭和六年度学校暦」『輔仁』第8号(私立台南長老教中学，1931年12月)132頁．

3）岡本真希子「1930年代における台湾地方選挙制度問題」『日本史研究』452号，2000年4月．

4）「ヒトラーの遺口　気持ちが良い　あれでなくちやと　松井軍司令官語る」『台湾日日新報』1933年10月18日付．

5）「北から南へ　支那の時局は移る」『台湾日日新報』1933年8月7日付．

6）松浦正孝『「大東亜戦争」はなぜ起きたのか――汎アジア主義の政治経済史』(名古屋大学出版会，2010年)565-573頁．

7）それぞれの新聞にかかわる創刊年月・主要人物・発行部数などの基本的情報については，李承機『台湾近代メディア史研究序説――植民地とメディア』(東京大学大学院地域文化研究科博士論文，2004年)に詳しい．

8）L. Singleton to P. J. Maclagan, Mar. 10, 1934, PCE FMA, Mf. no. 21.

9）E. Band, 'Tainan Presbyterian Middle School', 1934, PCE FMA, Mf. no. 20.

10）下地恵榮『風雪七十五年』(守礼企画，1975年)94頁．

11）Minutes of the Formosa Mission Council, Mar. 1, 1934, PCE FMA, Mf. no. 21.

12）E. Band, 'Tainan Presbyterian Middle School', 1934, PCE FMA, Mf. no. 20.

13）E. Band to P. J. Maclagan, Feb. 6, 1934, PCE FMA, Mf. no. 49. Secretary to E. Band, Feb. 9, 1934, PCE FMA, Mf. no. 49.

14）内務省警保局編『社会運動の状況6　昭和九年』(三一書房，1972年)350頁．

15）台湾総督府警務局編『台湾総督府警察沿革誌第二編　領台以後の治安状況(中巻)台湾社会運動史』(1939年)1360頁．

16）台北市役所『昭和拾年版　台北市商工人名録』(台北市勧業課，1936年)2頁．

17）L. Singleton to P. J. Maclagan, Mar. 10, 1934, PCE FMA, Mf. no. 21.

18）P. J. Maclagan to L. Singleton, Mar. 24, 1934, PCE FMA, Mf. no. 21.

19）『職員録』(内閣印刷局)から，1935年から39年にかけて上村が台北第二高等女学校に教諭として在職していたことを確認できる．

20）「国語演習会ニ於ケル中川総督閣下ノ告辞」『輔仁』第10号(私立台南長老教中学，1934年5月)．刊行の日付は1934年5月20日．中川総督の告辞に頁数は付されていない．

21）「昭和九年度学校暦」『輔仁』第11号(私立台南長老教中学，1935年3月)101-102頁．

22）『台北帝国大学一覧　昭和九年』(台北帝国大学，1934年)118-142頁．

23）台北州発私立台北神学校長宛「新著「人間学ト国民教育」購読ニ関スル件」1934年4月28日(台北神学校校務文書 A0698)．

24）前掲「昭和九年度学校暦」前掲『輔仁』第11号，102頁．

25）同前，103 頁.

26）『昭和九年度　同十年度　学校日誌』1934 年 10 月 29 日条，長榮高級中学校史館所蔵.

27）前掲下地『風雪七十五年』95 頁.

28）日本基督教会大会事務所『第四十八回日本基督教会大会記録』(1934 年 10 月)102–103 頁.

29）'Historical Statements of the events in connection with 'Shrine Question' as it concerns the Tansui Girls' School', (hereafter Historical Statements on TGS), The Presbyterian Church in Canada Archives (hereafter PCC), File No. 1988–1003–63–24. 本資料は無署名の報告である．ただし，1935 年 4 月 6 日の宣教師会議で淡水中学・淡水女学院の学則に「遙拝」という言葉を含めることを決定，アーガルがこれに抗議して女学院長代理の職を辞すことを申し出た際の議事録に「アーガル女史とマカイ氏が，今日の状況に至る出来事の歴史的な説明を執筆し，書記が宣教師会議を通じて本部伝道局に送付することに決定した」と記されていることから，この決定に基づいてアーガルが執筆したものと判断できる．内容的にも 4 月 5 日のことで終わっているので，議事録の日付と整合する.

30）The North Formosa Mission Council Minutes, May 12, 1934, PCC, Box No. 4 File No. 101–D–2.

31）台北州知事野口敏治発私立台北神学校長宛「靖国神社臨時大祭ニ関スル件」1934 年 4 月 20 日(台北神学校校務文書 A0669)．台北州内務部長福元岩吉発台北神学校長宛「建功神社例祭ニ関スル件」1934 年 4 月 20 日(台北神学校校務文書 A0670).

32）Historical Statements on TGS.

33）The North Formosa Mission Council Minutes, May 12, 1934, PCC, Box No. 4 File No. 101–D–2.

34）Historical Statements on TGS.

35）「内海忠司補台南州内務部長」(『昭和 4 年台湾総督府公文類纂　甲種永久保存』簿冊番号 10058，文書番号 91)．台湾新民報社編『台湾人士鑑』(台北：台湾新民報社，1937 年)19 頁．林進発編『台湾官紳年鑑』(民衆公論社，1934 年)1 頁.

36）岡本真希子『植民地官僚の政治史――朝鮮・台湾総督府と帝国日本』(三元社，2008 年)339–342 頁.

37）内海忠司「回想録」(近藤正己・北村嘉恵・駒込武編『内海忠司日記 1928–1939――帝国日本の官僚と植民地台湾』京都大学学術出版会，2012 年)1003 頁.

38）近藤正己「内海忠司の高雄「州治」と軍」前掲『内海忠司日記』120 頁，134 頁.

39）「台湾《ママ》長老中学校の今後」『福音新報』第 2008 号，1934 年 8 月 2 日.

40）台南同志会による「第二回演説会」を報じる記事が『台南新報』1921 年 11 月 4 日付に掲載されている．この演説会が「第二回」であることから，1921 年前後に創立されたと推測される.

41）拙稿「「民勅」との相互依存関係――内海忠司と在台日本人」(前掲『内海忠司日

記』)を参照.

42）栗山新造『如是我観』(私家版，1935年)142頁.

43）同前書，3頁.

44）田中一二編『躍進台湾の全貌』(台湾通信社，1935年)214頁.

45）「台湾社会問題研究会　沿革・綱領・宣言・役員(一)」『社会運動通信』第1312号，1934年3月30日.「台湾社会問題研究会　実践運動へ進出」『社会運動通信』第1417号，1934年8月3日付.

46）皇道会については，須崎慎一『日本ファシズムとその時代』(大月書店，1998年)162–163頁を参照.

47）前掲台湾総督府警務局『台湾社会運動史』1350–1352頁.

48）山下好太郎「台湾に於ける社会運動の現状」『社会運動通信』第1310号，1934年3月28日付.

49）前掲台湾総督府警務局『台湾社会運動史』1348頁.

50）林獻堂著／許雪姫主編『灌園先生日記(七)一九三四年』(台北：中央研究院台湾史研究所籌備処・中央研究院近代史研究所，2004年)173頁，1934年4月25日条.

51）波形昭一「植民地期台湾における日本人商工業者の存在形態――1930年前後の台北市を中心に」(日本台湾学会第6回大会分科会「植民地期台湾における在台日本人――官僚層と商工業層に着目して」における報告レジュメ，2004年6月5日).

52）Consul A. R. Ovens to Sir R. Clive, Jan. 14, 1935, F1766/264/23, FO371/19355.

53）前掲松浦『「大東亜戦争」はなぜ起きたのか』569–570頁.

54）「時報　台湾社会教化協議会」『台湾時報』第173号，1934年4月.

55）E. Band, ‘Tainan Presbyterian Middle School’, 1934, PCE FMA, Mf. no. 20.

56）戴明福「長校四年的回憶」私立長榮中学『校長回憶録』(台南：長榮中学，1956年)49頁.

57）*History of EPM*, p. 183.

58）「ヒツトラーの統一政策と独逸教会(上)」『福音新報』第1993号，1934年4月19日.

59）Consul Ovens to Sir R. Clive, Jan. 14, 1935, F1766/264/23, FO371/19355.

60）木畑洋一「イギリスの帝国意識」木畑洋一編著『大英帝国と帝国意識――支配の深層を探る』(ミネルヴァ書房，1998年)4–5頁.

61）なお，ここで帝国的無意識というとき，吉見俊哉『親米と反米――戦後日本の政治的無意識』(岩波書店，2007年)における「政治的無意識」という用語を意識している．ただ，ここでの「無意識」は，戦争中に日本が「鬼畜米英」を唱えながら「劣等で残忍な他者の具体的な姿」として描けなかったという「無意識」よりも，むしろアメリカの側が「きわめて容易に劣等で残忍な他者」としての「日本」を具象化できたという意味での「無意識」に近い.

62）そのことを確認したうえで，英国の内部にあってこの帝国的無意識に自己反省的であろうとする論も存在したことを指摘しておくべきだろう．三野和惠の研究によれ

ば，本書にも何度か登場した宣教師キャンベル・ムーディーは，スコットランドに戻って宣教師を辞したのち，『山小屋』と題する「児童文学」を1938年に発表，そこでは台湾領有初期に抗日ゲリラとして日本軍と戦闘をおこなった実在人物をモデルとしながら，「同胞」の「苦しみ」のために戦う台湾人「愛国者」の姿を共感をもって描いている(三野和惠「日本統治下台湾におけるキリスト教と反植民地主義ナショナリズム――宣教文書『山小屋』(1938)に見る「苦しみ」と「愛国」の問題に着目して」『日本台湾学会報』第14号，2012年)．三野も指摘するように，当時の英国においてムーディーのような論を展開する者は圧倒的な少数派であったと思われるものの，着目すべき論といえよう．

63) 張漢裕主編『蔡培火全集一　家世生平與交友』(台北：呉三連台湾史料基金会，2000年)298頁，1934年4月29日条．

64) 同前書，321頁，1935年2月26日条．

65) 同前書，172頁，1931年4月21日条．

66) 林獻堂著／許雪姫・張季琳主編『灌園先生日記(十二)一九四〇年』(台北：中央研究院台湾史研究所籌備処・中央研究院近代史研究所，2006年)219頁，1940年8月8日条．

67) Shoki Coe, *Recollections and Reflections*, (New York: The Rev. Dr. Shoki Coe's Memorial Fund, 1993), p. 67.

68) 賴永祥「潘道榮當東門副牧」『教会史話』第5輯(台南：人光出版社，1999年)221–223頁．

69) Shoki Coe, *op. cit*., pp. 66–70.

70) 並木浩一・勝村弘也訳『旧約聖書XII　ヨブ記　箴言』(岩波書店，2004年)46–47頁．

71) ハナ・アーレント(大久保和郎・大島かおり訳)『全体主義の起原3　全体主義』(みすず書房，1981年)296–297頁．

72) Shoki Coe, *op. cit*., p. 71.

73) Lîm Bō-seng(林茂生)「Sin Tâi-oân-ōe ê Tîn-lia̍t-koán(新台湾話陳列館)」『台湾教会公報』第585巻，1933年12月．

74) 森川輝一『〈始まり〉のアーレント――「出生」の思想の誕生』(岩波書店，2010年)149–150頁．

75) E. Band, 'Tainan Presbyterian Middle School', 1934, PCE FMA, Mf. no. 20. 台湾南部蹴球連盟大会とその結果については，張厚基総編輯『長榮中学百年史』(台南：私立長榮高級中学，1991年，161頁)．

76) ハンナ・アーレント(大久保和郎訳)『イェルサレムのアイヒマン――悪の陳腐さについての報告』(みすず書房，1967年)38頁．訳文については，前掲森川『〈始まり〉のアーレント――「出生」の思想の誕生』103頁による．

77) 李筱峰『二二八消失的台湾菁英』(台北：自立晩報社，1990年)34頁．

◆第Ⅲ部第9章

1）坂野潤治『近代日本の国家構想』(岩波現代文庫，2009年)262–275頁.

2）酒井哲哉『大正デモクラシー体制の崩壊』(東京大学出版会，1992年)112–129頁.

3）「台湾淡水中学校で　神社参拝拒否の陳情　総督府文教局で拒絶す」『皇国時報』第560号，1935年4月11日.

4）‘Historical Statements of the events in connection with ‘Shrine Question’ as it concerns the Tansui Girls’ School’, (hereafter Historical Statements on TGS), PCC, File No. 1988–1003–63–24.

5）Ibid.

6）Special Meeting of the North Formosa Mission Council, Apr. 2, 1935, PCC, File 101–D–2. なお，アーガルはその後1939年から41年まで東京で英字新聞の編集に携わり，日米開戦後に拘留される．この点については他日を期して論じたいが，さしあたって，Phyllis Argall, *Prisoner in Japan*, (London: G. Bles, 1945)を参照.

7）‘Mr. Mackay’s Historical Statement’, 1935, PCC, File No. 1988–1003–63–24.

8）Minutes of the North Formosa Mission Council, Apr. 11, 1935, PCC, File 101–D–2.

9）「不敬中学校に　郷軍が閉鎖要求　神社不参拝に発端　台北で問題化す」『社会運動通信』第1654号，1935年5月28日付.

10）T・N生「皇政会主催淡中問題演説会を聴く」『台湾』第6巻第4号，1935年5月.

11）同前.

12）一記者「明治大帝の御言葉を冒瀆し皇道の拡充を阻止したる日本教育の反逆者淡水中学校を変革せよ」『台湾』第6巻第4号，1935年5月.

13）『鎌田正威先生追想録』(台湾維新社，1936年)1–10頁．なお，鎌田正威と『閩報』とのかかわりについて，梁華璜『梁華璜教授台湾史論文集』(台北：稲郷出版社，2007年，176–183頁)を参照.

14）森永信光「見直した鎌田正威大人命」同前書，50–51頁.

15）乙守たまを「その頃」同前書，133–136頁.

16）乙守たまを「敷島の道をさぐりて」同前書，138–139頁.

17）簡維臨「感謝の追憶」同前書，152頁.

18）土屋米吉『台湾第一回選挙の考察』(普泉社本部，1935年)69–71頁．なお，2002年7月15日に筆者が病床にある土屋米吉氏から聞き取り調査をおこなった際に，「覆面の士」は長勇であるとの推定に土屋氏がうなずかれたことを付記しておきたい.

19）伊藤隆他編『真崎甚三郎日記』第1巻(山川出版社，1981年)301頁.

20）同前書，331頁.

21）「台湾自治制反対　愛国連盟猛運動　中川総督施行を決意」『社会運動通信』第1489号，1934年10月28日付.

22）「台湾自治制実施に　愛国団体も反対　反対連盟を結成活動」『社会運動通信』第1571号，1935年2月16日付.「自治制反対の意見書手交　台湾社研社が」『社会運動通信』第1545号，1935年1月16日付.

23）「第六七回帝国議会衆議院予算委員第一分科(外務省，司法省及拓務省所管)会議録(速記)第四回　昭和十年二月九日」2 頁.

24）前掲伊藤他編『真崎甚三郎日記』第 1 巻，431 頁.

25）同前書，405 頁．蓑田胸喜らによる「帝大粛正運動」とその背景について，竹内洋・佐藤卓己編『日本主義的教養の時代』(柏書房，2006 年)，植村秀和『「日本」への問いをめぐる闘争』(柏書房，2007 年)を参照．井上孚麿と蓑田の関係については植村書 179 頁による.

26）前掲伊藤他編『真崎甚三郎日記』第 2 巻(山川出版社，1981 年)79 頁.

27）近藤正己『総力戦と台湾』(刀水書房，1996 年)198 頁.

28）ジュノー号事件については，前掲近藤『総力戦と台湾』，梁華璜「珠諾号事件与台湾南進国防論」(『台湾総督府南進政策導論』台北：稲郷出版社，2003 年)などを参照．筆者も，拙稿「在台軍部と「反英運動」——ジュノー号事件を中心に」(松浦正孝編『昭和・アジア主義の実像——帝国日本と台湾・「南洋」・「南支那」』ミネルヴァ書房，2007 年)で反英運動という角度からより詳細に論じたことがある．本項に記すのは，そのダイジェストともいうべき内容である.

29）Statement of Capt. Brown, Apr. 29, 1935, F2777/333/23, FO371/19356.

30）Sir R. Clive to F. O., Jan. 28, 1935, F1205/333/23, FO371/19356.

31）相澤淳「日本海軍の対英観の再検討」『戦史研究年報』第 4 号，2001 年.

32）「和蘭国汽船「ジュー」号事件(9)」(JACAR Ref. C05034185600『海軍省公文備考類』，防衛省防衛研究所)．馬公要港部参謀中堂海軍中佐「「ジュノー」号事件ノ真相ト我等ノ心境ニ就テ」1935 年 11 月 1 日．馬公要港部参謀長から軍務局長宛に送付された資料に添付された講演記録.

33）「和蘭国汽船「ジュー」号事件(2)」(JACAR Ref. C05034184900)．馬要参謀長発軍務局長宛機密第八三番電，1935 年 4 月 8 日．軍務局長発馬要参謀長宛機密第一三五番電，1935 年 4 月 8 日.

34）「欧洲ノ政局補足第二送付ニ関スル件」(JACAR Ref. B02030765600,『外務省記録』A-2-0-0-X1，外務省外交史料館)．「国際関係ヨリ見タル日本ノ姿」(1935 年 8 月 1 日記)と題する重光葵の講演の一部.

35）Sir R. Clive to F. O., May 10, 1935, F3546/333/23, FO371/19356.

36）Board of Trade to F. O., June 5, 1935, F3668/333/23, FO371/19356.

37）「和蘭国汽船「ジュー」号事件(11)」(JACAR Ref. C05034185800)．高等法院検察官長伴野喜四郎「蘭船ジユノウ号事件の回顧」．ここでの引用は，注 32 の中堂中佐の講演記録の別紙資料からである.

38）前掲「和蘭国汽船「ジュー」号事件(2)」．酒井武雄台北在勤海軍武官発海軍次官宛，1935 年 4 月 24 日.

39）「和蘭国汽船「ジュー」号事件(7)」(JACAR Ref. C05038485400)．憲兵司令官田代皖一朗発海軍大臣大角岑生宛，1935 年 6 月 18 日.

40）同前.

41）「蘭船ジユノウ号事件　益々全島的問題化　郷軍，海友，島民連合の上，国防強化連盟結成」『社会運動通信』第1677号，1935年6月24日付.

42）「我台湾を侮辱するも甚だし」『台湾』第6巻第6号，1935年6月.

43）「静観の山より下つた台湾軍〔8字伏せ字〕乎」同前.

44）前掲近藤『総力戦と台湾』24–25頁.

45）ハナ・アーレント（大久保和郎・大島かおり訳）『全体主義の起原3　全体主義』（みすず書房，1981年）280頁.

46）中堂観恵「真の日本精神とは何ぞや」田中一二編『蘭船ジユノウ号事件を語る』（大日本国防青年会台湾支部，1935年）44頁.

47）竹井十郎「和蘭の暴戻を認識せよ」同前書，21–25頁．竹井十郎の経歴と活動については，後藤乾一「第四章　天海・竹井十郎とインドネシア」（『昭和期日本とインドネシア』勁草書房，1986年）を参照.

48）Antony Best, *British Intelligence and the Japanese Challenge in Asia, 1914–1941*,（Basingstoke and New York: Palgrave Macmillan, 2002）, p. 124.

49）'Report of the Inter-Service Committee on Intelligence Organization in the Far East', enclosed in from W. O. to the General Officer Commanding, China Command, Hong Kong, Feb. 14, 1935, WO106/6143.

50）'Digest of the Report on Intelligence in the Far East by Captain W. R. C. Tait, N. V. O. Royal Navy', enclosed in from W. O. to the General Officer Commanding, China Command, Hong Kong, Feb. 14, 1935, WO106/6143.

51）C. H. Archer to Sir R. Clive, 15 June, 1935, F4838/333/23, FO371/19356.

52）Antony Best, *op. cit*., p. 115.

53）'Draft For Military Notes On Formosa', by Captain R. L. K. Allen, Headquarters, China Command, Hong Kong, Aug. 15, 1936, WO106/5409.

54）Historical Statements on TGS.

55）文部省による「国体明徴訓令」については，小野雅章「国体明徴運動と教育政策」（日本大学教育学会『教育学雑誌』第33号，1999年3月）を参照.

56）八幡博堂「蘭船ジユノウ号事件の経過を語る」前掲『蘭船ジユノウ号事件を語る』5頁.

57）前掲「不敬中学校に　郷軍が閉鎖要求　神社不参拝に発端　台北で問題化す」.

58）中等教科書協会編『昭和十年五月現在　中等教育諸学校職員録　第三十二版』（中等教科書協会，1935年）1228頁.

59）Continuation of the May 7th Meeting of the North Formosa Mission Council, May 7, 1935, PCC, File 101–D–2.

60）Minutes of the North Formosa Mission Council, June 13, 1935, PCC, File 101–D–2.

61）鄧慧恩『日治時期台湾知識分子対於「世界主義」的実践——以基督教受容為中心』（成功大学台湾文学系博士論文，2011年）155–157頁．鄧慧恩「芥菜子的香気——再探北部基督長老教会的「新人運動」」（『台湾文献』第63巻第4期，2012年）も参照.

62) Hugh Macmillan, *Then Till Now in Formosa*, (London: English and Canadian Presbyterian Mission in Formosa, 1953), p. 73.

63) 中等教科書協会編『昭和十一年五月現在　中等教育諸学校職員録　第三十三版』(中等教科書協会, 1936 年)1298–1299 頁.

64) Minutes of the North Formosa Mission Council, Sept. 12, 1935, PCC, File 101–D–2.

65) 台湾基督長老教会総会歴史委員会編『台湾基督長老教会百年史』(台南：台湾教会公報社, 1965 年)253 頁. 徐謙信の執筆部分.

66) Minutes of the North Formosa Mission Council, Sept. 12, 1935, PCC, File 101–D–2.

67) *GA of PCC*, 1937, p. 46.

68) Special Meeting of North Formosa Mission Council, May 9, 1936, PCC, File 101–D–2.

69) Special Meeting of North Formosa Council, May 28, 1936, PCC, File 101–D–2.

70) 前掲『台湾基督長老教会百年史』253 頁.

71) Regular Council Meeting Minutes, June 25, 1936, PCC, File 101–D–2.

72) Continuation of the June 25th Council Meeting, June 27, 1936, PCC, File 101–D–2.

73) Special Meeting of Council, July 2, 1936, PCC, File 101–D–2.

74) The North Formosa Mission Council, July 18, 1936, PCC, File 101–D–2.

75) A Regular Meeting of the North Formosa Mission Council, Aug. 14, 1936, PCC, File 101–D–2.

76) A Regular Meeting of the North Formosa Mission Council, Aug. 19, 1936, PCC, File 101–D–2.

77)「財団法人私立淡水中学及私立淡水女学院維持財団経費州費補助認可指令案」1936 年 11 月 20 日(『昭和 11 年度台北州費補助認可関係書　永久保存　第 94 巻』簿冊番号 10735, 文書番号 16).

78) Regular Council Meeting, June 25, 1936, PCC, File 101–D–2.

79) 前掲『台湾基督長老教会百年史』253–254 頁.

80) 井出季和太『台湾治績志』(台北：台湾日日新報社, 1937 年)299 頁.

81)「台南公会堂の二集会」『台湾民報』第 300 号, 1930 年 2 月 15 日付.

82)「財団法人私立淡水中学及私立淡水女学院維持財団経費州費補助認可指令案」1937 年 8 月 21 日(『昭和 12 年度台北州費補助認可関係書　永久保存　第 94 巻』簿冊番号 10735, 文書番号 15).

83) 前掲「財団法人私立淡水中学及私立淡水女学院維持財団経費州費補助認可指令案」1936 年 11 月 20 日.

84) J. W. Galt to Mrs. Fergusson, May 1, 1936, PCE FMA, Mf. no. 1466.

85) J. W. Galt to Mrs. Fergusson, May 19, 1936, PCE FMA, Mf. no. 1466.

86) 私立長榮女子高級中学編『長女百年史 1887–1987』(台南：私立長榮女子高級中学, 1988 年)3–4 頁. 山本礼子『植民地台湾の高等女学校』(多賀出版, 1999 年)245–253 頁. なお, 山本礼子の研究によれば, 植村環は総督府および州当局と折衝して神社参拝についても「自由参拝」という形で折り合いをつけたという(山本書, 248 頁). 植

村環の回想に基づいた記述だが，事実だとすればどのようにしてそのような事態が可能になったのか，より詳細に検討する必要があろう．

87）星合愛人「旧校長を送り新校長を迎ふ」『静修学報』第10号，1936年12月，11頁．前掲山本『植民地台湾の高等女学校』238–241頁．

88）「彙報」『福音新報』第2124号，1936年11月5日．

89）Consul Archer to Sir R. Clive, July 7, 1936, F5696/1233/23, FO371/20289.

90）曽令毅「「航空南進」與太平洋戦争——淡水水上機場的設立與発展」『台湾文献』第36巻第2期，2012年6月．

91）宮武兼三『現代の青年は如何に生く可きか　附台湾官界民間人物評論』(台湾経済タイムス社，1936年)221頁．

92）「祖国事件」については，何義麟「台湾知識人の苦悩——東亜共栄会から大亜細亜協会台中支部へ」(前掲松浦編『昭和・アジア主義の実像——帝国日本と台湾・「南洋」・「南支那」』所収)を参照．

93）葉榮鐘著／李南衡・葉芸芸(編註)『台湾人物群像』(台北：時報出版，1995年)381頁．

94）Extracts from Cabinet Conclusions, Oct. 28, 1936, F6670/6182/23, FO371/20292. なお，基隆事件に関する台湾軍の側の文書として，「英国軍艦主計長の要塞地帯撮影に関する件」(JACAR Ref. C01001372300,『密大日記』防衛省防衛研究所)がある．また，基隆事件をとりあげた研究として，次のような論文がある．Gregory C. Kennedy, 'The Keelung Incident and Britain's Far Eastern Strategic Foreign Policy, 1936–37', in Gregory C. Kennedy and Keith Neilson eds., *Incidents and International Relations: People, Power and Personalities*, (Westport: Praeger Publishers, 2002).

95）台湾軍参謀長秦雅尚発陸軍次官梅津美治郎宛「台湾臨時地方官会議に軍の要望事項の件」1937年7月21日(JACAR Ref. C01004374700,『密大日記』防衛研究所図書館).

96）台湾軍参謀長秦雅尚発陸軍次官梅津美治郎宛「台湾輿論に関する件」1937年7月27日(JACAR Ref. C01004393000,『密大日記』防衛研究所図書館).

97）E. Band's Dear Friends' Letter, July, 1938, PCE FMA, Mf. no. 52.

98）黄武東『黄武東回憶録——台湾基督長老教会発展史』(嘉義：嘉西，2009年)140頁.

99）文教局長島田昌勢発台南州知事宛「私立中学校高等女学校設立認可標準制定ニ関スル件」1938年1月18日，長榮高級中学校史館所蔵.

100）台湾総督府文教局『昭和十二年度　台湾総督府学事第三十六年報』(台湾総督府文教局，1938年)279頁.

101）認可標準制定の経緯とその意味について，より詳細には拙稿「第二次台湾教育令下における私立学校——「私立中学校高等女学校設立認可標準」制定経緯」(水野直樹編『朝鮮・台湾における植民地支配の制度・機構・政策に関する総合的研究　平成13年度–15年度科学研究費補助金研究成果報告書』2004年5月，113–145頁)を参照.

102）Minutes of special meeting of Formosan Mission Council held on 2nd Feb 1938, Feb.

2, 1938, PCE FMA, Mf. no. 26.
103）「理事選任決議書」1936 年 3 月 31 日『昭和九年度以降　財団法人書類綴　発信之部』長榮高級中学校史館所蔵.
104）Minutes of Formosa Mission Council, Nov. 4, 1938, PCE FMA, Mf. no. 26.
105）S. E. Mackintosh to Miss Moore, Feb. 4, 1938, PCE FMA, Mf. no. 26.
106）E. Band's Covering Letter, June 2, 1938, PCE FMA, Mf. no. 26.
107）Report by Rev. E. Band of Negotiations with Regard to the Schools in Tainan up to July 11th, 1938, PCE FMA, Mf. no. 26.
108）「私立長榮高等女学校経費ニ対シ州費補助認可指令案」1939 年 8 月 11 日(『〔昭和 14 年度台南州費補助認可関係書　永久保存〕』簿冊番号 10880，文書番号 7).
109）『私立長榮中学校一覧表　昭和十七年十月現在』．長榮高級中学校史館所蔵.
110）川村直岡「開校式の訓辞」『輔仁』第 16 号(私立台南長榮中学校，1940 年 5 月)4–5 頁.
111）「祝電」同前書，7 頁.
112）E. Band to T. W. D. James, Aug. 9, 1939, PCE FMA, Mf. no. 52.
113）E. Band to T. W. D. James, Dec. 8, 1940, PCE FMA, Mf. no. 34.
114）E. Band to Secretary, Sep. 25, 1940, PCE FMA, Mf. no. 2078.
115）黄武東・徐謙信編／賴永祥増訂『台湾基督長老教会歴史年譜』(台南：人光出版社, 1995 年)322 頁.
116）「教務日誌」『弥榮』(長榮中学校，1941 年 7 月)第 2 号，27 頁，29 頁.
117）永井和『日中戦争から世界戦争へ』(思文閣出版，2007 年)221–226 頁.

◆第Ⅲ部第 10 章

1）徐正敏『日韓キリスト教関係史研究』(日本キリスト教団出版局，2009 年)88–91 頁.
2）ここに示したのは仮説的な見取り図にとどまるものの，「帝国日本」の歴史を把握するに際して，内地から植民地へという影響関係ばかりではなく，植民地から内地へという影響関係を見出すことをめぐるひとつの問題提起である．筆者は，前著で升味準之輔の表現を借りて「膨張の逆流」現象に着目しながらも，実際にはこの「逆流」は限定的であり，矛盾は外へと転嫁されていくと論じた(拙著『植民地帝国日本の文化統合』岩波書店，1996 年，374 頁)．しかし，本書では「逆流」の動きの重要性をあらためて確認したことになる．なお，金泰勲《キムテフン》は，「帝国日本」について，これを「日本帝国―日本」と区別しながら，植民地支配／被支配関係をそのうちに含むところの「状況概念」としてとらえ，「帝国の構成員としての「内地人」と植民地民の，帝国を成り立たせたそれぞれの役割――支配／被支配，同化／抵抗の交差的役割」を明確にすべきだと論じている(金泰勲「一九一〇年前後における「宗教」概念の行方――帝国史の観点から」磯前順一・尹海東編著『植民地朝鮮と宗教――帝国史・国家神道・固有信仰』三元社，2013 年，33–35 頁)．たとえ帝国主義批判・植民地支配批判を意図する場合であっても，それを「日本史」「韓国史」という「自国史」の枠組

第Ⅲ部第10章

みに帰着させてしまうことへの批判として重要である.

3) 阪口直樹『戦前同志社の台湾留学生――キリスト教国際主義の源流をたどる』(白帝社, 2002年)36-37頁.

4) 王育徳『台湾――苦悶するその歴史』(弘文堂, 1970年)131頁.

5) 韓晳曦『日本の朝鮮支配と宗教政策』(未来社, 1988年), 澤正彦『未完　朝鮮基督教史』(日本キリスト教団出版局, 1991年), 韓国基督教歴史研究所編(韓晳曦・蔵田雅彦監訳)『韓国キリスト教の受難と抵抗――韓国キリスト教史 1919-45』(新教出版社, 1995年), 李省展『アメリカ人宣教師と朝鮮の近代――ミッションスクールの生成と植民地下の葛藤』(社会評論社, 2006年).

6) 'Historical Statements of the events in connection with 'Shrine Question' as it concerns the Tansui Girls' School', PCC, File No. 1988-1003-63-24. 1935年3月21日付のソルトーからの書簡の抜粋.

7) T. S. Soltau to C. B. McAfee, Jan. 25, 1936, Archives of Presbyterian Church in USA (hereafter PCUSA), RG140, Box12, File15. 以下, RGは140で共通するので省略し, Box番号とFile番号を12-14というように記す.

8) 京畿道学務課がなぜこの1935年10月というタイミングにおいてキリスト教系学校に対して公式に神社参拝を求めたのかということは, 朝鮮総督府が同時期に「心田開発運動」として, 神道以外の諸宗教の利用も図ろうとしていたことを考えるならば, 相当に複雑な問題といえる. この点については本書では立ち入らないものの, 青野正明「朝鮮総督府の神社政策と「類似宗教」――国家神道の論理を中心に」(前掲磯前・尹『植民地朝鮮と宗教』所収)を参照.

9) T. S. Soltau to C. B. McAfee, Oct. 6, 1936, PCUSA, 12-15.

10) J. G. Holdcraft to J. H. Nicole, Sept. 27, 1935, PCUSA, 12-14.

11) 前掲李省展『アメリカ人宣教師と朝鮮の近代』220-228頁.

12) G. S. McCune to C. B. McAfee, Dec. 20, 1935, PCUSA, 12-14. J. G. Holdcraft to C. B. McAfee, Nov. 25, 1935, PCUSA, 12-14.

13) T. S. Soltau to C. B. McAfee, Feb. 18, 1936, PCUSA, 12-15.

14)『東亜日報』1935年12月7日付, 9日付, 11日付(富坂キリスト教センター編『日韓キリスト教関係史資料 II』新教出版社, 1995年)468頁, 469頁, 473頁.

15)『東亜日報』1935年12月13日付, 14日付, 同前書, 475頁.

16) Dear Friends' letter of G. S. McCune, Dec. 30, 1935, PCUSA, 12-14.

17) Notes of Conference of December 30th, 1935, PCUSA, 12-17. W. R. Langdon to J. C. Grew, Jan. 6, 1936, RG59, 395.1163/24.

18) G. S. McCune to N. Yasutake, Jan. 18, 1936, PCC, File No. 1988-1033-63-24. 本資料は, アメリカ北長老派幹事マカフィーがカナダ長老教会幹事マクナマラに送付した資料の一部であり, 宣教会関係者のあいだで神社参拝問題にかかわる情報がサーキュレートしていた事実の一端を示す.

19)「神社不参拝問題の根拠　執拗の平壌ヤソ教徒　断乎たる当局の決心に信頼す」

『とりゐ』第5巻第12号，1935年12月．本資料については，樋浦郷子氏(帝京大学)のご厚意により入手することができた．記して謝意を表したい．

20）加藤玄智「今回朝鮮に起つた神社不参拝問題を耳にして」『皇国時報』第685号，1936年1月1日．なお，加藤玄智の国家神道論については，子安宣邦が「イデオロギーとしての国家神道の宗教学的表現」という評価をしている(子安宣邦『国家と祭祀——国家神道の現在』青土社，2004年，181頁)．ここでの加藤の論も，その論の抑圧的性格を端的に示すものと言ってよいだろう．

21）ここで加藤が提示しているような憲法解釈は，かねて筧克彦が提示してきたものであり，あらためてその有効性を主張するものという意味を持っていた．筧克彦の憲法解釈については，磯前順一「植民地朝鮮における宗教概念をめぐる言説編成——国家神道と固有信仰のあいだ」(前掲磯前・尹『植民地朝鮮と宗教』290頁)を参照．

22）T. S. Soltau to C. B. McAfee, Jan. 25, 1936, PCUSA, 12–15.

23）W. M. Langdon to J. C. Grew, Feb. 28, 1936, RG59, 395.1163/28.

24）『朝鮮毎日新聞』1936年1月22日付．『基督申報』1936年2月26日付(前掲『日韓キリスト教関係史資料 II』)487–488頁．

25）W. M. Langdon to J. C. Grew, Mar. 24, 1936, RG59, 395.1163/30.

26）宇垣一成著／角田順校訂『宇垣一成日記 2』(みすず書房，1970年)1052頁，1936年3月22日条．

27）(no title), Mar. 9, 1936, RG59, 395.1163/27.

28）H. H. Underwood to C. B. McAfee, Feb. 5, 1936, PCUSA, 12–16.

29）'Japanese Attitude to foreign missions in Japan. Shrine obeisance in Korea', Tokyo Chancery to Far Eastern Department, Feb. 2, 1937, F1862/1845/23, FO371/21043.

30）A. W. Edson to J. C. Grew, July 6, 1936, RG59, 395.1163/38.

31）'Report of the Board's Commission to Chosen Regarding the Shrine Attendance by J. B. Rogers and P. R. Abbott', Aug. 12, 1936, PCUSA, 12–15.

32）R. Cory to E. R. Dickover, Oct. 9, 1936, RG59, 395.1163/41.

33）H. K. Lee to G. S. McCune, Mar. 20, 1937, PCUSA, 12–21.

34）学校法人崇義学園『崇義九十年史(1903–1993)』(学校法人崇義学園，1993年)218頁．

35）釜山府『例規集(学事関係)』(1939年)80頁．

36）朝鮮総督府警務局編『最近に於ける朝鮮治安状況』(朝鮮総督府警務局，1938年)390頁．

37）同前書，393頁．

38）『東亜日報』1938年9月11日付(前掲『日韓キリスト教関係史資料 II』)556頁．前掲韓国基督教歴史研究所編『韓国キリスト教の受難と抵抗』313頁．

39）安利淑『たといそうでなくても——失格した殉教者の手記』(「たといそうでなくても」刊行委員会，1975年)15頁．

40）趙寿玉(証言)／渡辺信夫(聞き手)『神社参拝を拒否したキリスト者　付録　平壌地

方法院予審終結決定書』(新教出版社，2000 年)28 頁，58 頁.

41) 「平壌地方法院予審終結決定書」同前書，165 頁.

42) なお，台湾における「皇民化」運動について，朝鮮と比較しながらその全体像を包括的に描いたものとして，Wan-yao Chou, ‘The Kōminka Movement in Taiwan and Korea: Comparisons and Interpretations’, in Peter Duus, Ramon H. Myers and Mark R. Peattie eds., *The Japanese Wartime Empire, 1931–1945*, (Princeton: Princeton University Press, 1996)がある．Wan-yao Chou(周婉容)の整理は全体として的確であるものの，神社参拝問題について，これに抵抗した朝鮮人キリスト教徒とは対照的に，台湾人キリスト教徒は神社参拝という要求にしたがったという記述(p. 47)については，本書で論じてきたことに鑑みて修正を要するだろう.

43) 美濃部達吉「宗教団体法案と信教の自由――下村宗教局長に答ふ」『読売新聞』1929 年 2 月 26 日付.

44) 同前．下村寿一「宗教結社の自由に就て――美濃部博士の高教を請ふ」『読売新聞』1929 年 2 月 23 日付.

45) 赤澤史朗『近代日本の思想動員と宗教統制』(校倉書房，1985 年)155–156 頁.

46) 野村定五郎「㊙同志社学園　武道々場内神棚に関する所見」1935 年 6 月 7 日．同志社社史資料センター所蔵.

47) 同志社の理事を構成した人物の背景に関しては，田中智子「戦時同志社史再考――運営体制の分析から」(『キリスト教社会問題研究』第 62 号，2013 年 12 月)に詳しい．本節の記述は，田中が中心となって企画した「戦時同志社史再考――世界史・地域史のなかの連鎖構造」と題するシンポジウムでの報告原稿(拙稿「戦時同志社史再考――帝国史の観点から」前掲『キリスト教社会問題研究』第 62 号)をベースとしている．なお，上の報告では夕刊の刊行日付について日付欄の記述をとっているのに対して，本書では発行日をとっているので日付がずれている.

48) 内務省警保局編『社会運動の状況 6　昭和九年』(三一書房，1972 年)401–402 頁.

49) 中川裕『左翼教授ノ巣窟　同志社ヲ暴露ス』(批判社，1936 年)16–18 頁.

50) 「第六十九回帝国議会衆議院予算委員第二分科(内務省及文部省所管)会議録(速記)第二回」1936 年 5 月 14 日，11–12 頁，14 頁.

51) 松尾尊兊『滝川事件』(岩波書店，2005 年)145 頁.

52) 『思想対策協議会に関する件』(国立公文書館所蔵，文書番号 2A–40)．「思想対策案に関する具体的方策諸意見蒐録」中の文言．思想対策協議会については，増田知子「天皇機関説排撃事件と国体明徴運動」(『名古屋大学法政論集』第 173 号，1998 年 3 月)，荻野富士夫『戦前文部省の治安機能――「思想統制」から「教学錬成」へ』(校倉書房，2007 年)を参照.

53) 前掲松尾『滝川事件』122 頁.

54) なお，児玉善仁の研究によれば，universitas の基本概念は「普遍的な学位授与権を持つ高等教育のための法人自治団体」であるものの，近代になると組織そのものが国家的制度に位置づけられて「国家的アンシュタルトとしての universitas」となったと

される(児玉善仁「起原としての「大学」概念」別府昭郎編『〈大学〉再考——概念の受容と展開』(知泉書館，2011 年，33 頁，47 頁)．本書で大学の自治が国家的にオーサライズされていると述べる時に想定しているのは，もとより近代における大学であるものの，大学の原義においては国家とも対等に交渉するような「法人自治団体」であるという児玉の論は，「自治」という観念の奥行きを考えるうえで示唆的である．

55）井上達夫『自由論』(岩波書店，2008 年)62 頁．

56）「座談会戦時下抵抗をめぐって」同志社大学人文科学研究所編『戦時下抵抗の研究 II』(みすず書房，1969 年)474 頁．

57）上野直蔵編『同志社百年史　通史編二』1114 頁．

58）同志社人文科学研究所・キリスト教社会問題研究会編『特高資料による戦時下のキリスト教運動 1』(新教出版社，1972 年)124 頁．

59）「同志社校友の一石関学立教へ飛火　全国同種学校へも波及か　事変下の教育界へ大渦紋　基督主義教育へ猛烈な改革運動」『大阪時事新報』1938 年 2 月 13 日付夕刊．

60）同志社，立教学院，関西学院，上智学院の戦時下における目的規定の変更について比較検討した研究として，大島宏「「基督教主義ニヨル教育」から「皇国ノ道ニヨル教育」へ——寄附行為にみる学院の目的の変更」(老川慶喜・前田一男編著『ミッション・スクールと戦争——立教学院のディレンマ』東信堂，2008 年)がある．

61）前掲『特高資料による戦時下のキリスト教運動 1』94 頁．

62）同前書，96 頁．

63）奥平康弘「明治憲法における「信教ノ自由」」(富坂キリスト教センター編『十五年戦争期の天皇制とキリスト教』新教出版社，2007 年)48 頁．

64）『東京朝日新聞』1937 年 10 月 7 日付夕刊．

65）永井和『日中戦争から世界戦争へ』(思文閣出版，2007 年)276–277 頁．

66）George A. Makinson to J. C. Grew, Mar. 17, 1938, RG59, 894.00/763.

67）なお，リベラリズムという言葉が，多様な意味合いをはらむものであることはいうまでもない．近代日本の思想史の流れのなかでリベラリズムに着目した研究としては，武田清子『日本リベラリズムの稜線』(岩波書店，1987 年)，田中浩『近代日本と自由主義(リベラリズム)』(岩波書店，1993 年)などが代表的なものであろう．いずれも重要な研究であるものの，筆者としては「正義という観点から国家を相対化する」という契機を本質的なものとみなしたい．このように考えた場合，たとえば武田清子が「リベラリスト」として挙げた浮田和民や竹越与三郎の植民地支配にかかわる言論は，はたして「リベラリスト」の名にふさわしいものであるのか，再検討を要するように思われる．

68）学校沿革史の記述などから排撃運動を確認できるのは，1940 年夏の西南女学院の例である．8 月 9 日に小倉憲兵分隊が学校の責任者を招致して，要塞地帯を眼下に見る高地に「外国関係」の建造物が存在することの「諜報」上の問題を指摘，愛国同志会と称する右翼団体の排撃運動が展開された(西南女学院七十年史出版委員会編『西南女学院七十年史』1994 年，203–223 頁，峯埼康忠編『西南女学院三十年史』1952

年，96 頁，116–117 頁）．他の学校について同様の事例が存在したとしても，やはり第二次反英運動の生じた 1940 年頃のことだったのではないかと推定される．

69）戦時動員体制に対する立教学院の対応については，山田昭次「学院首脳と構成員のアジア・太平洋戦争に対する認識と対応」，安達宏明「戦時動員体制と立教中学校」（いずれも前掲老川・前田編著『ミッション・スクールと戦争』所収）を参照．

70）文部次官発明治学院長宛「国民精神総動員強調週間実施方ノ件」1937 年 9 月 25 日，明治学院歴史資料館所蔵．本資料の閲覧にあたり，明治学院歴史資料館の原豊氏に便宜をはかっていただいた．記して謝意を表したい．

71）名古屋学院百年史編纂委員会編『名古屋学院百年史』（1987 年）295–297 頁．

72）佐藤秀夫「解説」（佐藤秀夫編『続・現代史資料 8　教育　御真影と教育勅語 1』みすず書房，1994 年）12–16 頁．

73）立教学院八十五年史編纂委員編『立教学院八十五年史』（1960 年）154 頁．

74）小野雅章『御真影と学校――「奉護」の変容』（東京大学出版会，2014 年）215–226 頁．

75）キリスト教系学校と「御真影」とのかかわりについて，より詳細には拙稿「「御真影奉戴」をめぐるキリスト教系学校の動向――天皇神格化とキリスト教主義のはざま」（前掲『十五年戦争期の天皇制とキリスト教』所収）で論じたことがある．なお，キリスト教系学校を中心として，私立専門学校への「御真影」下付の状況を明らかにしたものとして，米田俊彦「私立専門学校への「御真影」下付と学則改正――キリスト教主義学校を中心に」（久保義三編著『天皇制と教育』三一書房，1991 年）がある．米田の研究によれば，専門学校の場合も 1937 年前後が下付のピークとなっている．

76）籠谷次郎「同志社における学校儀式の展開（1880 年代～1945）」（土肥昭夫・田中真人編著『近代天皇制とキリスト教』人文書院，1996 年）430 頁，435 頁．

77）「御真影奉戴に関する委員会調査事項」1933 年 12 月 6 日，同志社社史資料センター所蔵．本資料は，故土肥昭夫先生のご教示により入手できたものである．記して謝意を表したい．

78）柏木義円「尊皇本論」『上毛教界月報』第 362 号，1929 年 1 月．

79）「御殿場東山荘に於ける基督教学校々長会議――御真影及勅語問題を中心に協議懇談」『基督教世界』第 2736 号，1936 年 8 月 13 日付．

80）Lîm Bō-seng（林茂生）「Kia^{n}-to･, Tâi-oân Chheng-liân-hôe（京都台湾青年会）」『台南教会報』第 316 巻，1911 年 7 月，60 頁．

81）周再賜の経歴と思想については，共愛学園百年史編纂委員会編『共愛学園百年史下巻（一）』（2009 年）第 10 章，鄧慧恩『日治時期台湾知識份子対於「世界主義」的実践――以基督教受容為中心』（成功大学台湾文学系博士論文，2011 年）に詳しい．

82）共愛学園創立 90 年記念誌編集部編『共愛学園 90 年記念誌』（1978 年）61–62 頁．

83）土肥昭夫「天皇制狂奔期を生きたキリスト教――日本基督教連盟を中心として」（前掲『十五年戦争期の天皇制とキリスト教』所収）128 頁．

84）矢内原忠雄「神の国」『通信』第 47 号，1937 年 10 月（矢内原忠雄『国家の理想

――戦時評論集　キリスト者の信仰IV』岩波書店，1982年)386–387頁，391–392頁．

85）矢内原忠雄「国家の理想」『中央公論』1937年9月号，同前書，365頁．

86）矢内原忠雄「戦の跡」『嘉信』第8巻第12号，1945年12月，同前書，501頁．

87）教学局の組織と事業については，高橋陽一「教学局と日本諸学振興委員会」(駒込武・川村肇・奈須恵子『戦時下学問の統制と動員』東京大学出版会，2011年)を参照．

88）東京地裁検事局「矢内原忠雄外数名に関する出版法違反事件概略」(内川芳美解説『現代史資料　第41巻　マスメディア統制2』みすず書房，1985年)118–121頁．

89）矢内原忠雄「日本精神の懐古的と前進的」『理想』1933年1月(矢内原忠雄『キリスト者の信仰V　民族と平和』(岩波書店，1982年)27頁．なお，立花隆は，矢内原が辞職を求められる決め手となったのはこの文章であるという推定を説得力ある形で提示している(『天皇と東大――大日本帝国の生と死』下，文藝春秋，2005年，397–399頁)．

90）久木幸男他編『日本教育論争史録　近代篇　上』(第一法規，1980年)414頁．

91）矢内原忠雄「述懐」『嘉信』第1巻第4号，1938年4月(前掲矢内原『国家の理想』所収)619頁．

92）W. Lammot to J. Scott, Dec. 29, Dec. 30, 1936, PCUSA, 140–12–16.

93）'Observations concerning the problem of Christianity and the state in Japan', A. H. Warnshuis to S. K. Hornbeck, Mar. 11, 1937, RG59, 394.1163/6. 'Religious situation in Japan', W. Paton to Viscount Cranborne, May 3, 1937, F2737/1845/23, FO371/21043.

94）『明治学院百年史』(明治学院，1977年)366–367頁．

95）T. S. Soltau to C. B. McAfee, February 18, 1936, PCUSA, 12–15.

96）A. W. Edson to J. C. Grew, July 6, 1936, RG59, 395.1163/38.

97）小檜山ルイ「アメリカにおける海外伝道研究の文脈とその現在」『国際日本文化研究センター紀要　日本研究』第30集，2005年．

98）August Karl Reischauer, *The Task in Japan: A Study in Modern Missionary Imperatives*, (New York, Chicago, London and Edinburgh: Fleming H. Revell, 1926).

99）D. C. Holtom, 'Modern Shinto as State Religion', in Paul S. Mayer ed., *The Japan Mission Yearbook, formerly The Christian Movement in Japan and Formosa, twenty-eight issue*, (Tokyo: Kyobunkwan, 1930), p. 61.

100）J. G. Holdcraft to C. B. McAfee, Jan. 24, 1936, PCUSA, 12–17.

101）D. C. Holtom, *Modern Japan and Shinto Nationalism*, (Chicago: University of Chicago Press, 1943), pp. 166–168. なお，本書の改訂版の日本語訳が，D. C. ホルトム『日本と天皇と神道』(深澤長太郎訳，逍遥書院，1950年)として刊行されているが，誤訳が多いために訳文は採用しなかった．

102）T. S. Soltau to C. B. McAfee, Feb. 18, 1936, PCUSA, 12–15.

103）伊藤隆「右翼運動と対米観」(細谷千博他編『日米関係史3　議会・政党と民間団体』(東京大学出版会，1991年)302頁．1930年代の日米関係について，加藤陽子

『模索する一九三〇年代——日米関係と陸軍中堅層』(山川出版社，2012年，原著は1993年)も参照．

104) 寺﨑昌男「日本における「大学の自治」の理念」(『大学の自己変革とオートノミー——点検から創造へ』東信堂，1998年)181頁．

◆第Ⅲ部小括

1) ハナ・アーレント(大久保和郎・大島かおり訳)『全体主義の起原3　全体主義』(みすず書房，1981年)69頁．

2) カール・バルト(天野有編訳)『バルト・コレクション5　教会と国家II　反ナチズム／教会闘争時代』(新教出版社，2013年)269頁．バルトが拒否した忠誠宣誓の内容は以下の通り．「私はドイツ帝国と民族の総統であるアドルフ・ヒトラーに対して忠実かつ従順であり，法律を遵守し，良心的に自分の職務を果たすことを誓約する．神よ，助けたまえ」(同前書，269頁)．

3) 前掲アーレント『全体主義の起原3　全体主義』60頁．訳文については，森川輝一『〈始まり〉のアーレント——「出生」の思想の誕生』(岩波書店，2010年，241–242頁)による．

4) 呉榮発「黎明前的焦慮——高雄陰謀反乱事件(1941–1945年)」『雄中学報』第8期，2005年11月．

5) 寺奥徳三郎『台湾特高警察物語』(桑の実文庫，1980年)90頁，99頁．

6) ハンナ・アーレント(大久保和郎訳)『イェルサレムのアイヒマン——悪の陳腐さについての報告』(みすず書房，1967年)120頁．訳文については，前掲森川『〈始まり〉のアーレント』243頁による．

7) 黄武東『黄武東回憶録——台湾基督長老教会発展史』(嘉義：嘉西，2009年)144–145頁．

8) 黄茂卿『太平境馬雅各紀年教会九十年史(1865–1955)』(台南：太平境馬雅各紀年教会，1988年)476頁．

9) Minutes of Council of Presbyterian Missionaries on the field, Aug. 2, 1946, PCC, File No. 101–D–3.

10) 韓晳曦『日本の朝鮮支配と宗教政策』(未来社，1988年)205頁．

11) 「天ノ巌戸戦闘司令所取締に関する規定」1945年5月(JACAR Ref. C11110037100,『第三十二軍司令部　日々命令綴』防衛省防衛研究所)．なお，第三二軍の「防諜」対策に関しては，玉木真哲「戦時沖縄の防諜について——沖縄守備第三二軍の防諜対策を中心に」(『沖縄文化研究』13，法政大学沖縄文化研究所，1987年)を参照．また，沖縄戦をめぐる軍事的規律の日常生活への浸透をめぐる問題について，冨山一郎『増補　戦場の記憶』(日本経済評論社，2006年)を参照．

12) 浦添市史編集委員会『浦添市史第5巻　資料編4　戦争体験記録』(浦添市教育委員会，1984年)195頁．

13) 靖国神社のこうした役割については，高橋哲哉『靖国問題』(ちくま新書，2005年)

をはじめとして高橋の一連の論を参照.

14) T. Fujitani, *Race for Empire: Koreans as Japanese and Japanese as Americans during World War II*, (Berkeley, Los Angels and London: University of California Press, 2011), pp. 25–30.

15) Ibid., p. 27.

16) Ibid., p. 47.

17) 楊渡『簡吉——台湾農民運動史詩』(台北:南方家園出版, 2009年)236–237頁.

18) W. P. Woodard, *The Allied Occupation of Japan 1945–1952 and Japanese Religions*, (London: E. J. Brill, 1972), p. 11. 同書は,『天皇と神道——GHQの宗教政策』(阿部美哉訳, サイマル出版会, 1988年)として日本語訳されている.

19) なお,「国家神道」という概念について, 大原康男が行政的な意味での神社神道に限定して狭義に考えるべきことを主張する一方で, 島薗進はウッダードのいう「国体のカルト」まで含めて広義の意味で解すべきことを主張してきた(大原康男『神道指令の研究』原書房, 1993年, 島薗進『国家神道と日本人』岩波書店, 2010年). 大原の論については, 子安宣邦が鋭く指摘しているように,「軍国主義・超国家主義的言説の展開」を「国家神道(神社神道)」から切り離すことにより,「神社神道を戦争責任論から救い出す」という問題性をはらんでいるように思われる(子安宣邦『国家と祭祀——国家神道の現在』青土社, 2004年, 132頁). 他方, 島薗の論については事実認識の次元で問題がある. 島薗は国家神道を広義に把握すべき根拠として, 教育勅語が「国家神道の「教典」」としての地位を占めたことや,「紀元節, 天長節, 元始祭, 神嘗祭及新嘗祭」などの祝祭日に学校行事がおこなわれたことを挙げている(前掲島薗『国家神道と日本人』63–64頁, 146頁). しかし, 教育勅語の起草過程で「尊神」のように宗教的な用語が意識的に排除されたことや, 祝祭日の学校儀式についても神嘗祭や新嘗祭を除外する措置がなされたことを考えれば, この論には無理がある. 学校教育における「国体のカルト」はやはり世俗的性格を基本としており, 神社神道における儀礼的行為からも距離をとっていた. それにもかかわらず, この距離がいかに狭められていったかを問題とすべきである. すなわち, 行政的な神社神道と学校における「国体のカルト」にはやはり一定の区別が存在したのであり, それにもかかわらず学校教育を通じた神社参拝の直接的・間接的な強要のように, 両者が重なり合う領域が作り出された事態にこそ「国家神道」を見出すべきである.

20) 植民地朝鮮の公立学校における神社参拝問題に即して教師—生徒のあいだで働く微細な権力関係を掘り下げた研究として, 樋浦郷子『神社・学校・植民地——逆機能する朝鮮支配』(京都大学学術出版会, 2013年)を参照.

21) 鵜飼哲「コロニアリズムとモダニティ」(三島憲一・木下康光編『転換期の文学』ミネルヴァ書房, 1999年)222頁. この点は, 磯前順一・裵《ベ》貴得《ギトク》が次のように述べている問題とも重なる.「宗教者はしばしば真理による救済という名のもとに宣教をおこなうが, むしろ宣教とは真理を他者に説き伏せることで, 絶えず自分の正しさを確信しようとする不安定で脆弱な行為と捉えることも可能である.〔……〕それはユダヤ

教やキリスト教に限られたことではなく，天皇制を自民族の実在根拠として必要としてきた日本人にも当てはまろう．そこには，神あるいは天皇という名に同化することで，人間という存在に本質的にともなう孤独(solitude)——他者と共約不能な差異——を否認しようとする欲望がある」(磯前順一・裵貴得「「帝国史」として「宗教」を論ずる」前掲磯前・尹『植民地朝鮮と宗教』20頁).

22) この点について，安丸良夫『神々の明治維新——神仏分離と廃仏毀釈』(岩波書店，1979年)参照．なお，本書で述べてきた事柄の本質は，神道によるキリスト教の抑圧ということではない．国家の威力を後ろ盾とした神道の普及について多くの神職が抵抗するどころか，むしろ積極的な支持者となったのは本書の述べた通りだが，同様の事態は19世紀のイングランド長老教会宣教師にもあてはまる．この点で，鎌田東二が「神道のスピリチュアリティ」について論じた文脈で，釜ケ崎で活動する本田哲郎神父に寄せて次のように述べていることが想起されるべきであろう．「宗教や信仰が人間や社会の解放や成熟につながるのではなく，人間を呪縛し，硬直化させ，小さく頑なにさせてしまうとしたら，そのような宗教や信仰に，いったいどのような意味と未来性があるのだろうか」(『神道のスピリチュアリティ』作品社，2003年，223頁)．大英帝国から派遣された宣教師の多くも，帝国日本における神職者の多くも，国家に依存することで宗教それ自体を「硬直化させ，小さく頑なに」してしまったのではないか．なぜ，そのような事態に抗うことができなかったのか．そのことが神道について問われると同時に，キリスト教についても問われるべきである．

23) 前掲子安『国家と祭祀』138頁．

24) 矢内原忠雄『近代日本における宗教と民主主義』1949年(矢内原忠雄『キリスト者の信仰V　民族と平和』岩波書店，1982年)216–218頁．

25) 前掲大原『神道指令の研究』13頁．

26) 五百旗頭真『米国の日本占領政策』(中央公論社，1985年)上，275–280頁，下，30–40頁．

27) T. Fujitani, *op. cit.*, pp. 101–108. タカシ・フジタニ「ライシャワー元米国大使の傀儡天皇制構想」『世界』第672号，2000年3月．

28) 清水正義「戦争責任と植民地責任もしくは戦争犯罪と植民地犯罪」(永原陽子編『植民地責任論——脱植民地化の比較史』青木書店，2009年)56頁．

29) 同前，42頁．

◆終　章

1) 林宗義「林茂生與二二八——他的処境與苦悶」陳芳明編『二二八事件学術論文集』(台北：前衛出版社，1989年)41頁．

2) 呉密察(若林正丈訳)「台湾人の夢と二・二八事件」(大江志乃夫他編『岩波講座近代日本と植民地8　アジアの冷戦と脱植民地化』岩波書店，1993年)65頁．

3) たとえば，林木順『台湾二月革命』(台北：前衛出版社，1990年)．

4）黄彰健「林茂生之死考」『歴史月刊』第 193 期，2004 年 2 月．黄彰健は，『二二八事件真相考證稿』(台北：院士叢書，2007 年)でも林茂生の死にかかわる緻密な考証を展開し，米国領事館への働きかけが原因だったという見解を示している．他方，李東華「論陸志鴻治校風格與台大文学院(1946. 8–1948. 5)」(『台大歴史学報』第 36 期，2005 年 12 月)では，『民報』社長としての言論活動のほか，台湾大学の校務をめぐる行政長官公署との対立を強調している．本書では，どちらもが重要な要因と考えている．

5）林淑芬編著『桃源在何許？　台湾文化回眸――林茂生詩墨展導覧筆記』(林茂生愛郷文化基金会，2002 年)130 頁．

6）林宗義『精神医学への道――東西文化に跨って』(東京大学出版会，1984 年)2–3 頁．

7）Marrie Copland, *A Lin Odyssey*, (Brewster: Paraclete Press, 1987), p. 32．なお，ここで林茂生がなぜ台南長老教中学に林宗義を通わせようとしなかったのだろうかという疑問が思い浮かぶ．理由として考えられるのはやはり指定校ではなかったということである．自分の子どもの進路選択という切実な局面においてこの問題はいっそう重要な意味を持ち，そしてまただからこそ，指定の獲得に尽力したということであろう．

8）前掲林淑芬編著『桃源在何許？』132 頁．

9）林獻堂著／許雪姫・張季琳主編『灌園先生日記(十二)一九四〇年』(台北：中央研究院台湾史研究所・中央研究院近代史研究所，2006 年)135 頁，1940 年 5 月 6 日条．

10）林宗義(口述)／胡慧玲(整理)「母親」(胡慧玲『島嶼愛戀』台北：玉山出版社，1995 年)42 頁．

11）「林茂生陞等，依願免本官，賞與」1941 年 9 月 1 日(『昭和 16 年台湾総督府公文類纂　甲種永久保存』簿冊番号 10114，文書番号 61)．

12）近藤正己『総力戦と台湾――日本植民地崩壊の研究』(刀水書房，1996 年)363 頁．

13）許雪姫「反抗與屈従――林獻堂府評議員的任命與辞任」『国立政治大学歴史学報』第 19 期，2002 年 5 月．

14）「人物月旦　林茂生と羅萬俥」『台湾公論』1944 年 3 月号．

15）林獻堂著／許雪姫主編『灌園先生日記(十五)一九四三年』(台北：中央研究院台湾史研究所・中央研究院近代史研究所，2008 年)401 頁，1943 年 12 月 13 日条．

16）『新建設』第 18 号(1944 年 3 月)，第 21 号(1944 年 6 月)，第 25 号(1944 年 10 月)の人事欄による．皇民奉公会の機関誌『新建設』について，河原功「『新建設』解題」(『皇民奉公会中央本部刊 『新建設』別冊　解題・総目次・索引』総和社，2005 年)を参照．

17）李筱峰『林茂生・陳炘和他們的時代』(台北：玉山出版社，1996 年)80 頁．

18）林茂生「本島青年に寄す」『新建設』第 21 号，1944 年 6 月．

19）「座談会 「心の要塞化」を談る」『新建設』第 23 号，1944 年 8 月．

20）近藤正己「植民者の戦争経験」(倉沢愛子他編『岩波講座アジア・太平洋戦争 4　帝国の戦争経験』岩波書店，2006 年)23–25 頁．

21）張厚基総編輯『長榮中学百年史』(台南：私立長榮高級中学，1991 年)266 頁．

22）所澤潤(聴取り・編集・解説・註)／張厚基(口述)「聞取り調査――外地の進学体験

(VIII)斗六小学校から長榮中学校を経て，陸軍特別幹部候補生として内地へ，そしてお婆さんとの出会い」『群馬大学教育学部紀要　人文・社会科学編』第52巻，2003年.

23）劉鳳翰『日軍在台湾』下巻(台北：国史館，1997年)495頁.

24）「座談会　楽しい奉公班」『新建設』第25号，1944年10月.

25）「座談会　必勝の神機到る」『新建設』第26号，1944年12月.

26）林獻堂著／許雪姫主編『灌園先生日記(十七)一九四五年』(台北：中央研究院台湾史研究所・中央研究院近代史研究所，2010年)154頁，1945年5月1日条.

27）陳逸松(口述)／呉君瑩(紀録)／林忠勝(撰述)『陳逸松回憶録　日拠時代篇　太陽旗下風満台』(台北：前衛出版社，1994年)289頁.

28）台湾人にとってのカイロ宣言をめぐる問題については，戴天昭『台湾　法的地位の史的研究』(行人社，2005年，166–167頁)を参照.

29）前掲近藤『総力戦と台湾』570–578頁.

30）謝南光の経歴については，何義麟『跨越国境線——近代台湾去植民地化之歴程』(台北：稲郷出版社，2006年)第一部を参照.

31）黄朝琴の経歴については，周宗賢『台湾先賢先烈専輯　黄朝琴伝』(南投：台湾省文献委員会，1994年)を参照.

32）前掲近藤『総力戦と台湾』578–579頁.

33）同前，624頁.

34）陳翠蓮「戦後初期における台湾の法的地位問題と台湾人エリートの政治展望」『広島法学』34巻4号，2011年.

35）若林正丈『台湾の政治——中華民国台湾化の戦後史』(東京大学出版会，2008年)50頁.

36）同前，42頁.

37）松田康博『台湾における一党独裁体制の成立』(慶應義塾大学出版会，2006年)190–195頁.

38）曽健民『1945破暁時刻的台湾——八月十五日後激動的一百天』(台北：聯経出版，2005年)34–39頁.

39）詳しくは，許雪姫「皇民奉公会的研究——以林獻堂的参与為例」(『中央研究院近代史研究所集刊』第31期，1999年6月)を参照．のちにこの事件への関与を理由として逮捕される許丙，辜振甫による回想も，一部の日本軍将校による策謀に巻き込まれてしまったという内容となっている(許雪姫監修／許伯埏著／蔡啓恆・川島真日本語編集『許丙・許伯埏回想録』台北：中央研究院近代史研究所，1996年，黄天才・黄肇珩『勁寒梅香——辜振甫人生紀実』台北：聯経出版，2005年).

40）西浦節三・安藤正「第十方面軍復員史資料」1955年8月(浜井和史編『復員関係史料集成　第5巻　支那派遣軍に関する兵団長・幕僚の手記綴』ゆまに書房，2009年)272頁.

41）前掲『灌園先生日記(十七)一九四五年』250頁，1945年8月20日条.

42) 台湾総督府警務局「大詔渙発後ニ於ケル島内治安状況並警察措置(第二報)」1945年8月(蘇瑤崇主編『最後的台湾総督府——1944–1946年終戦資料集』台中：晨星出版，2004年)146頁.

43)「台湾省文献委員会前主任委員林衡道先生(二二八事変時正任職糧食局)二二八事変回憶」1984年1月(張炎憲総編輯／簡笙簧主編『二二八事件档案彙編(九)国家安全局・台湾省諮議会档案』台北：国史館，2002年)107頁，112頁.

44) 川島真「日華・日台二重関係の形成——1945–49年」(川島真・清水麗・松田康博・楊永明編著『日台関係史 1945–2008』東京大学出版会，2009年)25頁.

45) 前掲『灌園先生日記(十七)一九四五年』325頁，1945年10月8日条.

46) 前掲何『跨越国境線』167頁.

47)「熱烈挙行慶祝大会」『民報』第2号，1945年10月11日付.

48) 黄六點主編『北部教会大観』(台湾基督長老教会，1972年)763頁.

49) 台湾基督長老教会総会歴史委員会編『台湾基督長老教会百年史』(台南：台湾教会公報社，1965年)283頁.

50) 前掲『北部教会大観』763頁．私立淡江中学主編『淡江中学校史』(私立淡江高級中学，1997年)118頁.

51)「光復慶祝大会」『民報』第17号，1945年10月26日付.

52) 林茂生「祝詞」『前鋒』第1期，1945年10月25日.

53) 林茂生「欧清石先生獄中吟」『政経報』第1巻第4号，1945年12月10日．なお，欧清石の「獄中吟」は『民報』第40号(1945年11月18日付)にも掲載されている.

54)「羅宗洛回憶録」(李東華・楊宗霖編校『羅宗洛校長與台大相関史料集』台北：台大出版中心，2007年)115–116頁.

55) 同前，116頁.

56)「接収台湾大学日記」，同前書所収，213頁，217頁，1945年10月29日条，11月2日条．辞令の日付については，前掲李東華「論陸志鴻治校風格與台大文学院(1946.8–1948.5)」による.

57) 同前，225頁，1945年11月15日条.

58) 同前，205頁，1945年10月21日条.

59)「接収台北帝国大学報告書」，同前書所収，172頁.

60) 同前，176–177頁.

61) 前掲近藤『総力戦と台湾』648頁.

62) 台湾大学医学院をめぐる状況については，所澤潤「国立台湾大学医学院の成立と組織の継承——台北帝国大学医学部からの連続性を探る」(学習院大学東洋文化研究所『東洋文化研究』第2号，2000年3月)に詳しい.

63)「人文科学会創立大会」『民報』第7号，1945年10月16日付.

64)「台湾人文科学会開始募集会員」『民報』第35号，1945年11月13日付.

65) 中生勝美「陳紹馨の人と学問——台湾知識人の戦前と戦後」『桜美林大学紀要　日中言語文化』第7集，2009年3月.

66）呉守禮(口述)／鄭麗玲(整理)「我與台湾語研究」(陳奇禄編著『從帝大到台大』台北：国立台湾大学，2002 年)16 頁.

67）『民俗台湾』の創刊の背景とその歴史的意味については，呉密察(食野充宏訳)「『民俗台湾』発刊の時代背景とその性質」(藤井省三・黄英哲・垂水千恵編『台湾の「大東亜戦争」――文学・メディア・文化』東京大学出版会，2002 年)を参照.

68）池田敏雄「敗戦日記 I」『台湾近現代史研究』第 4 号，1982 年 10 月，78 頁，83 頁，1945 年 10 月 16 日条，10 月 24 日条.

69）台湾省編訳館と許寿裳については，黄英哲『台湾文化再構築 1945–1947 の光と影――魯迅思想受容の行方』(創土社，1999 年)に詳しい.

70）前掲「接収台湾大学日記」219–220 頁，1945 年 11 月 6 日条・7 日条.

71）前掲「羅宗洛回憶録」117 頁.

72）「対台湾大学的期待」『民報』第 451 号，1946 年 9 月 30 日付.

73）林宗義「我的父親林茂生」(前掲胡『島嶼愛戀』)8–11 頁.

74）同前，17 頁.

75）同前，19 頁.

76）何義麟『二・二八事件――「台湾人」形成のエスノポリティクス』(東京大学出版会，2003 年)161–162 頁.

77）「停止公権的原子弾」『民報』第 410 号，1946 年 9 月 6 日付．皇民奉公会関係者の「公職追放」とも呼ぶべき事態をめぐる経緯は，前掲許雪姫「皇民奉公会的研究」，陳翠蓮『台湾人的抵抗與認同　一九二〇―一九五〇』(台北：遠流出版，2008 年，345–349 頁)などを参照.

78）前掲何『二・二八事件』198–199 頁.

79）前掲陳翠蓮「戦後初期における台湾の法的地位問題と台湾人エリートの政治展望」.

80）行政院研究二二八事件小組／頼澤涵総主筆『二二八事件研究報告』(台北：時報出版，1994 年)23 頁.

81）劉士永『光復初期台湾経済政策的検討』(台北：稲郷出版社，1996 年)197 頁.

82）Extracts from a letter from the Rev. W. E. Montgomery, Aug. 24, 1946, PCE FMA, Mf. no. 36.

83）前掲『長榮中学百年史』375 頁.

84）'Memorandum on the Situation in Taiwan', in *United States Relations with China, 1944–1949*, (Washington D.C.: U.S. Government Printing Office, 1949), p. 923. 1947 年 4 月 18 日付でスチュアート駐華米国大使が蔣介石に提出したこの覚え書きは，*Foreign Relations of the United States 1947, vol. VII*, (Washington D.C.: U.S. Government Printing Office, 1972, pp. 451–455)でも部分的に引用されており，そこでは起草者が米国副領事カーだったことが明確化されている．また，日本国際問題研究所中国部会編『新中国資料集成』第 1 巻(日本国際問題研究所，1963 年，432–448 頁)に抄訳されている.

85）前掲行政院研究二二八事件小組『二二八事件研究報告』11 頁.

86）前掲林宗義「林茂生與二二八」22頁．この林宗義の回想は，事件から40年あまりを経て，1987年2月28日に米国で開催された「二二八事件四十周年紀年学術討論会」における講演記録をもとにしたものである．林宗義は，この文章の始めに二・二八事件について語ることが「忍びがたい痛苦」を感じさせると述べながら，「一九四七年以後の政治，社会的事件，さらに私個人の生活経験が疑いもなく二・二八の悲劇の意味に対する私の思考を深めている．ただし，事件中に発生した一切の出来事に対する主要な見解と記憶に関しては，その影響を受けてはいないと私は信ずる」と語っている（21頁）．

87）同前書，22–23頁．

88）王榮祖（整理）「夏徳儀教授二二八前後日記（下）」『伝記文学』第86巻第3期，2005年3月．

89）藍博洲「革命医師郭琇琮（中）」『伝記文学』第84巻第5期，2004年5月．

90）陳君愷「王添灯」張炎憲主編『二二八事件事典』（台北：国史館，2011年）73–74頁．

91）延平学院について，前掲陳翠蓮『台湾人的抵抗與認同　一九二〇——一九五〇』第七章「新生台湾的頓挫——延平学院創立始末」を参照．

92）前掲行政院研究二二八事件小組『二二八事件研究報告』86–87頁．

93）林徳龍（輯註）『二二八官方機密史料』（台北：自立晩報社，1992年）38頁．

94）The Ambassador in China（Stuart）to the Secretary of State, March 3, 1947, in *Foreign Relations of the United States 1947, vol. VII*,（Washington D.C.: U.S. Government Printing Office, 1972）, pp. 429–430.

95）George H. Kerr, *Formosa Betrayed*,（Boston: Houghton Mifflin, 1965）, pp. 250–251. なお，黄彰健の研究では，米国領事館の公文書に記された請願書の内容と，カーの著書に引用された請願書の内容が基本的に重なっており，同一の文書と解すべきことを指摘したうえで，後者では請願書の日付を誤って記しているうえに「台湾が独立するまで」という語句が削除されていることについて，これはカーが連合国による信託統治を支持する見解を持っていたために意図的に改ざんしたものと解釈している（前掲黄彰健『二二八事件真相考證稿』503頁）．本書もこの解釈にしたがっている．

96）戴国煇・葉芸芸『戴国煇文集3　愛憎二・二八』（台北：遠流出版・南天書局，2001年）348頁．

97）Marrie Copland, *op. cit.*, p. 80. 陳翠蓮『派系鬥争與権謀政治——二二八悲劇另一面相』（台北：時報文化，1995年，396頁）によれば，カーを一員とする米国戦略情報処が1946年初頭に台湾の民意調査を行った際には，林獻堂や林茂生の意見も聴取している．

98）前掲林宗義「林茂生與二二八」25頁．

99）「陳儀呈南京蔣主席台北市面恢復常態但各縣市尚有暴動請歩兵一旅或一団来台」1947年3月4日（張炎憲総編輯／簡笙簧編『二二八事件档案彙編（十七）大渓档案』台北：国史館，2008年）113頁．

100）The Ambassador in China（Stuart）to the Secretary of State, March 6, 1947, in *For-*

eign Relations of the United States 1947, vol. VII, pp. 434–435．なお，カーの説明によれば，スチュアート米国大使は蔣介石と親しかったうえに，その私設秘書は蔣介石に忠誠を誓う中国人であったという(Kerr, *op. cit*., p. 322)．

101）「陳儀呈蔣介石有関二二八情況」1947年3月6日(前掲『二二八事件档案彙編(十七)』)124–128頁．

102）前掲林宗義「林茂生與二二八」28頁．

103）処理大綱については，陳君愷『解碼228——解開二二八事件処理大綱的歴史謎図』(台北：玉山出版社，2013年)に詳しい．

104）「蔣介石手令陳儀対二十一師登陸応有所準備」1947年3月7日(前掲『二二八事件档案彙編(十七)』)147頁．

105）呉濁流『無花果』(台北：前衛出版社，1988年)223頁．

106）前掲林宗義「林茂生與二二八」38頁．

107）同前，39頁．

108）同前，43頁．

109）林獻堂著／許雪姫主編『灌園先生日記(十九)一九四七年』(台北：中央研究院台湾史研究所・中央研究院近代史研究所，2010年)158頁，1947年3月15日条．

110）同前書，172頁，181頁，256頁，259頁，292頁，304–305頁，1947年3月19日条，3月23日条，4月30日条，5月2日条，5月17日条，5月22日条，5月23日条．

111）前掲林宗義「母親」50頁．

112）前掲林宗義「林茂生與二二八」44–45頁．

113）蔣永敬他編『楊亮功先生年譜』(台北：聯経出版，1988年)367–368頁．

114）「陳儀電呈南京蔣主席台北已平静正戒厳中」1947年3月13日(前掲『二二八事件档案彙編(十七)』)273頁．

115）前掲林徳龍『二二八官方機密史料』157頁．

116）たとえば林宗義は，林茂生とともに「親米派」として挙げられた廖文毅が事件当時上海にいたことなどを根拠として，電文の内容を疑わしいものとみなしている(前掲林徳龍『二二八官方機密史料』256頁)．林茂生の行動にかかわる林宗義の回想が貴重なものであることはいうまでもないが，息子という立場もあって，父に帰せられた「冤罪」「濡れ衣」を晴らすという動機に留意する必要があるように思われる．この場合の「濡れ衣」は，台湾大学学生や米国領事館との関係における反政府行動を意味する．「濡れ衣」とみなされてきたことがらが林茂生の思想と行動の帰結としてありうる可能性について，さらに慎重な検討が必要であろう．

117）王呈祥『美国駐台北副領事葛超智與「二二八事件」』(台北：海峡学術出版社，2009年)288–289頁．

118）'Memorandum on the Situation in Taiwan', in *United States Relations with China, 1944–1949*, p. 931.

119）2・28事件を「国家暴力」の発動として捉え，韓国における光州事件と比較した

研究として，朱立熙『国家暴力與過去清算』(台北：允晨文化，2007 年)がある．

120）前掲松田『台湾における一党独裁体制の成立』199–203 頁．

121）ベネディクト・アンダーソン(白石隆・白石さや訳)『増補　想像の共同体——ナショナリズムの起源と流行』(NTT 出版，1997 年)266 頁．

122）この点にかかわって，台湾の歴史家周婉窈が，高一生の人生と自らの父の歴史をからめながら語った文章を引いておきたい．「わたしたちから奪われたのは，高一生にとどまるでしょうか？　陳澄波にとどまるでしょうか？　さらに無数の人びとがいましたし，一度に文化的・社会的エリートを挙げ尽くすことはできません．もし彼らがみんな生きていたら，もし神様がわたしたちに一人の林茂生を返してくれたら，一人の呂赫若を返してくれたら，一人の林獻堂を返してくれたら，換言すれば，もしわたしたちが彼らの「生きていたとき」の影響下で，台湾の歴史文化とともに成長していたならば，わたしはまったく別の人間になっていたと思います．わたしたちは，まったく異なる人間集団になれたはずなのだとわたしは思います．」(周婉窈『面向過去而生——芬陀利室散文集』台北：允晨文化，2009 年，348–349 頁)．

123）陳能通の死に関しては，張炎憲・胡慧玲・黎澄貴(採訪記録)『淡水河域二二八』(台北：財団法人呉三連台湾史料基金会，1996 年，191–203 頁)を参照．

124）趙天慈「光復前後的回顧」『校長回憶録』(台南：長榮中学，1956 年)43 頁．

125）前掲行政院研究二二八事件小組『二二八事件研究報告』318 頁．陳君愷「侯全成」前掲『二二八事件事典』266–267 頁．

126）前掲『北部教会大観』763–764 頁．

127）前掲『長榮中学百年史』333–335 頁．

128）林獻堂著／許雪姫主編『灌園先生日記(廿二)一九五〇年』(台北：中央研究院台湾史研究所・中央研究院近代史研究所，2012 年)222 頁，1950 年 6 月 19 日．

129）前掲林宗義「母親」50 頁．

130）林宗義(口述)／胡慧玲(整理)「護照」(前掲胡慧玲編『島嶼愛戀』)83 頁．

131）黄武東『黄武東回憶録——台湾基督長老教会発展史』(嘉義：嘉西，2009 年)349–350 頁．なお，米国や日本における台湾人の自治・独立運動に関しては，さしあたって張炎憲他編『自覚與認同——1950–1990 年海外台湾人運動専輯』(台北：財団法人呉三連台湾史料基金会・台湾史料中心，2005 年)を参照．

132）同前書，343 頁．鄭児玉「台湾のキリスト教」(呉利明・鄭児玉・閔庚培・土肥昭夫編著『アジア・キリスト教史』教文館，1981 年)107 頁．日本基督教団台湾関係委員会編『台湾基督長老教会の歴史と苦難』(1982 年，30–32 頁)に日本語訳が掲載されているが，ここでは筆者による試訳により引用している．

133）井上達夫『普遍の再生』(岩波書店，2003 年)x 頁．

134）林茂生「序」(台南長老大会編『南部台湾基督長老教会設教七十週年記念写真帖』教会公報出版社，2004 年，原著は 1935 年)．